Hurlock

Die Entwicklung des Kindes

Elizabeth B. Hurlock

Die Entwicklung des Kindes

Deutsche Bearbeitung von
Barbara und Hubert Feger

mit einer Einleitung von
Franz Weinert und Hubert Feger

Beltz Verlag · Weinheim

Aus dem Amerikanischen übertragen
von Barbara Feger und Dr. Hubert Feger

Die Übersetzung aus dem Amerikanischen wurde Ende 1966 abgeschlossen.

Titel der amerikanischen Originalausgabe:
„Child Development", 4. Auflage

1. Auflage 1970
2. Auflage 1971
3. Auflage 1972

Gesamtherstellung: Offsetdruckerei Beltz, Hemsbach üb. Weinheim
Printed in Germany

ISBN: 3 407 28115 3

Inhaltsverzeichnis

Anmerkungen der Übersetzer

Die Übersetzer sahen sich vor folgende Aufgaben gestellt: Die gute Lesbarkeit und die leichte Verständlichkeit des amerikanischen Originals sollten beibehalten werden. Der einführende Charakter des Buches mußte gewahrt bleiben.
Aus verschiedenen Gründen mußten jedoch die teils sehr ausführlichen Darstellungen Hurlocks gekürzt werden. Für die Kürzung waren folgende Gesichtspunkte maßgeblich: Es sollten möglichst nicht ganze Themenkreise oder Sachbereiche gestrichen werden; vielmehr sollten Wiederholungen und Längen innerhalb einzelner Abschnitte entfallen. Probleme und Ergebnisse, die besonders für die USA relevant sind oder nur bei genauerer Kenntnis der Bedingungen in den Vereinigten Staaten verstanden werden können, wurden gekürzt dargestellt. Dies gilt z. B. für die meisten Stellen des Buches, an denen die praktischen Schwierigkeiten geschildert werden, die sich für alle Beteiligten durch das Zusammenleben verschiedener Rassen und durch Rassenvorurteile ergeben. Nicht immer war leicht zu entscheiden, ob eine Wiederholung pädagogisch gemeint war oder ob die Autorin versuchte, bereits Dargestelltes in einen neuen Zusammenhang zu rücken und neu zu interpretieren.
Die Literaturverzeichnisse am Ende jeden Kapitels wurden vollständig übernommen, auch wenn der gekürzte Text sich auf die eine oder andere Literaturangabe nicht mehr bezieht, da die ausführlichen Literaturangaben zweifellos zu den Stärken des Buches gehören. Stark reduziert wurde das beigefügte Bildmaterial, das im amerikanischen Original oft keine zusätzliche Information bietet und auch nicht immer eine Hilfe bei der Übersicht oder zur besseren Einprägung darstellt. Auf alle Bilder, die in erster Linie die Funktion zu haben schienen, den Text aufzulockern, wurde deshalb verzichtet.

B. F.
H. F.

Einleitung

Da sich die Entwicklung eines Menschen stets in einem sozio-kulturellen Kontext vollzieht und weil die Entwicklungspsychologie deshalb im stärkeren Maße als andere Arbeitsgebiete der wissenschaftlichen Psychologie durch die historischen, sozialen, politischen und pädagogischen Bedingungen eines Landes bzw. eines Kulturkreises beeinflußt wird, scheint es notwendig zu sein, der Übersetzung eines Lehrbuches, das sich fast ausschließlich auf angloamerikanische Untersuchungen und Texte stützt, einige einleitende Bemerkungen vorauszuschicken.

Das vorliegende Werk ist ein Lehrbuch der Entwicklungspsychologie, das wissenschaftlich gut fundiert wirkt und einem breiteren Leserkreis zugänglich sein soll. So kann es einerseits leicht abgegrenzt werden von Arbeiten, die in erster Linie breit angelegte Materialsammlungen darstellen (z. B. die Standardwerke von A. Gesell), und anderseits von Büchern, in denen theoretische und methodologische Fragen im Vordergrund stehen (z. B. Mussen 1960; Thomae 1959). Gerade für den an dem Problem der Praxis orientierten Ratsuchenden sind Arbeiten wie die eben erwähnten im allgemeinen zu unübersichtlich und zu voraussetzungsvoll.

Einige deutsche Lehrbücher mit ähnlicher Intention wie das Werk Hurlocks verbleiben fast ausschließlich in der zwar bedeutenden, aber einseitigen deutschen bzw. kontinental-europäischen Tradition. Sie berücksichtigen kaum das reiche empirische Material der angloamerikanischen Forschung und wirken durch die starre Betonung der Stufentheorie etwas schematisiert und zu querschnitthaft angelegt.

Im Vergleich zu diesen Lehrbüchern erscheint Hurlocks Buch, das ein Maximum an Information mit einer übersichtlichen Gliederung verbindet, nicht nur als wertvolle Ergänzung, sondern auch als notwendige Korrektur. Die ergänzende Funktion erfüllt die vorliegende Einführung besonders in den Kapiteln über die vorgeburtliche Entwicklung, über die Anpassung des Organismus an die Geburt und über die verschiedenen Aspekte der

sozialen Entwicklung, die in der deutschsprachigen Literatur kaum in dieser Ausführlichkeit behandelt werden.
Gegenüber den konkreten Forschungsergebnissen treten die Fragen der Methodik und der Theorie in den Hintergrund. Dafür sind aber die wichtigsten Forschungsresultate der angloamerikanischen Entwicklungspsychologie bis etwa zum Jahre 1962 repräsentativ dargestellt. Die europäische Forschungstradition, die bedauerlicherweise nicht berücksichtigt wird, und die Entwicklung der Psychologie des Kindesalters seit 1962 sollen in dieser Einführung kurz skizziert werden.
Schließlich muß noch auf eine weitere, bis zu einem gewissen Grade willkürliche Begrenzung des Stoffes im vorliegenden Buch hingewiesen werden: Hurlock thematisiert die Zeitspanne von der Zeugung eines Kindes bis etwa zur Pubertät. Die Entwicklungspsychologie umfaßt jedoch den gesamten Lebenslauf eines Menschen, so daß auf ergänzende Arbeiten über die Entwicklung im Jugendalter (z. B. Hurlock 1967) und im Erwachsenenalter (z. B. Thomae und Lehr 1968) hingewiesen werden muß.
In den Vereinigten Staaten stehen die Bücher Hurlocks in der langen Tradition, repräsentative Zusammenfassungen der entwicklungspsychologischen Forschung zu publizieren. Höhepunkte dieser Tradition sind das von Carl Murchison herausgegebene „Handbook of Child Psychology", das von Leonhard Carmichael edierte „Manual of Child Psychology" und schließlich Stevensons „Child Psychology". In Deutschland hingegen mußte Hans Thomae als Herausgeber des Bandes „Entwicklungspsychologie" feststellen, daß dieser Band deshalb als erster des Handbuches der Psychologie vorgelegt wurde, weil „es in dieser Disziplin in besonderem Maße an einer repräsentativen Zusammenfassung fehlt." (Thomae 1960, S. V)

I. Vergleich einiger geschichtlicher Tendenzen der amerikanischen und der deutschen Entwicklungspsychologie

Verständlicherweise können hier nur einige wesentliche, zum Teil historisch bedingte Unterschiede in den Auffassungen über den Gegenstand und die adäquaten Methoden der Entwicklungspsychologie erörtert werden. Von besonderer Bedeutung scheint die in Europa bevorzugte, mehr oder minder starre Gliederung des Entwicklungsverlaufs in Phasen und Stufen zu sein. Das vergleichsweise große Gewicht dieses Ansatzes läßt sich nach Meinung von Ch. Bühler und H. Hetzer auf späte Nachwirkungen der Arbeiten von Comenius und Rousseau zurückführen. Im Vergleich zur Kontinuität und Dynamik der Entwicklung des einzelnen Kindes wirken derartig phasentheoretisch orientierte Darstellungen der Entwicklungspsychologie hochgradig schematisiert und starr.
Hinzu kommt, daß bei Berücksichtigung verschiedener Entwicklungsaspekte auch unterschiedliche Abgrenzungen der Stufen nahegelegt werden. So findet sich zwischen verschiedenen Autoren praktisch keinerlei Übereinstimmung in der zeitlichen Festlegung der verschiedenen Entwicklungsphasen. Mit Bergius könnte man deshalb vermuten, „... daß, je umfangreicher die Kenntnis von Einzeldaten der Entwicklung ist, umso seltener zusammenfassende, in sich widerspruchsfreie Gliederungen und Stufenfolgen der Gesamtentwicklung des Kindes und Jugendlichen entworfen werden können" (1959, S. 124).
In gewisser Hinsicht kann man die Lehre von den Entwicklungsphasen auch als das Ergebnis einer Methodik ansehen, bei der in erster Linie Personen verschiedener Altersstufen im Hinblick auf Verhaltensqualitäten und Leistungsdaten querschnitthaft miteinander verglichen werden. Demgegenüber wurden in Amerika bereits relativ früh umfangreiche und gründliche Längsschnittuntersuchungen vorgenommen, d. h. die gleiche Gruppe von Individuen wurde über eine längere Zeitspanne hinweg beobachtet bzw. psycho-

logisch untersucht. Auf diese Weise konnten einerseits Wachstumskurven für verschiedene Verhaltensbereiche erarbeitet werden; andererseits ergaben sich wichtige Hinweise auf das Verhältnis von kontinuierlichen und diskontinuierlichen Entwicklungsverläufen beim einzelnen Individuum. Zweifellos hängt die Bevorzugung von Phasen- und Stufentheorien in Europa nicht nur mit der vorherrschenden Forschungsstrategie zusammen. Hinzu kommt die ausgesprochen oder unausgesprochen dominante, in einer alten philosophischen Tradition wurzelnde Vorstellung, Entwicklung sei in erster Linie ein Entfaltungsvorgang. Der Umwelt wird in dieser Konzeption bestenfalls subsidiäre Bedeutung zugemessen. Demgegenüber wurden im angelsächsischen Sprachbereich trotz des Gewichts der Arbeiten von St. Hall und A. Gesell unter dem Einfluß der empiristischen Tradition, des frühen Behaviorismus und der sozio-kulturellen Gesamtsituation der USA den Phänomenen des Lernens und der Rolle sozial-psychologischer Bedingungen der Entwicklung sehr viel mehr Aufmerksamkeit geschenkt. Erinnert sei nur an die unterschiedliche Interpretation des Verhaltens während der Pubertät. Die in vielen hochzivilisierten Gesellschaften beobachtbaren Verhaltensprobleme der Jugendlichen wurden in Amerika sehr viel früher und stärker mit den Schwierigkeiten in Verbindung gebracht, eine angemessene Rolle innerhalb der komplexen sozialen Systeme zu finden.

Das zuletzt genannte Beispiel könnte auch als Beleg für das stärkere Hervortreten des Individualitätsgedankens in der kontinentalen Entwicklungspsychologie (trotz der schematischen Stufenlehren!) angesehen werden. Dem steht bei Hurlock (und bei fast allen anderen angloamerikanischen Autoren) der Gedanke gegenüber, vordringlichstes Ziel der Entwicklung sei die Anpassung an die biologischen, familiären und nicht zuletzt sozial-kulturellen Gegebenheiten, in die hinein das Individuum geboren wird. Natürlich ist es keineswegs so, daß eine dieser beiden Konzeptionen in der jeweiligen Tradition ausschließlich vertreten worden wäre; allerdings kann man die Betonung der Selbstverwirklichung des Individuums in seiner und durch seine Entwicklung einerseits und die Akzentuierung der Anpassung an bestimmte Normen andererseits deutlich erkennen. Insofern ist auch die in den Vereinigten Staaten zu beobachtende intensive Koppelung der entwicklungspsychologischen Forschung mit Einrichtungen der Fürsorge und der Erziehungsberatung verständlich. Bei all diesen Bemühungen steht das irgendwie von einer Norm abweichende Kind im Mittelpunkt des helfenden Interesses.

Zusammenfassend läßt sich also die amerikanische Entwicklungspsychologie in erster Linie durch ihre stärkere Orientierung an der Kontinuität des Entwicklungsgeschehens, durch die besondere Beachtung der Umwelteinwirkungen auf den sich entwickelnden Organismus und durch die bevorzugte Deutung der Entwicklung als Anpassung charakterisieren. Für diese Sichtweite bietet der vorliegende Band eine repräsentative Zusammenfassung der Forschungsbemühungen. Demgegenüber wird in der kontinentalen, besonders in der deutschen Tradition Entwicklung eher als ein spontaner, angelegter Entfaltungsvorgang angesehen, der in Schüben und Phasen verläuft und zumindest vom Jugendalter an eine deutliche Tendenz zur Individualisierung aufweist. Diese Gesichtspunkte werden in Hurlocks Werk kaum thematisiert.

II. Übersicht über einige neuere Tendenzen der Entwicklungspsychologie

Wie bereits erwähnt, können die von Hurlock für die 4. Auflage berücksichtigten Arbeiten bis zum Beginn der 60er Jahre als repräsentativ für die angelsächsische Forschung angesehen werden. Seit dieser Zeit sind jedoch in der internationalen entwicklungspsychologischen Forschung Tendenzen in den Vordergrund getreten, die sich bereits in den 50er Jahren abzeichneten und die ihren Höhepunkt wahrscheinlich noch nicht erreicht haben. Diese Trends beziehen sich auf die

Fragestellungen, auf die Methodik und die Theorien des gesamten Fachgebietes. Vielleicht gehört Hurlocks Arbeit zu einer der letzten bedeutenden allgemeinen und zugleich verständlichen Zusammenfassungen des verfügbaren Wissens im Bereich der Entwicklungspsychologie. Jedenfalls berichtet H. W. Stevenson (1963) als Herausgeber des 62. Jahrbuchs der National Society for the Study of Education über einen Beschluß des verantwortlichen Komitees, von der bisherigen Anlage der Lehrbücher dieses Gebiets radikal abzuweichen. Danach sollten in Zukunft thematische Schwerpunkte von verschiedenen Sachbearbeitern in Form kritischer Sammelreferate dargestellt werden. Im Gegensatz zur Disposition früherer Lehrbücher fällt auf, daß Beschränkungen auf bestimmte Altersstufen oder auf ein einziges Erklärungssystem – etwa das psychoanalytische, stufentheoretische oder behavioristische – vermieden werden. Auch die inzwischen schon klassisch zu nennende Einteilung der Entwicklung in die Bereiche der Motorik, der Intelligenz, des sozialen Verhaltens usw. wird weitgehend aufgegeben; die Themen sind einerseits spezieller, andererseits gehen in ihre Behandlung Konzepte ein, die früher verschiedenen Bereichen zugeordnet werden mußten.

Um die zunehmende Spezialisierung der entwicklungspsychologischen Fragestellungen zu veranschaulichen, braucht man nur das Inhaltsverzeichnis der von Hoffman und Hoffman (1964) herausgegebenen Sammelbände zu inspizieren. Da es sich dabei um die jüngste zusammenfassende Übersicht der neueren Ergebnisse im Bereich der Kindespsychologie handelt, gewinnt der Leser zugleich einen Einblick in die Schwerpunkte der gegenwärtigen Forschungsarbeit. Im einzelnen werden folgende Themen behandelt:

1. Band: Die Auswirkungen der unterschiedlichen Behandlung kleiner Kinder; Auswirkungen der Trennung von den Eltern während der frühen Kindheit; Erwerb und Bedeutung des für das eigene Geschlecht typischen Verhaltens und der Geschlechtsrollenidentität; die Folgen verschiedener Erziehungsstile der Eltern; der Erwerb von Vorstellungen (Begriffen); die Auswirkungen früher Gruppenerfahrungen (besonders im Kindergarten); Beziehungen zu Gleichaltrigen in der Kindheit; Wirkungen von Massenmedien; produktives Denken; Entwicklung der Moral und der Überzeugungen; Genetik und Entwicklung des Verhaltens; die Rolle einiger neurophysiologischer Substrate in der nachgeburtlichen Entwicklung.
2. Band: Familienstruktur, Sozialisation und Persönlichkeit; Entwicklung der Sprache; geistige Retardation; psychophysiologische Störungen bei Kindern; Sozialisation und soziale Struktur der Schulklasse; psychologische Untersuchung von Kindern; die Entwicklung von Einstellungen zwischen Gruppen; die Entwicklung berufsbezogener Motive und Rollen; der sozio-kulturelle Kontext der Jugendkriminalität; typische Verhaltensweisen amerikanischer Jugendlicher; der Einfluß der Körpermaße auf andere Variablen.

In beiden Bänden sind also die Themen nur sehr lose aneinandergereiht. Auf Systematik wird bewußt verzichtet.
Eine einheitliche Konzeption des gesamten Entwicklungsgeschehens, um das sich deutsche Autoren immer wieder und in erster Linie bemühen, wird man hier vergeblich suchen. Dabei sind die Bücher ausdrücklich dafür gedacht, dem Praktiker die Fortschritte der Entwicklungspsychologie zugänglich zu machen. Tatsächlich dürften die meisten Beiträge bis auf wenige Passagen nach dem Studium des Buches von Hurlock allgemein verständlich sein.

Die erwähnten Sammelreferate lassen auch die Weiterentwicklung im Bereich der Methodik psychologischer Forschung deutlich erkennen. Stevenson weist z. B. darauf hin, daß Verhaltensbeobachtungen und Längsschnittstudien in der bisher bevorzugten Art mehr und mehr durch experimentelle Untersuchungen ergänzt werden. Diese beschränken sich bewußt auf einen relativ kurzen Zeitabschnitt im Lebenslauf eines Individuums und versuchen im allgemeinen, die Wirkungen einiger genau definierter Bedingungen auf das Verhalten des Kindes zu analysieren. Bei der Komplexität des Entwicklungsgeschehens kann es sich dabei nur selten um die Auswirkung einer einzigen (unabhängigen) Variablen auf eine andere (abhängige Variable) handeln. Die differenzierte Erfassung des kindlichen Verhaltens und der relevanten Umweltbedingungen, strenge Kontrolle aller sonstigen Einflüsse und Verwendung mehrdimensionaler bzw. multivariater Planungs- und Auswertungstechniken sind vorherrschende Tendenzen im Bereich der Methodik. Statistische Verfahren erlauben nicht nur gesicherte Aussagen über einfache Bedingungs-Wirkungszusammenhänge, sondern gestatten auch die Aufklärung sehr komplexer Wechselwirkungen zwischen den untersuchten Variablen. Damit sind heute Fragestellungen erforschbar geworden, die man noch vor wenigen Jahren bestenfalls mit Hilfe genialer Intuition hätte lösen können.

Entscheidend ist dabei natürlich, daß die Gültigkeit der experimentell gewonnenen Befunde gewährleistet ist. Häufig können die Ergebnisse früherer Untersuchungen in unterschiedlicher Weise interpretiert werden. Diese Mehrdeutigkeit der Resultate zu überwinden, ist ein wichtiges Ziel jeder Forschungsarbeit. Will man z. B. die von der Vererbung unabhängigen vor- und nachgeburtlichen Einflüsse der Mutter auf das Verhalten ihres Kindes beurteilen, so steht inzwischen eine Reihe brauchbarer Kontrolltechniken zur Verfügung. Zu erwähnen wäre etwa die Transplantation des befruchteten Eies in ein anderes weibliches Tier. Auf diese Weise kann die Wirkung untersucht werden, die ein Muttertier durch das Austragen der Jungen auf das Verhalten der Nachkommen ausübt; eine Wirkung, die im allgemeinen zu der Verhaltenssteuerung hinzu tritt, die durch die Erbsubstanzen gegeben ist. Zur Abklärung des Einflusses der hereditären und peristatischen Faktoren gibt es ferner Techniken, die in der Literatur als „cross breeding" und „cross fostering" bezeichnet werden.

Wenn es auch nicht notwendigerweise so sein muß, so wirken doch viele dieser streng kontrollierten Laboratoriumsexperimente derartig artifiziell und lebensfern, daß man die Anwendbarkeit der dabei gewonnenen Ergebnisse auf reale Situationen zu Recht anzweifeln muß. So ergibt sich verstärkt die Notwendigkeit, die Resultate der sog. Grundlagenforschung im Rahmen von Feldstudien zu überprüfen. Dabei soll im allgemeinen festgestellt werden, ob die gesetzmäßigen Beziehungen auch in jener Umwelt gelten, in der die untersuchten Tiere oder Menschen natürlicherweise leben. Solche Studien, die den Grad der externen Validität experimenteller Befunde sichern, sollten jeder Anwendung psychologischer Erkenntnisse in der Praxis vorausgehen. Das gilt besonders für die Ergebnisse von Tierexperimenten.

Eine große Anzahl entwicklungspsychologischer Fragestellungen kann nur durch Längsschnittstudien beantwortet werden. Deshalb wird gegenwärtig den damit zusammenhängenden schwierigen methodischen Problemen besondere Aufmerksamkeit gewidmet. Erst die methodologisch sehr voraussetzungsvolle Kombination von Quer- und Längsschnittuntersuchungen gestattet differenzierte Aussagen über Entwicklungsverläufe und Entwicklungstypen.

Es wurde bereits erwähnt, daß die Weiterentwicklung der Methodik im Bereich der Entwicklungspsychologie mit der Spezialisierung der Fragestellungen und einer Bevorzugung theoretischer Modelle mittlerer Reichweite verbunden ist. Thematisch wichtiger noch scheint jedoch die weltweite Zunahme des Einflusses der Lehren Jean Piagets auf das entwicklungspsychologische Denken der Gegenwart zu sein. Erst seit einigen Jahren wird auch in den USA die Leistung des Genfer Psychologen bei aller Kritik im Detail voll und ganz gewürdigt. Kurz zusammengefaßt, erlauben die von der Genfer Schule vorgelegten sorgfältigen Beobachtungen und Beschreibungen des Denkens von der Geburt bis zum Jugendalter einige wichtige Folgerungen:

a) Piagets Befunde legen die Annahme nahe, daß das Denken nicht zu einem bestimmten Zeitpunkt der individuellen Entwicklung plötzlich auftaucht, sondern daß es im engsten Zusammenhang mit der Entwicklung sensomotorischer Funktionen steht. Der Gebrauch seiner Sinne und der Einsatz der Motorik bewirken beim Kinde Erfahrungsanreicherungen, die die Grundlagen der Denkentwicklung darstellen. Die Aufdeckung dieser genetischen Beziehung steht im scharfen Kontrast zur traditionellen Auffassung entwicklungspsychologischer Lehrbücher, nach der die Entfaltung sensomotorischer Fertigkeiten und die intellektuelle Entwicklung völlig unabhängig voneinander verlaufen.

b) Nach Piaget führt die kognitive Entwicklung zu einer zunehmenden Internalisation von Verhaltensweisen, die ursprünglich an konkreten Gegenständen der Umwelt tatsächlich ausgeführt wurden. Internalisation heißt also das nach „innen" Verlegen von Handlungen. Unter methodologischem Aspekt gesehen, bedeutet das, daß Reaktionen, die zuvor am Individuum beobachtet werden konnten, später aus seinem Verhalten erschlossen werden müssen. Im Laufe der Entwicklung erreicht das nach innen verlagerte Verhalten größere Komplexität, Flexibilität und schließlich Reversibilität. Dabei spielt der Einfluß der Sprache eine hervorragende Rolle. Aufgrund der Analysen Piagets erscheinen also die kognitiven Kategorien und Operationen des Menschen zur Erfassung der Realität als Ergebnisse langfristiger Entwicklungsprozesse.

c) Die Entwicklung des Denkens vollzieht sich nach Piaget in verschiedenen, deutlich voneinander abhebbaren Stadien. Im einzelnen unterscheidet er:

das Stadium der sensomotorischen Intelligenz (0–2 Jahre),
das vorbegriffliche, symbolische Denken (2.–4. Lebensjahr),
das anschauliche Denken (4.–7. Lebensjahr),
das Denken in konkreten Operationen (7.–11./12. Lebensjahr) und
das Denken in formal-abstrakten Operationen (ab 12. Lebensjahr).

Durch diese Theorie ist die angelsächsische Entwicklungspsychologie in jüngster Zeit nachdrücklich mit den kontinental-europäischen Vorstellungen über die Stufenhaftigkeit und teilweise Diskontinuität der Entwicklung konfrontiert worden. Die Nachuntersuchungen zu den Arbeiten Piagets, mit denen inzwischen überall begonnen wurde, scheinen gerade an diesem Punkt mit ihrer Kritik einzusetzen. So hat sich z. B. in den letzten Jahren das Interesse an den Einflüssen des Lernens auf die kognitive Entwicklung sehr verstärkt. Gezeigt werden konnte, daß sich die Entwicklung des Denkens zum Teil als „Elaborationsprozeß" auffassen läßt und daß dementsprechend die Umwelt des Kindes und die dadurch gegebenen Entwicklungsanreize bzw. Entwicklungsmöglichkeiten von größter Bedeutung sind.

d) Schließlich verdanken wir Piaget neben der allgemeinen Darstellung der kognitiven Entwicklung eine Vielzahl detaillierter Beobachtungen über die Entwicklung einzelner Vorstellungen bei Kindern, z. B. der Begriffe der Quantität, der Bewegtheit, der Kausalität, der Zahl, der logischen Verknüpfung, des moralischen Urteils usw.

Zum Teil beeinflußt durch die Studien Piagets, zum Teil unabhängig davon, kann gegenwärtig zumindest außerhalb Deutschlands geradezu von einer Renaissance der entwicklungspsychologischen Fragestellungen und darauf aufbauender Forschungsbemühungen gesprochen werden. Allgemein-, persönlichkeits-, entwicklungspsychologische und pädagogische Interessen führen seit etwa 6–8 Jahren zu einer immer stärkeren Beachtung des kindlichen Verhaltens und der Bedingungen seiner Entwicklung; als Ergebnis dieser Anstrengungen könnte schon jetzt eine Vielzahl neuer Erkenntnisse auf den verschiedensten Gebieten der Entwicklungspsychologie angeführt werden.

Wie bereits erwähnt, geben die Sammelbände von Hoffman und Hoffman sowie von Stevenson gute Überblicke über den gegenwärtigen Forschungsstand. Ob es sich nun um Arbeiten über entwicklungsbedingte Veränderungen der Sprache, des Lernens, des moralischen Urteils, der Ängstlichkeit, des Leistungsmotivs usw. handelt, stets zeigt sich dabei die zunehmende Spezifikation in methodischer und thematischer Hinsicht. Bei gleichzeitig zunehmender Forschungsintensität führt das dazu, daß heute umfangreiche Kapitel über Aggressivität, Abhängigkeit oder Ängstlichkeit in Lehrbüchern aufgenommen werden müßten, während es zuvor (und noch bei Hurlock) möglich war, unter der Überschrift „Emotionale Entwicklung" alle diese Themen als verschiedene Aspekte eines Problemkreises kurz zu behandeln.

Nun könnte diese Entwicklung noch als eine triviale und vorhersehbare Folge aus der allgemeinen Zunahme der Forschungstätigkeit verstanden werden. Noch gewichtiger scheint deshalb eine theoretische Umorientierung zu sein, die wiederum mit dem Werk Piagets in Verbindung gebracht werden kann. Stand früher die Beschäftigung mit einem relativ isolierten Verhaltensaspekt im Vordergrund, so legte Piaget von Anfang an besonderen Nachdruck auf die Eigenschaften und Bedingungen des „Systems". Bei einem Vergleich der von Carmichael und Stevenson herausgegebenen Handbücher kommt Bronfenbrenner zu dem Ergebnis, daß die früher veröffentlichten Studien (besonders in den angelsächsischen Ländern) Entwicklung als eine Folge von Veränderungen entlang einer monotonen Skala aufgefaßt haben. Das, was sich entwickelt, bleibt also im Grunde genommen gleich, es nimmt lediglich quantitativ zu (oder auch ab). Die mehr oder minder bewußt verwendeten theoretischen Begriffe legten eine Analyse struktureller Veränderungen kaum nahe, und die Ergebnisse der empirischen Untersuchungen konnten sie dementsprechend auch nicht erbringen. Gerade Piaget lenkte durch seine theoretische Konzeption und durch die qualitativen Beobachtungsdaten die Aufmerksamkeit auch und gerade auf strukturelle Veränderungen.

Vielleicht sollte neben dem Beitrag Piagets für die gegenwärtige Entwicklungspsychologie auch der nicht so deutliche, aber doch erkennbar zunehmende Einfluß Sigmund Freuds bei der Auswahl der zu untersuchenden Phänomene und bei der Formulierung von Arbeitshypothesen erwähnt werden. Natürlich wird dabei der psychoanalytische Ansatz nicht in seiner klassischen Formulierung übernommen; die soziale Umwelt wird wesentlich stärker beachtet, Unterschiede zwischen Kulturen und Subkulturen finden Berücksichtigung. Hier macht sich der große Einfluß von Anthropologie und Soziologie auf die Psychologie der Vereinigten Staaten besonders bemerkbar.

Faßt man die vielgestaltigen theoretischen und methodischen Bemühungen im Bereich der Entwicklungspsychologie zusammen, so lassen sich mit Bronfenbrenner vier Tendenzen erkennen:

a) Fruchtbare Variablen der Forschung müssen gesucht und die entsprechenden theoretischen Konzepte definiert und validiert werden.
b) Der Prozeß der Beeinflussung des kindlichen Verhaltens durch die Eltern und die damit verbundenen Wirkungen sind Themen vieler Studien.
c) Die Bedeutung hereditärer, prägender und situativer Faktoren wird in ihrer Wechselwirkung untersucht; und
d) man bemüht sich intensiv um eine Erklärung jener Unterschiede, die mit dem Geschlecht, der sozialen Klassenzugehörigkeit und mit dem kulturellen Gesamthintergrund zusammenhängen.

III. Zur Übertragbarkeit der Ergebnisse angloamerikanischer Untersuchungen auf deutsche Verhältnisse

Wie bereits erwähnt, berücksichtigt Hurlock fast ausschließlich die Resultate von Untersuchungen, die in den Vereinigten Staaten oder in Großbritannien durchgeführt wurden. Für den deutschen Leser ergibt sich damit natürlich die Frage, ob die abgeleiteten Aussagen und Feststellungen auch für Deutschland, seine Kultur und Gesellschaftsordnung gültig sind. Studien, die in verschiedenen Staaten und Kulturkreisen durchgeführt wurden, haben gezeigt, wie kulturspezifisch einige Entwicklungsverläufe sind. Unterschiede zwischen verschiedenen Kulturen wird man allerdings von vornherein eher für die Entwicklung von Interessen, Einstellungen, gelernten Motivationen u. ä. erwarten dürfen als etwa bei der motorischen Reifung oder für die Entwicklung formaler intellektueller Strukturen. Viele typische Entwicklungsbedingungen in den USA und in Deutschland dürften zwar eine große Übereinstimmung aufweisen; auf einige Unterschiede, die besonders für den Pädagogen wesentlich sein mögen, wollen wir jedoch im folgenden noch kurz eingehen.

Wir möchten dabei vor allem einige Untersuchungen herausgreifen, die Ansichten zur Erziehung und über E r z i e h u n g s h a l t u n g e n in Deutschland und in Amerika direkt vergleichen. Aufgrund der Bedeutsamkeit dieses Aspektes ergeben sich zugleich allgemeine Hinweise auf die Vergleichbarkeit der Entwicklungsbedingungen und damit auf die Übertragbarkeit der in den USA gefundenen Ergebnisse auf deutsche Verhältnisse.

Wesley und Karr (1968) verglichen die Ansichten und Erziehungshaltungen von Müttern in Deutschland und in den Vereinigten Staaten. Die amerikanischen Mütter sechsjähriger Jungen scheinen von ihren Kindern im allgemeinen früher ein selbständiges Verhalten zu erwarten und ihnen schon frühzeitiger gewisse Konzessionen einzuräumen. Die größten Unterschiede bestehen nach dieser Untersuchung im Bereich der „sozialen Selbständigkeit"; sie wird in den Vereinigten Staaten bereits in einem früheren Alter gewährt und erwartet. Konkret bedeutet dies z. B., daß amerikanische Mütter nach ihren eigenen Aussagen früher ihre Jungen über die eigene Freizeit disponieren lassen, daß sie ihnen früher gestatten, sich ihre Freunde selbst auszusuchen, daß sie ihnen früher die Verfügung über ein Taschengeld einräumen und sie an den Gesprächen der Erwachsenen teilnehmen lassen. Die unterschiedlichen Einstellungen zeigen sich auch in einer deutschen Untersuchung von Kemmler und Heckhausen. Ihre Zusammenfassung der Ergebnisse soll deshalb wörtlich zitiert werden, weil schon die Wortwahl, die sich an den Äußerungen der befragten Mütter der Sechsjährigen orientiert, Aufschluß über einige bevorzugte Einstellungen zu geben vermag: „ ... bei der Erziehung des Sechsjährigen geht es den Müttern vornehmlich um soziale Unterordnung und Einordnung sowie um ordentliches und gutes Betragen. Außerdem legen sie Wert auf ethisch einwandfreies Verhalten, vor allem Ehrlichkeit. Gute Schulleistungen dagegen machen sich die Mütter viel seltener zur Erziehungsaufgabe beim Lernanfänger. Die geäußerten Erziehungsgesichtspunkte sind fast ausschließlich fordernder, lenkender, behütender und überwachender Natur und betrachten den Sechsjährigen als ein aufnahmebereites Erziehungsobjekt. Nur ganz wenige Mütter weisen darauf hin, daß sie in ihrer Erziehung individuelle Züge des Sechsjährigen und eine eigenständige Persönlichkeitsentfaltung beachten oder fördern möchten" (S. 92/93).

Nach der bereits angeführten Untersuchung von Wesley und Karr bietet sich im Prinzip auch beim Vergleich amerikanischer und deutscher Mütter vierzehnjähriger Jungen das gleiche Bild. In den meisten Bereichen geben die amerikanischen Mütter einen früheren Zeitpunkt an, zu dem sie Freiheit gewähren und Selbständigkeit erwarten. So nennen z. B. die Mütter in den Vereinigten Staaten einen um fünf Jahre früheren Zeitpunkt für das Einstellen der Brief- und Bücherkontrolle und einen um vier Jahre früheren Zeitpunkt für die Erlaubnis, die Tanzstunde zu besuchen und Kritik an den Eltern zu üben. Auch die Antwort deutscher und amerikanischer Mütter auf die Frage: „Worauf sollte man bei der Erziehung eines Vierzehnjährigen besonderen Wert legen?" differieren stark. Am häufigsten wurde von den amerikanischen Müttern eine positive soziale Einstellung genannt; dieses Ziel stand bei den deutschen Müttern nach der Häufigkeitsauszählung erst an achter Stelle. An erster Position standen bei deutschen Müttern Aussagen, die auf eine behütende und lenkende Erziehung abzielten; Aussagen dieser Art nahmen bei amerikanischen Müttern nur den sechsten Häufigkeitsrangplatz ein. Die Gründe für diese Unterschiede in den Erziehungszielen – soweit diese bewußt sind, formuliert werden können und in ihrer Äußerung vielleicht selbst schon wieder durch die Normen der jeweiligen Gesellschaft mitbestimmt sind – erscheinen zahlreich, und auch die vermuteten Auswirkungen dürften komplex sein. Detailliertere Untersuchungen zu diesem Fragenkreis fehlen weitgehend. Die Ergebnisse von Wesley und Karr lassen sich bezüglich der Erziehungshaltungen deutscher Mütter von vierzehnjährigen Jungen im allgemeinen durch eine Studie von Kemmler stützen. Auch nach dieser Autorin steht das Bemühen der Erzieherinnen im Vordergrund, lenkend und behütend eine eher äußere Anpassung zu erreichen: „Die Führung der Jugendlichen erstreckt sich mehr auf eine Hilfe zur äußeren Anpassung als auf eine eigentliche Erziehung zur Persönlichkeitsreife und zur sozialen Verantwortung" (S. 218).

Mit einer modifizierten Methode fanden Karr und Wesley (1965) Ergebnisse, die es gestatten, für den in diesem Buch geschilderten Entwicklungsabschnitt jene Bereiche zu umschreiben, in denen Kontrolltendenzen entweder in den USA oder in Deutschland überwiegen. Die Autoren forderten Beurteiler, die gründliche Erfahrungen in beiden Ländern gesammelt hatten, zum Ausfüllen eines Fragebogens auf, der sich aus konkreten und detaillierten Fragen über Erziehungshaltungen in der Kleinkinderzeit, dem Vorschulalter, dem Schulalter und der Pubertät zusammensetzte (z. B.: Eltern sind über Fehlen in der Schule mehr besorgt in ...). Die Ergebnisse konnten die populäre Annahme, die Erziehungshaltungen und Einstellungen seien in Amerika generell nachgiebiger, nicht stützen. So zeigte sich etwa, daß amerikanische Eltern nach Meinung der Beobachter mehr Kontrolle hinsichtlich der Körperpflege ihrer Kinder, deren Aktivitäten in Jugendverbänden und in der Kirche ausüben. Bestätigt wurde ein stärkerer Druck deutscher Eltern bei der Reinlichkeitserziehung; deutsche Väter und Mütter strafen strenger und zeigen sich über Tischmanieren und Schulangelegenheiten besorgter.

Aus diesem Ergebnissen können verschiedene Folgerungen – in Ermangelung empirischer Untersuchungen mehr oder weniger spekulativer Art – gezogen werden. Erwägungen über die Genese des Nationalcharakters oder der modalen Persönlichkeit dürften dabei weniger interessieren als die Funktion eines Bezugssystems, das die allgemeine Erziehungsatmosphäre eines Kulturbereiches für die einzelnen Erziehungsmaßnahmen wie Belohnen und Bestrafen abgibt. Was an den von Hurlock referierten Untersuchungen vor allem relativiert werden müßte, ist der Stellenwert einer isoliert gesehenen Erziehungsmaßnahme und die Wirkung, die man von einer bestimmten elterlichen Verhaltensweise erwarten darf. Vor einer abrupten oder schematischen Übernahme von Erziehungstechniken oder -stilen, die sich unter anderen Bedingungen bewährt haben, sollte daher eine sorgfältige Untersuchung über die Generalisierbarkeit der Ergebnisse stehen.

Unterschiede in den Zielen und Methoden der Erziehung kennzeichnen den Vergleich zwischen Amerika und Deutschland nicht nur für die Zeit vor dem Schuleintritt, sondern bis zum Beginn des Erwachsenenalters. Die Zeitspanne, in der die Kinder in den Vereinigten Staaten unter dem Einfluß der Schule stehen, ist länger: Zum einen ist in vielen Bundesstaaten der USA der Besuch einer einjährigen Vorschule Pflicht. Diese Zeit kann nur bedingt mit dem letzten Jahr im deutschen Kindergarten verglichen werden. Zum anderen erstreckt sich die Schulpflicht im amerikanischen Schulsystem über 10 bis 12 Jahre. 70% aller Jugendlichen besuchen die Schule bis zum vollendeten 17. Lebensjahr, wobei der Schulbesuch in den letzten Jahren häufig mit einer gleichzeitigen Berufsausbildung verbunden ist.

Ebenso wichtig sind die unterschiedlichen Funktionen, die die Schulen in beiden Ländern erfüllen, und die verschiedenartigen Ziele, denen sie zu dienen haben. Die Schulsysteme in

Europa betonen stärker den Grundsatz der Elitebildung, während die amerikanische Schule eher versucht, „jedem das Seine" zu geben. Dies zeigt sich u. a. darin, daß eine das Schulleben des einzelnen Schülers begleitende Beratung weitgehend institutionalisiert ist. Vor dem Hintergrund dieser unterschiedlichen Zielsetzung wird es z. B. verständlich, daß die Probleme, die in Deutschland oft zwischen Schule und Elternhaus auftreten, in den USA nicht oder nicht in dieser ausgeprägten Form zu finden sind.
Die verschiedenen Anforderungen an die Selbständigkeit und der unterschiedliche Grad an Freiheit, den man zu gewähren bereit ist, sind fast durchgängig zu beobachten. In den USA wird es für wichtiger erachtet, den Schüler „innerhalb seines Lebensbereiches frühzeitig selbständig Entscheidungen treffen zu lassen, als ihn einem langjährigen Prozeß passiver geistiger Ernährung zu unterwerfen, wobei er keinen Einfluß auf die Speisekarte hat. Die mehr der Tradition verhaftete Schule des kontinentalen Europa sieht ihre vordringliche Aufgabe in der Heranbildung eines tüchtigen Leistungs- und Bildungswissens ..." (Schultze).
Aber nicht nur die organisatorische und institutionelle Struktur der Schule und die Erwartungen und Ansprüche der Gesellschaft bedingen für deutsche Kinder eine Erziehung, die von der ihrer amerikanischen Alterskameraden bemerkenswert abweicht. Auch das Verhalten der Lehrer scheint verschieden zu sein, wobei die Unterschiede wieder in der erwarteten Richtung liegen. Als Beleg sei eine von mehreren Untersuchungen zu diesem Thema angeführt (Anne-Marie Tausch 1966, S. 516–531). Die Autorin verglich Äußerungen amerikanischer und deutscher Lehrer während des Unterrichts in der Klasse. Bei Konflikten mit den Jugendlichen wirkten die amerikanischen Lehrer ruhiger, und ihre Äußerungen waren optimistischer als die ihrer deutschen Kollegen.
Die deutschen Lehrer verhielten sich dirigistischer, was sich in bestimmten Fragen, Befehlen und Aufforderungen zeigte. Deutsche Lehrer gaben außerdem häufiger Äußerungen von sich, die von den Beurteilern als unhöflich und von den Kindern als nicht reversibel eingestuft wurden.
Schließlich ließ A. Tausch durch Beobachter auch die Auswirkungen des Lehrerverhaltens auf die Jugendlichen kennzeichnen. Sie stellten fest, daß die deutschen Jugendlichen eine größere Unfreiheit des Handelns erfahren und in ihrer seelischen Reifung weniger gefördert werden als ihre amerikanischen Alterkameraden.
Sollten diese Feststellungen A. Tauschs zutreffen, dann kann Hurlocks Werk u. a. eine Hilfe bieten, noch vorhandene ungünstige Bedingungen der Erziehung in Deutschland zu überwinden. Dabei muß allerdings beachtet werden, daß eine einfache und naive Übertragung der amerikanischen Befunde keineswegs gerechtfertigt erscheint. Notwendig sind auch hier Untersuchungen über die Auswirkungen verschiedener Erziehungsstile in unserem Land (vgl. dazu Herrmann 1966; Tausch und Tausch 1965).
Die wenigen angeführten Beispiele sollten verdeutlichen, daß die Entwicklungsbedingungen amerikanischer und deutscher Kinder keineswegs identisch sind. Immerhin zeigen sich aber neben diesen Divergenzen viele Übereinstimmungen. So lassen sich einerseits die Ergebnisse über die Entwicklung der Motorik, des Denkens und verschiedener motivationaler Aspekte weitgehend übertragen; andererseits dürfen die gleichen Gesetzmäßigkeiten für bestimmte (unter Umständen unterschiedliche) Bedingungs-Wirkungszusammenhänge angenommen werden. Insofern sind die Ausführungen Hurlocks auch für deutsche Erzieher von kaum eingeschränkter Relevanz. Vielleicht kann aber das vorliegende Buch gerade bei kritischen Lesern auch dazu beitragen, die so dringend notwendigen inter-kulturellen Vergleichsuntersuchungen zu fördern.

H. Feger
F. Weinert

Literatur

Aebli, H.: Über die geistige Entwicklung des Kindes. Stuttgart, 1963

Bergius, R.: Entwicklung als Stufenfolge. In Thomae, H. (Hg.): Entwicklungspsychologie. Handbuch der Psychologie. Bd. 3. Göttingen, 1959

Bronfenbrenner, U.: Developmental theory in transition. In Stevenson, H. W.: Child psychology. Chicago, 1963

Bühler, Ch. und H. Hetzer: Zur Geschichte der Kindespsychologie. In: Beiträge zur Problemgeschichte der Psychologie. Festschrift zu Karl Bühlers 50. Geburtstag. Jena, 1929

Carmichael, L.: (Hg.): Manual of child psychology. 2. Auflage. New York, 1954

Gesell, A.: The first five years of life. A guide to the study of the preschool child. N.Y., 1940

Hall, St.: Adolescence. N.Y., Ldn., 1904

Herrmann, Th. (Hg.): Psychologie der Erziehungsstile. Göttingen, 1966

Hoffman, M. L. und L. W. Hoffman: Review of child development research. New York, 1964

Hurlock, E.: Adolescent development. 3. Auflage. New York, 1967

Karr, Ch. und F. Wesley: Vergleich deutscher und amerikanischer Erziehungshaltungen. In Heckhausen, H. (Hg.): Biologische und kulturelle Grundlagen des Verhaltens. Ber. 24. Kgr. Dt. Ges. Psychol. Göttingen, 1965

Kemmler, L. und H. Heckhausen: Mütteransichten über Erziehungsfragen. Psychol. Rdsch. 10, 1959, 83 - 93

Kemmler, L.: Erziehungshaltungen von Müttern vierzehnjähriger Jungen. Psychol. Rdsch. 11, 1960, 197 - 218

Murchison, C.: Handbook of child psychology. New York, 1931

Mussen, P. H. Handbook of research methods in child development. N.Y., Ldn., 1960

Piaget, J.: Psychologie der Intelligenz. 2. Auflage. Zürich und Stuttgart, 1947.

Stevenson, H. W. (Hg.): Child psychology. Chicago, 1963

Tausch, A.: Merkmale des Erziehungsverhaltens deutscher und amerikanischer Lehrer. Kölner Zt. Soziologie und Sozialpsychol., 18, 1966, S. 516 - 531

Tausch, R. und A. Tausch: Erziehungspsychologie. 2. Auflage. Göttingen, 1965

Thomae, H. (Hrsg.): Handbuch der Psychologie. 3. Band: Entwicklungspsychologie. Göttingen, 1959

Thomae, H. und U. Lehr (Hg.): Altern – Probleme und Tatsachen. Frankfurt/M., 1968

Wesley, F. und Ch. Karr: Vergleich von Ansichten und Erziehungshaltungen deutscher und amerikanischer Mütter. Psychol. Rdsch. 19, 1968, 35 - 46

Kapitel 1: Grundzüge der Entwicklung

Bis vor einiger Zeit setzte die Erforschung der Entwicklung des Kindes mit seiner Geburt ein. Heute ist jedoch bekannt, daß vieles, was für die Entwicklung nach der Geburt wichtig ist, vor der Geburt geschieht. Würden wir unsere Forschung auf die Jahre nach der Geburt begrenzen, hieße das, in der Mitte des ersten Aktes zum Schauspiel zu kommen; wir wüßten nicht, was zuvor geschah, um das Verhalten der Schauspieler auf der Bühne zu motivieren. Gleichermaßen müssen wir wissen, was mit dem Kind vor seiner Geburt geschieht, um seine Entwicklung nach der Geburt völlig verstehen zu können. Folglich umfaßt die Erforschung der Entwicklung des Kindes den Zeitraum von der Empfängnis bis zum Jugendalter.

Der Begriff „Entwicklung"

Häufig werden die Begriffe „Wachstum" und „Entwicklung" gleichbedeutend gebraucht. In Wirklichkeit sind sie verschieden, auch wenn man sie nicht unabhängig voneinander betrachten kann. Wachsen bezieht sich auf quantitative Veränderungen – Größenwachstum und zunehmende Strukturierung. Das Kind nimmt nicht nur zu an Körpergröße, sondern auch hinsichtlich der Größe und Struktur der inneren Organe und des Gehirnes. Die Folge der Größenzunahme des Gehirnes ist eine Verbesserung der Möglichkeit, zu lernen, zu behalten und zu denken. Das Kind wächst psychisch und physisch.

Entwicklung dagegen bezieht sich auf qualitative Veränderungen. Sie kann definiert werden als eine fortschreitende Reihe von geordneten, zusammenhängenden Veränderungen, die zur Reife führen. Der Begriff „fortschreitend" wird hier gebraucht, um darauf hinzuweisen, daß die Veränderungen in nur eine Richtung gehen – der Prozeß ist irreversibel. Die Begriffe „geordnet" und „zusammenhängend" sollen nahelegen, daß eine bestimmte Beziehung zwischen einem gegebenen Abschnitt und den voraufgegangenen oder folgenden Abschnitten besteht. Wie Anderson betont „bedeutet Entwicklung nicht nur, Zentimeter zur Körpergröße hinzuzufügen oder Fähigkeit zu Fähigkeit; vielmehr ist Entwicklung ein komplexer Prozeß der Integration vieler Strukturen und Funktionen" (7)*. Wegen dieser Beziehungen hängt jede Veränderung ab von dem, was ihr voraufgeht, und beeinflußt das, was später kommt. „Reife" kennzeichnet das Ende des Wachsens und der Entwicklung. Sie ist bestimmt durch den Abschluß der strukturellen Veränderungen und dadurch, daß die für einen normalen Erwachsenen typischen physischen und psychischen Funktionen zur Verfügung stehen. Da jede Veränderung das Kind näher an das Ziel der Reife heranbringt, ist jede Veränderung gleichzeitig ein Indikator dafür, wie weit das Kind auf dem Weg zu diesem Ziel fortgeschritten ist. So kann der erste bleibende Zahn z. B. als Reifeindikator betrachtet werden, denn er zeigt, daß das Kind sich hinsichtlich seines Zahnbestandes der Reife nähert. Auf einigen Gebieten der Entwicklung reifen Strukturen und Funktionen ziemlich früh, auf anderen dagegen später. So sind die Sinnesorgane zum Zeitpunkt der Geburt funktionsfähig, die Geschlechtsorgane dagegen erst im Jugendalter.

Arten der Veränderung. Der Mensch verändert sich ständig, vom Augenblick der Zeugung bis zum Tod. In jeder Altersspanne setzen einige Veränderungen gerade ein, einige erreichen ihren Höhepunkt und andere werden abgeschlossen (111).
Die einzelnen Arten der Veränderung beeinflussen die Entwicklung in unterschiedlicher Weise. Anderson hat herausgestellt: „Wachsen und Entwicklung sind nicht nur Veränderungen von Körpermaßen und Proportionen. Veränderungen treten in fast jeder Hinsicht innerhalb und außerhalb des Menschen auf. Für den Augenblick mag es genügen, auf die ansteigende Zahl von Gegenständen und Erfahrungen hinzuweisen, auf die der Sich-Entwickelnde reagiert, auf seine zunehmende Körperkraft, Schnelligkeit und motorische Geschicklichkeit, seine wachsenden intellektuellen Fähigkeiten aller Art; es fällt ihm zunehmend leichter, mit anderen zu sprechen und in Verbindung zu treten, sein soziales Leben wird reicher durchwebt von einem Netz verschiedenster sozialer Beziehungen; seine Interessen, Beschäftigungen und Werte verändern sich. Aus der Abhängigkeit des Säuglings bewegt sich das Individuum auf die Reife und Verantwortlichkeit des Erwachsenen zu" (7).

Man könnte die Veränderungen in vier Kategorien einteilen:

1. Veränderungen der Körpermaße.
Mit jedem Jahr, das ein Kind älter wird, nehmen gewöhnlich seine Größe, sein Gewicht und sein Umfang zu. Ebenso nehmen seine inneren Organe und Strukturen zu, um den wachsenden Bedürfnissen des Körpers gerecht zu werden. Auch in der psychischen Entwicklung werden ähnliche Größenveränderungen sichtbar. Mit jedem Jahr vergrößert sich der Wortschatz des Kindes, normalerweise auch seine Denkfähigkeit, sein Gedächtnis, sein Wahrnehmungsvermögen und seine schöpferische Phantasie.

2. Veränderungen der Proportionen.
Das Kind ist nicht lediglich ein „kleiner Erwachsener", wie man früher geglaubt hat. Seine Körperproportionen unterscheiden sich stark von denen eines Erwachsenen. Dies wird deutlich in Abb. 1-1, wo Neugeborenes und Erwachsener in gleicher Körpergröße dargestellt sind. Nicht vor der Pubertät gleichen sich die Proportionen des Kindes denen des Erwachsenen an. Veränderungen der Proportionen werden auch in der psychischen Entwicklung deutlich. In der frühen Kindheit ist das Denken und Vorstellen des Kindes phantasiebetont mit wenig Bezug auf die Wirklichkeit. Nach und nach weicht das phantasiebetonte Element vor einem sehr realistischen, tatsachengebundenen, nüchternen und vernünftigen Denken zurück, das – gezügelt und kontrol-

* Die Zahlenangaben beziehen sich auf die Bibliographie am Ende jedes Kapitels. In die Bibliographie wurden auch Arbeiten aufgenommen, die zwar nicht zitiert wurden, jedoch in thematischem Zusammenhang mit dem jeweiligen Kapitel stehen.

liert – nützlich für Planen und schöpferische Arbeit ist. Auch die Interessen des Kindes wechseln. Zuerst konzentriert sich sein Interesse auf sich selber und sein Spielzeug. Allmählich verlagert es sich auf andere Kinder und deren Beschäftigungen. Später, im Jugendalter, richtet sich das Interesse auf das andere Geschlecht, auf Kleidung und auf alles, was mit der Werbung um den Partner zu tun hat.

3. Verschwinden alter Eigenschaften. Die wichtigsten körperlichen Merkmale, die allmählich verschwinden oder absterben, sind die Thymusdrüse, Zirbeldrüse, der Babinski-Reflex, das erste Haar und die Milchzähne. Zu den psychischen Verhaltensweisen, die nach und nach ihre Nützlichkeit verlieren und verschwinden, sind Lallen und alle Formen des kleinkindlichen Sprechens zu rechnen, weiter kindliche Impulse, erst zu handeln, dann zu denken. Bewegungsformen des Kleinkindes wie Kriechen und Krabbeln verschwinden ebenso wie der Drang, alles – besonders mit dem Geruchs- und Geschmackssinn – zu erforschen.

4. Erwerben neuer Merkmale. Einige neue physische und psychische Kennzeichen werden durch Lernen erworben, aber viele sind das Ergebnis eines Entfaltungsprozesses von Merkmalen, die bei der Geburt noch nicht voll ausgeprägt waren. Zu den physischen Kennzeichen gehören die Milchzähne und die bleibenden Zähne und weiter die primären und sekundären Geschlechtsmerkmale, die gegen Ende der Kindheit und zu Beginn der Jugend erscheinen. Als neue psychische Züge kann man Wißbegierde anführen, den Sexualtrieb, Kenntnisse, moralische Standards, religiöse Überzeugungen, verschiedene Formen der Sprache und alle Arten neurotischer Tendenzen.
Somit haben wir es im Entwicklungsprozeß mit zwei grundsätzlich verschiedenen, oft gegeneinander wirkenden Verläufen zu tun: der Evolution oder der Entwicklung neuer Züge und der Involution oder dem Absterben alter Merkmale. In den ersten Lebensjahren herrscht die Evolution vor, jedoch treten auch Rückbildungsprozesse sogar vor der Geburt auf, etwa die Rückbildung der Kiemenspalten bei Säugetieren. In den späteren Lebensjahren herrschen Rückbildungsprozesse vor, jedoch zeigt sich die Kontinuität des Entwicklungsprozesses etwa im Haarwuchs und der Zellenerneuerung (35, 143).
Während einige der Veränderungen im Entwicklungsgeschehen gegeneinander wirken, stützen sich andere wechselseitig. Dies wird aus den Veränderungen der Größe und Proportionen deutlich. Gleichzeitig mit zunehmender Körpergröße verändert sich die Zusammensetzung des Körpers. So rührt z. B. die Gewichtszunahme im Säuglingsalter nicht nur von einer Vermehrung des Fettgewebes her, sondern auch von einer Zunahme des Gewebes der Nerven, Knochen, Drüsen und Muskeln. Im Kindesalter kann man die Zunahme in erster Linie auf Knochen und Muskelgewebe zurückführen, hingegen ist im Erwachsenenalter die Zunahme von Fettgewebe kennzeichnend (116).

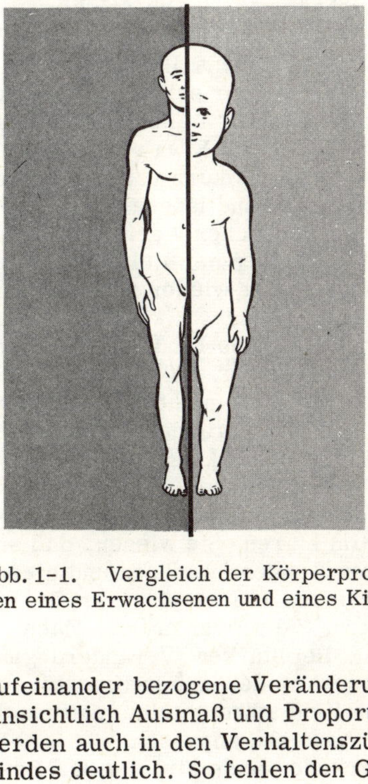

Abb. 1-1. Vergleich der Körperproportionen eines Erwachsenen und eines Kindes.

Aufeinander bezogene Veränderungen hinsichtlich Ausmaß und Proportionen werden auch in den Verhaltenszügen des Kindes deutlich. So fehlen den Gefühlsäußerungen des kleineren Kindes feinere Abstufungen; heftige Wutanfälle können in keiner Beziehung stehen zur Stärke der Versagungssituation. Mit zunehmender Intelligenz und Erfahrung kann das Kind seine Wutreaktion so kontrollieren, daß sie den anerkannten Gruppennormen entsprechen (15, 91).

Geschwindigkeit der Entwicklung. Weder die physische noch die psychische Entwicklung ist ein einheitlicher Prozeß. Die Entwicklungsgeschwindigkeit ist am größten während der neun Monate vor der Geburt, wenn die mikroskopisch kleine Keimzelle sich zu einem Säugling von über 3000 g Gewicht und 50 cm Länge entwickelt.
Die Entwicklung vollzieht sich mit großer Schnelligkeit beim Kleinkind bis zum Alter von drei Jahren. Um sich ein Bild davon zu machen, wie schnell die Veränderungen vor sich gehen, braucht man nur ein Dreijähriges mit einem Neugeborenen zu vergleichen. Während dieser Zeit kann man fast das Kind wachsen sehen. Darüber hinaus läuft eine schnelle psychische Entwicklung durchaus parallel zu der körperlichen Entwicklung (14). Vom dritten bis zum sechsten Lebensjahr wächst das Kind weiterhin sehr schnell, wenn auch weniger schnell als in den voraufgegangenen drei Jahren. Etwa vom sechsten Lebensjahr an bis kurz vor der Pubertät wächst das Kind langsamer, dann kommt ein deutlicher Wachstumsschub, der mit Erreichen der Reife zwei oder drei Jahre später wieder nachläßt.

Die Einstellung des Kindes gegenüber seiner Entwicklung. Möglicherweise wird dem Kind gar nicht klar, daß es wächst und sich verändert, wenn nicht jemand eine Bemerkung über seine Größe macht. Ältere Kinder hingegen sind sich durchaus über die Veränderungen im klaren. Sie wissen, daß sie aus ihren Kleidern wachsen und diese weiterreichen an ihre jüngeren Geschwister. Sie warten auf den Zahnwechsel. Bei starken Veränderungen – besonders in der späten Kindheit – muß das Kind ständig seine motorische Koordination neu anpassen.
Bezeichnenderweise fürchtet der Erwachsene jede Veränderung, ob es sich um die Verschlechterung der Sehkraft handelt, die ihn zum Tragen einer Brille zwingt, oder ob es sich um Fettansatz in den vierziger Jahren handelt. Diese Veränderungen zeigen der Umwelt, daß er „alt wird". Im Gegensatz dazu freut sich das Kind über jede Veränderung, weil es dadurch näher an die Vorrechte und die Freiheit der Erwachsenen herankommt. Die Haltung der Umwelt hinsichtlich dieser Veränderungen beeinflussen das Kind ebenso wie den Erwachsenen. Die meisten Eltern ermutigen ihre Kinder, so bald wie möglich erwachsen zu werden. Wenn das Verhalten des Kindes den Erwartungen der Eltern entspricht, wird es gelobt, sonst aber wird es getadelt, weil es sich nicht „seinem Alter entsprechend" verhält (140, 144).
Davis und Havighurst haben den Wunsch des Kindes, erwachsen zu werden, folgendermaßen erklärt: „Alter ist die Leiter, auf der das Kind in sein Arkadien zu klettern hofft ... Es entdeckt sehr früh, daß andere Kinder, ob in der Familie oder im Kindergarten, sein Ansehen nach seinem Alter messen. Jede Sprosse auf der Altersleiter bringt ihm mehr Rechte zu Hause und in der Schule, mehr Macht über immer mehr kleinere Kinder und mehr und mehr Beweise für sein Ansehen ... Seine Eltern erzählen ihm, daß alles Gute sich mit dem Älterwerden einstellt. Deshalb sehnt sich das Kind in erster Linie danach, größer und älter zu werden ... Für das kleine Kind ... scheint das Älterwerden der Schlüssel für alle verbotenen Türen zu sein. Es ist das wunderbare Geschenk der Erwachsenen, das Macht und Akzeptierung durch die Umwelt bringt. Es räumt die Barrieren von den einladensten und geheimnisvollsten Straßen fort, die zu Unabhängigkeit und Abenteuer führen ... Solange es klein ist, muß es sich ducken, muß es nachgeben und gehorchen. Es ist nicht leicht für das Kind, immer der Unterlegene zu sein, nur weil es kleiner ist" (42).
Auch Untersuchungen über die glücklichste Zeit des Lebens ergaben, daß die Haltung der Kinder gegenüber entwicklungsbedingten Veränderungen

durchweg günstig ist. Studien, in denen Erwachsene zurückschauten über ihr Leben und sich zu erinnern versuchten, was sie in den einzelnen Lebensabschnitten erlebt hatten, zeigten, daß sie als Kinder am glücklichsten waren, obwohl sie sich selbstverständlich auch an Unangenehmes erinnerten. Am besten wurden neue Erlebnisse und Erfahrungen behalten, die alle einen Fortschritt in Richtung auf das Erwachsensein bedeuteten (12, 152, 162).

Untersuchungen zur Kindespsychologie

Die wichtigste Aufgabe der Kindespsychologie ist es, den normalen Entwicklungsverlauf beim normalen Kind festzustellen und Abweichungen von diesem Verlauf zu erklären. Da die Veränderungen eine Funktion des Alters sind, versucht der Entwicklungspsychologe, die Veränderungen von einer Altersstufe zur anderen zu bestimmen, ihre Gründe aufzufinden und festzulegen, wie sie das Verhalten des Kindes beeinflussen. Außerdem gilt es noch immer, Lücken in unserem Wissen über verschiedene Entwicklungsprozesse zu schließen. In einigen Fällen wurde nur der Anfang eines Entwicklungsverlaufes sorgfältig erforscht, in anderen lediglich sein Ende; nur in wenigen Fällen ist das Bild vollständig (8).

Noch problematischer als das Vorhandensein von Lücken ist die Tendenz, diese mit Material aus Untersuchungen an Erwachsenen und Jugendlichen zu füllen. So gibt es z. B. eine Reihe von Studien über bandenähnliche Gruppen von Jugendlichen, wenige über die von Kindern. Folglich wurde angenommen, daß Banden von Kindern kriminelle Tendenzen zeigen, weil die Banden der Jugendlichen kriminell sind. Die wenigen Untersuchungen über Bandenbildung bei Kindern zeigen eindeutig, daß diese Annahme falsch ist; das Verhalten der Kinder in Banden entspricht nicht dem Verhaltensmuster der Heranwachsenden, sondern folgt eigenen Regeln (40).

Im Laufe der Zeit werden mit dem Fortschritt der Forschung diese Lücken wahrscheinlich geschlossen. Die Entwicklungspsychologie hat bereits zu einem gewissen Grad die Ergebnisse benachbarter Forschungsgebiete herangezogen, insbesondere der Medizin, Pädagogik, Soziologie, der empirischen Anthropologie und der Gerontologie. Anthropologische Studien zum Beispiel geben uns wichtige Auskünfte über die Wirkung von Erziehungsstilen auf die Entwicklung der Persönlichkeit. Aus der Soziologie haben wir viel über den Einfluß der Familiengröße und der Beziehung der Geschwister untereinander auf Sozialverhalten und Persönlichkeitsentwicklung gelernt. Da Veränderungen im Verhalten eng mit körperlichen Veränderungen zusammenhängen, kann man sich auf Forschungsergebnisse der Medizin beziehen und sie zu Verhaltensveränderungen in Beziehung setzen. Wenn auch die Gerontologie sich mit der Erforschung des Alternsprozesses befaßt, so hat doch dieses Gebiet wertvolle Beiträge zum Verständnis der Bedeutung geleistet, die die ersten, entscheidenden Jahre der Kindheit besonders für die Persönlichkeitsentwicklung haben (8, 121, 152).

Bedeutung der Kenntnis des Entwicklungsverlaufs. Wenn wir den Entwicklungsverlauf kennen, wissen wir erstens, *was man von einem Kind erwarten kann*, wann man es erwarten kann und in welchem Alter sich die verschiedensten Verhaltensmuster zu reiferem Verhalten verändern. Wenn in einem bestimmten Alter zu viel von einem Kind erwartet wird, entsteht bei ihm wahrscheinlich ein Gefühl der Minderwertigkeit, weil es den Erwartungen der Eltern und Lehrer nicht entspricht. Wird hingegen zu wenig verlangt, wird dem Kind der Anreiz genommen, seine Anlagen zu entfalten. Es entsteht in ihm ein Gefühl der Ablehnung denen gegenüber, die seine Anlagen unterschätzen, was gleich ernst zu nehmen ist.

Zweitens können wir aufgrund dieser Kenntnisse *Normen und Maßstäbe aufstellen*, z. B. folgende Skalen: Größe zu Gewicht, Alter zu Gewicht, Alter zu Größe, psychische Entwicklung zu Alter, und Entwicklung der sozialen Beziehungen und des Gefühlslebens zu Alter. Da diese Normen angeben, was

vom durchschnittlichen Kind erwartet werden kann, ist für die Erziehung des Kindes eine sicherere Grundlage gegeben als in der Vergangenheit.
Eines der umfassendsten und praktischsten Systeme von Entwicklungsnormen ist von Havighurst in der Serie „developmental tasks" aufgestellt worden. Solche Aufgaben für ein Kind bei der Feststellung des Entwicklungsstandes sind „Anforderungen, die zu einem mehr oder weniger genau umschriebenen Zeitpunkt im Leben des einzelnen auftauchen, deren Meisterung zu Zufriedenheit und zu Erfolg bei späteren Anforderungen führt. Versagt das Individuum bei diesen Aufgaben hingegen, so sind Mißbilligung durch die soziale Umwelt und Schwierigkeiten bei späteren Anforderungen zu erwarten". Einige Anforderungen sind lediglich das Ergebnis körperlicher Reifung (Gehen lernen), andere werden bestimmt durch Kulturnormen (Lesen lernen und das Erlernen von Verhaltensweisen, die dem eigenen Geschlecht entsprechen), wieder andere ergeben sich aus den Werten und Zielen des einzelnen (Berufswahl und Vorbereitung auf den Beruf). Bei den meisten entwicklungsbedingten Anforderungen verbinden sich diese drei Komponenten.
Die wichtigsten entwicklungsbedingten Anforderungen in der Kindheit sind folgende:

Kleinkindalter und frühe Kindheit
(von der Geburt bis zum sechsten Lebensjahr)
Laufen lernen
Feste Speisen zu sich nehmen
Sprechen lernen
Sauber werden
Unterschiede zwischen den Geschlechtern kennen und Zurückhaltung bei allem, was mit dem Geschlecht zu tun hat, lernen
Stabilität einiger psychologischer Variablen erreichen
Einfache Vorstellungen über seine Umwelt, auch der sozialen, entwickeln
Sich über die Gefühle gegenüber Eltern, Geschwistern und anderen Menschen klar werden
Gut und schlecht unterscheiden und ein Gewissen entwickeln.

Späte Kindheit
(vom sechsten bis zum zwölften Lebensjahr)
Erlernen der für die üblichen Spiele notwendigen körperlichen Geschicklichkeiten
Eine gesunde Einstellung gegenüber sich selbst als sich entwickelndem Menschen einnehmen
Lernen, sich mit den Altersgenossen zu verstehen
Die Rolle, die dem eigenen Geschlecht entspricht, lernen
Grundlagenkenntnisse im Lesen, Schreiben und Rechnen erwerben
Vorstellungen und Begriffe entwickeln, die für das tägliche Leben notwendig sind
Gewissen, einen Moralbegriff und eine Werteordnung entwickeln
Unabhängiger werden
Einstellungen gegenüber sozialen Gruppen und Institutionen finden (76).

Da der Entwicklungsverlauf bei allen normalen Kindern ungefähr der gleiche ist, können wir jedes Kind gemäß den Normen für sein Alter einstufen. Wenn seine Entwicklung seinem Alter entspricht, paßt es sich in der üblichen Weise den Forderungen seiner Umwelt an. Weicht seine Entwicklung von der Norm ab, so kann das ein Anzeichen für mangelnde Anpassung im sozialen Bereich, im Gefühlsleben oder der Persönlichkeitsentwicklung sein, und man sollte sofort herauszufinden versuchen, warum seine Entwicklung abweicht und was dagegen zu tun ist. Ist die Abweichung z. B. eine Folge von Schwachsinn, so kann man zwar wenig dagegen tun, aber das Kind kann in eine Umgebung gebracht werden, wo es keine Minderwertigkeitsgefühle durch den ständigen Vergleich mit normalen Kindern entwickelt (68). Wenn das Kind deshalb zurückbleibt, weil es nicht genügend Möglichkeiten zu lernen hat, müssen ihm diese Möglichkeiten gegeben werden. Diesen Aspekt haben Corey und Herrick betont: „Jede entwicklungsbedingte Anforderung . . . ist eine Aufgabe, die zumindest bis zu einem gewissen Grad der Beherrschung gemeistert werden muß. Hier gibt es keine andere Möglichkeit, wenn das Individuum eine relativ normale, gesunde und angemessene Anpassung an seine Kultur erreichen soll. Ein Junge oder ein Mädchen, das diese Aufgaben nicht so löst, daß sie den Normen seiner kulturellen Umwelt wenigstens näherungsweise entsprechen, wird auf verschiedene Art bestraft. Die Strafe kann gezielt und deutlich sichtbar sein, wie bei den Menschen, die auf dem Gebiet des Sexuellen vom üblichen abweichen, oder sie kann subjektiv sein wie die Ängstlichkeit des chronischen Feiglings" (38).

Zu jeder Entwicklung gehört Führung. Der dritte Vorteil der Kenntnis der Entwicklung besteht darin, daß Lehrer und Eltern das Kind zum geeignetsten Zeitpunkt auf neue Wege führen können. Wenn z. B. ein Kleinkind so weit ist, daß es das Laufen lernen kann, muß man ihm Gelegenheit geben, das Laufen an einem sicheren Ort zu üben, so daß es nicht durch Hinfallen erschreckt wird. Darüber hinaus muß es ermutigt werden, so oft wie nötig zu versuchen, bis es ohne die Hilfe von Erwachsenen laufen kann. Fehlt die Gelegenheit zu laufen und fehlt es an Ermunterung, so kann die normale Entwicklung des Kindes verzögert werden. Ähnlich ist der Zeitpunkt für gezielte Anleitung zum Lesen gekommen, wenn das Kind Interesse für das Lesenlernen zeigt. Wird dieser Zeitpunkt falsch gewählt, dann können später Leseschwierigkeiten auftreten (62, 94).
Zum vierten ermöglicht es die Kenntnis des Entwicklungsverlaufes den Eltern und Lehrern, das Kind rechtzeitig auf die Veränderungen vorzubereiten, die sich in seinem Körper, seinen Interessen oder seinem Verhalten vollziehen werden. Man kann dem Kind zum Beispiel erklären, was von ihm erwartet wird, wenn es in die Schule kommt (25). Obwohl durch diese psychologische Vorbereitung Spannungen nicht völlig ausgeschlossen werden, so trägt sie doch sehr dazu bei, diese zu verringern.

Schwierigkeiten bei der Untersuchung der Entwicklung

Die wissenschaftliche Untersuchung des Entwicklungsverlaufes des Kindes ist auf viele Schwierigkeiten gestoßen. Einige sind teilweise beseitigt worden, andere sind immer noch sehr groß. Die wichtigsten Schwierigkeiten sollen in den folgenden Abschnitten dargelegt werden.

Das Interesse an Kindern

Nicht das Interesse für das Kind oder für seine Entwicklung, sondern die Suche nach der besten Methode, aus einem Kind einen nützlichen Bürger zu machen, kennzeichnen das frühe Interesse für Untersuchungen an Kindern. Einer der ersten Reformer auf dem Gebiet des Erziehungswesens, der Kinder als Individuen untersuchte, war bereits im siebzehnten Jahrhundert Johann Amos Comenius. Comenius vertrat die Ansicht, daß das Kind nicht als kleiner Erwachsener betrachtet werden sollte, sondern als kindliches Wesen, damit man seine Fähigkeiten richtig einschätzte und es entsprechend behandeln konnte.
In einer 1628 erschienenen Schrift beschreibt Comenius die Erziehung, die er für die beste während der ersten sechs Jahre der Kindheit hält; in „Orbis Pictus", erschienen 1657, versieht er den Lesestoff mit Bildern, um ihn für das Kind verständlicher zu machen.
Das bedeutete die erste praktische Anerkennung der Fähigkeit des Kindes, konkrete Tatsachen eher als abstrakte Ausdrücke verstehen zu können.
Nach dieser Pionierarbeit des Comenius zeichneten sich zwei Richtungen der Untersuchung des Kindes ab. Die erste Richtung wird charakterisiert durch philosophische Abhandlungen über die Erziehung, in denen das Kind nur indirekt untersucht wurde; die zweite Richtung wird charakterisiert durch direkte Untersuchungen des Kindes mit Hilfe von täglichen Beobachtungen. Der Einfluß der philosophischen Abhandlungen war groß, was die Reformen der Erziehung betrifft. Zu den Reformern der Erziehung, die indirekt zu Einsichten über das Kind und dessen Fähigkei-

ten beitrugen, gehören der Engländer Locke, Rousseau in Frankreich, in der Schweiz Pestalozzi und in Deutschland Herbart und Fröbel.
Beobachtungen an Kindern haben sich als fruchtbarer erwiesen, da sie die Aufmerksamkeit stärker auf das Kind als auf dessen Erziehung richteten. Die Literatur zur Erziehung und Kinderheilkunde befaßte sich im sechzehnten und siebzehnten Jahrhundert mit Problemen, mit denen wir uns auch heute noch befassen, wie das Stillen, Schwierigkeiten beim Füttern, die besondere Aufmerksamkeit, die das Kind während einer Krankheit braucht (31). Die erste wissenschaftliche Aufzeichnung der Entwicklung eines kleinen Kindes, die 1774 veröffentlicht wurde, gründet auf den Notizen, die Pestalozzi nach Beobachtungen an seinem dreieinhalbjährigen Sohn gemacht hatte. Einige Jahre später machte der Deutsche Tiedemann biographische Notizen zur Entwicklung seiner Kinder während der ersten Lebensjahre (146).
Das Interesse an wissenschaftlichen Untersuchungen von Kindern erhielt Impulse durch die Arbeit G. Stanley Halls. Ausgehend von seiner Untersuchung über die Vorstellungswelt des Kindes, die er 1891 in „Contents of Children's Minds on Entering School" wiedergab, betonte Hall, daß Kinder keine kleinen Erwachsenen sind (73). Halls Schüler haben sich ebenfalls auf diesen Standpunkt gestellt, und bald standen im Brennpunkt des wissenschaftlichen Interesses bei Psychologen und Erziehern die Untersuchungen von Kindern ohne Bezug auf Fragen der Erziehung.
Seit Halls erster Arbeit sind buchstäblich Tausende von Untersuchungen erschienen, die sich auf jede Phase des kindlichen Lebens beziehen. Die meisten frühen Untersuchungen waren schlecht kontrolliert, und wenige wandten wissenschaftliche Methoden an. Ihre Aufmerksamkeit konzentrierte sich in erster Linie auf einige psychologische Themen – wie Gefühl, Gedächtnis, Vorstellungen oder Persönlichkeit –, und sie trugen wenig zu unserer Kenntnis darüber bei, wie sich Kinder entwickeln oder wie sie sich von einer Altersstufe zur anderen verändern. Dennis stellte fest: „Psychologische Untersuchungen an Kindern sind seit Jahrzehnten durchgeführt worden. Man kann von diesen Untersuchungen mit gutem Grund erwarten, daß sie denen wertvolle Information geben, die sich mit der Fürsorge für die Kinder befassen. Doch wird der vorsichtige Kindespsychologe der erste sein, der darauf hinweist, daß bis heute auf seinem Gebiet nur ein bescheidenes Maß an wissenschaftlichen Fakten vorliegt" (44).
Wie wir bereits hervorhoben, war das Interesse an kindespsychologischen Untersuchungen zunächst durch den Wunsch motiviert, der pädagogischen Praxis zu helfen. Später wurden Kinder im Vorschulalter untersucht in der Hoffnung, dadurch die Probleme bei der Erziehung der Kinder zu erhellen. Und noch später wurde das Neugeborene mit dem Ziel untersucht, festzustellen, welche Verhaltensfähigkeiten zu seinem Erbgut gehören und wieviel es lernen muß.
Kindespsychologische Studien waren auch durch den Wunsch motiviert, miteinander konkurrierende Theorien zu widerlegen oder zu stützen. Watsons Theorie der „drei primären Emotionen" und seine Betonung des Konditionierens als wichtigstem Prinzip der emotionalen Entwicklung haben zu einer Vielzahl von Arbeiten über die Emotionen auf verschiedenen Altersstufen geführt (171). Ähnlich hat die Theorie der Konstanz des Intelligenzquotienten (IQ) Längsschnittstudien der Intelligenzentwicklung angeregt, die feststellen sollten, wie konstant der IQ ist und unter welchen Bedingungen an die Stelle der Konstanz Variabilität tritt (14).

Schwierigkeiten, Kinder für wissenschaftliche Untersuchungen zu finden

Große und unausgewählte Gruppen von Kindern für wissenschaftliche Untersuchungen zu finden, war lange Zeit ein mühseliges und oft unüberwindliches Problem. In den letzten Jahren hat dieses Problem an Schwierigkeit verloren. Heute werden die meisten Kinder in Krankenhäusern geboren und sind für den Wissenschaftler erreichbar. Außerdem gibt es nicht mehr das weitverbreitete Gefühl, Babys seien zu „zart", um

untersucht zu werden. Kindergärten, Säuglingspflegestellen, Erholungsheime und Anstalten für geschädigte Kinder geben dem Psychologen ausgezeichnete Möglichkeiten, Kinder im Vorschulalter zu untersuchen. Eltern bringen die Kinder zu diesen Stellen wegen der kostenlosen Behandlung und um Ratschläge bei Erziehungsfragen zu bekommen. Als Gegenleistung erlauben sie es, daß ihre Kinder in regelmäßigen Intervallen untersucht und getestet werden.
Es gibt noch einige ernste Schwierigkeiten bei der Arbeit mit Kindern im Schulalter. Obwohl heutzutage viele Lehrer und Verwaltungen willig mit dem Wissenschaftler zusammenarbeiten, hat dies das Problem nicht völlig gelöst. Die Schulkinder selbst sträuben sich oft gegen die Mitarbeit. Sie meinen, daß „man in ihren Angelegenheiten herumschnüffelt", daß sie „als Versuchskaninchen behandelt würden" oder daß das Testen eine Zeitverschwendung darstelle. Ernster sind noch die Grenzen, die den Themen gezogen werden, die erforscht werden dürfen. Die vorgesetzten Schulbehörden erlauben oft nicht die Untersuchung „kritischer" Themen, wie sexuelle Fragen, Religion, Beziehungen zwischen Eltern und Kindern oder Beziehungen zwischen den Geschwistern, denn dadurch kämen die Kinder „auf seltsame Gedanken", oder man befürchtet den Widerstand der Eltern.
Schließlich gibt es noch den Widerstand, der von den Eltern oder der Gesellschaft ausgeht. Der hauptsächliche Grund, der dagegen vorgebracht wird, Säuglinge oder Kleinkinder zu wissenschaftlichen Studien heranzuziehen, ist der, daß dies den Kindern bleibenden Schaden zufügen könnte (112). Eltern von Schulkindern meinen oft, die Zeit, die für das Forschungsvorhaben benötigt wird, solle für den Unterricht in der Klasse verwendet werden, andere sehen es nicht gern, wenn vielleicht ihre Kinder im Experiment Anordnungen folgen müssen, die mit der Erziehung im Elternhaus im Widerspruch stehen könnten. Dennis stellte bei der Diskussion der elterlichen Gegengründe fest: „Der medizinischen Untersuchung des Zustandes des Kindes wird wenig widersprochen, denn der Mediziner will Möglichkeiten feststellen, das Kind gesund, nicht krank zu machen. In ähnlicher Weise versucht der Psychologe, Schulversagen, Jugendkriminalität und Konflikte zwischen Eltern und Kindern zu reduzieren, nicht zu vergrößern. Ein besseres Verständnis der Forschungsziele und der ethischen Normen, nach denen sich der Forscher bei seiner Arbeit richtet, würden zu einer stärkeren Billigung seitens der Öffentlichkeit führen" (44).

Methoden für die Untersuchung von Kindern

Das Problem der Methodenwahl bei der Untersuchung von Kindern war immer schwierig. Eine Methode zu finden, die man auf Kinder anwenden kann und die zugleich genau genug ist, um zu gültigen Ergebnissen zu führen, ist nicht leicht. Viele Methoden wurden deshalb fallengelassen, weil sie entweder zu kompliziert waren oder nicht über die nötige Zuverlässigkeit als Meßinstrumente verfügten. So werden heute z. B. selten Kindertagebücher oder Fragebogen herangezogen, es sei denn, es könnte durch hinreichende Kontrolle eine Genauigkeit erreicht werden, die den frühen Tagebüchern und Fragebogen mangelte.
John B. Watson glaubte in den frühen Jahren unseres Jahrhunderts *die* Methode gefunden zu haben, mit der man kleine Kinder untersuchen könne, deren Sprachentwicklung noch nicht den Punkt erreicht hat, an dem sie Fragen beantworten oder ihre Gedanken, Gefühle und Emotionen in Worte fassen können. Er versuchte, durch Beobachtung ihres Verhaltens herauszufinden, was in ihnen vorging, und aufgrund dieser Verhaltensbeobachtung auf ihre Gedanken und Gefühle zu schließen. Er hatte festgestellt, daß dieser „behavioristische" Ansatz bei der Arbeit mit Tieren zu zufriedenstellenden Ergebnissen führte. Deshalb glaubte er, daß diese Methode gleich erfolgreich bei der Untersuchung von Kindern sein würde (171).
Es stellte sich jedoch bald heraus, daß drei wichtige Einschränkungen für diese Methode gelten. *Erstens* lernen Kinder schnell, daß die soziale Umwelt von ihnen bestimmte Verhaltensweisen er-

wartet. Wenn sie sich so verhalten, wie die soziale Gruppe es erwartet, werden sie belohnt, wenn nicht, werden die bestraft. Jungen entdecken z. B., lange bevor sie eingeschult werden, daß man von ihnen erwartet, tapfer zu sein und keine Furcht zu zeigen. Also wird der kleine Junge lernen, standhaft zu sein und seine Tränen zurückzuhalten, obwohl er vielleicht vor Angst außer sich ist. Wenn man ihn beobachtet, könnte man schließen, er sei tapfer, aber dieser Schluß wäre nicht gerechtfertigt. Die Beobachtung von Babys und Kleinkindern könnte zu genauen Informationen über ihre Gedanken und Gefühle führen, aber Beobachtungen an älteren Kindern geben eher darüber Auskunft, wie sehr diese gelernt haben, den sozialen Erwartungen zu entsprechen.

Sogar Säuglinge werden auf verschiedene Weise reagieren, wenn ein anderer anwesend ist oder wenn sie alleine sind. Kinder im Vorschulalter sind sich des beobachtenden Auges der Eltern und Erzieher sehr wohl bewußt; sie wissen, daß sie sich so verhalten müssen, wie Eltern und Erzieher es erwarten, oder sie werden bestraft. Jüngere Kinder z. B. tendieren stärker zur Aggressivität, wenn ein Erwachsener in der Nähe ist, als wenn sie mit anderen Kindern alleine sind (148). Gesell schlug vor etlichen Jahren eine Möglichkeit vor, wie man diese methodischen Schwierigkeiten überwinden könne: Mit Hilfe einer Glasplatte, die nur in einer Richtung durchsichtig ist (Einwegscheibe), sollte der Wissenschaftler beobachten, ohne daß das Kind es merkt (58). Kinder, die älter als drei Jahre sind, finden jedoch Möglichkeiten, festzustellen, was sich hinter der Scheibe befindet, und merken bald, daß es eine Anlage mit dem Zweck ist, sie zu beobachten. Somit ist der Wert der Anlage begrenzt.

Die z w e i t e Schwierigkeit des behavioristischen Vorgehens liegt darin, daß es oft nötig ist, die Beobachtungen von Leuten heranzuziehen, die nicht wissenschaftlich ausgebildet sind. Um Daten über das Verhalten im Elternhaus zu erhalten, müssen sich die Forscher oft auf die Berichte der Eltern verlassen. Im allgemeinen werden die Eltern vor Beginn der Untersuchung kurz geschult, um die Genauigkeit ihrer Berichte zu verbessern und ihre Aufmerksamkeit auf das zu lenken, was sie beobachten sollen. So bildete z. B. Goodenough in der Untersuchung von Wutanfällen bei Vorschulkindern die Eltern aus, die an dem Experiment teilnahmen (67). Macfarlane und Mitarbeiter gingen bei der Sammlung von Daten ähnlich vor, als sie allgemeine Formen von Verhaltensschwierigkeiten bei Kindern von 21 Monaten bis zu vierzehn Jahren untersuchten (115).

Eine solche Ausbildung g a r a n t i e r t eine wirksame Kontrolle n i c h t. Die Einstellungen eines Beobachters gegenüber dem Verhalten von Kindern – ob es sich nun um „normales" oder „gestörtes" Verhalten handelt – werden durch seine eigene Persönlichkeit, sein Geschick, seine Erfahrungen und seine Einstellung zu Kindern beeinflußt. Selbst wenn ein systematisches Kategorienschema für das Berichten und Beobachtungen zugrunde gelegt wird, wird die Protokollierung oder Nichtregistrierung von Material durch die Annahme des Beobachters bestimmt, ob die jeweilige Feststellung für das Problem, das untersucht werden soll, wichtig ist. Außerdem ist die Auffassungsfähigkeit des Beobachters ein wichtiger Faktor bei der Bestimmung dessen, was berichtet und was zurückgehalten wird (133).

So kann z. B. ein kleiner Vorfall wie das Schmollen eines Kindes, wenn eines seiner Geschwister mehr Aufmerksamkeit erhält als es selbst, vom Beobachter nicht als Zeichen der Eifersucht festgestellt und also auch nicht berichtet werden. Für die Untersuchung von Verhaltensschwierigkeiten in der Familie spielen Erwartungen der Eltern eine entscheidende Rolle dafür, was Eltern beobachten und wie sie es berichten. Da Mütter in der Regel eher von ihren Töchtern gutes Verhalten erwarten als von ihren Söhnen, stehen sie dem Verhalten ihrer Töchter meist kritischer gegenüber. Entsprechend erwarten Väter von ihren Söhnen mehr Aggressivität als von ihren Töchtern. Analog zum vorher Gesagten wird also das Verhalten von Söhnen und Töchtern von den Vätern unterschiedlich interpretiert (75, 121).

Verfälschende Einstellungen, die die Genauigkeit der Beobachtungen beeinflussen, bestehen auch bei Beobachtern in der Schule. Was zum Beispiel störendes Verhalten in der Schule ausmacht, hängt vom Bezugssystem des Lehrers ab. Für Lehrer ist störendes, auffälliges Verhalten das alles, was die Wirksamkeit des Lehrens herabsetzt oder die Ruhe, die für den Unterricht nötig ist, stört. Kichern, Briefchen austauschen oder mit einem anderen Schüler sprechen, sind alles Verhaltensweisen, die in diese Kategorie fallen. Ein klinischer Psychologe, in dessen Bezugssystem die Wirkungen eine Rolle spielen, die verschiedene Verhaltensformen hinsichtlich der Anpassung des Kindes jetzt und später haben, hält solche Verhaltensweisen für weniger wichtig. Teilnahmslosigkeit und andere Formen, die zu Fehlanpassungen führen, werden vom klinischen Psychologen als „Verhaltensstörungen" bezeichnet. Unter diesen Umständen ist es verständlich, daß die Beobachtungen von Lehrern und klinischen Psychologen an den gleichen Kindern in der gleichen Situation deutlich verschieden sind (18, 161).

Um die Wirkungen verfälschender Einstellungen zu vermeiden, beziehen sich klinische Psychologen bisweilen auf Rückerinnerungen an frühere Ereignisse. Wenn der Beobachter eine Situation in der Zeitperspektive sieht, wird er vermutlich mit geringerer Wahrscheinlichkeit seine Beobachtungen verfälschen. Dies trifft besonders zu für die Beziehungen zwischen Eltern und Kind, wo Verärgerungen des Augenblicks sehr leicht den Bericht der Eltern färben können (173). Während auf diese Weise der Einfluß verfälschender Einstellungen vielleicht vermieden wird, machen u. U. andere Faktoren, die die Genauigkeit des Berichtes beeinträchtigen, diese Rückschau nicht zuverlässiger als Beobachtungen, die durchgeführt werden, wenn das Verhalten gerade geschieht. Zu diesen Faktoren gehören z. B. Vergessen; Veränderung der Einstellung über eine gewisse Zeitspanne hinweg; der Wunsch, ein Verhalten zu rechtfertigen, das ungünstig ausgelegt werden könnte, oder der Wunsch, auf eine Frage hin die „richtige Antwort" zu geben (19, 142).

Die dritte, jedoch keineswegs am wenigsten wichtige Begrenzung des behavioristischen Vorgehens betrifft die Genauigkeit. Selbst geübte Beobachter halten es für schwierig, alle Teile des menschlichen Körpers gleichzeitig zu beobachten oder das gesamte Verhalten eines Kindes zu erfassen (158). Wenn das Kind z. B. geht, ist es schwer, alles zu beobachten, was es mit den Händen, Füßen, Armen, Beinen, mit seinem Kopf und seinem Rumpf tut. Wenn verschiedene Beobachter eingeteilt sind, die verschiedene Teile des Körpers beobachten sollen, können sie später ihre Beobachtungen zusammenfassen.

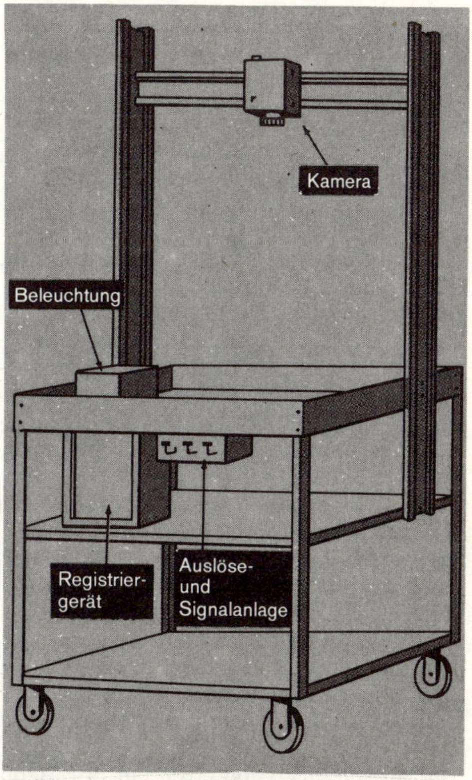

Abb. 1-2. Beobachtungsvorrichtung zum Fotografieren Neugeborener.

Um die Genauigkeit der Beobachtung zu erhöhen, führte Gesell bei seinen Studien an der Yale Universität im Jahre 1926 die Filmkamera ein (59). Wenn das Kind bei seinem Verhalten gefilmt und der Film mit verringerter Geschwindigkeit wiedergegeben wird, kann der Beobachter alle Teile des Körpers in Bewegung sehen. Außerdem kann der Film erneut vorgeführt werden, wenn irgendeine Bewegung bei einem Beobachtungsdurchgang übersehen wurde. Ein weiterer wichtiger Vorteil dieser Methode besteht darin, daß die beim Beobachter vorhandene Versuchung wegfällt, das, was er beobachtet, zu interpretieren. Bei einer Vorführung des Filmes sieht er das Verhalten des Kindes vielleicht in einer objektiveren Weise als in dem Augenblick, in dem er das Kind beobachtet (133). Abb. 1-2 zeigt, wie diese Technik für das Studium der Bewegungen des Neugeborenen herangezogen wird.

Die Genauigkeit der Beobachtung ist ein besonders wichtiges Problem bei der Erforschung des Sprechens. Um die Entwicklung des Sprechens zu verstehen, muß man wissen, welche vorsprachlichen Formen der Lautäußerung das Kleinkind kennt. Auf diesem Gebiet wurden nur sehr wenige Untersuchungen durchgeführt, weil es schwierig ist, einen Laut mit dem Ohr zu analysieren, und das auditive Gedächtnis unzuverlässig ist. Lynip führt aus: „Es ist völlig inadäquat, zu versuchen, eine Lautäußerung eines Kindes, das noch nicht sprechen kann, mit Lauten der Erwachsenen auszudrücken. Die Lautäußerung des Kleinkindes entspricht nicht irgendeinem der gut umschriebenen Laute der Erwachsenensprache. Sie wird auf andere Weise hervorgebracht, und sie wird auf andere Weise geformt; ihre Beziehungen zu Lauten der Erwachsenensprache sind zunächst nur zufällig. Die Laute der Kleinkinder können nur mit Begriffen, die sich auf diese Laute selbst beziehen, beschrieben werden" (114).

Um diese Schwierigkeiten bei der Beobachtung auszuschalten, arbeitete Lynip mit einem Tonbandgerät und einem Ton-Spektrographen, der eine graphische Darstellung und Analyse der Töne ermöglicht, die vom Tonband aufgenommen wurden. Aufgrund dieser Aufzeichnungen, die sowohl in ihrer auditiven wie visuellen Form genau sind, kann man feststellen, wie die vorsprachlichen Laute sich im Verlauf der Zeit verändern, bis sie als Sprache erkennbar sind (114).

<u>Die Notwendigkeit unterschiedlicher Methoden.</u> Eine der größten Schwierigkeiten für eine zufriedenstellende Untersuchung der Entwicklung eines Kindes besteht darin, daß *keine einzige Untersuchungsmethode für alle Altersstufen und für alle Verhaltensformen geeignet ist.* Völlig voneinander verschiedene Methoden müssen bei Kindern angewandt werden, die ihre Gedanken nicht mit Worten ausdrücken können, und bei denen, deren Sprache gut entwickelt ist (6, 163). In ähnlicher Weise müssen verschiedene Meßverfahren für die Kinder herangezogen werden, die nicht lesen und schreiben können, und für die, die es können. Soziometrische Verfahren – aus der Soziologie übernommen – sind für die Untersuchung der sozialen Entwicklung des Kindes wertvoll, für Untersuchungen der sprachlichen oder motorischen Entwicklung jedoch völlig unzulänglich und ungeeignet.

Die Entwicklung geeigneter Methoden für die Untersuchung verschiedener Altersstufen und verschiedener psychologischer Phänomene ist eine der größten Schwierigkeiten bei der wissenschaftlichen Untersuchung von Kindern. Deshalb haben wir nur langsam Informationen über die Entwicklung des Kindes sammeln können und eine ziemlich bunte Ansammlung erhalten. Zum Teil sind wir den Schwierigkeiten dadurch entgegengetreten, daß wir Methoden aus verwandten Forschungsbereichen übernommen haben – hauptsächlich aus der Medizin, der Soziologie und der experimentellen Psychologie. Da viele dieser Methoden für die Anwendung bei erwachsenen Versuchspersonen oder für Jugendliche im Oberschul- oder Universitätsalter entwickelt wurden, mußten sie jedoch geändert werden, ehe sie für die Untersuchung von Kindern herangezogen werden konnten.

<u>Querschnitt- im Vergleich zu Längsschnittuntersuchungen.</u> Informationen aus Fragebogen, Beobachtungen, retro-

spektiven Berichten und anderen Quellen können mit Daten aus weiteren Untersuchungen verbunden werden und so ein zusammengesetztes Bild des Verlaufs der Entwicklung eines Kindes ergeben. Dies wird als normatives Querschnittverfahren bezeichnet, weil die Normen für verschiedene Bereiche der Entwicklung nicht aus der Untersuchung irgendeiner beliebigen Gruppe von Kindern über einen längeren Zeitraum hinweg gewonnen wird, sondern vielmehr aus der Untersuchung vieler Gruppen während eines kürzeren Zeitraumes. Wenn die Gruppen aus repräsentativen Stichproben der Bevölkerung bestehen, dann werden Einflüsse der Umgebung in hohem Maße ausgeschlossen, und Normen für den Entwicklungsverlauf können dann festgestellt werden (6).

Trotz seiner praktischen und methodologischen Vorteile hat das Querschnittverfahren einige schwerwiegende Nachteile. Aufgrund dieser Nachteile bringen die durch dieses Verfahren gewonnenen Ergebnisse eher Annäherungen als exakte Darstellungen des Entwicklungsprozesses. Eine Querschnittuntersuchung von Vierzehnjährigen würde z. B. Jungen und Mädchen in vielen verschiedenen Stadien der sexuellen Reife einschließen und die damit einhergehenden typischen Varianten der psychologischen Reife. Folglich würde es keine wirkliche Norm für einen Vierzehnjährigen geben. Darüberhinaus finden in Querschnittuntersuchungen kulturelle oder umgebungsbedingte Veränderungen, die während der Lebensdauer eines Individuums auftreten, keine Berücksichtigung. Wenn in einer Untersuchung die Veränderungen der Interessen hinsichtlich Spiel und Freizeit in den Jahren der Kindheit festgestellt werden, so können die Unterschiede vielleicht zurückzuführen sein auf den kulturellen Hintergrund und die Umgebung der untersuchten Gruppen und nicht auf entwicklungsbedingte Veränderungen des Kindes (6).

Doch ist die Entwicklung des Kindes auch durch Längsschnittverfahren untersucht worden. Dieses Verfahren besteht darin, daß dieselben Kinder regelmäßig in bestimmten Abständen während der Kindheit und des Jugendalters untersucht werden. Wie Dennis festgestellt hat „zieht die Kindespsychologie fast als einzige Längsschnittuntersuchungen heran". Er betont weiterhin, daß einer der Gründe für die Lücken in unserem Wissen über das Kind darin besteht, daß „Längsschnittuntersuchungen ihrer Natur nach lange dauern" (44). Außerdem kosten sie viel Zeit und Geld und sind schwierig durchzuführen (19). Eine weitere Schwierigkeit besteht darin, die ursprüngliche Stichprobe beizubehalten. Durch berufsbedingten Ortswechsel verlassen die Kinder die Gemeinde, in der die Untersuchung durchgeführt wird, und durch mangelhafte Zusammenarbeit auf seiten der Kinder oder ihrer Eltern schließen sie sich von der Stichprobe aus, ehe die Untersuchung beendet ist.

Eine Längsschnittuntersuchung zeichnet sich durch drei sehr wesentliche Vorteile vor der Querschnittuntersuchung aus: 1. Sie läßt eine Analyse der Entwicklung und des Wachstums jedes einzelnen Kindes zu; 2. sie läßt eine Untersuchung der Zunahme des Wachstums zu, sowohl in bezug auf das einzelne Kind als auch in bezug auf die Gruppe; 3. sie bietet die Möglichkeit, die Beziehungen zwischen Wachstumsprozessen zu analysieren, sowohl zwischen Reifungsprozessen als auch zwischen Lernprozessen, da alle Daten aus der Untersuchung derselben Kinder gewonnen werden (6).

Die Längsschnittuntersuchungen haben unsere Kenntnisse über Kindheit und Jugend weitgehend verändert, indem sie Fakten zutage brachten, die man durch Querschnittuntersuchungen unmöglich erhalten konnte, in denen individuelle Variationen durch „Durchschnittswerte" verdeckt werden. Als einige der wichtigsten bis heute vorliegenden Längsschnittuntersuchungen seien die zur intellektuellen Entwicklung von Bayley, Owens und Terman (14, 131, 164) genannt; ferner die Untersuchung der langfristigen Wirkungen des Alters der sexuellen Reife auf das soziale Verhalten und die Persönlichkeit, durchgeführt von Jones und Mussen (97, 99), und die Studien über die Konstanz von Persönlichkeitseigenschaften von der Kindheit bis ins Erwachsenenalter und ins hohe Alter, die von Smith geleitet wurden (152).

Vergleich von Menschen und Tieren. Bei der Untersuchung von Kindern ergab sich ein beachtliches methodisches Hindernis. Es ist der mögliche psychische Schaden, der durch Untersuchungsmethoden hervorgerufen wird, von denen sich bei Untersuchungen an Tieren herausgestellt hat, daß sie sehr zuverlässig sind und auch für Tiere unschädlich. So ist es vom wissenschaftlichen wie auch vom praktischen Gesichtspunkt aus nützlich, zu wissen, wieviel in der Entwicklung eines Kindes gewissermaßen von selbst erscheint und wieviel von den Erfahrungen, die das Kind macht, abhängt. Für Untersuchungen der ererbten Verhaltensweisen bei Tieren können diese Lernmöglichkeiten entzogen werden; sie können von anderen Tieren der gleichen Gattung isoliert oder so in Käfigen gehalten werden, daß sie keine Möglichkeit haben, das Verhalten zu üben, das man typischerweise in ihrer Gattung antrifft. Wenn dann doch dieses für ihre Gattung typische Verhalten auftritt, kann man logischerweise schließen, daß es sich um einen ererbten Verhaltenszug handelt.

Die Methode der Isolierung wurde auch bei Menschen angewandt, aber jedesmal rasch wieder aufgegeben. Es besteht nicht nur die praktische Schwierigkeit, die Zustimmung der Eltern des Kindes zu gewinnen, es liegen auch starke Gegengründe vor, die von den Eltern und anderen vorgebracht werden, daß nämlich die Isolierung das Kind benachteiligt und es psychologisch so schwer schädigt, daß es nie wieder „normal" sein würde (6, 43).

Eine zweite Methode zur Feststellung dessen, wieviel die Natur für das Kind tut und wieviel es selbst tun muß, ist die Methode der kontrollierten Zwillingsuntersuchung. Ausgehend von der Annahme, daß eineiige Zwillinge sowohl physisch als auch psychisch gleich sind, erhält der eine Zwilling Gelegenheit, bestimmte Funktionen zu lernen, während der andere Zwilling (der Kontroll-Zwilling) diese Übungsmöglichkeit nicht hat. Nach einer bestimmten Zeit werden die Ergebnisse, die die Übung bei dem ersten Zwilling hat, mit den Leistungen des Kontroll-Zwillings verglichen. Wie auch für die Isolierungsmethode liegt die praktische Schwierigkeit vor, eine genügend große Anzahl von eineiigen Zwillingen zu bekommen, deren Eltern es erlauben, daß sie an einem Experiment teilnehmen, in dem der eine psychischen Schaden davontragen kann, weil ihm Lernmöglichkeiten vorenthalten werden, und es dem anderen nicht gut tut, das Gefühl zu bekommen, er sei dem anderen Zwilling überlegen (6, 65).

Entwicklungspsychologische Untersuchungen großer Gruppen haben sich in der Regel als für eine breite Anwendung viel praktischer herausgestellt als die Isolierungsmethode oder die Methode der kontrollierten Zwillingsuntersuchung. Das grundlegende Prinzip einiger entwicklungspsychologischer Untersuchungen besteht in folgender Annahme: Wenn die Umweltfaktoren dadurch kontrolliert werden, daß sehr viele verschiedene rassische, sozioökonomische, religiöse, psychische und physische Faktoren in der Gruppe repräsentiert sind, dann sind die Umwelteinflüsse ausgeschaltet. Alle noch auftretenden Ähnlichkeiten im Entwicklungsverlauf der Kinder dieser Gruppe können jetzt als „Werk der Natur" angesehen werden. Wenn Kinder, die verschiedenen Erziehungsmethoden und verschiedenen Lernmöglichkeiten ausgesetzt waren, Verhalten zeigen, das in seinen Grundzügen ähnlich ist – wenn es sich auch in bestimmten Einzelheiten unterscheidet – dann wird in der Regel angenommen, dieses Verhalten sei nicht völlig gelernt, sondern teilweise das Ergebnis einer Entfaltung von im Erbgut angelegten Verhaltenszügen (6, 44).

Die Größe der methodischen Schwierigkeiten beim Studium der Entwicklung sei durch ein Zitat aus Andersons Zusammenfassung seines Berichtes über Methoden der Kindespsychologie verdeutlicht: „Auf dem Gebiet der Kindespsychologie werden wissenschaftliche Probleme mehr und mehr mit einer Vielzahl von Methoden in Angriff genommen; dies geschieht durch Forscher, die sich immer mehr mit Fragen der Methodologie beschäftigen. Die Kindespsychologie, die zunächst fast jede Beobachtung oder jedes Ergebnis einer Untersuchung an Kindern unkritisch akzeptierte, ist reifer geworden. Jetzt werden die Methoden und Ergebnisse kritisch untersucht und kontrollierte Experimente geplant. Auf vielen Gebieten hat sich die Beschäftigung mit dem Kind von der erkundenden Phase auf die der umfassenden Untersuchungen über längere Zeiträume verlagert ... Aus den heutigen Studien, wie inadäquat sie auch immer sein mögen, ergeben sich die hochentwickelten Techniken von morgen ... Der Wissenschaftler von heute ist gegenüber dem von gestern stark im Vorteil, nicht hinsichtlich seiner Interessen oder seiner Fähigkeiten, sondern wegen der besseren Methoden, die inzwischen entwickelt wurden ... Um Wachstum und Entwicklung zu verstehen, die sich als immer komplexer herausstellen, je mehr wir über sie erfahren, brauchen wir nicht einen, sondern viele fähige Forscher, nicht eine, sondern viele und verschiedenartige Untersuchungen" (6).

Allgemeine Kennzeichen des Entwicklungsgeschehens

Trotz der vielen Schwierigkeiten, die sich beim Studium der menschlichen Entwicklung ergeben, können wir doch über ihre allgemeinen Kennzeichen genügend aussagen und wissen auch, daß bestimmte Faktoren sie beeinflussen. Wenn wir auch diese Faktoren noch nicht so einzuschätzen vermögen, daß wir sie in der Reihenfolge ihrer Wichtigkeit aufführen könnten, werden wir uns doch zunächst mit denjenigen beschäftigen, die nach dem Stand der heutigen Kenntnisse die wichtigsten zu sein *scheinen*.

Entwicklung ergibt sich aus Reifen und Lernen

Die Entwicklung physischer und psychischer Eigenschaften rührt zum Teil von einem inneren Reifen dieser Eigenschaften her, zum Teil beruht sie auf Erfahrung und Übung seitens des Individuums. Inneres Reifen – *Reifung* – ist das Entfalten von Eigenschaften, die im Individuum als möglich angelegt sind und die aus seinem Erbgut stammen. Eigenschaften, die als möglich angelegt sind, entwickeln sich zu vorhersagbaren Merkmalen aller Mitglieder dieser Gattung. Einige dieser Verhaltenszüge sind relativ unabhängig von Umwelteinflüssen, während andere nicht nur von Faktoren der Umwelt beeinflußt werden, sondern überhaupt nur unter bestimmten Umweltbedingungen erscheinen.

Bei *phylogenetischen* Funktionen – Funktionen, die der Art gemeinsam sind – wie Kriechen, Krabbeln, Sitzen, Gehen, hat Übung wenig Erfolg und kann sogar einen retardierenden Einfluß ausüben. Eine dahingehende Kontrolle der Umwelt des Kindes, daß es keine Möglichkeit hat, Greifen, Sitzen und Stehen zu üben, hat andererseits wenig Einfluß auf die Entwicklung dieser Funktionen. Im Gegensatz dazu ist für die *ontogenetischen Funktionen* – Funktionen, die für das Individuum spezifisch sind – wie Schwimmen, Rollschuhlaufen, Dreiradfahren und das Erklettern schräger Flächen, Übung unbedingt notwendig; ohne Übung findet keine Entwicklung statt. Keine im Erbgut angelegte Verhaltensweise kann jedoch voll ausreifen, ohne daß die entsprechenden Umweltbedingungen ihr entgegenkommen. Kinder aus einer Umgebung, in der die Übungsmöglichkeiten aller Art begrenzt sind, werden ihre Anlagen nicht im gleichen Maße entwickeln wie Kinder, deren Umgebung bessere Übungsmöglichkeiten zur Verfügung stellt. Individuelle Unterschiede in der Intelligenz sind zum Teil solchen Umweltunterschieden zuzuschreiben (5, 43).

Das plötzliche Auftreten von Eigenschaften, die sich durch Reifung entwickeln, ist ein bei diesen Eigenschaften recht allgemein anzutreffendes Kennzeichen. So kann z. B. ein Kind buchstäblich über Nacht zu laufen anfangen, obwohl es vorher so schien, als sei dieses Kind bei der Entwicklung dieser bestimmten Fähigkeiten hinter der Norm zurückgeblieben (62). Verhaltensveränderungen erscheinen in der Pubertät plötzlich, ohne jeden erkennbaren Grund. Da viele Verhaltensweisen in der Pubertät antisozial sind, wird ihre Entwicklung in der Regel nicht unterstützt, und trotzdem erscheinen sie fast überall, kurz bevor die sexuelle Reife erreicht wird, und mit einer Plötzlichkeit, die der des Laufenlernens beim Kleinkind ähnlich ist (54, 160).

L e r n e n ist die Entwicklung aufgrund von Übung und Anstrengung seitens des Individuums. Durch Lernen verändert das Kind seine physische Struktur und sein Verhalten und wird fähig, seine Erbanlagen völlig auszunutzen. Wenn es keine Lernmöglichkeiten hat, erreichen viele seiner ererbten Anlagen niemals den Stand optimaler Entwicklung.

Ein Teil des Lernens rührt aus Übung her oder aus der bloßen Wiederholung einer Handlung, was mit der Zeit eine Veränderung des Verhaltens hervorruft. Es kann sich hierbei um I m i t a t i o n handeln, wobei das Kind bewußt das nachahmt, was es bei anderen sieht, oder um I d e n t i f i k a t i o n, wobei es versucht, die Werte, Haltungen, Motive und Verhaltensweisen anderer Personen, die es bewundert oder mit denen es sich verbunden fühlt, sich selbst zu eigen zu machen (129, 159).

Lernen kann auch in Form von T r a i n i n g stattfinden; das ist eine selektive, gelenkte und zielgerichtete Art der Betätigung. Das Verhalten des Kindes wird durch die Erwachsenen oder ältere Kinder gelenkt, die versuchen, sein Verhalten nach solchen Mustern zu formen, die zu seinem Wohlergehen beitragen und für die soziale Gruppe, zu der es gehört, annehmbar sind. Zu Hause stellen die Eltern sicher, daß ein Kind das lernt, was die Gesellschaft von ihm erwartet, indem sie es belohnen, wenn sein Verhalten den Erwartungen entspricht, und es strafen, wenn sein Verhalten den sozialen Standards nicht genügt.

Lehrer wenden in der Schule dieselbe Methode an. Sie belohnen oder strafen das Kind nach dem Erfolg, mit dem es den Erwartungen entsprochen hat. Die Ausbildung des Kindes in der Schule ist nicht auf die Schulfächer beschränkt. Es wird ebenfalls angeleitet, sich so zu verhalten, wie die Schule es für eine zufriedenstellende Fortführung der Arbeit des Lehrers für nötig hält. Wenn es seinem Lehrer wenig Ärger bereitet, wird es durch gute Zensuren in „Betragen" belohnt; bereitet es aber Ärger, so wird es durch schlechte Zensuren in „Betragen" bestraft (64).

Zusammenwirken von Reifung und Lernen. Die Entwicklung während der vorgeburtlichen Zeitspanne besteht überwiegend aus Reifung und hängt in nur sehr geringem Maß von Übung ab, obwohl es Belege dafür gibt, daß die Bewegung des Fötus im Zusammenhang stehen mit der Entwicklung gewisser motorischer Verhaltensweisen zu Beginn der Zeit nach der Geburt (62, 155). Zum Beispiel eignen sich Kinder, die sich als Fötus außerordentlich viel bewegt haben, Geschicklichkeiten nach der Geburt schneller an als die Kinder, die sich weniger bewegt haben. Reifen und Lernen nach der Geburt beeinflussen sich gegenseitig (174).

Die hohe Korrelation zwischen Wachstum und Fertigkeiten weist darauf hin, daß die allgemeine körperliche Entwicklung mit der Fähigkeit einhergeht, die Teile des Körpers, die sich entwickelt haben, zu kontrollieren (69).

Die Entwicklung hängt somit nicht nur von Faktoren der Vererbung ab, sondern vielmehr von der Interaktion dieser Faktoren und der sozialen und kulturellen Kräfte der Umgebung. Es gibt jedoch Hinweise auf einen „Grundplan der Entwicklung, die von einer inhärenten dynamischen Morphologie beherrscht wird. Dieser Grundplan wird weitgehend durch eine Verbindung von Vererbungsfaktoren der Rasse und der Familie bestimmt. Deshalb weist ein Kind von einer bestimmten Herkunft in einem bestimmten Kulturkreis meistens in den aufeinanderfolgenden Altersstufen Zeichen der Reife auf, die mehr oder weniger typisch sind für die Gruppe und die seine eigene Konstitution repräsentieren" (61). Um Kelly zu zitieren: „Der Organismus beginnt mit seinen komplexen Strukturen und Funktionen, die ihm aufgrund seiner je einzigartigen genetischen Konstitution zur Verfügung stehen, und entwickelt sich, indem er sich durch seine Reifezyklen hindurchbewegt, indem er sich selektiven Aspekten der unmittelbaren Umwelt anpaßt und sich durch diese modifizieren läßt. Dabei bewahrt der Organismus seine Integrität und sein ursprüngliches Wesen in einem beachtlichen Ausmaß. Diese Anpassungsveränderungen, die in den Jahren der frühesten und frühen Kindheit mit großer Geschwindigkeit ablaufen, sind in ihrem zeitlichen Eintreten und in ihrer Reihenfolge so gut aufeinander abgestimmt, daß sie den Organismus weder von der physiologischen noch von der psychologischen Seite her gefährden" (106).

Die Bedeutung der Wechselbeziehungen. Eine wichtige Folge der Wechselbeziehungen zwischen Lernen und Reifen ist die, daß Kinder eine außerordentliche Spielbreite in ihren Entwicklungsmustern zeigen. Beruhte Entwicklung ausschließlich auf Reifung, wie es bei einigen Tiergattungen der Fall ist, gäbe es nicht so etwas wie Individualität (137). Die Reifung setzt jedoch Grenzen, über die hinaus die Entwicklung nicht gehen kann, selbst wenn das Lernen gefördert wird. Wie Gesell feststellte: „Wachstum ist eine Gabe der Natur. Es kann gelenkt aber nicht geschaffen werden, und durch keinerlei erzieherisches Bemühen kann man darüber hinaus gehen" (60). Dies bedeutet, daß jedes Lernen und jede Anpassung, sowohl physischer wie psychischer Art, „durch inhärente Eigenheiten des Organismus begrenzt ist". Bei Erziehung und Menschenführung muß diese Grenze beachtet werden, denn es entsteht psychischer Schaden, wenn ein Kind gezwungen wird, mehr zu lernen, als es seinen Anlagen nach zu bewältigen fähig ist.

In den frühen Tagen der Kindespsychologie neigte man dazu, die unter Laien verbreitete Meinung zu übernehmen, daß ein Mensch alles leisten und werden kann, was er will, solange er nur bereit ist, hart zu arbeiten, und ihm die erforderlichen Möglichkeiten geboten werden. So behauptete z. B. J. B. Watson, daß er jedes normale Kind durch Training dazu bringen könnte, jede Art von Spezialist zu werden – Arzt, Rechtsanwalt, Künstler oder auch Bettler und Dieb – und zwar ganz gleich, welcher Art die Fähigkeiten, Begabungen, Neigungen und die Rasse des Kindes wären (171). Wenn man das tatsächlich könnte, würde das sicher „eine schreckliche Macht in die Hände der Eltern und anderer ‚Lehrer' legen" (32).

Diese Überbetonung des Lerneinflusses wurde allmählich zurückgenommen, nachdem Untersuchungen der Intelligenz, der Eignungen und des physischen Wachstums Unterschiede in den Fähigkeiten zutage brachten, die zum größten Teil gegenüber Umwelteinflüssen unempfindlich sind. Die Unmöglichkeit, geistig gestörte Kinder so zu erziehen wie normale Kinder, ist ein deutliches Beispiel für die Grenzen setzende Wirkung des Erbguts.

Trotz der Tatsache, daß es Grenzen der Reifung gibt, liegen doch deutliche Anzeichen dafür vor, daß nur wenige Menschen ihre Grenzen erreichen. Das wird besonders deutlich bei sehr begabten Kindern. Diejenigen, die ihre angeborenen Fähigkeiten nicht bis zur Grenze hin entwickeln, merken nie, wie groß ihre Fähigkeiten sind. Wenn sie ein Lernplateau erreichen und über eine gewisse Zeit hin keinen Lernfortschritt zeigen, schließen sie oft, daß keine weitere Verbesserung mehr möglich ist. Untersuchungen des Lernens haben jedoch gezeigt, daß ein Wechsel der Lernmethoden oder neue Anreize oft den Lernenden zu weiteren Fortschritten befähigen (129).

Aus diesem Grund müssen Anlagen durch Umweltfaktoren stimuliert werden (74). Guter Samen, der in schlechten Boden gesät wird, entwickelt sich zu verkümmerten Pflanzen. Das gilt auch für Kinder. Wenn sie in einer Umgebung aufwachsen, der es an Ausbildungsmöglichkeit und kulturellen Anregungen fehlt, bleibt ihre physische und psychische Entwicklung in gleicher Weise zurück. Kinder, die während der ersten drei oder mehr Jahre ihres Lebens in Heimen untergebracht waren – in diesen Jahren entwickelt sich die Sprache sehr rasch – entwickeln nicht solche Fähigkeiten bei der sprachlichen

Verständigung, die sie evtl. hätten entwickeln können, da ihnen die Gelegenheiten zu lernen fehlten (72).
Der Anreiz, die angeborenen Fähigkeiten zu entwickeln, kommt gewöhnlich aus der Umgebung, aber er kann auch vom Kind selbst ausgehen. Wenn ein Kind sich selbst ein Ziel setzt, wird es versuchen, dies zu erreichen. Es wird oft auf all seine Kräfte zurückgreifen und sie voll ausnutzen müssen, besonders wenn das Ziel außerhalb seiner Fähigkeiten liegt. Die eigenen Zielsetzungen können für die Entwicklung ein ebenso wichtiger Anreiz sein wie die fremden Zielsetzungen, wenn auch eigene Zielsetzungen in den frühen Jahren der Kindheit seltener sind. Erst nachdem das Kind gelernt hat, wie wichtig Leistung für soziale Anerkennung ist, verfügt es über die Motivation, nach anspruchsvolleren Zielen zu streben (139).
Der vielleicht wichtigste Punkt bei der Diskussion der Wechselbeziehungen zwischen Reifen und Lernen ist die Tatsache, daß die Wirksamkeit des Lernens von der Wahl des richtigen Zeitpunktes abhängt. Ein Kind kann nicht lernen, bevor es bereit ist zu lernen. Dies bedeutet, daß die nötigen physischen und psychischen Grundlagen da sein müssen, bevor neue Fähigkeiten auf ihnen errichtet werden können. Wenn auch Struktur und Funktion in der Kindheit sich in etwa parallel entwickeln, so geht doch die Struktur der Funktion voraus. Dies gilt für die motorischen und psychischen Fertigkeiten und für das sexuelle Verhalten (76). So ist bei Säuglingen z. B. das Erlernen einer Handlung aufgrund eines konditionierten Reflexes unmöglich, selbst bei außergewöhnlichem Drill, ehe nicht die Reifung die entsprechenden Grundlagen geschaffen hat. Ähnlich kann, selbst wenn die Umweltbedingungen gegeben sind, das Greifen nicht beherrscht werden, bevor nicht die geeigneten neuromuskulären Bedingungen vorhanden sind (62).
Es wird berichtet, daß Kinder, die an einem regelmäßigen Leseprogramm von ihrem dreizehnten Lebensmonat an teilnahmen, bei ihrem spontanen Sprechen wenig Fortschritte machten bis zu dem Zeitpunkt, als sie siebzehn Monate alt waren. Von diesem Zeitpunkt an zeigten sie jedoch starke Fortschritte im Vergleich zu Kindern die diese Lernmöglichkeit nicht hatten. Der zunächst bei den Kindern, die diese spezielle Übung erfuhren, sich zeigende Mangel an Fortschritt kann zweifellos auf einen Mangel an Lernbereitschaft zurückgeführt werden (88). Ähnliche Ergebnisse wurden in Untersuchungen über die Erziehung zur Sauberkeit gefunden. Eine solche Erziehung ist wirkungslos, bevor nicht das Kleinkind die reifungsmäßigen Voraussetzungen dazu hat (127).
Die Tatsache, daß die reifungsmäßigen Voraussetzungen gegeben sein müssen, hat eine praktische Konsequenz für die Erziehung des Kindes. Es wird so festgelegt, mit welchem Alter das Einüben beginnen und in welcher Reihenfolge eingeübt werden sollte. Blum hebt hervor: „Alles Lernen, sei es nun intellektuelles, soziales oder motorisches Lernen, führt dann zu den besten Ergebnissen, wenn das, was in der Erziehung angeboten wird, zeitlich auf den Reifestand des Kindes abgestimmt ist" (22). Wenn das Kind nicht reif genug ist, um vom Lehren zu profitieren, kann man diese Bemühungen als Zeitverschwendung ansehen, die unter Umständen zu Widerstand führen, der erfolgreichem Lernen entgegensteht. Wenn auf der anderen Seite die notwendige Reife erreicht wurde und das Kind nicht lernen darf, kann sein Interesse so gering werden, daß es nicht mehr die Anstrengungen auf sich nehmen will, die später für erfolgreiches Lernen nötig sind. Harris betont mit Nachdruck: „Es ist möglich, sogar wahrscheinlich, daß jemand, der spät zu üben beginnt, sich niemals der vollen Kapazität seiner Fähigkeiten bewußt wird" (74).
Havighurst hat die reifungsbedingte Bereitschaft als „lernoptimalen Augenblick" bezeichnet. Er meint: „Wenn der Körper dazu gereift ist, wenn die Gesellschaft es verlangt und das Individuum bereit ist, eine bestimmte Aufgabe zu erledigen, ist der lernoptimale Augenblick gekommen. Bemühungen,

etwas zu lehren, die zum größten Teil zu einem früheren Zeitpunkt Zeitverschwendung gewesen wären, zeigen im ‚lernoptimalen Augenblick' befriedigende Ergebnisse, also in dem Augenblick, in dem die Aufgabe gelernt werden sollte" (76).

Aus zwei Gründen hat die Erziehung oft kein Verhältnis zu dem Reifegrad des Kindes. Einmal ist das Alter, in dem die Reifung verschiedener geistiger und körperlicher Funktionen eintritt, nicht völlig festgelegt. Wegen der individuellen Unterschiede wäre es unmöglich, ein bestimmtes Alter festzusetzen, das für alle Kinder zutrifft. Zum anderen gibt es falsche Vorstellungen und Vorurteile, die zu einem festgelegten Plan für die Erziehung des Kindes geführt haben. Zum Beispiel wird seit Generationen angenommen, daß Kinder das Lesen erlernen können, wenn sie in die Schule kommen; tatsächlich sind einige dazu schon in der Lage, ehe sie die Schule besuchen, andere aber erst einige Zeit, nachdem sie in die Schule gekommen sind.

In den Schulen der Vereinigten Staaten werden Standardtests angewandt, um festzustellen, ob ein Kind imstande ist, verschiedene Fächer zu lernen, z. B. Lesen, Rechnen oder Fremdsprachen. Im täglichen Leben stehen Tests im allgemeinen nicht zur Verfügung, mit deren Hilfe die Frage beantwortet werden könnte: „Ist das Kind so weit, daß es lernen kann?" Drei praktische und leicht anzuwendende Kriterien werden von den Psychologen herangezogen, um den Bereitschaftszustand des Kindes zu kennzeichnen: 1. das Interesse des Kindes am Lernen, das sich darin zeigt, wie sehr es wünscht, unterrichtet zu werden, oder versucht, sich selbst etwas beizubringen, 2. wie lange das Interesse vorhält und 3. welche Fortschritte das Kind aufgrund seiner Übung macht.

Um ein möglichst zutreffendes Bild von der Bereitschaft des Kindes zu erhalten, sollten diese drei Kriterien alle angewandt werden. So kann ein Interesse z. B. nur vorübergehend sein – kurz aufflackern –, weil das Kind seine älteren Geschwister oder Spielkameraden nachahmen will. Wenn ein allgemeines Interesse eine gewisse Zeit lang durchgehalten wird, so ist das ein besserer Indikator für vorhandene Bereitschaft als ein starkes Interesse, das nur vorübergehend ist. Der Druck, den die Eltern oder Alterskameraden ausüben, kann das Kind dazu bringen, sein Interesse am Lernen über einen genügend langen Zeitraum hin aufrechtzuerhalten, so daß die Schlußfolgerung gerechtfertigt erscheint, das Kind habe den lernoptimalen Augenblick erreicht. Doch könnte die Anwendung des dritten Kriteriums – Fortschritt durch Übung – zeigen, daß seine entwicklungsbedingte Bereitschaft noch nicht den Punkt erreicht hat, an dem es von der Lernmöglichkeit profitieren kann. Wenn das Interesse des Kindes schnell schwindet oder wenn es trotz fortgesetzten Übens keinen Fortschritt zu machen scheint, dann kann man sich begründet fragen, ob der lernoptimale Augenblick schon erreicht wurde.

Entwicklung folgt einer vorhersagbaren Verlaufsgestalt

Für jede Gattung, sei es Mensch oder Tier, gibt es einen Entwicklungsverlauf, der für diese Gattung spezifisch ist. In der vorgeburtlichen Entwicklung gibt es eine genetisch bedingte Sequenz, bei der in jedem Monat bestimmte Züge auftreten. Der gleiche geordnete Verlauf läßt sich in der nachgeburtlichen Entwicklung feststellen, wenn auch die individuelle Entwicklung in der postnatalen Periode stärker variieren mag als in der pränatalen.

Entwicklungspsychologische Untersuchungen an Kindern über mehrere Jahre hinweg haben gezeigt, daß auch die Entwicklung des Verhaltens einem bestimmten Verlaufsmuster folgt und daß dieses Muster durch Erfahrung relativ wenig beeinflußt wird. Gesell hat aus diesen Untersuchungen geschlossen, daß „obwohl es keine zwei Individuen gibt, die sich exakt gleichen, alle normalen Kinder sich in der Regel nach einer allgemeinen Sequenz des Wachstums richten. Diese Sequenz ist charakteristisch für die jeweilige Gattung und für eine bestimmte kulturelle Gruppe. Der Entwicklungsverlauf ist für jedes Kind einzigartig, aber dieser Verlauf ist eine Variante eines allgemeinen Grundplanes. Die für eine Gattung festgelegten Verläufe sind Teil der Ordnung der Natur" (60).

Kennzeichen der Entwicklungsverläufe. Es gibt bestimmte vorhersagbare Kennzeichen dieses allgemeinen Grundplanes:

1. Entwicklung ist für alle ähnlich. Für alle Kinder gilt ein ähnlicher Entwicklungsverlauf, in dem ein Zustand zum anderen hinführt. Das Kleinkind steht, bevor es geht, und zeichnet z. B. einen Kreis, bevor es ein Rechteck zeichnet. In keinem normalen Fall wird diese Reihenfolge umgekehrt. Darüberhinaus wird dieses allgemeine Verlaufsmuster durch individuelle Varianten der Entwicklungsgeschwindigkeit nicht verändert. Ein Kind, das zu früh geboren wurde, kann ein Jahr lang hinter seiner Entwicklungsnorm zurückbleiben, aber danach erreicht es die Norm für nach neun Monaten geborene Kinder und folgt dem gleichen Entwicklungsverlauf wie diese, und zwar mit etwa der gleichen Geschwindigkeit (62). Nur wenn das zu früh geborene Kind vor oder nach seiner Geburt Schaden erleidet, ist es wahrscheinlich, daß der normale Entwicklungsverlauf sich ändert (2). Für das sehr intelligente wie für das sehr dumme Kind gilt das gleiche Entwicklungsmuster wie für das durchschnittliche; nur entwickelt sich das sehr begabte Kind schneller und das wenig begabte Kind langsamer (68).

2. Entwicklung vollzieht sich von allgemeinen zu spezifischen Verhaltensweisen. Für das geistige wie für das motorische Verhalten gilt, daß eine allgemeine Aktivität stets einer spezifischen vorausgeht. Vor der Geburt bewegt der Fötus seinen ganzen Körper, ist aber zu spezifischen Reaktionen nicht in der Lage. Das gleiche trifft zu für die erste Zeit des nachgeburtlichen Lebens. Das Kind zeigt allgemeine Armbewegungen, bevor es zu der spezifischen Reaktion des Greifens fähig ist.
Untersuchungen des Sprechens haben herausgefunden, daß das Kind allgemeine vor spezifischen Wörtern lernt (117). So gebraucht es zum Beispiel das Wort „spielen", bevor es verschiedene Spiele mit den entsprechenden Namen belegt. Alle Hunde sind „Hund", bevor sie als „Bello", „Fiffi" oder „Robbi" bezeichnet werden. Ein Beispiel aus dem emotionalen Verhalten: Das Baby reagiert auf fremde oder ungewöhnliche Objekte zunächst mit einer allgemeinen Furcht; später werden seine Furchtreaktionen spezifischer und lassen sich als bestimmte Verhaltensweisen charakterisieren – etwa schreien, weglaufen und sich verstekken oder tapfer dort bleiben, wo es ist, und so tun, als ob es nicht ängstlich sei (91).

3. Entwicklung ist kontinuierlich. Wenn man die Entwicklung einer bestimmten Eigenschaft wie etwa der Körpergröße oberflächlich betrachtet, könnte es scheinen, daß das Kind in deutlichen Schüben wächst. Gleicherweise könnte der Gebrauch solcher Termini wie „Kindesalter" und „Jugendalter" die Annahme nahelegen, daß es bestimmte Perioden gibt, in denen die Entwicklung stattfindet, wohingegen sie in anderen Zeitabschnitten nicht festzustellen ist. Dieser Eindruck trügt jedoch. Vielmehr ist Entwicklung ein kontinuierlicher Verlauf vom Augenblick der Empfängnis an bis zum Tod. Diese Entwicklung läuft mit unterschiedlicher Geschwindigkeit ab – manchmal langsam und manchmal sehr schnell.
So mag zum Beispiel der Durchbruch der Zähne beim Kleinkind – oft geschieht es ja buchstäblich über Nacht – zu dem Schluß führen, daß sie sich ganz plötzlich entwickelt hätten. Das ist nicht der Fall. Schon im fünften Monat der Entwicklung des Embryos beginnen sich die Zähne im Kiefer zu entwickeln, aber sie können nicht viel früher, als bis das Baby fünf Monate alt ist, durch das Zahnfleisch durchstoßen. In ähnlicher Weise entwickelt sich auch die Sprache nicht über Nacht. Vielmehr ergibt sie sich allmählich aus gurrenden, gurgelnden und lallenden Lauten, die das Kind vom Augenblick der Geburt an hervorbringt.

Da Entwicklung kontinuierlich ist, hat das, was sich in einem Stadium ereignet hat, Einfluß auf das folgende Stadium. Emotionale Spannungen in der Familie beeinflussen die sich entwikkelnde Persönlichkeit des Kindes und werden sich als bestimmte Störungen der Persönlichkeit zeigen, auch wenn später die häusliche Umwelt relativ frei von Streß und Spannungen ist. Dies wurde für viele Fälle nachgewiesen, in denen die Eltern des Kindes geschieden wurden. Unangepaßte Einstellungen gegenüber sich selbst oder hinsichtlich der Beziehungen zu anderen, die in den ersten Jahren entstehen, werden selten vollständig abgelegt. Sie spiegeln sich wider in dem individuellen Bezug zum Leben sogar im mittleren und im späten Alter (152).

4. Entwicklung vollzieht sich mit verschiedenen Geschwindigkeiten. Wenn auch die Entwicklung der verschiedensten psychischen und physischen Merkmale kontinuierlich verläuft, so ist sie doch niemals für den gesamten Organismus gleichmäßig (174). Wenn der Körper die Proportionen des Erwachsenen annehmen soll, so müssen Unterschiede in der Entwicklungsgeschwindigkeit auftreten. Füße, Hände und Nase z. B. erreichen ihre maximale Entwicklungsgeschwindigkeit in der frühen Jugend, wohingegen die unteren Teile des Gesichtes und die Schultern erst später die maximale Entwicklungsgeschwindigkeit erreichen. Eine graphische Darstellung der Unterschiede zwischen den Proportionen eines Neugeborenen und eines Erwachsenen findet sich in Abb. 1-1. Auch die verschiedenen inneren Organe gelangen zu verschiedenen Zeitpunkten zu ihrer vollen Reife. So wachsen z. B. Herz, Leber und das Verdauungssystem in der Kindheit langsam, jedoch in den ersten Jahren des Jugendalters sehr schnell.
Die Messung der verschiedenen intellektuellen Fähigkeiten hat ergeben, daß sie, genauso wie die physischen Merkmale, sich mit verschiedener Geschwindigkeit entwickeln und zu verschiedenen Zeitpunkten ihre volle Reife erreichen (96). Wie Bayley betonte, haben sich aufgrund von Längsschnittuntersuchungen an der gleichen Kindergruppe über einen längeren Zeitraum hinweg verschiedene bereits akzeptierte Vorstellungen und Theorien über die Intelligenz gewandelt. Frühere Studien, die nur über einen kurzen Zeitraum hinweg durchgeführt wurden, führten zu der Schlußfolgerung, daß der IQ konstant ist und daß „Intelligenz etwas Grundlegendes ist, das sich nur hinsichtlich einer quantitativen Zunahme und Abnahme verändert, d. h. in der Kindheit zunimmt, im Jugend- und Erwachsenenalter stabil bleibt und im Greisenalter abnimmt" (14). Wiederholte Tests bei den gleichen Kindern über einen Zeitraum von mehreren Jahren haben jedoch gezeigt, „daß Intelligenz eine dynamische Abfolge sich entwickelnder Funktionen ist, wobei die in der Hierarchie höheren und komplexeren Funktionen von der voraufgegangenen Reifung der früheren, einfacheren Funktionen abhängen (normale Bedingungen des Aufwachsens selbstverständlich vorausgesetzt)" (14).
Wenn die Kinder älter werden, entwickeln sich die einzelnen geistigen Fähigkeiten immer unabhängiger voneinander. Jede entwickelt sich mit der ihr eigenen Geschwindigkeit und erreicht die volle Reife zu dem ihr eigenen Zeitpunkt. So entwickelt sich z. B. die schöpferische Vorstellungsfähigkeit in der Kindheit recht schnell und erreicht ihren Gipfel im frühen Jugendalter; schlußfolgerndes Denken andererseits macht nur relativ langsame Fortschritte. Mechanisches Gedächtnis und Gedächtnis für konkrete Objekte und Fakten entwickelt sich schneller als Gedächtnis für abstraktes, theoretisches Material (96).
Verschiedenheiten in der Entwicklungsgeschwindigkeit verschiedener physischer und psychischer Merkmale führen, besonders wenn sie ausgeprägt sind, zu einer Reihe von Anpassungsproblemen. Das Kind, dessen intellektuelle Entwicklung seiner physischen, sozialen oder emotionalen davonläuft, hat sowohl bei seinen Alterskameraden als auch bei den älteren Kindern Schwierigkeiten, „in Gleichschritt zu kommen". In ähnlicher Weise trägt die Tatsache, daß einige Teile des Körpers ihre aus-

gereifte Form früher erreichen als andere, mindestens zu einem Teil zur Unbeholfenheit und Selbstunsicherheit des Jugendlichen bei (34, 64).

5. Die Entwicklungsverläufe bestimmter Merkmale korrelieren miteinander. Der Reifezustand eines Merkmales beeinflußt den eines anderen. Gesell unterstreicht die Bedeutung dieser wechselseitigen Abhängigkeit, wenn er ausführt: „Die Ergebnisse des Wachstumsprozesses kann man auffassen als ein Gewebe, bei dem man die Fäden und das Muster sehen kann" (62). Besonders auffällig ist die Korrelation zwischen physischer und psychischer Entwicklung. Die Gestalt des Körpers – das Verhältnis der verschiedenen Körperteile zueinander wie das Verhältnis der verschiedenen Körperteile zum Gesamten – läßt sich wegen der Korrelation psychischer und physischer Entwicklung zur Schulreife in Beziehung setzen (151). Eine ausgeprägte Beziehung besteht auch zwischen sexueller Reifung und der Art der Interessen und des Verhaltens. Daher kommt es, daß frühreife Kinder nicht nur in ihrer physischen Entwicklung sich von ihren Alterskameraden, die Spätentwickler sind, unterscheiden, sondern auch in ihrer geistigen Entwicklung und in der Entwicklung des Verhaltens (81, 98).

Es gibt eine weitverbreitete Vorstellung, nach der die Natur Schwächen auf einem Gebiet durch eine stärkere Entwicklung auf anderen Gebieten kompensiert. Das Mädchen, das schön, aber dumm, und der Junge, der gescheit, aber ein Schwächling sein soll, spiegeln solche stereotypen Annahmen wider. Solche Vorstellungen haben sich nicht aufgrund wissenschaftlicher Untersuchungen ergeben. Es trifft nicht zu, daß ein Kind, das hinsichtlich eines Merkmales über dem Durchschnitt liegt, bei anderen Merkmalen unter dem Durchschnitt liegen muß (68, 164). Nach entwicklungspsychologischen Studien über begabte Kinder, die bis in deren Erwachsenenalter fortgeführt wurden, kam Terman zu dem Schluß, daß „für wertvoll gehaltene Merkmale dazu tendieren, zusammen vorzukommen. Es wurden keine negativen Korrelationen gefunden zwischen Intelligenz und Körpergröße, physischer Kraft, Gesundheit und emotionaler Stabilität" (165).

Einige vorhersagbare Verhaltensverläufe. Aus den vielen Belegen für einen geordneten, vorhersagbaren Verlauf der physischen Entwicklung sowohl im vorgeburtlichen wie nachgeburtlichen Leben haben sich zwei Gesetze über die Richtung der Entwicklungsfolge ergeben: das cephalocaudale Gesetz und das proximodistale Gesetz. Nach dem cephalocaudalen Gesetz breitet sich die Entwicklung über den Körper vom Kopf zum Fuß hin aus. Das bedeutet, daß Verfeinerungen der Struktur und Funktion zuerst in der Region des Kopfes, dann in der des Rumpfes und zuletzt in der Region der Beine festzustellen sind. Der Körper des Kleinkindes mit dem überschweren Kopf zeigt, daß in der Kopfregion weit mehr Entwicklung stattgefunden hat als in der Beinregion. Das gleiche gilt für die motorischen Funktionen. Wenn ein Baby flach hingelegt wird, kann es seinen Kopf durch ein Anheben des Halses aufrichten, bevor es dies durch ein Anheben des Brustkorbes erreichen kann. Im Alter von zwanzig Wochen hat das Baby Kontrolle über die Muskeln seiner Augen, seines Kopfes und seiner Schultern, aber sein Rumpf ist noch so schlaff, daß es fest auf einen Stuhl gesetzt oder angeschnallt werden muß, wenn es in der Lage sein soll, eine sitzende Haltung beizubehalten (62).

Nach dem proximodistalen Gesetz schreitet die Entwicklung fort vom Näheren zum Ferneren – von der Zentralachse des Körpers zu den Extremitäten. In der vorgeburtlichen Phase sind Kopf und Rumpf schon einigermaßen gut entwickelt, wenn die rudimantären Ansätze der Glieder erscheinen. Allmählich verlängern sich die Ansätze der Arme und entwickeln sich zu Händen und Fingern. Hinsichtlich der Funktion gilt, daß das Baby seine Arme vor seinen Händen benutzen kann und über seine Hand als Einheit verfügt, bevor es fähig ist, die Bewegungen seiner Finger zu kontrollieren (62).

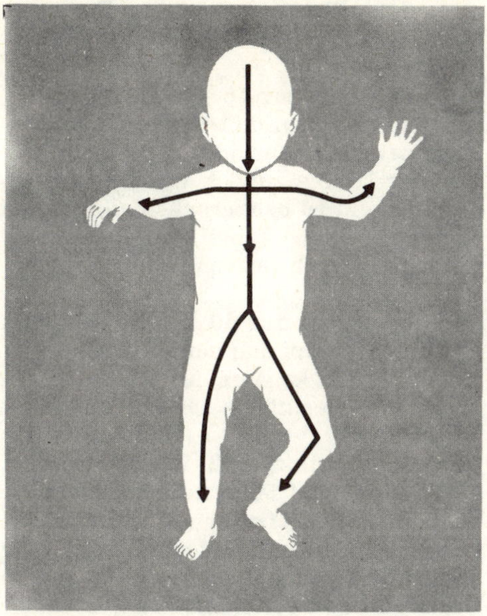

Abb. 1-3. Gesetze der Entwicklungsrichtung.

Die Gesetze der Entwicklungsrichtung sind in Abb. 1-3 dargestellt.

Die Zähne bieten ein anderes Beispiel für einen vorhersagbaren Verlauf der physischen Entwicklung. Die unteren Zähne brechen vor den oberen durch und die Schneidezähne vor den Backenzähnen, die für das Kauen benutzt werden. Der Verlauf des Ausfallens und Ersetzens der Milchzähne ist ebenfalls vorhersagbar. In der Regel sind diejenigen Zähne, die als erste Milchzähne durchbrechen, auch die, die oft als erste durch bleibende Zähne ersetzt werden (166). Untersuchungen der physischen Veränderungen zur Zeit der Pubertät haben klar gemacht, daß die Entwicklung der Geschlechtsorgane und das Auftreten der sekundären Geschlechtsmerkmale ebenfalls einem festgelegten Verlauf folgen (160). Längsschnittuntersuchungen der Intelligenz führten zu dem Ergebnis, daß der Verlauf der geistigen Entwicklung genauso vorhersagbar ist wie der der physischen Entwicklung. Aus Abb. 1-4, die die Ergebnisse verschiedener Längsschnittuntersuchungen zusammenfaßt (die sich auf verschiedene Abschnitte in der

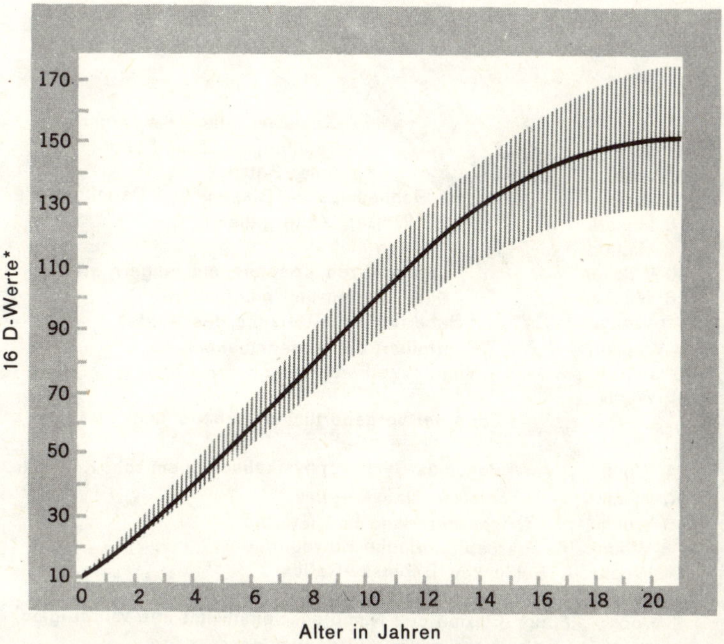

Abb. 1-4. Der Verlauf der intellektuellen Entwicklung.

* 16 D-Werte berechnet man, indem man die Werte, die ein Kind in allen Test erhält, auf die Standardabweichung der Sechzehnjährigen vom Mittelwert der Sechzehnjährigen bezieht.

Spanne von der Geburt bis zum 50. Lebensjahr beziehen), wird ersichtlich, daß der größere Teil des geistigen Wachstums dann auftritt, wenn auch der Körper sich am schnellsten entwickelt, und zwar während der ersten sechzehn bis achtzehn Lebensjahre. Danach steigt die Kurve langsam an bis zum fünfzigsten Lebensjahr. Was danach geschieht, steht noch nicht fest, denn es gibt bisher noch zu wenig Längsschnittstudien, um mit Sicherheit sagen zu können, wann ein Nachlassen der psychischen Funktionen einsetzt und wie es verläuft (14). Auch Entwicklungsverläufe verschiedener intellektueller Funktionen, wie z. B. Gedächtnis und schlußfolgerndes Denken, die zur allgemeinen Intelligenz gehören, sind vorhersagbar (131).

Untersuchungen an Kindern von der Geburt bis zum fünften Lebensjahr haben gezeigt, daß es einen allgemeinen Verlauf der Verhaltensentwicklung gibt, dem alle Kinder folgen. Dieser Verlauf, dargestellt in Abb. 1-5, ist folgender:

Von der 4. bis zur 16. Woche gewinnt das Baby Kontrolle über seine 12 okulomotorischen Muskeln.

Von der 16. bis zur 28. Woche lernt es, die Muskeln zu beherrschen, die seinen Kopf stützen und seine Arme bewegen. Es beginnt nach Gegenständen zu greifen.

Von der 28. bis zur 40. Woche bekommt es seinen Rumpf und seine Hände unter Kontrolle. So kann es nun sitzen und greifen, Gegenstände bewegen und manipulieren.

Von der 40. bis zur 52. Woche lernt es, seine Beine und Füße zu beherrschen und seinen Zeigefinger und Daumen einzusetzen. Es kann aufrecht stehen, stoßen und zupfen.

Während des zweiten Jahres geht und läuft das Kind, es artikuliert Wörter und Sätze, lernt Darm und Blase zu

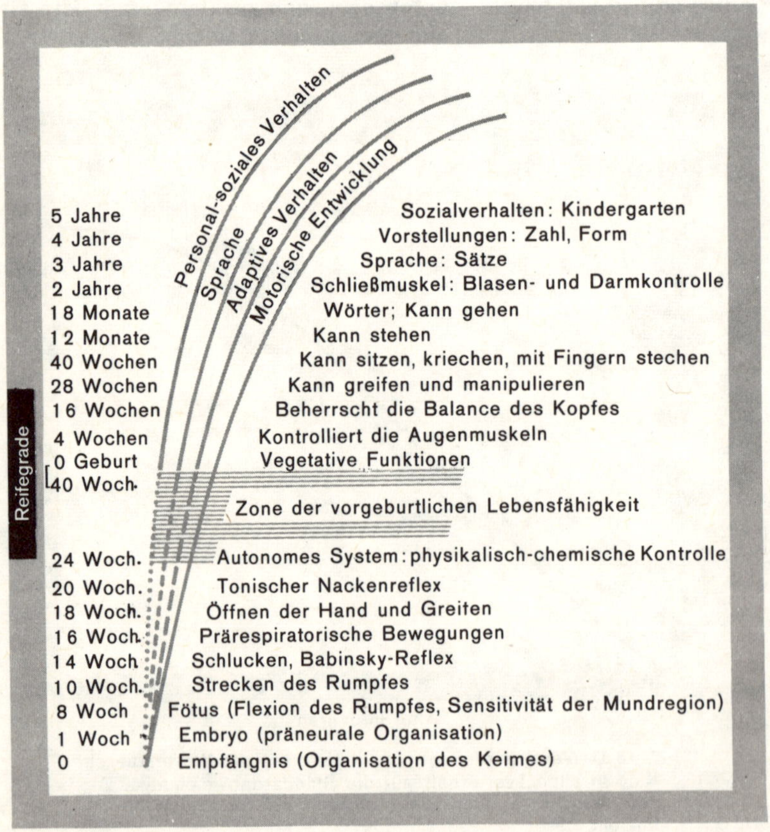

Abb. 1-5. Ontogenetische Trends und Verhaltenssequenzen.

kontrollieren und erwirbt Ansätze eines Gefühles für personale Identität und für persönlichen Besitz.
Während des dritten Jahres spricht es in Sätzen und benutzt Wörter als Werkzeuge des Denkens. Es beginnt, seine Umgebung zu verstehen, und kann Anforderungen seiner Kultur nachkommen. Während des vierten Jahres stellt es eine Unzahl von Fragen, erkennt Analogien, zeigt Ansätze zum Generalisieren und zur Begriffsbildung. Für die Routine des Alltags in der Familie ist es fast gar nicht mehr auf fremde Hilfe angewiesen.
Im Alter von fünf Jahren ist die Motorik des Kindes schon sehr weit entwickelt. Es kann hüpfen und hinkeln. Es spricht ohne infantile Artikulation und kann eine lange Geschichte erzählen. Es bevorzugt das Spiel mit anderen und ist, weil es dabei an die anderen denkt, stolz auf seine Kleider und seine Fertigkeiten. Es ist nun ein selbstsicherer, angepaßter Bürger in seiner kleinen Welt (62).
In gleicher Weise lassen sich für bestimmte Gebiete der Entwicklung vorhersagbare Verlaufsformen angeben. So fand man Verläufe für verschiedene Aspekte der motorischen Entwicklung, des emotionalen Verhaltens, des Sprechens, des sozialen Verhaltens und des schulischen Lernens. Die Entwicklung von Vorstellungen auf den Gebieten: Zeit, Selbst, moralische und religiöse Annahmen, das Lustige und das Schöne, zeigt einen geordneten Verlauf. Desgleichen wurden charakteristische Sequenzen für die Identifikation des Kindes mit einem anderen, für seine Ziele und Interessen berichtet. Alle diese Entwicklungsverläufe sollen in den folgenden Kapiteln diskutiert werden.

Abweichende Entwicklung. Da die Entwicklung sowohl durch das Erbgut als auch durch die Umwelt beeinflußt wird, können ungünstige Umweltbedingungen den vorhersagbaren Verlauf der Entwicklung entweder zeitweilig oder auf die Dauer ändern. Wenn Abweichungen vom normalen Verlauf der physischen Entwicklung vorliegen, finden sich in der Regel auch Abweichungen von der psychischen Entwicklung. Abweichungen in der Entwicklung können in Änderungen der Entwicklungsgeschwindigkeit bestehen oder, was weniger oft der Fall ist, in der Veränderung der Entwicklungsabfolge. Wenn auch die Zeit, die benötigt wird, um die gesamte Entwicklung abzuschließen, von Kind zu Kind verschieden ist, so wird die Entwicklung doch von fast allen Kindern im Alter von einundzwanzig Jahren abgeschlossen.
Schlechte Gesundheit, falsche Ernährung, mangelnde Anregung des Gefühlslebens, fehlender Anreiz zu lernen und viele andere Faktoren können die Entwicklungsgeschwindigkeit verlangsamen. Wenn diese Faktoren nicht über einen längeren Zeitraum wirken, ist ihr Einfluß meist nur vorübergehend. Einige Faktoren jedoch, wie z. B. das Intelligenzniveau, können einen dauernden Einfluß ausüben. Für das Laufenlernen gilt z. B., daß kluge Kinder damit in einem Durchschnittsalter von 13 Monaten beginnen, durchschnittlich begabte Kinder in einem Alter von 14 Monaten, Schwachsinnige im Alter von 22 Monaten und Idiotische im Alter von 30 Monaten. Sehr kluge Kinder sprechen zum ersten Mal im Durchschnittsalter von 11 Monaten, Kinder durchschnittlicher Intelligenz mit 16 Monaten, Schwachsinnige mit 34 Monaten und Idiotische mit 51 Monaten, hochgradig Idiotische lernen Sprechen und Laufen niemals (165).
Der Entwicklungsverlauf kann ebenfalls bleibend verändert werden durch ungünstige Umweltbedingungen vor oder nach der Geburt (4). Schilddrüsenunterfunktion während der vorgeburtlichen Zeit hemmt das physische und psychische Wachstum und führt so zum Bild des „Kretin", des mißgestalteten Idioten. Kalziummangel vor oder wenige Monate nach der Geburt führt zu Rachitis, einer Krankheit, bei der die Knochen nicht normal hart werden, was zu kariösen Zähnen, einem flachen Brustkorb, krummen Rücken und verformtem Bekken führt. Sowohl Mangel an emotionaler Zuwendung als auch übertriebener Schutz können wie auch andere Einschränkungen der normalen Entwicklung zu Schäden der Persönlichkeit führen. Alle diese Änderungen sowohl der Ent-

wicklungsgeschwindigkeit als auch der Sequenz werden ausführlicher in den folgenden Kapiteln besprochen werden.

Die Bedeutung der Entwicklungsvorhersage. Da Geschwindigkeit und Sequenz der physischen Entwicklung vorhersagbar sind, kann man schon in einem relativ frühen Alter vorhersehen, auf welchem Niveau sich das Kind in der Reifezeit befinden wird, und man kann ungünstige Umweltbedingungen in der Zeit, in der sich die Entwicklung abspielt, ausschalten. Dies kann von großer Bedeutung sein für ein Kind, dessen Körpermaße so deutlich von denen seiner Altersgenossen abweichen, daß es sich für „nicht normal" hält. In ähnlicher Weise ermöglicht es die Vorhersagbarkeit der intellektuellen Entwicklung den Eltern, die Ausbildung eines Kindes zu planen, und es einer solchen Tätigkeit zuzuführen, für die es am besten geeignet ist. Sie hat sich ebenfalls als nützlich für die Auswahl von Kindern zur Adoption erwiesen.
Die Erkenntnis, daß die einzelnen geistigen Fähigkeiten sich in einzigartiger Weise entwickeln, ermöglicht es, einen Erziehungs- und Ausbildungsplan festzulegen, der die Entwicklung der geistigen Möglichkeiten der Kinder fördert und sie auf die nächste Stufe ihrer Ausbildung vorbereitet.

Die individuellen Unterschiede des Entwicklungsmusters

Obgleich das Entwicklungsmuster für alle Kinder ähnlich aussieht, so folgt jedes Kind dem Entwurf in einer ihm eigenen Weise und mit einer ihm eigenen Geschwindigkeit. Deshalb erreichen nicht alle die gleiche Entwicklungsstufe im gleichen Alter. Frank hat die individuelle Entwicklung folgendermaßen beschrieben: „Der Lauf des Lebens ist eine breite Straße, über die sich jeder einzelne fortbewegen muß. Das geschieht – je nach den ererbten Anlagen und der (auch vorgeburtlichen) Fürsorge – mit einer individuellen Geschwindigkeit; der einzelne erreicht dabei Körpermaße, ein Aussehen, Fähigkeiten und einen Entwicklungszustand, die ihn zu jedem Zeitpunkt seines Lebens einzigartig auszeichnen" (51).
Es gibt viele Gründe für die individuellen Unterschiede der Geschwindigkeit und des Verlaufs der Entwicklung; beides kann beeinflußt werden durch Gegebenheiten innerhalb oder außerhalb des Körpers (4). Die körperliche Entwicklung hängt beispielsweise zum Teil von ererbten Anlagen ab und zum Teil von Faktoren der Umwelt, wie Ernährung, allgemeiner Gesundheitszustand, Sonne, frische Luft, Klima, Fehlen oder Vorhandensein von fortwährendem emotionalem Druck und schwere körperlicher Arbeit. Die intellektuelle Entwicklung eines Kindes ist das Ergebnis verschiedenartiger und komplexer Faktoren, wie die angeborenen Entwicklungsmöglichkeiten, das emotionale Klima, ob das Kind zu intellektueller Betätigung angeregt wird oder nicht, ob es sich zum Einsetzen seiner geistigen Fähigkeiten angetrieben fühlt und ob es die Möglichkeit hat, durch Erfahrungen zu lernen. Die Entwicklung der Persönlichkeit wird beeinflußt durch Einstellungen und soziale Beziehungen.
Wenn sich auch die Geschwindigkeit der Entwicklung bei verschiedenen Kindern unterscheiden kann, so bleibt sie doch bei ein und demselben Kind gleich. Kinder, die beispielsweise in einem bestimmten Alter groß sind, sind auch auf anderen Altersstufen groß, wogegen kleine Kinder klein bleiben (87). Das gleiche Prinzip gilt auch für Verhaltensmuster. Die Bewegungen eines Individuums – einfachere und schwierigere – bleiben sich in erstaunlichem Ausmaß über einen Zeitraum hinweg gleich. In ähnlicher Weise zeigen die Wachstumskurven des Intelligenzalters für aufgeweckte, durchschnittliche und unterdurchschnittlich begabte Kinder eine Konstanz, die sich ebenso in den Kurven des körperlichen Wachstums zeigt. Beschleunigte Zunahme der intellektuellen Fähigkeiten bleibt weiter beschleunigt, wogegen Kinder, die geistig zurückgeblieben sind, nur in außergewöhnlichen Fällen das normale Kind „einholen". Am wahrscheinlichsten ist es, daß sie immer

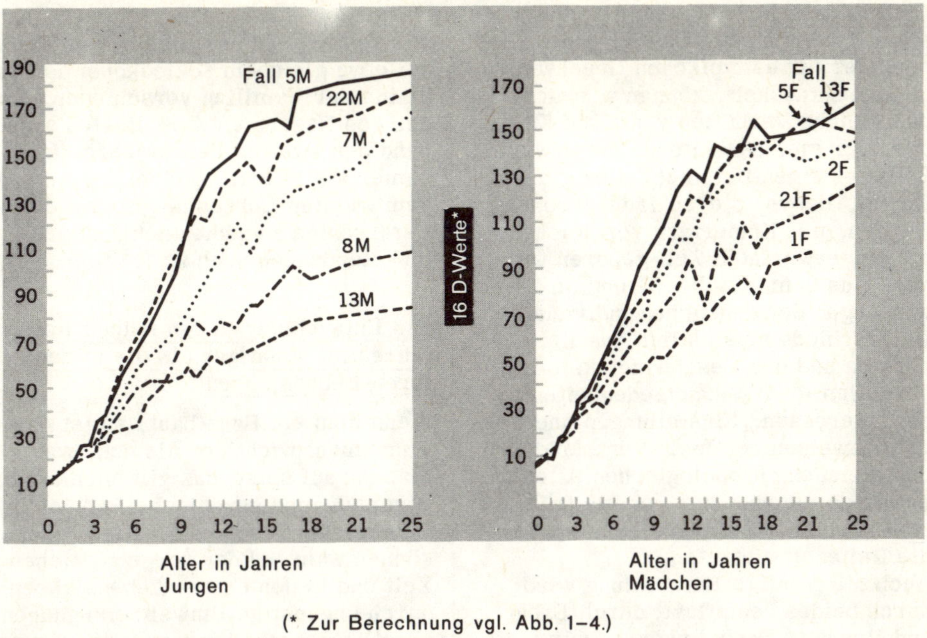

Abb. 1-6. Individuelle Unterschiede in der intellektuellen Entwicklung.

mehr zurückbleiben, je älter sie werden (68, 131).

Aufgrund wiederholt durchgeführter Intelligenztests, die bei Kindern in der Zeit von der Geburt bis zur Reife angewendet wurden, ist es deutlich geworden, daß bei jedem Kind der Entwicklung eine ausgeprägte Konsistenz (Stetigkeit) zugrunde liegt. Abb. 1-6 bringt Kurven von fünf Jungen und fünf Mädchen für den Zeitraum von einem Monat bis zum Alter von fünfundzwanzig Jahren. Bei allen diesen Kurven besteht zunächst eine Ähnlichkeit, aber im Alter von etwa sechs Jahren werden individuelle Unterschiede deutlich. Die Ähnlichkeit in den ersten Jahren ist vielleicht nicht so groß, wie es den Anschein hat; Tests für die ersten Lebensjahre diagnostizieren Unterschiede möglicherweise nicht so gut wie Tests, die für die darauffolgenden Lebensjahre angewendet werden (14).

K o n s i s t e n z bedeutet, daß das Kind mit derselben Geschwindigkeit Fortschritte macht, mit der es auch angefangen hat, und daß es einem Muster der Entwicklung folgt, das für dieses Kind charakteristisch ist, und diese Geschwindigkeit wird von seiner einzigartigen Verbindung von Erbe und Umwelt kontrolliert. Bayley bemerkt zu dieser Konsistenz: „Wir waren verwundert darüber, wie frühreif einige Kinder waren, deren Mütter nicht sehr aufgeweckt zu sein schienen, und unangenehm berührt von den schlechten Leistungen bei anderen Kindern, die nach den Gesetzen der Vererbung bessere Leistungen hätten zeigen müssen. Aber mit der Zeit schwand unser Erstaunen; ein langsames Kind konnte sich an die Spitze drängen und seine Erbanlagen ausfalten, ein frühreifes Kind schien sich auf seinen Lorbeeren auszuruhen, während die anderen Kinder es einholten" (14).

Während der Kindheit können die Varianten der intellektuellen Entwicklungsverläufe durch solche Bedingungen wie das emotionale Klima und das Vorenthalten emotionaler Zuwendung beeinflußt werden. Aber diese Varianten sind nicht stark ausgeprägt: Das Kind bleibt seinem ihm eigenen Entwicklungsverlauf treu (14).

Die praktische Bedeutung der individuellen Unterschiede. Da sich jedes Kind nach der für es typischen Geschwindigkeit entwickelt, können wir nicht das gleiche Verhalten von allen Kindern der gleichen Altersstufe erwarten. So ist es eigentlich nicht ganz gerechtfertigt, Babys, die zu früh geboren wurden, mit Kindern zu vergleichen, die zur erwarteten Zeit geboren wurden. Aus dem gleichen Grunde müssen wir wegen der deutlichen individuellen Unterschiede hinsichtlich des Zeitpunktes und der Geschwindigkeit der sexuellen Reife Verschiedenheiten in den Interessen, Einstellungen und Verhaltensweisen bei Jungen und Mädchen des gleichen chronologischen Alters erwarten, je nachdem, ob sie früh, zum normalen Zeitpunkt oder spät in die Reifezeit eintreten.

Auch die geistige Entwicklung wird durch beides beeinflußt: durch Erbgut und Umwelt. Deshalb können wir nicht erwarten, daß alle Kinder im gleichen chronologischen Alter oder im gleichen Entwicklungsalter zur selben Zeit für die gleiche Lernerfahrung bereit sind (105). Ein Kind mit normaler Intelligenz, das noch nicht ermutigt wurde, seine geistigen Fähigkeiten zu gebrauchen, wird für die Lernerfahrungen des ersten Schuljahres – insbesondere das Lesenlernen – nicht so bereit sein wie Kinder von Eltern, die auf die Erziehung großen Wert legen und die geistigen Fähigkeiten ihrer Kinder fördern (124).

Und schließlich müssen, da der Entwicklungsverlauf durch Abweichungen in der physischen und psychischen Entwicklung, durch Geschlecht, Rasse und andere Faktoren beeinflußt wird, diese Gegebenheiten berücksichtigt werden, wenn man Kinder beurteilt und vergleicht. So ist z. B. bekannt, daß bei Mädchen die Entwicklung des Sprechens schneller abläuft als bei Jungen. Also kann man nicht erwarten, daß Jungen bei Tests zum Erfassen des Sprechens so günstig abschneiden wie Mädchen des gleichen Alters (117). Ebenso sollten auch Kinder verschiedener Rassen nach den Normen ihrer jeweiligen Rassen beurteilt werden, nicht nach den Normen für andere Rassen. So entwickeln sich z. B. Kinder von Negern und Kinder von Weißen bei etwa gleichem sozioökonomischem Status der Familien verschieden. Kinder von Negern entwickeln sich während des zweiten Lebensjahres langsamer als Kinder von Weißen; und nach dem zweiten Lebensjahr nimmt der Unterschied zwischen den Entwicklungstendenzen noch zu (132).

Die Entwicklung in den frühen Lebensjahren ist wichtiger als die in den späteren Lebensjahren

Wenn man ein Haus baut, so ist das Fundament wichtiger als das, was man darauf setzt; das gilt auch für die physische und psychische Entwicklung. Gute körperliche und geistige Anlagen können während der vorgeburtlichen Zeit und in den ersten Lebensjahren durch ungünstige Umweltbedingungen ernstlich geschädigt werden. Zu einem späteren Zeitpunkt sind die gleichen Bedingungen weniger schädlich. Wenn die Grundlagen für die Entwicklung der Einstellungen, Interessen, Fertigkeiten und des emotionalen Verhaltens gut gelegt sind, wird die weitere Entwicklung zu einem gut angepaßtem Verhalten im späteren Leben führen, und auch die Umkehrung dieser Aussage gilt. Um Carlson und Stieglitz zu zitieren: „Was wir heute sind, sind wir zum großen Teil aufgrund dessen, was in unserer Vergangenheit geschah, und es gibt keine zwei Menschen, die eine gleiche Folge von vergangenen Tagen hätten. Und die Wirkung all dieser Erfahrungen nimmt noch mit dem Alter zu, weil es immer mehr unterschiedliche Erfahrungen werden" (35).

Wegen der Plastizität der physischen und nervlichen Strukturen des Menschen kann ein Kind so weitgehend beeinflußt werden, wie es bei einem Tier nicht möglich wäre, bei dem diese Strukturen bei der Geburt schon nahezu funktionsfähig sind. Wegen dieser Plastizität kann sich das Kind in verschiedener Hinsicht durch Lernen anpassen und deshalb in seiner Entwicklung größere Fortschritte machen und ein höheres Niveau erreichen (132). Jedoch ist diese große Plastizität nicht immer ein Vorteil. Wie Ton zu einem Kunstwerk oder zu einem Mißgebilde geformt werden kann, so kann das Kind zu einer Persönlichkeit geformt werden, die den Anforderungen des Lebens gut angepaßt ist, oder es kann so schlecht angepaßt sein, daß sein Wert für die Gesellschaft gleich Null ist.

Der erste wichtige Hinweis für die Wissenschaft auf die Bedeutung der frühen Kindheit ergab sich aus Freuds Untersuchungen über Fehlanpassungen. Freud stellte fest, daß Fehlanpassungen zurückverfolgt werden konnten bis zu ungünstigen Erfahrungen während der Kindheit (32, 56). Kürzlich vorgelegte Arbeiten haben Freuds Behauptungen bestätigt (30). Eine Untersuchung an Kindern in einer psychiatrischen Klinik ergab z. B., daß 80% so schlecht angepaßt waren, daß sie sich niemals in eine Gruppe eingefügt hatten und nur wenige Freunde hatten. Außerdem hatten viele dieser Kinder Sprechschwierigkeiten, Schulschwierigkeiten und waren Bettnässer (9).

Daß früh sich zeigende Verhaltensmuster bleibend sind, ist durch Untersuchungen auf verschiedenen Gebieten der Entwicklung gezeigt worden. Klinische Berichte über erwachsene Patienten stellten fest, daß diese als Kinder Verhaltensmuster zeigten, die, wenn auch in milderer Form, denen ähnlich waren, die sie als Erwachsene aufwiesen. Entsprechend wurde festgestellt, daß gut angepaßte Kinder sich in der Regel zu gut angepaßten Erwachsenen entwickeln (55, 152). Hinsichtlich ihrer Einstellungen, ihrer Werte und ihrer Freizeitbeschäftigungen ändern sich Menschen selbst dann nur wenig, wenn entscheidende kulturelle Veränderungen stattfinden (78). Infolge dieser Konstanz scheinen viele Erwachsene mittleren Alters auf bestimmte Verhaltensweisen „eingefahren" oder „rigide" zu sein. Untersuchungen dieses Phänomens haben zu der Schlußfolgerung geführt, daß „die Grundlagen und der größte Teil des Bezugssystems der menschlichen Handlungen in dem ersten Lebensjahrzehnt festgelegt werden" (64).

Die Bedeutung der früh gelegten Fundamente. Zwei wichtige Schlüsse sind aus unserer Kenntnis der Wichtigkeit der frühen Grundlagen für die spätere Entwicklung zu ziehen. Zum ersten: Da Lernen eine zunehmend wichtigere Rolle spielt, wenn das Kind älter wird, kann der Verlauf seiner Entwicklung kontrolliert und in eine Richtung gelenkt werden, die zu einer guten Angepaßtheit führt. Es ist sicherlich gegenüber dem Kind unfair, wenn man ihm erlaubt, seinen Wünschen jedesmal nachzugeben, wenn es sie äußert. Das Kind hat zu wenig Erfahrung, als daß es wissen könnte, wann es auf dem richtigen Weg und wann es auf dem falschen ist. Wie sollte das Kind zum Beispiel wissen, daß es nützlicher ist, Fertigkeiten der rechten Hand zu entwickeln als solche der linken, daß falsche Aussprache von Wörtern und grammatikalische Fehler den Eindruck hervorrufen, es sei ungebildet, oder daß Aggressionen gegenüber seinen Spielkameraden ihm mehr Feinde als Freunde verschaffen werden?

Indirekt wird das Kind beim Entstehen von Verhaltensmustern durch die soziale Gruppe gelenkt. In einer Untersuchung des Strebens nach Leistung und nach sozialer Anerkennung wurde die Konstanz dieses Verhaltensmusters von der frühen Kindheit bis ins Erwachsenenalter durch die innere Verstärkung erklärt, die sich aus der sozialen Zustimmung ergab, und durch die damit verbundene persönliche Befriedigung. Verhalten, das nicht durch soziale Zustimmung belohnt wird, verschafft dem Kind wenig Befriedigung, und es gibt diese Verhaltensweisen auf. Das läßt sich am Beispiel der Abhängigkeit von den Eltern gut darstellen. Diese Abhängigkeit, so glaubt man, paßt nicht zu den durch die Geschlechterrolle bestimmten Verhaltensweisen eines Jungen, und sie wird von den Eltern mißbilligt. Das Gegenteil trifft für die Mädchen zu. Würde Abhängigkeit bei Mädchen mißbilligt, so würde dieses Verhalten genau wie bei den Jungen unterdrückt und durch Unabhängigkeit ersetzt (126).

Der Anleitung bedarf es hauptsächlich

auf den frühen Stufen des Lernens, wenn die Grundlagen gelegt werden. Wenn das Kind erst einmal auf den rechten Weg gebracht und ermutigt wird, dort zu bleiben, bis es sich schließlich daran gewöhnt oder erkennt, warum es der beste ist, dann wird es mit geringerer Wahrscheinlichkeit später auf den falschen Weg kommen. Mit zunehmendem Alter wird es weniger Führung brauchen, wenn man auch die Anleitung nie gänzlich aufgeben kann.

Der zweite wichtige Schluß, der aus der Bedeutung der früh gelegten Fundamente gezogen werden muß, ist der, daß es manchmal wünschenswert ist, das schon Gelernte zu ändern. Je eher diese Änderung vorgenommen wird, desto leichter ist es für das Kind, und deshalb ist es auch um so wahrscheinlicher, daß ein Kind selbst mitwirkt, diese Änderung herbeizuführen. Wenn erst einmal ein Verhaltensmuster durch und durch gelernt ist, muß es erst wieder gelöscht werden, bevor es durch ein neues Verhaltensmuster ersetzt werden kann. Das ist schwierig und kostet Zeit. Wenn ein Kind z. B. gelernt hat, ohne Schwierigkeiten und geschickt mit seiner linken Hand zu arbeiten, wird es dagegen rebellieren, wenn es lernen soll, mit der rechten Hand zu arbeiten (80).

Die Entwicklung vollzieht sich in Stufen

Wir möchten Feldman anführen, der gesagt hat: „Das Leben des Menschen vollzieht sich in Stufen. Die Lebensperioden des einzelnen Menschen sind nicht weniger real und nicht weniger bedeutend als die geologischen Zeitalter der Erde oder die Entwicklungsabschnitte des Lebens überhaupt ... Jede Stufe wird durch eine hervorstechende Eigenheit charakterisiert, durch ein führendes Kennzeichen, das dieser Periode ihre Kohärenz gibt, ihre Einheit und ihre Einzigartigkeit" (48). Auf gewissen Altersstufen treten einige Züge deutlicher hervor als andere.

Man kann deshalb größere Perioden abgrenzen, von denen jede durch eine bestimmte Form der Entwicklung charakterisiert ist, die andere Formen der Entwicklung, die gleichzeitig stattfinden, überschattet. Wegen der individuellen Variation können die Altersgrenzen dieser Perioden nur ungefähr angegeben werden. Hierzu bemerkte English: „Wir wollen freimütig zugeben, daß alle diese Abgrenzungen willkürlich sind. Es gibt nicht einen einzigen dieser Lebensabschnitte, bei dem man die Grenzen nicht ohne weiteres vor- oder zurückverlegen könnte" (47).

Die fünf größeren Entwicklungsperioden, ihre charakteristischen Formen und die *ungefähren* Altersangaben sind folgende:

1. Vorgeburtliche Periode. Diese Periode erstreckt sich von der Empfängnis, wenn das weibliche Ei von der männlichen Samenzelle befruchtet wird, bis zur Geburt, etwa 9 Kalendermonate oder 280 Tage. Wenn auch die vorgeburtliche Periode relativ kurz ist, so läuft in ihr doch die Entwicklung extrem schnell ab. In diesem Zeitabschnitt steht die physiologische Entwicklung im Vordergrund, d. h. das Wachstum aller somatischen Strukturen.

2. Kleinstkindalter. Das Kleinstkindalter beginnt mit der Geburt und erstreckt sich bis zum zehnten oder vierzehnten Tag. Es ist dies die Periode des Neugeborenen. Sie stellt ein Plateau oder Ruhestadium in der menschlichen Entwicklung dar. Während dieser Zeit muß die Anpassung an die völlig neue Umwelt außerhalb des mütterlichen Leibes vollzogen werden. In diesem Zeitraum kommt das Wachstum fast zum Stillstand und wird nicht wieder aufgenommen, bevor das Neugeborene nicht in der Lage ist, mit seiner neuen Umwelt fertig zu werden.

3. Kleinkindalter. Die dritte Entwicklungsstufe im Leben des Kindes ist das Kleinkindalter, eine Periode, die sich vom Alter von zwei Wochen bis zu etwa zwei Jahren erstreckt. Zunächst ist das Baby hilflos. Für jedes seiner Bedürfnisse ist es auf andere angewiesen. All-

mählich kann es sich mehr auf sich selbst verlassen; es lernt, seine Muskeln zu kontrollieren, so daß es selbst essen, gehen, sich anziehen, sprechen und spielen kann. Es entsteht bei ihm ein Streben nach Unabhängigkeit, es lehnt sich dagegen auf, „wie ein Baby behandelt zu werden".

4. Kindheit. Die Kindheit umfaßt die Zeit vom zweiten Lebensjahr bis zum Jugendalter; bisweilen wird auch die gesamte Zeit einbezogen, in der die Geschlechtsreife noch nicht erreicht ist. Das Kind, das als Säugling lernte, seinen Körper zu kontrollieren, versucht nun, seine Umgebung zu beeinflussen. Außerdem lernt es, sich in seine soziale Umwelt einzufügen. Etwa vom sechsten Lebensjahr ab ist die Sozialisation von überwältigender Wichtigkeit. Diese Periode wird auch oft das „Banden- oder Cliquenalter" genannt, denn die Unternehmen der Gruppe spielen eine sehr wichtige Rolle im Leben des Kindes.
Da dies eine relativ lange Periode ist, und da die dominanten Formen der Entwicklung in der frühen Kindheit sich von denen der späten Kindheit unterscheiden, unterteilt man gewöhnlich die Kindheit in zwei Stufen, die der „frühen" und der „späten" Kindheit, wobei die Trennungslinie beim Alter des Schuleintritts mit sechs Jahren liegt.

5. Jugendalter. Die Zeit des Jugendalters erstreckt sich von den Jahren, in denen das Kind geschlechtlich reif wird – im Alter von etwa 13 Jahren beim Mädchen und etwa 15 Jahren beim Jungen – bis zur Volljährigkeit mit 21 Jahren. Auch hier ist eine Aufteilung in zwei Perioden üblich, die des „frühen" und „späten" Jugendalters, wobei Trennungslinie etwa beim siebzehnten Lebensjahr liegt.
Die wichtigste von der Entwicklung im Jugendalter zu leistende Aufgabe ist die Vorbereitung auf das Erwachsenenalter. Im frühen Jugendalter liegt der Schwerpunkt darauf, zu lernen, von der Anleitung und Kontrolle durch die Erwachsenen unabhängig zu sein; im späten Jugendalter liegt die Betonung auf dem Erlernen spezifischer Fertigkeiten, die man als Erwachsener braucht. Man kann dieses späte Jugendalter als den letzten Schritt in einer langen Periode der Entwicklung ansehen, die mit der Empfängnis begann.

Die praktische Bedeutung der Entwicklungsstufen. Da alle Kinder in der Regel etwa zur gleichen Zeit die verschiedenen Phasen der Entwicklung durchlaufen, werden die Erziehung des Kindes und die Bereitstellung von Lernmöglichkeiten in einer solchen Weise geplant, daß sie dem Entwicklungsverlauf der Kinder einer bestimmten Kulturgruppe entsprechen. Darüber hinaus erwartet die Kulturgruppe von jedem Kind, daß es in seiner Entwicklung die Anforderungen bewältigt, die ihm für die jeweilige Entwicklungsstufe gestellt werden. Selbstverständlich gibt es, wie schon früher betont wurde, individuelle Unterschiede. Eine leichte Abweichung von der Norm kann im allgemeinen durch die Hilfe der Eltern und Lehrer ausgeglichen werden. Wenn die Abweichungen größer sind, sei es, daß sie über oder unter der Norm liegen, müssen besondere Vorkehrungen getroffen werden. Sonst ist das Kind zu sehr „aus dem Gleichschritt", um aus den Lernerfahrungen profitieren zu können, die für seine Alterskameraden bereitgestellt werden. Diese Tatsache wird im Erziehungswesen seit langem berücksichtigt, und aus diesem Grunde werden Klassen mit besonderem Unterricht eingerichtet für sehr begabte oder sehr schwach begabte Kinder oder für Kinder, die körperlich behindert sind, die blind, taub oder gelähmt sind. Unglücklicherweise wird die Notwendigkeit, besondere Lernmöglichkeiten für diejenigen zu arrangieren, die von der Norm abweichen, im Elternhaus nicht immer klar gesehen. Als Folge davon erwartet man von zu vielen Kindern, daß sie sich an eine Umwelt anpassen, die ihrem individuellen Entwicklungsstand keineswegs entspricht.
Wenn der Entwicklungsverlauf normal ist, bereitet eine Stufe das Kind für die nächste vor und leitet es ohne Schwierigkeit zur nächsten weiter. So wird z. B. auf dem Gebiet der sozialen Entwicklung vom Kind im Vorschulalter erwartet, daß es sich seinen Alters-

kameraden anpaßt. Wenn es keine Möglichkeit hat, dies zu lernen, wird es für die nächsthöhere Stufe, das Banden-Alter, nicht vorbereitet sein, in der es wenig oder keine Aufsicht durch Erwachsene gibt.
Auch wenn die Entwicklung des Kindes auf anderen Gebieten dem normalen Verlauf gefolgt ist, so wird die Retardierung (das Zurückbleiben) auf einem Gebiet, das in einem bestimmten Alter dominant ist, die Entwicklung verwandter Gebiete wahrscheinlich behindern. So wurde z. B. festgestellt, daß Kinder, die unbeliebt sind, keine Möglichkeit bekommen, sich sozial anzupassen. Solchermaßen vom sozialen Kontakt mit ihren Alterskameraden ausgeschlossen, fehlen diesen Kindern in gleicher Weise die Möglichkeiten, ihr motorisches Geschick, ihre sozialen Fertigkeiten und ihre emotionale Kontrolle zu entwickeln. Und folglich wird der gesamte Entwicklungsverlauf beeinträchtigt.

Für jede Stufe gibt es charakteristische Kennzeichen

Das Verhalten eines jeden Kindes auf jeder beliebigen Altersstufe ist gefärbt einerseits durch die ihm eigene Individualität, andererseits durch den für die Altersstufe typischen Entwicklungsstand. Dieses Verhaltensmuster wird nicht so sehr dadurch bestimmt, was das Kind kann, als vielmehr dadurch, wie das Kind sich tatsächlich verhält (85). Für jedes Kind gibt es etwas Konsistentes, das aus der Art und Weise herrührt, mit der es durchgängig die Probleme angeht, die sich auf jeder Altersstufe ergeben. Diese Konsistenz führt zu individuellen Unterschieden. Lawton hat diese Unterschiede in der folgenden Weise erklärt: „Unser Leben ist in Perioden eingeteilt, von denen jede ihre eigenen Anpassungsprobleme bietet. Diese Altersperioden hängen nicht durch das sich oberflächlich abspielende Geschehen zusammen, denn die Probleme ändern sich. Es ist vielmehr die Methode, diese Probleme anzugehen, die mit einiger Wahrscheinlichkeit die gleiche bleibt. Während des gesamten Lebensverlaufes entwickeln die einzelnen bestimmte Techniken, wie sie jede ihrer Schwierigkeiten in Angriff nehmen. Einige dieser Techniken sind geeignet und wirksam, andere ungeeignet und aufwendig, es kann aber auch sein, daß eine Methode für eine Altersstufe geeignet ist und nicht für eine andere" (110).

Phasen des Gleichgewichtes und des Ungleichgewichtes. Im Entwicklungsverlauf werden einige Phasen als solche des „Gleichgewichtes" (Äquilibrium) und andere als solche des „Ungleichgewichtes" (Disäquilibrium) gekennzeichnet. Diese Phasen lösen einander ab. In der Gleichgewichtsphase paßt sich das Kind gut an, und man kann angenehm mit ihm zusammen leben. In der anderen Phase scheint seine Anpassung durch Faktoren gestört zu sein, die in ihm selbst liegen oder die aus der Umwelt stammen. Es treten Spannungen auf, Unentschlossenheit, Unsicherheit und ähnliche Verhaltensschwierigkeiten. Man kann deshalb nur schwer mit dem Kinde auskommen. Seine Verhaltensschwierigkeiten sind jedoch nicht individuelle Abweichungen, sondern charakteristisch für seine Altersstufe und somit vorhersagbar (62).
Untersuchungen zur Entwicklung des Kindes haben die vorhersagbaren Zeitpunkte erbracht, an denen im Kindesalter Phasen des Gleichgewichtes und des Ungleichgewichtes auftreten. Perioden des Ungleichgewichtes treten im Alter von 15 Monaten; 2,5 Jahren; 3,5 Jahren; 5,5 Jahren auf und erneut am Ende der Kindheit. Zwischen den Perioden des Ungleichgewichtes liegen Perioden des Gleichgewichtes, in denen das Kind „sich benehmen" kann und sein Verhalten Zeichen besserer Anpassung aufweist. Nachdem das Kind in die Schule eingetreten ist, wird sein Verhalten in der Regel ausgeglichener und bleibt in einem Stadium des Gleichgewichts, bis die physischen Veränderungen beginnen, die die Pubertät begleiten. Nach dem „Sturm und Drang" der Pubertät kehrt das Kind, jetzt geschlechtsreif geworden, in der Regel zu einem Stadium des Gleichgewichtes zurück (157, 160).
Die oben erwähnten Altersangaben sind nur Durchschnittswerte. Da sich Jungen und Mädchen mit unterschiedlicher Ge-

schwindigkeit entwickeln, kann man erwarten, daß bei ihnen die Perioden des Gleichgewichtes und des Ungleichgewichtes zu verschiedenen Zeitpunkten auftreten. Innerhalb jeden Geschlechts gibt es ebenfalls deutliche Unterschiede zwischen Früh- und Spätreifen (64, 160).

Vorsicht beim Beurteilen des Verhaltens von Kindern. Jede Entwicklungsstufe ist charakterisiert durch bestimmte Formen altersangemessenen Verhaltens, die man, wenn man sich nach Erwachsenenstandards richten würde, als „Verhaltensschwierigkeiten" bezeichnen könnte. Eltern und Lehrer beschreiben oft solches Verhalten, das das reibungslose Ablaufen des Lebens in der Familie oder der Schule stört, als Verhaltensschwierigkeit. Das Kind wird als „unreif" bezeichnet und man wirft ihm vor, sich nicht „seinem Alter entsprechend" zu verhalten. Ein Kind, das mittags nicht ins Bett will und das etwas zu trinken haben will, sobald es im Bett liegt, wird leicht als „Problemkind" bezeichnet, weil sein Verhalten Ärger verursacht. In Untersuchungen an kleinen Kindern hat man jedoch festgestellt, daß ein solches Verhalten während der ersten drei Lebensjahre durchaus üblich ist (86).
Kleinere Gegenstände in Geschäften mitgehen zu lassen kommt sehr häufig während des ersten und zweiten Schuljahres vor; Lügen tritt bei fast allen Kindern in der Zeit kurz vor der Einschulung auf (84, 115). Ähnlich sind auch Nachlässigkeit beim Arbeiten und gegenüber dem eigenen Aussehen, Zerstörungswut, das Nachrufen von Schimpfnamen, Gleichgültigkeit gegenüber den Schularbeiten und Tagträumen während der ersten Schuljahre völlig normal (104). So ärgerlich dieses Verhalten auch sein mag, man kann es nicht zu Recht als Verhaltensschwierigkeit bezeichnen oder das Kind dafür bestrafen.
Mangelndes Verständnis für das Verhalten des Kindes auf verschiedenen Altersstufen ist der Grund für manche Reibung zwischen Eltern und Kindern oder zwischen Lehrern und Kindern. Wenn Erwachsene normales Verhalten wie eine Verhaltensschwierigkeit behandeln, ist es sehr wahrscheinlich, daß sie im Kind ihnen gegenüber ungünstige Einstellungen wecken und gegenüber der Situation, in der dieses Verhalten auftritt. Als Folge davon entwickeln dann die Kinder wirkliche Verhaltensschwierigkeiten, wie Lügen, Hinterhältigkeit oder Zerstörungswut, um so ihre Rache zu nehmen.
Die meisten Formen der Verhaltensschwierigkeiten sind normal auf einer zeitlich früheren Altersstufe. Oft bleibt ein Kind in einem unreifen Verhalten stecken, weil es noch nicht gelernt hat, wie es seine Bedürfnisse in einer reiferen Weise befriedigen kann, und weil ihm reifere Verhaltensweisen weniger innere Zufriedenheit einbringen als unreifes Verhalten. Befriedigung gewinnt es z. B. aus der Aufmerksamkeit, die seine Hilflosigkeit ihm einbringt. Wenn ein Kind an diesen Verhaltensmustern festhält, wenn es älter wird, oder wenn es zu ihnen zurückkehrt, nachdem es bereits reiferes Verhalten gelernt hat, dann ist dieses symptomatisch für Störungen in seinen sozialen Bezügen und kann als wirkliche Verhaltensschwierigkeit angesehen werden. Kinder, die sich so verhalten, wie es für jüngere Altersstufen typisch ist, passen sich nicht nur den Anforderungen des Lebens schlechter an, sie werden auch von der Gesellschaft durch Zurückweisung bestraft. Stehlen wird z. B. bei Kindern im Vorschulalter toleriert, wird jedoch bei älteren Kindern und Jugendlichen als „kriminelles Verhalten" angesehen (104, 115).
Die Tatsache, daß bestimmte Verhaltensweisen normal zu der Zeit sind, in der sie zum ersten Mal auftreten, bedeutet nicht, daß sie akzeptabel sind, und auch nicht, daß man sie tolerieren sollte, ohne zu versuchen, sie zu korrigieren. Wenn ein Kind lernen kann, „nein" zu sagen, dann kann es auch lernen, „danke" zu sagen. Und wenn seine Muskelkoordination gut genug ist, einem anderen Kind ein Spielzeug wegzunehmen, dann ist seine Muskelkoordination auch gut genug, diesem Kind eines von seinen Spielzeugen als Ersatz zu geben. Nur unter Anleitung wird es lernen, daß bestimmte Verhaltensweisen sozial akzeptiert sind und andere nicht. Natürlich kann man nicht erwarten, daß ein

Kind sich wie ein Erwachsener verhält, aber man kann erwarten, daß das Kind mit jedem weiteren Jahr immer mehr von Erwachsenen gebilligte Verhaltensweisen lernt. Wenn man so vorgeht, wird das nicht gebilligte Verhalten allmählich durch akzeptierbares Verhalten ersetzt.

Man sollte keine Form von Verhaltensschwierigkeit nur deshalb übersehen, weil sie „typisch" ist und weil das Kind im Laufe der Zeit aus ihr „herauswachsen" wird. Das kann sein, aber die Wahrscheinlichkeit, daß dies nicht eintreten wird, ist genauso groß. Außerdem wird das Kind, wenn man über eine solche Verhaltensweise hinwegsieht, wahrscheinlich annehmen, sie sei gebilligt. Verhalten, das man nicht typischerweise auf dem Alters- oder Reifeniveau des Kindes findet, ist ein Gefahrensignal für mögliche künftige Schwierigkeiten. Es sollte korrigiert werden, bevor es zu einer gewohnheitsmäßigen Methode der Anpassung geworden ist.

Bibliographie

(1) ABERLE, D. F., and K. D. NAEGELE: Middle-class fathers' occupational roles and attitudes toward children. *Amer. J. Orthopsychiat.*, 1952, **22**, 366–378.

(2) ALM, I.: The long-term prognosis for prematurely born children. *Acta paediat., Stockh.*, 1953, **42**, 591–594.

(3) AMEN, E. W., and N. RENISON: A study of the relationship between play patterns and anxiety in young children. *Genet. Psychol. Monogr.*, 1954, **50**, 3–41.

(4) ANASTASI, A.: Heredity, environment, and the question "how?" *Psychol. Rev.*, 1958, **65**, 197–208.

(5) ANASTASI, A., and J. P. FOLEY: A proposed reorientation in the heredity-environment controversy. *Psychol. Rev.*, 1948, **55**, 239–249.

(6) ANDERSON, J. E.: Methods of child psychology. In L. Carmichael (Ed.), *Manual of child psychology*, 2d ed. New York: Wiley, 1954. Pp. 1–59.

(7) ANDERSON, J. E.: Behavior and personality. In E. Ginzberg, *The nation's children*. Vol. 2. *Development and education*. New York: Columbia, 1960. Pp. 43–69.

(8) ANDERSON, J. E.: Child development research: the next 25 years. *Child Develpm.*, 1960, **31**, 191–199.

(9) BAKER, J. W., and A. HOLGWORTH: Social histories of successful and unsuccessful children. *Child Develpm.*, 1961, **32**, 135–149.

(10) BAKWIN, H.: Juvenile delinquency. *J. Pediat.*, 1953, **42**, 387–391; 1954, **44**, 338–342.

(11) BANHAM, K. M.: Senescence and the emotions: a genetic theory, *J. genet. Psychol.*, 1951, **78**, 175–183.

(12) BARSCHAK, E.: Happiness and unhappiness in the childhood and adolescence of a group of women students: a comparative study of English and American girls. *Brit. J. Psychol.*, 1952, **43**, 129–140.

(13) BAYLEY, N.: Some increasing parent-child similarities during the growth of children. *J. educ. Psychol.*, 1954, **45**, 1–21.

(14) BAYLEY, N.: On the growth of intelligence. *Amer. Psychologist*, 1955, **10**, 805–818.

(15) BAYLEY, N.: Individual patterns of development. *Child Develpm.*, 1956, **27**, 45–74.

(16) BAYLEY, N., and M. H. ODEN: The maintenance of intellectual ability in gifted adults. *J. Gerontol.*, 1955, **10**, 91–107.

(17) BAYLEY, N., and S. R. PINNAU: Tables for predicting adult height from skeletal age: revised for use with the Greulich-Pyle Hand Standards. *J. Pediat.*, 1952, **40**, 423–441.

(18) BEILIN, H.: Teachers' and clinicians' attitudes toward the behavior problems of children. *Child Develpm.*, 1959, **30**, 9–25.

(19) BELL, R. Q.: Retrospective attitude studies of parent-child relations. *Child Develpm.*, 1958, **29**, 323–338.

(20) BLEGEN, S. D.: The primitive child. *Acta paediat., Stockh.*, 1953, **42**, Suppl. 88.

(21) BLOOMERS, P., L. M. KNIEF, and J. B. STROUD: The organismic age concept. *J. educ. Psychol.*, 1955, **46**, 142–150.

(22) BLUM, L. H.: Pediatric practice and the science of child development. *Nerv. Child*, 1952, **9**, 233–241.

(23) BOBROFF, A.: The stages of maturation in socialized thinking and in the ego development of two groups of children. *Child Develpm.*, 1960, **31**, 321–338.

(24) BOLL, E. S.: The role of preschool playmates: a situational approach. *Child Develpm.*, 1957, **28**, 327–342.

(25) BONNEY, M. E., and E. L. NICHOLSON. Comparative social adjustments of elementary school pupils with and without preschool training. *Child Develpm.*, 1958, **29**, 125–133.

(26) BOSSARD, J. H. S.: *Parent and child*. Philadelphia: University Pennsylvania Press, 1953.

(27) BOSSARD, J. H. S., and E. S. BOLL: *The sociology of child development*, 3d ed. New York: Harper & Row, 1960.

(28) BRECKENRIDGE, M. E., and E. L. VINCENT: *Child development*, 4th ed. Philadelphia: Saunders, 1960.

(29) BRIM, O. G.: The acceptance of new be-

havior in child rearing. *Hum. Relat.*, 1954, **7**, 473–491.

(30) BROWN, F.: Depression and childhood bereavement. *J. ment. Sci.*, 1961, **107**, 754–777.

(31) BURLINGHAM, D. T.: Precursors of some psychoanalytic ideas about children in the sixteenth and seventeenth centuries. In R. S. Eissler, *The psychoanalytic study of the child*. New York: International Universities Press, 1951. Pp. 244–254.

(32) CALDWELL, B. M., and J. B. RICHMOND: The impact of theories of child development. *Children*, 1962, **9**, 73–78.

(33) CANADY, H. G.: The contributions of cultural anthropology to the study of human behavior. *Sch. Soc.*, 1948, **68**, 267–270.

(34) CAPLAN, H.: The role of deviant maturation in the pathogenesis of anxiety. *Amer. J. Orthopsychiat.*, 1956, **26**, 94–107.

(35) CARLSON, A. J., and E. J. STIEGLITZ: Physiological changes in aging. *Ann. Amer. Acad. Pol. Soc. Sci.*, 1952, **279**, 18–31.

(36) CATTELL, R. B., G. J. STICE, and N. F. KRISTY: A first approximation to nature-nurture ratios for eleven primary personality factors in objective tests. *J. abnorm. soc. Psychol.*, 1957, **54**, 143–159.

(37) CHRISTENSEN, C. M.: Relationships between pupil achievement, pupil affect-need, teacher warmth, and teacher permissiveness. *J. educ. Psychol.*, 1960, **51**, 169–174.

(38) COREY, S. M., and V. E. HERRICK: The developmental tasks of children and young people. In J. M. Seidman (Ed.), *The child, a book of readings*. New York: Holt, 1958. Pp. 31–41.

(39) CRANE, A. R.: Stereotypes of the adult held by early adolescents. *J. educ. Res.*, 1956, **50**, 227–230.

(40) CRANE, A. R.: The development of moral values in children. IV. Preadolescent gangs and the moral development of children. *Brit. J. educ. Psychol.*, 1958, **28**, 201–208.

(41) DAMERON, L. E.: Mother-child interaction in the development of self-restraint. *J. genet. Psychol.*, 1955, **86**, 289–308.

(42) DAVIS, A., and R. J. HAVIGHURST: *Father of the man*. Boston: Houghton Mifflin, 1947.

(43) DENNIS, W.: Infant development under conditions of restricted practice and minimum social stimulation. *Genet. Psychol. Monogr.*, 1941, **23**, 143–189.

(44) DENNIS, W.: Scientific models for the investigation of child development. In P. H. Hoch and J. Zubin, *Psychopathology of childhood*. New York: Grune & Stratton, 1955. Pp. 15–24.

(45) DESMOND, T. C.: America's unknown middle-agers. *The New York Times*, July 29, 1956.

(46) ENGEL, C. E., and P. HANSELL: Use and abuse of the film in recording the behavior and reactions of the newborn infant. *Cerebral Palsy Bull.*, 1961, **3**, 472–480.

(47) ENGLISH, H. B.: Chronological divisions of the life span. *J. educ. Psychol.*, 1957, **48**, 437–439.

(48) FELDMAN, S.: Origins of behavior and man's life career. *Amer. J. Psychol.*, 1941, **54**, 53–63.

(49) FISH, B.: Longitudinal observations of biological deviations in a schizophrenic infant. *Amer. J. Psychiat.*, 1959, **116**, 25–31.

(50) FOLKMAN, J. D.: Stressful and supportive interaction. *Marriage fam. Liv.*, 1956, **18**, 102–106.

(51) FRANK, L. K.: The concept of maturity. *Child Develpm.*, 1950, **21**, 21–24.

(52) FRANK, L. K.: Genetic psychology and its prospects. *Amer. J. Orthopsychiat.*, 1951, **21**, 506–522.

(53) FRANK, L. K., and M. H. FRANK: Teachers' attitudes affect children's relationships. *Education*, 1954, **75**, 6–12.

(54) FRANK, L. K., and M. H. FRANK: *Your adolescent, at home and in school*. New York: Viking, 1956.

(55) FRAZEE, H. E.: Children who later became schizophrenic. *Smith Coll. Stud. soc. Wk*, 1953, **23**, 125–149.

(56) FREUD, S.: *The standard edition of the complete works of Sigmund Freud*. London: Hogarth, 1953–1962.

(57) GALLAGHER, J. J.: Peer acceptance of highly gifted children in elementary school. *Elem. Sch. J.*, 1958, **58**, 465–470.

(58) GESELL, A.: *Infancy and human growth*. New York: Macmillan, 1928.

(59) GESELL, A.: How science studies the child. *Sci. Mon., N. Y.*, 1932, **34**, 265–267.

(60) GESELL, A.: Growth potentials of the human infant. *Sci. Mon., N. Y.*, 1949, **68**, 252–256.

(61) GESELL, A.: Developmental pediatrics. *Nerv. Child*, 1952, **9**, 225–227.

(62) GESELL, A.: The ontogenesis of infant behavior. In L. Carmichael (Ed.), *Manual of child psychology*, 2d ed. New York: Wiley, 1954. Pp. 335–373.

(63) GESELL, A., and F. L. ILG: *Child development*. New York: Harper & Row, 1949.

(64) GESELL, A., F. L. ILG, and L. B. AMES: *Youth: the years from ten to sixteen*. New York: Harper & Row, 1956.

(65) GESELL, A., and H. THOMPSON: Twins T and C from infancy to adolescence: a biogenetic study of individual differences by the method of co-twin control. *Genet. Psychol. Monogr.*, 1941, **24**, 3–121.

(66) GLUECK, S., and E. T. GLUECK: *Unravelling juvenile delinquency*. New York: Commonwealth Fund, 1950.

(67) GOODENOUGH, F. L.: *Anger in young children*. Minneapolis: University of Minnesota Press, 1931.

(68) GOODENOUGH, F. L.: The measurement of mental growth in childhood. In L. Carmichael (Ed.), *Manual of child psychology*, 2d ed. New York: Wiley, 1954. Pp. 459–491.

(69) GOVATOS, L. A.: Relationships and age differences in growth measures and motor skills. *Child Develpm.*, 1959, **30**, 333–340.

(70) GRANT, D. A.: Statistical theory and research design. *Annu. Rev. Psychol.*, 1950, **1**, 277–296.

(71) GUTTERIDGE, M. V.: A study of motor achievements of young children. *Arch. Psychol., N. Y.*, 1939, No. 244.

(72) HAGGERTY, A. D.: The effects of long-term hospitalization or institutionalization upon the language development of children. *J. genet. Psychol.*, 1959, **94**, 205–229.

(73) HALL, G. S.: The contents of children's minds on entering school. *Ped. Sem.*, 1891, **1**, 139–173.

(74) HARRIS, D. B.: The development of potentiality. *Teachers Coll. Rec.*, 1960, **61**, 423–428.

(75) HAVIGHURST, R. J.: Social class and basic personality structure. *Sociol. soc. Res.*, 1952, **36**, 355–363.

(76) HAVIGHURST, R. J.: *Human development and education.* New York: Longmans, 1953.

(77) HAVIGHURST, R. J.: The social competence of middle-aged people. *Genet. Psychol. Monogr.*, 1957, **56**, 297–375.

(78) HAVIGHURST, R. J., and K. FEIGENBAUM: Leisure and life-style. *Amer. J. Sociol.*, 1959, **64**, 396–404.

(79) HAWKES, G. R., L. G. BURCHINAL, and B. GARDNER: Measurement of pre-adolescents' views of family control of behavior. *Child Develpm.*, 1957, **28**, 388–392.

(80) HILDRETH, G.: The development and training of hand dominance. *J. genet. Psychol.*, 1950, **76**, 39–144.

(81) HODGES, A.: A developmental study of symbolic behavior. *Child Develpm.*, 1954, **25**, 277–280.

(82) HOFSTATTER, P. R.: The rate of maturation and the cephalization coefficient: a hypothesis. *J. Psychol.*, 1951, **31**, 271–280.

(83) HOLLINGSWORTH, L. S.: *Children above 180 I.Q.: origin and development.* New York: Harcourt, Brace & World, 1950.

(84) ILG, F. L., and L. B. AMES: *Child behavior.* New York: Harper & Row, 1955.

(85) ILG, F. L., J. LEARNED, A. LOCKWOOD, and L. B. AMES: The three-and-a-half-year-old. *J. genet. Psychol.*, 1949, **75**, 21–31.

(86) ILLINGWORTH, R. S.: Sleep problems in the first three years. *Brit. med. J.*, 1951, **1**, 722–728.

(87) ILLINGWORTH, R. S., C. C. HARVEY, and S-Y GIN: Relation of birth weight to physical development in childhood. *Lancet*, 1949, **247**, 598–602.

(88) IRWIN, O. G.: Infant speech: effect of systematic reading of stories. *J. speech hear. Res.*, 1960, **3**, 187–190.

(89) JERSILD, A. T.: Training and growth in the development of children. *Child Develpm. Monogr.*, 1932, **10**, 1–73.

(90) JERSILD, A. T.: *In search of self.* New York: Teachers College, Columbia University, 1952.

(91) JERSILD, A. T.: Emotional development. In L. Carmichael (Ed.), *Manual of child psychology*, 2d ed. New York: Wiley, 1954. Pp. 833–917.

(92) JERSILD, A. T.: *Child psychology*, 5th ed. Englewood Cliffs, N.J.: Prentice-Hall, 1960.

(93) JERSILD, A. T., and R. J. TASCH: *Children's interests and what they suggest for education.* New York: Teachers College, Columbia University, 1949.

(94) JOHNSON, M. S.: Factors related to disability in reading. *J. exp. Educ.*, 1957, **26**, 1–26.

(95) JONES, H. E.: The adolescent growth study: principles and methods. II. Procedures. *J. consult. Psychol.*, 1939, **3**, 157–159, 177–180.

(96) JONES, H. E.: The environment and mental development. In L. Carmichael (Ed.), *Manual of child psychology*, 2d ed. New York: Wiley, 1954. Pp. 631–696.

(97) JONES, M. C.: The later careers of boys who were early- and later-maturers. *Child Develpm.*, 1957, **28**, 113–128.

(98) JONES, M. C., and N. BAYLEY: Physical maturing among boys as related to behavior. *J. educ. Psychol.*, 1950, **41**, 129–148.

(99) JONES, M. C., and P. H. MUSSEN: Self-conceptions, motivations, and interpersonal attitudes of early- and later-maturing girls. *Child Develpm.*, 1958, **29**, 491–501.

(100) JONES, V.: Character development in children: an objective approach. In L. Carmichael (Ed.), *Manual of child psychology*, 2d ed. New York: Wiley, 1954. Pp. 781–832.

(101) KAGAN, J., and H. A. MOSS: Parental correlates of child's IQ and height: a cross-validation of the Berkeley Growth Study results. *Child Develpm.*, 1959, **30**, 325–332.

(102) KAHN, E., and L. W. SIMMONS: Problems of middle age. *Yale Rev.*, 1940, **29**, 349–363.

(103) KALLMAN, F. J., and G. SANDER: Twin studies in senescence. *Amer. J. Psychiat.*, 1949, **106**, 29–36.

(104) KAPLAN, L.: The annoyances of elementary school teachers. *J. educ. Res.*, 1952, **45**, 649–665.

(105) KARLIN, M. S.: Mother's management of atypical children. *Smith Coll. Stud. soc. Wk*, 1961, **31**, 120–151.

(106) KELLY, E. L.: Consistency of the adult

personality. *Amer. Psychologist,* 1955, **10,** 659–681.
(107) KESSEN, W., L. S. HENDRY, and A. M. LEUZENDORFF. Measurement of movement in the human newborn: a new technique. *Child Develpm.,* 1961, **32,** 95–105.
(108) KLATSKIN, E. H., E. B. JACKSON, and L. C. WILKIN: The influence of degree of flexibility in maternal child care practices on early child behavior. *Amer. J. Orthopsychiat.,* 1956, **26,** 79–93.
(109) KUHLEN, R. G.: Social change: a neglected factor in psychological studies of the life span. *Sch. Soc.,* 1940, **52,** 14–16.
(110) LAWTON, G.: *New goals for old age.* New York: Columbia, 1943.
(111) LINDEN, M. E., and D. COURTNEY: The human life cycle and its interruptions. *Amer. J. Psychiat.,* 1953, **109,** 905–915.
(112) LINDZEY, G., D. T. LYKKEN, and H. H. WINSTON: Infantile trauma, genetic factors, and adult temperament. *J. abnorm. soc. Psychol.,* 1960, **61,** 7–14.
(113) LOMBARD, O. M.: Breadth of bone and muscle by age and sex in childhood. *Child Develpm.,* 1950, **21,** 229–239.
(114) LYNIP, A. W.: The use of magnetic devices in the collection and analysis of preverbal utterances of an infant. *Genet. Psychol. Monogr.,* 1951, **44,** 221–262.
(115) MACFARLANE, J., L. ALLEN, and M. P. HONZIK: *A developmental study of the behavior problems of normal children between twenty-one months and fourteen years.* Berkeley, Calif.: University of California Press, 1954.
(116) MACY, I. G., and H. J. KELLY: Body composition in childhood. *Hum. Biol.,* 1956, **28,** 289–308.
(117) MC CARTHY, D.: Language development. In L. Carmichael (Ed.), *Manual of child psychology,* 2d ed. New York: Wiley, 1954. Pp. 492–630.
(118) MC CLUSKY, H. Y., and G. JENSEN: The psychology of adults. *Rev. educ. Res.,* 1959, **29,** 246–255.
(119) MC GRAW, M. B.: Neural maturation as exemplified in achievement of bladder control. *J. Pediat.,* 1940, **17,** 747–771.
(120) MC KEE, J. P., and D. H. EICHORN: The relation between metabolism and height and weight during adolescence. *Child Develpm.,* 1955, **26,** 205–212.
(121) MEAD, M.: *Male and female.* New York: Morrow, 1952.
(122) MEAD, M.: Book review of "The child buyer." *Science,* 1961, **133,** 573.
(123) MICHAEL, D. N.: Scientists through adolescent eyes: what we need to know, why we need to know it. *Sci. Mon., N.Y.,* 1957, **85,** 135–140.
(124) MILNER, E. A.: A study of the relationships between reading readiness in grade one school children and patterns of parent-child interaction. *Child Develpm.,* 1951, **22,** 95–112.
(125) MORENO, J. L.: *Who shall survive? A new approach to the problems of human interrelations.* Washington: Nervous and Mental Disease Publishing Co., 1934.
(126) MOSS, H. A., and J. KAGAN: Stability of achievement and recognition seeking behaviors from early childhood through adulthood. *J. abnorm. soc. Psychol.,* 1961, **62,** 504–513.
(127) MUELLER, S. R.: Development of urinary control in children. *J. Amer. Med. Ass.,* 1960, **172,** 1256–1261.
(128) MUHSAM, F. V.: Correlation in growth. *Hum. Biol.,* 1947, **19,** 260-269.
(129) MUNN, N. L.: Learning in children. In L. Carmichael (Ed.), *Manual of child psychology,* 2d ed. New York: Wiley, 1954. Pp. 374–458.
(130) MUSSEN, P. H., and L. DISTLER: Masculinity, identification and father-son relationships. *J. abnorm. soc. Psychol.,* 1959, **59,** 350–356.
(131) OWENS, W. A.: Age and mental abilities: a longitudinal study. *Genet. Psychol. Monogr.,* 1953, **48,** 3–54.
(132) PASAMANICK, B., and H. KNOBLOCH: The contribution of some organic factors to school retardation in Negro children. *J. Negro Educ.,* 1958, **27,** 4–9.
(133) PEASE, D., and G. R. HAWKES: Direct study of child-parent interactions. 2. Observation of parent-child interaction. *Amer. J. Orthopsychiat.,* 1960, **30,** 453–459.
(134) PODOLSKY, E.: The first six years. *Understanding the Child,* 1953, **22,** 71–72.
(135) POFFENBERGER, T., and D. NORTON: Factors in the formation of attitudes toward mathematics. *J. educ. Res.,* 1959, **52,** 171–176.
(136) PRESSEY, S. L., and A. W. JONES: 1923–1953 and 20–60 age changes in moral codes, anxieties, and interests, as shown by the "X-O Tests." *J. Psychol.,* 1955, **39,** 485–502.
(137) PUNKE, H. H.: Neglected social values of prolonged human infancy. *Sch. Soc.,* 1950, **71,** 369–372.
(138) RAINWATER, L.: A study of personality differences between middle and lower class adolescents: the Szondi Test in culture-personality research. *Genet. Psychol. Monogr.,* 1956, **54,** 3–86.
(139) ROSE, A. M.: The role of self-direction in child development. *Sociol. soc. Res.,* 1950, **34,** 424–430.
(140) ROSEN, B. C., and R. D'ANDRADE: The psychosocial origins of achievement motivation. *Sociometry,* 1959, **22,** 185–218.
(141) ROYCE, J. R.: Factor theory and genetics. *Educ. psychol. Measmt,* 1957, **17,** 361–376.
(142) SCHAEFER, E. S., and R. G. BELL: Develop-

ment of a parental attitude research instrument. *Child Develpm.*, 1958, **29**, 339–361.
(143) SCHEINFELD, A.: *The human heredity handbook.* Philadelphia: Lippincott, 1956.
(144) SEARS, R. R., E. E. MACCOBY, and H. LEVIN: *Patterns in child rearing.* New York: Harper & Row, 1957.
(145) SHAW, M. C., and J. T. MC CUEN: The onset of academic underachievement in bright children. *J. educ. Psychol.*, 1960, **51**, 103–108.
(146) SHINN, M. W.: *The biography of a baby.* New York: Macmillan, 1900.
(147) SHOCK, N. W.: Gerontology (later maturity). *Annu. Rev. Psychol.*, 1951, **2**, 353–366.
(148) SIEGAL, A. E.: Aggressive behavior of young children in the absence of an adult. *Child Develpm.*, 1957, **28**, 371–378.
(149) SIEGAL, A. E., and L. G. KOHN: Permissiveness, permission and aggression: the effect of adult presence or absence on aggression in children's play. *Child Develpm.*, 1959, **30**, 131–141.
(150) SILVERMAN, J. S., M. W. FITE, and M. M. MOSHER: Clinical findings in reading disability children: special cases of intellectual inhibition. *Amer. J. Orthopsychiat.*, 1959, **29**, 298–314.
(151) SIMON, M. D.: Body configuration and school readiness. *Child Develpm.*, 1959, **30**, 493–512.
(152) SMITH, M. E.: A comparison of certain personality traits as rated in the same individuals in childhood and fifty years later. *Child Develpm.*, 1952, **23**, 159–180.
(153) SMITH, M. E.: Childhood memories compared with those of adult life. *J. genet. Psychol.*, 1952, **80**, 151–182.
(154) SMITH, M. E.: Mental test ability in a family of four generations. *J. genet. Psychol.*, 1954, **85**, 321–335.
(155) SONTAG, L. W.: Some psychosomatic aspects of childhood. *Nerv. Child*, 1946, **5**, 296–304.
(156) SPITZ, R. A.: Purposive grasping. *Personality*, 1951, **1**, 141–148.
(157) STENDLER, C. B., and N. YOUNG: The impact of beginning first grade upon socialization as reported by mothers. *Child Develpm.*, 1950, **21**, 241–260.
(158) STEVENSON, H. W., and N. G. STEVENSON: A method for simultaneous observation and analysis of children's behavior. *J. genet. Psychol.*, 1961, **99**, 253–260.
(159) STOKE, S. M.: An inquiry into the concept of identification. In W. E. Martin and C. B. Stendler (Eds.), *Readings in child Development.* New York: Harcourt, Brace, & World, 1954. Pp. 227–239.
(160) STOLZ, H. R., and L. M. STOLZ: *Somatic development of adolescent boys.* New York: Macmillan, 1951.
(161) STOUFFER, G. A. W., and J. OWENS: Behavior problems identified by today's teachers and compared with those reported by E. K. Wickman. *J. educ. Res.*, 1955, **48**, 321–331.
(162) STRANG, R.: *The adolescent views himself.* New York: McGraw-Hill, 1957.
(163) SUTTON-SMITH, B., B. G. ROSENBERG, and E. F. MORGAN: Historical changes in the freedom with which children express themselves on personality inventories. *J. genet. Psychol.*, 1961, **99**, 309–315.
(164) TERMAN, L. M., and M. H. ODEN: *The gifted child grows up.* Stanford, Calif.: Stanford, 1947.
(165) TERMAN, L. M., and M. H. ODEN: *Genetic studies of genius. V. The gifted group at mid-life.* Stanford, Calif.: Stanford, 1959.
(166) THOMPSON, H.: Physical growth. In L. Carmichael (Ed.), *Manual of child psychology,* 2d ed. New York: Wiley, 1954. Pp. 292–334.
(167) TOPP, R. F.: Behavior difficulties in childhood as portents of future emotional disorders. *Elem. Sch. J.*, 1950, **51**, 196–200.
(168) TUCKMAN, J., and I. LORGE: Attitudes toward old people. *J. soc. Psychol.*, 1953, **37**, 249–260.
(169) TUCKMAN, J., and I. LORGE: Old people's appraisal of adjustment over the life span. *J. Pers.*, 1954, **22**, 417–422.
(170) VINACKE, W. E.: Stereotypes as social concepts. *J. soc. Psychol.*, 1957, **46**, 229–243.
(171) WATSON, J. B.: *Behaviorism.* New York: People's Institute Publishing Co., 1925.
(172) WECHSLER, D.: Intellectual development and psychological maturity. *Child Develpm.*, 1950, **21**, 45–50.
(173) WENAR, C.: The reliability of mothers' histories. *Child Develpm.*, 1961, **32**, 491–500.
(174) WISHIK, S. M.: The importance of "timing" in child health supervision. *Child Develpm.*, 1950, **21**, 51–60.
(175) WOODS, W. A., and R. TOAL: Subtest disparity of Negro and white groups matched for IQs on the Revised Beta Test. *J. consult. Psychol.*, 1957, **21**, 136–138.
(176) YARROW, L. J.: Infancy. *Children*, 1960, **7**, 110–111.

Kapitel 2: Die Grundlagen des Entwicklungsverlaufes

Zwei wichtige Gründe sprechen dafür, die vorgeburtliche Periode zu untersuchen. Einmal ist dies das Alter, in dem die Grundlagen der Entwicklung angelegt werden. Was schließlich aus einem Kinde wird, wird zum großen Teil durch das bestimmt, was vor seiner Geburt geschieht. Zu diesem Zeitpunkt ist das Erbgut endgültig festgelegt. Eine günstige vorgeburtliche Umwelt kann die Entwicklung der Erbanlagen begünstigen, ebenso wie ungünstige Bedingungen deren Entwicklung benachteiligen können. Darüber hinaus ist dies die Zeit, in der sich die Einstellungen dem Kinde gegenüber bei den Menschen heranbilden, die im Leben des Kindes von Bedeutung sind. Diese Einstellungen üben einen Einfluß auf die Behandlung des Kindes aus – ein Faktor von großer Bedeutung für seine spätere Entwicklung (18).

Weiter ist es für ein umfassendes Verständnis des Entwicklungsverlaufes des Menschen unumgänglich zu wissen, was mit einem Kind geschieht, ehe es geboren ist. Trotz der Tatsache, daß während der kurzen Zeit vor der Geburt Wachstum und Entwicklung mit großer Schnelligkeit vor sich gehen, steht doch die Entwicklung des Kindes bei der Geburt erst in ihrem Anfangsstadium. Um seine künftige Entwicklung lenken und günstig beeinflussen zu können, muß man wissen, welche Strecke auf dem Weg zur Reife das Kind bei seiner Geburt bereits zurückgelegt hat.

Methoden zur Untersuchung der vorgeburtlichen Entwicklung

Die Untersuchung der vorgeburtlichen Entwicklung ist außerordentlich schwierig und in einigen Fällen beim Menschen fast unmöglich. Bis heute hat noch kein Embryologe ein Verfahren entwerfen können, mit dessen Hilfe die Bewegung des befruchteten menschlichen Eies durch den Eileiter beobachtet werden konnte oder der Vorgang, in dessen Verlauf es sich in der Wand des mütterlichen Uterus festsetzt (26).

Informationen über den lebenden Fötus haben wir aus vier Quellen: 1. den Berichten der Mutter über die Bewegungen des Fötus; 2. den Herztönen und den Bewegungen, die durch auf die Bauchdecke der Mutter aufgesetzte Instrumente registriert wurden; 3. den direkten Beobachtungen von Fötussen, die operativ aus dem Körper der Mutter entfernt worden sind, und 4. den Beobachtungen an Tieren.

Berichte von Müttern über Bewegungen des Fötusses sind wie alle introspektiven Berichte Irrtümern unterworfen. Wie genau die Berichte der Mutter ausfallen, hängt in hohem Maße davon ab, wie groß ihr Interesse an den Vorgängen ist und wie weit sie mit wissenschaftlichen Methoden vertraut ist. Die einzige wichtige Information, die aus diesem Vorgehen gewonnen werden kann, besteht darin, daß die vorgeburtliche Aktivität so ausgeprägt ist, daß die Mutter sie fühlen und lokalisieren kann.

Mit Hilfe besonderer Geräte wie dem Stethòskop, dem Kardiographen, einem Galvanometer und durch das Röntgen können die Herztöne, die Aktivität des Fötusses, die Position des Fötusses und die Frage, ob es sich um Zwillinge oder um einen einzelnen Fötus handelt, untersucht werden. Direkte Beobachtung eines operativ entfernten Fötusses sind meistens nur von geringem Wert, da solche Fötusse nur selten normal sind; häufig sind sie gerade aus diesem Grund entfernt worden. Darüber hinaus zeigen sie zunehmend Bewegungen eines erstickenden Organismus, da sie von der normalen Sauerstoffzufuhr abgeschnitten sind (97). Der größte Teil der Information, der zur Zeit über U n r e g e l m ä ß i g k e i t e n d e r E n t w i c k l u n g zu erhalten ist, rührt aus Fällen abnormer Entwicklung des Fötus oder aus experimentell hervorgerufenen strukturellen Veränderungen bei niederen Tieren her. Es ist nicht möglich, den menschlichen Fötus experimentell zu untersuchen, aber Experimente mit Tieren haben gewisse Probleme deutlich gemacht.

Durch eine Veränderung der Sauerstoffzufuhr zum Tierfötus, durch die Anwendung von kaltem Wasser, durch Chemikalien oder ultraviolette Strahlen, die die Umgebung des Tierfötus veränderten, haben Wissenschaftler experimentell Mißgestalten oder Lebewesen erzeugt, die sich in Form oder Struktur weitgehend von der normalen Erscheinung ihrer Art unterschieden (104). Mißbildungen bei Kaulquappen, bei denen sich zwei Köpfe ausbilden, können durch chemische oder mechanische Reize hervorgerufen werden. Wurde dem Wasser Magnesium-Chlorid hinzugefügt, veränderte sich die Lage der Augen bei Elritzen (Fische). Veränderte Bedingungen der Umgebung stören die Geschwindigkeit der Entwicklung, wodurch die Ausgeglichenheit des Wachstums einzelner Teile des Organismus verändert wird. Bei einem Experiment mit Mäusen führte Ingalls bestimmte körperliche Defekte an den Jungtieren herbei, indem er die Sauerstoffzufuhr während verschiedener Stadien der Schwangerschaft systematisch drosselte. Die Art der Mißbildungen bei der Nachkommenschaft hing ab von der Intensität, der Dauer und dem Zeitpunkt des Sauerstoffmangels. Sauerstoffmangel am achten Tag der Schwangerschaft rief zum Beispiel unvollständig ausgebildete Schädel hervor, Hasenscharten entstanden aufgrund von Sauerstoffmangel am zwölften Tag der Schwangerschaft (67). Wenn trächtigen Ratten Vitamin A vorenthalten wurde, konnten Wissenschaftler Mißbildungen an den Augen der Jungen beobachten. Jungtiere von Müttern mit Riboflavin-Mangel (Vitamin der B-Gruppe) zeigten Mißbildungen des Skeletts. Ebenso rief Futter mit zu wenig Vitamin D, das die Mütter zu sich nahmen, gewisse Arten von Mißbildungen im Knochenbau der Jungtiere hervor. Zur Zeit kann man etwa sechshundert Arten angeborener Mißbildungen bei Tieren experimentell erzeugen (152).

Obwohl endgültige Aussagen noch nicht getroffen werden können, scheint es doch so zu sein, daß der Hauptgrund für angeborene Mißbildungen eher in der Umgebung als in der Vererbung liegt. Wenn weitere Belege die vorliegenden Ergebnisse bestätigen, wird es möglich sein, durch Kontrolle der Umweltfaktoren viele Mißbildungen auszuschließen, die das Entwicklungsmuster eines Kindes sowohl vor als auch nach der Geburt verändern (118).

Befruchtung

Nach der Befruchtung (oder Empfängnis) entwickelt sich das befruchtete Ei, wenn nicht etwas Ungewöhnliches eintritt, in einem Zeitraum von etwa 280 Tagen zu einem Kind. Die männlichen und weiblichen Zellen entwickeln sich in den Fortpflanzungsorganen, den Keimdrüsen. Die männlichen Keimdrüsen, die Testes, erzeugen die Samenzellen, während die weiblichen Keimdrüsen, die Eierstöcke, die weiblichen Keimzellen, die Eier, erzeugen. In jedem monatlichen Zyklus wird normalerweise nur ein Ei erzeugt. Die Samenzellen (Spermien) sind dagegen in großer Zahl vorhanden; bis zu 200 000 000 Spermien finden sich in 3 Kubikzentimetern Samenflüssigkeit bei einer Ejakulation. Alle vier oder fünf Tage entstehen mehrere Hundert Millionen Samenzellen, dagegen nur ein Ei alle 28 Tage (37, 149). Ehe aus diesen Zellen ein neues Individuum entstehen kann, müssen sie einen Vorgang durchmachen, der als Reifungsteilung bezeichnet wird, wobei durch Zellteilung der Chromosomensatz reduziert wird.

In einem Ei oder einer Samenzelle sind 23 Chromosomenpaare enthalten, ehe die Reifeteilung stattfindet. (Früher nahm man an, daß diese Geschlechtszellen 24 Chromosomenpaare enthielten. Inzwischen steht es fest, daß es sich nur um 23 Paare handelt, wenn auch viele Bücher und Artikel, die vor 1960 erschienen sind, von 24 Chromosomenpaaren sprechen.) Chromosomen bestehen aus fadenartigen Partikeln, die wiederum mikroskopisch kleine Partikel, die Gene, enthalten. Die Gene sind die Substanz, die von einem Elternteil an den Nachkommen weitergegeben wird; sie sind die Träger der erblich angelegten Kennzeichen (37, 94).

Während der Reifungsteilung legen sich die Chromosomen jeder Zelle dem Zellkern gegenüber paarweise zueinander; dabei bestehen die Paare jeweils aus einem väterlichen und einem mütterlichen Chromosom. Wenn sich die Paare trennen, geht das eine Chromosom in die eine neugebildete Zelle, das andere Chromosom in die andere. Die beiden Zellen, die auf diese Weise entstanden sind, teilen sich wieder, und zwar der Länge nach, so daß die Hälfte der ursprünglichen Chromosomenzahl zurückbleibt. Das bedeutet, daß nach der Reifeteilung vier reife Zellen jedes Geschlechtes vorhanden sind; jede reife Geschlechtszelle enthält 23 Chromosomen (84, 98). Bei den Samenzellen ist jede der vier reifen Zellen, die aus der ursprünglichen Zelle entstanden sind, imstande, ein Ei zu befruchten. Beim Ei dagegen ist nur eine Zelle – drei andere werden als sogenannte Richtungskörperchen abgeschnürt – zur Befruchtung geeignet. Die anderen drei Zellen, die Polkörperchen oder Richtungskörperchen, gehen zugrunde. Bei einer normalen Befruchtung ist das Ei im Eileiter auf dem Weg von den Eierstöcken zur Gebärmutter. Durch einen Koitus gelangen die Spermien des Mannes zum Muttermund und bewegen sich von dort auf die Eileiter zu. Durch starke hormonale Kräfte werden sie vom Ei angezogen. Nachdem eine Samenzelle in das Ei eingedrungen ist, verändert sich die Oberfläche des Eies, so daß keine weitere Samenzelle mehr eindringen kann. Die Befruchtung hat stattgefunden, nachdem die Vereinigung mit einer Samenzelle vollzogen worden ist. Nachdem die Samenzelle durch die Wand des Eies eingedrungen ist, nähern sich die beiden Zellkerne einander. Die Membrane, die die Kerne umgeben, lösen sich auf, und die beiden Kerne vereinigen sich. Die neue so entstandene Zelle hat 23 Chromosomenpaare, wovon die eine Hälfte aus der männlichen, die andere Hälfte der Chromosomen aus der weiblichen Zelle stammt.

Von seinen beiden Elternteilen erhält das Kind eine neue Verbindung von elterlichen Genen. Diese Verbindung besteht aus Genen, die die Eltern von ihren Eltern erhalten haben und diese wiederum von ihren Eltern. Einige der

Chromosomen, die das Kind von jedem Elternteil erhält, können von einem Großelternteil oder beiden Großeltern dieser Seite kommen. Deshalb kann ein Kind viele Züge mit einem Elternteil oder beiden Eltern gemeinsam haben; es kann auch seinen Großeltern oder Urgroßeltern ähneln (116).

Einige Charakteristika hängen mit dem Geschlecht des Individuums zusammen. Diese geschlechtsspezifischen Charakteristika werden von Genen erzeugt, die in den für die Festlegung des Geschlechtes verantwortlichen Chromosomen lokalisiert sind. Zu den als geschlechtsspezifisch bekannten Charakteristika gehören zum Beispiel die Farbenblindheit, erbliche Kahlköpfigkeit und die Bluterkrankheit. Geschlechtsspezifische Eigenschaften treten selten sowohl beim Vater als auch beim Sohn auf. Sie lassen im allgemeinen eine Generation aus und werden von einem Mann durch seine Tochter oder seine Töchter auf einen oder mehrere Enkelsöhne übertragen (138).

Da es keine genaue wissenschaftliche Kenntnis darüber gibt, wie sich die Chromosomenpaare des Eies oder der Samenzelle während der Reifeteilung trennen, muß geschlossen werden, daß die Teilung überwiegend eine Zufallssache ist. In einer Zelle können zum Beispiel nach der Teilung 20 Chromosomen der Frau und 3 Chromosomen vom Mann enthalten sein, oder 8 von der Frau und 15 vom Mann, usw. Aus diesem Grunde ist es möglich und wahrscheinlich, daß bei der Verbindung einer Zelle mit einer anderen bei der Befruchtung mehr Züge von der einen Seite der Familie als von der anderen Seite geerbt werden. Dies erklärt auch, warum bei einer bestimmten Eigenschaft eine Generation ausgelassen wird.

Es wird geschätzt, daß es 16 777 216 mögliche Anordnungen der Chromosomenverbindung gibt (125). Unter solchen Bedingungen ist es verständlich, daß Kinder aus derselben Familie sich oft sehr voneinander unterscheiden. Nur wenn es sich um eineiige Zwillinge handelt, haben Kinder derselben Familie dieselben genetischen Voraussetzungen. Da die Verbindung der Chromosomen eine Zufallssache ist, kann man keinesfalls mit Genauigkeit voraussagen, welche körperlichen und geistigen Züge ein ungeborenes Kind haben wird.

Im Augenblick der Befruchtung liegen drei Dinge fest: die Erbanlagen, das Geschlecht und ob es sich um eine Zwillingsgeburt handelt oder nicht.

Zeitplan der vorgeburtlichen Entwicklung

Sobald das Ei von einer Samenzelle befruchtet worden ist, beginnt die Entwicklung. Das Wachstum von einer einzelnen mikroskopisch kleinen Zelle zu einem Kind aus etwa zweihundert Milliarden Zellen der verschiedensten Art ist für die kurze Zeit von neun Kalendermonaten erstaunlich. Ebenso erstaunlich ist die Veränderung von einer einzigen Zelle zu einem Kind aus Knochen, Muskeln, Haut, inneren Organen und einem Nervensystem, das bereit ist, zum Zeitpunkt der Geburt oder sogar schon vor der Geburt zu funktionieren (125).

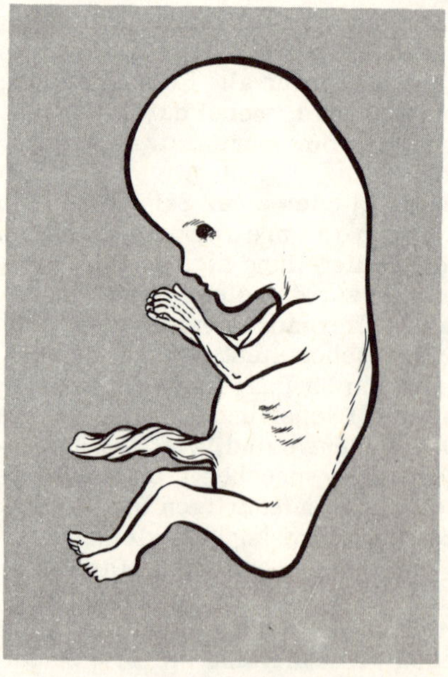

Abb. 2-1. In den frühen Stadien der vorgeburtlichen Entwicklung entwickelt sich der Kopf zuerst.

Aus wissenschaftlichen Untersuchungen an Tieren und Menschen hat es sich ergeben, daß die Entwicklung einem Muster folgt, nicht nur hinsichtlich der Entwicklung der einzelnen Teile des Körpers, sondern auch hinsichtlich ihres Funktionierens. Zu keinem Zeitpunkt der vorgeburtlichen Periode ist der sich entwickelnde Organismus ein kleiner Erwachsener – wie man leicht aus der Abb. 2-1 entnehmen kann, die die unterschiedlichen Körperproportionen während des frühen Stadiums der vorgeburtlichen Entwicklung zeigt. Da die Entwicklung nach einer Ordnung vor sich geht und da sie voraussagbar ist, ist es möglich, einen Zeitplan der Entwicklung der Strukturen und Funktionen aufzustellen (111).

Unterteilung der vorgeburtlichen Periode. Die vorgeburtliche Periode ist in zehn Mondmonate mit jeweils 28 Tagen unterteilt. Die zehn Mondmonate sind unterteilt in drei Zeiträume, von denen jeder durch eine für ihn eigentümliche Entwicklung gekennzeichnet ist. Es handelt sich um den Zeitraum des Eies, um den Zeitraum des Embryos und um den Zeitraum des Fötusses.

Der Zeitraum des Eies erstreckt sich vom Augenblick der Befruchtung bis zum Ende der zweiten Lebenswoche. Während dieser Zeit verändert sich das befruchtete Ei praktisch gar nicht hinsichtlich seiner Größe, da es wenig oder überhaupt keine Nahrung von außen erhält; es muß von der Dottermasse im Ei selber leben. Auf dem Weg im Eileiter, in dem die Befruchtung stattgefunden hat, teilt und unterteilt es sich vielmals, bis sich eine kugelartige Ansammlung von vielen Zellen gebildet hat. Wenn es die Gebärmutter erreicht hat, hat es etwa die Größe eines Stecknadelkopfes.

Während der ersten Woche des Lebens sitzt das Ei nicht fest und bewegt sich frei. Etwa am zehnten Tag nach der Befruchtung setzt sich das Ei in der Wand des Uterus fest. Das geschieht dadurch, daß das Ei „Fühler" ausstreckt, die sich durch die Blutgefäße in der Wand der Gebärmutter hindurch einen Weg bahnen (Implantation). Indem es so eine neue Nahrungsquelle anzapft, wird es zum Parasiten, und erhält seine Nahrung von der Mutter. Wenn es zu lange dauert, bis das Ei sich festsetzt, geht es ein, während es die ganze Dottermasse aufbraucht (116).

Während des Zeitraums des Embryos, der sich vom Ende der zweiten Woche bis zum Ende des zweiten Mondmonates erstreckt, finden eine schnelle Entwicklung und eine starke Größenzunahme statt. Am Ende dieses Zeitraumes weist der Embryo alle wichtigen inneren und äußeren Züge eines menschlichen Wesens auf. Alle Gesichtszüge sind vorhanden, die Finger und Zehen sind gut ausgebildet und die Ansätze der äußeren Geschlechtsmerkmale (Genitalien) sind zu erkennen. Das Herz beginnt vor dem Ende der dritten Woche zu funktionieren, die Leber scheidet Galle aus, und peristaltische Bewegungen setzen mit dem Ende der siebten Woche ein. Am Ende des embryonalen Zeitraumes ist der Körper rund vier bis fünf Zentimeter lang und wiegt etwa zwanzig Gramm; das bedeutet eine Zunahme um etwa 2 000 000 Prozent seit der Befruchtung (26).

Abgesehen von der Entwicklung des Embryos selbst bilden sich noch besondere Strukturen, die für Nahrung und Schutz sorgen, bis das Kind geboren ist. Dort, wo sich das befruchtete Ei in der Gebärmutter festgesetzt und fadenartige Strukturen nach neuen Nahrungsquellen ausgeschickt hat, entwickelt sich die Plazenta.

Die Nabelschnur, die das Bindeglied zwischen Embryo und Plazenta darstellt, ist am einen Ende mit der Bauchdecke des Embryos verbunden, am anderen mit der Plazenta. Sie setzt sich zusammen aus Blutgefäßen, die sich zu einer einzigen schnurartigen Struktur vereinigt haben. Die Nabelschnur enthält keine Nerven; deshalb ist es unmöglich, daß sich Gedanken von der Mutter auf den Embryo übertragen. Mit der Zeit erreicht die Schnur die Dicke eines Männerdaumens und eine Länge von etwa 25 bis 50 cm. Diese Länge ermöglicht die Bewegungen des Fötusses.

Eine dritte Struktur, die sich während der embryonalen Periode entwickelt, ist die Embryohülle (Amnion), die bis zur Geburt eine Funktion zu erfüllen hat. Es handelt sich um einen Wassersack, der das zarte Gewebe des Embryos vor möglichen Verletzungen schützen soll. Der Sack sitzt fest an der Plazenta und enthält eine wäßrige Flüssigkeit, das Fruchtwasser, in dem sich der Embryo entwickelt. Wenn das Kind während des Zeitraumes des Fötusses wächst, wächst auch der Sack und paßt sich der Größe des Fötusses an. Wenn sich erst einmal Nabelschnur, Plazenta und Sack entwickelt haben, erhält der Embryo Schutz und Nahrung, so daß er wachsen und sich entwickeln kann. Das mütterliche Blut fließt aus Arterien in der Wand des Uterus in die Plazenta, und Sauerstoff, Wasser und Nahrung im Blutkreislauf der Mutter werden so durch die Nabelschnur zum Embryo gebracht. Es gibt keine direkte Verbindung zwischen dem mütterlichen Blutkreislauf und dem Blutkreislauf des Kindes. Die einzige Verbindung besteht in der Plazenta, wo bestimmte Bestandteile aus dem mütterlichen Blut in die Nabelschnur aufgenommen und dem Embryo zugetragen werden. Durch diese Nabelschnur werden Abfallprodukte des Embryos durch die Plazenta zurückgefiltert, in das mütterliche Blut gebracht und aus ihrem

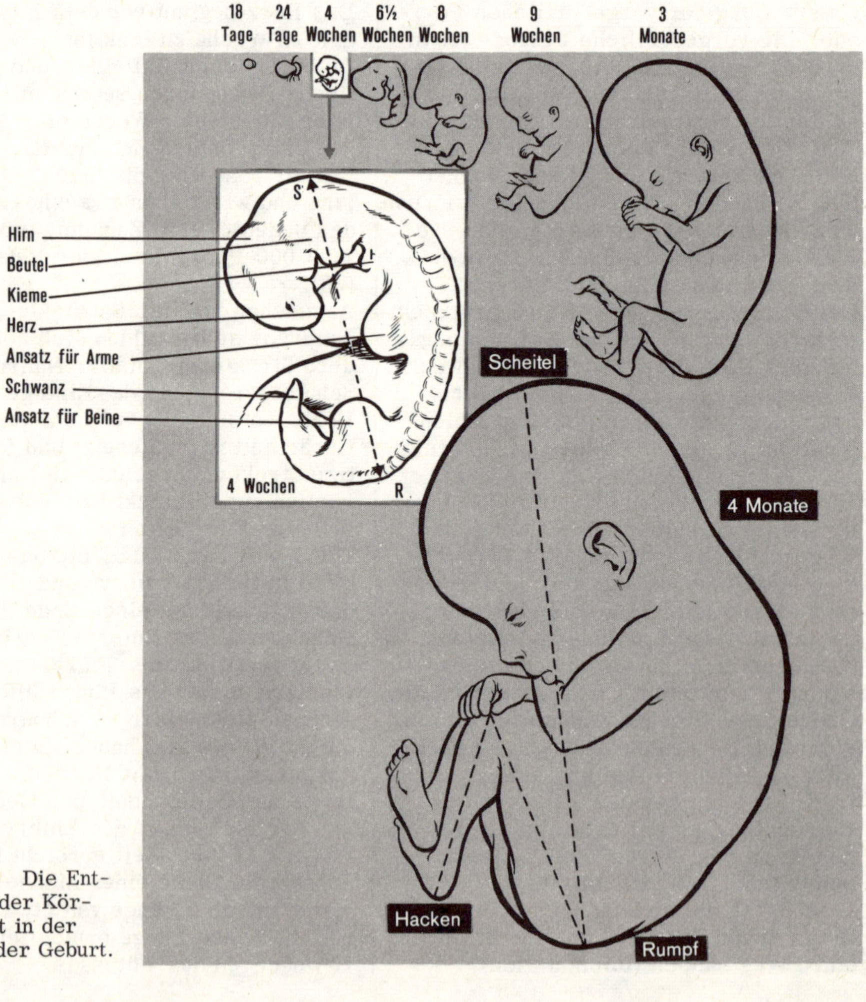

Abb. 2-2. Die Entwicklung der Körpergestalt in der Zeit vor der Geburt.

Blut durch die Ausscheidungsorgane entfernt. Der Embryo entwickelt sein eigenes Kreislaufsystem, ist aber für Ernährung und Ausscheidung von der Plazenta abhängig, die als Filter fungiert (26,47, 94).
Der dritte Abschnitt der vorgeburtlichen Entwicklung ist der des Fötusses, der sich vom Ende des zweiten Mondmonats bis zur Geburt erstreckt. Dies ist bei weitem der längste der drei Abschnitte, aber in vieler Hinsicht der am wenigsten wichtige. Zwar wächst der Fötus und er entwickelt sich, aber es tauchen keine neuen Züge auf. Die Größenzunahme erfolgt nach den Gesetzen der Entwicklungsrichtung (vgl. Abb. 1-3). Der Kopf nimmt im dritten Mondmonat fast ein Drittel der gesamten Körperlänge ein, im sechsten Monat ein Viertel und etwas weniger als ein Viertel zum Zeitpunkt der Geburt. Hingegen nimmt die Körperlänge zwischen dem dritten Monat und der Geburt um das Siebenfache zu.
Bis zum fünften Mondmonat sind die inneren Organe gut entwickelt; sie haben etwa die Lage wie im Körper eines Erwachsenen und funktionieren schon. Mit dem sechsten oder siebten Monat erreicht der Fötus das Stadium der Lebensfähigkeit. Das bedeutet, daß er Aussichten hat, zu überleben, wenn er jetzt geboren würde. Das Nervensystem ist auch so weit entwickelt, daß es unabhängig funktionieren kann. Im allgemeinen werden 180 oder 181 Tage als die durchschnittliche untere Grenze angesehen, unterhalb derer die Lebensfähigkeit nicht gegeben ist (26). Den Zeitplan für die Entwicklung des menschlichen Körpers vor der Geburt zeigt Abb. 2-2.

Die Bewegung des Fötusses

Untersuchungen der Bewegungen des Fötusses haben ergeben, daß Bewegungen bestimmter Teile des Körpers zu vorhersagbaren Zeiten eintreten. Zwischen dem zweiten und dem dritten vorgeburtlichen Monat weist die Nabelschnur spiralenförmige Verdrehungen auf; man glaubt, sie darauf zurückführen zu können, daß der Fötus sich im Uterus dreht. Bei operativ entfernten Fötussen können zu diesem Zeitpunkt spontane Bewegungen beobachtet werden. Bei diesen Bewegungen handelt es sich um wurmartige Kontraktionen von Armen, Beinen und Thorax (Brustkorb); sie werden nicht durch äußere Reize hervorgerufen (26).
Es gibt zwei Arten von Bewegungen des Fötusses: spezifische Reflexe und Gesamtaktivität oder allgemeine Bewegungen, die einen großen Teil des Körpers einbeziehen. Die meisten der grundlegenden Reflexe, wie Schlucken, der Handflächenreflex, Fußsohlen-, Beuge- und Babinski-Reflex sind zwischen dem vierten und fünften vorgeburtlichen Monat vorhanden. Zum Zeitpunkt der Geburt sind auch alle anderen vorhanden. Aufgrund der Reifung von Nerven und Muskeln erfolgen allgemeine Bewegungen als Reaktion auf äußere Reize manchmal bereits im dritten Monat. Zuerst ist das im Bereich des Kopfes der Fall; später tritt Gesamtaktivität spontan auf und braucht nicht von außen her durch Reiz hervorgerufen zu werden. Zwischen dem vierten und fünften Monat werden die Bewegungen differenzierter, der Kopf kann sich unabhängig vom Rumpf bewegen, es bewegen sich auch die Arme und Beine, ohne daß eine Bewegung des Kopfes erfolgt (47).
Newberry stellte drei Arten der Gesamtaktivität beim Fötus fest: 1. langsames Winden, Ausstrecken, Vorstoßen und Umdrehen, 2. schnelle Tritte und Stöße der Extremitäten und 3. Schluckauf oder rhythmische Folgen schneller Bewegungen. Treten kommt am häufigsten vor, Schluckauf am seltensten (107).

Unterschiede in der Aktivität des Fötusses. Manche Fötusse bewegen sich 75% der Zeit, manche nur 5%. Ebenfalls gibt es individuelle Unterschiede in der Art der Aktivität des Fötusses. Einige Fötusse drehen und winden sich ständig, während andere ihre Lage beibehalten, aber mit den Füßen treten und ihre Arme vorstoßen. Einige haben fast jeden Tag den Schluckauf, andere dagegen haben ihn fast nie. Im ersten Monat, in dem die Bewegungsfähigkeit wahrgenommen wird, nehmen die Bewegungen des Fötusses am meisten an Stärke und Zahl zu. Von da an bis zum neunten Mondmonat findet eine regelmäßige Zunahme der Bewegungen statt, obwohl jeweils von Tag zu Tag große Unterschiede möglich sein können (64). Während des letzten Mondmonates nehmen die Bewegungen nicht mehr zu, was man so erklären könnte, daß zunehmender Druck auf den Kopf ausgeübt wird, wodurch körperliche Bewegungen behindert werden, oder daß der im Amnion zur Verfügung stehende Raum ausgefüllt ist, der Raum für Bewegungen also zu sehr abnimmt (107).

Zu Beginn des Zeitabschnitts des Fötusses findet sich im Bereich des Kopfes mehr Aktivität als im Bereich der Beine. Wenn sich der Zeitabschnitt des Fötusses fast dem Ende nähert, entspricht die Menge der Aktivität im Bereich der Beine in etwa der im Bereich des Kopfes. Dies zeigt die Wirksamkeit der Gesetze der Entwicklungsrichtung (57, 64). Mit zunehmendem Alter des Fötusses nimmt die Anzahl der Aktivitätsperioden ab, aber diese Perioden nehmen an Länge zu (107).

Eine Anzahl von Faktoren hängt mit den Unterschieden in der Aktivität des Fötusses zusammen. Unmittelbar nach Bewegungen der Mutter ist in den ersten fünf Minuten die Zahl der Bewegungen des Fötusses am geringsten, sie steigt allmählich wieder an, während nach dreißig Minuten so viele Bewegungen wie nach dem Schlaf wahrzunehmen sind. Die Erklärung für die Abnahme der Bewegungen etwa nach gymnastischen Übungen der Mutter besteht darin, daß der Vorrat an Sauerstoff, der für den Fötus erhältlich ist, zu dieser Zeit zunimmt.

Ermüdung der Mutter scheint eine Zunahme der Bewegungen des Fötusses zu bewirken. Der Fötus bewegt sich im allgemeinen am meisten zum Ende des Tages. Starke Müdigkeit der Mutter ruft heftigere und häufigere Bewegungen des Fötus hervor. Die Bewegungen werden durch unterschiedliche Beschäftigungen der Mutter nicht unterschiedlich beeinflußt, abgesehen davon, daß der Fötus sich merklich weniger bewegt, wenn die Mutter ißt. Plötzliche Angst- oder Zorngefühle auf seiten der Mutter rufen unmittelbar und deutlich eine Zunahme der Zahl und der Heftigkeit der Bewegungen des Fötusses hervor (12, 57).

Übermäßig starke Aktivität des Fötusses kann bewirken, daß er für seine Körperlänge zu wenig wiegt, da Nahrungsstoffe nicht für die Speicherung von Fett verwandt, sondern sofort aufgebraucht werden (135). Kleinkinder, die als Fötusse besonders große Aktivität zeigten, eignen sich gewisse motorische Fertigkeiten früher an als der Durchschnitt und die, welche als Fötusse am wenigsten aktiv gewesen sind, eignen sie sich später an. Die weniger aktiven haben jedoch im allgemeinen weniger Schwierigkeiten, sich ihrer Umgebung nach der Geburt anzupassen als die aktiveren (43, 136).

Unregelmäßigkeiten der Entwicklung

Die Umgebung, in der das Kind vor der Geburt lebt, der Uterus der Mutter, bestimmt, ob der Fötus dem Zeitplan der Natur folgt oder nicht. Normalerweise sind die Bedingungen innerhalb des Uterus ideal für die Entwicklung eines gesunden Kindes. Wenn merkliche Abweichungen vorkommen, wird der Zeitplan der Natur wahrscheinlich durcheinander geworfen. Jedes schädliche Agens, das in den Blutstrom durch die Plazenta gelangt, kann das normale Gleichgewicht in der Umgebung des Uterus stören. Tritt es zu einem kritischen Zeitpunkt während des Zeitplanes ein, so kann es das Verlaufsmuster vorübergehend oder für dauernd verändern. Montagu weist im Zusammenhang mit der Bedeutung der vorgeburtlichen Umgebung darauf hin: „Gene reagieren auf die Umwelt nur in der Art, wie die Umwelt es ihnen ermöglicht. Was ein bestimmter Satz von Genen erzeugt, hängt deshalb nicht von ihnen selber ab, sondern von ihrer Interaktion mit der Umgebung. Unter verschiedenen Umweltbedingungen rufen dieselben Gene verschiedene Ergebnisse hervor. Es trifft deshalb nicht zu, daß ein Individuum – nur weil es einen bestimmten Satz von Genen ererbt hat – dadurch festgelegt ist, daß es gewisse Charakterzüge entwickeln muß und andere nicht. Die Art der Charakterzüge, die sich bei ihm ausbilden, hängt von der Art der Umwelt ab, in der sich die Bausteine dieser Charakterzüge entwickeln" (98).

Wissenschaftliche Tatsachen. Zwei wichtige Tatsachen sind durch die wissenschaftliche Untersuchung von Unregelmäßigkeiten der Entwicklung klar geworden. Die erste ist diese: Unregelmäßigkeiten der Entwicklung können durch fehlerhafte Gene hervorgerufen werden; es ist aber wahrscheinlicher, daß sich die Abweichungen aus einer gestörten Umwelt im Uterus ergeben.

Unregelmäßigkeiten können die Folge sein von „entweder einem guten Ei in einer schlechten Umgebung oder einem schlechten Ei in einer guten Umgebung" (32). Wenn es sich um fehlerhafte Gene handelt, besteht die Wahrscheinlichkeit, daß die Natur sich in einem solchen Fall entweder durch eine Fehlgeburt während des ersten Teils der Schwangerschaft hilft, durch eine Frühgeburt oder durch eine Totgeburt. Obwohl nicht alle Fehl-, Früh- oder Totgeburten Folgen von Unregelmäßigkeiten der Entwicklung sind, so ist ihr Anteil doch verhältnismäßig hoch. Eine Fehlgeburt aufgrund eines schlechten befruchteten Eies tritt im allgemeinen sehr früh während der Schwangerschaft auf; wenn das befruchtete Ei normal ist, aber sich in einer nicht normalen Umgebung entwickelt, tritt die Fehlgeburt im allgemeinen später ein (53, 116).

Ingalls kommt auf die wichtige Rolle der Umgebung innerhalb des Uterus zu sprechen und meint, daß „Mongolismus und andere angeborene Schäden nicht mehr mit einem Achselzucken als mysteriöse Handlung Gottes abgetan werden können oder daß man es genug damit sein läßt, dem Genetiker dieses Problem zuzuweisen" (68). Statt dessen gibt es Beweise, daß Speisen, Veränderungen des Gesundheitszustandes, Drüsensekretionen, emotionaler Zustand und viele andere Faktoren, die den chemischen Zustand des mütterlichen Blutes verändern, eine vorherrschende Rolle bei der Erzeugung solcher Unregelmäßigkeiten spielen. Obwohl es schwierig ist, festzustellen, welcher Faktor eine Unregelmäßigkeit hervorgerufen hat, besteht weitgehend Übereinstimmung darüber, daß die folgenden Faktoren den größten Einfluß haben:

1. Ernährung der Mutter. Weil das ungeborene Kind seine Nahrung aus dem mütterlichen Blutkreislauf durch die Plazenta erhält, ist es wesentlich, daß die Nahrung der Mutter die notwendigen Bestandteile enthält. Diese bestehen aus Proteinen (Eiweiß) zum Aufbau und zur Wiederherstellung von Geweben, aus Fett zum Aufbau von Fettgewebe, um dem Körper Energie zu geben und um als Vorrat zu dienen, und aus Kohlehydraten zur Kräftigung.

Quantitativer oder qualitativer Hunger in schwacher Form ist nicht schlimm, in starker Form vor allem über einen längeren Zeitraum hinweg ist er schädigend. Qualitativer Hunger – der Mangel bestimmter wichtiger Nahrungsmittel – ist schlimmer als quantitativer Hunger – unzureichende Menge an Nahrung. Der Grund dafür liegt darin, daß bei qualitativem Hunger häufig Vitaminmangel auftritt, wogegen es bei quantitativem Hunger – vorausgesetzt, daß das Essen die notwendigen Elemente enthält – kaum dazu kommt. Das ungeborene Kind bekommt seinen Teil im allgemeinen aus dem mütterlichen Körper, selbst wenn dies auf Kosten der Mutter geschieht.

Zu einseitige Ernährung der Mutter führt zu geistigen Störungen oder zu körperlichen Anomalien wie Rachitis, Nervenschäden, allgemeine körperliche Schwäche, Epilepsie und Hirnschäden (60, 80).

Nimmt die werdende Mutter zu wenig Vitamin B zu sich, so wird durch diese Tatsache die Intelligenz des Kindes während der ersten Lebensjahre beeinflußt. Ob dieser Einfluß jemals völlig beseitigt wird, ist noch nicht bekannt. Es ist jedoch festgestellt worden, daß viele Kinder mit Schulschwierigkeiten eine schlechte vorgeburtliche Umgebung gehabt haben, die auf einseitiger Ernährung der Mutter beruhte (56, 112).

Daß unzureichende Ernährung der Mutter zum Teil für die Lernschwierigkeiten der Kinder verantwortlich gemacht werden kann, ist durch ein Experiment gezeigt worden, bei dem eine Gruppe von werdenden Müttern aus Klassen mit niedrigem Einkommen während der Schwangerschaft und der Stillzeit Zusätze zu ihren Speisen erhielt, was bei einer Kontrollgruppe nicht der Fall war. Die Kinder von Müttern der Experimentalgruppe hatten in den ersten Lebensjahren einen signifikant höheren IQ als die Kinder der Mütter aus der Kontrollgruppe (56).

Einseitige Ernährung über einen längeren Zeitraum hinweg – aufgrund von Armut, Kriegszeit, Unkenntnis des Nährwerts bestimmter Speisen oder des Wunsches der Mutter, schlank zu bleiben – hat sich als ein ernsthaftes Risiko für das ungeborene Kind erwiesen. Während der Belagerung Leningrads durch deutsche Truppen im zweiten Weltkrieg verdoppelte sich die Zahl der Totgeborenen, und die Zahl der Frühgeburten war ungewöhnlich hoch. Die Lebensfähigkeit der lebendig geborenen Kinder war herabgesetzt, und eine angeborene Erweichung der Schädelknochen trat häufig auf (6).

Ähnliches wird von der deutschen Besetzung Hollands gemeldet. Als sich nach dem Ende der Besetzung die mütterliche Ernährung besserte, nahmen die Totgeburten, die Frühgeburten und die angeborenen Anomalien ab (133).

Heute ist es allgemein anerkannt, daß einseitige Ernährung der werdenden Mutter über einen längeren Zeitraum hinweg einer der Hauptgründe für den Tod des Fötusses oder des Neugeborenen ist und für unheilbare Schäden (140).

Es ist ebenfalls festgestellt worden, daß die Fötusse kleiner und leichter sind, wenn die Nahrung der Mutter schlecht ist (23).

Obwohl jede Mutter einseitig ernährt sein kann, ist dies am wahrscheinlichsten bei Müttern mit niedrigem sozioökonomischem Status zu finden. Zum gegenwärtigen Zeitpunkt ist einseitige Ernährung bei Negern häufiger als bei weißen Müttern. Es ist die Vermutung geäußert worden, daß die schlechten schulischen Leistungen vieler Negerkinder teilweise auf die schlechte Ernährung der Mütter während der Schwangerschaft zurückzuführen ist, wodurch die Entfaltung aller geistigen Anlagen der Kinder verhindert worden ist (112). In allen sozialen Schichten Amerikas nehmen die heranwachsenden Mädchen heute die einseitigste, schlechteste Nahrung zu sich, hauptsächlich, weil sie wünschen, schlank zu bleiben. Diese Tatsache ist von besonderer Bedeutung im Hinblick auf die früh geschlossenen Ehen, denn das bedeutet, daß viele werdende Mütter zu Beginn der Schwangerschaft einseitige Nahrung zu sich nehmen (140).

2. Die Gesundheit der Mutter. Jede Krankheit der Mutter, die ihren Stoffwechsel beeinflußt, beeinflußt auch in einem gewissen Maß die Entwicklung ihres ungeborenen Kindes. Als ungünstigste Bedingungen werden die folgenden angesehen:

a) Störungen der Tätigkeit der Drüsen mit innerer Sekretion, besonders Unterfunktion der Schilddrüse. Starke Unterfunktion der Schilddrüse führt zu Kretinismus – Knochen und Knorpel entwickeln sich nicht, der Bauch wölbt sich vor und wird groß und weich, die Haut ist rauh und grob, das Haar ist struppig, die geistige Entwicklung ist unternormal (11, 116).

b) Ansteckende Krankheiten wie Syphilis, Tripper, spinale Kinderlähmung und Röteln. Wenn die Mutter sich diese Krankheiten während der ersten Monate der Schwangerschaft zuzieht, sind sie für das ungeborene Kind besonders schädlich. Sie können Totgeburten oder Fehlgeburten hervorrufen, Blindheit, Taubheit, Schwachsinn, motorische Störungen oder Taubstummheit verursachen (98).

c) Langdauernde oder auszehrende Krankheiten wie Tuberkulose und Diabetes. Die Wirkungen dieser Krankheiten auf ungeborene Kinder sind ähnlich denen bei einseitiger Ernährung. Bei Diabetes tritt der Tod häufiger bei der Geburt oder kurz danach ein. Es gibt jedoch keine Hinweise darauf, daß diese Kinder häufiger Mißbildungen haben als Kinder von Müttern, die nicht an Diabetes leiden. Viele Störungen werden nicht festgestellt, ehe das Kind sechs Monate alt ist (120).

d) Rhesusfaktoren – Unverträglichkeiten des mütterlichen und des väterlichen Bluttypes. Sie verursacht Fehlgeburten, Frühgeburten und eine niedrige Intelligenz (46, 116).

e) Der Gebrauch von Drogen durch die Mutter während der Schwangerschaft. Viele Drogen sind natürlich harmlos, andere sind aber gefährlich für das ungeborene Kind. Das Chinin (gegen Malaria) ruft oft, besonders wenn es in großen Dosen verabreicht wird, Taubheit hervor, und zwar wegen seiner Wirkung auf das innere Ohr des Fötusses. Die Anwendung von Barbituraten und anderen schmerzstillenden Mitteln vor der Entbindung kann die Sauerstoffzufuhr zum Gehirn des Fötus beeinflussen und zu mehr oder weniger starken Gehirnschäden führen (98, 146).

f) Röntgenstrahlen und Radium. Wenn sie zu Beginn der Schwangerschaft für Heilzwecke angewandt werden, sind sie im allgemeinen ziemlich stark und wirken sich mit großer Wahrscheinlichkeit nachteilig auf den Fötus aus; das Ergebnis ist häufig abnorme Kleinheit des Schädels verbunden mit Schwachsinn. Wenn sie zum Ende der Schwangerschaft in schwachen Dosen für diagnostische Zwecke gebraucht werden, haben sie im allgemeinen keinen Einfluß auf den Fötus (98). Ein vorläufiger Bericht über die Wirkung der Radioaktivität der Atombombe weist darauf hin, daß Totgeburten, Fehlgeburten, Mißbildungen und geringeres Gewicht bei der Geburt häufig waren (102).

3. Alkohol. Es gibt viele Theorien, aber kaum wissenschaftliche Beweise, wie sich der von der Mutter genossene Alkohol auf den Fötus auswirkt. Selbst wenn die Mutter keinen Alkohol genossen hat, kann der männliche Samen durch Alkohol vor der Befruchtung geschwächt sein. Aufgrund der Tatsache, daß der Fötus durch das mütterliche Blut ernährt wird, könnte man annehmen, daß chemische Substanzen, die ständig in das Blut der Mutter gelangen und den physiologischen Mechanismus beeinflussen, auch irgendwie den Fötus beeinflussen müssen. Wenn die Grenzen der Aufnahmefähigkeit erreicht sind, zeigen sich gewisse „Gefahrensignale" wie Nervosität, Schlaflosigkeit, unregelmäßiger Herzschlag; und so, wie die Mutter nachteilig beeinflußt ist, so wird auch der Fötus in gleicher Weise beeinflußt. Sogar mäßiger Alkoholgenuß schlägt sich nieder in minimalen Mengen von Alkohol in der Muttermilch (98).

4. Tabak. Tabak enthält Nikotin, ein starkes narkotisches Gift. Es schadet am meisten, wenn es inhaliert wird. Die allgemeine Widerstandskraft gegenüber Infektionen wird herabgesetzt, besonders in der Hals- und Mundregion. Während der letzten 6 Monate der Schwangerschaft zieht das Zigarettenrauchen der Mutter schnelleren Herzschlag des Kindes nach sich. Am stärksten ist die Wirkung 8 bis 10 Minuten, nachdem sie mit dem Rauchen angefangen hat (137).

Montagu bemerkt zu den längerdauernden Wirkungen des Rauchens, „daß es durchaus möglich ist, daß als Folge des Tabakrauchens Bestandteile in das Kreislaufsystem des Embryos oder des Fötusses eindringen, die nicht nur das Herz und das Kreislaufsystem, sondern auch andere Organe beeinflussen. Die Zunahme der Herz- und Kreislaufschwierigkeiten in den letzten Jahren steht doch wohl teilweise in Verbindung mit der Tatsache, daß schwangere Frauen rauchen" (98).

Es gibt Hinweise darauf, daß Rauchen mit der Häufigkeit von Frühgeburten in Zusammenhang steht. Frauen, die starke Raucherinnen sind (und mehr als 10 Zigaretten am Tag rauchen), weisen die höchste Zahl der Frühgeburten auf; andere Frauen, die zwischen einer und zehn Zigaretten am Tag rauchen, weisen eine geringere Zahl auf. Bei Nichtraucherinnen ist die Zahl der Frühgeburten am geringsten. Bei Raucherinnen treten etwa doppelt so viel Frühgeburten auf wie bei Nichtraucherinnen (131). Bei Tieren, etwa bei Kühen oder Katzen, verringert Nikotin die Milchabsonderung. Zur Zeit gibt es Anzeichen, aber keine endgültigen wissenschaftlichen Beweise, daß dies auch bei Frauen zutrifft (98).

5. Das Alter der Mutter. Eltern in höherem Alter haben in der Regel intelligentere Kinder als jüngere Eltern. Das kann jedoch am sozioökonomischen Status und nicht am Alter liegen. Untersuchungen zum Alter der Mutter haben gezeigt, daß das beste Alter der Mutter, um Kinder zu bekommen, zwischen 21 und 28 Jahren liegt. Es kommen mehr Totgeburten, Frühgeburten und Mißbildungen vor, wenn die Mutter noch nicht 21 Jahre alt ist. Von 29 bis zu den Wechseljahren (zum Ende der vierziger Jahre) nehmen die Unregelmäßigkeiten der Entwicklung zu wie auch der Anteil der Fehlgeburten und der Totgeburten (63, 148).
Die Zunahme erfolgt zunächst noch allmählich, vom Alter über 35 Jahren aber dann sehr stark. Besonders deutlich nimmt die Zahl der mongoloiden Kinder und der Kinder mit Wasserkopf zu – einem Leiden, das mit geistigen und motorischen Störungen einhergeht. Der Grund für dieses Ansteigen der Zahl der Kinder mit angeborenen Schäden bei höherem Alter der Mutter liegt in den Veränderungen des endokrinen Systems der Mutter. Diese Veränderungen beeinflussen das ungeborene Kind, indem die Eireifung verlangsamt wird und sich die Entwicklung des Fötusses verzögert. Je näher eine Frau an den Wechseljahren ist, desto größer ist die Wahrscheinlichkeit, daß die inneren Sekretionen gestört sind und deshalb ihr Kind Schädigungen aufweist (11, 78, 98).

6. Emotionen der Mutter. Wenn die emotionalen Erfahrungen der Mutter das sich entwickelnde Kind beeinflussen, dann geschieht das durch Drüsenveränderungen, die durch ihre Emotionen verursacht werden (153). Frauen, die über ihre Schwangerschaft unglücklich sind, weil die Schwangerschaft ihre Pläne umstößt oder wirtschaftliche Schwierigkeiten verursacht, leben oft unter dauerndem emotionalen Druck. Dies äußert sich darin, daß diese Frauen häufiger unter Übelkeit und Erbrechen leiden als Frauen, die glücklich sind über ihre Schwangerschaft. Unternimmt eine Frau einen erfolglosen Abtreibungsversuch, wird der emotionale Druck durch Schuld- und Schamgefühle noch verstärkt, wodurch die Möglichkeit, daß das ungeborene Kind Schaden leidet, zunimmt. Wie stark der Einfluß des emotionalen Druckes wird, hängt hauptsächlich davon ab, zu welchem Zeitpunkt der Druck eintritt. Tritt er zu Beginn der Schwangerschaft auf und ist er stark und anhaltend genug, um Störungen der inneren Sekretionen hervorzurufen, dann ist sein Einfluß schlimmer als zu einem späteren Zeitpunkt der Schwangerschaft (45, 151).
Es ist nicht wahrscheinlich, daß starker und lange anhaltender Druck während des Zeitraums des Fötusses körperliche und geistige Schäden verursacht. Er führt jedoch zu verstärkter Aktivität des Fötusses, so daß das Kind bei der Geburt weniger wiegt als der Durchschnitt. Ein aktiver Fötus hat überdurchschnittliche Schwierigkeiten, sich nach der Geburt an die neue Umgebung anzupassen (41, 52, 144, 151).

7. Enge im Uterus. Bei Mehrlingsgeburten ist Enge im Uterus unumgänglich. Wenn der Uterus sich nicht mehr ausdehnen kann, werden die Fötusse ausgestoßen, auch wenn sie eigentlich noch nicht das entsprechende Stadium erreicht haben. Die schädliche Wirkung der Enge ist aber nicht auf Frühgeburten und Tod der Neugeborenen, der häufig nach Frühgeburten eintritt, beschränkt, sondern es kommt auch häufig zu Unregelmäßigkeiten der Entwicklung. Die Enge wird besonders gefährlich, wenn es sich um eineiige Zwillinge handelt, die sich ja das Amnion teilen. Somit kann einer der Fötusse in eine bessere Position gelangen und der andere, dessen Position ungünstiger ist, die Bestandteile, die für eine normale Entwicklung notwendig sind, aus der Plazenta nicht entnehmen (108, 125).
Eine Möglichkeit, sich der beengten Lage anzupassen, besteht für den Fötus darin, seinen Körper zu entspannen. Als Folge davon kann es passieren, daß die Hüftknochen nicht verknöchern. Dies führt zu einer angeborenen Verrenkung

der Hüfte (27). Von den Dionne-Fünflingen waren zwei in ihrer vorgeburtlichen Umgebung so eingeengt, daß sie bei der Geburt kleiner waren als die anderen drei; ihre körperliche und geistige Entwicklung war gestört. Sie litten unter Atemschwierigkeiten nach der Geburt und blieben in der Entwicklung der motorischen und geistigen Fähigkeiten zurück (20). Es ist die Annahme geäußert worden, daß die epileptischen Anfälle, unter denen Emilie, einer der Fünflinge, während ihres ganzen Lebens litt und die auch schließlich ihren Tod verursachten, mit ihrer Benachteiligung als Fötus in Zusammenhang standen (58).

Die zweite wichtige Tatsache, die durch wissenschaftliche Untersuchungen der abnormen Entwicklung menschlicher und tierischer Fötusse deutlich wurde, ist folgende:

Unregelmäßigkeiten der Entwicklung ergeben sich aus Störungen der Umgebung, die zur selben Zeit auftreten, zu der sich ein bestimmtes Organ bildet.

Das bedeutet, daß eher der Zeitpunkt, zu dem das Agens einwirkt, als das Agens selber von entscheidendem Einfluß für die Entstehung von Mißbildungen ist. Wie bereits erwähnt wurde, gibt es für die Entstehung jedes Organs einen bestimmten Zeitpunkt im Zeitplan der vorgeburtlichen Entwicklung. Wenn etwas die Entstehung des Organs zu diesem Zeitpunkt verhindert, ist die Reihenfolge des Wachstums verschiedener Teile des Körpers verändert, und Anomalien sind die Folge (121, 141).

Die ersten drei Monate des vorgeburtlichen Lebens sind die am stärksten gefährdeten. Während des Abschnittes des Embryos entstehen alle Strukturen des Körpers. Von der achten Woche an – dem Abschnitt des Fötusses – besteht die Entwicklung im wesentlichen aus der Vollendung der Strukturen, deren Grundlagen während des Abschnittes des Embryos gelegt worden sind. Einige entwickeln sich stärker während des Zeitraumes des Fötusses als andere. Die Grundlagen sind jedoch bis zum Ende des dritten Mondmonates gelegt, dem ersten Monat im Abschnitt des Fötusses.

Der Embryo ist äußerst empfindlich gegenüber allen Veränderungen seiner Umgebung im Uterus. Das hat Landreth veranlaßt zu bemerken, daß „bis zum Ende des zweiten Monats des vorgeburtlichen Lebens Zufall und Umgebung schon eine Rolle für das Schicksal des Menschen gespielt haben, indem sie einige der angeborenen Charakteristika festgelegt haben, die ihm bei seiner Interaktion mit der Umgebung helfen oder ihn behindern" (86). Norris meint sogar, daß „das erste Drittel der vorgeburtlichen Periode der wichtigste Zeitraum unseres Lebens sein kann" (109).

Obgleich dieses erste Drittel vielleicht der kritischste Zeitraum unseres Lebens ist, bedeutet das nicht, daß alle Möglichkeiten, durch eine ungünstige vorgeburtliche Umgebung Schäden davonzutragen, nach dieser Zeit nicht mehr gegeben sind. Garn schreibt: „Vom sechsten bis zum neunten Schwangerschaftsmonat sind die Risiken geringer. Die Beendigung der großen Stadien der Entwicklung macht den Fötus weniger leicht verwundbar. Dennoch ist es in diesem Zeitraum möglich, daß das Kind in der geistigen Entwicklung aufgrund von Schädigungen durch die Umgebung zurückbleibt, wobei diese Schädigungen sich nicht in groben anatomischen Störungen zeigen. Unzureichende Nahrung während des letzten Teiles der Schwangerschaft kann zu kranken Zähnen, Mißbildungen am Kiefer oder im Gesicht und zu Störungen des Verhaltens und der Persönlichkeit führen, die später im Leben zu erkennen sind" (44).

Ungünstige Bedingungen der Umgebung vor der Geburt führen kaum zu Unregelmäßigkeiten der Entwicklung, wenn sie auftreten, ehe ein bestimmter Teil des Körpers anfängt sich zu entwickeln oder nachdem er sich ausgebildet hat (69, 116). Erkrankung an Röteln z. B. nach dem fünften Schwangerschaftsmonat hat keinen Einfluß auf das ungeborene Kind, weil die Teile des Körpers, die durch diese Krankheit beeinflußt werden, sich schon gebildet haben. In ähnlicher Weise hat

Thalidomid, wenn es nach dem ersten Drittel der Schwangerschaft genommen wird, keinen schädlichen Einfluß auf das ungeborene Kind (146). Nur die Teile des Körpers, die sich entwickeln, und die Prozesse, die während des Abschnittes des Fötusses ablaufen, wie die Durchsetzung des Skeletts mit anorganischen Stoffen, werden dann durch ungünstige Bedingungen beeinflußt. Wenn der Schaden aber erst einmal eingetreten ist, kann er durch nichts behoben werden.
Viele der Untersuchungen über Unregelmäßigkeiten der Entwicklung sind notwendigerweise an Tieren gemacht worden. Ingalls bereits erwähnte Experimente mit Ratten zeigten nicht nur, daß bestimmte Bedingungen der vorgeburtlichen Umgebung Unregelmäßigkeiten der Entwicklung hervorriefen, sondern auch, daß bestimmte Leiden durch Störungen zu einem bestimmten Zeitpunkt der Schwangerschaft und nur zu diesem Zeitpunkt verursacht werden (69). Untersuchungen an Menschen liegen nur in begrenzter Zahl vor, aber sie sind doch zahlreich genug, um die Bedeutung des Zeitplanes für das Entstehen von Mißbildungen hervorzuheben.
Röteln, die in der Kindheit eine leichte Krankheit sind, haben schwerwiegende Auswirkungen auf das ungeborene Kind, wenn die Mutter während der ersten drei oder vier Monate der Schwangerschaft erkrankt. Sie verursachen den Tod des Neugeborenen und Totgeburten und rufen solche Leiden wie den grauen Star, Taubheit, Anomalien der Herzstruktur, schlechte Zähne, abnorme Kleinheit des Schädels und Schwachsinn hervor. Von allen diesen Leiden kommt Taubheit am häufigsten vor (17, 51, 69, 92, 124). In hohem Maße einseitige Ernährung während der ersten Schwangerschaftsmonate verursacht nicht nur eine Vielzahl von Unregelmäßigkeiten in der Entwicklung, sondern führt auch oft zum Tode des Neugeborenen und zu Totgeburten (60, 80).
Rachitis, eine Krankheit, die unter frühgeborenen Kindern am ehesten zu finden ist, ist nicht die Folge von schlechter Ernährung nach der Geburt, wie allgemein geglaubt wird. Vielmehr gibt es Belege, daß Kinder, die die letzten Monate der vorgeburtlichen Entwicklung nicht in utero verbringen, wenn die Durchsetzung des Skeletts mit anorganischen Stoffen erfolgt, am anfälligsten gegen Rachitis sind. Beim Mongolismus sind die Teile des Körpers, die gewöhnlich am stärksten betroffen sind, diejenigen, welche sich um die achte Woche der Schwangerschaft entfalten. Abnorme Bedingungen der vorgeburtlichen Umgebung zu dieser Zeit sind jetzt als Ursachen dieser Schädigung erkannt (11, 69).
Heute nimmt man an, daß langanhaltender emotionaler Druck bei der Mutter während der ersten Monate der Schwangerschaft teilweise oder ganz die Ursache für Gaumenspalten und Hasenscharten darstellt. Der Prozeß der Ausbildung des harten Gaumens geht zwischen der siebten und zehnten Woche des vorgeburtlichen Lebens vor sich. Emotionaler Druck zu diesem Zeitpunkt verursacht Überaktivität der Nebennieren der Mutter, wodurch verstärkt ein Hormon, Hydrocortison, erzeugt wird. Es gibt Beweise dafür, daß dies die Entwicklung des Gaumens stört und er infolgedessen eine Spalte aufweist. Diese endokrine Störung wirkt ebenfalls auf die Entwicklung des oberen Kieferknochens ein; es entsteht eine Hasenscharte. Weiter gibt es Hinweise darauf, daß starker emotionaler Druck während der ersten drei Monate der Schwangerschaft zu einer geistigen Retardation führt, da sich zu diesem Zeitpunkt das Gehirn entwickelt (105, 109).

Die Bedeutung der vorgeburtlichen Umgebung. Es ist offenkundig, daß die vorgeburtliche Umgebung eines Kindes dessen Lebenslauf beeinflußt. Ein Kind, das mit einem körperlichen Leiden, wie Blindheit oder Taubheit, geboren wird, ist gezwungen, ein Leben zu führen, das sich von dem unterscheidet, das dieses Kind ohne diese körperlichen Gebrechen geführt hätte (127). Darüber hinaus schlagen sich körperliche Gebrechen in der Vorstellung, die das Kind von sich selber als Person hat, nieder und beeinflussen so seinen sich entwickelnden

Charakter. Ob das Kind zu einer sozial und emotional gut angepaßten Persönlichkeit heranwächst oder nicht, hängt bis zu einem gewissen Grade davon ab, ob es mit den notwendigen Voraussetzungen geboren wird, um diese Anpassungen vornehmen zu können.

Die Beziehungen in der Familie – nicht nur das Verhältnis der Eltern zum Kind, sondern auch die Beziehungen zwischen Ehemann und Ehefrau und zwischen den Geschwistern – werden davon beeinflußt, welche besonderen Merkmale ein Kind aufweist, das in einer Familie geboren wird, und davon, was die Eltern für die Ursache irgendeiner Abweichung beim Kind *halten*. Obgleich die Wissenschaft manchen Aberglauben hinsichtlich der Schwangerschaft aufgeklärt hat, stehen auch heute noch viele Frauen unter dem Einfluß solchen Aberglaubens und sorgen weder während der Schwangerschaft noch während der Geburt für ausreichende ärztliche Hilfe.

Von noch größerer Bedeutung ist die Tatsache, daß die Annahme, die Mutter trage in erster Linie die Verantwortung für Unregelmäßigkeiten der Entwicklung, ganz gleich, ob es sich dabei um kleine während der Geburt erworbene Fehler oder um ernstere Anomalien der Entwicklung wie Schwachsinn, Blindheit oder Taubheit handelt, oft zu Schuldgefühlen auf seiten der Mutter führt und daß sie das Kind vor allem zu bewahren sucht und ihm allzu viel erlaubt. Eine solche Einstellung beeinflußt die ganze Zukunft des Kindes. Die Annahme, die Mutter sei verantwortlich, kann auch zu Reibungen zwischen den Eltern führen (98, 138).

Praktische Folgerungen. Das Wissen darum, daß die kritische Zeit für Unregelmäßigkeiten der Entwicklung in die ersten Monate der Schwangerschaft fällt, hat einen praktischen Aspekt. Es legt nahe, daß eine Frau in guter körperlicher und psychischer Verfassung sein sollte, *ehe* die Schwangerschaft beginnt. Es legt ebenfalls nahe, daß der Aberglaube, es gäbe einen „günstigsten Zeitpunkt für die Geburt", ein Körnchen Wahrheit enthält. Ein Kind, das während der Wintermonate empfangen wurde, erreicht die kritische Zeit für Mißbildungen während des Frühlings, wenn Kinderkrankheiten am häufigsten auftreten (80). Wenn die werdende Mutter noch nie die Röteln gehabt hat und es bricht in ihrer Umgebung eine Epidemie aus, ist die Wahrscheinlichkeit, daß sie sich ansteckt, sehr groß, vor allem, wenn Kinder in der Familie sind. Wegen dieses Risikos hat Ingalls sich dafür eingesetzt, daß jedes Mädchen sich infiziert und Röteln bekommt, ehe es schwanger wird. Das würde garantieren, daß die Frau während ihrer Schwangerschaft gegen Röteln immun ist (69).

Die kritische Zeit für ein Kind, das im Frühling gezeugt wurde, tritt ein, wenn die Ernährung im allgemeinen am schlechtesten ist. Während der heißen Sommermonate fehlt im Speiseplan der Mutter häufig vor allem Eiweiß. Da Eiweiß ein wichtiger Nahrungsbestandteil in der Zeit ist, in der sich die einzelnen Organe im Körper des ungeborenen Kindes bilden, kann Eiweißmangel zu Abweichungen in der Entwicklung führen.

Es ist eine weitverbreitete Annahme, daß die Schwangerschaft eine natürliche Funktion des weiblichen Körpers darstellt und daß die Mutter nur in den Fällen ärztliche Überwachung braucht, in denen die Schwangerschaft nicht normal verläuft. Weiter gibt es viele „Heilmittel" für so übliche Begleiterscheinungen wie Übelkeit oder ungewöhnliche Ermüdung. Nimmt eine werdende Mutter solche Heilmittel zu sich, ohne ihren Arzt zu Rate zu ziehen, kann sie, ohne es zu wissen, ihrem ungeborenen Kind Schaden zufügen.

Einige der schlimmen Folgen einer ungünstigen vorgeburtlichen Umgebung sind erst viele Monate nach der Geburt zu erkennen. Da es keine geeigneten Tests gibt, um festzustellen, ob ein Säugling oder ein Kleinkind aufgrund ungünstiger vorgeburtlicher Umgebung geistig zurückgeblieben ist, wird ein solcher Zustand häufig erst nach mehreren Jahren erkannt. Darüber hinaus werden auch einige Anzeichen – wie die Tatsache, daß sich ein Kind vom Schock der Geburt nicht erholt oder daß es nicht an Gewicht zunimmt – vielleicht zunächst anderen Ursachen zugeschrieben, Schwierigkeiten bei der Ernährung etwa. Mit der Zeit ergibt sich dann aus den Tatsachen, daß der Gesundheitszustand schon beim ganz kleinen Kind sehr schlecht war, daß das Kind nicht zunahm, und aus weiteren physiologischen Symptomen der Verdacht, das Kind habe schon vor der Geburt Schaden genommen (144).

Wegen der Bedeutung der vorgeburtlichen Umgebung und wegen der großen Aufmerksamkeit, die heute diesen Fragen entgegengebracht wird, gibt es die Tendenz, zu schließen, daß die Zahl der Kinder, die bereits vor der Geburt Schaden nehmen, größer ist, als das tatsächlich der Fall ist. In diesem Zusammenhang hat Parker gesagt: „Im Durchschnitt hat nur eines von zweihundert Kindern irgendeine deutlich erkennbare Anomalie zum Zeitpunkt der Geburt. Und selbst dies erscheint zunächst schlimmer als es wirklich ist, denn in dieser Zahl sind geringfügige Störungen mit eingeschlossen, die das Aussehen des Kindes nicht beeinträchtigen und die seinem normalen Leben nicht im Wege stehen. Ebenso sind Mißbildungen eingeschlossen, die zwar ernsthafter Natur sind, aber durch eine Operation beseitigt werden können, so daß das Kind nicht sein Leben lang behindert ist. Nur wenige Mißbildungen lassen sich nicht beheben" (111).

Bibliographie

(1) ABERLE, D. F., and K. D. NAEGELE: Middle-class fathers' occupational roles and attitudes toward children. *Amer. J. Orthopsychiat.*, 1952, **22**, 366–378.

(2) ALLPORT, G. W.: *Personality*. New York: Holt, 1937.

(3) ALM, I.: The long-term prognosis for prematurely born children: a follow-up study of 999 premature boys born in wedlock and of 1,002 controls. *Acta paediat., Stockh.*, 1953, **42**, Suppl. 94.

(4) AMES, L. B.: The sense of self of nursery school children as manifested by their verbal behavior. *J. genet. Psychol.*, 1952, **81**, 193–232.

(5) ANASTASI, A.: Heredity, environment, and the question "how?" *Psychol. Rev.*, 1958, **65**, 197–208.

(6) ANTONOV, A. N.: Children born during the siege of Leningrad in 1942. *J. Pediat.*, 1947, **30**, 250–259.

(7) BAKER, J. W., and A. HOLZWORTH: Social histories of successful and unsuccessful children. *Child Develpm.*, 1961, **32**, 135–149.

(8) BARCLAY, D.: Twins: not all "togetherness." *The New York Times*, Feb. 15, 1959.

(9) BAYLEY, N.: Some increasing parent-child similarities during the growth of children. *J. educ. Psychol.*, 1954, **45**, 1–21.

(10) BENDA, C. E.: Psychopathology of childhood. In L. Carmichael (Ed.), *Manual of child psychology*, 2d ed. New York: Wiley, 1954. Pp. 1115–1161.

(11) BENDA, C. E.: Mongolism: a comprehensive review. *Arch. Pediat.*, 1956, **73**, 391–407.

(12) BERNARD, J., and L. W. SONTAG: Fetal reactivity to tonal stimulation: a preliminary report. *J. genet. Psychol.*, 1947, **70**, 205–210.

(13) BERNSTEIN, M. E.: Studies in the human sex ratio. II. The proportion of unisexual siblings. *Hum. Biol.*, 1952, **24**, 35–43.

(14) BERNSTEIN, M. E.: Parental age and sex ratio. *Science*, 1953, **118**, 448–449.

(15) BERNSTEIN, M. E.: Studies on the human sex ratio. Evidence of genetic variation of the primary sex ratio in man. *J. Hered.*, 1954, **44**, 59–64.

(16) BESCH, O. F., W. LENZ, and J. MAXWELL: The correlation between mental and physical growth in twins. *Brit. J. educ. Psychol.*, 1961, **31**, 265–267.

(17) BESWICK, R. C., R. WARNER, and J. WARKANY: Congenital anomalies following maternal rubella. *Amer. J. Dis. Children*, 1949, **78**, 334–338.

(18) BIBRING, G. L.: Some considerations of the psychological processes in pregnancy. *Psychoanal. Stud. Child.*, 1959, **14**, 113–121.

(19) BIBRING, G. L., T. F. DWYER, D. S. HUNTINGTON, and A. F. VALENSTEIN: A study of the psychological processes in pregnancy and of the earliest mother-child relationship. *Psychoanal. Stud. Child.*, 1961, **16**, 9–72.

(20) BLATZ, W. E.: *The five sisters*. New York: Morrow, 1938.

(21) BOSSARD, J. H. S.: *Parent and child*. Philadelphia: University of Pennsylvania Press, 1953.

(22) BRIM, O. G.: The sources of parent behavior. *Children*, 1958, **5**, 217–222.

(23) BURKE, B. S., S. S. STEVENSON, J. WORCESTER, and H. G. STUART: Nutrition studies during pregnancy. V. Relation of maternal nutrition to condition of infant at birth. *J. Nutrit.*, 1949, **38**, 453–467.

(24) BURLINGHAM, D. T.: *Twins*. New York: International Universities Press, Inc., 1952.

(25) CAPLAN, G.: The disturbance of the mother-child relationship by unsuccessful attempts at abortion. *Ment. Hyg., N.Y.*, 1954, **38**, 67–80.

(26) CARMICHAEL, L.: The onset and early development of behavior. In L. Carmichael

(Ed.), *Manual of child psychology,* 2d ed. New York: Wiley, 1954. Pp. 60–187.

(27) CHAPPLE, C. C.: Abnormalities of infants resulting from non-genetic factors. *Postgrad. Med.,* 1950, **7,** 323–329.

(28) CHRISTENSEN, H. T., and B. B. RUBINSTEIN: Premarital pregnancy and divorce: a follow-up study by the interview method. *Marriage fam. Liv.,* 1956, **18,** 114–123.

(29) CLARE, J. E., and C. V. KISER: Social and psychological factors affecting fertility. XIV. Preference for children of a given sex in relation to fertility. *Milbank Memorial Fund Quart.,* 1951, **29,** 421–473.

(30) CLIFFORD, E.: Expressed attitudes in pregnancy of unwed women and married primigravida and multigravida. *Child Develpm.,* 1962, **33,** 945–951.

(31) COOPER, L.: Predisposition toward parenthood: a comparison of male and female students. *Sociol. soc. Res.,* 1957, **42,** 31–36.

(32) CORNER, G. W.: *Ourselves unborn.* New Haven: Yale University Press, 1944.

(33) CRUICKSHANK, W. M.: *Psychology of exceptional children and youth.* Englewood Cliffs, N.J.: Prentice-Hall, 1955.

(34) DAHLBERG, G.: Do parents want boys or girls? *Acta Genet. et Statist. Medica.,* 1948, **1,** 163–167.

(35) DAHLBERG, G.: Die Tendenz zu Zwillingsgeburten. *Acta Genet. med. Gemellolog.* 1952, **1,** 80–88.

(36) DAVIS, A., and R. J. HAVIGHURST: *Father of the man.* Boston: Houghton Mifflin, 1947.

(37) DAVIS, M. E.: Ovulation and fertility. In M. Fishbein and R. J. R. Kennedy (Eds.), *Modern marriage and family living.* Fair Lawn, N.J.: Oxford University Press, 1957. Pp. 357–367.

(38) DIMITZ, S., R. R. DYNES, and A. C. CLARKE: Preferences for male or female children: traditional or affectional? *Marriage fam. Liv.,* 1954, **16,** 128–134.

(39) FRANCHER, H. L.: The relationship between the occupational status of individuals and the sex ratio of their offspring. *Hum. Biol.,* 1956, **28,** 316–322.

(40) FASTEN, N.: The myth of prenatal influences. *Today's Hlth,* 1950, **27,** 42–43.

(41) FERREIRA, A. J.: The pregnant woman's emotional attitude and its reflection on the newborn. *Amer. J. Orthopsychiat.,* 1960, **30,** 553–561.

(42) FREEDMAN, D. S., R. FREEDMAN, and P. R. WHELPTON: Size of family and preference for children of each sex. *Amer. J. Sociol.,* 1960, **66,** 141–146.

(43) FRIES, M. E.: Psychosomatic relationship between mother and infant. *Psychosom. Med.,* 1944, **6,** 159–162.

(44) GARN, S. M.: Growth and development. In E. Ginzberg, *The nation's children.* Vol. 2. *Development and education.* New York: Columbia, 1960. Pp. 24–42.

(45) GEBHARD, P. H., W. B. POMEROY, C. E. MARTIN, and C. V. CHRISTENSON: *Pregnancy, birth, and abortion.* New York: Harper & Row, 1958.

(46) GERVER, J. M., and R. DAY: Intelligence quotients of children who have recovered from erythroblastosis fetalis. *J. Pediat.,* 1950, **36,** 342–349.

(47) GESELL, A.: The ontogenesis of infant behavior. In L. Carmichael (Ed.), *Manual of child psychology,* 2d ed. New York: Wiley, 1954. Pp. 335–373.

(48) GESELL, A., F. L. ILG, and L. B. AMES: *Youth: the years from ten to sixteen.* New York: Harper & Row, 1956.

(49) GOODENOUGH, E. W.: Interest in persons as an aspect of sex differences in the early years. *Genet. Psychol. Monogr.,* 1957, **55,** 287–323.

(50) GOUGH, H. G.: Identifying psychological femininity. *Educ. psychol. Measmt,* 1952, **12,** 427–439.

(51) GREENBERG, M., O. PELLITTERI, and J. BARTON: Frequency of defects in infants whose mothers had rubella during pregnancy. *J. Amer. Med. Ass.,* 1957, **165,** 675–678.

(52) GRIMM, E. R.: Psychological tension in pregnancy. *Psychosom. Med.,* 1961, **23,** 520–527.

(53) GUTTMACHER, A. F.: Abortions. In M. Fishbein and R. J. R. Kennedy (Eds.), *Modern marriage and family living.* Fair Lawn, N.J.: Oxford University Press, 1957. Pp. 401–414.

(54) HAMILTON, E.: Emotional aspects of pregnancy: an intensive study of fourteen normal primiparae. Ph.D. dissertation. New York: Teachers College, Columbia University, 1955.

(55) HANDEL, C., and R. D. HESS: The family as an emotional organization. *Marriage fam. Liv.,* 1956, **18,** 99–101.

(56) HARRELL, R. F., E. WOODYARD, and A. I. GATES: *The effect of mothers' diets on the intelligence of the offspring.* New York: Teachers College, Columbia University, 1955.

(57) HARRIS, D. B., and E. S. HARRIS: A study of fetal movements in relation to mother's activity. *Hum. Biol.,* 1946, **18,** 221–237.

(58) HARSCH, C. M., and H. C. SCHRICKEL: *Personality development and assessment,* 2d ed. New York: Ronald, 1959.

(59) HENRY, J.: Attitude organization in elementary classrooms. *Amer. J. Orthopsychiat.,* 1957, **27,** 117–133.

(60) HEPNER, R.: Maternal nutrition and the fetus. *J. Amer. Med. Ass.,* 1958, **168,** 1774–1777.

(61) HIGHBERGER, R.: Maternal behavior and attitudes related to behavior of the preschool child. *J. home Econ.,* 1956, **48,** 260–264.

(62) HOCHBERG, J., and W. LAMBERT: Baby

scale to measure cuteness. *The New York Times,* Nov. 20, 1958.

(63) HOLLINGWORTH, L. S.: *Children above 180 IQ: origin and development.* New York: Harcourt, Brace & World, 1950.

(64) HOOKER, D.: The development of behavior in the human fetus. In W. Dennis (Ed.), *Readings in child psychology,* 2d ed. Englewood Cliffs, N.J.: Prentice-Hall, 1963. Pp. 1–10.

(65) HOWARD, R. W.: The developmental history of a group of triplets. *J. genet. Psychol.,* 1947, **70,** 191–204.

(66) HUSÉN, T.: The abilities of twins. *Beitr. Psychol.,* 1953, **1,** 137–145.

(67) INGALLS, T. H.: Congenital deformities not inherited. *The New York Times,* Dec. 20, 1950.

(68) INGALLS, T. H.: Intrauterine stress is key to inborn defects. *Med. News,* Jan. 2, 1956.

(69) INGALLS, T. H.: Congenital deformities. *Scient. American,* 1957, **197,** 109–114.

(70) ITKIN, W.: Some relationships between intra-family attitude and pre-parental attitudes toward children. *J. genet. Psychol.,* 1952, **80,** 221–252.

(71) JENKINS, W. W.: An experimental study of the relationship of legitimate and illegitimate birth status to school and personal and social adjustment of Negro children. *Amer. J. Sociol.,* 1958, **64,** 169–173.

(72) JERSILD, A. T., E. S. WOODYARD, and C. F. DEL SOLAR: *Joys and problems of child rearing.* New York: Teachers College, Columbia University, 1949.

(73) JONES, H. E.: The environment and mental development. In L. Carmichael (Ed.), *Manual of child psychology,* 2d ed. New York: Wiley, 1954. Pp. 631–696.

(74) JONES, H. E.: Perceived differences among twins. *Eugen. Quart.,* 1955, **2,** 98–102.

(75) KALLMAN, F. J., and G. SANDER: Twin studies in senescence. *Amer. J. Psychiat.,* 1949, **106,** 29–36.

(76) KEMP, C. H., F. N. SILVERMAN, B. F. STEELE, W. DROEGEMÜLLER, and H. K. SILVER: The battered-child syndrome. *J. Amer. Med. Ass.,* 1962, **181,** 17–24.

(77) KENT, E.: A study of maladjusted twins. *Smith Coll. Stud. soc. Wk,* 1949, **19,** 63–77.

(78) KINSEY, A. C., W. B. POMEROY, C. E. MARTIN, and P. H. GEBHARD: *Sexual behavior in the human female.* Philadelphia: Saunders, 1953.

(79) KISER, C. V., and P. K. WHELPTON: Social and psychological factors affecting fertility. *Millbank Memorial Fund Quart.,* 1958, **36,** 282–329.

(80) KNOBLOCH, H., and B. PASAMANICK: Seasonal variations in the births of the mentally deficient. *Amer. J. publ. Hlth,* 1958, **48,** 1201–1208.

(81) KOCH, H. L.: Sissiness and tomboyishness in relation to sibling characteristics. *J. genet. Psychol.,* 1956, **88,** 231–244.

(82) KOCH, H. L.: The relation in young children between characteristics of their playmates and certain attributes of their siblings. *Child Develpm.,* 1957, **28,** 175–202.

(83) KOCH, H. L.: Twins and others. Presidential address to the Division on Developmental Psychology, Amer. Psychological Ass., St. Louis, Mo., Aug. 31, 1962.

(84) KUHLEN, R. G., and G. G. THOMPSON: *Psychological studies of human development,* 2d ed. New York: Appleton-Century-Crofts, 1963.

(85) LAGEY, J. C.: Does teaching change students' attitudes? *J. educ. Res.,* 1956, **50,** 307–311.

(86) LANDRETH, C.: *The psychology of early childhood.* New York: Knopf, 1958.

(87) LASKO, J. K.: Parent behavior toward first and second children. *Genet. Psychol. Monogr.,* 1954, **49,** 97–137.

(88) LE MASTERS, E. E.: Parenthood as a crisis. *Marriage fam. Liv.,* 1957, **19,** 352–355.

(89) LEVY, D. M., and A. HESS: Problems in determining maternal attitudes toward newborn infants. *Psychiatry,* 1952, **15,** 273–286.

(90) LÉZINE, I.: Researches on the stages of taking consciousness of self in young twins. *Enfance,* 1951, **4,** 35–49.

(91) LOESCH, J. G., and N. H. GREENBERG: Some specific areas of conflict observed during pregnancy: a comparative study of married and unmarried pregnant women. *Amer. J. Orthopsychiat.,* 1962, **32,** 624–636.

(92) LUNDSTRÖM, R.: Rubella during pregnancy: its effect on prenatal mortality, the incidence of congenital abnormalities and immaturity. *Acta paediat., Stockh.,* 1952, **41,** 583–594.

(93) MACFARLANE, J. W., L. ALLEN, and M. P. HONZIK: *A developmental study of the behavior problems of normal children between twenty-one months and fourteen years.* Berkeley, Calif.: University of California Press, 1954.

(94) MARTIN, P. C., and E. L. VINCENT: *Human development.* New York: Ronald, 1960.

(95) MC CARTHY, D.: Language development. In L. Carmichael (Ed.), *Manual of child psychology,* 2d ed. New York: Wiley, 1954. Pp. 492–630.

(96) MEAD, M.: *Male and female.* New York: Morrow, 1952.

(97) MINKOWSKI, M.: Über die elektrische Erregbarkeit der fötalen Muskulatur-Schweig. *Arch. Neurol. Psychiat.,* 1928, **22,** 64–71.

(98) MONTAGU, A.: *Human heredity.* New York: Harcourt, Brace & World, 1959.

(99) MOWRER, E. R.: Some factors in the affectional adjustment of twins. *Amer. sociol. Rev.,* 1954, **19,** 468–471.

(100) MYERS, R. G.: Same sexed families. *J. Hered.*, 1949, **40,** 260–270.

(101) MYERS, R. G.: War and post-war experience in regard to the sex ratios at birth in various countries. *Hum. Biol.*, 1949, **21,** 257–259.

(102) NEEL, J. V.: The effect of exposure to the atomic bombs on pregnancy termination in Hiroshima and Nagasaki: preliminary report. *Science,* 1953, **118,** 537–541.

(103) NEIBURGS, H. E., and R. B. GREENBLATT: Specific estrogenic and androgenic smears in relation to the fetal sex during pregnancy. *Amer. J. Obstet. Gynaec.*, 1949, **57,** 356–363.

(104) NELSON, M. M., C. W. ASLING, and H. M. EVANS: Production of multiple congenital abnormalities in young by pteroylglutamic acid deficiency during gestation. *J. Nutrit.*, 1952, **48,** 61–80.

(105) New York Times Report: Studies give clue to cleft palate. *The New York Times,* Sept. 8, 1956.

(106) New York Times Report: Twins bad luck sign in Africa, mideast. *The New York Times,* Aug. 4, 1961.

(107) NEWBERRY, H.: The measurement of three types of fetal activity. *J. comp. Psychol.*, 1941, **32,** 521–530.

(108) NEWMAN, H. H.: *Multiple births: twins, triplets, quadruplets and quintuplets.* New York: Doubleday, 1940.

(109) NORRIS, A. S.: Prenatal factors in intellectual and emotional development. *J. Amer. Med. Ass.*, 1960, **172,** 413–416.

(110) OFFNER, V. S.: A study of mothers of twins. *Smith Coll. Stud. soc. Wk,* 1960, **31,** 45–46.

(111) PARKER, E.: *The seven ages of woman.* Baltimore: Johns Hopkins, 1960.

(112) PASAMANICK, B., and H. KNOBLOCH: The contribution of some organic factors to school retardation in Negro children. *J. Negro Educ.*, 1958, **27,** 4–9.

(113) PECKOS, P. S.: Nutrition during growth and development. *Child Develpm.*, 1957, **28,** 273–285.

(114) PINNEAU, S. R., and H. E. HOPPER: The relationship between incidence of specific gastrointestinal reactions of the infant and psychological characteristics of the mother. *J. genet. Psychol.*, 1958, **93,** 3–13.

(115) PLANK, E. N.: Reactions of mothers of twins in a child study group. *Amer. J. Orthopsychiat.*, 1958, **28,** 196–208.

(116) POTTER, E. L.: Pregnancy. In M. Fishbein and R. J. R. Kennedy (Eds.), *Modern marriage and family living.* Fair Lawn, N.J.: Oxford University Press, 1957. Pp. 378–386.

(117) RAPP, G. W., and G. C. RICHARDSON: A saliva test for prenatal sex determination. *Science,* 1952, **115,** 265.

(118) RIVERS, T. M.: Birth defects to be research target. *J. home Econ.*, 1960, **52,** 27–28.

(119) ROSENGREN, W. R.: Social sources of pregnancy as illness or normality. *Soc. Forces,* 1961, **39,** 260–267.

(120) RUBIN, A., and D. P. MURPHY: The frequency of congenital malformations in the offspring of nondiabetic and diabetic individuals. *J. Pediat.*, 1958, **53,** 579–585.

(121) RUSK, H. A.: "Is the baby normal?" *The New York Times,* May 1, 1955.

(122) SCHAEFER, E. S., and N. BAYLEY: Consistency of maternal behavior from infancy to preadolescence. *J. abnorm. soc. Psychol.*, 1960, **61,** 1–6.

(123) SCHAEFER, E. S., and R. Q. BELL: Patterns of attitudes toward child rearing and the family. *J. abnorm. soc. Psychol.*, 1957, **54,** 391–395.

(124) SCHALL, L., H. H. LURIE, and G. KELEMAN: Embryonic hearing organs after maternal rubella. *Laryngoscope,* 1951, **61,** 99–112.

(125) SCHEINFELD, A.: *The human heredity handbook.* Philadelphia: Lippincott, 1956.

(126) SCHEINFELD, A.: The mortality of men and women. *Scient. American,* 1958, **198,** 22–27.

(127) SCHWARTZ, P.: Birth injuries of the newborn. *Arch. Pediat.*, 1956, **73,** 429–450.

(128) SCOTT, E. M.: Psychological examination of quadruplets. *Psychol. Rep.*, 1960, **6,** 281–282.

(129) SEARS, R. R., E. E. MACCOBY, and H. LEVIN: *Patterns of child rearing.* New York: Harper & Row, 1957.

(130) SHERRIFFS, A. C., and R. F. JARRETT: Sex differences in attitudes about sex differences. *J. Psychol.*, 1953, **35,** 161–168.

(131) SIMPSON, G. G.: *The meaning of evolution.* New Haven: Yale, 1949.

(132) SLOMAN, S. S.: Emotional problems in "planned for" children. *Amer. J. Orthopsychiat.*, 1948, **18,** 523–528.

(133) SMITH, C. A.: Effects of maternal undernutrition upon the newborn infant in Holland (1944–1945). *J. Pediat.*, 1947, **30,** 229–243.

(134) SMITH, M. E.: Mental test ability in a family of four generations. *J. genet. Psychol.*, 1954, **85,** 321–335.

(135) SONTAG, L. W.: Differences in modifiability of fetal behavior and physiology. *Psychosom. Med.*, 1944, **6,** 151–154.

(136) SONTAG, L. W.: Some psychosomatic aspects of childhood. *Nerv. Child,* 1946, **5,** 296–304.

(137) SONTAG, L. W., and T. W. RICHARD: Studies in fetal behavior. I. Fetal heart rate as a behavioral indicator. *Monogr. Soc. Res. Child Develpm.*, 1938, **3,** No. 4.

(138) SPENCER, W. P.: Heredity: facts and fallacies. In M. Fishbein and R. J. R. Kennedy (Eds.), *Modern marriage and family living.*

Fair Lawn, N.J.: Oxford University Press, 1957. Pp. 341–356.

(139) STAINS, K. B.: Developing independence in children. *Understanding the Child,* 1951, **20,** 49.

(140) STEARNS, G.: Nutritional state of the mother prior to conception. *J. Amer. Med. Ass.,* 1958, **168,** 1655–1659.

(141) STOCKARD, C. R.: *The physical basis of personality.* New York: Norton, 1931.

(142) STOCKS, P.: Recent statistics of multiple births in England and Wales. *Acta Genet. med. Gemellolog.,* 1952, **1,** 8–12.

(143) STONE, L. J., and J. CHURCH: *Childhood and adolescence.* New York: Random House, 1957.

(144) STOTT, D. H.: Physical and mental handicaps following a disturbed pregnancy. *Lancet,* 1957, **272,** 1006–1011.

(145) STRYKER, S.: Relationships of married offspring and parents. *Amer. J. Sociol.,* 1956, **62,** 308–319.

(146) TAUSSIG, H. B.: The thalidomide syndrome. *Sci. Amer.,* 1962, **207,** 29–35.

(147) TERMAN, L. M., and C. C. MILES: *Sex and personality.* New York: McGraw-Hill, 1936.

(148) TERMAN, L. M., and M. H. ODEN: *The gifted child grows up.* Stanford, Calif.: Stanford, 1947.

(149) THOMS, H.: New wonders of conception. *Woman's Home Companion,* Nov. 1954, 7–8, 100–103.

(150) VON MERING, F. H.: Professional and nonprofessional women as mothers. *J. soc. Psychol.,* 1955, **42,** 21–34.

(151) WALLIN, P., and R. P. RILEY: Reactions of mothers to pregnancy and adjustment of offspring in infancy. *Amer. J. Orthopsychiat.,* 1950, **20,** 616–622.

(152) WARKANY, J.: Congenital malformations induced by maternal nutritional deficiency. *J. Pediat.,* 1944, **25,** 476–480.

(153) WASMAN, H. S.: Psychological factors involved in normal pregnancy. *Univer. Toronto med. J.,* 1947, **25,** 51–61.

(154) WESTOFF, C. F., E. G. MISHLER, and E. L. KELLY: Preferences in size of family and eventual fertility twenty years after. *Amer. J. Sociol.,* 1957, **62,** 491–497.

(155) WESTOFF, C. F., P. C. SAGI, and E. L. KELLY: Fertility through twenty years of marriage: a study in predictive possibilities. *Amer. sociol. Rev.,* 1958, **23,** 549–556.

(156) WRIGHT, L.: A study of special abilities in identical twins. *J. genet. Psychol.,* 1961, **99,** 245–251.

(157) YERACARIS, C. A.: Differentials in ideal family size. *Sociol. soc. Res.,* 1958, **44,** 8–11.

(158) ZEMBLICK, M. J., and R. I. WATSON: Maternal attitudes of acceptance and rejection during and after pregnancy. *Amer. J. Orthopsychiat.,* 1953, **23,** 570–584.

Kapitel 3: Die Anpassung an den Geburtsvorgang

Nach dem Gesetz beginnt das Leben mit der Geburt, biologisch beginnt es mit der Empfängnis. Aus diesem Grund ist die Geburt lediglich eine Unterbrechung des Entwicklungsverlaufes, nicht der Beginn dieses Verlaufes. Die Unterbrechung ist gekennzeichnet durch den Übergang aus der inneren Umgebung in die äußere. Für das Kind, das gerade die Umgebung verläßt, in der es sich seit Beginn seines Lebens aufgehalten hat, ist es ein Übergang, der leicht und angenehm sein kann oder der so viele Gefahren in sich bergen kann, daß er nicht erfolgreich abgeschlossen wird. „Für den ganzen Rest seines Lebens wird es nie wieder einen so plötzlichen und vollständigen Wandel seines Aufenthaltsortes geben. Keine andere Reise wird jemals wieder von einer so tiefen Abgeschiedenheit ausgehen. Auch in seinem tiefsten Schlaf wird der Mensch nie wieder so vollständig verborgen sein wie vor seiner Geburt" (78).

Die Zeit, die für die Anpassung benötigt wird

Wenn auch die Zeit für den Wechsel der Umgebung – aus dem Leib der Mutter in die äußere Welt – nur relativ kurz ist (selten mehr als 48 Stunden auch bei einer schwierigen Geburt), so ist doch die Zeit, die benötigt wird, um sich dieser Veränderung anzupassen, relativ lang. Die meisten Säuglinge brauchen mindestens zwei Wochen, und diejenigen, deren Geburt schwierig war oder zu früh eintrat, brauchen entsprechend länger. Während dieser Periode der Anpassung an die nachgeburtliche Umwelt treten so gut wie keine deutlichen Änderungen in der Entwicklung ein (42).

Das Kleinstkindalter wird in zwei Perioden eingeteilt: Zu der ersten Periode faßt man die ersten 15 bis 30 Minuten unmittelbar nach der Geburt zusammen, während die verbleibende Zeitspanne als Periode des Neugeborenen bezeichnet wird. Während der ersten Periode hört das Kind auf, ein Parasit zu sein; mit dem Durchschneiden der Nabelschnur wird es zum ersten Mal ein selbständiges, unterscheidbares und unabhängiges Individuum. In der Periode des Neugeborenen vollzieht das Kleinstkind die Anpassungsleistungen, die für ein Leben ohne den Schutz der intrauterinen Umgebung notwendig sind. Es gibt zwei Hinweise auf die Schwierigkeiten, mit denen es ein Kleinstkind bei seiner Anpassung an das nachgeburtliche Leben zu tun hat. Erstens: Es verliert an Gewicht – in der Regel etwa eine Woche lang. Sobald es an die neue Umgebung angepaßt ist, beginnt es, das verlorene Gewicht wiederzugewinnen, und hat mit einiger Wahrscheinlichkeit am Ende der zweiten Lebenswoche wieder den Gewichtsstand, den es bei seiner Geburt hatte. Selbstverständlich gibt es auch hier individuelle Unterschiede im Verlauf des Gewichtsverlustes. Schwere Neugeborene verlieren mehr und über längere Zeit an Gewicht als leichte Neugeborene. Kinder, die als erste geboren werden, verlieren in der Regel weniger als solche, die an zweiter oder dritter Stelle geboren werden. Kinder, die im Sommer und Herbst geboren werden, nehmen etwas schneller an Gewicht zu als Kinder, die im Frühjahr oder Winter geboren werden. Schließlich gibt es noch eine Beziehung zwischen Gewichtsverlust und der Zeit der ersten Nahrungsaufnahme. Kinder, die das erste Mal weniger als sechs Stunden nach der Geburt Nahrung aufnehmen, verlieren mehr Gewicht als die Kinder, die später Nahrung zu sich nehmen. Dies stimmt jedoch nicht für alle Fälle; Kinder, die an zweiter oder dritter Stelle geboren werden, kann man früher füttern als Erstgeborene und Jungen früher als Mädchen, ohne daß die entsprechende Zunahme des Gewichtsverlustes zu verzeichnen wäre (102).

Der zweite Hinweis auf die Schwierigkeiten, mit denen es das Neugeborene bei seiner Anpassung an die neue Umgebung zu tun hat, ist die Disorganisation des Verhaltens. Etwa 24 bis 28 Stunden nach der Geburt zeigen alle Kinder diesen Zustand der relativen Disorganisation (13). Ihr Verhalten legt die Vermutung nahe, daß sie durch die schweren Anforderungen, die sie soeben bewältigt haben, wie betäubt sind. Es ist verschieden, wie lange sie brauchen, sich wieder zu erholen; einige Kinder brauchen dazu sehr viel mehr Zeit als andere. Im Durchschnitt wird rund eine Woche benötigt, das ist auch etwa die Zeit, die gebraucht wird, den Gewichtsverlust seit der Geburt wieder wettzumachen. Kinder, die einen starken Gewichtsverlust aufweisen und lange brauchen, diesen Verlust wieder auszugleichen, benötigen in der Regel auch mehr Zeit, um zu geordnetem Verhalten zu gelangen.

Arten der Anpassung

Es gibt vier wichtige Arten der Anpassung, die der Säugling vollziehen muß, sobald er geboren ist; wenn er sie nicht vollzieht – und zwar schnell – ist sein Leben gefährdet.

1. Anpassung an die Temperaturveränderung. Im mütterlichen Uterus herrscht eine konstante Temperatur von etwa 37°. In der nachgeburtlichen Umgebung schwankt sie zwischen 20 und 21°, wobei Schwankungen besonders dann eintreten, wenn das Kind die Klinik verläßt.

2. Die Anpassung an die Atmung. Im Amnion, einer Hülle im Uterus, die das Fruchtwasser umfaßt, ist der Fötus von einer Flüssigkeit umgeben; aller Sauerstoff kommt durch die Nabelschnur aus der Plazenta. Wenn diese Nabelschnur nach der Geburt durchtrennt ist, muß das Neugeborene Luft ein- und ausatmen. Der erste Schrei tritt normalerweise dann auf, wenn das Atmen einsetzt, und trägt somit dazu bei, daß Luft in die Lungen gelangt. Zunächst ist das Atmen unvollständig und unregelmäßig. Das Neugeborene gähnt, schnappt nach Luft, niest und hustet bei seinen Versuchen, die Menge der Luft, die es braucht, zu regulieren.

3. Anpassung an die Nahrungsaufnahme. Da die Saug- und Schluckreflexe bei der Geburt oft nur unvollständig ausgebildet sind, kann das Kind häufig nicht die Nahrung aufnehmen, die es benötigt, und verliert daher an Gewicht. Diese Situation ist der in seiner früheren Umgebung direkt entgegengesetzt, in der

es ständig durch die Nabelschnur mit Nahrung versorgt wurde.

4. Anpassung an die Ausscheidungsvorgänge. Innerhalb weniger Minuten oder Stunden nach der Geburt beginnen die Ausscheidungsorgane zu funktionieren; sie scheiden die Abfallprodukte aus dem Körper aus, die vorher durch die Nabelschnur und die mütterliche Plazenta weggeschafft wurden.

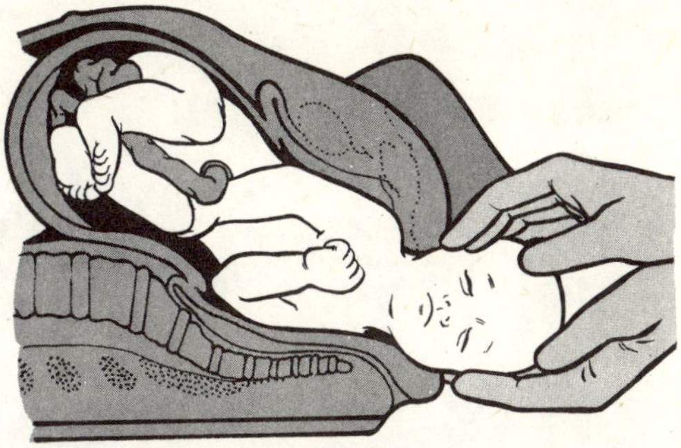
Abb. 3-1. Die normale Geburt; das Kind verläßt den mütterlichen Körper mit dem Kopf zuerst.

Unterschiede in der Anpassung

Wie schnell und wie erfolgreich das Neugeborene diese vier Arten der Anpassung bewältigt, hängt erstens von der Art seiner Geburt ab und zweitens von der Beschaffenheit seiner vorgeburtlichen Umgebung, wobei die letzten Monate vor der Geburt besonders wichtig sind. Da diese Umstände in einem sehr starken Maß variieren, gibt es keine zwei Kinder, die die Anpassung in exakt der gleichen Zeit vollziehen. Außerdem trägt auch die nachgeburtliche Umgebung zu den normalen und überall zu findenden Varianten der Anpassung bei.

Arten der Geburt. Generell gibt es vier Arten der Geburt. Die häufigste ist die normale oder spontane Geburt, bei der die Lage des Fötus im mütterlichen Uterus und die Größe des Fötus in Bezug auf die Größe der Fortpflanzungsorgane der Mutter es dem Kinde möglich machen, mit dem Kopf zuerst den Mutterleib zu verlassen. Nachdem der Kopf aufgetaucht ist, folgt erst die eine Schulter und dann die andere, wobei der Körper des Fötus sich langsam im Geburtskanal dreht. Als nächstes kommen die Arme zum Vorschein – immer einer nach dem anderen – dann der Rumpf und schließlich die Beine (42).
Abb. 3-1 zeigt die Lage des Fötus bei einer normalen Geburt.
Sollte der Fötus für die mütterlichen Organe zu groß sein, sollte seine Position die einer Beckenendlage sein (bei diesem Geburtsablauf erscheint das Gesäß des Kindes zuerst, dann folgen die Beine und schließlich der Kopf), oder sollte sich der Fötus quer im mütterlichen Uterus befinden (Querlage), dann muß entweder die Lage des Fötus verändert werden, bevor der Geburtsvorgang beginnt, oder es müssen technische Mittel zur Hilfe bei der Entbindung herangezogen werden.
Abb. 3-2 zeigt die typische Lage des Fötus bei einer Geburt, bei der das Gesäß zuerst erscheint.
Durch Anwendung der Röntgenmethode mehrere Wochen vor dem vermuteten Geburtstermin vermögen die Ärzte heutzutage meistens festzustellen, ob es bei der Entbindung irgendwelche Schwierigkeiten geben wird. Dann wird gewöhnlich ein chirurgischer Eingriff vorgenommen, der sog. Kaiserschnitt, wobei der Fötus durch einen Schnitt in der Bauchdecke der Mutter und nicht durch den Geburtskanal den Uterus verläßt (23, 42, 91).
Kinder, die spontan geboren wurden, passen sich meist schneller und erfolgreicher ihrer neuen Umgebung an als die, bei deren Geburt längere Wehen auftraten und Instrumente benutzt werden mußten, oder als die, bei deren Geburt der Kaiserschnitt angewandt wurde (42, 79). Aber auch bei der normalen Geburt führen emotionale Spannungen bei der Mutter, die z. B. aus deren Angst vor der Geburt oder aus der Ablehnung des Kindes herrühren, zu Komplikationen beim Geburtsvorgang und erschweren die Anpassung an das Leben nach der Geburt (21, 32, 43, 100).
Starke Dosen von Medikamenten, die der Mutter zur Minderung der Schmerzen der Geburt gegeben wurden, beeinflussen gleichermaßen die ersten An-

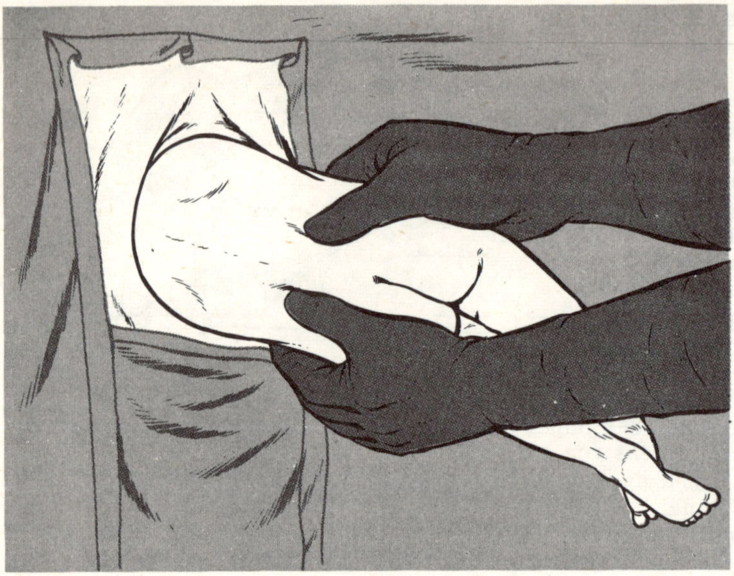

Abb. 3-2. Im Fall einer Beckenendlage erscheint bei der Geburt zuerst das Gesäß, zuletzt der Kopf.

passungsprozesse nach der Geburt. Je mehr Betäubungsmittel der Mutter verabreicht wurden, desto schwieriger ist die Anpassung des Neugeborenen und desto länger dauert sie (5). Ein Vergleich der Kinder, deren Mütter schmerzlindernde Mittel in verschiedenen Mengen erhalten hatten, zeigte, daß bei Kindern von Müttern mit starken Medikamentdosen die Disorganisation des Verhaltens nach der Geburt 3 bis 4 Tage dauerte im Vergleich zu 1 bis 2 Tagen bei Kindern, deren Mütter nur leichte Dosen oder gar keine Medikamente erhalten hatten. Die Wirkung auf das Neugeborene hing jedoch ab von der Art, der Menge und dem Zeitpunkt der Anwendung des Medikamentes. So war z. B. die Wirkung eingeatmeter Betäubungsmittel von kürzerer Dauer als die von Medikamenten, die vor Einsetzen des Geburtsvorganges gegeben wurden.

Das Verabreichen von Medikamenten beeinflußte gleichermaßen das Stillen, wenn auch kein bedeutsamer Einfluß nach den ersten fünf Lebenstagen gefunden wurde, abgesehen davon, daß Kinder, deren Mütter starke Dosen von Medikamenten erhalten hatten, stärker an Gewicht verloren und längere Zeit brauchten, um wieder auf den gleichen Gewichtsstand zu kommen (13). Dieser Unterschied ist in Abb. 3-3 dargestellt. Aus dieser Abbildung geht hervor, daß Kinder von Müttern, die nur geringe Mengen Medikamente bekamen, ihren Gewichtsverlust schon nach drei Tagen zu kompensieren begannen, die von Müttern mit stärkeren Medikamentdosen nach sechs Tagen.

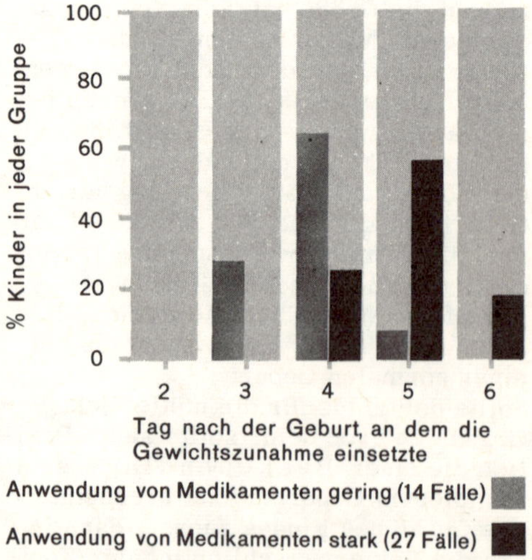

Abb. 3-3. Auswirkung der Anwendung von Medikamenten bei der Geburt auf die Gewichtszunahme des Kindes nach der Geburt.

Vorgeburtliche Umgebung. Intensive und langdauernde nervliche und emotionale Störungen bei der Mutter während der letzten Monate der Schwangerschaft verursachen einen überaktiven Zustand beim Fötus (vgl. Seite 50). Die Wirkungen der Störungen vor der Geburt dauern über die Geburt hinaus an und manifestieren sich in verschiedenen Funktionsbereichen des Körpers als Schwierigkeiten beim Essen, Dysfunktionen des Magen-Darmtraktes, Schlafschwierigkeiten, Überaktivität und allgemeine Reizbarkeit (109).
Bei der Darlegung der Auswirkungen einer ungünstigen Umgebung vor der Geburt auf die Anpassung nach der Geburt hat Sontag darauf hingewiesen, daß ein Neugeborenes unter diesen Umständen „in jeder Hinsicht bei der Geburt ein neurotisches Kind ist – ein Resultat der unzureichenden Umgebung des Fötusses. In diesem Fall mußte das Lebewesen nicht bis zu seiner Kindheit warten, um eine häusliche Situation oder andere Ursachen anzutreffen, die es neurotisch machen. Es kam in diese Lage, bevor es überhaupt das Licht der Welt erblickte" (108).

Fälle, in denen die Anpassung nicht gelingt

Einige Kinder sind nicht in der Lage, sich der nachgeburtlichen Umgebung anzupassen. Aus diesem Grund sterben sie bei der Geburt oder kurz darauf. Wenn auch der Prozentsatz der Totgeburten – also der Kinder, die bei der Geburt tot sind oder unmittelbar nach der Geburt sterben – und der Sterbefälle in der Periode der nachgeburtlichen Anpassung in den letzten Jahren aufgrund der verbesserten medizinischen Möglichkeiten bei der Betreuung der Schwangeren, bei der Geburt und für die Zeit nach der Geburt ständig geringer wird, so ist dieser Prozentsatz doch immer noch hoch. Die kritischste Zeit ist der Tag der Geburt, und auch der zweite und der dritte Tag nach der Geburt sind noch als kritisch anzusehen (105).
Die häufigsten Ursachen für den Tod bei der Geburt oder unmittelbar danach sind Frühgeburt, angeborener Schwachsinn, Mißgestaltetheit, Verletzungen bei der Geburt, Lungenentzündung, Grippe, Durchfall und Sauerstoffmangel, der entweder durch zu starke Anwendung von Drogen zum Lindern der Schmerzen bei der Geburt verursacht wurde oder dadurch, daß die Nabelschnur beim Geburtsvorgang um den Hals des Kindes geschlungen war (9, 72). Bei einer Untersuchung der Todesfälle bei der Geburt oder wenige Tage nach der Geburt stellte sich heraus, daß 36% Frühgeburten waren, 21,6% entfielen auf Beckenendlagen, 14,7% auf solche Lagen, bei denen das Kind nicht wie üblich mit dem Bauch, sondern mit dem Rücken zum Rücken der Mutter liegt. Mehr Todesfälle gibt es bei Kindern, die mit Hilfe des Kaiserschnittes geboren werden, als bei den spontanen Geburten (25).
Eine Anzahl von Faktoren beeinflussen die Sterblichkeitsrate in der Periode nach der Geburt. Es bestehen Geschlechtsunterschiede; mehr Jungen als Mädchen sterben selbst bei gleichem Geburtsgewicht (35, 79). Ausgeprägt sind die Unterschiede zwischen den Rassen, wobei Nichtweiße eine höhere Sterblichkeitsrate zeigen als Weiße (72). So ist z. B. in Wohngebieten mit überwiegend Negern die Sterblichkeitsrate höher als in Wohngebieten mit überwiegend Weißen. Die Sterblichkeitsrate wächst mit der Anzahl der Neger in einem Wohngebiet (62). Frauen, die in der Zeit der Schwangerschaft starken Belastungen ausgesetzt sind, haben schwierigere Geburten als Frauen mit weniger emotionalem Streß während dieser Zeit; für die Kinder besteht im 1. Fall eine größere Wahrscheinlichkeit, tot geboren zu werden, kurz nach der Geburt zu sterben oder mit angeborenen Mißbildungen auf die Welt zu kommen (43).
Die Einkommensverhältnisse der Familie sind ebenfalls ein wichtiger Faktor; die höchste Sterblichkeitsrate liegt bei den Familien mit niedrigem Einkommen (72). Die schlechte Ernährung der Mutter während der Schwangerschaft in den Familien mit geringem Einkommen trägt zu der hohen Sterblichkeitsrate der Neugeborenen bei (14, 119). Je

größer das Geburtsgewicht des Kindes ist und je länger die Schwangerschaft dauert, desto niedriger liegt die Sterblichkeitsrate in den ersten Tagen nach der Geburt (105). Außerdem nimmt die Sterblichkeitsrate mit der Reihenfolge zu, d. h. sie ist bei zweitgeborenen Kindern größer als bei erstgeborenen, bei drittgeborenen größer als bei zweitgeborenen usw. (35, 86).

Das Geburtstrauma

In den vergangenen Jahren haben Anhänger der psychoanalytischen Lehre behauptet, es gäbe ein psychisches *Trauma*, das durch die Unterbrechung der Beziehungen des Fötusses zu seiner Mutter hervorgerufen würde. Adler bezeichnete den Geburtsschrei als Hinweis auf das plötzliche und überwältigende Gefühl der Minderwertigkeit beim Neugeborenen, das dieses deshalb empfinde, weil es in eine neue und so komplexe Umgebung gerate. Diese frühen Annahmen wurden zu einer Theorie über die Wirkung der Geburt auf die Persönlichkeitsentwicklung des Kindes ausgebaut – Otto Ranks Theorie des Geburtstraumas.

Wenn man dieser Theorie folgt, erzeugt der Schock der Geburt ein Reservoir der Angst, das die Quelle der Angst im ganzen späteren Leben darstellt. Da die Geburt die erste Gefahr darstellt, die das Kind erlebt, bildet sie das Modell für alle späteren Angstzustände. Rank meint, der lustvolle ursprüngliche Zustand wäre durch den Akt der Geburt unterbrochen. Wegen dieser aus dem Geburtsschock herrührenden Ängste würde das Kind sein Leben lang unbewußt wünschen, in die Sicherheit und Geborgenheit des Mutterleibes zurückzukehren (95).

Wenn es auch zuwenig Fakten gibt, um Ranks Theorie des Geburtstraumas zu stützen oder zu widerlegen, so ist es doch fraglich, ob das Neugeborene Angst empfinden oder ob es sich an den Geburtsschock erinnern kann. Sein Gehirn ist zum Zeitpunkt der Geburt noch so wenig entwickelt, daß man bezweifeln kann, ob die Fähigkeit, sich zu erinnern oder zu denken, überhaupt vorhanden ist. Es ist bekannt, daß die Gehirnzellen in der sauerstoffarmen Umgebung des Uterus nicht funktionieren können. Erst nachdem die Luftatmung das Gehirn mit sauerstoffreicherem Blut versorgt hat, gibt es Anzeichen für Bewußtsein (7). Da die Atmung normalerweise nicht vor dem Geburtsschrei beginnt – und dieser nach der Geburt eintritt –, könnte man logischerweise schließen, daß das Kind sich nicht an das erinnern kann, was vor oder während der Geburt geschehen ist.

Man könnte ferner annehmen, daß das Neugeborene oder auch das Kleinkind seinen gegenwärtigen Zustand nicht mit seinem Zustand vor der Geburt vergleichen kann. *Nur* wenn solch ein Vergleich angestellt werden kann, könnten Angstzustände und das Verlangen – auch wenn dieses Verlangen nur unbewußt wäre – auftreten, in die Sicherheit und Geborgenheit des Mutterleibes zurückzukehren. Damit dürfte wohl klar sein, wie fragwürdig die Annahme ist, das Kind könne die Veränderung verstehen, die in seinem Leben mit der Geburt eintritt. Wenn man weiterhin berücksichtigt, wie wenig entwickelt Gehirn und autonomes Nervensystem beim Fötus sind, ist es gleichermaßen fragwürdig, ob das Kleinkind irgendwelche Gefühle erleben kann – sei es Furcht, Angst oder Ängstlichkeit –, und zwar in einer solchen Weise, daß dies einen bleibenden Einfluß auf seine Persönlichkeit hat (3, 92).

Andererseits ist es eigentlich keine Frage, daß die Geburt für das Neugeborene einen Schock darstellt, aber es ist wahrscheinlich eher ein physischer als ein psychischer Schock. Schwartz schreibt: „Die Geburt ist fast ohne Ausnahme ein brutaler Vorgang, der das Leben und die Gesundheit des Kindes gefährdet" (106). Aufzeichnungen des Herzschlages beim Fötus (hochempfindliche Elektroden wurden an den Bauch der Mutter in die Nähe des Herzens des Fötus angelegt) haben ergeben, daß etwa in der Mitte der Wehen der Herzschlag des Fötus stark schwankt. Im letzten Teil der Wehen nimmt der Herzschlag auf etwa die Hälfte der normalen Rate ab. Uteruskontraktionen beim Geburtsvorgang verlangsamen in

der Regel den Herzschlag des Fötusses, nur gelegentlich beschleunigen sie den Herzschlag (80).
Ergebnisse anderer Untersuchungen über den Entwicklungszustand der Sinnesorgane bei der Geburt zeigen, daß die Hautempfindlichkeit noch nicht so weit entwickelt ist, daß der Fötus wegen des starken Druckes durch die Muskelkontraktionen des Geburtskanals Schmerz empfände (92). Wie jedoch zuvor in diesem Kapitel erwähnt wurde, muß das Neugeborene vier wichtige Anpassungsleistungen vollziehen, und zwar schnell, wenn es überleben will. So wie alle größeren Anpassungen führen auch die, die das Kind leisten muß – Atmen, Nahrungsaufnahme durch den Mund, Ausscheidung der Abfallprodukte aus dem Körper, schnell und erfolgreich auf die Schwankungen der Temperatur reagieren – zu einem Schock, auch wenn dieser nur vorübergehend ist.

Das Neugeborene

Wenn man die Entwicklung nach der Geburt verstehen will, muß man den Zustand des Kindes kennen, wenn es sein Leben außerhalb des mütterlichen Leibes beginnt. Wir wollen kurz ein Bild des Kindes am Startpunkt seiner nachgeburtlichen Entwicklung skizzieren, indem wir die charakteristischen Kennzeichen des Neugeborenen beschreiben. Wir wollen diese in drei Kategorien einteilen: sein Aussehen, seine Hilflosigkeit und seine Individualität. Es sei daran erinnert, daß alle Neugeborenen verschieden sind und daß diese Verschiedenheit zunehmend größer wird, je mehr die Anpassung an das Leben nach der Geburt fortschreitet (8). Folglich ist die Beschreibung, die nun gegeben wird, die eines typischen oder „durchschnittlichen" Neugeborenen, nicht die irgendeines bestimmten Kindes. Außerdem wird sich die folgende Beschreibung nur auf das normale Kind beziehen, dessen Entwicklung vor der Geburt etwa 280 Tage gedauert hat, und nicht auf Frühgeburten, da diese sich in allen drei Kategorien recht deutlich von anderen unterscheiden.

Das Aussehen

Das durchschnittliche Gewicht des Kindes liegt bei etwa 3 375 g, die durchschnittliche Länge beträgt etwa 49 cm. Das Gewicht variiert von 1 350 g bis 7 200 g; und die Länge variiert von 42,5 cm bis 52,5 cm. Jungen sind in der Regel etwas größer als Mädchen, aber die Unterschiede zwischen den Geschlechtern sind nicht so groß wie die innerhalb der Geschlechter. Die Variabilität der Körpergröße beruht auf mehreren Faktoren, von denen die folgenden die wichtigsten sind: 1. Ernährung der Mutter, besonders während der letzten Monate der Schwangerschaft. Es besteht eine signifikante Beziehung zwischen dem Eiweißgehalt der Nahrung der Mutter und der Geburtsgröße des Kindes. Je schlechter die Ernährung der Mutter, desto kleiner ist das Kind (14). 2. Einkommensverhältnisse. Die Einkommensverhältnisse der Familie beeinflussen Menge und Qualität der Nahrung der Mutter und somit indirekt die Größe des Kindes. In ärmeren Wohngegenden ist die durchschnittliche Größe ein wenig, allerdings signifikant geringer als in besseren Wohngegenden (35). 3. Reihenfolge. Im Durchschnitt wiegt das erstgeborene Kind weniger als die später geborenen Kinder (76). 4. Aktivität des Fötusses. Besonders wenn der Fötus ungewöhnlich aktiv ist, kommt es vor, daß das Neugeborene viel zu leicht für seine Körpergröße ist (108).

Die Körperproportionen des Kleinstkindes unterscheiden sich stark von denen des Erwachsenen (vgl. Abb. 1-1, Seite 3). Beim Kleinstkind macht der Kopf ein Viertel der gesamten Körperlänge aus, beim Erwachsenen jedoch nur ein Siebtel. Der Teil des Kopfes mit der größten Abweichung hinsichtlich der Proportionalität liegt oberhalb der Augen. Beim Kind beträgt das Verhältnis dieses Teiles zum Gesicht 8 : 1, beim Erwachsenen 1 : 2. Das Gesicht des Kleinstkindes erscheint breit und kurz, da die Zähne fehlen, die Kiefer noch unentwickelt sind und die Nase flach ist. Arme, Beine und Rumpf sind im Verhältnis zum Kopf klein. Der

Bauch ist relativ groß und vorgewölbt, wobei, ganz im Gegensatz zum Erwachsenen, die Schultern schmal sind.
Zum typischen Kleinstkind gehören auch die blaugrauen Augen, deren Farbe sich allmählich in die verwandelt, die bleiben wird. Obwohl die Augen schon fast die endgültige Größe erreicht haben, ist ihre Bewegung unkontrolliert; sie bewegen sich ohne Ziel und Sinn. Die Tränendrüsen sind noch inaktiv, deshalb ist das Schreien nicht von einem Tränenstrom begleitet. Der Hals ist so kurz, daß er kaum vorhanden zu sein scheint, und die ihn bedeckende Haut liegt in tiefen Falten oder Fältchen. Schon recht langes, zartes Haar bedeckt oft den Kopf. Die Muskeln des Neugeborenen sind klein, fühlen sich weich an und sind noch nicht unter Kontrolle; die der Beine und des Halses sind weniger entwickelt als die der Arme und Hände. Die Knochen bestehen hauptsächlich aus Knorpel und sind deshalb weich und beweglich. Das Fleisch ist fest und elastisch, die Haut ist weich und tief rosa gefärbt und oft, besonders am Kopf, fleckig. Manchmal findet sich weiches, flaumiges Haar am Körper, meist auf dem Rücken, das aber schnell verschwindet. Bei etwa einer aus 2000 Geburten wird ein Kind mit einem oder sogar zwei Zähnen geboren (71).

Die Wirkungen des Äußeren des Neugeborenen. Nach dieser kurzen Beschreibung wird klar, daß das typische oder „durchschnittliche" Neugeborene nicht gerade ein Ausbund an Schönheit ist; tatsächlich kann man die meisten Neugeborenen von unansehnlich bis häßlich einstufen. Die häßlichsten haben gewöhnlich eine schwierige Geburt hinter sich gebracht; ihre Haut weist blaue Flecken auf, der Kopf ist verformt und ihre Nase ist vom Druck beim Passieren des Geburtskanals flachgedrückt. Die Kinder, die etwas zu früh geboren wurden, sehen meistens noch weniger attraktiv aus als die zur erwarteten Zeit oder etwas später geborenen, denn das Fett an ihrem Körper hat noch nicht genügend Zeit gehabt, sich zu entwickeln, wenn auch die Fettpolster, die die Wangen ausfüllen, sich schon entwickelt haben können. Deshalb sehen sie manchmal ganz verschrumpelt aus. Diejenigen, die sehr viel zu früh geboren wurden, sehen „bemerkenswert senil" aus, mit dem „verwelkten Ausdruck eines zahnlosen Alten", da die Fettpolster ihrer Backen noch nicht das Gebiet um den Mund ausgefüllt haben (112). Bei weitem am besten sehen die Kinder aus, die mit Hilfe des Kaiserschnitts zur Welt kommen und die deshalb nicht den Strapazen der Geburt und den damit verbundenen Verfärbungen und Verformungen des Körpers ausgesetzt waren.
Für Eltern mit romantischen Vorstellungen über ein „Traumkind" kann der erste Anblick ihres neugeborenen Babys eine Enttäuschung, wenn nicht sogar ein traumatisches Erlebnis sein. Wenn es auch unwahrscheinlich ist, daß die Eltern das ausdrücken, was sie fühlen, lautet oft die ängstliche Frage der Mutter: „Ist es nicht süß?", oder der Vater stellt fest: „Er sieht genau aus wie der Großvater, und der war der stattlichste Mann im ganzen Ort", und das weist auf die wirklichen Gefühle der Eltern hin. Eltern, deren Kind das erste ist, sind viel wahrscheinlicher enttäuscht als Eltern, die aus Erfahrung wissen, daß ein Neugeborenes in der Regel nicht wie ein „Engel" aussieht. Stone und Church haben zu den Reaktionen der Eltern auf das Aussehen ihres Neugeborenen bemerkt: „Viele Leute, deren Vorstellungen ... darüber, wie ein neugeborenes Baby aussieht, aus der Werbung für junge Eltern stammen, sind erstaunt, wenn sie zum ersten Mal ein Neugeborenes wirklich sehen. Die ‚neugeborenen' Babys aus der Werbung sind wahrscheinlich drei bis vier Monate alt. Ganz gleich, wie aufregend das Neue an ihnen sein mag, zeigen sich doch die meisten Neugeborenen von ihrer unattraktivsten Seite. Selbst für Eltern, die ihre Elternrolle ernst nehmen, besteht oft eine Diskrepanz zwischen der kleinen, feuchten, klebrigen, oft roten und runzligen Kreatur der ersten Tage und den Vorstellungen, die sich in den Monaten des hoffnungsvollen und ängstlichen Wartens gebildet haben" (112).
Die meisten Kinder sehen schon besser

aus, bevor sie die Klinik verlassen. Am Ende der Periode des Neugeborenen hat sich ihr Aussehen, falls sie die notwendigen Anpassungen an das Leben nach der Geburt vollzogen haben, schon deutlich verbessert. Vor dem Ende der zweiten Lebenswoche beginnt z. B. die fleckige Röte der Haut zu verschwinden, ihre Köpfe sind weniger verformt und ihre Nasen weniger flach. Wenn auch das Aussehen der Kinder sich innerhalb relativ kurzer Zeit verbessert, so kann doch die Wirkung des Äußeren bei der Geburt auf unvorbereitete Eltern lange vorhalten. Dies unterstreicht, wie ungünstig es für zukünftige Eltern ist, romantische Vorstellungen über das Kind zu hegen.

Hilflosigkeit

Da seine Anlagen für ein selbständiges Leben zum Zeitpunkt der Geburt so schlecht entwickelt sind, ist der Mensch von allen Neugeborenen am hilflosesten. Seine Hilflosigkeit, die zunächst in jeder Hinsicht deutlich wird, ist auf die Dauer gesehen ein Vorteil. Sie ermöglicht dem menschlichen Kind eine Entwicklung nach Grundlinien, denen ein Tier nicht folgen könnte, weil die Natur für das Tier den Entwicklungsverlauf stärker festgelegt hat. Mit der Zeit kann es verschiedenartigere Reaktionen zeigen, als Tiere es können, und es ist ihm deshalb möglich, sich auf ein höheres Entwicklungsniveau zu erheben (94).
Alle Hilflosigkeit rührt entweder her aus den unentwickelten Anlagen des Körpers und des Nervensystems, die ein Lernen unmöglich machen, oder aus einem Mangel an Gelegenheit zu lernen, wenn der Organismus dazu bereit wäre. Beide Ursachen spielen für die Hilflosigkeit des Neugeborenen eine Rolle. Es ist nach seinem Reifestand noch nicht bereit zu lernen, und es ist noch zu kurze Zeit auf der Welt, als daß es irgendeine Lernmöglichkeit hätte wahrnehmen können. Es könnte deshalb nicht überleben, würden sich nicht dauernd andere um es kümmern und sorgen.

Ursachen der Hilflosigkeit. Ein Überblick über die wichtigsten Gebiete, auf denen durch mangelnde Reife bedingte Unfähigkeit zu lernen vorliegt, wird die vollständige Hilflosigkeit des Neugeborenen verdeutlichen.

1. Erhaltung der Homöostase. Wegen des unentwickelten Zustandes des autonomen Nervensystems zum Zeitpunkt der Geburt ist das Kind nicht in der Lage, den Zustand der Homöostase zu erhalten. Mit Homöostase ist die Tendenz des Organismus gemeint, innerhalb seiner selbst relativ konstante Bedingungen hinsichtlich der Temperatur, der chemischen Zusammensetzung und ähnlichem mit Hilfe seiner eigenen Regulationsmechanismen zu erhalten. In der vorgeburtlichen Umgebung wurde die Homöostase für den Fötus durch die Homöostase der Mutter aufrechterhalten. Diese Aufgabe muß jetzt der Körper des Neugeborenen selbst übernehmen.
Untersuchungen der physiologischen Funktionen des Neugeborenen haben gezeigt, wie wenig stabil sie sind. Die durchschnittliche Pulsfrequenz bei der Geburt reicht von 130 bis 150 Schläge pro Minute und sinkt dann auf einen Durchschnitt von 117 Schlägen wenige Tage später. Dies steht der durchschnittlichen Pulsfrequenz des Erwachsenen von 70 Schlägen pro Minute gegenüber. Doch sind sogar bei dem gleichen Kind die Schwankungen der Pulsfrequenz beachtlich; sie reichen von durchschnittlich 123,5 Schlägen pro Minute während des Tiefschlafs zu 218,2 Schlägen während des Schreiens (44, 45, 92).
Die Atemfrequenz während der ersten Lebenswoche beträgt 35 Atemzüge pro Minute, beim Erwachsenen 18. Es handelt sich hier um schnelle, unregelmäßige Bauchatmung. Es gibt jedoch auch deutliche Unterschiede hinsichtlich Frequenz und Art der Atmung von Kind zu Kind und beim gleichen Kind unter verschiedenen Umständen. Kurz vor dem Erwachen liegt die durchschnittliche Frequenz z. B. bei 32,3 Atemzügen verglichen mit 133,3 Zügen pro Minute beim Schreien (73). Das Herz ist im Vergleich zu den Arterien klein; deshalb muß es schneller schlagen, um normalen Blutdruck zu er-

halten. Die Körpertemperatur ist bei einem gesunden Kleinstkind höher und schwankt stärker als beim Erwachsenen (92).

Da sein Magen und seine Därme sich in einem verschiedenen Rhythmus entleeren und da das Kind Schwierigkeiten beim Saugen und Schlucken hat, hat es häufig Stuhlgang, Husten, Koliken und Erbrechen. Das Einnässen geschieht in unterschiedlichen Zeitabständen und Mengen (44, 83). Da motorische Aktivität Energie verbraucht und dies die Homöostase gefährdet, erhöht eine Einschränkung der motorischen Aktivität durch Einwickeln des Kindes die Stabilität des Pulsschlages und führt zu einer Beruhigung des gesamten physiologischen Zustandes (68).

Vielleicht ist bei keiner Körperfunktion der Mangel an Homöostase deutlicher als beim Schlaf. Typischerweise wird der Schlaf des Kindes unterbrochen durch kurze Wachperioden, die durch Schmerzen, Hunger oder sonstige innere Quellen des Mißbehagens verursacht werden. Das Kind schläft leicht, kann leicht aufgeweckt werden und fällt dann ebenso leicht wieder in Schlaf zurück (92, 96). Dieser unstabile Verlauf der Schlafkurve ist in Abbildung 3-4 dargestellt.

Bei Neugeborenen gibt es gewöhnlich zwei deutlich voneinander abhebbare Schlaftypen; der regelmäßige Schlaf, in dem der Atemrhythmus glatt und regelmäßig ist, und der unregelmäßige Schlaf, bei dem das Atmen unregelmäßig ist oder schnelle, flache Atemzüge mit langsamen, tiefen abwechseln. Im regelmäßigen Schlaf treten häufig spontan kurze Bewegungen auf, sonst bewegt sich das Kind nur wenig. Beim unregelmäßigen Schlaf gibt es diese spontanen, kurzen Bewegungen kaum, statt dessen kann man eine Vielzahl anderer Bewegungen beobachten, die von einfachen Bewegungen der Gliedmaßen bis zum „sinnlichen Krümmen

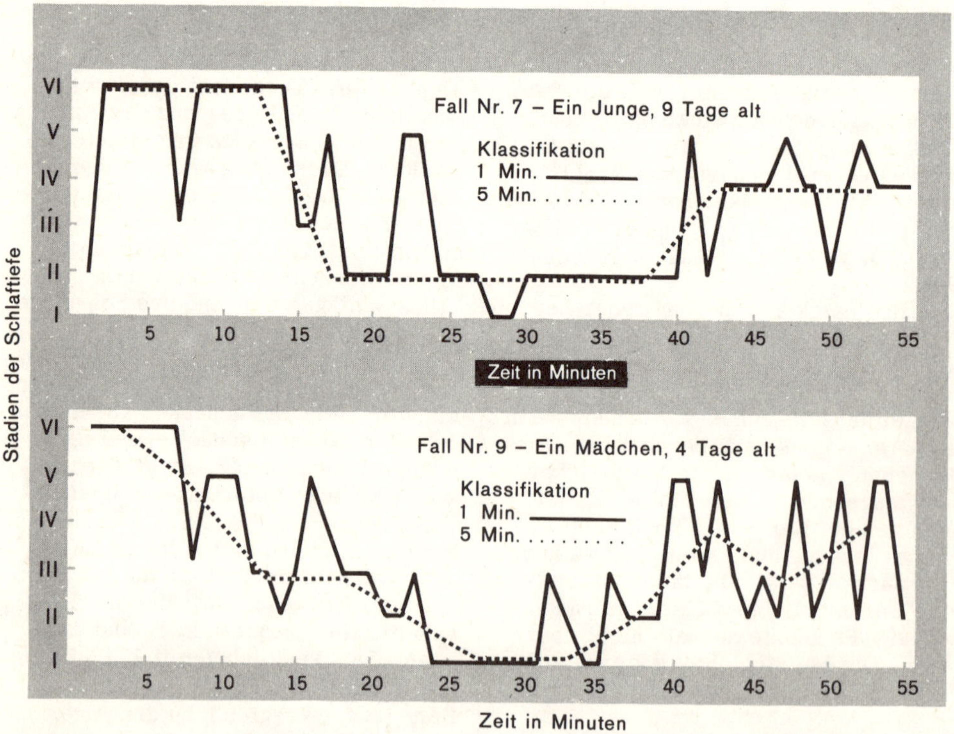

Abb. 3-4. Typische Schlafkurven bei Kindern; 50 oder mehr Minuten registriert.

des ganzen Körpers" reichen (120). Festes Einwickeln in Windeln verschafft dem Kind mehr Schlaf und führt zu ruhigerem Schlaf (68).

2. Willentlich gesteuerte Aktivität. Um unabhängig zu sein, muß eine Person zur willentlich gesteuerten Aktivität fähig sein – d. h. zu einer Aktivität, die von bewußten Wünschen kontrolliert wird. Das vermag kein neugeborenes Kind. Seine Reaktionen können nur vage und mit großer Schwierigkeit zu den Ereignissen in seiner Umgebung in Beziehung gebracht werden. Da es sich ohne Ziele und ganz zufällig bewegt, ist es hilflos. Es ist jedoch keineswegs träge oder inaktiv. Die motorische Aktivität des Neugeborenen kann grob in zwei Kategorien eingeteilt und als Gesamtaktivität oder als spezifische Aktivität bezeichnet werden.
Gesamtaktivität umfaßt die allgemeinen Bewegungen des gesamten Körpers. Wenn ein Teil des Körpers gereizt wird, reagiert der ganze Körper, am stärksten jedoch der gereizte Teil. Wegen der neurologischen Unreife des Neugeborenen ist die Gesamtaktivität kaum koordiniert und diffus und führt zu einer großen Energieverschwendung. Nicht alle Teile des kindlichen Körpers sind in gleicher Weise aktiv. Die Aktivität konzentriert sich auf Rumpf und Beine, der Kopf ist am ruhigsten. Schon mit dem Zeitpunkt der Geburt tritt Gesamtaktivität auf und nimmt an Häufigkeit zu, während das Kind sich seiner neuen Umgebung anpaßt (58, 59).
Wie bereits zuvor betont, sind die Kinder, die vor der Geburt am aktivsten sind, dies auch nach der Geburt (109). Es gibt große und konstante Unterschiede von einem Kind zum anderen nicht nur hinsichtlich der allgemeinen Körperbewegungen, sondern auch hinsichtlich spezifischer Bewegungen, etwa der Berührung des Mundes mit der Hand. Diese lassen sich zum Teil auf Unterschiede der Spannungszustände zurückführen, die aus der verschiedenen Behandlung, die die Neugeborenen erfahren, herrühren (59). Außerdem variiert die Aktivität mit der Tageszeit; der Gipfel liegt in den frühen Morgen-

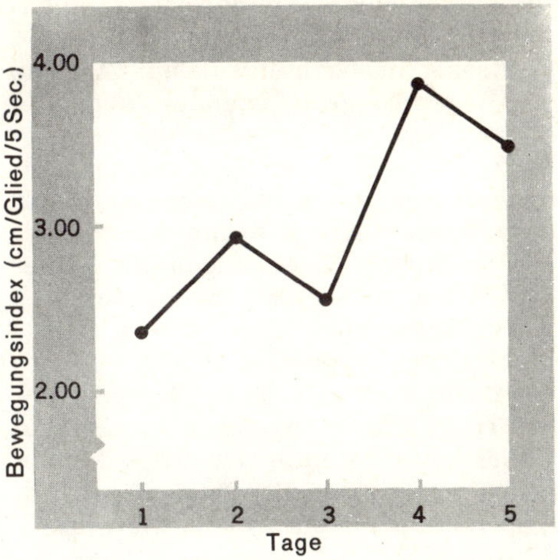

Abb. 3-5. Veränderungen der Bewegungen bei Neugeborenen in den ersten fünf Lebenstagen.

stunden und das Minimum zur Mittagszeit (vgl. Abb. 3-5).
Der körperliche Zustand des Kindes beeinflußt gleichermaßen seine Aktivität. Sie ist am größten beim Schreien, wenn das Kind Hunger oder Schmerzen hat, überhaupt wenn es sich körperlich unwohl fühlt, und ist am geringsten, wenn das Kind schläft oder gerade gefüttert worden ist. Auch die Umweltbedingungen beeinflussen die Aktivität. Licht und Geräusche steigern z. B. die Aktivität, desgleichen Kleidung und Decken (92).
Die spezifischen Aktivitäten, die bestimmte, umschriebene Körperzonen umfassen, sind in Wirklichkeit Folgeerscheinungen der Gesamtaktivität. Wir unterscheiden zwei Arten: Reflexe und allgemeine Reaktionen. Die als erste in Erscheinung tretenden Reflexe sind diejenigen, die für das Überleben außerordentlich wichtig sind: Herzschlag, Niesen, Atmung und die Patellar-, Pupillen- und Verdauungsreflexe. Die anderen dem Menschen zur Verfügung stehenden Reflexe können innerhalb weniger Stunden oder Tage nach der Geburt ausgelöst werden. Die allgemeinen Reaktionen beanspruchen größere Körperzonen als die Reflexe. Wie auch die Reflexe sind sie direkte Antworten auf innere oder äußere Reize.

Hier seien nur einige der allgemeinen Reaktionen aufgeführt, die beim Neugeborenen beobachtet wurden: Licht mit den Augen fixieren, spontane Augenbewegungen, rhythmische Mundbewegungen, Gähnen, den Kopf wenden und anheben, ungesteuerte Arm- und Handbewegungen, sich aufbäumen, stoßende und streckende Bewegungen mit Beinen und Füßen, Drehbewegungen, Zuckungen des gesamten Körpers usw. Alle diese Bewegungen sind so zufällig und unkoordiniert, daß sie ein Neugeborenes völlig hilflos lassen, aber sie sind wichtig, weil sie die Grundlage für die hochkoordinierten Bewegungen sind, die das Kind später entwickeln wird (59, 92, 115).

3. Fähigkeit zur Mitteilung. Die dritte Ursache der Hilflosigkeit des Neugeborenen ist seine fehlende Fähigkeit, seine Nöte und Wünsche anderen mitzuteilen. Wegen der erwähnten mangelnden Koordination kann es weder sprechen noch zeigen noch sich durch andere Gebärden verständlich machen. Das beste, was es tun kann, ist schreien. Der Geburtsschrei ist ein reiner Reflex. Er wird dadurch verursacht, daß Luft sehr schnell über die Stimmbänder geführt wird und sie somit zum Vibrieren bringt.

Der Geburtsschrei hat einen doppelten Zweck: das Blut mit genügend Sauerstoff zu versorgen und die Lungen aufzupumpen, um somit das Atmen zu ermöglichen. Der Geburtsschrei ist kein echter Vorläufer des Sprechens. Wenn erst einmal die Lungen aufgepumpt sind, beruht das Schreien auf innerer oder äußerer Reizung und ist ein Teil des allgemeinen Verhaltens, das für ein Neugeborenes charakteristisch ist. Meist schreien Kinder, wenn sie hungrig sind, Schmerzen haben oder sie sich irgendwie unwohl fühlen. Manchmal schreien sie auch, wenn sie müde sind, nicht ausreichend Bewegung haben oder aus unbekannten Gründen (1, 74, 92).

In den ersten 24 Stunden nach der Geburt kann das Schreien des Kindes verschiedene Bedeutungen haben, die sich aus der Tonhöhe, der Stärke und der Dauer des Schreiens erschließen lassen. Bei allgemeinem Unbehagen ist das Schreien zunächst monoton hinsichtlich der Tonhöhe, stakkato-ähnlich, und setzt hin und wieder aus; dann wird das Schreien, wenn dem Kind keine Erleichterung verschafft wird, allmählich immer zusammenhängender. Schmerz ist gekennzeichnet durch Schreien, das an Tonhöhe zunimmt. Wenn der Schmerz von zunehmender physischer Schwäche begleitet ist, werden die durchdringenden Töne durch leises Stöhnen ersetzt.

Der Wutschrei ist länger, der Atem wird angehalten, und das Gesicht des Kindes wird oft rot. Schlucklaute, die in der Regel das Schreien aus Wut begleiten, stammen daher, daß das Kind den Mund öffnet, wobei sich die Luftwege im Hals schließen. Unterbrochenes Schluchzen hält meistens auch dann noch an, wenn die Wut aufgehört hat. Wenn auch diese Verschiedenheiten in Tonhöhe und Stärke den Wert des Schreiens als Form der Mitteilung erhöhen, so darf doch nur von Personen, die mit dem Schreien von Kindern vertraut sind, erwartet werden, daß sie wissen, was das Schreien im Einzelfall bedeutet.

In der Regel beginnt irgendeine Art körperlicher Aktivität dann, wenn das Kind zu schreien anfängt. Bei heftigem Schreien bewegt sich jeder Teil des Körpers. Das Kind krümmt sich, stößt, rollt seinen Körper, wendet den Kopf von der einen Seite zur anderen, beugt und streckt seine Arme, Beine, Finger und Zehen. Das Treten geschieht gewöhnlich einigermaßen rhythmisch, aber es ist verschieden je nach der Ursache, die das Schreien hervorrief. Beim Ärger ist z. B. das Treten heftiger und abrupter als bei anderen Gefühlszuständen, und die Füße werden im allgemeinen gleichzeitig vorgestoßen anstatt einer nach dem anderen. Diese Aktivität ist ein Signal dafür, daß das Kind Aufmerksamkeit braucht, und dient somit als eine Art Sprache (74).

Das Kind verfügt noch über eine andere Art der stimmlichen Äußerung, über die Explosivlaute, die schwerem Atmen nicht unähnlich sind. Sie werden ohne Absicht und ohne Bedeutung hervorgebracht und treten rein

zufällig jedesmal auf, wenn die Sprechmuskeln kontrahiert werden. Da diese Laute von geringer Tonhöhe und schwach sind, wenn man sie etwa mit dem Schreien vergleicht, werden sie oft für unwichtig gehalten.
Auf lange Sicht jedoch sind diese explosiven Laute weit wichtiger als das Schreien. Sie werden allmählich stärker und entwickeln sich im Verlauf der zweiten Hälfte des ersten Lebensjahres zum Lallen, aus dem wiederum das Sprechen hervorgeht. Wenn man sich vorstellt, daß die explosiven Laute in Wirklichkeit das Fundament für das Sprechen darstellen, wird ihre wahre Bedeutung klar.

4. Entwicklung der Sinnesorgane. Die Hilflosigkeit ist eine notwendige Begleiterscheinung des unfertigen Entwicklungszustandes der Sinnesorgane. Zum Zeitpunkt der Geburt sind die Sinnesorgane funktionsbereit, einige sind jedoch weiter entwickelt als andere. Geruchssinn, Tastsinn, Hautsinne (Berührung, Druck, Schmerz und Temperatur) und die organischen Sinne (Hunger und Durst) sind z. B. bei der Geburt oder unmittelbar darauf schon gut entwickelt, während der Gesichtssinn und das Gehör noch kaum entwickelt sind (92).
Die Empfindlichkeit für Schmerz steigt nach der Geburt stark an, allerdings in unterschiedlichem Maße für verschiedene Teile des Körpers. Der Schwellenwert für Schmerz liegt für den Kopf niedriger als für die Gliedmaßen. Da jedes normale Kind etwas in Atemnot gerät, weil sein respiratorisches System in den ersten Stunden und Tagen nach der Geburt noch nicht ganz entwickelt ist, ist das Kind zunächst weniger schmerzempfindlich als dann, wenn seine Atmung voll funktioniert. Kinder von Müttern, die zur Linderung der Geburtsschmerzen Betäubungsmittel bekommen haben, brauchen etwas länger um sich von den Wirkungen zu erholen, und deshalb fällt ihre Schmerzschwelle langsamer als bei Kindern, deren Mütter keine schmerzlindernden Medikamente bekommen hatten. Da Kinder sich in unterschiedlich starkem Maße von diesen Störun-

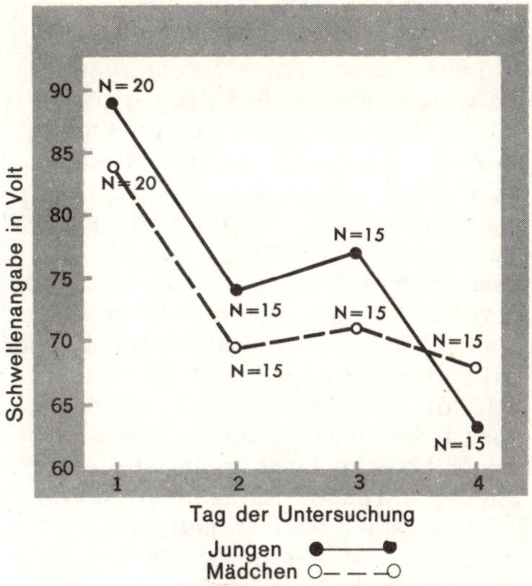

Abb. 3-6. Individuelle Unterschiede in den Schwellen für Schmerzempfindlichkeit bei neugeborenen Jungen und Mädchen während der ersten vier Tage nach der Geburt.

gen des Atmens erholen, lassen sich während der ersten Tage nach der Geburt individuelle Unterschiede in der Schmerzempfindlichkeit feststellen (67). Dies ist dargestellt in Abb. 3-6. Kinder die am meisten mit Atemnot bei der Geburt zu kämpfen hatten, zeigen die höchste Schmerzschwelle und benötigen die längste Zeit, bis sich diese Schwelle senkt (41).
Bei der Geburt ist die Retina des Auges noch nicht voll entwickelt. Die Zapfen (die für die Farbwahrnehmung wichtig sind) sind kurz und schlecht ausgebildet. Dies würde die Annahme nahe legen, daß das Kind schwarz und weiß, aber nicht farbig sehen kann. Das Kind reagiert allerdings auf Licht durch Kopfbewegung und schließt die Augenlider, wenn das Licht hell ist. Außerdem tritt der optische Nystagmus – die Fähigkeit, einem sich bewegenden Objekt zu folgen und dann die Augen in entgegengesetzte Richtung zurückzubewegen – wenige Stunden nach der Geburt auf. Das Verfolgen eines sich bewegenden Objekts mit den Augen ist ebenfalls möglich, ist aber noch nicht gut ausgebildet, es sei denn, das Objekt bewege sich sehr langsam. Um ein Objekt klar zu sehen, müssen beide Augen zur gleichen Zeit und in der richtigen Posi-

tion auf das gleiche Ziel gerichtet sein. Sonst nimmt jedes Auge ein anderes Bild auf, was zu einer verschwommenen Wahrnehmung führt. Bevor das Baby nicht die Muskeln seiner Augen kontrollieren kann – und das ist kaum früher als im Alter von zwei bis drei Monaten der Fall – wird es nichts scharf sehen (34, 92).

Wenn auch die Ohren des Neugeborenen so vollständig ausgeformt sind, daß man meinen könnte, sein Gehörsinn sei schon voll entwickelt, so ist das doch nicht der Fall. Der Teil des Ohres, der das eigentliche Sinnesorgan ausmacht, ist unentwickelt, und deswegen ist die Funktion des Ohres als Aufnahmeorgan für Tonreize stark beeinträchtigt. Es scheint, daß der Gehörsinn bei der Geburt sich im Vergleich zu allen anderen Sinnesorganen auf der niedrigsten Entwicklungsstufe befindet. Die meisten Kinder sind für einige Tage oder Stunden nach der Geburt völlig taub, und zwar in erster Linie deshalb, weil das Mittelohr mit Fruchtwasser verstopft ist. Bevor dies nicht herausgeflossen ist, kann der Schall nicht durchdringen, und das Kind ist buchstäblich taub. Sogar laute Geräusche in der Nähe des Ohres des Neugeborenen führen zu keiner oder nur zu einer schwach ausgeprägten Reaktion. Wie es jedoch für alle Sinnesorgane gilt, gibt es auch in der Sensitivität gegenüber Tönen Unterschiede (92).

5. Fähigkeit zu lernen. Die Hilflosigkeit des Neugeborenen könnte vermindert werden, wäre es fähig zu lernen. Untersuchungen des Lernens bei Neugeborenen haben jedoch ergeben, daß selbst die einfachste Form des Lernens – das Konditionieren oder Lernen durch Assoziation – für das Kind zu komplex ist. Es wurde mehrfach versucht, herauszufinden, ob während der ersten Lebenstage konditioniert werden kann. In den meisten Fällen hat sich bei diesen Untersuchungen herausgestellt – vielleicht mit der Ausnahme, daß Konditionieren in der Situation des Fütterns möglich ist – daß konditionierte Reaktionen nur schwer hervorgerufen werden können und daß sie, wenn es wirklich gelungen ist, sie hervorzurufen, unbeständig sind und wenig bleibenden Wert haben. Im ganzen gesehen scheint es so, daß viele Kinder nicht konditioniert werden können, da ihr kortikales System noch nicht ausgereift ist (69, 92).

Die Wirkung der Hilflosigkeit auf die Haltung der Eltern. Das Überleben des Neugeborenen hängt von der Aufmerksamkeit und Fürsorge ab, die es von anderen, besonders seiner Mutter erhält. Für die meisten Kinder wird gut gesorgt. Ihre Wünsche und Bedürfnisse werden prompt und zu ihrer Zufriedenheit erfüllt; sie sind zufriedene und glückliche Babys, und ihre körperliche und geistige Entwicklung verläuft normal. Aber nicht alle Kinder sind so glücklich, daß ihnen die richtige Art Fürsorge entgegengebracht wird. Wenn dem Kind die Zuwendung seiner Mutter oder einer Stellvertreterin der Mutter, die für seine tagtägliche Fürsorge verantwortlich ist, vorenthalten wird, leiden seine emotionale und soziale Entwicklung und die Entwicklung seiner Persönlichkeit Schaden. Studien an in Heimen untergebrachten Kindern, um die sich nicht ständig eine bestimmte Person kümmerte, haben aufgezeigt, daß diese Kinder gleichgültig werden und in ihrer Entwicklung zurückbleiben. Wenn hingegen die Sorge nur einer Person dauernd anvertraut ist, so leisten diese Kinder, auch wenn sie in Heimen untergebracht sind, die erforderliche Anpassung, und ihr Entwicklungsverlauf ist normaler und folgt in etwa den Normen der jeweiligen Altersstufe (82, 97).

Da die Hilflosigkeit und Abhängigkeit eines Neugeborenen die Eltern ansprechen und da man mit dem Kind leichter umgehen kann, wenn es hilflos ist, als wenn es unabhängig wird, gewöhnen sich einige Eltern an, dem Kind in jeder Hinsicht zu helfen. Diese Gewohnheit bleibt, wenn sie erst einmal erworben worden ist, lange Zeit bestehen, auch wenn die Hilflosigkeit des Kleinkindes längst geschwunden ist, und das Kind die Hilfe weder benötigt noch wünscht. Die Eltern können oder wollen ihre Vorstellungen von den Fähigkeiten ihres Kindes – Vorstellungen, die sich bildeten, als es noch hilflos war – nicht den raschen Entwicklungsfortschritten anpassen.

Wenige Eltern, die sich mit ihrem ersten Neugeborenen beschäftigen, machen sich klar, daß es ein Jahr später anfängt, zu gehen und zu sprechen, daß es dann immer wieder versuchen wird, selbst zu essen, sich selbst anzuziehen und zu waschen, und daß es mit seinem Spielzeug umgehen kann. Manchmal umsorgt eine Mutter weiterhin ihr Kind aus reiner Selbstsucht so übertrieben, oder weil sie denkt, es sei das, was eine „gute Mutter" tun sollte. Vielleicht schafft es ihr persönliche Befriedigung, wenn sie fühlt, daß sie für das Kind unersetzlich ist.

Ganz gleich, welcher Grund nun besteht, an der Vorstellung vom hilflosen Kind auch dann noch festzuhalten, wenn die Kleinstkindzeit längst vorbei ist, diese Haltung schadet der Entwicklung des Kindes. Sie enthält dem Kind Möglichkeiten vor, das zu lernen, was andere Kinder seines Alters lernen. Dies verzögert seine Entwicklung, kann seinen Eltern Verlegenheit und Beschämung bringen und dem Kind Minderwertigkeitsgefühle. Da außerdem die Gesellschaft von Kindern erwartet, daß sie bestimmte, an Entwicklungsstadien gebundene „Aufgaben" in einem bestimmten Alter meistern, wird das Kind, das diese Erwartungen nicht erfüllt, sich in sozialer Hinsicht schlecht anpassen, und das wiederum beeinträchtigt die Persönlichkeitsentwicklung (47). (Eine ausführlichere Diskussion der an bestimmte Entwicklungsstufen gebundenen Aufgaben und ihre Bedeutung findet sich auf der Seite 6.)

Eine ernste Folge dieser Gewohnheit der Eltern besteht darin, daß das Kind es übel nimmt, falls ihm seine Lernversuche vereitelt werden, wenn es bereit ist zu lernen. Je mehr diese Bemühungen des Kindes vereitelt (frustriert) werden, desto wütender, renitenter und desto negativer eingestellt wird es gegenüber denen, die es frustrieren. Das macht das Kind für die Eltern weniger anziehend, und wenn die Lage noch schlimmer wird, verdirbt es die Beziehung zwischen Eltern und Kind.

Individualität

Keine zwei Neugeborenen, auch nicht, wenn es sich um eineiige Zwillinge handelt, sind einander in Erscheinung und Verhalten völlig gleich (8). Jedes beginnt sein Leben mit einer Individualität, die sich auch weiterhin zeigt, wenn sich sein Erbgut entfaltet. Die Individualität beruht zum Teil auf Unterschieden im Erbgut, doch tragen auch Unterschiede in der vorgeburtlichen Umgebung und die Unterschiede beim Verlauf der Geburt dazu bei. Das einzige, das alle Neugeborenen im Aussehen gemeinsam haben, ist ihre Kleinheit und die Überschwere ihres Kopfes. Einige sehen aus wie pausbäckige Engel, andere verschrumpelt und greisenhaft. Nicht alle Neugeborenen fühlen sich in der gleichen Weise an, wenn man sie hält. Einige fühlen sich kompakt an, angenehm zusammengerollt wie eine kleine Katze, andere breiten sich aus wie ein Bündel nur locker zusammengehaltener Stäbe, wieder andere spannen sich und halten sich steif (112).

Neugeborene unterscheiden sich sehr stark hinsichtlich der Erhaltung der Homöostase, besonders in bezug auf die Atemfrequenz und den Puls. Bei einigen ist die physiologische Balance bei der Geburt weit besser als bei anderen, und einige, bei denen die Homöostase zunächst kaum vorhanden ist, erreichen diese schneller als andere. Diese Unterschiede hinsichtlich der Homöostase tragen zu den individuellen Unterschieden in der Anpassung bei, besonders was das Verhalten gegenüber Nahrung angeht, was Schlafverlauf, Schreien, motorische Aktivität und das Bedürfnis nach Aufmerksamkeit betrifft (44).

Einige Neugeborene können z. B. von Anfang an Nahrung aufnehmen und bei sich behalten und verlieren deshalb wenig von ihrem Geburtsgewicht. Andere haben Schwierigkeiten mit dem Saugen und Schlucken und verlieren deshalb vielleicht in erschreckendem Maß an Gewicht (102). Wenn auch der Schlafverlauf bei allen neugeborenen Kindern ähnlich ist, gekennzeichnet durch kurze Wachperioden alle zwei bis drei Stunden, so schlafen doch einige Kinder zwischen den Wachperioden länger, einige sind unruhiger während des Schlafes, und einigen fällt es schwerer, nach der Nahrungsaufnahme einzuschlafen als anderen (92, 96). Individuelle Unterschiede im Schlafverlauf sind dargestellt in Abb. 3-4, Seite 68.

Die Individualität zeigt sich noch deutlicher in der motorischen Aktivität. Die Reflexe einiger Kinder sind langsam und schlecht entwickelt, bei anderen sind die Reflexe, wenn auch etwas langsamer, in der Form denen älterer Kinder ähnlich (92). Die allgemeinen Verhaltensweisen eines bestimmten Kindes, die sich etwa in den Mundbewegungen und in den Berührungen des Mundes mit der Hand zeigen, entwickeln sich während der ersten fünf Lebenstage nach einem in sich zusammenhängenden Muster, aber diese in sich zusammenhängenden Entwicklungsverläufe unterscheiden sich bei den verschiedenen Kindern (59). Deutliche Unterschiede zeigen sich auch in der Gesamtaktivität, einige Kinder bewegen sich ständig, sogar im Schlaf. Diese Unterschiede sind zum Teil bestimmt durch die allgemeine physische Konstitution des Kindes, zum Teil hängen sie davon ab, ob das Kind zum normalen Termin oder zu früh geboren wurde und wie aktiv es als Fötus war (109).

Es gibt kein Gebiet, auf dem sich die Individualität so eindringlich zeigt wie beim Schreien. Der Geburtsschrei wird durch die Art der Geburt und durch die physische Konstitution des Kindes beeinflußt. So ist zum Beispiel bei der schnellen, plötzlich notwendig werdenden Entbindung der Schrei scharf und tief; bei Frühgeburten, oder wenn das Kind schwach ist, gleicht der Schrei einem leichten Seufzen. Verlängerte Wehen, die zur Erschöpfung des Kindes führen, verursachen in der Regel einen schwachen, kurzen, unterbrochenen Schrei. Kinder, die vor oder bei der Geburt verletzt wurden, schreien in einer Weise, die sich in Tonhöhe, Volumen, Rhythmus und Akzentuierung von der Art normaler Kinder unterscheidet (85). Die Individualität, die sich in der tonalen Qualität der Schreie ausdrückt, bleibt während der gesamten Periode des Neugeborenen erhalten. Man kann in der Kinderstation eines Krankenhauses die verschiedenen Neugeborenen an ihrem Schreien unterscheiden.

Die Individualität drückt sich sowohl in der Menge als auch in der tonalen Qualität des Schreiens aus. Einige Kinder schreien nur selten und dann nur kurze Zeit. Andere scheinen während der ganzen Zeit wütend oder frustriert zu sein; sie schreien unaufhörlich und mit voller Kraft. Nichts kann sie beruhigen. Einige Kinder scheinen ein größeres Bedürfnis nach Aufmerksamkeit und emotionaler Zuwendung zu haben und schreien, wenn ihnen dies vorenthalten wird (110).

Bei einer Untersuchung darüber, wieviel verschiedene Kinder während der ersten acht Tage ihres Lebens schrieen, stellte man fest, daß das Kind, das am wenigsten schrie, dies insgesamt nur 386 Minuten tat; das entspricht einem Tagesdurchschnitt von 48,2 Minuten. Das Kind, das am meisten schrie, tat dies insgesamt 1947 Minuten lang (1). Allgemein kann man davon ausgehen, daß Kinder, die mit Hilfe des Kaiserschnitts geboren wurden, weniger schreien als solche, die spontan oder unter Anwendung von Geburtshilfeinstrumenten geboren wurden. Es ergeben sich jedoch kaum Hinweise darauf, daß die Menge des Schreiens von der Länge der Wehen abhängt (101).

Wirkungen der Individualität auf die Einstellungen der Eltern. Wenn nun alle Neugeborenen verschieden sind, kann man nicht von allen das gleiche Verhalten erwarten. Das tun jedoch die meisten Eltern, und sie machen sich Sorgen, wenn ihre Erwartungen sich nicht bestätigen. Wenn es sich um das zweite, dritte oder noch später geborene Kind handelt, neigen die Eltern dazu, das Verhalten dieses Kindes mit dem erinnerten Verhalten der anderen Kinder zu vergleichen. Selbst wenn es noch keine älteren Geschwister gibt, die man als Vergleichsgrundlage heranziehen könnte, haben sich doch schon manche Mütter mit Informationen über

„Säuglingspflege" vollgestopft und haben aus Büchern, Illustrierten und Zeitungen gelernt, wie die „Normen" sind. Und diese Normen werden dann als Maßstab für das eigene Neugeborene benutzt. Wenn es diesen Normen entspricht, glaubt die Mutter, daß alles in Ordnung ist. Wenn es diesen Normen voraus ist, freut sie sich darüber, daß ihr Kind überlegen ist, wenn es jedoch unter den Normen bleibt, gerät sie in Panikstimmung und ist überzeugt, daß nichts in Ordnung ist.

Für die meisten Eltern bedeutet das Schreien des Kindes, daß irgendetwas nicht stimmt. Sie vergleichen das Schreien ihres Kindes mit der Erinnerung, die sie an das Schreien ihrer früher geborenen Kinder haben oder mit dem Schreien der anderen Kinder im Krankenhaus und gelangen dann unausweichlich zu dem Schluß, daß irgendetwas nicht stimmt, wenn ihr Kind lauter als die anderen schreit oder wenn sein Schreien schwächer klingt.

Wenn es sich weigert, die Nahrung aufzunehmen, oder wenn es die Nahrung, die es aufgenommen hat, wieder erbricht, fragt sich die Mutter, ob ihre Milch oder das, was sie ihm in der Flasche gibt, für das Kind „richtig" ist. Es kommt ihr kaum in den Sinn, daß sie wegen ihrer eigenen Gespanntheit und Nervosität die Qualität ihrer Milch beeinträchtigen oder ihr Baby verwirren könnte. Es macht außerdem ihre Sorgen nicht leichter, wenn ihr von anderen Müttern erzählt wird, wie leicht und schnell deren Kinder sich angepaßt haben.

Wenn die Mutter nicht schwer krank ist, wird sie ihr Kind in dem Kinderbettchen auf der Kinderstation sehen wollen. Oft führt dies zu einer traumatischen Erfahrung. Nachdem sie sich zunächst in ihrem Zimmer eingeredet hatte, daß „alle Babys so aussehen", könnte sie entdecken, daß andere Kinder der Station sehr viel besser aussehen als das ihre. Und ihr Kind könnte ja auch wirklich das häßlichste sein. Die Spuren der Geburt, die sich bei ihm noch zeigen, könnten bei denen schon verschwunden sein, die etwas früher geboren wurden. Auch der Stolz des Vaters könnte nachlassen, wenn er durch die Glasfenster nach seinem Kind sucht und dabei die anderen Säuglinge sieht. Dabei mag er zufällig die Bemerkung anderer Eltern mithören über ein Baby, das „wie ein kleines Äffchen" aussieht und feststellen, daß damit sein Kind gemeint war.

Erfahrungen dieser Art müssen auf die Einstellungen der Eltern abfärben und somit auch das Verhalten der Eltern beeinflussen. Die Sorgen darüber, daß ein Kind „anders" aussieht, daß es sich nicht wie üblich an seine neue Umgebung anpaßt und zuviel oder zuwenig schreit, führen viel zu oft zu der Annahme, das Kind sei nicht normal. Hinter diesen Sorgen steht bei vielen Eltern die Vorstellung, *Ähnlichsein und Normalsein* gehörten genauso zusammen wie *Verschiedensein und Abnormsein*. Selbst wenn ein Arzt die ängstlichen Eltern beruhigt, alles sei normal, wächst deren Sorge, wenn das Schreien und die Anpassungsschwierigkeiten dann zunehmen, wenn das Kind vom Krankenhaus in die Wohnung der Eltern gebracht wird. Aus diesen Sorgen heraus entwickeln sich Haltungen der Überbesorgtheit und des übertriebenen Schutzes – Verhaltensweisen, die zu Gewohnheiten werden können.

Frühgeburt

Die Geburt ist zu jedem Zeitpunkt eine Gefahr. Gefährlicher ist sie, wenn sie zu einem Zeitpunkt geschieht, der vor dem liegt, den die Natur geplant hat. Alle Risiken, die zu einer normalen Geburt gehören, treten auf, doch in einer verschärften Form. Je verfrühter die Geburt ist, desto größer sind die Gefahren. Die *Frühgeburt* stellt einen Fall dar, bei dem das Neugeborene relativ unvorbereitet ist für das Leben außerhalb des Mutterleibes, entweder weil es nur mangelhaft entwickelt oder in seiner Entwicklung zurückgeblieben ist, weil die Zeit vor der Geburt zu kurz war. Zwei Kriterien werden in der Regel herangezogen, um zu bestimmen, ob ein Neugeborenes eine Frühgeburt ist oder nicht. Das eine ist die *Länge der Schwan-*

g e r s c h a f t. Wenn man annimmt, daß die Schwangerschaft 28 bis 38 Wochen gedauert hat, gilt das Kind als Frühgeburt. Das zweite Kriterium ist die G r ö ß e b e i d e r G e b u r t, ausgedrückt entweder in Gewicht oder im Verhältnis von Gewicht zu Körperlänge. Dieses Kriterium wird öfter herangezogen als das der Länge der Schwangerschaft, die nicht immer genau bestimmt werden kann. Wenn das Kind bei der Geburt 2500 g wiegt oder weniger, wird es als Frühgeburt angesehen. Sollte der Kopfumfang weniger als 33 cm betragen und die Scheitel-Rumpf-Länge weniger als 32 cm, nimmt man dies als zusätzlichen Beweis für eine Frühgeburt (31).

Gefahren für das zu früh geborene Kind. Die Überlebenschance ist relativ gering, wenn das Geburtsgewicht 1000 Gramm oder weniger beträgt. Für Kinder, deren Geburtsgewicht darüber liegt, steigt die Überlebenschance mit zunehmendem Geburtsgewicht an (19, 29). Wenn das Kind mehr als 1500 Gramm wiegt, werden die Überlebenschancen für viermal größer gehalten, als wenn das Gewicht nur 1500 Gramm oder weniger beträgt (29).

Es müssen jedoch für Kinder verschiedener Rassen und verschiedenen Geschlechts unterschiedliche Normen angesetzt werden. Für Kinder, bei denen die Schwangerschaft 29 Wochen oder weniger dauerte, beträgt die Sterblichkeitsrate 63,3%; sie beträgt 21,5% für die, bei denen die Schwangerschaft 34 bis 37 Wochen dauerte. Bei gleichem Geburtsgewicht haben die Kinder nach kürzerer Schwangerschaft die gleiche Überlebenschance wie die älteren Kinder; dies weist darauf hin, daß das Geburtsgewicht wichtiger ist als die Länge der Schwangerschaft (111).

Bei Frühgeburten ist das Verhältnis der Todesfälle von Jungen zu Mädchen 2:1 (19). Frühgeburten treten häufiger auf bei an erster Stelle geborenen Kindern als bei später geborenen, und dies trägt teilweise zur höheren Sterblichkeitsrate der Erstgeborenen bei (55). Frühgeburten sind auch in den Klassen mit niedrigem sozioökonomischen Status häufiger und ebenso bei den Farbigen häufiger als bei den Weißen. Kleine Frauen haben häufiger Frühgeburten als große Frauen (98). Frühgeburten treten bei Mehrlingsgeburten öfter ein als bei der Geburt nur eines Kindes. Je häufiger bereits Frühgeburten stattgefunden haben, um so größer ist die Wahrscheinlichkeit einer weiteren Frühgeburt und um so früher findet sie statt. So werden z. B. Zwillinge und Drillinge öfter zu früh geboren als Einzelgeburten (29).

In den vergangenen Jahren hat die Medizin Mittel gefunden, Fehlgeburten zu vermeiden, doch noch keine Mittel gegen Frühgeburten. Deshalb ist die Anzahl der Frühgeburten angestiegen. Sieben von 100 in den Vereinigten Staaten heute geborenen Kinder sind zu früh geboren (29). Trotz der medizinischen Fortschritte bei der Pflege der zu früh Geborenen ist die Sterblichkeitsrate noch sehr hoch. Ein Drittel der Sterbefälle im ersten Lebensjahr entfällt auf Kinder, deren Geburtsgewicht unter 2250 Gramm lag. Man hat geschätzt, daß ein zu früh geborenes Kind nur ein Neuntel der Lebenschance eines zum normalen Termin geborenen Kindes hat. Außerdem sind die Mißbildungen und Verletzungen, die von der Geburt selbst herrühren, bei Frühgeburten sehr viel häufiger als bei Kindern, die nach normaler Schwangerschaftsdauer geboren werden (2, 12, 28, 53, 79).

Es gibt gute Gründe für das stärkere Auftreten von Mißbildungen und Todesfällen bei den Frühgeburten. In der letzten Phase der Schwangerschaft entwickeln sich die Knochen des Fötusses sehr schnell. Dies gilt auch für die knochige Umschließung des Gehirns, den Schädel. Doch sind auch noch beim Kind, das nach normaler Dauer der Schwangerschaft geboren wird, die Knochen in erster Linie Knorpel und also relativ weich. Der Schädel ist noch nicht ganz ausgeformt und weist sechs weiche Stellen auf, die sogenannten F o n t a n e l l e n – das sind Öffnungen im Schädel, die von einer zähen, elastischen Membrane bedeckt werden.

Die größte und bei den Eltern bekannteste der Fontanellen befindet sich mitten auf dem Kopf des Kindes.

Wenn der Fötus zu früh auf die Welt

kommt, ist der Schädel noch nicht auf den bei der Geburt auftretenden Druck vorbereitet, und die Gefahr einer Gehirnschädigung ist größer. Da außerdem die zu früh geborenen Kinder oft Schwierigkeiten haben, die Atmung aufzunehmen, kann es dazu kommen, daß dem Gehirn nicht genügend Sauerstoff zugeführt wird, was zu einer Schädigung der Hirnzellen führt. Da Frühgeburten oft schwierig sind und länger als gewöhnlich dauern, ist die Wahrscheinlichkeit eines Gehirnschadens aufgrund von Sauerstoffmangel groß (28, 29, 53).

Für ein zu früh geborenes Kind ist die Anpassung an das Leben nach der Geburt besonders schwierig (12). Seine größten Anpassungsprobleme rühren vom unterentwickelten Zustand des Gehirns her. Wenn auch die Frontallappen besser entwickelt sind als die anderen Hirnregionen, so genügt dies noch nicht, um die Schwierigkeiten, die beim Atmen, Essen, Ausscheiden und bei anderen lebenswichtigen Funktionen auftreten, zu bewältigen (121).

Wegen dieses neurologischen Entwicklungsrückstandes atmet das zu früh zur Welt gekommene Kind in plötzlichen Stößen und schnappt nach Luft; es benötigt dreimal soviel Sauerstoff wie ein voll ausgetragenes Kind. Oft leidet es an akutem Sauerstoffmangel und benötigt Bluttransfusionen. Da die Saug- und Schluckreflexe nur schwach ausgebildet sind, muß das Kind gewöhnlich künstlich ernährt werden, entweder durch ein Röhrchen oder intravenös. Temperaturveränderungen kann es kaum überstehen und muß deswegen in einen Brutkasten gebracht werden, in dem die Temperatur konstant gehalten werden kann, wie sie es in der vorgeburtlichen Umgebung war. Da es außerdem sehr infektionsanfällig ist, muß es unter sorgfältiger medizinischer Aufsicht stehen, um das Entstehen einer Krankheit zu vermeiden, die leicht tödlich sein könnte (10, 29, 46).

Folgen der zu frühen Geburt. Wissenschaftliche Untersuchungen der Folgen der zu frühen Geburt, die in der letzten Zeit durchgeführt wurden, haben fast immer ergeben, daß zu früh geboren zu werden an sich nicht so gefährlich ist wie es überlieferte Anschauungen glauben machen wollen. Überdies haben diese wissenschaftlichen Forschungen aufgezeigt, daß viele schädliche Nachwirkungen Folgen der ungünstigen Einstellungen der Eltern sind, die sich die überlieferten Annahmen zu eigen gemacht hatten, daß es zu früh geborenen Kindern vorherbestimmt sei, benachteiligt zu sein.

Wenn auch die meisten Untersuchungen an zu früh geborenen Kindern sich darauf beschränkt haben, die Folgen einer zu frühen Geburt in den ersten Lebensjahren zu erfassen, haben doch einige versucht, später auftretende Nachwirkungen zu entdecken. Untersuchungen, die der Entwicklung von zu früh Geborenen bis in die Kindheit und das beginnende Erwachsenenalter nachgegangen sind, haben zwei wichtige Gruppen von Tatsachen herausgestellt: welche Nachwirkungen mit einer Frühgeburt verbunden sind und wie lange diese Nachwirkungen anhalten. Gesell betont, daß „das gesunde, zu früh geborene Kind keinerlei unnatürliche Frühreife zeigt. Auch ein Rückschlag tritt nicht auf" (33). Wenn das zu früh geborene Kind doch nicht gesund ist oder wenn es bei der Geburt verletzt wird, dann werden die länger dauernden Nachwirkungen um so ernster sein, je ungünstiger die Bedingungen bei seiner Geburt waren (28).

Der Entwicklungsstand der zu früh Geborenen liegt in den ersten fünf bis sechs Lebensmonaten im allgemeinen unterhalb der Norm. Danach wird die Retardation zunehmend geringer bis zum Alter von zwei Jahren, in dem der Abstand zwischen dem zu früh und dem normal Geborenen meistens geschwunden ist. Wenn man als Ausgangspunkt für die Bestimmung des Entwicklungsstandes den Zeitpunkt der Empfängnis und nicht den Zeitpunkt der Geburt wählt, ist der Unterschied zwischen zu früh geborenen und voll ausgetragenen Kindern geringer, und das gilt sogar für die ersten Lebensmonate. Wir wollen dies an einem bestimmten Fall erläutern. Ein Kind, das zwei Monate zu früh geboren wurde, ist im Alter von zwei Monaten in seiner Entwicklung weiter als ein Kind, das zum normalen Termin auf die Welt kam, kurz nach seiner Geburt. Vom Zeitpunkt der Empfängnis her gerechnet haben beide neun Monate Zeit gehabt, sich zu entwickeln. Im ersten Fall war das Kind sieben Monate im Mutterleib, zwei nicht; im zweiten Fall war es neun Monate im Mutterleib. Wenn nun das zu früh geborene Kind nach den Normen beurteilt wird, die für ein voll ausgetragenes Kind im Alter von zwei Monaten nach der Geburt gelten, so befindet es sich diesem gegenüber sehr im Nachteil, denn dieses hatte seit der Empfängnis 11 Monate Zeit für seine Entwicklung, das zu früh Geborene jedoch nur neun Monate. Wenn jedoch sein Alter vom Zeitpunkt der Empfängnis ab berücksichtigt wird, schneidet es im Vergleich mit dem normalen Kind besser ab (33).

Untersuchungen der Frühgeburtfolgen in verschiedenen Entwicklungsbereichen haben ergeben, daß die Verhaltensweisen des zu früh Geborenen denen des normalen Kindes ähnlich sind, wenn auch der Entwicklungsstand für eine Weile hinterherhinkt. Wie groß der Abstand ist, hängt in erster Linie vom Geburtsgewicht ab, es sei denn, das Kind wäre bei der Geburt verletzt worden. Kinder, die bei der Geburt unter 1800 Gramm wiegen, sind in den ersten 18 Lebensmonaten um einen Monat oder mehr zurück. Diejenigen, die 1800 – 2250 g bei der Geburt wiegen, haben die Norm für ihr Alter mit neun oder zehn Monaten eingeholt (2, 26, 61).

In der physischen Entwicklung setzt der rapide Wachstumsschub, der für die ersten Lebensmonate charakteristisch ist, bei den zu früh Geborenen später ein, doch haben sie mit Ende des ersten Jahres die Normen für voll ausgetragene Kinder fast erreicht (121). Dies ist in Abb. 3-7 dargestellt. Wie schnell diese Norm erreicht wird, hängt zu einem gewissen Grad vom sozioökonomischen Status der Familie ab, in besser gestellten Familien wird die Norm eher erreicht. Es läßt sich jedoch die Tendenz nachweisen, daß zu früh Geborene – ganz abgesehen vom sozioökonomischen Hintergrund – beim Abschluß der Entwicklung etwas kleiner sind als normale Kinder (2, 27, 53, 111).

Es ist auf Unterschiede im Gesundheitszustand Frühgeborener und zur normalen Zeit Geborener hingewiesen worden. Zu früh Geborene sind im ersten Lebensjahr häufiger krank, sie leiden besonders an Störungen der Atemorgane und an Krankheiten der Nase und des Halses. Wenn sie älter werden, leiden sie etwas häufiger an Unterernährung, Zwergwuchs und Fettleibigkeit. Der schwerwiegendste Schaden, der mit einer zu frühen Geburt verbunden ist, ist ein beeinträchtigtes Sehvermögen. Wegen der Schwierigkeit, bei der Geburt die Atmung aufzunehmen, muß bei vielen Frühgeborenen Sauerstoff zugeführt werden. Wird der Sauerstoff in starkem Maße und über längere Zeit hin zugeführt, so kann dies zur Bildung von Narbengeweben im Auge führen, die eine Schädigung des Sehvermögens zurücklassen, die von einer leichten Schwächung bis zur Blindheit reicht (20, 53). Das Zurückbleiben der Entwicklung wird besonders deutlich bei der Kontrolle der Motorik. Zu früh geborene Kinder sind zurückgeblieben beim Gebrauch des Zeigefingers zum Zeigen, beim Umklammerungsgriff, bei der Kontrolle der Körperhaltung und der Bewegung und bei der Bewegung von einer Stelle zur anderen. Zu früh Geborene sitzen, stehen und gehen zu einem viel späteren Zeitpunkt als normale Kinder, wobei die größte Verzögerung bei denen eintritt, deren Körpergröße bei der Geburt am geringsten war. Als Kinder sind sie in ihren Bewegungen weniger anmutig. Einige der zu früh geborenen Kinder sind, wenn sie älter werden, sehr aktiv, andere langsam und träge (20, 26).

Wenn man berücksichtigt, um wieviel zu früh die Kinder geboren sind, dann sind die zu früh Geborenen als Gruppe den normalen Kindern in ihren geistigen Fähigkeiten nicht unterlegen. Doch sind unter den Frühgeborenen mehr Geistesgestörte als in der Gesamtbevölkerung. Meistens findet man diese Schäden bei den Fällen mit

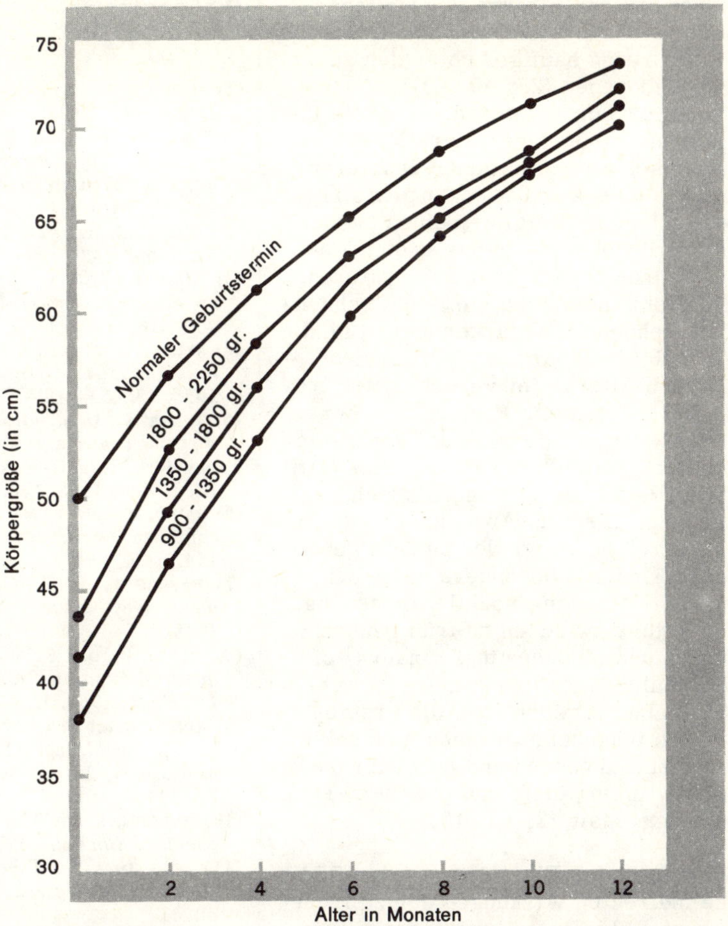

Abb. 3-7. Vergleich der Entwicklung der Körpergröße von Frühgeburten mit Kindern, die zum normalen Termin geboren wurden.

zerebralen Blutungen bei der Geburt oder unmittelbar danach. Die zu früh Geborenen mit der geringsten Körpergröße stellen einen überdurchschnittlichen Anteil der Fälle von Geistesstörungen (20, 61, 103).

Zurückbleiben bei der Entwicklung des Sprechens läßt sich ebenfalls häufig bei den Kindern beobachten, die zu früh zur Welt gekommen sind. Sie gebrauchen länger die Kindersprache, und bei ihnen zeigen sich häufiger Sprechstörungen – insbesondere Stottern – als bei voll ausgetragenen Kindern. Sie sind sehr empfindlich gegenüber Geräuschen und Lärm. Sie nehmen nicht nur Töne schärfer wahr, sie interessieren sich auch mehr für deren Bedeutung als zum üblichen Zeitpunkt geborene Kinder. Sie werden jedoch durch Stimmen, Verkehrsgeräusche und Laute der anderen Babys leicht abgelenkt. Auch gegenüber sich bewegenden Objekten und gegenüber Farben sind sie sehr sensitiv (22, 26, 103).

Über das emotionale Verhalten der zu früh Geborenen wurden einander widersprechende Schilderungen abgegeben. Einige werden als „sanfte Kinder" beschrieben, die meisten jedoch als schüchtern, verdrießlich, reizbar und negativistisch. Nervöse Verhaltensweisen und Verhaltensstörungen, wie das Lutschen an Daumen und Fingern, das Beißen auf den Nägeln, Masturbation, übertriebene Schüchternheit, verbissene Vorsätze, sich nicht den Anweisungen zu fügen, eigentümliche Handbewegungen, Wutanfälle und die Neigung zu häufigem Schreien, trifft man öfter unter zu früh Geborenen als unter normalen Kindern.

Selbst bei den älteren Jugendlichen finden sich Nagelbeißen und chronische Masturbation häufiger unter den zu früh Geborenen (28, 49, 63).
Gründlich wurde untersucht, wie zu früh geborene Kinder auf andere Menschen und in sozialen Situationen reagieren und wie ihre soziale Anpassung vor sich geht. Im allgemeinen passen sich Frühgeborene in den ersten Lebensjahren besser an als in späteren. Als Kleinkinder sind sie leicht schüchtern, lehnen sich stärker an und sind abhängiger als normale Kinder des gleichen Alters. Im Vorschulalter treten bei ihnen mehr Formen von Verhaltensschwierigkeiten auf, vor allem Schwierigkeiten beim Essen; dies trifft ebenfalls für die ersten Volksschuljahre zu. Bis zum Abschluß des Jugendalters zeigen einige der zu früh geborenen Kinder – besonders unter den Jungen – eine gute soziale Anpassung. Vergleiche zwischen zu früh geborenen Jungen und Mädchen und Kindern, die zum üblichen Zeitpunkt geboren wurden, haben ergeben, daß die erstgenannten insgesamt gesehen sich schlechter sozial anpassen und entweder dazu neigen, unterwürfig und passiv zu sein oder aggressiv (2, 63, 103).

Wirkungen der Einstellungen der Eltern. Die indirekten Wirkungen der zu frühen Geburt – die Einstellungen der Eltern und das damit verbundene Verhalten – können ebenso ernst sein wie die direkten Wirkungen. Es ist oft schwierig, die physischen Einflüsse von den psychischen zu trennen, aber es gibt eine Fülle von Belegen dafür, daß viele von den Verhaltensweisen, die man bei den zu früh geborenen Kindern antrifft – das „Frühgeburt-Syndrom" wie es oft genannt wird – auf psychologische Faktoren zurückgehen. Es steht außer Frage, daß die Sorge der Mutter über ihr zu früh geborenes Kind die Schwierigkeiten vergrößert, mit denen es fertig werden muß. Und es ist auch fraglos so, daß, wenn die Sorge der Eltern nicht kontrolliert oder aufgehoben wird, ihr Einfluß andauert und die Art der Anpassung an das Leben beeinflußt, die das Kind leistet, wenn es älter wird.

Bibliographie

(1) ALDRICH, C. A., C. SUNG, and C. KNOP: The crying of newly born babies. *J. Pediat.*, 1945, **26**, 313–326; **27**, 89–96, 429–435.

(2) ALM, I.: The long-term prognosis for prematurely born children: a follow-up study of 999 premature boys born in wedlock and 1,002 controls. *Acta paediat., Stockh.*, 1953, **42**, Suppl. 94.

(3) ANDERSON, J. E.: Personality organization in children. *Amer. Psychologist*, 1948, **3**, 409–416.

(4) APGAR, V., B. R. GIRDANY, R. MC INTOSH, and H. C. TAYLOR: Neonatal anoxia. *Pediatrics*, 1955, **15**, 653–662.

(5) APGAR, V., D. A. HOLADAY, L. S. JAMES, I. M. WEISBROT, and C. BERRIEN: Evaluation of the newborn infant: second report. *J. Amer. Med. Ass.*, 1958, **168**, 1985–1988.

(6) BAIRD, D., and E. M. SCOTT: Intelligence and child-bearing. *Eugen. Rev.*, 1953, **45**, 139–154.

(7) BARCROFT, J.: *The brain and its environment*. New Haven: Yale University Press, 1938.

(8) BELL, R. Q.: Relations between behavior manifestations in the human neonate. *Child Develpm.*, 1960, **31**, 463–477.

(9) BENDA, C. E.: Psychopathology of childhood. In L. Carmichael (Ed.), *Manual of child psychology*, 2d ed. New York: Wiley, 1954. Pp. 1115–1161.

(10) BLEGEN, S. D.: The premature child. *Acta paediat., Stockh.*, 1953, **42**, Suppl. 88.

(11) BOLAND, J. L.: Type of birth as related to stuttering. *J. speech hear. Dis.*, 1951, **16**, 40–43.

(12) BOLIN, B. J.: An investigation of the relationship between birth-duration, and childhood anxieties. *J. ment. Sci.*, 1959, **105**, 1045–1052.

(13) BRAZELTON, T. B.: Psychophysiologic reactions in the neonate. II. Effect of maternal medication on the neonate and his behavior. *J. Pediat.*, 1961, **58**, 513–518.

(14) BURKE, B. S., S. S. STEVENSON, J. WORCESTER, and H. G. STUART: Nutrition studies during pregnancy. V. Relations of maternal nutrition to condition of infant at birth. *J. Nutrit.*, 1949, **38**, 453–467.

(15) CAPLAN, G.: Patterns of parental response to the crisis of premature birth. *Psychiatry*, 1960, **23**, 365–374.

(16) CARITHERS, H. A.: Mother-pediatrician relationship in the neonatal period. *J. Pediat.*, 1951, **38**, 654–660.

(17) CHRISTENSEN, H. T., and R. E. PHILBRICK: Family size as a factor in the marital adjustments of college couples. *Amer. sociol. Rev.*, 1952, **17**, 306–310.

(18) CHURCHILL, J. A.: The relationship of epilepsy to breech delivery. *Neurophysiology,* 1959, **11,** 1–12.

(19) CRUMP, E. B., C. WILSON-WEBB, and M. P. POINTER: Prematurity in the Negro infant. *Amer. J. Dis. Children,* 1952, **83,** 463–474.

(20) DANN, M., S. Z. LEVINE, and E. V. NEW: The development of prematurely born children with birth weights or minimal postnatal weights of 1,000 grams or less. *Pediatrics,* 1958, **22,** 1037–1052.

(21) DAVIDS, A., S. DE VAULT, and M. TALMADGE: Anxiety, pregnancy, and childbirth abnormalities. *J. consult. Psychol.,* 1961, **25,** 74–77.

(22) DAVIS, D. C.: Comparative studies of the growth and development of premature and full-term children with special reference to oral communication. *Speech Monogr.,* 1952, **19,** 114–115.

(23) DAVIS, M. E.: Progress in the management of labor and delivery. *J. Amer. Med. Ass.,* 1960, **172,** 409–413.

(24) DENHOFF, E.: The impact of parents on the growth of exceptional children. *Except. Children,* 1960, **26,** 271–274.

(25) DE GIULIO, V. S., and R. A. MC CALLEN: Neonatal deaths. *Obstet. Gynaec.,* 1958, **11,** 170–175.

(26) DRILLIEN, C. M.: Studies in prematurity. IV. Development and progress of the prematurely born child in the preschool period. *Arch. Dis. Childh.,* 1948, **23,** 69–83.

(27) DRILLIEN, C. M.: A longitudinal study of the growth and development of prematurely and maturely born children. *Arch. Dis. Childh.,* 1958, **33,** 417–422, 423–431.

(28) DRILLIEN, C. M.: Growth and development in a group of children of very low birth weight. *Arch. Dis. Childh.,* 1958, **33,** 10–18.

(29) EICHENLAUB, J. E.: The premature. *Today's Hlth,* Dec. 1956, 38–39, 46.

(30) ELLINGSON, R. J., and D. B. LINDSLEY: Brain waves and cortical development in newborn and young infants. *Amer. Psychologist,* 1949, **4,** 248–249.

(31) ELLIS, R. W. B.: Assessment of prematurity by birth weight, crown-rump length, and head circumference. *Arch. Dis. Childh.,* 1951, **26,** 411–422.

(32) EYSENCK, S. B. G.: Personality, and pain assessment in childbirth of married and unmarried mothers. *J. ment. Sci.,* 1961, **107,** 417–430.

(33) GESELL, A.: Behavior aspects of the care of the premature infant. *J. Pediat.,* 1946, **29,** 210–212.

(34) GESELL, A.: The developmental aspect of child vision. *J. Pediat.,* 1949, **35,** 310–317.

(35) GIBSON, J. R., and T. MC KEOWN: Observations on all births (23,970) in Birmingham, 1947. VII. Effect of changing family size on infant mortality. *Brit. J. soc. Med.,* 1952, **6,** 183–187.

(36) GLASER, K., A. H. PARMELEE, and E. P. PLATTNER: Growth patterns of prematurely born infants. *Pediatrics (Springfield),* 1950, **5,** 130–144.

(37) GORDON, H. C., and B. J. NOVACK: I.Q. and month of birth. *Science,* 1950, **112,** 62–63.

(38) GRAHAM, F. K.: Behavioral differences between normal and traumatized newborns. I. The test procedure. *Psychol. Monogr.,* 1956, **70,** No. 20.

(39) GRAHAM, F. K., C. B. ERNHART, D. THURSTON, and M. CRAFT: Development three years after perinatal anoxia and other potentially damaging newborn experiences. *Psychol. Monogr.,* 1962, **76,** No. 3.

(40) GRAHAM, F. K., R. G. MATARAZZO, and B. M. CALDWELL: Behavioral differences between normal and traumatized newborns. II. Standardization, reliability, and validity. *Psychol. Monogr.,* 1956, **70,** No. 21.

(41) GRAHAM, F. K., M. M. PENNOYER, B. M. CALDWELL, M. GREENMAN, and A. F. HARHMAN: Relationship between clinical status and behavior test performance in a newborn group with a history suggesting anoxia. *J. Pediat.,* 1957, **50,** 177–183.

(42) GREENHILL, J. P.: The birth of the baby. In M. Fishbein and R. J. R. Kennedy (Eds.), *Modern marriage and family living.* Fair Lawn, N.J.: Oxford University Press, 1957. Pp. 387–400.

(43) GRIMM, E. R.: Psychological tension in pregnancy. *Psychosom. Med.,* 1961, **23,** 520–527.

(44) GROSSMAN, H. J., and N. H. GREENBERG: Psychosomatic differentiation in infancy. *Psychosom. Med.,* 1957, **19,** 293–306.

(45) HALVERSON, H. M.: Variations in pulse and respiration during different phases of infant behavior. *J. genet. Psychol.,* 1941, **59,** 259–330.

(46) HARDY, J. B., and E. O. GOLDSTEIN: The feeding of premature infants. *J. Pediat.,* 1951, **38,** 154–157.

(47) HAVIGHURST, R. J.: *Human development and education.* New York: Longmans, 1953.

(48) HEATH, C. W.: Physique, temperament, and sex ratio. *Hum. Biol.,* 1954, **26,** 335–342.

(49) HOWARD, P. J., and C. H. MORRELL: Premature infants in later life: study of intelligence and personality of 22 premature infants at ages 8 to 19 years. *Pediatrics,* 1952, **9,** 577–584.

(50) HUGHES, J. G., B. EHEMANN, and W. A. BROWN: Electroencephalography of the newborn, *Amer. J. Dis. Children,* 1948, **76,** 503–512, 626–633.

(51) HUGHES, J. G., B. C. DAVIS, and M. L. BRENNAN: Electroencephalography of the newborn infant. VI. Studies on premature infants. *Pediatrics (Springfield),* 1951, **7,** 707.

(52) HUNTINGTON, E.: Season of birth and fame. *J. genet. Psychol.,* 1944, **64,** 323–328.

(53) INGALLS, T. H.: Congenital deformities. *Scient. American,* 1957, **197,** 109–114.

(54) JERSILD, A. T.: *Child psychology,* 5th ed. Englewood Cliffs, N.J.: Prentice-Hall, 1960.

(55) JONES, H. E.: The environment and mental development. In L. Carmichael (Ed.), *Manual of child psychology,* 2d ed. New York: Wiley, 1954. Pp. 631–696.

(56) KAEMPFFERT, W.: Discovery is expected to save the lives of many thousands unborn infants. *The New York Times,* July 15, 1956.

(57) KAWI, A. A., and B. PASAMANICK: Prenatal and paranatal factors in the development of childhood reading disorders. *Monogr. Soc. Res. Child Develpm.,* 1959, **24,** No. 4.

(58) KESSEN, W., L. S. HENDRY, and A. M. LEUTZENDORFF: Measurement of movement in the human newborn: a new technique. *Child Develpm.,* 1961, **32,** 95–105.

(59) KESSEN, W., E. J. WILLIAMS, and J. P. WILLIAMS: Selection and test of response measures in the study of the human newborn. *Child Develpm.,* 1961, **32,** 7–24.

(60) KLEBANOFF, L. B.: Parental attitudes of mothers of schizophrenic, brain-injured and retarded, and normal children. *Amer. J. Orthopsychiat.,* 1959, **29,** 445–454.

(61) KNEHR, C. A., and A. SOBEL: Mental ability of prematurely born children at early school age. *J. Psychol.,* 1949, **27,** 355–361.

(62) KNOBLOCH, H., and B. PASAMANICK: Seasonal variations in the births of the mentally deficient. *Amer. J. publ. Hlth,* 1958, **48,** 1201–1208.

(63) KNOBLOCH, H., R. V. RIDER, P. HARPER, and B. PASAMANICK: Neuropsychiatric sequelae of prematurity: a longitudinal study. *J. Amer. Med. Ass.,* 1956, **161,** 581–585.

(64) LAKIN, M.: Personality factors in mothers of excessively crying (colicky) infants. *Monogr. Soc. Res. Child Develpm.,* 1957, **22,** No. 1.

(65) LEVY, D. M., and A. HESS: Problems in determining maternal attitudes toward newborn infants. *Psychiatry,* 1952, **15,** 273–286.

(66) LEWINSKI, R. J.: Variations in mental ability according to month, season, and period of birth. *J. genet. Psychol.,* 1954, **85,** 281–288.

(67) LIPSITT, L. P., and N. LEVY: Electrotactual threshold in the neonate. *Child Develpm.,* 1959, **30,** 547–554.

(68) LIPTON, E. L., A. STEINSCHNEIDER, and J. B. RICHMOND: Autonomic function in the neonate. *Psychosom. Med.,* 1960, **22,** 57–67.

(69) MARQUIS, D. P.: Learning in the neonate: the modification of behavior under three feeding schedules. *J. exp. Psychol.,* 1941, **29,** 263–282.

(70) MARTIN, P. C., and E. L. VINCENT: *Human development.* New York: Ronald, 1960.

(71) MASSLER, M., and B. S. SAVARA: Natal and neonatal teeth. *J. Pediat.,* 1950, **36,** 349–359.

(72) MAYER, A. J., and R. V. MARKS: Differentials in infant mortality by race, economic level, and cause of death for Detroit: 1940 to 1950. *Hum. Biol.,* 1954, **26,** 145–155.

(73) MC CARTHY, D.: Organismic interpretation of infant vocalization. *Child Develpm.,* 1952, **23,** 273–280.

(74) MC CARTHY, D.: Language development. In L. Carmichael (Ed.), *Manual of child psychology,* 2d ed. New York: Wiley, 1954. Pp. 492–630.

(75) MC INTOSH, R., K. K. MERRITT, M. B. RICHARDS, M. H. SAMUELS, and M. T. BELLOWS. The incidence of congenital malformations: a study of 5,964 pregnancies. *Pediatrics,* 1954, **14,** 505–522.

(76) MEREDITH, H. V.: Birth order and body size. II. Neonatal and childhood materials. *Amer. J. phys. Anthrop.,* 1950, **8,** 196–225.

(77) MIDDLETON, C. E., and F. C. SUMNER: Season of birth as related to seasonal preference and personality traits. *J. Psychol.,* 1953, **36,** 423–425.

(78) MILLER, V. L.: *The miracle of growth.* Urbana, Ill.: The University of Illinois Press, 1950.

(79) MONTAGU, A.: *Human heredity handbook.* New York: Harcourt, Brace & World, 1959.

(80) New York Times Report: Device monitors fetal heartbeat. *The New York Times,* Feb. 20, 1961.

(81) NEWTON, N.: *Maternal emotions.* New York: Hoeber-Harper, 1955.

(82) O'CONNOR, N.: The evidence for the permanently disturbing effects of mother-child separation. *Acta psychol.,* 1956, **12,** 174–197.

(83) OLMSTEAD, R. W., and E. B. JACKSON: Self-demand feeding in the first week of life. *Pediatrics,* 1950, **6,** 396–401.

(84) OURTH, L., and K. B. BROWN: Inadequate mothering and disturbances in the neonatal period. *Child Develpm.,* 1961, **32,** 287–295.

(85) PALMER, M. F.: The speech development of normal children. *J. speech Dis.,* 1940, **5,** 185–188.

(86) PECKOS, P. S.: Nutrition during growth and development. *Child Develpm.,* 1957, **28,** 273–285.

(87) PILE, W. J.: A study of the correlation between dementia praecox and the month of birth. *Virginia med. Monthly,* 1951, **78,** 438–440.

(88) PINNEAU, S. R., and H. E. HOPPER: The relationship between the incidence of specific gastro-intestinal reactions of the infant and psychological characteristics of the mother. *J. genet. Psychol.,* 1958, **93,** 3–13.

(89) PINTNER, R., and G. FORLANO: The birth month of eminent men. *J. appl. Psychol.,* 1934, **18,** 178–188.

(90) POLANI, P. E.: Prematurity and "cerebral palsy." *Brit. med. J.*, 1958, **2,** 1497–1499.

(91) POTTER, E. L.: Pregnancy. In M. Fishbein and R. J. R. Kennedy (Eds.), *Modern marriage and family living.* Fair Lawn, N.J.: Oxford University Press, 1957. Pp. 378–386.

(92) PRATT, K. C.: The neonate. In L. Carmichael (Ed.), *Manual of child psychology,* 2d ed. New York: Wiley, 1954. Pp. 215–291.

(93) PRUGH, D. G.: Emotional problems of the premature infant's parents. *Nurs. Outlook,* 1953, **1,** 461–464.

(94) PUNKE, H. H.: Neglected social values of prolonged human infancy. *Sch. Soc.,* 1950, **71,** 369–372.

(95) RANK, O.: *The trauma of birth.* New York: Harcourt, Brace & World, 1929.

(96) REYNARD, M. C., and F. C. DOCKERAY: The comparison of temporal intervals in judging depth of sleep in newborn infants. *J. genet. Psychol.,* 1939, **55,** 103–120.

(97) RHEINGOLD, H. L.: The modification of social responsiveness in institutional babies. *Monogr. Soc. Res. Child Develpm.,* 1956, **21,** No. 2.

(98) RIDER, R. V., M. TABACK, and H. KNOBLOCH: Associations between premature birth and sociometric status. *Amer. J. publ. Hlth,* 1955, **45,** 1022–1028.

(99) ROGERS, M. E., A. M. LILIENFELD, and B. PASAMANICK: Prenatal and paranatal factors in the development of childhood behavior disorders. *Acta Psychiat. Neurol., Scand.,* 1955, Suppl. 102.

(100) ROSENGREN, W. R.: Some social psychological aspects of delivery room difficulties. *J. nerv. ment. Dis.,* 1961, **132,** 515–521.

(101) RUJA, H.: The relation between neonate crying and the length of labor. *J. genet. Psychol.,* 1948, **73,** 53–55.

(102) SALBER, E. J., and E. S. BRADSHAW: The effect of birth weight and time of first feed on the weight of Bantu babies in the first 10 days of life. *Hum. Biol.,* 1954, **26,** 156–171.

(103) SCHACTER, M., and S. COTTE: A study of the mental development of premature infants. *Pediatrics,* 1951, **8,** 955.

(104) SCHAEFER, E. S., and N. BAYLEY: Consistency of maternal behavior from infancy to preadolescence. *J. abnorm. soc. Psychol.,* 1960, **61,** 1–6.

(105) SCHLESINGER, E. R., and N. C. ALLAWAY: The combined effect of birth weight and length of gestation on neonatal mortality among single premature births. *Pediatrics,* 1955, **15,** 698–704.

(106) SCHWARTZ, P.: Birth injuries of the newborn. *Arch. Pediat.,* 1956, **73,** 429–450.

(107) SOLOMON, W. W.: Postoperative adjustment of "blue babies." *Smith Coll. Stud. soc. Wk,* 1949, **19,** 139–140.

(108) SONTAG, L. W.: War and fetal maternal relationship. *Marriage fam. Liv.,* 1944, **6,** 1–5.

(109) SONTAG, L. W.: Some psychosomatic aspects of childhood. *Nerv. Child,* 1946, **5,** 296–304.

(110) SQUIER, R., and F. DUNBAR: Emotional factors in the course of pregnancy. *Psychosom. Med.,* 1946, **8,** 996–1003.

(111) STEINER, M., and W. POMERANCE: Studies in prematurity. IV. Influence of fetal maturity on weight lag period. *Pediatrics,* 1951, **8,** 513–517.

(112) STONE, L. J., and J. CHURCH: *Childhood and adolescence.* New York: Random House, 1957.

(113) STOTT, D. H.: Physical and mental handicaps following a disturbed pregnancy. *Lancet,* 1957, **272,** 1006–1011.

(114) USDIN, G. L., and M. L. WEIL: Effect of apnea neonatorum on intellectual development. *Pediatrics,* 1952, **9,** 387–394.

(115) WAGNER, I. F.: The body jerk of the neonate. *J. genet. Psychol.,* 1938, **52,** 65–77.

(116) WALLIN, P., and R. P. RILEY: Reactions of mothers to pregnancy and adjustment of offspring in infancy. *Amer. J. Orthopsychiat.,* 1950, **20,** 616–622.

(117) WERTHEIMER, M.: Psychomotor coordination of auditory and visual space at birth. *Science,* 1961, **134,** 1692.

(118) WILE, S., and R. DAVIS: The relation of birth to behavior. *Amer. J. Orthopsychiat.,* 1941, **11,** 320–334.

(119) WILLIE, C. V., and W. B. ROTHNEY: Racial, ethnic, and income factors in the epidemiology of neonatal mortality. *Amer. sociol. Rev.,* 1962, **27,** 522–526.

(120) WOLFF, P. H.: Observations on newborn infants. *Psychosom. Med.,* 1959, **21,** 110–118.

(121) WOOLEY, P. V., and L. Q. VALDECANAS: Growth of premature infants. *Amer. J. Dis. Children,* 1960, **90,** 642–647.

(122) YACORZYNSKI, J. K., and B. E. TUCKER: What price intelligence? *Amer. Psychologist,* 1960, **15,** 201–203.

(123) ZEMLICH, M. J., and R. I. WATSON: Maternal attitudes of acceptance and rejection during and after pregnancy. *Amer. J. Orthopsychiat.,* 1953, **23,** 570–584.

(124) ZUK, G. H.: The religious factor and the role of guilt in parental acceptance of the retarded child. *Amer. J. ment. Def.,* 1959, **64,** 139–147.

Kapitel 4: Die körperliche Entwicklung

Die körperliche Entwicklung des Kindes hat einen deutlich feststellbaren Einfluß auf die Art und Häufigkeit bestimmter Verhaltensweisen. Es kann sich dabei um direkten oder indirekten Einfluß handeln. D i r e k t beeinflußt die körperliche Entwicklung eines Kindes auf einer bestimmten Altersstufe, was es zu tun imstande ist. Wenn es für sein Alter gut entwickelt ist, kann es sich in Spiel und Sport mit seinen Altersgenossen auf gleicher Ebene messen; wenn das nicht der Fall ist, kann es im Wettkampf mit seinen Kameraden im Nachteil sein und wird vielleicht von ihren Spielen ausgeschlossen. Wie es sich zu einem bestimmten Zeitpunkt fühlt – ob es ihm gut geht, ob es müde oder krank ist – hat ebenfalls einen direkten Einfluß darauf, wie es auf Menschen und Situationen reagiert.

I n d i r e k t beeinflußt die körperliche Entwicklung eines Kindes die Haltung, die es gegen sich selber und gegen andere einnimmt. Diese wiederum schlägt sich nieder in der Art seiner Anpassung. Zum Beispiel merkt ein Kind mit starkem Übergewicht bald, daß es mit seinen schlanken Kameraden nicht Schritt halten kann, und das führt oft dazu, daß dieses Kind sich unzulänglich fühlt. Wenn seine Altersgenossen sich weigern, mit ihm zu spielen, weil es so langsam ist, kommen Märtyrergefühle noch zu dem Gefühl der Unzulänglichkeit hinzu (31).

Wenn ein Kind feststellt, wie andere zu seiner Größe und zu seinem Aussehen eingestellt sind, beeinflußt das deutlich das Bild, das es von sich selber macht. Thompson weist darauf hin, daß Schimpfwörter und Redensarten („Fettwanst", „Krause Haare, krauser Sinn" usw.) dauernde Schäden hervorrufen können (200). Zu keinem Zeitpunkt rufen die indirekten Wirkungen der körperlichen Entwicklung Schäden hervor, die ernster zu nehmen sind und länger vorhalten, als zum Ende der Kindheit, wenn der Körper sich von dem eines Kindes in den eines Erwachsenen verwandelt (118).

Um die Interaktion von körperlicher Entwicklung und Verhalten verstehen zu können, muß man den normalen Verlauf der körperlichen Entwicklung kennen und den Einfluß, den sie auf das Verhalten hat, das für verschiedene Altersstufen der Kindheit charakteristisch ist. Solches Wissen trägt dazu bei, Unterschiede *zwischen verschiedenen* Kindern ebenso zu verstehen wie die Veränderungen, die an *ein und demselben* Kind auf verschiedenen Altersstufen und unter verschiedenen Umständen festzustellen sind (134). Wegen seiner Größe z. B. zeigt ein kleines Kind in der Gegenwart von Erwachsenen ein schüchternes Verhalten, und es fühlt sich unterlegen, wenn es mit größeren Kindern zusammen ist. Dagegen fühlt es sich in der Gegenwart von Kindern, die ebenso groß oder etwas kleiner sind als es selbst, wohl, und es verhält sich entspannt und natürlich. Mit zunehmender Körperkraft reagiert das Kind auch mit mehr Selbstvertrauen auf rauflustige Kameraden, als wenn es klein ist und feststellt, daß der Mangel an Körperkraft für es von Nachteil ist. Wichtig ist es auch, zu wissen, was die Ursachen für abweichende körperliche Entwicklung sind.

Normale und abweichende körperliche Entwicklung

Es gibt fünf größere Bereiche, auf denen sich die Beziehung zwischen *normaler* körperlicher Entwicklung und dem Verhalten des Kindes zeigt. Mit der Entwicklung des *Nervensystems* zeichnen sich durch Zunahme der Intelligenz neue Verhaltensmuster ab. Das emotionale Verhalten des Kindes steht in direkter Beziehung zu seiner Fähigkeit, Zusammenhänge in Situationen zu erkennen, so wie wie das Maß, in dem es sozial akzeptiert wird, davon abhängt, wie weit es fähig ist, Gedanken, Gefühle und Emotionen anderer zu verstehen. Das Wachstum der *Muskeln* bringt eine Veränderung der motorischen Fähigkeiten und der Körperkraft ebenso wie der Anzahl und der Art der Beschäftigungen, denen es nachgeht, besonders der Spiele und des Sports.
Veränderungen der Funktion der *endokrinen Drüsen* führen zu neuen Verhaltensmustern. In der Pubertät z. B. wandelt sich die Ablehnung des anderen Geschlechts zum Gefallen an ihm, verlagert sich die Beschäftigung zusammen mit anderen Angehörigen des eigenen Geschlechts zu Unternehmungen zusammen mit denen des anderen Geschlechts. Weiter verwandelt sich mangelndes Interesse an der eigenen äußeren Erscheinung zu ständiger Beschäftigung mit dem eigenen Aussehen und mit Kleidung. Veränderungen des *Körperbaues* beim Kind, also von Größe, Gewicht, Körperproportionen und allgemeiner Erscheinung, beeinflussen das Verhalten.
Thompson schreibt: „Das Kleinkind, dessen Augen sich in der Höhe des Knies eines Erwachsenen befinden, sieht eine Welt, die sich stark von der unterscheidet, die der Erwachsene sieht. Ein Kind, dessen Körperschwerpunkt verhältnismäßig niedrig liegt, hat weniger Schwierigkeiten, das Gleichgewicht zu halten, als eines, dessen Körperschwerpunkt hoch liegt. Die Greifvorgänge zum Aufnehmen eines Würfels mit einer Kantenlänge von etwa drei Zentimetern stellen für das Einjährige ein erheblich andersartiges Problem dar als für das Fünfjährige" (200). Schließlich wird das Verhalten beeinflußt durch den *körperlichen Zustand* des Kindes, der von einer ausgeglichenen Funktion der verschiedenen Körperteile abhängt. Diese Ausgeglichenheit führt zur Homöostase – normalem Blutzucker, Gleichgewicht des Wasserhaushaltes, Rate des Sauerstoffverbrauchs und so weiter. Dies wird erreicht durch die regulierende Funktion des zentralen und autonomen Nervensystems und durch die Drüsen mit innerer Sekretion. Die Drüsen des endokrinen Systems arbeiten normalerweise in Übereinstimmung und erzeugen chemische Absonderungen oder „Hormone" in gerade der richtigen Menge, um einen ausgeglichenen Zustand im Inneren des Körpers beizubehalten. Die wichtigsten regulierenden Drüsen des endokrinen Systems sind die Hypophyse am unteren Teil des Gehirns, die Schilddrüse im Hals, die Nebenniere und die Keimdrüsen (47, 196).
Die wechselseitige Beziehung zwischen *abweichender* körperlicher Ent-

wicklung und Verhalten ist ganz offensichtlich. Körpergröße und Körperbau beeinflussen die körperliche Leistung des Kindes. Schlanke Jungen von durchschnittlicher Größe z. B. zeigen bessere Leistungen als dickere Jungen oder Jungen von überdurchschnittlicher Größe. Die schlechtesten Leistungen weisen diejenigen auf, die groß und dick sind (25). Deutliche Abweichungen der Größe beeinflussen auch das soziale Verhalten des Kindes und die Art und Weise, wie es von seinen Kameraden akzeptiert wird. Das korpulente Kind kann beim aktiven Sport nicht mithalten, und infolgedessen entgehen ihm viele Möglichkeiten, die Geschicklichkeiten zu erlernen, die für sozialen Erfolg unumgänglich sind (31).

Fehlerhaftes Funktionieren eines Organs stört die Homöostase des Körpers und führt zu Verhaltensänderungen. Je stärker die Störung des Gleichgewichtes ist, um so stärker weicht das Verhalten ab. Verringerung der Sauerstoffmenge in der eingeatmeten Luft, wie bei einem Asthmaanfall z. B. führt zu Gefühlsausbrüchen, Verlust der kritischen Fähigkeiten, Mangel an Konzentration und Herabsetzung der Geschwindigkeit und der Qualität der geistigen Arbeit. Sinken des Blutzuckerspiegels beeinflußt die geistige Tätigkeit und führt zu Veränderungen der Stimmung, zu Reizbarkeit und zu unbestimmten Angstgefühlen. Ansteigen des Blutzuckergehaltes über das Normale hinaus führt zu depressiven Zuständen (47, 196). Akuter Mangel des Vitamin-B-Komplexes führt zu schwerwiegenden Verhaltensstörungen, wie Depression, Hysterie und zunehmender Emotionalität. Starke Schwankungen in den Funktionen des autonomen Nervensystems führen zu emotionaler Unausgewogenheit, Nervosität, Ängstlichkeit und Ablenkbarkeit (29, 213).

Störungen der Homöostase können zeitweilig oder dauernd auftreten. Je länger sie dauern oder je häufiger zeitlich begrenzte Störungen auftreten, desto größer ist der Einfluß auf das Verhalten des Kindes. Eine verbreitete Art der Störungen des körperlichen Gleichgewichts bei Kindern wird durch hohes Fieber hervorgerufen. Dies zeigt sich in geistiger und emotionaler Verwirrung, die einhergeht mit unvernünftigem und reizbarem Verhalten und einer Tendenz, sich aggressiv den Vorschlägen von anderen zu widersetzen. Wenn das Fieber nachläßt, dann verschwinden auch die Verhaltensveränderungen, die es begleiten (196). Bei pubertierenden Mädchen wird das Gleichgewicht vorübergehend durch die Menstruation gestört. Einige Tage vor oder während des Einsetzens der Periode verursacht eine Unausgewogenheit im Hormonhaushalt Veränderungen des Blutdruckes, der Körpertemperatur, des Grundumsatzes und der Wasseransammlung, die auf die Nervenzentren einwirken können. Das führt zu Spannung, Reizbarkeit und allgemeiner Nervosität (2, 97).

Eine länger dauernde Beeinträchtigung der Homöostase entsteht durch Unterernährung und endokrine Störungen. Durch schlechte und einseitige Ernährung über einen längeren Zeitraum hinweg wird das Kind teilnahmslos, deprimiert, reizbar, unzuverlässig und nervös (124, 179). Überfluß oder starker Mangel an einem der Hormone, die von den Drüsen mit innerer Sekretion erzeugt werden, geht gewöhnlich mit charakteristischen Verhaltensmustern einher. Tritt der Überfluß oder der Mangel während der Wachstumsjahre auf, so führt das wahrscheinlich zu Abweichungen von Körperbau und Größe und zu Veränderungen der Intelligenz und der Persönlichkeit. Veränderungen der Persönlichkeit können zurückzuführen sein auf Drüsenstörungen oder auf Einstellungen anderer Menschen gegenüber den körperlichen Mißbildungen, die durch Störungen des Hormonhaushaltes hervorgerufen werden, oder auf beides.

Zwergwuchs kann aufgrund des Ausfalls der Wachstumshormone, die in der Hypophyse erzeugt werden, entstehen. Das Individuum ist vollständig ausgebildet und proportioniert wie ein kleiner Erwachsener. Die geistige Entwicklung ist normal, da nur der wachstumsfördernde Faktor fehlt. Psychologische Wirkungen sind indirekter Art, insofern als sie die Einstellung des einzelnen zu seinem Zwergwuchs beeinflussen. Bei durch

Störungen der Schilddrüse hervorgerufenem Zwergwuchs dagegen ist die ganze Entwicklung des Kindes beeinflußt. In schweren Fällen kommt es zu Kretinismus.
Da das Schilddrüsenhormon für die Entwicklung der Zellen verantwortlich ist, werden alle Zellen des Körpers ungünstig durch einen Mangel an diesem Hormon beeinflußt. Die Knochen wachsen langsam, die Ossifikation (Verknöcherung) ist verzögert. Die Gehirnzellen entwickeln sich nicht angemessen, das Kind bleibt geistig zurück. Wie Schilddrüsenunterfunktionen die Entwicklung des Kindes beeinflußt, hängt zum Teil von dem Grad der Unterfunktion ab und zum Teil davon, zu welchem Zeitpunkt der Wachstumsphase sie auftritt. Der kritischste Zeitpunkt ist der der vorgeburtlichen Entwicklung, wenn Wachstum und Entwicklung am schnellsten vor sich gehen (152).
Leichte Schilddrüsenunterfunktion verursacht Lethargie und allgemeine Müdigkeit zusammen mit der Tendenz, gereizt, deprimiert, mißtrauisch und melancholisch zu sein. Ein Überfluß des Hormons der Schilddrüse führt zu einer Zunahme der Geschwindigkeit der körperlichen Prozesse und zu Ruhelosigkeit, Erregbarkeit, Angst, Ablenkbarkeit, spürbarer nervöser Spannung und starken Stimmungsänderungen (196). Die Zunahme der Geschlechtshormone während der Pubertät ist nicht nur verantwortlich für die auftretenden körperlichen Veränderungen, sondern sie hat auch einen merklichen Einfluß auf die Veränderung der Körperproportionen. Wenn das Geschlechtshormon zu früh auftritt, wie z. B. bei Kindern, bei denen die Pubertät sehr früh einsetzt, hört das Wachstum des Körpers auf, ehe die Beine voll ausgewachsen sind; der betreffende Mensch ist klein und hat kurze Beine. Treten die Geschlechtshormone erst spät auf, so wächst der Körper länger als normal weiter, die Maße des Unterkörpers übertreffen die des Oberkörpers; wenn das Kind erwachsen ist, hat es lange, schlanke Beine (84, 152).

Wachstumsphasen

Das Wachsen geschieht rhythmisch, nicht gleichmäßig. Ein Kind nimmt nicht jährlich um eine bestimmte Menge zu oder wächst um eine bestimmte Anzahl von Zentimetern. Das Wachsen geht im Gegenteil in Phasen, Wellen oder Schüben vor sich (53, 200). Es geschieht nach einer bestimmten Ordnung und ist vorhersagbar (176).
Untersuchungen des Wachstums haben gezeigt, daß es zwei Zeiträume des langsamen Wachsens gibt und zwei Zeiträume des schnellen Wachsens. Von der Geburt bis zum Alter von zwei Jahren findet ein schnelles Wachstum statt. Dann folgt eine Periode des langsamen Wachsens bis zur Pubertät oder der Geschlechtsreife, die gewöhnlich zwischen dem achten und dem elften Jahr einsetzt. Von da an bis zum fünfzehnten oder sechzehnten Jahr findet schnelles Wachstum statt, gefolgt durch langsameres Wachstum bis zur Zeit der Reife. Bis zum hohen Alter verändert sich die in der vierten Phase erworbene Größe nicht mehr, wenn auch eine Veränderung des Gewichtes möglich ist (154).

<u>Abweichungen in den Wachstumsphasen.</u>
Es gibt Abweichungen vom normalen Muster der Wachstumsphasen. Die Mehrzahl der Kinder zeigt ein ziemlich konsistentes Wachstumsmuster; sie weist eine gleichbleibende Tendenz auf, früh oder spät kritische Punkte zu erreichen. Darüber hinaus ist keine Möglichkeit bekannt, den Verlauf der Veränderung zu beschleunigen oder zu verlangsamen (18, 78, 165).
Eine Anzahl von Faktoren bestimmt, ob das Kind schnell oder langsam wächst. Es ist auf den Einfluß hingewiesen worden, den Familie und ethnischer Hintergrund ausüben auf die Größe, die Entwicklung der Knochen, den Zeitpunkt der geschlechtlichen Reife, auf Durchbruch und Schäden der Zähne (15).
Es gibt auch Geschlechtsunterschiede; auf bestimmten Altersstufen wachsen die Jungen schneller als die Mädchen, auf anderen Altersstufen die Mädchen schneller als die Jungen. Von neun oder zehn bis dreizehn oder vier-

zehn Jahren sind z. B. die Mädchen größer und schwerer als die Jungen, da sie eher die Pubertät erreichen. Danach werden die Jungen größer und schwerer als die Mädchen und bleiben größer für den Rest ihres Lebens, wenn sie vielleicht auch nicht schwerer bleiben. Die Variabilität innerhalb einer Geschlechtsgruppe ist unter den Jungen im allgemeinen größer als unter den Mädchen, wenn auch die Variabilität der Wachstumsrate für beide Geschlechter mit dem Alter zunimmt (18, 154).

Körpergröße und Körpertyp beeinflussen die Wachstumsrate und sind für einige der auftretenden Schwankungen verantwortlich. Ein kleines Kind z. B. wächst einen längeren Zeitraum hindurch als ein großes Kind, das zu Anfang stärker wächst, wenn das kleine Kind auch das große Kind vielleicht nicht einmal bis zur Reife einholt. Das Kind mit großem, schlankem, zerbrechlichem Körperbau – ektomorpher Körperbau – hat ein länger dauerndes Größenwachstum als das Kind, das schwer und untersetzt gebaut ist. Das letztere jedoch, das mesomorphe Kind, nimmt auf jeder Altersstufe vor allen Dingen schneller an Gewicht zu. Ruhige Kinder wachsen im allgemeinen schneller als die Kinder, die unter emotionaler Spannung leben, obgleich die Spannung wieder einen größeren Einfluß auf das Gewicht hat als auf die Größe (56, 176).

Die günstigste Zeit für Gewichtszunahme liegt von Juli bis Mitte Dezember, wobei die stärksten Zunahmen zwischen September und Dezember auftreten. Zu dieser Zeit ist die durchschnittliche Zunahme viermal so groß wie in der Zeit von Februar bis Juni. Die geringste Zunahme geht zwischen Anfang Mai und Juli vor sich. Das Größenwachstum weist dagegen völlig andere Phasen auf. Die stärkste Größenzunahme findet sich zwischen April und Mitte August, in dem Zeitraum, in dem die geringste Gewichtszunahme zu finden ist; die geringste Größenzunahme findet zwischen August und Ende November statt, wenn die größte Gewichtszunahme erfolgt. Da die jahreszeitlichen Schwankungen beim Gewicht am deutlichsten sind, zeigen sie vielleicht nur jahreszeitliche Unterschiede des Wassergehalts im Körper an und nicht richtige Wachstumstrends. Gewichtsschwankungen von einem Tag zum anderen zeigen vielleicht Unterschiede des Wassergehaltes zu verschiedenen Zeiten des Tages auf (42, 53, 176).

Wachstumsphasen der verschiedenen Organe. Die einzelnen Teile des Körpers haben jeweils ihre eigenen Zeiträume, in denen sie schnell oder langsam wachsen, und jeder kommt zur Reifung zu einer ihm eigenen Zeit. Dieser Vorgang wird asynchrones Wachstum genannt (197, 203). Alle Phasen des Wachstums sind jedoch kontinuierlich und finden gleichzeitig statt. Z. B. hört das Gehirn eines Kindes nicht zu wachsen auf, während auch Muskeln, Lunge und Knochen wachsen. Alle Teile des Körpers wachsen in einem bestimmten Maß zu jedem Zeitpunkt der Wachstumsjahre.

Obgleich ein wechselseitiger Zusammenhang oder eine Korrelation zwischen den Wachstumsverläufen für die verschiedenen Organe oder Knochen besteht, sind die verschiedenen Regionen des kindlichen Körpers zu einem bestimmten Zeitpunkt verschieden weit von der Reife entfernt. Das wird nie so deutlich wie in der Pubertät. Dann scheinen ohne Rücksicht auf die Gesamtproportionen die Arme, Beine, die Nase und das Kinn plötzlich zu „sprießen", und dies zu ihnen eigenen Zeitpunkten und mit unterschiedlicher Geschwindigkeit. Selbst die beiden Seiten des Körpers können dann mit unterschiedlicher Geschwindigkeit wachsen; wenn die körperliche Reife erreicht worden ist, ist das Gleichgewicht im allgemeinen wieder hergestellt (197). Hinsichtlich des körperlichen Wachstums kann es also nicht nur interindividuelle Unterschiede geben sondern auch deutliche intraindividuelle Unterschiede (197, 203).

Die Wachstumskurven für Größe und Gewicht haben gezeigt, daß – abgesehen vom ersten Lebensjahr – Kinder schneller an Größe als an Gewicht zunehmen (134). Während des späteren Teiles der Kindheit wachsen die Gliedmaßen schnel-

ler als der Rumpf. Asynchrones Wachstum wird auch am Gesicht deutlich; der untere Teil des Gesichtes wächst schneller als der obere Teil, besonders im Alter von fünf bis acht Jahren (7). Untersuchungen über Veränderungen des Haupthaares von der Geburt bis zur Reife haben ergeben, daß der Haarschaft schnell und gleichmäßig während der ersten drei Lebensjahre an Größe zunimmt und dann weniger gleichmäßig und langsamer (54).
Asynchrones Wachstum zeigt sich besonders deutlich bei den Muskeln, den Knochen, der Lunge und den Genitalien. Diese nehmen während der Wachstumsjahre um etwa das Zwanzigfache ihrer Größe zu, während die Augen, das Gehirn und einige andere Organe, die bei der Geburt verhältnismäßig besser entwickelt sind, viel weniger an Größe zunehmen. Der Augapfel z. B. erreicht seine endgültige Größe fast völlig während der ersten fünf Jahre nach der Geburt, das Gehirn während der ersten zehn Jahre, wogegen das Herz und einige innere Organe mehr als 20 Jahre dazu brauchen (77).
Für die Muskeln ist charakteristisch eine schnell nachlassende Wachstumsrate während des zweiten Lebensjahres, eine langsam nachlassende Wachstumsrate bis zum Beginn der Pubertät, eine zunehmende Rate während der Pubertät und eine nachlassende Rate anschließend, bis das Wachstum aufhört (34, 142). Da das Muskelwachstum verhältnismäßig langsam vor sicht geht, entwickelt sich die Körperkraft relativ spät. Die Zunahme an Körperkraft kommt in der Pubertät später als die Gewichtszunahme. (Dieses asynchrone Wachstum wird in Abb. 4-1 verdeutlicht.) Schließlich finden Verände-

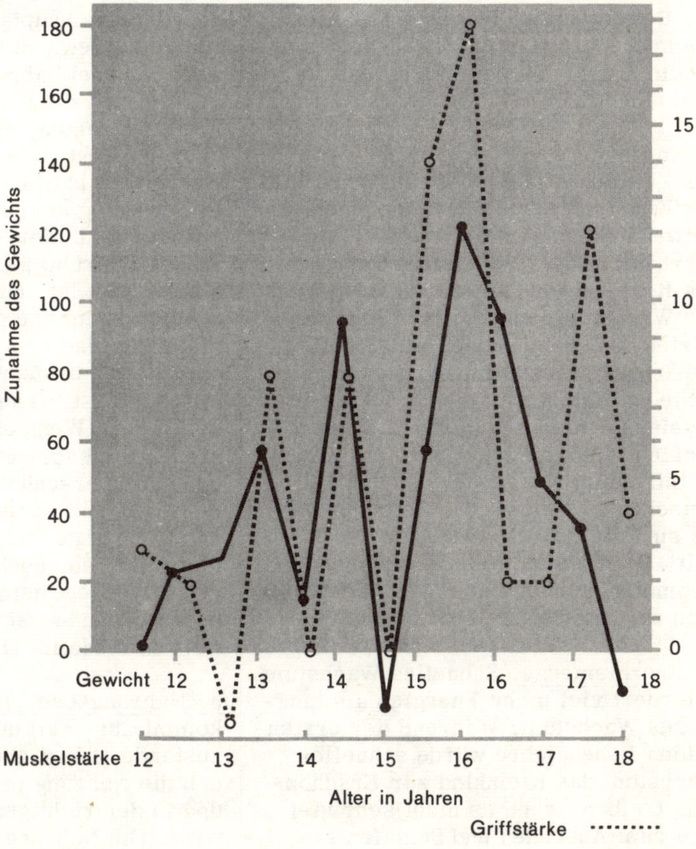

Abb. 4-1. Die Beziehung zwischen Wachstumszunahme, Gewichtszunahme und Zunahme der Muskelstärke bei einem Jungen während der Pubertät. Wie man sieht, setzt die Zunahme der Muskelstärke erst nach der Gewichtszunahme ein.

rungen des Gewichts der Körpergewebe auf verschiedenen Altersstufen statt. In der Kindheit und während der Jugendjahre findet sich die stärkste Zunahme an Knochen- und Muskelgewebe, wogegen das Fettgewebe am stärksten im Erwachsenenalter zunimmt (148).
Trotz des asynchronen Wachstums folgt die Entwicklung des Körpers den Gesetzen der Entwicklungsrichtung. Die Entwicklung findet überwiegend erst im oberen Teil des Körpers statt und später im unteren Teil. Die Körperproportionen verändern sich während des ersten halben Jahres nach der Geburt geringfügig. Von da an bis zur Pubertät jedoch wächst der Kopf langsam, die Glieder schnell, der Rumpf durchschnittlich. Größe und Entwicklung des Gehirns und der Gesichtszüge sind voll erreicht, ehe dies bei den Organen und Zügen des Rumpfes und der Glieder der Fall ist (200).

Die Bedeutung der Wachstumsphasen.
Die sechs wichtigsten Einflüsse des unregelmäßigen Wachstums auf das Verhalten des Kindes sind:

1. Anpassungsschwierigkeiten. Während der Zeit des schnellen Wachstums muß das Kind sich ständig neu anpassen. Die Notwendigkeit, sich anzupassen, verwirrt mit großer Wahrscheinlichkeit das Kind und löst Emotionen aus. Wenn das Wachstum langsam ist – wie im letzten Teil der Kindheit –, sind die Anpassungen leichter vorzunehmen. Stone und Church meinen: „Sowohl in physischer als auch in psychischer Hinsicht sind die Schuljahre ein verhältnismäßig ruhiges Zwischenspiel zwischen zwei bewegten Zeiträumen. Es sind die ‚friedlichen Tage der Kindheit', an die sich viele Erwachsene wehmütig erinnern und nach denen sie sich zurücksehnen" (197).

2. Energiemenge. Schnelles Wachstum erfordert viel mehr Energien als langsames Wachstum. Während der ersten beiden Lebensjahre würde schnelles Wachstum das Kleinkind zur Erschöpfung treiben, wenn es nicht sehr viel Zeit zum Ausruhen und Schlafen erhielte und geeignetes Essen für die zum Wachsen erforderlichen Energien. Es wird wenig von ihm verlangt, so daß es schlafen kann, wann immer es müde wird. Nur wenn sein Zeitplan unterbrochen wird und es nicht die erforderliche Ruhe erhält oder Nahrung bekommt, wenn es zu müde ist, wird sein Zustand beeinflußt (78, 110).
Den zweiten Zeitraum des schnellen Wachstums finden wir zu Beginn der Pubertät. Da das pubertierende Kind allmählich mehr wie ein Erwachsener aussieht, wird immer mehr von ihm zu Hause und in der Schule verlangt. Weiterhin wird ihm weniger Zeit als früher zum Schlafen und Ausruhen zugestanden. Seine Energie wird durch das Wachstum verbraucht; es ist müde und teilnahmslos, und es neigt zum Trödeln. Es wird launisch, reizbar, erregbar und schwer umgänglich (198).
Zwischen diesen beiden Perioden des schnellen Wachstums liegt eine Zeit des langsamen Wachstums, eine Zeit, in der Energie hauptsächlich für Spiel und Arbeit aufgewandt wird. Vom Alter von zwei bis drei Jahren bis zu dem Alter, in dem sich die ersten Anzeichen der Pubertät zeigen, scheint das normale, gesunde Kind nicht endende Vorräte an Energie zu haben. Es möchte immerzu in Bewegung sein und findet es sehr schwierig, in der Schule still zu sitzen. Es wird unruhig, wenn es in der Zeit, die es wach ist, nicht etwas unternehmen kann, und gibt an, daß es nicht müde ist, daß es sich tagsüber nicht auszuruhen braucht oder daß es nicht erschöpft ist, wenn es abends schlafen gehen soll. Wenn es spielen darf, läuft, klettert und springt es dauernd und verbraucht überschüssige Energien beim Schreien und Lachen. Wenn es manchmal auch ärgerlich, launisch oder mißmutig ist, so geschieht dies überwiegend, weil es meint, ungerecht behandelt worden zu sein, und nur selten, weil es müde ist (197).

3. Nahrungsbedürfnisse. Das Wachstum kommt zum Teil durch innere Antriebe zustande, hängt aber auch davon ab, daß die Nahrung in der richtigen Art und in der richtigen Menge genommen wird. Die Nahrungsbedürfnisse sind während der Zeit des schnellen Wachs-

tums am größten – während der ersten zwei oder drei Lebensmonate und während der Pubertät. Es wird angenommen, daß ein pubertierendes Kind 2500 bis 3000 Kalorien am Tag braucht. Selbst diese Menge reicht oft nicht aus, wie die Tatsache zeigt, daß pubertierende Kinder fast den ganzen Tag essen. Wenn den Nahrungsbedürfnissen des Kindes qualitativ oder quantitativ nicht nachgekommen wird, ist es wahrscheinlich, daß ebenso Störungen in vielen Teilen des Körpers auftreten wie das auch der Fall ist, wenn die Umgebung des Fötusses ungünstig ist, weil die Mutter sich nicht richtig ernährt. Durch schlechte Ernährung wird verhindert, daß das Kind die erwartete Körpergröße erreicht. Darüber hinaus verursacht sie eine Verzögerung der Entwicklung des Skelettes und eine Verlangsamung des Zusammenschlusses der Handknochen (52, 166, 177). Starke Störungen durch Ernährungsfehler zeigen sich in Skorbut, Rachitis und Beriberi. Weniger deutlich schlagen sich Störungen darin nieder, daß das Kind besonders dick wird, daß es Ringe unter den Augen hat, daß die Haut an Armen und Beinen schuppig wird, daß die Augenlider schorfig und die Mundwinkel wund werden.
Mit den körperlichen Störungen gehen Verhaltensstörungen einher. Das Kind, das für seine Wachstumsbedürfnisse nicht genügend Nahrung erhält, ist müde, mürrisch und reizbar. Seine Pflichten und seine Schularbeiten sind ihm gleichgültig. Es zeigt nur wenig Interesse für aktives Spiel, und seine soziale Anpassung ist schlecht. Schlechte Ernährung ist auch der Grund für einige Spannungen und Schwierigkeiten in der Pubertät (146).

4. Aufrechterhaltung der Homöostase. Während der Zeiten des langsamen Wachstums – wie in den ersten Schuljahren – kann der Körper im allgemeinen die Homöostase bewahren. Dunbar meint: „Die Aufrechterhaltung der Homöostase ist besonders schwierig in Zeiten der entwicklungsbedingten Veränderungen" (55). Jede Störung der Homöostase schlägt sich nieder in Veränderungen des Verhaltens. Untersuchungen haben ergeben, daß in der ersten Zeit der Pubertät verstärkte physiologische Unausgeglichenheit herrscht, besonders in bezug auf die Körpertemperatur und den Blutdruck. Je stärker die Wachstumszunahme in der Pubertät ist, desto größer sind die Störungen der Homöostase und desto deutlicher sind die Auswirkungen auf das Verhalten des Kindes. Nur wenige Kinder, selbst wenn sie in der Pubertät nur langsam wachsen, können der „negativen Phase" des „Ungleichgewichts" entgehen, die gekennzeichnet ist durch Ruhelosigkeit, Launenhaftigkeit, Anfälle von Depressionen, Zurückgezogenheit von der Familie und den Freunden, Empfindlichkeit, Reizbarkeit, Aufsässigkeit und Kritik an anderen (58, 67).
Daß diese Verhaltensveränderungen zumindest zum Teil aus Störungen der Homöostase herrühren, kann man aus der Tatsache entnehmen, daß sie von solchen körperlichen Erscheinungen wie Kopfschmerzen, Rückenschmerzen, Verdauungsstörungen, wählerischem Appetit und allgemeiner Müdigkeit begleitet werden. Da die Mädchen im ganzen schneller als die Jungen reifen, erleben sie mit größerer Wahrscheinlichkeit solche Verhaltensstörungen. Selbst eine vorübergehende Störung der Homöostase jedoch wirft ein Kind – gleich welchen Alters – aus dem Gleichgewicht und macht es schwer, mit ihm auszukommen. Je länger die Störung dauert, umso mehr wird das Kind aus dem Gleichgewicht gebracht und umso unsozialer wird sein Verhalten sein (11, 78).

5. Ungeschicklichkeit. Eine der deutlichsten Verhaltensänderungen, die mit schnellem Wachstum einhergeht, ist die Ungeschicklichkeit. Aufgrund der mangelhaften Entwicklung seiner Nervenstruktur ist der Säugling körperlich besonders ungeschickt. Mit der Entwicklung der Nerven und Muskeln jedoch, und mit der Möglichkeit, Fertigkeiten zu erlernen, weicht diese mangelnde Koordination beim kleinen Kind einer zunehmenden Koordination. In der Zeit der Kindheit mit relativ langsamem Wachstum gibt es wenig, was diese Koordination stören kann, und als

Folge davon kann das ältere Kind fast alle diese Dinge tun, die auch ein Erwachsener tun kann, und es erledigt sie ebenso gut (26, 176).
Dann scheint, oft sehr plötzlich, eine völlige Veränderung vorzugehen. Da die Hände und Füße des Kindes schnell größer werden, verliert es die Beherrschung, die es früher über sie hatte; es scheint nur noch „aus linken Händen" zu bestehen und stolpert „über seine eigenen Füße". Viele Eltern erkennen den Grund für diese plötzliche Ungeschicklichkeit nicht, und sie beschuldigen das pubertierende Kind der „Unaufmerksamkeit", wenn es an Möbel stößt, über Teppiche stolpert oder Gegenstände fallen läßt. Schimpfen und Auslachen bringen das Kind nicht nur in Verlegenheit; sie führen auch dazu, daß es sich für nicht gut genug hält und daß es sich fragt, ob es normal ist (67, 68).

6. Sorge um die Disproportioniertheit des Körpers. Wegen des asynchronen Wachstums scheinen die Proportionen bei jedem Kind gelegentlich nicht zu stimmen. Solange die anderen Kinder ebenso aussehen, kümmert dies das Kind nicht. Wenn aber das Wachstum zur Zeit der Pubertät beschleunigt wird, wird dem Kind, das mit seinen Altersgenossen nicht übereinstimmt, weil das beschleunigte Wachstum bei ihm entweder früher oder später als bei den anderen eingesetzt hat, die Disproportioniertheit seines Körpers überaus deutlich. Eine Nase, die im Verhältnis zum Kinn zu groß ist, zu große Hände und Füße im Vergleich zu den Armen und Beinen, Hüften, die im Vergleich zu den Schultern zu breit sind, das alles kann großen Kummer bereiten. Ein Kind, das unter seinen Altersgenossen als erstes diese Disproportioniertheit erfährt, kann sich auf für es unangenehme Art im Blickpunkt des Interesses stehend wiederfinden (9, 60, 165).

Die Ausmaße des Körpers

Die Ausmaße des Körpers werden durch Feststellung der Größe und des Gewichtes bestimmt. Das gesamte Größenwachstum von der Geburt bis zur Reife ist geringer als die gesamte Gewichtszunahme. Es wird angenommen, daß die Größe um das Dreieinhalbfache zunimmt, während das Gewicht um das Zwanzigfache zunimmt (134).
Das Wachstum des Körpers wird kontrolliert durch das Wachstumshormon, das vom vorderen Lappen der Hypophyse ausgeschieden wird, der kleinen Drüse, die am unteren Teil des Gehirns sitzt. Wenn das Wachstum auf normale, geordnete Art vor sich gehen soll, muß das Wachstumshormon in der richtigen Menge und zum richtigen Zeitpunkt erzeugt werden. Wenn die Hypophyse nicht genügend Wachstumshormone erzeugt, hört das Kind früher als normal zu wachsen auf und erreicht nicht die Größe, die es eigentlich aufgrund der Erbanlagen hätte erreichen können. Wenn zu viele Wachstumshormone erzeugt werden, wächst das Kind zu lange. Ob das Wachstumshormon in der richtigen Menge zum richtigen Zeitpunkt erzeugt wird oder nicht, hängt nicht nur von der Hypophyse ab, sondern auch von der Schilddrüse und den Keimdrüsen.
In der Pubertät z. B. nehmen die Hormone, die in den Keimdrüsen erzeugt werden – Östrogene bei der Frau, Androgen beim Mann – mengenmäßig zu; sie üben einen verlangsamenden Einfluß auf die Wachstumshormone aus und regen die Ablagerung von Calzium an, wodurch die Knochen ossifizieren, und verursachen das Zusammenschließen der Endstücke der langen Röhrenknochen. So kommt das Wachstum allmählich zu einem Stillstand, und die Größe verändert sich nicht mehr (126, 176).

Größe. Obwohl es unter gleichaltrigen Kindern starke Unterschiede hinsichtlich der Größe gibt, gibt es einen Wachstumsverlauf, der für alle Kinder ähnlich ist. Wenn man ihn mit Durchschnittsangaben darstellt, zeigt der Verlauf das Bild des typischen Wachstums des typischen Kindes. Bei der Geburt mißt das Kind zwischen 47 und 50 cm. Während der ersten beiden Lebensjahre nimmt es schnell an Größe zu. Im Alter von vier Monaten beträgt die durchschnittliche Größe 58 – 60 cm, mit acht Monaten beträgt sie 65 – 70 cm und im Alter von einem Jahr 70 – 75 cm. Mit zwei Jahren ist das Kind 80 bis 85 cm groß, und bis zum Alter von fünf Jahren hat sich seine Größe verdoppelt. Von da an bis zum Beginn der Pubertät beschleunigt sich das Größenwachstum wieder. Das durchschnittliche amerikanische Mädchen mißt mit elf Jahren, wenn das beschleunigte Pubertätswachstum einsetzt, 145 cm, und mit achtzehn Jahren, wenn das Längenwachstum beendet ist, 165 cm (134).

Da bei Jungen der Wachstumsschub der Pubertät etwa ein Jahr später einsetzt als bei Mädchen, ist der durchschnittliche amerikanische Junge einen bis zwei Zentimeter kleiner als das durchschnittliche Mädchen von dreizehn Jahren. Danach jedoch nehmen Jungen schneller an Größe zu und wachsen noch etwa ein Jahr länger, so daß sie zum Zeitpunkt der Reife größer als die Mädchen sind. Mit dreizehn Jahren z.B. mißt der durchschnittliche Junge 155 cm. Ein Jahr später, wenn er die Geschlechtsreife erreicht, mißt er 162 cm; mit achtzehn Jahren erreicht er 174 cm. Zwischen achtzehn und zwanzig kann er sogar noch einen oder zwei Zentimeter wachsen (134).

Die Größe des Erwachsenen kann heute mit relativer Genauigkeit vorausgesagt werden, weil es sich herausgestellt hat, daß eine hohe Korrelation besteht zwischen Entwicklungsstand des Skelettsystems beim Kind, der bestimmt wird durch Röntgenaufnahmen von Hand und Handgelenk des Kindes, und dem Ausmaß, in dem die Körperstatur des Erwachsenen zum Zeitpunkt der Röntgenaufnahme erreicht wurde (19). Da weiter die Größe eines Kindes im Verhältnis zur Größe der Eltern zuzunehmen tendiert, kann auch deren Größe als Grundlage für eine Vorhersage benutzt werden. Die Korrelation zwischen der Größe der Eltern und ihrer Kinder ist um so höher, je älter die Kinder werden; dies trägt zur Genauigkeit der Vorhersage im späteren Teil der Kindheit bei (15, 57).

Es ist aber unmöglich, festzustellen, wie groß ein Kind endgültig sein wird, bevor nicht bekannt ist, wann der pubertäre Wachstumsschub einsetzt. Das Kind, das früh reif wird, ist im allgemeinen als Erwachsener kleiner, als man aus seiner Größe im Kindesalter hätte schließen können. Das später reifende Kind ist im allgemeinen als Erwachsener größer als erwartet. Da eine enge Beziehung besteht zwischen dem Alter, in dem ein Kind die Reife erreicht, und der Zeit, in der der Elternteil desselben Geschlechts die Reife erreichte, ist die Kenntnis des Wachstumsverlaufs dieses Elternteiles für die größere Genauigkeit der Voraussage von Bedeutung (17, 73, 151).

Gewicht. Obwohl das durchschnittliche Neugeborene zwischen 2700 und 3600 Gramm zum Zeitpunkt der Geburt wiegt, wiegen einige Neugeborene nur 1550 oder 1800 Gramm und andere dagegen sogar 7200 Gramm. Der Verlauf der Zunahme ist jedoch für alle ziemlich gleich. Bis zum Ende des ersten Lebensmonats hat das durchschnittliche Kind nicht nur das Gewicht wieder zugenommen, das es nach der Geburt verloren hatte, sondern es hat auch angefangen, eine Gewichtszunahme zu zeigen. Mit vier Monaten sollte es sein Geburtsgewicht verdoppelt haben und bis zum Ende des ersten Jahres verdreifacht. Während des zweiten und dritten Jahres nimmt es jährlich um 1350 bis 2250 g zu.

Zwischen dem dritten Jahr und dem Beginn der Pubertät gehen die Gewichtszunahmen langsamer vor sich. Mit fünf Jahren sollte das Gewicht des Kindes etwa das Fünffache des Geburtsgewichtes betragen. Zu Beginn der Pubertät sollte es zwischen 36 und 40 kg wiegen. Das durchschnittliche Mädchen wiegt mit elf Jahren, wenn der pubertäre Wachstumsschub einsetzt, 39,8 kg, wogegen der gleichaltrige Junge 38,5 kg wiegt. Wenn das durchschnittliche Mädchen fünfzehn Jahre alt ist, ist sein Gewicht auf 52,9 kg angestiegen; danach ist die Gewichtszunahme nur verhältnismäßig gering. Das Durchschnittsgewicht der Jungen zu Beginn des pubertären Wachstumsschubes im Alter von zwölf Jahren beträgt 43,2 kg und mit sechzehn Jahren, wenn der Wachstumsschub praktisch beendet ist, 63,9 kg (134, 198).

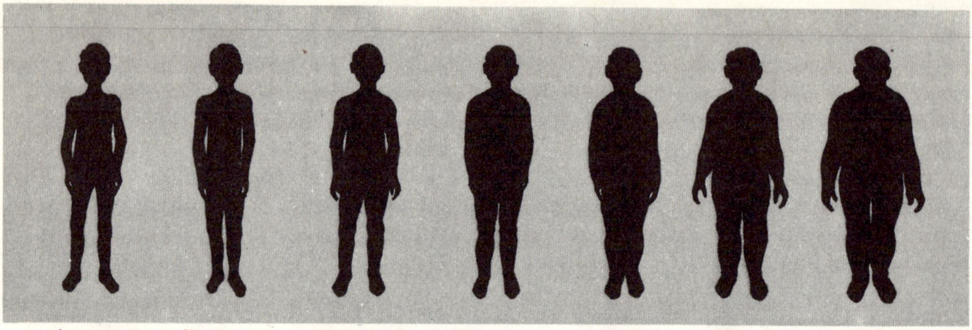

Abb. 4-2. Körperbautypen im Kindesalter.

Das „normale" Gewicht eines Kindes wird in jedem Alter zu einem gewissen Grad durch den Körperbau bestimmt. Grob gesagt, fallen die verschiedenen Körperbautypen in drei größere Kategorien: der endomorphe Körperbau, der sich durch eine Neigung zu starker Korpulenz charakterisieren läßt, der mesomorphe, der sich durch einen schweren, groben und eckigen Körper auszeichnet, und der ektomorphe Körperbau, bei dem der Körper groß und schlank ist, die Muskeln lang gestreckt sind und die Knochen lang und dünn. Ein Mesomorpher wiegt bei der entsprechenden Größe mehr als ein Ektomorpher (157, 189). Das Verhältnis von Gewicht zu Körpergröße ist in Abb. 4-2 dargestellt.

Die Gewichtszunahme während der Wachstumsjahre hängt nicht nur von einer Zunahme des Fettgewebes ab, sondern auch von einer Zunahme des Knochen- und Muskelgewebes. Im Säuglingsalter ist die Gewichtszunahme fast ausschließlich zurückzuführen auf eine Zunahme des Fettgewebes aufgrund des hohen Fettgehaltes in der Milch, die den Hauptbestandteil der Nahrung darstellt. Im weiteren Verlauf der Kindheit rührt das Körpergewicht mehr aus Knochen- und Muskelgewebe her. Während des letzten Teiles der Kindheit macht das Fettgewebe nur 21 bis 29 Prozent des Körpergewichtes aus (72, 148).

Gleichzeitig mit dem pubertären Größenwachstumsschub nimmt die Länge der Knochen im Körper zu. Bald darauf werden die Knochen hart, sie verknöchern oder ossifizieren, und das Muskelgewebe nimmt zu, was beides zu einer Gewichtszunahme beim Kind führt. Während des letzten Teiles der Kindheit stellen die Muskeln etwa ein Viertel des gesamten Körpergewichtes. Wenn der Körper die Geschlechtsreife erreicht hat, machen sie etwa 45% des Körpergewichtes aus (78, 198).

Verhältnis zwischen Größe und Gewicht.

Bei dicken Kindern ist das Gewicht im Verhältnis zur Größe zu hoch; bei dünnen oder mageren Kindern ist es für ihre Größe nicht hoch genug. Fettleibigkeit und übermäßige Magerkeit sind häufiger psychosomatischen Ursprungs als rein körperlichen Ursprungs; nur ganz selten sind sie auf Drüsenstörungen zurückzuführen (31). Einige besonders magere Kinder sind vielleicht nicht gesund, andere bekommen eine quantativ oder qualitativ unzureichende Nahrung; meistens aber leiden sie unter nervösen Spannungen, die zu Appetitmangel und Verdauungsstörungen führen.

Nervöse Spannung ist im allgemeinen die Folge der Ängstlichkeit der Eltern im Hinblick auf das Wohlergehen des Kindes. Der ängstliche Elternteil versucht, das Kind dahin zu bringen, daß es mehr ißt, als es möchte und braucht; das geschieht durch Strafen, wenn das Kind nicht alles ißt, was es auf seinem Teller hat, oder durch ab-

fällige Vergleiche mit den Geschwistern des Kindes oder auch durch Drohung und Bestechung. Das alles macht das Kind ängstlich und angespannt – ein Zustand, der seinem Wunsch, etwas zu essen, entgegenwirkt (85, 155).
Wenn auch schlechte Eßgewohnheiten, die durch das Drängen der Eltern, viel zu essen, gefördert werden, teilweise für die Fettleibigkeit verantwortlich sein können, liegt doch die Fettleibigkeit häufiger in ungünstigen psychologischen Faktoren begründet, wie übermäßig starker Abhängigkeit, Gefühlen der Unzulänglichkeit und Gefühlen des Zurückgewiesenwerdens. Fettleibigkeit tritt mit größter Wahrscheinlichkeit auf, wenn das Kind aus einer kleinen Familie kommt oder wenn es das „Nesthäkchen der Familie" ist. Es gibt gewisse Hinweise darauf, daß Menschen, die Gene erben, die zu schwerem Körperbau führen, besonders anfällig gegen Streßsituationen sind, was leicht dazu führt, daß sie zuviel essen und fettleibig werden (30, 69, 201). Daß mit größter Wahrscheinlichkeit psychologische Faktoren für Fettleibigkeit verantwortlich sind, zeigt die Tatsache, daß von Personen, die abnehmen möchten, diejenigen, die emotional gut angepaßt sind, viel erfolgreicher sind in der Einschränkung der Nahrungsmenge als diejenigen, die emotional unausgeglichen sind (31).
Fettleibigkeit entwickelt sich bei Kindern nicht urplötzlich; tatsächlich ist es so, daß die meisten fettleibigen Kinder von frühester Kindheit an dick gewesen sind. Eltern zu haben, die selber zu viel essen, oder die darum besorgt sind, daß das Kind gut ißt, regt das Kind dazu an, zu viel zu essen; je dicker es wird, desto weniger interessiert es sich für körperliche Bewegung, es wird so noch dicker. Mit der Zeit dient ihm seine Fettleibigkeit als Alibi, um unangenehmen oder unannehmbaren sozialen Erfordernissen auszuweichen. Ebenso findet ein fettleibiges Kind vielleicht, wenn es sich an Spiel und Sport seiner schlanken Kameraden nicht beteiligen kann, daß das Essen eine Ersatzbefriedigung darstellt, die vorübergehend seine Gefühle der Unzulänglichkeit beruhigt (30, 144).
Wegen der Veränderungen, die normalerweise im Körpergewebe vor sich gehen, wenn die Kinder älter werden, kann ein Kind tatsächlich viel wiegen, obwohl es dünn und mager aussieht. Die Verteilung des Fettes ist überwiegend dafür verantwortlich, ob jemand „dünn" oder „dick" aussieht. Wo sich das Fett im Körper befindet, hängt zum Teil von dem Entwicklungsstadium des Individuums ab, zum Teil von seinen Erbanlagen und zum Teil davon, wieviel körperliche Bewegung es bekommt. Einige Menschen scheinen hauptsächlich im Gesicht an Gewicht zuzunehmen, andere in der Bauchgegend und wieder andere an den Armen und Beinen. Je mehr sich eine Person bewegt, desto unwahrscheinlicher ist es, daß sie in irgendeinem Bereich des Körpers Fett ablagert.
Während des Wachstumsschubes in der Pubertät erfahren die meisten Jungen und Mädchen eine „pubertäre Fettperiode", eine Zeit, während der sie dicker aussehen, als sie in Wirklichkeit sind. Zu diesem Zeitpunkt setzt sich am Bauch, der Brust, an Hüften und Oberschenkeln, im Gesicht – besonders an den Wangen und am Kinn – bei Jungen und Mädchen sehr verstärkt Fett ab. Dieses Fett wird teilweise verursacht durch hormonale Veränderungen, die auf dem Weg zur Geschlechtsreife auftreten, und zum Teil aus dem ungeheuren Appetit, der eine Folge des schnellen Wachsens ist. Im allgemeinen sieht das Kind nicht mehr dick aus, wenn das Gleichgewicht der hormonalen Funktionen bei der Geschlechtsreife wiederhergestellt ist und wenn der Pubertierende lernt, seine Kalorieneinnahme zu beschränken (17, 214).

Unterschiede der Körpergröße und des Gewichtes

Die Unterschiede zwischen einzelnen Kindern hinsichtlich der Körpergröße sind schon bei der Geburt vorhanden, sie werden aber mit zunehmendem Alter noch deutlicher. In der späten Kindheit sind sie besonders ausgeprägt wegen der individuellen Unterschiede zum Zeitpunkt des pubertären Wachstumsschubes. Die Unterschiede des

Gewichtes sind auf allen Altersstufen noch größer als die Unterschiede der Körpergröße, weil das Gewicht Umwelteinflüssen gegenüber empfänglicher ist. Da jedes Kind seinen eigenen Wachstumsverlauf hat, der von seinem Körperbau beeinflußt wird, muß bei jeder Abweichung vom Durchschnitt seiner Altersgruppe sein „Typ" mit in Betracht gezogen werden (17).

Die Unterschiede, die sich schon beim Gewicht bei der Geburt zeigen, werden während der Wachstumsjahre beibehalten und bleiben konstant. Z. B. wurde bei siebenjährigen Mädchen ein durchschnittlicher Unterschied von 5, 5 kg festgestellt zwischen den Mädchen, deren Gewicht bei der Geburt 4300 g oder mehr betrug, und denen, deren Geburtsgewicht 2500 g oder weniger betrug. Im Alter von elf Jahren belief sich der Unterschied auf 6 kg. Für Jungen gilt ähnliches. Unterschiede der Körperlänge bei der Geburt bleiben gleichfalls relativ konstant während der Kindheit. Wenn auch eine gewisse Veränderung der relativen Größe während des pubertären Wachstumsschubes eintreten kann, bleiben doch große Kinder weiter groß und kleine Kinder verhältnismäßig klein (106).

Gründe für die Unterschiede. Während der Jahre der Kindheit spielt der Einfluß der Familie eine wichtige Rolle für die Körpergröße und das Körpergewicht des Kindes. Mit fortschreitendem Wachstum werden diese Einflüsse immer deutlicher. Hinsichtlich des Gewichtes z. B. läßt sich sagen, daß aufgrund der Gene sich bei einigen Kindern mehr Fett aus der aufgenommenen Nahrung entwickelt als bei anderen Kindern. Die Umgebung legt fest, ob das nach den Erbanlagen erreichbare Potential tatsächlich ausgeschöpft wird. Das Gewicht wird auf jeder Altersstufe stärker als die Größe von der Umgebung beeinflußt (141, 154).

Kinder, die gut genährt sind, aber nicht sehr dick oder fettleibig, sind größer und erreichen die Pubertät eher als Kinder, die schlecht ernährt werden. Garn und Haskell meinen: „Kalorien fördern das Wachstum. Wenn sie mehr zu essen bekommen, werden Kinder derselben rassischen Herkunft in den Vereinigten Staaten größer als in ihren Heimatländern" (74). Wachstumskurven für die Dicksten und Dünnsten in einer Stichprobe von Jungen (9, 5 Jahre) und Mädchen (8, 5 Jahre) haben gezeigt, daß die Größe mit dem Gewicht korreliert (vgl. Abb. 4-3). Ein gut genährtes Kind hat Energie genug, um an den anstrengenden Beschäftigungen der Kindheit teilzunehmen und außerdem noch einen Reservevorrat zum Wachsen zu haben.

Nach dem zwölften Lebensjahr steht das Gewicht in einer weniger starken Beziehung zur Größe als vorher. In Fällen von extremer Fettleibigkeit besteht auch die Beziehung zwischen der Größe und der Zeit der Geschlechtsreife nicht mehr. Es gibt keine Belege dafür, daß das Kind desto größer wird oder desto eher die Geschlechtsreife erreicht, je dicker es ist (74). Um die ererbten Möglichkeiten des Größenwachstums auszunutzen, muß das Kind eine Nahrung bekommen, die es mit den für das Wachstum nötigen „Bausteinen" versorgt. Wie wichtig diese Bausteine sind, hat sich in den Folgen schlechter Ernährung gezeigt. In Kriegszeiten, wenn die Ernährungsmöglichkeiten für die Zivilbevölkerung schlechter werden, nehmen die Kinder während der Wachstumsjahre weniger an Größe und Gewicht zu und sind zum Zeitpunkt der Reife kleiner, als es Kinder aus denselben sozioökonomischen Gruppen in Friedenszeiten sind (37).

Im ersten Teil der Pubertät sind manche Jungen und Mädchen besorgt, sie könnten, wie es dann häufig ist, dick aussehen; deshalb weigern sie sich, so viel zu essen, wie für das bevorstehende Wachstum erforderlich ist. Als Folge ist der Wachstumsschub weniger stark, als er es bei ausreichender Nahrungsmenge gewesen wäre. Da das Größenwachstum aufhört, kurz nachdem das Kind die Geschlechtsreife erreicht hat, ist die Möglichkeit, die durch Vererbung vorhandenen Potentiale auszunutzen, verloren, wenn es nicht während der Pubertät gut ernährt wird (173, 194).

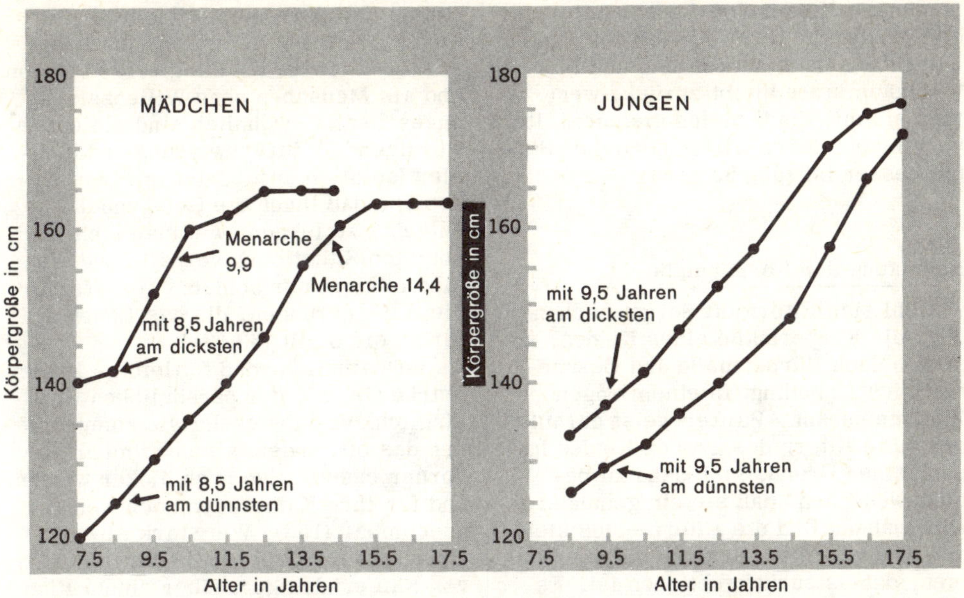

Abb. 4-3. Vergleich der Wachstumskurven von Jungen und Mädchen, die im Alter von 8,5 bzw. 9,5 Jahren zu den dicksten oder dünnsten gehörten.

Selbst wenn die Nahrung zum Wachsen ausreicht, besteht die Möglichkeit, daß Spannung, Angst oder andere Arten anhaltender emotionaler Störungen das normale Wachstum beeinträchtigen. Die verringerte Produktion des Wachstumshormons kann auch die Folge einer ungenügenden Einnahme von Kalorien sein. Wenn der Vorrat an Wachstumshormonen während des späteren Teiles der Kindheit zu gering ist, aufgrund von ständiger emotionaler Spannung oder aufgrund von schlechter Ernährung, dann verzögert sich der Wachstumsschub mit aller Wahrscheinlichkeit. Dadurch wird das Kind als Erwachsener kleiner sein, als es nach seinen Erbanlagen möglich gewesen wäre (154).

Hinsichtlich Größe und Gewicht begünstigen die Geschlechtsunterschiede die Jungen von der Geburt bis zum Alter von elf oder zwölf Jahren. Die Mädchen übertreffen die Jungen im Alter von zwölf bis fünfzehn Jahren, dann sind im Durchschnitt die Jungen wieder größer und schwerer. Geschlechtsunterschiede bezüglich des Gewichtes nach der Reife sind eher auf die schwereren Knochen und Muskeln des Jungen zurückzuführen als auf die Ablagerung von Fett.

In jedem Lebensalter, besonders aber von der Pubertät an, setzen die Mädchen im allgemeinen mehr Fett an als die Jungen; das wird auch an den weiblichen Rundungen deutlich (154, 200). Unterschiede, die auf die Rasse zurückzuführen sind, sind von Kindern jeden Alters berichtet worden.

Die Größe verändert sich auch mit der Höhe der Intelligenz. Im allgemeinen sind Kinder mit höherer Intelligenz größer und schwerer für ihr Alter als Kinder mit niedriger Intelligenz (123). Unterschiede besonders des Gewichts stehen in Beziehung zu dem sozioökonomischen Status der Familie. Diese Unterschiede, die auf verschiedenartiger Ernährung (besonders während der ersten Lebensjahre) beruhen und auf den Wohnbedingungen, der Gesundheitspflege, den beruflichen Anforderungen, werden immer größer, je älter die Kinder werden. Kinder von Vätern mit akademischen Berufen oder in führenden Positionen in der Geschäftswelt übertreffen in den Körpermaßen die Kinder von Facharbeitern oder Hilfsarbeitern. Kinder aus armen Elternhäusern sind kleiner, und ihre Wachstumsrate bleibt zurück, wenn man sie mit Kindern des gleichen Alters vergleicht, deren wirtschaftlicher Status besser ist (51, 83, 163).

Bedeutung der Körpermaße

Obwohl sich Eltern oft Sorge machen über die Körpermaße eines Kindes, so stehen doch Körpermaße und Gesundheit nicht unbedingt in einem engen Zusammenhang. Parker weist darauf hin: „Die Eltern des großen Kindes haben keinen Grund, sich dazu zu beglückwünschen, daß sie ein gesunderes Kind haben. Und die Eltern eines kleinen Kindes sollten deshalb nicht annehmen, daß es zurückgeblieben ist. Es entstehen dem Kind keine gesundheitlichen Vorteile dadurch, daß es das größte in seiner Gruppe ist, und das kleine Kind hat keine Nachteile" (176).

Welche Bedeutung die Körpermaße für ein Kind in psychologischer Hinsicht erhalten, hängt davon ab, wie andere, besonders die Kameraden darauf reagieren. Den meisten Kindern sind Körpermaße gleichgültig, wenn nicht deutliche Abweichungen von der Norm vorliegen. In einer Untersuchung an Kindern des dritten bis fünften Schuljahres wurde festgestellt, daß die Größe eines Kindes in keiner Beziehung zu seiner Stellung in der sozialen Gruppe steht. Die Beliebtheit eines Kindes wurde nicht dadurch beeinflußt, daß es etwas größer oder kleiner als die anderen Kinder war (96).

Abweichungen des Gewichtes kommen jedoch weitaus häufiger vor als Abweichungen der Größe. Außerdem handelt es sich meistens um ein Zuviel an Gewicht. Magere Kinder sind in unserer überfütterten Gesellschaft verhältnismäßig selten. Die Mehrzahl der sehr dicken Kinder merkt schon, ehe sie in die Schule kommt, was andere von ihrer Korpulenz halten. Sie stellen fest, daß sie den Erwachsenen leid tun und ihre Kameraden meinen, daß ihre Körperfülle sie an der Möglichkeit zur Teilnahme am aktiven Spiel hindere. Sie sind starker sozialer Zurückweisung ausgesetzt, werden als gierig, bequem und als Menschen ohne Willensstärke angesehen. Gewöhnlich sind sie entwürdigender Zurückweisung und sozialer Isolation ausgesetzt mit dem Ergebnis, daß ihnen die Gelegenheit entgeht, zu lernen, wie man sich in sozialen Situationen verhält, und sie sind folglich nur schlecht gerüstet für die Anforderungen, die das Leben später an sie stellt (30, 31).

Es ist natürlich, daß fettleibige Kinder starke Gefühle der persönlichen Unzulänglichkeit entwickeln; sie kompensieren das oft, indem sie noch mehr als vorher essen, also noch dicker werden und für ihre Kameraden noch weniger annehmbar (133). Wie stark Abweichungen der Körpermaße die Haltung von Kameraden gegenüber einem Kind beeinflussen können, ist von Sontag aufgezeigt worden, der meinte: „Die unbewußte Grausamkeit von Kindern gegenüber jedem, dessen Körper mit den ihren in Größe, Form und Funktion nicht übereinstimmt, kann ein wichtiger Faktor für die emotionale Anpassung von Kindern sein, denen diese Übereinstimmung fehlt" (195).

Körperproportionen

Bei der Geburt unterscheiden sich die Proportionen eines Kindes stark von denen eines Erwachsenen (vgl. Abb. 1-1 S. 3). Das Kind nimmt also nicht nur an Größe und Umfang zu; auch die Proportionen der einzelnen Teile des Körpers ändern sich. Nicht alle Teile des Körpers erreichen die reifen Proportionen zur selben Zeit, aber der Jugendliche hat mit sechzehn oder siebzehn Jahren weitgehend die Proportionen eines Erwachsenen. Die Veränderung der Proportionen von der Geburt bis zum Erwachsenenalter zeigt Abb. 4-4. Der Kopf des Erwachsenen ist doppelt so groß wie der des Säuglings, der Rumpf hat das Dreifache der Größe bei der Geburt, und die Arme erreichen das Vierfache, die Beine das Fünffache der Geburtslänge.

Proportionen des Kopfes. Der Kopf wächst proportional weniger nach der Geburt als die meisten anderen Teile des Körpers. Bei der Geburt beträgt die Länge des Kopfes 33% der gesamten Körperlänge. Die Oberfläche beträgt 21% der gesamten Körperoberfläche bei der Geburt, 13% mit fünf Jahren, 10% mit zwölf Jahren, 8% mit achtzehn Jahren. Mit zehn Jahren hat der Kopf 95% seiner Erwachsenengröße erreicht, mit fünfzehn Jahren 98% (154, 200).

Bei der Geburt ist der Schädelteil des Kopfes groß und das Gesicht klein. Der Kopf des Kindes ist breiter im Verhältnis zur Länge als der Kopf des Erwachsenen. Der Kopf wächst praktisch nicht mehr in die Breite, wenn das Kind drei Jahre alt ist, er nimmt aber noch an Länge zu, bis es siebzehn oder achtzehn ist. Kurze und schmale Köpfe nehmen stärker zu als lange und breite Köpfe. Das Wachstumsmuster für die Länge und Breite stimmt weitgehend überein bei Jungen und Mädchen, wenn auch die Köpfe der Jungen auf jeder Altersstufe geringfügig größer sind (26).

Proportionen des Gesichtes. Da der Schädel sein Wachstum schon früh beendet, scheint er im Verhältnis zum Gesicht zu groß zu sein. Der untere Teil des Kopfes ist während des Säuglingsalters und in der frühen Kindheit klein und nicht entwickelt, was in erster Linie auf die geringe Größe der Milchzähne zurückzuführen ist. Die Gesichtsknochen werden größer im Verhältnis zum Schädel von der Geburt an bis zum Alter von acht Jahren. Zwischen fünf und acht Jahren ist das Wachstum stärker, vor allem bei Jungen, als in irgendeinem anderen Zeitraum. Fände nicht eine so radikale Veränderung der Gesichtsproportionen statt, dann befänden sich die Augen des Erwachsenen etwa in der Mitte des Gesichtes (7, 154). Die Veränderungen der Gesichtsproportionen zeigt Abb. 4-4.

Während des Überganges von den Milchzähnen zu den bleibenden Zähnen gehen Veränderungen der Okklusion – dem Zusammenpassen der oberen und der unteren Zähne – vor sich, die die Form

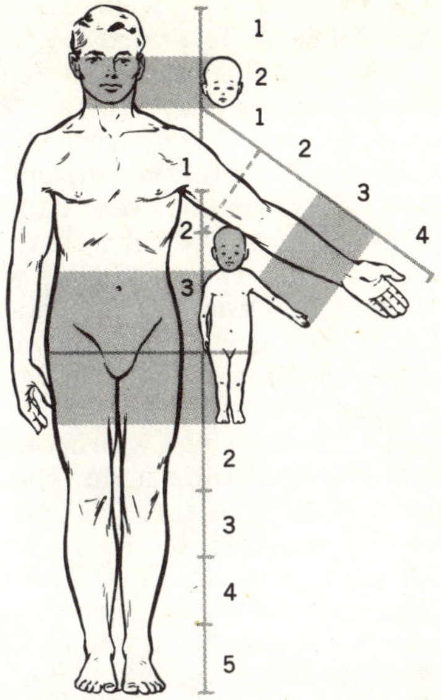

Abb. 4-4. Veränderungen der Körperproportionen von der Geburt bis zum Erwachsenenalter.

des unteren Teiles des kindlichen Gesichtes beeinflussen. Okklusionsanomalien können durch Unregelmäßigkeiten beim Wachstum der beiden Kiefer hervorgerufen oder verschlimmert werden oder durch Veränderungen der Größe von oberen und unteren Zähnen; weiter durch Daumenlutschen, vor allem wenn das Kind noch keine fünf Jahre alt ist, durch Atmen durch den Mund, durch Druck auf das Kinn, wie er etwa dadurch hervorgerufen wird, daß das Kind in den ersten Lebensjahren auf dem Bauch schläft oder durch Beißen auf die Zunge.

Okklusionsanomalien führen nicht nur zu schlecht geformtem Mund und Kinn, sie erschweren auch das Kauen und beeinflussen so die Verdauung. Wenn auch Okklusionsanomalien sich selber mit fortschreitender Entwicklung korrigieren können, sind doch korrektive Eingriffe nötig, damit das Kind ein wohlgeformtes Gesicht entwickelt, in dem Zähne und Kinn die richtigen Proportionen haben (26, 75).

Es finden Veränderungen sowohl der Züge als auch der Form des Gesichtes statt. Zunächst ist die Stirn groß, gerundet und vorgewölbt. Wenn das Kind etwa fünf Jahre alt ist, wird sie flacher und kleiner im Verhältnis zum Rest des Gesichtes. Die Augen erreichen ihre volle Größe, wenn das Kind sich der Pubertät nähert, und rükken weiter auseinander, wenn das Gesicht breiter wird. Die schmalen schlitzartigen Lippen des Kindes werden allmählich voller, erreichen aber ihre Erwachsenengröße und -form nicht, ehe das Kind geschlechtsreif geworden ist.

Die Nase ist einer der unproportioniertesten Gesichtsteile in der Kindheit. In den ersten Lebensjahren des Kindes ist sie klein und ziemlich flach. Zwischen fünf und zehn Jahre wächst sie dann schneller als alle anderen Teile des Gesichtes. Die Folge ist, daß die Nase als erstes im Gesicht die volle Größe erreicht, im allgemeinen wenn das Kind vierzehn Jahre alt ist. Während dieses Wachstumsschubes entwickelt sich der Knorpel der Nase, die Nase wird größer und erhält eine ausgeprägtere Form (162). Der Gesichtsausdruck wird individueller, wenn die Züge neue Formen und Proportionen erhalten (192).

Proportionen des Rumpfes. Die Entwicklung, die zu einem so großen Gewicht des Kopfes führt, wirkt dem richtigen Gleichgewicht entgegen und muß teilweise korrigiert werden, ehe das Kind sitzen, stehen oder laufen kann. Wenn das Kind älter wird, kommen die Veränderungen der Proportionen, die für das Gleichgewicht wesentlich sind, durch eine allmähliche Streckung des Rumpfes, der Beine und des Halses zustande. Mit sechs Jahren ist der Rumpf doppelt so lang und doppelt so breit wie bei der Geburt. Von da an bis zum Jugendalter nimmt die Körperlänge um annähernd 50% zu. Bis zur Reife haben sich diese Maße verdreifacht (163, 200).

Der Kopf eines Säuglings sitzt buchstäblich auf dessen Schultern, er hat keinen Hals. Allmählich entwickelt das Kind in der frühen Kindheit einen kurzen, gedrungenen Hals, der in abfallende Schultern übergeht. Etwa im fünften Lebensjahr wird der Hals länger und schlanker, die Schultern dagegen werden breiter und betonter geformt. Wenn die Schultern tiefer sitzen und der Hals länger wird, verteilt sich das Gewicht des Körpers gleichmäßiger (192, 193).

Auch die Form des Rumpfes erfährt schnelle Veränderungen. Im ersten Jahr ist der Körper des Kindes untersetzt, da es stärker an Umfang und Durchmesser zunimmt als an Länge. Bis zu vier oder fünf Jahren ist der Rumpf sackförmig ohne deutlich erkennbare Taille, mit abfallenden Schultern, runder Brust und vorgewölbten Bauch. Von da bis zum Ende der Kindheit verliert der Rumpf allmählich das Untersetzte, und der Körper wird mehr kegelförmig. Bei dem kegelförmigen Körper werden die Schultern eckiger, der Bauch flacher, die Brust wird breiter und flacher, die Taille wird deutlich sichtbar, das Bekken wird breiter (26, 192).

Die Form des Erwachsenenrumpfes wird weitgehend durch das Alter bestimmt, in dem die Geschlechtsreife eingetreten ist. Die typisch männliche Figur mit breiten Schultern und schmalen Hüften ist charakteristisch für Jungen, die später als der Durchschnitt reif werden. Dagegen ist ein eher weiblicher Körperbau mit breiten Hüften und schmalen Schultern mehr charakteristisch für Jungen, die früh reif werden. Mädchen, die spät reif werden, haben breitere Schultern und Hüften als Mädchen, die früh reif werden. Ohne das Alter der Erreichung der Reife zu beachten, kann man sagen, daß Mädchen stärker in der Hüftgegend zunehmen als Jungen, da sich das Bekken erweitert (17, 163).

Proportionen der Arme und Beine. Bei der Geburt sind die Beine proportional zu kurz, die Arme zu lang, die Hände und Füße zu klein. Wenn der Erwachsene Beine hätte, die in den Proportionen denen eines neugeborenen Kindes entsprächen, dann würden sich seine Hüften gerade über der Höhe des Knies befinden (154). Das Wachstum muß deshalb mit verschiedener Geschwindigkeit ablaufen, ehe die endgültigen Proportionen sich einstellen.

Die Länge der Arme nimmt von der Geburt bis zu zwei Jahren um 60 bis 75% zu. Wenn das Kind acht Jahre alt ist, sind die Arme fast um 50% länger, als sie es mit zwei Jahren waren. Die Arme sind sehr dünn und haben keine bemerkenswerte Muskelentwicklung. Zwischen acht und sechzehn bis achtzehn Jahren wachsen die Arme nur langsam in die Länge, dagegen entwickelt sich die Form des Armes dadurch, daß die Muskulatur zunimmt. Ein Kind, das früh reif ist, hat im allgemeinen kürzere Arme zu dem Zeitpunkt der Reife als das Kind, das spät reif wird (17, 198).

Die Beine des neugeborenen Kindes sind kurz und gebogen, so daß die Fußsohlen zueinander zeigen. Wenn die Beine an Länge zunehmen, werden sie auch gerader. Wenn das Kind sechs Jahre alt ist, sollten seine Beine und Knie gerade sein. Während der ersten beiden Lebensjahre wachsen die Beine um 40%; mit acht Jahren sind sie 50% länger als mit zwei Jahren. Die Beine wachsen also zuerst langsamer als die Arme. Bis zum Jugendalter haben die Beine die vierfache Geburtslänge erreicht und bis zur Reife die fünffache Länge. Ebenso wie die Arme sind auch die Beine bis zur Pubertät dünn. Dann nehmen sie an Länge nur noch langsam zu, die Muskeln aber entwickeln sich stärker, was zu einer deutlichen Veränderung der Form führt. Diejenigen, die früh reifen, haben bei der Reife stämmigere Beine, diejenigen, die später reifen, haben die charakteristischen langen, schlanken Beine (163).

Die Hände und Füße des neugeborenen Kindes müssen sowohl an Größe als auch hinsichtlich der Muskelentwicklung zunehmen, ehe sie überhaupt gebraucht werden können. Während der frühen und mittleren Kindheit sind die Finger kurz und dick wegen des langsamen Wachstums der Knochen. Die Hände wachsen schnell im ersten Teil der Pubertät und erreichen ihre volle Größe und Form bis zum vierzehnten oder fünfzehnten Lebensjahr.

Auch für die Füße kommt ein Wachstumsschub zu Beginn der Pubertät; sie erreichen ihre volle Größe etwa um dieselbe Zeit wie die Hände. Es gibt deutliche individuelle Unterschiede in der Größe und der Form der Füße in der Kindheit. Jungen haben in jedem Alter größere Füße als Mädchen, und ihre Füße erreichen die volle Größe erst später. Es besteht eine bestimmte Korrelation zwischen der Größe der Füße und der Größe des Individuums (198, 200).

Bedeutung von Veränderungen der Proportionen

Die Veränderungen der Körperproportionen, die vor sich gehen, wenn sich das Kind entwickelt, haben drei wichtige Konsequenzen. Zuerst einmal geht zeitweilig die Beherrschung über den Körper verloren, wenn sich die Proportionen zu rasch verändern. Das Kind, das gewisse Fertigkeiten beherrschte, die den Gebrauch der Hände erforderten, merkt z. B., daß diese Fertigkeiten nachlassen, wenn in der Pubertät seine Hände größer werden und seine gedrungenen Finger lang und spitz werden. Es ist für ein Kind nicht leicht, seine Fertigkeiten neu zu entwickeln, aber wenn es das nicht tut, wird es ungeschickt und plump im Vergleich zu seinen Altersgenossen erscheinen, und das wird es in seinen sozialen Beziehungen behindern.

Die zweite wichtige Folge der körperlichen Disproportioniertheit besteht in dem Einfluß, den sie auf das Aussehen ausübt. Da die Schönheit nach der Übereinstimmung mit den Proportionen des Erwachsenen beurteilt wird, ruft das Kind den Eindruck hervor, daß es besonders zum Ende der Kindheit und zu Beginn der Pubertät unansehnlich ist. Beim Übergang von den Milchzähnen zu den bleibenden Zähnen z. B. scheint der Mund des Kindes zu groß für den Rest des Gesichtes zu sein und für die schmalen kindlichen Lippen. Wenn das feine Haar des kleinen Kindes übergeht in das grobere Haar des Jugendlichen, ist das Haar nicht zu bändigen und sieht oft struppig aus. Die Verachtung des Kindes für Körperpflege macht es noch unansehnlicher als seine Disproportioniertheit es schon tut (54, 78). Das Interesse eines Jungen an seiner Erscheinung wird als mädchenhaft angesehen, und als Folge davon macht es den Jungen Freude, sich so nachlässig zu kleiden, wie es die Eltern nur eben erlauben. Die Mädchen dagegen fangen an, sich für ihr Aussehen zu interessieren, wenn sie sich der Pubertät nähern. Da Kindern ihr Aussehen verhältnismäßig gleichgültig ist, stört sie auch ihre Unansehnlichkeit nicht, es sei denn, sie sind so häßlich, daß andere Bemerkungen darüber machen (9, 202).

Das Aussehen eines Kindes ist den Eltern wichtig, besonders der Mutter. Wenn es körperlich nicht anziehend ist, macht sie sich Gedanken und sucht nach Möglichkeiten, sein Aussehen zu verbessern – meistens Bemühungen, denen das Kind Widerstand leistet oder die es nicht beachtet. Das Aussehen des Kindes ist ebenfalls wichtig für Erwachsene außerhalb der Familie. Es beeinflußt die Art, wie sie es behandeln, und das wiederum beeinflußt die Einstellung des Kindes gegenüber anderen Leuten ganz allgemein und gegenüber sich selbst.

Kinder, die nett aussehen, rufen bei Erwachsenen freundlichere Reaktionen hervor als die unansehnlichen Kinder. Je freundlicher ein Kind behandelt wird, desto eher wird es darauf eingestellt, die Leute zu mögen und eine Wiederholung der freundlichen Behandlung zu suchen, indem es ein Verhalten an den Tag legt, das diese freundlichen Reaktionen gewährleistet. Im Gegensatz dazu spürt das wenig anziehende Kind, daß es keinen „netten Eindruck" macht; das führt dazu, daß es sich von anderen zurückzieht oder ein für andere nicht annehmbares Verhalten zeigt (39).

Die dritte Folge des asynchronen Wachstums ist die, daß die Körperproportionen auf den verschiedenen Altersstufen als wichtige Hinweise für das Stadium der Reife, in dem sich ein Kind befindet, dienen. Es gibt Belege dafür, daß das Verhältnis der einzelnen Teile des Körpers zueinander in engem Zusammenhang mit dem Grad der Reife steht. Das wiederum ist ein Anzeichen für die Schulreife. In der frühen Kindheit, wenn die Körperproportionen durch Kopflastigkeit gekennzeichnet werden, ist das Kind noch nicht reif für das, was die Schule von ihm verlangt. Falls der Kopf des Kindes im Verhältnis zu seinem Körper weiterhin zu schwer bleibt, wenn es in das schulpflichtige Alter kommt, ist es wahrscheinlich, daß es schon im ersten Schuljahr versagt, obwohl sein IQ noch in den Bereich des Normalen fällt. Der schlankere Körperbau – der charakteristische Körperbau der mittleren Kindheit – findet sich bei den Kindern, die schulreif sind (192).

Simon meint bei einer Beschreibung der Beziehung zwischen dem Verhältnis der einzelnen Teile des Körpers zueinander und dem Grad der Reife: „Die körperliche Reife spiegelt sich nicht nur in oberflächlichen Zügen des Körper wider, sondern im Grad der Reife des zentralen Nervensystems, das wiederum solchem Verhalten wie der Bereitschaft, sich Beschränkungen zu unterwerfen und Aufgaben zu übernehmen, zugrunde liegt" (192). Das Kind, das Übergewicht hat, ruft den Eindruck hervor, weniger reif zu sein, als es wirklich der Fall ist, wogegen das dünne, langbeinige Kind vielleicht reifer wirkt, als es ist. Darüber hinaus besteht bei vielen Leuten die Tendenz, kleinkindhaftes Verhalten mit einem etwas untersetzten Körperbau zu assoziieren und Reife mit einem schlanken Körperbau und das Kind seinem Aussehen entsprechend zu behandeln (192).

Knochen

Die Entwicklung der Knochen besteht aus einer Zunahme der Knochengröße, einer Veränderung der Zahl der Knochen und einer Veränderung ihrer Zusammensetzung. Sie hat dieselbe allgemeine Richtung wie das Größenwachstum, geht also schnell während des ersten Lebensjahres vor sich, dann relativ langsam bis zur Pubertät und dann wieder schnell (92, 200).

In den ersten Monaten nach der Geburt ist das Knochengewebe weich und schwammig. An einigen Stellen, die später zu Knochen werden, ist Knorpel oder Membrane vorhanden. Die kindlichen Knochen enthalten mehr Wasser und eiweißartige Substanzen und weniger Mineralsalze als die Knochen eines Erwachsenen. Es fließt mehr Blut durch sie hindurch, um sie mit den zum Wachstum notwendigen Stoffen zu versorgen. Die äußere Hülle oder Periosteum ist dick und verhindert so komplizierte Brüche. Die kindlichen Knochen sind nicht fest ineinander gefügt, sondern es besteht ein großer Zwischenraum zwischen den Knochenenden. Die Sehnen an den Gelenken sind länger und weniger stark befestigt als beim Erwachsenen. Die Knochen wachsen am Ende, der Epiphysis, in die Länge, wo Knorpel den Knochenschaft, die Diaphysis, von anderen Knochen trennt. Der ursprüngliche Knorpel an der Epiphysis wird allmählich in Knochen verwandelt, und solange Epiphysis und Diaphysis nicht verschmelzen, wächst der Knochen weiter. Durch das Geschlechtshormon angeregt, verschmelzen beide in der Pubertät, und das Wachsen wird beendet. In die Breite wachsen Knochen dadurch, daß neues Knochengewebe an der Außenseite hinzugefügt wird (152).

Verknöcherung (Ossifikation)

Die Verknöcherung oder die Ossifikation geschieht vollständig nach der Geburt. Sie setzt im Anfang des ersten Lebensjahres ein und hört während der Pubertät auf. Die Verknöcherung findet allmählich statt und ist auf das Einführen von Kalzium, Phosphor und anderen Mineralsalzen in die Knochenstruktur zurückzuführen. Der Vorgang der Verknöcherung setzt im „Ossifikationszentrum" im Knorpel ein und dehnt sich allmählich durch den Knochen aus. Ein Knochen kann auch mehr als ein Ossifikationszentrum haben. Es wird angenommen, daß es mehr als achthundert solche Zentren im menschlichen Körper gibt, von denen die Hälfte erst nach der Geburt auftaucht. Bis zur völligen Ausbildung des Skeletts entstehen noch immer wieder neue Zentren. Nach Beendigung des Verknöcherungsvorganges hat jeder Knochen seine charakteristische Form (200).

Die Verknöcherung geht in den einzelnen Teilen des Körpers unterschiedlich schnell vor sich. Die Fontanellen haben sich z. B. geschlossen bei mehr als 50% aller Kinder von 18 Monaten und bei fast allen Zweijährigen. Dagegen tritt die vollständige Verknöcherung der großen Knochen des Beines nicht vor der Pubertät ein. Es gibt auch starke geschlechtsspezifische Unterschiede hinsichtlich der Schnelligkeit der Verknöcherung, wobei die Mädchen den Jungen auf jeder Altersstufe voraus sind. Durch Röntgenaufnahmen der Hand und des Handgelenkes ist es möglich, festzustellen, mit welcher Geschwindigkeit die Verknöcherung vor sich geht, und das ungefähre Alter vorherzusagen, wann ein Kind die Pubertät erreichen wird und sein Skelett voll ausgebildet ist (18, 92).

Bedeutung der Verknöcherung. Da die Knochen zuerst weich sind, ist der Körper des Säuglings biegsam; ohne Schwierigkeiten kann er seltsame Stellungen einnehmen. Er kann z. B. auf dem Rücken liegend seine Zehen in den Mund stecken. Darüber hinaus besteht die Gefahr, daß die Knochen durch Druck verformt werden, wenn nicht entsprechend Vorsorge getroffen wird. Der Hinterkopf kann flach werden, wenn das Kind immer auf dem Rücken schläft, oder aber die Brust kann flach werden, wenn es überwiegend auf dem Bauch schläft. Selbst in den Vorschuljahren können durch zu kleine Schuhe oder durch verkrampfte Haltung beim Unterricht Knochenverformungen auftreten.

Die Verknöcherung hängt überwiegend von der Sekretion eines Hormones aus der Schilddrüse ab. Besteht ein Mangel an diesem Hormon, dann wird der Verknöcherungsprozeß verzögert. Es besteht auch eine enge Beziehung zwischen Verknöcherung und Ernährung. Kinder aus höheren sozioökonomischen Gruppen haben eine beschleunigte Entwicklung. Wenn sich die Verknöcherung verzögert wegen unzulänglicher Ablagerung von Mineralsalzen, weil das Hormon der Schilddrüse nicht in hinreichender Menge produziert wird oder weil die Ernährung Mängel aufweist, verbiegen sich die Beine des Kindes oder andere Skelettverformungen treten auf, da die Knochen nicht hart genug sind, um dem Druck des Körpergewichtes Widerstand zu leisten (52, 152).

Die Zähne

Das Kind bekommt zweimal Zähne, die Milchzähne und die bleibenden Zähne.

Zwischen diesen gibt es mehrere wichtige Unterschiede: 1. beträgt die Zahl der Milchzähne 20 gegenüber 32 bei den bleibenden Zähnen, 2. sind die Milchzähne kleiner als die bleibenden Zähne und 3. sind die bleibenden Zähne von einer besseren Beschaffenheit und deshalb auch haltbarer. Das Wachstum der Zähne ist ein fortlaufender Prozeß vom dritten vorgeburtlichen Monat an, wenn sich die Zähne im Kiefer bilden, bis die Weisheitszähne zwischen 21 und 25 Jahren ihre volle Größe haben. Der Durchbruch der Milchzähne wird von körperlichen Beschwerden oder sogar von Schmerzen begleitet, wodurch das Kind oft den Appetit verliert und reizbar und nervös wird. Die bleibenden Zähne treten meistens ohne größere Beschwerden zu bereiten durch das Zahnfleisch hindurch.

Die Milchzähne. Gewöhnlich bricht der erste Milchzahn zwischen dem sechsten und achten Monat durch, aber der Zeitpunkt des Durchbruchs kann sehr unterschiedlich liegen und hängt von Gesundheit, Erbanlagen, Ernährung vor und nach der Geburt, Rasse, Geschlecht und weiteren Faktoren ab. Etwa eines von 2000 Kindern wird mit einem oder mehreren Zähnen geboren, meistens den unteren mittleren Schneidezähnen. Es wird angenommen, daß nur ein Prozent der weißen Kinder den ersten Zahn vor dem vierten Lebensmonat bekommt und etwa ein Prozent erst nach dem ersten Geburtstag. Bis zum Alter von sechs Monaten hat eines von drei Kindern wenigstens einen Zahn, und im Alter von neun Monaten hat das Durchschnittskind drei Zähne (156, 200). Bei Mädchen bricht im allgemeinen der erste Zahn etwas eher durch als bei Jungen, aber im Alter von neun Monaten bis zu zwei Jahren sind die Jungen gewöhnlich den Mädchen voraus.
Die Reihenfolge des Durchbruchs der Milchzähne ist wichtiger als der Zeitpunkt. Durchweg brechen die unteren Zähne vor den oberen durch. Bei Unregelmäßigkeiten in der Reihenfolge des Durchbrechens besteht die Möglichkeit, daß die Stellung der Kiefer verändert wird und Okklusionsanomalien auftreten oder die Zähne schlecht ausgerichtet sind. Das wiederum kann einen dauernden Einfluß auf die Form der unteren Gesichtshälfte ausüben und die Ursache dafür sein, daß auch die bleibenden Zähne schlecht ausgerichtet sind. Im vorgeburtlichen Zeitraum, mit zehn Monaten, mit zweieinhalb Jahren und im Alter von fünf Jahren sind die Milchzähne besonders anfällig gegen Störungen des Stoffwechsels (134).

Die bleibenden Zähne. Selbst nachdem die Milchzähne durchgebrochen sind, geht die Entwicklung weiter, da die Kalkanreicherung für die bleibenden Zähne beginnt. Die Reihenfolge der Kalkanreicherung entspricht der des späteren Durchbruchs. Im Durchschnitt hat ein Kind von sechs Jahren einen oder zwei bleibende Zähne, mit acht Jahren hat es 10 oder 11, mit zehn Jahren 14 oder 16, mit zwölf Jahren 24 oder 26, mit dreizehn 27 oder 28. Die letzten vier bleibenden Zähne, die Weisheitszähne, brechen zwischen siebzehn und fünfundzwanzig Jahren durch, falls sie überhaupt kommen.
Mädchen verlieren ihre Milchzähne früher als Jungen. Abgesehen von den Weisheitszähnen bekommen sie ihre bleibenden Zähne auch früher. Kinder mit einer Intelligenz, die niedriger als normal ist, bekommen ihre bleibenden Zähne später als Kinder mit durchschnittlicher Intelligenz, und Kinder mit überdurchschnittlicher Intelligenz sind den anderen auf diesem Gebiet etwas voraus (134, 200).
Schon ehe alle bleibenden Zähne durchgebrochen sind, leiden die meisten Kinder an Karies. Karies entsteht am häufigsten in Zeiten des schnellen Wachstums, wenn die Anforderungen an die Nahrung die höchsten sind und wenn die Nahrung mit Wahrscheinlichkeit unausgewogen ist. Während des pubertären Wachstumsschubes kommt Karies besonders häufig vor (177).

Die psychologische Bedeutung der Zähne

Die Zähne sind ebenso psychologisch von Bedeutung wie sie physiologisch von Bedeutung sind. Das körperliche Unbehagen, das mit dem Durchbruch der

Milchzähne einhergeht, ist z. T. der Grund für die erhöhte Erregbarkeit, die im zweiten Teil des ersten Lebensjahres einsetzt und bis ins dritte bestehen bleibt. Obwohl das Zahnen nicht den einzigen Grund für die Unausgeglichenheit in diesem Alter darstellt, so steht es doch außer Frage, daß das Zahnen dem Kind Unannehmlichkeiten bereitet und es seinen normalen Zeitplan des Essens und Schlafens stört.

Die letzten Milchzähne, die durch das Zahnfleisch brechen – die großen Backenzähne – bereiten dem Kind mit größter Wahrscheinlichkeit Unbehagen. Der Durchbruch findet zu Ende des zweiten oder zu Anfang des dritten Lebensjahres statt, zu einem Zeitpunkt, wenn das kleine Kind seinen Körper schon so weit beherrscht, daß es den Wunsch nach Unabhängigkeit von der Hilfe und Beaufsichtigung der Erwachsenen verspürt. Unbehagen oder Schmerzen bringen es von vornherein in eine Lage, in der es auf alles, was quer läuft, mit größerer emotionaler Intensität reagiert, als es das normalerweise tun würde. Als Folge davon werden Kinder oft zu „Problemkindern". Wenn die Eltern versuchen, sie zu strafen, werden sie noch aufsässiger.

Obwohl der Durchbruch der bleibenden Zähne durchweg viel weniger Schmerzen verursacht als der Durchbruch der Milchzähne, da die bleibenden Zähne durch die Löcher im Zahnfleisch kommen, in denen die Milchzähne gesteckt haben, sind die bleibenden Zähne psychologisch von Bedeutung sowohl als Hinweis auf den G r a d d e r R e i f e des Kindes als auch ein Zeichen für andere, daß das Kind älter wird. Church und Stone meinen: „Wenn das Kind seine Milchzähne verliert, verändert sich seine äußere Erscheinung in einer Art, die ziemlich genau die inneren Veränderungen, die sich vollziehen, widerspiegelt" (35). Mit jedem neuen bleibenden Zahn merkt das Kind auch, daß es sich immer mehr davon entfernt, ein kleines Kind zu sein, und einen höheren Grad der Reife erreicht.

Viele Kinder versuchen deshalb, die Arbeit der Natur zu beschleunigen. Wenn sich ein Milchzahn im Zahnfleisch lokkert, zerrt das Kind daran herum, um ihn schneller heraus zu bekommen. Kauen oder Beißen mit einem losen Zahn kann sehr schmerzhaft sein, das bestärkt nur den Wunsch des Kindes, den Zahn los zu werden. Vielfach ist es üblich, einen Milchzahn zu entfernen, indem ein Faden daran gebunden wird und der Zahn durch rasches Ziehen am Faden gezogen wird. Belohnungen, die die Eltern in diesem Fall dem Kind gewähren, erhöhen den Anreiz ebenfalls.

Wenn es auch eine Befriedigung für das Kind bedeutet, die Milchzähne zu verlieren, ist es doch schlecht, dabei zu große Eile an den Tag zu legen. Normalerweise ist der Zwischenraum zwischen dem Verlust eines Milchzahnes und dem Durchbruch des bleibenden Zahnes, der ihn ersetzt, verhältnismäßig kurz. Dieser Zwischenraum wird verlängert, wenn der Milchzahn vorzeitig gezogen wird. Als Folge kann der Kiefer schrumpfen, wenn kein Zahn nahe genug an der Oberfläche ist, um das Zahnfleisch zu dehnen. Wenn der bleibende Zahn schließlich so weit ist, daß er durchbrechen kann, ist der Zwischenraum im Kiefer vielleicht zu klein. Das führt oft dazu, daß der bleibende Zahn schief nachwächst und den Nachbarzahn überdeckt. Schiefe Zähne stören das Kind vielleicht nicht, solange es klein ist, aber wenn es das Stadium in der Jugend erreicht, in dem ihm sein Aussehen wichtig ist, stört es das Kind. Untersuchungen über körperliche Eigenschaften, über die sich Jugendliche Sorgen machen, haben erwiesen, daß schiefe Zähne weit oben in der Rangfolge stehen. Viele Jugendliche, deren Zähne nicht schön aussehen, weil sie schief gewachsen sind, versuchen möglichst wenig zu lächeln; sie erwecken so den Eindruck, daß sie unfreundlich sind (9, 76, 187).

Eine noch ernstere Folge des zu frühen Verlustes der Milchzähne ist die der Wirkung auf das S p r e c h e n. Während des Überganges von den Milchzähnen zu den bleibenden Zähnen besteht normalerweise eine Lücke im vorderen Teil des Kiefers; und die meisten Kinder fangen an zu l i s p e l n. Da die vorderen Zähne besonders wichtig sind und das Kind vor allem diese durch große bleibende Zähne ersetzt haben möchte, werden gerade die vorderen Zähne mit aller Wahrscheinlichkeit herausgezogen, sobald sie sich lockern. Je länger der Zwischenraum zwischen Milchzähnen und bleibenden Zähnen ist, umso länger ist auch die Zeit des Lispelns und umso geringer ist die Wahrscheinlichkeit, daß diese Angewohnheit wieder verschwindet, nachdem die bleibenden Zähne durchgebrochen sind. Wenn nicht Schritte unternommen werden, um das Lispeln zu korrigieren, kann es zu einem ständigen Sprechfehler werden (160).

Die Entwicklung des Nervensystems

Das Nervensystem wächst vor der Geburt und in den ersten 3 bis 4 Jahren nach der Geburt sehr schnell. Das Wachstum vor der Geburt besteht überwiegend, wie bereits im Kapitel über die vorgeburtliche Entwicklung erwähnt, aus einer Zunahme der Zahl und der Größe der Nervenzellen, wogegen das spätere Wachstum überwiegend darin besteht, daß sich die bei der Geburt vorhandenen unreifen Zellen entwickeln. Nach dem Alter von drei oder vier Jahren wächst das Nervensystem nur relativ langsam.

Das Wachstum des Gehirns kann nicht direkt untersucht werden; es muß aus Untersuchungen an Gehirnen von Gestorbenen und aus äußeren Messungen der Schädelentwicklung bei lebenden Kindern erschlossen werden. Diese Messungen zeigen, daß das Gehirn sehr schnell von der Geburt bis zum Alter von vier Jahren wächst, daß es zwischen vier und acht Jahren langsamer wächst und daß das Wachstum dann noch langsamer wird bis etwa zum Alter von sechzehn Jahren, wenn es die volle Größe erreicht hat. Da die Schädelknochen während der ersten Lebensmonate lose durch Membranen verbunden sind, ist viel Platz zum Wachsen vorhanden.

Bei der Geburt wiegt das Gehirn durchschnittlich 350 g, das Gehirn des Erwachsenen dagegen zwischen 1 260 und 1 400 g. Ein Viertel des Gewichtes des Erwachsenengehirnes ist bei der Geburt vorhanden, die Hälfte im Alter von neun Monaten, drei Viertel am Ende des zweiten Lebensjahres, vier Fünftel bis zum Ende des vierten Lebensjahres und 90% im Alter von sechs Jahren.

Bei der Geburt beträgt das Gewicht des Gehirnes ein Achtel des Körpergewichtes, mit zehn Jahren ein Achtzehntel, mit fünfzehn Jahren ein Dreißigstel, bei der Reife ein Vierzigstel. Dieser Verlauf ist charakteristisch für das Wachstum des Großhirns und des Kleinhirns. Beide nehmen am schnellsten an Gewicht zu während der ersten beiden Lebensjahre. Das Kleinhirn, das eine wichtige Rolle für das Gleichgewicht des Körpers spielt und für die Kontrolle der Körperhaltung, nimmt während der ersten 2 Jahre nach der Geburt um etwa 300 % an Gewicht zu (200, 206).

Obwohl das Gehirn an Größe während des Jugendalters kaum noch zunimmt, entwickelt sich das Kortexgewebe noch weiter. Bis zum achten Jahr hat das Gehirn fast seine volle Größe, aber die Entwicklung der Verknüpfung der Hirnzellen und die Entwicklung der grauen Masse sind noch lange nicht beendet. Es handelt sich so um eine innere Entwicklung, die nicht in Maßen wie Größe oder Gewicht festgestellt werden kann.

Die Wirkungen des Wachstums des Gehirns. Die schnelle Größenzunahme des Gehirns während der ersten Lebensjahre ist ein Grund dafür, daß der Kopf im Vergleich zum Körper so schwer wirkt. Da das Großhirn verantwortlich ist für die Kontrolle der geistigen Funktionen, wie das Kleinhirn verantwortlich ist für die Kontrolle der Haltung und des Gleichgewichtes, ermöglicht es das schnelle Wachstum dieser beiden Teile des Gehirnes, daß das Kind von einem Zustand völliger Hilflosigkeit zu verhältnismäßiger Unabhängigkeit innerhalb der ersten beiden Jahre nach der Geburt gelangt. Diese Frage soll im nächsten Kapitel besprochen werden.

Mit schneller Größenzunahme und Entwicklung des Kortexgewebes im Großhirn kommt es zu einer schnellen Zunahme der geistigen Fähigkeiten. Obwohl es schwierig ist, die Intelligenzzunahme mit den Kleinkindertests genau zu messen, die zur Zeit zur Verfügung stehen, gibt es durch Beobachtung des

Verhaltens des Kindes viele Hinweise darauf, daß es sich schon früh erinnern kann, daß es mit Menschen und Gegenständen Bedeutungen assoziieren kann und daß es einfache Formen des vernünftigen Denkens beherrscht. Mit jedem Jahr nehmen die intellektuellen Fähigkeiten deutlich zu (16).

Veränderungen in der Pubertät

Ehe die Kindheit endet, setzen die körperlichen Veränderungen ein, die das Kind in einen geschlechtsreifen Erwachsenen verwandeln. Die Zeit, zu der diese Veränderungen auftreten, wird Pubertät genannt – nach dem lateinischen Wort pubertas – Mannbarkeit, Mannesalter. Entgegen der allgemeinen Meinung ist die Verwandlung vom Kind zum Erwachsenen keine schnelle Metamorphose. Im Durchschnitt dauert sie zwischen zwei und vier Jahren. Annähernd eine Hälfte der Pubertät greift noch in den letzten Teil der Kindheit über, und die andere Hälfte greift in den Anfang des Jugendalters über. In der ersten Phase der Pubertät ist das Kind genau genommen weder ein Kind noch ein Jugendlicher. Es wird oft als pubertierendes Kind oder Pubeszent bezeichnet. Abb. 4-5 zeigt, wie sich Pubertät, Kindheit und Jugendalter überlappen. Mädchen werden im Durchschnitt mit dreizehn Jahren geschlechtsreif bei Eintritt der Menarche, der ersten Menstruation. Von elf bis dreizehn Jahren finden viele körperliche Veränderungen statt. Nach der Menarche treten andere körperliche Veränderungen auf; die vorher aufgetreten sind, werden abgeschlossen. Jungen erreichen die Geschlechtsreife, die durch die erste nächtliche Ejakulation angekündigt wird, im Durchschnitt mit vierzehn Jahren. Die Veränderungen in der Pubertät setzen beim Jungen zwischen zwölf und vierzehn Jahren ein und sind nicht vor dem Alter von sechzehn oder siebzehn Jahren beendet (151, 180).

Ursachen der Pubertät

Bis zu diesem Jahrhundert waren die Ursache oder die Ursachen für die Pubertät unbekannt. Es war bekannt, daß die Pubertät zu einem vorhersagbaren Zeitpunkt eintrat und daß die körperlichen Veränderungen einem vorhersagbaren Verlauf folgten. Heute ist bekannt, daß die Veränderungen in der Pubertät durch zwei Drüsen des endokrinen Systems verursacht werden, nämlich durch eine verstärkte Tätigkeit der Hypophyse und der Keimdrüsen. Die Hypophyse, die sich an der Basis des Gehirnes befindet, erzeugt zwei Hormone, die mit diesen Veränderungen in engem Zusammenhang stehen, das Wachstumshormon, das für das Wachstum des Körpers verantwortlich ist, und ein Hormon, das die Keimdrüsen zu verstärkter Tätigkeit

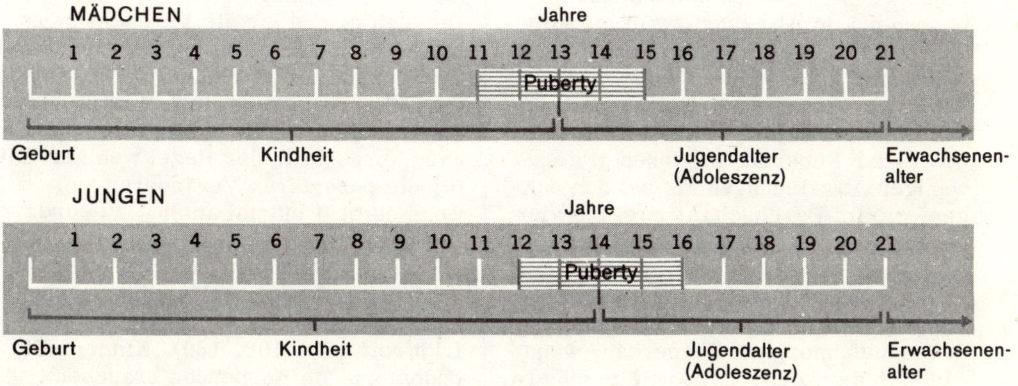

Abb. 4-5. Kindheit, Pubertät und Jugendalter überlappen sich (Puberty = Pubertät).

anregt. Kurz vor der Pubertät werden diese beiden Hormone verstärkt erzeugt; mit dem Verlauf der Pubertät nimmt die Ausschüttung zu (176).
Die Keimdrüsen sind die Drüsen des menschlichen Fortpflanzungssystems. Bei der Frau handelt es sich um die Ovarien (Eierstöcke), beim Mann um die Testes (Hoden). Obwohl diese Drüsen von der Geburt an vorhanden sind und tätig sind, wird ihre Aktivität in der Pubertät durch das gonadotrope Hormon aus der Hypophyse verstärkt angeregt. Das führt zu deutlichen körperlichen Veränderungen und zu psychologischen und Verhaltens-Veränderungen beim Kind. Bald nachdem das Kind geschlechtsreif geworden ist, beenden Hormone aus den Keimdrüsen die Aktivität des Wachstumshormons, dadurch wird das körperliche Wachstum beendet. Wenn das Verhältnis zwischen Hypophyse und Keimdrüsen ausgeglichen ist, ist die körperliche Entwicklung des Kindes normal (120, 126).

Individuelle Unterschiede. Aufgrund der Unterschiede in der Funktion der endokrinen Drüsen gibt es Unterschiede zwischen Angehörigen desselben Geschlechts hinsichtlich des Alters bei der Geschlechtsreife und der Zeitspanne, die für sie erforderlich ist. Die Mädchen beginnen im allgemeinen nicht nur früher zu pubertieren als die Jungen, sie brauchen auch weniger Zeit, bis die Veränderungen der Pubertät beendet sind. Folglich bestehen am Ende der Kindheit Unterschiede hinsichtlich der Größe, des Aussehens und des Verhaltens zwischen Jungen und Mädchen, besonders im Alter von zwölf bis vierzehn Jahren, wenn die Mädchen größer und reifer sind (17).
Mädchen benötigen im Durchschnitt annähernd drei Jahre für die Veränderungen in der Pubertät; bei ihnen gibt es weniger Abweichungen als bei den Jungen, die im Durchschnitt zwei bis vier Jahre benötigen. Die Mädchen sind auch ihrer Erwachsenengestalt bei der Geschlechtsreife schon näher als die Jungen. Jungen haben im allgemeinen einen mesomorphen Körperbau, wenn sie sich der körperlichen Reife nähern, Mädchen dagegen mehr einen endomorphen. Mädchen, die überdurchschnittlich früh die Reife erreichen, haben in ihrer Jugend einen mehr endomorphen Körperbau als Mädchen, die durchschnittlich früh reifen oder etwas später als der Durchschnitt (3, 134, 216).
Bei beiden Geschlechtern spielen Erbanlagen, Intelligenz, körperlicher Zustand und viele andere Faktoren eine wichtige Rolle für die Bestimmung des Zeitpunktes, zu dem die Geschlechtsreife einsetzt. Kinder aus gemäßigten Klimazonen reifen eher als Kinder aus tropischen oder arktischen Zonen. Stadtkinder reifen im allgemeinen eher als Landkinder. Ein höherer sozioökonomischer Status, der bessere Gesundheitsfürsorge und bessere Ernährung in den Wachstumsjahren bedingt, begünstigt ein frühes Reifen (64, 130).
Das Alter des Reifens wird deutlich vom Körperbau des Kindes beeinflußt. Das Kind mit endomorphem Körperbau – mit breiten Hüften und kurzen Beinen – wird wahrscheinlich eher als der Durchschnitt reif, wogegen das Kind mit ektomorphem Körperbau – schlanker Körper, breite Schultern, lange Beine – im allgemeinen mit den pubertären Veränderungen später als der Durchschnitt beginnt. Ebenso wie beim endomorphen Kind zeigen sich auch beim Mesomorphen, dessen Körperbau muskulös und kompakt ist, die pubertären Veränderungen etwas eher als beim Durchschnitt. Dicke Kinder erreichen die Pubertät rund ein Jahr früher als Kinder, deren Gewicht in etwa normal ist (98, 103, 130, 214).
Die Zeitspanne für die Veränderungen in der Pubertät kann sehr unterschiedlich lang sein je nach dem Alter, in dem die Pubertät beginnt, und je nach Körperbau des Kindes. Das Kind, das spät reif wird, braucht in der Regel weniger Zeit für die pubertären Veränderungen, wenn es erst einmal anfängt zu pubertieren, als das Kind, das mit der Pubertät zum durchschnittlichen Zeitpunkt beginnt, und es pubertiert häufig sogar noch schneller als das Kind, das sehr früh reif wird (108, 180). Kinder mit endomorphem Körperbau brauchen mehr Zeit, um die Pubertät zu been-

den, als Kinder mit ektomorphem oder mesomorphem Körperbau. Bei Jungen hat es sich herausgestellt, daß sie um so längere Zeit brauchen, reif zu werden, je dicker sie sind (103). Abweichungen vom Verlauf des Reifegeschehens treten ebenfalls als Folge von Geschwindigkeit und Alter des Reifeeintrittes auf. Das Kind, das spät und schnell reif wird, hat ziemlich abrupte Wachstumsschübe, wogegen das Kind, das früh und langsam reif wird, mit gleichmäßiger Geschwindigkeit wächst, wobei sein organisches Gleichgewicht gestört ist. Beim Kind, das spät reif wird, ist das Wachstum im allgemeinen unregelmäßig und asymmetrisch, wobei der Körperumfang und die inneren Organe wachstumsmäßig hinter dem Größenwachstum zurückbleiben (18).

Arten der Veränderung

In der Pubertät macht der ganze Körper innerlich und äußerlich hinsichtlich Struktur und Funktion eine Veränderung durch. Da diese Veränderungen überwiegend einem vorhersagbaren Zeitplan folgen, weiß man, was auf verschiedenen Stufen zu erwarten ist. Die Veränderungen finden am schnellsten statt und sind am ausgeprägtesten während des ersten Teiles der Pubertät. Im späteren Teil nimmt die Geschwindigkeit ab, und die Veränderungen, die vorher eingesetzt haben, werden abgeschlossen. Mit der Geschwindigkeit der körperlichen Veränderungen gehen Veränderungen der Einstellung und des Verhaltens einher.

Die körperlichen Veränderungen während der Pubertät können in vier Kategorien eingeteilt werden: 1. Veränderungen der Körpermaße, 2. Veränderungen der Körperproportionen, 3. Veränderungen der primären Geschlechtsmerkmale und 4. Entwicklung der sekundären Geschlechtsmerkmale.

1. Veränderungen der Körpermaße.

Nach dem langsamen und gleichmäßigen Wachstum des größten Teiles der Kindheit nimmt das Wachstumstempo etwa zwei Jahre, ehe das Kind geschlechtsreif wird, zu. Die Geschwindigkeit wird beschleunigt im Jahr, das der Geschlechtsreife unmittelbar vorausgeht. Es ist nicht ungewöhnlich, daß ein Kind 10 bis 15 cm in diesem Jahr wächst und 10 bis 20 Pfund zunimmt. Nachdem das Kind die Geschlechtsreife erreicht hat, läßt der Wachstumsschub nach (198).

Jungen wachsen jedoch mit größerer Geschwindigkeit weiter, was dazu führt, daß sie zum ersten Mal in ihrem Leben größer und schwerer als Mädchen sind. Wenn das Kind annähernd im Durchschnittsalter reif wird, ist das Wachstum beendet oder beinahe beendet für Mädchen mit achtzehn Jahren und für Jungen mit neunzehn oder zwanzig Jahren. Während des pubertären Wachstumsschubes nimmt die Größe im Durchschnitt um 25% zu und das Gewicht um das Doppelte (18, 134).

Da es starke individuelle Unterschiede gibt hinsichtlich des Alters, in dem die Pubertät einsetzt, der Geschwindigkeit, mit der die pubertären Veränderungen vor sich gehen, und des Zeitpunktes, zu dem die Erwachsenengröße erreicht ist, gibt es starke individuelle Unterschiede in der Größe und dem Gewicht der Kinder im Alter von zwölf bis vierzehn Jahren (140). Kinder, die früh reif werden oder deren Geschlechtsreife mit größerer Geschwindigkeit als beim Durchschnitt vor sich geht, scheinen im Vergleich mit ihren Altersgenossen viel größer zu sein, als das später der Fall ist. Ihr Wachstum verlangsamt sich, wenn das Wachstum ihrer Altersgenossen schneller wird, und wenn alle die Geschlechtsreife erreicht haben, sind die Unterschiede weniger deutlich, als sie es zum Ende der Kindheit waren.

2. Veränderungen der Körperproportionen.

Die Disproportioniertheit, die für den Körperbau des Kindes charakteristisch ist, nimmt in einigen Bereichen zu und in anderen ab, wenn die einzelnen Teile des Körpers allmählich die volle Größe und Form annehmen. Erst nach den Veränderungen der Pubertät sind alle Teile des Körpers voll gereift und deshalb auch richtig proportioniert. Im Gesicht erreicht z. B. die Nase ihre endgültige Größe und Form früher als der Mund und der Kiefer. Im kindlichen Profil ist so der

obere Teil des Gesichtes vorgewölbt, während das Kinn zurückweicht. In ähnlicher Weise erreichen die Hände und Füße ihre volle Größe früher als Arme und Beine (198).
Veränderungen der Proportionen treten im Innern des Körpers genauso auf wie an der Oberfläche. In der Kindheit ist z. B. das Herz klein, die Venen und Arterien sind groß. Nach den pubertären Veränderungen ist es genau umgekehrt. Weiter sind die Venen im Verhältnis zu den Arterien in der Kindheit kleiner als in der Jugend. Der eher röhrenförmige Magen des kleinen Kindes, der quer im Körper liegt, nimmt in der Pubertät eine sackartige Form und eine mehr senkrechte Lage an. Er kann also mehr Speisen aufnehmen und entleert sich nicht so schnell wie in der Kindheit (105, 206).

3. Die primären Geschlechtsmerkmale.
Die Geschlechtsorgane, die „primären Geschlechtsmerkmale", sind in der Kindheit klein und hinsichtlich ihrer Funktion unreif. Kurz vor oder gleichzeitig mit dem pubertären Wachstumsschub werden sie bei Jungen und Mädchen größer. Da die Geschlechtsorgane beim Mädchen im Körper liegen, ist der einzige Hinweis auf das Wachstum die Tatsache, daß sein Unterleib sich vorzuwölben beginnt. Bei Jungen dagegen liegen die Geschlechtsorgane überwiegend außerhalb des Körpers, und ihr Wachstum ist für das Kind leicht erkennbar. Auch für die Entwicklung der Geschlechtsorgane gibt es einen Zeitplan. Die Testes, die Keimdrüsen beim Mann, nehmen an Größe zu Beginn der Pubertät rasch zu und sind funktionsbereit ein oder zwei Jahre später – in einem Durchschnittsalter von vierzehn Jahren. Kurz nachdem der Wachstumsschub der Testes einsetzt, beginnt der Penis, der in den früheren Jahren der Kindheit klein gewesen ist, zunächst an Länge und dann an Umfang zuzunehmen (66). Mit Beginn der Pubertät setzt auch für die weiblichen Keimdrüsen, die Ovarien, ein Wachstumsschub ein. Der Beweis dafür, daß sie zu ihrer vollen Funktion ausgereift sind, ist die Menarche, die im Durchschnitt mit dreizehn Jahren eintritt und das Ende der Kindheit und den Anfang des Jugendalters kennzeichnet. Kurz nachdem der Wachstumsschub für die Ovarien einsetzt, setzt auch eine Zeit des schnellen Wachstums des Uterus und anderer Teile des weiblichen Fortpflanzungsapparates ein. Da deren Entwicklung jedoch hinter der der Ovarien zurückbleibt, ist der Fortpflanzungsapparat für mehrere Monate oder Jahre nach der Menarche noch nicht dazu bereit, ein Kind auszutragen. Diesen Zwischenraum kann man „Sterilität des Jugendalters" nennen (166).

4. Sekundäre Geschlechtsmerkmale.
Die sekundären Geschlechtsmerkmale sind die körperlichen Züge, die den männlichen vom weiblichen Körper unterscheiden. Sie werden „sekundär" genannt, da sie im Gegensatz zu den Geschlechtsorganen nicht in direkter Beziehung zur Fortpflanzung stehen. Auch sie entwickeln sich nach einem festgelegten Verlauf. Zu Beginn der Pubertät, wenn der Wachstumsschub der primären Geschlechtsmerkmale einsetzt, entwickeln sich die sekundären Geschlechtsmerkmale. Während der ersten zwei oder drei Jahre des Jugendalters beenden sie ihre Entwicklung. Das Mädchen, das mit durchschnittlich dreizehn Jahren reif wird, hat den Körper einer jungen Frau, wenn es fünfzehn oder sechzehn Jahre alt ist; ein durchschnittlicher Junge hat den Körper eines jungen Mannes mit sechzehn oder siebzehn Jahren.
Die wichtigsten der sekundären Geschlechtsmerkmale, die sich in der Pubertät entwickeln, sind das Wachstum von Haar am Körper und im Gesicht, die Entwicklung der weiblichen Brüste und Hüften, der Wechsel der Stimme von der hohen Stimmlage des Kindes zu der tiefen des Erwachsenen, die Entwicklung von Muskeln – besonders an Schultern, Armen und Beinen – und die Veränderung von der dünnen durchsichtigen Haut des Kindes zu der dickeren und weniger durchsichtigen Haut des Erwachsenen. Obwohl diese körperlichen Veränderungen am Ende der Kindheit noch unvollständig sind, sind sie so weit fortgeschritten, daß ein Mädchen leicht von einem Jungen

in seiner Erscheinung unterschieden werden kann; die Umrisse des Körpers unterscheiden sich völlig voneinander (176, 183).

Folgen der pubertären Veränderungen. Körperliche Veränderungen gehen immer mit einer Veränderung des Verhaltens und der Einstellung einher. Wenn es sich um so weitreichende und schnelle Veränderungen wie in der Pubertät handelt, sind die Folgen so stark, daß der bis dahin übliche oder normale Ablauf des kindlichen Lebens gestört ist. Das Kind fühlt sich unsicher und ist verwirrt. Das führt zu einem Verhalten, das nicht vorhersagbar und oft unsozial ist. Aus diesem Grund wird die Pubertät oft die „negative Phase" genannt. Der Ausdruck Phase deutet darauf hin, daß dieses Verhalten oft nur von kurzer Dauer ist. Wenn sich die Geschwindigkeit des Wachsens verringert und die Veränderungen des Körpers fast beendet sind, bessert sich das Verhalten allmählich. Das Kind paßt sich seinem neuen Körper und seinen neuen Gefühlen an (67, 78, 176).
Weil Wachstum und Entwicklung am schnellsten sind, ehe das Kind geschlechtsreif wird, liegt der schwierigste Teil der negativen Phase am Ende der Kindheit. Obgleich einige Folgen bis ins frühe Jugendalter hinein vorhalten, nehmen sie doch schnell ab. Bei Mädchen z. B. ist der schlimmste Teil der negativen Phase vorbei, wenn die Menarche eintritt. Außerdem scheinen die Veränderungen des Verhaltens und der Einstellung in der Pubertät oft schlimmer zu sein, als sie es wirklich sind, weil sie auf eine Zeit der guten sozialen Anpassung und der ausgeglichenen Emotionen folgen (45, 78).

Körperliche und soziale Ursachen. Die Veränderungen des Verhaltens und der Einstellung während der Pubertät haben ebenso soziale wie körperliche Ursachen. Welche davon wichtiger sind, kann man im Augenblick nur vermuten, wenn es auch den Anschein hat, daß körperliche Faktoren stärkeren Einfluß auf die Veränderung des Verhaltens haben, soziale Faktoren dagegen stärkeren Einfluß auf die Veränderung der Einstellungen. Welche Rolle genau jede der beiden Arten von Faktoren für die Bestimmung der Form und der Stärke der Veränderungen spielt, ist noch unbekannt. Zu den körperlichen Ursachen läßt sich sagen, daß eine vorübergehende Störung der Homöostase eintritt, wie sie sich in einem Ansteigen des Blutdruckes, des Grundumsatzes und der Pulsfrequenz im ersten Teil der Pubertät niederschlägt. Diese Störung wird bei beiden Geschlechtern besonders deutlich im Jahre vor der Geschlechtsreife, wenn sie auch bei Mädchen unmittelbar vor Eintritt der Menarche besonders zu erkennen ist. Je schneller Wachstum und Entwicklung während des ersten Teiles der Pubertät vor sich gehen, desto stärker ist die Störung der Homöostase (55, 58). Es gibt Belege dafür, daß ein Teil der Spannungen und des Druckes, der in der Pubertät auftritt, auf schlechte Essensgewohnheiten zurückzuführen ist, die den Ernährungszustand beeinflussen (172). Veränderungen des endokrinen Gleichgewichtes, als Folge der verstärkten Aktivität der Hypophyse und der Keimdrüsen, vergrößern die Störungen der Homöostase (2, 55, 58, 176). Außerdem gibt es Belege dafür, daß das heterosexuelle Streben, das die Interessen, Gedanken und Handlungen des pubertierenden Kindes auf Angehörige des anderen Geschlechtes richtet, endokrine Ursachen hat. Welche Form die Interessen, Gedanken und Handlungen annehmen, ist weitgehend eine Frage des Lernens; dieses wird durch sozialen Druck beeinflußt (182).
Soziale Einflüsse sind manchmal noch wichtiger als körperliche Faktoren. Wenn das Kind größer wird und zunehmend einem Erwachsenen gleicht, verändert sich sein Status in der Gruppe – die soziale Gruppe im Elternhaus, der Schule und der Gemeinschaft stellt veränderte Anforderungen – und seine Einstellung zum anderen Geschlecht. Beunruhigung über seinen sich verändernden Körper und die Meinungen anderer dazu, Gedanken über seine Beziehungen zu Kameraden beider Geschlechter und sorgenvolle Gedanken über seine Fähigkeit, sich wie ein Er-

wachsener zu verhalten, sind weitgehend Folgen sozialer Erwartungen und sozialen Druckes. In keinem Fall wird das so deutlich wie in der Einstellung des pubertierenden Mädchens gegenüber der Menstruation. Was die soziale Gruppe, der es angehört, über die Menstruation denkt, wird weitgehend seine eigene Einstellung bestimmen (2, 174). Daß ein großer Teil der geänderten Einstellungen und Verhaltensweisen eher soziale als körperliche Gründe hat, kann in der Tatsache gesehen werden, daß sie fortdauern, auch nachdem die körperlichen Veränderungen der Pubertät beendet sind und die Homöostase wieder hergestellt worden ist (55, 67).

Allgemeine Einflüsse auf das Verhalten und auf Einstellungen. Wenn sich auch die Einflüsse der Pubertät auf einzelne Kinder unterscheiden, sind doch bestimmte Veränderungen des Verhaltens und der Einstellung zu diesem Zeitpunkt allgemein verbreitet. Einige haben eine physische Ursache, andere entstehen aus kulturellem Druck. Das Verhalten des pubertierenden Kindes zeigt sich typischerweise darin, daß Spannungen im Verhalten deutlich werden in Form von Ruhelosigkeit, Launenhaftigkeit, Anfällen von Depression, Zurückziehen von der Familie und den Freunden, einem Verlangen nach Alleinsein, Reizbarkeit, Auflehnung gegen Autorität, Bekräftigung der eigenen Unabhängigkeit, Empfindlichkeit, kritischen Angriffen auf andere, Abneigung gegen Arbeit in der Schule und zu Hause, einem allgemeinen Zustand des Unglücklichseins (89, 118).

Als Folge der durch Drüsen bedingten Veränderungen und der Veränderungen der Größe und der Lage der inneren Organe, leidet das pubertierende Kind gelegentlich unter körperlichen Störungen wie Verdauungsschwierigkeiten, Appetitlosigkeit, Kopfschmerzen, Rückenschmerzen und allgemeinem Unwohlsein. Diese Störungen treten insgesamt häufiger bei Mädchen als bei Jungen auf, wenn sie auch nur bei wenigen Jungen überhaupt nicht auftreten. Diese körperlichen Störungen sind von vorneherein nicht gerade geeignet dafür, daß das pubertierende Kind sich in einer sozial erwünschten Art verhält. Darüber hinaus ist es oft blutarm, was eher auf Essensgewohnheiten als auf chemische Veränderung des Blutes zurückzuführen ist. Das führt zu Trägheit und emotionalen Spannungen (177, 182).

Die meisten Kinder freuen sich auf die Zeit, in der sie erwachsen sein werden und die entsprechenden Freiheiten genießen, aber im allgemeinen stellen sie fest, daß das Erwachsenwerden eine schwierige und mit Spannungen verbundene Angelegenheit ist. Das kommt zum Teil daher, daß sie körperlich nicht ganz auf der Höhe sind, und zum Teil durch die Sorgen, die mit dem Erwachsenwerden einhergehen. Diese Sorgen entstehen überwiegend dadurch, daß der normale Ablauf der Pubertät nicht bekannt ist und der Zeitraum, der zum Reifen erforderlich ist. Oft werden sie noch verstärkt durch den Unterschied zwischen dem, was die Kinder zu sein gehofft hatten, und dem, was nun wirklich mit ihrem Körper in dem Übergangsprozeß geschieht. Wenn sie noch dazu sich in irgendeiner Weise von ihren Altersgenossen unterscheiden, fragen sie sich, ob sie „normal" sind. Sie werden äußerst schamhaft und versuchen, den Körper so vollständig zu bedecken, daß die Freunde nicht sehen können, wie stark oder wie schwach entwickelt sie sind (9, 167).

Einige der geschlechtsspezifischen Unterschiede des Verhaltens in der negativen Phase können auf die Tatsache zurückgeführt werden, daß Mädchen im ganzen weniger zufrieden sind mit ihrem Aussehen und mit der Rolle, die sie auf Verlangen der Gesellschaft spielen sollen, als Jungen. Mädchen machen sich sehr viele Gedanken über die Entwicklung ihres Körpers; wenn sie sich zu Frauen entwickeln, meinen sie im Laufe der Zeit, daß die Tage der Gleichstellung der Geschlechter mit der Kindheit beendet worden sind. Die Sorgen der Mädchen hinsichtlich der Übernahme der weiblichen Rolle und ihre Ablehnung Jungen gegenüber, deren Rollen sie für die besseren halten, führen leicht zu Beschwerden bei der Menstruation. Diese Beschwerden findet man nicht bei den Frauen primitiver Kulturen, in denen die Übernahme der weiblichen Rolle mit einer günstigeren Einstellung einhergeht (95, 161, 176).

Wirkungen über eine längere Zeit hinweg. Wenn die ungünstigen Einflüsse der Pubertät auf das Verhalten und die Einstellungen nur vorübergehende wären und wenn man sich darauf verlassen könnte, daß sie verschwinden, wenn die Homöostase wieder hergestellt ist, wären sie nicht weiter ernst zu nehmen, obwohl es sich für das Kind um eine unglückliche und schwierige Zeit handelt und auch für diejenigen, die mit ihm leben und arbeiten müssen. Das Kind wächst jedoch nicht automatisch aus unerwünschten Persönlichkeitszügen und Verhaltensmustern heraus. Untersuchungen haben ergeben, daß diese Züge beibehalten und oft im Laufe der Zeit schlimmer werden (116). Dieser Bereich wird im Kapitel 9 behandelt, zusammen mit den Arten des sozialen Verhaltens, die bei pubertierenden Kindern als charakteristisch festgestellt werden.

Die schwerwiegendsten und nachhaltigsten Wirkungen der Pubertät entstehen, wenn das Alter der Geschlechtsreife vom Durchschnitt abweicht. Insgesamt gesehen leidet derjenige, der spät reif wird, mit höherer Wahrscheinlichkeit psychischen Schaden als derjenige, der früh reif wird. Allerdings ist bei beiden ein Schaden wahrscheinlich. (Vgl. auch hier Kap. 9.) Abweichende geschlechtliche Entwicklung beeinflußt Jungen und Mädchen in unterschiedlicher Weise sowohl in der Pubertät als auch danach. In sozialer Hinsicht ist für Jungen frühes Reifen von Vorteil, für Mädchen dagegen nicht. Überdurchschnittliche Größe, Gewicht und Stärke tragen zu den sportlichen Fähigkeiten eines Jungen bei und heben in den Augen der altersgleichen Jungen und Mädchen sein Ansehen. Im Vergleich dazu wird das früh reifende Mädchen oft als „frühreif" angesehen. Das beeinflußt zu diesem Zeitpunkt und auch später seine soziale Anpassung. Das Mädchen, das spät reif wird, umgeht diese sozialen Probleme, wogegen dem Jungen, der spät reif wird, die Anerkennung und das Ansehen vorenthalten werden, die aus guten sportlichen Leistungen herrühren (62, 170).

Bibliographie

(1) ABEL, T. M.: Figure drawings and facial disfigurement. *Amer. J. Orthopsychiat.*, 1953, **23**, 253–264.

(2) ABEL, T. M., and N. F. JOFFEE: Cultural backgrounds of female puberty. *Amer. J. Psychother.*, 1950, **4**, 90–113.

(3) ACHESON, R. M., and C. W. DUPERTUIS: The relationship between physique and rate of skeletal maturation in boys. *Hum. Biol.*, 1959, **29**, 167–193.

(4) ADLER, A.: *Individual psychology*. New York: Harcourt, Brace & World, 1924.

(5) ALBERT, R. S.: The role of mass media and the effect of aggressive film content upon children's aggressive responses and identification choices. *Genet. Psychol. Monogr.*, 1957, **55**, 221–285.

(6) ALDOUS, J., and L. KELL: Child-rearing values of mothers in relation to their children's perceptions of their mothers' control: an exploratory study. *Marriage fam. Liv.*, 1956, **18**, 72–74.

(7) ALLEN, I.: Facial growth in children five to eight years of age. *Hum. Biol.*, 1948, **20**, 109–145.

(8) AMES, L. B.: The sense of self in nursery school children as manifested by their verbal behavior. *J. genet. Psychol.*, 1952, **81**, 193–232.

(9) ANGELINO, H., and E. V. MECH: "Fears and worries" concerning physical changes: a preliminary survey of 32 females. *J. Psychol.*, 1955, **39**, 195–198.

(10) ASHCROFT, S. C.: The blind and partially seeing. *Rev. educ. Res.*, 1959, **29**, 519–528.

(11) BANHAM, K. M.: Obstinate children are adaptable. *Ment. Hyg., N.Y.*, 1952, **36**, 84–89.

(12) BARKER, L. S., M. SCHOGGEN, P. SCHOGGEN, and R. G. BARKER: The frequency of physical disability in children: a comparison of sources of information. *Child Develpm.*, 1952, **23**, 215–226.

(13) BAYER, L. M., and M. M. SNYDER: Illness experience of a group of normal children. *Child Develpm.*, 1950, **21**, 93–120.

(14) BAYLEY, N.: Some psychological correlates of somatic androgyny. *Child Develpm.*, 1951, **22**, 47–60.

(15) BAYLEY, N.: Some increasing parent-child similarities during the growth of children. *J. educ. Psychol.*, 1954, **45**, 1–21.

(16) BAYLEY, N.: On the growth of intelligence. *Amer. Psychologist,* 1955, **10**, 805–818.

(17) BAYLEY, N.: Growth curves of height and

weight by age for boys and girls scaled according to physical maturity. *J. Pediat.*, 1956, **48,** 187–194.
(18) BAYLEY, N.: Individual patterns of development. *Child Develpm.*, 1956, **27,** 45–74.
(19) BAYLEY, N., and S. R. PINNEAU: Tables for predicting adult height from skeletal age: revised for use with the Greulich-Pyle Hand Standards. *J. Pediat.*, 1952, **40,** 423–441.
(20) BENNETT, E. M., and D. E. JOHANNSON: Psychodynamics of the diabetic child. *Psychol. Monogr.*, 1954, **68,** No. 1.
(21) BERNABEU, E. P.: The effects of severe crippling on the development of a group of children. *Psychiatry,* 1958, **21,** 169–194.
(22) BICE, H. V.: Some factors that contribute to the concept of self in the child with cerebral palsy. *Ment. Hyg., N.Y.*, 1954, **38,** 120–131.
(23) BOLES, G.: Personality factors in mothers of cerebral palsied children. *Genet. Psychol. Monogr.*, 1959, **59,** 159–218.
(24) BONNEY, M. E.: Social behavior differences between second grade children of high and low sociometric status. *J. educ. Res.*, 1955, **48,** 481–495.
(25) BOOKWALTER, K. W.: The relationship of body size and shape to physical performance. *Res. Quart. Amer. Ass. Hlth Phys. Educ. Recr.*, 1952, **23,** 271–279.
(26) BRECKENRIDGE, M. E., and E. L. VINCENT: *Child development,* 4th ed. Philadelphia: Saunders, 1960.
(27) BRIELAND, D.: Personality problems of the blind and visually handicapped as revealed by a projective technique. *Amer. Psychologist,* 1950, **5,** 340.
(28) BROWN, D. B.: Masculinity-femininity development in children. *J. consult. Psychol.*, 1957, **21,** 197–202.
(29) BROZEK, J., H. GUETZKOW, and A. KEYS: A study of personality of normal young men maintained on restricted intakes of vitamins of the B complex. *Psychosom. Med.*, 1946, **8,** 98–109.
(30) BRUCH, H.: Developmental obesity and schizophrenia. *Psychiatry,* 1958, **21,** 65–70.
(31) BRUCH, H.: Psychological aspects of obesity in adolescence. *Amer. J. publ. Hlth,* 1958, **48,** 1349–1353.
(32) BÜHLER, C.: School as a phase of human life. *Education,* 1952, **73,** 219–222.
(33) CARLSEN, A. H.: Vocational and social adjustment of physically handicapped students. *Except. Children,* 1957, **23,** 364–367, 398.
(34) CARLSON, A. J., and E. J. STIEGLITZ: Physiological changes in aging. *Ann. Amer. Acad. Pol. Soc. Sci.*, 1952, **279,** 18–31.
(35) CHURCH, J., and L. J. STONE: The early school years. *Children,* 1960, **7,** 113–114.
(36) CLARKE, T. W.: Allergy and the "problem child." *Nerv. Child,* 1952, **9,** 278–281.
(37) CLEMENTS, E. M. B.: Changes in the mean stature and weight of British children over the past seventy years. *Brit. med. J.*, Oct. 17, 1953, 892–902.
(38) CONNOR, F. P., and I. I. GOLDBERG: Children with crippling conditions and special health problems. *Rev. educ. Res.*, 1959, **29,** 471–496.
(39) CORSINI, R. J.: Appearance and criminality. *Amer. J. Sociol.*, 1959, **65,** 49–51.
(40) CRUICKSHANK, W. M.: The relation of physical disability to fear and guilt feelings. *Child Develpm.*, 1951, **22,** 291–298.
(41) CRUICKSHANK, W. M., and G. O. JOHNSON: *Education of exceptional children and youth.* Englewood Cliffs, N.J.: Prentice-Hall, 1958.
(42) DALE, J.: Seasonal variations in growth of the composite preschool child. *Med. J. Australia,* 1950, **2,** 281–285.
(43) DALE, R. J.: A method for measuring developmental tasks: scales for selected tasks at the beginning of adolescence. *Child Develpm.* 1955, **26,** 111–122.
(44) DAVIDS, A., and J. T. MAHONEY: Personality dynamics and accident proneness in an industrial setting. *J. appl. Psychol.*, 1957, **41,** 303–306.
(45) DAVIDSON, H. L., and L. S. GOTTLIEB: The emotional maturity of pre- and post-menarcheal girls. *J. genet. Psychol.*, 1955, **86,** 261–266.
(46) DAVIDSON, M. A., R. G. MC INNES, and R. W. PARNELL: The distribution of personality traits in seven-year-old children: a combined psychological, psychiatric, and somatotype study. *Brit. J. educ. Psychol.*, 1957, **27,** 48–61.
(47) DEMPSEY, E. W.: Homeostasis. In S. S. Stevens (Ed.), *Handbook of experimental psychology,* N.Y.: Wiley, 1951. Pp. 209–235.
(48) DENNIS, J. M., and A. D. KAISER: Are home accidents in children preventable? *Pediatrics,* 1954, **13,** 568–575.
(49) DI CARLO, L. M.: The deaf and hard-of-hearing. *Rev. educ. Res.*, 1959, **29,** 497–518.
(50) DINGWALL, M.: Maintenance of mental health. III. Going to school the first five years. *Ment. Hlth, Lond.*, 1949, **9,** 31–33.
(51) DREIZEN, S., C. CURRIE, J. GILLEY, and T. D. SPIES: The effect of nutritive failure on the growth patterns of white children in Alabama. *Child Develpm.*, 1953, **24,** 189–202.
(52) DREIZEN, S., R. M. SNODGRASSE, H. WEBB-PEPLOE, and T. D. SPIES: The retarding effect of protracted undernutrition on the appearance of the postnatal ossification in the hand and wrist. *Hum. Biol.*, 1958, **30,** 253–264.
(53) DU BOIS, F. S.: Rhythms, cycles, and periods in health and disease. *Amer. J. Psychiat.*, 1959, **116,** 114–119.
(54) DUGGINS, O. H., and M. TROTTER: Age changes in head hair from birth to maturity. II. Medulation in hair of children. *Amer. J. phys. Anthrop.*, 1950, **8,** 399–415.

(55) DUNBAR, F.: Homeostatis during puberty. *Amer. J. Psychiat.*, 1958, **114,** 673–682.
(56) DUPERTUIS, C. W., and N. B. MICHAEL: Comparison of growth in height and weight between ectomorphic and mesomorphic boys. *Child Develpm.*, 1953, **24,** 203–214.
(57) EICHORN, D. H.: *Two-generation similarities in weight, height, and weight/height during the first five years.* 25th Annual Meeting, Society for Research in Child Development, National Institutes of Health, Bethesda, Md., March, 1959.
(58) EICHORN, D. H., and J. P. MC KEE: Physiological instability during adolescence. *Child Develpm.*, 1958, **29,** 255–268.
(59) ELSER, R. P.: The social position of hearing handicapped children in the regular grades. *Except. Children,* 1959, **25,** 305–309.
(60) ERIKSON, E. H.: On the sense of inner identity. In R. P. Knight, *Psychoanalytic psychiatry and psychology.* New York: International Universities Press, Inc., 1954.
(61) FABIAN, A. A., and L. BENDER: Head injury in childhood: predisposing factors. *Amer. J. Orthopsychiat.*, 1947, **17,** 68–79.
(62) FAUST, M. S.: Developmental maturity as a determinant in prestige of adolescent girls. *Child Develpm.*, 1960, **31,** 173–184.
(63) FITT, A. B.: An experimental study of children's attitudes toward school in Auckland, N.Z. *Brit. J. educ. Psychol.*, 1956, **26,** 25–30.
(64) FOLL, C. A.: Physical development of school girls in upper Burma. *Arch. Dis. Childh.*, 1958, **33,** 452–454.
(65) FORCE, D. G.: Social status of physically handicapped children. *Except. Children,* 1956, **23,** 104–107, 132.
(66) FORD, C. S., and F. A. BEACH: *Patterns of sexual development.* New York: Harper & Row, 1951.
(67) FRANK, L. K., and M. H. FRANK: *Your adolescent, at home and in school.* New York: Viking, 1956.
(68) FRAZIER, A., and L. K. LISONBEE: Adolescent concerns with physique. *Sch. Rev.*, 1950, **58,** 397–405.
(69) FRY, P. C.: A comparative study of "obese" children selected on the basis of fat pads. *J. clin. Nutrit.*, 1953, **1,** 453–468.
(70) FULLER, E. M.: Injury-prone children. *Amer. J. Orthopsychiat.*, 1948, **18,** 708–723.
(71) FULLER, E. M., and H. B. BAUNE: Injury-proneness and adjustment in a second grade. *Sociometry,* 1951, **14,** 210–225.
(72) GARN, S. M.: Fat thickness and growth process during infancy. *Hum. Biol.*, 1956, **28,** 232–250.
(73) GARN, S. M., A. CLARK, L. LANDKOF, and L. NEWELL: Parental body build and developmental progress in the offspring. *Science,* 1960, **132,** 1555–1556.
(74) GARN, S. M., and J. A. HASKELL: Fat and growth during childhood. *Science,* 1959, **130,** 1711–1712.
(75) GARRISON, K. C.: *Growth and development,* 2d ed. New York: Longmans, 1959.
(76) GARRISON, K. C., and B. V. CUNNINGHAM: Personal problems of ninth grade pupils. *Sch. Rev.*, 1952, **60,** 30–33.
(77) GESELL, A.: Developmental pediatrics. *Nerv. Child,* 1952, **9,** 225–227.
(78) GESELL, A., F. L. ILG, and L. B. AMES: *Youth: the years from ten to sixteen.* New York: Harper & Row, 1956.
(79) GLASER, H. H., D. B. LYNN, and G. S. HARRISON: Patterns of anxiety in mothers of children with rheumatic fever. *Amer. J. Dis. Children,* 1961, **102,** 344–354.
(80) GODDARD, J. L.: Childhood accidents. *Children,* 1959, **6,** 83–85.
(81) GORDON, J. E.: Relationships among mothers' achievement, independence training, attitudes, and handicapped children's performance. *J. consult. Psychol.*, 1959, **23,** 207–212.
(82) GREENBERG, H. M., L. ALLISON, M. FEWELL, and C. RICH: The personality of junior high and high school students attending a residential school for the blind. *J. educ. Psychol.*, 1957, **48,** 406–410.
(83) GREENBERG, R. G., and A. H. BRYAN: Methodology in the study of physical measurements of school children. *Hum. Biol.*, 1951, **23,** 160–179.
(84) GREULICH, W. W.: The rationale of assessing the developmental status of children from roentgenograms of the hand and wrist. *Child Develpm.*, 1950, **21,** 33–44.
(85) GRIFFITHS, W.: Changing family health patterns: a review of recent research. *J. home Econ.*, 1954, **46,** 13–16.
(86) GRONLUND, N. E.: Generality of sociometric status over criteria in measurement of social acceptability. *Elem. Sch. J.*, 1955, **55,** 173–176.
(87) GUTTERIDGE, M. V.: A study of motor achievements of young children. *Arch. Psychol., N.Y.*, 1939, No. 244.
(88) HAGGERTY, A. D.: The effect of long-term hospitalization or institutionalization upon the language development of children. *J. genet. Psychol.*, 1959, **94,** 205–209.
(89) HALE, C. J.: Physiological maturity of Little League baseball players. *Res. Quart. Amer. Ass. Hlth Phys. Educ. Recr.*, 1956, **27,** 276–284.
(90) HANLEY, C.: Physique and reputation of junior high school boys. *Child Develpm.*, 1951, **22,** 247–260.
(91) HANLON, C. R., J. B. BUTCHART, and P. R. KEMPF: Injuries in childhood. *J. Pediat.*, 1949, **34,** 688–698.
(92) HARDING, V. S. V.: A method of evaluating osseous development from birth to 14 years. *Child Develpm.*, 1952, **23,** 247–271.
(93) HARRIS, D. B.: Behavior ratings of post-

polio cases. *J. consult. Psychol.,* 1950, **14,** 381–385.
(94) HARRIS, I. D., L. RAPOPORT, and M. A. RYNERSON: Observations on asthmatic children. *Amer. J. Orthopsychiat.,* 1950, **20,** 490–505.
(95) HEALD, F. P., R. P. MASLAND, S. H. STURGIS, and J. R. GALLAGHER: Dysmenorrhea in adolescence. *Pediatrics,* 1957, **20,** 121–127.
(96) HEBER, R. F.: The relation of intelligence and physical maturity to social status of children. *J. educ. Psychol.,* 1956, **47,** 158–162.
(97) HENDRIKSEN, E.: Medical report, *Today's Hlth,* Jan. 1957, 15.
(98) HEUTON, C. L.: A comparative study of the onset of menarche among Negro and white children. *J. Psychol.,* 1958, **46,** 65–73.
(99) HILL, T. J.: Attitudes toward self: an experimental study. *J. educ. Sociol.,* 1957, **30,** 395–397.
(100) HINKLE, L. E., W. N. CHRISTENSEN, F. D. KANE, A. OSTFELD, W. N. THETFORD, and H. G. WOLFF: An investigation of the relation between life experience, personality characteristics, and general susceptibility to illness. *Psychosom. Med.,* 1958, **20,** 278–295.
(101) HOLLINGWORTH, L. S.: *Children above 180 IQ: origin and development.* New York: Harcourt, Brace & World, 1950.
(102) HOLLINSHEAD, M. T.: The social psychology of exceptional children. *Except. Children,* 1959, **26,** 137–140.
(103) HUNT, E., E. G. COOKE, and J. R. GALLAGHER: Somatotype and sexual maturation in boys: a method of developmental analysis. *Hum. Biol.,* 1958, **30,** 73–91.
(104) ILG, F. L., J. LEARNED, A. LOCKWOOD, and L. B. AMES: The three-and-a-half-year-old. *J. genet. Psychol.,* 1949, **75,** 21–31.
(105) ILIFF, A., and V. A. LEE: Pulse rate, respiration rate, and body temperature of children between two months and eighteen years. *Child Develpm.,* 1952, **23,** 237–245.
(106) ILLINGWORTH, R. S., C. C. HARVEY, and G. H. JAWETT: The relation of birth weight to physical growth: a statistical study. *Arch. Dis. Childh.,* 1950, **25,** 380–388.
(107) JACOBZINER, H.: Accidents—a major child health problem. *J. Pediat.,* 1955, **46,** 419–436.
(108) JENSEN, K.: Physical growth and physiological aspects of development. *Rev. educ. Res.,* 1950, **20,** 390–410.
(109) JERSILD, A. T.: *In search of self.* New York: Teachers College, Columbia University, 1952.
(110) JERSILD, A. T.: Emotional development. In L. Carmichael (Ed.), *Manual of child psychology,* 2d ed. New York: Wiley, 1954. Pp. 833–917.
(111) JERSILD, A. T.: *Child psychology,* 5th ed. Englewood Cliffs, N.J.: Prentice-Hall, 1960.
(112) JERSILD, A. T., and R. J. TASCH: *Children's interests and what they suggest for education.* New York: Teachers College, Columbia University, 1949.
(113) JERSILD, A. T., E. S. WOODYARD, and C. F. DEL SOLAR: *Joys and problems of child rearing.* New York: Teachers College, Columbia University, 1949.
(114) JOHANNSEN, D. E., and E. M. BENNETT: The personality of diabetic children. *J. genet. Psychol.,* 1955, **87,** 175–185.
(115) JOHNSON, R.: How parents' attitudes affect children's illnesses. Toronto: *Institute of Child Study Bull.,* 1955, **27,** 5–8.
(116) JONES, M. C.: The later careers of boys who were early- or late-maturers. *Child Develpm.,* 1957, **28,** 113–128.
(117) JONES, M. C.: A study of socialization patterns at the high school level. *J. genet. Psychol.,* 1958, **93,** 87–111.
(118) JONES, M. C., and P. H. MUSSEN: Self-conceptions, motivations, and interpersonal attitudes of early- and late-maturing girls. *Child Develpm.,* 1958, **29,** 491–501.
(119) JOURARD, S. M.: *Personal adjustment.* New York: Macmillan, 1958.
(120) JUNGCK, E. C., N. H. BROWN, and N. CARMONA: Constitutional precocious puberty in the male. *Amer. J. Dis. Children,* 1956, **91,** 138–143.
(121) KAHN, H. A.: Changing causes of death in childhood. *Pub. Hlth Rep.,* 1951, **66,** 1246–1247.
(122) KERR, W. A.: Accident proneness of factory departments. *J. appl. Psychol.,* 1950, **34,** 167–170.
(123) KETCHAM, W. A.: Relationship of physical traits and mental traits in intellectually gifted and mentally retarded boys. *Merrill-Palmer Quart.,* 1960, **6,** 171–177.
(124) KEYS, A., J. BROZEK, A. HENSCHEL, O. NICKELSEN, and H. L. TAYLOR: *The biology of human starvation.* Minneapolis: The University of Minnesota Press, 1950.
(125) KINGSLEY, A., and E. L. REYNOLDS: The relation of illness patterns in children to ordinal position in the family. *J. Pediat.,* 1949, **35,** 17–23.
(126) KINSEY, A. C., W. B. POMEROY, C. E. MARTIN, and P. H. GEBHARD: *Sexual behavior in the human female.* Philadelphia: Saunders, 1953.
(127) KIRCHNER, G., and D. GLINES: Comparative analysis of Eugene, Oregon, elementary school children using the Kraus-Weber Test of minimum muscular fitness. *Res. Quart. Amer. Ass. Hlth Phys. Educ. Recr.,* 1957, **28,** 16–25.
(128) KLATSKIN, E. H., E. B. JACKSON, and L. C. WILKIN: The influence of degree of flexibility in maternal child care practices on early child behavior. *Amer. J. Orthopsychiat.,* 1956, **26,** 79–93.
(129) KNAPP, P. H., and S. J. NEMETZ: Person-

ality variations in bronchial asthma. *Psychosom. Med.*, 1957, **19**, 445–465.
(130) KRALJ-CERCEK, L.: The influence of food, body build, and social origin on the age at menarche. *Hum. Biol.*, 1956, **28**, 393–406.
(131) KRALL, V.: Personality characteristics of accident-repeating children. *J. abnorm. soc. Psychol.*, 1953, **48**, 99–107.
(132) KROGMAN, W. M.: A handbook of the measurement and interpretation of height and weight in the growing child. *Monogr. Soc. Res. Child Develpm.*, 1948, **13**, No. 3.
(133) KROGMAN, W. M.: Biological growth as it may affect pupils' success. *Merrill-Palmer Quart.*, 1953, **1**, 90–98.
(134) KROGMAN, W. M.: The physical growth of the child. In M. Fishbein and R. J. R. Kennedy (Eds.), *Modern marriage and family living*. Fair Lawn, N.J.: Oxford University Press, 1957. Pp. 417–425.
(135) KUHLEN, R. G., and G. G. THOMPSON: *Psychological studies of human development*, 2d ed. New York: Appleton-Century-Crofts, 1963.
(136) LAIRD, J. T.: Emotional disturbances among the physically handicapped. *Personnel Guid. J.*, 1957, **36**, 190–191.
(137) LEDERER, H. D.: How the sick view their world. *Pastoral Psychol.*, 1957, **8**, 41–49.
(138) LEHRHOFF, I.: Speech problems in children. *J. Pediat.*, 1958, **52**, 91–95.
(139) LEMKAU, P. V.: The influence of handicapping conditions on child development. *Children*, 1961, **8**, 43–47.
(140) LIVSON, N., and D. MC NEILL: Variability in male stature as function of adolescent maturation rate. *Science*, 1961, **133**, 708–709.
(141) LIVSON, N., D. MC NEILL, and K. THOMAS: Pooled estimates of parent-child correlations in stature from birth to maturity. *Science*, 1962, **138**, 818–820.
(142) LOMBARD, O. M.: Breadth of bone and muscle by age and sex in childhood. *Child Develpm.*, 1950, **21**, 229–239.
(143) LONG, R. T.: A psychosomatic study of allergic and emotional factors in children with asthma. *Amer. J. Psychiat.*, 1958, **114**, 890–899.
(144) LOWREY, G. H.: Obesity in the adolescent. *Amer. J. publ. Hlth*, 1958, **48**, 1354–1358.
(145) LUCHINS, A. S.: On the theories and problems of adolescence. *J. genet. Psychol.*, 1954, **85**, 47–63.
(146) MACFARLANE, J., L. ALLEN, and M. P. HONZIK: *A developmental study of the behavior problems of normal children between twenty-one months and fourteen years.* Berkeley, Calif.: University of California Press, 1954.
(147) MAC GREGOR, F. C.: Some psycho-social problems associated with facial deformities. *Amer. sociol. Rev.*, 1951, **16**, 629–638.
(148) MACY, I. G., and H. J. KELLY: Body composition in childhood. *Hum. Biol.*, 1956, **28**, 289–308.
(149) MANDELBAUM, A., and M. E. WHEELER: The meaning of a defective child to parents. *Soc. Casewk*, 1960, **41**, 360–367.
(150) MARCUS, I. M., W. WILSON, I. KRAFT, D. SWANDER, F. SUTHERLAND, and E. SCHULHOFER: An interdisciplinary approach to accident patterns in children. *Monogr. Soc. Res. Child Develpm.*, 1960, **25**, No. 2.
(151) MARESH, M. M.: Linear growth of long bones of extremities from infancy through adolescence. *Amer. J. Dis. Children*, 1955, **89**, 725–742.
(152) MARGOLESE, M. S.: Mental disorders in childhood due to endocrine disorders. *Nerv. Child*, 1948, **7**, 55–77.
(153) MARGOLIS, M.: The mother-child relationship in bronchial asthma. *J. abnorm. soc. Psychol.*, 1961, **63**, 360–367.
(154) MARTIN, P. C., and E. L. VINCENT: *Human development*. New York: Ronald, 1960.
(155) MASLANSKY, E., and N. JOLLIFFE: Factors related to underweight in a selected group of 100 children in New York City. *Amer. J. publ. Hlth*, 1955, **45**, 1054–1061.
(156) MASSLER, M., and B. S. SAVARA: Natal and neonatal teeth. *J. Pediat.*, 1950, **36**, 349–359.
(157) MASSLER, M., and T. SUHER: Calculation of "normal" weight in children. *Child Develpm.*, 1951, **22**, 75–94.
(158) MAYER, A. J., and R. V. MARKS: Differentials in infant mortality by race, economic level, and cause of death for Detroit: 1940 to 1950. *Hum. Biol.*, 1954, **26**, 145–155.
(159) MC ANDREW, M. C.: Rigidity and isolation: a study of the deaf and the blind. *J. abnorm. soc. Psychol.*, 1948, **43**, 476–494.
(160) MC CARTHY, D.: Language development. In L. Carmichael (Ed.), *Manual of child psychology*, 2d ed. New York: Wiley, 1954. Pp. 492–630.
(161) MC HUGH, G., and J. K. WASSER: Application of the Thurstone-Chave Attitude Rating technique to attitudes toward menstruation. *Psychol. Rep.*, 1959, **5**, 677–682.
(162) MEREDITH, H. V.: A time series analysis of growth in nose height during childhood. *Child Develpm.*, 1958, **29**, 19–34.
(163) MEREDITH, H. V., and E. M. MEREDITH: The body size and form of present-day white elementary children residing in West-Central Oregon. *Child Develpm.*, 1953, **24**, 83–102.
(164) MEYERSON, L.: Special disabilities. *Annu. Rev. Psychol.*, 1957, **8**, 437–456.
(165) MILLICHAMP, D. A.: The child does his own growing up. Toronto: *Bull. Instit. Child Study*, 1953, **15**, 9–12.
(166) MONTAGU, A.: *Human heredity*. New York: Harcourt, Brace & World, 1959.
(167) MORE, D. M.: Developmental concordance

and discordance during puberty and early adolescence. *Monogr. Soc. Res. Child Develpm.*, 1953, **18**, 1–128.

(168) MURPHY, L. B.: *Personality in young children.* New York: Basic Books, Inc., Publishers, 1957.

(169) MURSTEIN, B. I.: The effect of long-term illness of children on the emotional adjustment of parents. *Child Develpm.*, 1960, **31**, 157–171.

(170) MUSSEN, P. H., and M. C. JONES: The behavior-inferred motivations of late- and early-maturing boys. *Child Develpm.*, 1958, **29**, 61–67.

(171) MUSSEN, P. H., and D. K. NEWMAN: Acceptance of handicap, motivation, and adjustment in physically disabled children. *Except. Children*, 1958, **24**, 225–260, 277–278.

(172) NEUHAUS, E. C.: A personality study of asthmatic and cardiac children. *Psychosom. Med.*, 1958, **20**, 181–186.

(173) New York Times Report: Youths suffering from poor diets. *The New York Times*, Mar. 27, 1960.

(174) NEWTON, N.: *Maternal emotions.* New York: Hoeber-Harper, 1955.

(175) O'CONNOR, N.: The evidence for the permanently disturbing effects of mother-child separation. *Acta psychol.*, 1956, **12**, 174–197.

(176) PARKER, E.: *The seven ages of woman.* Baltimore: Johns Hopkins, 1960.

(177) PECKOS, P. S.: Nutrition during growth and development. *Child Develpm.*, 1957, **28**, 273–285.

(178) PODOLSKY, E.: How the child reacts to his physical defects. *Ment. Hyg., N.Y.*, 1953, **37**, 581–584.

(179) POLLOCK, G. H., and J. B. RICHMOND: Nutritional anemia in children. *Psychosom. Med.*, 1953, **15**, 477–484.

(180) PROVIS, H. S., and R. W. B. ELLIS: An anthropometric study of Edinburgh school children. *Arch. Dis. Childh.*, 1955, **30**, 328–337.

(181) PRUGH, D. G., E. M. STAUB, H. H. SANDS, R. M. KIRSCHBAUM, and A. E. LONIHAN: A study of the emotional reactions of children and families to hospitalization and illness. *Amer. J. Orthopsychiat.*, 1953, **23**, 70–106.

(182) RAFFERTY, F. T., and E. S. STEIN: A study of the relationship of early menarche and ego development. *Amer. J. Orthopsychiat.*, 1958, **28**, 170–179.

(183) REYNOLDS, E. L., and J. V. WINES: Physical changes associated with adolescence in boys. *Amer. J. Dis. Children*, 1951, **82**, 529–547.

(184) RHEINGOLD, H. L.: The modification of social responsiveness in institutional babies. *Monogr. Soc. Res. Child Develpm.*, 1956, **21**, No. 2.

(185) RICHARDSON, S. A., N. GOODMAN, A. H. HASTORF, and S. M. DORNBUSCH: Cultural uniformity in reaction to physical disabilities. *Amer. sociol. Rev.*, 1961, **21**, 241–247.

(186) SCHEINFELD, A.: *The human heredity handbook.* Philadelphia: Lippincott, 1956.

(187) SCHIFF, H.: Judgmental response sets in the perception of sociometric status. *Sociometry*, 1954, **17**, 207–227.

(188) SCHUTZ, R. E.: Patterns of personal problems of adolescent girls. *J. educ. Psychol.*, 1958, **49**, 1–5.

(189) SHELDON, W. H., C. W. DUPERTUIS, and E. MC DERMOTT: *Atlas of man: a guide for somatotyping the adult male at all ages.* New York: Harper & Row, 1954.

(190) SILLER, J.: Psychological concomitants of amputation in children. *Child Develpm.*, 1960, **31**, 109–120.

(191) SILVERSTEIN, A. B., and H. A. ROBINSON: The representation of orthopedic disability in children's figure drawings. *J. consult. Psychol.*, 1956, **20**, 333–341.

(192) SIMON, M. D.: Body configuration and school readiness. *Child Develpm.*, 1959, **30**, 493–512.

(193) SMILLIE, D.: Familial resemblance in physique changes in infancy. *Merrill-Palmer Quart.*, 1962, **8**, 27–31.

(194) SMITH, W. I., E. K. POWELL, and S. ROSS: Food aversions: some additional personality correlates. *J. consult. Psychol.*, 1955, **19**, 145–149.

(195) SONTAG, L. W.: Some psychosomatic aspects of childhood. *Nerv. Child*, 1946, **5**, 296–304.

(196) STAGNER, R.: Homeostasis as a unifying concept in personality theory. *Psychol. Rev.*, 1951, **58**, 5–17.

(197) STONE, L. J., and J. CHURCH: *Childhood and adolescence.* New York: Random House, 1957.

(198) STOLZ, H. R., and L. M. STOLZ: *Somatic development of adolescent boys.* New York: Macmillan, 1951.

(199) STOTT, D. H.: Infantile illness and subsequent mental and emotional development. *J. genet. Psychol.*, 1959, **94**, 233–251.

(200) THOMPSON, H.: Physical growth. In L. Carmichael (Ed.), *Manual of child psychology*, 2d ed. New York: Wiley, 1954. Pp. 292–334.

(201) TOLSTRUP, K.: On psychologenic obesity in childhood. *Acta paediat., Stockh.*, 1953, **42**, 289–304.

(202) TUDDENHAM, R. D.: Studies in reputation. I. Sex and grade differences in school children's evaluations of their peers. II. The diagnosis of social adjustment. *Psychol. Monogr.*, 1952, **66**, No. 1.

(203) TYLER, F. T.: Organismic growth: some relationships within the individual among cycles of growth in physical characteristics. *Child Develpm.*, 1957, **28**, 55–63.

(204) VALADIAN, I., H. C. STUART, and R. B.

REED: Studies of illness of children followed from birth to eighteen years. *Monogr. Soc. Res. Child Develpm.*, 1961, **26,** No. 3.

(205) VEZNEDAROGLU, K. N.: A study of mothers' discipline and control of asthmatic children. *Smith Coll. Stud. soc. Wk,* 1961, **32,** 69–70.

(206) VINCENT, E. L., and P. C. MARTIN: *Human psychological development.* New York: Ronald, 1961.

(207) WALKER, R. N.: Body build and behavior in young children: 1. Body build and nursery school teachers' ratings. *Monogr. Soc. Res. Child Develpm.,* 1962, **27,** No. 3.

(208) WATSON, E. J., and A. M. JOHNSON: The emotional significance of acquired physical disfigurement in children. *Amer. J. Orthopsychiat.,* 1958, **28,** 85–97.

(209) WENAR, C.: The effects of a motor handicap on personality. III. The effects on certain fantasies and adjustive techniques. *Child Develpm.,* 1956, **27,** 9–15.

(210) WINTHROP, H.: The consistency of attitude patterns as a function of body type. *J. Pers.,* 1957, **25,** 372–382.

(211) WITRYOL, S. L., and J. E. CALKINS: Marginal social values of rural school children. *J. genet. Psychol.,* 1958, **92,** 81–93.

(212) WOLFENSTEIN, M.: Children's understanding of jokes. *Psychoanal. Stud. Child.,* 1954, **8,** 162–176.

(213) WOLFF, E., and L. M. BAYER: Psychosomatic disorders of childhood and adolescence. *Amer. J. Orthopsychiat.,* 1952, **22,** 510–521.

(214) WOLFF, O. H.: Obesity in childhood: a study of the birth weight, the height, and the onset of puberty. *Quart. J. Med.,* 1955, **24,** 109–123.

(215) WOLMAN, M. J.: Preschool and kindergarten child attitudes toward the blind in an integrated program. *New Outlook Blind,* 1958, **52,** 128–133.

(216) ZUK, G. H.: The plasticity of the physique from early adolescence through adulthood. *J. genet. Psychol.,* 1958, **92,** 205–214.

Kapitel 5: Die Entwicklung der Motorik

Eines der wichtigsten Entwicklungsgebiete, auf dem sich in den ersten Lebensjahren die Entwicklung sehr rasch abspielt, ist das Gebiet der Motorik: die Entwicklung der Kontrolle über die verschiedenen Muskeln des Körpers. Das hilflose, kleine Kind, das sich nicht von der Stelle, an die man es hingelegt hat, fortbewegen kann oder das nicht nach dem Gegenstand greifen kann, den man ihm vorhält, entwickelt sich in einer Zeitspanne von nur wenigen Jahren zu einem Kind, das relativ unabhängig von anderen ist.

Die Entwicklung der Motorik beginnt vor der Geburt. Während des dritten Schwangerschaftsmonats sind die Muskeln des Fötus bereits so gut ausgebildet, daß er seine Arme und Beine spontan bewegen kann. Vom Ende des vierten Mondmonats ab kann die Mutter die Bewegungen des Fötusses spüren und kann Veränderungen der Häufigkeit und Stärke der Bewegungen zu verschiedenen Zeiten feststellen (126). Besonders ausgeprägt ist die Aktivität des Fötus zwischen dem sechsten und dem neunten Mondmonat. In den meisten Fällen nimmt die Aktivität im letzten Monat vor der Geburt ab, einmal wegen des zunehmenden Drucks auf den Kopf des Fötus, zum anderen, weil der Körper des Fötus das Amnion in zunehmendem Maße ausfüllt.

In den ersten Wochen nach der Geburt entwickelt sich die Motorik mit großer Geschwindigkeit. Wegen des geringen Entwicklungsstandes des Nervensystems sind die meisten Bewegungen des Kindes nicht gesteuert und unkoordiniert, und ein großer Teil des Körpers ist meistens beteiligt. Diese Gesamtaktivität entwickelt sich jedoch in kurzer Zeit zu koordinierten willkürlichen Bewegungen (97). Wenn das Kind allmählich Kontrolle über den Mechanismus seiner Muskeln gewinnt, werden seine Reaktionen spezifischer. Anstatt seinen gesamten Körper zu bewegen, kann es jetzt einzelne Muskeln oder Gruppen von Muskeln in Aktion setzen.

Während der ersten vier oder fünf Lebensjahre gewinnt das Kind die Kontrolle über die Grobmotorik. Diese Bewegungsverläufe nehmen große Teile des Körpers in Anspruch, wie es etwa beim Gehen, Laufen, Schwimmen und Radfahren der Fall ist. Nach dem fünften Lebensjahr liegt der Entwicklungsschwerpunkt bei der Kontrolle der Feinmotorik, die sich auf kleinere Muskelgruppen bezieht, wie sie etwa beim Greifen, Werfen und Fangen eines Balles, beim Schreiben oder beim Gebrauch von Werkzeugen beteiligt sind. Nachdem zunächst die fundamentalen Fähigkeiten erworben wurden, wie die, daß das Kind beim Essen keine fremde Hilfe mehr braucht, sich selbst ankleidet und es gehen und laufen kann, werden kompliziertere Fähigkeiten wie Schreiben, Klavierspielen, Schlittschuhlaufen und Tanzen entwickelt. Aufgrund von Übung werden diese Fähigkeiten immer mehr verfeinert und erfordern dann einen weit geringeren Energieaufwand als im Anfangsstadium ihrer Entwicklung (54).

Wenn nicht hemmende Umweltbedingungen oder körperliche oder geistige Mängel die normale Entwicklung der Motorik beeinträchtigen, dann ist das Sechsjährige in der Lage, sich den Anforderungen der Schule anzupassen und an den Spielen seiner Alterskameraden teilzunehmen. Dies entspricht den Erwartungen der Gesellschaft. Es ist eine der wichtigsten Anforderungen, die an die Entwicklung im Vorschulalter und in den ersten Schuljahren gestellt wird, die Motorik, die auf dem koordinierten Gebrauch verschiedener Muskelgruppen beruht, kontrollieren zu lernen (54). (Vgl. die Anforderungen an die Entwicklung in der frühen Kindheit in der Tabelle auf S. 6.)

Die Bedeutung der Entwicklung der Motorik

Seinen Körper so gut und vielleicht noch besser als seine Alterskameraden zu beherrschen, ist für ein Kind aus einer Anzahl von Gründen wichtig. Erstens hängt die Gesundheit, die so wichtig für die Entwicklung und die Zufriedenheit des Kindes ist, zu einem Teil von der Möglichkeit, seinen Körper zu trainieren, ab. Wenn seine motorische Koordination so schlecht ist, daß seine Leistung unter dem Standard seiner Altersgruppe liegt, dann findet das Kind wenig Befriedigung in der Teilnahme an körperlichen Aktivitäten. Folglich wird es auch kaum darauf drängen, mitzuspielen. Es will nicht den Vorwurf hören, steif und plump zu sein, und wird also seinem Körper die Übung vorenthalten, die für seine Gesundheit notwendig ist. Martin und Vincent haben dieses Argument folgendermaßen ausgeführt: „Der Beitrag zur physischen Gesundheit rührt zum Teil daher, daß körperliche Aktivitäten Atmung und Blutkreislauf anregen, so daß die Zellen besser ernährt und ihre Abfallprodukte wirksamer entfernt werden. Zum Teil ist sie auf den Gebrauch und damit die Stärkung der Knochen und Muskeln zurückzuführen. Wenn man die Energiemenge betrachtet, die durch den menschlichen Körper in produktive Arbeit und in Glück verwandelt wird, oder die, die von den Menschen in Spannungen oder anderen Arten der Destruktion vergeudet wird, dann wird die Bedeutung eines richtigen Einsatzes des Körpers deutlich" (84).

Zweitens liegt der Wert einer guten Kontrolle der Motorik darin, daß sie das Kind motiviert, sich an solchen körperlichen Aktivitäten zu beteiligen, die als eine Möglichkeit für emotionale Entspannung dienen können und somit eine gute psychische Gesundheit fördern (67). Durch ein Spiel, bei dem es sich anstrengen muß, befreit das Kind seinen Körper von den Spannungen der Angst und Frustration; es wird die aufgestauten Energien los, mit denen die Natur es versieht, damit es mit den Gefahren und Schwierigkeiten des täglichen Lebens fertig wird. Wenn erst einmal aus dem Körper die physischen Vorbereitungen für ein Handeln entfernt wurden – die durch die Erregung starker Emotionen wie Furcht, Wut oder Eifersucht entstanden sind –, kann sich das Kind psychisch wie physisch entspannen. Es tritt dem Leben mit einer gesunderen Einstellung gegenüber als das Kind, das den gleichen, starke Emotionen auslösenden Situationen ausgesetzt ist und seine motorische Aktivität einschränkt, da es sich unterlegen glaubt. Ein solches Kind wird häufig seine aufgestauten Energien dazu verwenden, innere Kämpfe auszutragen oder sich selbst zu bemitleiden, weil es glaubt, daß die anderen es unfair behandelt haben (67). Auf diese Frage werden wir in größerer Ausführlichkeit in Kapitel 7 zurückkommen.

Ein dritter Vorteil der guten Kontrolle über die Motorik liegt darin, daß sie das Kind in die Lage versetzt, *sich selbst zu beschäftigen*. Im Vorschulalter sind die Möglichkeiten, in einer Gruppe zu spielen, begrenzt. Ein Kind, bei dem die motorische Entwicklung auf einem so niedrigen Stand ist, daß es sich nicht selbst mit seinem Spielzeug beschäftigen kann, langweilt sich, wird verdrießlich und verlangt nach Aufmerksamkeit. Auch wenn die Kinder älter werden, sind die Interessengebiete dann begrenzt, wenn die Kinder körperlich nicht in der Lage sind, ihre Umgebung zu erkunden und zu beeinflussen (44, 69).

Der vierte Vorteil einer dem Alter entsprechenden motorischen Entwicklung liegt darin, daß sie dem Kind die Gelegenheit zur *Sozialisation* – dem Hineinwachsen in die Gesellschaft – bietet. Das Kind, das nicht so Ball spielen, Rollschuh laufen, fahrradfahren oder schwimmen kann wie seine Alterskameraden, wird zu einer Belastung für die Gruppe und ist dazu bestimmt, von der Gruppe vernachlässigt oder abgelehnt zu werden (84). Es ist gezwungen, alleine zu spielen oder mit jüngeren Kindern, deren Fähigkeiten seinen ähnlich sind. Da jüngere Kinder meistens nicht gern mit einem älteren Kind spielen, weil sie befürchten, daß dieses sie „herumkommandiert", verbringt ein solches Kind seine Zeit allein, schaut dem Fernsehen zu, liest Bilderheftchen (Comics) oder geht ins Kino (93).

Soziale Isolierung mindert die Zufriedenheit eines Kindes, das sich nach Kameradschaft sehnt, und führt zu einer schlechten individuellen und sozialen Anpassung. Viele Kinder, die sich zu schüchternen, auf sich selbst zurückgezogenen Introvertierten mit geringem Interesse und wenig Anteilnahme an sozialen Aktivitäten entwikkeln, sind Opfer einer mangelhaften Entwicklung ihrer Motorik. Eine negative Einstellung sozialen Aktivitäten gegenüber, die sich aus ungünstigen Erfahrungen beim Spiel in der Kindheit ergeben haben, bestehen in der Regel bis ins Erwachsenenalter, ja sogar bis ins hohe Alter fort (55). Auch das Umgekehrte gilt: Eine Überlegenheit in der Entwicklung der Motorik trägt dazu bei, von der Gruppe akzeptiert zu werden. Sie ist außerdem eine der notwendigen Voraussetzungen für das Übernehmen einer Anführerrolle in der Kindheit. Ein Kind, dessen Fähigkeiten beim Spiel dazu beitragen, daß es akzeptiert wird, lernt, wie man mit anderen umzugehen hat und wie man sich verschiedenen sozialen Situationen anpaßt (84).

In allen sozialen Klassen unserer Kultur erwartet man, daß Jungen beim Spiel benötigte Fertigkeiten besser lernen als Mädchen und in dieser Hinsicht tüchtiger sind. Man hat festgestellt, daß Jungen mit besseren sportlichen Leistungen sich besser anpassen als andere Jungen. Wenn zum motorischen Geschick noch Wagemut und guter Kameradschaftsgeist hinzukommen, dann fügt sich der Junge nicht nur gut in die Gruppe ein, er verfügt vielmehr auch über die nötigen Voraussetzungen, eine Anführerrolle zu übernehmen. Jungen, die bei diesen körperlichen Spielen nichts leisten, werden als „Weichlinge" oder „Muttersöhnchen" angesehen und verlieren ihren Status. Sie werden nicht nur nicht akzeptiert und folglich nicht beachtet, sondern oft ausdrücklich zurückgewiesen (14, 21).

Auch für Mädchen sind bestimmte Fertigkeiten für ihr Prestige entscheidend. Dafür, daß die Mädchen von der Gruppe akzeptiert werden, sind diese Fertigkeiten genau so wichtig wie es die sportlichen Fertigkeiten für die Jungen sind. Von einem „richtigen" Mädchen erwartet man z.B., daß es sich anmutig bewegt. Je näher die Zeit der sexuellen Reife heranrückt, um so wichtiger werden Anmut und Geschick bei sozialen Aktivitäten (18, 35, 121).

Mit jeden Jahr empfindet das Kind die Bevormundung und die Hilfe der Erwachsenen mehr und mehr als unangenehm. Der fünfte wichtige Beitrag der motorischen Entwicklung ist deshalb darin zu sehen, daß sie dem Kind ermöglicht, seine Unabhängigkeit zu erreichen. Je mehr es selbst tun kann, desto größer werden sein Selbstvertrauen und seine Zufriedenheit. Wenn es nicht über die motorischen Fähigkeiten verfügt, selbständig zu sein, ist es auf die Hilfe anderer bei Angelegenheiten angewiesen, die seine Alterskameraden selbst erledigen können. Mit der Zeit führt diese Abhängigkeit zu Gefühlen der Verstimmung und der eigenen Minderwertigkeit, die die Persönlichkeitsentwicklung ungünstig beeinflussen.

Schließlich ist die Motorik wichtig für das Selbstbild des Kindes. Wenn das Kind lernt, seine Motorik zu kontrollieren, stellt sich ein Gefühl der Sicherheit ein, das bald von der physischen auf die psychische Ebene übertragen wird. Wenn es z. B. gehen kann, ohne häufig zu fallen, Dreirad fahren, rennen und springen kann, dann kann es seine Umwelt ohne das Gefühl erkunden, daß jeder Schritt möglicherweise Gefahr in sich birgt. Wenn sein Selbstvertrauen zunimmt, nimmt es auch viele Probleme in Angriff, für deren Bewältigung die Koordination der Motorik nicht entscheidend ist. Das Selbstvertrauen wird also generalisiert. Das Kind, dessen motorische Entwicklung hinter der seiner Alterskameraden zurückbleibt, zögert, neue Probleme anzugehen oder sich in neue Situationen zu wagen (64).

Havighurst stellt es so dar: „In zunehmendem Maße wird das Bild des Kindes von sich selbst von den Fähigkeiten bestimmt, die es hat. Es ist so, als ob der Grad, in dem es sich selbst akzeptiert, zu einem Teil von seiner Fähigkeit abhängt, die verschiedenen Probleme seiner Umwelt zu meistern. . . . Wenn das Kind Mitglied einer Gruppe wird, die sich durch bestimmte Tätigkeiten kennzeichnen läßt, . . . dann leistet es durch bestimmte Fähigkeiten, bestimmte Kenntnisse seinen Beitrag. Es hat eine Möglichkeit, seine Fertigkeiten mit denen seiner Alterskameraden zu vergleichen. Sein Selbstbild wird dadurch beeinflußt, weil seine Alterskameraden auf seine Fertigkeiten reagieren" (54).

Die Bedeutung der motorischen Fertigkeiten für den Charakter eines Kindes wurde in einer Untersuchung an Kindern im dritten Schuljahr herausgestellt. Diejenigen, die bei motorischen Tests besser abschnitten, waren besser angepaßt, aktiver, beliebter, ruhiger, einfallsreicher, aufmerksamer und hilfsbereiter als die, die schlechtere Leistungen zeigten. Aufgrund ihres Vorsprungs in der Entwicklung der Motorik wurden sie von der Gruppe besser akzeptiert, und dies spiegelte sich in einem positiveren Selbstbild wider (100). Das Akzeptiertwerden durch die Gruppe entscheidet über den sozialen Status des Kindes in der Gruppe. Wenn das Akzeptiertwerden in erster Linie von den motorischen Geschicklichkeiten des Kindes abhängt, bedeutet dies, daß ein gesundes Selbstbild dadurch bestimmt wird, wie gut die motorische Koordination eines Kindes den Erwartungen der Gesellschaft für seine Altersstufen entspricht (106).

Die Entwicklung der Motorik eines Kindes beeinflußt nicht nur sein Selbstbild und somit seine Persönlichkeit, vielmehr beeinflußt auch seine Persönlichkeit die motorische Entwicklung. So wird der Kreis geschlossen. Ein Kind, das furchtsam ist, zögert bei dem Versuch, neue motorische Fertigkeiten zu lernen, und das verzögert seine motorische Entwicklung. Ein Kind, das weniger ängstlich ist, setzt sich andererseits ohne weiteres einer neuen Lernerfahrung aus und zeigt auf diesem Gebiet ein höheres Entwicklungsniveau als das furchtsame Kind mit gleicher Fähigkeit, dem zwar auch die gleichen Lerngelegenheiten zur Verfügung standen, das aber diese Möglichkeiten nicht genutzt hat. Ähnlich wird das aggressive Kind versuchen, mehr Fertigkeiten als ein weniger aggressives Kind zu erwerben, aber die Fertigkeiten eines aggressiven Kindes werden weniger wirkungsvoll eingesetzt, da es sich zu ungestüm in die Lernsituation stürzt (66, 69).

Nachteile der motorischen Fertigkeiten. Wenn auch die motorischen Fertigkeiten wichtig für ein Kind sind, so stellen sie doch manchmal ein Gefahrenmoment dar. Ein Kind, das gehen

kann, das seine Umwelt auskundschaften und an den verschiedenen technischen Einrichtungen herumspielen kann, könnte sich selbst in Gefahr bringen, wenn es noch nicht die nötige Zurückhaltung gelernt hat und seinen Wunsch, die neuerworbenen Fertigkeiten auszuprobieren, beherrschen kann. Wenn ängstliche Eltern versuchen, seinen Unternehmungen Grenzen zu ziehen, wird das Kind über ihr Eingreifen ärgerlich, und das führt zu Spannungen zwischen Eltern und Kind (70, 81).
Außerdem führt die Tatsache, daß das Kind über neue Fertigkeiten verfügt, zu Reibungen mit den Geschwistern. Solange ein Kind abhängig ist, wartet es darauf, daß andere anfangen, mit ihm zu spielen, aber sobald es seine Muskeln soweit kontrolliert, daß es selbst mit Spielzeug umgehen kann, gibt es sich nicht länger damit zufrieden, herumzusitzen und zu warten. Wenn seine Geschwister älter sind, könnten sie verärgert über sein Stören sein, sind sie jünger, werden sie sich wahrscheinlich über seine Versuche ärgern, ihnen ihr Spielzeug wegzunehmen und sie dann nicht in sein Spiel einzubeziehen (78).

Kennzeichen der motorischen Entwicklung

Es sind zahlreiche Längsschnittuntersuchungen an Gruppen von Säuglingen und Kleinkindern durchgeführt worden, in denen diese Kinder über einen bestimmten Zeitraum hin beobachtet und untersucht worden sind, um festzustellen, wann bestimmte Formen des motorischen Verhaltens auftreten, und um herauszufinden, ob diese Formen für Kinder etwa des gleichen Alters ähnlich sind. Ausgedehnte Untersuchungen der Zeitabschnitte, in denen sich verschiedene Formen des motorischen Verhaltens entwickeln, die die Arme, Handgelenke und Finger einschließen – z. B. beim Ausstrecken der Hand, beim Greifen und der Daumenstellung – haben gezeigt, daß die motorische Entwicklung in einer bestimmten, vorhersagbaren Reihenfolge abläuft (102). Es liegen auch eine Reihe von Untersuchungen des motorischen Verhaltens vor, das sich auf die Füße, Beine und den gesamten Körper bezieht, so des Gehens, Springens, Laufens und Hüpfens. Außerdem sind einige wenige Studien vorhanden, die sich mit dem Zeitpunkt des Auftretens und der ablaufenden Entwicklungsfolge spezifischer Fertigkeiten befassen, z. B. dem Erklettern schräger Wände, dem Umgang mit Spielzeug, das Räder hat – Puppenwagen und Dreirädern –, und dem Werfen und Fangen von Bällen (51, 71).
Aus diesen Arbeiten haben sich fünf wichtige Feststellungen über die motorische Entwicklung gewinnen lassen:
1. Die Entwicklung der Muskelkontrolle hängt ebenso ab von dem R e i f e z u s t a n d der Nervenstrukturen, Knochen und Muskeln und von der Veränderung der Körperproportionen wie von der G e l e g e n h e i t z u l e r n e n, wie die verschiedenen Muskelgruppen zu koordinieren sind. Die Entwicklung der Kontrolle über den Körper verläuft parallel zu der Entwicklung der motorischen Zentren des Gehirns. Wie bereits in Kapitel 4 ausgeführt wurde, entwickelt sich das Zerebellum, das das Gleichgewicht kontrolliert, in den ersten Lebensjahren sehr schnell und erreicht praktisch seine voll ausgereifte Größe, wenn das Kind fünf Jahre alt ist. Die Periode des schnellsten Wachstums liegt im zweiten Halbjahr des ersten und im ersten Halbjahr des zweiten Lebensjahres – genau in der Zeit also, in der das Kind zu gehen lernt. Auch das Zerebrum, besonders die Frontalwindungen, die für die Kontrolle der Bewegungen, die Geschick verlangen, maßgeblich sind, entwickeln sich in den ersten Jahren der Kindheit. Dies entspricht einer Entwicklung von Geschick erfordernden Bewegungen, die verschiedene Teile des Körpers einbeziehen (41).
Bevor Bewegungen, die Geschick erfordern, gelernt werden können, muß auch in der Entwicklung der Muskeln des Kindes ein gewisser Reifestand erreicht sein. Die glatte Muskulatur, die die unwillkürliche Bewegung kontrolliert, ist bei der Geburt schon recht gut entwickelt, doch entwickeln sich die gestreiften Muskeln, ohne die will-

kürliche Bewegungen nicht möglich sind, mit einer geringeren Geschwindigkeit. Bevor letztere nicht einen Reifezustand erreicht haben, der die Kontrolle durch die Nerven und das Nervenzentrum erlaubt, ist eine koordinierte, willentlich gesteuerte Handlung unmöglich. Diese Entwicklung spielt sich nur nach und nach im Verlauf der ersten Lebensjahre ab (84). Die volle Reife wird erst in der Pubertät erreicht; in dieser Zeit nehmen diese Muskeln sowohl an Länge als auch an Gewicht stark zu.

2. Lernen kann nicht eintreten, bevor nicht die Reifung das Fundament dazu gelegt hat. Man kann dem Kind keine Bewegungen, die Geschick verlangen, beibringen, bevor nicht sein Nervensystem und seine Muskeln so weit entwickelt sind, daß es von Lehrversuchen wirklich profitiert. Das gleiche gilt auch für Versuche, die das Kind selbst beginnt. Wenn auch Übung, bevor das Kind bereit ist zu lernen, zu zeitweiligen Leistungsverbesserungen führen kann, so bleibt die Übung dann auf lange Zeit gesehen doch wirkungslos (46). Dies konnte eindeutig in Untersuchungen mit eineiigen Zwillingen demonstriert werden, in denen der eine der Zwillinge Übung erhielt, der andere nicht. Zunächst machte derjenige, der Gelegenheit hatte, sich zu üben, schnellere Fortschritte in seiner motorischen Entwicklung als der Zwilling in der Kontrollgruppe; nachdem aber anschließend auch der Kontrollzwilling Gelegenheit zum Üben bekam, erreichte er den Entwicklungsstand des anderen sehr schnell (45, 86).

Die schädlichen Wirkungen eines erzwungenen Lernens (bevor das Kind aufgrund seines Reifestandes dazu bereit ist) hat man im Fall der Sauberkeitsgewöhnung aufzeigen können. Viele Eltern glauben, daß man so früh wie möglich mit der Sauberkeitsgewöhnung beginnen sollte. Wenn das Kind früher als der Durchschnitt sauber ist oder früher als die Kinder der Bekannten, halten viele Eltern das für einen Beweis dafür, daß sie gute Eltern sind, und sehen es als einen Hinweis darauf an, daß ihr Kind überdurchschnittlich intelligent ist.

Um die Ausscheidungsorgane zu kontrollieren, muß das Kind Abläufe hemmen, die zur Zeit seiner Geburt und noch viele Monate danach völlig der willentlichen Kontrolle entzogen sind. Der Säugling ist im Hinblick auf die Entwicklung seiner Nervenstruktur und seiner Muskulatur noch zu unreif, um für eine Sauberkeitserziehung bereit zu sein. Dies bleibt so bis zu seinem ersten oder zweiten Geburtstag (94). Spock äußert hierzu folgendes: „Im allgemeinen gewinnen die Kleinkinder mit zunehmendem Alter allmählich die Kontrolle über Blase und Darm. Die Mutter braucht nicht mehr zu tun, als ihr Kind zu beobachten und festzustellen, in welchem Stadium der Reife es sich befindet – und sie sollte dem Kind bisweilen gut zureden" (114).

Unglücklicherweise sind Mütter in der Regel nicht gewillt, einen solchen abwartenden Standpunkt einzunehmen, besonders nicht, wenn es sich um Mütter der Mittelklasse handelt, die sich sehr darum bemühen, als „gute Mütter" angesehen zu werden, und deren Streben nach sozialer Anerkennung sie sehr empfindlich gegenüber den Meinungsäußerungen anderer macht. Und so beginnen sie mit der Sauberkeitsgewöhnung, wenn ihre Bekannten damit anfangen oder zu dem Zeitpunkt, zu dem sie bei einem älteren Kind damit begonnen hatten (81). Wenn das Kind jedoch noch nicht reif genug ist, wird sich kein Fortschritt einstellen, und es wird noch in vielen Fällen unsauber sein. Anstatt diese vielen Fälle als Hinweis darauf zu nehmen, daß das Kind aufgrund seines Entwicklungsstandes noch nicht reif ist, deuten viele Mütter dieses Verhalten so, das Kind sei störrisch und widerspenstig. Wenn die Mutter dann an ihren Bemühungen festhält, bildet sich bei dem Kind eine negative Einstellung, und es kann sein, daß das Kind keinen guten Willen zeigt, wenn es den nötigen Reifezustand für die Sauberkeitsgewöhnung erreicht hat (94).

Die Wirkungen eines solchen erzwungenen Übens dauern lange an. Man hat festgestellt, daß außergewöhnlich frühes und strenges Üben häufig dazu führt, daß das Kind nervös wird. Dies zeigt sich dann in solchen Verhaltensstörungen wie Bettnässen, Nägelkauen, Daumenlutschen, Sprachstörungen und übertriebene Sorge um Sauberkeit (81). Ein Kind, dem man Schuldgefühle anerzogen hat, weil es hin und wieder in die Hose macht, kann sich zu einem Menschen entwickeln, der „Angst hat, Freude an sich selbst zu empfinden oder irgend etwas Neues auszuprobieren, und der unglücklich ist, wenn nicht alles seinem Wunsch entspricht" (114). Wir zitieren Jersild: „Wenn man ein Kind, das nicht älter als zwei Jahre ist, dann als Problemkind ansieht, wenn es einnäßt oder einkotet, weil es noch zu unreif ist, seine Ausscheidung zu kontrollieren, dann ist das etwa das gleiche, als wenn man ein Kind, das gerade kriechen oder lallen gelernt hat, als Problemkind ansehen wollte, weil es noch zu unreif ist, zu gehen oder zu sprechen. Wenn die Eltern in solchen Fällen ihr Kind für ein Problemkind halten und ihm etwas „abgewöhnen" wollen, dann muß das Kind diesen Druck spüren. Wenn der Druck stark ist, meint das Kind, seine Eltern lehnten es ab, und es meint vielleicht, daß es selbst versagt hat und es sich selbst ablehnen müßte. Ein Kind, das sich von anderen abgelehnt fühlt und sich daher auch selbst ablehnt, weil es etwas nicht erreicht hat, das zu erreichen nicht im Rahmen seiner Möglichkeiten lag, mißt sich selbst wie es ist (einer der unfähig ist, zu diesem Zeitpunkt seine Blase zu kontrollieren) an einem Ideal dessen, was es sein sollte (jemand, der in der Lage sein sollte, zu jeder Zeit seine Blase zu kontrollieren) (69).

3. Der Verlauf der motorischen Entwicklung ist vorhersagbar. Dabei gilt das Prinzip der cephalocaudalen Entwicklungsrichtung vor der Geburt genauso wie nach der Geburt (vgl. S. 24 und S. 45). In den frühen Entwicklungsstufen treten beim Fötus mehr Bewegungen in der Region des Kopfes als in der Region der Beine auf. Erst kurz vor dem Ende der Schwangerschaft ist der Grad der Aktivität in der Beinregion so groß wie der in der Kopfregion (61). Im ersten Teil des Säuglingsalters wird der Kopf häufiger bewegt als der übrige Körper. Mit zunehmender Reifung des neuromuskulären Mechanismus nimmt die Häufigkeit und der Grad der Kontrolliertheit der Bewegungen des Rumpfes und später auch der Beine zu (97).

Im folgenden sei die Art und Weise beschrieben, wie Babys getragen werden, um die Richtung dieses Entwicklungsverlaufs zu verdeutlichen. Kurz nach der Geburt ruht der Kopf des Säuglings an der Schulter oder der Brust der Person, die ihn trägt. Wenn er vom Körper fortgehalten wird, muß sein Kopf gestützt werden, da seine Halsmuskeln noch nicht stark genug sind, um das Gewicht seines Kopfes zu tragen. Wenn die Muskeln seines Kopfes und seines Halses stärker werden und er sie kontrollieren kann, braucht man ihn nur noch am Ansatz seines Nackens zu stützen. Nach und nach kann der Punkt, an dem man ihn stützt, weiter nach unten verlagert werden, unter die Schultern und schließlich unter sein Gesäß.

Die motorische Entwicklung geschieht ebenfalls in proximodistaler Richtung. Die Strukturen, die der Hauptachse des Körpers näher liegen, entwickeln sich früher als die entfernter liegenden Strukturen. Wenn das Kind z. B. nach einem Gegenstand greift, dann braucht es seine Schultern und Ellenbogen, bevor es seine Handgelenke und seine Finger einsetzt. In gleicher Weise kontrolliert das Kind bei der Fortbewegung – ganz gleich ob aufrecht oder kriechend – den Oberarm und den Oberschenkel früher als den Unterarm, Unterschenkel, Hände und Füße (41). (Vgl. Abb. 1-3.)

Der vorhersagbare Verlauf der motorischen Entwicklung wird ebenfalls deutlich in dem Übergang von der Gesamtaktivität zur mehr spezifischen Form der Aktivität.

4. Das Eintreten bestimmter Stufen im Verlauf der motorischen Entwicklung ist vorhersagbar. Zahlreiche Untersuchungen dieser Stufenfolge in der motorischen Entwicklung verschiedener Körpergebiete haben in der Regel die Annahme gestützt, daß Reifen

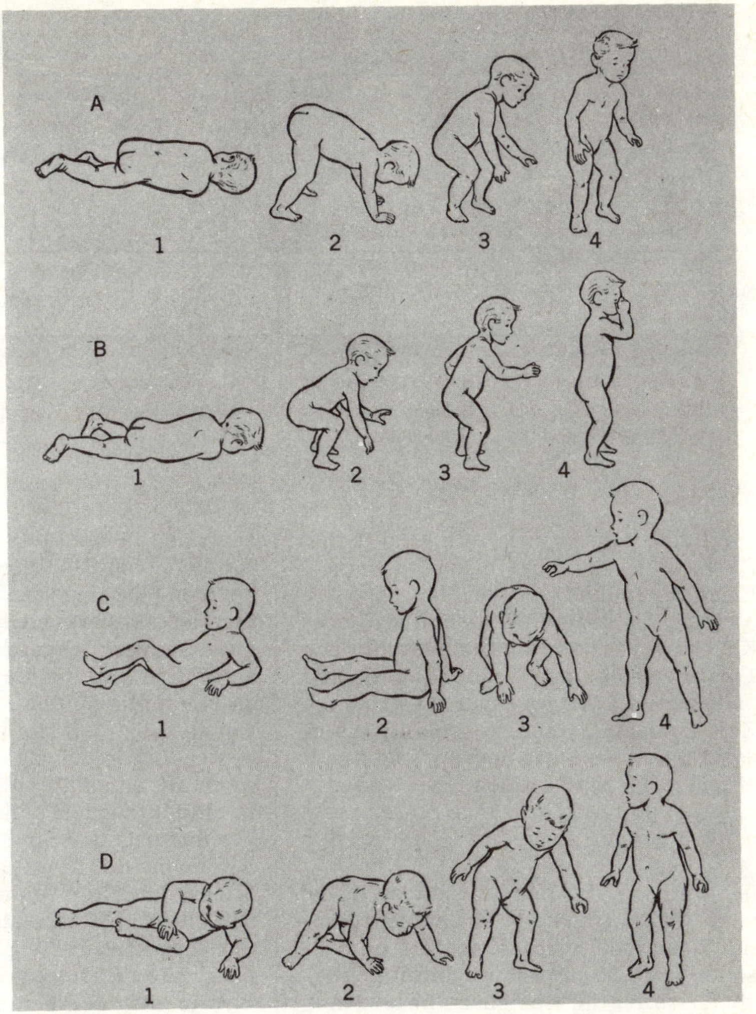

Abb. 5-1. Entwicklungsphasen beim Erwerb der aufrechten Haltung.

mehr als Lernen für die Entwicklung der Motorik verantwortlich ist. Allerdings besteht keine Übereinstimmung darüber, wie viele Stufen anzusetzen sind. So unterscheidet z. B. Ames alleine schon für das Krabbeln und Kriechen 14 Stufen (2). Shirley und McGraw stimmen darin überein, daß es 16 Stufen in der Entwicklung gibt, die zum Erwerb der aufrechten Haltung führt und diese einschließt (86, 108). Die von McGraw erarbeiteten Stufen finden sich dargestellt in Abb. 5-1. Halverson kam aufgrund seiner Untersuchungen zu dem Schluß, daß es in der Entwicklung des Greifens 10 Stufen gebe; jede unterscheidet sich klar von der anderen, doch hängt jede von der vorausgehenden Stufe ab und beeinflußt die nachfolgende (52). Vier Stufen dieser Entwicklungsfolge sind in Abb. 5-2 dargestellt.

5. Es gibt individuelle Unterschiede in der Geschwindigkeit der motorischen Entwicklung. Auch wenn der Verlauf der motorischen Entwicklung sich nach einem Muster vollzieht, das in seinen generellen Zügen relativ starr ist, so treten in Einzelheiten dieses Entwicklungsverlaufs doch individuelle Unterschiede auf, besonders hinsichtlich der Altersabschnitte, in denen verschiedene Individuen verschiedene Stufen erreichen (50). Wegen mangelnder Übungs-

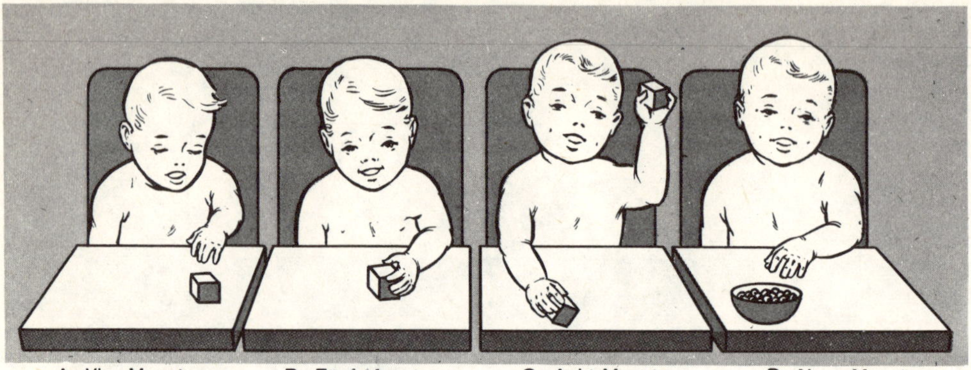

Abb. 5-2. Entwicklungsverlauf der Handfertigkeiten.

möglichkeit kann z. B. ein Kind in der Entwicklung der Kontrolle über seine Hand hinter dem Zeitfahrplan zurückbleiben. Es könnte auch sein, daß ein Kind für eine bestimmte Stufe, die zur Fortbewegung führt – dem Sich-Hochziehen zum Beispiel – nur so wenig Zeit braucht, daß es so scheint, als ob das Kind diese Stufe überspränge; und ein anderes Kind braucht zwei- oder dreimal so lange für diese Stufe, verharrt aber nur ganz kurze Zeit auf der Stufe des Kriechens (9, 41).

Insoweit wie die Bereitschaft zu lernen vom Reifezustand der Muskelkoordination beeinflußt wird, hängt die motorische Entwicklung von der Intelligenz ab. Doch ist die Beziehung zwischen Intelligenz und Fertigkeiten sehr viel weniger stark ausgeprägt, weil das Aneignen von Fertigkeiten von den Lernmöglichkeiten und der Motivation zu lernen abhängt und nicht nur von der Bereitschaft zu lernen. Eine Untersuchung solcher motorischer Fertigkeiten wie Rennen, Springen, Werfen und Stoßen hat ergeben, daß zwischen ihnen und der geistigen Entwicklung des Kindes nur eine geringe Beziehung besteht, und das gleiche gilt für die Beziehung zwischen ihnen und der Fähigkeit zu lesen (46).

Die Rolle, die die Motivation und die Umwelteinflüsse für die Entstehung individueller Unterschiede in der motorischen Entwicklung spielen, wird sehr gut dargestellt in einer Untersuchung, in der die motorische Entwicklung von Säuglingen in Uganda mit der von Säuglingen in den Vereinigten Staaten und verschiedenen europäischen Ländern verglichen wird. Diese Untersuchung ergab für die Kinder aus Uganda einen allgemeinen Vorsprung in der Entwicklung der Motorik während des ersten Lebensjahres. Sie können z. B., wenn sie einen Tag alt sind, sich selbst in eine sitzende Position hochziehen und verhindern, daß ihr Kopf zurückfällt; im Alter von vier Monaten können sie alleine sitzen; im Alter von acht Monaten können sie ohne Stütze stehen, und mit zehn Monaten können sie gehen. Die Erklärung, die für diesen Vorsprung in der Entwicklung der Motorik gegeben wird, ist die, daß die Kinder vor der Entwöhnung ständig bei ihrer Mutter sind, sie spielt mit ihnen und regt sie zu allerlei an. Nach der Entwöhnung jedoch erwartet man von ihnen, daß sie unabhängig sind, und sie bekommen weniger Anregung und Hilfe. Als Folge davon verändert sich die Geschwindigkeit ihrer motorischen Entwicklung deutlich (38).

Der Ablauf der motorischen Entwicklung

Die experimentellen Untersuchungen der motorischen Entwicklung haben nicht nur die normale Stufenfolge beim Erwerb der Muskelkontrolle aufgezeigt, sie haben vielmehr auch den Zeitpunkt angegeben, zu dem das normale Kind in der Lage ist, die verschiedenen Teile seines Körpers zu beherrschen. Bei der Darstellung dieser Befunde folgen wir dem Gesetz der Entwicklungsrichtung und teilen das Material nach den vier größeren Gebieten ein, in denen die motorische Entwicklung stattfindet: (1) die Kopfregion, (2) der Rumpf, (3) Arme und Hände und (4) Beine und Füße. Für jede Stufe wird die Norm oder der durchschnittliche Zeitpunkt, zu dem eine bestimmte Art der motorischen Kontrolle erreicht wird, angegeben. Wie wir schon nachdrücklich betont haben, bestehen ausgeprägte individuelle Unterschiede zwischen den Zeitpunkten, zu denen Kinder die Muskeln einer bestimmten Körperregion beherrschen. Diese Unterschiede sind keinesfalls ausschließlich Folgen von Unterschieden in der Intelligenz; sehr oft sind sie auf unterschiedliche Lernmöglichkeiten, unterschiedliche Erziehungsmethoden und verschiedene Motivation zurückzuführen.

Die motorische Entwicklung in der Kopfregion

Die Koordination der Augen, die während der ersten paar Stunden nach der Geburt sehr schlecht ist, verbessert sich so rasch, daß gegen Ende des vierten Lebensmonats jeder normale Säugling auch die schwierigsten Augenbewegungen durchführen kann. Gegen Ende des zweiten Monats kann der Säugling seine Augen auf ein ruhendes Objekt scharf einstellen, und mit dem Ende des dritten Monats beherrscht er die drei Arten der Augenkoordination, über die er verfügen muß, um einem bewegten Gegenstand folgen zu können: die horizontale (bereits im zweiten Monat vorhanden), die vertikale und die kreisförmige. Der optische Nystagmus tritt wenige Stunden nach der Geburt auf. Hierunter verstehen wir die Reaktion der Augen auf eine Folge von bewegten Objekten, wenn man z. B. aus dem Fenster eines schnell fahrenden Zuges blickt. Den Objekten nachfolgende Bewegungen treten in der dritten bis vierten Woche nach der Geburt auf. Die Koordination der Augen ist für Lesen ohne Augenanstrengung nicht viel früher als im sechsten Lebensjahr weit genug entwickelt. Willentliches Blinzeln läßt sich bei den meisten Säuglingen gegen Ende des vierten Monates feststellen (41, 54). Reflexhaftes Lächeln als Reaktion auf taktile, organische oder kinästhetische Reize erfolgt schon in der ersten Lebenswoche. „Soziales Lächeln", Lächeln als Antwort auf das Lächeln einer anderen Person, tritt nicht vor dem dritten Monat auf (72). Diese Reaktion wird von vielen Wissenschaftlern als Kriterium für den Beginn des sozialen Verhaltens angesehen. Die meisten Neugeborenen können ihren Kopf für einen Augenblick hochhalten. Wenn ein einmonatiges Kind in der richtigen Haltung an Bauch und Brust gestützt wird, kann es seinen Kopf in waagerechter Lage gestreckt halten. Im Alter von zwei Monaten kann es für einige Sekunden seinen Kopf aus dieser Horizontalen in einem Winkel bis zu 30 Grad anheben. Einen oder zwei Monate später kann es seinen Kopf und seine Brust aufrecht halten, wobei es sich mit Händen und Armen abstützt. Nicht vor dem fünften oder sechsten Monat kann es seinen Kopf aufrecht halten, wenn es auf seinem Rücken liegt, und dann jedesmal nur wenige Sekunden lang (17, 108). Wenn sie mit der richtigen Unterstützung auf einem Schoß sitzen, können die meisten Kinder im Alter von vier Monaten ihren Kopf aufrecht halten. Einen oder zwei Monate später können sie im Sitzen ihren Kopf wenden, indem sie die Schultern drehen und die Muskeln im oberen Teil des Rumpfes benutzen. Die Fähigkeit, den Kopf für einen Moment aufrecht zu halten, wenn das Kind ohne Stützung sitzt, stellt sich in der Regel ein, wenn das Kind sechs Monate alt ist. Einige Monate später, wenn sich die Hals- und Rumpfmuskulatur gestärkt hat, kann es den Kopf für Zeitspannen, die von wenigen Minuten bis zu einer halben Stunde reichen, aufrecht halten (43, 124).

Die Entwicklung der Motorik des Rumpfes

Die Fähigkeit, den Körper von einer Seite auf die andere oder vom Rücken auf den Bauch zu drehen, ist bei der Geburt noch nicht vorhanden. Mit Erreichen des zweiten Monats sollte der Säugling sich von der Seite auf den Rücken drehen können, und mit Erreichen des vierten vom Rücken auf die Seite. Nach sechs Lebensmonaten sollte er eine vollständige Drehung ausführen können, also einmal rund von der Bauchlage wieder in die Bauchlage. Beim ersten Mal muß diese Drehung nicht in einem Zuge durchgeführt werden, sie kann vielmehr in einzelnen Teilabschnitten vor sich gehen. Beim Drehen bewegt sich der Körper zuerst in der Kopfregion und zum Schluß mit den Beinen. Das Kind dreht zuerst seinen Kopf, dann seine Schultern, sein Becken und schafft es schließlich mit stoßenden und streckenden Bewegungen seiner Füße, den gesamten Körper zu wenden (103).

Bevor es alleine sitzen kann, muß das Kind seinen gesamten Rumpf unter Kontrolle haben. Im Alter von 16 Wochen kann es sich selbst in eine sitzende Haltung bringen. Mit zwanzig Wochen kann es, wenn es angelehnt ist, alleine mit aufrechtem Körper sitzen. Wenn es sich nicht anlehnen kann, wird es passiv vornüber geneigt sein, dabei jedoch seinen Kopf aufrecht halten. Zwischen dem neunten und zehnten Monat kann man vom durchschnittlichen Kind erwarten, daß es selbständig, ohne Unterstützung sitzt für zehn Minuten oder länger. Mädchen können in der Regel etwas früher alleine sitzen als Jungen (17, 43). Um sich in eine sitzende Position zu bringen, dreht sich das Kind von der Rückenlage in die Bauchlage, hockt sich dann auf alle Viere und bringt sich schließlich durch einen Stoß in die aufrechte Lage. Beim Erreichen des zweiten oder dritten Jahres dreht sich das Kind nicht mehr um die ganze Körperachse, sondern bleibt mit seinem Becken auf einer Seite mit dem Boden in Berührung und stützt sich auf dieser Seite mit den Armen. Vom vierten oder fünften Jahr ab kann sich das Kind wie ein Erwachsener setzen; mit Hilfe der Arme auf beiden Seiten rollt es den Körper symmetrisch hoch. Wenn das Kind sich zuerst setzen will, fällt es oder kippt es vornüber, weil es mit dem unteren Teil des Rumpfes nachgibt. Allmählich lernt es durch Versuch und Irrtum und auch durch direkte Hinweise, wie es seine Knie beugen und niedergleiten muß, anstatt seine Knie steif zu halten und vornüber zu fallen. Wenn diese Fähigkeit beherrscht wird, ist das durchschnittliche Kind ein Jahr alt (103).

Wenn das Kind erstmals alleine sitzt, lehnt es sich oft vornüber, um sein Gleichgewicht zu halten. Seine Arme sind meistens zur Seite von seinem Körper weggestreckt, und seine Knie sind gebeugt, wobei die Fußsohlen zueinander gewendet sind, um ihm eine möglichst große Grundfläche für die Balance zu geben. Wenn das Kind auf diese Weise hingesetzt wird, kann es sich nicht selbst zum Stehen aufrichten. Wenn es versucht, sich fortzubewegen, fällt es meistens vornüber.

Von allen Muskeln der Rumpfregion kommen diejenigen der Ausscheidungsorgane am langsamsten unter willentliche Kontrolle. Dies läßt sich verstehen, wenn man bedenkt, daß kleinere Muskelgruppen beteiligt sind. Kontrolle der Ausscheidung bedeutet, Prozesse zu hemmen, die zunächst überhaupt nicht dem Willen unterworfen sind. Um die Ausscheidung, die seinen Körper zu verlassen sucht, zurückzuhalten, müssen seine Muskeln stark genug und hinreichend koordiniert sein, daß sie ihm dies ermöglichen.

Wenn auch deutliche Unterschiede bestehen zwischen den Zeitpunkten, zu denen Kinder Kontrolle über ihre Ausscheidungsorgane gewinnen können, so kann man doch festhalten, daß die Darmkontrolle im Durchschnitt mit sechs Monaten beginnt, die Blasenkontrolle im Alter zwischen sechzehn und siebzehn Monaten. Wenn das Kind zwei Jahre alt ist, sollte es den Darm kontrollieren können, wenn man auch gelegentliches Versagen er-

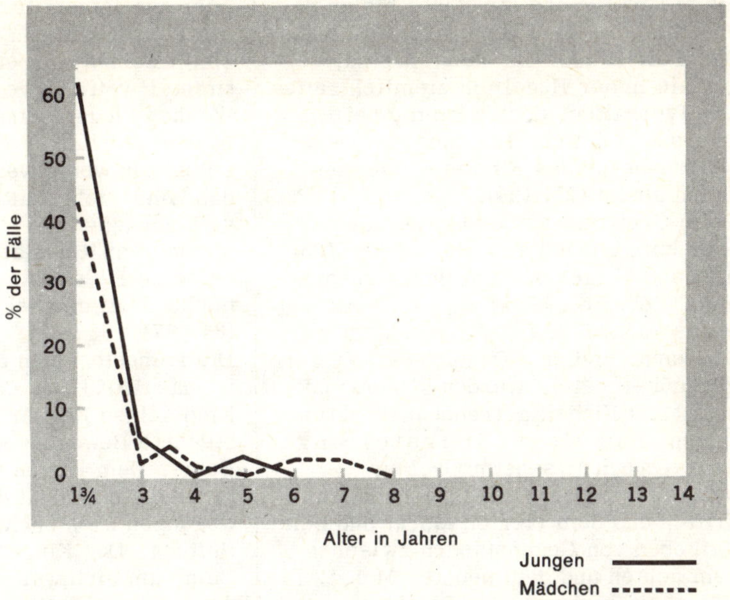

Abb. 5-3. Entwicklungsverlauf der Blasenkontrolle.

warten muß, besonders wenn das Kind müde, krank oder stark erregt ist. Die meisten Kinder sind zwischen zwei und zweieinhalb Jahren soweit, daß sie während des Tages nicht mehr einnässen; auch hier kommt es jedoch noch öfters vor, wenn sie müde oder erregt sind. Es dauert noch ein Jahr, bis das Kind auch nachts trocken ist, aber auch hier kommt es zu gelegentlichem Versagen. Bei Schuleintritt sollte die Blasenkontrolle so vollständig sein, daß auch Ermüdung und emotionale Spannung nicht zum Einnässen führen (88, 114, 118). Abb. 5-3 zeigt, wie sich die Kontrolle über die Blase entwickelt.

Die motorische Entwicklung der Arme und Hände

Eine der frühesten Formen koordinierter Armbewegungen ist die abwehrende Bewegung. Diese tritt schon in den ersten Lebenstagen auf. Zunächst ist sie noch schlecht koordiniert, doch am Ende der zweiten Lebenswoche hat sich die Koordination schon merklich verbessert. Das Ausstrecken und das Greifen – es sei denn, die Hand berühre den Reiz zufällig – erfordern die Koordination von Auge und Hand, das Zusammenarbeiten der Augen und der Hände in der Weise, daß die Augen die Bewegungen der Hände steuern. In der frühen Phase der Augenkoordination schaut das Kind auf den Gegenstand, aber es greift nicht nach ihm. Erst mit zunehmender Verbesserung der Augen beginnt es nach dem Objekt zu greifen. Im vierten Lebensmonat ist das Greifen noch langsam und ungeschickt, jedoch im sechsten Monat gut entwickelt, und noch einige Monate später kann das Kind nach einem Objekt langen, es ergreifen und dann an seinen Mund führen (17, 113). Untersuchungen haben gezeigt, daß es drei Arten gibt, wie das Kind nach einem Würfel langt: *die schwungvolle Bewegung* aus der Rückhand, *die umkreisende schwungvolle Bewegung* und *die direkte Annäherung*. Von der 16. bis zur 28. Woche wird eine der beiden ersten Annäherungsweisen benutzt, von der 32. bis zur 36. Woche tritt das umkreisende Element der Annäherungsbewegung in den Hintergrund, und von der 40. bis zur 45. Woche ist die direkte Annäherung üblich. Bis zum Alter von 28 Wochen hebt das Kind seine Hand in die Höhe, um nach dem Würfel zu greifen; von diesem Zeitpunkt an nimmt bis zur 52. Woche die Höhe, bis zu der das Kind die Hand hebt, allmählich ab. Wenn die Kinder ein Jahr alt sind, zeigen sie in der Regel ein ziemlich reifes Greifverhalten, doch wird die bei Erwachsenen übliche Leistung nicht erreicht, bevor das Kind vier oder fünf Jahre alt ist (17, 124).

Beim Greifreflex, der bei der Geburt oder kurz danach auftritt, wirken Daumen und Finger wie ein Haken zusammen. Bevor die Hand jedoch für irgendetwas anderes als Greifen benutzt werden kann, muß der Daumen den Fingern gegenübergestellt werden können und somit als Einheit getrennt in Funktion treten. Die Gegenüberstellung des Daumens beim Greifen geschieht normalerweise zwischen dem dritten und dem vierten Monat und beim Aufheben von Gegenständen zwischen dem achten und dem neunten Monat. Die Fähigkeit, mehr als ein Objekt zu greifen und festzuhalten, stellt sich erst etwas später ein. Das durchschnittliche, fünf Monate alte Baby sollte in der Lage sein, einen Gegenstand, den man ihm reicht, anzunehmen; wenn es sieben Monate alt ist, sollte es zwei Objekte annehmen können, wenn es zehn Monate alt ist, drei (52, 113).

Die motorische Entwicklung der Beine und Füße

Gehbewegungen treten bei der Geburt auf oder sogar noch früher. Das Neugeborene zeigt abwechselnde Tretbewegungen, die dem Schreiten sehr ähnlich sind. Als das Ergebnis von Strecken und Treten lernt das Kind, die Muskeln seiner Beine und seines Rumpfes zu koordinieren. Später entwickelt es Sinn für Gleichgewicht. Dies alles ist für das Gehen Voraussetzung und kann nicht innerhalb kurzer Zeit gelernt werden. Die meisten Kinder sind in biologischer Hinsicht zwischen dem neunten und dem fünfzehnten Monat in der Lage zu gehen. Die Knochen, Muskeln und Nerven der Beine und des Rumpfes sind bereit, aber das Kind braucht noch in unterschiedlichem Maß Anregung und Hilfe anderer, bevor es diese Aufgabe meistern kann (41, 54).

Wenn das kleine Kind auf seinem Bauch oder auf seinem Rücken liegt, stößt es mit den Beinen und windet sich, wobei es oft seinen Körper um ein paar Zentimeter weiterbewegt. Wenn es zwei Wochen alt ist, kann es gegen eine harte Fläche so stark stoßen, daß es sich selbst ein wenig weiterbewegt. Wenn das Kind hochgehalten wird, bäumt es sich zunächst und strampelt; wenn seine Muskeln später stärker werden, stellt es seine Füße fest auf den Boden und macht deutliche Schreitbewegungen (84, 97).

Die früheste Form der Fortbewegung ist das Rollen. Dabei bewegt das Kind seinen Körper durch kaum gesteuerte Bewegungen der Arme und Beine. Dem Rollen folgt gewöhnlich im sechsten Monat das Rucken – Bewegungen nach rückwärts in sitzender Haltung. Das Kind benutzt dabei ein Bein, um sich weiterzuschieben, auf dem anderen Bein sitzt es oder streckt das Bein aus, um besser Gleichgewicht halten zu können. Auch Arme und Hände helfen bei der Bewegung des Körpers mit (23).

Beim normalen Ablauf der Entwicklung folgt dem Rucken das Rutschen. Man kann es schon im vierten Lebensmonat beobachten, am häufigsten tritt es auf zwischen dem siebten und dem neunten Monat. Der Körper ist gestreckt, der Unterleib berührt den Boden. Kopf und Schultern sind angehoben, das Gewicht der oberen Körperhälfte ruht auf dem Ellenbogen. Der Körper wird mit Hilfe der Arme vorangezogen, während die Beine nachschleifen oder Stoßbewegungen vollführen. Wenn nur ein Bein dazu benutzt wird, den Körper vorwärts zu stoßen, ist das andere gestreckt und hilft so mit, den Körper nach vorne zu schieben. Überhaupt ist die Beinbewegung der des Schwimmens ähnlich, die Beine werden an den Körper herangezogen und plötzlich weggestoßen wie beim Frosch.

Im Alter von neun Monaten kann das normale Kind kriechen. Hierbei ist der Rumpf nicht mehr in Berührung mit dem Boden, doch parallel zu ihm, und für die Fortbewegung gebraucht das Kind die Knie und die Hände. Der Rhythmus wird durch Übung verbessert und in die Koordination werden Arme und

Beine einbezogen, so daß schließlich gleichzeitig nur noch ein Arm oder ein Bein bewegt wird. Wenn das Kind stärker wird, hebt es seine Knie vom Boden, macht seine Beine steif und geht „auf allen Vieren". Deutliche individuelle Unterschiede zeigen sich beim Rutschen und Kriechen. Einige Babys rutschen überwiegend flach auf dem Boden, andere rucken oder rutschen im Sitzen. Einige Kinder kriechen oder rutschen überhaupt nicht oder tun es nur für eine sehr kurze Zeit und gehen unmittelbar zur nächsten Stufe über (88).

Auf den Stufen der Fortbewegung, die vor der Beherrschung des Gehens liegen, zeigt sich am ganzen Körper eine Art Überproduktion an Bewegungen. Mit zunehmender Übung breitet sich die Koordination von der Kopfregion bis zur Beinregion aus. Während die Beinbewegung auf der Stufe des Rutschens noch unrhythmisch ist, wird von den Armen einer nach dem anderen gebeugt und zur Hilfe genommen. Wenn das Kind kriecht, ist die Koordination nahezu perfekt, und man kann ein allmähliches Ansteigen der Geschwindigkeit der Fortbewegung beobachten.

Stehen ist die nächste Stufe der Entwicklungssequenz, die zum Gehen führt. Normalerweise läßt sich Stehen mit Stützung schon beobachten, wenn das Kind noch rutscht oder kriecht. Fünfzig Prozent aller Kinder können mit Stützung eine Minute lang stehen, wenn sie 42 Wochen alt sind, und mit 47 Wochen können sie sich in eine stehende Haltung hochziehen. Mädchen können in der Regel etwas früher stehen als Jungen (40, 88). Um sein Gleichgewicht zu halten, steht das Kind mit weit auseinandergestellten Füßen, die Zehe nach außen gewendet, die Knie zusammen und den Kopf und den oberen Teil des Rumpfes vornüber geneigt. Wenn es fällt, fällt es meistens rückwärts. Allmählich vermindert das Kind den Druck, den es auf den Gegenstand ausübt, der es stützt, und steht schließlich vollständig ohne Hilfe (41).

Gehen. Einige Kinder beginnen zu laufen, sobald sie stehen können; bei anderen dauert es seine Zeit, bis sie genügend Vertrauen haben, um den ersten Schritt zu wagen. Gehen mit Unterstützung finden wir in der gleichen Zeit, in der das Kind lernt, ohne Hilfe zu stehen – wenn es etwa ein Jahr alt ist. Bei der Untersuchung eines Kindes stellte man fest, daß ein Zeitraum von 25 Tagen verging zwischen dem Stehen ohne Unterstützung und dem ersten selbständigen Schritt. Wenn diese Hürde erst einmal genommen ist, entwickelt sich das Gehen in der Regel sehr schnell (107). Der Entwicklungsverlauf ist in Abb. 5-4 dargestellt. Bemerkenswert ist der steile Anstieg, nachdem das Gleichgewicht gehalten werden kann.

Wenn man das Alter, in dem das Kind zum ersten Mal alleine geht, vorhersagen will, ist es eine gute Faustregel, das Alter zu verdoppeln, in dem das Kind zum ersten Mal alleine gesessen hat; oder wenn das Kind kriecht, kann man bis zum Erreichen des Gehens das Anderthalbfache der Zeit ansetzen, die es bis zum Kriechen gebraucht hat. Wenn es frühzeitig ohne Hilfe sitzt, dann kann man auch mit ziemlicher Sicherheit vorhersagen, daß es frühzeitig geht und umgekehrt (17).

Bei allen Formen der Fortbewegung hält das Kind den Kopf in die Höhe, um zu sehen, wohin es sich bewegt. Beim Gehen ist der Körper aufgerichtet und die Fortbewegung beruht ausschließlich auf dem Gebrauch der Beine. Als eine Hilfe beim Bewahren des Gleichgewichts werden die Arme ausgestreckt, etwa so wie bei einem Seiltänzer, oder sie werden an den Körper gezogen. Die Füße werden nach außen gewendet, und die Beine sind steif. Der Kopf ist leicht vornüber geneigt, und das Kind schaut geradeaus und nicht auf den Boden. Das ist notwendig zur Erhaltung des Gleichgewichts, wenn es auch dazu führt, daß das Kind häufiger hinfällt. Gründe für Hinfallen sind auch die allgemeine schlechte Koordination und die Tatsache, daß das Kind die Füße zu weit vom Boden hebt und deshalb seine Balance verliert.

Fußstellung beim Gehen. Zunächst, wenn das Kind mit Unterstützung zu gehen beginnt, sind seine Schritte kurz

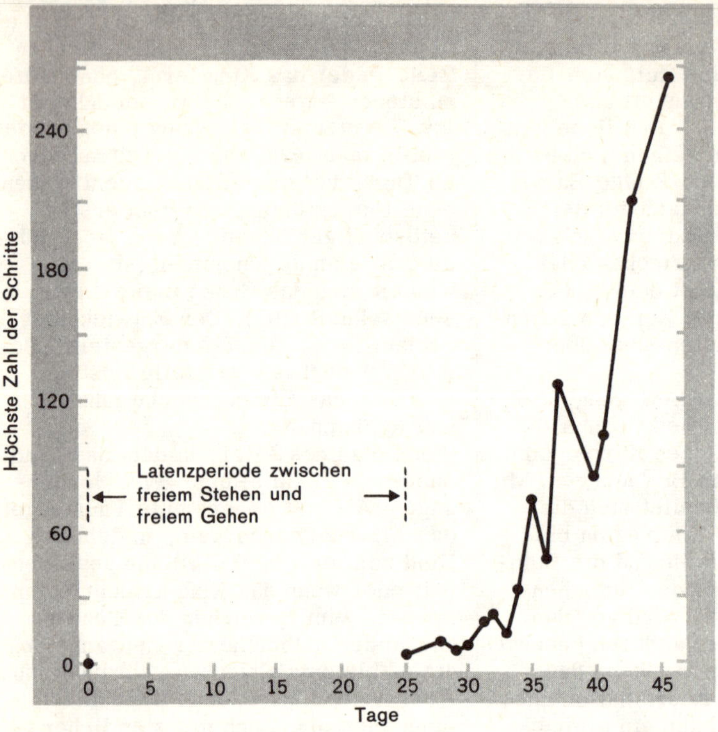

Abb. 5-4. Entwicklung des Gehens nach dem Beherrschen des freien Stehens. Das Gehen beginnt 25 Tage nach dem freien Stehen. Der stärkste Anstieg in der Anzahl der Schritte läßt sich etwa 15 Tage nach Beginn des Alleine-Gehens beobachten.

und unregelmäßig. Ihre Länge nimmt zu, bis das Kind etwa 18 Monate alt ist, und danach werden sie ziemlich regelmäßig. Bemerkenswerte Veränderungen ergeben sich auch in der Breite des Schrittes. Beim ersten Trippeln sind die Zehen der beiden Füße etwa 5 cm voneinander entfernt, die Hacken berühren den Boden nicht. Wenn das Kind mit Hilfe zu gehen beginnt, nimmt die Breite des Schrittes stark zu, und diese Zunahme dauert bis zum Ende des zweiten Lebensjahres an. Außerdem wird jetzt die ganze Fußsohle in Berührung mit dem Boden gebracht. Zunächst wenden sich die Zehen nach außen, wenn aber das Gehen sich verbessert, werden die Füße parallel gesetzt (23, 90, 108). Die Analyse von Filmmaterial hat ergeben, daß die Art der Schreitbewegung ein wichtigerer Hinweis auf Entwicklungsfortschritt ist als die Anzahl der Schritte. In den frühen Phasen des Gehens stellt das Kind einen Fuß fest auf den Boden, bevor es damit beginnt, den anderen zu bewegen. Später hebt es den zweiten Fuß schon, bevor der erste völlig aufgesetzt wurde (90).

Wenn das Kind älter wird, verändert sich der Gang in zweifacher Hinsicht: Der Schwerpunkt der Beine verlagert sich nach unten, und die Bewegung, die die Beine ausführen, wird glatter. Das Baby, das gerade anfängt, laufen zu lernen, benötigt eine große Menge Energie, und die Anstrengung ist in bezug auf die zurückgelegte Entfernung enorm. Es hebt seine Beine höher als es später tun wird und bewegt sie mehr als nötig ist, weil sie einen unregelmäßigen Weg im Raum beschreiben. Wenn man das Verhältnis von horizontal zurückgelegter Strecke zu der Länge des Weges berechnet, den der Schwerpunkt des Unterschenkels zurücklegt, dann wird ein optimales Verhältnis im Alter von zwei oder drei Jahren erreicht (89).

Die Gangart wird gewöhnlich mit dem Ende des zweiten oder Anfang des dritten Lebensjahres stabil. Bei Abschluß der Entwicklung entfallen etwa 70% der Zeit beim Schreiten auf die Phase, in der der Fuß am Boden ruht, 30% entfallen auf die Phase, in der der Fuß sich durch die Luft bewegt. Bei einem schlechten oder unstabilen Gang ist die Zeit, die diese beiden Phasen benötigen, bei jedem Fuß unterschiedlich lang, und somit wird der Gang asymmetrisch (89). Deutliche individuelle Unterschiede treten im Stil des Ganges bei verschiedenen Kindern auf. Faktoren wie die folgenden haben einen deutlichen Einfluß auf den überdauernden Stil eines Ganges: zu enge oder zu steife Schuhe, Übergewicht, Angst, einen großen, weitausholenden Schritt zu tun, weil das Kind vorher häufiger hingefallen ist.

Fertigkeiten

Nachdem das Kind die groben motorischen Bewegungen zu beherrschen gelernt hat, beginnt es, einzelne Fertigkeiten zu entwickeln. Dabei handelt es sich um Feinkoordinationen, bei denen kleinere Muskeln die Hauptrolle spielen. Eine F e r t i g k e i t kann man beschreiben „mit Worten wie: automatisch, schnell, genau und glatt. Man darf sich jedoch eine Fertigkeit nicht als eine einzelne vervollkommnete Handlung vorstellen. Jede mit Fertigkeit vollzogene Leistung, auch das Schreiben des Buchstabens a, besteht aus Hunderten von Nerv-Muskelkoordinationen. Eine jede solche Bewegung stellt einen komplexen Prozeß dar, der das Unterscheidenlernen von hinweisenden und steuernden Reizen und ein ständiges Verbessern von Fehlern einschließt" (26).

Die motorischen Fertigkeiten kann man etwa in zwei größere Kategorien einteilen: g r o b m o t o r i s c h e Fertigkeiten, wie Laufen, Springen, Heben und Klettern, und f e i n m o t o r i s c h e Fertigkeiten wie Schreiben, ein Musikinstrument spielen oder geschicktes Handhaben von kleineren Werkzeugen. Eine gut beherrschte Fertigkeit wird zu einer G e w o h n h e i t, „darunter versteht man jede Art von glatt ablaufender, sich wiederholender Aktivität, die aus unterscheidbaren Bewegungsverläufen zusammengesetzt ist... Ein Mensch verfolgt die Einzelheiten einer gewohnheitsmäßigen Handlung gewöhnlich nicht mit viel Aufmerksamkeit... Gewohnheiten... sind relativ automatische, wiederholte Bewegungsverläufe, wie sie sich besonders bei motorischen Fertigkeiten zeigen" (59).

Fertigkeiten entwickeln sich nicht durch Reifung, wenn auch die Grundlagen für die Fertigkeiten bereitgestellt werden durch die Reifung der Muskeln, Nerven und Hirnzellen, die für die Kontrolle der zugehörigen, willentlich gesteuerten Bewegungen notwendig sind. Fertigkeiten müssen gelernt werden; es gibt jedoch genügend Anhaltspunkte dafür, daß es genauso wichtig ist, z u w e l c h e m Z e i t p u n k t sie gelernt werden und a u f w e l c h e A r t sie gelernt werden. Beim Laufen, Springen, Werfen und Fangen z. B. sind die Kinder, die in diesen Fertigkeiten geübt werden, wenn sie die reifungsmäßigen Voraussetzungen dazu haben, denjenigen Kindern, die keine Gelegenheit zu üben haben, weit überlegen (17, 105). Bei einer Untersuchung der Wirkung, die das Üben von Ballwerfen hat, stellte man fest, daß in der Gruppe der Drei- bis Vierjährigen weder die Übungsgruppe noch die Kontrollgruppe so deutliche Verbesserungen zeigten wie die Gruppe der Fünf- bis Sechsjährigen. Kinder dieser zweiten Gruppe, die die Möglichkeit zur Übung hatten, zeigten deutliche Fortschritte im Vergleich zu den Kindern mit geringer oder gar keiner Übungsmöglichkeit. Diese Ergebnisse zeigen deutlich, daß die Fünf- bis Sechsjährigen bereit waren, von der Übung zu profitieren (34). (Vgl. Abb. 5-5.)

Wesentliche Bedingungen für die Entwicklung von Fertigkeiten

Wir möchten drei wesentliche Bedingungen für die Entwicklung von Fertigkeiten hervorheben: Übung, Anleitung und Motivation. Wenn auch nur eine dieser Bedingungen vernachlässigt wird, führt dies bei dem Kind zu einem Entwicklungsstand, der unter seiner Kapazität liegt.

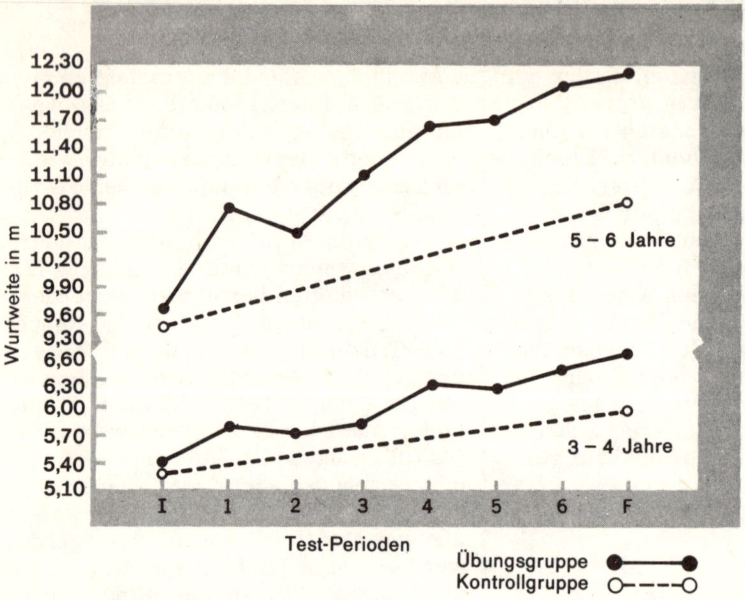

Abb. 5-5. Die Wirkung von Übung auf das Weitwerfen bei Jungen im Vorschulalter.

1. Übung. Nach dem Volksmund gilt: „Übung macht den Meister", aber die Art der Übung ist weit wichtiger als die Menge. Übung ohne Richtung oder Übung, ohne daß das Kind weiß, wie das Endergebnis aussehen sollte, führt nicht zu einer „vollkommenen" Fertigkeit oder auch nur zu einer einigermaßen brauchbaren. Wenn das Kind eine längere Zeit blind übt, d. h. sich auf Zufallstreffer verläßt, entwickelt es eine wenig effiziente Fertigkeit, die so gut gelernt ist, daß sie als automatisiert angesehen werden kann. Sollte es dann später entdecken, daß seine Fertigkeit seiner Kapazität nicht entspricht, dann könnte es vielleicht den Wunsch haben, die Wirksamkeit seiner Fertigkeit zu verbessern. Diese Veränderung zu wünschen und sie wirklich ausführen zu können sind jedoch zwei verschiedene Dinge. Wenn erst einmal eine Fertigkeit durch und durch gelernt ist, geht sie so in Fleisch und Blut über, daß es sehr schwierig ist, sie zu ändern.

In der Regel haben kleinere Kinder Wiederholungen gern. Außerdem ist ihre Zeit so wenig mit Pflichten und Verantwortlichkeiten ausgefüllt, daß sie für dauernde Wiederholungen genug Zeit haben und die feinmotorischen Koordinationen so lange üben können, bis sie zu Fertigkeiten geworden sind. Aus diesem Grund ist die frühe Kindheit das ideale Alter, die Beherrschung von Fertigkeiten zu erlernen.

In den meisten Kulturen besteht eine Aufgabe der Entwicklung darin, Fertigkeiten zu erlernen, die für das Kind in dieser Kultur nützlich sind (54). Wenn das Kind älter wird, steht ihm weniger Freizeit zum Üben zur Verfügung, und es wird wahrscheinlicher, daß es Üben langweilig findet. Wenn ihm Lernmöglichkeiten zu einem früheren Zeitpunkt vorenthalten wurden, zu dem es die Fertigkeiten hätte lernen sollen, dann wird dieses Kind wahrscheinlich nie genug Zeit aufbringen, diese Fertigkeiten zu üben. Es wird daher im Vergleich mit seinen Alterskameraden ungeschickt sein.

2. Anleitung. Wenn Übung auch notwendig für die Entwicklung von Fertigkeiten ist, so muß sie doch angeleitet werden, um wirksam zu sein. Selbstverständlich kann ein Kind Fertigkeiten auch durch ein ungerichtetes Herumprobie-

ren lernen, das aber ist uneffizient, nicht nur was den Einsatz von Zeit und Energie anbetrifft, sondern auch hinsichtlich des Ergebnisses. Viele Kinder erwerben Fertigkeiten, indem sie ein Vorbild – sei es das eines älteren Kindes, der Eltern oder des Lehrers – nachahmen. Dieses Lernen durch Nachahmen erfordert ohne Zweifel weniger Zeit als Lernen durch Herumprobieren, hat aber seine Grenzen in den Fehlern des Vorbildes. Je besser das Vorbild ist, desto besser sind auch die Fertigkeiten, die das Kind lernt, und der Lernprozeß beansprucht um so weniger Zeit und Energie. Eine weitere Grenze für das Lernen durch Nachahmung ist darin zu sehen, daß das Kind unrichtig beobachtet.

Das Kind braucht Anleitung, wenn es das Vorbild richtig imitieren soll. Wenn ein guter Lehrer das Kind anleitet, versteht es das Wesentliche einer guten Leistung – es erfaßt das Ziel, das es erreichen soll – und wird auf die Fehler hingewiesen, vor denen es sich in acht nehmen muß. Dies zeigte sich z. B. beim Üben nach der richtigen Methode, einen Ball zu werfen, in der Zunahme der Wurfweite (34, 59, 99).

Zum Wichtigsten bei der Übung mit Anleitung gehört es, daß sie ein Kind stärker zufriedenstellt, weil das Endergebnis besser ist. Diese Zufriedenheit wiederum ist eine Quelle der Motivation für das Kind, so lange mit der Übung fortzufahren, bis die Fertigkeit beherrscht wird. Motiviertheit ist besonders für die älteren Kinder wichtig, die oft länger dauernde Übung langweilig finden. Hilgard betont die Bedeutung der Anleitung bei der Entwicklung der Fertigkeiten, wenn er sagt: „*Bloße* Übung ist nicht genug, zu wünschen ist *richtige* Übung, d. h. Übung mit Verstand" (59).

Daß Anleitung zu besseren und für das Kind zufriedenstellenderen Ergebnissen führt, kann man an dem Grad der Beherrschung *verschiedenartiger* Fertigkeiten ablesen. Viele der Geschicklichkeiten *beim Spielen* werden durch zufallsbestimmtes Lernen erworben oder durch Nachahmung anderer Kinder. Sie sind deshalb oft so mangelhaft, daß sie das Kind nur wenig befriedigen. In der Folge wendet es sich in seiner Freizeit solchen Vergnügen zu, bei denen seine handelnde Teilnahme auf ein Minimum reduziert ist. Selbst wenn das Kind von Spielkameraden oder älteren Geschwistern angeleitet wird, sind seine Fertigkeiten beim Spielen oft nur sehr gering.

Fertigkeiten *bei Haushaltsarbeiten* werden in der Regel durch Nachahmen der Mutter gelernt. Weil viele Mütter heute über arbeitssparende Geräte verfügen, die die Hilfe des Kindes überflüssig machen und die zu kompliziert und zu teuer sind, um sie ungeschickten Kindern in die Hand zu geben, lernen viele amerikanische Kinder ihre Fertigkeiten für den Haushalt nur zufällig oder durch Nachahmung ohne Anleitung. Das Ergebnis ist deshalb oft weit davon entfernt, zufriedenstellend zu sein, und die Motivation für die Übung dieser Fertigkeiten läßt nach. In großen Familien, in denen jedes Kind einen Teil der Aufgaben übernehmen muß, ist es wahrscheinlicher, daß die Kinder genügend Übung in den Fertigkeiten der Haushaltsführung erhalten und diese besser beherrschen.

Fertigkeiten, die meistens unter Anleitung erworben werden, sind diejenigen, die in der *Schule*, in *Spielgruppen* oder im *Sommerzeltlager* gelernt werden. Hierzu gehören Schreiben, Malen, Zeichnen, Modellieren mit Ton, Tanzen und die verschiedenen Sportarten, die von so einfachen Formen wie Ballwerfen zu komplizierten wie Tauchen oder bestimmten Schwimmstilen reichen. Da diese Fertigkeiten unter der sorgfältigen Kontrolle von Lehrern erworben werden, die wissen, wie man die Anstrengungen des Kindes gleich von Anfang an in die richtigen Kanäle lenkt, die auf mögliche Fehler achten und die Fehler verbessern, bevor sie zur Gewohnheit werden, ist es nicht überraschend, daß Kinder solche Fertigkeiten besser beherrschen, daß sie von ihnen stärker befriedigt werden und daß sie sich stärker darum bemühen, diese Fertigkeiten so lange zu üben, bis sie ihrem Anspruchsniveau einigermaßen entsprechen (26, 34, 37).

3. Motivation. Damit ein Kind bereit ist, seine Zeit und seine Anstrengung in Übung zu investieren, die für die Heranbildung einer Fertigkeit notwendig ist, muß es irgendeine Quelle der Befriedigung geben, aus der sich die Motivation speist. Ohne diese antreibende Kraft wird das Interesse des Kindes erlahmen und somit auch seine Anstrengung. Ganz allgemein können wir folgende Quellen der Motivation beobachten: Die persönliche Zufriedenheit, die das Kind aus der Tätigkeit selbst gewinnt, die Unabhängigkeit, die es dadurch erreicht, und die Zustimmung der Leute, die in seinem Leben von Bedeutung sind, besonders von seinen Eltern und seinen Lehrern. Andere Motivationsquellen sind der Wert der Fertigkeit für das Kind, ob sie nun ein Mittel ist, Unabhängigkeit zu erlangen oder gute Zensuren in der Schule, und das Prestige, das sie ihm in den Augen seiner Alterskameraden verschafft. Manche Kinder benutzen ihre Fertigkeiten als Kompensation für Gefühle der Unterlegenheit auf anderen Gebieten, besonders auf schulischem Gebiet (26, 34, 37).

In den ersten Stadien beim Lernen einer Fertigkeit geschieht der Fortschritt in der Regel recht schnell, und zunächst wird weniger Anstrengung benötigt als später. Bald ändert sich jedoch die Lage, und das Kind trifft auf Probleme, die es weit schwerer bewältigen kann als alles Frühere. Es wird entmutigt, wenn es Tag für Tag nur wenig Fortschritt sieht trotz harter Übung oder wenn es zeitweilig Rückschläge erfährt. Wenn es dann nicht unterstützt wird, ist es wahrscheinlich, daß seine Motivation nachläßt. Sein abflauendes Interesse kann wieder geweckt werden, wenn man ihm Mittel an die Hand gibt, die es gebrauchen kann, wenn man ihm deren richtigen Gebrauch vormacht, wenn es Hilfe bei der Überwindung solcher Hindernisse bekommt, die bei seinem Üben auftauchen und – was am wichtigsten ist – wenn es für seine Anstrengungen gelobt wird, auch wenn das Endergebnis den Erwartungen der Erwachsenen bei weitem nicht entspricht. Unter solchen Umständen kann die Motivation des Kindes so stark gehalten werden, wie es für länger andauernde Übung notwendig ist. Dies ist besonders wichtig für kleinere Kinder, denn sie werden häufig bei ihren Anstrengungen, die für die Fertigkeiten benötigte genaue Kontrolle zu erreichen, frustriert und verausgaben alle ihre Kräfte (65).

Die vielleicht größte Gefahr für die Motivation ist das Bestreben der Kinder, ihr Anspruchsniveau zu hoch zu setzen. Kinder leiten ihr Anspruchsniveau zum Teil von ihrer Neugier ab – sie möchten herausfinden, ob sie selbst auch das tun können, was sie andere tun sehen – und zum Teil von ihren früheren Erfolgen. Auch die sehr komplizierten Fertigkeiten sehen für ein Kind leicht aus, wenn es jemanden beobachtet, der diese Fertigkeiten gut beherrscht. Es vermag nicht abzuschätzen, wie komplex eine Fertigkeit ist und wie lange jemand zum Erwerb dieser Fertigkeit brauchte, die jetzt so gut und leicht und mit so viel Eleganz und Genauigkeit beherrscht wird. Wenn das Kind nun versucht, das nachzuahmen, was es gesehen hat, dann wird ihm klar, daß dies viel schwieriger und komplizierter ist, als es sich vorgestellt hatte. Es steckt sein Ziel zurück und findet die erforderliche Fertigkeit immer noch zu kompliziert. Wenn es nun mehrfach seine Ansprüche herabgesetzt hat, wird es wahrscheinlich entmutigt und möchte alle weiteren Lernversuche aufgeben. An diesem Punkt muß man ihm gut zureden, wenn seine Motivation aufrechterhalten werden soll. Wäre das Lernen richtig angeleitet worden, dann hätte das Kind kein für seine augenblicklichen Fähigkeiten zu hohes Anspruchsniveau gesetzt; man hätte ihm ein Vorbild gegeben, das nachzuahmen im Bereich seiner Fähigkeiten gelegen hätte. Wenn ein Kind beim Nachahmen eines Vorbildes Erfolg hat, erhöht es beim nächsten Versuch sein Anspruchsniveau, und sein Erfolg verstärkt seine Motivation (104).

Verbesserung der Fertigkeiten

In den frühen Stadien der Entwicklung von Fertigkeiten sind die Bewegungen grob, ungeschickt und unkoordiniert. Die Bewegungen des Körpers sind nicht integriert, und viele unnötige Bewegungen treten auf. Wenn ein Kind z. B. lernt, einen Ball zu werfen, dann wirft es ihn buchstäblich mit seinem ganzen Körper (34). Es zeigt einen ungewöhnlichen Gesichtsausdruck, sein Rumpf und seine Beine spielen bei dieser Aktivität eine zu wichtige Rolle, und Arme und Hände arbeiten nicht zusammen.

Mit der weiteren Entwicklung der Fertigkeiten geht die Zunahme in Geschwindigkeit, Genauigkeit und Ökonomie der Bewegung einher, sehr zur Zufriedenheit des Kindes. Zugleich mit dieser Zufriedenheit wird die Selbstsicherheit stärker und auch die Motivation, weitere Fortschritte durch weiteres Üben zu erreichen (53, 132). Die Geschwindigkeit nimmt mit etwa gleicher Rate während der Kindheit bis etwa zum sechzehnten oder achtzehnten Lebensjahr zu; die Zuwachsrate ist am stärksten in der frühen Kindheit und nimmt dann um so stärker ab, je näher die Pubertät heranrückt (3, 91). Die Genauigkeit, wie sie sich etwa im Laboratorium durch Nachzeichentests und Zielen nach einem Gegenstand erfassen läßt, nimmt bis zum dreizehnten oder vierzehnten Lebensjahr zu und erreicht dann ein Plateau. Am stärksten nimmt die Genauigkeit in der frühen Kindheit zu. So ist z. B. das sechsjährige Kind fast doppelt so genau in seinen Bewegungen wie das dreijährige. Die Fähigkeit, den entsprechenden Körperteil ruhig zu halten, wenn die Finger, die Hände, die Arme oder der ganze Körper so bewegungslos wie möglich gehalten werden sollen, nimmt mit dem Alter zu. Es ist noch nicht festgestellt worden, wann die stärkste Verbesserung hierbei auftritt. Die Körperkräfte nehmen mit der physischen Entwicklung zu, doch nicht besonders deutlich bis zur Pubertät, in der eine sehr starke Zunahme der Muskelgröße eintritt (73, 115).

Artistischer Umgang mit neuerworbenen Fertigkeiten. Wenn ein Kind erst einmal eine Fertigkeit so gut gelernt hat, daß es sich an ihr freuen kann, fängt es meistens an, mit ihr kleine Kunststückchen auszuprobieren. Wenn ein Kind das Gehen beherrschen gelernt hat, fängt es an, über kleine Mauern zu laufen, rückwärts oder seitwärts zu gehen. Wenn es Dreirad fahren kann, versucht es im Stehen zu fahren oder rückwärts auf dem Dreirad sitzend. Auch das ältere Kind zeigt gern solche Kunststückchen, aber für die Älteren ist die Freude, die sie aus der Aktivität selbst gewinnen, nicht so wichtig wie die Aufmerksamkeit, die sie so auf sich ziehen können. Wenn das Kind etwas wagt und dabei Erfolg hat, so hat dies großen Prestigewert für das Kind (131).

Die Fähigkeit zu solchen Kunststückchen weist darauf hin, daß das Kind weit größere motorische Fähigkeiten hat als man gewöhnlich annimmt. Sie weist ferner darauf hin, daß das Kind seine Anstrengung und seine Übungszeit dazu einsetzen könnte, ihm sehr nützliche Fertigkeiten zu verbessern, wenn ihm nur Mut zugesprochen und die nötigen Voraussetzungen geboten würden. Bei einer Untersuchung an Kindergartenkindern wurde folgendes festgestellt: Wenn Kinder die Fertigkeiten beherrschen, die zu den Übungsmöglichkeiten paßten, die man ihnen bot, dann wiederholten sie ihre alten Leistungen und Verhaltensweisen immer wieder, oder sie versuchten, sie kunstvoller auszuführen. Denn sie hatten einfach nichts anderes, was sie tun konnten (44, 51). In der gleichen Lage sind auch viele ältere Kinder.

Geschlechtsunterschiede

Man hat keine statistisch gesicherten Geschlechtsunterschiede im motorischen Verhalten während der ersten Lebensjahre feststellen können, in denen Jungen und Mädchen die gleiche Übungsmöglichkeit und die gleiche Ausrüstung erhielten, beide in gleichem Maß gelobt wurden und mit ihnen in gleicher Weise geübt wurde. Wenn die Kinder jedoch älter werden, glaubt man, daß gewisse Fertigkeiten für Jungen angemessener sind als für Mädchen und umgekehrt. Als Folge dieser kulturellen Bedingungen beginnen etwa im Kindergartenalter Geschlechtsunterschiede in der motorischen Entwicklung aufzutreten, die immer deutlicher werden, je älter die Kinder sind (44, 46). Der kulturelle Druck bewirkt die Geschlechtsunterschiede in den Fertigkeiten hauptsächlich dadurch, daß er die Lernmöglichkeiten einschränkt. In der Grundschule sind Jungen den Mädchen in der Regel in solchen Fertigkeiten überlegen, die Stärke und Ausdauer erfordern – und das sind Fertigkeiten, von denen man annimmt, sie seien für Jungen angemessener als für Mädchen (46). Beim Ballwerfen zeigen Jungen deutlichere Fortschritte als Mädchen, vor allem deswegen, weil Jungen stärker ermutigt werden, sich diese Fertigkeit gut anzueignen (34).

Der kulturelle Druck ist besonders für die Fertigkeiten, die beim Spiel der Kinder nötig sind, stark. Mädchen z. B. werden nicht dazu angehalten, an Spielen oder Sportarten teilzunehmen, die Schnelligkeit und Körperkräfte erfordern. Man hält sie zu solchen Beschäftigungen an wie Spielen mit Puppen, Malen mit farbigen Kreiden und Nähen. Alle diese Tätigkeiten entwikkeln die kleineren Muskeln. Als Ergebnis dieser Unterschiede in der Übung sind Mädchen meistens besser in Fertigkeiten, bei denen der Schwerpunkt auf Genauigkeit liegt, während Jungen die Mädchen in solchen Fertigkeiten übertreffen, bei denen es auf Geschwindigkeit und Stärke ankommt. Die Geschlechtsunterschiede in der Motorik werden noch deutlicher durch die Unterschiede in der Muskelstärke, die sich in der Pubertät einstellen. Da die Muskeln der Jungen zu diesem Zeitpunkt größer und schwerer werden, sind die Jungen bei allen motorischen Leistungen deutlich überlegen, bei denen Geschwindigkeit und Stärke ausschlaggebend sind (46, 84, 115).

Rechts- und Linkshändigkeit

Für viele praktische Leistungen, die im Leben eines Kindes verlangt werden, ist die motorische Entwicklung der Arme und Hände wichtiger als die motorische Entwicklung der Beine und Füße. Die Mehrzahl der Handfertigkeiten verlangt jedoch den Gebrauch nur einer Hand oder den überwiegenden Gebrauch einer Hand, wobei die andere zu Hilfe genommen wird. Aus diesem Grund entwickelt das Kind eine *dominante* Hand, und nur hilfsweise wird die andere Hand – die *auxiliäre* Hand – herangezogen. Beim Schreiben hält z. B. die dominante Hand den Bleistift oder den Füller und führt den Schreibakt aus. Die auxiliäre Hand wird nur dazu benötigt, das Papier fest auf seinem Platz zu halten.

Händigkeit bedeutet den überwiegenden Gebrauch einer der beiden Hände. Wir bezeichnen jemanden als rechtshändig, wenn er *in den meisten Fällen* die rechte Hand als seine dominante Hand benutzt, als linkshändig, wenn er die Linke bevorzugt. Nur wenige Menschen sind so ausgesprochen rechts- oder linkshändig, daß sie *immer* die bevorzugte Hand benutzen.

Auf allen Altersstufen kommen Wechsel der Handbevorzugung vor, wenn auch die Häufigkeit mit zunehmendem Alter abnimmt. Linkshänder sind weniger konsistent beim Gebrauch ihrer dominanten Hand als Rechtshänder. Sie führen mit ihrer Linken bestimmte spontane Handlungen aus, z. B. Ballwerfen oder einen Gegenstand aufheben; sie benutzen aber in solchen Situationen, in denen der Einfluß der Übung oder sozialer Einfluß besonders stark ist, oft die rechte Hand (19, 41).

Wir nennen jemanden *beidhändig*, der beide Hände gleich gut und etwa gleich oft benutzt. Die Art der Fertigkeit, die ein Kind erwirbt, und die Geschicklichkeit, die es sich auf diesem Gebiet aneignen kann, hängen sehr stark davon ab, ob es rechts-, links- oder beidhändig ist. Darüber hinaus wird die Leichtigkeit, mit der eine Fertigkeit erlernt wird, davon stark beeinflußt, ob es sie mit der bevorzugten Hand lernt, oder ob man von ihm erwartet, daß es die weniger bevorzugte Hand dazu einsetzt. Einem linkshändigen Kind fällt es z. B. schwerer, mit seiner rechten Hand schreiben zu lernen als mit der linken. Da alles Lernen von der Motivation bestimmt wird, hängt die Geschwindigkeit und der Erfolg des Lernens davon ab, wie stark das Kind wünscht, die in einer Gesellschaftsordnung bevorzugte Hand – das ist in der Regel die rechte Hand – zu gebrauchen. Damit dürfte klar geworden sein, daß das Problem der Händigkeit sowohl von praktischer Bedeutung für die motorische Entwicklung des Kindes als auch von theoretischem Interesse ist.

Theorien über die Händigkeit

Eine Erklärung für den vorherrschenden Gebrauch der rechten Hand ist die, daß die linke Seite des Zerebrums in ihrer Funktion der rechten überlegen ist und so die Bevorzugung der rechten Hand determiniert. Eine andere ist die, daß die rechte Hand der linken in ihrer Struktur überlegen ist, und zwar als Folge der Lage des Fötus im Uterus. Wieder eine andere Annahme ist die, daß die Händigkeit eine Folge der Dominanz einer Körperseite ist, wobei man sich darauf bezieht, daß eine Körperseite beim unwillkürlichen Verhalten spontan in Aktion tritt und die andere Seite dies nicht tut, wenn man z. B. mit einem Auge etwas anvisiert (8).
Ergebnisse experimenteller Untersuchungen haben die Theorien von der Erblichkeit der Bevorzugung einer Hand oder von ihrem Zusammenhang mit der Bevorzugung eines Auges nicht bestätigt. Vielmehr ergab sich, daß ein größerer Zusammenhang besteht zwischen der Bevorzugung eines Fußes und der einer Hand als zwischen der Händigkeit und der Bevorzugung eines Auges. Wenn Dominanz auftritt, so ist sie meist allgemein und bezieht sich auf die ganze Körperseite (41). Die Ergebnisse entwicklungspsychologischer Untersuchungen an Kindern und Studien über kulturelle Unterschiede beim Aufziehen der Kinder weisen darauf hin, daß „die Gesetze des Lernens und der Gewohnheitsbildung auf den Erwerb einer Vorliebe für eine Hand genauso zutreffen wie für jedes andere Verhalten, das sich aufgrund von Üben und Training ergibt" (56). Außerdem hat sich gezeigt, daß sowohl Kinder als auch Erwachsene neue Fertigkeiten mit jeder Hand erlernen können, ganz gleichgültig, welche Hand sie vorzuziehen gewohnt waren, und ohne daß es dabei zu emotionalen Störungen kam.
Während der ersten beiden Lebensjahre wechselt das Kind in der Bevorzugung von einer Hand zur anderen, wenn es auch meist eine geringe Bevorzugung der einen zeigt. Die Zeit vom dritten zum fünften Lebensjahr ist die „kritische Periode" für die Entwicklung einer Bevorzugung. Während dieser Zeit zeigt das Kind mehr und mehr, daß es eine seiner beiden Hände bevorzugt. Wenn man es dem Zufall überläßt, kann es sein, daß es die rechte Hand vorzieht oder die linke Hand oder beidhändig wird oder daß es bei bestimmten Verhaltensweisen die Rechte, bei anderen die Linke vorzieht (19). Ein Zitat von Hildreth: „Die Bevorzugung einer Hand sollte geübt und nicht dem Zufall überlassen werden, denn die Händigkeit des Kindes kann seinen Erfolg in der Schule und im Beruf beeinflussen" (57). Eine ähnliche Ansicht vertritt auch Wiley; unter Hinweis darauf, daß das Kleinkind keinen ausgeprägten Vorzug für eine Seite zeigt, wird ausgeführt: „Es ist falsch, das Kind selbst wählen zu lassen, denn die Wahrscheinlichkeit, daß es die falsche Seite wählt, ist ebenso groß wie die, daß es die richtige Seite wählt" (95). Viele Eltern sprechen sich jedoch heute dagegen aus, das Kind in dieser Frage anzuleiten, denn das sei „gegen die Natur".
Die Bevorzugung einer Hand hat jedoch eindeutige Vorteile. Mit der Entwicklung eines eindeutigen Vorzuges einer Hand gehen nicht nur Gefühle der Ausgeglichenheit und Sicherheit einher, dadurch wird es auch erst möglich, Fertigkeiten zu einer solchen Perfektion zu bringen, die man nie erreichen könnte, wenn man versuchen wollte, beide Hände etwa gleich oft zu benutzen. Wenn ein Kind lernt, die meisten Fertigkeiten mit der einen Hand auszuführen, und die auxiliäre Hand dann geübt wird, mit der dominanten Hand zusammenzuwirken, bringen die beiden Hände es als ein Team zu den besten Ergebnissen. Für die meisten Kinder, die keine Hand vorziehen oder die nur schwer lernen, eine Hand häufiger zu benutzen,

gilt, daß ihre Leistungen mit beiden Händen hinter der Norm zurückbleiben. Ihre Bewegungen sind gewöhnlich weniger schnell, weniger kraftvoll und weniger genau als die der Kinder, die entweder rechts- oder linkshändig sind (22, 83).

Soll die linke Hand oder die rechte vorgezogen werden?

Die nächste wichtige Frage ist: Welche Hand sollte diejenige sein, die bevorzugt wird, die Linke oder die Rechte? In unserer Kultur gibt es nur eine Antwort: Das Kind sollte, wenn es nicht zu schwer oder unmöglich ist, die rechte Hand vorziehen. Maschinen, Geräte im Haushalt, Sportausrüstungen, Stühle mit Schreibgelegenheiten, die Schubladen in den Schreibtischen, die Beleuchtungen und alle Werkzeuge unseres Maschinenzeitalters sind entworfen und angefertigt für Rechtshänder (95).

Nachteile der Linkshändigkeit. In einer so auf die rechte Hand ausgerichteten Welt ist es sicherlich leichter und weniger verwirrend für ein Individuum, wenn es rechtshändig ist. Mit der Linkshändigkeit verbinden sich viele praktische Lernschwierigkeiten. So gehen zum Beispiel alle Systeme des Unterrichtens im Schreibenlernen davon aus, daß der Schreiber die rechte Hand benutzt. Wenn der Lehrer nicht zeigen kann, wie man mit der linken Hand schreibt, muß der Schüler das rechtshändige Vorbild für seine Nachahmung übertragen (110).

Was bedeutet das für das Kind? Während das linkshändige Kind normalerweise von rechts nach links schreiben würde, versucht es nun, ein rechtshändiges Vorbild nachzuahmen und von links nach rechts zu schreiben. Es muß also verkrampfte und unökonomische Bewegungen durchführen. Es bedeutet weiter, daß es den Bleistift oder den Federhalter über das Blatt zu sich hin bewegen und das Blatt mit der linken Ecke nach oben und der rechten unteren Ecke nach unten legen muß. Das rechtshändige Kind legt das Papier genau umgekehrt. Wenn der Linkshändige Feder oder Kugelschreiber benutzt, läuft er Gefahr, die ersten Buchstaben mit seiner Schreibhand zu verschmieren (110). Wenn er so verkrampft schreibt, wird er leichter müde als das rechtshändige Kind, denn er muß seinen Arm beim Schreiben beugen statt strecken. Seine Schulhefte sehen meist unsauber aus, da er das Geschriebene verschmiert, wenn er mit der Hand über die Seite von links nach rechts fährt (101).

Die Schreibgeschwindigkeit variiert von Kind zu Kind, ganz gleich, mit welcher Hand es schreibt. Linkshänder schreiben durchschnittlich nur mit vier Fünfteln der Geschwindigkeit eines normalen Rechtshänders. Die Spannung in den gebeugten Hand- und Armmuskeln des Linkshänders steigert nicht nur seine Müdigkeit, sondern verlangsamt auch sein Schreiben. Die Handschrift selbst sieht steif aus. Wenn linkshändigen Kindern ein linkshändiges Vorbild gegeben wird und sie sich nicht an ein rechtshändiges Modell anpassen müssen, verschwinden die Unterschiede der Schreibgeschwindigkeit und auch vieles von der Gespanntheit der Muskeln (101, 110).

Die Lernschwierigkeiten des Linkshändigen weiten sich aus auf jede motorische Fertigkeit. Diese Schwierigkeiten stammen aus zwei Quellen: von den zu handhabenden Geräten und von der Anleitung, wie man diese Geräte zu benutzen hat. Im allgemeinen wird das Arbeiten an Geräten für Rechtshänder *demonstriert*. Das gilt für die Schule und auch außerhalb der Schule. Für ein linkshändiges Kind ist es verwirrend und frustrierend, wenn es sich an Spielvorlage und Spielgerät, beide entworfen für den Rechtshänder, anpassen muß. Es ist darüber hinaus für einen Rechtshänder schwierig, einem Linkshänder auch nur so einfache Dinge wie Bogenspannen, Zeichnen oder Ballwerfen beizubringen. Je komplizierter die geforderte Leistung, desto schwieriger ist es, sie ihm vorzumachen. Wenn ein Lehrer nun versucht, seine Anleitung auf den Linkshänder abzustellen, dann kann das Ergebnis für das Kind genauso verwirrend sein wie dessen eigene, zufallsgesteuerte Lernversuche.

Die praktischen Schwierigkeiten der Linkshänder nehmen oft zu, wenn sie älter werden. Als Jugendliche fangen sie an, auf gute Sitten zu achten, weil sie von der Gesellschaft akzeptiert werden wollen. Auch die Sitten und Umgangsformen sind für Rechtshänder gedacht. Man gibt sich in unserer Zivilisation die rechte Hand, man bedient sich aus der Schüssel, die von links angereicht wird, man schneidet das Fleisch mit dem Messer in der rechten Hand, während die Linke mit der Gabel dafür sorgt, daß die Speise festgehalten wird. Der junge Mann mag sich darüber ärgern und unsicher werden, wenn er automatisch jemandem die Linke zum Gruß hinstreckt, wenn er seinen Tischnachbar beim Fleischschneiden anstößt oder es ihm vielleicht schwerfällt, sich von links zu bedienen.

Wenn er sich um Arbeit bewirbt, die den Umgang mit komplizierten Maschinen erfordert, wird der Linkshänder feststellen, daß er selbst dann, wenn er die Ausbildungsmethoden an seine Bedürfnisse anpaßt, doch nicht die gleiche Geschwindigkeit wie der Rechtshänder erreichen kann. Viele Unternehmer stellen Linkshändige nicht gern ein, weil sie glauben, diese seien schwieriger auszubilden, sie arbeiteten langsamer und stellten ein „Sicherheitsrisiko" dar (95).

Zu diesen praktischen Schwierigkeiten, die mit der Linkshändigkeit verbunden sind, treten noch Wirkungen auf die Persönlichkeit des Kindes, auf seine Einstellungen zu sich selbst und auf seine sozialen Einstellungen. Weil immer noch das alte Vorurteil gegen Linkshänder besteht, läßt man sie ihr Anderssein fühlen, und man bringt sie dazu, sich zu schämen, wenn man sie immer wieder darauf hinweist, daß sie die rechte Hand benutzen sollten (8). Dies kann ein Kind dazu bringen, daß es versucht, soziale Situationen zu meiden, in denen das Kind als komisch auffallen könnte. Jeder Faktor, der die Spontaneität und sein Freiheitsgefühl beeinträchtigt oder der es veranlaßt, sich in sein „Schneckenhaus" zurückzuziehen, so daß seine Kommunikation mit anderen eingeschränkt ist, hinterläßt seine Spur in der Persönlichkeit des Kindes.
Frustration beim Lernen oder in sozialen Situationen führen oft zu einer Abnahme des Interesses und der Motiviertheit, zu Entmutigung und antisozialem Verhalten (63). In dem Ausmaß, wie Linkshändigkeit zu Frustration führt, wird die Persönlichkeit des Kindes ungünstig beeinflußt.

Soll man etwas gegen Linkshändigkeit unternehmen? Da die Ergebnisse wissenschaftlicher Forschung, soweit sie bis heute vorliegen, zu zeigen scheinen, daß Linkshändigkeit gelernt ist, sollte ein Kind von dem Augenblick an, wo es fähig ist, irgendetwas mit nur einer Hand zu tun, lernen, seine rechte Hand zu gebrauchen. Wenn es nun aber gelernt hat, alles Mögliche mit seiner Linken zu tun, kann es sich dann noch ändern und zum Rechtshänder werden? Die Erfahrung hat gezeigt, daß es das kann; je länger es aber mit dieser Umstellung wartet, desto schwieriger wird sie.
Immer, wenn Umstellungen vorgenommen werden müssen und eine neue Anpassung gelernt werden soll, wird es Spannungen geben. Dies kann zu Widerstand führen, besonders, wenn das Kind gezwungen statt ermutigt wird, diese Umstellung vorzunehmen. Sollte sich Widerstand entwickeln, dann wird sich die Verwirrung und Gespanntheit des Kindes noch steigern. Es stimmt jedoch nicht, daß korrigierende Maßnahmen an sich zu ernsten psychologischen Schwierigkeiten führen; dies gilt besonders dann nicht, wenn die Umstellung erfolgt, bevor sich beim Linkshänder starke Gewohnheiten gebildet haben (58). Es trifft zu, daß die Spannung, die dann auftritt, wenn es zu Auseinandersetzungen mit bestehenden Gewohnheiten kommt, zu Stottern und anderen Verhaltensstörungen führen kann, z. B. auch zu Nägelbeißen und Daumenlutschen. Dies sind eher Symptome für die Spannung, die aus dem Versuch des Kindes entsteht, eine alte Gewohnheit zu brechen und eine neue zu entwickeln, als daß sie aus der Umstellung hinsichtlich der bevorzugten Hand herrühren. In der Regel

wird die so hervorgerufene Spannung dann nachlassen, wenn die Umstellung vollzogen ist, es sei denn, man wartet mit dieser Veränderung zu lange oder das Stottern oder die anderen Verhaltensstörungen sind zu festen Gewohnheiten geworden. Es kann auch sein, daß der Widerstand des Kindes gegen die Veränderung so stark ist, daß, wollte man versuchen, diesen Widerstand zu brechen, man der Persönlichkeit des Kindes dauernden Schaden zufügte und Gewohnheiten wie Stottern entstehen läßt, die das ganze Leben lang bleiben (8, 30, 58).

Ausmaß und Dauer des psychologischen Schadens, der aus einem Versuch, aus einem linkshändigen ein rechtshändiges Kind zu machen, resultieren kann, hängen von der Persönlichkeit des Kindes ab. Ein sehr nervöses und gespanntes Kind wird z. B. stärkeren und längeren Schaden erleiden als ein ruhiges, leicht zu führendes Kind. Unter bestimmten Umständen ist das Risiko, psychologischen Schaden anzurichten, auf ein Minimum reduziert. Hildreth (58) hat die folgenden Bedingungen aufgeführt, unter denen ein guter Erfolg zu erwarten ist, wenn man die Umstellung unternimmt: Das Kind ist noch keine sechs Jahre alt.

- Was das Kind mit der einen Hand tut, kann es auch mit der anderen tun.
- Das Kind ist beidhändig.
- In einer Probezeit treten keine dauernden Schwierigkeiten auf.
- Das Kind stimmt der Umstellung zu.
- Das Kind ist überdurchschnittlich intelligent.

Wir fassen zusammen: Es ist deutlich, daß Eltern und Lehrer zwischen zwei Alternativen wählen müssen. Entweder versuchen sie, die Bevorzugung einer Hand beim Kind abzustellen, wobei sie es riskieren, der Persönlichkeit des Kindes Schaden zuzufügen; oder sie erlauben dem Kind weiterhin den überwiegenden Gebrauch der linken Hand, wobei sie riskieren, daß das Kind in Verlegenheit gerät und sich unterlegen fühlt, weil es „anders" ist. Linkshänder in einer die rechte Hand bevorzugenden Umwelt zu sein, hat Nachteile, und man sollte sich fragen, ob diese Nachteile dem Schaden vorzuziehen sind, die sich daraus ergeben können, daß feste Gewohnheiten vom Linkshänder aufgegeben werden müssen (69).

Fertigkeiten, die allen Kindern gemeinsam sind

Das Repertoire der Fertigkeiten, über die ein Kind verfügt, nachdem es die fundamentalen Koordinationsleistungen gelernt hat, hängt im wesentlichen von der Umgebung des Kindes ab, von seinen Lernmöglichkeiten und von seiner Motivation. Kinder in ländlichen Gebieten erwerben z. B. mehr Fertigkeiten beim Klettern als Kinder in Städten, in denen es viel weniger Möglichkeiten gibt, Klettern zu erlernen. Es kann auch sein, daß ein Kind kaum motiviert ist, eine Fertigkeit zu erlernen, die in den Augen seiner Alterskameraden nichts wert ist, auch wenn es genügend Gelegenheit hat, sie zu lernen. Die Fertigkeiten für Klavierspielen werden vielleicht von einem Jungen, dessen Eltern ihm Klavierstunden geben und ihm Pflichten zu Hause erlassen, nicht gelernt, weil seine Alterskameraden glauben, nur „Weichlinge" würden Klavier spielen.

Darüber hinaus ist zu berücksichtigen, daß die Entwicklung von Fertigkeiten nicht von einer generellen motorischen Fähigkeit abhängt, sondern von vielen motorischen Fähigkeiten, die voneinander relativ unabhängig sind. Kinder unterscheiden sich auch in ihren motorischen Fähigkeiten, so wie sie in allen Fähigkeiten, die sich auf Erbanlagen zurückführen lassen, verschieden sind. Es gibt jedoch einige Fertigkeiten, die man durchgängig bei allen Kindern einer bestimmten Kultur findet, weil ihnen bestimmte Lernerfahrungen gemeinsam sind und von ihnen allen Gleiches erwartet wird. In unserer Kultur erwartet man von jedem Kind, daß es lernt, selbständig zu essen und sich alleine anzuziehen, zu schreiben und die Spiele der Gruppe zu spielen, zu der es gehört. Man erwartet darüber hinaus, daß es diese Fertigkeiten in dem Alter lernt, in dem auch die anderen Kinder sie erlernen; sie gehören zu den „entwicklungsbedingten Aufgaben" der Kindheit (54). Wir werden im folgenden die wichtigsten Fertigkeiten aufführen, die allen Kindern gemeinsam sind, geben das Alter an, in dem diese Fertigkeiten erworben werden, und skizzieren den Entwicklungsverlauf. Die meisten Normen wurden auf der Grundlage von Intelligenztests und Tests für die motorische Entwicklung festgestellt.

Normen für Fertigkeiten der Hand. Mit 12 Monaten kann ein Baby einen Bleistift oder Farbstift halten; es kann eine Papiermütze von seinem Kopf herunternehmen. Mit zwei Jahren kann es Dosen öffnen, Deckel von Gläsern oder Flaschen abschrauben, die Seiten eines Buches umwenden, einen Turm aus vier oder fünf Klötzen errichten, einen Kreis, ein Quadrat oder ein Dreieck in ein Formbrett einfügen, mit Bleistift oder Buntstift kritzeln, Perlen auffädeln, mit Farbe Bilder klecksen, Ton rollen, einen Nagel in Seife oder weiches Holz hineintreiben und Papier mit einer Schere schneiden. Mit drei Jahren kann das Kind viele seiner körperlichen Bedürfnisse selbst befriedigen, es kann sich selbständig anziehen, ohne Hilfe essen, zum WC gehen, sich selbst waschen, es kann Geschirr abtrocknen, Staub wischen, ein Tablett tragen, vier Perlen in zwei Minuten auffädeln, nach einer Vorlage aus drei Klötzen eine Brücke bauen, nach einer Vorlage einen Kreis nachzeichnen und ein Bild farbig anmalen.

Im Alter von fünf Jahren kann das Kind in der Regel aus einem Papier (Quadrat mit der Seitenlänge 15 cm) nach einer Vorlage ein Dreieck falten, ebenfalls nach Vorbild ein Quadrat nachzeichnen, ein vorgezeichnetes Parallelogramm nachziehen, ein Dreieck und eine Diagonale und ein erkennbares Bild von einem Menschen zeichnen. Es kann mit der Schere umgehen, Spielzeuge ordentlich in eine Schachtel einräumen, sich selbst waschen, ohne daß seine Kleidung allzu naß wird, und mit einem Schuhriemen einen Knoten um einen Bleistift machen, wenn es dabei auf einen ihm gezeigten Knoten schauen kann. Das Sechsjährige kann schon ein wenig mit Holz umgehen und einen Tisch, einen Wagen oder ein Boot herstellen, es kann mit Ton modellieren, kleine Kuchen backen, nähen, ein Parallelogramm nachzeichnen und bei so einfachen Hausarbeiten helfen wie Gläser und Becher mit Milch tragen, ohne dabei Milch zu verschütten (37, 84, 117).

Nach dem sechsten Lebensjahr können Geschick erfordernde Bewegungen der Hand leicht und schnell gelernt werden, wenn man das Kind anleitet und ihm ermöglicht, die wirksamsten Methoden zu gebrauchen. Die Kontrolle über die Muskeln der Arme, Schultern und des Handgelenkes macht schnelle Fortschritte und erreicht, wenn das Kind zwölf wird, fast den Entwicklungsstand eines Erwachsenen. Im Gegensatz dazu entwickelt sich die Kontrolle über die feinen Fingermuskeln sehr viel langsamer – wie sich schon daraus ergibt, daß die zum schnellen Schreiben oder zum Spielen eines Musikinstrumentes benötigte Fingerbeherrschung bei den meisten Kindern nicht vorhanden ist, bevor sie nicht zwölf Jahre oder älter sind (17). Beim Abmalen geometrischer Figuren, das eine feine Koordination der Fingermuskeln erfordert, zeigt sich ein rascher Fortschritt bis zum Alter von sieben Jahren. Danach stellen sich Verbesserungen nur langsam und unregelmäßig ein, wobei Kinder mit hohem IQ den größten Fortschritt aufweisen (120).

Eine Reihe von Untersuchungen über den Entwicklungsverlauf bei verschiedenen Fertigkeiten haben ergeben, daß die meisten Kinder bei der Entwicklung einer bestimmten Handfertigkeit ähnliche Stadien der Beherrschung durchlaufen. Von den Fertigkeiten, die am meisten untersucht worden sind, halten wir die folgenden für die wichtigsten:

1. Ohne Hilfe essen. Schon im zweiten Teil des ersten Lebensjahres zeigt das Baby ein Interesse daran, selbständig zu essen, wenn es versucht, die Flasche oder Tasse festzuhalten, oder nach dem Löffel zu greifen, mit dem es gefüttert wird. Im Alter von acht Monaten kann das Kind seine Flasche halten, nachdem sie ihm in den Mund gesteckt

worden ist; einen Monat später kann es die Flasche aus dem Mund herausnehmen und wieder hineinstecken. Am Ende des ersten Lebensjahres kann es für einen Augenblick seine Tasse festhalten und es versucht, alleine mit dem Löffel zu essen, wenn es dabei auch das meiste auf dem Weg zum Mund verliert (17, 43).
Am Ende des zweiten Lebensjahres verschüttet es kaum noch Essen, wenn es einen Löffel benutzt, und gebraucht auch schon eine Gabel. Im dritten Lebensjahr kann es Butter oder Marmelade mit einem Messer auf sein Brot streichen. Ein Jahr später beherrscht es vielleicht schon die Fertigkeit, mit dem Messer zu schneiden. Da das selbständige Essen Konzentration erfordert, wird das Kind müde und neigt zum Trödeln. Mit zunehmender Fertigkeit kann das Kind essen und gleichzeitig sprechen. Im Alter von zehn Jahren sollte das Kind über gute Tischsitten verfügen, und es sollte nur noch hin und wieder Hilfe benötigen (91).

2. Sich selbst anziehen. Die größten Fortschritte beim Ankleiden findet man in der Zeit von anderthalb bis dreieinhalb Jahren (75). Mädchen ziehen sich in der Regel eher selbst an als Jungen und tun dies auch besser, hauptsächlich deswegen, weil die Handgelenke der Mädchen beweglicher sind, Mädchen eine bessere allgemeine motorische Koordination haben und ihre Kleidung einfacher ist. Wenn das Kind fünf Jahre alt ist, sollte es in der Lage sein, sich vollständig selbst anzuziehen, bis auf die Ausnahme des Schleifenbindens bei den Schuhriemen. Das lernt es erst mit sechs Jahren (91, 125).
Die Fertigkeiten auf dem Gebiet der Körperpflege entwickeln sich gleichzeitig mit denen des Ankleidens. Das Baby versucht sich schon das Haar zu bürsten, wenn es noch nicht gehen kann. Es kann sein Haar jedoch nicht kämmen, ohne es durcheinander zu bringen, bevor es zwei oder drei Jahre alt ist. Wenn es in den Kindergarten kommt, sollte es diese Fertigkeit beherrschen, wenn es auch noch einige Zeit darüber hinaus Hilfe braucht, um einen geraden Scheitel zu ziehen. Mädchen brauchen, bis sie sich frisieren können, etwas länger, da ihre Frisuren komplizierter sind (17).
Beim Baden versucht das Baby mit Seife, Schwamm oder Waschlappen, sich selbst zu waschen, wobei es sich mitten über Gesicht und Körper fährt. Aber erst mit dem Ende des zweiten Lebensjahres beginnt das Kind ernsthaft, sich selbst zu waschen – wobei es meistens den Rücken nicht erreichen kann. In der Mitte seines dritten Lebensjahres, wenn es seine ersten Zähne bekommen hat, sollte es sich ohne oder nur mit wenig Hilfe die Zähne selbst putzen können (43, 64).

3. Schreiben. Untersuchungen des Schreibenlernens haben ergeben, daß die Entwicklung dieser Fertigkeit einem recht genau beschreibbaren Verlauf folgt, dessen einzelne Stufen sich dem Lebensalter sehr gut zuordnen lassen. Bis zum Ende des ersten Lebensjahres kritzelt und schlägt das Kind mit dem Bleistift. Mit achtzehn Monaten kritzelt es in der Mitte des Blattes, und mit drei Jahren versucht es, einfache Symbole zu malen, die allerdings kaum als Buchstaben zu erkennen sind. Im Durchschnitt ist der Körper biologisch für das Schreibenlernen nicht vor dem sechsten Lebensjahr reif. Bevor das Kind nicht etwa sechs Jahre alt ist, sind Nerven und Muskeln von Finger, Hand, Handgelenk und Arm noch nicht genügend entwickelt, um die beim Schreiben erforderlichen Koordinationen durchzuführen. Bei seinen ersten Schreibversuchen bewegt das Kind seine Hand von der unteren rechten Ecke des Blattes in die Mitte, dann nach oben über die Mitte hinaus und schließlich in die linke obere Ecke, letzteres im siebten oder achten Lebensjahr. Dann überträgt es die Gewohnheit, in der linken oberen Ecke mit dem Schreiben zu beginnen, auf sein Vorgehen beim Zeichen (4, 32).
Der Entwicklungsverlauf beim Buchstabenschreiben ist folgender:

3,5 Jahre
Das Kind „druckt" einige wenige große Buchstaben; diese stehen einzeln und über das ganze Blatt verteilt.

4 Jahre
Es druckt einige Großbuchstaben, groß und unregelmäßig, meist den Anfangsbuchstaben seines Vornamens.
5 Jahre
Es druckt seinen Vornamen in großen und unregelmäßigen Buchstaben, die zur Mitte oder zum Ende des Namens hin größer werden. Häufig werden Buchstaben umgekehrt, besonders das S. Es druckt ungleichmäßig und in mittlerer Größe die Zahlen von 1 bis 5.
6 Jahre
Es druckt das gesamte Alphabet in großen, unregelmäßigen Buchstaben, wobei viele Umkehrungen auftreten. Es schreibt mit Großbuchstaben Wörter ab, wobei es viele Buchstaben umkehrt und bisweilen die Reihenfolge der Buchstaben vertauscht. Es druckt die Zahlen von 1 bis 20, dabei kehrt es häufig die Zahlen 3, 7 und 9 um.
7 Jahre
Die meisten Kinder können schreiben, wenn auch noch einige in Großbuchstaben drucken. Die Schrift ist groß, steif, schwerfällig und unregelmäßig in Größe und Form. Dic Zahlen sind kleiner, aber es treten noch viele Fehler auf.
8 Jahre
In diesem Alter schreiben die meisten Kinder: Die Schrift ist groß, ziemlich steif und hält sich an die Vorlage. Großbuchstaben und Buchstaben mit Schleifen sind unverhältnismäßig groß. Die Zahlen sind kleiner, und die Anzahl der Fehler nimmt ab.
9 Jahre
Die Kinder drucken nicht mehr. Die Handschrift ist nun kleiner, sauberer, gleichmäßiger, schräg gelehnt und zeigt Ansätze eines individuellen Stils. Die Verhältnisse der Buchstaben zueinander stimmen. Beim Schreiben des eigenen Namens wird eigener Stil deutlich. Die Schrift der Mädchen ist kleiner, sauberer und gleichmäßiger geneigt als die der Jungen (6).

4. Abmalen. Das Abmalen selbst der einfachsten geometrischen Figuren nach einem Vorbild ist für ein kleines Kind sehr schwierig, denn es erfordert nicht nur die Kontrolle über die feineren Muskeln der Hand und des Armes, sondern auch die Fähigkeit, Verhältnisse wahrzunehmen. Da eine Beziehung zwischen der neuromuskulären Entwicklung und der Intelligenz besteht, wird in einigen Intelligenztests das Abmalen als Maß für die Intelligenz in den ersten Lebensjahren verwendet (27). Zum Stanford-Binet-Test gehört für das Alter von fünf Jahren das Nachzeichnen eines Quadrates, eines Parallelogramms mit sieben Jahren und das Reproduzieren einer einfachen geometrischen Figur aus dem Gedächtnis mit zehn Jahren (119). Nach den Normen, die Gesell aufgestellt hat, kann das durchschnittliche fünf Jahre alte Kind ein Dreieck nachzeichnen; aber erst der Siebenjährige kann ein Parallelogramm abmalen, obwohl man sich ein Parallelogramm als zwei aneindergesetzte Dreiecke denken kann. Diesen Zusammenhang muß das Kind sehen können, bevor es ihn in seiner Zeichnung wiedergeben kann (39).
In einer Untersuchung an Kleinkindern ergab sich, daß die Geschicklichkeit im Nachzeichnen sowohl mit dem Lebensalter als auch mit dem Intelligenzalter zunimmt, doch nimmt sie mit dem Intelligenzalter *stärker* zu als mit dem chronologischen Alter. Der Grund für die engere Beziehung der Entwicklung dieser Fertigkeit zu dem Intelligenzalter ist darin zu sehen, daß die Wahrnehmung von Formen beim Abmalen eine große Rolle spielt. Abmalen ist nicht nur eine Handfertigkeit, die entwickelt werden könnte ohne ein Verständnis dessen, was man tut (47, 120).

5. Ballwerfen und Fangen. Die Fähigkeit, einen Ball zu werfen und zu fangen, erfordert gut koordinierte Bewegungen, nicht nur der Arme und Hände, sondern des gesamten Körpers. So führt Gesell aus: „Die Fertigkeit, einen Ball zu werfen, erfordert ein feines Gefühl für statische und dynamische Balance, ein genaues Abstimmen des zeitlichen Verlaufs des Abwerfens und Loslassens, eine gute Koordination von Auge und Hand und ein richtiges Zusammenwirken von Fingern, Armen, Rumpf, Kopf und Beinen, um die Flugbahn des Balles zu kontrollieren" (39). Wenn auch einige Kinder einen

Ball zu rollen oder sogar zu werfen versuchen, bevor sie zwei Jahre alt sind, gelingt das doch noch keinem richtig. Dies beherrschen die meisten Kinder erst mit sechs Jahren, wenn auch auf jeder Altersstufe deutliche Unterschiede in dieser Fertigkeit auftreten (51, 128).

6. Bauen mit Klötzen. Das Kind bringt zunächst Klötzchen von einer Stelle zur anderen und legt sie zu unregelmäßigen Haufen zusammen. Im Alter von drei Jahren legt es sie in regelmäßige Stapel oder Reihen, um so einfache Strukturen oder Umzäunungen herzustellen. Allmählich werden seine Konstruktionen komplexer und werden oft in ein lebhaftes Spiel mit einbezogen. Die schwierigen Strukturen werden meist schräg am Rand des Tisches gebaut, während die vertrauteren Strukturen symmetrisch um die Mitte gebaut werden (4).

Fertigkeiten, die auf den Erwerb des Gehens folgen. Nachdem das Kind etwa achtzehn Monate alt geworden ist, besteht die motorische Entwicklung hinsichtlich der Beine in erster Linie darin, das Gehen vollständig beherrschen zu lernen und sich verwandte Fertigkeiten anzueignen. Rennen, Hüpfen, Hinkeln, Springen, Klettern und andere Fertigkeiten werden jetzt bald erlernt. Noch bevor das Kind zwei Jahre alt ist, kann es seitwärts und rückwärts gehen, kann es mit fremder Hilfe eine Treppe auf und ab gehen und ebenfalls mit Hilfe sich auf einen Fuß, danach auf den anderen stellen. Wenn es drei Jahre alt ist, kann es eine Treppe alleine hinauf und hinunter gehen, ohne Hilfe auf einem Fuß stehen und auf den Zehenspitzen gehen.
Um die Zeit seines vierten Geburtstages kann das Kind aus einer Höhe von 30 cm springen und aus dem Stand 60 – 80 cm weit springen. Zwischen dem fünften und sechsten Jahr kann es Seil springen, auf einem schmalen erhöhten Brett die Balance halten und einem Kreidestrich auf dem Fußboden genau nachgehen. Mit sechs Jahren fährt es Rad und kann im Gehen und Hüpfen dem Rhythmus der Musik folgen. In den ersten drei Schuljahren vermag es dann nach einem phantasievollen Rhythmus zu tanzen und kann Schlittschuh laufen. Es nimmt an einer großen Zahl von Spielen teil, die mit dem Laufen verwandte Fertigkeiten erfordern (50, 84, 117).

Ungeschicktes und linkisches Verhalten

Nicht alle Kinder durchlaufen die Stadien der motorischen Entwicklung, die oben geschildert wurden, im normalen Alter. Es gibt viele Fälle einer akzelerierten Entwicklung und noch mehr Fälle retardierter Entwicklung. Wenn die motorische Entwicklung merklich verzögert ist, bemerkt man dies schon in einem relativ frühen Alter. Wenn eine Heilbehandlung eingesetzt wird, sobald man diese Verzögerung erkennt, kann in den meisten Fällen die Retardation aufgehoben oder doch eingeschränkt werden. Da alle Fertigkeiten auf den Fundamenten ruhen, die durch die Reifung der grundlegenden motorischen Koordinationen gelegt wurden, führt eine Verzögerung der Reifung der Muskelkontrolle automatisch dazu, daß sich die Entwicklung der Fertigkeiten verlangsamt. Dann wird das Kind als linkisch, plump oder ungeschickt angesehen, weil es den Normen seiner Altersklasse nicht entspricht.

Ursachen des ungeschickten und linkischen Verhaltens. Die häufigsten Ursachen dieses Verhaltens sind folgende:

1. Schlechter allgemeiner Gesundheitszustand. Laien nehmen im allgemeinen an, daß eine enge Beziehung zwischen dem allgemeinen Gesundheitszustand und der motorischen Entwicklung des Kindes besteht. Dies würde bedeuten, daß Kinder mit der besten Gesundheit in ihrer motorischen Entwicklung den Kindern voraus sind, die gleich alt, jedoch in weniger guter gesundheitlicher Verfassung sind. Diese Annahme ist nicht unbedingt richtig, denn sie berücksichtigt außer der Gesundheit keine anderen Faktoren, die die motorische Entwicklung des Kindes beein-

flussen. Es hat sich jedoch ergeben, daß, wenn alle anderen Faktoren gleich sind, ein Kind mit besserer Gesundheit dem Kind mit schlechterer Gesundheit in der motorischen Entwicklung voraus ist (80).

Ein Kind mit schlechter Gesundheit ist kaum motiviert zu üben und erhält folglich nicht das Maß an Übung, das für das Beherrschen einer Fertigkeit notwendig ist. In der vorgeburtlichen Entwicklung zeigt ein gesunder Fötus mehr Aktivität; dies spiegelt sich auch wider in der überdurchschnittlich guten motorischen Entwicklung im ersten Jahr nach der Geburt. Wenn das Baby krank ist, wird der Zeitpunkt, zu dem es sitzt, steht und geht, sehr wahrscheinlich später eintreten. Schäden der Sinnesorgane, besonders frühe Blindheit, führen mit Wahrscheinlichkeit zu einer Verzögerung der motorischen Entwicklung, die hauptsächlich auf die Ängstlichkeit des Kindes und auf den mangelnden Ansporn seitens der Eltern zurückzuführen ist (28, 38).

2. Körperbau. Der Körperbau des Kindes bestimmt zu einem gewissen Grad die Leichtigkeit, mit der es seinen Körper beherrscht. Das Kind mit untersetztem Körperbau z. B. leistet Besseres bei Betätigungen, die Körperkraft, als bei solchen, die Geschwindigkeit erfordern. Wenn es versucht, sich schnell zu bewegen, dann tut es dies vielleicht auf Kosten der Eleganz. Zarte Babys, Kleinkinder mit zartem Knochenbau oder mit einer relativ gut entwickelten Muskulatur lernen das Laufen eher als kleine, rundliche oder überschwere Babys. Wenn man das Gewicht konstant hält, bedeutet ein Mehr von 2, 5 cm an Länge bei der Geburt eine durchschnittliche Vorverlagerung des Laufenlernens um 22 Tage. Wenn man andererseits die Körpergröße bei der Geburt als konstant ansetzt, ist ein Mehr von 450 Gramm beim Körpergewicht gleichbedeutend mit einer Verzögerung des Zeitpunktes um acht Tage, an dem das Kind alleine gehen kann (96, 117).

Wenn erst einmal, was Knochenbau und Muskulatur anbetrifft, die Voraussetzungen für das Sitzen, Stehen und Gehen gegeben sind, hängt der Verlauf der motorischen Entwicklung von anderen Faktoren als dem Körperbau ab. Bei älteren Kindern ist der Körperbau für die motorische Koordination kaum wichtig. So verzögert z. B. Übergewicht die motorische Entwicklung nicht ernstlich. Wenn die Gewichtszunahme jedoch schnell vor sich geht, entwickeln sich motorische Fertigkeiten langsamer als wenn die Gewichtszunahme allmählich erfolgt. Als Grund dafür kann man ansehen, daß schnelle Veränderungen der Körperproportionen mehr Umlernen erfordern als eine langsame Veränderung (84, 127).

In jedem Lebensalter stellt eine außergewöhnlich starke Abweichung des Körperbaus von der Norm eine Behinderung für geschicktes motorisches Verhalten dar. So zeigen z. B. außergewöhnlich zarte oder außergewöhnlich untersetzte Kinder eine geringere Beweglichkeit und geringere Aktivität als ihre eher der Norm entsprechenden Alterskameraden. Deshalb sind ihre motorischen Fertigkeiten denen ihrer durchschnittlichen Kameraden unterlegen, und zwar nicht wegen des Körperbaus an sich, sondern weil ihr Körperbau sie nicht motiviert, genug zu üben, um die Fertigkeiten zu erwerben (20).

3. Intelligenz. Die Beziehung zwischen Intelligenz und motorischer Entwicklung ist besonders in den ersten Lebensjahren so ausgeprägt, daß motorische Aufgaben einen großen Teil der Tests zur Messung der allgemeinen Intelligenz bei Kindern unter zwei Jahren ausmachen. Bei Kindern, die verzögert sitzen, stehen oder gehen lernen, zeigt es sich im allgemeinen später, daß sie in ihrer intellektuellen Entwicklung zurückgeblieben sind (82). Auch haben die, die in der motorischen Entwicklung einen Vorsprung aufweisen, meistens in der intellektuellen Entwicklung einen Vorteil. Ein deutlicher Unterschied besteht zwischen Kindern mit einem hohen und einem niedrigen Intelligenzwert hinsichtlich des Zeitpunktes, an dem sie laufen lernen. Ungewöhnlich hohe Intelligenz tritt jedoch nicht immer mit frühem Laufenlernen zusammen auf; andere Faktoren können

für ein verzögertes Laufenlernen verantwortlich sein (28, 31).
Bei älteren Kindern und Jugendlichen besteht praktisch keine Beziehung zwischen normaler Intelligenz und motorischen Leistungen (48, 71). Bei einer Untersuchung an Volksschulkindern wurde festgestellt, daß Intelligenz und Lesefähigkeit nicht mit motorischen Fertigkeiten korrelierten. Wenn ein Kind jedoch schwachsinnig ist, liegt es wahrscheinlich auch in seiner motorischen Entwicklung unter der Altersnorm; je schwachsinniger es ist, desto ungeschickter und plumper ist es auch in der Regel (46, 82). Der Unterschied im motorischen Verhalten zwischen normalen und schwachsinnigen Kindern nimmt darüber hinaus noch mit dem Alter zu. Wenn bei geistig zurückgebliebenen Kindern besondere Übungsmethoden angewandt werden, ist es möglich, daß sie sich hinsichtlich ihrer motorischen Fertigkeiten verbessern, aber wahrscheinlich nicht so sehr, daß sie die Leistung normal intelligenter Kinder erreichen (62).
Im Gegensatz dazu, so wird man vielleicht logisch schließen, zeigen ältere Kinder mit hoher Intelligenz bessere motorische Koordinationen. Das ist jedoch gewöhnlich nicht der Fall. Vielmehr sind sehr intelligente Kinder oft ungeschickt und plump bei Beschäftigungen, bei denen Fertigkeiten erforderlich sind – bei Sport und Spielen aller Art, beim Tanzen, Nähen oder Modellieren mit Ton. Die Erklärung hierfür ist nicht, daß sie diese Fertigkeiten nicht entwickeln könnten, wie es für die geistig gestörten Kinder zutrifft, vielmehr, daß sie dies nicht wollen. Da sie sich für Beschäftigungen, bei denen Fertigkeiten eine größere Rolle spielen, nicht interessieren, sind sie zum Üben kaum motiviert und entwickeln also im Endergebnis diese Fertigkeiten nicht. Im Vergleich mit ihren Alterskameraden erscheinen sie ungeschickt, und, wenn man sie mit Kindern vergleicht, die ein oder zwei Jahre älter sind – und damit sind sie ja in der Schule oft zusammen –, dann scheinen sie bei ihren Spielen noch linkischer zu sein (28, 60).

4. Mangelnde Gelegenheit, Kontrolle über die Muskeln zu erwerben. In vielen Fällen bleibt die motorische Entwicklung wegen eines Mangels an Übungsmöglichkeiten zurück. Die Entwicklung der Muskelkontrolle ist bei einem kleinen Kind stark behindert, wenn seine Umwelt auf ein Kinderbett, einen Kinderwagen oder einen Laufstall beschränkt ist. Die typische Umwelt eines Erwachsenen ist in fast jeder Hinsicht ungeeignet für die Bedürfnisse eines kleinen Kindes und bietet ihm wenig Gelegenheit für Übung, die nötig ist, um die Kontrolle über die Motorik zu erlangen (33).
Kinder, die unter ungünstigen Bedingungen die Kontrolle ihrer Motorik zu entwickeln beginnen, bleiben oft, wenn sie älter werden, hinter ihren Alterskameraden zurück. Auch die, die nicht mit einem schlechten Start beginnen, sind in ihren Lernmöglichkeiten oft eingeschränkt durch die Umgebung, in der sie leben, durch Mangel an Material – besonders an Spielzeug – oder dadurch, daß jemand fehlt, der ihnen die Fertigkeiten beibringen könnte. So hat z. B. ein Stadtkind aus einem armen Wohndistrikt ungenügend Platz zum Spielen oder kaum Spielzeug. Wenn es in die Schule kommt, sind seine Fertigkeiten beim Spielen denen der Kinder aus reicheren Wohnbezirken unterlegen, und es erscheint beim Vergleich mit diesen Kindern linkisch und ungeschickt (48, 66, 129). Seine Umgebung kann es auch dazu anregen, Ersatzspiele zu finden, bei denen Fertigkeiten weniger wichtig sind. Wenn dies geschieht, wird die Motivation, Fertigkeiten zu erlernen, geschwächt. Es ist also kaum daran interessiert, Übungsgelegenheiten wahrzunehmen, die ihm später vielleicht geboten werden. Sein ungeschicktes Verhalten wird immer auffallender, und es zieht sich mehr und mehr von Beschäftigungen zurück, bei denen Fertigkeiten eine wichtige Rolle spielen (55, 84).

5. Mangelnder Anreiz, Kontrolle über die Muskeln zu erwerben. Selbst wenn dem kleinen Kind eine Umwelt geschaffen wird, die seinen Bedürfnissen entspricht, kann es sein, daß es nur langsam Kontrolle über seine Muskeln er-

wirbt, weil ihm der nötige Anreiz dazu fehlt. Wenn es verwöhnt wird und wenn alle seine Wünsche erfüllt werden, wird es faul, was besonders beim Laufen, Ankleiden und beim Essen ohne Hilfe deutlich wird. Nachgiebige, Spielraum gewährende Methoden bei der Erziehung der Kinder führen zu einer besseren Kontrolle der Motorik als autoritäre Methoden, die das Kind drängen, Standards zu erreichen, die übermäßig ehrgeizige Eltern gesetzt haben. Bei solchem Drängeln wird das Kind gewöhnlich störrisch und widerspenstig, und jede Motivation zur Entwicklung seiner Fähigkeiten, die es sonst vielleicht gehabt hätte, wird so beeinträchtigt (130).

Ein Vergleich zwischen Kindern aus Familien mit hohem und niedrigem ökonomischen Status ergab, daß erstere überlegen waren in sprachlichen und praktischen Fähigkeiten und emotional reifer waren; die Kinder aus ärmeren Verhältnissen übertrafen die anderen jedoch in den Fertigkeiten, die mit der Sorge für sich selbst zu tun haben, wie Gesicht- und Händewaschen und Haarkämmen. Man konnte diesen Unterschied zum großen Teil auf die höhere Motivation der Kinder aus den ärmeren Familien zurückführen, alles selbst zu erledigen, denn sie hatten niemanden, der es für sie tat. Das gleiche gilt für die Kinder aus großen Familien im Vergleich zu Kindern aus Familien mit nur wenigen Mitgliedern (16).

Kinder, die sehr intelligent sind, Kinder, die über ein ganz bestimmtes Talent verfügen, das sie mehr interessiert als Beschäftigungen, bei denen motorische Fertigkeiten nötig sind, und Kinder, die wenig beliebt sind und nur wenige Spielkameraden haben, zeigen oft keine Lust, Gelegenheiten wahrzunehmen, bei denen sie ihre motorischen Fertigkeiten entwickeln könnten. Dieser mangelnde Antrieb zu lernen findet sich auch oft bei älteren Kindern. Viele Schulkinder legen heute eine „arbeitsscheue" Einstellung an den Tag; sie lehnen alles ab, was nach körperlicher Arbeit aussieht (123). Für sie ist „Unbeholfenheit" und Linkischsein ein Statussymbol. Es zeigt an, daß sie Arbeit nicht nötig haben. Manche Tendenzen in der heutigen Zivilisation legen ein solches Verhalten nahe.

6. Die Betonung der „vollkommenen Beherrschung". Manche Erwachsene – Eltern und gelegentlich auch Lehrer – erwarten, daß das Niveau der motorischen Fertigkeiten eines Kindes den für Erwachsene charakteristischen Grad der Vollkommenheit erreicht (1). Sie stoßen das Kind in eine Lernsituation, bevor es dazu reif ist, und sie erwarten von ihm, daß es spezifische Bewegungen erlernt, bevor sich die Grobmotorik voll entwickelt hat.

7. Emotionale Spannung. Jede starke Emotion, ob es nun Furcht, Wut, Eifersucht oder Haß ist, wird begleitet von der Vorbereitung des Körpers auf eine Handlung. Diese Vorbereitung besteht unter anderem in einer Erhöhung der Muskelspannung, um die Muskeln für ein sofortiges Handeln bereit zu machen. Unter diesen Bedingungen hat sogar ein Mensch, der über eine vorzügliche Koordination verfügt, weniger Kontrolle über seine Muskeln als dann, wenn er nicht unter starken Emotionen steht, und er wird also bei erhöhter Spannung in seinem motorischen Verhalten plump und ungeschickt erscheinen. Kinder, die nervös und sehr gespannt sind, haben also notwendigerweise weniger Kontrolle über ihre Muskeln als entspannte Kinder; je stärker die emotionalen Störungen sind, desto weniger gute Koordination wird das motorische Verhalten des Kindes aufweisen (67, 81).

Durch Furcht wird oft eine Hemmung hervorgerufen, die das Kind zögern läßt, eine Handlung noch einmal durchzuführen, die mit Furcht verbunden ist. Wenn ein Kind z. B. gezwungen wird zu gehen, bevor es dafür reif ist, oder zu tauchen, bevor es gut und sicher schwimmen kann, tritt gewöhnlich Furcht auf. Oft wird ein Kind auch verängstigt durch die Sorge der Eltern um seine Sicherheit oder darüber, ob das Kind auch die Normen seiner Altersgruppe erreicht. Dies steigert die Nervosität und Spannung des Kindes beim Üben von Fertigkeiten. Das unausweichliche Ergebnis ist eine Leistung, die unter seiner Kapazität liegt (104).

Die weitreichenden Wirkungen einer Spannung, die durch Furcht hervorgerufen wird, haben Breckenridge und Vincent hervorgehoben. Sie schreiben: „Wenn man das Kind lächerlich macht, sarkastische Bemerkungen von sich gibt, schimpft oder über die Ungeschicklichkeit des Kindes in den frühen Lernphasen lacht oder über die unvermeidlichen Ausrutscher – das Kind läßt Gegenstände fallen, es stolpert oder gleitet aus – sich lustig macht, so kann dies zu einer emotionalen Blockierung führen, die sich in verkrampften Bewegungen und Ungeschicklichkeit während des ganzen Lebens des Kindes äußert" (17).

Psychologische Schäden der Ungeschicklichkeit. Wie eine gute Koordination der Motorik zur körperlichen und psychischen Gesundheit beiträgt, so steuert Ungeschicklichkeit zu einer schlechten körperlichen und psychischen Gesundheit bei. Der psychologische Schaden ist in mancher Hinsicht noch größer als der physische. Dieser Schaden rührt in erster Linie von den sich entwickelnden Gefühlen persönlicher Minderwertigkeit und Unterlegenheit her. Zusammen mit diesen Gefühlen treten in der Regel solche des Neides und Vorwurfs gegenüber den Kindern auf, deren motorische Leistungen besser sind, und gegen die Erwachsenen, von denen das Kind glaubt, sie seien verantwortlich für seine Unterlegenheit.

Selten sucht ein Kind die Schuld für seine Ungeschicklichkeit bei sich selbst, vielmehr findet es meistens einen Sündenbock, dem es die Schuld zuschieben kann. Hinzu kommt noch, daß, wenn es glaubt schuldlos zu sein, es auch Zweifel an seiner Fähigkeit hegt, seine Ungeschicklichkeit zu überwinden – was natürlich seine Motivation, die Normen seiner Alterskameraden zu erreichen, beeinträchtigt. Gefühle der Unzulänglichkeit oder der Unterlegenheit unterminieren stets das Selbstvertrauen. Bei allem, was das ungeschickte Kind unternimmt, wird sein Mangel an Selbstvertrauen deutlich, sogar in seiner Art zu sprechen, in seinem Gang oder darin, wie es neue Probleme in Angriff nimmt. Es gibt genügend Hinweise darauf, daß der psychologische Schaden, der von der Ungeschicklichkeit im Kindesalter herrührt, eine bleibende Narbe an der Persönlichkeit des Kindes hinterläßt, eine Spur, die nie völlig ausgelöscht wird, selbst dann nicht, wenn die Ungeschicklichkeit überwunden wurde. Da die motorische Entwicklung in den meisten Fällen beeinflußt werden kann, ist es gerechtfertigt, daß jeder, der für die Entwicklung eines Kindes verantwortlich ist, diesem Gebiet seine volle Aufmerksamkeit zuwendet. Denn für Glück und Wohlergehen des Kindes ist es wesentlich, daß seine motorischen Fähigkeiten die der anderen Kinder mit denen es ständig zusammen ist, mindestens erreichen.

Bibliographie

(1) ABERLE, D. F., and K. D. NAEGELE: Middle-class fathers' occupational roles and attitudes toward children. *Amer. J. Orthopsychiat.*, 1952, **22**, 366–378.

(2) AMES, L. B.: The sequential patterning of prone progression in the human infant. *Genet. Psychol. Monogr.*, 1937, **19**, 409–460.

(3) AMES, L. B.: The constancy of psycho-motor tempo in individual infants. *J. genet. Psychol.*, 1940, **57**, 445–450.

(4) AMES, L. B.: Postural and placement orientation in writing and block behavior: developmental trends from infancy to age ten. *J. genet. Psychol.*, 1948, **73**, 45–52.

(5) AMES, L. B.: Bilaterality. *J. genet. Psychol.*, 1949, **75**, 45–50.

(6) AMES, L. B., and F. L. ILG: Developmental trends in writing behavior. *J. genet. Psychol.*, 1951, **79**, 28–46.

(7) AUSUBEL, D. P.: Relationships between shame and guilt in the socialization process. *Psychol. Rev.*, 1955, **62**, 378–390.

(8) BAKWIN, H.: Lateral dominance. *J. Pediat.*, 1950, **36**, 385–391.

(9) BAYLEY, N.: The development of motor abilities during the first three years. *Monogr. Soc. Res. Child Develpm.*, 1935, **1**, 1–26.

(10) BAYLEY, N.: *Studies in the development of young children.* Berkeley, Calif.: The University of California Press, 1940.

(11) BAYLEY, N.: Some increasing parent-child similarities during the growth of children. *J. educ. Psychol.*, 1954, **45**, 1–21.

(12) BAYLEY, N.: Individual patterns of development. *Child Develpm.*, 1956, **27**, 805–818.

(13) BEHERS, M. L.: Child rearing and the char-

acter structure of the mother. *Child Develpm.*, 1954, **25**, 225–238.
(14) BIDDULPH, L. G.: Athletic achievement and the personal and social adjustment of high school boys. *Res. Quart. Amer. Ass. Hlth Phys. Educ. Recr.*, 1954, **25**, 1–7.
(15) BONNEY, M. E.: Social behavior differences between second grade children of high and low sociometric status. *J. educ. Res.*, 1955, **48**, 481–495.
(16) BOSSARD, J. H. S.: *Parent and child.* Philadelphia: University of Pennsylvania Press, 1953.
(17) BRECKENRIDGE, M. E., and E. L. VINCENT: *Child development,* 4th ed. Philadelphia: Saunders, 1960.
(18) BRETSCH, H. S.: Social skills and activities of socially accepted and unaccepted adolescents. *J. educ. Psychol.*, 1952, **43**, 449–458.
(19) BROWN, J. L.: Differential hand usage in three-year-old children. *J. genet. Psychol.*, 1962, **100**, 167–175.
(20) BRUCH, H.: Developmental obesity and schizophrenia. *Psychiatry,* 1958, **21**, 65–70.
(21) BULL, K. R.: An investigation into the relationship between physique, motor capacity, and certain temperamental traits. *Brit. J. educ. Psychol.*, 1958, **28**, 149–154.
(22) BURGE, I. C.: Some aspects of handedness in primary school children. *Brit. J. educ. Psychol.*, 1952, **22**, 45–51.
(23) BURNSIDE, L. H.: Coordination in the locomotion of infants. *Genet. Psychol. Monogr.*, 1927, No. 2.
(24) CARROTHERS, J. E.: Left-handedness among school pupils. *Amer. School Board J.*, 1947, **114**, 17–19.
(25) COOKE, R. E.: The behavioral response of infants to heat stress. *Yale J. Biol. Med.*, 1952, **24**, 334–340.
(26) CRONBACH, L. J.: *Educational psychology,* 2d ed. New York: Harcourt, Brace & World, 1963.
(27) CRONBACH, L. J.: *Essentials of psychological testing,* 2d ed. New York: Harper & Row, 1960.
(28) CRUICKSHANK, W. M., and G. O. JOHNSON: *Education of exceptional children and youth.* Englewood Cliffs, N.J.: Prentice-Hall, 1958.
(29) DAMANN, V. T.: Developmental changes in attitude as one factor determining energy output in a motor performance. *Child Develpm.*, 1941, **12**, 241–246.
(30) DAYHAW, L. T.: Guiding handedness in the development of the child. *Education,* 1953, **74**, 196–199.
(31) DENNIS, W.: On the possibility of advancing and retarding the motor development of infants. *Psychol. Rev.*, 1943, **50**, 203–218.
(32) DENNIS, W.: Handwriting conventions as determinants of human figure drawings. *J. consult. Psychol.*, 1958, **22**, 293–295.
(33) DENNIS, W.: Causes of retardation among institutional children: Iran. *J. genet. Psychol.*, 1960, **96**, 47–59.
(34) DUSENBERRY, L.: A study of the effects of training in ball throwing by children ages three to seven. *Res. Quart. Amer. Ass. Hlth Phys. Educ. Recr.*, 1952, **23**, 9–14.
(35) FEINBERG, M. R.: Relation of background experience to social acceptance. *J. abnorm. soc. Psychol.*, 1953, **48**, 206–214.
(36) FRANCIS, R. J., and G. L. RARICK: Motor characteristics of the mentally retarded. *Amer. J. ment. Def.*, 1959, **63**, 792–811.
(37) FRANSDEN, A. N.: *Educational psychology.* New York: McGraw-Hill, 1961.
(38) GEBER, M.: The psycho-motor development of African children in the first year, and the influence of maternal behavior. *J. soc. Psychol.*, 1958, **47**, 185–195.
(39) GESELL, A.: *The child from five to ten.* New York: Harper & Row, 1946.
(40) GESELL, A.: Developmental pediatrics. *Nerv. Child,* 1952, **9**, 225–227.
(41) GESELL, A.: The ontogenesis of infant behavior. In L. Carmichael (Ed.), *Manual of child psychology,* 2d ed. New York: Wiley, 1954. Pp. 335–373.
(42) GESELL, A., and L. B. AMES: The infant's reaction to his mirror image. *J. genet. Psychol.*, 1947, **70**, 141–154.
(43) GESELL, A., and F. L. ILG: *Child development.* New York: Harper & Row, 1949.
(44) GESELL, A., F. L. ILG, and L. B. AMES: *Youth: the years from ten to sixteen.* New York: Harper & Row, 1956.
(45) GESELL, A., and H. THOMPSON: Learning and growth in identical twins: an experimental study by the method of co-twin control. *Genet. Psychol. Monogr.*, 1929, **6**, 1–123.
(46) GOVATOS, L. A.: Relationships and age differences in growth measures and motor skills. *Child Develpm.*, 1959, **30**, 333–340.
(47) GRAHAM, F. K., P. W. BERMAN, and C. B. ERNHART: Development in preschool children of the ability to copy forms. *Child Develpm.*, 1960, **31**, 339–359.
(48) GREEN, C., and E. ZIGLER: Social deprivation and the performance of retarded and normal children on a satiation type task. *Child Develpm.*, 1962, **33**, 499–508.
(49) GRONLUND, N. E.: Generality of sociometric status over criteria in measurement of social acceptability. *Elem. Sch. J.*, 1955, **55**, 173–176.
(50) GUILFORD, J. P.: A system of psychomotor abilities. *Amer. J. Psychol.*, 1958, **71**, 164–174.
(51) GUTTERIDGE, M. V.: A study of motor achievements of young children. *Arch. Psychol., N.Y.*, 1939, No. 244.
(52) HALVERSON, H. M.: An experimental study of prehension in infants by means of sys-

tematic cinema records. *Genet. Psychol. Monogr.*, 1931, **10**, 107–286.

(53) HARMON, J. M., and A. MILLER: Time patterns in motor learning. *Res. Quart. Amer. Ass. Hlth Phys. Educ. Recr.*, 1950, **21**, 182–186.

(54) HAVIGHURST, R. J.: *Human development and education.* New York: Longmans, 1953.

(55) HAVIGHURST, R. J.: The social competence of middle-aged people. *Genet. Psychol. Monogr.*, 1957, **56**, 297–375.

(56) HILDRETH, G.: Manual dominance in nursery school children. *J. genet. Psychol.*, 1948, **72**, 29–45.

(57) HILDRETH, G.: The development and training of hand dominance. *J. genet. Psychol.*, 1949, **75**, 197–220.

(58) HILDRETH, G.: The development and training of hand dominance. *J. genet. Psychol.*, 1950, **76**, 39–100, 101–144.

(59) HILGARD, E. R.: *Introduction to psychology*, 3d ed. New York: Harcourt, Brace & World, 1962.

(60) HOLLINGWORTH, L. S.: *Children above 180 IQ: origin and development.* New York: Harcourt, Brace & World, 1950.

(61) HOOKER, D.: The development of behavior in the human fetus. In W. Dennis (Ed.), *Readings in child psychology*, 2d ed. Englewood Cliffs, N.J.: Prentice-Hall, 1963. Pp. 1–10.

(62) HOWE, C. E.: A comparison of motor skills of mentally retarded and normal children. *Except. Children*, 1959, **25**, 352–354.

(63) HUMPHREY, M. E.: Consistency of hand usage. *Brit. J. educ. Psychol.*, 1951, **21**, 214–225.

(64) HUTT, M. L., and R. G. GIBBY: *The child: development and adjustment.* Boston: Allyn and Bacon, 1959.

(65) ILG, F. L., J. LEARNED, A. LOCKWOOD, and L. B. AMES: The three-and-a-half-year-old. *J. genet. Psychol.*, 1949, **75**, 21–31.

(66) ISMAIL, A. H., and C. C. COWELL: Factor analysis of motor aptitude of preadolescent boys. *Res. Quart. Amer. Ass. Hlth Phys. Educ. Recr.*, 1961, **32**, 507–513.

(67) JERSILD, A. T.: Emotional development. In L. Carmichael (Ed.), *Manual of child psychology*, 2d ed. New York: Wiley, 1954. Pp. 833–917.

(68) JERSILD, A. T.: *The psychology of adolescence.* New York: Macmillan, 1957.

(69) JERSILD, A. T.: *Child psychology*, 5th ed. Englewood Cliffs, N.J.: Prentice-Hall, 1960.

(70) JERSILD, A. T., E. S. WOODYARD, and C. F. DEL SOLAR: *Joys and problems of child rearing.* New York: Teachers College, Columbia University, 1949.

(71) JONES, H. E.: *Motor performance and growth.* Berkeley, Calif.: The University of California Press, 1949.

(72) JONES, M. C.: The development of early behavior patterns in young children. *J. genet. Psychol.*, 1926, **33**, 537–585.

(73) JONES, M. C.: The later careers of boys who were early- or late-maturers. *Child Develpm.*, 1957, **28**, 113–128.

(74) JONES, T. D.: The development of certain motor skills and play activities in young children, *Child Develpm. Monogr.*, 1939, No. 26.

(75) KEY, C. B., M. R. WHITE, W. P. HONZIK, A. B. HEINEY, and D. ERWIN: The process of learning to dress among nursery-school children. *Genet. Psychol. Monogr.*, 1936, **18**, 67–163.

(76) KLATSKIN, E. H., E. B. JACKSON, and L. C. WILKIN: The influence of degree of flexibility in maternal child care practices in early child behavior. *Amer. J. Orthopsychiat.*, 1956, **26**, 79–93.

(77) KNAPP, C. G., W. R. DIXON, and M. LAZIER: Learning to juggle: III. A study of performance by two different age groups. *Res. Quart. Amer. Ass. Hlth Phys. Educ. Recr.*, 1958, **29**, 32–36.

(78) KOCH, H. L.: The relation of certain formal attributes of siblings to attitudes held toward each other and toward their parents. *Monogr. Soc. Res. Child Develpm.*, 1960, **25**, No. 4.

(79) KUBIE, L. S.: Competitive sports and the awkward child. *Child Study*, 1954, **31**, 10–15.

(80) LANDRETH, C.: *The psychology of early childhood.* New York: Knopf, 1958.

(81) MACFARLANE, J., L. ALLEN, and M. P. HONZIK: *A developmental study of the behavior problems of normal children between twenty-one months and fourteen years.* Berkeley, Calif.: The University of California Press, 1954.

(82) MALPASS, L. F.: Motor proficiency in institutionalized and non-institutionalized retarded and normal children. *Amer. J. ment. Def.*, 1960, **64**, 1012–1015.

(83) MARTIN, K. L.: Handedness: a review of the literature on the history, development, and research of laterality preference. *J. educ. Res.*, 1952, **45**, 527–533.

(84) MARTIN, P. C., and E. L. VINCENT: *Human development.* New York: Ronald, 1960.

(85) MARTIN, W. E., and C. B. STENDLER: *Child development*, 2d ed. New York: Harcourt, Brace & World, 1959.

(86) MC GRAW, M. B.: *Growth: a study of Johnny and Jimmy.* New York: Appleton-Century-Crofts, 1935.

(87) MC GRAW, M. B.: Swimming behavior of the human infant. *J. Pediat.*, 1939, **15**, 485–490.

(88) MC GRAW, M. B.: Neuromuscular development of the human infant as exemplified in the achievement of erect locomotion. *J. Pediat.*, 1940, **17**, 744–771.

(89) MC GRAW, M. B., and K. W. BREEZE: Quantitative studies in the development of erect locomotion. *Child Develpm.*, 1941, **12,** 267–303.

(90) MC GRAW, M. B., and A. P. WEINBACH: Quantitative measures in studying development of behavior patterns (locomotion). *Bull. Neurol. Inst., N.Y.*, 1936, **4,** 563–572.

(91) MERRY, F. K., and R. V. MERRY: *The first two decades of life*, 2d ed. New York: Harper & Row, 1958.

(92) MOODY, C. B.: Physical education and neurotic behavior disorders. *Understanding the Child*, 1952, **27,** 20–24.

(93) MORRISON, I. E., and I. F. PERRY: Acceptance of overage children by their classmates. *Elem. Sch. J.*, 1956, **56,** 217–220.

(94) MUELLNER, S. R.: Development of urinary control in children. *J. Amer. Med. Ass.*, 1960, **172,** 1256–1261.

(95) New York Times Report: Left-handed find handicap grows. *The New York Times*, Aug. 2, 1959.

(96) NORVAL, M. A.: Relationship of weight and length of infants at birth to the age at which they begin to walk. *J. Pediat.*, 1947, **30,** 676–679.

(97) PRATT, K. C.: The neonate. In L. Carmichael (Ed.), *Manual of child psychology*, 2d ed. New York: Wiley, 1954, Pp. 215–291.

(98) PRESSEY, S. L., and R. G. KUHLEN: *Psychological development through the life span.* New York: Harper & Row, 1957.

(99) RAGSDALE, C. E.: How children learn the motor types of behavior. *49th Yearb. Nat. Soc. Stud. Educ.*, 1950, Pt. 1, 69–91.

(100) RARICK, G. L., and R. MC KEE: A study of twenty third-grade children exhibiting extreme levels of achievement on tests of motor proficiency. *Res. Quart. Amer. Ass. Hlth Phys. Educ. Recr.*, 1949, **20,** 142–152.

(101) REED, G. F., and A. C. SMITH: A further experimental investigation of the relative speeds of left- and right-handed writers. *J. genet. Psychol.*, 1962, **100,** 275–288.

(102) RHEINGOLD, H. L., W. C. STANLEY, and J. A. COOLEY: Method for studying exploratory behavior in infants. *Science*, 1962, **136,** 1054–1055.

(103) SCHALTENBRAND, C.: The development of human motility and motor disturbances. *Arch. Neur. Psychiat.*, 1928, **20,** 720–730.

(104) SEARS, P. S., and H. LEVIN: Levels of aspiration in preschool children. *Child Develpm.*, 1957, **28,** 317–326.

(105) SEILS, L. G.: The relationship between measures of physical growth and gross motor performance of primary-grade school children. *Res. Quart. Amer. Ass. Hlth Phys. Educ. Recr.*, 1951, **22,** 244–260.

(106) SEWELL, W. H., and A. O. HALLER: Social status and the personality adjustment of the child. *Sociometry*, 1956, **19,** 114–125.

(107) SHAPIRO, H.: The development of walking in a child. *J. genet. Psychol.*, 1962, **100,** 221–226.

(108) SHIRLEY, M. M.: *The first two years of life.* Minneapolis: The University of Minnesota Press, vol. 1, 1931; vol. 2, 1933.

(109) SIMON, M. D.: Body configuration and school readiness. *Child Develpm.*, 1959, **30,** 493–512.

(110) SMITH, A. C., and G. F. REED: An experimental investigation of the relative speeds of left- and right-handed writers. *J. genet. Psychol.*, 1959, **94,** 67–76.

(111) SOLLEY, W. H.: Ratio of physical development as a factor in motor coordination of boys ages 10–14. *Res. Quart. Amer. Ass. Hlth Phys. Educ. Recr.*, 1957, **28,** 295–304.

(112) SONTAG, L. W.: The significance of fetal environmental differences. *Amer. J. Obstet. Gynaec.*, 1941, **42,** 996–1003.

(113) SPITZ, R. A.: Purposive grasping. *Personality*, 1951, **1,** 141–148.

(114) SPOCK, B.: *Baby and child care.* New York: Pocket Books, 1957.

(115) STOLZ, H. R., and L. M. STOLZ: *Somatic development of adolescent boys.* New York: Macmillan, 1951.

(116) STOUT, I. W., and G. LANGDON: A study of the home life of well-adjusted children. *J. educ. Sociol.*, 1950, **23,** 442–460.

(117) STRANG, R.: *An introduction to child study*, 4th ed. New York: Macmillan, 1959.

(118) SWEET, C.: Enuresis: a psychologic problem of childhood. *J. Amer. Med. Ass.*, 1946, **32,** 279–281.

(119) TERMAN, L. M., and M. A. MERRILL: *Stanford-Binet Intelligence Scale*, 3d Rev. Boston: Houghton Mifflin, 1960.

(120) TOWNSEND, E. A.: A study of copying ability in children. *Genet. Psychol. Monogr.*, 1951, **43,** 3–51.

(121) TUDDENHAM, R. D.: Studies in reputation. I. Sex and grade differences in school children's evaluation of their peers. II. The diagnosis of social adjustment. *Psychol. Monogr.*, 1952, **66,** No. 1.

(122) TWINING, W. E.: Mental practice and physical practice in learning a motor skill. *Res. Quart. Amer. Ass. Hlth Phys. Educ. Recr.*, 1949, **20,** 432–435.

(123) TYLER, L. E.: The development of "vocational interests": 1. The organization of likes and dislikes in ten-year-old children. *J. genet. Psychol.*, 1955, **86,** 33–34.

(124) VINCENT, E. L., and P. C. MARTIN: *Human psychological development.* New York: Ronald, 1961.

(125) WAGONER, L. C., and E. M. ARMSTRONG: The motor control of children as involved in the dressing process. *J. genet. Psychol.*, 1928, **35,** 84–97.

(126) WATSON, E. H., and G. H. LOWREY: *Growth*

and development of children. Chicago: The Year Book Medical Publishers, Inc., 1954.

(127) WELCH, A. A., and R. V. CAMPBELL: The relation between the development of behavior and the pattern of physical growth. *Child Develpm.*, 1941, **12,** 237–240.

(128) WELLMAN, B. L.: Motor achievement of preschool children. *Childh. Educ.*, 1937, **13,** 311–316.

(129) WHIPPLE, H. D.: Effects of elementary-school physical education upon aspects of physical, motor, and personality development. *Res. Quart. Amer. Ass. Hlth Phys. Educ. Recr.*, 1961, **32,** 249–260.

(130) WILLIAMS, J. R., and R. B. SCOTT: Growth and development of Negro infants. II. Motor development and its relationship to child rearing practices in two groups of Negro infants. *Child Develpm.*, 1953, **24,** 103–121.

(131) WITRYOL, S. L., and J. E. CALKINS: Marginal social values of rural school children. *J. genet. Psychol.*, 1958, **92,** 81–93.

(132) WOODWORTH, R. S.: *Dynamics of behavior.* New York: Holt, 1958.

Kapitel 6: Die Entwicklung der Sprache und des Sprechens

Die Sprache (engl.: language, frz.: langue) ist die Grundlage der Kommunikation mit anderen. Sie umfaßt jedes Mittel der Kommunikation, durch das Gedanken und Gefühle symbolisiert werden, um Bedeutungen zu übermitteln – einschließlich so unterschiedlicher Formen der Kommunikation wie Schreiben, Sprechen, Zeichensprache, Gesichtsausdruck, Gestik, Mimik und Kunst. Das ist einer der Hauptunterschiede zwischen dem Menschen und den niederen Tieren. Das Sprechen (engl.: speech, frz.: parole) ist eine Form der Sprache, bei der artikulierte Laute oder Wörter gebraucht werden, um Bedeutungen zu übermitteln. Die Entwicklung des Sprechens ist „eine Entwicklung, in der die Laute zunehmend geformt werden, ein Wachstumsprozeß, der vom unbestimmt, undeutlich und zufällig Geformten zum Klaren, Deutlichen und Kontrollierten führt" (99).

Nicht alle Laute, die ein Kind äußert, sind notwendigerweise auch „Sprechen". Das erste Kriterium des Sprechens besteht darin, daß ein Kind die Bedeutung der Wörter, die es gebraucht, auch kennen muß und sie mit den Gegenständen, die sie bezeichnen, in Verbindung bringt. Selbst wenn das kleine Kind erkennbare Wörter wie „Papa" oder „Ball" sagt, handelt es sich nicht wirklich um Sprechen, wenn es nicht die Wörter mit den dazu gehörenden Gegenständen assoziiert. „Papa" darf sich z. B. nur auf eine Person beziehen und nicht auf Männer ganz allgemein.

Das zweite Kriterium des Sprechens ist dies, daß ein Kind seine Wörter so aussprechen muß, daß sie für andere Mitglieder der Gesellschaft leicht verständlich sind. Wörter, die nur diejenigen erkennen, die durch ständigen Kontakt mit dem Kind gelernt haben, es zu verstehen oder zu raten, was es zu sagen versucht, entsprechen dem Kriterium nicht. „Babysprache" mag dem ersten Kriterium genügen, da die Wörter mit bestimmten Gegenständen in Verbindung gebracht werden, aber sie genügt dem zweiten Kriterium nicht.

Es ist oft schwer, festzustellen, wann bei einem Kind das richtige Sprechen beginnt. Einige seiner Wörter genügen vielleicht beiden Kriterien, andere nur einem. Die deutlichen Unterschiede in der Größe des Wortschatzes bei verschiedenen Kindern im Vorschulalter sind ohne Zweifel z. T. darauf zurückzuführen, daß die meisten Eltern nicht beide Kriterien beachten, wenn sie die Wörter feststellen, die ihre Kinder gebrauchen; sie wenden nur das Kriterium der korrekten und verständlichen Aussprache an und halten es für selbstverständlich, daß das Kind ein Wort kennt, das es sagt (103).

Die Bedeutung des Sprechens

Das Sprechen dient zu vielen Zwecken. Es ist mehr als ein Mittel, Gedanken, Gefühle und Emotionen mitzuteilen. Baldridge meint: „Das Sprechen ist eine Art des Verhaltens, das dazu beiträgt, die Welt des Kindes zu formen, es von einem egozentrischen zu einem sozialen Wesen umzuformen; das ihm hilft, Annahmen zu formulieren, und das dazu beiträgt, Übereinkünfte mit ihm zu treffen, um es zu leiten und zu kontrollieren, es zu informieren, ihm Gedanken, Gefühle und Einstellungen nahe zu bringen; das mitbestimmt, ob das Kind sich sicher fühlt oder unsicher – alle diese Wirkungen und noch viele weitere können durch den Gebrauch von Wörtern hervorgerufen werden" (12).

Die Bedeutung des Sprechens für die persönliche und soziale Anpassung eines Kindes kann deutlich an den Kindern festgestellt werden, die von anderen abgeschnitten sind, weil sie taub sind oder aus anderen Gründen nicht mit ihnen in Verbindung treten können. Das taube Kind ist sozial isoliert. Wenn auch seine Spielkameraden erkennen, daß es nicht imstande ist, sie zu hören, ziehen sie das doch nicht in Betracht, wenn sie miteinander sprechen. Sie haben nicht die Absicht, dieses Kind zu übergehen, aber es merkt, daß es nicht zur Gruppe gehört, weil es nicht versteht, was andere sagen, und es zögert, mit ihnen zu sprechen, weil es befürchtet, etwas Falsches zu sagen, und weil sie es deshalb auslachen könnten (44).

Kinder, die zweisprachig aufwachsen, haben ebenfalls soziale Schwierigkeiten. Wenn sie gerade anfangen, die Sprache ihrer Spielkameraden zu lernen, fühlen sie sich unsicher im Gebrauch dieser Sprache und durch einen kleinen Wortschatz eingeschränkt. Sie verstehen vieles nicht, was ihre Spielkameraden sagen, und ihre Spielkameraden verstehen vieles nicht, was sie sagen. Folglich sprechen sie wenig, bleiben am Rande des Geschehens und fühlen sich übergangen (103, 148).

Kinder, die sich mit anderen Kindern ohne Schwierigkeiten verständigen können, passen sich sozial besser an als Kinder, denen diese Fähigkeit fehlt oder die sie zwar haben, aber sie aus Angst, etwas falsch zu machen, nicht gebrauchen. Untersuchungen der Beliebtheit beweisen, daß unter Kindern aller Altersstufen diejenigen, die sich mit Wörtern und Handlungen auszudrücken wissen, beliebter sind – wenn alle anderen Faktoren gleich sind – als diejenigen, die still und zurückhaltend sind. Weiter sind auch diejenigen, die mehr über andere Leute oder Dinge sprechen, beliebter als die, deren Unterhaltung sich immer nur um sie selber dreht (22, 51).

Ebenso müssen sich die Kinder, die eine führende Rolle spielen, mit den anderen verständigen und die Handlungen anderer durch Sprechen beeinflussen können. Das Kind, das die Fähigkeit erworben hat, Gedanken und Gefühle in Worte zu kleiden, und das nicht durch Befürchtungen darüber gehemmt ist, wie die anderen wohl darauf reagieren werden, ist geeignet für die Rolle eines Anführers. Das ruhige, introvertierte Kind wird wahrscheinlich übersehen, obwohl es vielleicht andere Qualifikationen hat, die denen des extravertierten Kindes überlegen sind (16).

Vorsprachliche Äußerungen

Sprechen zu lernen ist ein langer und komplizierter Prozeß. Es wird überwiegend berichtet, daß ein Kind das erste Wort irgendwann im Alter von

12 bis 15 Monaten sagt. 12 bis 15 Monate lang muß es also Mitteilungen machen in Formen, die vor dem Sprechen liegen. Das tut es durch Gebärden und mit Hilfe der Stimme durch Schreien, Explosivlaute oder „Lallen". Das Lallen hat auf weite Sicht die meiste Bedeutung, weil es die Grundlage für das richtige Sprechen ist. Das Kind sollte vorsprachliche Äußerungen aufgeben, wenn sie nicht mehr von Nutzen sind und wenn es lernt, sich in Worten auszudrücken.

Schreien

In den ersten Lebenstagen wird die Stimme nur für das Schreien eingesetzt. Eigentlich ist dieses frühe Schreien eine „Notatmung"; es ist unregelmäßig und unkontrolliert (99). Während der ersten beiden Wochen schreit das Kind in unregelmäßigen Abständen, oft sogar aus dem Schlaf heraus und ohne deutlich erkennbaren Grund. Gleichzeitig rötet sich die Haut oder wird fleckig, die Hände werden zur Faust geballt, die Glieder beugen und strecken sich abwechselnd, die Aktivität des ganzen Körpers ist verstärkt, bei unregelmäßiger Atmung atmet das Kind länger aus, die Pulsfrequenz steigt an (141).
Alle neugeborenen Kinder schreien, aber am Ende der zweiten Woche sind individuelle Unterschiede zu erkennen. Von der dritten Lebenswoche an schreit das Kind normalerweise weniger, und bis zum dritten oder vierten Monat nimmt auch das nächtliche Aufwachen und das damit einhergehende Schreien ab. Tränen weint das Kind beim Schreien erst, wenn es etwa einen Monat alt ist (103, 141).

Gründe für das Schreien. Bei Kindern, die weniger als sieben Wochen alt sind, ist Hunger der häufigste Grund für das Schreien; Lärm und Licht sind nur in den seltensten Fällen die Anlässe dafür. Krampfartige Leibschmerzen sind ebenfalls ein häufiger Grund für das Schreien in den ersten drei Monaten. Ältere Säuglinge weinen wegen Schmerzen, hellen Lichtes, wenn Lärm zu laut ist, wenn sie sich in einer unbequemen Lage befinden, wenn ihr Schlaf stark gestört wird, wenn sie müde sind, wenn sie Hunger haben, wenn sie sich wegen einengender Kleidung oder Decken nicht bewegen können, wenn ein Spielzeug entfernt wird oder verlorengeht, aus Angst und wenn ihnen der Kontakt zu anderen entzogen wird. Schreien ist am häufigsten, bevor das Kind gefüttert wird und ehe es zum Schlafen gelegt wird (1, 141).
Ehe ein normales Kind drei Monate alt ist, hat es gelernt, daß das Schreien eine sichere Methode ist, Aufmerksamkeit zu erregen. Es lernt, Schreien als Mittel zum Zweck zu gebrauchen. Mit vier Monaten schreit ein Kind, wenn ein Erwachsener mit ihm zu spielen aufhört; mit fünf Monaten schreit es lauter, wenn ein Erwachsener sein Zimmer betritt, aber ihm keine Aufmerksamkeit schenkt, mit neun Monaten schreit es, wenn ein Erwachsener sich einem anderen Kind nähert. Im letzten Teil des 1. Lebensjahres wird Schreien auch dadurch verursacht, daß das Kind sich vor einer ungewohnten Situation fürchtet und daß es anders als gewöhnlich behandelt wird (99, 103).
Das Kleinkind schreit, wenn es hungrig oder müde ist, wenn es sich fürchtet oder wenn es eine Beschäftigung unterbrechen muß. Bei Kindergartenkindern wird Weinen überwiegend durch soziale Faktoren hervorgerufen, es handelt sich also schon um eine reifere Art der Anpassung. In Alltagssituationen wie Essen, Kleiden und beim Besuch der Toilette schreit es nur noch verhältnismäßig selten (92).

Unterschiede im Schreien. Vom zweiten Lebensmonat an ändern sich die Intensität, die Klangqualität und der Rhythmus des Schreiens. Schmerzensschreie z. B. sind schrill und laut und werden von Wimmern und Stöhnen unterbrochen, oder sie sind kurz, scharf und durchdringend. Weinen vor Unbehagen ist leise und wimmernd; wogegen der Schrei des Hungers laut ist und durch saugende Bewegungen unterbrochen wird. Jedes Kind hat ein verhältnismäßig großes Repertoire an Schreien, und das Repertoire jedes Kindes ist verschieden (103).
Die Arten des Schreiens unterscheiden

sich eher durch ihre Intensität als durch ihre Bedeutung. Die Anspannung der Erregung, des Hungers und des Schmerzes ruft eine größere Muskelspannung hervor, die Laute werden schriller. Es gibt also kein „Vokabular" des Schreiens. Das Schreien unterscheidet sich nicht hinsichtlich der sich ändernden Wünsche, sondern vielmehr hinsichtlich der Intensität der Wünsche. Neue experimentelle Untersuchungen haben ergeben, daß es möglich ist, das Alter eines Kindes durch sein Schreien zu bestimmen und ebenso einen Kretin, einen Mongoloiden und Kinder, die unter anderen Störungen leiden, an ihrem Schreien zu erkennen (99, 103).

Analysen des Schreiens haben ergeben, daß Vorderzungenlaute (Vokale) die bei weitem häufigsten Laute bei neugeborenen Kindern sind, wobei der ae-Laut vorherrscht. Wenn die Kinder älter werden, werden die Vorderzungenlaute seltener, und die Mittel- und Hinterzungenlaute kommen häufiger vor. Im zweiten Viertel des ersten Jahres sind auch mehr Konsonanten zu hören (78).

Bewegungen beim Schreien. Schreien wird beim Säugling immer von körperlichen Bewegungen begleitet. Der ganze Körper ist in Bewegung, und Ermüdung setzt ein, wenn das Schreien über einen längeren Zeitraum hinweg andauert. Wenn das Kind älter wird, bewegt es sich beim Schreien immer weniger. Beim Weinen bewegt sich das Kind von zwei oder drei Jahren nicht mehr als bei irgendeinem anderen Gefühlsausbruch.

Reaktionen auf das Schreien. Die Reaktionen von Kindern und Erwachsenen auf das Weinen eines Kindes hängen teilweise vom Alter des Kindes ab und teilweise von ihrer Meinung über die Funktion des Weinens. Es ist eine weit verbreitete Meinung, daß das Schreien für den Säugling die einzige Möglichkeit darstellt, sich verständlich zu machen. Die Eltern erwarten deshalb, daß das Kind schreit. So lernt das Kind wiederum, daß es schreien muß, wenn seine Wünsche und Bedürfnisse Beachtung finden sollen; es wird somit konditioniert zu schreien, anstatt andere Formen der Mitteilung zu lernen (124).

Ein Säugling kann seine einfachen Wünsche durch andere Methoden als Schreien bekannt geben – wie etwa durch Schmatzen oder Herausstrecken der Zunge, wenn er hungrig ist, durch Winden und Zittern, wenn er friert, durch Niesen, wenn er naß ist. Wenn diese Zeichen verstanden werden, schreit das Kind nur bei Schmerzen oder echten Schwierigkeiten. Einige Kinder schreien auch nach den ersten beiden Lebenswochen sehr viel. Es hat sich herausgestellt, daß die Mütter dieser Kinder zu viel Zeit verstreichen ließen, ehe sie ihr Schreien beachteten, daß sie nicht immer in gleicher Weise auf das Schreien des Kindes reagierten, daß sie unsicher, ängstlich und gespannt waren und keine Befriedigung aus dem Kontakt mit ihren Kindern erhielten (90).

Übermäßiges Schreien ohne körperliche Ursachen findet sich häufig bei Kindern aus Familien mit einer gespannten Atmosphäre, in denen neurotische Unsicherheit und Angst der Eltern festzustellen sind. Wenn die Mutter sehr darunter leidet, daß sie berufliche oder andere Ziele aufgeben mußte, wenn sie negative Vorstellungen über sich selbst hat, ihre Beziehungen zu ihrem Ehemann schlecht sind, sie sich allgemein unsicher fühlt oder sich besonders unsicher fühlt in ihrer Rolle als Mutter und aus diesen Gründen sich weniger fürsorglich und warm dem Kinde zuwendet, schreit ihr Kind mit großer Wahrscheinlichkeit mehr als normal (90, 152).

Mangel an Sicherheit in der Beziehung zu anderen Menschen führt also dazu, daß das Kind besonders viel schreit. Die Gefühle der Sicherheit können sehr verstärkt werden, wenn den Bedürfnissen des Kindes prompte Aufmerksamkeit gewidmet wird. Gesell meint: „Unmittelbare Beachtung des Schreiens in den ersten Lebenswochen verringert das Schreien" (59). Weder zuerst im Krankenhaus noch auch später zu Hause kann sich eine Mutter immer gleich darum kümmern, wenn ihr Kind schreit; vielleicht beachtet sie aber auch absichtlich sein Schreien nicht, weil sie befürchtet, sie könnte es „verziehen". Daß diese Befürchtung ungerechtfertigt ist, hat die Tatsache bewiesen, daß im Alter von sechs Wochen die Kinder, auf deren Bedürfnisse unmittelbar eingegangen wird, verhältnismäßig wenig schreien im Vergleich zu denen, deren Bedürfnisse nicht sofort oder nur inkonsequent beachtet werden (90, 124, 141).

Die Menschen reagieren auf das Schreien eines Kindes, das schon sprechen kann, und auf das eines Säuglings sehr unterschiedlich. Anstatt dem kleinen Kind zu Hilfe zu kommen, selbst wenn das mit Verspätung geschieht, sehen die Eltern Weinen oft als ein Zeichen dafür an, daß das Kind „verzogen" ist. Sie schelten oder bestrafen es. Später merkt das Kind, daß die anderen Kinder Weinen als „babyhaft" ansehen und es dafür verachten. Bei älteren Kindern wird das Weinen so verachtet, daß es Kinder, die weinen, sozial isolieren kann (vgl. hierzu auch das Kapitel über soziale Anpassung).

Die Folgen des Schreiens. Sehr viel Schreien führt zu physischem und psychischem Schaden. Bei wirklichem Kummer jedoch ist es normal, daß sogar Kinder im schulpflichtigen Alter noch weinen. Weinen für kurze Zeit macht das Kind müde und angespannt; Weinen für längere Zeit entspannt das Kind, bringt es aber auch zur Erschöpfung. Beim Säugling führt die Gesamtaktivität, die das Weinen begleitet, zu einem Verlust der Energiereserven und stört so das normale körperliche Wachstum.

So ernst der Verlust an Energie auch sein mag, er ist nicht die einzige körperliche Folge des Schreiens; das normale Funktionieren des gesamten Körpers wird gestört. Die Folgen sind Störungen der Magen-Darm-Funktionen, Erbrechen, nächtliches Aufwachen, Einnässen und nervöse Spannung, die in solchen Angewohnheiten wie Daumenlutschen und Nägelbeißen zum Ausdruck kommt (141). Das ältere Kind, das öfter und heftiger schreit, als es für sein Alter normal ist, wird weitgehend in der gleichen Art beeinflußt, wenn auch kurzanhaltendes Weinen dazu dienen kann, nervöse Spannung, die durch angestaute Emotionen verursacht wird, abzureagieren.

Der psychische Schaden des Weinens ist ebenfalls ernst. Wie bereits gesagt wurde, erwarten die meisten Erwachsenen, daß ein Säugling schreit. Wenn er aber mehr schreit, als sie es für normal halten, gibt es zwei Möglichkeiten, wie sie reagieren. Sie sorgen sich um ihn und werden übermäßig besorgt, oder sie halten ihn für nörgelig und zu anspruchsvoll und versuchen, sein Schreien nicht zu beachten.

Indem sie sein Schreien nicht beachten, glauben die Eltern, dem Säugling beibringen zu können, daß er durch Schreien das nicht bekommen kann, was er haben will. Unglücklicherweise hat ein kleines Kind nicht den Verstand, das selber herauszufinden. Statt dessen entwickeln sich bei ihm Gefühle der Unsicherheit und der Hilflosigkeit. Weiter wird auch ein Säugling, dessen Schreien nicht beachtet wird, mit einiger Wahrscheinlichkeit durch die Erschöpfung etwas hysterisch; die Folge davon ist, daß er auch dann nicht aufhören kann zu weinen, wenn seine Bedürfnisse befriedigt werden. Viele Eltern, denen dies nicht klar ist, verhalten sich dem Kind gegenüber, als versuche es, ihnen absichtlich das Leben schwer zu machen. Ihre Einstellung verstärkt noch das Gefühl der Unsicherheit und der Hilflosigkeit (90).

Ebenso wie die soziale Anpassung des Säuglings im Elternhaus beeinflußt wird durch die Menge und die Stärke des Schreiens, so wird auch die Anpassung des etwas älteren Kindes außerhalb des Elternhauses beeinflußt. Kleine Kinder können Kummer bei anderen nicht erkennen, wenn es nicht „greifbare" Beweise gibt. Wenn ein Kind sich verletzt hat, fühlen sie kein Mitleid, wenn es weint – es sei denn, sie können *sehen*, daß es blutet, daß es eine Schwellung hat oder daß ein Knochen gebrochen ist. Sonst sehen sie das Kind eher als „weinerlich" an (22). Da das Zurückgewiesenwerden schädlich ist für die Vorstellungen, die die Kinder von sich selbst haben, und zu einem Gefühl der Unzulänglichkeit führt, ist der psychische Schaden durch zu viel Weinen noch schlimmer als der physische. Das trifft besonders für ältere Kinder zu, für die es wichtig ist, daß sie von der Gruppe akzeptiert werden, und für die der Grad, in dem sie akzeptiert werden, der Maßstab ist, nach dem sie sich selber beurteilen.

Abnahme des Weinens mit dem Alter. Wegen des langandauernden Schadens sollte versucht werden, starkes und langes Schreien so früh wie möglich abzugewöhnen. Jedes Verhalten, das Befriedigung gibt, wird wiederholt; je öfter es wiederholt wird, um so wahrscheinlicher wird es zu einer festen Gewohnheit. Es ist eine langwierige Aufgabe zu lernen, nicht zu schreien. Man wächst nicht einfach aus der Angewohnheit des Schreiens heraus, und sie verschwindet nicht von selbst. Statt dessen muß sie „verlernt" werden und durch andere Methoden, die reifer und für die Gruppe annehmbarer sind, ersetzt werden. Je eher das geschieht, desto leichter wird es für das Kind und desto zufriedenstellender sind schließlich die Ergebnisse.
Es muß jedoch festgehalten werden, daß ein kleines Kind, selbst wenn es einige Worte sagen kann, Weinen immer noch als eine Möglichkeit der Mitteilung gebraucht. Erst wenn es einen angemessenen Wortschatz hat, um seine Bedürfnisse, Wünsche, Gedanken und Gefühle auszudrücken, hat es den Punkt erreicht, an dem das Weinen nicht mehr notwendig ist. Wann es diesen Punkt erreicht hat, hängt von den Gelegenheiten ab, die es zum Lernen hat, von seinen Fähigkeiten und von seiner Motivation. Das kleine Kind, das gelernt hat, daß das Schreien eine bewährte Methode ist, mit seinen Wünschen und Bedürfnissen fertig zu werden, gibt diese Methode nicht bereitwillig auf, wenn es nicht sicher ist, daß eine Ersatzmethode gleichermaßen zufriedenstellend wirkt. Bei entsprechender Anleitung und Ermutigung sollte ein Kind mit etwa fünf Jahren das Schreien aufgeben. Kinder, die viel schreien durften, erfordern mehr Zeit, mehr Anleitung und mehr Ermutigung, bis sie das Weinen aufgeben.

Explosivlaute und Lallen

Über das Schreien hinaus geben Säuglinge in den ersten Lebensmonaten viele einfache Laute von sich. Sie grunzen vor Schmerzen oder Unwohlsein, quietschen vor Freude, gähnen, niesen, seufzen, rülpsen, husten, geben gutturale Bellaute von sich, knurren und stoßen tierartige Laute aus, die sich wie das Quieken von Ferkeln oder das Meckern einer Ziege anhören (99, 103).

Gurren. Die ersten Laute haben explosiven Charakter und werden durch zufällige Bewegung des Stimmechanismus hervorgerufen. Die Laute hängen überwiegend von der Form der Mundhöhle ab und von der Art, wie der Luftstrom, der aus den Lungen ausgestoßen wird und an den Stimmbändern vorbeigeht, verändert wird. Diese Laute sind nicht gelernt und lassen sich überall feststellen, sogar bei tauben Kindern. Das Kind unternimmt nicht mit Absicht den Versuch, diese Laute zu erzeugen; sie werden als Reaktionen auf körperliche Bedürfnisse und als Begleitung der allgemeinen körperlichen Aktivität ausgestoßen. Einige gehen mit dem Zustand des Wohlseins einher, während andere bei Unwohlsein auftreten. Da sie für das Kind keine Bedeutung haben und kein Mittel der Verständigung darstellen, kann man sie als eine Art der spielerischen Beschäftigung, die dem Kind Freude bereitet, ansehen (98, 103). Viele dieser frühen Laute verschwinden, wenn sich der Stimmechanismus des Kindes entwickelt. Einige entwickeln sich zu Lallen und noch später zu Wörtern.

Lallen. Nach und nach nimmt die Anzahl der Laute, die ein Kind erzeugen kann, zu. Außerdem verstärkt sich die Bestimmtheit, mit der die einzelnen Laute ausgestoßen werden. Zuerst werden Vokale mit Konsonanten verbunden, z. B. „da", „ma" oder „na". Später ermöglicht es die Kontrolle der Stimmorgane mit zunehmender Übung, daß das Kind diese Laute miteinander verbindet, wie „ma-ma-ma". Hierbei handelt es sich um wirkliches Lallen. Da sich seine Kontrolle der Luftführung über die Stimmbänder verbessert, kann das Kind nach seinem Willen Laute erzeugen. Lallen ist daher eine Art Stimmgymnastik, es wird absichtlich erzeugt, hat aber keine wirkliche Bedeutung für das Kind, das auch keine Assoziationen damit verbindet.

Lallen tritt auf zwischen dem ersten und zwölften Monat und ist etwa im achten Monat besonders häufig. Wie früh ein Kind zu lallen anfängt und wann es damit zugunsten einer reiferen Form der Verständigung aufhört, hängt überwiegend von der Entwicklung des Stimmechanismus ab und dem Anreiz, der dem Kind geboten wird, mit dem Sprechen zu beginnen. Einige Kinder lallen auch noch im zweiten Lebensjahr (98, 99, 103).

Lallen ist eine Art „spielerisches Sprechen", in dem die Laute wegen der bloßen Freude, die man an der Äußerung selbst hat, ausgestoßen werden (103). Das geschieht überwiegend, wenn das Kind zufrieden ist, und häufiger, wenn es alleine ist, als wenn andere bei ihm sind, die sich mit ihm beschäftigen. Daß es dem Kind Freude bereitet, seine eigene Stimme zu hören, beweist die Tatsache, daß es über Laute, die es von sich gibt, lächelt und lacht, ebenso wie die Tatsache, daß taube Kinder, die im üblichen Alter zu lallen anfangen, bald das Interesse daran verlieren. Weiter wird das spielerische Element des Lallens dadurch bewiesen, daß Kinder mehr Laute von sich geben, wenn Erwachsene mit ihnen sprechen als wenn Erwachsene schweigen. Es ist ein Teil der gesamten Reaktion auf Erwachsene – eher eine Art sozialer Reaktion als ein Versuch, etwas mitzuteilen (103).

Zu keinem Zeitpunkt ist das Lallen an bestimmte Gegenstände, Menschen oder Situationen gebunden. Es handelt sich deshalb nicht wirklich um Sprechen. Das Kind beschäftigt sich damit nur, solange es ihm Spaß macht oder bis es eine andere Art des Spiels findet, das es mehr erfreut. Das Lallen hat nur selten eine Beziehung zu den Lauten der Erwachsenen, obgleich die Laute, die bei geöffnetem Mund ausgestoßen werden, stärker den Lauten der Erwachsenen gleichen als die, die mit teilweise geschlossenem Mund geäußert werden (99). Es gibt deshalb kaum Beweise dafür, daß das Lallen zu richtigem Sprechen wird, wenn das Kind seinen Stimmechanismus besser beherrscht. Carroll sagt: „Es ist, als lerne das Kind ganz von neuem, wenn es anfängt, sinnvoll zu sprechen." Seine Erklärung hierfür besteht darin, daß „die besonderen Lautarten, die das lallende Kind von sich gibt, wenig Bedeutung für sein späteres Lernen haben, denn diese Arten erscheinen in mehr oder weniger willkürlicher Reihenfolge, die in keiner Beziehung zu den Reihenfolgen steht, die auftreten, wenn das wirkliche Sprechenlernen beginnt" (36). Diese Meinung wird ebenfalls von Miller vertreten, der behauptet, daß „es nicht klar ist, genau wie wichtig das frühe Lallen für die Entwicklung von Wörtern ist", und von Simon, der feststellt, daß „die am häufigsten gebrauchten Laute in der Sprache nicht die sind, die Kinder am frühesten und häufigsten lallen... Das Kind muß mühsam seine gelallten Laute als Wörter und Teile von Wörtern neu lernen" (130).

Der Wert des Lallens. Der Wert sowohl des Schreiens als auch der Gesten ist ein unmittelbarer; beide dienen als vorübergehendes Hilfsmittel, bis das Kind imstande ist, so gut zu sprechen, daß es ohne diesen Ersatz auskommen kann. Mit dem Lallen ist es umgekehrt; abgesehen von der Freude hat es keinen unmittelbaren Wert für das Kind – diese Freude könnte es auch aus anderen Formen des Spielens erhalten, wenn es nicht lallen könnte. Auf der anderen Seite ist es jedoch auf lange Sicht von hohem Wert. *Es ist die Übung, die die Grundlagen legt für die Entwicklung der motorischen Fertigkeiten, die für das Sprechen erforderlich sind.* Sicherlich würde das Kind auch ohne das Lallen allmählich sprechen lernen, aber das Lallen beschleunigt den Lernprozeß, indem es für die grundlegenden Fertigkeiten sorgt, die der Beherrschung des Stimmechanismus bei den komplizierten Vorgängen des Sprechens dienen.

Mit Übung im Lallen erhöht das Kind die Zahl und die Vielfalt der Lautverbindungen, die es erzeugen kann. Es kann Veränderungen der Tonhöhe und der Modulation hervorbringen, wodurch sein Lallen wie ein Gespräch klingt. In sozialen Situationen versucht es vielleicht, an der Konversation der Erwachsenen teilzunehmen. Wenn seine Eltern an die von ihm hervorgerufenen Laute gewöhnt sind, gelingt es ihnen vielleicht nicht, sie von tatsächlichem Sprechen zu unterscheiden, und sie behandeln das Kind, als nehme es wirklich an der Unterhaltung teil. So lernt es außer der Beherrschung des Stimmmechanismus auch noch, Teil einer sozialen Gruppe zu sein. Es wird ihm das Gefühl der sozialen Isoliertheit erspart, das sich einstellt, wenn ein Individuum auf irgendeiner Altersstufe keine Verbindung mit den Menschen seiner Umwelt herstellen kann. Das Kind, das lallt, wenn andere sprechen, *fühlt* wirklich, daß es zu der Gruppe gehört; es ist kein Außenseiter mit den Gefühlen der Einsamkeit, die normalerweise mit der sozialen Isoliertheit einhergehen.

Der Wert des Lallens im Hinblick auf die Sozialisation ist groß genug, um jede Ermutigung dazu zu rechtfertigen. Obwohl es Kindern Freude macht, ihre eigene Stimme zu hören, kommt eine Zeit, in der ihr Interesse nachläßt. Sie möchten dann eine Verbindung herstellen (sich mitteilen). Untersuchungen an Heimkindern haben ergeben, daß Mangel an Verbindung zu anderen mit der Zeit dazu führt, daß sie sich abkapseln. Wenn dies geschieht, berauben sich diese Kinder selbst der Übung, die die Grundlagen für sprachliche Fertigkeiten legt, und sie entwickeln eine negative Einstellung gegenüber weiteren Versuchen, eine Verbindung zu anderen herzustellen. Als Folge davon sind sie wenig motiviert, sprechen zu lernen, wenn sie ihrer Reife nach dazu imstande wären. Abkapselung über einen längeren Zeitraum hinweg wird als ein wichtiger Faktor angesehen, der zur Entwicklung von Schizophrenie beiträgt (103, 149).

Gesten

Die dritte vorläufige Form des Mitteilens besteht aus Gesten – Bewegungen der Glieder oder des Körpers, die als *Ersatz* oder *Ergänzung* des Sprechens dienen. Als Ersatz für das Sprechen nehmen Gesten die Stelle von Wörtern ein; die Vorstellung wird anderen verständlich gemacht durch sinnvolles Bewegen der Glieder oder eines Teiles des Körpers. Als Ergänzung zum Sprechen verstärken Gesten die Bedeutung des gesprochenen Wortes. Untersuchungen an kleinen Kindern haben gezeigt, daß Gesten zuerst häufig bei unverständlichen Sprechversuchen auftreten (103).

Mit der Zeit stellt das Kind fest, daß es sich auch durch Gesten allein verständigen kann; es setzt deshalb die Gesten an die Stelle des Sprechens. Wenn seine Gesten jedoch nicht verstanden werden oder wenn sie nicht den gewünschten Erfolg haben, ist es wahrscheinlich, daß ein Kind zum Schreien zurückkehrt, einer Art des Mitteilens, die sich schon als nützlich erwiesen hat (124). Bei sehr kleinen Kindern spielen die Gesten eine ähnliche Rolle wie das Schreien; sie sind Ersatz und nicht Ergänzung des Sprechens. Im Gegensatz zum Lallen, das eine Art des Spielens ist, haben Gesten den wichtigen Zweck der Kommunikation, genau wie auch das Schreien.

Häufig auftretende Gesten während des frühen Säuglingsalters sind: Das Kind schiebt die Brustwarze vom Mund mit der Zunge weg, es wendet den Kopf ab oder läßt Speise aus dem Mund laufen, um zu zeigen, daß es nicht hungrig ist; es lächelt und hebt die Arme hoch und deutet so an, daß es hochgehoben werden möchte; es windet sich, zappelt und schreit, wenn es angezogen oder gebadet wird, was zeigt, daß das Kind eine Einengung seiner Freiheit ablehnt; es schmollt, wenn es unzufrieden ist, und es streckt seine Hand aus, was den Versuch andeutet, etwas anzunehmen oder zurückzuziehen. Die meisten Gesten der Kinder sind leicht zu verstehen, wenn die Eltern sich die Zeit dazu nehmen und sich darum bemühen (103).

Die Notwendigkeit, Gesten als Ersatz für das Sprechen zu gebrauchen, hört nicht auf, wenn das Kind sein erstes Wort spricht. Es dauert lange, bis das Kind über einen Wortschatz verfügt, der Schreien und Gesten angemessen ersetzt. Dazu tritt noch die Schwierigkeit auf, Wörter zu Sätzen zusammenzufügen, und für lange Zeit gebraucht es Gesten als Ersatz für Teile der Sprache, um seinen Sätzen Sinn zu geben. Die ersten Sätze eines kleinen Kindes bestehen daher aus einer Verbindung von Wörtern und Gesten (92, 103). Wenn das Sprechen besser wird, läßt die Notwendigkeit, Gesten zu gebrauchen, nach. Ehe ein Kind in die Schule kommt, sollte sein Wortschatz groß genug sein, daß es den Gebrauch von Gesten aufgeben kann.
Weil viele Kinder feststellen, daß sie ihre Gefühle und Emotionen durch Wörter alleine nicht angemessen ausdrücken können, gebrauchen sie Gesten noch weiter als eine Ergänzung des Sprechens. Sie können den Gebrauch von Gesten durch Zufall entdecken, oder sie können ihn durch Nachahmung eines Erwachsenen oder eines älteren Kindes erlernen. Ein einfaches „Nein" hat vielleicht für den Zuhörer nicht viel Bedeutung, aber das Kind entdeckt bald, daß es Aufmerksamkeit erhält, wenn es mit dem Fuß aufstampft beim Neinsagen. Wenn ein Kind mit Eltern oder anderen zusammen ist, die Gesten gebrauchen, um ihre Aussagen sinnvoller und wirksamer zu gestalten, nimmt es an, daß das richtig ist, und ahmt sie nach. Auf jeden Fall lernt jedes Kind früher oder später den Wert von Gesten kennen, die die Bedeutung von Wörtern unterstreichen.

Wert der Gesten. Gesten versetzen das Kind in die Lage, mit anderen in Verbindung zu treten und zu merken, daß es ein Teil der sozialen Gruppe ist. Ohne diese Art der Kommunikation würden viele seiner Bedürfnisse nicht befriedigt und viele seiner Wünsche frustriert. Ebenso wie das Schreien sind jedoch viele Gesten keine von der Gesellschaft akzeptierten Formen des Verhaltens (26).
Gesten können zu einer gewohnheitsmäßigen Form der Kommunikation werden, wenn das Kind sie noch anwenden darf, nachdem das eigentlich gar nicht mehr erforderlich wäre. Viele Eltern glauben bedauerlicherweise, daß das Kind aus dem übertriebenen Gebrauch von Gesten herauswächst, wenn es durch Sprechen Mitteilungen machen kann; folglich unternehmen sie wenig oder nichts, um das Kind dazu zu ermutigen, nicht zu gestikulieren. Intelligente Kinder, die früh sprechen lernen, gebrauchen Gesten für einen kürzeren Zeitraum als das durchschnittliche Kind.

Wie Kinder sprechen lernen

Das Sprechen ist eine Fertigkeit. Wie alle Fertigkeiten muß es gelernt werden. Da es so viele komplizierte Vorgänge umfaßt, entwickelt es sich langsamer als die motorischen Fertigkeiten, die im voraufgegangenen Kapitel behandelt worden sind. Wie bereits betont worden ist, besteht Sprechen einmal in der Fähigkeit, bestimmte Laute in Verbindungen zu erzeugen, die als Wörter erkennbar sind – dem motorischen Aspekt des Sprechens – und weiter in der Fähigkeit, Bedeutungen mit diesen Wörtern zu verbinden – dem geistigen Aspekt des Sprechens. Die Muskelkoordinationen, die erforderlich sind, um Lautverbindungen zu erzeugen, die als Wörter erkennbar sind, sind sicher ebenso kompliziert wie die schwierigsten motorischen Fertigkeiten und erfordern ebenso viel Zeit und Übung, wenn sie erlernt werden. Die Notwendigkeit, Wörtern eine Bedeutung zu geben und grammatische Formen zu lernen, machen die Vorgänge, die zur Beherrschung des Sprechens gehören, noch komplizierter.

Die reifungsmäßigen Voraussetzungen für das Sprechen. Die Entwicklung des Sprechens baut auf den Grundlagen auf, die durch die Reifung der einzelnen Teile des Sprechmechanismus und des Gehirns – besonders der Assoziationszentren des Gehirns – gelegt werden. Bei der Geburt sind sowohl Sprechmechanismus als auch

Gehirn noch so unterentwickelt, daß keines von beiden für die Entwicklung des Sprechens bereit ist. Sprechen wird erzeugt durch koordinierte Betätigung von Lippe, Zunge und Schlundmuskeln ebenso wie durch Kehlkopf und Zunge. Es erfordert eine gewisse Zeit, bis diese reif sind, und es braucht Zeit und Übung, die Koordination dieser Organe zu vervollkommnen.

Bei der Geburt ist die Mundhöhle klein, wobei der vordere Raum klein im Vergleich zum hinteren ist. Der Gaumen ist flach; es fehlt der Bogen, der für den Gaumen charakteristisch ist, wenn man älter wird. Die Zunge des Kleinkindes ist proportional zu groß, sie füllt die Mundhöhle weitgehend aus und ragt häufig noch daraus hervor. Wenn das Kind älter wird, treten Veränderungen der Größe und der Form der einzelnen Teile des Stimmechanismus auf. Während der ersten Lebensmonate liegt das Kind fast immer. Durch die Schwerkraft werden das Zäpfchen und der weiche Gaumen nach unten gezogen, und die Nasenhöhle ist abgeschlossen, so daß die Aussprache von Nasallauten unmöglich ist. Die Konsonanten, die durch das Zusammenwirken von Lippen und Zähnen hervorgerufen werden, müssen noch auf die Entwicklung der Vorderzähne warten. Bei der Geburt sind die Muskeln und Nerven des Stimmapparates verhältnismäßig gut entwickelt, aber andere Teile des Stimmechanismus müssen sich erst noch entwickeln (70, 103).

Die geistigen Voraussetzungen für das Sprechen stellen sich etwas später ein als die motorischen Voraussetzungen. Aus diesem Grunde kann das Kind im vorsprachlichen Stadium Laute lallen, die Wörtern ähnlich sind, und „papageienartig" sogar einzelne Wörter sagen. Im Zusammenhang mit der Erklärung des Überganges von der „Papageiensprache" zum Gebrauch von Lauten, mit denen eine Bedeutung verbunden ist, hat McCarthy darauf hingewiesen, daß „dieser Übergang ohne Zweifel mit der verhältnismäßig späten Entwicklung des Brocaschen Zentrums – nach deCrinis etwa im Alter von 17 Monaten – im Zusammenhang steht. Er [deCrinis] sagt, daß dieses Zentrum, von dem wir wissen, daß es mit der sprachlichen Funktion in Verbindung steht, den Grad anatomischer Differenzierung aufweist, der sich bei anderen motorischen Zentren etwa 6 Monate früher zeigt" (103).

Das Assoziieren einer Bedeutung hängt auch vom Gedächtnis und Denkvermögen ab. Ehe nicht das Gehirn so weit entwickelt ist, daß ein kleines Kind sich an vergangene Erfahrungen erinnern kann und die Beziehungen zu einer neuen Erfahrung sehen kann, die einer früheren, mit einem bestimmten Wort verbundenen, ähnlich ist, ist das Kind geistig noch nicht so weit, sprechen zu lernen.

Es gibt Hinweise darauf, daß eine Zeit der besten Voraussetzungen für das Erlernen des Sprechens bei den meisten Kindern im Alter von zwölf bis achtzehn Monaten eintritt. Dieser Zeitraum kann als der lernoptimale Augenblick für das Erlernen des Sprechens angesetzt werden. Wenn das Kind nicht dazu ermutigt wird, diesen Zeitraum auszunutzen, oder wenn ihm dies nicht möglich ist (sei es durch Hindernisse in seiner Umgebung oder in ihm selbst – wie bei Taubheit, die verhindert, daß das Kind andere sprechen hört und sie folglich imitieren kann), ist es wahrscheinlich, daß emotionale Störungen bei ihm eintreten. Die Wahrscheinlichkeit, daß das geschieht, ist besonders groß, wenn das kleine Kind anderen nicht klar machen kann, was es ihnen sagen will, oder wenn es seinen Gefühlen keinen Ausdruck geben kann, weil seine Sprache dazu nicht angemessen ist. Unzulängliche Sprache ist nur selten auf eine Verzögerung der körperlichen oder geistigen Entwicklung eines Kindes zurückzuführen; im allgemeinen kann sie auf Mangel an Möglichkeit oder Motivation zu lernen zurückgeführt werden (70).

Methoden des Lernens. Das Kind kann sprechen lernen durch V e r s u c h und I r r t u m , obgleich es fraglich ist, ob es dann eine Sprache spräche, die andere Leute verstehen können. Zwillinge erfinden häufig eine eigene Sprache und können sich gegenseitig verstehen, und nur wenige Menschen wissen, was sie mitzuteilen versuchen; sogar die Vermutungen ihrer Eltern sind häufig falsch (103). Nachahmung eines Vorbildes ist eine wirksamere Möglichkeit, die Aussprache von Wörtern zu lernen, wenn auch Nachahmung ohne Anleitung zu weniger guten Erfolgen führt als Nachahmung mit Anleitung. Das Kind lernt, Wörter mit einem Sinn zu verbinden durch Konditionieren und Reinforcement, obgleich Einsicht als Ergebnis von Denkprozessen eine wichtige Rolle spielt. McCarthy meint: „Die Entdeckung, daß jedes Ding einen Namen hat und daß dies der Name für das ist, geschieht durch Einsicht und aufgrund von Kontiguität. Wir können vielleicht voraussetzen, daß der Aspekt der Einsicht auf der rezeptiven oder zuhörenden Seite der Sprache steht und daß der Aspekt des Konditionierens und Reinforcements auf der produktiven, abgebenden und aussendenden motorischen Seite des Vorganges steht" (104).

Die Erfüllung der beiden Kriterien des Sprechens. Wenn das Kind sprechen lernt, muß es Wörter verständlich aussprechen und einen Sinn mit den gesprochenen Wörtern verbinden. Um zu verstehen, wie das Kind sprechen lernt, muß man wissen, wie und wann es diese Kriterien zu erfüllen lernt.

Das Erlernen des richtigen Aussprechens. Gehörte Laute wiederzugeben ist schwierig für ein kleines Kind. Während der ersten sechs Lebensmonate produzieren Kinder beim Gurren und Lallen viele sinnlose Laute. In der Gegenwart von anderen Menschen imitieren die Kinder diese manchmal und „antworten" ihnen, aber sie imitieren nicht die Laute, die sie hören. Sie imitieren nur, Geräusche ganz allgemein zu machen. Man kann dies das Stadium der Echo-Reaktionen nennen. Noch ehe das Kind bestimmte Laute imitieren kann, erwirbt es die Fähigkeit, die Intonation und die Modulation der Stimmen anderer nachzuahmen. Es tritt eine elementare Nachahmung von Lauten wie „r-r-r" im Alter von sechs Monaten auf und von einfachen Silben wie „ma-ma-ma" und „da-da-da" im Alter von elf Monaten (99, 103, 140).
Die reifungsmäßigen Voraussetzungen der Nachahmung treten gegen das Ende des ersten Lebensjahres auf. Zu diesem Zeitpunkt versucht das Kind, bestimmte Laute nachzuahmen, die vorher nicht in seinem Lallen zu finden waren. Je älter das Kind wird, um so stärker versucht es nachzuahmen und um so mehr nimmt die Zahl der Wörter zu, die es zu sprechen versucht. Richtig werden die Nachahmungen jedoch nur ganz allmählich. Viele der Nachahmungen des kleinen Kindes haben nur wenig Ähnlichkeit mit der ursprünglichen Vorlage (105). Durch Übung stellt sich eine Verbesserung ein, und mit der Zeit lernt das Kind, neue Wörter schnell und leicht auszusprechen. Diese Fähigkeit braucht es für den Rest seines Lebens, um neue Wörter sowohl in seiner eigenen als auch in einer fremden Sprache zu lernen. Wenn auch alle Standardwörterbücher dem Leser die Aussprache der Wörter zeigen, lernen doch die meisten Menschen die Aussprache von Wörtern durch Nachahmung der Aussprache von anderen. Kinder lernen die besondere Art der Aussprache von den Menschen, mit denen sie zu tun haben.

Verbindung mit Bedeutung. Kein Kind verbindet von Natur aus irgendeinen Sinn mit irgendeinem Wort; es muß lernen, daß bestimmte Wörter eine bestimmte Bedeutung haben. Und da einige Wörter mehr als eine Bedeutung haben – häufig sogar Bedeutungen, die einander widersprechen – ist die Lernaufgabe für das Kind weitaus schwieriger, als es den meisten Erwachsenen klar ist. Tatsächlich ist es im Vergleich dazu verhältnismäßig leicht, die Aussprache von Wörtern zu lernen. Weiter sind mehr Fehler beim Lernen von Bedeutungen möglich; wenn das Kind keine Anleitung bekommt, ist die Wahrscheinlichkeit groß, daß es Fehler macht, die zu falschem Gebrauch der Wörter führen.
Die Assoziierung einer Bedeutung mit verschiedenen Lauten geschieht mit Hilfe der Technik des konditionier-

ten Reflexes. Von den vielen Lauten, die ein Kind äußert, suchen die Menschen aus seiner Umgebung einige aus, die es wiederholen soll, und diese lernt es nach einiger Zeit mit bestimmten Gegenständen, Menschen oder Situationen zu verbinden. Wenn zum Beispiel die Mutter ein Wort sagt, wenn sie dem Kind einen bestimmten Gegenstand gibt, lernt es nach mehreren Wiederholungen, daß eine bestimmte Lautverbindung für den dargebotenen Gegenstand steht. Je öfter es den Gegenstand sieht, wenn dessen Name genannt wird, desto schneller wird es von der „Papageienstufe", auf der es nur Wörter nachahmt, die Phase der Sprachentwicklung erreichen, die „richtiges Sprechen" genannt werden kann.

Ein Kind verbindet auf zwei Arten Bedeutungen mit Wörtern. Die erste Art ist die direkte oder explizite Art, wobei der Erwachsene eine Sache benennt oder ein Wort für das Kind definiert; die zweite ist die indirekte oder implizite Art, wobei das Kind die Bedeutung assoziiert aufgrund von Erfahrungen in einem konkreten Zusammenhang und/oder einem verbalen Kontext (153). Welche Bedeutung mit verschiedenen Wörtern verbunden wird, hängt überwiegend von der Umgebung ab, in der ein Kind lebt, besonders von der häuslichen Umgebung. Die Fähigkeit, eine Bedeutung mit Wörtern zu verbinden, entwickelt sich erst später als die Fähigkeit, gehörte Laute nachzuahmen. Im Alter von einem Jahr zeigt das Kind zuerst, daß es Laute erkennt, die es einen Erwachsenen hat anwenden hören im Zusammenhang mit einem bestimmten Gegenstand oder einer bestimmten Person. Erst einige Monate später jedoch gibt es wirkliche Hinweise darauf, daß es in seinem eigenen Gebrauch versucht, einen bestimmten Laut oder eine Lautgruppe mit einer bestimmten Person oder einem bestimmten Gegenstand zu verbinden.

Alle Bedeutungen werden zuerst in Verbindung mit einem bestimmten Gegenstand, einer bestimmten Person oder einer bestimmten Situation gelernt. Kleine Kinder generalisieren (verallgemeinern) nicht. Statt dessen heben sie einen besonderen oder isolierten Aspekt eines Wortes hervor. Wenn ein kleines Kind z. B. lernt, seinen Vater „Papa" zu nennen, bezeichnet es wahrscheinlich alle Männer als „Papa". Erst allmählich lernt es, richtig zu generalisieren. Wie bereits erwähnt, vollzieht sich dieses Erlernen durch Einsicht. Wenn das Kind älter wird, kann es die abstrakten oder „Klassen"-Charakteristika bestimmter Wörter erkennen; als Folge davon kann es bestimmte Klassenbezeichnungen mit bestimmten Gegenständen in Verbindung bringen (12, 53). Kinder stellen jedoch häufig Wortassoziationen her, die sich von den durch Erwachsene hergestellten unterscheiden. In einem Wortassoziationstest wurde festgestellt, daß das Reizwort „Tisch" das Wort „essen" bei Kindern und das Wort „Stuhl" bei Erwachsenen hervorruft. Ähnlich reagieren Kinder auf „Mann" mit „Arbeit", Erwachsene mit „Frau" (31).

Der Entwicklungsverlauf. Der Verlauf der Sprachentwicklung ist weitgehend gleich für alle Kinder, ganz gleich, welche Sprache gelernt wird. Die Geschwindigkeit des Lernens verändert sich je nach der Veranlagung der Kinder und den Umweltreizen, die sie erhalten. Eine höhere Geschwindigkeit geht gewöhnlich mit schneller Entwicklung auf anderen Gebieten einher. In allen Kulturen lernen die Kinder in etwa dem gleichen Alter sprechen, wenn das auch in primitiven Kulturen etwas später der Fall sein kann als in höheren Kulturen. In unserem Kulturbereich lernen Kinder aus den unteren Bevölkerungsschichten etwas später sprechen als Kinder aus den gehobenen Bevölkerungsschichten (70, 99, 103).

Der Verlauf des Sprechenlernens gleicht sehr dem Verlauf der Entwicklung, die zur Beherrschung der Körperhaltung führt (103, 114). Gurren und ähnliches treten als Reaktion auf soziale Reize etwa um die Zeit auf, in der ein Kind den Kopf aufrecht halten kann – zwischen dem zweiten und dritten Monat. Das Lallen setzt zwischen dem sechsten und siebten Monat ein, nachdem das Kind gerade die Fertigkeit, alleine zu sitzen, erworben hat. Das Kind sagt seine ersten Worte am Ende des ersten

Lebensjahres, etwa zu der Zeit, wenn es alleine stehen kann. Zwischen fünfzehn und achtzehn Monaten. wenn das Kind alleine laufen kann, zeigt sich seine Unabhängigkeit „auch im Bereich der Sprache, denn im gleichen Zeitraum fängt es auch an, seinen Wortschatz zu vergrößern und zwei oder drei Wörter zu rudimentären Sätzen zu verbinden" (117).

Das Muster der Sprachentwicklung wird gekennzeichnet durch Perioden der Beschleunigung und der Ruhe oder Plateaus – Zeiten, zu denen keine sichtbare Verbesserung stattfindet. Immer, wenn eine neue motorische Fertigkeit erworben wird, ob es sich nun darum handelt, die Arme nach etwas auszustrecken oder etwas zu greifen, oder darum, selbständig zu sitzen, zu stehen oder zu laufen, tritt vorübergehend ein Plateau in der Sprachentwicklung ein. Zwischen neun und achtzehn Monaten, wenn das Kind die Fertigkeit des Laufens beherrscht, scheint der Drang zu laufen stärker zu sein als der Drang zu sprechen. Nachdem das Laufen zur Gewohnheit wird, richtet sich die Aufmerksamkeit des Kindes wiederum auf das Sprechen, das nun große Fortschritte macht.

Während der Jahre der Kindheit folgen auf Zeiten der beschleunigten Entwicklung im allgemeinen Plateaus. Wenn z. B. ein Kind in die Schule eintritt, eignet es sich mit großer Wahrscheinlichkeit einen umfassenden neuen Wortschatz in Verbindung mit seiner Arbeit in der Schule an. Weiter gibt ihm sein Lerneifer – ein charakteristischer Zug des Kindes im ersten Schuljahr – eine starke Motivation, neue Wörter zu lernen. In der Mitte des zweiten Schuljahres oder zu Beginn des dritten läßt sein Interesse an der Schule nach und gleichzeitig seine Motivation zu lernen. Da seine Schulfächer weitgehend gleich bleiben und nur eine höhere Ebene erreichen, lernt es weniger neue Wörter, und es ist nicht erstaunlich, daß seine Sprachentwicklung ein Plateau erreicht (70, 92, 104).

Die wesentlichen Voraussetzungen für das Sprechenlernen. Wie beim Erlernen von motorischen Fertigkeiten sind die drei wesentlichen Voraussetzungen für das Sprechenlernen die Möglichkeit zu üben, die Motivation zu lernen und die Anleitung beim Lernen. Die meisten Kinder erhalten die ersten beiden; sie haben viele Möglichkeiten, sich im Sprechen zu üben, und sie werden auch dazu angehalten. Viele Eltern halten frühes Sprechen für ein Zeichen der Intelligenz ihres Kindes. Wegen der persönlichen Befriedigung, die Eltern daraus erhalten, daß ihre Kinder so früh wie möglich sprechen lernen, sind sie bereit, Zeit und Anstrengung zu investieren, um ihren Kindern dabei zu helfen.

Einige Eltern sorgen nicht für eine angemessene Motivation, obgleich sie für angemessene Möglichkeiten zu lernen sorgen. Das kleine Kind lernt je nach seinen Bedürfnissen sprechen. Wenn es bekommen kann, was es will, ohne daß es darum bitten muß, und wenn ein Ersatz für das Sprechen, wie Schreien oder Gesten, den Zweck erfüllt, ist der Anreiz, sprechen zu lernen, schwach. Babysprache wird z. B. beibehalten, bis das Kind anfängt, mit anderen Kindern zu spielen. Wenn es feststellt, daß diese es nicht verstehen, wird es motiviert, seine Sprache zu verbessern. Untersuchungen von Mehrlingsgeburten haben ergeben, daß sich die Sprachentwicklung von Zwillingen und Drillingen im allgemeinen verzögert, da sie hauptsächlich miteinander zu tun haben und ihre eigenen Äußerungen zu verstehen lernen; es fehlt die Motivation, so zu sprechen, daß andere sie verstehen können (103).

Zu vielen Eltern gelingt es nicht, für die dritte Grundvoraussetzung zu sorgen – für die Anleitung beim Lernen. Manchmal ist das auf Trägheit der Eltern zurückzuführen, aber in den meisten Fällen wissen die Eltern einfach nicht, wie sie das Kind bei seiner Sprachentwicklung anleiten sollen. Manche Eltern glauben, daß das Kind aus seiner falschen Aussprache „herauswachsen" wird, daß ihm seine Fehler von selbst klar werden, wenn es andere Leute richtig sprechen hört, oder daß seine Lehrer seine Sprache berichtigen werden.

Die wertvollste Möglichkeit, ein Kind bei seiner Sprachentwicklung zu leiten, besteht darin, ein gutes Vorbild zu sein, und weiter, ihm zu helfen, daß es seinem Vorbild richtig nacheifert. Da ein Vorbild überwiegend unbewußt nachgeahmt wird und da ein Kind gute oder schlechte Sprache gleich leicht lernt, ist es eindeutig, daß seine Sprache um so besser wird, je besser sein Vorbild ist. Aber auch wenn ein Vorbild nach den Maßstäben der Erwachsenen gut ist, ist es für das Kind vielleicht nicht optimal. Als gutes Vorbild für ein Kind muß jemand jedes Wort so langsam sagen, daß es klar und deutlich verstanden werden kann. Das Kind muß genug Zeit haben, um die korrekte Aussprache jedes Wortes zu verstehen und die richtige Beziehung jedes Wortes zu jedem anderen Wort.

Das Vorhandensein eines guten Vorbildes stellt die richtige Nachahmung nicht sicher; ein Kind spricht die Wörter vielleicht so nach, wie es sie hört – ein Durcheinander von Lauten oder Wörtern, die verkürzt werden, indem die letzte Silbe weggelassen wird, wenn ein Wort in das folgende übergeht. Man muß dem Kind helfen, sein Vorbild richtig nachzuahmen. Besondere Übung der Aussprache und der Verbindung der Bedeutungen mit Wörtern führt zu besserer Aussprache und dazu, daß mehr Wörter mit ihrer richtigen Bedeutung gelernt werden (20, 31).

Zwillinge sprechen hauptsächlich deshalb schlecht, weil sie oft einander zuhören und ein schlechtes Vorbild bei geringer oder keiner Anleitung nachahmen. In ähnlicher Weise ahmt ein Kind, das überwiegend mit jemandem, der stottert, zu tun hat, mit großer Wahrscheinlichkeit diesen Sprechfehler nach. Untersuchungen an Einzelkindern haben ergeben, daß in den meisten Fällen ihre Sprache besser als die ihrer Alterskameraden ist, weil sie hauptsächlich die Erwachsenensprache ihrer Eltern hören. Außerdem haben die Eltern von einzigen Kindern mehr Zeit, ihr Kind bei der Entwicklung seines Sprechens anzuleiten, als die Eltern mit mehr Kindern (26, 103, 104).

Wichtige Ziele bei der Entwicklung des Sprechens

Zu wirklichem Mitteilen gehört die Fähigkeit, Wörter zu Sätzen zu verbinden, die für andere sinnvoll sind, und darüber hinaus die Fähigkeit, zu verstehen, was andere sagen. Beim Sprechenlernen muß das Kind vier wesentliche Aufgaben meistern. Diese sind so stark aufeinander bezogen, daß das erfolgreiche Bewältigen einer jeden wesentlich für den Erfolg bei den anderen ist. Die Aufgaben sind: 1. zu verstehen, was andere sagen, 2. Wörter auszusprechen, 3. einen Wortschatz zu erwerben und 4. Wörter zu Sätzen zu verbinden.

Verstehen

Auf jeder Altersstufe ist der *passive* oder „Verstehens"-Wortschatz größer als der *aktive* oder „Sprach"-Wortschatz. Eine in gewisser Weise analoge Situation besteht, wenn ein Jugendlicher oder Erwachsener lernt, eine fremde Sprache zu sprechen; er versteht die Wörter, die andere sprechen, und kann einer Konversation folgen, ehe er selbst verständlich in der Sprache reden kann (103).

Das Verständnis eines kleinen Kindes für das Verhalten anderer beginnt mit dem Verständnis ihrer Handlungen, ihrer Intonation und ihrer Gesten, nicht aber mit dem Verständnis ihrer Worte. Ein Kind wird still, wenn mit ihm gesprochen wird, es kann zwischen freundlichen und ärgerlichen Worten unterscheiden, und es reagiert im allgemeinen auf die gefühlshafte Intonation der Stimme, noch ehe es zeigt, daß es Gesten versteht, oder unterschiedliche Reaktionen auf Wörter zeigt. Es könnte unmöglich die Bedeutung des Gesagten verstehen, wenn es alleine nach der Deutung der Laute gehen wollte, die es gehört hat (98).

Bei der Entwicklung des Verstehens reagiert das Kind gefühlshaft sowohl auf das Intonationsmuster dessen, was es gehört hat, als auch auf die Situation, in der es das hört. Ein Kind kann seine Mutter durch „Übertragung der Emotionen" verstehen, da es nichtverbale Zeichen verstehen kann wie ihr Lächeln oder den Tonfall ihrer Stimme (33). Schon im dritten Lebensmonat kann es Freude, Ärger und Angst verstehen. Wenn das Kind später nur ein bestimmtes Wort allein hört, kann es darauf reagieren ohne die Situation, in der es seine Bedeutung gelernt hat. Es bestehen also drei klar umschriebene Formen der Kommunikation zwischen einem Kind und einer anderen Person: Sprechen, Gesichtsausdruck und Handlungen (26, 98). Es ist oft schwierig, festzustellen, wie weit das Verstehen eines kleinen Kindes auf eine jede der drei Formen zurückzuführen ist. Sehr kleine Kinder lernen den Inhalt von Befehlen wie „Nein", „Hör auf", „Komm her" oder „Leg dich hin" einerseits, indem sie die Laute mit einer Handlung, die damit einhergeht, verbinden – wie sie etwa „Nein" mit dem Hochheben der Hand verbinden – und andererseits durch eine Auslegung des Tonfalles, den der Befehlende gebraucht. Bis zum Alter von achtzehn Monaten müssen Wörter durch Gesten verstärkt werden, wenn der Sprechende sicher sein will, daß das Kind versteht, was es hört. Selbst einfache Anweisungen wie „Stell den Becher auf den Tisch!" müssen ergänzt werden durch eine Geste, indem auf den Tisch und auf den Becher gezeigt wird.

Aus den bekannten Intelligenztests und aus zusammenfassenden Berichten wissen wir annähernd, welcher Grad des Verstehens von einem Kind auf einer bestimmten Altersstufe erwartet werden kann. Mit sechzehn Wochen wendet das Kind den Kopf, wenn es eine menschliche Stimme hört, und es zeigt durch Lächeln, daß es seine Mutter erkennt. Zwischen sechs und acht Monaten reagiert es auf Worte und mit zwölf Monaten auf einfache Befehle (78). Nach der Terman-Merill Scale of Intelligence Tests sollte ein durchschnittliches Kind im Alter von zwei Jahren so weit sein, daß es zwei von sechs einfachen Aufforderungen nachkommen kann, wie „Gib mir das Kätzchen!" oder „Stell den Löffel in die Tasse!", wenn die Gegenstände auf den Tisch vor das Kind gelegt werden (146).

Ehe das Kind in die Schule kommt, ist sein passiver Wortschatz normalerweise so groß, daß es Anweisungen von fremden Personen versteht, daß es die Bedeutung von Geschichten erfaßt, die ihm vorgelesen werden, und daß es die Ähnlichkeiten und die Unterschiede einfacher Wörter erkennt (27, 58, 99). Radiohören und Fernsehen erweisen sich als Vorteile für die Entwicklung des Verstehens-Wortschatzes der kleinen Kinder (104).

Aussprache

Wie bereits erwähnt wurde, wird die Aussprache von Wörtern durch Nachahmung gelernt. In der frühen Kindheit ist ein Kind in seiner Fähigkeit, Laute nachzuahmen, so flexibel, daß die gesamte Aussprache sich leicht innerhalb eines kurzen Zeitraumes verändern kann, wenn das Kind in eine neue Umgebung kommt, wo die Leute, mit denen es zusammen ist, Wörter anders aussprechen als die Menschen seiner früheren Umgebung. Wegen dieser Flexibilität, die auf die Veränderbarkeit des Stimmechanismus zurückzuführen ist und auf das Fehlen fester Aussprachegewohnheiten, verfechten viele Eltern und Erzieher die Ansicht, daß die frühen Jahre der Kindheit die günstigste Zeit für das Erlernen einer fremden Sprache darstellen. Es steht fest, daß bis zum Jugendalter die Aussprachegewohnheiten so fest geworden sind, daß sie nur schwer zu verändern sind.

Untersuchungen der Aussprache haben ergeben, daß vieles, was das Kind zwischen zwölf und achtzehn Monaten sagt, für Leute außerhalb der unmittelbaren Familie unverständlich ist. Zwischen achtzehn Monaten und drei Jahren versucht es, viele Wörter zu sagen, aber es macht nur geringe Fortschritte hinsichtlich der Aussprache. Dies führt zu vielen Mißverständnissen in bezug auf seine Wünsche und erweist sich als sehr frustrierend für das Kind (103, 105, 125). Wenn es älter als drei Jahre ist, lernt es schnell die richtige Aussprache.

Wie in anderen Bereichen der Sprachentwicklung gibt es auch bei der Aus-

sprache starke individuelle Unterschiede. Diese Unterschiede hängen zum Teil von der Geschwindigkeit der Entwicklung des Stimmechanismus ab, zum größten Teil aber von der Anleitung und der Hilfe, die das kleine Kind erhält, wenn es lernt, Laute zu sinnvollen Wörtern zu verbinden. Die Fähigkeit, Wörter so auszusprechen, daß sie von anderen verstanden werden können, bleibt häufig hinter der Entwicklung eines ziemlich großen Wortschatzes zurück. Die meisten kleinen Kinder kennen die Bedeutung von vielen Wörtern, die sie nicht auf verständliche Weise aussprechen können.
Untersuchungen über die Laute und Lautverbindungen, die einem kleinen Kind die größten Schwierigkeiten bei der richtigen Aussprache bereiten, haben erwiesen, daß Konsonanten und Verbindungen von Konsonanten schwieriger auszusprechen sind als Vokale und Diphthonge. Die Aussprachefehler kleiner Kinder sind sehr uneinheitlich. Fehler in der Artikulation sind häufiger auf Verwirrung durch das, was das Kind gehört hat, zurückzuführen als auf fehlende Muskelkoordination (108, 138).

Stimmqualitäten. Die Stimme des Kleinkindes ist hoch. Nasale Laute, die zuerst fehlen, treten allmählich auf, wenn der Stimmechanismus sich entwickelt. Die Stimmlage verändert sich nach und nach, so daß die Stimme eines Kindes von drei Jahren weniger hoch ist, als sie es vorher war. Zu diesem Zeitpunkt findet sich häufig ein Zittern der Stimme, und viele kleine Kinder sprechen sehr nasal, wenn ihre Polypen sich vergrößern. Die Stimme wird kräftiger und lauter. Bei einem vierjährigen Kind klingt die normale Stimme oft angestrengt und heiser. Laute und kräftige Schreie sind häufig (108).
Die Stimme wird während der Schuljahre rauher. Dies ist keine Folge des Reifens sondern entsteht durch Schreien und Kreischen, das unausweichlich mit Spielen einhergeht. Diese Beanspruchung des unfertigen Stimmechanismus führt im allgemeinen dazu, daß die Stimme so rauh wird, daß das nie völlig beseitigt werden kann. Für Kinder hat diese Rauheit der Stimme wenig Bedeutung, besonders für Jungen, die meinen, daß eine angenehme Stimme mädchenhaft wirkt (142).
Im späteren Teil der Kindheit treten weitere Veränderungen der Lautqualität der Stimme auf. Wenn der Stimmechanismus wächst, werden die Stimmbänder länger; dadurch wird wiederum die Stimme tiefer. Während des Stimmbruches in der Pubertät klingen die Stimmen der Jungen häufig belegt, als hätten sie einen entzündeten Hals. Diese Heiserkeit verschwindet allmählich, wenn die Stimme tiefer wird. Auch Mädchen bekommen in der Pubertät eine tiefere Stimme, die aber nicht belegt klingt (45, 60).

Der Aufbau eines Wortschatzes

Das Kind lernt, die Wörter anzuwenden, die es benötigt. Wenn es einen Wortschatz aufbaut, lernt es zuerst die Wörter, die es am meisten braucht.
Der Wortschatz eines Kindes baut sich zum Teil dadurch auf, daß ihm direkt Wörter und deren Bedeutungen beigebracht werden, und zum Teil durch seine eigene Neugier, die es dazu veranlaßt, andere Menschen nach der Bedeutung von Wörtern zu fragen. Beim Erwerb eines Wortschatzes lernt das Kind 1. ein allgemeines Vokabular, das aus solchen Wörtern besteht wie „Mann", „schön", „gehen", die in einer Vielzahl von verschiedenen Situationen gebraucht werden können, und 2. ein spezielles Vokabular, das aus Wörtern mit einer besonderen Bedeutung besteht, die nur in bestimmten Situationen gebraucht werden können. Da die Wörter des allgemeinen Vokabulars nützlicher sind, lernt das Kind sie zuerst. Auf jeder Altersstufe ist das allgemeine Vokabular größer als das spezielle Vokabular.

Allgemeines Vokabular. Die ersten Wörter eines Kindes sind Substantive, im allgemeinen einsilbige, die durch die Laute, die das Kind am liebsten lallt, gebildet werden. Später werden die Silben verdoppelt oder verdreifacht. Die Wörter werden gebraucht, um Personen oder Gegenstände in der Umgebung des Kindes zu bezeichnen, wie „Mama", „Papa", „Baby" oder „Tütüt". Nachdem das Kind genügend Substantive für die Personen und Gegenstände seiner Umgebung gelernt hat, lernt es Verben, besonders solche, die eine Handlung bezeichnen, wie „nehmen" oder „tun" und so weiter.

Adjektive und Adverbien kommen im Wortschatz eines kleinen Kindes erst nach $1\frac{1}{2}$ Jahren vor; Präpositionen und Pronomina sind die Wortarten, die es als letzte erlernt. Die Adjektive, die zuerst am häufigsten gebraucht werden, sind „gut", „böse", „schön", „heiß", „kalt"; diese werden auf Menschen, Speisen und Spielzeuge angewendet. Die ersten Adverbien scheinen im Wortschatz im allgemeinen „hier" und „wo" zu sein. Die Schwierigkeiten, die einem kleinen Kind widerfahren, wenn es den Gebrauch von „mir", „mein", „mich" oder „ich" zu erlernen versucht, verursachen eine starke Verwirrung, und das Kind vermeidet deren Gebrauch so lange wie möglich (103, 148).

Größe des Wortschatzes. Der Wortschatz des Kindes vergrößert sich nicht nur, indem es neue Wörter lernt, sondern auch, indem es neue Bedeutungen für schon bekannte Wörter erfährt (53, 125, 153). So kann z. B. das Wort „Orange" als Bezeichnung für eine Frucht bekannt sein. Später erfährt das Kind, daß sich dieses Wort auch auf eine Farbe bezieht, und noch später, daß es sich um eine Farbe handelt, die aus der Verbindung von rot und gelb entsteht.

Untersuchungen einer großen Zahl von Kindern in Amerika haben ergeben, daß zehn die durchschnittliche Anzahl von verschiedenen Wörtern ist, die Kinder im Alter von achtzehn Monaten gebrauchen, und 29,1 Wörter mit vierundzwanzig Monaten. In diesen frühen Monaten übertreffen die Mädchen die Jungen hinsichtlich der Größe des Wortschatzes. Es ist festgestellt worden, daß der durchschnittliche Wortschatz eines zweijährigen Kindes 272 Wörter umfaßt und daß wiederum die Mädchen die Jungen übertreffen. Nachdem ein Kind zur Schule gekommen ist, nimmt sein Wortschatz sehr schnell zu, weil ihm einerseits die Wörter direkt beigebracht werden und sie vom Lehrer gebraucht werden, andererseits aber auch, weil zu interessanten Gegenständen und Erlebnissen Assoziationen hergestellt werden, und weiter, weil das Kind aus reinem Vergnügen liest, Radio hört und fernsieht. Schätzungen der Größe des Wortschatzes haben gezeigt, daß ein Kind im ersten Schuljahr durchschnittlich 20 000 bis 24 000 Wörter kennt. Im sechsten Schuljahr kennt das Kind etwa 50 000 und mit 15 Jahren etwa 80 000 Wörter (35, 103).

Es gibt natürlich deutliche individuelle Unterschiede hinsichtlich des Wortschatzes auf jeder Altersstufe. Wenn sich auch einige der erwähnten Unterschiede ohne Zweifel darauf zurückführen lassen, daß die Untersuchungen an Gruppen verschiedener Größe und mit unterschiedlichen Techniken durchgeführt worden sind, reichen diese Begründungen als Erklärung nicht aus. Es sind tatsächliche Unterschiede vorhanden. Schon im Alter von achtzehn Monaten sind Unterschiede der Größe des Wortschatzes festzustellen, die nur noch zunehmen, wenn die Kinder älter werden. Teilweise lassen sich diese Verschiedenheiten auf Unterschiede der Intelligenz zurückführen, aber auch Umwelteinflüsse, die Gelegenheit zu lernen und die Motivation zu lernen, spielen eine wichtige Rolle. Mädchen haben im allgemeinen auf jeder Altersstufe einen größeren Wortschatz als Jungen (60, 103).

Die Bedeutung der Größe des Wortschatzes. Die Größe des Wortschatzes ist sehr wichtig für die soziale und emotionale Entwicklung eines Kindes. Damit es ein aktives Mitglied einer sozialen Gruppe werden kann, muß ein Kind anderen Kindern Mitteilungen machen können in einer Sprache, die sie verstehen. Das Kind, das einen abweichenden Wortschatz hat, wird in die Rolle des Außenseiters gedrängt. Dies wird bei Kindern deutlich, die zweisprachig aufwachsen. Sie wissen vielleicht mehr Wörter in beiden Sprachen als die Kinder mit nur einer Sprache, aber sie kennen nicht genügend Wörter in der Sprache ihrer Kameraden, um sich mit ihnen unterhalten zu können. Als Folge davon fühlen sie sich unterlegen und unterhalten sich nicht einmal, wenn sie es könnten (91).

Kinder aller Altersstufen fühlen sich frustriert, wenn sie etwas sagen möchten, es aber nicht tun können, weil ihnen entweder die nötigen Wörter fehlen, oder wenn sie sich mit den Wörtern, die sie gebrauchen könnten, nicht verständlich machen können. Wenn ihr Wortschatz nicht ausreicht, ihre Wünsche auszudrücken, werden sie wütend über den Menschen, der sie nicht versteht. Häufige Erlebnisse dieser Art führen mit der Zeit zu einer allgemeinen Frustration. Die Frustration wird begleitet von dem Gefühl, ein Märtyrer zu sein, entstanden aus dem Glauben, daß die Leute es nicht verstehen wollen.

Ebenso wie seine mündlichen Äußerungen werden auch seine schriftlichen Äußerungen durch die Größe seines Wortschatzes beeinflußt. Wenn sich auch einige Kinder mündlich besser als schriftlich ausdrücken können, ist der Unterschied in erster Linie eine Frage der Übung und nicht der Größe des Wortschatzes. Untersuchungen der Beziehung zwischen mündlichem und schriftlichem Wortschatz haben ergeben, daß die Zahl und die Vielfalt der Wörter, die ein Kind beim Schreiben gebraucht, in direktem Verhältnis zu dem Vokabular stehen, über das ein Kind beim Sprechen verfügt. Guter schriftlicher Ausdruck hängt somit ab von den Leistungen des Kindes beim Sprechen. Darüber hinaus hängt auch der Erfolg in der Schule weitgehend davon ab, wie gut ein Kind sich schriftlich ausdrücken kann und wie gut es bei schriftlichen Prüfungen ist. Seine Leistungen in der Schule beeinflussen deutlich seine Einstellung gegenüber der Schule, der Schularbeit und die Bedeutung, die es seiner Schulbildung beimißt (60, 139).

Spezialwortschatz. In der frühen Kindheit, wenn die Aufmerksamkeit eines Kindes darauf gerichtet ist, einen brauchbaren Wortschatz aufzubauen, hat das Kind wenig Zeit, einen Spezialwortschatz zu erwerben. Wenn es jedoch einmal den allgemeinen Wortschatz beherrscht, entdeckt es, daß Wörter für den speziellen Gebrauch oft als Mittel, sich auszudrücken, wesentlich sind. Es folgen einige der wichtigsten Spezialvokabulare und die jeweiligen Altersstufen, auf denen sie normalerweise auftreten.

1. Das „Renommier"-Vokabular. Es besteht aus Wörtern, die das Kind auf Verlangen anderer hin richtig ausspricht. Das kleine Kind wird gebeten, lange und komplizierte Wörter zu sagen zur Ergötzung der Erwachsenen, die es dazu anhalten. Da das Kind kaum die Bedeutung der Wörter kennt, ist ihr Gebrauch nur eine Art zu glänzen. Am meisten wird das Renommiervokabular gebraucht, wenn das Kind zwischen einem und zwei Jahren alt ist.

2. Das „Anstands"-Vokabular. Diese Art eines speziellen Wortschatzes besteht aus solchen Wörtern wie „bitte", „danke" und „Verzeihung". Kinder können diese Wörter lernen, sobald sie zusammenhängend sprechen können.

3. Das Farbvokabular. Wegen des Interesses, das kleine Kinder an Farben haben, lernen sie die Namen der verschiedenen Farben schon sehr früh. Die meisten Kinder kennen die Namen der Grundfarben, wenn sie vier Jahre alt werden (146). Wie bald sie die Namen der anderen Farben lernen, hängt z. T. von ihrem Interesse an Farben und z. T. von der Möglichkeit zu lernen ab.

4. Das Zahlenvokabular. Obgleich viele Kinder von zweieinhalb oder drei Jahren bis zehn zählen können, ist es fraglich, ob sie den Sinn der Wörter, die sie sagen, verstehen. Ihr Zahlenvokabular fällt deshalb unter die Kategorie der „Papageiensprache". Durch Spiel oder direkte Unterweisung lernt das Kind allmählich die Bedeutung vieler Zahlen. In der Stanford-Binet Intelligence Scale wird von einem fünfjährigen Kind erwartet, daß es drei Gegenstände zählen kann; von einem sechsjährigen Kind wird erwartet, daß es die Bedeutung der Wörter „drei", „neun", „fünf", „zehn" und „sieben" so gut versteht, daß es die verlangte Zahl an Klötzchen

abzählen kann, wenn zwölf Klötzchen vor ihm liegen (146).

5. Das Zeitvokabular. Wegen der Unterschiedlichkeit der Beschäftigungen, die für verschiedene Tageszeiten charakteristisch sind, lernt das Kind, sich die Bedeutung von Wörtern vorzustellen, die damit verknüpft sind. Wenn das Kind sechs oder sieben Jahre alt ist, sollte es den Sinn so einfacher Wörter kennen wie „Morgen", „Nachmittag", „Nacht", „Sommer" und „Winter". Wenn es in die Schule kommt, lernt es bald die Namen der einzelnen Tage der Woche und die Monate des Jahres kennen (146).

6. Das Geldvokabular. Für das kleine Kind sind alle Münzen „Geld" oder „Pfennige"; das Kind von vier oder fünf Jahren fängt schon an, den Münzen verschiedene Namen zu geben nach deren Größe und Farbe. Wie groß das Geldvokabular eines Kindes ist, hängt von seiner Umgebung ab. Kinder aus einem ärmeren Elternhaus haben in der Regel ein größeres Geldvokabular als Kinder aus wohlhabenderer Familie, da sie häufig Erledigungen ausführen, die mit Geld zu tun haben (103).

7. Das Vokabular der niedrigen Umgangssprache (Slang). Die niedrige Umgangssprache ist eine Art der offiziell nicht gebilligten Sprache. Das bedeutet, daß solche Wörter nicht in einem Wörterbuch zu finden sind und daß ihr Gebrauch von Fachleuten für richtigen Sprachgebrauch nicht gebilligt wird.
In der frühen Kindheit werden Wörter der niedrigen Umgangssprache oder des Fluchens nur imitierend gebraucht. Es handelt sich also auch in diesem Fall um eine Art der „Papageiensprache". Kleine Kinder, die in ärmeren Bezirken wohnen, haben insgesamt gesehen einen größeren Wortschatz von Wörtern der niedrigen Umgangssprache als Kinder aus wohlhabenderen Bezirken (42).
Nach dem Alter von sieben oder acht Jahren wird Slang nicht imitierend oder um anzugeben gebraucht. Er dient jetzt dazu, Gefühle und Emotionen auszudrücken, die das Kind sonst nicht angemessen in Wörtern ausdrücken kann. Zwar kann ein Kind einige Wörter in diesem Wortschatz selber erfinden, aber die meisten Slang- und Fluchwörter hat es von anderen übernommen, vor allen Dingen von Älteren. Kinder der oberen Schichten übernehmen ihre Slangwörter, besonders obszöne Ausdrücke, von den Kindern aus den niedrigeren Schichten, mit denen sie in der Schule oder beim Spiel zusammenkommen (42). Für das Kind besteht also nicht nur die Genugtuung, Wörter für den Ausdruck bestimmter Emotionen bereit zu haben, sondern es hat – was vielleicht noch wichtiger ist – ein Gefühl seiner eigenen Wichtigkeit, das daher rührt, daß es sich mit älteren Menschen identifiziert. Sowohl Jungen als auch Mädchen gebrauchen Slang-Ausdrücke häufig, nachdem sie in die Schule gekommen sind; sie verwenden die Wörter, die zu dem Zeitpunkt gerade Mode sind. Jungen sprechen in der Regel mehr Slang als Mädchen. Weiter ziehen Jungen auch den Slang vor, der schon dem Fluchen ähnelt.
Die meisten Erwachsenen haben gegen Slang und Fluchen bei Kindern etwas einzuwenden und glauben, daß sie hier einschreiten sollten. Wenn sie das tun, führt dies dazu, daß die Kinder das unzulässige Verhalten nur nicht mehr offen zeigen. In Gegenwart der Eltern oder Verwandten gebraucht das Kind dann Wörter, die man von ihm erwartet; wenn es aber außer Hörweite ist, sagt es praktisch jedes Wort, das ihm gefällt. Es ist fraglich, ob man das Kind dazu zwingen sollte, nur solche Wörter zu gebrauchen, die die Erwachsenen billigen.
Bei ihrem Versuch, ihre Unabhängigkeit zu betonen, gebrauchen Kinder viele hochtrabende Phrasen, „schmutzige" Ausdrücke, die sich auf Geschlechtliches und die Körperausscheidungen beziehen, und Tabuwörter. Solche Ausdrücke helfen, das sich entwickelnde Ich des Kindes zu stärken und – was noch wichtiger ist – sie tragen dazu bei, bei den Kameraden den Eindruck hervorzurufen, daß es ein „prima Kerl" ist. Es hilft ihm, sich mit der Gruppe zu identifizieren, wenn es deren Sprache spricht, und die anderen Kinder fühlen, daß dieses Kind

dazu gehört. Slang ist somit eine Kraft, die die Sozialisation beeinflußt; als solche spielt er eine wichtige Rolle für die soziale Entwicklung des Kindes (27, 60, 86).

Kleine Jungen fluchen oft, um ihre Gefühle der Unzulänglichkeit und der Minderwertigkeit auszugleichen; es hilft ihnen, sich groß und wichtig zu fühlen. Wenn sie die Sprache der „großen Jungen" sprechen, hoffen sie, eher akzeptiert zu werden, besonders von den „großen Jungen". Wenn die Jungen älter werden, trägt das Fluchen zu ihrem Gefühl der Überlegenheit bei, das sie gegenüber kleineren Jungen und gegenüber Mädchen zeigen, die sie nun als das „schwächere Geschlecht" ansehen. Außerdem sehen sie es als ein Zeichen ihrer Männlichkeit an – ein Zeichen dafür, daß sie „richtige Jungen" sind, keine „Muttersöhnchen". Ihnen diese Stütze des sich entwickelnden Ichs wegzunehmen ist von fraglichem Wert.

8. Geheimsprachen. Irgendwann gebraucht jedes Kind im Umgang mit seinen Freunden schriftlich oder mündlich Geheimsprachen. Die können übernommen oder selbst erfunden sein, und ihr Gebrauch ist bis zum Alter von etwa 15 Jahren normal (34, 60, 107).

Das Bilden von Sätzen

Die ersten Sätze enthalten nur ein Wort – ein Substantiv oder Verb, das zusammen mit einer Geste einen vollständigen Gedanken ausdrückt. Wenn das Kind gleichzeitig auf ein Spielzeug deutet, heißt das Wort „haben": „Ich möchte das Spielzeug haben." Das Wort „Ball" bedeutet bei einem gleichzeitigen Ausstrecken der Arme: „Gib mir den Ball!" Das Kind gebraucht diese „Einwortsätze" ungefähr im Alter von 12 bis 18 Monaten.

Wenn das Kind zwei Jahre alt geworden ist, verbindet es Wörter zu kurzen Sätzen, von denen die meisten unvollständig sind. Diese Sätze enthalten eines oder mehrere Substantive, ein Verb und gelegentlich Adjektive oder Adverbien. Präpositionen, Pronomina und Konjunktionen werden ausgelassen. Mit vier Jahren spricht das Kind fast vollständige Sätze; ein Jahr später sind sie vollständig insofern, als sie alle Wortarten enthalten. Im allgemeinen unterstreicht das Kind alles, was es sagt, mit Gesten bis zum späteren Teil der Kindheit, wenn es feststellt, daß Gesten keine von der Gesellschaft gebilligte Form des Verhaltens darstellen (103).

Eine Analyse der verschiedenen Satzarten, die bis zum Alter von acht Jahren gebraucht werden, hat ergeben, daß die unvollständigen Sätze ebenso abnehmen wie die Sätze, die in ihrer Struktur vollständig, aber in der Funktion unvollständig sind. Der Gebrauch von einfachen Sätzen, von erweiterten Sätzen und Satzgefügen und von schwierigen Sätzen nimmt allmählich, aber beständig zu. Der Gebrauch von Satzteilen aller Art nimmt zwischen drei und sechs Jahren deutlich zu (104).

Die Satzlänge nimmt bis zum Alter von neuneinhalb Jahren zu, danach bleibt sie gleich oder nimmt geringfügig ab. Sätze mit zwei oder drei Wörtern können schon bei Zweijährigen auftreten, wenn sie auch bei Dreijährigen viel häufiger sind. Nach drei Jahren treten Sätze mit sechs bis acht Wörtern häufig auf. Kleine Kinder verlängern ihre Sätze oft, indem sie zwei oder mehr einfache Sätze durch „und" verbinden. Ältere Kinder hingegen verändern Länge und Komplexität ihrer Sätze, indem sie Satzteile hinzufügen (104, 148).

Amerikanische Untersuchungen der Satzlänge bei Kindern verschiedener Altersstufen haben ergeben, daß die Kinder heute auf jeder Altersstufe längere Sätze sprechen als die Kinder vor gut 20 Jahren (145). Diese Tendenz erläuternd hat McCarthy gemeint: „Mehrere Möglichkeiten kann man als Erklärung heranziehen. Dazu würde ich die Einführung von Radio und Fernsehen zählen, die geringere Zahl der im Ausland geborenen und zweisprachig aufwachsenden Kinder, die Zunahme der Kindergärten, die ärmeren Kindern Anregungen hinsichtlich der Sprache außerhalb ihrer Elternhäuser geben, die Zunahme der freien Zeit, die Eltern mit ihren Kindern verbringen können, die Verkürzung der Zeiträume, in denen die Kinder durch Kindermädchen mit beschränktem Wortschatz betreut werden, bessere wirtschaftliche Bedingungen, die es auch Eltern aus den unteren Einkommensbereichen gestatten, ihren Kindern eine anregendere Umwelt zu bieten, und die zunehmende Tendenz, Kinder liberaler und nachgiebiger zu behandeln und ihnen mehr Aufmerksamkeit zu widmen" (104).

Auf jeder Altersstufe gibt es starke individuelle Unterschiede sowohl hinsichtlich der Länge als auch der Struktur des Satzes. Begabte Kinder und Kinder aus Gruppen mit höherem sozioökonomischem Status gebrauchen längere und komplexere Sätze als der Durchschnitt. Mädchen übertreffen in jedem Alter die Jungen hinsichtlich ihrer Sätze (104).

Die vielleicht größten Abweichungen entstehen durch die Unterschiede in den Situationen, in denen gesprochen wird. Wenn Kinder mit Gleichaltrigen spielen, sprechen sie viel häufiger verkürzte Sätze als vollständige Sätze. Im Umgang mit Erwachsenen bilden sie etwas längere Sätze, in der Klasse jedoch, wo sie mit Kindern ebenso wie mit ihrem Lehrer zusammen sind, werden ihre Sätze sogar noch länger (68, 101).

Abweichungen bei der Sprachentwicklung

Während der Verlauf der Sprachentwicklung weitgehend für alle Kinder übereinstimmt, gibt es starke Abweichungen hinsichtlich der Geschwindigkeit der Entwicklung, der Größe und der Qualität des Wortschatzes und der richtigen Aussprache auf jeder Altersstufe. Eine Anzahl von Faktoren ist für diese Abweichungen verantwortlich; die wichtigsten sind die folgenden:

1. Gesundheitszustand. Schwere und lang anhaltende Krankheit in den ersten beiden Lebensjahren ist als Ursache für die Verzögerung des Einsetzens des Sprechens und des Gebrauches von Sätzen um ein bis zwei Monate festgestellt worden (99). Wenn ein kleines Kind drei oder mehr Jahre im Krankenhaus liegen muß oder wenn eine lang anhaltende Krankheit ihm Kontakte beim Spielen unmöglich macht, so stellen sich ernste Konsequenzen für die Sprachentwicklung ein. Wegen seiner Isolation und der begrenzten Kommunikation mit anderen hat es nur wenig Gelegenheit, sprechen zu lernen (67). Darüber hinaus besteht auch nur ein begrenzter Anreiz zu sprechen; es fühlt sich nicht wohl, und jeder Wunsch wird ihm von den Augen abgelesen.

2. Intelligenz. Während der ersten beiden Lebensjahre nimmt die Korrelation zwischen Lautäußerung und dem Intelligenzniveau zu, und nach dem Alter von zwei Jahren besteht ein starker Zusammenhang zwischen der Entwicklung des Sprechens und dem IQ (129). Untersuchungen über die frühen Lautäußerungen haben die Annahme nahegelegt, daß die Arten der Konsonanten und das Häufigkeitsverhältnis von Konsonanten zu Vokalen beim Lallen eines Kindes die spätere Intelligenz besser vorhersagen als irgendeines der gegenwärtig vorhandenen Maße der Intelligenz des Kleinkindes (38). Ein Kind, dessen erste Sprachentwicklung vorzeitig stattfindet, hat gewöhnlich eine durchschnittliche oder überdurchschnittliche Intelligenz. Fängt ein Kind aber mit einer Verzögerung von einigen oder mehreren Monaten zu sprechen an, so ist das durchaus kein sicheres Zeichen für Dummheit (78).

Untersuchungen an geistig behinderten Kindern haben ergeben, daß die Sprache um so schlechter ist, je geringer die Intelligenz geschätzt wurde. Geistig überlegene Kinder weisen dagegen auch eine sprachliche Überlegenheit auf, sowohl was den Umfang ihres Wortschatzes angeht, als auch hinsichtlich der Länge und Richtigkeit der Satzstrukturen (44). Nicht nur die Art, wie sie etwas ausdrücken, sondern auch das, was sie sagen, zeigt ihre Reife. Noch ehe sie die Grundschule verlassen, sprechen sie mehrere Sprachen und machen dabei wenig oder gar keine Fehler, sie können vor Gruppen sprechen und schauspielern macht ihnen Spaß. Bei Kindern in der Grundschule besteht eine hohe Korrelation zwischen Kenntnis der Bedeutung der Wörter und den Gesamtleistungen in der Schule. Dagegen haben Kinder mit Sprachfehlern oft auch Schwierigkeiten beim Lesen, und ihre Leistungen in der Schule sind schlecht (44, 73, 157).

3. Sozioökonomischer Status. Bei Formen des stimmlichen Ausdrucks, die rein „instinktiv" sind – wie Schreien – läßt sich kein Unterschied zwischen Kinder verschiedener sozioökonomischer Schichten feststellen. Unterschiede hinsichtlich der Sprachentwicklung, der Größe des Wortschatzes, der Satzform und der Richtigkeit der Sätze und der Aussprache werden zunehmend größer, wenn die Kinder älter werden. Kinder der höheren sozioökonomischen Schichten sprechen eher, besser und mehr als solche der niedrigeren Schichten. Auf jeder Altersstufe sprechen Kinder der oberen Gruppen besser als Kinder der unteren Gruppen (18, 42, 92). Vergleiche der Lautäußerungen von Kindern aus Familien der oberen Berufsgruppe mit denen aus Arbeiterfamilien haben keinen signifikanten Unterschied zwischen beiden Gruppen während der ersten eineinhalb Lebensjahre der Kinder ergeben. Danach traten bei Kindern der ersten Gruppe mehr Laute unter den stimmlichen Äußerungen auf (78, 103). (Siehe auch Abb. 6-1.) Deutlich zeichnet sich eine klare Beziehung zwischen dem Sprechen eines Kindes und dem Beruf seines Vaters ab. Sogar bei Kindern von 5 Jahren ist diese Beziehung gut zu erkennen (126).

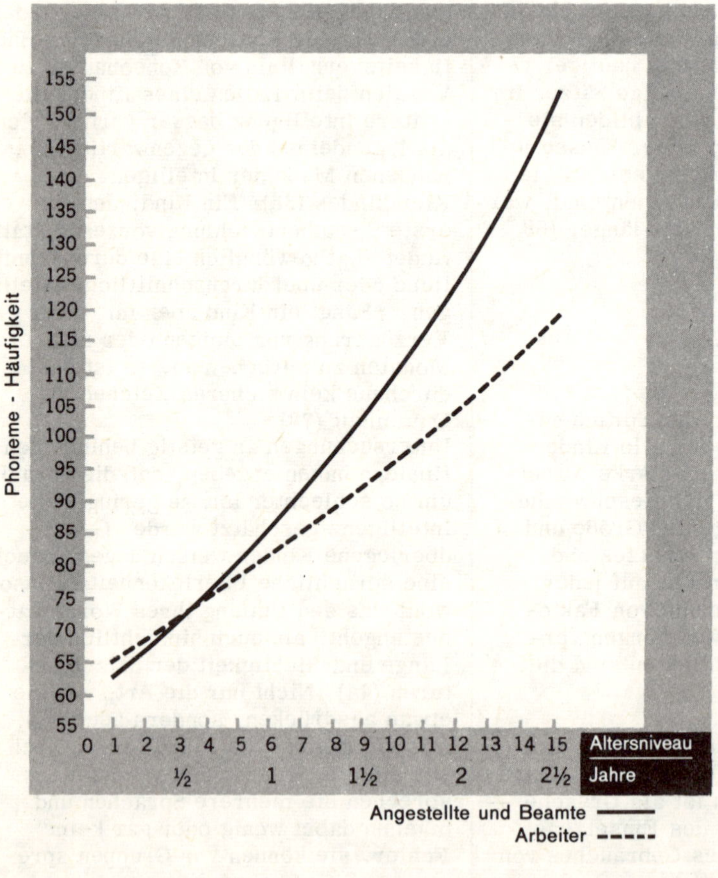

Abb. 6-1. Unterschiede zwischen den sozialen Klassen hinsichtlich der Sprachentwicklung in den frühen Jahren.

Zusätzlich zu der Intelligenz spielen auch Umwelteinflüsse bei Abweichungen der Sprachentwicklung eine Rolle. Umweltfaktoren, die in engem Zusammenhang mit der Sprachentwicklung eines Kindes stehen, sind die Zahl der Kinderbücher, die es zu sehen bekommt, seine Gelegenheit zu konstruktivem Spiel, die Anzahl der Stunden, in denen ihm vorgelesen wird oder Geschichten erzählt werden, die Anzahl der Erwachsenen, mit denen es täglich zu tun hat, und die Zahl seiner Spielkameraden (104).

Kinder, die überwiegend mit Erwachsenen zusammen sind, sind in ihrer Sprachentwicklung anderen Kindern, die überwiegend mit Kindern zusammen sind, voraus. Kinder aus höheren sozioökonomischen Gruppen sind mit Wahrscheinlichkeit mehr mit ihren Eltern zusammen als Kinder aus ärmeren Gruppen, wo die Mutter vielleicht noch außerhalb des Hauses arbeitet oder im Hause zu viel zu tun hat, um viel Zeit mit den Kindern verbringen zu können (81, 103). Außerdem stellen Eltern aus höheren sozioökonomischen Schichten gewöhnlich in ihrer Sprache bessere Vorbilder für ihre Kinder dar; sie halten ihre Kinder stärker dazu an, die Bedeutung von Wörtern und die Aussprache zu lernen, und im allgemeinen berichtigen sie eine falsche Satzstruktur eher als Eltern aus den unteren sozioökonomischen Schichten. Eltern aus den höheren Gruppen glauben im allgemeinen, daß die Sprache sehr wichtig ist. Deshalb drängen sie ihre Kinder, früh und richtig sprechen zu lernen (18, 70).

4. Geschlecht. Die Jungen bleiben beim Sprechenlernen hinter den Mädchen zurück; ihre Sätze sind kürzer und grammatikalisch weniger richtig, aktiver und passiver Wortschatz sind kleiner, und ihre Aussprache von Wörtern ist auf jeder Altersstufe weniger genau. Die Unterschiede zwischen den Geschlechtern werden mit jedem Jahr stärker und sind größer bei Kindern aus den unteren sozioökonomischen Schichten als bei den höheren sozioökonomischen Schichten (7, 126).

Es gibt keine völlig zufriedenstellende Erklärung für diese Unterschiede zwischen den Geschlechtern bei der Sprachentwicklung, und wir wissen auch nicht, ob dieser Unterschied allgemein besteht oder nur für unseren Kulturbereich. McCarthy hat eine Erklärung vorgebracht, die von den Beziehungen in der Familie ausgeht. Sie meint, daß im ersten Lebensjahr, wenn noch keine Unterschiede zwischen den Geschlechtern in Quantität oder Qualität der stimmlichen Äußerung festzustellen sind, das Kind Annäherungen der Laute, die es von seiner Mutter gehört hat, zurücklallt. Das ist die „Echoreaktionsphase" des Lallens; in diesem Zeitraum zeigen Kinder beider Geschlechter ähnliche Gefühle gegenüber ihrer Mutter. Bald nach dem Ende des Säuglingsalters fangen Mädchen an, sich mit ihren Müttern zu identifizieren, und Jungen mit ihren Vätern. Da in unserer Gesellschaft der Vater seltener zu Hause ist als die Mutter, haben die Jungen weniger und nicht so engen Kontakt mit dem Vater wie die Mädchen mit der Mutter. Die Enge der Beziehung zwischen Mutter und Tochter während der ganzen Kindheit hilft dem Mädchen, früher und besser zu sprechen, als der Junge es tut. Darüber hinaus besteht ein größerer Unterschied in der Lautqualität zwischen der Stimme eines Jungen und der Stimme eines erwachsenen Mannes als zwischen der Stimme eines Mädchens und einer erwachsenen Frau; die Echoreaktionsphase stellt also den Jungen weniger zufrieden und ist weniger günstig für das Lernen (103).

5. Die Beziehungen in der Familie. Kinder, die in Heimen aufwachsen, weinen mehr, lallen aber weniger und geben weniger unterschiedliche Laute von sich als Kinder, die in Familien aufwachsen – ganz gleich welcher sozioökonomischen Gruppe (2). Sie lernen langsam sprechen und ihre Sprachentwicklung bleibt während ihres ganzen Lebens zurück (67, 98, 120, 122). Das zeigt, daß enge persönliche Beziehungen einen wichtigen Faktor für die Sprachentwicklung darstellen. Die Art der Beziehung ist jedoch ebenfalls äußerst wichtig.

Eine harmonische Beziehung zwischen dem Kind und anderen Familienmitgliedern, besonders der Mutter, erleichtert die Sprachentwicklung (155). Dagegen kann eine ungesunde Beziehung – wenn nämlich das Kind verwöhnt und verhätschelt wird – nicht nur dazu führen, daß das Kind sprachlich zurückbleibt, sondern es kann auch zu solchen Fehlern führen wie Lispeln, Stottern oder nachlässige Aussprache. Viele der schlimmsten Fälle von Stottern sind z. B. bei Kindern festgestellt worden, deren Beziehungen in der Familie durch emotionale Spannungen gekennzeichnet waren (111).

Die Größe der Familie ist ebenfalls wichtig. Die Entwicklung der Laute erfolgt nach dem gleichen Muster für alle Kinder, aber wenn die Kinder älter werden, sind diejenigen, die als einzige Kinder in einer Familie aufwachsen, in jeder Phase in den sprachlichen Fertigkeiten überlegen. Das einzige Kind ist der Mittelpunkt der mütterlichen Aufmerksamkeit für längere Zeiträume als das Kind mit älteren Geschwistern. Außerdem erlebt das einzige Kind keine Rivalitäten zwischen den Geschwistern, Rivalitäten, die selbst manchmal zu Sprachfehlern führen, besonders zu Stottern (103).

6. Ermunterung zum Sprechen. In einem Experiment, bei dem sich der Versuchsleiter über die Wiege des Kindes lehnte und freundlich lächelnd mit ihm sprach, „äußerte sich das Kind stimmlich als Teil der gesamten Reaktion" gegenüber dem Erwachsenen. Wenn sich der Versuchsleiter über das Bett lehnte mit einem ausdruckslosen Gesicht und ohne seine Stimme einzusetzen, dann reagierte das Kind mit weitaus weniger stimmlicher Äußerung (121). Es ist bereits darauf hingewiesen worden, daß Kinder mehr lallen, wenn jemand mit ihnen spricht, als wenn sie allein sind. Je mehr Aufmerksamkeit sie erhalten, desto größer ist die Motivation, zu versuchen, an der Unterhaltung der Erwachsenen teilzunehmen.

In einer Untersuchung wurden Kinder in der Zeit von ihrem 13. bis zum 30. Lebensmonat verglichen, und zwar Kinder, denen regelmäßig vorgelesen wurde, und Kinder, denen nicht vorgelesen wurde. Bis zum Alter von siebzehn Monaten bestand zwischen den beiden Gruppen kaum ein Unterschied hinsichtlich der stimmlichen Äußerungen; nach diesem Alter hatte die Experimentalgruppe beständig höhere Werte hinsichtlich der Häufigkeit der stimmlischen Äußerung (79).

Es gibt viele Möglichkeiten, Kinder zu motivieren, ihr Sprechen zu entwickeln. Mütter haben angegeben, daß sie ihre Kinder im Vorschulalter zum Sprechen anregten, indem sie den Kindern vorlasen, indem sie die Kinder fernsehen ließen, indem sie ihnen die Möglichkeit zum Spielen und zu Ausflügen gaben. Ältere Kinder wurden ermuntert, über das zu sprechen, was sie gesehen oder getan hatten, Fernsehprogramme zu diskutieren und auf verschiedene abgebildete Gegenstände zu zeigen und darüber zu sprechen. Die Fragen von Kindern zu beantworten, trägt ebenfalls zu ihrer Motivation bei, freier zu sprechen. Durch Übung im Sprechen vergrößern die Kinder ihren Wortschatz, verbessern sie ihre Aussprache und lernen es, flüssiger zu sprechen (64).

Bedeutung der Abweichungen. Diese Ausführungen machen deutlich, daß die meisten Faktoren, die für Unterschiede im Sprechen verantwortlich sind, kontrolliert werden können. Auch in den unteren sozioökonomischen Gruppen können Eltern, die wünschen, daß ihre Kinder richtig und flüssig sprechen lernen, ihre Kinder dazu anhalten, gute Leistungen in der Schule zu zeigen, gute Bücher zu lesen und sich die besseren Programme im Fernsehen anzusehen. Die Eltern können ihre eigene Sprache verbessern, indem sie lesen, Radio hören und Fernsehprogramme ansehen, so daß sie bessere Vorbilder für ihre Kinder sein können.

Erzieher und Psychologen stimmen weitgehend darin überein, daß die meisten Kinder hinsichtlich der Sprachentwicklung ihre Möglichkeiten nicht ausschöpfen. Zu viele Eltern glauben, daß es sich schon von selbst legen wird, wenn ihre Kinder schlecht sprechen. Sie versuchen oft, die Kinder vom Sprechen abzuhalten, teils weil ihre Fragen Ärger und Verlegenheit hervorrufen können und teils weil sie der Meinung sind, daß Kinder nicht die erste Rolle in einem Gespräch spielen sollten. Ermunterung ist besonders wichtig für Kinder, die dazu neigen, hinter ihren Kameraden zurückzubleiben.

Sprachstörungen

Wenn ein Kind richtig oder fast richtig spricht, aber nur ein Niveau erreicht hat, das unter der Norm für sein Alter liegt, zeigt seine Sprache in quantitativer Hinsicht Mängel. Sein Wortschatz ist z. B. kleiner als der anderer Kinder seines Alters und seine Aussprache infantiler. Hierbei spricht man im allgemeinen von einer Entwicklungsverzögerung des Sprechens. Dagegen handelt es sich bei Sprachstörungen um unrichtiges Sprechen; es weicht qualitativ von der Norm für das Alter des Kindes ab und enthält mehr als die übliche Zahl von Fehlern.

Sprachstörungen sind schwieriger zu kontrollieren als Entwicklungsverzögerungen. Dies beruht z. T. auf der Tatsache, daß die Ursachen für Sprachstörungen schwerwiegender sind, z. T. darauf, daß die Eltern die Notwendigkeit einer Heilbehandlung nicht erkennen, ehe die störenden Fehler zur Gewohnheit geworden sind. In vielen Fällen können Sprachstörungen auf schlechte Vorbilder, die das Kind nachgeahmt hat, oder auf Mangel an Anleitung bei der richtigen Nachahmung eines guten Vorbildes zurückgeführt werden. Für schwerwiegende Störungen ist jedoch häufig ein Fehler des Stimmechanismus oder emotionale Spannung verantwortlich.

In den ersten Lebensjahren hat jedes Kind Schwierigkeiten mit der Beherrschung seines Stimmechanismus. Die Folge ist, daß Störungen der Aussprache fast allgemein verbreitet sind. Das begrenzte Verständnis eines Kindes erschwert es ihm, den richtigen Sinn mit den Wörtern, die es gebraucht, zu verbinden. Außerdem bereitet es ihm Schwierigkeiten, die Wörter richtig zu Sätzen zu verbinden. Wie große Schwierigkeiten ein Kind auf allen diesen Gebieten hat, hängt weitgehend von seinem Intelligenzniveau ab, von seinen Möglichkeiten zu lernen, von der Anleitung und Hilfe, die es beim Lernen erhält, und von seiner Motivation. Bis zum Alter von vier Jahren treten bei Kindern viele Sprachstörungen auf; danach sprechen sie normalerweise richtig.

Arten der Sprachstörung

Die häufigsten Formen der Sprachstörungen in der Kindheit können in drei umfassendere Kategorien eingeteilt werden: Schwierigkeiten mit dem Wortsinn, Störungen der Aussprache und Schwierigkeiten mit der Satzstruktur.

Schwierigkeiten mit dem Wortsinn

Da in jeder Sprache eine Anzahl von Bedeutungen zu Wörtern gehören, die gleich klingen, ist es nicht erstaunlich, daß das Kind häufig falsche Assoziationen herstellt. Solche Fehler in bezug auf die Wortbedeutung beeinflussen das Verständnis des Kindes für das, was andere sagen, und das, was es selber sagt. Viele Probleme im Zusammenhang mit der Disziplin entstehen nicht dadurch, daß Kinder mit Absicht gegen die Vorschriften verstoßen, sondern daß sie die in den Vorschriften gebrauchten Wörter falsch verstehen. Wegen der großen Bedeutung, die Verstehen und Mißverstehen haben, wird die Entwicklung des Verstehens und des Verständnisses in Kapitel 11 behandelt. Mißverstehen von Vorschriften wird erwähnt in Verbindung mit dem Thema Gehorsam im Kapitel 12.

Fehler bei der Verbindung eines Sinnes mit Wörtern liegen vielen Frustrationen in der Kindheit zugrunde. Das Kind gebraucht Wörter, die eine andere Bedeutung für es selbst als für seine Zuhörer haben, und es wird ärgerlich oder sogar entrüstet, wenn es feststellt, daß es mißverstanden wird. Darüber hinaus ärgert es sich, wenn andere lachen, weil es etwas „Ulkiges" gesagt hat (151).

Gewöhnlich werden Fehler bei der Verbindung von Bedeutungen mit Wörtern schnell von Eltern oder Lehrern festgestellt. Folglich lernt das Kind, Wörter richtiger zu gebrauchen, wenn es älter wird. Ebenso lernt es, Wörter zu vermeiden, über deren Bedeutung es sich nicht im klaren ist. Wenn es seine Auffassung über den Sinn eines Wortes nicht deutlich darlegt oder sich so verhält, daß sein Mißverstehen klar zutage tritt, können Erwachsene nicht erkennen, was ein Wort für das Kind bedeutet, und können seine falsche Vorstellung nicht berichtigen. Geht das Kind nach links, wenn es angewiesen worden ist, nach rechts zu gehen, kann das bedeuten, daß es die Wörter „rechts" und „links" durcheinander wirft. Es kann aber auch den richtigen Sinn der Wörter kennen, jedoch absichtlich das Gegenteil dessen tun, das ihm aufgetragen worden ist, um seine Unabhängigkeit von der Autorität der Erwachsenen zu beweisen. Nur durch Fragen kann man feststellen, warum es sich in einer bestimmten Weise verhalten hat.

Schwierigkeiten bei der Aussprache

Da es sich beim Erlernen der Aussprache von Wörtern um eine komplizierte Fertigkeit handelt, sprechen alle Kinder einige der Wörter, die sie gebrauchen, falsch aus. Sogar ältere Kinder, Jugendliche und Erwachsene sprechen gelegentlich Wörter falsch aus. Mit jedem Jahr sollten jedoch weniger Wörter falsch ausgesprochen werden. Im allgemeinen geben die Erwachsenen den Kindern mehr Hilfe und Anleitung bei der Aussprache von Wörtern als bei der Verbindung der Wörter mit einem Sinn. Wenn eine falsche Aussprache beibehalten wird – und das ist oft der Fall –, sollte der Grund für diese Fehler festgestellt werden. Wenn die fehlerhafte Aussprache darauf beruht, daß etwas falsch gelernt wurde, kann sie verhältnismäßig leicht und schnell berichtigt werden. Beruht sie aber auf Störungen des Sprachmechanismus oder auf emotionaler Spannung, hält sie sich hartnäckiger und ist viel schwieriger zu beseitigen.
Manchmal sind Schwierigkeiten bei der Aussprache auch auf Verwachsungen der Zunge, auf Verformungen der Zähne, des Gaumens, der Lippen oder des Kiefers zurückzuführen. Jedoch ist die Mehrzahl der Aussprachefehler durch Umweltfaktoren bedingt, z. B. durch fehlerhaftes Lernen, Nachahmung eines schlechten Vorbildes oder durch den Versuch, zu schnell zu sprechen, wenn das Kind erregt ist. Hörstörungen und Muskelschwäche oder teilweise Lähmung der Zunge und der Lippen (wie bei einigen Fällen von Gehirnlähmung) können auch zu Schwierigkeiten bei der Aussprache führen.

Fehler beim Sprechen. Zwischen achtzehn Monaten und drei oder vier Jahren machen die meisten Kinder viele Fehler bei der Aussprache. Die Fehler, die für die Babysprache charakteristisch sind, entstehen im allgemeinen durch fehlerhaftes Lernen, das nicht berichtigt worden ist. Tatsächlich ermuntern einige Eltern ihre Kinder zur Babysprache, da sie das „niedlich" finden. Das fehlerhafte Lernen, durch das die Babysprache mit entsteht, ist häufiger eine Folge davon, daß das Kind ein Wort nur unscharf und unvollständig versteht, als davon, daß das Kind nicht fähig ist, die wichtigsten Laute auszusprechen. Außerdem unternimmt das Kind in seinem Eifer, alles zu sagen, was es hört, nur Ansätze und Versuche und läßt schwierigere Einzelheiten fort. Bei seinem Versuch „Krach" zu sagen, läßt es vielleicht den Buchstaben „r" aus, da es schon schwieriger ist, zwei aufeinander folgende Konsonanten auszusprechen.
Zu den häufigsten Fehlern der Aussprache gehören die folgenden: Auslassen von einer oder mehreren Silben, gewöhnlich in der Mitte des Wortes, Ersetzen eines Buchstabens oder einer Silbe, Auswechseln von Buchstaben oder Silben in längeren und weniger häufig gebrauchten Wörtern und das Ersetzen von Namen der Gegenstände durch Wörter der Babysprache, wie „Ticktack" für Uhr.
Konsonanten und Konsonantenverbindungen sind für das kleine Kind schwerer auszusprechen als Vokale und Diphthonge. Ä, a, o und u sind besonders einfach, k und g besonders schwierig (138). Die Kindersprache ist von Kind zu Kind verschieden sowohl in ihrem Ausmaß als auch in ihrer Beschaffenheit. Sie wird stark dadurch

beeinflußt, in welcher Reihenfolge das Kind die Aussprache einzelner Buchstaben oder Buchstabenverbindungen lernt und wieviel Hilfe, Anleitung und Ermunterung es dazu erfährt, Wörter richtig auszusprechen (70).

Sprachstörungen. Wenn auch einige Sprachstörungen auf organische Ursachen zurückzuführen sind (s. o.), treten sie doch weit häufiger als eine Folge emotionaler Störungen auf. Als solche stellen sie nur ein Symptom der Fehlanpassung dar. Es ist festgestellt worden, daß viele Kinder, die unter Sprachstörungen leiden, unter schwierigen Bedingungen geboren wurden oder zwangsweise gefüttert, früh entwöhnt wurden oder frühe Sauberkeitsgewöhnung durchmachten. Ihre soziale Anpassung ist häufig schlecht. Sie haben Schwierigkeiten, sich in die Schule einzugewöhnen, und ihre Beziehungen zu Mitgliedern ihrer Familie sind oft nicht gut (56).
Sprachstörungen treten besonders häufig auf in Familien, in denen eines oder beide Elternteile neurotisch sind, in denen die Beziehung zwischen Eltern und Kindern schlecht ist, wo eine dominierende Mutter den Vater beherrscht oder wo die Mutter das Kind vernachlässigt, das Kind fast nur als ihren Besitz betrachtet oder hohe Anforderungen stellt oder wenn sie sich fordernd zeigt oder das Kind an einem besonders hohen Anspruchsniveau mißt. Dies legt nahe, daß Sprachstörungen einen Teil des Syndroms der schlechten Anpassung darstellen (56, 104). Sie korrelieren oft mit starker Abhängigkeit, Schmieren mit Schmutz, Zerstörungswut, unruhigem Schlaf, Wutanfällen, Negativismus, großer Furchtsamkeit und zimperlicher Einstellung gegenüber Speisen (100, 126).
Jede Sprachstörung hat ihren eigenen Grund oder Gründe, und sie hat tiefgreifende Auswirkungen auf die persönliche und soziale Anpassung des Kindes. Es ist unwahrscheinlich, daß eine Sprachstörung von selbst verschwindet. Wenn nicht die zugrundeliegende Ursache oder die Ursachen beseitigt werden – ob sie nun organischer oder psychologischer Natur sind – hält die Störung nicht nur an, sondern wird mit der Zeit noch stärker.
Von den verschiedenen Sprachstörungen sind die folgenden die häufigsten:

1. Lispeln. Lispeln entsteht durch fehlerhafte Bildung einiger Laute, insbesondere der s-, z-, sch-Laute. Die beiden häufigsten Ursachen des Lispelns sind Verformungen des Kiefers, der Zähne oder der Lippen und die Tendenz, an infantiler Sprechweise festzuhalten. Wenn der Unterkiefer weiter hervorragt als der Oberkiefer, wenn zwischen den beiden mittleren Schneidezähnen im Oberkiefer eine Lücke besteht oder wenn einer der Zähne im Oberkiefer fehlt – in der Übergangszeit von den Milchzähnen zu den bleibenden Zähnen –, kann ebenfalls leichtes Lispeln auftreten.
Während der Zeit im Kindergarten oder im ersten Schuljahr verliert das Kind normalerweise gerade seine Zähne. Wenn also seine Vorderzähne fehlen, fehlt der Resonanzboden für die härteren Laute, und es lispelt gewöhnlich. Wenn nicht ein Fehler am Kiefer, den Zähnen oder den Lippen besteht, hört es bald auf zu lispeln, nachdem die bleibenden Zähne durchgebrochen sind. Es „wächst" aber nicht aus seinem Lispeln heraus, sondern unternimmt bewußte Anstrengungen, es zu berichtigen. Jungen versuchen noch stärker als Mädchen, ihr Lispeln zu verlieren, da Lispeln von ihren Kameraden als „mädchenhaft" angesehen wird. Wenn das Lispeln bis zum Jugendalter anhält, hat es im allgemeinen körperliche Ursachen – gewöhnlich eine Lücke zwischen den mittleren Schneidezähnen im Oberkiefer.

2. Undeutliches Sprechen. Undeutliches Sprechen beruht auf Untätigkeit der Lippen, der Zunge oder des Kiefers. Es wird manchmal verursacht durch eine Lähmung der Stimmorgane oder durch zu schwache Entwicklung der Zungenmuskulatur, wie sie häufig mit Rachitis einhergeht. In anderen Fällen ist Furcht die Ursache. Ein Kind, das durch die Gegenwart anderer Menschen verängstigt ist, hält seine Lippen teilweise geschlossen und murmelt seine Wörter.

Schließlich kann undeutliches Sprechen auch auf zu schnelles Sprechen zurückzuführen sein, weil das Kind in seinem Eifer, alles, was es sagen möchte, auch zu sagen, die Wörter herunterhaspelt, ohne ein einziges sorgfältig und deutlich auszusprechen.
Bei den meisten Kindern tritt diese Störung früher oder später einmal auf. Sie kommt am häufigsten im Vorschulalter vor, weil die Sprache noch nicht zu einer eingeschliffenen Gewohnheit geworden ist, und sie wird deutlich durch emotionale Spannung beeinflußt. In seiner Eile, etwas zu erzählen, was es interessiert, erschreckt oder in Ärger versetzt hat, spricht das Kind so schnell, daß man es praktisch nicht verstehen kann. Wenn sich seine Fähigkeit zu sprechen besser entwickelt, kann das Kind schnell und deutlich zugleich sprechen. Manchmal fängt ein Kind an, viel undeutlicher zu sprechen, nachdem es in die Schule gekommen ist. Dies geht normalerweise einher mit anderen Äußerungen nervöser Spannung, die darauf hindeuten, daß das Kind Schwierigkeiten hat, sich in der Schule anzupassen.
Da undeutliches Sprechen auf die Ablehnung durch die soziale Gruppe und auf Kritik stößt, versuchen die meisten Kinder, es sich abzugewöhnen. Oft braucht ein Kind Anleitung, um festzustellen, daß undeutliches Sprechen am besten dadurch beendet wird, daß es den Mund weit öffnet, wenn es spricht. Obgleich Kinder eine starke Motivation haben, ihr undeutliches Sprechen abzustellen, kehren sie doch häufig wieder dazu zurück, wenn sie aufgeregt sind. Wenn sie mit Kameraden zusammen sind, versuchen sie oft so sehr, die Unterhaltung zu beherrschen, und sprechen dann so schnell, daß andere gar nicht zu Wort kommen können.

3. Stottern. Stottern ist zögerndes, wiederholendes Sprechen, das mit Krämpfen (Spasmen) der Halsmuskeln und des Zwerchfells einhergeht. Es entsteht durch eine Störung des normalen Atemryhthmus aufgrund eines teilweisen oder völligen Versagens der Sprechmuskelkoordination. In seiner Erscheinungsweise gleicht es einer Art von Lampenfieber insofern, als die betreffende Person nicht zu wissen scheint, was sie sagen soll. Beim Stottern kommt es oft zu einem Stocken des Sprechens, das Stammeln genannt wird; der Sprechende ist vorübergehend nicht in der Lage, einen Ton zu sagen. Wenn dann die Muskelspannung nachläßt, kommt eine Flut von Wörtern, die bald durch einen neuen Krampf gebremst wird (19, 20).
Kinder unterscheiden sich nicht nur voneinander hinsichtlich der Menge des Stotterns, es gibt auch starke intraindividuelle Unterschiede. Ein Kind, das z. B. stottert, wenn es vor der Klasse lesen muß, stottert vielleicht nicht, wenn es singt, am Telefon spricht, Zeilen in einem Theaterstück aufsagt oder mit Mitgliedern seiner Familie spricht. Es stottert vielleicht stärker, je später die Tageszeit ist und je müder es ist (19, 44).
Kinder, die stottern, schneiden auch häufig Grimassen, blasen die Backen auf, zwinkern mit den Augen, legen die Stirn in Falten, schürzen die Lippen und erröten. Während es stottert, scheint das Kind oft nach Atem zu ringen. Dadurch wird die Aufmerksamkeit noch mehr auf sein Stottern gelenkt. Das führt zu Spötteln, Nachahmen und Gelächter auf seiten der anderen Kinder. Den meisten Kindern ist nicht klar, daß der Stotterer in Verlegenheit ist. Sie glauben, daß er versucht, komisch zu sein, und sie lachen, weil er wirklich „komisch" ist (19).
Untersuchungen über den Beginn des Stotterns haben ergeben, daß etwa 85% der amerikanischen Kinder in der Zeit zwischen zweieinhalb und dreieinhalb Jahren zu stottern anfangen. In diesem Alter ist das Stottern überwiegend darauf zurückzuführen, daß eine zeitliche Diskrepanz zwischen Gedanken und Sprechen besteht, besonders wenn das Kind aufgeregt ist (19, 108). Das kleine Kind, das gerade die Geschicklichkeit, Wörter zu Sätzen zu verbinden, beherrscht, versucht mehr zu sagen als es wirklich kann. Wie Bluemel gemeint hat, ist Stottern zu diesem frühen Zeitpunkt nichts anderes als „werdende Sprache" (20).

Wie stark ein Kind im Vorschulalter stottert, hängt ab von der Flüssigkeit, mit der es sprechen kann, und der emotionalen Atmosphäre in seinem Elternhaus sowie der Art seiner Erziehung. Das Kind im Vorschulalter versucht, unabhängig zu sein; es hat eine negativistische Einstellung gegenüber der Autorität der Erwachsenen. Je strikter die Disziplin im Elternhaus ist, desto negativistischer wird es aller Wahrscheinlichkeit nach und desto mehr stottert es auch (56). Das ist ebenfalls die Zeit, in der das kleine Kind sich eifrig darum bemüht, neue soziale Kontakte herzustellen. Wenn es sich erfolgreich verständlich machen kann, wird es mit Wahrscheinlichkeit besser akzeptiert, und das trägt zu seinem Selbstvertrauen bei. Dann ist es weniger erregbar und stottert weniger. Schwierigkeiten bei der Kommunikation verursachen Frustration, die wiederum die Tendenz des Kindes zu stottern vergrößert. Wenn das Sprechen nicht sicher gelernt ist, versagt es in Streßsituationen, und das führt zu Stottern (20).

Normalerweise stottert das Kind weniger, wenn es sich sozial und im Elternhaus besser anpaßt; das Stottern wird jedoch wieder stärker, wenn das Kind aus der engen Umgebung des Elternhauses in die weitere Umgebung der Schule überwechselt (19). Stottern ist in den ersten Klassen der Grundschule stärker verbreitet als in den oberen Klassen oder in der Oberschule. Es ist sehr ungewöhnlich, wenn ein Kind zu stottern beginnt, nachdem es neun Jahre alt ist. Nur ein oder zwei Prozent der erwachsenen Bevölkerung stottern (19, 103).
Untersuchungen haben ergeben, daß es bei primitiven Völkern Stottern nicht gibt (19). Ob es im zivilisierten Leben Bedingungen gibt, die die Ursache für das Stottern bilden, und warum es bei einigen Kindern länger andauert als bei anderen, das sind Fragen, die erst teilweise beantwortet worden sind. Die meisten Untersuchungen unterstreichen, daß Stottern eine gelernte Reaktion und nicht erblich ist; daß es eher psychologischen als organischen Ursprungs ist und daß es durch Druck von seiten der

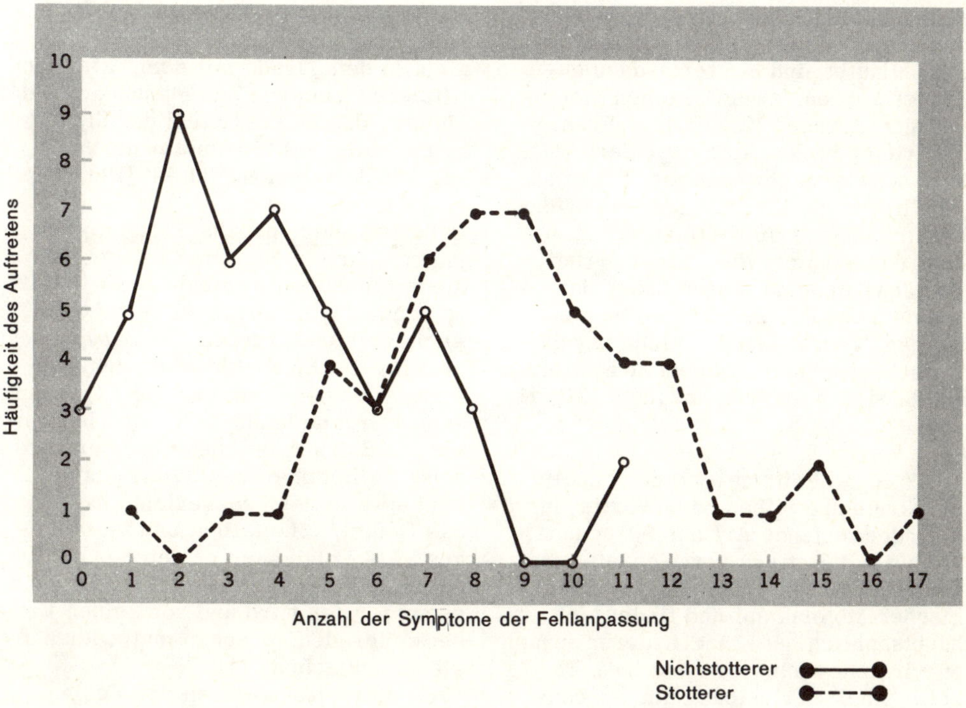

Abb. 6-2. Symptome der Fehlanpassung bei Stotterern und Nichtstotterern.

Umwelt entsteht, der zu schlechter Anpassung führt (103, 113).
Es ist ebenfalls festgestellt worden, daß Stottern ein Teil des Syndromes des Verhaltensmusters ist, das charakteristisch für Fehlanpassung ist. Der emotionale Druck in der Umgebung des Kindes, der zu Stottern führt, kann auch Verdauungsstörungen hervorrufen, weiter Einnässen, Schlafstörungen – wie Alpträume –, Wutausbrüche, Negativismus, gezierte und wählerische Eßgewohnheiten, er kann zu der Erfordernis führen, dem Kind ständig Anweisungen zu geben, und eine Vielzahl anderer Verhaltensformen verursachen, die auf schlechte Anpassung hindeuten (20, 113). Ein Vergleich einer Gruppe von Stotterern mit einer Gruppe von Nichtstotterern hat gezeigt, daß die Stotterer mehr und schwerwiegendere Symptome der Fehlanpassung zeigten als die Nichtstotterer (111). (Vgl. Abb. 6-2.)
Stotternde Kinder haben häufig Eltern, die sehr stark um Perfektion bemüht sind, die das Kind übermäßig behüten, die sich gegenüber dem Kind übertrieben durchsetzen wollen und die sehr um das Wohlergehen des Kindes und besonders um seine Sprache bemüht sind. Häufig sind Stotterer dazu gedrängt worden, zwei Sprachen gleichzeitig zu lernen. Kinder, die Frühgeburten gewesen sind oder deren Geburt schwierig gewesen ist, haben häufig Eltern, die ihre Kinder übermäßig behüten. Diese Umweltfaktoren machen das Kind nervös, leicht erregt, überängstlich und führen dazu, daß es von dem Gefühl, zurückgewiesen zu werden, gequält wird. Solche psychologischen Faktoren führen zu Stottern und bewirken, daß es andauert (21, 41, 113).

4. Poltern. Poltern ist eine schnelle, verwirrte und Silben oder Wörter durcheinanderwerfende Art des Sprechens, die oft mit Stottern verwechselt wird. Es tritt gewöhnlich zusammen mit linkischer Motorik auf und findet sich hauptsächlich bei Kindern, deren Sprachentwicklung sich verzögert hat. Es stellt eine Übertreibung der Sprechfehler dar, die normal sprechende Menschen machen. Im Gegensatz zum Stotterer kann der Polterer seine Sprache verbessern, wenn er sich darum bemüht und die entsprechende Aufmerksamkeit aufwendet. Je mehr Aufmerksamkeit der Stotterer seiner Sprache zuwendet, desto mehr stottert er gewöhnlich (11).

Geschlechtsbedingte Unterschiede bei Sprachstörungen. Sprachstörungen und Sprachschwierigkeiten treten bei Jungen sehr viel häufiger auf als bei Mädchen, abgesehen vom Lispeln. Es wird geschätzt, daß die verschiedenen Störungen zwei- bis achtmal häufiger bei Jungen auftreten und daß mit zunehmendem Alter der Anteil der Jungen größer wird (100, 103).
Es gibt eine Anzahl von Erklärungen für diese geschlechtsbedingten Unterschiede. Alle betonen zu einem stärkeren oder schwächeren Maße Unterschiede in der Angepaßtheit und der emotionalen Ausgeglichenheit. McCarthy weist darauf hin, daß Jungen in einem höheren Grad emotional unsicher sind als Mädchen; sie haben mehr Schwierigkeiten und werden härter bestraft als Mädchen. Außerdem ist der Vater so viel außerhalb des Hauses, daß der Junge sich nicht in dem Grade mit dem Vater identifizieren kann wie das Mädchen mit der Mutter, das so ein Gefühl der Sicherheit erhält, das für emotionale Ausgeglichenheit wesentlich ist (103).

Bedeutung der Sprachstörungen. Mit jedem Jahr, in dem man zuläßt, daß die Sprachstörung beibehalten wird, ist es schwieriger, diese zu berichtigen. Auch leichte Störungen wie Babysprache sind für die Entwicklung der inneren Ausgeglichenheit und für die Anpassung an die Gruppe hinderlich – und je stärker die Störung ist, desto größer wird auch die Behinderung. Wenn das Schulkind etwas falsch ausspricht, hat es das Gefühl, aufzufallen, und ist verlegen. Als Folge kann es unter starken Angstgefühlen leiden und fürchten, daß es aufgerufen wird und vor seinen Klassenkameraden sprechen muß oder daß sie es auslachen (74).
Viele Verhaltensformen der Fehlanpassung entstehen aus Gefühlen der

Unterlegenheit, die durch eine Sprachstörung verursacht oder verstärkt worden sind. Sprachstörungen werden so zu einem Teil des Syndroms für schlecht angepaßtes Verhalten (19, 136, 154). Zu der Beziehung zwischen Sprachstörung und fehlangepaßtem Verhalten stellt McCarthy fest: „Die neuere Literatur ist angefüllt mit Beschreibungen der Syndrome der Sprachschwierigkeiten, die es uns ermöglichen, den gesamten Bereich der Verhaltensstörungen bei Kindern genau zu überprüfen. Selten findet man ein Kind, das klinische Behandlung benötigt, bei dem nicht auch Symptome in einem oder mehreren Bereichen des Sprechens auftreten" (104).

Fehlangepaßtes Verhalten hat eine weitreichende Wirkung; sie beeinflußt alle Phasen im Leben eines Kindes. Viele Probleme der Anpassung werden – direkt oder indirekt – durch Sprachstörungen beeinflußt, und diese Probleme verstärken dann häufig die Störung. Mit Wahrscheinlichkeit tritt im Verhältnis des Kindes zu den Eltern und Geschwistern eine Verschlechterung ein, die aus einem Gefühl der Unsicherheit im Elternhaus entsteht oder aus einer Ablehnung der Behandlung, die es von seinen Geschwistern wegen seiner Sprachstörung erhält. Ein Kind mit einer Sprachstörung nimmt häufig ihm gebotene Möglichkeiten zur Bildung nicht wahr und bleibt deshalb oft hinter seinen Fähigkeiten zurück. In einzelnen Fällen leistet es jedoch sehr viel mehr, als bei seinen Fähigkeiten zu erwarten wäre, und es kompensiert so Gefühle der Minderwertigkeit (9, 57).

Wenn eine Sprachstörung so stark ist, daß sie es erforderlich macht, das Kind in eine Sonderklasse zur Berichtigung seiner Sprechweise zu schicken, kann das Kind als so „anders" angesehen werden, daß es von Kindern mit normaler Sprechweise sozial isoliert ist. Nur wenn eine Störung fehlangepaßtes Verhalten bewirkt, hat sie eine deutliche Wirkung. Es gibt Hinweise darauf, daß Stotterer eher akzeptiert werden als Kinder mit anderen Sprachstörungen, weil sie ihren Kameraden leid tun (113, 145). Ein Kind mit einer Sprachstörung wird gewöhnlich nicht Anführer, und es gehört in seinen Schulleistungen auch nicht zu den Besten der Klasse (19, 57, 118, 155).

Schwierigkeiten mit dem Satzbau

Bis zum Alter von drei oder vier Jahren machen kleine Kinder, selbst die, die hinsichtlich der Sprache gute Vorbilder im Elternhause haben, viele grammatische Fehler. Obgleich alle Wortverbindungen für das kleine Kind schwierig sind, hat es die größten Schwierigkeiten mit dem Gebrauch der Pronomina und den Zeiten. Nur wenige Zweijährige gebrauchen Pronomina richtig, bei den Dreijährigen sind es jedoch schon 75% (amerikanische Angaben; Literaturangabe: 70).

Nach dem Alter von drei Jahren kommen die Kinder mit der Grammatik besser zurecht, wenn sie auch weiter während der Grundschulzeit, sogar in der Oberschule und auf der Universität in grammatische Fehler verfallen. Fehler machen sie beim Schreiben in etwa derselben Form und im selben Ausmaß wie beim Sprechen. Kinder aus den unteren sozioökonomischen Gruppen, die häufiger falsches Sprechen hören, machen in jedem Alter mehr grammatische Fehler als Kinder aus bessergestelltem Elternhaus. Es besteht eine hohe Korrelation zwischen den grammatischen Fehlern, die ein Kind macht, und denen, die bei seinen Eltern zu finden sind (106, 115). Hinsichtlich der grammatischen Fehler gibt es ebenfalls Geschlechtsunterschiede; die Jungen machen in jedem Alter mehr grammatische Fehler als die Mädchen (103).

Trotz der Versuche in der Schule, grammatische Fehler zu korrigieren, bleiben viele Fehler bestehen. Havighurst weist darauf hin, daß logisches Denken wegen der vielen Unregelmäßigkeiten in der Sprache häufig nicht hilft (regelmäßige und unregelmäßige Verben, unterschiedliche Pluralbildung bei den Substantiven usw.) (70).

Die Bedeutung der grammatischen Fehler. Zunächst einmal führen Fehler des Satzbaus dazu, daß das Kind unrichtig denkt. Veränderungen des Satzbaus können einem Satz einen völlig anderen Sinn geben. Das beeinflußt das Verständnis des Kindes für das, was andere ihm sagen, ebenso wie deren Verständnis dessen, was es ihnen mitzuteilen versucht. Wenn etwa eine Mutter ihrem Kind sagt, daß es gefährlich ist, auf der Straße zu spielen, kann das Kind es so verstehen, daß es *jetzt* gefährlich ist; am nächsten Tag spielt es vielleicht auf der Straße. Wenn es getadelt wird, sagt es wahrscheinlich: „Aber du hast doch gestern gesagt, daß es gefährlich ist, du hast nicht gesagt, daß es heute gefährlich ist."

Die zweite wichtige Folge grammatischer Fehler ist die, daß sie einen ungünstigen Eindruck auf andere machen. Dies kann sich für die soziale Anpassung als hinderlich erweisen und später für den Erfolg im Beruf. Weiterhin wird die Sprache zu einem „Statussymbol", wenn das Kind älter wird. Da falsche Sprache bei Kindern und Erwachsenen in der unteren sozioökonomischen Gruppe häufiger sind, wird das Kind, das grammatische Fehler macht, leicht als zur unteren Schicht gehörig klassifiziert (42).

Die dritte wichtige Folge der grammatischen Fehler ist die, daß sie zur Gewohnheit werden, wenn sie wiederholt gebraucht werden. Das Kind gewöhnt sich daran, Wörter in bestimmten Verbindungen zu hören, und jede Veränderung dieser Verbindungen klingt für das Kind seltsam („er ist am lesen" statt „er liest"). Es ist gegenüber diesen Veränderungen befangen und weigert sich, sie anzunehmen.

Andererseits ist berichtet worden, daß die Kinder heute längere Sätze gebrauchen und weniger grammatische Fehler machen als die Kinder vor einer Generation. Durch die weite Verbreitung von Radio und Fernsehen hören die meisten kleinen Kinder jeden Tag gute Vorbilder für ihre Sprache, wenn sie Programmen folgen, die eigens für sie bestimmt sind (104). Obgleich das nicht völlig dem Einfluß eines schlechten Vorbildes durch die Eltern, die Geschwister und Verwandte entgegenwirkt, schwächt es doch im allgemeinen einige dieser Einflüsse ab. Solange das Kind bei seinen Eltern grammatische Fehler hört, hält es gewöhnlich auch an seinen Fehlern fest. Eltern, die falsch sprechen, berichtigen wahrscheinlich auch nicht die grammatischen Fehler ihrer Kinder; sie erkennen sie gewöhnlich nicht als Fehler. Folglich hat die Richtigkeit der Sätze nicht Schritt mit der Zunahme der Länge gehalten (115).

Zweisprachigkeit (Bilingualismus)

Bilingualismus ist die Fähigkeit, zwei Sprachen zu gebrauchen. Dazu gehört es nicht nur, in zwei verschiedenen Sprachen sprechen und schreiben zu können, sondern auch, daß man die Bedeutung dessen erfaßt, was andere entweder mündlich oder schriftlich mitzuteilen versuchen. Ein wirklich zweisprachiges Kind ist in einer fremden Sprache ebenso zu Hause wie in seiner Muttersprache; leicht und genau kann es in beiden Sprachen sprechen, lesen und schreiben (133).

Aufgaben, die beim Bilingualismus zu bewältigen sind. Jede Sprache hat ihren eigenen Wortschatz, ihre eigenen grammatischen Strukturen, eigene Wortbedeutungen und eine eigene Aussprache des einzelnen Buchstabens oder einzelner Buchstabenverbindungen. Das Kind, von dem man erwartet, daß es zwei Sprachen *gleichzeitig* lernt, muß für jeden Gegenstand, den es bezeichnen will, und für jeden Gedanken, den es äußern möchte, zwei verschiedene Wörter lernen. Es muß die Grammatik zweier Sprachen lernen, von denen die eine oft in starkem Gegensatz zur anderen steht.

Außerdem muß es lernen, daß die gleichen Buchstaben oder Buchstabenverbindungen unterschiedlich ausgesprochen werden; der Buchstabe „r" z. B. unterscheidet sich im Englischen stark vom Deutschen, wenn er auch gedruckt gleich aussieht. Diese Aufgaben sind schon für Schüler in der Oberschule mit Schwierigkeiten verbunden; für ein kleines Kind, dem nicht einmal eine Sprache vertraut ist, ist es noch schwieriger. Deshalb vermischt ein Kind leicht beide Sprachen und kann sie nicht

als zwei verschiedene Sprachsysteme auseinanderhalten (46, 80).
Wenn mit der zweiten Sprache begonnen wird, nachdem die erste den Punkt erreicht hat, wo sie automatisch oder fast automatisch gesprochen wird, sind die Aufgaben, die zum Lernen der zweiten Sprache gehören, noch lange nicht leicht. Schwierigkeiten mit der Aussprache, der grammatischen Struktur und der Bedeutung von Wörtern werden sich als verwirrend herausstellen (91). Darüber hinaus ist der Sprechmechanismus nicht mehr so leicht zu kontrollieren wie vorher, als das Kind noch kleiner war. Wenn es sich durch wiederholten Gebrauch daran gewöhnt hat, bestimmte Buchstaben oder Buchstabenverbindungen auf eine gewisse Art auszusprechen, dann findet das Kind es schwierig, sie in einer neuen Sprache anders auszusprechen. Es kann natürlich mit der Zeit die Aussprache der neuen Sprache völlig erlernen, aber wenn es nicht eine starke Motivation hat, das zu tun, ist es vielleicht nicht bereit, die nötige Zeit zu opfern und Anstrengungen zu unternehmen. Es spricht also vielleicht die zweite Sprache mit einem Akzent, der durch die erste verursacht wird.

Wirkung des Bilingualismus

Die Wirkungen des Bilingualismus hängen nicht so sehr von dem Bilingualismus per se ab, sondern vielmehr von den Bedingungen im Zusammenhang mit dem Bilingualismus. Vier dieser Bedingungen haben einen deutlichen Einfluß auf das Kind.

1. Art des Bilingualismus. Bei den meisten sogenannten zweisprachigen Kindern gibt es eine dominierende Sprache. Wenn sich die dominierende Sprache des Kindes von der unterscheidet, die die anderen Kinder seiner Umgebung gebrauchen, hat es Schwierigkeiten mit der Verständigung. Diese Schwierigkeiten verstärken seine Probleme der sozialen Anpassung. Außerdem entstehen dem Kind ernstzunehmende Schulschwierigkeiten. Da es in sprachlicher Hinsicht noch nicht reif ist für die Schule, sind seine Gefühle der Unsicherheit größer als normalerweise bei anderen Kindern, wenn sie in die Schule kommen. Als Folge ist es bei seiner Anpassung an die Schule von vorneherein benachteiligt (72, 134).

2. Der Zeitpunkt, zu dem Zweisprachigkeit erworben wird. Zwei Sprachen g l e i c h z e i t i g zu erlernen verzögert mit aller Wahrscheinlichkeit die Sprachentwicklung in beiden Sprachen. Größe des Wortschatzes, Satzlänge und Konstruktion und Aussprache bleiben zurück. Leicht kommt es beim zweisprachigen Kind zu einer Verwirrung bei seinem Denken; es wird deshalb selbstbefangen, was sein Sprechen betrifft (20, 46, 132).

3. Das Prestige der dominierenden Sprache. Eine dritte Bedingung, die den Grad der Wirkung des Bilingualismus auf die Entwicklung des Kindes bestimmt, ist das Ansehen der dominierenden Sprache. Wenn ein Kind vier oder fünf Jahre alt ist, kann es Rassenunterschiede nach Hautfarbe, Gesichtszügen und Sprache feststellen (40). Wenn ein Kind Rassenunterschiede kennenlernt, lernt es auch, daß auf einige ethnische Gruppen als „minderwertig" herabgesehen wird. Mit der Zeit entwickelt es stereotype Meinungen über die unterschiedlichen Rassen und beurteilt alle Mitglieder einer bestimmten Rasse günstig oder ungünstig (46, 54, 158).

4. Grad des Unterschiedes zwischen den beiden Sprachen. Die vierte Bedingung, die die Wirkung des Bilingualismus auf die Anpassung des Kindes bestimmt, ist der Grad, in dem sich die beiden Sprachen unterscheiden. Das zweisprachige Kind, dessen dominierende Sprache eine fremde Sprache ist und dessen Eltern sich wie Ausländer verhalten und entsprechend leben, wird sich in mancher Hinsicht von den anderen Kindern unterscheiden. Sein Elternhaus, seine Art, sich zu kleiden und zu essen, sind oft anders, und es ist sicher in vieler Hinsicht anders erzogen worden als seine Klassenkameraden. Auch dieses Gesamtbild des Andersseins, das ständig in seiner

Sprache deutlich wird, ist wahrscheinlich ein starkes Hindernis für seine Anpassung; seine schlechte Anpassung führt wiederum zu Gefühlen der Unterlegenheit und Minderwertigkeit (48, 60).

Nachteile der Zweisprachigkeit. Nach dem Gesagten muß man schließen, daß Bilingualismus eher ein Nachteil als ein Vorteil für das Kind ist, besonders in den Jahren, bevor ein Kind in die Schule kommt. Diese Ansicht wird heute weitgehend von Psychologen und Pädagogen vertreten. Thompson vertritt diese Meinung, wenn er sagt: „Es kann kein Zweifel darüber bestehen, daß ein Kind, das in einer zweisprachigen Umwelt aufwächst, hinsichtlich seiner Sprachentwicklung benachteiligt ist. Man kann darüber verschiedener Meinung sein, ob die Beherrschung zweier Sprachen die daraus resultierende Verzögerung in der Sprache, die allgemein in einem bestimmten Bereich gesprochen wird, wert ist" (148).
Wie in jedem Bereich des Lebens gibt es auch Ausnahmen dieser Regel. Carrow hat darauf hingewiesen, daß ein Unterschied besteht zwischen Sprachschwierigkeiten als Folge von Bilingualismus per se und solchen, die aus einer zweisprachigen Umgebung entstehen. So braucht Bilingualismus nicht „auf allen Altersstufen, zu jedem Zeitraum ihres Lebens für alle zweisprachigen Kinder schädlich zu sein. In Elternhäusern, in denen eine Einstellung zur Sprache herrscht, die breite Erfahrungen begünstigt, und wo gute Vorbilder für die Sprache geboten werden, hat das zweisprachige Kind unter Umständen in beiden Sprachen keine Schwierigkeiten" (37).

Das Lernen von Fremdsprachen. Untersuchungen über die Wirkung von Bilingualismus zeigen, daß die heute vorhandenen Bestrebungen, das Lernen von Fremdsprachen schon in der Unterstufe der Volksschule einsetzen zu lassen, mit in Erwägung ziehen müssen, ob Kinder in diesem Alter reif sind, eine Fremdsprache zu beherrschen, ohne daß ihre Muttersprache darunter leidet. Einige Pädagogen befürworten es, das Lernen von Fremdsprachen im Kindergarten oder ersten Schuljahr einsetzen zu lassen; andere plädieren dafür, bis zum zweiten, dritten oder sogar vierten Schuljahr zu warten; wieder andere behaupten, daß das Kind die fremde Sprache schneller, und ohne daß seine Muttersprache Schaden leidet, beherrscht, wenn es bis etwa zum siebten Schuljahr wartet.
Es ist unmöglich, eine verbindliche Regel, die für alle Kinder gilt, festzulegen; wie in anderen Bereichen ihrer Entwicklung unterscheiden sich Kinder hinsichtlich ihrer Sprachentwicklung so sehr, daß einige Kinder mehrere Jahre früher dazu in der Lage sind, eine fremde Sprache zu erlernen, als andere. Da es aber unmöglich ist, in einer großen Klasse den individuellen Bedürfnissen jedes einzelnen Kindes zu entsprechen, könnten wir schließen, daß es ratsam wäre, den Unterricht in einer Fremdsprache wenigstens bis zur dritten Klasse aufzuschieben. Zu dem Zeitpunkt fügt der Fremdsprachenunterricht wahrscheinlich keine neuen Anpassungsschwierigkeiten zu den bereits vorhandenen hinzu. Weiter sollten bis dahin Kinder aus einem Elternhaus mit wenigen sprachlichen Anregungen die Möglichkeit gehabt haben, einige ihrer schwersten Fehler in der Aussprache und Grammatik unter der Anleitung eines Lehrers zu berichtigen. Sie sollten deshalb in der Lage sein, erste Kenntnisse einer neuen Sprache zu erwerben, ohne daß die Beherrschung ihrer Muttersprache allzu sehr darunter leidet.
Intelligente Kinder, die aus einer häuslichen Umgebung mit sprachlichen Anregungen stammen, könnten mit dem Unterricht in einer fremden Sprache viel früher anfangen. Obgleich das Kind im Vorschulalter oder im ersten oder zweiten Schuljahr ohne Zweifel Wörter in einer fremden Sprache ebenso leicht wie ein Kind im dritten oder vierten Schuljahr – vielleicht sogar noch leichter – aussprechen kann, gehört zum Erlernen einer fremden Sprache doch mehr als die Aussprache von Wörtern; auf den anderen Gebieten des Lernens treten wahrscheinlich Verwirrung und Schwierigkeiten auf.

Wieviel ein Kind spricht

Nachdem ein Kind das Sprechen gelernt hat, spricht es fast unaufhörlich. Obgleich es am liebsten mit anderen Menschen spricht, redet es ebenfalls, wenn es alleine ist und sich mit seinem Spielzeug beschäftigt. Es spricht gleichfalls mit Menschen, die dem, was es sagt, wenig oder keine Aufmerksamkeit zuwenden oder die seine Fragen nicht beantworten. Das ältere Kind lehnt eine solche Behandlung ab, aber dem kleinen Kind gefällt das Gefühl der Macht und Unabhängigkeit, das ihm seine neue Fertigkeit gibt; so ist ihm das Sprechen eine Quelle großer innerer Befriedigung. Man hat geschätzt, daß drei- bis vierjährige Kinder im Durchschnitt 15 000 Wörter am Tag oder annähernd 5 500 000 Wörter im Jahr sprechen. Dies gibt ihnen beim Sprechen viel Übung und eine Gewandheit, die eine starke Stütze ihres Selbstvertrauens darstellt (103).

Ein Kind, dessen Sprachentwicklung sich verzögert, erhält weniger Übung als ein Kind, das zur üblichen Zeit anfängt zu sprechen. Wenn ein Kind sechs Monate bis ein Jahr später sprechen lernt, bedeutet das in vielen Fällen, daß das Kind vom Gesichtspunkt der Sprachentwicklung her nicht reif dazu ist, mit sechs Jahren in die Schule zu kommen. Wenn es erst einmal anfängt zu sprechen, erreicht es vielleicht das Niveau seiner Altersgenossen, aber der Mangel an Übung enthält ihm das Selbstvertrauen vor, das für flüssiges Sprechen wesentlich ist. Deshalb scheut es sich, sich mündlich zu äußern; das behindert es bei seiner Anpassung in der Schule und in der Gruppe (104).

Das „ruhige" Kind, das weniger als seine Altersgenossen spricht, entwickelt Gefühle der Unzulänglichkeit, die oft noch andauern, lange nachdem es ebenso gut sprechen kann wie seine Kameraden. Wenn die Kinder älter werden, sprechen sie immer mehr miteinander; das Spiel wird dadurch stärker auf andere bezogen, und es bereitet ihnen mehr Freude. Das stille Kind stellt fest, daß es vielfach abseits steht. Seine Spielfreunde stoßen es zwar wahrscheinlich nicht zurück, aber es wird nicht beachtet, weil es so wenig beizutragen hat. Es ist berichtet worden, daß eine enge Beziehung besteht zwischen Sprechen und sozialer Anerkennung während der ganzen Kindheit; wenn alle anderen Voraussetzungen gleich sind, sind die Kinder am beliebtesten, die am meisten sprechen, und umgekehrt (102).

Inhalt des Sprechens

Worüber das Kind spricht, ist ebenso wichtig wie die Menge seines Sprechens. Untersuchungen über den Inhalt der Gespräche, die Kinder auf verschiedenen Altersstufen führen, informieren über die Größe und die Richtigkeit des Wortschatzes, über die Fähigkeit, Wörter zu Sätzen zu verbinden, über die vorherrschenden Interessen und über die Vorstellung, die ein Kind von sich selber hat (104). Aus dem, was das Kind sagt, kann man schließen, wie es über sich denkt und über seine Beziehungen zu anderen und wie es sich im Vergleich zu seinen Kameraden sieht (120). Außerdem informiert uns die Sprache eines Kindes über seinen emotionalen Zustand – ob es glücklich, verängstigt, wütend, eifersüchtig oder neugierig ist. Sie ist ein „Thermometer für emotionale Reaktionen", weil sie uns zeigt, wie emotional ausgeglichen oder gestört das Kind ist (15).

Individuelle Unterschiede hinsichtlich des Bedürfnisses zu sprechen beeinflussen die Menge und den Inhalt des kindlichen Sprechens. Ein Kind, dem Zuneigung vorenthalten wird, spricht mehr, wenn es mit Erwachsenen zusammen ist, und stellt mehr Ansprüche an sie als ein Kind, das sich der Zuneigung seiner Eltern und Kameraden sicher ist. Abb. 6-3 zeigt, daß kleine Kinder die Anerkennung und Aufmerksamkeit der Erwachsenen durch Bemerkungen, Fragen u. ä. suchen. Ein Kind, dessen Bedürfnis nach Zuneigung angemessen gestillt wird, spricht nicht, um Aufmerksamkeit zu erregen, sondern um sein Verlangen nach Macht über seine Umwelt zu befriedigen oder nur wegen der Befriedigung, die es dadurch erhält, daß es sich selber sprechen hört. Worüber ein Kind spricht und die Art, wie es sich ausdrückt, entsprechen seinen Persönlichkeitszügen. Man kann deshalb gute Hinweise auf die Persönlichkeit eines Kindes erhalten, wenn man ihm beim Sprechen zuhört (129).

Zunächst ist das Sprechen des kleinen Kindes eine Begleiterscheinung der motorischen Aktivität. Laufen, Spielen, Essen, Baden, das alles wird von irgendeiner Form stimmlicher Äußerungen begleitet, ob es sich nun um Ausrufe, Grunzen, Quietschen oder Wörter handelt. Sie alle haben eine feste Beziehung zu dem, was das Kind tut, und sind in Wirklichkeit eine Form, „laut zu denken". Das kleine Mädchen, das mit der Puppe spielt, sagt: „Puppe zugedeckt", wenn es eine Decke über die Puppe gelegt hat. Nur wenig beim Sprechen des kleinen Kindes ist als Mitteilung anzusehen; es handelt sich eher um einen Monolog, einen fortlaufenden Kommentar seiner eigenen Handlungen (108, 119).

Arten des Sprechens. Das Sprechen kleiner Kinder wird in zwei große Kategorien eingeteilt, in egozentrisches Sprechen und in an andere gerichtetes Sprechen. Bei der ersten Art spricht das Kind entweder zu seinem Vergnügen oder weil es sich freut, mit irgendjemandem, der zufällig anwesend ist, zusammen zu sein. Es versucht nicht, Gedanken auszutauschen oder die Ansichten des anderen zu beachten. Egozentrisches Sprechen ist deshalb eine „Pseudo-Unterhaltung", die aus den intellektuellen Begrenzungen des Kindes stammt und aus seiner Unfähigkeit, seinen eigenen Denkprozeß zu analysieren und die Schlüsse, die es zieht, zu kontrollieren (119).

An andere gerichtetes Sprechen tritt auf, wenn die sozialen Kontakte zwischen dem Kind und seiner sozialen Umwelt hergestellt worden sind. Es wird unterteilt in 1) Information, in der Gedanken oder Ansichten ausgetauscht werden oder ein gemeinsames Ziel verfolgt wird; 2) Kritik – zu der die Bemerkungen eines Kindes über die Arbeit oder das Verhalten gehören –, die für einen Zuhörer abgegeben wird; 3) Befehle, Wünsche und Drohungen;

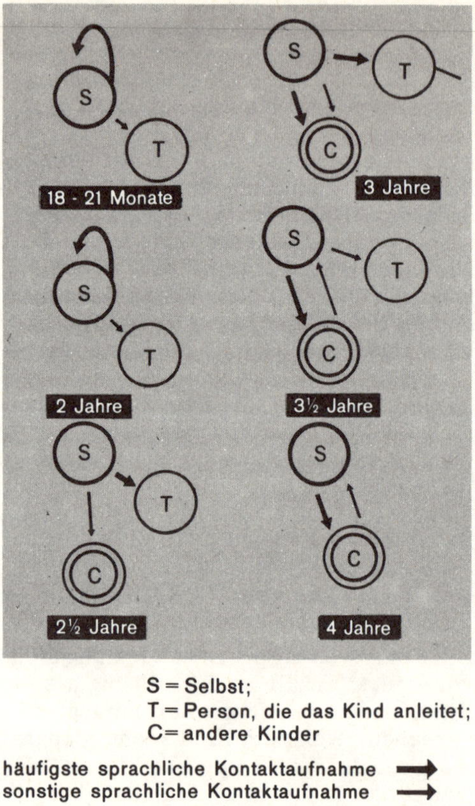

Abb. 6-3. Frühe Formen sprachlicher Kontaktaufnahme.

4) Fragen und 5) Antworten, die auf echte Fragen gegeben werden. Während das egozentrische Sprechen eine Hilfe für die Entwicklung des Denkens eines Kindes darstellen kann, ist das an andere gerichtete Sprechen eine Hilfe für seine sozialen Anpassungen (107, 119).

Der größte Teil des Sprechens beim kleinen Kind ist egozentrisch. Wenn sein Wunsch, ein Mitglied der sozialen Gruppe zu sein, stärker wird, gebraucht es nach und nach die Sprache als ein soziales Werkzeug. Es ist schwierig, festzulegen, wann genau die deutliche Verlagerung vom egozentrischen Sprechen zu dem an andere gerichteten Sprechen stattfindet. Verschiedene Forscher haben unterschiedliche Altersangaben gemacht, die von zwei bis zu sieben oder acht Jahren reichen. In diesen Jahren sprechen die Kinder mehr mit Kameraden als mit Erwachsenen, wenn

Alterskameraden in der Nähe sind (5). (Vgl. Abb. 6-3).

Der Wechsel vom egozentrischen zu dem an andere gerichteten Sprechen hängt weniger vom chronologischen Alter als von anderen Faktoren ab. Die Persönlichkeit des Kindes ist eine wichtige Determinante. Kinder, deren Vorstellung von sich selbst egozentrisch ist, sprechen noch längere Zeit über sich selbst und zeigen ein geringeres Interesse dafür, mit anderen zu sprechen, als Kinder, die sich selber realistisch einschätzen können. Erfahrungen mit anderen ermöglichen es dem Kind, einen Grad der sozialen Reife zu erwerben, der in dem Maß widergespiegelt wird, in dem es die Ansichten anderer verstehen kann und teilt. Wenn die Gruppe, mit der ein Kind es zu tun hat, größer wird, wird sein Sprechen sozialer und weniger egozentrisch.

An andere gerichtetes Sprechen wird ausgeprägt, wenn Kinder mit Gleichaltrigen zusammen sind. Erwachsene ermutigen Kinder, über sich selbst zu sprechen. Sie erkundigen sich danach, was das Kind tut, wie ihm die Schule gefällt oder was es sein möchte, wenn es erwachsen ist (33). Im Umgang mit anderen Kindern fehlt die Ermunterung zu egozentrischem Sprechen. Folglich lenkt das Kind seine Unterhaltung in Bahnen, die deren Aufmerksamkeit und Anerkennung finden, wodurch es stärker von ihnen akzeptiert wird (22, 60, 65).

Kinder gebrauchen sowohl Feststellungen als auch Fragen. Das kleine Kind stellt sehr bald fest, daß Fragen weit eher Aufmerksamkeit erregen als Feststellungen. Folglich ist ein großer Teil seines frühen Sprechens in die Form der allgemeinen Fragen gekleidet. Es stellt zu allem Fragen. Später sind die Fragen spezifischer; sie werden gestellt, um teilweise gebildete Hypothesen zu überprüfen, und füllen Lücken in

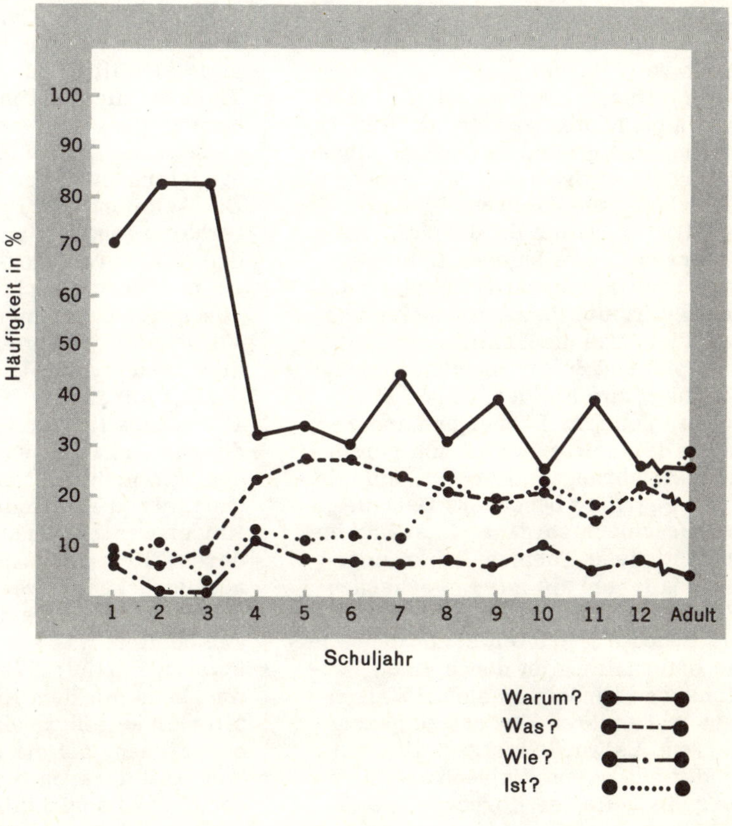

Abb. 6-4. Frageformen, die häufig von Kindern in verschiedenen Altersstufen verwandt werden (Adult = Erwachsener).

seinem Wissen. Noch später werden sie gebraucht, um seine Schlüsse zu bestätigen. Die „warum"-Fragen erreichen ihren Höhepunkt zwischen dem zweiten und dritten Schuljahr und nehmen dann an Häufigkeit ab, während die anderen Fragearten, besonders die „was"-Fragen, zunehmen (156).

Themen der Unterhaltung. Worüber Kinder untereinander und mit Erwachsenen sprechen, wird beeinflußt von ihrem Alter, von der Breite der Erfahrungen, die sie gemacht haben, und von ihrer Persönlichkeit. Zum größten Teil sprechen kleine Kinder über die gewöhnlichsten, einfachsten Dinge in einer normalen alltäglichen Situation. Sie sprechen hauptsächlich über sich selbst und ihr Verhältnis zu den einzelnen Mitgliedern ihrer Familie. Viele Themen, die für eine Unterhaltung von Erwachsenen charakteristisch sind, erscheinen auch andeutungsweise in den Unterhaltungen von Kindern im Vorschulalter. Themen wie Kleider, Vorlieben und Abneigungen, Wohngegend und Fragen des täglichen Lebens herrschen vor (51, 88).

Unter älteren Kindern ist die Vielfalt der Themen größer, da ihre Erfahrungen zugenommen haben. Ihre Unterhaltung dreht sich weitgehend um die Schule, die damit verbundenen Beschäftigungen, um die Lehrer, den Unterricht, ihre eigenen Leistungen, ihre Familie einschließlich ihrer Geschwister, um ihre Verwandten und um das Tier, das die Familie sich hält, um Spiel und Sport, um Reisen und Ausflüge, um Kleider, Kino, Fernsehen, Comics, Bücher und andere Arten des Zeitvertreibs, um persönliche Erfahrungen aller Art, um tabuierte Begriffe, besonders Geschlecht und Geschlechtsorgane. Das Kind bespricht diese Themen lieber mit Gleichaltrigen als mit Erwachsenen (26, 60).

Die Bedeutung breiter Erfahrungen für die Unterhaltung ist durch einen Vergleich von Kindern in einem Waisenhaus und anderen Kindern aufgezeigt worden. Es wurde festgestellt, daß Kinder aus einem Waisenhaus mehr über die Teile des Körpers, über Spielzeug, Beschäftigungen und alltägliche Angelegenheiten, Gebäude und Möbel sprechen als die Kinder, die nicht im Waisenhaus lebten. Diese Kinder wiederum sprachen mehr über andere Kinder, Beschäftigungen, Kleidung und die Natur, als es die Kinder aus dem Waisenhaus taten. Sie bezogen sich auf eine größere Vielzahl von Themen (112). Kinder, die eine lange Zeit in einem Heim oder einem Krankenhaus leben müssen, haben so wenig Interessen und es gibt so wenig, über das sie sprechen können, daß sie sich in sich selbst zurückziehen und kaum reden, selbst wenn die Beschränkungen, die ihnen durch die Isolierung in einem Heim auferlegt worden sind, nicht mehr vorhanden sind (67).

Konstruktive Vorschläge dafür, wie die Sprache eines Kindes verbessert werden kann. Weil das, was ein Kind sagt, und wie es etwas sagt, so weitreichende Folgen haben können, sollte es einleuchten, daß dieser Bereich der Sprachentwicklung nicht dem Zufall überlassen bleiben darf. Diskussionen in der Familie und in der Schule über Themen, die nicht in direkter Beziehung zu dem Kind stehen, ermuntern es sehr, eher an andere gerichtet als egozentrisch zu sprechen.

Die Anleitung der Erwachsenen in Unterhaltungen kann viel dazu beitragen, daß Kinder von egozentrischer Sprache zu an andere gerichtete Sprache übergehen, wie Experimente mit Kindern im Vorschulalter zeigten. Diese Ergebnisse machten deutlich, daß Mädchen, die dazu ermuntert wurden, sich im Elternhaus frei zu Themen zu äußern, die von Erwachsenen gut geheißen worden waren, beliebter waren als Mädchen, deren Eltern die Gespräche ihrer Kinder weniger lenkten. Die Jungen, deren Eltern ihre Art und Weise, sich auszudrücken, etwas beschränkten, waren beliebter als die Jungen, die sagen durften, was sie wollten.

Marshall meint: „Wenn Eltern und Erwachsene mit dem Kind im Vorschulalter eine größere Zahl von Themen besprechen, auf die ein Kind sich beim Spiel mit anderen Kindern beziehen kann, dann spricht dieses Kind mit

seinen Kameraden darüber oder verarbeitet sie im Spiel; es hat so eine bessere Möglichkeit, von der Gruppe im Vorschulalter sozial akzeptiert zu werden" (102).
Ebenso wie es wichtig ist, daß ein Kind auf den Weg des an andere gerichteten Sprechens geführt wird, sollte es auch darin angeleitet werden, wie es sich selber ausdrücken kann. Kein Kind hat genügend Erfahrung oder genügend soziale Einsichten, um zu wissen, wie schädlich gewisse Weisen, sich zu äußern, sein können. Wenn es ein anderes Kind in Wut bringen kann, indem es eine abfällige Bemerkung macht, wenn es die Gefühle einer Person verletzen kann, über die es sich geärgert hat, wenn es sich überlegen fühlen kann, weil es sich seiner Leistungen rühmt, dann wünscht es natürlich, diese Erfahrung zu wiederholen, die ihm eine so große innere Befriedigung bereitet hat. Eltern und Lehrer jedoch sollten so vorausschauend sein und einsehen, daß für eine solche vorübergehende Befriedigung teuer bezahlt werden muß. Es sollte eine Aufgabe der Erziehung darstellen, darauf zu achten, wie sich das Kind ausdrückt, um sicher zu sein, daß ein Kind an solchem sprachlichen Verhalten keine Freude hat. Gleichzeitig sollten sozial akzeptierte Formen des Sprechens belohnt werden, damit das Kind dazu ermuntert wird, solche Formen zu wiederholen.
Die Anleitung für ein Kind, in sozial annehmbarer Weise sprechen zu lernen, umfaßt zwei Bereiche: Regeln und ein gutes Vorbild zur Nachahmung. Regeln sollten dem Kind sagen, was sozial gebilligt und was nicht annehmbar ist. Im Elternhaus und in der Schule sollte es z. B. eine Regel sein, daß Jungen Mädchen nicht kritisieren dürfen, nur weil sie Mädchen sind, oder abfällige Bemerkungen machen dürfen über alle Mitglieder des weiblichen Geschlechtes. Es sollte ebenfalls Vorschriften für die Kritik von Mitgliedern der Familie geben, und auch das Beschimpfen sollte durch Regeln eingeschränkt werden. In einem liberalen Elternhaus sollte ein Kind dazu ermuntert werden, seine Meinung über Leute zu äußern. Es müßte ihm jedoch beigebracht werden, daß eine Meinung taktvoll geäußert werden kann und daß man andere Menschen nicht lächerlich machen darf. In ähnlicher Weise sollte auch ein Kind zu seinen Eltern kommen dürfen, um sich Hilfe zu holen, wenn es von Geschwistern oder Spielkameraden angegriffen worden ist. Es besteht ein Unterschied, ob ein Kind „petzt" oder ob es sich Hilfe holt.

Wenn die Regeln ihren Zweck als Wegweiser für das Verhalten erfüllen sollen, dann muß absichtlicher Verstoß gegen die Regeln bestraft und Beachtung der Regeln belohnt werden. Nur so erhält das Kind die Motivation, die nötig ist, um die Regeln als Anleitung dafür zu gebrauchen, sozial akzeptable Formen des Verhaltens zu lernen.

Zur Anleitung gehört ebenfalls das gute Vorbild. Ebenso, wie man von keinem Kind erwarten kann, daß es richtig spricht, wenn es ständig grammatische Fehler in seinem Elternhaus hört, so kann man auch von keinem Kind erwarten, daß es in sozial gebilligter Weise seine Sprache gebraucht, wenn es von Menschen umgeben ist, die kritisieren, lächerlich machen, klatschen oder beschimpfen. Wenn Eltern und Lehrer ihre Meinung über ein Kind und das, was es tut, auf kritische Art oder durch abwertende Vergleiche mit einem anderen Kind äußern, ist es nicht verwunderlich, wenn das Kind annimmt, dies sei die Art, mit einer unbefriedigenden Lage fertig zu werden.

Blinde Nachahmung – Nachahmung ohne Verstehen – führt kaum zu zufriedenstellenden Ergebnissen. Nachahmung sollte sich auf Verstehen und Vernunft gründen. Drei einfache Ratschläge können angewendet werden, um das Verständnis eines Kindes und gleichzeitig seine Motivation zur Nachahmung zu vergrößern: 1. „Wenn du nichts Nettes sagen kannst, solltest du lieber gar nichts sagen", 2. „Auf solche Art kannst du keine Freunde gewinnen und Menschen beeinflussen", 3. „Mit Zucker kann man mehr Fliegen fangen als mit Essig".

Wenn es auch stimmt, daß man nicht erwarten kann, daß ein Kind weiß, was solche Ratschläge bedeuten, so wird es doch zunächst einmal verstehen, daß es einen Grund dafür gibt, seine Sprache so zu gebrauchen, daß es andere nicht verletzt, was ihm auch zum eigenen Vorteil gereicht. Wenn diese Hinweise oft genug wiederholt werden, wird das Kind darauf konditioniert, nette Bemerkungen mit sozialem Akzeptiertwerden zu assoziieren.

Bibliographie

(1) ALDRICH, C. A., C. SUNG, and C. KNOP: The crying of newly born babies. *J. Pediat.,* 1945, **26,** 313–326; **27,** 89–96, 429–435.

(2) ALDRICH, C. A., M. A. NORVAL, C. KNOP, and F. VENEGAS: The crying of newly born babies. IV. A follow-up study after additional nursing care had been provided. *J. Pediat.,* 1946, **28,** 665–670.

(3) ALLEN, D. A.: Antifemininity in men. *Amer. sociol. Rev.,* 1954, **19,** 591–593.

(4) AMES, L. B.: Motor correlates of infant crying. *J. genet. Psychol.,* 1941, **59,** 239–247.

(5) AMES, L. B.: The sense of self of nursery school children as manifested by their verbal behavior. *J. genet. Psychol.,* 1952, **81,** 193–232.

(6) ANASTASI, A., and F. A. CORDOVA: Some effects of bilingualism upon the intelligence test performance of Puerto Rican children in New York City. *J. educ. Psychol.,* 1953, **44,** 1–19.

(7) ANASTASI, A., and R. D'ANGELO: A comparison of Negro and white preschool children in language development and Goodenough draw-a-man I.Q. *J. genet. Psychol.,* 1952, **81,** 147–165.

(8) ANASTASI, A., and C. DE JÉSUS: Language development and non-verbal I.Q. of Puerto Rican preschool children in New York City. *J. abnorm. soc. Psychol.,* 1953, **48,** 357–366.

(9) A.S.H.A. Committee on the Midcentury White House Conference: Speech disorders and speech correction. *J. speech hear. Disord.,* 1952, **17,** 129–137.

(10) AUSUBEL, D. P., E. E. BALTHAZAR, I. ROSENTHAL, L. S. BLACKMAN, S. H. SCHPOONT, and J. WELKOWITZ: Perceived parent attitudes as determinants of children's ego structure. *Child Develpm.,* 1954, **25,** 173–183.

(11) BAKWIN, R. M., and H. BAKWIN: Cluttering. *J. Pediat.,* 1952, **40,** 393–396.

(12) BALDRIDGE, M.: Three decades of language study. *Childh. Educ.,* 1949, **26,** 117–124.

(13) BALDWIN, A. L.: Differences in parent behavior toward three- and nine-year-old children. *J. Pers.,* 1945, **15,** 143–165.

(14) BARCLAY, D.: What tattling really tells. *The New York Times,* Aug. 12, 1962.

(15) BAYLEY, N.: *Studies in the development of young children.* Berkeley, Calif.: The University of California Press, 1940.

(16) BELL, G. B., and H. E. HALL: The relationship between leadership and latency. *J. abnorm. soc. Psychol.,* 1954, **49,** 156–157.

(17) BEREITER, C.: Fluency abilities in preschool children. *J. genet. Psychol.,* 1961, **98,** 47–48.

(18) BERNSTEIN, B.: Language and social class. *Brit. J. Sociol.,* 1960, **11,** 271–276.

(19) BLOODSTEIN, O.: The development of stuttering. *J. speech hear. Disord.,* 1960, **25,** 219–237, 366–376; 1961, **26,** 67–82.

(20) BLUEMEL, C. S.: If a child stammers. *Ment. Hyg., N.Y.,* 1959, **43,** 390–393.

(21) BOLAND, J. C.: Type of birth as related to stuttering. *J. speech hear. Disord.,* 1951, **16,** 40–43.

(22) BONNEY, M. E.: Social behavior differences between second grade children of high and low sociometric status. *J. educ. Res.,* 1955, **48,** 481–495.

(23) BORING, E. G.: The woman problem. *Amer. Psychologist,* 1951, **6,** 679–692.

(24) BOSSARD, J. H. S.: *Parent and child.* Philadelphia: University of Pennsylvania Press, 1953.

(25) BOSSARD, J. H. S., and E. S. BOLL: Marital unhappiness in the life cycle. *Marriage fam. Liv.,* 1955, **17,** 10–14.

(26) BOSSARD, J. H. S., and E. S. BOLL: *The sociology of child development,* 3d ed. New York: Harper & Row, 1960.

(27) BRECKENRIDGE, M. E., and E. L. VINCENT: *Child development,* 4th ed. Philadelphia: Saunders, 1960.

(28) BRETSCH, H. S.: Social skills and activities of socially accepted and unaccepted adolescents. *J. educ. Psychol.,* 1952, **43,** 449–458.

(29) BRODBECK, A. J., and O. C. IRWIN: The speech behavior of infants without families. *Child Developm.,* 1946, **17,** 145–146.

(30) BROWN, D. G.: Masculinity-femininity development in children. *J. consult. Psychol.,* 1957, **21,** 197–202.

(31) BROWN, R., and J. BERKO: Word association and the acquisition of grammar. *Child Develpm.,* 1960, **31,** 1–14.

(32) BROWN, W. H., and V. C. MORRIS: Social acceptance among "Texas" children. *Understanding the Child,* 1954, **23,** 56–60.

(33) BROWNFIELD, E. D.: Communication—key to dynamics of family interaction. *Marriage fam. Liv.,* 1953, **15,** 316–319.

(34) BROWNSTONE, C.: Why children's secret language. *Parents' Mag.,* May 1940, 30–31.

(35) BRYAN, F. E.: How large are children's vocabularies? *Elem. Sch. J.,* 1953, **54,** 210–216.

(36) CARROLL, J. B.: Language development. In *Encyclopedia of educational research,* 3d ed. New York: Macmillan, 1960. Pp. 744–752.

(37) CARROW, SISTER M. A.: Linguistic functioning of bilingual and monolingual children. *J. speech hear. Disord.,* 1957, **22,** 371–380.

(38) CATALANO, F. L., and D. MC CARTHY: Infant speech as possible predictor of later intelligence. *J. Psychol.,* 1954, **38,** 203–209.

(39) CATTELL, P.: *The measurement of intelligence of infants and young children.* New York: The Psychological Corporation, 1940.

(40) CENTERS, R.: Social-class identification of American youth. *J. Pers.,* 1950, **18,** 290–302.

(41) CHRISTENSEN, A. H.: A quantitative study of personality dynamics in stuttering and nonstuttering siblings. *Speech Monogr.,* 1952, **19,** 144–145.

(42) COHN, W.: On the language of lower-class children. *Sch. Rev.,* 1959, **67,** 435–440.

(43) CRANE, A. R.: Pre-adolescent gangs: a socio-psychological interpretation. *J. genet. Psychol.,* 1955, **86,** 275–279.

(44) CRUICKSHANK, W. M., and G. O. JOHNSON: *Education of exceptional children and youth.* Englewood Cliffs, N.J.: Prentice-Hall, 1958.

(45) CURRY, E. T.: Hoarseness and voice change in male adolescents. *J. speech hear. Disord.,* 1949, **14,** 23–25.

(46) DARCY, N. T.: A review of the literature on the effects of bilingualism upon the measurement of intelligence. *J. genet. Psychol.,* 1953, **82,** 21–57.

(47) DAVIS, A., and R. J. HAVIGHURST: *Father of the man.* Boston: Houghton Mifflin, 1947.

(48) DAVITZ, J. R.: Social perception and sociometric choice of children. *J. abnorm. soc. Psychol.,* 1955, **50,** 173–176.

(49) DAWSON, M. A.: Children's preferences for conversational topics. *Elem. Sch. J.,* 1937, **37,** 429–437.

(50) DOUGLASS, R. L.: Basic feelings and speech defects. *Except. Children,* 1959, **25,** 319–324.

(51) DREGER, R. M.: Spontaneous conversation and story-telling of children in a naturalistic setting. *J. Psychol.,* 1955, **40,** 163–180.

(52) FEA, H. R.: Interrelationships among materials read, written, and spoken by pupils of the fifth and sixth grades. *J. educ. Psychol.,* 1953, **44,** 159–174.

(53) FEIFEL, H., and I. LORGE: Quantitative differences in the vocabulary responses of children. *J. educ. Psychol.,* 1950, **41,** 1–18.

(54) FISHMAN, J. A.: Negative stereotypes concerning Americans among American-born children receiving various types of minority group education. *Genet. Psychol. Monogr.,* 1955, **51,** 107–182.

(55) FITT, A. B.: An experimental study of children's attitudes toward school in Auckland, N.Z. *Brit. J. educ. Psychol.,* 1956, **26,** 25–30.

(56) FITZSIMONS, R.: Developmental, psychosocial, and educational factors in children with nonorganic articulation problems. *Child Develpm.,* 1958, **29,** 481–489.

(57) FREEMAN, G. G., and J. A. SONNEGA: Peer evaluation of children in speech correction class. *J. speech hear. Disord.,* 1956, **21,** 179–182.

(58) GARRISON, K. C.: *Growth and development,* 2d ed. New York: Longmans, 1959.

(59) GESELL, A.: The ontogenesis of infant behavior. In L. Carmichael (Ed.), *Manual of child psychology,* 2d ed. New York: Wiley, 1954. Pp. 335–373.

(60) GESELL, A., F. L. ILG, and L. B. AMES: *Youth: the years from ten to sixteen.* New York: Harper & Row, 1956.

(61) GEWIRTZ, J. L.: Three determinants of attention-seeking in young children. *Monogr. Soc. Res. Child Develpm.,* 1954, **19,** No. 2.

(62) GLASNER, P. J.: Personality characteristics and emotional problems in stutterers under the age of five. *J. speech hear. Disord.,* 1949, **14,** 135–138.

(63) GLICK, P. C.: The life cycle of the family. *Marriage fam. Liv.,* 1955, **17,** 3–9.

(64) GOYA, S., and K. SMITH: Speech stimulation practices among mothers of preschool children. *J. speech hear. Disord.,* 1959, **24,** 150–153.

(65) GRONLUND, N. E.: Generality of sociometric status over criteria in measurement of social acceptability. *Elem. Sch. J.,* 1955, **55,** 173–176.

(66) HACKER, H. M.: Women as a minority group. *Soc. Forces,* 1951, **30,** 60–69.

(67) HAGGERTY, A. D.: The effects of long-term hospitalization and institutionalization upon the language development of children. *J. genet. Psychol.,* 1959, **94,** 205–209.

(68) HAHN, E.: Analysis of the content and form of speech of first grade children. *Quart. J. Speech,* 1948, **34,** 361–366.

(69) HARRIS, D. B., and S. C. TSENG: Children's attitudes toward peers and parents as revealed by sentence completions. *Child Develpm.,* 1957, **28,** 401–411.

(70) HAVIGHURST, R. J.: *Human development and education.* New York: Longmans, 1953.

(71) HILDRETH, G.: The development and training of hand dominance. IV. Developmental problems associated with handedness. *J. genet. Psychol.,* 1950, **76,** 39–100.

(72) HOLLAND, W. R.: Language barrier as an educational problem of Spanish-speaking children. *Except. Children,* 1956, **27,** 42-50.

(73) HOLLINGWORTH, L. S.: *Children above 180 IQ: origin and development.* New York: Harcourt, Brace & World, 1950.

(74) HOROWITZ, L. S.: Attitudes of speech defectives toward humor based on speech defects. *Speech Monogr.,* 1957, **24,** 46–55.

(75) HORROCKS, J. E., and M. E. BUKER: A study

of the friendship fluctuations of preadolescents. *J. genet. Psychol.*, 1951, **78,** 131–144.
(76) HOWARD, R. W.: The developmental history of a group of triplets. *J. genet. Psychol.*, 1947, **70,** 191–204.
(77) ILG, F. L., J. LEARNED, A. LOCKWOOD, and L. B. AMES: The three-and-a-half-year-old. *J. genet. Psychol.*, 1949, **75,** 21–31.
(78) IRWIN, O. C.: Research on speech sounds for the first six months of life. *Psychol. Bull.*, 1941, **38,** 277–285.
(79) IRWIN, O. C.: Infant speech: effect of systematic reading of stories. *J. speech hear. Res.*, 1960, **3,** 187–190.
(80) JENSEN, J. V.: Effects of childhood bilingualism. *Elem. Eng.*, 1962, **39,** 132–143, 358–366.
(81) JERSILD, A. T.: *Child psychology,* 5th ed. Englewood Cliffs, N.J.: Prentice-Hall, 1960.
(82) JERSILD, A. T., and R. J. TASCH: *Children's interests and what they suggest for education.* New York: Teachers College, Columbia University, 1949.
(83) JONES, H. E.: Perceived differences among twins. *Eugen. Quart.*, 1955, **1,** 98–102.
(84) JOURARD, S. M.: *Personal adjustment.* New York: Macmillan, 1958.
(85) KAPOS, E., and N. A. FATTU: Behavioral rigidity in speech-handicapped children. *J. speech hear. Disord.*, 1957, **22,** 707–713.
(86) KASSER, E.: The growth and decline of a child's slang vocabulary at Mooseheart: a self-contained community. *J. genet. Psychol.*, 1945, **66,** 129–137.
(87) KITTELL, J. E.: Bilingualism and language—non-language intelligence scores of third-grade children. *J. educ. Res.*, 1959, **52,** 263–268.
(88) KOCH, H. L.: The relation of certain formal attributes of siblings to attitudes held toward each other and toward their parents. *Monogr. Soc. Res. Child. Develpm.*, 1960, **25,** No. 4.
(89) KOENIG, F. G.: Improving the language abilities of bilingual children. *Except. Children,* 1953, **14,** 183–186.
(90) LAKIN, M.: Personality factors in mothers of excessively crying (colicky) infants. *Monogr. Soc. Res. Child Develpm.*, 1957, **22,** No. 1.
(91) LAMBERT, W. E., J. HAVELKA, and R. C. GARDNER: Linguistic manifestations of bilingualism. *Amer. J. Psychol.*, 1959, **72,** 77–82.
(92) LANDRETH, C.: *The psychology of early childhood.* New York: Knopf, 1958.
(93) LASKO, J. K.: Parent behavior toward first and second children. *Genet. Psychol. Monogr.*, 1954, **49,** 97–137.
(94) LATIF, I.: The physiological basis of linguistic development and the ontogeny of meaning. *Psychol. Rev.*, 1934, **41,** 55–85, 153–156.
(95) LEHRHOF, I.: Speech problems in children. *J. Pediat.*, 1958, **52,** 91–95.
(96) LEWIS, D. G.: Bilingualism and non-verbal intelligence: a further study of test results. *Brit. J. educ. Psychol.*, 1959, **29,** 17–22.
(97) LEWIS, E.: The function of group play during middle childhood in developing the ego complex. *Brit. J. med. Psychol.*, 1954, **27,** 15–29.
(98) LEWIS, M. M.: *Infant speech: a study of the beginnings of language.* New York: Humanities Press, 1951.
(99) LYNIP, A. W.: The use of magnetic devices in the collection and analysis of the preverbal utterances of an infant. *Genet. Psychol. Monogr.*, 1951, **44,** 221–262.
(100) MACFARLANE, J., L. ALLEN, and M. P. HONZIK: *A developmental study of the behavior problems of normal children between twenty-one months and fourteen years.* Berkeley, Calif.: The University of California Press, 1954.
(101) MADDOCK, E.: A collection and analysis of conversational patterns of children. *Speech Monogr.*, 1947, **14,** 214–215.
(102) MARSHALL, H. R.: Relations between home experiences and children's use of language in play interactions with peers. *Psychol. Monogr.*, 1961, **75,** No. 5.
(103) MC CARTHY, D.: Language development. In L. Carmichael (Ed.), *Manual of child psychology,* 2d ed. New York: Wiley, 1954. Pp. 492–630.
(104) MC CARTHY, D.: Language development. *Monogr. Soc. Res. Child Develpm.*, 1960, **25,** No. 3, 5–14.
(105) MC CURRY, W. H., and O. C. IRWIN: A study of word approximations in the spontaneous speech of infants. *J. speech hear. Disord.*, 1953, **18,** 133–139.
(106) MC QUOWN, N. A.: Language-learning from an anthropological point of view. *Elem. Sch. J.*, 1954, **54,** 402–408.
(107) MERRY, F. K., and R. V. MERRY: *The first two decades of life,* 2d ed. New York: Harper & Row, 1958.
(108) MÉTRAUX, R. W.: Speech profile of the preschool child. *J. speech hear. Disord.*, 1950, **15,** 37–53.
(109) MISSILDINE, W. H., and P. J. GLASNER: Stuttering: a reorientation. *J. Pediat.*, 1947, **31,** 200–305.
(110) MOLL, K. L., and F. L. DARLEY: Attitudes of mothers of articulatory-impaired and speech-retarded children. *J. speech hear. Disord.*, 1960, **25,** 377–384.
(111) MONCUR, J. P.: Symptoms of maladjustment differentiating young stutterers from non-stutterers. *Child Develpm.*, 1955, **26,** 91–96.
(112) MOORE, J. K.: Speech content of selected groups of orphanage and nonorphanage pre-

school children. *J. exp. Educ.*, 1948, **16**, 122–133.

(113) MORGENSTERN, J. J.: Socioeconomic factors in stuttering. *J. speech hear. Disord.*, 1956, **21**, 25–33.

(114) MYSAK, E. D.: Organismic development of oral language. *J. speech hear. Disord.*, 1961, **26**, 377–384.

(115) NOEL, D. I.: A comparative study of the relationship between the quality of the child's language usage and the quality and types of language used in the home. *J. educ. Res.*, 1953, **47**, 161–167.

(116) OSBORN, S. S.: Concepts of speech development. *J. speech hear. Disord.*, 1961, **26**, 391–392.

(117) PARMELEE, A. A.: Infant speech development: a report of the study of one child by magnetic tape recordings. *J. Pediat.*, 1955, **46**, 447–450.

(118) PERRIN, E. H.: The social position of the speech defective child. *J. speech hear. Disord.*, 1954, **19**, 250–252.

(119) PIAGET, J., and B. INHELDER: *The growth of logical thinking from childhood to adolescence. An essay on the construction of formal operations.* New York: Basic Books, Inc., Publishers, 1958.

(120) RHEINGOLD, H. L., and N. BAYLEY: The later effects of an experimental modification of mothering. *Child Develpm.*, 1959, **30**, 363–372.

(121) RHEINGOLD, H. L., and J. L. GEWIRTZ: *The conditioning of vocalization in infants using an adult's social response as reinforcer.* Bethesda, Md.: Nat. Instit. Ment. Hlth Lab. Psychol., 1957.

(122) RIBBLE, M. A.: *The personality of the young child.* New York: Columbia University Press, 1955.

(123) ROSEN, S.: Effects of emotional disturbances on social skills. *Counseling*, 1952, **10**, 6–7.

(124) ROSENZWEIG, S.: Babies are taught to cry: an hypothesis. *Ment. Hyg., N.Y.*, 1954, **38**, 81–84.

(125) RUSSELL, D. H., and I. Q. SAADEH: Qualitative levels in children's vocabularies. *J. educ. Psychol.*, 1962, **53**, 170–174.

(126) SAMPSON, O. C.: The speech and language development of five-year-old children. *Brit. J. educ. Psychol.*, 1959, **29**, 217–222.

(127) SEEGERS, J. C., and H. R. SEASHORE: How large are children's vocabularies? A discussion. *Elem. Sch. J.*, 1949, **26**, 181–194.

(128) SHELTON, R. L., W. B. ARNDT, and J. B. MILLER: Learning principles and teaching of speech language. *J. speech hear. Disord.*, 1961, **26**, 368–370.

(129) SHIRLEY, M. M.: *The first two years.* Vol. 3. *Personality manifestations.* Minneapolis: The University of Minnesota Press, 1933.

(130) SIMON, C. T.: The development of speech. In L. E. Travis (Ed.), *Handbook of speech pathology.* New York: Appleton-Century-Crofts, 1957.

(131) SMITH, M. E.: The preschool child's use of criticism. *Child Develpm.*, 1932, **3**, 137–141.

(132) SMITH, M. E.: A study of the speech of eight bilingual children of the same family. *Child Develpm.*, 1935, **6**, 19–25.

(133) SMITH, M. E.: Word variety as a measure of bilingualism in preschool children. *J. genet. Psychol.*, 1957, **90**, 143–150.

(134) SMITH, M. E., and L. M. KASDON: Progress in the use of English after twenty years by children of Filipino and Japanese ancestry in Hawaii. *J. genet. Psychol.*, 1961, **99**, 129–138.

(135) SOFFIETTI, J. P.: Bilingualism and biculturalism. *J. educ. Psychol.*, 1955, **46**, 222–227.

(136) SOLOMON, A. L.: Personality and behavior patterns of children with functional defects of articulation. *Child Develpm.*, 1961, **32**, 731–737.

(137) SPIKER, C. C., and O. C. IRWIN: The relationship between I.Q. and indices of infant speech sound development. *J. speech hear. Disord.*, 1949, **14**, 335–343.

(138) SPRIESTERBACH, D. C., and J. F. CURTIS: Misarticulation and discrimination of speech sounds. *Quart. J. Speech*, 1951, **37**, 483–491.

(139) STAATS, A. W., and C. K. STAATS: A comparison of the development of speech and reading behavior with implications for research. *Child Develpm.*, 1962, **33**, 831–846.

(140) STENGEL, E.: A critical and psychological study of echo reactions. *J. ment. Sci.*, 1947, **93**, 598–612.

(141) STEWART, A. H., I. H. WEILAND, A. R. LEIDER, C. A. MANGHAM, T. H. HOLMES, and H. S. RIPLEY: Excessive infant crying (colic) in relation to parent behavior. *Amer. J. Psychiat.*, 1954, **110**, 687–694.

(142) STOLTZ, H. R., and L. M. STOLTZ: *Somatic development of adolescent boys.* New York: Macmillan, 1951.

(143) STRANG, R.: Students' perceptions of factors affecting their studying. *Ment. Hyg., N.Y.*, 1957, **41**, 97–102.

(144) STRICKLAND, R. G.: *The language arts in the elementary school.* Boston: Heath, 1951.

(145) TEMPLIN, M.: Certain language skills in children, their development and interrelationships. *Univer. Minnesota Instit. Child Welf. Monogr.*, 1957, No. 26.

(146) TERMAN, L. M., and M. A. MERRILL: *Stanford-Binet Intelligence Scale,* 3d rev. Boston: Houghton Mifflin, 1960.

(147) THEVAOS, D. G.: *The influence of sematic variation on word difficulty with consequent effects on vocabulary estimates and frequency-difficulty variations.* Ed. D. thesis, Teachers College, Columbia University, 1951.

(148) THOMPSON, G. G.: *Child psychology*, rev. ed. Boston: Houghton Mifflin, 1962.

(149) TRAVIS, L. E.: *Handbook of speech pathology*. New York: Appleton-Century-Crofts, 1957.

(150) TYLER, L. E.: The relationship of interests to abilities and reputation among first grade children. *Educ. psychol. Measmt*, 1951, **11**, 255–264.

(151) VINACKE, W. E.: Concept formation in children of school age. *Education*, 1954, **74**, 527–534.

(152) WEILAND, I. H., A. R. LEIDER, and C. A. MAUGHAN: A psychiatric study of the mothers of excessively crying infants. *Psychiat. Quart.*, 1957, **31**, 508–520.

(153) WERNER, A., and E. KAPLAN: Development of word meaning through verbal context: an experimental study. *J. Psychol.*, 1950, **29**, 251–257.

(154) WOODS, SISTER F. J., and SISTER M. A. CARROW: The choice-rejection status of speech defective children. *Except. Children*, 1959, **25**, 279–283.

(155) WYATT, G. L.: *Speech and interpersonal relations*. New York: Free Press, 1959.

(156) YAMAMATO, K.: Development of ability to ask questions under specific testing conditions. *J. genet. Psychol.*, 1962, **101**, 83–90.

(157) YEDINACK, J. G.: A study of the linguistic functioning of children with articulation and reading disabilities. *J. genet. Psychol.*, 1949, **74**, 23–59.

(158) ZELIGS, R.: Races and nationalities most and least liked by children. *J. educ. Res.*, 1954, **48**, 1–14.

Kapitel 7: Die emotionale Entwicklung

Die Emotionen spielen eine wichtige Rolle im Leben eines Kindes. Sie machen seine täglichen Erfahrungen angenehmer, sie bilden eine Motivation für seine Handlungen, und sie beeinflussen die Form, die eine Handlung annimmt. Darüber hinaus beeinflussen sie seine Wahrnehmung anderer Menschen und seiner Umgebung, und sie bestimmen, wie die für das Kind charakteristische Art und Weise der Anpassung an das Leben aussieht. Wie es auch bei allen anderen Verhaltensmustern der Fall ist, entwickeln sich die emotionalen Reaktionen, die das Kind am häufigsten erfährt, zu einer Gewohnheit. Als solche werden sie zu wichtigen Triebkräften in seinem Leben.

Jedes Kind kommt in die Welt mit den inneren Möglichkeiten, sowohl angenehme als auch unangenehme Emotionen zu erfahren – solche, die ihm Vergnügen und persönliche Befriedigung bereiten, und solche, die es unglücklich und unzufrieden machen. Welche davon vorherrschen, wird überwiegend durch die Umgebung bestimmt, in der es aufwächst, und durch seine Beziehung zu den Menschen in seiner Umgebung. Die Kindheit ist das entscheidende Alter für die Entwicklung der Emotionen.

Wenn die Emotionen zu Gewohnheiten werden und zu Triebkräften für gute oder schlechte Anpassung, ist das Schicksal eines Kindes weitgehend entschieden.

Daß seine Emotionen seine Einstellung gegenüber dem Leben und seine Rolle in der sozialen Gruppe beeinflussen, wird schnell deutlich durch die Art der Erinnerungen, die es sich bis ins Erwachsenenalter bewahrt. Menschen, die überwiegend glückliche Erinnerungen an die Kindheit haben, sind zum größten Teil als Jugendliche und Erwachsene besser angepaßt als diejenigen, deren Erinnerungen sich um unglückliche Erlebnisse zentrieren. Kinder, die in einem Elternhaus ohne emotionale Wärme aufwachsen, finden es schwierig, Gefühlsbeziehungen zu anderen herzustellen oder Freude an Erlebnissen zu haben, die andere, deren Kindheitserinnerungen angenehmer sind, als glücklich empfinden (43, 105). Die meisten Eltern wissen das und wollen folglich ihren Kindern eine glückliche Kindheit garantieren. Ihnen ist klar, daß ein „gesundes Kind ein glückliches Kind" ist; deshalb sind sie besonders um die Gesundheit des Kindes besorgt. Sie glauben, daß es ein Kind glücklich macht, wenn sie sein Verlangen nach materiellem Besitz befriedigen, und geben ihm deshalb die materiellen Güter, die es haben möchte, selbst wenn es für sie ein großes persönliches Opfer bedeutet.

Häufig erkennen die Eltern jedoch nicht, daß Kinder nicht glücklich sein können, wenn unangenehme Emotionen häufiger sind als angenehme, wenn Frustration, Angst, Eifersucht und Neid stärker und andauernder sind als die glücklichen Erfahrungen, die sie dem Kind ermöglicht haben. Sie erkennen ebenfalls nicht, daß ein Kind nicht wissen kann, daß seine Eltern es als Individuum lieben und respektieren, wenn sie ihre Liebe und Achtung nicht in Worten und Handlungen zeigen. Seine Möglichkeit, vernünftig zu denken, ist begrenzt, so daß es nicht sehen kann, daß hinter ihren kritischen Bemerkungen und ihren Bestrafungen elterliche Liebe steht, die von dem Wunsch beherrscht wird, „gute Eltern" zu sein.

Mangel an emotionaler Zuwendung

Mangel an emotionaler Zuwendung bedeutet *nicht*, daß einem Kind alle emotionalen Erfahrungen vorenthalten werden; dies wäre unmöglich und sicherlich nicht wünschenswert. Statt dessen bedeutet es, daß ihm die Möglichkeiten vorenthalten werden, ein vernünftiges Maß an angenehmen Emotionen zu erfahren, besonders Freude, Glück, Liebe und Zuneigung. Im engeren Sinne bezieht sich Mangel an emotionaler Zuwendung auf Mangel an Zuneigung, wenn auch dies wiederum dem Kinde die Möglichkeit vorenthält, Freude und Glück zu erfahren. Die meisten Kinder wachsen in einer Umwelt auf, die durchweg das Entstehen unerfreulicher Emotionen begünstigt, besonders die Entwicklung von Zorn, Angst, Haß, Eifersucht und Neid, wenn die Kinder sich vielleicht auch in der Art, wie sie diese Emotionen ausdrücken, beherrschen. Einige Kinder wachsen in einer Umgebung auf, in der sie fast keine Gelegenheit haben, irgendwelche Emotionen zu erleben, wie sie Kinder in einer normalen Umgebung erfahren.

Diese sehr ernsten Fälle von Mangel an emotionaler Zuneigung haben dazu gedient, die Rolle der Emotionen für den normalen Verlauf der körperlichen und psychischen Entwicklung und für die persönliche und soziale Anpassung des Kindes zu erhellen. Durch Untersuchungen dieser Art kann man die Rolle, die die Emotionen spielen, am besten einschätzen. Wie schwerwiegend diese Fälle sind, hängt davon ab, wann der Mangel eintritt, wie lange er dauert, weiter von der Art der Emotionen, die dem Kinde vorenthalten werden, und von vielen anderen Faktoren (45, 213). Ein Kind, das z. B. bei jedem Versuch frustriert wird, seine Neugier zu befriedigen, weil es in einer intellektuell sterilen Atmosphäre lebt oder in einer Umgebung, die auf Menschen mit größeren oder geringeren intellektuellen Fähigkeiten zugeschnitten ist als es seine sind, wird den Grad der geistigen Entwicklung nicht erreichen, den es hätte erreichen können, und seine Leistungen werden nicht seinen Anlagen entsprechen. Das Kind wird dann teilnahmslos und gelangweilt; es wird eine psychische Starrheit (Rigidität) entwickeln, die schöpferisches Verhalten beeinträchtigt, und es wird frustriert, weil ihm nicht gestattet ist, das zu tun, wozu es die Fähigkeit hat (155, 204).

Wenn einem Kind die Möglichkeit fehlt, ein gewisses Maß an Glück – als Stolz auf die eigene Leistung – zu erleben, wird die Persönlichkeit eines Kindes wahrscheinlich nachteilig beeinflußt.

Ein Kind, das in einer Familie aufwächst, in der die Eltern glauben, daß Lob ein Kind träge macht, wird um die Freude gebracht, die aus der Anerkennung seiner Leistungen erwächst; es entwickelt Gefühle der Unzulänglichkeit, die von Emotionen des Unglücklichseins und des Grolls begleitet werden, des Grolls gegenüber denen, die seine Leistungen kritisieren. Diese Gefühle der Verstimmung schlagen sich oft darin nieder, daß die Leistungen hinter den Fähigkeiten zurückbleiben, und zwar sowohl in der Schule als auch in anderen Bereichen des Lebens. Solches Zurückbleiben der Leistung ist eine Art, in der das Kind es „denen heimzahlt", die ihm das Glück, das es sich gewünscht hat, vorenthalten haben (118, 204).

Mangel an Zuneigung. Die schlimmsten und schädlichsten Folgen eines Mangels an emotionaler Zuneigung treten auf, wenn dem Kind die Möglichkeit vorenthalten wird, liebevolle Zuneigung zu erfahren. Von anderen geliebt zu werden ist eine Erfahrung, die den Wert der eigenen Person hebt. Liebe bestimmt außerdem, wie stark jemand enge Beziehungen zu anderen sucht oder meidet, also beeinflußt sie die Entscheidungen und Handlungen eines Individuums (86). Jedes Kind bezeugt „seine Liebe zum erstenmal gegenüber der Mutter oder einem Muttterersatz. Aus dieser engen Verbindung des Kindes mit der Mutter entwickeln sich in vielfacher Weise gelernte und generalisierte Reaktionen der Zuneigung" (91).

Da das warmherzige und liebevolle Verhalten der Mutter für den Schutz des Kindes sorgt, ist sein Verhalten während der ersten Lebensjahre weitgehend darauf gerichtet, diese Wärme und Zuneigung zu erhalten. Folglich lernt es Verhaltensweisen, die ihm die Zustimmung seiner Eltern sichern. Später, wenn es in Kontakt mit anderen Menschen kommt, lernt es bestimmte Möglichkeiten, seine eigenen Bedürfnisse zu befriedigen, und befreit sich so von der Verwundbarkeit, die die emotionale Abhängigkeit von der Mutter oder einem Muttererersatz wahrscheinlich mit sich bringt (82).

Mangel an emotionaler Wärme führt dazu, daß emotionale Stützung und intellektuelle Anregung fehlen. Wenn nur die intellektuelle Anregung vorhanden ist, folgt *Autismus*; das Kind hat dann kein Interesse an anderen Menschen. Die Art und Menge der Zuneigung, ihre Angemessenheit für das Alter des Kindes und sein Entwicklungsniveau, ihre Dauer und Wechsel, das alles spielt eine wichtige Rolle für die Folgen, die sie für Verhalten und Persönlichkeit des Kindes hat (194).

Ursachen für Mangel an Zuneigung. Es gibt viele Gründe für Mangel an Zuneigung und viele Bedingungen, unter denen er auftritt. Er kann entstehen, wenn ein Säugling oder Kleinkind in ein Heim muß oder einen oder beide Eltern durch Tod verloren hat. Auch wenn ein Kind bei einem Elternteil oder sogar bei beiden Eltern lebt, kann es unter Mangel an Zuneigung leiden, weil sie das Kind ablehnen oder vernachlässigen oder weil sie glauben, daß es „verwöhnt" wird, wenn sie Zuneigung zeigen (19, 45).

Dies veranschaulicht eine Untersuchung an ceylonesischen Kindern, die ein Verhaltensmuster zeigen, das charakteristisch ist für ein „gebranntes Kind". Ihre tiefliegende Unsicherheit und Angst veranlassen sie, ihre Gefühle der Zuneigung nicht zu zeigen und äußerst vorsichtig zu sein; es fehlt ihnen die schöpferische Fähigkeit. Dieses Verhalten rührt aus der kulturgebundenen Tendenz der Eltern her, offene Zeichen der Zuneigung zu ihren Kindern zu vermeiden (199). Mangel an Zuneigung kann andererseits dadurch entstehen, daß ein Kind seine Eltern zurückweist, weil sie seine Bedürfnisse nicht erfüllen oder weil es sich ihrer schämt. Unter solchen Umständen kann ein Vater oder eine Mutter das Kind nicht beeinflussen oder ihm die Zuneigung geben, die es braucht. Kinder, die bei ihren Kameraden unbeliebt sind und die von ihren Eltern abgelehnt werden, sind der beiden wichtigsten Quellen der emotionalen Befriedigung und Sicherheit beraubt (65, 162).

Folgen von Mangel an Zuneigung. Was auch immer den Mangel an Zuneigung verursacht, für das Kind ist er schädlich. Säuglinge, denen die Zuneigung vorenthalten wird, erleiden eine Verzögerung der normalen *körperlichen Entwicklung*, mit der gleichzeitig solche Erscheinungen wie Gleichgültigkeit, Abmagerung, stilles und zurückgezogenes Verhalten, allgemeine Apathie, Appetitmangel und psychosomatische Krankheiten einhergehen.

Wenn das kleine Kind nicht gesund ist, wird es oft hochnervös; es treten nervöse Tics und Angewohnheiten ebenso wie Sprachstörungen auf. Die Verzögerung der körperlichen Entwicklung wird begleitet von einer Verzögerung der psychischen Entwicklung. Dem Kind fehlt die Fähigkeit, sich zu konzentrieren, es läßt sich leicht ablenken und seine Sprachentwicklung verzögert sich (45, 213).

In sozialer Hinsicht fällt es den Kindern, denen Liebe vorenthalten worden ist, schwer, zu lernen, wie man mit anderen Menschen zurechtkommt; sie reagieren nicht auf die freundlichen Annäherungen anderer, sind im allgemeinen nicht zur Zusammenarbeit bereit und verhalten sich feindlich. Sie leiden unter Gefühlen der Unzulänglichkeit und äußern ihre Verstimmung in Aggressivität, Ungehorsam und anderen Formen asozialen Verhaltens.

Trotz ihres asozialen Verhaltens werden Kinder, denen die Zuneigung fehlt, häufiger von anderen in ihrem Verhalten abhängig, als daß sie von ihnen unabhängig werden (35, 82, 210).

Die Folgen für die emotionale Entwicklung eines Kindes sind besonders schwerwiegend. Der Säugling, der in einer emotional sterilen Atmosphäre aufwächst, wird apathisch, ruhig und reagiert nicht auf das Lächeln und auf Laute anderer Menschen; er hat Wutanfälle, wobei er heftig tritt und schreit, als suche er Aufmerksamkeit; insgesamt sieht er so aus, als sei er unglücklich. Ein älteres Kind, das nach Speise oder Zuneigung hungert, wird reizbar, mürrisch und unvernünftig (13, 118). Alle diese negativen sozialen und emotionalen Reaktionen beeinflussen die sich entwickelnde Persönlichkeit eines Kindes in ungünstiger Weise. Ablehnung kann Haß, Feindseligkeit oder Rachsucht erzeugen, und diese Gefühle können sich in neurotischen, psychotischen oder psychosomatischen Symptomen niederschlagen oder in Verhalten, das mit der Zeit zu Jugendkriminalität führt. Das Kind kann sich mit aller Macht seinen intellektuellen oder schulischen Bestrebungen widmen und mehr leisten, als bei seinen Fähigkeiten üblich ist, in der Hoffnung, den Beifall der Eltern zu finden oder den Beifall der Lehrer; es kann aber auch in seinen Leistungen hinter seinen Fähigkeiten zurückbleiben (19, 120, 194).

Unterschiede in den Folgen. Der Grad des Mangels variiert von einem Kind zum anderen. Wenn das Verlangen eines Kindes nach Zuneigung geringfügig frustriert wird, dann wird sein Verlangen danach verstärkt. Kleine Kinder, die mit Geschwistern um die Aufmerksamkeit der Mutter wetteifern müssen, werden freundlich und bemühen sich zu gefallen. Starker Mangel an Zuneigung zieht dagegen viele der erwähnten ernsten Folgen nach sich (95, 119).

Wann der Mangel eintritt, ist ebenso wichtig wie sein Ausmaß. Während der ersten Lebensjahre ruft Mangel an Zuneigung einen Zustand der allgemeinen Depression hervor und eine Verzögerung des körperlichen Wachstums. Wenn er im Alter zwischen einem und drei Jahren eintritt, entwickelt sich ein psychopathischer Charakter, dem die Emotionalität fehlt, und das Kind wird fehlangepaßt. Mangel, der nach dem Alter von fünf Jahren auftritt, hat schwächere Folgen, weil das Kind Ersatzbeziehungen suchen und finden kann. So ist offenkundig, daß die „kritische Zeit" für die Trennung von der Mutter oder dem Mutterersatz zwischen dem Alter von sechs Monaten und fünf Jahren liegt (35, 82, 195).

Während der kritischen Zeit brauchen Kinder eine gleichbleibende Umgebung. Die Kinder, die von ihrer Mutter kurz nach der Geburt getrennt worden sind, leiden nicht unter dem Verlust einer emotionalen Bindung, da diese für sie noch nicht vorhanden war (57). Eine Untersuchung an Kindern, die kurz nach der Geburt von ihren unverheirateten Müttern getrennt wurden, und solchen, die aus einer normalen häuslichen Umgebung entfernt wurden, hat gezeigt, daß sie sich im Alter von einem Monat in einem vergleichbaren Entwicklungszustand befanden (13). Mit zunehmendem Alter wird die Verzögerung der Entwicklung bei Kindern in einem Heim, die unter Mangel an Zuneigung leiden, deutlich. Dies kann vielleicht eher darauf zurückzuführen sein, daß in einem Heim die Gelegenheit zu lernen schlechter ist, als auf Gefühle der Unsicherheit, die durch mangelnde Zuneigung entstehen (57).

Trennung vom Vater während dieses

kritischen Zeitraumes hat normalerweise keine ernsten Folgen, da nur wenige Säuglinge oder Kleinkinder eine tiefe emotionale Bindung an ihren Vater haben. Bei der Mutter verhält es sich jedoch anders. Nachdem es sich an die Sorge und Liebe der Mutter oder eines Muttterersatzes gewöhnt hat, kann ein Säugling oder Kleinkind den plötzlichen Entzug – auch wenn es nur vorübergehend geschieht – dieser Quelle der emotionalen Sicherheit nicht verstehen. Folglich fühlt es sich unerwünscht, nicht geliebt und zurückgewiesen (99, 120).

Eine Untersuchung an zweijährigen Kindern, von denen einige vorübergehend in einem Kinderheim lebten, als die Mutter krank oder von zu Hause abwesend war, und andere sich nur tagsüber in diesem Heim aufhielten, während die Mutter arbeitete, hat bewiesen, wie schwerwiegend die Trennung in diesem Alter ist. Diejenigen, die völlig von ihren Müttern getrennt waren, waren weitaus stärker betroffen. Sie reagierten auf die Trennung, indem sie ständig die Mutter suchten, weinten und schrieen; ihren erwachsenen Betreuern gegenüber verhielten sie sich feindlich und stellten besondere Ansprüche; sie zeigten mehr autoerotische Betätigung, die Schließmuskeln wurden weniger kontrolliert und die Kinder wurden häufiger krank (Abb. 7-1). Sie versuchten auch stärker, sich mit Erwachsenen zu identifizieren als die Tagesheimkinder, die damit zufrieden zu sein schienen, sich in der Nähe ihrer Betreuerinnen und anderer Erwachsenen aufhalten zu können (99).

Mangel an Zuneigung für jede bestimmte Zeitdauer ist weitaus schlimmer während dieser kritischen Jahre als vorher oder nachher. Wenn der Mangel weniger als drei Monate dauert, führt eine Wiederherstellung der emotionalen Wechselbeziehungen und die Wiederaufnahme des engen persönlichen Kontaktes mit der ursprünglichen Quelle der emotionalen Befriedigung zu einer Wiederaufnahme der normalen körperlichen und geistigen Entwicklung; die emotionalen Störungen lassen gleichzeitig nach. Wenn der Mangel fünf Monate oder länger dauert, dann ruft die Wiederherstellung des engen persönlichen Kontaktes nicht notwendigerweise eine Besserung hervor, obgleich die Entwicklungsverzögerung schwächer wird (82). Als die zweijährigen Kinder, die an der erwähnten Untersuchung teilnahmen, wieder mit ihren Eltern zusammenkamen, zeigten sie zuerst wenig Zuneigung, nicht einmal gegenüber der

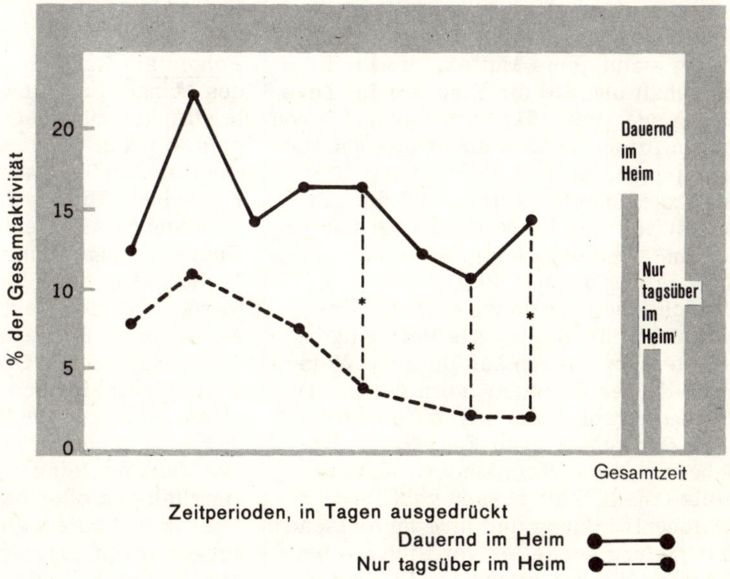

Abb. 7-1. Die Auswirkung unterschiedlicher Grade der emotionalen Zuwendung auf Säuglinge und Kleinkinder.

Mutter, und häufig sogar Feindseligkeit. Eine Trennung von nur 19 Tagen wirkte sich ungünstig auf die Entwicklung der Persönlichkeit aus; die Kinder blieben aggressiver und stellten weiterhin höhere Ansprüche, als sie es vor der Trennung getan hatten, und sie zeigten Verhaltensmuster, die sie während der Trennung erworben hatten. Darüber hinaus hegten sie für eine lange Zeit ambivalente Gefühle gegenüber der Mutter und feindliche Gefühle gegenüber dem Vater und den Geschwistern (99, 120). Bei älteren Kindern hat Mangel an Liebe für eine längere Zeit verheerende Folgen für das Verhalten und für die sich entwikkelnde Persönlichkeit (58).

Ein großer Teil des psychischen Schadens kann vermieden werden, wenn ein ausreichender Ersatz für die ursprüngliche Quelle der emotionalen Befriedigung des Kindes vorhanden ist (56). Harlow hat zu diesem Punkt ein Experiment durchgeführt, in dem er eine Ersatzmutter für Affenkinder, die von ihrer Mutter getrennt waren, baute. Die Ersatzmutter bestand aus einem Holzgestell, das dann mit Gummischwämmen bedeckt und schließlich mit braunem Frottiertuch überzogen wurde; eine Glühbirne strahlte Wärme aus. Diese „Mutter" war „weich, warm und zärtlich, eine Mutter mit unendlicher Geduld, eine Mutter, die vierundzwanzig Stunden am Tag zur Verfügung stand, eine Mutter, die ihr Kind nie schalt und die ihr Kind nie im Zorn schlug oder biß" (91). Ein Vergleich von jungen Affen, die von ihren eigenen Müttern aufgezogen wurden, und den Affen des Experimentes zeigte, daß die „Ersatzmutter" die Liebe und Sicherheit gab, die ein Affenjunges für seine normale Entwicklung braucht (92).

Menschliche Säuglinge, die eine Ersatzquelle für emotionale Befriedigung erhalten, reagieren auf ähnliche Weise. Wenn Kinder in einem Heim durch eine Person versorgt werden, zeigen sie keine der schädlichen Folgen, die üblicherweise bei Heimkindern festzustellen sind. Statt dessen geht ihre Sprachentwicklung und ihre motorische Entwicklung schneller vor sich als bei Kindern, die von mehreren Betreuern versorgt werden. Ihre körperliche Entwicklung schreitet normal fort, es gibt bei ihnen keine Anzeichen für fehlende emotionale Reaktionen gegenüber der Ersatzmutter, und sie fürchten sich nicht vor Fremden (176).

Wenn eine Mutter jedoch tagsüber außerhalb des Hauses arbeitet und den Säugling oder das Kleinkind in der Obhut einer anderen Person zurückläßt, die keinen guten Ersatz darstellt – die das Kind anders erzieht und die dem Kind nicht die Zuneigung gibt, an die es sich gewöhnt hat –, erweist sich diese Regelung vielleicht als nicht zufriedenstellend. Wenn eine gleichbleibende Quelle der Zuneigung und der Sorge für das Kind vorhanden ist – wie bei einer Adoption – gewöhnen sich die Kinder schnell an die Ersatzeltern und passen sich gut an (140, 167, 175).

Wenn ein Kind in einem Heim bleibt und eine stetige Quelle emotionaler Wechselbeziehungen fehlt, so muß die Verzögerung seiner Entwicklung nicht unbedingt auf Mangel an emotionaler Zuwendung zurückzuführen sein. Wenn ein Kind nie die Fürsorge einer Person gekannt hat, so gibt es keine Belege für eine Persönlichkeitsveränderung, die mit fortschreitendem Alter aufgrund mangelnder emotionaler Zuwendung eintritt. Jede Veränderung ist wohl eher die Folge von mangelnden Lernmöglichkeiten im Heim (57, 111).

Folgen auf lange Sicht. Ob die Folgen des Mangels an Zuneigung stark oder leicht, vorübergehend oder von Dauer sein werden, hängt weitgehend von den oben erwähnten Faktoren ab. Ein ausreichender Ersatz für die Quelle der Zuneigung, auf die zu verlassen das Kind sich angewöhnt hat, ist besonders wichtig. Obgleich früher angenommen wurde, daß der Verlust der Quellen emotionaler Befriedigung in den ersten Lebensjahren die Grundlage für Persönlichkeitsstörungen im Erwachsenenalter bedeute, gibt es Anzeichen, daß das vielleicht nicht so ist (175, 177). Die Neigung, einen „nicht zur Zuneigung fähigen oder psychopathischen Charakter" zu entwickeln, wird häufig ausgeglichen durch günstige Erlebnisse später in der Kindheit (36, 84). Wenn

Heimkinder z. B. adoptiert werden und eine gleichbleibende Ersatzquelle für emotionale Befriedigung erhalten, werden die ungünstigen Folgen des Mangels zu früheren Zeiten ausgeglichen (76, 175). Wenn sich der Ersatz als für das Kind nicht zufriedenstellend erweist, können jedoch die Folgen des Mangels an Zuneigung andauern. Wenn auch Mangel an Zuneigung nicht die einzige Ursache für schlechte Anpassung in der Jugend und im Erwachsenenalter ist, so ist er doch ein wichtiger Faktor, der mit dazu beiträgt (64, 163).
Fehlanpassungen, die direkt oder indirekt aufgrund mangelnder emotionaler Zuwendung entstanden sind, können von allgemeinem Unglücklichsein bis zu antisozialem Verhalten, zu psychopathischer Persönlichkeitsentwicklung, zu Psychoneurosen oder sogar bestimmten Formen der Psychose reichen, wie Schizophrenie. Obwohl emotionaler Mangel alleine fehlangepaßte Formen des Verhaltens vielleicht nicht verursacht, wird wahrscheinlich die Neigung zu Fehlanpassung verstärkt, wenn er mit anderen ungünstigen Umständen zusammentrifft (88). Rebellion gegen Autorität im Jugendalter z. B. kann zunehmen, wenn der Jugendliche fühlt, daß er nie die Zuneigung erhält, die er verlangt.
Frühehen sind oft ein Mittel, die Sehnsucht nach Zuneigung und emotionaler Sicherheit zu stillen, die durch die Liebe der Eltern, der Geschwister und der Kameraden nie ganz gestillt worden ist (146). Schlechte Anpassung in der Ehe und an die Arbeit und eine negative Einstellung gegenüber Recht und Gesetz im Erwachsenenalter werden ebenfalls verstärkt durch die Gefühle der Unsicherheit, hervorgerufen durch emotionalen Mangel in den ersten Jahren der Kindheit (63). Wenn es auch viele Gründe für die Jugend- und Erwachsenenkriminalität gibt, ist einer sicherlich die emotionale Unsicherheit, die aus dem Gefühl entstanden ist, nicht erwünscht zu sein und nicht geliebt zu werden. In vielen Fällen ist dies ein Hinübernehmen jener Gefühle in das Jugendalter, die während der ersten Lebensjahre entstanden sind. Bei Jungen treten mit Wahrscheinlichkeit eher langdauernde Folgen auf als bei Mädchen, da für Jungen die Möglichkeit geringer ist, sich mit den Menschen zu identifizieren, die ihnen die Eltern ersetzen (64, 84).

Entwicklung der Emotionen

Wie Bakwin meint, ist die „Fähigkeit, emotional zu reagieren, als Teil des Entwicklungsprozesses beim Neugeborenen vorhanden und muß nicht gelernt werden" (13). Die Tatsache, daß auch zu früh geborene Kinder emotional reagieren können, legt nahe, daß ein solches Verhalten bereits mehrere Monate vor dem normalen Geburtstermin möglich ist. Das erste Zeichen für emotionales Verhalten bei neugeborenen Kindern ist die allgemeine Erregung, die bei starker Reizung auftritt. Die diffuse Erregung ist ein Teil der bei der Geburt beobachtbaren Gesamtaktivität. Es gibt keine Anzeichen für klar erkennbare, bestimmte emotionale Verhaltensweisen, die als bestimmte emotionale Zustände erkannt werden können.
Oft wird die allgemeine Erregung differenzierter, noch ehe der Zeitraum des Neugeborenen vergangen ist; einfache Reaktionen, die Freude und Mißfallen auszudrücken scheinen, treten auf. Die Mißfallensreaktionen werden hervorgerufen durch plötzliche Veränderung der Lage des Kindes, durch plötzlichen, starken Lärm, und sie treten weiter auf, wenn die Bewegungen des Kindes behindert werden, wenn die Windeln des Kindes naß sind und wenn kalte Gegenstände die Haut des Kindes berühren. Solche Reize verursachen Schreien und Gesamtaktivität. Reaktionen der Freude werden dagegen deutlich, wenn das Kind saugt. Sie können ebenfalls hervorgerufen werden durch Wiegen, durch Streicheln, indem man für Wärme sorgt und das Kind an sich drückt. Das Kind zeigt seine Freude durch ein allgemeines Entspannen des ganzen Körpers und nicht – wie das später der Fall ist – durch Lächeln, Gurren oder Lachen (33).

Noch ehe das Kind ein Jahr alt ist, lassen sich Ausdrücke bestimmter Emotionen erkennen – ähnlich den emotionalen Zuständen bei Erwachsenen. Wenn das Kind älter wird, zeigt es immer mehr emotionale Reaktionen – Freude, Wut, Angst, Eifersucht, Glück, Neugier, Neid und Haß. Diese Formen des emotionalen Verhaltens können durch eine Vielzahl von Reizen hervorgerufen werden, dazu gehören Menschen, Gegenstände und Situationen, die ursprünglich keine solche Wirkung hatten (14). Wie Gesell meint, sind diese Emotionen „keine festgelegten Einheiten. Sie verändern sich im Verlauf des Säuglingsalters, der Kindheit und der Jugend" (80).

Nicht nur entwickelt sich der allgemeine Zustand der Erregtheit, der bei der Geburt vorhanden ist, zu spezifischen emotionalen Verhaltensweisen, vielmehr werden die emotionalen Reaktionen auch weniger diffus, stärker gesteuert und differenzierter. Zuerst zeigt der Säugling Mißfallen nur, indem er schreit und weint. Später reagiert er, indem er Widerstand leistet, mit Gegenständen wirft, seinen Körper steif macht oder zurückwirft, indem er fortläuft, sich versteckt oder sein Mißfallen in Worten ausdrückt. Mit fortschreitendem Alter nehmen die sprachlichen Reaktionen zu und die motorischen Reaktionen ab. Dies wird besonders deutlich bei Reaktionen auf Reize, die Furcht oder Zorn hervorrufen.

Wie das emotionale Verhalten der Kinder zunehmend stärker gerichtet wird und deshalb weniger sinnlos und ungeordnet, zeigt eine Untersuchung der Wutreaktionen von zwei- bis siebenjährigen Kindern. Stimmliche Äußerungen, besonders Weinen, sind charakteristisch für kleine Kinder; körperliche Angriffe gegen sich selbst und andere – wie an den Haaren und den Kleidern reißen und um sich zu treten – sind gewöhnlich bei älteren Kindern zu finden. Noch später kommen verbale Angriffe, besonders Beschimpfen und übles Nachreden, wenn das Kind feststellt, daß körperliche Angriffe auf andere nicht geduldet werden (29, 104).

<u>Unterschiede in der Entwicklung.</u> Obwohl die Regelmäßigkeit des Verlaufs der emotionalen Entwicklung nahelegt, daß Emotionen überwiegend ererbt sind, rufen Unterschiede im Gesundheitszustand und in der Umgebung individuelle Abweichungen der Häufigkeit, Stärke und Dauer der verschiedenen Emotionen hervor. Muster des emotionalen Verhaltens, die früh im Leben begründet wurden, werden im allgemeinen beibehalten, wenn das Kind älter wird, falls nicht radikale Veränderungen seines Gesundheitszustandes, seiner Umgebung und seiner personal-sozialen Beziehungen stattfinden. Ein Kind, das z. B. in einer ruhigen Umgebung lebt und dessen Bedürfnisse sofort und konsistent befriedigt werden, leidet mit Wahrscheinlichkeit weniger an nervöser Spannung, wenn es älter wird, als eines, das in einer lauten und erregbaren Umgebung lebt und das lange schreien muß, ehe jemand sich um es kümmert (124).

Wenn die Erwartungen der Eltern hochgesteckt sind, erzeugt die Umwelt wahrscheinlich viele Spannungen für das Kind. Ähnlich beeinflussen sein Geschlecht und seine Stellung in der Geschwisterreihe die Behandlung, die es in den ersten, formenden Jahren erhält. Erstgeborene Kinder müssen z. B. einen Status verteidigen, und sie befinden sich in einem beständigen Wettstreit mit ihren Geschwistern. Es ist festgestellt worden, daß ein Kind, das mit seinem Bruder aufwächst, weniger empfindlich wird als ein Kind, das mit einer Schwester aufwächst; darüber hinaus lernt es, seine Gefühlsäußerungen besser zu kontrollieren (119). Frühe Erfahrungen wie diese bilden die Grundlage der emotionalen Verhaltensmuster, die sich aus den ererbten Mustern entwickeln, die schon bei der Geburt vorhanden sind.

Ursachen für die Entwicklung

Obgleich die Emotionen bei der Geburt vorhanden sind, beruht die emotionale Entwicklung auf R e i f e und L e r n e n und nicht nur auf einem von beiden. Die Tatsache, daß eine bestimmte emotionale Reaktion zu Anfang des Lebens nicht auftritt, ist kein Beweis dafür, daß sie nicht angeboren ist. Sie kann sich später mit der Reifung der Intelligenz oder der Entwicklung des endokrinen Systems entwickeln. Lernen und Reifung sind bei der Entwicklung der Emotionen so stark miteinander verflochten, daß es manchmal schwierig ist, die relative Wirkung der beiden zu bestimmen.

Die Rolle der Reifung

Die Fähigkeit, emotional zu reagieren, hängt von der Entwicklung des Nervensystems und des endokrinen Systems ab. Die kortikale Kontrolle, insbesondere die Kontrolle durch das Frontalhirn, wird vollständig erst zu Beginn des Erwachsenenalters erreicht. Wie dies den Verlauf der emotionalen Entwicklung beeinflußt, ist durch Untersuchungen an Tieren festgestellt worden, die durch die Entfernung des Kortex besonders ruhig und sanft wurden. Wenn die vorderen Hirnlappen bei Menschen entfernt werden, fehlt dem emotionalen Verhalten die Tiefe; die Menschen sind gehemmt und der Übergang von einem emotionalen Zustand zum anderen findet rasch statt. Dies erklärt das typische emotionale Verhalten von Kindern und zeigt, daß reife emotionale Reaktionen auf die Entwicklung der kortikalen Zentren und besonders des Frontalhirnes warten müssen (33).
Die Entwicklung des Intellekts bei Kindern führt zu der Fähigkeit, Bedeutungen aufzufassen, die vorher nicht wahrgenommen wurden, für längere Zeit auf einen Reiz zu achten und die emotionale Spannung auf einen Gegenstand zu konzentrieren. Da Phantasie und Verständnis zunehmen, beeinflussen einzelne Dinge das Kind nach und nach in anderer Weise. Eine Zunahme der Fähigkeit des Erinnerns und der Voraussicht beeinflußt ebenfalls seine emotionalen Reaktionen. So fängt es an, auf Reize zu reagieren, für die es in einem früheren Alter nicht empfänglich war (104, 106).
Kleine Kinder ziehen z. B. Geschichten über Tiere denen über Menschen vor, weil die über Menschen einen stärker furchterregenden Inhalt haben und das Kind sich stärker engagiert (37). Die emotionalen Reaktionen der Kinder auf den Tod stehen in enger Beziehung dazu, in welcher Weise sie den Tod auffassen. Ehe sie acht oder neun Jahre alt sind, haben wenige Kinder Angst vor dem Tod, obgleich sie vielleicht die biologischen Tatsachen über den Tod kennen. Nicht vor dem Jugendalter stellen sie eine Verbindung her zwischen dem Tod und sich selbst oder Mitgliedern ihrer Familie (3).
In ähnlicher Weise hängen die emotionalen Auswirkungen von Filmen oder anderen Massenmedien überwiegend von der Fähigkeit des Kindes ab, das, was es sieht und hört, zu verstehen und zu erkennen, daß es sich eher um Erdachtes als um Tatsachen handelt, und von der Fähigkeit des Kindes, die Bedeutung dessen, was die einzelnen Darsteller gesagt haben, zu bewerten. Viele kleine Kinder haben z. B. gelernt, sich vor Polizisten zu fürchten, weil sie das Stereotyp des Polizisten im Film, in Comics oder im Fernsehen kennengelernt haben (187).
Die Entwicklung der endokrinen Drüsen ist ebenso für die Entwicklung reifen emotionalen Verhaltens wesentlich. Dem Säugling fehlen z. T. noch einige Produkte des endokrinen Systems, die bei einigen physiologischen Reaktionen auf Stress wichtig sind. Bei den Nebennieren, die für die Emotionen eine beherrschende Rolle spielen, ist festgestellt worden, daß sie nach der Geburt schnell an Größe abnehmen. Dann nehmen sie schnell bis zum Alter von fünf Jahren wieder an Größe zu, langsam zwischen fünf und elf und schneller bis zu sechzehn Jahren; zu diesem Zeitpunkt haben sie ihr Geburtsgewicht wieder erreicht. Solange das Größenwachstums zunimmt, wird weniger Adrenalin erzeugt und ausgeschieden. Dies hat einen deutlichen Einfluß auf die verschiedenen emotionalen Zustände in der Kindheit (33).
Untersuchungen haben die enge Beziehung zwischen Angst und Reife des Intellekts sowie des endokrinen Systems ergeben. Zuerst ist Angst allgemein – mehr wie ein Zustand der Panik. Wenn das Kind älter wird, werden seine Angstreaktionen immer spezifischer. Es vermeidet Situationen, die es ver-

ängstigen, hält sich abseits oder zieht sich ganz oder teilweise aus der Situation zurück. Ebenfalls ändern sich die Ursachen der Angst. Nicht ehe das Kind vier Jahre alt ist, erkennt es z. B., wie gefährlich möglicherweise Schlangen sind, und deshalb zeigt es keine Angst davor. Furcht vor fremden Leuten und ungewohnten Situationen entsteht nur, wenn der Säugling oder das Kleinkind die Tatsache erfaßt, daß sie fremd sind. Ein Kind, das in seiner geistigen Entwicklung frühreif ist, fürchtet sich vor Dingen, vor denen andere Kinder seines Alters sich erst ein oder zwei Jahre später fürchten (33, 106).

Die Rolle des Lernens

Das neugeborene Kind ist nicht fähig, seine Wut anders als durch Schreien auszudrücken. Die Ausbildung des Nervensystems und der Muskeln gibt ihm die Möglichkeit, differenzierter zu reagieren; Lernen dagegen bestimmt, auf welche Art der Zorn geäußert wird. Die Art der Äußerung, die das Kind gebraucht, hängt von seinen Lernerfahrungen in verschiedener Hinsicht ab: was durch seine kulturelle Gruppe sozial anerkannt ist, was ihm die beste Befriedigung verschafft und was die schnellste und beste Art ist, das zu erreichen, was es möchte. Wenn das Kind z. B. lernt, daß Schreien als infantil angesehen wird, ersetzt es das Schreien durch andere Arten der Äußerung, die es als sozial eher gebilligt erkannt hat (80).
Im allgemeinen sind zwei Formen des Lernens, Konditionieren und Nachahmung, für die Entwicklung emotionaler Verhaltensweisen in der Kindheit verantwortlich.

Konditionieren. Gegenstände und Situationen, die es zuerst nicht vermocht haben, emotionale Reaktionen hervorzulocken, bewirken das später als Folge eines Konditionierungsprozesses oder des Lernens durch Assoziieren. Das berühmte Experiment mit „Albert" von Watson und Raynor hat gezeigt, wie ein Kind lernt, sich zu fürchten. Als Albert neun Monate alt war, wurden ihm eine Anzahl Gegenstände gezeigt, darunter ein Mantel aus Seehundsfell, ein Kaninchen, ein Hund, ein Affe, eine weiße Ratte und etwas Watte. In keinem Fall zeigte Albert Angst. Später wurde er in der folgenden Weise konditioniert, die weiße Ratte zu fürchten: Die Ratte wurde ihm gezeigt und in dem Augenblick, in dem er die Hand danach ausstreckte, wurde ein lautes Geräusch hinter seinem Kopf erzeugt. Dies führte zu einer Schreckreaktion bei Albert; er fiel vornüber auf das Gesicht. Das nächste Mal, als der starke Lärm die Darbietung der weißen Ratte begleitete, wimmerte er. Nach fünf weiteren Darbietungen des Lärmes und der Ratte wurde die Ratte allein gezeigt. Albert weinte, zog sich zurück und zeigte typische Angstreaktionen (209).
Kinder erwerben viele irrationale Ängste auf diese Art, und da sie oft erworben werden, ohne daß es ihnen bewußt wird, verstehen die Kinder nicht, wie irrational diese Ängste sind. Einige Gegenstände und Situationen rufen leichter Angst hervor als andere, und das Kind kann leichter konditioniert werden, sie zu fürchten. Es ist z. B. leichter, Kinder dazu zu konditionieren, sich vor Tieren und Menschen zu fürchten als sich vor leblosen Gegenständen zu ängstigen, z. B. vor Klötzen, Vorhängen oder Ferngläsern (154). Konditionieren geschieht leicht und schnell während der ersten Lebensjahre, weil dem kleinen Kind sowohl die Denkfähigkeit fehlt als auch die Erfahrung, um eine Situation kritisch einzuschätzen und zu erkennen, wie irrational viele seiner emotionalen Erfahrungen sind. Weil sich die Phantasie schneller entwickelt als der Verstand, übertreibt das Kind auch oft die Bedeutung einer Situation und bildet sich ein, daß sie mehr Gefahren birgt, als das tatsächlich der Fall ist (21).
Konditionierte Emotionen bleiben nicht unverändert, sie dehnen sich aus auf Menschen, Gegenstände und Situationen, die denen ähnlich sind, womit die Emotionen assoziiert worden sind. Watson und Raynor haben ihr Experiment weitergeführt und festgestellt, daß Alberts Angst vor der Ratte auch auf das Kaninchen, den Hund, das Seehundsfell und

die Watte übertragen worden war, die Albert alle vor dem Konditionierungsexperiment gezeigt worden waren und vor denen er sich absolut nicht gefürchtet hatte (209). Gleichermaßen kann sich konditionierte Angst vor Impfung auf weiße Kittel ausdehnen, sie kann allgemein werden und jeden einschließen, der einen weißen Kittel trägt, wie etwa den Friseur; und dann dehnt sie sich wiederum auf das Haareschneiden aus (133). Es ist also deutlich, daß die Ausbreitung emotionaler Reaktionen auf andere Reize ziemlich direkt und spezifisch geschehen kann oder daß indirekte oder dazwischen geschaltete Schritte dazugehören können, wenn z. B. das Kind von der Sache träumt, vor der es sich fürchtet, und so auch vor der Dunkelheit Angst bekommt (209).

Nach einem besonders furchteinflößenden Erlebnis hat ein Kind wahrscheinlich eine stärkere Neigung, sich vor dem Ding zu fürchten, das ihm Angst eingejagt hat, und ebenso vor anderen Gegenständen. Die Nachwirkungen eines furchteinflößenden Erlebnisses sind größer, wenn das Kind in der Vergangenheit ängstlich und leicht verstört war. Erfahrungen im Elternhaus und in der Schule, die die Selbstachtung des Kindes bedrohen und damit auch sein Selbstvertrauen, verstärken im allgemeinen seine Neigung, ängstlich zu sein und sich leicht zu fürchten (106).

Konditionieren ist nicht auf Furcht beschränkt, und seine Ausbreitung findet sich ebenfalls nicht nur bei Furcht. Viele Kinder sind konditioniert, Menschen zu mögen, die sie nett behandeln, auch wenn sie mit ihnen nicht verwandt sind, und Verwandte nicht zu mögen. Ob ein Kind Zuneigung oder Haß für einen Menschen empfindet, wird weitgehend dadurch bestimmt, wie dieser Mensch es behandelt. Der Vorzug, den ein Kind seiner Mutter vor seinem Vater gibt, ist oft auf die Tatsache zurückzuführen, daß die Mutter herzlicher ist und mehr Verständnis für das Kind hat und daß sie es weniger bestraft, als der Vater es tut. Ähnlich ist die stärkere Zuneigung eines Kindes zu einem Bruder oder einer Schwester im allgemeinen die Folge der Art, wie der Bruder oder die Schwester es behandelt hat. Es kann eines seiner Geschwister ablehnen, das es ärgert oder nicht beachtet (31, 119, 198). Wie Furcht dehnt sich Zuneigung auf andere Menschen und Dinge aus. Ein Kind, das eine durch Zuneigung bestimmte Beziehung zu seinen Eltern hat, ist eher imstande, Zuneigung zu anderen zu entwickeln als das Kind, dessen Beziehungen innerhalb der Familie nicht zufriedenstellend sind (106).

Vorlieben und Abneigungen sind generalisierte emotionale Reaktionen, die sich durch Konditionieren von bestimmten Menschen, Gegenständen oder Situationen her ausgedehnt haben. Eine Abneigung gegen Milch kann dann entstehen, wenn das Kind dafür bestraft worden ist, daß es einmal seine Milch nicht trinken wollte. Wenn Abneigungen stark mit Emotionen geladen werden und einer Veränderung widerstehen, werden sie *Vorurteile* genannt. Das Vorurteil eines Kindes gegen alle Mitglieder einer bestimmten ethnischen oder religiösen Gruppe kann die Folge eines unangenehmen Erlebnisses mit einem Mitglied dieser Gruppe sein.

Nachahmung. Emotionale Reaktionen auf bestimmte Situationen können gelernt werden, indem man andere beobachtet. Das Kind ahmt das emotionale Verhalten nach, das es bei anderen sieht, und reagiert in emotionaler Weise auf Situationen, die ihm vorher einmal keine emotionalen Reaktionen entlocken konnten. Der Einfluß der emotionalen Einstellung der Mutter auf das Kind entsteht durch die „emotionale Spannung" der Mutter. Es ist festgestellt worden, daß Kinder, die weniger als vier Wochen alt waren, die Brust der Mutter zurückgewiesen haben, wenn die Mutter unter emotionalem Druck stand. Ältere Säuglinge weisen manchmal mit Heftigkeit Nahrung, die angeboten wird von einer unter starkem emotionalem Druck stehenden Mutter, zurück, essen aber gut, wenn eine entspannte Person sie füttert (194).

Emotionen sind „ansteckend" insofern,

als sie sich von einem Menschen zu einem anderen ausbreiten. Ein Kind kann über einen Lehrer oder ein Elternteil wütend sein, weil es sich irgendeine ungerechte Behandlung einbildet. Bald sind seine Freunde ebenfalls wütend. Ein mißmutiger Lehrer hat wahrscheinlich einen ganzen Raum voll mißmutiger Schüler, die verärgert und verdrießlich heimgehen. Auf der anderen Seite kann ein Kind, das ängstlich und besorgt ist, lernen, ruhig zu sein, wenn es mit dem Lehrer oder einem Freund zusammen ist, der ruhig ist. Das Maß der Ansteckung hängt nicht so sehr vom Alter des Kindes ab als von der Emotion selber.

Die Bedeutung des Lernens. Es ist aus einer Anzahl von Gründen wichtig zu wissen, daß die emotionalen Verhaltensweisen überwiegend eine Folge des Lernens sind. Die wichtigsten dieser Verhaltensweisen werden im folgenden angeführt.

Entwicklung des Temperamentes. Die Art der Emotionen, die das Kind zu erfahren lernt, bestimmt, wie sein Temperament sein wird. Das Vorherrschen emotionaler Reaktionen einer bestimmten Art oder die vorherrschende „Laune" und Stimmung des Kindes spiegeln sein Temperament wider. Das Kind, das vom Temperament her furchtsam ist, erlebt z. B. mehr Angst als andere Kinder, wenn es auch ebenso Freude, Glück, Wut und andere Emotionen erlebt. In ähnlicher Weise ist das Kind mit heiterem Temperament öfter heiter als traurig, wütend oder ängstlich.
Temperament unterscheidet sich von Laune dadurch, daß es sich bei Launen um ein vorübergehendes emotionales Verhaltensmuster handelt, wogegen das Temperament beständig ist und bezeichnet, wie das Kind sich charakteristischerweise an das Leben anpaßt. Ein Kind mit einem „heiteren Gemüt" oder ein Kind, das vom Temperament her heiter ist, reagiert in einer vorhersagbaren Weise. Wenn es auf kleinere Hindernisse trifft, meistert es sie nebenbei und zeigt wenig oder keine Verärgerung. Man kann ebenso darauf zählen, daß ein Kind mit einer ungünstigeren Anlage auf eine vorhersagbare Art reagiert. Seine Wut steht in keinem Verhältnis zu dem Anlaß, der sie hervorgerufen hat. Wenn auch Launen ein Kind dazu bestimmen, in einer gewissen Art zu reagieren, so ist doch launisches Verhalten nicht unbedingt charakteristisch für sein Anpassungsverhalten.
Früher hat man geglaubt, daß das Temperament ererbt sei, daß es bestimmt werde durch Körpersäfte, durch Drüsen und selbst durch den Körperbau. Heute gibt es Beweise dafür, daß das Temperament eines Kindes überwiegend das Ergebnis von Lernen ist. Gesundheitszustand und Gleichgewicht des endokrinen Systems bestimmen jedoch ebenfalls mit, welcher Art das Temperament des Kindes ist. Die vorherrschenden emotionalen Reize der frühen, formenden Jahre und die Art, wie das Kind zu reagieren gelernt hat, bestimmen nach und nach sein Temperament. Temperament spiegelt sich nicht nur in der charakteristischen Weise, wie sich das Kind an das Leben anpaßt, wider, sondern auch in seinem Gesichtsausdruck. Selbst wenn das Kind untätig ist, kann man einschätzen, ob es zu einem heiteren, traurigen oder reizbaren Temperament veranlagt ist. Sein Gesicht berichtet häufig mit mehr Beredsamkeit als seine Handlungen (87).
Da Temperament überwiegend ein Ergebnis von Lernprozessen ist, kann das Kind ein Temperament entwickeln, das zu guter oder schlechter persönlicher und sozialer Anpassung führt. Wenn es in einer häuslichen Umgebung mit vielen Einschränkungen aufwächst, wo es nur wenig emotionale Wärme gibt, wo die Erwartungen der Eltern die Fähigkeit des Kindes überfordern und wo es ständig getadelt oder bestraft wird, weil es den elterlichen Erwartungen nicht gerecht wird, erlebt es wahrscheinlich überwiegend unerfreuliche Emotionen. Das führt dazu, daß ein Kind sich unglücklich und unsicher fühlt, es führt zu schlechter Anpassung und zu der Tendenz, in späteren Situationen mit negativen Emotionen zu reagieren. Mit der Zeit wird dieses Muster zur Gewohnheit. Das emotional gestörte Kind ist eines, bei dem die negativen Emotio-

nen vorherrschen, obgleich es auch gelegentlich angenehme Emotionen erfährt (51, 157).
Ein Vorherrschen der angenehmen Emotionen wie Zuneigung, Liebe, Freude, Glück und Neugier ist wesentlich für eine normale Entwicklung. Diese Emotionen führen zu einem Gefühl der Sicherheit, das dem Kind hilft, Probleme mit Selbstvertrauen und Zuversicht anzugehen, auf kleinere Hindernisse mit einem Minimum an Spannung zu reagieren und das emotionale Gleichgewicht zu behalten, auch wenn es auf größere Hindernisse trifft. Das Kind, dessen Emotionen überwiegend angenehm sind, ist glücklich und beliebt; im allgemeinen wird alles ein Erfolg, was es unternimmt. Wegen seiner heiteren Veranlagung haben die Leute es gerne um sich. Außerdem besteht eine große Wahrscheinlichkeit, daß es mit Führeraufgaben betraut wird (65, 89).
Kinder, deren Elternhaus zu der unteren Schicht gehört, wo im allgemeinen strikte autoritäte Erziehungsmethoden angewandt werden, haben schwere Bestrafung oder die Drohung mit Strafe von ihren Eltern zu ertragen. Dadurch wird die Entwicklung von Furcht und Groll gefördert. Kinder aus einer Familie, die zur Mittelklasse gehört, entwickeln oft starke Gefühle von Schuld und Angst, da die „liberale" Erziehung (auf der Grundlage der Gleichberechtigung) besonders betont, daß die Kinder ihren Eltern Freude machen müssen und dankbar zu sein haben für die Opfer, die die Eltern ihnen bringen. Kinder, die in einer solchen Umgebung aufwachsen, werden beunruhigt und ängstlich, weil sie nie wissen, wann ihre Eltern von ihnen enttäuscht sind oder wann sie ihnen die Liebe vorenthalten (12, 117).
In einer Kulturgruppe, die besonders hohen Wert auf soziales Akzeptiertwerden legt, wird ein Kind dazu angehalten, sich besonders viele Gedanken darüber zu machen, was andere von ihm denken und ob es auch beliebt ist (10). Wenn es von Menschen umgeben ist, die besorgt sind, ahmt es ihre Besorgtheit nach, selbst wenn es keinen persönlichen Grund hat, besorgt zu sein. Wenn andererseits die Atmosphäre im Elternhaus durch emotionale Herzlichkeit und Zuneigung gekennzeichnet ist, lernt es, ebenfalls ein „herzlicher" Mensch zu werden (184).
Jedes Kind ist sowohl unangenehmen als auch angenehmen emotionalen Erfahrungen unterworfen. Welche Art der Erfahrungen überwiegt, ist ein Faktor von großer Bedeutung dafür, wie sein Temperament sich entwickelt; aber dieser Faktor allein bestimmt nicht, ob ein Kind gut oder schlecht angepaßt sein wird. Auf welche Weise das Kind seine negativen Emotionen zu äußern lernt, ist ebenso wichtig wie die Häufigkeit ihres Auftretens. Bei einem gut angepaßten Kind werden die negativen Emotionen, besonders Ängstlichkeit und Feindlichkeit, weniger oft, mit geringerer Intensität, stärker gerichtet und auf den jeweiligen Anlaß konzentriert ausgedrückt als bei einem schlecht angepaßten Kind. Das gut angepaßte Kind erlebt negative Emotionen, aber es wird mit ihnen auf eine solche Weise fertig, daß sie seine Anpassung nur geringfügig beeinträchtigen. Das schlecht angepaßte Kind läßt es zu, daß diese Emotionen sich zu generalisierten Reaktionsweisen entwickeln; diese Verhaltensmuster werden deutlich bei Vorurteilen und bei anderen Formen neurotischen, fehlangepaßten Verhaltens (67, 154).

Emotionales Gleichgewicht. Jedes Kind braucht die Gelegenheit, angenehme und unangenehme Emotionen zu erleben, wobei die angenehmen möglichst die unangenehmen überwiegen sollten. Die Tatsache, daß angenehme Emotionen zu einer guten persönlichen und sozialen Anpassung führen, bedeutet jedoch nicht, daß das Kind um so besser angepaßt ist, je mehr erfreuliche und je weniger unerfreuliche Emotionen es erlebt. Zu viel Zuneigung z. B. schägt sich nieder in übermäßigem Beschützen des Kindes. Dies wiederum führt zu erhöhter Emotionalität auf seiten des Kindes, die sich äußert in Erregbarkeit, Ängstlichkeit, unnötiger Besorgtheit, Überempfindlichkeit, in einer Tendenz, sich leicht verletzt zu fühlen, und darin, wenig Zuneigung für andere zu zeigen (184).

Ein Kind, das verzogen ist oder von unerfreulichen Erlebnissen abgeschirmt wird, hat vielleicht eine glückliche, sorgenfreie Kindheit, aber es ist schlecht darauf vorbereitet, mit Enttäuschungen, Frustrationen und anderen unerfreulichen Erlebnissen fertig zu werden, wenn seine Eltern es davor nicht mehr beschützen. Jedes Kind braucht eine vernünftige Anzahl von unglücklichen Erfahrungen und Frustrationen, um eine Frustrationstoleranz aufzubauen, damit es etwas „vertragen" kann, ohne vor Kummer zu zerbrechen. Ein Kind, das zu sehr beschützt wird und das nicht lernen kann, wie man unerfreuliche Erlebnisse bewältigt, entwickelt das Gefühl, verwundbar zu sein, was zu Ängstlichkeit führt (194).

„Ein Junge oder ein Mädchen, das nie Angst oder Mißtrauen gegenüber anderen Menschen gefühlt hat, ist nicht sehr gut vorbereitet auf das Leben in unserer vom Wettbewerb durchdrungenen Kultur. Außerdem können wir mit anderen nur mitfühlen, wenn wir Erlebnisse gehabt haben, die in einem gewissen Grad den ihren ähnlich sind. Ein Mensch, dem nie ein Unglück widerfahren ist, kann nicht wirklich die Lage derer verstehen, die leiden", meint Stagner (196).

Kontrolle des Lernens. Da emotionale Verhaltensmuster so weitgehend durch Lernen beeinflußt werden, kann man die Richtung ihrer Entwicklung kontrollieren. Wenn unerwünschte emotionale Verhaltensweisen vorherrschen, ist es möglich, sie zu ändern. Veränderungen der Umwelt z. B. haben einen starken Einfluß auf die vorherrschende Art der emotionalen Äußerung eines Kindes. Ein Kind, das daran gewöhnt ist, die ungeteilte Aufmerksamkeit seiner Mutter zu bekommen, kann sehr über ihre Beschäftigung mit einem später geborenen Kind verstimmt sein und diesen Ärger in häufigen und starken Ausbrüchen von Wut und Eifersucht äußern. So kann es sich von einem glücklichen, ruhigen Kind zu einem gespannten, ängstlichen und reizbaren Kind verändern (119). Ein glückliches Kind, das keine Sorgen hatte, kann sich zu einem ängstlichen und schuldbewußten verwandeln, wenn die Eltern von ihm unbedingt erwarten daß es in der Schule sehr gute Leistungen zeigt. Cole meint: „Es kann einem Kind im dritten Schuljahr plötzlich klar werden, daß bei der Arbeit in der Schule auch der Wettbewerb eine Rolle spielt; diese neue Vorstellung kann es dazu bringen, daß es sich schämt, weil es bisher gedankenlos zu den Schlechtesten der Klasse gehört hat" (50).

Charakteristische Züge der Emotionen in der Kindheit

Die Emotionen kleiner Kinder unterscheiden sich deutlich von denen der Jugendlichen und Erwachsenen. Sie unterscheiden sich sogar von denen älterer Kinder. Wenn sie sich über diese Unterschiede nicht im klaren sind, sehen Erwachsene die Emotionen des Kindes leicht als „unreif" an. Noch ernstzunehmender ist die Tendenz, ein Kind, das für sein Alter und sein Entwicklungsniveau normal reagiert, zu tadeln oder zu bestrafen mit der Begründung, daß es sich nicht seinem Alter entsprechend verhält. Da das Lernen eine so wichtige Rolle für die emotionale Entwicklung spielt, ist es unvernünftig, zu erwarten, daß alle Kinder eines bestimmten Alters ähnliche emotionale Verhaltensweisen an den Tag legen. Individuelle Unterschiede sind unausweichlich, da Unterschiede hinsichtlich des Reifegrades und der Möglichkeiten zu lernen bestehen. Trotz der individuellen Unterschiede gibt es jedoch bestimmte charakteristische Züge in den Emotionen der Kinder, die sich von denen der Erwachsenen oder selbst der Jugendlichen unterscheiden. Diese charakteristischen Züge sind die folgenden:

1. Die Emotionen der Kinder dauern nur kurz. Es ist typisch, daß die Emotionen der Kinder nur kurz andauern und dann plötzlich aufhören. Da das Kind seine Emotionen direkt in Handlungen ausdrückt, fühlt es sich schnell befreit. Wenn es älter wird, führen die Einschränkungen durch die soziale Gruppe

zu indirekten Reaktionen in Form von „Launen", die sich in langen, ausgedehnten Reaktionen äußern und nicht in kurzen, plötzlichen Ausbrüchen (154).

2. Die Emotionen der Kinder sind intensiv. Die emotionalen Ausbrüche eines Kindes werden durch eine Intensität charakterisiert, wie sie selten bei Erwachsenen zu beobachten ist. Seinen emotionalen Reaktionen fehlen die Abstufungen der Intentsität, und seine Reaktionen auch auf bedeutungslose Situationen rufen ein emotionales Verhalten von großer Intensität hervor. Die starken emotionalen Reaktionen eines kleinen Kindes auf einen unbedeutenden Anlaß sind eine Quelle großer Überraschung und Verwunderung für viele Erwachsene. Angst, Wut und Freude werden alle in deutlichen, direkten Reaktionen ausgedrückt. Sogar das Kind im Vorschulalter reagiert mit intensiven Emotionen auf das, was dem Erwachsenen eine unbedeutende Frustration oder wenig wichtige Angelegenheiten zu sein scheinen (80, 157).

3. Die Emotionen der Kinder wechseln schnell. Der schnelle Wechsel eines Kindes von Lachen zu Tränen, von Wut zu Lächeln, von Eifersucht zu Zuneigung ist vielen Erwachsenen unverständlich. Diese schnellen Veränderungen sind auf drei Faktoren zurückzuführen: (a) Das kleine Kind äußert seine Emotionen in freimütiger Weise, so daß keine verhaltenen Gefühle entstehen, (b) ihm fehlt das völlige Verständnis für eine Situation, weil sein Intellekt nicht voll entwickelt ist und weil ihm die Erfahrungen fehlen, (c) es hat eine kurze Aufmerksamkeitsspanne, weshalb es leicht abgelenkt werden kann (33).

4. Kinder zeigen häufig Emotionen. Kinder zeigen ihre Emotionen im Durchschnitt häufiger als der typische Erwachsene. Mit zunehmendem Alter lernt das Kind, daß auf einen emotionalen Ausbruch häufig Ablehnung durch die Gruppe und Strafe folgen. Es lernt so, sich an Situationen anzupassen, die Emotionen erregen, und auf sie in einer allgemeinen Weise zu reagieren.

5. Die emotionalen Reaktionen der Kinder sind unterschiedlich. Beobachtungen von Kindern der verschiedenen Altersstufen zeigen, daß es eine große Verschiedenheit der emotionalen Reaktionen gibt. Bei allen neugeborenen Kindern ist das Muster der Reaktion ähnlich. Wenn jedoch allmählich der Einfluß des Lernens und der Umgebung spürbar wird, treten individuelle Unterschiede hinsichtlich des Verhaltens auf, das mit den verschiedenen Emotionen einhergeht. Das eine Kind läuft aus dem Zimmer, wenn es sich fürchtet, das andere versteckt sich hinter der Mutter, und das nächste rührt sich nicht und fängt an zu weinen.

6. Emotionen können an Verhaltenssymptomen erkannt werden. Ein Erwachsener kann seine Gefühle und Emotionen im allgemeinen so gut verbergen, daß es für andere schwierig ist, zu wissen, wie er fühlt. Bei Kindern verhält es sich anders. Selbst wenn sie ihre emotionalen Reaktionen nicht durch ein Verhalten zeigen, das zu dem, was sie fühlen, in direkter Beziehung steht, kann ihre Emotionalität festgestellt werden an Spannung, unruhigem Verhalten, Zappeln, Wachträumen, Häufigkeit des Urinierens, nervösen Angewohnheiten – wie Nägelbeißen, Daumenlutschen, Augenzwinkern, Reiben der Genitalien – Sprachschwierigkeiten, Appetitmangel, kleinkindhaftem Verhalten, Eigensinn und hysterischen Ausbrüchen. Jungen weisen im allgemeinen mehr Symptome der Emotionalität auf als Mädchen (106, 143).

7. Emotionen verändern ihre Stärke. Emotionen, die auf gewissen Altersstufen stark sind, verlieren an Stärke, wenn das Kind älter wird. Andere, die vorher schwach waren, werden später stark. Z. B. zeigen kleine Kinder deutlich Furcht in der Gegenwart von Fremden. Wenn ihnen später klar wird, daß sie sich nicht zu fürchten brauchen, läßt ihre Furchtsamkeit nach. Ähnlich sind Wutanfälle häufig, ehe das Kind in die Schule kommt; danach nehmen sie nicht nur an Häufigkeit, sondern auch an Intensität ab. Abb. 7-2 zeigt die Veränderung bei vier emotionalen Verhaltens-

weisen. Diese offenkundige Unbeständigkeit der Stärke der Emotionen ist teilweise zurückzuführen auf Veränderungen in der Triebstärke und teilweise auf die Entwicklung der intellektuellen Fähigkeiten des Kindes und ebenfalls zum Teil auf Veränderungen der Interessen und Werte.

8. Die Verhaltensmuster der emotionalen Äußerungen verändern sich. Das kleine Kind überlegt sich nicht, ob das, was es will, ihm selbst oder anderen schaden kann oder ob es den Preis wert ist, den es bezahlen muß. Wenn es das nicht erreicht, was es möchte, wird es verärgert und bekommt einen Wutanfall. In ähnlicher Weise zögert es nicht, wegzulaufen, sich zu verstecken oder zu weinen, wenn es sich fürchtet. Die Eltern versuchen, ihren kleinen Kindern beizubringen, wie sie ihre emotionalen Äußerungen kontrollieren müssen. Später übt die soziale Gruppe außerhalb des Elternhauses einen ähnlichen Druck aus. Wenn die Kindheit zu Ende ist, weiß der einzelne, daß die Zustimmung der Gruppe abhängig ist von dem Maß der Kontrolle, die er über den Ausdruck seiner Emotionen ausüben kann (106).

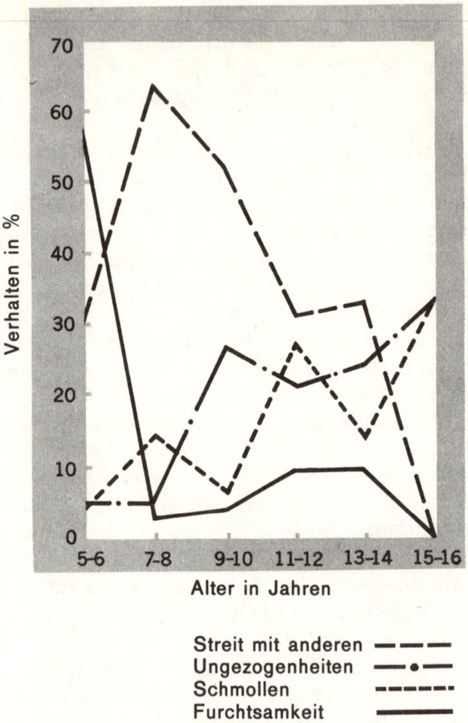

Abb. 7-2. Änderungen des emotionalen Verhaltens mit dem Alter.

Allgemeine emotionale Verhaltensweisen in der Kindheit

Nach den ersten Monaten des Säuglingsalters lassen sich eine Anzahl von differenzierten emotionalen Verhaltensmustern – jeweils gekennzeichnet durch eine spezifische Form des Verhaltens – feststellen. Es folgen in den nächsten Abschnitten die häufigsten dieser Muster, die für die Kindheit charakteristisch sind, weiter die Reize, die sie auslösen, und eine Beschreibung der Art der Reaktion.

Furcht

Ein Säugling wird so weit wie möglich vor Reizen bewahrt, die Furcht erregen können; doch noch vor dem Ende seines ersten Lebensjahres üben furchterregende Reize einen Einfluß auf ihn aus, und mit jedem weiteren Jahr tauchen immer mehr Dinge in seiner größer und größer werdenden Umwelt auf, die ihm mit Wahrscheinlichkeit Furcht einjagen. Mit dem weiteren Fortschritt seiner intellektuellen Entwicklung erkennt er Bedrohungen an Dingen, Situationen oder sogar Menschen, die er früher zu erkennen nicht imstande war. Als Folge davon werden seine Furchtgefühle nicht nur zahlreicher, sondern auch intensiver.

Ganz gleich, ob Furchtgefühle rational oder irrational sind, sie haben ihre Grundlage in den Erfahrungen des Kindes. Die meisten Furchtgefühle sind gelernt, aber sie sind nicht alle auf die gleiche Weise gelernt worden. Einige entstehen durch direkte Assoziation von Erfahrungen mit Reizen, die natürlicherweise Furcht erregen – wie laute, schrille Geräusche. Andere werden durch Nachahmung erworben; Angst vor einem Gewitter z. B. wird oft gelernt, indem das Angstverhalten eines Elternteils, der Geschwister oder Spielkameraden nachgeahmt wird.

Eine dritte Art der Furcht entsteht als Nachwirkung unangenehmer Erfahrungen; so entsteht die Angst vor dem Arzt, dem Zahnarzt, Krankenhäusern, großen Tieren und bestimmten Menschen. Schließlich kann sich auch Furcht entwickeln aus furchterregenden Erfahrungen, die im Film, in Bilderheftchen, im Radio oder Fernsehen oder in Märchen dargestellt sind. Obgleich das Kind solche Furchtgefühle nie direkt erlebt, kann es sie doch „stellvertretend" durch seine Fähigkeit erleben, sich vorzustellen, es hätte die Erlebnisse anderer (1).

Unterschiede. Die Menge und die Stärke der Angstgefühle erreichen einen Höhepunkt im dritten Lebensjahr und dann wieder mit elf Jahren. Während des ersten Höhepunktes ist die Furcht situational bestimmt; sie entsteht hauptsächlich durch Menschen, Gegenstände oder Tiere in der Umgebung des Kindes, z. B. als Furcht vor Hunden und der Dunkelheit. Während des Höhepunktes im Vorjugendalter werden die Furchtgefühle stärker generalisiert, sie nehmen die Form von Ängstlichkeit oder Besorgtheit an (141).

Obgleich die Angstgefühle sich mit dem Alter verändern, gibt es keine plötzliche Verlagerung von einer Art der Angst zu einer anderen; statt dessen findet eine allmähliche Verlagerung von spezifischer zu allgemeiner Angst statt (9). Abb. 7-3 zeigt die Veränderungen in den Häufigkeiten der verschiedenen Angstgefühle vom frühen Säuglingsalter bis zu sechs Jahren.

Auf jeder Altersstufe – und mit zunehmendem Alter in verstärktem Maße – treten Geschlechtsunterschiede hinsichtlich der Furchtgefühle auf. Es wird von der Gruppe akzeptiert, wenn sich Mädchen vor bestimmten Dingen fürchten, etwa vor Schlangen und Käfern, bei Jungen werden aber solche Furchtgefühle als „mädchenhaft" angesehen (126).

Da Furchtgefühle so weitgehend durch Lernen beeinflußt werden, richtet es sich nach dem sozioökonomischen Status der Familie, wovor sich ein Kind fürchtet. Jungen aus der Unterschicht machen sich mehr Gedanken über die Gewalttätigkeit von Räubern, Totschlägern, über Gewehre, Schläge und über ihre Eltern, wogegen Jungen aus der Oberschicht sich mehr vor Autounfällen fürchten, vor Stürmen und vor Versagen in der Schule. Wenn das Kind sich dem Jugendalter nähert, spielen die Werte der sozialen Klasse eine zunehmend wichtige Rolle in seinem Leben. Dies wird verdeutlicht im Zusammenhang mit der Angst in der Schule. Die Jungen der Unterschicht fürchten sich mehr vor dem Lehrer und haben in der Klasse leichter Lampenfieber, wogegen die Jungen der Oberschicht mehr darum besorgt sind, daß sie gute Zensuren bekommen, daß sie ihren Schulbesuch abschließen und die Universität besuchen können (9).

Der körperliche und psychische Zustand eines Kindes zu der Zeit, in der der Angstreiz geboten wird, bestimmt in einem hohen Grad, wie es reagiert. Wenn es müde, hungrig oder emotional gestört ist, reagiert es mit größerer Furcht. Wenn es sich an ähnliche Erlebnisse erinnert, die unangenehm oder sogar furchteinflößend waren, reagiert es mit Furcht auf eine neue Situation, die an sich und allein genommen normalerweise keine Furcht hervorrufen würde. Intelligente Kinder sind sich im klaren über Gefahrenquellen in Situationen, in denen ihre weniger intelligenten Kameraden keine Gefahr sehen. So ist es wahrscheinlich, daß ein intelligentes Kind mehr Furchtgefühle zeigt (106).

Die Persönlichkeit eines Kindes spielt eine wichtige Rolle, wenn bestimmt werden soll, wie empfänglich ein Kind für Angst ist. Bei Kindern, die unsicher sind, ist die Tendenz, sich zu fürchten, größer als bei Kindern, die emotional ausgeglichen sind (40). Das Zusammensein mit anderen, die sich fürchten, macht anfälliger gegenüber Furcht; das Zusammensein mit Menschen, die ruhig sind, verringert die Anfälligkeit. Wenn die Anzahl der Individuen in einer Gruppe zunimmt, werden die Furchtgefühle geteilt, und die gesamte Zahl der Anlässe zum Fürchten nimmt bei jedem Kind zu (171).

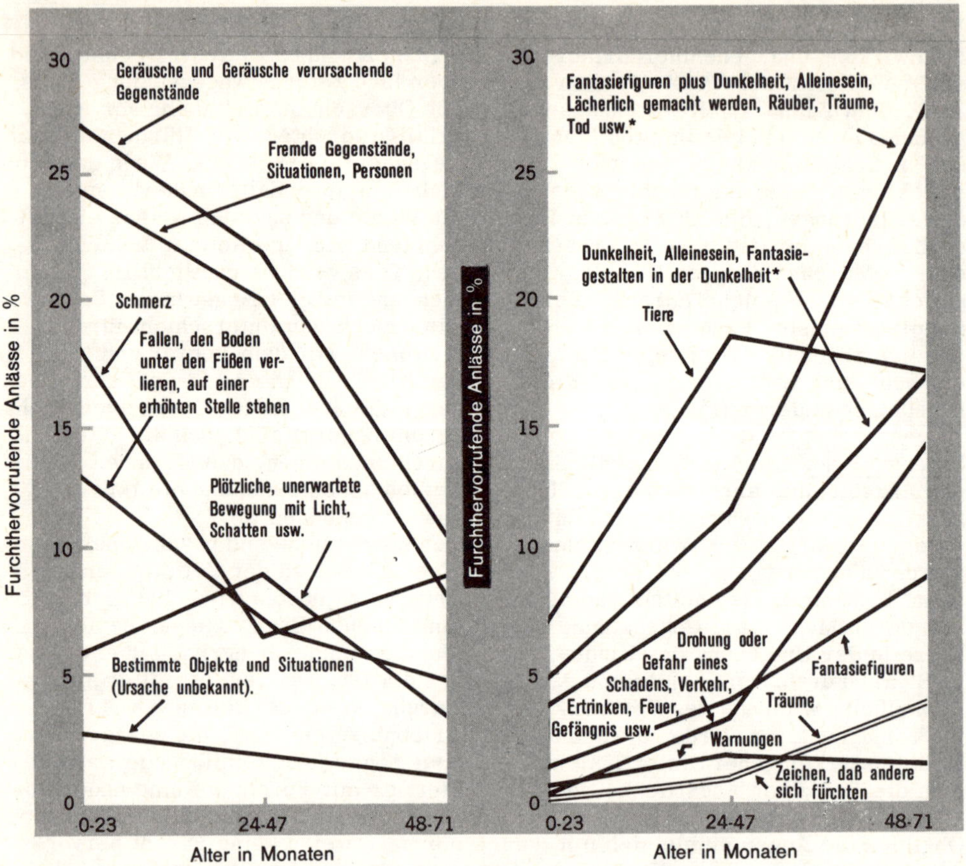

Abb. 7-3. Relative Häufigkeit verschiedener furchtauslösender Situationen bei kleinen Kindern.

Wovor sich Kinder fürchten. Trotz der Tatsache, daß Furchtgefühle sich von einem Kind zum anderen unterscheiden, gibt es Belege dafür, daß bestimmte Angstgefühle in charakteristischer Weise auf den einzelnen Altersstufen zu finden sind. Furchterregend sind im Säuglingsalter im allgemeinen lauter Krach, Tiere, fremde Menschen, Orte und Gegenstände, dunkle Zimmer, hochgelegene Orte, plötzliche Veränderung des Ortes, Alleinsein und Schmerzen. Kleine Kinder fürchten sich häufiger als der Säugling oder das ältere Kind. In diesem Abschnitt finden sich die meisten spezifischen Anlässe zur Furcht bei normalem Entwicklungsverlauf. Das kleine Kind ist imstande, Gefahren zu erkennen, die es vorher nicht erkennen konnte, aber wegen seiner mangelnden Erfahrung weiß es nicht, daß es sich nicht um eine persönliche Bedrohung handelt (106, 125).

Viele Furchtgefühle des Kleinkindes werden aus dem Säuglingsalter übernommen, und viele der neuen Ängste, die die Kinder erwerben, beziehen sich auf eingebildete Gefahren; sie fürchten sich vor Geistern, Räubern, Gerippen und Personen und Orten, von denen sie in Geschichten gehört haben oder die sie im Film oder Fernsehen gesehen haben. Ihre Furcht vor Tieren bezieht sich stärker auf fremde und ungewöhnliche Tiere als auf die, die sie aus dem täglichen Leben kennen, wie Hunde, Katzen usw. (106).

Im Vorschulalter finden deutliche Veränderungen statt – nicht nur hinsichtlich der Art der Sache oder Situation, die Furcht erregt, sondern auch hinsichtlich der Anzahl und der Stärke der Furchtgefühle. Furcht vor Tieren nimmt stetig zu bis zum Alter von vier Jahren, dann nimmt sie wieder ab. Furcht vor der Dunkelheit, vor dem Alleinsein, vor dem Eingebildeten, Phantastischen und Übernatürlichen dagegen nimmt mit dem Alter zu. Dies trifft besonders zu auf Furcht im Zusammenhang mit dem Tod oder mit Personen, an die man sich aus Geschichten und Filmen erinnert. Nach dem Vorschulalter nehmen die Angstgefühle an Anzahl und Stärke endgültig und beständig ab. Für Dreijährige ist z. B. die Durchschnittszahl der Anlässe zum Fürchten mit 5, 5 angegeben worden, für die Sechsjährigen dagegen mit 3, 2 (106, 141).

Nachdem die Kinder in die Schule gekommen sind, richten sich ihre Furchtgefühle auf das Eingebildete, Phantastische und Übernatürliche oder auf entfernte Gefahren – auf die Dunkelheit und eingebildete Wesen im Zusammenhang mit der Dunkelheit, auf Tod und Verletzungen, auf die Elemente, besonders auf Donner, Blitz und Sturm, und auf Gestalten, an die man sich aus Geschichten, Filmen, Bilderheftchen und Fernsehen erinnert. Furchtgefühle im Zusammenhang mit der eigenen Person und dem Status nehmen deutlich zu; ältere Kinder fürchten sich, zu versagen, lächerlich gemacht zu werden und „anders" als die anderen Kinder zu sein. Geschlechtsunterschiede hinsichtlich der Anlässe, vor denen man sich fürchtet, sind ebenfalls bekannt. Bei Tieren z. B. fürchten sich Jungen mehr vor wilden Tieren, Mädchen dagegen mehr vor Insekten und Spinnen (9, 126). Insgesamt zeigen die Mädchen mehr Furchtgefühle als die Jungen.

Charakteristische Züge der Angstreize. Ein wichtiger charakteristischer Zug aller Angstreize ist der, daß sie plötzlich und unerwartet auftreten; das Kind hat wenig Gelegenheit, sich ihnen anzupassen. Furcht vor Fremden, die die meisten Kleinkinder haben, ist teilweise auf die Tatsache zurückzuführen, daß das Kind daran gewöhnt ist, ein vertrautes Gesicht zu sehen, und daß es sich zuerst nicht an das plötzliche Auftauchen eines Fremden anpassen kann. Wenn das Kind älter und intellektuell reifer wird, kann es sich schneller an plötzliche und unerwartete Gegebenheiten anpassen.

Angstreize kommen nicht nur plötzlich und unerwartet, sie sind auch neu oder fremd. Reize, zu denen das Element der Neuheit gehört, erregen leicht Furcht, wobei dieselben Reize keine Furcht hervorrufen, wenn das Element der Neuheit verschwunden ist (33, 106).

Reaktionen auf Angst. Bei einem Kind unter drei Jahren ist die Reaktion charakteristischerweise eine der Hilflosigkeit. Das Weinen ist der Hilferuf des Säuglings. Das Kind versteckt sein Gesicht und entfernt sich durch Kriechen oder Laufen so weit es kann von dem Gegenstand, vor dem es sich fürchtet. Es versteckt sich hinter einem Menschen oder einem Möbelstück und bleibt dort, bis die Angst abklingt oder bis es merkt, daß es sicher wieder hervorkommen kann.

Wenn das Kind älter wird, werden die offenen Reaktionen bei Furcht infolge des sozialen Drucks kontrolliert. Die Reaktion des Weinens nimmt ab, obgleich der charakteristische Gesichtsausdruck beibehalten wird und das Kind sich von dem Gegenstand, vor dem es sich fürchtet, zurückzieht. Das Kind von dreieinhalb Jahren schützt sich z. B. vor Angstreizen, indem es „Nein!" sagt oder „Das kann ich nicht!" oder indem es die Dinge meidet, die seine Angst erregen (103).

Ältere Kinder unterdrücken nicht nur den Impuls, Furcht zu zeigen, sondern sie versuchen auch, eine Situation zu meiden, wenn sie Grund haben, anzunehmen, daß sich die Situation als furchterregend erweisen könnte. Wenn sie einem Angstreiz gegenüber stehen, können sie ihre Furcht durch eine allgemeine motorische Entladung ausdrücken, die mehr einem Wutausbruch als einer Angstreaktion gleicht. Schüchternheit, die eine Art der Angstreaktion darstellt, besteht aus nervösen Bewegungen – wie an der Kleidung oder am Ohr zu zupfen – oder darin, den Kopf nach einer Seite zu senken und ihn dann scheu wieder zu heben, um andere anzublicken (40, 141).

Bedeutung der Furcht. Furcht ist für ein Kind nur so lange von Wert, als sie nicht zu intensiv wird; sie dient als Warnung bei Gefahr. Unglücklicherweise lernen die meisten Kinder Dinge zu fürchten, die nicht gefährlich sind. Furcht bildet dann das Hemmnis für eine Handlung, die sich vielleicht als nützlich oder angenehm erwiesen hätte. Viele Kinder – und das ist noch schwerwiegender – entwickeln so viele und intensive Ängste, daß ihr körperliches und seelisches Wohlergehen in Mitleidenschaft gezogen wird. Wenn nicht für ausreichende Ventile für diese emotionalen Spannungen gesorgt wird, werden die Gesundheit des Kindes und seine Einstellung gegenüber dem Leben nachteilig beeinflußt, und seine Anpassung an andere Menschen ist schlecht (106).

Da Furcht – außer als Warnung vor Gefahren – mehr schädlich als nützlich für ein Kind ist, sollte ihr Auftauchen so weit als möglich verhindert werden. Die Aufmerksamkeit eines Kindes von etwas, vor dem es sich vielleicht fürchtet, abzulenken, ist nur eine Maßnahme von vorübergehendem Erfolg; sie versagt, wenn das Kind allein in eine bestimmte Lage gerät. Da Furcht fast unausbleiblich ist, wenn das Kind plötzlich und unerwartet einem neuen Reiz gegenüber steht, kann eine Vorwarnung wirksam sein, um Furcht abzuwehren. Eltern und Lehrer können jedoch nicht immer voraussehen, wovor ein Kind sich fürchten wird (107).

Besorgtheit

Besorgtheit ist eine Furcht vor Eingebildetem. Im Gegensatz zu wirklicher Furcht wird sie nicht durch einen Reiz in der Umwelt hervorgerufen. Sie kann dadurch entstehen, daß man sich Situationen einbildet, die sich ergeben könnten und die dann gefährlich sein könnten. Sie kann auch durch Bücher, Filme, Bilderhefte, Radio, Fernsehen usw. hervorgerufen werden. Da Besorgtheit eher durch eingebildete als durch wirkliche Reize entsteht, ist sie nicht bei sehr kleinen Kindern anzutreffen. Das Kind muß eine Stufe der intellektuellen Entwicklung erreichen, auf der es ihm möglich ist, sich Dinge einzubilden, die nicht unmittelbar vorhanden sind, ehe es besorgt sein kann.

Daß häufig die sogenannte Furcht bei älteren Kindern in Wirklichkeit Besorgtheit ist, haben Untersuchungen dessen ergeben, was Kinder als das, vor dem sie sich am meisten fürchten, nannten und als das „schlimmste Ereignis", das ihnen widerfahren ist. Zum Beispiel gaben 14% aus einer Gruppe von befragten Kindern an, daß sie sich vor Tieren fürchteten, aber nur 2% der Gruppe waren jemals von Tieren angegriffen worden. 19% gaben an, sich vor Geistern zu fürchten, aber keiner hatte – selbstverständlich – jemals einen Geist gesehen (106). Besorgtheit über die Arbeit in der Schule und über die Versetzung sind sehr häufig. In einer Gruppe von Grundschulkindern gaben 53% an, sich Gedanken darüber zu machen, ob sie überhaupt versetzt würden; dabei bestand das Vorgehen der Schule darin, alle Kinder außer etwa einem Prozent jedes Jahrgangs zu versetzen (106). So ist es offenkundig, daß Besorgtheit gewöhnlich eine unlogische Übertreibung dessen, was wahrscheinlich geschieht, darstellt. Sie ist normal in der Kindheit und findet sich sogar bei den am besten angepaßten Kindern.

Wenn Kinder untereinander über das sprechen, wovor sie Angst haben, besteht die Tendenz, daß jedes Kind der Gruppe sich einbildet, ähnliches könnte ihm geschehen. So entstehen bei dem Kind neue Befürchtungen, von denen viele in überhaupt keiner Beziehung zu seinen eigenen Erfahrungen stehen. Das ist in der Pubertät weit verbreitet, wenn das Kind anfängt, wegen seines Aussehens besorgt zu sein, das wegen früher oder später Reife sich von dem seiner Altersgenossen unterscheidet. Wenn seine Alterskameraden darauf aufmerksam machen, daß es sich von ihnen unterscheidet, verstärkt sich seine Besorgtheit, und es überzeugt sich selbst bald, daß etwas mit ihm nicht stimmt (10, 152). Die Sorge des pubertierenden Kindes um seinen sich ändernden Körper und sein Verhalten wird verstärkt durch die Sorge der Eltern, besonders wenn sie diese in Gegenwart des Kindes zur Sprache bringen (181).

Ängstlichkeit

Wenn Besorgtheit häufig und intensiv ist, kann sie zu Ängstlichkeit führen, „einem schmerzhaften Unbehagen, das drohendes Übel ahnt" (106). Ängstlichkeit wird durch Befürchtungen, Unruhe und Vorahnungen solcher Lagen charakterisiert, denen der einzelne nicht ausweichen kann; sie wird begleitet von einem Gefühl der Hilflosigkeit, weil die ängstliche Person sich gehemmt fühlt und unfähig ist, eine Lösung für ihr Problem zu finden (151, 185). Obgleich Ängstlichkeit aus Furcht und Besorgnis entsteht, unterscheidet sie sich von ihnen in mehrfacher Hinsicht. Sie ist weniger spezifisch als Furcht. Im Gegensatz zur Furcht entsteht sie nicht aus einer Situation, in der das Individuum sich gerade befindet, sondern aufgrund einer Situation, die in der Zukunft erwartet wird. Das ängstliche Kind kennt oft die Gründe seiner Ängstlichkeit nicht. Es erkennt nicht, daß sie aus Gefühlen der Unsicherheit entsteht und nicht aufgrund einer äußeren Situation, auf die es seine Furcht projiziert.

Wie die Besorgtheit ist die Ängstlichkeit eher auf eingebildete als auf wirkliche Ursachen zurückzuführen. Die Ursachen sind oft irrational. Ängstlichkeit unterscheidet sich von Besorgtheit in zwei wichtigen Aspekten. Einmal bezieht sich Besorgtheit auf spezifische Probleme wie Prüfungen oder Geldangelegenheiten, wogegen die Ängstlichkeit ein *generalisierter* emotionaler Zustand ist. Weiter entsteht Besorgtheit aus einem *objektiven* Problem, wogegen Ängstlichkeit aus einem *subjektiven* Problem entsteht (106, 185). Das Kind, das mehr Ängstlichkeit zeigt als für sein Alter normal ist, ist wahrscheinlich in seiner Anpassung beeinträchtigt.

Da Ängstlichkeit von der Fähigkeit abhängt, sich etwas einzubilden, das nicht vorhanden ist, entwickelt sie sich später als Furcht, wie das auch auf die Besorgtheit zutrifft. Sie entsteht häufig nach einer Zeit intensiver Besorgtheit. Zu lang anhaltende und zu häufig auftretende Besorgtheit untergräbt das Selbstvertrauen eines Kindes und macht es empfänglich für ein generalisiertes Gefühl der Unzulänglichkeit, das oft zu Ängstlichkeit führt. Ängstlichkeit nimmt im allgemeinen im Verlauf der Kindheit zu, besonders zwischen dem vierten und sechsten Schuljahr (46). Sie tritt häufiger auf bei Beziehungen zwischen einem Kind und anderen Kindern als bei Beziehungen zwischen Erwachsenen und dem Kind oder in alltäglichen Situationen wie etwa der, allein ins Bett zu gehen.

Charakteristische Situationen. Das Verhalten, das charakteristischerweise mit Ängstlichkeit einhergeht, ist dem Verhalten bei Besorgtheit sehr ähnlich. Bei einer oberflächlichen Betrachtung ist es fast unmöglich zu sagen, ob das Verhalten des Kindes eine Reaktion auf das eine oder das andere darstellt. Das Kind, das besorgt oder ängstlich ist, kann seine Sorgen für sich selbst behalten, über ihnen brüten und sie oft noch verstärken; es kann sie auch nach außen hin zeigen, über sie sprechen und so Aufmerksamkeit und Mitgefühl erheischen; oder es kann andere für seine Sorgen verantwortlich machen und sich so von einigen seiner Gefühle der Unsicherheit oder Unzulänglichkeit befreien.

In ihren leichteren Formen kann Ängstlichkeit in deutlich erkennbarem Verhalten ausgedrückt werden, wie in Depressionen, unerklärbarer Nervosität und Verdrießlichkeit, Reizbarkeit, Launenhaftigkeit, unruhigem Schlaf, schnellem Entstehen von Wut und außerordentlicher Empfindlichkeit. In ihren schweren Formen kann die Ängstlichkeit so versteckt sein, daß sie nicht leicht zu erkennen ist (80, 141). Das besonders ängstliche Kind kann sich zum Beispiel dadurch hervortun, daß es sehr laut ist und gerne angibt; es kann so wirken, als langweile es sich oder es kann unruhig erscheinen, wenn es mit Menschen zusammen ist oder auch, wenn es alleine ist. Darüber hinaus leidet es oft unter starken Schuldgefühlen, weil es seine eigenen Erwartungen nicht erfüllt hat (5). Vielleicht der am stärksten verdeckte und am wenigsten leicht zu erkennende Ausdruck der Ängstlichkeit ist das Vermeiden oder Abwehren von Erfahrungen, die zu Ängstlichkeit führen können. Das kann sich in vielen Formen äußern. Das Kind legt sich vielleicht schlafen, obgleich es nicht müde ist; es beschäftigt sich so sehr, daß es nicht nachzudenken braucht; oder es zieht sich in eine Welt der Phantasie zurück, ißt zuviel oder gleitet zurück in infantile Verhaltensformen (40).

Die Handlungen eines sehr ängstlichen Kindes und seine Sorgen über offensichtlich unbedeutende Angelegenheiten erscheinen vielleicht irrational, und das Kind selbst ist möglicherweise nicht in der Lage, sein Verhalten zu verstehen. Jersild meint: „Eines der Kennzeichen eines ängstlichen Menschen ist es, daß er im allgemeinen alles übertreibt oder untertreibt. Eine leichte Beleidigung oder Kritik kann ihn in starke Wut versetzen, oder er zeigt ein Verhalten, das außerordentliche Ruhe zu sein scheint, wenn er wirklich Grund hätte, Emotionen zu zeigen, so als ob er unter dem Zwang stünde, seine Gefühle zu verbergen" (107). Das ängstliche Kind verhält sich oft auf eine Weise, die Erstaunen hervorruft. Ein normalerweise freundliches Kind kann etwa gelegentlich so grausam sein, daß niemand es versteht (107).

Shaffer und Shoben haben dieses scheinbar irrationale Verhalten so erklärt: „Es gibt keine spezifische, wirksame Anpassung an Ängstlichkeit. Wenn man ängstlich ist, ist man einfach aufgewühlt, unglücklich und wird dazu getrieben, etwas zu tun, wenn man wirklich wenig tun kann. Ängstlichkeit ist deshalb der wichtigste Hinweis auf gestörte Anpassung" (185).

Geschlechtsbedingte Unterschiede bei der Reaktion, die charakteristischerweise auf Ängstlichkeit gezeigt wird, haben sich feststellen lassen. Mädchen reagieren im allgemeinen mit Wachträumen oder indem sie Gefühle der Unzulänglichkeit entwickeln, die sich als Zurückziehen von den anderen äußern. Jungen dagegen stellen fest, daß Ängstlichkeit nicht als „männlich" angesehen wird, und sie versuchen, die Ängstlichkeit vielleicht dadurch zu kompensieren, daß sie aufsässig sind oder etwas tun, womit sie andere ärgern (122, 200).

Wut

Wut ist in der Kindheit eine häufigere Reaktion als die Furcht in ihren unterschiedlichen Formen, weil es mehr Reize in der Umgebung des Kindes gibt, die Wut hervorrufen, und weil viele Kinder schon früh merken, daß die Wut eine gute Möglichkeit darstellt, Aufmerksamkeit zu erregen oder ihre Wünsche zu befriedigen. Jedes Jahr nimmt die Zahl der Situationen zu, die Wut erzeugen. Die Folgen bestehen darin, daß die Kinder mit zunehmendem Alter mehr Wutreaktionen der einen oder anderen Form zeigen. Die Furchtreaktionen dagegen nehmen ab, weil dem Kinde klar wird, daß es sich in den meisten Fällen gar nicht zu fürchten braucht (104).

Dennoch besteht eine enge Beziehung zwischen Furcht und Wut. Manchmal schwankt das Kind zwischen beiden. Bei anderen Gelegenheiten werden beide gleichzeitig durch denselben Reiz erregt. In einer geschützten Umgebung, in der das Kind vor Furcht eher als vor Wut hervorrufenden Reizen bewahrt werden kann, ist Wut wahrscheinlich häufiger als Furcht. Der Unterschied kann aber auch mehr scheinbar als tatsächlich sein, weil ein stärkerer sozialer Druck auf das Kind ausgeübt wird, seine Furcht zu verbergen. Weiter findet das Kind Möglichkeiten, Situationen zu meiden, die vielleicht dazu führen, daß es Furcht zeigt (106).

Unterschiede hinsichtlich der Wut. Die Menschen aller Altersstufen unterscheiden sich hinsichtlich der Frustrationstoleranz – dem „Grad der Spannung, unterhalb dessen ein Mensch vernünftig denken und sich sinnvoll verhalten kann" (185). Einige Kinder können Reize, die Wut erzeugen, besser bewältigen als andere. Bei einem bestimmten Kind verändert sich die Fähigkeit, solchen Reizen zu widerstehen je nach dem Bedürfnis, das nicht befriedigt wird, nach der körperlichen und emotionalen Verfassung zu dem bestimmten Zeitpunkt und je nach der Situation, in der diese Reize auftreten. Das eine Kind reagiert vielleicht mit geringfügiger Verärgerung auf eine bestimmte Situation, wogegen ein anderes mit einem Wutausbruch reagiert und noch ein weiteres mit Zurückziehen, wobei es starke Gefühle der Unzulänglichkeit und Enttäuschung zeigt. Es gibt jedoch bestimmte vorhersagbare Unterschiede hinsichtlich der Wut bei Kindern – Unterschiede nicht nur dessen, was die Wut erregt, sondern auch der Form, die ihre Reaktion annimmt.

Reize für Wut. Im allgemeinen entstehen Wutreaktionen in den Situationen, in denen der Körper in seiner Bewegungsfreiheit behindert ist, wenn Bewegungen, die das Kind machen möchte, entweder durch das Dazwischentreten anderer oder aufgrund seiner eigenen Unfähigkeit verhindert werden, wenn Beschäftigungen gestört werden, die sich schon im Ablauf befinden, wenn Wünsche, Pläne und Absichten, die das Kind verwirklichen möchte, vereitelt werden und wenn eine Anzahl von Reizen zusammenkommt (106).

Säuglinge reagieren mit Wutausbrüchen auf geringfügige körperliche Unbequemlichkeit, auf Beeinträchtigung der körperlichen Aktivitäten, auf Körperpflege – z. B. Baden und Ankleiden. Wegen seiner zunehmenden Unabhängigkeit möchte das Kleinkind einige dieser Dinge selbst tun. Wird ihm aber dazu die Möglichkeit gegeben, dann wird es oft wütend über seine eigene Ungeschicklichkeit. Wenn es ein Kleidungsstück nicht selber anlegen oder eine Speise mit der Gabel oder dem Löffel nicht zum Munde führen kann, wird es wütend. Seine Unfähigkeit, sich durch sein Lallen oder seine ersten Sprechversuche verständlich zu machen, erzürnt es ebenfalls. Weiter wird es auch wütend, wenn ihm andere nicht so viel Aufmerksamkeit zuwenden, wie es sich das wünscht, oder wenn ihm jemand etwas wegnehmen will (104).

Kinder im Vorschulalter geraten vielfach aus denselben Gründen in Wut wie Kleinkinder. Sie nehmen besonders eine Beeinträchtigung ihres Besitzes übel, sie haben etwas dagegen, das tun zu müssen, was ihnen aufgetragen wird, sie zanken sich ständig mit anderen Kindern, die ihnen ihr Spielzeug wegnehmen oder ihr Spiel stören. Ihre Gefühle werden leicht durch Bemerkungen anderer verletzt oder durch Strafen, und sie werden ärgerlich, wenn sie Spielzeug oder Gegenstände nicht so handhaben können, wie sie es gerne möchten, oder wenn sie Fehler machen (106).

Ein älteres Kind kann wütend werden, wenn seine Wünsche nicht erfüllt werden, wenn man es bei einer Beschäftigung unterbricht, wenn man ständig etwas an ihm auszusetzen hat, wenn man es aufzieht, mit ihm in lehrerhaftem Ton spricht oder für das Kind ungünstige Vergleiche mit anderen Kindern anstellt. Das ältere Kind wird ebenfalls ärgerlich, wenn es Fehler macht oder ungeschickt ist; wenn es merkt, daß es selbst oder seine Freunde ungerecht getadelt oder bestraft werden, oder wenn es von anderen Kindern geringschätzig behandelt, ignoriert oder lächerlich gemacht wird. Wenn seine Interessen außerhalb des Hauses zunehmen, gibt es mehr Gründe für Ärger und Wut außerhalb des Elternhauses als innerhalb (80, 104).

Eine Untersuchung mit älteren Kindern hat gezeigt, daß am häufigsten Ärger in sozialem Kontext entstand, etwa wenn sie getadelt wurden für etwas, was sie nicht getan hatten, und wenn berichtet wurde, daß andere betrogen, sich unfair verhielten oder Streit suchten. Zu Hause waren sie wütend, wenn sie geschlagen oder gescholten wurden, besonders für etwas, das sie nicht getan hatten. In der Schule verursachte es Ärger, schlechte Zensuren zu bekommen, von einem Lehrer unterrichtet zu werden, der bestimmte Lieblingsschüler hatte, daß die Mutter zur Schule kam und daß man von ganz bestimmten Lehrern unterrichtet wurde. Als Grund, sich über sein eigenes Verhalten zu ärgern, wurden häufig Fluchen, Lügen, Nägelkauen und schlechte Angewohnheiten genannt und die Beschuldigung, zu lügen. Das ältere Kind arbeitet häufig auf Ziele hin, die für seine Fähigkeiten zu hoch liegen. Wenn es diese Ziele nicht erreicht, wird es wütend auf sich selbst und versucht, einen Sündenbock für sein Versagen zu finden (217).

Wutreaktionen. Bestimmte Wutreaktionen sind für die verschiedenen Altersstufen typisch. Bei Säuglingen sind diese Reaktionen zuerst zufällig und nicht gerichtet. Der Säugling weint, schreit, tritt, wölbt seinen Rücken, zappelt, strampelt und windet den ganzen Körper.
Heftige Wutausbrüche sind für das Kleinkind typisch. Ein Wutausbruch dauert vielleicht nur wenige Minuten; selten dauert er länger als fünf Minuten. Während er andauert, ist er heftig und gegen die Person oder Sache gerichtet, die das Kind dafür verantwortlich macht, daß sein Wunsch nicht befriedigt wurde. In seinen Angriffen ist das Kind zerstörungswütiger als der Säugling; es zögert nicht, andere mit jedem Mittel, das ihm zur Verfügung steht, zu verletzen – ob es sich nun um Schlagen, Treten, Beißen, Spucken, Stoßen oder Zerren handelt. Wenn seine Bemühung vereitelt wird, die Person oder Sache zu erreichen, die seinen Zorn erregt hat, tut es mit Wahrscheinlichkeit alles, das nach seinen früheren Erfahrungen die Aufmerksamkeit auf es richtet und wodurch vielleicht das Hindernis entfernt wird, das ihm im Wege steht. Kleine Kinder fügen bald neue Reaktionen zu dem typischen Verlauf eines Wutanfalls hinzu. Im Alter von vier Jahren kommt auch die Sprache mit zu diesen Reaktionen; diese ersetzt allmählich das typische Verhalten beim Wutausbruch (106, 206).
Wutausbrüche sind kein Monopol der Kinder, wenn sie auch am häufigsten zwischen zwei und vier Jahren vorkommen. Wie aus Abb. 7-4 ersichtlich ist, tritt sowohl bei Jungen als auch bei Mädchen ein Höhepunkt mit drei Jahren ein. Nach dem Höhepunkt nehmen Häufigkeit und Intensität bei Jungen langsamer ab als bei Mädchen.

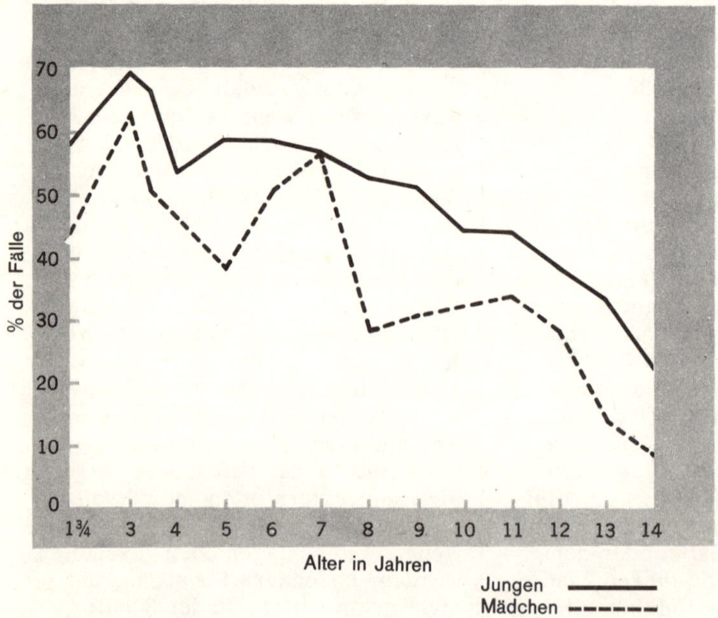

Abb. 7-4. Wutausbrüche nehmen normalerweise mit dem Alter ab.

Hierfür gibt es zwei mögliche Gründe: Einmal haben Jungen mehr Energie als Mädchen, und weiter ist die kulturbedingte Duldung von Aggressionen bei Jungen größer als bei Mädchen (141).

Bei allen Kindern gehört zu den wichtigsten Zügen eines Wutanfalles, daß er in keinem Verhältnis zu der auslösenden Situation steht, die ihn hervorgerufen hat. Da Wutanfälle jedoch bei allen Kindern auf etwa der gleichen Altersstufe auftreten, besteht Grund für die Annahme, daß sie ein normales Wachstumsphänomen darstellen. Teils weil der soziale Druck zunimmt und teils wegen der zunehmenden Fähigkeit, die Dinge zu tun, die sie tun möchten, und weil das Verständnis dafür zunimmt, warum sie bestimmte Dinge nicht tun dürfen, haben die Kinder weniger und schwächere Wutausbrüche, wenn sie älter werden (103, 184).

Ältere Kinder streiten sich noch weiterhin, sie treten, stoßen, zerren, schubsen, werfen Steine und raufen, aber allmählich zeigen sie andere Wutreaktionen, die weniger auf soziale Ablehnung stoßen. Angriffe mit Worten in der Form von Beschimpfungen, Lächerlichmachen, sarkastischen Bemerkungen, Fluchen, Angeben, Drohen, Grobheiten und Frechheiten ersetzen nach und nach körperliche Angriffe. Wenn ein älteres Kind über einen Klassenkameraden in Wut gerät, schließt es ihn von Unternehmungen der Gruppe aus und lehnt es oft ab, mit ihm zu sprechen. Es kann seine Wut auch an Tieren auslassen, an kleineren Kindern, an Kindern, denen gegenüber ein Vorurteil besteht, oder auch an seinen Eltern und Verwandten. Es lehnt vielleicht ab, die Dinge zu tun, die man von ihm erwartet, oder es erledigt sie aus Trotz so schlecht wie möglich. Einige Kinder zeigen ihre Wut durch verletzte Gefühle, durch mürrisches Verhalten, indem sie sich verraten fühlen, indem sie Selbstmitleid zeigen, indem sie drohen fortzulaufen oder indem sie sich sogar körperliche Schmerzen zufügen (80, 106).

Unterschiede in den Wutreaktionen. Die eben beschriebenen typischen Wutreaktionen zeigen, daß es in den Wutreaktionen auf jeder Alterstufe Unterschiede gibt. Die Unterschiede nehmen zu, wenn die Kinder älter werden, weil die älteren Kinder gelernt haben, wie die Menschen auf ihre Wut reagieren, und durch frühere Erfahrungen die beste Art festgestellt haben, wie sie ihre Wut äußern können, und doch nur auf möglichst wenig soziale Ablehnung stoßen. Trotz der großen Spielbreite der Ausdrucksformen, die Kinder für ihre Wut haben, fallen die meisten Äußerungen unter zwei große Kategorien: *impulsiv* und *gehemmt* (110, 218).

Impulsive Ausdrucksformen. Impulsive Ausdrucksformen, die im allgemeinen Aggression genannt werden, bestehen aus Reaktionen, die nach außen gegen eine Person oder einen Gegenstand gerichtet werden, der den Ärger des Kindes erregt hat. Sie können die Form eines körperlichen Angriffs oder eines Angriffs durch Worte annehmen, und sie treten in unterschiedlicher Stärke auf. Impulsive Wutäußerungen sind häufiger als gehemmte. Sie treten früher auf, sind für andere unangenehmer und sozial weniger gebilligt (128, 218).

Obgleich die meisten impulsiven Wutäußerungen *extrapunitiv* sind (d. h. sie sind gegen andere gerichtet), sind sie manchmal auch *intrapunitiv* insofern, als das Kind den Ärger gegen sich selbst richtet und sich selbst mehr als andere für seinen Ärger verantwortlich macht (110, 164).

Gehemmte Äußerungsformen. Gehemmte Reaktionen sind solche, die innerhalb des Kindes unter Kontrolle gehalten werden. Das Kind kann sich in sich selbst zurückziehen und so vor dem wuterzeugenden Gegenstand oder der Person fliehen. Es wird dann apathisch und scheint zu zeigen, daß es gleichgültig ist, daß es nicht genug verärgert ist, um sich um seine Frustrationen zu kümmern, oder daß es zu dumm ist und etwas einfach hinnimmt. Eine solche Reaktion wird *impunitiv* genannt im Gegensatz zu *extrapunitiv* und *intrapunitiv*. Das apathische Kind ist jedoch zornerregenden Situationen gegenüber nicht so gleichgültig, wie es scheinen mag; es fühlt vielleicht nur, daß Widerstand nutzlos ist, daß es in seinem Interesse liegt, die Frustration hinzunehmen, oder daß es besser ist, seine Wut zu verbergen, als sie zu äußern und das Risiko einer Strafe oder sozialer Ablehnung auf sich zu nehmen (110, 218).

Eifersucht

Eifersucht ist eine normale Reaktion auf tatsächlichen, eigebildeten oder drohenden Entzug der Zuneigung. Sie tritt gleichzeitig mit Wut auf und fördert eine Haltung des Grolls, die nur auf Menschen gerichtet ist, wogegen Wut gegen Menschen, gegen Dinge oder gegen den Wütenden selbst gerichtet sein kann. Eifersucht kann sich in Ausbrüchen zeigen, die denen eines Wutanfalls stark gleichen, oder in Verhalten, das den Groll, den das Individuum fühlt, weniger deutlich macht oder verbirgt. Im Verhaltensmuster der Eifersucht zeigt sich häufig etwas Furcht zusammen mit Wut. Der eifersüchtige Mensch fühlt sich unsicher in seinen Beziehungen zu einem Menschen, den er liebt, und fürchtet, die Zuneigung dieses Menschen zu verlieren. Was die Eifersucht verursacht und welche Formen sie annimmt, wird stark durch die Erziehung beeinflußt und durch die Behandlung, die der einzelne von anderen erhält. Welche Form sie auch immer annehmen mag, sie führt zu dem Gefühl, unglücklich zu sein. Was aber noch schlimmer ist, sie führt oft zu Fehlanpassung in mehr oder weniger starkem Maß. Eine Haltung der Eifersucht in der Kindheit kann die Einstellung des einzelnen gegenüber den Menschen und der Welt nicht nur in der Kindheit, sondern auch für den ganzen Rest des Lebens beeinflussen (106).

Reize für Eifersucht. Die Situation, die Eifersucht hervorruft, ist immer eine soziale; es gehören Menschen dazu, besonders solche, für die das Kind eine besondere Zuneigung fühlt. Beim kleinen Kind bezieht sich Eifersucht auf die Eltern oder andere Erwachsene, die sich um das Kind kümmern. Weil das Kind Aufmerksamkeit und Zuneigung erbittet, befindet es sich oft im Wettstreit mit einem anderen Kind. Bei kleinen Kindern stellt Eifersucht ein sehr häufiges emotionales Erlebnis dar, das im allgemeinen mit der Geburt eines Geschwisters eintritt, wenn das Kind zwischen zwei und fünf Jahren alt ist. *Dies braucht aber nicht notwendigerweise einzutreten.* Es ist jedoch charakteristisch, besonders wenn das ältere Kind das erstgeborene ist und daran gewöhnt gewesen ist, die ungeteilte Aufmerksamkeit seiner Eltern zu erhalten.

Weil das hinzugekommene Kind einen großen Teil der Zeit und Aufmerksamkeit wegnimmt, an die das ältere Kind gewöhnt war, fühlt sich das ältere Kind vernachlässigt. Es wird sowohl auf die Mutter als auch auf das jüngere Kind ärgerlich. Davis und Havighurst haben das so kommentiert: „Für das ältere Kind kommt die Vernachlässigung plötzlich und schmerzhaft. Es ist nicht mehr am wichtigsten und am meisten beachtet. In der normalen Familie der Mittelklasse, wo die Mütter der Säuglingspflege nachgehen, als handle es sich um ein Ritual, ist es fast unausbleiblich, daß ein älteres Kind meint, ihm werde von der Mutter ein Unrecht zugefügt, und daß es auf den Säugling eifersüchtigt wird... Was die Sache noch schlimmer macht: Die Mutter kann ihm natürlich nie sagen, ihr tue es leid, daß ihm ein Unrecht zugefügt worden ist. Das Kind aber, das vorher von seinen Eltern zu sehr geliebt und zu sehr gefördert worden ist, fühlt meistens stark, daß ihm Unrecht zugefügt worden ist" (54).

Die *Vorbereitung* auf die Ankunft eines weiteren Kindes – dem Kind zu sagen, daß es eine Schwester oder einen Bruder bekommen wird und daß es dann jemanden zum Spielen haben wird – schließt die Eifersucht nicht immer aus, sondern verstärkt sie manchmal. Das Maß der Eifersucht, die ein Kind erlebt, hängt überwiegend von der *Art* der Vorbereitung ab, die das Kind erhält. Ein rosiges Bild davon zu malen, was es bedeutet, einen kleinen Bruder oder eine kleine Schwester als neuen Spielkameraden zu haben, verstärkt mit Sicherheit die Eifersucht des Kindes. Ihm dagegen realistisch zu zeigen, was es bedeutet, wenn ein weiteres Kind geboren wird, indem man ihm beibringt, alleine zu spielen und indem man es anleitet, wie es für das Kind mitsorgen kann, trägt sehr viel mehr dazu bei, die Eifersucht zu verringern. Nur selten kann Eifersucht völlig ausgeschlossen werden. Ein kleines Kind ist zu unreif und zu unerfahren, um alle Implikationen dieses Ereignisses und die unausbleiblichen Folgen, die es für sein Leben mit sich bringt, zu verstehen.

Eifersucht entsteht manchmal als Folge eines Altersunterschiedes bei Geschwistern. Das kleinere Kind ist verärgert über die Vorrechte, die das ältere Kind erhält, wogegen das ältere Kind verärgert ist über die Zuneigung und die Aufmerksamkeit, die das jüngere Kind erhält.

Es besteht auch noch das Problem, daß Eltern Kinder bevorzugen. Ohne daß sie es wissen, zeigen viele Eltern ein unverhältnismäßig großes Interesse für Kinder, die besonders anziehend oder begabt sind oder die ihre Zuneigung besonders zeigen (119). Vielleicht der größte Teil der elterlichen Vorlieben gründet auf der Bevorzugung eines Geschlechtes. Väter sagen im allgemeinen, daß sie Söhne möchten, aber gewöhnlich sind sie nachgiebiger und zeigen mehr Zuneigung im Umgang mit ihren Töchtern. Mütter ziehen im allgemeinen Söhne vor und sind ihnen gegenüber nachgiebiger. Kinder stellen diese Behandlung durch die Eltern schnell fest und sind darüber verärgert (31, 80, 184).

Wenn die Eltern ein älteres oder jüngeres der Geschwister als Vorbild bei Vergleichen anführen – in der Hoffnung, das Kind zu besserem Arbeiten zu motivieren oder zu einem Verhalten, das „seinem Alter entspricht" –, vergrößern sie, ohne es zu wissen, die Eifersucht des Kindes, indem sie die Vermutung nahelegen, daß sie eines der Geschwister vorziehen. Wie Jersild festgestellt hat, trägt eine solche Einstellung der Eltern „wahrscheinlich mehr zu der Entwicklung von Eifersuchtshaltungen auf der Seite der Kinder bei als die eher spontanen Äußerungen von Zuneigung, Begeisterung, Bewunderung oder Mitgefühl, die die Eltern mal dem einen, mal dem anderen Kind gegenüber tun" (107).

Viele Kinder zeigen Eifersucht gegenüber einem Elternteil, besonders gegenüber dem Vater. Weil das Kind ständig mit der Mutter zusammen ist, entwickelt es eine „Besitzer-Einstellung" ihr gegenüber; deshalb ärgert es das Kind, wenn sie ihre Zuneigung zum Vater zeigt. Wenn eine Reibung zwischen den Eltern besteht, wird das Kind, das einem Elternteil in seiner äußeren Erscheinung, im Temperament oder den Interessen gleicht, vielleicht zum Sündenbock beim Streit zwischen den Eltern gemacht. Da es dem Kind unmöglich ist, seine Wut an dem Elternteil, der es ablehnt, auszulassen, projiziert es seinen Groll wahrscheinlich auf eines der Geschwister, das von dem betreffenden Elternteil bevorzugt wird, und zeigt diesem der Geschwister gegenüber Eifersucht (31, 119).

Selbst wenn ein Kind zur Schule kommt und Interessen außerhalb des Elternhauses entwickelt, nimmt die Eifersucht auf ein Mitglied der Familie nicht unbedingt ab. Es macht sich vielleicht Gedanken darüber, ob das jüngere Kind, das zu Hause geblieben ist, während seiner Abwesenheit nicht möglicherweise besonders günstig im Rennen um die Zuneigung der Mutter liegt. Das macht das Kind wütend und verärgert, besonders wenn es nicht gerne zur Schule geht. Es meint, daß sein Wettbewerb mit dem jüngeren der Geschwister beeinträchtigt wird, weil es die Schule besuchen muß, und es ist verstimmt darüber, daß es gegen seinen Willen gezwungen wird, zu gehen. Diese Verärgerung verstärkt seine Eifersucht auf dieses eine der Geschwister, das es als von den Eltern bevorzugt ansieht.

Eifersucht, die auf diese Weise im Elternhaus entstanden ist, wird oft bis in die Schule hineingetragen und veranlaßt das Kind, jeden dort – Lehrer ebenso wie Klassenkameraden – als Bedrohung seiner Sicherheit anzusehen. Um seine Sicherheit zu schützen, entwickelt das Kind dann eine Besitzereinstellung ge-

genüber seinem Lehrer und den Klassenkameraden, die es sich als seine Freunde ausgesucht hat, und wird wütend, wenn sie für sonst jemanden Interesse zeigen (107).
Obgleich die Eifersucht normalerweise nachläßt, wenn das Kind sich in der Schule gut anpaßt, flackert sie doch wieder auf, wenn der Lehrer es in ungünstiger Weise mit einem Klassenkameraden oder mit einem der älteren Geschwister vergleicht, „das so gut war, als ich ihm das Rechnen beigebracht habe, daß ich nicht verstehe, warum deine Leistungen nicht besser sind". Wenn das Kind merkt, daß der Lehrer Kinder vorzieht, die bessere Schüler sind als es selbst, ist es über solche Kinder verstimmt, ebenso wie es über seine Geschwister verärgert ist, die es als bevorzugte Lieblinge seiner Eltern ansieht. Weiter ist es häufig auf Klassenkameraden eifersüchtig, die im Sport besonders gut sind, die beliebter sind als es selbst oder die eine führende Rolle spielen, um die es sich selbst bemüht hat.
Mädchen sind häufig eifersüchtig auf die Jungen in ihrer Klasse; sie meinen, daß die Lehrer die Jungen bevorzugen, wenn sie ihnen Dinge gestatten, die sie den Mädchen nicht gestatten, oder wenn sie den Jungen gegenüber nachgiebiger sind, falls diese in der Klasse stören oder ihre Arbeit nicht erledigen (69, 108).
Eifersucht kann aus N e i d entstehen – einem emotionalen Zustand der Wut und Verärgerung, der sich auf andere richtet, die mehr materielle Besitztümer haben. Neid ist eine Art der Habsucht. Die meisten Kinder, sogar kleine Kinder, sind eifersüchtig auf Leute, die mehr materiellen Besitz als sie selber haben. Ein Kind, dessen Spielkameraden Spielzeug haben, das es selber nicht besitzt, möchte ein ähnliches Spielzeug haben und fühlt sich betrogen, wenn es das nicht bekommt. Bei Geschwistern wird das Problem nicht unbedingt durch Doppelanschaffungen gelöst. Das ältere Kind meint, daß ihm mehr zusteht als dem jüngeren – einfach weil es älter ist.
Wenn das Kind älter wird, wird es eifersüchtig auf Kinder, die in einem schöneren Haus wohnen, deren Eltern ein größeres Auto fahren, die mehr Kleider besitzen oder die häufiger verreisen, und zwar an interessantere Orte als es selbst (80, 141).

Eifersuchtsreaktionen. Der Eifersüchtige ist mit Spannung geladen; diese Spannung zeigt sich in Reaktionen, die von leichter Verärgerung und Ängstlichkeit bis zu so intensiver Feindseligkeit reichen, daß das Kind jedem Schaden zufügt, der ihm im Wege ist. Ein eifersüchtiges Kind zeigt verschiedene Verhaltensformen zu verschiedenen Zeitpunkten und in unterschiedlichen Situationen. Ebenso verändert sich sein Verhalten gegenüber derselben Person von Zeit zu Zeit, angefangen bei Aggressionen bis hin zum Versuch, die Gunst zu erringen. Der größte Teil seines Verhaltens jedoch zeigt ein zugrundeliegendes Gefühl der Unsicherheit und Ungewißheit; es legt nahe, daß das Kind versucht, sich zu verteidigen und sich selbst seine Fähigkeiten zu bestätigen, auch wenn kein sichtbarer Rivale vorhanden ist. Die Spielbreite der Eifersuchtsreaktionen, die ein Kind anwendet, ist der eines Menschen in Schwierigkeiten ähnlich, der viele Möglichkeiten ausprobiert in der Hoffnung, seine Probleme zu lösen (106)
Die Untersuchung der Reaktionen eines vierjährigen Kindes auf die Ankunft eines seiner Geschwister enthüllte die große Zahl von Verhaltensmustern, die das Kind beim Versuch gebrauchte, sich an diese wichtige Veränderung in seinem Leben anzupassen. Zu den Reaktionen dieses Mädchens gehörte es, aktiv die Aufmerksamkeit seiner Eltern zu erheischen, Fingerlutschen, offene verbale Angriffe auf das Kind und Aggressionen gegenüber den Eltern (11).
Mit der Zeit entdecken die meisten Kinder – überwiegend durch Versuch und Irrtum – die Verhaltensmuster, die sie von der Ängstlichkeit befreien, die durch Eifersucht entstanden ist; sie wiederholen diese Reaktionen, bis sie zu eingeschliffenen Verhaltensweisen der Eifersucht geworden sind. Manchmal werden die Eifersuchtsreaktionen zu einer fixen Idee, die völlig von den Gedanken des Kindes Besitz ergreift –

es wird von Eifersucht verzehrt. Bei anderen Gelegenheiten sind die Reaktionen sporadisch und treten nur auf, wenn das Kind direkt den Bedingungen gegenüber steht, die die Eifersucht hervorrufen (202).
Bei kleinen Kindern können die Eifersuchtsreaktionen direkt oder indirekt sein. Direkte Reaktionen sind aggressiv und schließen Schlagen, Treten, Beißen, Stoßen, Boxen oder Kratzen sowohl der Person ein, die das Kind als seinen Rivalen ansieht, als auch der Person, deren Aufmerksamkeit es erheischt. Manchmal sind die Angriffe so stark, daß sie eine wirkliche Gefahr darstellen. Indirekte und subtilere Techniken schließen die Rückkehr zu infantileren Verhaltensformen ein, wie Bettnässen oder Daumenlutschen; Bitten um Aufmerksamkeit in Form von Furchtgefühlen, die nie zuvor erlebt worden sind, oder besondere Empfindlichkeit gegen Speisen; allgemeine Ungezogenheit; Zerstörungswut; Rufen von Schimpfnamen oder Tratschen; ungewohntes Zurschaustellen von Zuneigung und Hilfsbereitschaft; Auslassen von Gefühlen an Spielzeug oder Tieren; und Niedergeschlagenheit wie bei starkem Kummer (106, 107).
Weil zur Eifersucht der Wettbewerb um die Aufmerksamkeit und Zuneigung eines geliebten Menschen gehört, motiviert sie ein Kind häufig zu dem Versuch, seinen Rivalen zu übertreffen. In einer Untersuchung an Familien mit zwei Kindern stellte es sich heraus, daß bei Rivalitäten um die Gunst der Mutter das entsprechende Kind eine große Anstrengung unternahm, die Aufmerksamkeit und Zuneigung aller Erwachsenen zu erringen (119).
Wenn ein kleines Kind sich um die Aufmerksamkeit und Zuneigung von jedem Erwachsenen bemüht, der zu erreichen ist, ist das im allgemeinen ein Hinweis darauf, daß eine starke Eifersucht es zu dem Versuch motiviert hat, das zurückzugewinnen, was es an einen Rivalen verloren zu haben glaubt (31). Wenn das Kind entdeckt, daß es sich nicht mit seinem Rivalen messen kann, zieht es sich wahrscheinlich aus dem Wettbewerb zurück und sucht einen indirekten Weg, sich von seiner Eifersucht zu befreien. Es bemitleidet sich vielleicht selbst, kämpft eingebildete Schlachten, aus denen es als Sieger hervorgeht, zeigt seine Feindseligkeit, indem es kleinere Kinder oder Tiere neckt oder sich mit ihnen rauft oder gibt die Schuld einem der Geschwister für die angebliche Rolle, die dieses der Geschwister dabei gespielt hat, daß das Kind die Zuneigung seiner Eltern verloren hat (80, 106).
Bei älteren Kindern sind Eifersuchtsreaktionen unterschiedlicher und indirekter als bei kleineren Kindern. Eine gewisse Aggressivität tritt auf, und zwar in der Schule und auf dem Spielplatz häufiger als im Elternhaus. Ältere Kinder richten sich mehr darauf, kleinere Kinder und Tiere zu necken und zu quälen, Streit anzustiften, Zerstörungswut zu zeigen, mürrisch, verdrießlich und unfreundlich zu sein, die Rolle eines Märtyrers zu spielen und vor sich hin zu brüten oder sich zu beklagen, Wachträume zu haben – besonders darüber, daß sie Märtyrer sind –, zu prahlen und sich zu brüsten und die Rolle des Ungerührten zu spielen, deutlich andere zu ignorieren, in der Schule oder beim Spiel den Wettbewerb zu übertreiben oder völlig außer acht zu lassen, herabsetzende Bemerkungen zu machen, zu lügen und zu betrügen, „schmutzige Wörter" zu gebrauchen oder über andere zu tratschen (78).
Wenn Eifersucht aus dem Neid auf den Besitz anderer entsteht, werden Rivalitätsgefühle ausgelöst; das Kind möchte ein größeres und besseres Eigentum als die anderen haben. Wenn der Wettbewerb nicht zum Erfolg führt, kann es zu Handlungen motiviert werden, die auf soziale Ablehnung stoßen – wie Mogeln in der Schule oder Stehlen. Wenn sein Neid durch moralische Standards kontrolliert wird, äußert es seine Eifersucht auf die, deren Besitz es neidet, wahrscheinlich mit Worten. Es beklagt sich vielleicht über sein Los oder macht herabsetzende Bemerkungen über seinen Besitz und neidvolle Bemerkungen über den Besitz eines anderen Menschen in der Hoffnung, daß

es diesen bekommt, oder es erklärt seinen Mangel an materiellem Besitz vernunftmäßig dadurch, daß es immer „Pech" hat, andere dagegen immer „Glück". Einige Kinder erleichtern sich von der emotionalen Spannung, die durch Neid entstanden ist, indem sie herabsetzende Bemerkungen über genau die Dinge äußern, die sie erstreben; andere verdrängen ihre Reaktionen, sie geben dem Vater als dem Verdiener in der Familie die Schuld dafür, daß sie Dinge, die andere haben, nicht haben können (110).

Unterschiede hinsichtlich der Eifersucht. Bei der Eifersucht gibt es deutliche, geschlechtsbedingte Unterschiede – zwei von drei eifersüchtigen Kindern sind Mädchen. Ebenso gibt es bei der Eifersucht Unterschiede hinsichtlich des Alters, mit zwei Höhepunkten in der Kindheit; der erste liegt bei drei Jahren und der zweite unmittelbar vor der Pubertät bei elf Jahren. Zu dem früheren Zeitpunkt sind mehr Mädchen eifersüchtig, zum späteren Zeitpunkt sind mehr Jungen eifersüchtig (141). (Vgl. Abb. 7-5.) Die Eifersucht hängt auch mit Altersunterschieden zusammen und tritt am häufigsten auf zwischen Kindern, deren Altersunterschied 18 bis 24 Monate beträgt. Bei diesem Altersunterschied tritt bei 67 % der Kinder Eifersucht auf, im Vergleich zu 33 % bei Kindern, zwischen denen der Altersunterschied größer oder geringer ist. Bei Kindern mit einem höheren intellektuellen Niveau ist Eifersucht häufiger als bei Kindern mit einem niedrigeren Niveau (119).

Das ältere Kind in einer Familie ist häufiger eifersüchtig als die später geborenen Kinder, weil das ältere Kind die Liebe der Eltern nicht mit jüngeren Kindern teilen möchte. Eifersucht tritt häufiger zwischen Mädchen auf als zwischen Jungen oder zwischen Jungen und Mädchen. In Familien mit zwei oder drei Kindern ist Eifersucht häufiger als in größeren Familien oder in Familien mit nur einem Kind (202).

Eifersucht ist oft eine Folge der häuslichen Situation, besonders der Haltung der Mutter und der Art der Disziplin, die angewandt wird. Die Eifersucht eines Kindes ist direkt proportional der Stärke der Mutterbindung. Dies ist der Fall, weil ein Kind um so mehr zu verlieren hat, wenn sich seine Mutter von ihm abwendet, je enger es mit seiner Mutter verbunden ist (31). Je weniger Aufmerksamkeit eine Mutter ihren Kindern zuwendet, desto unwahrscheinlicher ist es, daß sie eifersüchtig sind. Inkonsistenz bei der Anwendung von Erziehungsmaßnahmen verstärkt im allgemeinen die Eifersucht.

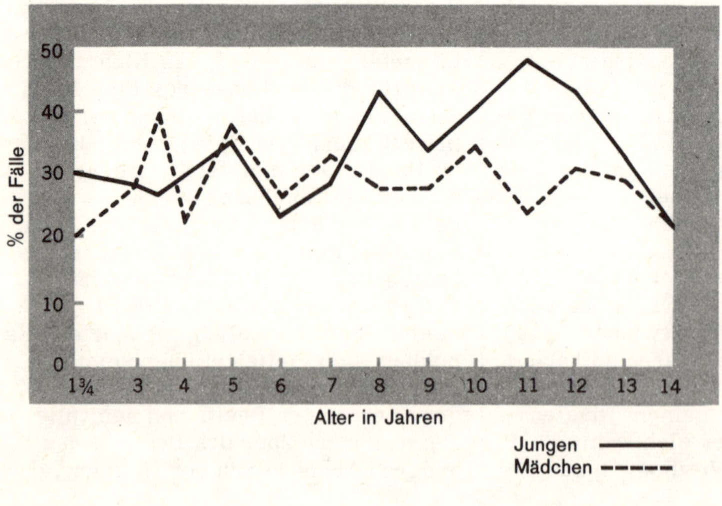

Abb. 7-5. Alters- und Geschlechtsunterschiede hinsichtlich der Eifersucht in der Kindheit.

Neugier

Während der ersten zwei oder drei Lebensmonate ist das Interesse an der Umgebung begrenzt, wenn nicht ein starker Reiz auf das Kind einwirkt. Nach dem Alter von drei Monaten erregt alles Neue und Ungewöhnliche, das ein Kind als solches erkennt, mit Sicherheit seine Neugier. Neue oder ungewöhnliche Gegenstände, Menschen oder Situationen erregen Furcht bei einem kleinen Kind, aber wenn es sich dem Gegenstand, der Situation oder dem Menschen nähert, wird seine Neugier oft stärker als seine Furcht. Einige Zeit schwankt es vielleicht zwischen Furcht und Neugier, kommt einmal näher und zieht sich dann zurück (148, 193).

Wenn der Anlaß nicht mehr Furcht als Neugier erregt, siegt die Neugier doch gewöhnlich. So wird das Kind motiviert, einen Gegenstand zu erforschen, vorsichtig zuerst, dann aber wagemutiger (148).

Reize für die Neugier. Die Neugier eines Kindes ist fast unbegrenzt; es interessiert sich für alles in seiner Umgebung, sich selber eingeschlossen. Es interessiert sich für seinen Körper, warum die einzelnen Teile vorhanden sind, wozu sie dienen, warum sie diese bestimmte Form haben. Es möchte ebenso über das Innere seines Körpers Bescheid wissen wie über das Äußere – was sich in seinem Kopf, seinem Bauch, seinen Armen und seinen Beinen befindet.

Es möchte wissen, warum sich sein Körper von dem der Mitglieder des anderen Geschlechtes unterscheidet und warum der Körper eines Kindes anders ist als der eines Jugendlichen oder Erwachsenen (153).

Auch Menschen erregen seine Neugier – warum sie sich in bestimmter Weise kleiden, handeln und sprechen, warum ältere Leute sich im Aussehen und Verhalten von jüngeren unterscheiden, woraus ihre Kleider und ihr Schmuck hergestellt worden sind, warum sie sie tragen und was sie denken.

Vertraute Gegenstände – wie ein Kuchen, ein Stück Seife oder eine Blumenvase – erregen seine Neugier ebenso wie die, die nur gelegentlich oder in einer bestimmten Jahreszeit gebraucht werden – wie ein Lötkolben oder eine Schneekette. Lange ehe es in die Schule kommt, erregen solche Geräte wie Lichtschalter, ein Gasherd, ein Staubsauger, Radio, Fernsehgeräte und Autos sein Interesse (193).

Wenn sich die Umgebung des Kindes erweitert, erweitert sich auch seine Neugier. Einige der Rätsel des Lebens, die ihm nie zu seiner völligen Zufriedenheit erklärt worden sind, werden ein Teil des Unterrichtes in der Schule wie viele neue Dinge, von denen es vorher noch nichts gehört hatte. Im Elternhaus und in der unmittelbaren Nachbarschaft wird seine Aufmerksamkeit gefesselt durch Dinge, die es sich nicht näher ansehen durfte, als es kleiner war: wie Streichhölzer und eine Gasflamme brennen, was im Keller oder in der Mansarde aufbewahrt wird und wohin der Bach in der Nähe seines Hauses fließt. Viele neue Quellen des Interesses eröffnen sich ihm, wenn es lesen lernt und wenn seine Arbeit in der Schule es in Verbindung mit der Geschichte, der Geographie und den Naturwissenschaften bringt (26, 148).

Plötzliche Veränderungen erregen meist die Neugier des älteren Kindes. Wenn die Mutter eine neue Frisur hat, wenn der Vater eine Brille bekommt, wenn im Wohnzimmer neue Vorhänge aufgehängt worden sind, bemerkt das Kind diese Veränderungen sofort und sieht sie sich mit Interesse an. Veränderungen an seinem Körper erregen ebenfalls seine Neugier. Wenn ein bleibender Zahn dort durchbricht, wo früher ein Milchzahn gewesen ist, verbringt es eine endlose Zeit damit, den Fortschritt im Spiegel zu beobachten und den Zahn alle paar Stunden zu befühlen, um festzustellen, ob er schon größer geworden ist. Wenn die Veränderungen durch die Pubertät seinem kindlichen Körper neue Züge geben, beobachtet es diese Veränderungen nicht nur, sondern es untersucht sie auch genau. Weiter fragt es, was sie bedeuten; es vergleicht das, was mit seinem Körper geschieht, mit dem, was an den Körpern seiner Freunde geschieht, und es vergleicht seinen Körper mit den Bildern von Erwachsenen seines Geschlechtes, um zu sehen, wie sein Körper sich im Verhältnis zu dem kulturellen Ideal entwickelt (10, 159).

Neugierreaktionen. Kleine Kinder äußern ihre Neugier durch Anspannen der Gesichtsmuskeln, durch Öffnen des Mundes, durch Herausstrecken der Zunge und dadurch, daß sie die Stirn in Falten legen. Zunächst kann neben der Neugier auch ein etwas erschreckter Gesichtsausdruck festzustellen sein, der nahelegt, daß ein Kind durch neue und nicht vertraute Gegenstände erschreckt worden ist. Bald jedoch, wenn es den Gegenstand untersucht, weicht der erschreckte Ausdruck, und es freut sich und lacht. In der zweiten Hälfte des ersten Jahres äußert sich das Interesse in Körperbewegungen; das Kind reckt seinen Körper, lehnt sich zum Gegenstand hin und streckt die Hand danach aus. Sobald es den Gegenstand ergriffen hat, beginnt es eine eingehendere Untersuchung – durch Anfassen, Ziehen, Saugen und Schütteln.

Sozialer Druck – Ermahnungen und Strafen – schränkt die Befriedigung der Neugier durch direkte Untersuchung ein. Sobald das Kind deshalb imstande ist, Sätze zu bilden, stellt es Fragen über die Dinge, die seine Neugier erregen. Das „Fragealter" beginnt um das dritte Jahr und erreicht im sechsten Jahr einen Höhepunkt. Eine wie große Rolle das Fragen spielt, hängt weitgehend davon ab, wie sehr die Befragten das Kind zufriedenstellen. Wenn das Kind alt genug ist, um lesen zu können, ohne daß es zu sehr auf die Technik des Lesens achten muß, merkt es, daß es einen großen Teil seiner Neugier durch Lesen befriedigen kann (147, 149).

Freude, Vergnügen, Entzücken

Freude, die in anderen Formen als „Vergnügen", „Entzücken" oder „Glücklichsein" bekannt ist, ist eine p o s i t i v e Emotion. Sie bedeutet Befriedigung für die Person, die sie erlebt. Wenn ein Kind einen Turm aus Bauklötzen bauen möchte, das zu seiner Zufriedenheit tun kann und von anderen für seine Leistungen gelobt wird, ist es glücklich. Ein innerer Antrieb des Kindes erfährt seine Befriedigung, hinzu kommen Momente der äußeren Situation, die die Befriedigung verstärken.

Im Gegensatz zu Furcht, Neugier, Eifersucht und den anderen spezifischen Emotionen, die oben besprochen worden sind, ist Freude generalisiert und undifferenziert. Sie ist jedoch leicht zu erkennen, weil sie von Lächeln oder Lachen und anderen deutlich erkennbaren Reaktionen begleitet wird. Sogar wenn sie nur andeutungsweise auftritt, zeigt das Gesicht des Kindes einen Ausdruck der Zufriedenheit, der mitteilt, wie das Kind sich fühlt.

Individuelle Unterschiede. Für bestimmte Altersstufen ist vorhersagbar, wieviel Freude Kinder erleben und welche Reize die Freude hervorrufen und Lächeln oder Lachen erzeugen (6). Kinder, deren Umgebung im Elternhaus, in der Schule und in der Nachbarschaft angenehm ist, haben weitaus mehr glückliche Erlebnisse als Kinder, die in einer unerfreulichen Umgebung leben, arbeiten und spielen müssen. In welcher körperlichen und emotionalen Verfassung sich das Kind befindet, beeinflußt seine Reaktionen ebenfalls. In einer Situation, die im allgemeinen Glücksgefühl hervorruft, kann ein Kind mißmutig sein, wenn es müde ist, oder hochmütig, wenn es wütend ist (106).

Kinder, die mehr leisten wollen als sie können, sind weniger glücklich als Kinder, deren Anspruchsniveau realistischer ist. Sehr begabte Kinder sind z. B. oft weniger glücklich als die Kinder, die nicht so begabt sind; von begabten Kindern wird mehr erwartet, und sie fühlen sich ständig unter dem Druck, diese Erwartungen erfüllen zu müssen (155, 204). Von Kindern mit durchschnittlicher Fähigkeit wird ebenfalls oft erwartet, daß sie mehr tun als sie können, und so sind sie mehr enttäuscht als zufrieden.

Anlässe für Freude. Trotz der individuellen Unterschiede hinsichtlich der Reize, die Freude hervorrufen, ist die

Art dieser Reize vorhersagbar. Bei Säuglingen entstehen die angenehmen Emotionen der Freude, des Vergnügens und des Entzückens durch körperliches Wohlbefinden. Sie stehen auch in Verbindung zu den Beschäftigungen des Kindes wie Gurren, Lallen, Kriechen, aufrechtem Stehen, Laufen, Rennen. Jersild meint: „Wie der gesunde kleine Hund, der verspielt springt, obgleich ihn keine Flöhe beißen, erhält das Kind eine Befriedigung daraus, daß es aus eigenem Antrieb aktiv ist" (107). Sein Vergnügen nimmt noch zu, wenn es sich um eine schwierige Beschäftigung handelt oder wenn ein Hindernis bewältigt werden muß. Es bereitet kleinen Kindern ein großes Vergnügen, wenn mit ihnen gespielt wird, ob man sie nun kitzelt oder einfache kleine Spiele mit ihnen macht – wie verstecken, im Gleichtakt in die Hände klatschen – oder eine andere Person schaut plötzlich hinter einer Tür hervor. Wenn jemand sich fröhlich nähert, reicht das schon aus, damit das Kind lächelt oder lacht (154).

Das Kind im Vorschulalter reagiert auf mehr Reize als der Säugling. Sein Vergnügen entsteht hauptsächlich aus Beschäftigungen, bei denen auch andere, vor allem Kinder, eine Rolle spielen, und ist besonders stark, wenn seine Leistungen die anderer Kinder übertreffen. Es freut sich über neue Entdeckungen, besonders wenn Hindernisse bewältigt werden mußten. Es beginnt gerne Spiele und führt gerne als erstes ein lustiges Element darin ein. Andere aufzuziehen, Streiche zu spielen und Tiere oder andere Menschen in Verlegenheit zu bringen, verschafft ihm ein Gefühl der Überlegenheit, das angenehm erlebt wird. Es kann Ungereimtheiten in wirklichen Situationen wie in seinen Bildheftchen, auf dem Bildschirm wie im Film feststellen. Da es die Art des Stummfilmhumors eher verstehen kann als andere subtilere Arten des Humors, gefallen ihm Späße dieser Art am besten (7, 31).

Wenn die Kinder älter werden, bereiten ihnen die Anlässe, die schon vorher angenehme Emotionen erzeugten, auch weiterhin Spaß. Körperliches Wohlbefinden, komische Situationen, Spiel mit Worten, leichte Verlegenheiten und plötzlicher oder unerwarteter Lärm rufen immer ein Lächeln oder Lachen hervor. Darüber hinaus reagiert das ältere Kind mit Lachen in Situationen, in denen es sich überlegen fühlt, besonders wenn die Möglichkeit besteht, erfolgreich zu sein. Erleichterung von angestauten Emotionen, wie Wut oder Angst, und allgemeines körperliches Wohlergehen dienen dazu, angenehme Emotionen hervorzurufen. Diese Emotionen sind zum größten Teil stärker ausgeprägt, wenn das Kind in einer Gruppe als wenn es alleine ist.

Dem älteren Kind bereiten leichte Gefahren ein großes Vergnügen, besonders wenn es erfolgreich etwas getan hat, das ihm verboten worden war. Das Vergnügen entsteht hauptsächlich aus dem Gefühl der Überlegenheit, das ihm der Erfolg gibt. In ähnlicher Weise genießt es alle Witze, in denen Leute in Verlegenheit oder in komischen Situationen sind. Eine besondere Freude bereiten ihm Witze und Bilder aus so verbotenen Bereichen wie Geschlecht und Körperausscheidung. Streiche zu spielen, besonders wenn ältere Kinder oder Erwachsene die Opfer sind, bereitet ihm Vergnügen, weil es ein Gefühl der Überlegenheit daraus erhält. Die Befriedigung, die entsteht, wenn es Speisen ißt, die ihm gewöhnlich nicht gestattet werden, wenn es einen Schluck Alkohol trinkt oder einen Zug an der Zigarette tut, entsteht überwiegend aus einem Überlegenheitsgefühl, wenn es bei diesen Handlungen nicht erwischt wird (80, 107).

Reaktionen der Freude. Die freudigen Emotionen werden durchweg von Lächeln oder Lachen begleitet und von einem allgemein entspannten Zustand des ganzen Körpers. Das stellt einen deutlichen Gegensatz zu der Gespanntheit dar, die bei den unangenehmen Emotionen auftritt. Kleine Kinder lächeln und lachen nicht nur, wenn sie glücklich sind, sie drücken ihre Freude mit dem ganzen Körper aus. Sie springen, sie rollen sich auf dem Fußboden, sie krähen vor Freude, sie klatschen in die Hände, umarmen die Personen, das Tier oder den Gegenstand, der ihre Freude erregt hat, und sie lachen so lauthals, daß sie in allen Teilen des Hauses zu hören sind. Infolge des sozialen Druckes kontrolliert das ältere Kind seine Freudenäußerungen, so sucht es zu vermeiden, daß man es für infantil hält; es ist weniger laut und ungestüm als das kleinere Kind. Ein Junge schlägt seinem Freund oder jemandem, der in der Nähe ist, auf den Rücken oder auf den Kopf, wenn er besonders glücklich ist, aber Mädchen lernen, daß sich ein solches Verhalten für ihr Geschlecht nicht gehört. Mädchen übertragen ihre stärkste Freudenäußerung auf ein Lieblingstier oder einen leblosen Gegenstand wie eine Puppe oder ein Kissen, wenn ihre Freundin gerade nicht anwesend ist.

Zuneigung

Zuneigung ist eine emotionale Reaktion, die auf eine Person, ein Tier oder einen Gegenstand gerichtet ist. Sie zeigt herzliche Beachtung, Freundlichkeit, Mitgefühl oder Hilfsbereitschaft an und kann durch Handlungen oder durch Worte geäußert werden. Die Zuneigung eines kleinen Kindes zu anderen tritt spontan auf und wird durch ein Minimum an sozialen Reizen erzeugt. Lernen spielt jedoch eine wichtige Rolle dabei, die *bestimmte* Person oder den Gegenstand festzulegen, auf den sich die Zuneigung des Kindes richtet. Ein Kind neigt dazu, diejenigen am liebsten zu haben, die es gern mögen und es freundlich behandeln (113, 206). In Form einer solchen wechselseitigen Beziehung besteht die emotionale Verknüpfung zwischen dem Kind und den wichtigen Menschen seiner Umgebung (32).

Da die Zuneigung konditioniert wird durch angenehme Erlebnisse mit einer bestimmten Person, lernt das kleine Kind, denen seine Zuneigung zu zeigen, die seine körperlichen Bedürfnisse befriedigen, die mit ihm spielen und die ihm Freude und Zufriedenheit bereiten. Die Zuneigung des Kindes richtet sich auf diejenigen, die ihm die Möglichkeit geben, seine Liebe zu ihnen auszudrücken. So hängt seine Zuneigung zu einzelnen Mitgliedern der Familie und zu Menschen, mit denen es nicht verwandt ist, zu einem großen Teil davon ab, wie sie es behandeln, ob sein Umgang mit ihnen angenehm ist und ob sie seine Bedürfnisse befriedigen. Die Zuneigung des Kindes richtet sich in erster Linie auf Menschen und erst in zweiter Linie auf Tiere und leblose Gegenstände. Tiere und leblose Dinge werden als Ersatz für die Zuneigung zu Menschen gewählt (14).

Gegebenheiten, die Zuneigung hervorrufen.

Untersuchungen an Säuglingen und Kleinkindern haben ergeben, daß es bestimmte Reize gibt, die Zuneigung hervorrufen. Ein Säugling, der weniger als fünf Monate alt ist, äußert seine Zuneigung unterscheidungslos gegenüber allen, die sich ihm freundlich nähern. Jedoch schon mit sechs Monaten kann es seine Zuneigung zu einer bestimmten Person oder Personen innerhalb des Familienkreises zeigen (83). Während der zweiten Hälfte des ersten Jahres drückt sein Verhalten Zuneigung gegenüber vertrauten Menschen, aber Furcht gegenüber Fremden aus. In seinem zweiten Jahr schließt es sich selbst, sein Spielzeug und andere Dinge, die es besitzt, mit in seine Zuneigung ein. Es unterscheidet wenig zwischen leblosen und lebenden Reizen. Tatsächlich kann die Zuneigung eines kleinen Kindes zu einem Haustier oder sogar einem leblosen Gegenstand – wie einem Spielzeug, einer Decke, einem Löffel oder einem alten Pullover – ebenso groß sein wie seine Zuneigung zu einem Mitglied seiner Familie (14, 106).

Etwa im vierten Lebensjahr des Kindes weicht die emotionale Abhängigkeit von der Familie zum Teil, und es entsteht eine emotionale Abhängigkeit von Kindern und Erwachsenen außerhalb des Hauses. Es wendet seine Zuneigung denjenigen zu, die es als ein Individuum anerkennen, die sich für das Kind interessieren und ihm ihre Zuneigung zeigen. Diese Menschen sieht es als seine „Freunde" an. Schon vor dem Ende der Kindheit schwärmt ein Kind vielleicht für ein Mitglied des anderen Geschlechtes in der Gruppe seiner

Alterskameraden, wenn es auch seine Zuneigung im allgemeinen Mitgliedern des eigenen Geschlechtes zuwendet. Während der ganzen Kindheit entwickelt sich die Zuneigung mit den sozialen Kontakten des Kindes. Mit je mehr Menschen es in Verbindung kommt und je angenehmer diese Verbindungen sind, desto größer wird die Zahl derer, für die es Zuneigung empfindet (93, 98).

Da die Zuneigung eines Kindes zu anderen durch die Art des Verhältnisses konditioniert wird, das es zu ihnen hat, unterscheidet sich seine Zuneigung zu einzelnen Familienmitgliedern. Die meisten kleinen Kinder fühlen eine größere Zuneigung zu ihren Müttern als zu ihren Vätern, da die Mutter ständig bei dem Kind ist und in der Regel weniger streng mit ihm umgeht (31, 198). Dem kleinen Kind kann es scheinen, daß der Vater sich kühl verhält und nur Verbote ausspricht, auch wenn er nach den Maßstäben der Erwachsenen ein guter Vater ist. Da der Vater die Bedürfnisse des Kindes nicht so weitgehend wie die Mutter erfüllt, wird das Kind wahrscheinlich zu einer stärkeren Zuneigung für seine Mutter konditioniert (32). Nachdem das Kind sechs Jahre alt geworden ist, spielt der Vater gewöhnlich weniger mit ihm, bestraft es mehr und macht ihm weniger Geschenke als die Mutter. Kinder behaupten, daß sie den Elternteil mehr lieben, der ihre materiellen Wünsche am ehesten erfüllt, der seine Zuneigung für sie zeigt, der am meisten mit ihnen spielt und der sie am wenigsten bestraft (97, 201).

Die Zuneigung, die ein Kind für seine Geschwister empfindet, hängt weitgehend davon ab, wie diese es behandeln. Es zeigt eine stärkere Zuneigung für die Geschwister, die ihre Zuneigung ihm gegenüber zeigen und es nicht ignorieren, kritisieren, aufziehen oder angreifen. Wenn ein älteres Kind in einer großen Familie eines der jüngeren Kinder zu seinem besonderen Liebling erklärt, besteht eine starke Zuneigung zwischen beiden. In ähnlicher Weise haben Kinder einer Familie eine starke gegenseitige Zuneigung, wenn sie im Alter dicht beieinander sind, sie fühlen sich als Kameraden und haben gemeinsame Interessen. Mädchen blicken häufig zu einem älteren Bruder auf, der sich um sie kümmert und sie nett behandelt; sie bewundern ihn und empfinden eine starke Zuneigung (31, 119).

Untersuchungen der Einstellungen zu den Großeltern haben ergeben, daß die meisten Kinder eine größere Zuneigung für ihre Großmütter als für ihre Großväter empfinden. Die Großmütter verbringen mehr Zeit mit den Kindern, tun mehr für sie und zeigen ihnen mehr Zuneigung als die Großväter. Obgleich Großväter ihre Enkelkinder vielleicht sehr lieben, glauben sie doch, daß es Sache der Frauen ist, sich um die Kinder zu kümmern. Als Folge davon haben sie wenig enge, persönliche Kontakte zu den Kindern (32).

Auch außerhalb der Familie trifft dieses Prinzip zu: Das Kind zeigt die stärkste Zuneigung für die Kameraden, Lehrer oder anderen Erwachsenen, die es gern mögen und das in ihren Äußerungen und ihrem Verhalten beweisen. Ein einsames Kind kann durch starke Zuneigung an einen Mann gebunden werden, der stark ist und gut aussieht und sich für das Kind interessiert, obgleich andere Leute ihn vielleicht als großen Angeber ansehen (32). Ähnlich gewinnt ein Lehrer, der sein Interesse an dem Kind und seine Bereitschaft, ihm zu helfen, demonstriert, schnell die Zuneigung des Kindes (80, 108).

Reaktionen der Zuneigung. Ebenso wie die Gegebenheiten, die Zuneigung hervorrufen, folgen auch die Reaktionen der Zuneigung in ihrer Entwicklung einem vorhersagbaren Verlauf. Zuneigung zeigt sich zuerst in Appetenzverhalten. Säuglinge unter fünf Monaten richten ihren Blick auf das Gesicht eines Menschen, sie treten mit den Füßen, strecken ihre Arme aus und bewegen sie, versuchen ihren Körper aufzurichten, lächeln und wenden den Rumpf. Mit sechs Monaten kann das Kind seine Armbewegungen so weit kontrollieren, daß es sich nach dem anderen ausstrecken kann. In diesem Alter fängt es an, auf Liebkosungen zu reagieren, indem es sich nach dem

Gesicht des anderen ausstreckt und es liebkosen will (14, 105, 106).
Nach dem ersten Jahr zeigt das kleine Kind seine Zuneigung noch weitgehend in derselben unkontrollierten Art, in der es andere Emotionen äußert; es umarmt, tätschelt, streichelt oder küßt die geliebte Person oder den Gegenstand. Küssen ist ein seltenerer Ausdruck der Zuneigung bei kleinen Kindern als Umarmen oder Tätscheln, obgleich sich kleine Kinder gern von anderen küssen lassen.
Wenn das Kind in die Schule gekommen ist, hält es mit Wahrscheinlichkeit Beweise der Zuneigung für kindisch, und sie bringen es in Verlegenheit. Es zeigt seine Zuneigung gegenüber Freunden und Mitgliedern der Familie dadurch, daß es bei ihnen sein möchte oder vertrauliche Mitteilungen mit ihnen tauscht. Solange seine Eltern ein echtes Interesse an dem Kind, seinen Neigungen und seinen Beschäftigungen zeigen, ist es davon überzeugt, daß sie es lieben. Das Kind wiederum zeigt ihnen seine Zuneigung dadurch, daß es bei ihnen sein möchte, daß es mit ihnen etwas unternehmen möchte, daß es mit seinen Sorgen zu ihnen kommt (119).
Spontane Äußerungen der Zuneigung treten jedoch auch bei älteren Kindern gelegentlich in ihrem Elternhaus auf oder gegenüber ihren Spielkameraden. Das geschieht in plötzlichen Ausbrüchen und zu einem unerwarteten Zeitpunkt, wenn ein älteres Kind überglücklich ist, weil es z. B. ein Geschenk erhalten hat, das es sich besonders gewünscht hatte, oder die Erlaubnis bekommen hat, etwas zu tun, womit es schon nicht mehr gerechnet hatte (80). Seine Zuneigung zu seinen besten Freunden zeigt es gewöhnlich nicht durch Umarmungen oder Worte, sondern durch das Verlangen, immer bei ihnen zu sein, dadurch, daß es ihnen seine innersten Geheimnisse anvertraut, und dadurch, daß es versucht, immer mit ihnen in Verbindung zu sein – etwa durch Telefonanrufe oder durch Briefe.

Bedeutung der Emotionen der Kinder

Aus der voraufgegangenen Beschreibung der häufigsten emotionalen Verhaltensweisen in der Kindheit wird deutlich, daß alle Emotionen eine wichtige Rolle im Leben eines Kindes spielen. Wut z. B. kann für Wetteifer nutzbar gemacht werden und als eine wichtige Triebkraft zum Erfolg dienen. Furcht kann zu Vorsicht führen und zur Vermeidung von Verhalten, das sonst dem Kind physisch oder psychisch schaden könnte. Sogar Eifersucht und Neid, die im allgemeinen als die „vergiftenden Emotionen" gelten wegen der Art, wie sie die Einstellungen eines Menschen zum Leben verzerren können, haben ihre guten Seiten. Wenn sie richtig gelenkt werden, können sie zu einer Wettbewerbshaltung führen; sie helfen dem Kind auch, soziale Einsicht zu gewinnen und ein Verständnis für die Menschen und Situationen, mit denen es Schwierigkeiten gehabt hat.
Die eindeutigen guten Folgen der Emotionen können bei den Gefühlen der Freude, des Glücks, der Zuneigung und der Neugier festgestellt werden. Das Kind, dessen Umgebung im Elternhaus, der Schule oder der Gemeinde ihm die Möglichkeit gibt, seine Neugier zu befriedigen, ist glücklicher, wacher, interessierter und besser angepaßt als das Kind, bei dem dieser Trieb unterdrückt worden ist. Neugier ermuntert das Kind, seine intellektuellen Fähigkeiten zu entwickeln, sie ermutigt es, schöpferisch und erfinderisch zu sein, und hilft ihm, auf Unerwartetes vorbereitet zu sein (27, 147). Sich daran zu gewöhnen, die Situationen zu untersuchen, die Neugier erregen, überzeugt das Kind bald, daß etwas Neues oder anderes an sich kein Grund für Furcht ist. Ein Kind dagegen, das davon abgehalten wird, seine Neugier zu zeigen, lernt bald, in neuen und unerwarteten Situationen furchtsam zu sein und zu glauben, solche Situationen nicht bewältigen zu können.
Die Freude stellt ein anderes Beispiel für die guten Folgen der angenehmen Emotionen dar. Die Freude ist eines der besten Heilmittel der Natur. Ein glücklicher Mensch erfährt viel weniger Störungen der Körperhomöostase als ein unglücklicher Mensch. Wegen des entspannenden Einflusses auf den Kör-

per hilft Freude, die Spannungen zu vertreiben, die durch solche Emotionen wie Zorn, Furcht, Eifersucht entstanden sind. Noch wichtiger ist es, daß Freude zu einem günstigen Bild, das man sich von sich selber macht, beiträgt, was wiederum zu guter individueller und sozialer Anpassung führt (62, 106).

Da bekannt ist, daß bestimmte Emotionen mehr zu einer erfolgreichen Anpassung im Leben beitragen als andere, sollte die Entwicklung der Emotionen, die für das Kind gut sind, ermuntert werden. Die guten Aspekte an Emotionen, die weniger günstig sind, sollten ebenfalls gefördert werden. In ähnlicher Weise könnte die Entwicklung der guten Aspekte der Furcht – eine vorsichtige Haltung gegenüber neuen und unbekannten Dingen, bis es sich herausstellt, daß sie nicht schädlich sind – ebenfalls unterstützt werden. Weil Neugier für die intellektuelle Entwicklung eines Kindes so wichtig ist, sollte sie besonders unterstützt werden.

Eine dritte wichtige Folgerung, die sich aus unserer Kenntnis des allgemeinen Verlaufs der emotionalen Entwicklung in der Kindheit ergibt, ist die, daß man für A n l e i t u n g sorgen sollte, um dem Kind zu helfen, Formen des emotionalen Verhaltens zu entwickeln, die für das Kind wertvoll sind. Zum Beispiel kann das Kind angeleitet werden, seine Neugier zu schöpferischen und intellektuellen Zwecken zu gebrauchen. Dem Zufall überlassen, kann Neugier zu Schwierigkeiten führen. Einfach jede Äußerung der Neugier zu erlauben, hieße, das Problem negativ anzugehen. Eine positive Lösung besteht darin, das Kind mit Situationen zu konfrontieren, in denen neue und fremdartige Elemente enthalten sind, die seine Neugier erregen, und ihm dann zu zeigen, wie man sie auf konstruktive Art erkundet.

Ebenso kann gesteuerte Wut wertvoll sein. Das Kind muß lernen, wie es seine Wut in Bahnen lenkt, die von der Gemeinschaft akzeptiert werden, und nicht, wie es sie aufstaut und so zuläßt, daß sie eine Quelle für zukünftige Schwierigkeiten bilden. Bei dieser Anleitung muß die Erziehung zu Hause und in der Schule zu viele und zu häufige Frustrationen der Bedürfnisse und Triebe des Kindes vermeiden. Wenn die Triebe des Kindes in Verhaltensmuster umgeformt werden sollen, die von der Gemeinschaft gebilligt werden, sind einige Frustrationen notwendig. Sie sollten jedoch nicht so häufig auftreten, daß das Kind sich angewöhnt, jeden, der über ihm steht, als feindlich und als eine Gefahrenquelle anzusehen. Wenn Frustrationen nötig sind, sollte man versuchen, dem Kind dabei zu helfen, daß es versteht, warum sie notwendig sind und warum es für seinen persönlichen Vorteil besser ist, diese Versagungen zu akzeptieren (72, 132).

Jedes Kind muß „Frustrationstoleranz" erlernen – die Fähigkeit, von der sozialen Gruppe auferlegte Frustrationen zu ertragen –, weil zu viele oder zu häufige Frustrationen psychischen Schaden verursachen. An der Oberfläche scheint das Kind vielleicht seine Gefühle gut zu kontrollieren und in vernünftiger Weise Enttäuschungen zu akzeptieren; unter der Oberfläche führt es aber möglicherweise in seiner Phantasie einen Kampf mit Menschen, die es frustriert haben – Kämpfe, aus denen es als Sieger hervorgeht. Es kann stereotype Verhaltensmuster entwickeln, die in gar keinem Zusammenhang mit seiner Wut zu stehen scheinen, wie Nägelbeißen, Daumenlutschen, Stottern oder Leseschwierigkeiten. Diese sind symptomatisch für unterdrückten Ärger, der bei richtiger Anleitung hätte vermieden werden können.

Schließlich ist es noch eine wichtige Tatsache, daß jede Emotion, die oft genug erregt worden ist, zu einer gewohnheitsmäßigen Art der Anpassung an das Leben führt. Darüber hinaus wird die Art und Weise, wie die Emotionen geäußert werden, zu einer Gewohnheit, wenn das oft genug geschieht. Da die meisten Emotionen durch die Umgebung angeregt werden, sollte die Umgebung kontrolliert werden, um sicherzustellen, daß die erwünschten Emotionen häufiger erregt werden als die unerwünschten. Das Kind für seine

Anstrengungen im Elternhaus und in der Schule zu loben und gleichzeitig konstruktive Anleitungen für einen weiteren Fortschritt zu geben, garantiert, daß häufiger Glück als Wut erlebt wird. Weiter bleibt die angenehme Emotion nur selten allein mit einer bestimmten Leistung assoziiert. Vielmehr breitet sie sich auf ähnliche Situationen aus und bildet damit eine starke Quelle der Motivation für das Kind, sich bei neuen Aufgaben in der Hoffnung zu bemühen, die Freude, die durch Lob entsteht, zu wiederholen (108).

Erhöhte Emotionalität

Erhöhte Emotionalität bedeutet eine Zunahme der Häufigkeit und Intensität der emotionalen Erlebnisse im Verhältnis zu dem, was als normal angesehen wird. Bei der Beurteilung der erhöhten Emotionalität muß man das normale Verhaltensmuster der Emotionalität bei diesem bestimmten Kind betrachten.
Jede Emotion kann zu einem bestimmten Zeitpunkt häufiger und intensiver erlebt werden als zu einer anderen Zeit. Es gibt z. B. Tage, an denen alles glatt zu laufen scheint, folglich fühlt sich an solchen Tagen ein Mensch glücklich und erlebt intensivere Formen der Zufriedenheit. Erhöhte Emotionalität bei Vorherrschen der glücklichen Emotionen kann man als Euphorie bezeichnen – einen Zustand des Wohlergehens und der Lebensfreude. Wenn die häufigsten und stärksten Emotionen unerfreulich sind, ob es sich um Wut, Furcht, Eifersucht oder Neid handelt, sagt man, daß der entsprechende Mensch sich in einem Zustand des Ungleichgewichtes befindet; er ist mürrisch, verdrießlich und verstimmt. Es gibt Zeiten, zu denen keine erhöhte Emotionalität auftritt – Zeiten, in denen das Individuum emotional ruhig ist. Diese hat Gesell mit Zustand des Gleichgewichtes bezeichnet (80).
Alle Kinder erleben Euphorie, Gleichgewicht und Ungleichgewicht. Welchen Zeitanteil jedes einnimmt, ist von Kind zu Kind verschieden und bei denselben Kindern von Zeit zu Zeit. Viele Kinder erleben unglücklicherweise mehr Ungleichgewicht als Euphorie in Zeiten der erhöhten Emotionalität, obgleich kein Kind nur einen dieser Zustände erlebt.

Begleiterscheinungen der erhöhten Emotionalität. Erhöhte Emotionalität ist leicht an dem Verhalten, das als charakteristische Begleiterscheinung auftritt, zu erkennen. Wenn sie durch eine der unerfreulichen Emotionen entsteht, wird sie durch Launen und Wutausbrüche gekennzeichnet, die mit mehr oder weniger starker Heftigkeit kommen und gehen, oft außerhalb der Reichweite der bewußten Kontrolle. Bisweilen werden sie sogar nicht einmal bewußt (62). Welche Form die erhöhte Emotionalität annimmt, hängt nicht so sehr von der Intensität des emotionalen Zustandes ab als davon, was das Kind aus vergangenen Erfahrungen als sozial am ehesten gebilligt gelernt hat oder was ihm die wenigste Ablehnung oder Strafe bringt.
Es geht immer eine gewisse nervöse Spannung mit erhöhter Emotionalität einher. Sie kann sich bei kleinen Kindern durch Daumenlutschen äußern, bei älteren durch Nägelbeißen, weiter durch Kratzen am Kopf, durch Kichern oder dadurch, daß das Kind in Tränen ausbricht (143, 214). Wenn die Emotion sehr stark ist, führt sie wahrscheinlich zu vorübergehendem Stottern oder undeutlichem Sprechen. Das überglückliche Kind stolpert ebenso wie das sehr wütende oder sehr furchtsame Kind über seine Wörter, wiederholt Silben, schluckt mitten im Satz oder spricht so schnell, daß seine Wörter ineinander zerfließen. Weiter ist das Kind in einer Zeit der erhöhten Emotionalität eher dazu geneigt, schneller und intensiver emotional zu reagieren, als es das normalerweise tut. In Fällen von starken, unerfreulichen Emotionen bekommt es bei dem geringsten Anlaß einen Wutanfall.
Befindet das Kind sich in einem glücklichen emotionalen Zustand, dann neigt es dazu, lauthals über einen Witz zu lachen, den es unter anderen Umständen für „blöd" halten würde; ein Geschenk oder eine lobende Bemerkung

machen es überglücklich, es zeigt vielleicht auch seine Zuneigung demonstrativer als gewöhnlich. Was auch immer der Reiz ist, es reagiert überstark, weil es sich schon in einem Zustande der Bereitschaft zu reagieren befindet. Seine Reaktionen sind jedoch im allgemeinen weniger in bestimmter Weise konzentriert oder gerichtet, als wenn es ruhig ist. Wenn die erhöhte Emotionalität auf Ängstlichkeit oder Frustration zurückzuführen ist, „fährt das Kind aus der Haut" und reagiert sich in ungerichteter und unkontrollierter Weise ab (157).

Gründe für erhöhte Emotionalität. Erhöhte Emotionalität kann aus körperlichen und psychischen Gründen oder durch die Umgebung entstehen. Häufig wirken mehrere Ursachen zusammen. Ist das Kind z. B. erregt, weil seine Arbeit in der Schule nicht seinen Erwartungen entsprochen hat, wird es wahrscheinlich nervös. Seine Nervosität stört Essen und Schlafen, und je hungriger und müder es ist, desto eher reagiert es emotional auf jede Situation, sogar auf eine solche, die normalerweise keine emotionale Reaktion hervorruft. So wird ein Teufelskreis in Bewegung gesetzt, zu dem körperliche und psychische Ursachen, die häufig durch die Umgebung verursacht wurden, beitragen.

Körperliche Ursachen. Immer, wenn die Homöostase gestört ist aufgrund von Müdigkeit, schlechtem Gesundheitszustand oder entwicklungsbedingten Veränderungen des ganzen Körpers, erlebt das Kind eine Periode erhöhter Emotionalität. Das ermüdete Kind ist von vornherein eher geneigt, seinen gereizten Zustand oder eine Äußerung seines Ärgers zu zeigen. Ganz gleich, ob Müdigkeit durch Nahrungsmangel, durch zu wenig Ruhe, durch schlechten Gesundheitszustand oder durch zu große Aufregungen hervorgerufen wird, die Folgen sind dieselben (44). Ermüdung ist besonders ernst zu nehmen bei kleineren Kindern, die ihre Müdigkeit nicht bemerken und weiter aktiv spielen. Es hat sich gezeigt, daß Kinder im Kindergarten weniger emotionale Ausbrüche haben, wenn sie die Möglichkeit erhalten, sich auszuruhen und Fruchtsaft zu trinken, um neue Energie zu sammeln (114).
Wenn ein Kind sich in schlechtem Gesundheitszustand befindet aufgrund von falscher Ernährung, Verdauungsstörungen, Mandelentzündungen oder Polypenleiden, schlechten Zähnen, schlechtem Augenlicht oder Erkältungen, neigt es genau so zu erhöhter Emotionalität, wie wenn es müde ist. Fehlende Energie, die die Folge von unzureichender Ernährung ist, macht z. B. ein Kind reizbar, niedergeschlagen, unsozial und scheu (23). Kinder, die lange krank gewesen sind, sind emotional weniger ausgeglichen als Kinder, deren Gesundheitzustand besser ist. Ein störendes körperliches Leiden, wie Ausschlag oder Ekzeme, verursacht Nervosität und die Neigung zu emotionaler Spannung. Jede chronische Störung wie Asthma oder Diabetes ruft eine mehr oder weniger ständige emotionale Spannung hervor (24, 48). Kinder, die an Asthma leiden, weisen eine emotionale Unausgeglichenheit auf, bei der Höhepunkte und Tiefpunkte mit unglaublicher Schnelligkeit und Intensität wechseln (59).
Drüsenveränderungen, die besonders stark in der Pubertät sind, werden im allgemeinen von erhöhter Emotionalität begleitet. Wie Dunbar meint: „Die Bewahrung der Homöostase ... ist besonders schwierig während der Zeit der entwicklungsbedingten Veränderungen. Nach dem Kleinkindalter ... ist die Pubertät wahrscheinlich der Zeitraum mit den schnellsten psychosomatischen Veränderungen" (62). Je schneller die Drüsenveränderungen vor sich gehen, desto größer ist die Tendenz zu erhöhter Emotionalität. Deshalb erleben Kinder, die schnell reifen, mehr charakteristische Züge der negativen Phase als Kinder, die langsam reifen.
Zeitweilige Störungen des endokrinen Gleichgewichtes vor und während der Menarche führen zu größerer Nervosität und Reizbarkeit als später, wenn die Funktion der Menstruation besser reguliert ist (53).
Emotionaler Druck selber verursacht eine vorübergehende Störung des endo-

krinen Gleichgewichtes, und das verstärkt wiederum die erhöhte Emotionalität des Kindes. Wegen der wichtigen Rolle, die die Schilddrüse für die Emotionalität spielt, veranlagt eine Überfunktion dieser Drüse das Kind zu mehr oder weniger beständiger emotionaler Spannung – mit dem Ergebnis, daß das Kind auf alle Situationen, die Emotionen hervorrufen, mit übermäßig starken Reaktionen antwortet (145).

Psychische Gründe. Unter den psychischen Gründen spielen Intelligenz und Anspruchsniveau die wichtigste Rolle. Wie ein Kind Situationen der Umwelt wahrnimmt und wie es reagiert, wenn es ihm nicht gelungen ist, das Ziel, das es sich selbst gesetzt hat, zu erreichen, diese Faktoren bestimmen, wie häufig und wie stark die Emotionen eines Kindes sind. Untersuchungen haben ergeben, daß die emotionale Kontrolle im allgemeinen bei Kindern mit einem niedrigeren intellektuellen Niveau geringer ist als bei begabten Kindern desselben Alters. Kinder mit der größeren intellektuellen Begabung haben jedoch mehr emotionalen Spielraum. Sie sind besser imstande, Tragisches und Komisches zu erkennen, Vorzeichen kommenden Unheils zu spüren und zu fürchten, die zukünftige Erfüllung ihrer Hoffnungen in ihrem Gefühl und ihren Gedanken vorauszunehmen und eine größere Breite der Interessen zu erwerben, die durch ihre Erfahrungen eingeschränkt oder ausgefüllt werden können. Schon unter kleineren Kindern sind die begabteren empfindlicher gegenüber Dingen, die eine Gefahr für sie bedeuten könnten, als die weniger begabten (33, 132).

Obgleich viele emotionale Probleme entstehen, weil die Erwartungen der Eltern bei den Fähigkeiten des Kindes zu hoch gespannt sind, läßt sich emotionale Unausgewogenheit zum Teil auch direkt auf das eigene Anspruchsniveau des Kindes zurückführen. Wenn es dem Kind an der Fähigkeit und Geschicklichkeit fehlt, die Ziele, die es sich selber gesetzt hat, zu erreichen, fühlt es sich unzulänglich. Wiederholtes Versagen führt zu emotionaler Spannung – einer Begleiterscheinung aller Gefühle der Unzulänglichkeit.

Alles, was im allgemeinen das Selbstvertrauen des Kindes herabsetzt, „alles, das seine Achtung vor sich selbst bedroht, was die Rolle, die es zu spielen wünscht oder zu spielen vorgibt, oder die Ziele bedroht, die es als wichtig ansieht, kann seine Neigung verstärken, besorgt und ängstlich zu sein" (107).

Obgleich das Kind sich seine eigenen Ziele selber setzen kann, werden sie dennoch dadurch beeinflußt, was andere nach dem Wissen oder der Vermutung des Kindes von ihm erwarten. Wegen des kulturellen, auf Erfolg gerichteten Druckes ist das Anspruchsniveau der Jungen im allgemeinen höher als das der Mädchen. Die Folge ist, daß sie stärker von Versagen bedroht sind und damit auch von erhöhter Emotionalität (152, 205).

Ursachen, die in der Umgebung liegen. Die Umgebung, in der das Kind aufwächst, spielt eine wichtige Rolle für seine emotionalen Erfahrungen. Eine Umgebung, in der eine beständige Spannung als Folge von Zank und Streit besteht, als Folge eines übervollen Tagesplanes und zu vieler erregender Erlebnisse – wie Radio und Fernsehprogramme, Besuch von oder bei Bekannten und Verwandten oder Ausflüge – erregen die Emotionen des Kindes im allgemeinen über Gebühr.

Wie das Kind von Erwachsenen angefaßt wird, die Anzahl der Beschränkungen, die seinen Beschäftigungen auferlegt werden, die Art der Disziplin, die angewandt wird, um sein Verhalten zu kontrollieren, und die Leichtigkeit, mit der es das erreichen kann, was es von anderen will, das alles trägt zu seiner Emotionalität bei. Außerdem kann das Kind Gewohnheiten der Emotionalität dadurch entwickeln, daß es mit anderen zusammen ist, ob es nun Kinder oder Erwachsene sind, die selber eine erhöhte Emotionalität zeigen (31). Die Einstellung der Eltern ist oft verantwortlich für die Emotionalität des Kindes. Emotionale Symptome sind am häufigsten bei den Kindern

festzustellen, deren Eltern sie vernachlässigen, die während des größten Teiles des Tages zur Arbeit außer Hauses sind, die wegen ihrer Kinder überaus besorgt sind, die ständig über die Krankheiten oder das Verhalten ihrer Kinder sprechen, die sie wie Kleinkinder behandeln, indem sie ihnen zu viel helfen, die sie verwöhnen, indem sie ihnen zu oft nachgeben, oder die sie zum Mittelpunkt des häuslichen Lebens machen (51).
Konflikte zwischen Eltern und Kind, die hauptsächlich durch den Wunsch des Kindes entstehen, sich der Gruppe seiner Alterskameraden anzupassen, verstärken im allgemeinen die Emotionalität eines Kindes. Wenn die Eltern sich weigern, sich an die sich ändernden Beziehungen des Kindes zu anderen Menschen anzupassen, entsteht eine ständige Gereiztheit und eine Atmosphäre der Spannung im Elternhaus (34).
Das kulturelle Milieu, in dem das Kind lebt, trägt weitgehend zu der Häufigkeit und Intensität der emotionalen Erlebnisse des Kindes bei. Wenn das Milieu nicht zu ihm paßt und es doch dort bleiben muß, fühlt es sich unzulänglich. Als Folge davon erlebt es viel Ärger und Frustrationen, die es für erhöhte Emotionalität empfänglich machen (71). Dies wird durch die schulische Umgebung gut illustriert. Autoritäre Behandlung in der Schule bringt die Kinder gegen die Schule auf, und sie gehen mit schlechter Laune nach Hause. Das hochbegabte Kind, das mit seinen Altersgenossen in einer Klasse bleiben muß, wird wütend und frustriert, was zu seiner Langeweile noch hinzukommt. Ein großer Teil des schlechten Verhaltens bei intelligenten Kindern ist tatsächlich nur ein wütender Protest gegen die Einweisung in diese Klasse. Kinder, die in ihrer Klasse über oder unter dem Altersdurchschnitt liegen, sind im allgemeinen emotional unausgewogen, hauptsächlich aufgrund von Frustrationen, die sich in erster Linie ergeben, weil ihre Klassenkameraden sie nicht akzeptieren. Außerdem bilden sie oft die Zielscheibe für die Neckereien anderer Kinder. Solch eine Situation führt zu ständigen Gefühlen der Unsicherheit und der Wut (73, 90, 204).
Anpassung an eine neue Situation oder Erfahrung bedeutet mit Wahrscheinlichkeit Streß für das Kind. Anpassung bedeutet, daß alte Bindungen gelöst werden; sie bedeutet, daß ein neues Verhaltensmuster gelernt wird, das ein gewohntes Muster ersetzt (80). Wieviel Vorbereitung ein Kind für die Anpassung erfährt, beeinflußt weitgehend das Maß der emotionalen Spannung, die das Kind erlebt. Das Kind, das z. B. unvorbereitet eingeschult wird, erlebt eine größere Emotionalität als Kinder, die sich durch entsprechende Vorbereitungen mit der Situation in der Schule vertraut fühlen. Je schwieriger die Anpassung, desto länger dauert die emotionale Spannung und desto ernster zu nehmen ist sie (43).
Das ältere Kind, das die physischen und psychischen Veränderungen in der Pubertät erlebt, muß sich an seinen veränderten Körper, an seine neuen Interessen und seine neuen Einstellungen anpassen. Weil die psychischen Veränderungen zur selben Zeit eintreten wie die entwicklungsbedingten Veränderungen seines Körpers, wird seine Emotionalität verstärkt (62). Dies trifft ebenfalls auf Anpassung an einen Todesfall zu. Das Kind, das gerade die entwicklungsbedingten Veränderungen der Pubertät erlebt, reagiert mit größerer emotionaler Intensität auf den Tod eines Freundes oder eines geliebten Menschen als ein Kind in einer Zeit des Gleichgewichtes. Jedes Kind reagiert jedoch emotional auf einen Todesfall, der sein Elternhaus verändert und eine Anpassung in seinem Leben erforderlich macht (3).

<u>Kritische Zeiträume</u>. Obgleich erhöhte Emotionalität zu jeder Zeit auftreten kann, gibt es bestimmte Zeiträume, in denen sie fast bei allen Kindern auftritt und folglich vorhersagbar ist. Weil das Kind zu bestimmten Zeiten des Tages müder ist als zu anderen, treten dann deutliche emotionale Störungen auf. Bei Säuglingen und Kleinkindern erreicht die Emotionalität leicht ihren Höhepunkt während der Zeiträume, die den festgesetzten Zeiten für Essen und Schlafen voraufgehen. Wenn der Zeitplan eines

Kindes gestört wird, ist es wahrscheinlich nörgelig und reizbar. Dies trifft für ältere Kinder ebenfalls zu. Entwicklungspsychologische Studien an Kindern haben ergeben, daß es vorhersagbare Zeiten des „Ungleichgewichtes" gibt, die durch Spannung gekennzeichnet sind, durch Unsicherheit und andere Formen fehlangepaßten Verhaltens, das von erhöhter Emotionalität herrührt. In der Vorschulzeit liegen die Zeiten des Ungleichgewichtes üblicherweise bei $2^1/_2$, $3^1/_2$ und $5^1/_2$ Jahren. Dem zwei- bis dreijährigen Kind sind ständig Grenzen gesetzt, wenn es etwas tun möchte – entweder durch Beschränkungen, die ihm andere auferlegen, oder durch seine eigene Ungeschicklichkeit. Seine Unfähigkeit, sich anderen verständlich zu machen, weil es noch nicht richtig sprechen kann, trägt zu seinen Frustrationen weiter bei. Wenn es frustriert ist, wird das Kind wütend, störrisch und negativistisch.

Der Höhepunkt für Wutausbrüche liegt im allgemeinen bei drei Jahren, und solche Ausbrüche sind zwischen zwei und vier Jahren weit verbreitet. Dies ist auch der Zeitraum, in dem Daumenlutschen, ein anderes Anzeichen für erhöhte Emotionalität, vorkommt. Unmittelbar ehe das Kind in die Schule kommt – zwischen seinem fünften und sechsten Geburtstag – erlebt es zahlreiche Wutausbrüche und Angstgefühle, weil es das nicht tun kann, was seine Spielkameraden tun – entweder wegen der Verbote der Eltern oder wegen seiner eigenen Ungeschicklichkeit –, und weil es unsicher ist, ob es von seinen Alterskameraden sozial akzeptiert wird (80, 104, 141).

Der Eintritt in die Schule macht viele Anpassungen erforderlich, und die Disziplin in der Schule erlegt dem Kind viele Frustrationen auf. Die Periode des Ungleichgewichtes, die eingesetzt hat, ehe das Kind in die Schule kam, dauert so bis ins sechste Lebensjahr oder noch länger (104, 115).

Nachdem die Anpassung an die Schule einmal erreicht ist, erlebt das Kind normalerweise einen Zeitraum des Gleichgewichtes – psychologisch gesehen ein ziemlich ruhiges und glückliches Alter – vor dem Sturm und Drang der Jugendjahre. Es gibt verschiedene Gründe für diese emotionale Ruhe: Die Rolle des älteren Kindes ist gut festgelegt, und es weiß, wie es sie zu spielen hat; Ventile der Aggressivität – Sport und anstrengende Spiele – werden von der kulturellen Gruppe gebilligt, umfassende Geschicklichkeiten haben sich entwickelt, so daß ein Kind nicht mehr die Ungeschicklichkeit erlebt, die vorher eine Ursache für Wutausbrüche sein konnte. Alexander und Adlerstein meinen: „Kurz gesagt, es werden keine großen, neuen Anforderungen gestellt, die eine deutliche Veränderung der Verhaltensweisen erforderlich machen. Es ist ein goldenes Alter" (3).

Mit dem Einsetzen der physischen und psychischen Veränderungen in der Pubertät entsteht jedoch ein emotionaler Aufruhr. In der Tat ist von allen Zeiträumen der Entwicklung die Pubertät der beunruhigendste. Zusätzlich zu der Störung der Körperhomöostase, die durch die schnellen körperlichen Veränderungen bedingt ist, besteht zur Zeit der Pubertät eine bestimmte Gruppe von Anpassungsproblemen, die typischerweise Angst und Streß erzeugen.

Zu Beginn der Pubertät z. B. erreicht der Konflikt zwischen Eltern und Kind seinen Höhepunkt; diese Konflikte verschlimmern noch die physischen Ursachen der erhöhten Emotionalität. Zu dieser Zeit sind Stimmungsumschläge am stärksten, und die Intensität und das Ausmaß der Besorgtheit nehmen zu (141, 152). Schlechte Laune und die Tendenz, in Tränen auszubrechen, sind besonders häufig auf dem Höhepunkt des Wachstumsschubes. Es ist typisch, daß nichts das pubertierende Kind erfreut; es meckert ständig an Familienmitgliedern herum – besonders an Geschwistern – und streitet sich mit ihnen. Es entwickelt irrationale und sehr starke Sorgen, ob es selbst normal ist und was die anderen von ihm denken, über seinen sich verändernden Körper, seine Arbeit in der Schule und über alles, was in seinem Leben eine Rolle spielt. Dies stellt eine solche Veränderung im Vergleich zu den voraufgegangenen Jahren der Ruhe dar, daß Eltern und

Lehrer mit Wahrscheinlichkeit das pubertierende Kind kritisieren, wodurch sie seine Annahme bestärken, es werde von niemandem geliebt (73, 80).

Folgen der erhöhten Emotionalität. Da die erhöhte Emotionalität weit häufiger gekennzeichnet wird durch das Vorhandensein unerfreulicher als erfreulicher Emotionen, ruft sie im allgemeinen einen Zustand des Ungleichgewichtes hervor. Da weiter Ungleichgewicht mehr Probleme mit sich bringt für diejenigen, die mit den Kindern leben und arbeiten müssen, als Euphorie, haben sich die meisten Untersuchungen zur erhöhten Emotionalität eher auf den ersten als auf den zweiten Zustand konzentriert.

Die Wirkungen der Emotionen auf das körperliche Wohlergehen des Kindes können sehr schädlich sein, wenn sie stark, häufig oder lang andauernd auftreten. Sie können das homöostatische Gleichgewicht des Körpers stören und verhindern, daß es auf normale Art funktioniert (215). Schon bei neugeborenen Säuglingen und sehr kleinen Kindern können emotionale Störungen zu Erbrechen und anderen Verdauungsstörungen führen, die die Anpassung an das Leben nach der Geburt erschweren (102). Wenn die Homöostase durch Emotionen gestört ist, können alle Funktionssysteme – Kreislauf, Atmung, Fortpflanzung und Drüsen – ebenso wie das Verdauungssystem einbezogen sein. Wenn die emotionalen Zustände länger andauern, kann sowohl Struktur als auch Funktion der inneren Organe vorübergehend oder für dauernd geschädigt werden (62).

Sogar leichte Emotionen, die zu einer Störung der Verdauung und des Schlafes führen, können die körperliche Reifung des Kindes beeinträchtigen. Wenn Emotionen stark sind und lange dauern, kann das Kind an chronischer Erschöpfung, Anämie als Folge von Verdauungsstörungen, Schlaflosigkeit, Kopfschmerzen, hohem Blutdruck, allergischen Reaktionen, Hautleiden und einer Vielfalt anderer körperlicher Krankheiten leiden, die entweder direkt oder indirekt mit emotionalen Störungen in Verbindung stehen (62). Viele psychosomatische Krankheiten in der Kindheit werden durch emotionale Spannungen verursacht oder verschlimmert.

Wenn die normale Körperhomöostase durch Emotionen gestört wird, ist das Verhalten des Kindes weniger geordnet als man erwarten würde. Es ist eher das Verhalten eines jüngeren Kindes. Sein Spiel ist z. B. weniger konstruktiv, wenn es frustiert ist, weil es sich auf das, was es tut, nicht konzentrieren kann. Jede Beschäftigung, die koordinierte Bewegungen erfordert, wird ebenfalls nachteilig beeinflußt. Das Kind leistet nicht nur weniger, als es seiner Fähigkeit entspricht, es macht auch mehr Fehler, und so nehmen Qualität und Quantität seiner Leistung ab. Die Leistung eines Kindes schwankt stärker bei emotionalen Störungen, obwohl die Wirkung der Emotionen auf die Leistung sich je nach der Fähigkeit des einzelnen Kindes richtet. Je weniger geschickt es ist, desto stärker ist der Einfluß der Emotionen (55, 74).

Emotionen machen ein Kind besonders anfällig für Unfälle. Kinder, die besonders leicht Unfälle haben, leiden im allgemeinen unter besonders starker Launenhaftigkeit. Wenn ein Kind wegen emotionaler Störungen Unfälle hat, wird sein Selbstvertrauen untergraben, es wird angespannter, und es hat folglich mehr Unfälle. Störungen des endokrinen Gleichgewichtes und des Blutzuckerspiegels aufgrund emotionaler Spannung verursachen oft psychische Blockierungen, die nicht nur zu Unfällen, sondern auch zu Störungen der motorischen Koordination führen. Sprechstörungen, besonders Stottern, sind häufig bei Kindern anzutreffen, die unter emotionaler Spannung leiden. Untersuchungen haben ergeben, daß emotionale Spannung die sportliche Leistung beeinflußt. Obgleich einige Sportler eine bessere Leistung zeigen, reagieren die meisten ungünstig auf den Einfluß von Emotionen (62, 70, 109).

Störungen des Körpergleichgewichtes spiegeln sich auch in einer herabgesetzten geistigen Arbeitsleistung wider, besonders in den Bereichen des Gedächtnisses, der Konzentration und des Denkens. Während einer Zeit der emotionalen Spannung ist das Kind unberechenbar und unausgewogen. Als Folge davon ist seine Leistung, vor allem, wenn das Denken dabei eine Rolle spielt, unbeständig. Emotionen erweisen sich häufig als eine Blockierung für die Erinnerung – sogar bei gut eingeprägtem Material. Das ist deutlich an einem Kind zu erkennen, das Lampenfieber hat, wenn es etwas vortragen muß oder in der Schule bei einer Theaterveranstaltung mitmacht (169).

Emotionale Spannung führt zu Rigidität, die sich in einer Verengung des Wahrnehmungsfeldes widerspiegelt und in der verringerten Fähigkeit, auf Hinweise der Umgebung zu reagieren, wodurch das Kind auf der Grundlage minimaler Information handeln muß. So ist es weniger imstande, in einer neuen Problemsituation zu improvisieren. Das Kind, das frei fluktuierende Angst erlebt, kann seine täglichen Routineangelegenheiten vielleicht erledigen, aber seine Fähigkeit sich zu erinnern und entsprechend seiner Kapazität zu denken, läßt weitgehend nach. Ängstlichkeit ist besonders schädlich, wenn die Vorbereitung auf eine neue Lernaufgabe nicht möglich ist oder wenn neues Lernen so plötzlich kommt, daß das Kind keine Möglichkeit hat, seine Angst zu zerstreuen, ehe es mit der neuen Aufgabe beginnt. Dann ist mehr Zeit zum Lernen erforderlich, und es werden mehr Fehler gemacht (75, 165, 179).

Verschiedene Arten des Lernens werden in unterschiedlicher Weise durch die Ängstlichkeit beeinflußt. Das Erlernen komplizierter Fertigkeiten wie Lesen und Rechnen leidet z. B. unter der Wirkung der Ängstlichkeit mehr als das Lernen einfacherer Fertigkeiten wie das Buchstabieren (150). Ängstlichkeit ist sehr schädlich bei Lernen, das verbale Leistung umfaßt; die schädliche Wirkung wird stärker mit zunehmender Schwierigkeit der Lernaufgabe (46). Bei Zahlen-Gedächtnis-Tests haben ängstliche Kinder Schwierigkeiten, sich auf das, was sie zu lernen versuchen, zu konzentrieren; dies beeinträchtigt ihre Fähigkeit, sich an die Zahlen zu erinnern. Wenn das Denken ebenso wie das Gedächtnis mit einbezogen ist, ist die Wirkung von Ängstlichkeit auf das Lernen noch größer (144). Ängstlichkeit beeinflußt die verschiedenen Individuen jedoch in unterschiedlicher Weise – je nachdem, wie ängstlich sie schon sind, wenn die angsterregende Situation eintritt. Diejenigen, deren Ängstlichkeit gering ist, sind für bessere Leistung motiviert, wogegen diejenigen mit hoher Ängstlichkeit bei ihrem Lernen behindert sind. Dieses Ergebnis legt nahe, daß vergleichbare Grade der Ängstlichkeit das Lernen fördern oder behindern können – je nachdem, wie anfällig der Lernende gegenüber der Angst ist (168).

Die Arbeit des Kindes in der Schule leidet unter emotionaler Spannung. Besonders Leseschwierigkeiten sind verbreitet bei Kindern, die zu emotionaler Spannung neigen. Hohe Ängstlichkeit wird deutlich in einem größeren Leistungsstreben und einer andauernderen Aufmerksamkeit gegenüber den vorliegenden Aufgaben. Deshalb sind ängstliche Kinder stark motiviert, gute Arbeit in ihrer Klasse zu leisten (180). Außerdem neigen sie dazu, sich selber die Schuld für ihr Versagen zu geben, und als Folge entwickeln sie starke Schuldgefühle, wenn ihre Leistung in der Schule ihren Erwartungen nicht entspricht (60).

Eine der am weitesten verbreiteten Sorgen bei Schulkindern ist es, bei Klassenarbeiten zu versagen. Das Klassenarbeiten Situationen sind, die Furcht erregen, schneiden die meisten Kinder hier schlechter ab, als es ihren Fähigkeiten und ihren Kenntnissen entspricht. Je mehr das Kind fühlt, daß es sich in einer Bedrohungssituation befindet, desto ängstlicher wird es und desto schlechter arbeitet es. Hohe Ängstlichkeit kann sogar zu einer Verzerrung bei der Auffassung des Unterrichtsstoffes führen, wodurch ein Kind Fragen falsch beantwortet. So wird es deutlich, daß Zensuren keine wirklichen Indikatoren der geistigen Fähigkeiten eines Kindes darstellen; sie sind vielleicht nur Hinweise auf seine Angsttoleranz (144, 151, 180).

Die Emotionen des Kindes beeinflussen seine soziale Anpassung direkt, weil andere es nach seinen Verhaltensweisen beurteilen, und indirekt, weil seine Emotionen seine Einstellungen und

sein Verhalten gegenüber anderen Menschen beeinflussen. Häufige und starke emotionale Ausbrüche ohne offensichtlichen Grund rufen den Eindruck hervor, daß das Kind „unreif" ist, daß es sich kindisch verhält. Auf der anderen Seite können Emotionen stunden- und tagelang schwelen, wenn das Kind versucht, ihre Äußerung zu unterdrücken, und so dazu führen, daß das Kind launisch oder schlecht aufgelegt ist.
Indirekt sind Emotionen wichtig wegen des Einflusses, den sie auf die Haltung des Kindes gegenüber anderen Menschen und die Art, wie es sie behandelt, haben. Häufige und intensive emotionale Störungen führen dazu, daß ein Kind sich in hohem Maße mit sich selbst und mit seinen persönlichen Problemen und Gefühlen beschäftigt. Als Folge davon, wird das Kind, das zu viel Emotionalität erlebt, egozentrisch und unfähig, Beziehungen der Zuneigung zu anderen zu errichten (127, 207).
Wegen der engen Beziehung zwischen der sozialen Anpassung, die das Kind vornimmt, und der Vorstellung, die es von sich selber hat, sind die schädlichen Einflüsse erhöhter Emotionalität auf die Persönlichkeit des Kindes sehr ernst zu nehmen. Kinder, die ängstlich sind, sind leicht mit sich selbst und mit anderen unzufrieden. Das führt dazu, daß sie Abwehrmechanismen gebrauchen, um ihre Gefühle der Unzufriedenheit zu verbergen, oder anderen die Schuld daran zu geben, daß sie selber ihre eigenen Erwartungen nicht erfüllt haben (168).

Bedeutung der erhöhten Emotionalität.
Erhöhte Emotionalität ist besonders ernst zu nehmen, wenn sie auftritt, ehe das Kind alt genug ist, um das Verständnis und die Einsicht zu haben, die nötig sind, um mit den Situationen, die erhöhte Emotionalität hervorrufen, fertig zu werden. Die Besorgtheit und Ängstlichkeit, die durch einen Todesfall oder eine Ehescheidung in der Familie entstehen, sind intensiver und dauern länger an bei kleinen Kindern als bei Jugendlichen.
Erhöhte Emotionalität kann vorübergehend und in ihrer Wirkung begrenzt sein, wenn sie nur aus physischen Gründen entsteht oder aus der Erfordernis, sich an eine neue Situation anpassen zu müssen; wenn sie aber aus psychischen und umweltbedingten Gründen entsteht, kann sie zur Gewohnheit werden und lang andauernde und weitreichende Folgen haben. Ein Kind, das z. B. nervös, angespannt und ängstlich wird, wenn es versucht, Ziele zu erreichen, die außerhalb seiner Möglichkeiten liegen, schraubt wahrscheinlich seine Ansprüche nicht zurück, damit sie seinen Fähigkeiten entsprechen. Statt *dazu* ermuntert zu werden, wird ihm immer wieder gesagt, daß es sich nur mehr anstrengen soll. Umweltbedingte Gründe für die erhöhte Emotionalität werden gewöhnlich schlimmer, wenn das Kind älter wird. Eltern, die eine strikt autoritäre Erziehung ihrer Kinder für gut halten, werden im allgemeinen nur noch strenger und erlegen den heranwachsenden Kindern noch mehr Frustrationen auf.
Als Folge davon entwickelt das Kind die Gewohnheit, mit erhöhter Emotionalität zu reagieren. Mit der Zeit führt das zu einem allgemeinen Zustand, bei dem die Tendenz besteht, mit erhöhten Emotionen auf jeden Reiz zu reagieren, der dem Reiz, der sie ursprünglich erzeugt hat, ähnelt. Erhält ein Kind jeden Tag Hinweise darauf, daß die Eltern eines der Kinder vorziehen, so ist das Kind, das sich vernachlässigt fühlt, von vornherein eher dazu geneigt, auf jedes Kind oder jeden Erwachsenen eifersüchtig zu sein, der stärker begünstigt zu sein scheint als es selbst.

Emotionale Kontrolle

Beim Neugeborenen und beim Säugling sind die Emotionen gekennzeichnet durch ein völliges Fehlen von Abstufungen der Reaktionen auf Reize von unterschiedlicher Intensität. Wenn ein Kind wütend ist, ist es „mit allen Fasern" wütend; es zeigt ein ungerichtetes, diffuses und anscheinend sinnloses Verhalten. Da seine Emotionen direkt in Handlungen ausgedrückt werden, befriedigt es den Trieb, der diese

Emotion erzeugt hat, und der emotionale Zustand geht schnell vorbei und ist bald vergessen. Sogar das Kleinkind reagiert auf unbedeutende Anlässe häufig mit einer ebenso starken emotionalen Reaktion, wie es das bei einer viel ernsteren Situation täte. Es richtet jedoch seine Reaktion im allgemeinen auf den Reiz, der sie hervorgerufen hat, statt sich mit ungerichteten Bewegungen des ganzen Körpers „abzureagieren".

Erwachsene sehen die emotionalen Ausbrüche des Kleinkindes im allgemeinen als unvernünftig und unnötig an (33, 106). Wenn auch die Erwachsenen solche Reaktionen vielleicht noch ertragen, wenn das Kind noch ziemlich klein ist, lehnen sie doch diese Verhaltensweisen ab, wenn es älter wird, und das Kind erkennt bald, daß eine ungezügelte Äußerung seiner Emotionen nicht geduldet wird.

Außerhalb des Elternhauses hängt die soziale Billigung, die ein Kind erfährt, von dessen Bereitschaft und Fähigkeit ab, seine Emotionen zurückzuhalten. Es lernt, daß man nicht einfach aus seinem Gefühl heraus handelt, wenn auch einige Formen der Äußerung eher akzeptiert werden als andere (104, 137). Es stellt fest, daß es als „Angsthase" angesehen wird, wenn es Angst zeigt. Es wird ihm beigebracht, daß feindselige Gefühle von Menschen mit guten Manieren nicht gezeigt werden, und es muß lernen, etwas einzustecken, wenn es Frustrationen oder Hindernissen gegenübersteht (197, 216). Gelächter wird ebenso wie andere emotionale Äußerungen durch die soziale Gruppe reguliert; man erwartet, daß es unter Kontrolle gehalten wird. Sollte ein Kind lachen, wenn es allein ist, fragen sich die Leute, ob es „verrückt geworden" ist (52).

Kaum hat das Kind also gelernt, seine Emotionen in einer Weise zu äußern, die andere verstehen, muß es feststellen, daß von ihm erwartet wird, seine Äußerungen zu unterdrücken. Lange vor dem Ende der Kindheit weiß das Kind, daß es als kindisch angesehen wird, wenn seine Äußerungen nicht eine sozial gebilligte Form annehmen. Sollte es zu einem Gefühlsausbruch kommen, wenn das Kind müde ist oder die Grenzen seiner Kontrolle erreicht hat, schämt es sich später, weil es „kindisch" gewesen ist, und macht sich Gedanken darüber, welche Folgen sein Ausbruch auf die Beurteilung durch andere haben könnte.

Das Erlernen der emotionalen Kontrolle. Die Einstellung der Menschen, die im Leben des Kindes eine wichtige Rolle spielen, bietet ihm die notwendige Motivation zur Entwicklung der emotionalen Kontrolle. Es liegt dann bei ihm, die Anstrengung zu unternehmen, die erforderlich ist, dieses Ziel zu erreichen. Durch Versuch und Irrtum z. B. entdeckt das kleine Kind, welche Formen des feindseligen Verhaltens von anderen geduldet werden und welche zu Strafe oder sozialer Ablehnung führen. Die ihm die größte Befriedigung geboten haben, wiederholt es und nimmt sie allmählich als Gewohnheit an. Ebenso werden die Äußerungsformen, die ihm in bedrohlichen Situationen die größte Befriedigung gegeben haben – ob es sich nun um defensive oder aggressive Verhaltensweisen handelt –, zu einer gewohnheitsmäßigen Weise, auf Drohungen zu reagieren (56, 112, 186).

Nachahmung legt in starkem Maße fest, wie ein Kind reagiert in einer Situation, die Emotionen erregt. Wenn seine Altersgenossen Streit vom Zaun brechen, wenn sie wütend sind, dann wird es das auch tun, da es weiß, daß es ihre Zustimmung erhält, wenn nicht sogar die der Erwachsenen. In ähnlicher Weise glaubt es, wenn seine Freunde wegen ihrer Leistungen in der Schule besorgt sind, seine Besorgtheit aussprechen zu dürfen, mit der Begründung, daß das ja alle tun (9).

Direkte Unterweisung, welche Emotionen geäußert werden dürfen, wie das geschehen soll und wieviel an emotionalen Äußerungen geduldet wird, ist ein Teil der Erziehung, die das Kind im Elternhaus und später in der Schule erhält. Wenn diese Erziehung jedoch wirksam sein soll, muß sie spezifisch und nicht allgemein sein. Es ist z. B. festgestellt worden, daß bei einer Anleitung, wie allgemein auf Streßsituationen reagiert werden sollte, solche Erziehung keinen signifikanten Einfluß auf die Reaktion des Kindes in einer bestimmten Situation hat, etwa der, daß ein Kind ins Krankenhaus muß, um sich die Mandeln entfernen zu lassen. Wenn Kinder aber auch daraufhin erzogen worden sind, wie sie bei einem Krankenhausaufenthalt zu reagieren haben, erleben sie weniger Angst und fühlen sich im Krankenhaus wohler (134).

Unterschiede im emotionalen Ausdruck. Es gibt keine allgemein gebilligte Methode, Emotionen zu äußern und keinen allgemein anerkannten Standard der Kontrolle. Verschiedene Kulturgruppen haben unterschiedliche Normen für die Äußerung von Emotionen. Der Indianer in Amerika scheint z. B. ohne Emotionen zu sein im Vergleich zu einem Franzosen, weil dem Indianer eingeprägt worden ist, seine Emotionen nicht zu zeigen. Ceylonesische Kinder kontrollieren ihre Emotionen so, daß sie nicht einmal Reaktionen der Zuneigung zeigen, weil das die von der Kultur gebilligte Verhaltensweise für sie darstellt (199).

Innerhalb einer Kulturgruppe bestehen ebenfalls starke individuelle Unterschiede in den Einstellungen gegenüber der Äußerung von Emotionen. Einige Menschen halten jede Äußerung von Emotionen für schlecht, unreif oder geschmacklos, andere sind toleranter und sehen emotionale Äußerungen unter bestimmten Umständen als gerechtfertigt an. Mütter, die z. B. intolerant sind, wenn aggressives Verhalten gegen sie selbst gerichtet ist, können tolerant sein, wenn die Kinder miteinander streiten, und noch toleranter, wenn die Kinder ihre Spielkameraden angreifen (112, 184).

Der religiöse Hintergrund der Familie kann unter Umständen einen großen Einfluß auf die Stärke der Kontrolle haben, die das Kind über seine Emotionen ausübt. Wenn man ihm beigebracht hat, „auch die andere Wange noch darzureichen", wenn jemand sich mit ihm streitet, vermeidet es, seinen Ärger zu äußern, oder es fühlt sich schuldig, wenn es seine Wut zeigt. Ein anderes Kind, das eine andere Erziehung genossen hat, äußert seine Wut vielleicht ohne Zurückhaltung, wenn jemand es angreift, und es hat deshalb keine Schuldgefühle (20). Das Geschlecht eines Kindes beeinflußt die sozialen Erwartungen hinsichtlich der emotionalen Äußerung ebenfalls. Von Jungen wird erwartet, daß sie Äußerungen der Furcht, der Angst und der Enttäuschung unterdrücken, weil diese Emotionen als „weibisch" angesehen werden; aber man erwartet, daß sie kämpfen, wenn andere ihnen gegenüber Aggressionen zeigen. Von Mädchen dagegen erwartet man, daß sie die Äußerung aller Emotionen kontrollieren (180, 200).

Die verschiedenen sozioökonomischen Gruppen haben feste Vorstellungen hinsichtlich der richtigen Äußerung von Emotionen. Mitglieder der niederen sozialen Klassen ermuntern Jungen dazu, aggressiv zu sein, weil sie das für ein Zeichen der „Männlichkeit" halten. Von Mädchen dagegen wird erwartet, daß sie nicht aggressiv sind. Sowohl Jungen als auch Mädchen der Mittelklasse werden unterwiesen, alle Äußerungen der Aggression zu unterdrücken (129, 137). Kinder auf dem Lande unterdrücken infolge einer strengeren Erziehung Äußerungen der Wut stärker als Kinder in der Stadt. Von ihren Eltern unabhängige Kinder kontrollieren ihre Aggressivität, weil sie fürchten, die elterliche Zuneigung zu verlieren, wenn sie aggressiv sind (112). Je besser ein Kind auf eine Streßsituation vorbereitet ist, desto besser kann es seine emotionalen Reaktionen in einer solchen Situation kontrollieren (66).

Folgen der emotionalen Kontrolle. Alle emotionalen Zustände gehen einher mit Handlungsvorbereitungen, die durch körperliche Veränderungen, insbesondere des Drüsensystems, verursacht werden. Eine Handlung zu unterdrücken, die normalerweise eintreten würde, bedeutet, daß Energie, die erzeugt worden ist, entweder in dem Kind aufgestaut oder in andere Bahnen der Aktivität geleitet werden muß. Außerdem besteht die Wahrscheinlichkeit, daß der psychische Zustand, der die Emotionen begleitet, beibehalten wird, obgleich

eine sichtbare Reaktion unterdrückt wurde.
Eine Freigabe der somatischen und psychischen Vorbereitungen für die Handlung, die immer mit einer Emotion einhergehen, kann auf verschiedene Weise geschehen. Die für das Kind übliche Art zu reagieren wird weitgehend davon abhängen, was es als das entdeckt hat, das ihm die größte Befriedigung gibt, ihm die stärkste Zustimmung der Gruppe erwirbt oder die Ablehnung durch wichtige Personen verhindert. Von den vielen Möglichkeiten, wie Kinder angestaute Energien loswerden können, sind die folgenden die häufigsten:

1. Launenhaftigkeit. Ein emotional erregtes Kind kann die emotionale Energie in sich anstauen und sie für Stunden oder Tage „schwelen" lassen. Dies führt zu Launenhaftigkeit – einem ausgedehnten Zustand erhöhter Emotionalität. Weil es die unerfreulichen Emotionen sind, die ein Kind zu kontrollieren versucht, ist das Kind verdrießlich, mürrisch und schweigsam; es hat schlechte Laune. Im allgemeinen wird es gleichgültig und arbeitet viel schlechter, als es seiner Begabung entspricht; sein Interesse an Menschen und Dingen läßt nach, es beschäftigt sich mehr mit sich selbst und seinen Gefühlen (106, 211). Wenn eine angenehme Emotion – wie Freude – kontrolliert wird, ist seine Stimmung gut; es strahlt vor innerer Zufriedenheit und ist eifrig und begeistert bei allem, was es tut. In jeder launenhaften Stimmung besteht die Tendenz, Reaktionen zu übertreiben – auf einen Reiz mit größerer Intensität zu reagieren, als es der Reiz rechtfertigt.

2. Ersatzreaktionen. Emotionale Energie kann abgegeben werden, indem eine Reaktion als Ersatz dient, die sozial eher akzeptiert wird als die Reaktion, die normalerweise mit der Reaktion einhergeht. Wenn es wütend ist, kann das Kind z. B. Schimpfnamen rufen, statt zu schlagen oder zu treten, wenn es festgestellt hat, daß die erste Form weniger auf soziale Ablehnung trifft oder daß eine geringere Strafe droht; das Kind lernt vielleicht auch, seine Wut auf konstruktive Art zu äußern, indem es etwas Nützliches tut oder etwas, das den Beifall der Gruppe findet. Z. B. kann es intensiv spielen, für seine Mannschaft innerhalb der Regeln des Spiels kämpfen oder etwas Produktives tun, wie Nägel ins Holz schlagen, wenn es einen kleinen Tisch bastelt, oder die Kreide fest aufdrücken, wenn es malt. Unterdrückte Emotionen in sozial annehmbare Muster des Verhaltens abzuleiten, wird als S u b l i m a t i o n bezeichnet.

3. Verschiebung. Bei der Verschiebung äußert der einzelne seine Emotionen, indem er seine Reaktion auf einen Menschen, einen Gegenstand oder eine Situation richtet, die mit dem Ursprung der Situation nur wenig zu tun hat. Glück kann z. B. durch eine erfolgreiche Leistung entstehen. Das Kind kann seine Freude direkt äußern, indem es vor Glück jubelt; aber wenn es feststellt, daß dies nicht sozial gebilligt ist, kann es seine Glücksäußerung verschieben, indem es seine Klassenkameraden oder Leute, die es kaum kennt, mit Lob und Geschenken überhäuft. Ein Ausbruch von Großzügigkeit ist vielleicht nur ein Zeichen dafür, daß dieser Mensch sein Glücksgefühl nicht direkt äußern kann.
Am häufigsten tritt Verschiebung auf, wenn Wutreaktionen kontrolliert werden. Statt zu schlagen oder zu treten, sucht das wütende Kind sich ein unschuldiges Opfer und greift es verbal oder körperlich an (94, 218). Ein Kind, das kleinere und jüngere Kinder neckt und mit ihnen Streit sucht, das Tiere quält, das seinen Eltern oder Geschwistern die Schuld gibt, wenn es Schwierigkeiten in der Schule hat, das über Mitglieder von Minderheitengruppen schimpft, sucht sich so Sündenböcke für seine unterdrückte Wut (85, 131). Untersuchungen des Verhaltens kleiner Kinder beim Puppenspiel haben ergeben, daß die Kinder, wenn sie wütend sind, ihre Wut verschieben, indem sie ihre Wut an den Puppen auslassen, die ihre Eltern oder Geschwister darstellen, durch die sie in Wut gebracht wurden. Je mehr Frustrationen das Kind durch

ein bestimmtes Familienmitglied erlebt hat, desto aggressiver sind seine Reaktionen gegenüber der Puppe, die diese bestimmte Person darstellt (25, 67, 129).
Ältere Kinder, die unter Frustrationen leiden, die dadurch verursacht werden, daß die Eltern sie entweder zu sehr zu beschützen oder zu sehr zu beherrschen suchen, halten ihre negativen Gefühle gegenüber den Eltern vielleicht aus Angst oder aus einem Gefühl der Zugehörigkeit zurück. Anstatt ihre Eltern direkt anzugreifen, können sie angestaute Wut verschieben, indem sie andere übermäßig stark kritisieren, indem sie sich allen Vorgesetzten gegenüber feindselig verhalten, besonders gegenüber Lehrern und der Polizei, indem sie feindselige Phantasien spinnen, in denen sie gegen ihre Eltern kämpfen, oder indem sie den Schutz der Altersgruppe suchen, wenn sie physisch oder mit Worten ein unschuldiges Opfer angreifen (128, 161).

4. Regression. Ein andere verbreitete Art, mit kontrollierten Emotionen fertig zu werden, besteht darin, sie indirekt im Verhalten auszudrücken, das offensichtlich wenig oder keine Beziehungen zu den auslösenden Emotionen hat. Die häufigste indirekte Form, vereitelte Emotionen auszudrücken, besteht in der Regression – ein Zurückgreifen auf frühere Verhaltensformen, die die Bedürfnisse eines Kindes befriedigen (128). Das eifersüchtige Kind z. B. kann zu intantilem Verhalten zurückkehren, sein Bett nässen oder behaupten, es brauche beim Ankleiden und Essen Hilfe. Es kann Aufmerksamkeit erheischen, indem es vorgibt, krank zu sein, oder indem es eine Furcht vor Gegenständen entwickelt, die es nie zuvor gefürchtet hat (125, 151).

5. Gefühlsausbrüche. Wenn das Kind die Äußerung einer Emotion zu lange zu unterdrücken sucht oder wenn die Emotion zu stark ist, um länger als für den Augenblick unterdrückt zu werden, kann es zu Gefühlsausbrüchen kommen, wobei das Kind auf einen anscheinend banalen Reiz heftig reagiert. Wenn es wütend ist, hat es z. B. einen Wutausbruch, der an das Alter von drei bis vier Jahren erinnert. Da von ihm erwartet wird, Frustrationstoleranz zu entwickeln, wenn es älter wird, kommt es zu starken Gefühlen der Schuld und der Unzulänglichkeit, wenn das Kind seinen Gefühlen durch einen Ausbruch nachgibt (211).

Wichtige Tatsachen über die emotionale Kontrolle. Aus dem, was über die emotionale Kontrolle gesagt worden ist, kann man verschiedene wichtige Schlüsse ziehen:

1. Es gibt keine ideale Art, kontrollierte Emotionen auszudrücken. Die Form der Äußerung hängt davon ab, was die Bedürfnisse des Kindes am besten befriedigt. Wenn sie nicht ausreicht, um alle Energie, die die Emotionen erzeugt haben, aufzubrauchen, treten ungünstige Wirkungen für das körperliche und psychische Wohlergehen des Kindes ein. Sogar die günstigste indirekte Äußerung der Wut – wie z. B. eine Form der konstruktiven Beschäftigung – ist nicht angemessen, wenn die Energie, die durch Wut erzeugt worden ist, nicht aufgebraucht wird.
Ein Gefühlsausbruch läßt dagegen zwar Energien verschwinden, aber er wird von der Gruppe nicht gebilligt; deshalb bedeutet er dem Kind keine Befriedigung. Untersuchungen an kleinen Kindern haben gezeigt, daß diejenigen, die ihre Angst zunächst am deutlichsten äußerten, sich mit der Zeit besser anpaßten als diejenigen, die ihre Ängste kontrollierten und nach außen hin ruhig waren (120). Solange das Kind es vermeiden kann, sich unbeliebt zu machen und Schuldgefühle zu entwickeln, ist es besser, die Emotionen zu äußern und die emotionale Energie zu beseitigen.

2. Den psychischen Aspekten einer Emotion gebührt ebensoviel Aufmerksamkeit wie den physischen. Es ist nicht genug, Emotionen in sozial akzeptabler Form zu äußern. Auch für die psychischen Aspekte der Emotion ist eine Anleitung erforderlich, damit der emotionale Zustand nicht beibehalten wird und er das Kind prädisponiert, später auf solche Reize emotional zu reagieren, die gewöhnlich keine emotionalen Reak-

tionen hervorrufen. Einen sozial akzeptablen Weg zu finden, wie man auf Wut reagiert, garantiert nicht, daß das Kind nicht sehr wütend ist. Tatsächlich wird ein Kind mit Wahrscheinlichkeit um so wütender und um so mehr davon überzeugt, daß seine Wut gerechtfertigt ist, je mehr es über den Grund für seinen Ärger nachdenkt. Wenn sich das wiederholt, was seine Wut erregt hat, ist das Kind emotional stärker gestört als vorher.

Es sollte deshalb offenkundig sein, daß ein Kind lernen muß, wie die R e i z e zu behandeln sind, die die Emotionen hervorrufen, ebenso wie die R e a k t i o n e n, die normalerweise mit den Emotionen einhergehen. Das Kind muß einen Reiz einschätzen können und entscheiden, ob eine emotionale Reaktion gerechtfertigt ist oder nicht. Wenn es reagiert, ehe es das tut, sollte man ihm nach dem Gefühlsausbruch helfen, die Situation richtig einzuschätzen. Bei Wut zum Beispiel kann ein Kind einen Wutausbruch bekommen oder launisch werden. Wenn es darauf vorbereitet sein soll, seine Emotionen in der Zukunft besser zu kontrollieren, muß es lernen, die Situation, die zu der Wut führte, einzuschätzen, und entscheiden, ob es sein Problem besser auf eine andere Weise lösen könnte und ob es sich schuldig fühlen und schämen sollte, wenn es zuläßt, daß es wütend wird. Wenn es das nicht tut, reicht keine Willenskraft aus, Ausbrüche zu seiner Zufriedenheit zu kontrollieren.

3. Wenn erst einmal ein Verhaltensmuster emotionaler Äußerungen gründlich gelernt worden ist, ist es schwer, es aufzuheben oder zu ändern. Konditionierte Reaktionen löschen sich nicht selbst. Sie erfordern einen experimentellen Prozeß, das Löschen, selbst wenn die Umstände, unter denen das Lernen vor sich ging, vergessen worden sind. Dies hat sich bei Angst als zutreffend herausgestellt, wo dem Kind nur bestimmte Aspekte des Erlebnisses bewußt sind, das es konditioniert hat, mit Furcht auf neue Situationen zu reagieren. Nachdem die Furchtreaktion erst einmal gut gelernt ist, ist es mit großen Schwierigkeiten verbunden, sie zu löschen oder in eine sozial eher gebilligte Form umzuändern (133).

Von den vielen Techniken, die bei dem Versuch angewendet werden, Furcht zu beseitigen, gehören die folgenden zu denen mit den besten Ergebnissen: Dem Kind die Möglichkeit zu geben, von sich aus mit dem gefürchteten Reiz bekannt zu werden; es allmählich mit der Gegebenheit, die es fürchtet, in Verbindung zu bringen; es zu ermuntern, Fertigkeiten zu erwerben, die eine besonders gute Hilfe dabei leisten, mit gefürchteten Situationen fertig zu werden; angenehme Assoziationen zu dem gefürchteten Gegenstand herzustellen; verbale Erklärungen und Beruhigungen in Verbindung mit einer konkreten Demonstration der Harmlosigkeit des gefürchteten Gegenstandes; soziale Nachahmung, wobei das Kind einen Erwachsenen als Vorbild der Furchtlosigkeit erhält; und eine Gelegenheit, sich selbst zu äußern, die zu Selbstprüfung und Neuorientierung führt, und so dem Kinde eine veränderte Auffassung von sich selbst gibt (106, 154).

Eine Zusammenfassung macht deutlich, daß die einzig wirksame Art, die Ausdrucksweisen der Emotionen zu kontrollieren, darin besteht, die psychischen Zustände kennenzulernen, die mit ihnen einhergehen und außerdem die charakteristischen Reaktionen, die zu diesen Emotionen gehören. Dies bedeutet, daß ein Kind, wenn es Frustrationstoleranz entwickeln soll, lernen muß, die Situation richtig einzuschätzen, die einen Antrieb behindert hat, und daß es verstehen muß, warum es das, was es tun wollte, nicht tun konnte. In ähnlicher Weise muß es lernen (wenn es nicht zu einem ängstlichen Menschen werden will), die Gegenstände oder Situationen, die seine Furcht erregen, kritisch zu untersuchen und seine Phantasie nicht mit ihm durchgehen zu lassen (139). Wenn es darüber hinaus lernt, die Impulse, seinen Gefühlen freie Bahn zu lassen, zu kontrollieren, erreicht es emotionale Reife. Kirkpatrick meint: „Das Erreichen einer solchen Kontrolle ist das Kennzeichen von Erwachsenen-Verhalten" (116).

Emotionales Abreagieren

Verbreitete Formen des emotionalen Abreagierens. Den Körper von angestauter Energie zu befreien, bezeichnet man als emotionales Abreagieren. Die Erfordernis, angestaute emotionale Energie abzureagieren, ist schon in der Zeit des Hippokrates im vierten Jahrhundert vor Christus erkannt worden. Die Menschen gebrauchen viele Formen des emotionalen Abreagierens; die häufigsten sind anstrengende körperliche Betätigung, Lachen und Weinen. Diese Verhaltensweisen bauen die angestauten Energien ab und stellen den Gleichgewichtszustand des Körpers wieder her, der gestört war, als die Emotion erregt wurde.

Anstrengende Spielbeschäftigungen wie hämmern, Nägel einschlagen, malen, laufen, springen, klettern, Rollschuhlaufen und schwimmen helfen dem Kind dabei, angestaute Emotionen loszuwerden. Bei sportlichen Wettbewerben kann das Kind seine angestaute Energie ganz auf diese Beschäftigung richten, in der Hoffnung, den Gegner zu besiegen. Puppenspiel-Therapie hat sich als günstig für das Abreagieren beim kleinen Kind erwiesen, da es in diesem Spiel seine Aggressionen gegen ein Familienmitglied, das durch eine Puppe dargestellt wird, äußern kann (94, 182, 212).

Einmal gründlich zu weinen hilft ebenfalls sehr, angesammelte emotionale Energie zu verbrauchen. Das Kind stellt jedoch bald fest, daß es nur, wenn es sich zurückziehen kann, die Befriedigung emotionaler Entspannung bekommen kann, ohne daß es die Mißbilligung der Gruppe erfährt. Ein diesem in etwa entsprechendes Problem entsteht, wenn ein Kind Lachen zum Abbau von Emotionen gebraucht. Nur wenn es mit anderen lachen kann – über einen Witz, eine lustige Szene im Film oder Fernsehen – darf es so laut lachen, daß es sich emotional abreagiert, ohne sich soziale Ablehnung zuzuziehen (52).

Wesentliche Voraussetzungen des emotionalen Abreagierens. Wenn angestaute Emotionen abreagiert werden, bedeutet das nicht unbedingt, daß sich die Einstellung eines Kindes geändert hat oder daß die Quelle seiner emotionalen Störung beseitigt worden ist. Das fundamentale Prinzip der Psychotherapie bietet einen Hinweis darauf, wie das geschehen kann. Indem die unterdrückten Ursachen für die emotionale Störung an die Oberfläche gebracht werden, indem sie analysiert werden und indem sie mit der Wirklichkeit konfrontiert werden, damit man feststellen kann, wie gerechtfertigt sie sind, und indem dann zufriedenstellende Möglichkeiten gefunden werden, die Triebe zu äußern, denen Befriedigung versagt wurde, kann man die Einstellung eines Kindes ändern und einen gesunden Standpunkt entwickeln helfen.

Bei Säuglingen ist dies gewöhnlich nicht erforderlich. Weil das Gedächtnis des Säuglings kurz ist ebenso wie seine Aufmerksamkeitsspanne, ist es leicht von dem abzulenken, was es stört, und es vergißt dies schnell (133). Das Kleinkind jedoch beginnt schon bestimmte Menschen und bestimmte Situationen mit Frustrationen in Verbindung zu bringen und entwickelt ihnen gegenüber eine ungünstige Einstellung. Wenn der Vater z. B. strikte Disziplin verlangt, fängt das Kind an, ihn zu fürchten und ihm zu grollen, und wendet seine Zuneigung der Mutter zu.

Mit der schnellen Entwicklung des Vorstellungsvermögens geht die Tendenz einher, die Ursachen der emotionalen Reaktion zu übertreiben und heftiger zu reagieren, als es der Reiz eigentlich rechtfertigt. Es wird deshalb nötig, eine entsprechende Therapie für ungünstige Einstellungen ebenso wie für angestaute Energie anzuwenden. Das Kind muß seinen Geist von Feindseligkeiten und Ängstlichkeiten reinigen, wie es seinen Körper von der angestauten Energie befreien muß, wenn es mit seinen Emotionen so fertig werden soll, daß seinem physischen und psychischen Wohlergehen möglichst wenig Schaden zugefügt wird (212).

Da kleine Kinder oft Schwierigkeiten haben, ihre Gefühle gegenüber Menschen und Situationen zu erkennen und anderen mitzuteilen, stellt die Puppenspiel-Therapie ein wertvolles Mittel dar, die

Quelle ihrer Frustrationen und den Grund für ihren Ärger zu entdecken. Wenn man den Grund der emotionalen Schwierigkeiten kennt, hat man einen Hinweis, wie man damit fertig wird (182).

Wenn Kinder älter werden, wissen sie nicht nur, was sie wütend, ängstlich, eifersüchtig oder neidisch macht, sondern sie verbalisieren ihre Gefühle auch oft, indem sie Schimpfnamen rufen, lächerlich machen und herabsetzende oder Mitleid heischende Bemerkungen äußern. Auch das gibt einen Hinweis auf die emotionalen Schwierigkeiten des Kindes und zeigt, wie diese Emotionen die Einstellung des Kindes zu sich selbst und anderen beeinflußt haben. Das eifersüchtige Kind z. B., das sich beklagt, die Mutter habe das Nesthäkchen lieber als es, verbalisiert eine Einstellung, die berichtigt werden muß, wenn die Eifersucht nicht wieder in einer neuen Situation aufflackern soll, die ebenfalls als Bevorzugung durch die Eltern ausgelegt wird.

Lediglich die Einstellung zu verbalisieren, die den emotionalen Zustand begleitet, reicht nicht aus, diese Emotionen zu beseitigen. Wenn das Abreagieren Erfolg haben soll, muß ein Verbalisieren das Kind zur Einsicht führen (67, 138). Die Angelegenheit mit anderen durchzusprechen, besonders mit Menschen, deren Urteilskraft reifer ist, ist die beste Form des Abreagierens, was die psychischen Aspekte der kontrollierten Emotionen anbetrifft. Seine Gedanken und Gefühle in Worten auszusprechen, hilft dem Kind, seinen emotionalen Druck loszuwerden; was aber noch wichtiger ist, es ermöglicht ihm, sie objektiver und mit den Augen einer anderen Person zu sehen.

Wenn es mit seinen Eltern, Lehrern und Freunden über das spricht, was ihm Kummer bereitet, wird es deren Meinung zu hören bekommen; das gibt ihm eine bessere Einsicht in seine eigenen Probleme (212). Wenn es seine Schwierigkeiten mit anderen bespricht, stellt das Kind oft fest, daß sie ähnlichen Kummer haben. Dieses Wissen hilft ihm, sein eigenes Problem besser zu erkennen.

Bibliographie

(1) ALBERT, R. S.: The role of mass media and the effect of aggressive film content upon children's aggressive responses and identification choices. *Genet. Psychol. Monogr.*, 1957, **55**, 221–285.

(2) ALDOUS, J., and L. KELL: Child-rearing values of mothers in relation to their children's perceptions of their mothers' control: an exploratory study. *Marriage fam. Liv.*, 1956, **18**, 72–74.

(3) ALEXANDER, I. E., and A. M. ADLERSTEIN: Affective responses to the concept of death in a population of children and early adolescents. *J. genet. Psychol.*, 1958, **93**, 167–177.

(4) ALEXANDER, T.: Certain characteristics of the self as related to affection. *Child Develpm.*, 1951, **22**, 285–290.

(5) ALLINSMITH, W.: Conscience and conflict: the moral force in personality. *Child Develpm.*, 1957, **28**, 469–476.

(6) AMES, L. B.: Development of interpersonal smiling responses in the preschool years. *J. genet. Psychol.*, 1949, **74**, 273–291.

(7) AMES, L. B.: The sense of self of nursery school children as manifested by their verbal behavior. *J. genet. Psychol.*, 1952, **81**, 193–232.

(8) AMMONS, C. H., and R. B. AMMONS: Aggression in doll-play: interviews of two- to six-year-old white males. *J. genet. Psychol.*, 1953, **82**, 205–213.

(9) ANGELINO, H., J. DOLLINS, and E. V. MECH: Trends in the "fears and worries" of school children as related to socioeconomic status and age. *J. genet. Psychol.*, 1956, **89**, 263–276.

(10) ANGELINO, H., and E. V. MECH: "Fears and worries" concerning physical changes: a preliminary survey of 32 females. *J. Psychol.*, 1955, **39**, 195–198.

(11) ANONYMOUS: Ambivalence in first reactions to a sibling. *J. abnorm. soc. Psychol.*, 1949, **44**, 541–548.

(12) AUSUBEL, D. P.: Relationships between shame and guilt in the socialization process. *Psychol. Rev.*, 1955, **62**, 378–399.

(13) BAKWIN, H.: Emotional deprivation in infants. *J. Pediat.*, 1949, **35**, 512–521.

(14) BANHAM, K. M.: Senescence and the emotions: a genetic theory. *J. genet. Psychol.*, 1951, **78**, 175–183.

(15) BANKSTON, H. S.: Gaining emotional maturity through group discussion. *Understanding the Child*, 1954, **23**, 25–26.

(16) BARKER, R. G., T. DEMBO, and K. LEWIN: Frustration and regression: an experiment with young children. *Univer. Iowa Stud. child Welf.*, 1941, **18**, No. 386.

(17) BARNARD, J. W., P. G. ZIMBARDO, and S. B. SARASON: Anxiety and verbal behavior in children. *Child Develpm.*, 1961, **32,** 379–392.

(18) BARSCHAK, E.: Happiness and unhappiness in childhood and adolescence of a group of women students: a comparative study of English and American girls. *Brit. J. Psychol.,* 1952, **43,** 129–140.

(19) BARTLETT, C. J., and J. E. HORROCKS: A study of the needs status of adolescents from broken homes. *J. genet. Psychol.,* 1958, **93,** 153–159.

(20) BATEMAN, M. M., and J. S. JENSEN: The effect of religious background on modes of handling anger. *J. soc. Psychol.,* 1958, **47,** 133–141.

(21) BAYLEY, N.: On the growth of intelligence. *Amer. Psychologist,* 1955, **10,** 805–818.

(22) BEELER, S.: Angry girls: behavior control by girls in latency. *Smith Coll. Stud. soc. Wk.,* 1953, **23,** 205–226.

(23) BELL, E. C.: Nutritional deficiency and emotional disturbances. *J. Psychol.,* 1958, **45,** 47–74.

(24) BENNETT, E. M., and D. E. JOHANNSEN: Psychodynamics of the diabetic child. *Psychol. Monogr.,* 1954, **68,** No. 11.

(25) BERKOWITZ, L.: The expression and reduction of hostility. *Psychol. Bull.,* 1958, **55,** 257–284.

(26) BERLYNE, D. E.: A theory of human curiosity. *Brit. J. Psychol.,* 1954, **45,** 180–191.

(27) BERLYNE, D. E.: An experimental study of human curiosity. *Brit. J. Psychol.,* 1954, **45,** 256–265.

(28) BLOCK, J., and B. MARTIN: Predicting the behavior of children under frustration. *J. abnorm. soc. Psychol.,* 1955, **51,** 281–285.

(29) BOLL, E. S.: The role of preschool playmates—a situational approach. *Child Develpm.,* 1957, **28,** 327–342.

(30) BONNEY, M. E.: Social behavior differences between second grade children of high and low sociometric status. *J. educ. Res.,* 1955, **48,** 481–495.

(31) BOSSARD, J. H. S.: *Parent and child.* Philadelphia: University of Pennsylvania Press, 1953.

(32) BOSSARD, J. H. S., and E. S. BOLL: Child behavior and the empathic complex. *Child Develpm.,* 1957, **28,** 37–42.

(33) BOUSFIELD, W. A., and W. D. ORBISON: Ontogenesis of emotional behavior. *Psychol. Rev.,* 1952, **59,** 1–7.

(34) BOWERMAN, C. E., and J. W. KINCH: Changes in family and peer orientation of children between the fourth and tenth grades. *Soc. Forces,* 1959, **37,** 206–211.

(35) BOWLBY, J.: Some pathological processes set in train by early mother-child separation. *J. ment. Sci.,* 1953, **99,** 265–272.

(36) BOWLBY, J., M. AINSWORTH, M. BOSTON, and D. ROSENBLUTH: The effects of mother-child separation: a follow-up study. *Brit. J. med. Psychol.,* 1956, **29,** 211–247.

(37) BOYD, N. A., and G. MANDLER: Children's responses to human and animal stories and pictures. *J. consult. Psychol.,* 1955, **19,** 367–371.

(38) BRANSON, B. D.: Anxiety, discrimination, and self-ideal discrepancy. *Personnel Guid. J.,* 1960, **38,** 373–377.

(39) BRECKENRIDGE, M. E., and E. L. VINCENT: *Child development,* 4th ed. Philadelphia: Saunders, 1960.

(40) BROIDA, D. C., and G. G. THOMPSON: The relationship between certain Rorschach "insecurity" hypotheses and children's reactions to psychological stress. *J. Pers.,* 1954, **23,** 167–181.

(41) BROWN, D. C.: Masculinity-femininity development in children. *J. consult. Psychol.,* 1957, **21,** 197–202.

(42) BRUCH, H.: Developmental obesity and schizophrenia. *Psychiatry,* 1958, **21,** 65–70.

(43) BÜHLER, C.: School as a phase of human life. *Education,* 1952, **73,** 219–222.

(44) BURCH, N. R., and T. H. GREINER: Drugs and human fatigue: GSR parameters. *J. Psychol.,* 1958, **45,** 3–10.

(45) CASLER, L.: Maternal deprivation: a critical review of the literature. *Monogr. Soc. Res. Child Develpm.,* 1961, **26,** No. 2.

(46) CASTANEDA, A., D. S. PALERMO, and B. R. MC CANDLESS: Complex learning and performance as a function of anxiety in children and task difficulty. *Child Develpm.,* 1956, **27,** 327–332.

(47) CATTELL, R. B., and W. R. COAN: Personality factors in middle childhood as revealed by parents' ratings. *Child Develpm.,* 1957, **28,** 439–458.

(48) CLARKE, T. W.: Allergy and the "problem child." *Nerv. Child,* 1952, **9,** 278–281.

(49) CLIFFORD, E.: Discipline in the home: a controlled observational study of parental practices. *J. genet. Psychol.,* 1959, **95,** 45–82.

(50) COLE, L.: *Psychology of adolescence,* 5th ed. New York: Holt, 1959.

(51) COLE, N. J., O. M. SHAW, J. STENECK, and L. H. TABOROFF: A survey assessment of current parental attitudes and practices in child rearing. *Amer. J. Orthopsychiat.,* 1957, **27,** 815–822.

(52) COSER, R. L.: Some social functions of laughter. *Hum. Rel.,* 1959, **12,** 171–182.

(53) DAVIDSON, H. L., and L. S. GOTTLIEB: The emotional maturity of pre- and post-menarcheal girls. *J. genet. Psychol.,* 1955, **86,** 261–266.

(54) DAVIS, A., and R. J. HAVIGHURST: *Father of the man.* Boston: Houghton Mifflin, 1947.

(55) DAVIS, J. M.: A reinterpretation of the Barker, Dumbo, and Lewin study of frus-

tration and aggression. *Child Develpm.*, 1958, **29,** 503–506.
(56) DAVITZ, J. R.: Contributions of research with children to a theory of maladjustment. *Child Develpm.*, 1958, **29,** 3–7.
(57) DENNIS, W., and P. NAJARIAN: Infant development under environmental handicap. *Psychol. Monogr.*, 1957, **71,** No. 7.
(58) DESPERT, J. L.: Suicides and depression in children. *Nerv. Child,* 1952, **9,** 378–389.
(59) DINGWALL, M.: Maintenance of mental health. III. Going to school the first five years. *Ment. Hlth, Lond.*, 1949, **9,** 31–33.
(60) DORIS, J.: Test-anxiety and blame-assignment in grade school children. *J. abnorm. soc. Psychol.*, 1959, **58,** 181–190.
(61) DRASGOW, J.: Problems of progeny related to parental education. *J. educ. Psychol.*, 1957, **48,** 521–524.
(62) DUNBAR, F.: Homeostasis during puberty. *Amer. J. Psychiat.*, 1958, **114,** 673–682.
(63) DYER, W. G.: A comparison of families of high and low job satisfaction. *Marriage fam. Liv.*, 1956, **18,** 58–60.
(64) EARLE, A. M., and B. V. EARLE: Early maternal deprivation and later psychiatric illness. *Amer. J. Orthopsychiat.*, 1961, **31,** 181–186.
(65) ELKINS, D.: Some factors related to the choice status of ninety eighth-grade children in a school society. *Genet. Psychol. Monogr.*, 1958, **58,** 207–272.
(66) FAW, T.: Learning to deal with stress situations. *J. educ. Psychol.*, 1957, **48,** 135–144.
(67) FESHBACK, S.: The drive-reducing function of fantasy behavior. *J. abnorm. soc. Psychol.*, 1955, **50,** 3–11.
(68) FISHMAN, J. A.: Negative stereotypes concerning Americans and American-born children receiving various types of minority-group education. *Genet. Psychol. Monogr.*, 1955, **51,** 107–182.
(69) FITT, A. B.: An experimental study of children's attitudes toward school in Auckland, N.Z. *Brit. J. educ. Psychol.*, 1956, **26,** 25–30.
(70) FITZSIMONS, R.: Developmental, psychological, and educational factors in children with nonorganic articulation problems. *Child Develpm.*, 1958, **29,** 481–491.
(71) FOLKMAN, J. D.: Stressful and supportive interaction. *Marriage fam. Liv.*, 1956, **18,** 102–106.
(72) FRANK, L. K.: Play in personality development. *Amer. J. Orthopsychiat.*, 1955, **25,** 576–590.
(73) FRANK, L. K., and M. H. FRANK: Teachers' attitudes affect children's relationships. *Education,* 1954, **75,** 6–12.
(74) FRASER, D. C.: Environmental stress and its effect on performance. *Occup. Psychol.*, 1957, **31,** 248–255.
(75) GAIER, E. L.: Selected personality variables and the learning process. *Psychol. Monogr.*, 1952, **66,** No. 17.
(76) GARDNER, D. B., G. R. HAWKES, and L. G. BURCHINAL: Noncontinuous mothering in infancy and development in later childhood. *Child Develpm.*, 1961, **32,** 225–234.
(77) GARDNER, D. B., and M. K. SWIGER: Developmental status of two groups of infants released for adoption. *Child Develpm.*, 1958, **29,** 521–530.
(78) GARRISON, K. C.: *Growth and development,* 2d ed. New York: Longmans, 1959.
(79) GESELL, A.: Maturation and infant behavior pattern. *Psychol. Rev.*, 1929, **36,** 307–319.
(80) GESELL, A., F. L. ILG, and L. B. AMES: *Youth: the years from ten to sixteen.* New York: Harper & Row, 1956.
(81) GERWITZ, J. L.: A factor analysis of some attention-seeking behaviors of young children. *Child Develpm.*, 1956, **27,** 17–36.
(82) GLASER, K., and L. EISENBERG: Maternal deprivation. *Pediatrics,* 1956, **16,** 626–642.
(83) GOLD, M.: Suicide, homicide, and the socialization of aggression. *Amer. J. Sociol.*, 1958, **63,** 651–661.
(84) GOLDFARB, W.: Emotional and intellectual consequences of psychologic deprivation in infancy: a revaluation. In P. H. Hoch and J. Zubin, *Psychopathology of childhood.* New York: Grune & Stratton, 1955. Pp. 105–119.
(85) GOLDSTEIN, A.: Aggression and hostility in elementary school children in low socio-economic areas. *Understanding the Child,* 1955, **24,** 20–21.
(86) GOODE, W. J.: The theoretical importance of love. *Amer. sociol. Rev.*, 1959, **24,** 38–47.
(87) GOUGH, H. G.: On making a good impression. *J. educ. Res.*, 1952, **46,** 33–42.
(88) GREGORY, I.: Studies of parental deprivation in psychiatric patients. *Amer. J. Psychiat.*, 1958, **115,** 432–442.
(89) GRONLUND, N. E.: Generality of sociometric status over criteria in measurement of social acceptability. *Elem. Sch. J.*, 1955, **55,** 173–176.
(90) HAMALAINEN, A. E.: Kindergarten-primary entrance age in relation to later school adjustment. *Elem. Sch. J.*, 1952, **52,** 406–411.
(91) HARLOW, H. F.: The nature of love. *Amer. Psychologist,* 1958, **13,** 673–685.
(92) HARLOW, H. F., and R. R. ZIMMERMAN: Affectional responses in the infant monkey. *Science,* 1959, **130,** 421–432.
(93) HARRIS, D. B., and S. C. TSENG: Children's attitudes toward peers and parents as revealed by sentence completions. *Child Develpm.*, 1957, **28,** 401–411.
(94) HARTLEY, R. E.: Some safety valves in play. *Child Study,* 1957, **34,** 12–14.
(95) HARTRUP, W. W.: Nurturance and nurturance-withdrawal in relation to the depend-

ency behavior of preschool children. *Child Develpm.*, 1958, **29,** 191–201.

(96) HAVIGHURST, R. J.: *Human development and education.* New York: Longmans, 1953.

(97) HAWKES, G. R., L. G. BURCHINAL, and B. GARDNER: Pre-adolescents' views of some of their relationships with their parents. *Child Develpm.*, 1957, **28,** 393–399.

(98) HEATHERS, G.: Acquiring dependence and independence: a theoretical orientation. *J. genet. Psychol.*, 1955, **87,** 277–291.

(99) HEINICKE, C. H.: Some effects of separating two-year-old children from their parents. *Hum. Rel.*, 1956, **9,** 105–176.

(100) HENRY, A. F.: Sibling structure and perception of the disciplinary roles of parents. *Sociometry,* 1957, **20,** 67–74.

(101) HILGARD, E. R.: *Introduction to psychology,* 3d ed. New York: Harcourt, Brace & World, 1962.

(102) HOPPER, H. E., and S. R. PINNEAU: Frequency of regurgitation in infancy as related to the amount of stimulation received from the mother. *Child Develpm.*, 1957, **28,** 229–235.

(103) ILG, F. L., J. LEARNED, A. LOCKWOOD, and L. B. AMES: The three-and-a-half-year-old. *J. genet. Psychol.*, 1949, **75,** 21–31.

(104) INSELBERG, R. M.: The causation and manifestations of emotional behavior in Filipino children. *Child Develpm.*, 1958, **29,** 249–254.

(105) JERSILD, A. T.: *In search of self.* New York: Teachers College, Columbia University, 1952.

(106) JERSILD, A. T.: Emotional development. In L. Carmichael (Ed.), *Manual of child psychology,* 2d ed. New York: Wiley, 1954. Pp. 833–917.

(107) JERSILD, A. T.: *Child psychology,* 5th ed. Englewood Cliffs, N.Y.: Prentice-Hall, 1960.

(108) JERSILD, A. T., and R. J. TASCH: *Children's interests and what they suggest for education.* New York: Teachers College, Columbia University, 1949.

(109) JOHNSON, B. L.: Influence of puberal development on responses to motivated exercise. *Res. Quart. Amer. Ass. Hlth Phys. Educ. Recr.*, 1956, **27,** 182–193.

(110) JOURARD, S. M.: Self-disclosure and other-cathexis. *J. abnorm. soc. Psychol.*, 1954, **59,** 428–431.

(111) KAFFMAN, M.: Evaluation of emotional disturbance in 403 Israeli kibbutz children. *Amer. J. Psychiat.*, 1961, **117,** 732–738.

(112) KAGAN, J.: Socialization of aggression and the perception of parents in fantasy. *Child Develpm.*, 1958, **29,** 311–320.

(113) KEISLAR, E. R.: Experimental development of "likes" and "dislikes" of others among adolescent girls. *Child Develpm.*, 1961, **32,** 59–66.

(114) KEISTER, M. E.: Relation of mid-morning feeding to behavior of nursery school children. *J. Amer. Diet. Ass.*, 1950, **26,** 25–29.

(115) KING, E. B.: Effect of age on entrance into grade 1 upon achievement in elementary school. *Elem. Sch. J.*, 1955, **55,** 331–336.

(116) KIRKPATRICK, M. E.: The mental hygiene of adolescence in the Anglo-American culture. *Ment. Hyg., N.Y.*, 1952, **36,** 394–403.

(117) KLATSKIN, E. H., E. B. JACKSON, and L. C. WILKIN: The influence of degree of flexibility in maternal child care practices on early child behavior. *Amer. J. Orthopsychiat.*, 1956, **26,** 79–93.

(118) KNOWLES, R. C.: Psychogenic illness and delinquency in children. *Marriage fam. Liv.*, 1957, **19,** 172–177.

(119) KOCH, H. L.: The relation of certain formal attitudes of siblings to attitudes held toward each other and toward their parents. *Monogr. Soc. Res. Child Develpm.*, 1960, **25,** No. 4.

(120) KOPPITZ, E. M.: Relationships between some background factors and children's interpersonal attitudes. *J. genet. Psychol.*, 1957, **91,** 119–129.

(121) KRAUS, J. C.: *A longitudinal study of children.* New York: Board of Education, 1956.

(122) L'ABATE, L.: Personality correlates of manifest anxiety in children. *J. consult. Psychol.*, 1960, **24,** 342–348.

(123) LACEY, J., and R. VAN LEHN: Differential emphasis in somatic response to stress. An experimental study. *Psychosom. Med.*, 1952, **14,** 71–81.

(124) LAKIN, M.: Personality factors in mothers of excessively crying (colicky) infants. *Monogr. Soc. Res. Child Develpm.*, 1957, **22,** No. 1.

(125) LANDRETH, C.: *The psychology of early childhood.* New York: Knopf, 1958.

(126) LAPOUSE, R., and M. A. MONK: Fears and worries in a representative sample of children. *Amer. J. Orthopsychiat.*, 1959, **29,** 803–818.

(127) LAWSON, E. D., and R. STAGNER: Group pressure, attitude change and autonomic involvement. *J. soc. Psychol.*, 1957, **45,** 299–312.

(128) LAWSON, R., and M. H. MARX: Frustration: theory and experiment. *Genet. Psychol. Monogr.*, 1958, **57,** 393–464.

(129) LESSER, G. S.: The relationship between overt aggression and fantasy aggression as a function of maternal response to aggression. *J. abnorm. soc. Psychol.*, 1957, **55,** 218–221.

(130) LEVIN, H., and R. R. SEARS: Identification with parents as a determinant of doll play aggression. *Child Develpm.*, 1956, **27,** 135–153.

(131) LEVIN, H., and V. F. TURGEON: The influence of the mother's presence on children's doll play aggression. *J. abnorm. soc. Psychol.*, 1957, **55**, 304–308.

(132) LEVINSON, B. M.: The inner life of the extremely gifted child, as seen from the clinical setting. *J. genet. Psychol.*, 1961, **99**, 83–88.

(133) LEVY, D. M.: The infant's earliest memory of inoculation: a contribution to public health procedures. *J. genet. Psychol.*, 1960, **96**, 3–46.

(134) LEVY, E.: Children's behavior under stress and its relation to training by parents to respond to stress situations. *Child Develpm.*, 1959, **30**, 307–324.

(135) LEWIS, N. A., and J. A. TAYLOR: Anxiety and extreme response preference. *Educ. psychol. Measmt*, 1955, **15**, 11–116.

(136) LIPSITT, L. P.: A self-concept scale for children and its relationship to the children's form of the manifest anxiety scale. *Child Develpm.*, 1958, **29**, 463–472.

(137) LIVSON, N., and P. H. MUSSEN: The relation of ego control to overt aggression and dependency. *J. abnorm. soc. Psychol.*, 1957, **55**, 66–71.

(138) LÖVAAS, O. I.: Effect of exposure to symbolic aggression on aggressive behavior. *Child Develpm.*, 1961, **32**, 37–44.

(139) LUND, F. H.: Biodynamics or Freudian psychodynamics. *Education*, 1957, **78**, 41–54.

(140) MACCOBY, E. E.: Children and working mothers. *Children*, 1958, **5**, 83–89.

(141) MACFARLANE, J., L. ALLEN, and M. P. HONZIK: *A developmental study of behavior problems of normal children between twenty-one months and fourteen years.* Berkeley, Calif.: The University of California Press, 1954.

(142) MAISON-NEUVE, J.: Contribution to the sociometry of mutual choices. *Sociometry*, 1954, **17**, 33–46.

(143) MALONE, A. J., and M. MASSLER: Index of nail-biting in children. *J. abnorm. soc. Psychol.*, 1952, **47**, 193–202.

(144) MANDLER, G., and S. B. SARASON: A study of anxiety and learning. *J. abnorm. soc. Psychol.*, 1952, **47**, 166–173.

(145) MARGOLESE, M. S.: Mental disorders in childhood due to endocrine disorders. *Nerv. Child.*, 1948, **7**, 55–77.

(146) MARTINSON, F. M.: Ego deficiency as a factor in marriage: a male sample. *Marriage fam. Liv.*, 1959, **21**, 48–52.

(147) MAW, W. H., and E. W. MAW: Information recognition by children with high and low curiosity. *Educ. Res. Bull.*, 1961, **40**, 197–201.

(148) MAW, W. H., and E. W. MAW: Nonhomeostasis experiences as stimuli of children with high curiosity. *Calif. J. educ. Res.*, 1961, **12**, 57–61.

(149) MAW, W. H., and E. W. MAW: Selection of unbalanced and unusual designs by children high in curiosity. *Child Develpm.*, 1962, **33**, 917–922.

(150) MC CANDLESS, B. R., A. CASTANEDA, and D. S. PALERMO: Anxiety in children and social status. *Child Develpm.*, 1956, **27**, 385–391.

(151) MC KEACHIE, W. J., D. POLLIE, and J. SPEISMAN: Relieving anxiety in classroom examinations. *J. abnorm. soc. Psychol.*, 1955, **50**, 93–98.

(152) MC NALLY, E.: The worries of the younger pupils in Scottish secondary schools. *Brit. J. educ. Psychol.*, 1951, **21**, 235–237.

(153) MC REYNOLDS, P., M. ACKER, and C. PIETILA: Relation of object curiosity to psychological adjustment in children. *Child Develpm.*, 1961, **32**, 393–400.

(154) MERRY, F. K., and R. V. MERRY: *The first two decades of life*, 2d ed. New York: Harper & Row, 1958.

(155) MILES, C. C.: Gifted Children. In L. Carmichael (Ed.), *Manual of child psychology*, 2d ed. New York: Wiley, 1954. Pp. 984–1063.

(156) MONTAGUE, J. B.: A study of anxiety among English and American boys. *Amer. sociol. Rev.*, 1955, **20**, 685-689.

(157) MOUSTAKAS, C. E.: Emotional adjustment and the play therapy process. *J. genet. Psychol.*, 1955, **86**, 79–99.

(158) MUNN, N. L.: *The evolution and growth of human behavior.* Boston: Houghton Mifflin, 1955.

(159) MUSSEN, P. H., and M. C. JONES: Self-conceptions, motivations, and interpersonal attitudes of late- and early-maturing boys. *Child Develpm.*, 1957, **28**, 243–256.

(160) NAGY, M. H.: Children's conceptions of some bodily functions. *J. genet. Psychol.*, 1953, **83**, 199–216.

(161) NAKAMURA, C. Y.: The relationship between children's expressions of hostility and methods of discipline exercised by dominant and overprotective parents. *Child Develpm.*, 1959, **30**, 109–117.

(162) NYE, F. I.: The rejected parent and delinquency. *Marriage fam. Liv.*, 1956, **18**, 291–300.

(163) O'CONNOR, N.: The evidence for the permanently disturbing effects of mother-child separation. *Acta Psychol.*, 1956, **12**, 174–197.

(164) OTIS, N. B., and B. R. MC CANDLESS: Response to repeated frustration of young children differentiated according to need area. *J. abnorm. soc. Psychol.*, 1955, **50**, 349–353.

(165) PALERMO, D. S.: Racial comparisons and additional normative data on the children's manifest anxiety scale. *Child Develpm.*, 1959, **30**, 53–57.

(166) PALERMO, D. S.: Relation between anxiety and two measures of speed in a reaction time test. *Child Develpm.*, 1961, **32**, 401–408.

(167) PEASE, S., and D. GARDNER: Research on the effects of noncontinuous mothering. *Child Develpm.*, 1958, **29,** 141–148.

(168) PHILLIPS, B. N., E. HINDSMAN, and E. JENNINGS: Influence of intelligence on anxiety and perception of self and others. *Child Develpm.*, 1960, **31,** 41–46.

(169) PICKREL, E. W.: The differential effect of manifest anxiety on test performance. *J. educ. Psychol.*, 1958, **49,** 43–46.

(170) PORTER, B. M.: The relationship between marital adjustment and parental acceptance of children. *J. home Econ.*, 1955, **47,** 157–164.

(171) PRATT, K. C.: A study of the "fears" of rural children. *J. genet. Psychol.*, 1945, **67,** 179–194.

(172) PRATT, K. C.: The neonate. In L. Carmichael (Ed.), *Manual of Child psychology,* 2d ed. New York: Wiley, 1954. Pp. 215–291.

(173) PRESSEY, S. L., and A. W. JONES: 1923–1953 and 20–60 age changes in moral codes, anxieties, and interests as shown by the "X-O Tests." *J. Psychol.*, 1955, **39,** 485–502.

(174) PRUGH, D. G., E. M. STAUB, H. H. SANDS, R. M. KIRSCHBAUM, and E. A. LONIHAN: A study of the emotional reactions of children and families to hospitalization and illness. *Amer. J. Orthopsychiat.*, 1953, **23,** 70–106.

(175) RATHBAN, C., L. DI VIRGILIO, and S. WALDFOGEL: The restitutive process in children following radical separation from family and culture. *Amer. J. Orthopsychiat.*, 1958, **28,** 408–415.

(176) RHEINGOLD, H. L.: The modification of social responsiveness in institutional babies. *Monogr. Soc. Res. Child Develpm.*, 1956, **21,** No. 2.

(177) RHEINGOLD, H. L., and N. BAYLEY: The later effects of an experimental modification of mothering. *Child Develpm.*, 1959, 30, 363–372.

(178) RIBBLE, M. A.: *The personality of the young child.* New York: Columbia University Press, 1955.

(179) SARASON, I. G.: Test anxiety, general anxiety, and intellectual performance. *J. consult. Psychol.*, 1957, **21,** 485–490.

(180) SARASON, S. B., K. DAVIDSON, F. LIGHTHALL, and R. WAITE: Classroom observations of high and low anxious children. *Child Develpm.*, 1958, **29,** 287–295.

(181) SCHONFELD, W. A.: Deficient development of masculinity. *Amer. J. Dis. Children,* 1950, **79,** 17–29.

(182) SEARS, P. S.: Doll play aggression in normal young children: influence of sex, age, sibling status, father's absence. *Psychol. Monogr.*, 1951, **65,** No. 6.

(183) SEARS, R. R.: A theoretical framework for personality and social behavior. *Amer. Psychologist,* 1951, **6,** 476–483.

(184) SEARS, R. R., E. E. MACCOBY, and H. LEVIN: *Patterns of child rearing.* New York: Harper & Row, 1957.

(185) SHAFFER, L. F., and E. J. SHOBEN: *The psychology of adjustment,* 2d ed. Boston: Houghton Mifflin, 1956.

(186) SHAPIRO, D. S.: Perceptions of significant family and environmental relationships in aggressive and withdrawn children. *J. consult. Psychol.*, 1957, **21,** 381–385.

(187) SIEGEL, A. E.: The influence of violence in the mass media upon children's role expectations. *Child Develpm.*, 1958, **29,** 35–56.

(188) SIEGEL, A. E., and L. G. KOHN: Permissiveness, permission, and aggression: the effect of adult presence or absence on aggression in children's play. *Child Develpm.*, 1959, **30,** 131–141.

(189) SIEGEL, S. M.: The relationship of hostility to authoritarianism. *J. abnorm. soc. Psychol.*, 1956, **52,** 368–372.

(190) SKLAREW, B. H.: The relationship of early separation from parents to differences in adjustment in adolescent boys and girls. *Psychiatry,* 1959, **22,** 399–405.

(191) SMITH, W., E. K. POWELL, and S. ROSEN: Manifest anxiety and food aversions. *J. abnorm. soc. Psychol.*, 1955, **50,** 101–104.

(192) SMOCK, C. D.: Perceptual rigidity and closure phenomenon as a function of manifest anxiety in children. *Child Develpm.*, 1958, **29,** 237–247.

(193) SMOCK, C. D., and B. G. HOLT: Children's reactions to novelty: an experimental study of "curiosity motivation." *Child Develpm.*, 1962, **33,** 631–642.

(194) SONTAG, L. W., C. T. BAKER, and V. L. NELSON: Mental growth and personality development: a longitudinal study. *Monogr. Soc. Res. Child Develpm.*, 1958, **23,** No. 2.

(195) SPITZ, R. A.: Reply to Dr. Pinneau. *Psychol. Bull.*, 1955, **52,** 429–452.

(196) STAGNER, R.: *Psychology of personality,* 3d ed. New York: McGraw-Hill, 1960.

(197) STAUDT, V. M.: Character formation is the teacher's business. *Education,* 1957, **77,** 198–202.

(198) STOLZ, L. M., et al.: *Father relationships with war-born children.* Stanford, Calif.: Standford University Press, 1954.

(199) STRAUS, M. A., and J. H. STRAUS: Personal insecurity and Sinhalese social structure: Rorschach evidence for primary school children. *Child Develpm. Abstr.*, 1959, **33,** No. 246.

(200) SUTTON-SMITH, B., and B. G. ROSENBERG: Manifest anxiety and game preferences in children. *Child Develpm.*, 1960, **31,** 307–311.

(201) TASCH, R. J.: The role of the father in the family. *J. exp. Educ.*, 1952, **20,** 319–361.

(202) VOLLMER, H.: Jealousy in children. *Amer. J. Orthopsychiat.*, 1946, **16,** 660–671.

(203) WALLIS, R. S.: The overt fears of Dakota

Indian children. *Child Develpm.*, 1954, **25**, 185–192.
(204) WALSH, A. M.: *Self-concepts of bright boys with learning difficulties.* New York: Teachers College, Columbia University, 1956.
(205) WALTER, L. M., and S. S. MARZOLF: The relation of sex, age, and school achievement to levels of aspiration. *J. educ. Psychol.*, 1951, **42,** 285–292.
(206) WALTERS, J., D. PEARCE, and L. DAHMS: Affectional and aggressive behavior of preschool children. *Child Develpm.*, 1957, **28,** 15–26.
(207) WALTERS, R. H., W. E. MARSHALL, and J. R. SHOOTER: Anxiety, isolation, and susceptibility to social influence. *J. Pers.*, 1960, **28,** 518–529.
(208) WATERHOUSE, I. K., and I. L. CHILD: Frustration and the quality of performance. *J. Pers.*, 1956, **21,** 298–311.
(209) WATSON, J. B., and R. R. RAYNOR: Conditioned emotional reactions. *J. exp. Psychol.*, 1920, **3,** 1–4.
(210) WHITING, J. W. M., and I. L. CHILD: *Child training and personality*. New Haven: Yale University Press, 1953.
(211) WIRT, R. D.: Ideational expression of hostile impulses. *J. consult. Psychol.*, 1956, **20,** 185–189.
(212) WORCHEL, P.: Catharsis and the relief of hostility. *J. abnorm. soc. Psychol.*, 1957, **55,** 238–243.
(213) YARROW, L. J.: Maternal deprivation: toward an empirical and conceptual re-evaluation. *Psychol. Bull.*, 1961, **58,** 459–490.
(214) YOUNG, F. M.: The incidence of nervous habits observed in college students. *J. Pers.*, 1947, **15,** 309–320.
(215) ZAIDA, S. M. H.: Reactions to stress as a function of the level of intelligence. *Genet. Psychol. Monogr.*, 1960, **62,** 41–104.
(216) ZANDER, A.: Group membership and individual security. *Hum. Rel.*, 1958, **11,** 99–111.
(217) ZELIGS, R.: Social factors annoying to children. *J. appl. Psychol.*, 1945, **29,** 75–82.
(218) ZUK, G. H.: The influence of social context on impulse and control tendencies in preadolescents. *Genet. Psychol. Monogr.*, 1956, **54,** 117–166.
(219) ZWEIBELSON, I.: Test anxiety and intelligence test performance. *J. consult. Psychol.*, 1956, **20,** 479–481.

Kapitel 8: Soziale Entwicklung

Unter **sozialer Entwicklung** verstehen wir den Erwerb der Fähigkeit, sich in Übereinstimmung mit sozialen Erwartungen zu verhalten. Soziale Entwicklung wurde definiert als „der Prozeß, durch den ein Individuum, das mit einer enorm großen Vielfalt von Verhaltensmöglichkeiten geboren ist, dazu angehalten wird, lediglich solches Verhalten zu zeigen, das nur einen Ausschnitt aus der Vielfalt der Verhaltensmöglichkeiten darstellt – und zwar den Ausschnitt dessen, was für es gemäß den Standards seiner Gruppe das Übliche und Akzeptierbare ist" (41). Die soziale Entwicklung umfaßt drei Prozesse, die, wenn sie auch deutlich voneinander abhebbar und verschieden sind, doch in einer so engen Beziehung zueinander stehen, daß Versagen in der Entwicklung des einen zu einem niedrigeren Niveau der Sozialisation führt, als man normalerweise erwarten würde.

Die drei Prozesse, die zur Sozialisation gehören sind: (1) das Lernen angemessener Verhaltensweisen, (2) das Übernehmen anerkannter sozialer Rollen und (3) die Entwicklung sozialer Einstellungen. Das **Lernen angemessener Verhaltensweisen** bedeutet, daß ein Kind sich in einer Weise verhält, die von der sozialen Gruppe akzeptiert wird. Da jede soziale Gruppe ihre eigenen Standards dessen hat, was angemessen ist, muß ein Kind diese Verhaltensweisen kennen und sein eigenes Verhalten danach ausrichten. Eine **soziale Rolle** ist ein Gefüge üblicher Verhaltensweisen, das durch die Mitglieder einer sozialen Gruppe festgelegt und von ihnen erwartet wird. Jede soziale Gruppe verfügt über ihr eigene, anerkannte Gefüge von Verhaltensweisen, die für die beiden Geschlechter und für bestimmte Situationen vorgesehen sind. So gibt es z. B. eine festgelegte Rolle für Eltern und für ein Kind, für Lehrer und Schüler, für Geschwister und für Großeltern (131).

Der dritte Prozeß, der zur Sozialisation gehört, die Entwicklung **sozialer Einstellungen**, ist der „des Durchtränkt-Werdens mit einem Gefühl für Gleichheit, für Kommunikation und

Kooperation" (74). Ein in die soziale Welt eingefügter Mensch ist gern mit anderen Menschen zusammen; er ist ein „freundlicher" Mensch, dessen Einstellung zu anderen Leuten sich in der Art seines Verhaltens widerspiegelt. Kurz gesagt bedeutet die Sozialisation für das Kind: sich so zu verhalten, daß es in die Gruppe paßt, zu der es gerechnet werden will, und daß es von der Gruppe als Mitglied aufgenommen wird.

Sozialisation verglichen mit Konformität. Auf den ersten Blick mag es so aussehen, daß Sozialisation und Konformität gleichbedeutend sind – daß eine Person sich also sklavisch in ihrem Verhalten und in ihren Einstellungen an das Übliche halten muß, wenn sie als Mitglied einer sozialen Gruppe gelten will. In gewissen Grenzen trifft dies für das Kindesalter zu. Wenn das Kind lernt, ein soziales Wesen zu werden, muß es ein festes Vorbild haben, nach dem es sich richten kann, und es muß sich mit möglichst geringer Abweichung nach ihm richten. Wenn es erst einmal gelernt hat, was die soziale Gruppe von ihm erwartet, mag es sein Verhalten ändern, um seine eigenen Wünsche und Bedürfnisse zu befriedigen, vorausgesetzt, es verändert sein Verhalten nicht so sehr, daß es gegen soziale Erwartungen verstößt.
Auf keiner Altersstufe wird ein „absoluter Individualist" von der Gesellschaft akzeptiert. Wenn jemand die Standards einer Gruppe nicht erfüllt, dann will die Gruppe ihn nicht als Mitglied. Eine leichte Abweichung vom Gruppenverhalten wird jedoch, vorausgesetzt, daß die Gruppe die Abweichung als eine Verbesserung auffaßt, nicht nur akzeptiert, sondern nachgeahmt. Die Mitglieder der Gruppe werden dieses abweichende Verhaltensmuster als ihr eigenes übernehmen.

Soziales Verhalten verglichen mit nichtsozialem Verhalten. Ein sozialer Mensch ist jemand, der den drei Kriterien der sozialen Entwicklung entspricht: Seine Verhaltensweisen sind akzeptiert, er spielt die Rolle, die die Gesellschaft für ihn vorsieht, und seine Einstellungen gegenüber anderen und gegenüber sozialen Veranstaltungen sind positiv. Nur wenige Menschen, seien es Kinder oder Erwachsene, entsprechen allen drei Kriterien. Die meisten versuchen jedoch, den Eindruck hervorzurufen, daß sie den Kriterien entsprechen, denn sie möchten die Zustimmung der sozialen Gruppe erhalten. Sie tun dies, indem sie lernen, Gedanken und Gefühle zu „maskieren", die man für nicht tragbar halten könnte. Sie lernen, nicht gelangweilt umherzusehen, selbst wenn sie sich gelangweilt fühlen, nicht über Tabuiertes zu sprechen in Gegenwart derer, die das nicht wollen, und keine Schadenfreude zu zeigen, wenn jemand, den sie nicht mögen, verletzt ist.
Ein nichtsozialer Mensch erfüllt eines oder mehrere dieser Kriterien nicht. Vielleicht verhält er sich so, wie es die soziale Gruppe erwartet, hat jedoch negative Einstellungen gegenüber anderen und sozialen Veranstaltungen; er kann andere Leute gerne mögen und sich mit Freude an sozialen Unternehmungen beteiligen, aber sein Verhalten erfüllt nicht die Standards, die für das Akzeptiertwerden bestehen. Ein Kind kann nichtsozial sein, weil es nicht weiß, was die Gruppe von ihm erwartet, weil es absichtlich die sozialen Erwartungen mißachtet, oder aus beiden Gründen (63).
Ein nichtsozialer Mensch kann entweder unsozial oder antisozial sein. Das unsoziale Kind hat noch nicht gelernt, was die Gesellschaft von ihm erwartet, das antisoziale hat es gelernt, aber es tut absichtlich das Gegenteil; es ist ungehorsam, streitsüchtig und zerstörungswütig, es tyrannisiert andere und freut sich daran, unfair zu sein.
Im Gegensatz zum sozialen Menschen können wir den geselligen als jemanden ansehen, der sich nach der Gegenwart anderer sehnt und der sich einsam fühlt, wenn er alleine ist, aber schon zufrieden, wenn er einfach mit anderen zusammen sein kann, ganz gleich, welche Art Kontakt er zu ihnen hat. Geselliges Verhalten ist für die meisten Tiere auf niedriger Entwicklungsstufe typisch; soziales Verhalten

ist charakteristisch für höhere Tiere und den Menschen. Geselliges Verhalten findet man in den früheren Monaten der Kindheit, bevor das kleine Kind eine Möglichkeit hatte, zu lernen, mit anderen in soziale Interaktion zu treten. Gelegentlich findet man es auch bei älteren Kindern, sogar bei Jugendlichen und Erwachsenen, die sich aufgrund irgendeines traumatischen Erlebnisses vor engem sozialen Kontakt zu fürchten gelernt haben, deren Kontaktbedürfnis jedoch zu stark ist, als daß sie ganz ohne den Umgang mit anderen Menschen auskommen könnten.

Im Kindesalter besteht ein starker Drang, mit anderen zusammen zu sein. Wird dieses Bedürfnis nicht gestillt, ist das Kind unglücklich. Manche Kinder sind schon zufrieden, wenn ihnen bloß geselliges Verhalten möglich ist, die meisten sind aber nur dann befriedigt, wenn sie akzeptierte Mitglieder einer sozialen Gruppe sind. Alles, was sich ihrer Einfügung in die Gemeinschaft entgegenstellt und als Hindernis gegen ihr Akzeptiertwerden durch die Gruppe erscheint, wird diese Kinder unglücklich machen.

Wie man lernt, ein sozialer Mensch zu werden

Kein Kind wird als soziales oder antisoziales Wesen geboren. Es ist zunächst nicht einmal ein geselliges Wesen, wenn sich auch das Verlangen, mit anderen Menschen zusammen zu sein, schon relativ früh im ersten Lebensjahr entwickelt. Die Einstellungen des Kindes gegenüber anderen und gegenüber dem Sozialen überhaupt und die Art, wie es mit anderen Menschen zurecht kommt, hängen zum größten Teil von den Erfahrungen ab, die es in den ersten, formenden Jahren seines Lebens macht. Diese Erfahrungen wiederum hängen von den Möglichkeiten ab, die das Kind hat, in die Gesellschaft hineinzuwachsen, von seiner Motivation, diese Gelegenheiten zu ergreifen, und von der Anleitung und Hilfe, die Eltern, Lehrer und ältere Geschwister ihm geben, die besten Wege des sozialen Kontaktes zu finden.

Wenn alle diese Faktoren, die eine so wichtige Rolle bei seinem Lernen spielen, günstig sind, dann ist es sehr wahrscheinlich, daß ein Kind sich zu einem sozialen Menschen entwickelt. Sollten diese Faktoren alle oder teilweise ungünstig sein, ist es wahrscheinlich, daß das Kind weniger sozial als seine Alterskameraden fühlt und handelt, daß es unsozial wird, sich also von der Gruppe zurückzieht, soviel Zeit wie möglich alleine verbringt und so die Rolle eines Einzelgängers spielt. Es kann auch sein, daß es antisozial wird, negative Einstellungen gegenüber anderen entwickelt und bestehende Sitten und Gewohnheiten der sozialen Gruppe verletzt – und schließlich zum Eigenbrötler wird.

<u>Die Voraussetzungen der Sozialisation.</u>
Wenn das Kind lernen soll, sozial mit anderen zu leben, dann muß es zunächst einmal genügend G e l e g e n h e i t dazu haben. Dies ist in den Jahren besonders wichtig, in denen die Sozialisation eine Hauptaufgabe in der Entwicklung des Kindes ist. Harris betont: „Die Sozialisation findet nicht im leeren Raum statt" (94). Noch bevor es in die Schule kommt, sind soziale Kontakte mit Personen außerhalb seiner Familie und unmittelbaren Nachbarschaft für das Kind von Vorteil. Ein Kindergarten, in dem es angeleitet wird, wie man soziale Kontakte richtig und mit Erfolg aufnimmt, bietet dem Kind ausgezeichnete Möglichkeiten, soziales Verhalten zu lernen (113).

In jedem Jahr werden dem Kind normalerweise mehr Kontaktmöglichkeiten geboten, nicht nur mit Kindern seiner Altersgruppe und mit vergleichbaren Fähigkeiten, sondern auch mit Erwachsenen verschiedenen Alters und unterschiedlicher Herkunft. So nimmt die Teilnahme am sozialen Leben und die Interaktion mit anderen allmählich zu. Wenn die Möglichkeiten einer Teilnahme am sozialen Leben begrenzt sind, sei es aufgrund geographischer Isolierung, aufgrund von Familiengewohnheiten oder wegen negativer sozialer Einstellung des Kindes, dann können diese Begrenzungen „nicht nur zu unmittelbarer Unzufriedenheit führen, vielmehr auch später zu Schwierigkeiten in den Beziehungen zu anderen" (161).

Man hat festgestellt, daß Kinder, die in Heimen oder Institutionen aufgewachsen sind, die die Teilnahme am sozialen Leben einschränken, sozial weniger reif sind als ihre Alterskameraden, für die keinerlei Einschränkungen in dieser Hinsicht bestanden. Diese mangelnde Reife zeigt sich in herabgesetztem Kontakt mit anderen, weniger Interesse am sozialen Leben und einem weniger ausgeprägten Bedürfnis, an sozialen Veranstaltungen teilzunehmen. Kinder, denen man die Möglichkeit zur Teilnahme am sozialen Leben durch gegen sie gerichtete Vorurteile genommen hat, lernen nicht nur nicht, so sozial zu sein wie ihre Alterskameraden, sondern entwickeln auch oft antisoziale Einstellungen, die die Art ihres Sozialverhaltens bestimmen. Die Tatsache, daß sie vom sozialen Kontakt abgeschnitten sind, zwingt sie dazu, sich in ihrer Freizeit so zu beschäftigen, daß wenig zur Sozialisation beigetragen wird, z.B. fernzusehen, ins Kino zu gehen, Radio zu hören oder Bildgeschichten zu lesen (216).

Wenn auch die Teilnahme am sozialen Leben notwendig für die soziale Entwicklung ist, kann sich doch eine zu starke Teilnahme als genauso schädlich erweisen wie eine zu geringe. Ein Kind, das unzufrieden ist, wenn es nicht mit anderen zusammen sein kann, vermag in seinem Innern keine Kräfte zu entwickeln, die es auch dann glücklich sein lassen, wenn die Umstände es dazu zwingen, allein zu sein. Wenn ein Kind nur deshalb mit anderen zusammen sein will, weil es jemanden um sich haben möchte, ohne dabei Interessengleichheit oder andere Faktoren zu berücksichtigen, so trägt das wenig zur Entwicklung gesunder sozialer Einstellungen bei. Ein Kind, das nach Gesellschaft jeder Art strebt, wird in seinen Interessen und Werthaltungen unstetig; es verändert sie je nach dem Kind oder dem Erwachsenen, mit dem es gerade zusammen ist, weil es hofft, auf diese Weise dessen Wohlgefallen zu gewinnen. So wird dann das Kind suggestibel und leicht beeinflußbar durch jeden, mit dem es gerade Kontakt hat (207, 218).

Eine zweite wichtige Voraussetzung dafür, daß ein Kind ein soziales Wesen wird, ist die Motivation. Ob das Kind über die nötige Motivation, sich in die Gesellschaft einzupassen, verfügt, hängt zu einem großen Teil davon ab, in wie starkem Maße es Befriedigung in sozialen Kontakten finden kann. Die Art der sozialen Kontakte, die ein Kind hat, ist wichtiger als deren Anzahl. Wenn es Freude hat an seinen Kontakten mit anderen, wird es sie wiederholen wollen, im anderen Fall wird es versuchen, den Menschen auszuweichen. Wahrscheinlich wird es auf diese Weise unerfreuliche Erfahrungen, die es gemacht hat, übertreiben und sich selbst überzeugen, daß es lieber alleine ist (48). Wenn auch der Drang nach sozialen Kontakten beim Kind „art-spezifisch und biologisch verwurzelt" zu sein scheint, so hängt es doch vom Grad der Zufriedenheit ab, die das Kind beim Zusammensein mit anderen erfährt, ob dieser Drang zu sozialem Verhalten führt.

Untersuchungen der Wirkung sozialer Isolierung bei kleinen Kindern haben ergeben, daß diese Isolierung, wenn sie nur kurz ist, die Motivation des Kindes erhöht, die Aufmerksamkeit und Zuneigung anderer zu gewinnen. Wenn diese Isolierung jedoch stark ist und lange andauert, kann die Angst so ausgeprägt werden, daß das Kind sich buchstäblich fürchtet, sozialen Kontakt aufzunehmen. Es wird dann versuchen, seinen sozialen Trieb dadurch zu befriedigen, daß es zum Zuschauer wird, und wird so passiver statt aktiver Teilnehmer am sozialen Leben. Dies allerdings verschafft ihm keine so große Befriedigung, wie sie die aktive Teilnahme ihm geben würde (79, 96, 219).

Die dritte wesentliche Voraussetzung für das Erlernen sozialen Verhaltens ist die, daß die benutzte Methode geeignet ist, die erwünschten Ziele zu erreichen. Einige Formen des sozialen Verhaltens werden indirekt, also nur mit wenig direkter Anleitung gelernt, andere werden ausdrücklich gelehrt. Einige Verhaltensweisen, die zur guten Anpassung erforderlich sind, wird das Kind durch Probieren lernen. Es wird z. B. feststellen, daß Streitereien mit seinen Spielkameraden ihm weniger Freunde einbringen als kooperatives Verhalten.

Vielleicht lernt es auch durch Nachahmung, mit anderen umzugehen – es beobachtet, was andere tun, und probiert es dann selbst aus, indem es so tut, als sei es der oder die anderen. Wir nennen dies Einüben einer Rolle; dieses Lernen rührt aus der Identifikation mit der Person her, die das Kind imitiert (65, 184). Wenn es nun nicht gerade das Glück hat, ein gutes Vorbild zur Identifikation zu finden, kann es geschehen, daß es Verhalten nachahmt, das zu einer unzulänglichen sozialen Anpassung führt. Die meisten Kinder sind nicht sehr wählerisch darin, was sie imitieren. Sie ahmen bei der Person, mit der sie zusammen sind, alles nach, ob es gut oder schlecht ist, und gleichgültig, ob sie dadurch eher von der Gruppe akzeptiert werden oder nicht (175).

Untersuchungen von Sprachfehlern haben z. B. ergeben, daß kleine Kinder schnell das Stottern oder Lispeln eines Kindes nachahmen, mit dem sie befreundet sind (141). Ähnlich ist in anderen Studien festgestellt worden, wie schnell kleine Kinder die Ängste, Befürchtungen und Zornausbrüche anderer Kinder übernehmen und wie sehr ihre Reaktionen auf diese Gefühle denen der Menschen ähneln, mit denen sie ständig zusammen sind (140). Nachahmung führt dazu, daß Kinder lernen, die angemessenen sozialen Rollen zu spielen. Wenn ein Junge dauernd mit seiner Mutter zusammen ist und wenn seine Geschwister Mädchen sind, wird er sie wahrscheinlich nachahmen und sich wie ein Mädchen benehmen – statt zu lernen, sich nicht wie ein Mädchen zu verhalten, was bei allen Jungen wichtig für eine gute soziale Anpassung ist (65).

Auf die Dauer wird ein Kind schneller und mit besserem Endergebnis soziales Verhalten erlernen, wenn es von jemandem angeleitet wird, der erfahrener ist als es selbst. Es wird also – kurz gesagt – dann am besten lernen, wenn es unterrichtet wird (135).

Da die soziale Gruppe den Charakter des Kindes so stark beeinflußt, ist es klar, daß man die Personen, mit denen das Kind zusammenkommt, unter dem Gesichtspunkt auswählt, welchen Einfluß sie auf das Kind ausüben können. Und diese Auswahl muß der Erwachsene treffen. Ein Kind kennt nicht den Schaden, der sich aus einer zu engen Beziehung zu anderen Kindern ergibt, die starke Vorurteile haben oder moralische Werte, die weit von denen seiner Eltern abweichen. Solange es daran Spaß findet, mit diesen Kindern zu spielen, wird es sich nicht um die weitreichenden Einflüsse kümmern, die sie auf seine Einstellungen haben.

Die Zeit, die für die Sozialisation benötigt wird. Soziales Verhalten lernt man nicht über Nacht. Und das Kind lernt in Zyklen, in denen auf rapide Fortschritte Zeiten des Stillstandes oder gar des Rückschrittes folgen. Die Perioden, in denen nur wenig Fortschritt zu sehen ist, mögen für das Kind und für seine Eltern oder Lehrer entmutigend sein. Ob es schließlich doch den verlorenen Boden wiedergewinnt oder den Stillstand überwindet, hängt in erster Linie von der Stärke seiner Motivation ab.

Wenn auch die soziale Entwicklung im Kindesalter normalerweise sehr schnell fortschreitet, sind doch die meisten Kinder mit den von ihnen erreichten Ergebnissen am Ende dieses Lebensabschnittes sehr unzufrieden. Untersuchungen über die Frage, warum heranwachsende Jungen und Mädchen sich unglücklich fühlen, haben die Bedeutung sozialer Probleme herausgestellt. Die Heranwachsenden glauben z. B., daß sie noch lange nicht gelernt haben, wie man mit anderen Menschen gut auskommt, daß sie nicht wissen, wie sie mit ihren Freunden umgehen sollen, um Streitereien und den Abbruch der Freundschaft zu vermeiden, daß sie nicht wissen, wie sie sich in sozialen Situationen unbefangen benehmen sollen, und daß sie nicht wissen, wie sie die Eigenschaften erwerben sollen, die sie möglicherweise zu Anführern machen.

Die Bedeutung der frühen sozialen Erfahrungen

Es gibt kaum wissenschaftliche Stützen für die häufig geäußerte Annahme, jemand sei von Geburt an „introvertiert" oder „extravertiert". Es scheint vielmehr so zu sein, daß ein Mensch durch die Art seiner sozialen Erfahrungen in den ersten Lebensjahren zum Introvertierten oder Extravertierten w u r d e. Da soziale Beziehungen in den ersten Lebensjahren fast ausschließlich zu Familienmitgliedern bestehen, sind die Einstellungen und das Verhalten eines Individuums in sozialen Situationen hauptsächlich durch sein Elternhaus bestimmt. Wenn es auch zutrifft, daß negative Einstellungen und Verhaltensweisen modifiziert und verändert werden können, wenn das Kind älter wird und entdeckt, wie hinderlich sie sind, ist es doch fraglich, ob sie jemals so positiv werden können, wie das bei günstigeren frühen sozialen Erfahrungen der Fall gewesen wäre.

Der Einfluß der Familie. Weder ein bestimmtes Familienmitglied noch ein einzelner bestimmter Aspekt des Familienlebens ist für die Sozialisation des Kindes verantwortlich. Wenn die gesamte Atmosphäre im Elternhaus günstig ist, wird das Kind wahrscheinlich positive soziale Einstellungen entwickeln; ist die Atmosphäre aber gekennzeichnet durch ständige Reibereien und Spannungen, dann ist die Wahrscheinlichkeit genau so groß, daß negative soziale Einstellungen entstehen. Außerdem wird die Größe der Familie, in der das Kind aufwächst, dessen frühe soziale Erlebnisse beeinflussen (28).

Untersuchungen der sozialen Anpassung haben aufgezeigt, daß spezifische frühe Erfahrungen des Kindes im Elternhaus sehr wichtig sind. Kinder aus Familien mit einem solchen sozioökonomischen Status, der eine gesunde physische und psychische Entwicklung gewährleistet, zeigen eine bessere soziale Anpassung als Kinder aus ärmeren Familien (132). Die A r t d e r B e z i e h u n g zwischen den Eltern des Kindes, dem Kind selbst und seinen Geschwistern, dem Kind und seinen Eltern, und die Stellung des Kindes in der Familie – ob es das älteste, das mittlere, das jüngste oder das einzige Kind ist – das alles sind Faktoren, die zu seiner sozialen Anpassung beitragen (28). Einzige Kinder oder Kinder mit Geschwistern, deren Alter von dem ihren sehr verschieden ist oder die nicht das gleiche Geschlecht haben wie sie selbst, halten sich meist mehr zurück, wenn sie mit Kindern außerhalb des Elternhauses zusammenkommen, als Kinder, deren Geschwister etwa gleiches Alter und das gleiche Geschlecht haben. Wenn Kinder Geschwister des gleichen Geschlechts haben, finden sie es schwieriger, sich mit Kindern des anderen Geschlechts außerhalb des Elternhauses zusammenzutun, sie schließen jedoch leicht Freundschaften mit Kindern des gleichen Geschlechts (24, 121).

Soziales Verhalten und Einstellungen eines Kindes spiegeln die B e h a n d l u n g wider, die es im Elternhaus erfährt. So kann z. B. ein Kind, das zurückgewiesen wird, die sich daraus ergebende Einstellung des Märtyrertums in seine Umwelt außerhalb des Elternhauses hineintragen und sogar bis in sein Erwachsenenalter beibehalten. Alles, was andere sagen oder tun, faßt es als Zeichen für ihre Zurückweisung ihm gegenüber auf. Ein anderes Beispiel kann man in der Wirkung sehen, die Erwartungen der Eltern auf die Sozialisation des Kindes ausüben. Von Jahr zu Jahr wird dem Kind klarer, daß man von ihm erwartet, seine Aggressivität und sein antisoziales Verhalten zu überwinden, wenn es sich die Zuneigung seiner Eltern gewinnen will (85, 184). Kinder aus Familien des Mittelstandes stehen unter größerem Konformitätsdruck als Kinder aus den unteren Schichten oder sogar als Kinder aus den oberen Klassen.

Von allen Faktoren des Elternhauses, die soziales Verhalten und Einstellun-

gen des Kindes in den ersten Lebensjahren beeinflussen, ist der vielleicht wichtigste der *Erziehungsstil* seiner Eltern. Kinder, die im liberalen Stil erzogen werden, sind unternehmungslustig und lieben soziale Beziehungen. In einem solchen nicht restringierenden Elternhaus sind die Beziehungen zwischen Eltern und Kind unbeeinträchtigt und intensiv, da die Eltern ihre warme Zuneigung spontan ausdrücken. Man ermutigt das Kind zu Verhaltensweisen, die intellektuelle Neugier, Originalität und Konstruktivität erfordern.
Anders sieht das Bild aus bei Kindern, die verwöhnt werden. Sie scheuen sich vor jeder körperlichen Anstrengung und verfügen kaum über Fertigkeiten, die körperliches Geschick verlangen. Ihre Aktivität läßt nach und sie ziehen sich aus ihren sozialen Verbindungen zurück. Kinder, die autoritär erzogen werden, sind ruhig, widersprechen nicht, sind brav und nicht aggressiv. Neugier, Originalität und Phantasiereichtum ersticken unter dem Druck der Eltern. Kinder aus Elternhäusern mit liberalem und demokratischem Erziehungsstil zeigen in der Regel die beste soziale Anpassung (136).
Zusammenfassend kann man sagen, daß man das Elternhaus betrachten darf als die entscheidende Grundlage für die Entwicklung sozialer Fertigkeiten und des Wunsches, am sozialen Leben teilzunehmen. Nur wenn die sozialen Beziehungen der Kinder zu den Mitgliedern ihrer Familie gut sind, können die Kinder auch Freude an sozialen Beziehungen zu anderen außerhalb des Elternhauses haben, positive Einstellung gegenüber anderen entwickeln und lernen, sich in der Gruppe ihrer Alterskameraden richtig zu verhalten (140).

Einflüsse von außen. Frühe soziale Erfahrungen außerhalb des Elternhauses sind gleichfalls wichtige Determinanten der sozialen Einstellungen und Verhaltensweisen des Kindes (48). Wenn sein Verhältnis zu Alterskameraden und Erwachsenen außerhalb der Familie günstig ist, strebt es immer wieder nach sozialen Kontakten, anderenfalls entwickelt es ungünstige Einstellungen gegenüber Außenstehenden und wird sich wieder ausschließlich dem Leben in der Familiengemeinschaft zuwenden. Wenn aber die Beziehungen zu den Familienmitgliedern nicht angenehmer waren als die Erfahrungen mit den Menschen außerhalb der Familie, wird es sich selbst abkapseln, wann immer es kann, und zu einem Einzelgänger werden (62).
Freut sich ein Kind am Kontakt mit Außenstehenden, wird es sich so verhalten wollen, daß es deren Zustimmung und ihre Achtung gewinnt. Schon im Vorschulalter ahmen Kinder das soziale Verhalten ihrer Alterskameraden nach, um sozial akzeptiert zu werden. Bei älteren Kindern ist der Einfluß der Alterskameraden stärker, weil das Streben nach sozialer Anerkennung größer ist (5).
Wenn die Spielgefährten eines Kindes älter als es selbst sind, versucht es, sich so zu verhalten wie sie, und entwickelt deshalb reifere Verhaltensweisen. Wenn die älteren Kinder zu dominieren versuchen, empfindet es vielleicht den Kontakt mit ihnen nicht mehr als angenehm; es wird sich dann jüngere Kinder als Spielkameraden aussuchen und versuchen, die genauso zu tyrannisieren wie die älteren Kinder es mit ihm probiert haben. Wenn seine Spielkameraden oder Geschwister alle das gleiche Geschlecht haben wie es selbst, kommt es oft zu Anpassungsschwierigkeiten bei Spielkameraden des anderen Geschlechts.
Wenn man auch die frühen Kontakte außerhalb des Elternhauses oft als Streitereien charakterisiert hat, so steht doch fest, daß Kinder im Vorschulalter mehr Zeichen der Zuneigung als der Aggression gegenüber ihren Spielgefährten zeigen (24, 121, 217).
Die grundlegenden sozialen Einstellungen des Kindes – Einstellung gegenüber anderen im allgemeinen, gegenüber bestimmten Menschen oder sozialen Gruppen und gegenüber dem sozialen Leben als Quelle möglicher Erfahrungen – werden stark durch die Gruppe der Gleichaltrigen beeinflußt. Diese Einstellungen werden zu einem gewissen

Grad im Elternhaus gelernt, können aber als Folge von Erlebnissen in der Gruppe der Gleichaltrigen verändert werden. Mit jedem Jahr nimmt der Wunsch eines Kindes nach Status in dieser Gruppe zu, und seine Einstellungen werden mehr und mehr vom Druck dieser Gruppe beeinflußt.

Konsistenz von Verhalten und Einstellungen. Einmal erworbene soziale Verhaltensweisen und soziale Einstellungen bleiben in der Regel bestehen. Die auftretenden Veränderungen sind meistens geringfügig, wobei Einstellungen sich weniger wandeln als Verhaltensweisen (74). Um festzustellen, wie festgefügt die sozialen Verhaltensweisen sind, die in der frühen Kindheit erworben wurden, hat man versucht, herauszufinden, ob sich die Angepaßtheit eines Kindes mit zunehmendem Alter verbessert.
Die wiederholte Untersuchung von 21 Kindern eines Kindergartens ergab, daß 10 Jahre nach der Erstuntersuchung zehn Kinder hinsichtlich ihrer sozialen Anpassung Fortschritte gemacht hatten, zehn waren in dieser Hinsicht gleich geblieben und eins hatte sich ein wenig verschlechtert (178).
Untersuchungen an Jugendlichen und Erwachsenen haben deutlich gemacht, wie konsistent die in der frühen Kindheit erworbenen Verhaltensweisen der Teilnahme am sozialen Leben sind. Kinder mit ungünstigen, frühen sozialen Erfahrungen nehmen weniger an Gruppenaktivitäten teil als Kinder mit günstigen Erlebnissen auf dem Gebiet des sozialen Lebens. Da eine enge Beziehung zwischen dem Wunsch eines Kindes besteht, an sozialen Aktivitäten teilzunehmen, und dem Grad, in dem es von anderen Kindern gern gesehen und akzeptiert wird, erfahren die Kinder, die von Anfang an eine gute soziale Angepaßtheit zeigen, die stärkste Befriedigung in der Teilnahme am sozialen Leben. Beliebte Kinder nehmen während ihrer Zeit in der höheren Schule an Unternehmen der Schule teil, die zum Unterricht gehören oder freiwillig sind, und betätigen sich als Erwachsene in ihrer politischen Gemeinde stärker als unbeliebte Kinder (64).
Bis zum Ende der Kindheit hat das Kind viele soziale Einstellungen von seinen Eltern, Lehrern und Alterskameraden übernommen; es hat eigene Erfahrungen gesammelt, hat Radio gehört, ferngesehen, Bücher gelesen und andere Medien der Massenkommunikation auf sich wirken lassen. Wenn es nicht entdeckt, daß negative soziale Einstellungen unbeliebt machen, ist es kaum wahrscheinlich, daß es bewußt versucht, positive Einstellungen zu entwickeln oder bereits bestehende negative zu ändern. Ein Kind, das z. B. in früheren Jahren eine Zuneigung zu einem anderen Kind entwickelt hat, wird auch zu diesem Kind halten, wenn Eltern und Lehrer versuchen, ihm klarzumachen, dieses Kind habe keinen guten Einfluß (99). Vorurteile – etwa die Verachtung anderer wegen ihrer Rasse, Religion oder ihres sozioökonomischen Status – bleiben bestehen, wenn sie erst einmal fest erworben sind.

Der Einfluß der sozialen Gruppe

In jedem Lebensalter ist der Mensch, wenn auch in verschiedenem Maße, dem Einfluß der sozialen Gruppe ausgesetzt, zu der er ständig in Beziehung steht. Dieser Einfluß ist im Kindesalter, der Zeit der größten Plastizität, am stärksten. Man kann voraussagen, in welcher Art und Weise diese Einflußnahme verläuft.

Quellen der Einflußnahme. Im Vorschulalter ist für das Kind die Familie die bedeutendste Kraft, die die Sozialisation beeinflußt. Wenn das Kind auch in diesem Alter schon mit Kindern außerhalb des Elternhauses spielt, ist es doch noch zu jung, um den Einfluß der Gruppe zu spüren, und somit haben seine Spielkameraden wenig Einfluß auf sein Verhalten und seine Einstellungen. Außerdem wechseln die Mitglieder der Gruppe, mit der es beim Spiel zusammen ist, häufig, und ihr Einfluß auf es ist deshalb geringer als es bei häufigerem Zusammensein der Fall wäre.
Vom siebten Lebensjahr an hängen Kinder stärker von der Gruppe ab; sie sind empfänglicher gegenüber K r ä f t e n, die von der Gruppe aus-

gehen, als sie es in früheren Jahren oder später, wenn sie heranwachsen, sind (107). Sobald das Kind die Schule besucht, beginnen Lehrer seine Sozialisation zu beeinflussen, wenn auch die Einwirkung der Alterskameraden gewöhnlich stärker ist. Der Einfluß der Alterskameraden ist auch stärker als der der Familie (29, 142). Pease und Swanson charakterisieren diese Zeit im Leben des Kindes durch „Zurückweisen der Standards der Erwachsenen, einschließlich der Standards der Eltern, und ein gleichzeitig fast bedingungsloses Akzeptieren der Standards, die von der Gruppe diktiert werden" (169). Dieser starke Einfluß der Gruppe von Gleichaltrigen in der Zeit der späten Kindheit läßt sich zum Teil mit dem Wunsch des Kindes erklären, für die Gruppe akzeptierbar zu erscheinen und von ihr akzeptiert zu werden, zum Teil auch aus der Tatsache, daß ein Kind jetzt mehr Zeit außerhalb des Elternhauses verbringt und mit seiner Altersgruppe in der Schule und beim Spiel zusammen ist (15, 224). Wieviel Zeit in verschiedenen Lebensaltern zu Hause und wieviel außerhalb verbracht wird, ist Abb. 8-1 zu entnehmen.

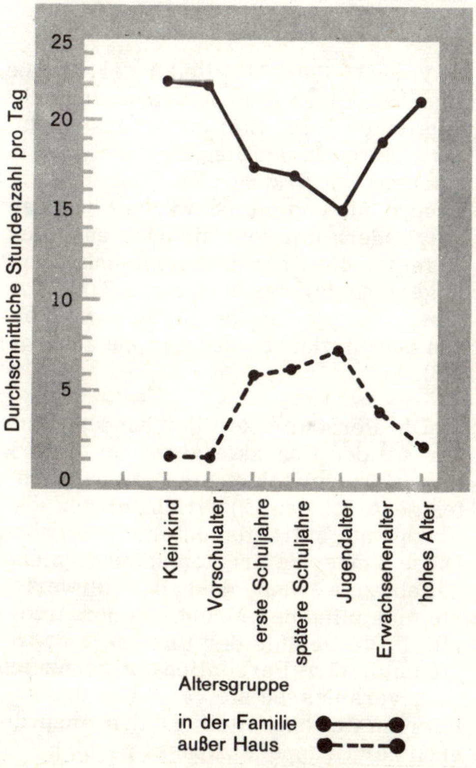

Abb. 8-1. Zeit, die in verschiedenen Altersstufen in der Familie und außer Haus verbracht wird.

Unterschiedliche Stärke des Einflusses. Nicht alle Kinder werden von der sozialen Gruppe in gleicher Weise beeinflußt, noch wird ein bestimmtes Kind immer in der gleichen Weise beeinflußt. Im folgenden führen wir von den vielen Faktoren, die die Stärke des Gruppeneinflusses bestimmen, die wichtigsten an:

1. Beliebtheit in der Gruppe. Beliebte Kinder werden von der Gruppe stärker und von ihrer Familie weniger beeinflußt als Kinder, die mit ihren Alterskameraden nicht gut zurechtkommen. Wenn ein Kind so geschickt ist, sich eine einflußreiche Stellung in der Gruppe zu verschaffen, hat es nicht nur die Zustimmung der Gruppe erworben, sondern auch größeres Selbstvertrauen, und es neigt weniger dazu, vor irgendwelchen Aufgaben auszuweichen (98).
Wenn ein Kind zwar nicht voll und in jeder Hinsicht von der Gruppe akzeptiert wird, aber doch die Möglichkeit sieht, die Achtung der Gruppe zu gewinnen, wird es die Standards der Gruppe streng befolgen, weil es motiviert ist, seinen Status in der Gruppe zu verbessern. Ein Kind, das von der Gruppe zurückgewiesen wird, tut alles Mögliche, um die Aufmerksamkeit und das Wohlwollen der Gruppe zu erringen. Wenn es jedoch glaubt, es sei unwahrscheinlich, daß es von der Gruppe akzeptiert werden wird, ist seine Motivation, den Standards der Gruppe zu entsprechen, gering, und wenn es ihnen dennoch entspricht, so tut es das nur in der Öffentlichkeit und allein aus dem Grund, seine völlige Zurückweisung zu verhindern (58).
Ein Kind, das von der Gruppe ausdrücklich zurückgewiesen wird, kann sich darüber sehr ärgern; es kann sein, daß es sich dafür rächen will und

seine Gefühle gegenüber der Gruppe auf andere überträgt, unschuldige Opfer angreift oder Eigentum anderer zerstört. Es kann aber auch sein, daß es Zuflucht findet in früheren Formen des Sozialkontaktes, die sich als zufriedenstellend erwiesen haben – in erster Linie Kontakt zu Mitgliedern der Familie –, oder es mag sein, daß es von einer anderen Gruppe akzeptiert wird, wenn das auch nicht die Gruppe ist, in die es gerne aufgenommen werden möchte. Welche dieser Möglichkeiten es auch ergreift, seine Einstellungen und Verhaltensweisen werden dadurch nachhaltig beeinflußt (138, 140).

2. Statussicherheit. In welchem Maße ein Kind sich sicher fühlt, hängt davon ab, wie eng seine Beziehungen zu den Mitgliedern der Gruppe sind, sei es im Elternhaus oder außerhalb. Dies wiederum bestimmt die Stärke des Einflusses, den die Gruppe über das Kind hat, und die Art, wie es beeinflußt wird (181). Ein Kind, das sich sicher fühlt, kann das Verhalten anderer mit direkten wie mit indirekten Mitteln lenken. Es wird die Aufforderungen und Vorschläge der anderen nicht blind befolgen. Es fühlt sich nicht gehemmt, offen Meinungsverschiedenheiten mit anderen Partnern in der Gruppe zu äußern. Kinder, die sich weniger sicher oder die sich unsicher fühlen, folgen, ob sie beobachtet werden oder nicht, strenger der Gruppenmeinung. Sie folgen Anführern und versuchen nur indirekt, Verhalten und Urteile der anderen Gruppenmitglieder zu bestimmen (58, 98, 147).

3. Art der Gruppe. Der Einfluß einer Gruppe auf ein Kind rührt nicht so sehr von der Gruppe selbst her, als vielmehr von der sozialen Distanz und dem Grad der emotionalen Beziehung, die zwischen dem Kind und den anderen Personen in der Gruppe besteht. Man unterscheidet grob drei Arten sozialer Gruppen: 1) die Primärgruppe mit den am stärksten ausgeprägten Bindungen zwischen den Mitgliedern (die Familie oder die Gruppe der Alterskameraden); 2) die Sekundärgruppe, die durch flüchtigere Beziehungen charakterisiert ist (ein Klub oder Verein) und 3) die Tertiärgruppe, die nur am Rande der Lebensbedingungen eines Individuums existiert und vorübergehenden Charakters ist (Menschen, mit denen das Kind in Omnibussen, Zügen oder im Kino in Kontakt kommt). Von diesen dreien hat die Primärgruppe zweifellos den stärksten Einfluß auf das Kind (34).
Die Auswirkung sozialer Distanz innerhalb von Gruppen wurde an Kindern aus städtischem, vorstädtischem, ländlichem und kleinstädtischem Milieu untersucht. Dabei hat es sich herausgestellt, daß die Kinder durch ein vorstädtisches und städtisches Milieu günstiger beeinflußt werden als durch kleinstädtisches oder ländliches Milieu. Die Möglichkeiten zu sozialen Kontakten sind bei Kindern aus ländlichen Gebieten geringer; Kinder aus Kleinstädten werden oft von engem persönlichem Kontakt zurückgehalten wegen der starken Klassenunterschiede, die die eine soziale Klasse von der anderen trennen (36, 158).

4. Verschiedene Mitglieder der Gruppe. Innerhalb einer Gruppe haben einige Mitglieder mehr Einfluß auf das Kind als andere. In der Regel geht die stärkste Einwirkung vom Führer der Gruppe aus und die schwächste von den Mitgliedern mit dem niedrigsten Status. Je fester die Gruppe zusammenhält und je gesicherter der Status des Kindes in dieser Gruppe ist, desto mehr wird es von den Einflüssen der Gruppe abhängen (98).

5. Die Persönlichkeit des Kindes. Kinder mit den Charakterzügen der autoritären Persönlichkeit sind, so hat man festgestellt, den Einwirkungen der Gruppe am stärksten unterworfen. Diese Kinder befürchten ständig, nicht geliebt zu werden, deshalb unterwerfen sie sich blind der Macht und der Autorität. Die Gefühle der Unsicherheit, die die autoritäre Persönlichkeit kennzeichnen, veranlassen sie, sich den etablierten Gewohnheiten und den Ansprüchen der Gruppe anzupassen – sich konform zu verhalten (37). Und jedes Kind mit Gefühlen der Unterlegenheit und Minderwertigkeit, ganz gleich, wie

diese Gefühle entstanden sind, wird stärker von der Gruppe beeinflußt als Kinder mit Selbstvertrauen (11).

6. Der Wunsch, aufgenommen zu werden. Der Einfluß der Gruppe hängt ebenfalls davon ab, wie stark beim Kind der Wunsch ist, von der Gruppe akzeptiert zu werden. Je stärker dieses Motiv ist, desto mehr ist das Kind gegenüber den Einwirkungen besonders der Mitglieder der Gruppe empfänglich, die eine einflußreiche Position innehaben. Seine Motivation, selbst Status zu gewinnen, hängt auch von seiner eigenen Stellung in der Gruppe ab. Kinder mit hohem Status streben stärker danach, beliebt zu sein, als die mit einem so niedrigen Status, daß sie keine Hoffnung haben, überhaupt akzeptiert zu werden (104).
Daß der Wunsch, die Anerkennung der Gruppe zu gewinnen, das kindliche Verhalten stark beeinflußt, mag man daraus ersehen, daß viele Kinder sich „schlecht" benehmen, um Aufmerksamkeit und Wohlwollen der Alterskameraden zu gewinnen, auch wenn sie dies gegen ihre eigenen Überzeugungen und gegen die Ansichten ihres Elternhauses tun (222). Aus dem gleichen Grund setzen intelligente Kinder ihre Fähigkeiten nicht voll ein, um nicht von ihrer Klasse als „Streber" bezeichnet zu werden – eine Abstempelung, die ihnen mit Sicherheit die Zurückweisung ihrer Klassenkameraden einbringt. Je anziehender die Gruppe dem Kind erscheint, um so mehr strebt es danach, in sie aufgenommen zu werden, und um so eher ist es bereit, sich von ihr beeinflussen zu lassen (58, 68).

Einflußbereiche. Die Gruppe wirkt auf den Entwicklungsverlauf eines Kindes auf verschiedene Weise ein. Zunächst bewirkt sie den Willen zur Konformität mit den Verhaltensweisen, Einstellungen und Werten der Gruppe. Die soziale Konformität zeigt sich in zwei Formen: der Einfügung, d. i. die Zustimmung zur Meinung der Gruppe aufgrund des von der Gruppe ausgehenden Druckes, und dem Befolgen der Konventionen, d. i. das Verhalten in Übereinstimmung mit den Gebräuchen, Einstellungen und Werten der Gruppe. Je stärker ein Kind von der Gruppe akzeptiert wird, desto größer ist sein Wille zur Konformität, und je williger es sich der Gruppe einfügt und anpaßt, desto stärker wird es akzeptiert (18).
Konformität mit der Gruppe wird zuerst durch die Erziehungsmethoden des Elternhauses bewirkt. Fügt sich das Kind den Wünschen der Eltern nicht, wird es bestraft; belohnt wird es, wenn es sich einfügt. Je mehr das Kind Billigung erstrebt, sei es die der Gruppe im Elternhaus, sei es die der Gruppe der Alterskameraden, um so mehr ist es bereit, sich konform zu verhalten. Das Kind fühlt oft, daß jeder Status in der Gruppe besser als gar keiner ist. Es wird also Konformität zeigen in der Hoffnung, so den erstrebten Status zu erlangen. Nur der Führer, dessen Status in der Regel gesichert ist, kann es sich leisten, abweichendes Verhalten zu zeigen. Das Kind, das sich über seinen Status im unklaren ist oder dessen Status nur niedrig ist, ist stark motiviert, sich einzufügen: Es fürchtet die Zurückweisung der Gruppe (52, 91, 152).
In wie starkem Maße die Konformität die Angepaßtheit eines Kindes beeinflußt, hängt von dem Ausmaß der Konformität ab. Extremes Einfügen führt zum Verlust der Individualität, zur Unterwerfung unter andere und zur Vernachlässigung der eigenen Wünsche. Es kann sogar zu unsozialem Verhalten führen. Es kann darüber hinaus das Kind dazu bringen, seine Wertvorstellungen zu ändern – ein Verhalten, das zu starken Schuldgefühlen führt. Das ist der Preis, den ein Kind für die Achtung und das Wohlwollen anderer zahlen muß (105).
Konformität in vernünftigem Ausmaß – also nicht blindes Sich-Einfügen – ist eine die Sozialisation fördernde Kraft, die es dem Kinde möglich macht, solche Verhaltensweisen zu lernen, die seine soziale Integration gewährleisten. Vernünftige Konformität führt zu einer gut, auch an soziale Gegebenheiten, angepaßten Persönlichkeit.
Einer solchen Angepaßtheit ist Non-

konformismus genau so abträglich wie extreme Konformität. Wenn das Kind sich weigert, sich den von der Gruppe gebilligten Verhaltensweisen anzupassen, ganz gleich, welche Gründe es dafür hat, wird es aus der Gruppe ausgeschlossen. Die Befriedigung, die es aus seiner Zugehörigkeit zu der Gruppe gewinnen kann, wird ihm vorenthalten, und Lernerfahrungen, die sich nur aus dieser Zugehörigkeit ergeben können, sind ihm verwehrt (52).

In einer weiteren Hinsicht ist der Einfluß der Gruppe auf das Kind wichtig: Sie hilft ihm, von den Eltern unabhängig und zu einem eigenständigen Individuum zu werden. Durch seine Beziehungen zu den Alterskameraden lernt es, unabhängig zu denken, seine eigenen Entscheidungen zu fällen, Gesichtspunkte und Werte zu übernehmen, die der Familie fremd sind, und Verhaltensweisen zu entwickeln, die von der Gruppe, zu der es gehört, gebilligt werden. Dies ist ein Teil des Entwöhnungsprozesses, „durch den ein Kind sich von einer Person, die völlig von anderen abhängt, zu einem selbständigen Menschen innerhalb seiner Altersgruppe verwandelt, mit der es dann als Gleichgestellter in das Jugendalter und ins Erwachsenenalter aufbrechen kann" (113).

Amerikanische Kinder der mittleren Schichten lernen früher, unabhängig zu sein, als Kinder in vielen anderen Ländern, weil in den USA das Leben in der Gruppe und das Akzeptiertsein stark betont werden. Wenn die Abhängigkeit des Kindes von den Eltern auf die Gruppe übergeht, wird das Kind weniger egozentrisch und den Wünschen der Erwachsenen weniger ausgesetzt; seine Freiheit im Denken und Urteilen wird größer und es wird somit autonomer (23). Da seine Fortschritte in der Gruppe der Alterskameraden mehr Anerkennung finden als in der Familie, wird das Kind sich eher nach den Werten und Sitten der Gleichaltrigen richten (191).

Schließlich macht sich der Einfluß der Gruppe bemerkbar in der Vorstellung, die das Kind von sich selbst als Persönlichkeit entwickelt. Schon bevor ein Kind weiß, warum bestimmte Menschen es gern mögen oder zurückweisen, spürt es ihre Einstellungen und weiß, was ihr Verhalten bedeutet. Wenn die Meinungen der anderen günstig sind, wird es sich günstige Vorstellungen über sich selbst machen, sind sie ungünstig, kommt es dazu, daß es sich selbst nicht mag. Wenn es sehr stark danach strebt, von anderen gern gesehen zu werden, versucht es vielleicht, den Eindruck zu ändern, den es auf andere macht. Wenn dies nicht zu der von ihm gewünschten Anerkennung führt, wendet es sich irgendeiner anderen Gruppe zu, die es aufnimmt; es wird dann ihre Verhaltensstandards und ihre Werte übernehmen. Die Altersgruppe, in die das Kind aufgenommen wird und in der es konformes Verhalten zeigt, bestimmt so seine Vorstellungen über sich selbst und die Werte, die sein Leben lenken werden (116, 134).

Der Verlauf der sozialen Entwicklung

Der Verlauf der sozialen Entwicklung geschieht nach einem festen Schema. Eine geordnete Reihenfolge läßt sich in den Bereichen des sozialen Verhaltens, der Einstellungen gegenüber sozialen Kontakten und der Wahl der Kameraden feststellen. Zunächst geht dem kleinen Kind noch jedes Gefühl für die Gruppe ab. Es folgt eine Phase der teilweisen Anpassung, wenn es beginnt, seine Rolle zu übernehmen, und beim Spiel mit anderen Kindern Ansätze zu einer Koordination zeigt. Später im Kindesalter werden feste Beziehungen in der Gruppe etabliert, und das Kind hat Freude am Leben in der Gruppe. Die Gruppe findet für sich selbst einen Namen und regelt ihre Unternehmungen, ohne daß Erwachsene sie überwachen und beeinflussen. In dieser Zeit nimmt die Größe der Gruppe, mit der das Kind soziale Kontakte unterhält, zu, desgleichen die Häufigkeit, mit der das Kind an Unternehmen der Gruppe teilnimmt (79).

Auch die Einstellungen des Kindes zum sozialen Leben und sein Interesse daran lassen sich vorhersagen. Untersuchungen an Kindern in Gruppen kamen zu folgendem Ergebnis: Wenn auch das Zweijährige für sich alleine spielt, so wird es doch von älteren Kindern insofern beeinflußt, als es deren Spiele und deren Benehmen imitiert. Das Zweieinhalbjährige nimmt anderen Kindern Spielzeug weg und weigert sich, es mit ihnen gemeinsam zu benutzen; es hört nicht auf ihre Bitten und Forderungen und weigert sich, nachzugeben. Mit drei Jahren zeigt das Kind Ansätze für ein Zusammenspielen, mit vier Jahren werden erstmals Gruppeneinflüsse deutlich. Das Vierjährige achtet auf die Meinung anderer – sowohl von Erwachsenen als auch von Alterskameraden – und versucht durch Angeben und Übertreiben, Aufmerksamkeit auf sich zu ziehen.

Das eigentliche „Alter der Sozialisation" beginnt mit dem Eintritt in die Schule, sei es nun der Kindergarten oder die erste Klasse der Volksschule. Dann achtet das Kind nicht nur auf die Einstellungen und Meinungen anderer, es strebt vielmehr auch danach, ihre Aufmerksamkeit und Zustimmung zu gewinnen. Das Kind, das seinen eigenen Wünschen bisher immer nachgegeben hat, versucht nun, mit Maßstäben der Erwachsenen an die Dinge heranzugehen. Wenn das Kind zehn Jahre alt ist, vermag es einige seiner Gefühle den Anforderungen der sozialen Gruppe anzupassen und entwickelt somit reifere Verhaltensweisen (22).

Normalerweise durchlaufen alle Kinder diese Phasen der Sozialisation in etwa gleichem Lebensalter. Was für andere Entwicklungsbereiche gilt, gilt auch hier: Intelligente Kinder sind in ihrer sozialen Entwicklung weniger intelligenten voraus. Mangelnde Gelegenheit zu sozialen Kontakten oder fehlende Möglichkeit, zu lernen, wie man mit anderen zurechtkommt, verzögert ebenfalls den normalen Entwicklungsfortschritt.

Da man weiß, wie die soziale Entwicklung verläuft, kann man voraussagen, wie ein Kind eines bestimmten Alters sich in einer sozialen Situation wahrscheinlich verhalten wird. So kann man z. B. leicht vorhersagen, daß das Kind in einem bestimmten Lebensalter in der Gegenwart Fremder ängstlich sein wird, in einem anderen Alter wird es nach der Kameradschaft von Kindern gleichen Alters und gleichen Geschlechts Ausschau halten, und wieder in einem anderen Alter wird sich sein Interesse nur auf Personen des anderen Geschlechts konzentrieren. Wenn es auch individuelle Unterschiede in diesem Entwicklungsfahrplan gibt, was das Alter angeht, in dem die einzelnen Phasen durchlaufen werden, so sind die Veränderungen in der Reihenfolge jedoch gering. Innerhalb einer bestimmten Kultur führen sozialer Druck und die Erwartungen der Gesellschaft zu ähnlichen Lernerfahrungen für alle Kinder. Sollte das soziale Verhalten eines Kindes sehr stark von dem anderer Kinder des gleichen Alters abweichen, bedeutet dies meistens, daß die soziale Anpassung des Kindes schlecht ist oder daß ein Kind negative soziale Einstellungen entwickelt hat.

Vorstufen des sozialen Verhaltens

Bei seiner Geburt zeigt das Baby noch keinerlei Interesse für andere Menschen. Solange man sich um seine körperlichen Bedürfnisse kümmert, ist es ihm gleichgültig, ob andere es umgeben, und es vermißt sie nicht, wenn sie abwesend sind. Es unterscheidet nicht zwischen Menschen und unbelebten Gegenständen; es reagiert nur auf Reize seiner Umgebung. Vieles, was Laien als Sozialverhalten ansehen, ist in Wirklichkeit von sozialen Kontakten unabhängig. So kann z. B. das schreiende Kind beruhigt werden, indem man das Bettchen hochhebt, wobei sich keine Person dem Kinde zuzuwenden braucht.

Während der ersten beiden Lebensmonate reagiert das Baby nur dann auf äußere Reize, wenn diese intensiv sind, etwa auf einen lauten Knall. Es unterscheidet nicht einmal zwischen der menschlichen Stimme und anderen Geräuschen. Wenn es auch zunächst auf die Berührung durch eine Person oder durch einen Gegenstand in gleicher Weise reagiert, lernt es bald, zwischen diesen zu differenzieren, weil Personen in seinem Leben eine so wichtige

Rolle spielen. Vom Beginn des dritten Monats an rückt das, was man als „Herdentrieb" bezeichnen könnte, in den Vordergrund. Das Kind ist glücklich, wenn andere bei ihm sind, unzufrieden, unglücklich oder unruhig, wenn es alleine ist (30, 113).

Anfänge des sozialen Verhaltens

Das soziale Verhalten beginnt, wenn das Baby zum ersten Mal zwischen Personen und Gegenständen unterscheidet. Seine ersten sozialen Reaktionen richten sich auf Erwachsene, denn es hat seine ersten Kontakte mit Erwachsenen. Am Ende des zweiten Monats wendet das Kind seinen Kopf, wenn es eine menschliche Stimme hört, und beantwortet ein Lächeln oder ein glucksendes Geräusch mit einem Lächeln. Seine Freude über die Anwesenheit anderer drückt es aus durch Strampeln, Lächeln und Zappeln mit den Armen.
Im Verlauf des dritten Monats hört das Kind auf zu schreien, wenn man zu ihm spricht oder wenn seine Aufmerksamkeit durch eine Rassel oder ein ähnliches Spielzeug abgelenkt wird. Interesse an anderen äußert sich auch darin, daß es zu weinen anfängt, wenn Personen von ihm fortgehen. Zu diesem Zeitpunkt erkennen die meisten Babys ihre Mutter und andere ihnen vertraute Personen. Ihre Furcht vor unbekannten Leuten zeigen sie in ängstlichen Reaktionen, etwa dem Abwenden des Kopfes und in Weinen (83, 124).
Im vierten Monat stellt sich das Kind schon im voraus darauf ein, daß es hochgehoben wird, wendet sich einem menschlichen Gesicht besonders zu, schaut in die Richtung, in die eine Person von ihm fortgeht, lächelt eine Person an, die mit ihm spricht, zeigt Freude, wenn man sich ihm zuwendet, und lacht, wenn man mit ihm spielt.
Vom fünften oder sechsten Monat an reagiert das Baby auf Lächeln und Schimpfen unterschiedlich und kann unterscheiden, ob eine Stimme freundlich oder ärgerlich klingt. Es erkennt vertraute Personen wieder und begrüßt sie mit einem Lächeln, es lacht, wenn man mit ihm „Verstecken" spielt, einfache Handlungen, wie in die Hände klatschen oder mit den Armen winken, ahmt es nach, zeigt Ärger, wenn man ihm etwas verbietet oder es stört, und seine Furcht, wenn Fremde anwesend sind, ist deutlich (225).
Während des sechsten Lebensmonates sind die sozialen Annäherungsversuche die Kindes eher aggressiver Art. Es zieht an den Haaren der Erwachsenen, greift nach der Nase, der Brille oder den Kleidern. Im achten oder neunten Monat versucht es, sprachliche Laute nachzuahmen und einfache Handlungen oder Gesten, die es bei anderen beobachtet hat. Zwischen dem zehnten und zwölften Monat spielt es mit seinem Bild im Spiegel und küßt es sogar, als ob es eine andere Person wäre. Hat es den zwölften Monat erreicht, kann es davon absehen, etwas zu tun, wenn es ein „Nein – nein!" hört, und es zeigt seine Furcht und Abneigung gegenüber Fremden, indem es sich abwendet und zu weinen beginnt, wenn sich der Fremde nähert.
Vom fünfzehnten Monat an wächst das Interesse des Kindes an Erwachsenen ständig und sein Wunsch, bei ihnen zu sein und sie nachzuahmen. Im Alter von zwei Jahren kann es mit Erwachsenen bei einer Reihe von alltäglichen Handlungen zusammenwirken. So hat sich in relativ kurzer Zeit das Kind von einem passiven Mitglied der Familie, das viel Aufmerksamkeit empfängt, aber dafür wenig Aufmerksamkeit zurückzahlt, in ein aktives Mitglied verwandelt, das sozialen Kontakt aufnimmt, und in einen Teil der sozialen Gruppe, die die Familie ausmacht (78, 113).

Reaktionen auf andere Babys. Die sozialen Reaktionen auf andere Kinder hinken hinter den sozialen Reaktionen auf Erwachsene her. Den ersten Hinweis darauf, daß ein Baby ein anderes wahrnimmt, erhält man im Alter von vier bis fünf Monaten, wenn ein Baby ein anderes anlächelt oder sich dessen Schreien zuwendet. Freundliche Annäherungen zwischen Babys, die sechs bis acht Monate alt sind, bestehen aus Anschauen, Anlächeln, Ausstrecken der Hand nach dem anderen und Berühren.

Weniger freundliche Kontakte bestehen in blinden Versuchen, etwas zu greifen, das ein anderes Baby festhält, was oft zu Streit führt. Zwischen dem neunten und dreizehnten Monat „erforscht" das Kind andere Babys, indem es ihnen an den Haaren zieht oder an den Kleidern; es ahmt Verhalten und Stimme nach und zeigt zum ersten Mal Zusammenspielen mit anderen und teilt Spielzeuge und andere Gegenstände mit anderen Kindern. Wenn ein anderes Baby ihm Spielzeug wegnimmt, wird es wütend, kämpft und schreit (30, 225).
Die sozialen Beziehungen zu anderen Kindern entwickeln sich im zweiten Lebensjahr sehr schnell. Vom dreizehnten bis zum achtzehnten Monat macht das Kind das Lächeln und Lachen eines anderen Kindes nach. Der Interessenschwerpunkt verlagert sich vom Spielzeug auf den Spielkameraden, der Streit über das Spielzeug nimmt ab, kooperatives Spielen nimmt zu. In der zweiten Hälfte des zweiten Lebensjahres ist das Kind deutlich am Spielen mit anderen Kindern interessiert; Spielzeug wird jetzt als Mittel, soziale Beziehungen einzuleiten, betrachtet. Das Kind spielt nun wirklich mit seinen Spielkameraden zusammen, es paßt sein Verhalten deren Handlungen an und macht mit, wenn andere Kinder schon spielen (124, 201).

Verhalten in sozialen Situationen. Als Folge des Kontaktes mit anderen beginnen sich beim Kind bestimmte Formen des sozialen Verhaltens zu entwickeln. Um Teil der sozialen Gruppe zu werden, imitiert das Kind die, die es umgeben, Erwachsene und andere Kinder. Im dritten Lebensmonat imitiert es als erstes den Gesichtsausdruck, etwa Lachen oder Weinen, danach Gesten und Bewegungen, z. B. „auf Wiedersehen" winken, Kopfschütteln oder eine Kußhand zuwerfen im sechsten Monat, und noch später, im zwölften Monat, ahmt es Geräusche wie „Tick-Tack" und „Bim-Bam" oder einfache sprachliche Laute nach.
Im fünften Monat fängt das Kind an, zwischen Bekannten und Fremden zu unterscheiden. Das führt zu Furchtsamkeit und Schüchternheit in der Gegenwart von Fremden, die in der Zeit um den sechsten Monat zum ersten Mal auftritt und zwischen dem neunten und dem zwölften Monat am deutlichsten ausgeprägt ist. Das Kind reagiert in dieser Zeit auf einen Fremden mit einem starren Blick, zusammengezogenen Lippen, Wimmern und Schreien. Es versteckt seinen Kopf und klammert sich an die Person, die es hält. In dieser Zeit bedarf das Kind der Geborgenheit bei den ihm vertrauten Mitgliedern der Familie (83).
Gegen Ende des zweiten Lebensjahres beobachten wir eine zweite Periode der Furcht vor Fremden. Wie ausgeprägt diese sein wird, hängt in erster Linie davon ab, wie oft das Kind Gelegenheit hatte, Fremden zu begegnen und in einer fremden Umgebung zu sein. In dieser Zeit versucht das Kind, sich in einer Weise, wie man sie dem Vogel Strauß nachsagt, vor Fremden zu verstecken. Das Kind verbirgt seinen Kopf im Schoß der Mutter oder versteckt sich hinter Möbeln; nur schüchtern nimmt es Gegenstände von Fremden an und manchmal weigert es sich auch zu sprechen. Dieses befangene, scheue Verhalten ist besonders zwischen der 66. und 86. Woche stark entwickelt; es zeigt sich aber auch noch bei älteren Kindern, wenn sie unter Gefühlen der Unsicherheit leiden. Diese Schüchternheit bleibt jedoch oft bestehen und erreicht einen neuen Gipfel, wenn die Kinder heranwachsen (30, 133).
Rivalität, besonders beim Spiel mit anderen Kindern und beim Streben nach der Aufmerksamkeit der Erwachsenen, läßt sich im zweiten Lebensjahr beobachten. Die Kinder versuchen, anderen das Spielzeug fortzunehmen, nicht weil sie es gerne hätten, sondern weil sie sich daran freuen, sich ihrer Überlegenheit versichern zu können.
Soziales Zusammenwirken läßt sich zuerst im Spiel zwischen Erwachsenen und Kind feststellen. Da der Erwachsene gern den größten Teil vom Nehmen und Geben übernimmt, kommt es zu einem erfolgreichen Zusammenwirken; spielt jedoch das Kind mit Kindern etwa gleichen Alters, dann dauert das kooperative Spiel höchstens wenige Minuten (113).

Widerstrebendes Verhalten, das sich im Anspannen des ganzen Körpers, im Schreien oder in der Weigerung zu gehorchen ausdrückt, wird im Alter von 18 Monaten deutlich und bleibt auch noch bestehen, wenn das Kind schon einen gewissen Grad an Unabhängigkeit erreicht hat. Ob dieses widerstrebende Verhalten sich zu Negativismus entwickelt, wenn das Kind älter wird, hängt hauptsächlich davon ab, wieviel Unabhängigkeit dem Kind eingeräumt wird. Es hängt auch davon ab, wie sehr das Kind seine Grenzen erkennt und die sich daraus ergebende Hilfsbedürftigkeit (14).

Soziales Verhalten in der frühen Kindheit

In der Zeit zwischen dem zweiten und sechsten Lebensjahr entwickelt sich das Kind zu einem Individuum, das Mitglied der Gesellschaft ist. Es lernt, auf andere Rücksicht zu nehmen und mit anderen in Gruppen zusammen zu spielen. Wenn es eingeschult wird, ist es darauf vorbereitet, aktiv am Gruppenleben teilzunehmen. Die meisten wichtigen Arten des Sozialverhaltens, die für die Anpassung an andere notwendig sind, beginnen sich in der frühen Kindheit zu entwickeln.

Die Anzahl der sozialen Kontakte, die ein Kind während dieser Zeit mit anderen Kindern hat, ist ein wichtiger Faktor, der darüber entscheidet, welche Fortschritte ein Kind in seiner sozialen Entwicklung macht. Fünfjährige Kinder, die den freiwilligen Kindergarten besucht haben, nehmen sehr viel häufiger soziale Kontakte auf und passen sich besser an als Kinder, die diese Erfahrungen nicht hatten (26, 178).

Einer der vielen Vorteile, die ein freiwilliger Kindergarten oder die in den Vereinigten Staaten übliche Einschulung der Fünfjährigen in ein Spielschuljahr vor dem Beginn des eigentlichen Grundschulunterrichts haben, besteht darin, daß die Kinder ihre sozialen Erfahrungen unter der Anleitung qualifizierter Lehrer gewinnen können. Sie sorgen dafür, daß diese Erfahrungen für die Kinder erfreulich sind und daß kein Kind so behandelt wird, daß es in Zukunft soziale Begegnungen zu vermeiden sucht. Eine vielbeschäftigte Mutter, die ihr Kind zum Spielen mit den Nachbarskindern fortschickt, kann die sozialen Situationen nicht so kontrollieren, wie es ein Lehrer kann. Ihr Kind könnte folglich so unangenehme Erfahrungen sammeln, daß es ähnliche soziale Situationen zukünftig zu meiden sucht. Außerdem werden jüngere Kinder oft in Spielgruppen von Kindern einer Nachbarschaft von den älteren Kindern schikaniert und tyrannisiert, was natürlich dazu führt, daß sie sozialen Kontakten in der Folge aus dem Wege gehen werden. Aber auch die älteren Kinder lernen in diesen Gruppen Weisen des sozialen Verhaltens, die zu ernsten Schwierigkeiten führen, wenn sie ihre Alterskameraden so behandeln, wie sie mit den jüngeren Kindern umgegangen sind (26, 79, 201).

Beziehungen zu Erwachsenen. Von Jahr zu Jahr verbringt das Kind weniger Zeit bei Erwachsenen und findet an ihrer Gesellschaft immer weniger Gefallen. Sein Interesse an Spielkameraden gleichen Alters nimmt immer stärker zu. Während das Zweijährige noch passiv Aufmerksamkeit und Hilfe der Erwachsenen erwartet, widersetzt sich das Dreijährige dem Einfluß der Erwachsenen und will selbständig sein. Es wird selbstbewußt, und man kann nicht mehr so leicht mit ihm umgehen. Das Vier- und Fünfjährige wird zunehmend freundlicher und hilfsbereit, versucht die Zustimmung der Erwachsenen zu erhalten und ihren Unmut zu vermeiden (28, 79).

Trotz seines Widerstandes gegen die Autorität der Erwachsenen wird das kleine Kind doch von ihnen in seinem Verhalten und in seinen sozialen Einstellungen stark beeinflußt. Eltern und Lehrer sind in erster Linie dafür verantwortlich, welche Einstellungen gegenüber allem Sozialen ein Kind entwickelt – ob dies guter Wille und freundliche Hilfsbereitschaft gegenüber allen sein wird oder Intoleranz und Vorurteil gegenüber denen, die anders als es selbst sind (124, 225).

Beziehungen zu anderen Kindern. Bevor die Kinder zwei Jahre alt sind, spielen sie alleine oder nebeneinander her (paralleles Spielen). Auch wenn dann zwei oder drei Kinder im gleichen Zimmer spielen und mit den gleichen Spielzeugen, tritt keine soziale Interaktion, kein Zusammenwirken auf. Der einzige Kontakt besteht darin, andere nachzuahmen oder zu beobachten oder zu versuchen, anderen das Spielzeug wegzunehmen.

Zwischen dem dritten und vierten Lebensjahr beginnen die Kinder, miteinander zu spielen; sie sprechen während des Spieles miteinander und suchen sich unter den anwesenden Kindern die aus, mit denen sie am liebsten spielen. Die Größe der Spielgruppe nimmt mit dem Alter zu, von zwei Mitgliedern im Alter von drei Jahren auf drei oder vier Mitglieder im Alter von sechs Jahren. Auch dann teilt sich die Gruppe, und die Kinder spielen paarweise zusammen. Das in diesen Gruppen am häufigsten zu findende Verhalten besteht darin, einander zuzusehen, sich zu unterhalten und einander Vorschläge zu machen (108, 161).

Eine Untersuchung an Kindern im Vorschulalter hat ergeben, daß die Kinder mit zunehmendem Alter immer häufiger freundlich miteinander umgehen und daß feindselige Kontakte abnehmen (siehe Abb. 8-2). So zeigten die zweieinhalb- bis dreieinhalbjährigen Jungen in dieser Untersuchung eine Kontaktaufnahme und eine freundliche Interaktion mit anderen Kindern in je zwei Minuten; die Fünfeinhalb- und Sechseinhalbjährigen nahmen im gleichen Zeitraum zweimal Kontakt auf und traten zweimal in freundliche Interaktion. Zweieinhalb- bis dreieinhalbjährige Mädchen nahmen mit anderen Kindern einmal in sechs Minuten Kontakt auf, alle drei bis vier Minuten wurde eine freundliche Interaktion beobachtet. Die fünfeinhalb- bis sechsjährigen Mädchen nahmen alle zwei Minuten mit anderen Kindern Kontakt auf, im Zeitraum von anderthalb Minuten wurde eine freundliche Interaktion beobachtet. Für alle Altersstufen dieser Untersuchung galt, daß Jungen sowohl in freundlicher als auch in feindseliger Weise häufiger Kontakte suchten als Mädchen (135).

Während der ganzen frühen Kindheit ist das soziale Verhalten des Kindes egozentrisch. Es prahlt gern mit seinen Leistungen und mit seiner Familie. Es spielt und arbeitet mit anderen zusam-

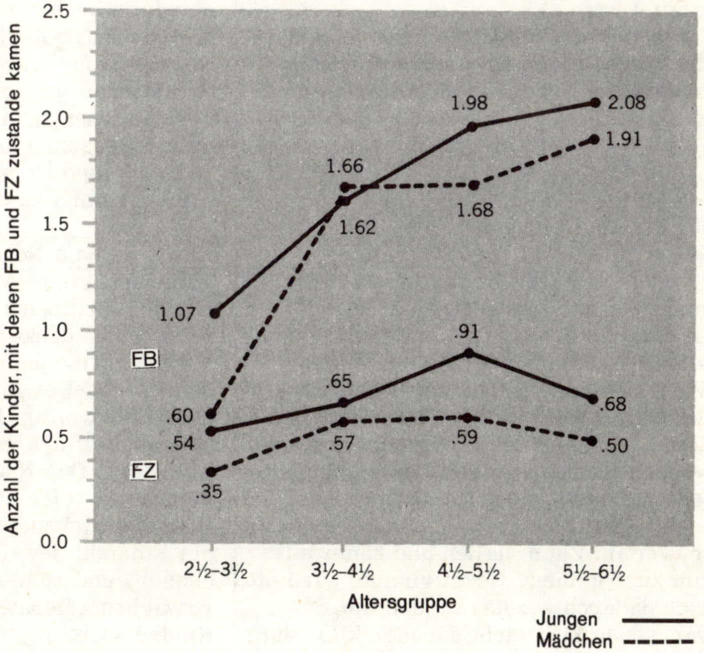

Abb. 8-2. Freundliche Begegnungen (FB) nehmen zu und feindselige Zusammenstöße (FZ) nehmen ab, wenn Kinder die Gelegenheit haben, mit ihren Alterskameraden zusammen zu sein.

men, wenn es ihm paßt und wenn das seine eigenen Interessen und Beschäftigungen nicht stört. Wenn dieses Verhalten auch schon einen Fortschritt gegenüber dem egozentrischen Verhalten des Babys darstellt, so ist die Wandlung zum Positiven doch noch nicht abgeschlossen. Das Kind mag von Zeit zu Zeit in die primitiveren Formen des sozialen Verhaltens zurückfallen, besonders dann, wenn es auf eine Gruppe fremder Kinder trifft. Unter diesen Umständen kann es geschehen, daß es mit ihnen Kontakt aufnimmt, wobei es sich einer Reihe verschiedener Verhaltensweisen bedient und diese Verhaltensweisen in der gleichen Reihenfolge ablaufen, wie sie in der sozialen Entwicklung des Kindes aufgetreten sind: vom Einzelspiel über das Parallelspiel zum kooperativen Spiel (108,124).

Verhalten in sozialen Situationen. Viele Verhaltensweisen scheinen unsozial oder sogar antisozial zu sein, sind in Wirklichkeit für den Prozeß der Sozialisation jedoch wichtig. Die Grundlagen, die in der frühen Kindheit geschaffen werden, bestimmen darüber, wie das Kind sich anpaßt, wenn sich seine Umwelt erweitert und es nicht mehr von den Eltern beschützt und angeleitet wird.
Von den typischen Verhaltensweisen, die in der frühen Kindheit auftreten, sind die im folgenden diskutierten die häufigsten.

Negativismus

Negativismus ist eine Form übertriebenen widersetzlichen Verhaltens „mit allen emotionalen Begleitumständen infantilen Selbstbewußtseins" (8). Er ist eine „interessante Kombination von Selbstbewußtsein, Selbstschutz und Widerstand gegenüber ungewöhnlich starkem Druck" (133). Wenn es für das Kind besonders schwierig wird, seine Wünsche denen anderer Leute anzupassen, wird es launisch, stur und regelrecht rebellisch (14). Man kann es nur schwer im Zaum halten und kaum mit ihm auskommen. Negativismus wird oft noch dadurch verstärkt, daß die Erwachsenen sich nicht darüber klar sind, daß ein Kind Wünsche hegt, die ihm sehr wichtig sind, daß es einige Dinge nicht so gut oder nicht so schnell wie ein älteres Kind tun kann und daß es so daran gewöhnt war, von anderen in allem Hilfe zu bekommen, daß es sich kaum daran gewöhnen kann, nun etwas für andere in der Weise und zu dem Zeitpunkt tun zu müssen, wie andere es wollen.

Ursachen des Negativismus. Negativismus ist die Folge einer bestimmten sozialen Situation. Er tritt auf als Folge einer strengen Disziplin oder einer Einstellung, die normales kindliches Verhalten nicht duldet. Er läßt sich meistens im Zusammenhang mit den festen Gewohnheiten im Ablauf eines Tages beobachten, wenn das Kind sich weigert, den Anordnungen der Erwachsenen, daß etwas zu einer bestimmten Zeit getan werden soll, zu folgen. Auch das Auftreten eines Fremden kann Negativismus auslösen.
Je mehr das Kind durch das Eingreifen eines Erwachsenen frustiert wird, desto mehr wird sich Negativismus in seinem Verhalten äußern (79, 161). Wenn die Erziehung eines Kindes sprunghaft ist und in sich nicht zusammenhängt, lernt das Kind, daß Widerstand die beste Verteidigung gegen unberechenbare Erziehung ist. Oft tritt Negativismus auf, wenn mit der Sauberkeitsgewöhnung begonnen wird, bevor das Kind dafür reif genug ist, oder wenn „Personen mit einem schnellen Lebenstempo Personen mit einem langsamen Tempo zu sehr antreiben" (133).

Alter, in dem Negativismus auftritt. Widerspenstiges Verhalten beginnt etwa mit dem achtzehnten Monat, erreicht seinen Höhepunkt zwischen drei und sechs Jahren und nimmt danach sehr schnell ab. Bei Jungen läßt sich oft noch ein zweiter Höhepunkt zwischen zehn und elf Jahren beobachten (vgl. Abb. 8-3). Das Nachlassen des Negativismus ist teilweise auf soziale Einflüsse zurückzuführen, zum Teil auf die Einsicht des Kindes, Nachgeben sei besser, und zum Teil darauf, daß der Erwachsene lernt, die Wünsche des Kindes zu respektieren (1, 79).

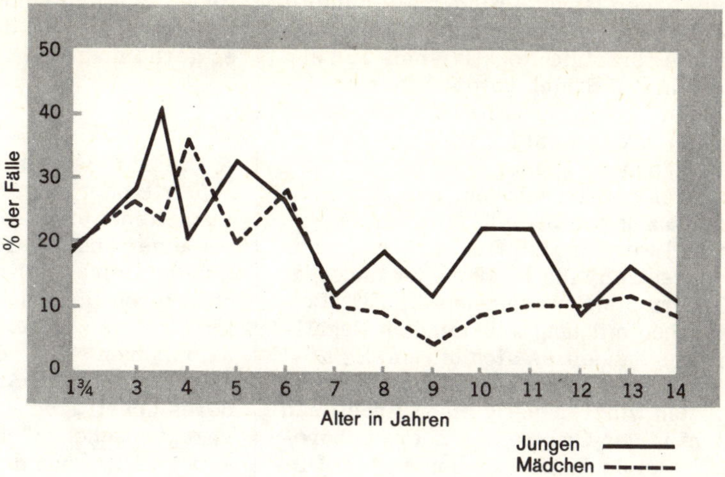

Abb. 8-3. Die Entwicklung des negativistischen Verhaltens bei Jungen und Mädchen im Kindesalter.

Da Negativismus so häufig ist, kann man ihn als „normal" ansehen; er tritt sicherlich fast unausweichlich auf. Selbst gut angepaßte Kinder sind eine Zeit lang widerspenstig, wenn auch ihr Negativismus weniger häufig und in nicht so stark ausgeprägten Formen auftritt wie bei schlecht angepaßten Kinder. Wenn ein Kind überhaupt nie widerspenstig ist, gibt es gute Gründe für die Annahme, das Kind sei lethargisch und körperlich unterentwickelt oder aus seiner Umgebung würden künstlich alle Reibungen ferngehalten – und dann wird es später Schwierigkeiten haben (8, 14, 156).

Erscheinungsweisen des Negativismus. Bei jüngeren Kindern kann Negativismus in Erscheinung treten als Anspannung des Körpers, in der Weigerung, bestimmten Wünschen nachzukommen, in der Behauptung, etwas nicht zu hören oder zu verstehen, als strikte Weigerung, feste Gewohnheiten im Tagesablauf einzuhalten, und in vielen kleinen selbstbewußten Verhaltensweisen, wie Herumkommandieren, Fortlaufen und Sichverstecken, wenn es gerufen wird. Kinder, bei denen der Negativismus extrem stark ist, halten manchmal den Atem an, bis sie buchstäblich blau im Gesicht sind, zwingen sich dazu, zu erbrechen, weigern sich, zu urinieren oder zu essen.

Negativismus wird häufig begleitet von Wutausbrüchen, Zerstörungswut, Launenhaftigkeit und von Perioden der Niedergeschlagenheit. Das gut angepaßte Kind drückt seinen Negativismus in der Regel direkt aus, während das schlecht angepaßte Kind seine negativistischen Gefühle eher in diffuser Weise äußert und auf alle möglichen Gegebenheiten überträgt, am häufigsten sind dabei Wutausbrüche (109, 133, 156).

Zwischen vier und fünf Jahren nehmen die physischen Formen der Widerspenstigkeit ab und die verbalen zu. Lügen aus Selbstschutz ist jetzt öfter zu bemerken. Das Kind gebraucht das „Nein" als Reaktion auf alle Arten von Vorschlägen, Fragen und freundlichen Zuwendungen. Es wird raffiniert darin, vorzugeben, es höre oder verstehe etwas nicht; es weigert sich, etwas einzusehen, besteht darauf, auf etwas zurückzukommen, dessen Diskussion schon längst abgeschlossen ist, und ist nachlässig bei der Ausführung von Aufträgen oder beim Erfüllen von Pflichten. Es ärgert andere und beschwert sich selbst immer wieder.

Varianten des Negativismus. Negativismus gibt es in verschiedenen Formen, in unterschiedlicher Häufigkeit und wechselnder Stärke in den einzelnen Lebensabschnitten. Keine statistisch gesicherte Beziehung hat sich zwischen Intelligenz und Negativismus finden lassen. Kinder aller Intelligenzniveaus scheinen auf etwa der gleichen Altersstufe Negativismus zu zeigen. In den Schichten mit höherem sozioökonomischen Status sind Jungen etwas weniger widerspenstig als Mädchen. Dieser Unterschied ist dadurch erklärt worden, daß Jungen eher ungünstig beeinflußt (etwa verwöhnt) werden als Mädchen. Allgemein widersetzen sich Kinder eher anderen Kindern als Erwachsenen (9, 23). Bei Mädchen mit lang anhaltendem Negativismus handelt es sich oft um Erstgeborene, diejenigen, die am wenigsten widerspenstig sind, findet man nicht in der Gruppe der Zuerstgeborenen. Bei Jungen ist es umgekehrt: Diejenigen mit langdauerndem Negativismus sind nicht an erster Stelle geboren (133).

Wert des Negativismus. Eltern und Lehrer mögen den Negativismus als eine sehr ärgerliche Erscheinung auffassen, wir möchten demgegenüber Bahnam zitieren, der die Bedeutung des Negativismus für die soziale Entwicklung des Kindes unterstrichen hat: „Widerstand gegen Suggestibilität, Negativismus und Hartnäckigkeit können als Zeichen einer bestehenden Möglichkeit zu einer guten sozialen Anpassung angesehen werden. Es sind Verhaltensformen, die für sich selbst gesehen kaum Wert haben, aber sie lassen zumindest Vitalität, Antrieb und Ansätze einer unterscheidenden Sensibilität in komplexen sozialen Situationen vermuten. Sie zeigen an, daß das Kind soziale und emotionale Zuneigung und Abneigungen entwickeln kann. ... Kinder werden äußerst widerspenstig, wenn man von ihnen etwas verlangt, das sie unmöglich ausführen können, wenn die Anforderungen für sie herabsetzend sind, unfair oder sehr unangenehm oder schmerzlich. Dieses ungehorsame Widersprechen ist eine Reaktion der ersatzweisen Anpassung – die freilich nur teilweise Erfolg hat – mit dem Zweck, sich selbst zu schützen und die eigene Entwicklung nicht zu gefährden. Dieses Verhalten wandelt sich dann leicht in Hilfsbereitschaft und Zusammenspiel, wenn das Kind eine Aufgabe findet, die ihm selbst Freude macht und den Wünschen derer entspricht, die es gerne mag" (14).

Aggression

Aggression ist eine tatsächlich ausgeführte oder angedrohte feindliche Verhaltensweise, die gewöhnlich nicht von einer anderen Person provoziert wurde. Diese Verhaltensweisen erreichen ihren Höhepunkt normalerweise im Alter von viereinhalb bis fünfeinhalb Jahren (135). Bisweilen entsteht Aggression, weil Ärger auf etwas anderes übertragen – oder wie man auch sagt „verschoben" wird –, der sich dann entwickelt, wenn das Kind sich nicht direkt an der Person oder dem Gegenstand abreagieren kann, von der der Ärger kam. Im allgemeinen ist es eine Reaktion auf Frustration, die das Kind bereit macht, eine Person oder ein Objekt anzugreifen, das dem, was es tun will, entgegensteht. Die Aggressivität ist besonders bei Kindern stark ausgeprägt, die nach Macht oder Überlegenheit streben oder die sich mit einem aggressiven Erwachsenen oder aggressiven Kindern identifizieren. Je stärker das Kind frustiert ist, desto aggressiver wird es wahrscheinlich. Ein Kind, das erfährt, daß Aggression ihm etwas einbringt, z. B. daß es ein Ziel erreicht oder sich seine Angst verringert, wird weiterhin jedesmal dann aggressiv sein, wenn es frustriert wird (126, 167).

Ein Kind, das nicht aggressiv ist, hat in der Regel wenig glückliche Erfahrungen gemacht, als es versuchte, seine Wünsche durch aggressives Verhalten zu befriedigen. Es hat gelernt, daß Sichzurückziehen und Verzichten auf seine Ziele wirksamere Techniken in der Auseinandersetzung mit seiner Frustration oder zur Reduzierung seiner Angst sind. Ein Kind mag seine Aggressionen aus Angst vor Strafe unterdrücken, wenn seine Eltern oder andere Erwachsenen bei ihm sind, aber dieses Unterdrücken verstärkt nur noch die Frustration, und so wird die Aggression nur noch heftiger, wenn die Erwachsenen nicht anwesend sind (183, 188).

Ursachen des aggressiven Verhaltens. Aggressivität wird dann hervorgerufen, wenn etwas geschieht, das ein Kind hindert, ein Ziel zu erreichen, das ihm wichtig ist. Für die Aggressivität kleiner Kinder gibt es viele Ursachen; welche davon im Vordergrund steht, hängt in erster Linie vom Kind selbst ab. Aggressivität kann auf den Wunsch des Kindes zurückgegührt werden, Aufmerksamkeit auf sich zu ziehen oder seine Überlegenheit zu zeigen. Sie kann eine Form des Selbstschutzes sein, wenn es sich unsicher fühlt und sich verteidigen muß, sie kann aber auch ein Ausdruck von Eifersucht sein. Manchmal ist Aggressivität ein Zeichen ungenügend entwickelter sozialer Beziehungen, ein anderes Mal gerade im Gegenteil Ausdruck einer Verbesserung des Sozialverhaltens. Jüngere Kinder haben kürzere und weniger Kontakt mit anderen Kindern als ältere, und haben deshalb auch weniger Gelegenheit, Aggressionen zu zeigen. Im dritten Lebensjahr nimmt jedoch, da Kontakte mit anderen Kindern jetzt häufiger werden, die Aggressivität zu.

Die Identifikation mit aggressiven Personen in Filmen, Bildgeschichten oder Fernsehsendungen erhöht meistens die Aggressivität der Kinder; manchmal wirkt diese Identifikation jedoch als eine Art Reinigung (Katharsis) und vermindert die Aggressivität im wirklichen Leben der Kinder, wenn sie ihre aggressiven Gefühle dadurch loswerden, daß sie sie auf die Personen ihrer Phantasiewelt übertragen. Jede Störung einer Beziehung zwischen einem Erwachsenen und dem Kind wird für das Kind zu einem frustrierenden Erlebnis und führt somit zu Aggressionen. Je länger die Frustration andauert, desto aggressiver wird das Kind (96, 164, 167).

Körperliche Strafen sind eine verbreitete Ursache der Aggressivität, und Aggressivität wiederum führt selbst häufig zu körperlichen Strafen. Kinder, die für ihre Aggressivität schwer bestraft werden, oder Kinder, deren Mütter gegenüber aggressivem Verhalten äußerst nachsichtig sind, zeigen mehr Aggressivität als Kinder, deren Eltern sich vor beiden Extremen hüten. Schon die Identifikation mit einer aggressiven Person, gleichgültig, ob diese ein Erwachsener oder ein älteres Kind ist, kann das Kind aggressiv werden lassen, mit Sicherheit verstärkt sie jedoch bereits vorhandene aggressive Tendenzen (126, 130, 182).

Erscheinungsweisen der Aggressivität. Aggressivität drückt sich meistens aus in provoziertem, körperlichem Angriff, wenn sich ein Kind z. B. an einer Balgerei beteiligt, nachdem es geschlagen wurde; in einem Anfall von Angriffswut, einem Ausbruch von unkontrolliertem, wütendem Verhalten; in verbalen Angriffen, wenn ein Kind einem anderen droht, ihn beschimpft oder lügt; und in indirekter Aggression, die darin besteht, eine andere Person oder ein anderes Objekt anzugreifen – wenn ein Kind z. B. über eine andere Person schlecht spricht oder Dinge, die einem anderen Menschen gehören, zerstört, wenn es diesen Menschen selbst gerne direkt angreifen würde (125). Werden diese Verhaltensweisen zu einer Gewohnheit, so bezeichnet man das Kind als „aggressives Kind" (4).

Das Kleinkind drückt seine Aggressivität in Verhaltensweisen aus, die von kleinen, körperlichen Angriffen mit der Hand, den Füßen oder irgendeinem kleinen Gegenstand zu recht ernsten Attacken reichen, bei denen jemand ziemlich schlimm verletzt werden kann. Je jünger ein Kind ist, um so vollständiger drückt es seine Aggression aus – es greift wütender an und schreit stärker. Vom vierten oder fünften Lebensjahr ab finden sich allmählich immer weniger direkte Aggressionen; indirekte Formen der Feindseligkeit nehmen zu, besonders die verbalen Angriffe, d. h. andere beschuldigen, über andere klatschen und Schimpfnamen nachrufen (59, 69, 217).

Varianten der Aggressivität. Es gibt starke Unterschiede sowohl in der Häufigkeit und Intensität der Aggressivität als auch in den verschiedenen Formen bei den einzelnen Kindern und beim gleichen Kind zu verschiedenen Zeitpunkten. Für jüngere Kinder gilt, daß Jungen meist aggressiver sind als Mädchen. Die Jungen ziehen körperliche Angriffe vor, während bei Mädchen verbale Formen überwiegen. Im Alter von 4 bis 5 Jahren haben jedoch auch bei den Jungen die verbalen Angriffe zugenommen (59, 135, 217).

Kinder mit einem starken Liebesbedürfnis entdecken bald, daß Aggressivität ihnen Ablehnung einbringt. Deshalb lernen sie, um ihr Verlangen nach Liebe erfüllt zu bekommen, sich zu unterwerfen, auch wenn sie stark frustiert sind. Schlecht angepaßte Kinder können auf jeder Altersstufe ihre aggressiven Reaktionen weit schlechter kontrollieren als gut angepaßte Kinder. Aber auch bei gut angepaßten Kindern hängt die Stärke der Aggressivität hauptsächlich von dem Ausmaß ab, in dem eine Frustration erlebt wurde (69, 167, 177).

Der Status des Kindes in der Familie und die Einstellung der Eltern zur Erziehung des Kindes sind wichtige Faktoren, die darüber entscheiden, wie aggressiv ein Kind ist (66). Man hat festgestellt, daß ältere Geschwister in der Regel weniger aggressiv sind als jüngere Kinder oder Einzelkinder (121). Eine Mutter, die ihr Kind wegen seiner Angriffslust schilt und meint, daß es dafür bestraft werden sollte, oder die Mutter, die sich selbst die Schuld gibt, weil sie übermüdet sei und schlechte Laune habe, wird wahrscheinlich das aggressive Verhalten bei ihrem Kind noch verstärken (166). Die Aggressivität ist größer bei Kindern autoritärer Eltern, die die körperliche Bestrafung für einen notwendigen Bestandteil der Erziehung halten. Sie ist ebenfalls bei Kindern solcher Eltern stärker, die gegenüber Angriffslust sehr nachsichtig eingestellt sind (130, 184).

Die Aggressivität hängt ab von der Tageszeit, von der Umgebung beim Spiel, von der Vertrautheit mit den anderen Kindern in seiner Umgebung und davon, ob ein Erwachsener anwesend ist oder nicht. Wenn das Kind müde ist, ist sie am stärksten, also kurz vor dem Essen und vor dem Schlafengehen. Je besser das Kind seine Spielkameraden kennt, desto aggressiver ist es wahrscheinlich. In einer Untersuchung an kleinen Kindern hat man z. B. festgestellt, daß Kinder, die schon längere Zeit eine bestimmte Schule besuchten, sich angriffslustiger verhielten als Neuankömmlinge (167).

Kinder sind aggressiver, wenn ein Erwachsener zugegen ist, dessen Aufmerksamkeit sie auf sich lenken wollen oder bei dem sie Schutz suchen können, wenn ihre Aggressivität zu einem Streit führen sollte. Einige jüngere Kinder beginnen jedoch mit ihren Angriffen, sobald sie mit anderen Kindern alleine gelassen werden (96). Ob sie in Anwesenheit eines Erwachsenen mehr oder weniger aggressiv sind, hängt davon ab, mit welchen Kindern sie zusammen sind; lassen diese sich etwas gefallen, dann werden ihre Spielkameraden auf ihnen „herumhacken" (190).

Auch die Art des aggressiven Verhaltens, das ein Kind zeigt, unterliegt Schwankungen. Wenn ein Kind konformistisch erzogen worden ist, wird es wahrscheinlich eher seine Aggression verschieben als die Person direkt angreifen, von der die Frustration ausging. Wenn z. B. die Eltern das Kind in eine Versagungssituation gebracht haben, wird es vielleicht seine Aggression auf eines seiner Geschwister oder auf ein Spielzeug verschieben. Je mehr Angst und Schuld das Kind wegen seiner Aggressivität fühlt, desto wahrscheinlicher wird es seine aggressiven Reaktionen verschieben (112). Beliebte Kinder drükken ihre Aggressionen im Rahmen ihres Spieles aus und haben ein ganz bestimmtes einziges Kind, gegen das sie ihre Angriffe richten; sie verschieben ihre Aggressionen selten. Unbeliebte Kinder hingegen verschieben oft ihre Aggressionen, sie greifen irgendjemanden an, der gerade in ihrer Nähe ist. Das beliebte Kind bedient sich verbaler Aggressionen auch weniger oft, um die Aufmerksamkeit auf sich zu lenken, als das unbeliebte Kind; das unbeliebte Kind nimmt sowohl zur körperlichen als auch zur verbalen Aggression seine Zuflucht (61).

Streitereien

Streitereien beginnen gewöhnlich, wenn ein Mensch einen anderen unprovoziert angreift. Sie sind also eine Folge der Aggression. Streitereien unterscheiden sich jedoch von Aggressionen hauptsächlich in zweifacher Hinsicht: 1) an Streitereien sind immer zwei oder mehr Leute beteiligt, Aggression ist ein individueller Akt; und 2) bei einer Streiterei ist eine der beteiligten Personen in die Rolle des Sich-Verteidigenden gedrängt, bei der Aggression ist die Rolle, die gespielt wird, immer die des Angreifers. Streiterei gleicht der Aggression darin, daß beide stark mit Emotionen, hauptsächlich Wut, aufgeladen sind; beide schließen Angriffe auf eine andere Person ein, und in beiden kann dieser Angriff sowohl körperlich als auch verbal sein. Da Streit gewöhnlich aus einer Aggression hervorgeht, verläuft die Entwicklung des streitsüchtigen Verhaltens parallel zu der des aggressiven Verhaltens. Es erreicht einen Gipfel im Alter von drei bis vier Jahren und fällt dann ab, denn das Kind lernt, sich besser an die Gemeinschaft anzupassen.

Ursachen der Streitereien. Ein Kind fängt Streit an, weil es einfach noch nicht weiß, wie es in einer besseren Form zu sozialen Kontakten kommen kann. Die Auseinandersetzung beginnt damit, daß das Kind eine andere Person oder deren Eigentum angreift. Bei jüngeren Kindern steht der Konflikt über Besitz von Spielzeug im Vordergrund (159, 161).

Streitereien bedeuten nicht, daß die Kinder sich nicht leiden mögen. Im Gegenteil, Freunde streiten sich mehr als Kinder, die wenig füreinander übrig haben. Ein Streit wird meistens von einem Kind beendet, gewöhnlich dem jüngeren oder schwächeren der beiden, weil es der Überlegenheit des anderen nachgibt. Manchmal greifen auch die Eltern oder die Lehrer ein und brechen den Streit ab. Nur selten wird er durch das Eingreifen eines anderen Kindes beendet, durch einen Kompromiß oder durch freiwilliges Nachgeben eines der Kinder. Wenn erst einmal ein Streit vorbei ist – ganz gleich, wie er beendet wurde –, sind die beteiligten Kinder wieder nett und freundlich zueinander und setzen ihre Beschäftigung an dem Punkt fort, an dem der Streit begann. Sie sind selten nachtragend oder kündigen eine Freundschaft wegen eines Streites auf. Auseinandersetzungen zwischen jüngeren Kindern sind kurz, aber heftig; sie dauern im Durchschnitt etwa 30 Sekunden und lassen sich, wenn Kinder zusammen sind, alle fünf Minuten beobachten. Wenn die Kinder älter werden, treten die Streitigkeiten weniger oft auf, dauern aber länger, und der Kampf ist härter (79, 135).

Verschiedene Formen der Streitereien. Es hängt von der Art der Beschäftigung ab, bei der die Kinder gerade sind, wie häufig und wie heftig die Auseinandersetzungen sind. Verschiedene Arten konstruktiven Spiels, aber auch alle rein zerstörerischen Beschäftigungen führen am häufigsten zu Streit, denn in ihnen ist immer ein Element des Vergleichens mit anderen Kindern gegeben. Am seltensten tritt Streit auf, wenn das Spiel von den Kindern einzeln gespielt wird, wenn es ruhig ist und Anforderungen an den Intellekt stellt. Jungen jeden Alters sind streitsüchtiger als Mädchen, sie denken mehr an Vergeltung, und ihr Streiten ist aggressiver, dynamischer und intensiver. Mädchen greifen auch Mädchen an, doch weniger heftig, als sie Jungen angreifen. Die Mädchen ersetzen körperliche Angriffe früher durch verbale als Jungen (181, 185).

In der Familie finden wir häufig Streit zwischen Geschwistern. In der frühen Kindheit streiten sich Geschwister des gleichen Geschlechts häufiger als Geschwister mit verschiedenem Geschlecht (121). Kinder aus Schichten mit niedrigem sozioökonomischen Status sind gewöhnlich aggressiver und streiten sich mit Geschwistern und Spielkameraden mehr als Kinder aus den oberen Schichten (146). Die Anzahl der Streitereien, an denen ein Kind beteiligt ist, steht in enger Beziehung zu seiner allgemeinen Aktivität. Je mehr ein Kind „herumkommt" und je mehr Kontakte es mit anderen Kindern aufnimmt, desto häufiger nimmt es an Streitereien teil (113). Schließlich wird die Streitsucht auch von Grad und Art der Anleitung bestimmt, die ein Kind von seinen Eltern und Lehrern bekommt. Da Eltern aus den mittleren Schichten stärkeren Wert auf freundliches Zusammenspielen legen und Streitereien stärker mißbilligen als Eltern aus den unteren Klassen, lernen die Kinder aus den mittleren Schichten früher, wie man miteinander spielt (17, 130).

Rivalität

Rivalität läßt sich charakterisieren als der Wunsch, zu „glänzen" oder andere zu übertreffen; sie wird immer von einer anderen Person ausgelöst. Wettstreit um Prestige läßt sich nicht vor dem vierten Lebensjahr beobachten (103). An Kindern von zwei Jahren lassen sich keinerlei Anzeichen von Rivalitätsverhalten entdecken; wenn man sie in eine Situation des Wettstreites bringt, schauen sie sich nur gelegentlich an. Ein Jahr später läßt sich Wettstreitverhalten schon beobachten, doch wird es von anderen Einstellungen, besonders der, andere zu imitieren, in den Hintergrund gedrängt. Wenn es vier Jahre alt ist, hat das Kind jedoch eine gute Vorstellung davon, was es heißt, überlegen zu sein, und strebt jetzt danach, zu „glänzen". Im Alter von sechs Jahren ist der Sinn für Wettkampf bei den meisten Kindern gut entwickelt (79, 201).

Verschiedene Erscheinungsweisen des Rivalisierens. Kinder aus ärmeren Familien, besonders Jungen, zeigen in jedem Alter mehr Rivalität als Kinder aus höheren sozioökonomischen Gruppen (146). Wenn Kinder mit Fremden rivalisieren, sind sie ruhiger, als wenn sie mit Freunden wettstreiten. Im Wettkampf mit Freunden werden sie unruhig und erregt. In der Regel bleiben Kinder länger bei einer Aufgabe, wenn sie mit anderen im Wettstreit liegen, als wenn sie sich mit der Aufgabe alleine beschäftigen. Rivalität, der Streit folgt, läßt sich häufiger beobachten, wenn eine dritte Person anwesend ist, besonders wenn es sich um einen Erwachsenen handelt, um dessen Zuwendung die Kinder kämpfen. Eine der häufigsten Formen des Wettstreites zwischen kleinen Kindern ist die des Prahlens damit, daß man bei irgendeiner Sache der Erste ist, oder darüber, daß man besseres Spielzeug o. ä. hat (30, 124).

Rivalität in der Familie ist häufig, besonders wenn Eifersucht zwischen den Geschwistern besteht. Rivalität zwischen Geschwistern verschiedenen Geschlechts oder zwischen Jungen ist in der Regel stärker und führt zu mehr Streitereien als Rivalität zwischen Mädchen. Dies trifft besonders zu, wenn die Mutter einen Sohn bevorzugt oder wenn die anderen Kinder den älteren Sohn als „Mutters Liebling" ansehen (28, 121).

Kooperatives Verhalten (Zusammenarbeit)

Zusammenarbeit in einer Gruppe tritt nicht viel früher auf, als bis die Kinder sechs oder sieben Jahre alt sind. Je stärker die Freundschaft zwischen den Mitgliedern einer Gruppe ist, um so stärker wird die Zusammenarbeit sein (24). Verzögerungen in der Entwicklung des kooperativen Verhaltens lassen sich häufig auf mangelnde Gelegenheit zurückführen, Geschick in der Arbeit im Elternhaus zu erlernen. Ein kleines Kind, das der Mutter helfen möchte, wird viel zu oft zurückgewiesen, weil die Mutter glaubt, daß es mehr im Wege stehen als eine Hilfe sein wird, oder weil sie meint, die Kindheit sollte eine „glückliche, sorgenfreie Zeit" sein. Nur wenn das Kind häufig Gelegenheiten hat, Kontakte außerhalb des Elternhauses zu schließen, erlernt es kooperatives Verhalten.

Eines der wichtigsten Charakteristika beliebter Kinder besteht darin, daß ihre Alterskameraden sie für hilfsbereit halten; mangelnde Hilfsbereitschaft trägt zur Zurückweisung durch andere bei (55, 86). Wenn autoritäre Erziehungsmethoden in der Familie angewendet werden, um kooperatives Verhalten zu erzwingen, entwickelt sich beim Kind in dieser Hinsicht oft eine negative Einstellung, und es zeigt dann, wenn die elterliche Autorität nicht zugegen ist, keinen Willen zur Zusammenarbeit. Kinder aus liberaleren, demokratischeren Elternhäuser freuen sich dagegen meistens, wenn sie mit anderen zusammenarbeiten dürfen. Zusammenarbeit entwickelt sich so im Elternhaus zu einer Gewohnheit, die auch auf die sozialen Beziehungen außerhalb der Familie übertragen wird (101, 120).

Streben nach Vorrang

Unter Vorrangstreben verstehen wir „jedes Verhalten, das die Beherrschung einer sozialen Situation erreicht oder beibehält – oder dies doch zumindest versucht – mit dem Ziel, sein eigenes Verhalten selbst zu bestimmen und es nach seinen eigenen Zielen auszurichten" (157). Es ist die Tendenz, andere zu beherrschen. Diese Tendenz läßt sich bei fast allen kleinen Kindern finden, sie zeigt sich gewöhnlich zuerst in den Beziehungen des Kindes zu den Erwachsenen. Beginnend etwa, wenn das Kind drei Jahre alt ist, nimmt das Streben nach Vorrang mit der Anzahl der sozialen Kontakte zu, erreicht seinen Höhepunkt mit fünf Jahren und läßt dann nach (204).

Unterschiede im Vorrangstreben. Im Alter von drei bis vier Jahren versuchen Mädchen in Spielsituationen sehr viel stärker zu dominieren als Jungen. Bei Fünfjährigen hat sich das Verhältnis umgekehrt. Wenn Paare aus einem Jungen und einem Mädchen zusammengestellt werden, versuchen die Mädchen häufig zu beherrschen (4, 157).

Wenn Kinder besonders rechthaberisch sind, so liegt das an der Atmosphäre im Elternhaus. Solche Kinder stammen aus Familien, in denen es Streitereien über die Erziehungsmethoden gibt, in denen das Verhalten vielen Restriktionen unterworfen wird, in denen eine allgemeine Unstimmigkeit herrscht und in denen die Eltern eine Fülle von Vorschriften für das Kind bereithalten. Auch wenn die Eltern mit dem Kind unzufrieden sind, wenn zwischen Eltern und Kind kein enger Kontakt besteht, wenn die Eltern wenig Verständnis zeigen und unfähig oder nicht willens sind, die Fragen zu beantworten, die ein Kind natürlicherweise stellt, dann entwickelt sich mit einiger Wahrscheinlichkeit beim Kind rechthaberisches Verhalten gegenüber anderen (121, 133).

Großzügigkeit

Das typische Kleinkind ist egozentrisch. Es äußert seine Wünsche als Forderungen, und wenn sie abgeschlagen werden, protestiert es durch Schreien oder zeigt seinen Ärger in Wutanfällen. Erst wenn es mit anderen zu spielen anfängt, lernt es, seine eigenen Interessen denen der Gruppe einzufügen. Das Vorherrschen des eigenen Interesses erreicht gewöhnlich seinen Höhepunkt in der Zeit zwischen vier und sechs Jahren, danach tritt das eigene Interesse zurück, wenn das Kind feststellt, daß selbstsüchtiges Verhalten von der Gruppe nicht akzeptiert wird. Mit dem Ende der Kindheit ist das unbedingte Durchsetzenwollen der eigenen Wünsche bei gut angepaßten Kindern fast völlig verschwunden, bei den schlecht angepaßten findet man diese Verhaltensweise jedoch noch häufig (90, 214).

Großzügigkeit, die Bereitschaft, mit anderen zu teilen, nimmt zu, wenn das egozentrische Verhalten abnimmt. In einem Experiment, in dem festgestellt werden sollte, in welchem Alter Großzügigkeit Selbstsucht ersetzt, wurden die Kinder aufgefordert, eine ungerade Anzahl von Nüssen zwischen sich und einem anderen Kind zu teilen. Im Alter von 4 bis 6 Jahren behielten die Kinder den größeren Teil der Nüsse für sich, danach wurden sie großzügiger. Zunächst gaben sie dem anderen Kind mehr als sie für sich selbst nahmen, dann verteilten sie die Nüsse gleichmäßig, wobei sie eine aus der Verteilung ausschlossen, wenn sie feststellten, daß nach gleichmäßigem Verteilen eine übrig blieb (214).

In einem ähnlichen Experiment, in dem Kinder gebeten wurden, eine ungerade Anzahl von Pfennigen, die sie bei einer

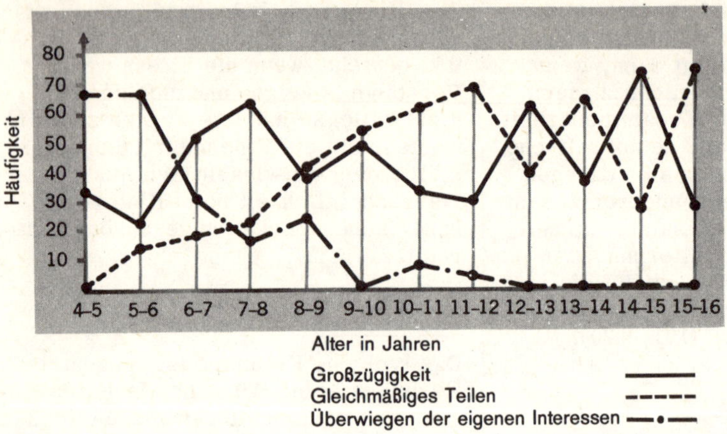

Abb. 8-4. Die Häufigkeit von Großzügigkeit, gleichmäßigem Teilen und Überwiegen der eigenen Interessen in bestimmten Altersstufen.

gemeinsamen Arbeit erworben hatten, zu teilen, war das eigene Interesse in den Jahren vor Schulantritt am stärksten, nach der Einschulung nahm es jedoch ab. Der deutlichste Übergang zur Großzügigkeit wurde im vierten und fünften Schuljahr festgestellt – das ist das Alter, in dem die Kinder sich besonders darum bemühen, von ihren Alterskameraden akzeptiert zu werden, und in dem Gruppen und Banden die wichtigste Rolle in ihrem sozialen Leben spielen (90). In Abb. 8-4 wird der Übergang von Eigennutz zu Großzügigkeit dargestellt; die Kurven stellen die Häufigkeit von Großzügigkeit, gleichmäßigem Teilen und Überwiegen des eigenen Interesses in den verschiedenen Altersperioden dar.

Unterschiede in der Großzügigkeit. Ärmere Kinder sind im ganzen gesehen großzügiger als Kinder aus reichen Elternhäusern. Die selbstsüchtigsten Kinder stammen aus den reichsten Elternhäusern – aus Elternhäusern also, in denen das Durchsetzen des eigenen Interesses geduldet oder sogar gefördert wird. Kinder aus Familien, die zur Mittelklasse gehören, sind am großzügigsten von allen. Man kann dies erklären mit dem großen Wert, der von den Eltern der Mittelklasse auf Erziehung zu guter sozialer Anpassung gelegt wird. Kinder aller Altersstufen, besonders aber in der Vorschulzeit, sind am großzügigsten, wenn Erwachsene anwesend sind. Auch die Familiengröße hat einen Einfluß auf dieses Verhalten. Kinder aus großen Familien sind freigiebiger als Kinder aus kleinen Familien, Einzelkinder sind meistens am selbstsüchtigsten.
Allerdings hängt die Großzügigkeit eines Kindes nicht so sehr von der Familiengröße ab, als vielmehr von dem Erziehungsstil des Elternhauses. Kinder werden nicht einfach deshalb großzügiger, weil sie älter werden. Nur Anleitung und Bemühen durch Eltern, Lehrer und andere bewirken die Entwicklung von Großzügigkeit. In Großzügigkeit oder Eigennützigkeit gibt es keine ausgeprägten Geschlechtsunterschiede. Um es noch einmal zu sagen: Ob ein Kind großzügig und freigiebig wird oder nicht, hängt hauptsächlich von seiner Erziehung und vom Einfluß seiner Alterskameraden ab (90, 213, 214).

Streben nach Anerkennung durch die Gemeinschaft

Schon ein kleines Kind hat es gerne, wenn man sich ihm zuwendet. Lange bevor es sprechen kann, „fühlt" es, daß es im Mittelpunkt der Bewunderung und Aufmerksamkeit steht. Je mehr Lebensjahre vergehen, desto mehr strebt das Kind nach der Anerkennung durch andere, erst nach dem Wohlwollen der Erwachsenen, dann nach dem der Altersgefährten. Der Wunsch, seine Kameraden wie auch die Erwachsenen zu beeindrucken, bringt das Kind

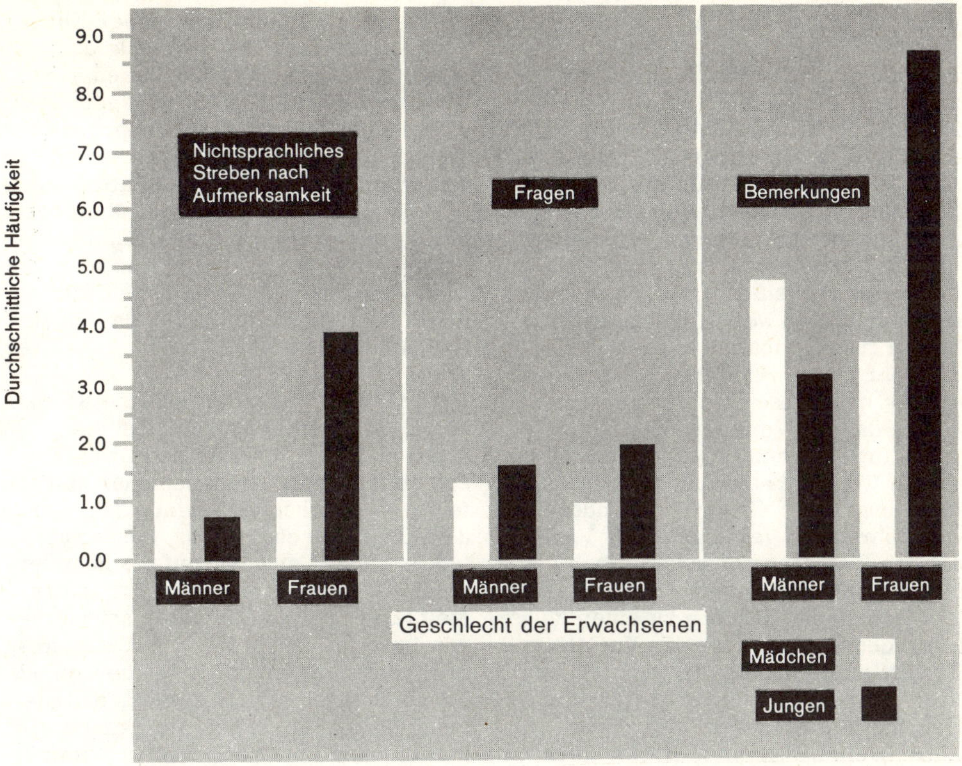

Abb. 8-5. Versuche von Jungen und Mädchen, die Aufmerksamkeit von Männern und Frauen auf sich zu ziehen.

oft in Konflikt mit den Regeln der Erwachsenenwelt und mit den Normen der sozialen Gruppe.

Ein Mangel an sozialer Anerkennung macht das Kind nicht nur unglücklich, verleitet es vielmehr auch oft zu Verhaltensweisen, von denen es seiner Erfahrung nach weiß, daß sie ihm unweigerlich Aufmerksamkeit verschaffen. Da das kleine Kind Aufmerksamkeit und das Wohlwollen anderer gleichsetzt, versucht es oft auch in einer Art und Weise die Aufmerksamkeit zu erringen, die von der Gemeinschaft nicht gebilligt wird. Das ist der Grund, warum diese Kinder, wenn sie sich vernachlässigt fühlen, aufzufallen versuchen, und durch Lärmen und Schreien die Aufmerksamkeit eines jeden, der zufällig in der Nähe ist, zu erlangen suchen (133).

Wenn auch diese angestrengten Versuche aufzufallen vom Kind unternommen werden, um die Aufmerksamkeit anderer zu erhalten, kann das Kind unter Umständen doch auch Verhaltensweisen finden, die weniger auf die Mißbilligung der Gesellschaft stoßen. Diese Verhaltensweisen sind hauptsächlich verbaler Art. So stellen Kinder Fragen z. B. oft nur deshalb, weil sie wollen, daß man sich ihnen zuwendet (141). Das gleiche trifft zu für dringende Bitten um Hilfe und für Prahlereien. Da die meisten kleinen Kinder mit Frauen am häufigsten Kontakt haben, und zwar sowohl im Elternhaus als auch während der Vorschulzeit außerhalb des Elternhauses, versuchen sie stärker die Aufmerksamkeit der Frauen als die der Männer zu erlangen (vergleiche Abb. 8-5).

Wenn das Kleinkind gelernt hat, daß Aufmerksamkeit alleine es nicht befriedigt, dann steuert es sein Verhalten so, daß es gelobt wird und Tadel vermeidet. Vieles von der Angst kleiner Kinder läßt sich auf ihre Unsicherheit darüber zurückführen, wie die anderen reagieren werden, wenn sie das tun, was sie gern tun möchten. Ein Zeichen der Zustimmung, ein Lächeln etwa oder ein Zunicken, oder ein Anzeichen für Mißbilligung, wie ein Stirnrunzeln oder ein lautes Wort, bedeutet für ein kleines Kind mehr, wenn es von einem Erwachsenen kommt, als wenn es von einem anderen Kind stammt (140, 184). Nach dem dritten Lebensjahr jedoch sind die Zustimmung und Mißbilligung der Gleichaltrigen wichtiger. Dies läßt sich sehr gut an Hand einer Untersuchung nachweisen, in der gezeigt wurde, daß die Vorlieben des Kleinkindes für bestimmte Speisen von seinem Wunsch beeinflußt werden, Anerkennung in der Gruppe, besonders vom Führer, zu gewinnen. Das Vorbild des Gruppenanführers führte nicht nur zu einer momentanen Beeinflussung des Verhaltens, sondern zu einer länger dauernden Veränderung der Vorlieben für bestimmte Speisen bei den Kindern (113). Genau das gleiche gilt für die Kleidung; ein Kind wird sich dagegen wehren, ein bestimmtes Kleid, auch wenn es dieses Kleid eigentlich gern mag, anzuziehen, wenn es merkt, daß es sich dadurch die Achtung bei den anderen verscherzen würde (79).

Mitgefühl

Unter Mitgefühl verstehen wir ein Verhalten, das anzeigt, daß eine Person von den Empfindungen und Gefühlen einer anderen beeinflußt wird. In einer umfangreichen Studie über das Mitgefühl bei Kindern im vorschulpflichtigen Alter stellte man fest, daß zwei- und dreijährige Kinder auf blaue Flecken, Beulen, Schwellungen und kleinere Verrenkungen nicht mit Mitgefühl reagierten, auch nicht auf ein Bild, das zeigte, wie Rotkäppchen vom Wolf gefressen wird, oder auf Bilder von Unfällen oder Beerdigungen oder auf Krüppel oder Leuten mit Krücken. Die Dreijährigen reagierten im allgemeinen mitfühlend auf Blinde wie auch auf Leute, die Bandagen tragen, deren Wunden mit Heftpflastern oder Verbänden bedeckt sind oder bei denen man rote Schwellungen, Narben oder Schrammen sehen kann. Sie zeigten Mitgefühl gegenüber Kindern, denen man das Spielzeug oder etwas zum Essen weggenommen hatte, von denen die Mutter fortgegangen war, die in einem Laufstall eingesperrt waren oder Schwierigkeiten mit einem Fahrrad hatten. Sympathie hatten sie auch übrig für ein weinendes Kind oder eines, das im Bett bleiben mußte, das frustriert wurde, das nicht in der Lage war, eine Arbeit, die es angefangen hatte, fertigzustellen, oder das einen Unfall hatte (159).

Mitfühlendes Verhalten. Kleine Kinder zeigen Mitgefühl dadurch, daß sie anderen helfen, daß sie den Grund für das Mißgeschick entfernen oder zu entfernen versuchen oder jemanden, der an dem Unglück schuldig ist, bestrafen; indem sie den anderen auf die Schulter klopfen, umarmen und küssen, indem sie die Person, die in einer schwierigen Lage ist, beschützen und verteidigen, indem sie einem Erwachsenen oder einem anderen Kind erzählen, daß jemand in Not ist, indem sie Fragen stellen, um den Grund für den Kummer herauszufinden, und indem sie Lösungen für Schwierigkeiten vorschlagen oder auch selber herbeiführen. Gelegentlich kann man auch Reaktionen beobachten, die mangelndes Mitgefühl verraten. Dazu gehört es, über jemanden, der in Not ist, zu lachen, in einer solchen Situation sich selbst in den Vordergrund zu rücken, ein Kind, dem es schlecht geht, anzugreifen oder lediglich auf es hinzustarren (159). Einige jüngere Kinder zeigen ihr Mitgefühl, indem sie gegenüber Neulingen in einer Gruppe freundlich sind, indem sie die Rechte jüngerer Kinder verteidigen oder denen helfen, die sich nicht selbst verteidigen können (78, 214).

Unterschiede im Mitgefühl. Im Alter von zwei bis drei Jahren treten noch keine Geschlechtsunterschiede im mitfühlenden Verhalten auf, später zeigen Mädchen mehr Mitleid als Jungen. Obwohl mitfühlendes Verhalten sowohl mit dem Intelligenzalter als auch mit dem Lebensalter zunimmt, hängt es doch stärker vom Charakter des Kindes ab. Ein egozentrisches

Kind, das ganz von seinen eigenen Schwierigkeiten in Anspruch genommen wird, das sich als Folge unerfreulicher Erlebnisse in der Vergangenheit unsicher fühlt oder dessen frühere Erfahrungen derart waren, daß es die Schwierigkeiten anderer nicht verstehen kann, wird kaum mitfühlendes Verhalten zeigen.

Wie sehr Kinder mitfühlendes Verhalten beweisen, ändert sich je nach den Umständen. Je mehr Selbstvertrauen ein Kind hat, desto weniger wahrscheinlich zeigt es Sympathie. Wenn ein Kind unmittelbar oder mittelbar für die üble Lage eines anderen verantwortlich ist, hat es weniger Mitleid, als wenn der Kummer von einem anderen Kind verursacht wurde. Das Mitleid hängt auch in starkem Maße davon ab, wie sehr ein Kind eine Situation verstehen kann. Dies hängt zum Teil vom Intelligenzalter und vom chronologischen Alter ab, zum Teil von seinen früheren Erfahrungen (30, 159).

Abhängigkeit

Auch das Kind, das sehr darauf achtet und danach strebt, unabhängig zu sein, das immer sagt: „Ich kann es schon alleine tun!", ist noch in starkem Maße abhängig (108). Zunächst hängt es in erster Linie von seinen Eltern ab, später auch etwas von seinen Geschwistern, besonders von älteren Geschwistern, die oft die Eltern vertreten (121). In der Zeit von zweieinhalb bis viereinhalb Jahren wird es in immer stärkerem Maße von der Gruppe seiner Alterskameraden abhängig (135, 138). Die Abhängigkeit von der Aufmerksamkeit und der Zuneigung anderer nimmt jedoch nicht ab, wenn das Bedürfnis des Kindes nach Hilfe abnimmt. Es mag sein, daß sich die Abhängigkeit in ihrer Form ändert, sie bleibt jedoch über die frühen Jahre der Kindheit hinaus bestehen und wird oft noch stärker (80).

Verhalten, in dem sich die Abhängigkeit äußert. Abhängiges Verhalten zeigt sich am häufigsten darin, daß Hilfe gesucht wird, wenn eigentlich gar keine benötigt wird, daß Aufmerksamkeit und Zustimmung von anderen verlangt wird, und darin, daß das Kind stark beeinflußbar ist. Je abhängiger das Kind ist, desto stärker und voller ausgeprägt sind diese Verhaltensweisen. Das abhängige Kind nimmt gern Hilfe von jedem an, aber es sorgt sich besonders darum, daß die Person oder die Personen, von denen es gewöhnt ist, abzuhängen, ihm helfen – das ist in den meisten Fällen die Mutter oder ein Lehrer. Ein übermäßig abhängiges Kind wird auch dann Unterstützung suchen, und zwar gewohnheitsmäßig, wenn es schon längst zu unabhängigem Verhalten fähig wäre (80, 111).

Unterschiede im abhängigen Verhalten. Ob das Kind, wenn es älter wird und die Fertigkeiten erwirbt, die normalerweise zur Selbständigkeit führen, tatsächlich selbständig wird, hängt zum größten Teil von der Erziehung und den Lernmöglichkeiten im Elternhaus ab. Kinder, die zur Abhängigkeit erzogen werden – für die man zu viel tut, die für zu wenig verantwortlich sind und die zu wenig Möglichkeiten haben, zu lernen, etwas selbst zu erledigen –, diese Kinder lernen dann auch, abhängig zu sein. Diese Erziehung zur Abhängigkeit ist typischer für Eltern der Mittelklasse als für Eltern der unteren Klassen. Hält man hingegen das Kind immer wieder dazu an, selbständig zu sein, so wird das Kind bei weitem nicht so oft sich als abhängig von anderen verhalten, wenn es eigentlich die Hilfe nicht braucht (92).

Übermäßige Abhängigkeit, die Tendenz, stärker von anderen – was Hilfe, Aufmerksamkeit und Zuneigung angeht – abzuhängen, als es für die Entwicklung des Kindes eines bestimmten Alters und einer bestimmten Entwicklungsstufe angemessen ist, läßt sich im allgemeinen auf ein Unsicherheitsgefühl zurückführen. Und diese Gefühle wiederum sind eine Folge einer zu starken Einflußnahme der Eltern oder der Ablehnung des Kindes durch die Eltern. Mit der Zeit führt dies zu einem allgemeinen Zustand der übermäßigen Abhängigkeit, in dem das kleine Kind von jedermann, den es erreichen kann, abhängig wird, ob es nun ein Erwachsener oder ein anderes Kind ist. Überstarke Abhängigkeit zeigt sich besonders bei Kindern mit chronischen Krankheiten, wie Asthma, oder bei an erster Stelle geborenen Kindern, deren Status in der Familie durch die Ankunft der neuen Geschwister bedroht ist (133).

Übermäßige Abhängigkeit kann gemindert oder verstärkt werden, je nachdem, wie sie von den Eltern oder Lehrern behandelt wird. Wenn ein Kind aus seinem abhängigen Verhalten wenig Befriedigung gewinnen kann, ist es nicht motiviert, mit diesem Verhalten noch länger fortzufahren. Je mehr Eltern und Lehrer selbständiges Verhalten ermutigen und belohnen, desto weniger abhängig wird das Kind sein (51). Ein Kind von Erwachsenen zu isolieren, wenn es gerne mit ihnen zusammen sein möchte, ermutigt jedoch ein Kind nicht, wie viele Erwachsene glauben, selbständiger zu werden. Da Isolierung für das Kind eine Frustration bedeutet, hemmt es jede Motivation, selbständiger zu werden (96).

Freundlichkeit

Kleine Kinder sind freundlich gegenüber Erwachsenen und gegenüber anderen Kindern eingestellt. Sie streben nach sozialem Kontakt und sind unglücklich, wenn ihnen dazu keine Möglichkeit geboten wird. Manches am Verhalten des Kleinkindes, etwa seine Aggressivität, sein Mangel an Mitgefühl oder sein Verlangen nach Aufmerksamkeit, könnte die Vermutung nahelegen, es betrachte andere als mögliche Feinde und sei ausschließlich auf sich selbst bezogen. Das ist jedoch nicht der Fall. Das Kind möchte Freundschaft mit allen und versucht in seiner kindlichen, ungeschickten Art, dies die andere Person wissen zu lassen. Es hat einfach noch nicht gelernt, wie man soziale Kontakte in einer günstigeren Art und Weise anknüpft.

Untersuchungen der freundlichen Zuwendungen kleiner Kinder haben ergeben, daß sie sich anderen Kindern öfter freundlich als in aggressiver Weise zuwenden. Obwohl Mädchen eine freundlichere Einstellung zu Gleichaltrigen zeigen als Jungen, beginnen sowohl Jungen als auch Mädchen die meisten ihrer sozialen Kontakte mit einer freundlichen Zuwendung. Wenn erst einmal ein sozialer Kontakt hergestellt worden ist, kann es passieren, daß er sich in einen unsozialen verwandelt. Eine freundliche Zuwendung kann sehr schnell in einen Streit umschlagen, aber wir haben ja schon betont, daß dieser Streit in der Regel kurz ist und die Freundschaft sehr schnell wiederhergestellt ist (125, 130, 217). Wäre ein kleines Kind nicht im Grunde freundlich eingestellt, dann wäre es kaum motiviert, die freundliche Beziehung so schnell wieder aufzunehmen, nachdem die Streitigkeit beigelegt wurde. Dann wäre es, wie ein älteres Kind, eher geneigt, die Freundschaft aufzukündigen und sich neue Freunde zu suchen (106).

Hinweise auf Freundlichkeit im Verhalten. Kleine Kinder drücken ihre freundliche Zuneigung ganz offen in ihrem Verhalten aus, etwa durch Umarmen, Küssen und Streicheln, oder dadurch, daß sie mit gespannter Aufmerksamkeit darauf achten, was der andere sagt oder tut; daß sie versuchen, jemanden vor den Aggressionen anderer zu beschützen; indem sie auf jede nur mögliche Art helfen; indem sie jemanden, der Kummer hat, trösten und indem sie immer bei der Person sein möchten, die sie gern haben. Wenn ihre Fähigkeit zu sprechen weit genug entwickelt ist, kleiden sie ihre freundliche Zuwendung in Worte und Redewendungen wie: „Ich habe dich gern!", „Du bist mein Freund!" und „Ich will bei dir bleiben!".

Wenn die Kinder älter werden, vermehren sich die offenen Äußerungen der Zuneigung. Nach dem zweiten oder dritten Geburtstag des Kindes neigen die Eltern dazu, strengere Maßstäbe bei ihrer Erziehung anzulegen und zeigen in der Folge weniger Anerkennung und Zuneigung für ihr Kind als zu der Zeit, als das Kind noch klein und hilflos war (13, 47). Die Tatsache, daß das Kind nun weniger Zuneigung empfängt, bildet für das Kind einen Anreiz, seine eigene Zuneigung auszudrücken. Die üblichsten und häufigsten Erscheinungsweisen dieser Zuneigung lassen sich zusammenfassen in den Wünschen, so wie jemand anderer zu sein und etwas mit und für ihn zu tun (80).

Die Bedeutung des Sozialverhaltens in der frühen Kindheit. Wenn man will, daß sich Kinder zu sozialen Wesen entwickeln, dann muß man sie dazu ermutigen, muß sie für ihre Anstrengungen belohnen, auch wenn sie den Standards der Erwachsenen nicht genügen, und muß sie anleiten, soziale Situationen so zu bewältigen, daß sie die Zuneigung gewinnen, nach der sie streben. Um dieses Ziel zu erreichen, muß man vier wichtige Punkte stets im Auge behalten:

1. Das Verhalten der Kleinkinder in sozialen Situationen ist oft nicht so unsozial, wie es zu sein scheint. Da unsoziales Verhalten eher die Aufmerksamkeit auf sich zieht als soziales Verhalten, übersehen Kinder und Lehrer gern das soziale und konzentrieren sich auf das unsoziale Verhalten. Oft scheint auch das Verhalten schlimmer zu sein, als es tatsächlich ist, weil Eltern und Lehrer das Verhalten des Kindes nach Erwachsenenmaßstäben beurteilen. Da außerdem das unsoziale Verhalten einen ziemlichen Ärger bereitet, wird ein Kind, das sich unsozial verhält, eher zu einem Problem für Eltern und Lehrer als ein Kind, das sich den Anforderungen der Erwachsenen stärker anpaßt. Folglich werden die Aspekte am Verhalten, die unangenehm sind, oft übertrieben.

2. Die Erwachsenen müssen das richtige Maß an Toleranz und Verständnis für das unsoziale Verhalten des Kleinkindes aufbringen. Sie müssen sich darüber klar sein, daß ein Kind sich nicht über Nacht in ein soziales Wesen verwandelt. Man kann jedoch von ihm erwarten, daß es von Monat zu Monat kleine Fortschritte macht.

Toleranz und Verständnis können jedoch gefährlich sein, wenn sie zu einer Einstellung führen, man müsse die Hände von der Entwicklung des Kindes lassen – eine Einstellung, die oft mit der Annahme einhergeht, das Kind werde schon aus seinen unsozialen Verhaltensweisen „herauswachsen" oder sich automatisch anpassen, wenn es entdeckt, daß sein Verhalten zu Zurückweisung und Ablehnung durch andere führt. Kinder wachsen aber nicht aus festgefügten Verhaltensweisen heraus. Diese Verhaltensweisen werden vielmehr zu Gewohnheiten. Auf keiner Altersstufe passen sich Menschen „automatisch" an; vielleicht möchten sie sich gerne anpassen, aber oft wissen sie nicht, wie sie das machen sollen.

Noch ernster zu nehmen ist der Umstand, daß Kinder, deren unsozialem Verhalten man Toleranz und Verständnis entgegenbringt, annehmen, solches Verhalten werde von anderen geduldet. Wenn sie später feststellen, daß das nicht zutrifft, dann ist es eine recht schwierige Aufgabe, das unsoziale Verhalten durch eher geduldetes Verhalten zu ersetzen.

3. Das Kind braucht Anleitung und Hilfe, um zu lernen, wie es sich in einer von der Gesellschaft gebilligten Weise verhalten soll, und um zu verstehen, warum soziales Verhalten zu einer größeren Zufriedenheit führt als das Verhalten, das es ablegen soll. Wenn ihm z. B. im alltäglichen Leben gezeigt wird, wieviel leichter man das bekommt, was man wünscht, wenn man dem anderen Kind anbietet, mit ihm zu teilen, als dadurch, daß man einfach nach dem Erstrebten greift; und wenn es sieht, wieviel lieber das andere Kind mit ihm spielt, wenn es großzügig als wenn es aggressiv ist, dann wird das Kind lernen, daß es nur zu seinem eigenen Vorteil ist, wenn es sich so verhält, wie Eltern und Lehrer es ihm beigebracht haben.

4. Wenn das Verhalten des Kindes so gesteuert wird, daß sein Bedürfnis nach Aufmerksamkeit und Zuneigung gestillt wird, dann nimmt seine Motivation zu, sich so zu verhalten, wie es Eltern, Lehrer und die Gesellschaft von ihm erwarten. Wenn ihm diese Anleitung fehlt, stößt es wahrscheinlich auf Ablehnung durch die anderen. Da es wenig Freude an sozialen Begegnungen hat,

in denen es zurückgewiesen wird, ist es auch kaum motiviert, zu lernen, wie man sich sozial angepaßt verhält.
Wenn sein Wunsch nach Anerkennung durch andere trotz der erfahrenen Zurückweisung bestehen bleibt, wird es mit einiger Sicherheit kompensatorische Verhaltensweisen entwickeln, um sich diesen Wunsch zu erfüllen; es kann sich in seiner Phantasie Spielkameraden schaffen, die die wirklichen ersetzen, es kann seinen Ärger verschieben, indem es kleinere Kinder tyrannisiert und herumkommandiert oder solche Kinder schikaniert, die zu Minderheiten gehören. Ob das Kind sich nun freiwillig von sozialen Kontakten zurückzieht, weil es so wenig Befriedigung aus ihnen zu schöpfen vermag, oder ob es aufgrund seines unsozialen Verhaltens gezwungen wird, solche Kontakte aufzugeben, das Ergebnis ist das gleiche: Ihm fehlen die Lernmöglichkeiten, die notwendig sind, damit ein Kind sich in einen sozialen Menschen verwandelt.

Das soziale Verhalten in der späten Kindheit

Wenn das Kind erst einmal eingeschult ist und mit anderen Kindern zusammenkommt, werden Familienausflüge und Familienfeste langweilig. Etwa um die gleiche Zeit werden Einzelspiele durch Gruppenspiele abgelöst; das Alleine-Spielen verliert seinen Reiz. Da Gruppenspiele eine große Anzahl Spielkameraden erfordern, weitet sich der Kreis der Bekannten und Freunde für das ältere Kind allmählich. Mit der Veränderung der Spielinteressen geht ein zunehmend stärker werdender Wunsch einher, mit anderen Kindern außerhalb des Elternhauses zusammen zu sein und von ihnen akzeptiert zu werden. Dies trifft für Mädchen genau so wie für Jungen zu, wenn es auch häufiger vorkommt, daß man Mädchen das Spielen außerhalb des Elternhauses verwehrt. Hingewiesen sei auf Abbildung 8-1, aus der entnommen werden kann, wie die Zeit, die außer Hauses verbracht wird, mit dem Alter allmählich zunimmt.
Mit dem Eintritt in die Schule beginnt für das Kind das „Banden-Alter" – eine Altersstufe, in der sich das Gefühl für Soziales rasch entwickelt und in der die Sozialisation eine der wichtigsten Aufgaben der Entwicklung ist (99). Ob das Kind draufgängerisch oder schüchtern, freundlich oder abweisend ist, es muß lernen, mit ihm unbekannten Menschen umzugehen. Es muß auch lernen, wie man sich zu seinen Freunden verhält. Es wird ein Mitglied der Gruppe seiner Alterskameraden, und diese Gruppe wird allmählich die Familie in ihren Einfluß auf seine Einstellungen und sein Verhalten verdrängen.
Die Gruppe der Gleichaltrigen ist „ein Zusammensein von Menschen etwa gleichen Alters, die in ihrem Fühlen übereinstimmen und gemeinsam handeln" (99).
Während dieses Überganges von der frühen Kindheit zum Alter der „Gruppen und Banden" in der späten Kindheit wechselt das Kind häufig von der einen zur anderen Gruppe und vom Einzelspiel zum Gruppenspiel. Dieses Hin- und Herpendeln zwischen verschiedenen Gruppen schafft den Übergang zwischen früher Kindheit und Gruppen-Alter.
Die informelle (d. h. nicht durch offizielle Stellen geschaffene) Spielgruppe in den ersten Schultagen besteht nur aus zwei oder drei Kindern. Sie wird gebildet, um ein bestimmtes Spiel auszuführen, und ist somit von vorübergehender Natur. In dieser Zeit ist noch die gemeinsame Handlung, nicht die Freundschaft, die Grundlage für die Organisation der Gruppe. Innerhalb der Gruppe wandert die Führung von einem Kind zum anderen und hängt davon ab, welches Kind bei einer bestimmten Beschäftigung die Initiative ergreift. Es kommen noch häufig kurze Streitereien vor, die aber keine bleibende Wirkung auf den Aufbau der Gruppe haben (79).
Die Tatsache, daß das Kind mit dem Eintritt in die Schule plötzlich mit einer großen Gruppe von Kindern zusammengebracht wird, führt zu keinem abrupten Wandel in den sozialen Beziehungen. Vielmehr läßt sich ein allmähliches Zunehmen des Spielens in Gruppen vom sechsten bis zum achten Lebensjahr beobachten (25). Mit dieser Veränderung geht eine allmähliche Zu-

nahme der Sozialisation einher. Das Kind wird weniger selbstsüchtig, weniger selbstbezogen und aggressiv, dafür mehr kooperativ und an der Gruppe orientiert.
In den Vereinigten Staaten bilden sich oft Banden (gangs), Zusammenschlüsse von Kindern in diesem Alter, die der Autorität und Kontrolle durch Erwachsene entzogen sind. Diese Gruppen sind weder notwendigerweise ein Produkt einer außergewöhnlichen Umgebung noch geraten ihre Beschäftigungen immer unbedingt in die Nähe des Kriminellen. Ihre Funktion besteht darin, den Kindern und Jugendlichen das zu geben, was ihnen Erwachsene zu diesem Zeitpunkt ihrer Entwicklung nicht mehr geben können. In der Gruppe entwickeln sich spezifische Systeme von Gebräuchen, Zeichen und Vorschriften. Wichtig ist auch die hier erfahrene Unabhängigkeit von Erwachsenen und die Möglichkeit, die Stärke der von den Erwachsenen gezogenen Grenzen zu testen. Mit Beginn der Pubertät schwindet gewöhnlich das Interesse an diesen Banden (52, 79, 127, 223).

Verhalten in sozialen Situationen

Es entwickeln sich als Folge des Lebens in einer Gruppe eine Anzahl von verschiedenen Verhaltensweisen. Einige sind eine Weiterentwicklung von Verhaltensweisen, die in der frühen Kindheit schon angelegt wurden, andere resultieren aus dem breiteren sozialen Kontakt, den das ältere Kind hat. Einige stehen der sozialen Anpassung entgegen, doch im ganzen gesehen führen sie mit einigen Veränderungen und durch einige Modifikationen hindurch zu einer deutlich verbesserten sozialen Anpassung. Sie sind die Grundlagen des Sozialverhaltens, das man heute beim durchschnittlichen Erwachsenen unserer Kultur findet. In den folgenden Abschnitten werden wir die häufigsten Verhaltensweisen in sozialen Situationen schildern, die sich in dieser Zeit der Gruppenbildung beobachten lassen.

Empfänglichkeit gegenüber der Zustimmung oder Ablehnung durch andere.

Sobald ein Kind sich um die Gesellschaft anderer zu bemühen beginnt, sucht es auch ihre Zustimmung zu seiner Kleidung, seiner Sprache und seinem Verhalten. Wenn ein Konflikt zwischen den Standards seines Elternhauses und denen seiner Spielkameraden entsteht, stellt sich das Kind unweigerlich auf die Seite der letzteren. Da die Ansichten und Verhaltensweisen in Gruppen von gleichaltrigen Mädchen den Werten und Normen der Erwachsenen stärker entsprechen, als dies bei Gruppen gleichaltriger Jungen der Fall ist, gibt es für ein Mädchen weniger Gründe, gegen die Werte der Erwachsenen zu opponieren. Doch gilt für Mädchen wie für Jungen, daß sie in diesem Alter gegenüber der Zustimmung oder Mißbilligung durch die Gruppe sehr empfindlich sind.
Auch die älteren Kinder suchen die Aufmerksamkeit anderer – sowohl Erwachsener als auch Gleichaltriger. Das Streben nach Aufmerksamkeit beginnt bei den Mädchen im Alter von acht Jahren abzunehmen. Bei den Jungen zeigt das Suchen nach Aufmerksamkeit im Alter zwischen acht und zehn Jahren einen starken Anstieg, beginnt jedoch vom elften Lebensjahr an nachzulassen. Erstgeborene Jungen verlangen auf dem Höhepunkt dieser Entwicklung „lautstark" nach Aufmerksamkeit; besonders ausgeprägt ist dieses Verhalten bei Kindern mit einem starken Gefühl der Abhängigkeit. Das Streben nach Aufmerksamkeit läßt sich zurückführen auf Unsicherheit und kommt häufig zusammen mit solchen Verhaltenszügen vor wie Ängstlichkeit, Eifersucht, Launenhaftigkeit und übermäßige Abhängigkeit. Auch erstgeborene Mädchen verlangen ausdrücklicher nach Beachtung, und das gilt ebenfalls für einzige Kinder (133).

Überempfindlichkeit. Eine weitverbreitete Folge der Empfänglichkeit gegenüber der Zustimmung oder Ablehnung durch andere ist Ü b e r e m p f i n d l i c h k e i t – die Neigung, leicht beleidigt zu sein und das, was andere sagen oder tun, als Anzeichen für deren Feindseligkeit zu interpretieren. Dieses Verhalten findet sich bei fast allen Kindern in der späten Kindheit. Macfarlane et al. äußern bei der Diskussion der Ergebnisse einer Untersuchung an älteren Kindern: „Mit der Überempfindlichkeit war es wie mit einer grassierenden Erkältung – fast jeder hatte sie" (133). Sie war in der Tat die am häufigsten erwähnte Art von Verhaltensschwierigkeiten bei normalen Kindern mit Beginn des Schulalters. Bei Jungen erreicht die Überempfindlichkeit ihren Gipfel mit elf Jahren und läßt dann stark nach, bei Mädchen nimmt sie kontinuierlich bis zur Pubertät zu. Die Jungen stellen fest, daß Überempfindlichsein nicht „männlich" ist, und so lernen sie relativ früh, diese Art zu reagieren abzulegen oder zu verbergen.

Die Überempfindlichkeit beruht zum Teil auf dem starken Wunsch des älteren Kindes nach sozialer Anerkennung – ein Wunsch, der es sehr empfänglich macht für die Einstellungen der Erwachsenen und der Kameraden in seiner Altersgruppe. Sie ist auch eine wirksame Methode der Auseinandersetzung mit den Eltern.

Wenn ihm seine Wünsche versagt werden, entdeckt das ältere Kind bald, daß ein Streit oder ablehnendes Verhalten schlechte Waffen sind, um an sein Ziel zu kommen. Verletzte Gefühle jedoch verwirren die Eltern und rufen bei ihnen oft Schuldgefühle hervor – sie hätten ihr Kind „verletzt", als sie das zu tun versuchten, was sie als das beste für das Kind angesehen haben. Solange ein Kind diese Methode benutzen kann, um in einem Konflikt die Oberhand zu behalten, wird die Überempfindlichkeit andauern. Da andere Kinder jedoch meist diese List durchschauen, hebt das ältere Kind in der Regel seine Überempfindlichkeit für den Umgang mit seinen Eltern auf (133).

Beeinflußbarkeit. In vielleicht keinem anderen Lebensabschnitt ist der normale Mensch durch diejenigen, die mit ihm zusammen sind, so leicht zu beeinflussen wie in der späten Kindheit. Untersuchungen an Schulkindern haben erbracht, daß die meisten kleineren Vergehen in die Zeit zwischen dem siebten und achten Lebensjahr fallen, wenn die Loyalität zur Gruppe das Kind durch andere Mitglieder der Gruppe, besonders durch den Anführer, sehr beeinflußbar macht (111). So beobachtet man z. B. in dieser Zeit die meiste Freude am mutwilligen Zerstören von Eigentum. Obwohl die Jungen heftiger, frecher und weniger gehemmt sind in ihrer Zerstörungslust als die Mädchen, werden doch beide von dem Wunsch motiviert, das zu tun, was ihre Freunde tun. Dieses destruktive Verhalten tritt fast immer nur dann auf, wenn die Kinder mit ihren Kameraden in einer Gruppe zusammen sind (46).

Widerstand gegen Beeinflussung. Obwohl die Vorschläge der Gruppe mehr oder weniger ohne Fragen übernommen werden, beginnt das Kind gegen die Erwachsenen zu opponieren und handelt bisweilen ihren Wünschen gerade entgegen. Dieser Widerstand gegen die Beeinflussung durch Erwachsene ist meist bei denjenigen am stärksten entwickelt, bei denen der Einfluß der Gruppe sehr ausgeprägt ist. Wenn Erwachsene dabei sind, rebellieren sie gegen Vorschläge, die sie ohne jede Frage angenommen hätten, wären sie von der Gruppe gekommen. Stur tun sie das, was sie gerade nicht tun sollen, etwa in den tiefen Schnee hinausgehen oder absichtlich in Pfützen treten.

Dieser Widerstand gegen Beeinflussung ist dem Negativismus des kleinen Kindes ähnlich; wie das Kleinkind tut das ältere genau das Gegenteil von dem, worum es gebeten wird, oder es weigert sich, überhaupt irgendetwas zu tun. Während der Negativismus normalerweise seinen Höhepunkt zwischen drei und sechs Jahren erreicht und dann zurückgeht, wenn die Eltern ihre Wünsche den reiferen Fähigkeiten der Kinder anpassen und die Kinder andererseits reifer werden und verstehen, warum ihre Eltern ihnen etwas verbieten, läßt sich bei den Jungen jetzt kurz vor der Pubertät ein neuer Höhepunkt beobachten. Dies ist in Abb. 8-3, Seite 277 dargestellt.

Rivalität und Wettstreit. Wettstreit mit andern und Rivalität zwischen Gruppen sind für das Kind gleichermaßen stimulierend. Jede der drei Arten von Auseinandersetzungen, die man in diesem Lebensabschnitt gewöhnlich findet – Rivalität zwischen Gruppenmitgliedern um Anerkennung in der Gruppe selbst, Konflikt zwischen verschiedenen Gruppen und Konflikte zwischen der Gruppe und Institutionen der Gesellschaft – hat eine verschiedene Wirkung auf die Sozialisation des Kindes. Die erste führt leicht zu Streitereien und Feindschaften in der Gruppe und bewirkt so eine Schwächung des Gruppenzusammenhanges und ein Nachlassen der Loyalität jedes einzelnen Mitgliedes. Die zweite Art festigt den Zusammenhalt und erhöht die Loyalität, während die dritte, wenn verhindert wird, daß sie zu destruktivem Verhalten und zu Widerstand gegen die Autorität der Erwachsenen führt, zur Entwicklung der Selbständigkeit beiträgt (5, 34).

Wettstreit zwischen älteren Kindern führt mit einiger Wahrscheinlichkeit zu häufigem Streit. Dieser kann sich in aggressiven Kämpfen oder auf subtilere Art ausdrücken, etwa darin, daß andere kritisiert werden, daß man sich gegen ein Kind zusammentut, das wegen seines störenden Verhaltens oder seiner Zugehörigkeit zu einer Minoritätengruppe nicht beliebt ist, daß andere tyrannisiert und schikaniert werden, daß man ein Kind oder eine Gruppe von Kindern nicht beachtet oder einen Streit ohne einen wirklichen Grund und mit der deutlichen Absicht anfängt, den anderen zu ärgern (79, 113).

Kameradschaftlichkeit. Kameradschaftlichkeit oder die Fähigkeit, mit der Gruppe so weitgehend zusammenzuarbeiten, daß der einzelne sich in die Gruppe einordnet, ist ein Ergebnis des Zusammenlebens in einer Gruppe. Das Kind lernt bald, daß es die Spielregeln beachten muß; kein Verstoß gegen sie – wie Täuschen, übel Nachreden, Lügen oder das Anwenden unfairer Methoden – wird toleriert. Wenn Kinder für eine auf alle entfallende Belohnung zusammenarbeiten, ist ihre Interaktion positiv, d. h. sie helfen einander und teilen sich Arbeitsmaterial; Wettkampf gegeneinander führt zu negativer Interaktion, etwa zu ungerechtem Aneignen von Material, zu Unfreundlichkeit und zu dem Versuch, andere zu behindern oder zu beherrschen (5, 196).

Zur guten Kameradschaft gehört nicht nur der Wille, mit anderen zusammenzuarbeiten, sondern auch die Bereitschaft, mit anderen zu teilen. Wie bereits dargestellt, entwickelt sich die Großzügigkeit unter kleinen Kindern sehr schnell nach dem Schuleintritt, besonders im vierten und fünften Schuljahr, wenn der Wunsch, ein geachtetes Mitglied der Gruppe zu sein, seine größte Stärke erreicht (90, 214) (vgl. Abb. 8-4). Ein Kind, das als guter Kamerad gelten will, muß nicht nur mit seinem Eigentum großzügig umgehen, es muß auch gut verwinden können, wenn es in der Schule oder beim Spielen hinter einem anderen zurückstehen muß. Ganz gleich, wie gerne es gewinnen möchte, es muß sich mit dem Sieger über dessen Sieg freuen, statt zu schmollen, sich zu beschweren oder anderen unfaires Verhalten vorzuwerfen. Kameradschaftlichkeit ist für Jungen wichtiger als für Mädchen; Jungen bewerten diese Eigenschaft höher (86, 197).

Verantwortlichkeit. In enger Beziehung zu guter Kameradschaft und dem Willen zur Zusammenarbeit steht die V e r a n t w o r t l i c h k e i t – die Bereitschaft, seinen Anteil an einer Aufgabe zu übernehmen. Wegen seiner Hilflosigkeit muß das kleine Kind sich auf andere verlassen, die für es viele Dinge tun müssen. Diese Abhängigkeit sollte mit den sich ständig verbessernden motorischen Fertigkeiten und der Entwicklung der Sprache abnehmen, das aber kann so lange nicht geschehen, wie das Kind keine Gelegenheit hat, zu lernen, daß es für seine Angelegenheiten selbst verantwortlich ist oder daß es einen Teil der Verantwortung für die Anliegen der Gruppe übernehmen muß. Wird dem Kind zu viel Verantwortung zu plötzlich übertragen, so unterminiert das sein Selbstvertrauen, besonders wenn es in diesem Zusammenhang Fehlschläge hinnehmen muß. Aus diesem Grund muß mit der Übertragung von Verantwortung allmählich begonnen werden, zuerst soll das Kind für einfache Aufgaben verantwortlich sein, die dann erweitert werden, wenn das Kind Vertrauen zu seinen Fähigkeiten gewonnen hat (92).

Untersuchungen darüber, wie sich Verantwortlichkeit entwickelt, haben gezeigt, daß sie wie viele andere soziale Verhaltensweisen ein Produkt des Elternhauses ist; ihre Ansätze lassen sich bis zur Erziehung in der frühen Kindheit zurückverfolgen. Kinder aus großen Familien müssen mit Notwendigkeit die Verantwortung für ihre eigenen Belange entwickeln und müssen auch Verantwortung für die jüngeren Geschwister übernehmen. Im allgemeinen erwartet man von Mädchen, daß sie mehr Pflichten im Haus übernehmen als Jungen. Jungen haben allerdings gegen Ende des Kindesalters oft einige Erfahrung in kleineren Arbeiten außerhalb des Elternhauses und lernen so, Verantwortlichkeiten zu übernehmen, wie es in gleichem Maße die Mädchen in der häuslichen Umgebung lernen (144).

Eine Analyse der Tagebücher von Kindern im fünften Schuljahr hinsichtlich aller Beschäftigungen außerhalb der Schule ergab, daß Mädchen Pflichten zu Hause sehr viel häufiger erwähnten als Jungen. Von Kindern aus den unteren Klassen wurde erwartet, daß sie sehr viel mehr Pflichten im Haus übernahmen als Kinder aus den mittleren und oberen Klassen (144). Da Bereitschaft und Fähigkeit, Verantwortung zu übernehmen, stark mit Beliebtheit und einer Stellung als Anführer korrellieren, wirkt sich ein Anleiten zum Übernehmen von Verantwortung auch günstig auf die Stellung des Kindes in der Gruppe aus und kann es vorbereiten, eine Rolle als Anführer zu übernehmen.

Einsicht in soziale Sachverhalte. Mit Einsicht in soziale Sachverhalte bezeichnen wir die Fähigkeit, sich in die Rolle eines anderen zu versetzen und eine Situation aus seiner Perspektive her zu sehen. Es ist die Fähigkeit, sich mit seinem Denken und Fühlen in die ganze Welt der Vorstellungen, Gefühle und Einstellungen des anderen zu begeben (35). Zur guten sozialen Anpassung gehört, daß man die Gedanken, das Verhalten und die Gefühle anderer feststellen und vorhersagen kann (11, 76). Diese Vorhersage stützt sich zunächst auf das Verhalten des Individuums, dann auf den Sinn dieses Verhaltens und schließlich auf die tieferliegenden Einstellungen oder Gefühle. Die Fähigkeit, Gefühlsreaktionen am Gesichtsausdruck zu unterscheiden, gehört zu den frühesten Formen sozialer Einsicht (19, 70).

Die soziale Einsicht nimmt normalerweise mit dem Alter zu, teils aufgrund zunehmender geistiger Reife, teils, weil aus sozialen Erfahrungen gelernt wird. Erst gegen Ende der Kindheit ist diese Fähigkeit so weit entwickelt, daß ein Kind das Verhalten und die Gefühle anderer Kinder verstehen kann (62, 209). Kinder, deren Fähigkeit, soziale Sachverhalte zu durchschauen, weiter als die ihrer Alterskameraden entwickelt ist, zeigen sich besser sozial angepaßt und werden von anderen eher akzeptiert.

In den letzten Jahren des Kindesalters verstehen Kinder nicht nur das Verhalten, die Motive und Gefühle anderer besser, sie beginnen auch, Unterschiede zwischen den Klassen, hinsichtlich des sozioökonomischen Status und des damit verbundenen Prestiges zu erkennen (40). Hierauf lassen sich zum Teil die in diesem Lebensalter auftretenden Vorurteile und Diskriminierungen zurückführen. In stärkerem Maße entwickeln sich jetzt auch die Vorstellungen über sich selbst; das Kind beginnt seine Eigenart stärker zu entdecken. Das Kind kann sich selbst nicht so sehen, wie andere es sehen, solange es nicht den Sinn, den das Verhalten anderer hat, verstehen kann. Für eine erfolgreiche soziale Anpassung ist jedoch die Einsicht in das eigene Wesen so wichtig wie die Einsicht in soziale Zusammenhänge.

Unterschiede in der sozialen Einsicht. Obwohl die soziale Einsicht normalerweise zunimmt, wenn die Kinder älter werden, gibt es auch in dieser Hinsicht Kinder, die der Entwicklung weit voraus sind, und andere, die ihr weit nachhinken. Geschlechtsunterschiede bei der Einsicht in soziale Sachverhalte sind nur schwach ausgeprägt, Mädchen sind etwas reifer als Jungen. Je intelligenter ein Kind ist, desto bessere Einsicht hat es gewöhnlich, dies trägt zur Beliebtheit kluger Kinder bei. Ein starker Zusammenhang besteht zwischen dem Status des Kindes in der Gruppe und seiner sozialen Einsicht. Je beliebter ein Kind ist, desto besser ist seine soziale Einsicht entwickelt. Das unbeliebte Kind hat, weil es von der Gruppe ausgeschlossen wird, nur begrenzte Möglichkeiten, Einsicht in soziale Zusammenhänge zu lernen. Deshalb sagt und tut es oft Dinge, die seinen Spielkameraden nicht passen, und trägt so selbst dazu bei, seine Unbeliebtheit noch zu vergrößern (11, 53, 67, 77).

Je sicherer das Kind seines Status in der Gruppe ist, desto besser ist seine soziale Einsicht. Diese Sicherheit versetzt es in die Lage, ohne Angst vor Statusverlust und ohne eine Furcht, die auf seine Reaktionen abfärben könnte, zu urteilen (179). Ein Kind, das Anführer ist, verfügt meist über eine bessere soziale Einsicht als Kinder, die geführt werden; der Führer muß die Wünsche und Interessen der Gruppenmitglieder verstehen, wenn sein Führen erfolgreich sein soll (43, 76).

Die soziale Einsicht hängt vom Charakter des Kindes ab; je angepaßter ein Kind ist, um so stärkeres Interesse hat es an anderen. Im Gegensatz hierzu neigt ein schlecht angepaßtes Kind dazu, egozentrisch zu sein, und verstellt sich somit die Gelegenheiten, andere kennenzulernen. Ein Kind, das sich selbst nicht mag, verfügt gewöhnlich über eine bessere soziale Einsicht als ein Kind, das sich selbst akzeptiert. Ein Kind, das sich selbst ablehnt, erkennt die Gefühle anderer besser, weil es empfindsamer für die Beziehungen zwischen Menschen ist (170). Außerdem projiziert es oft die Verhaltenszüge, die es an sich selbst nicht leiden kann, auf andere; dies verfälscht seine Beurteilung anderer. Dagegen hält es andere Kinder für ihm selbst ähnlich und kann sie dann im allgemeinen besser beurteilen, als wenn es sie als von ihm verschieden ansehen würde (89, 128).

Mitgefühl. Bevor die soziale Einsicht sich nicht voll entwickelt hat, verhält sich das ältere Kind wie auch das jüngere grausam. Mit dem Entstehen der sozialen Einsicht ergibt sich jedoch die Fähigkeit, eine Situation zu verstehen, vom Gefühlszustand des anderen beeindruckt zu werden und Mitgefühl zu entwickeln. Das Kind mit nur wenig sozialem Einfühlungsvermögen verhält sich „roh" und „gefühllos". Statt anderen helfen zu wollen oder ihre Gefühle zu verstehen und zu teilen, freut es sich am Tyrannisieren und Schikanieren oder daran, andere wütend oder nervös zu machen oder sie zu verängstigen. Verzögerungen in der Entwicklung des Mitgefühls führen zu schlechter sozialer Anpassung; ein Kind, das sich besser anpassen will, muß seine Einsicht und durch sie sein Mitgefühl für andere weiterentwickeln (159, 213).

Vorurteil. Das Rückgrat allen diskriminierenden Verhaltens ist das Vorurteil – die Tendenz, alle Angehörigen einer anderen Gruppe (gleichgültig, ob diese Gruppen nun unter dem Gesichtspunkt sozialer, religiöser oder rassischer Unterschiede oder des Unterschiedes zwischen den Geschlechtern zusammengefaßt werden) als minderwertig zu betrachten und sie entsprechend zu behandeln. Es ist ein Bündel von Einstellungen, die diskriminierendes Verhalten hervorrufen, unterstützen oder rechtfertigen (7). Beim Vorurteil werden diejenigen, die zu einer bestimmten Gruppe gehören, gegen die negative soziale Einstellungen gerichtet sind, nicht weil sie so sind, wie sie sind, dem Vorurteil unterworfen, sondern weil sie zu der entsprechenden Gruppe gehören.

Beim Vorurteil können wir drei Elemente voneinander abheben, die alle das mit dem Vorurteil verbundene Verhalten beeinflussen. Zum ersten gibt es weitverbreitete Annahmen über die, gegen die das Vorurteil gerichtet ist – Annahmen, die sich selten auf persönliche Erfahrungen stützen, vielmehr auf Stereotype über die Eigenschaften derjenigen, die zu einer bestimmten Gruppe gehören. Das zweite Element beim Vorurteil ist in der gefühlsmäßigen Einstellung zu erkennen, die es begleitet. Sie kann von kalter Indifferenz bis zur bitteren und heftigen Feindseligkeit reichen. Zum dritten gibt es bestimmte Vorstellungen darüber, wie man diejenigen, gegen die sich das Vorurteil wendet, behandeln soll – ob man ihnen gegenüber gleichgültig sein soll, sie ausschließen oder verfolgen soll (50, 215).

Ursprung von Vorurteilen. Vorurteile sind das Ergebnis sozialer Lernprozesse. Schon früh wird das Kind auf Unterschiede zwischen einzelnen Individuen aufmerksam, aber das Erkennen von Unterschieden bedeutet an sich noch nicht, daß es sich Vorurteile erwirbt (154, 199). Erst wenn es auch die sozialen Einstellungen gegenüber denen, die anders sind als es selbst, kennenlernt und wenn Druck ausgeübt wird, diese sozialen Einstellungen zu übernehmen, entwickeln sich Vorurteile (2). Einige Forschungsarbeiten haben nachgewiesen, daß es keine Anzeichen für von Vorurteilen beeinflußtes Verhalten vor dem vierten Lebensjahr gibt, obwohl den Kindern Unterschiede zwischen den einzelnen Menschen deutlich sind. Vom Vorurteil geformte Einstellungen treten im allgemeinen zwischen dem dritten und dem vierten Lebensjahr auf, und wenig später stellt sich auch von Vorurteilen geprägtes Verhalten ein (198).
Was manchmal für Vorurteil gehalten wird, muß es nicht unbedingt sein. Kinder ziehen es vielleicht vor, mit solchen Kindern zusammen zu sein, die aus einem ähnlichen Milieu kommen wie sie selbst, denn sie fühlen sich in ihrer Gesellschaft mehr „zu Hause". Das bedeutet nicht, daß sie Mitglieder einer anderen Gruppe nicht gern haben oder sich ihnen überlegen fühlen. Zum Vorurteil gehören Feindseligkeit und Diskriminierung. Wenn ein Kind solche Kinder, die ihm ähnlich sind, vorzieht, ohne dabei feindlich gegenüber Mitgliedern anderer Gruppen eingestellt zu sein, dann kann man die Distanz zwischen dem Kind und den Mitgliedern der anderen Gruppen auf das Gefühl zurückführen, sich in der einen Gruppe wohler, heimischer zu fühlen als in anderen (139).
Im allgemeinen ist jedoch schon in dem Alter, in dem das Kind in die Schule kommt, die Saat des Vorurteils aufgegangen. Giles schreibt: „Kinder verfügen schon bei ihrer Einschulung über die Worte, und manchmal auch über die Gefühle des Vorurteils" (82). Mit der Zeit können diese Einstellungen so zur Gewohnheit werden, daß ein Kind sie nicht einmal bemerkt, bis es in eine Streßsituation kommt – etwa wenn es eine Schule besucht, in der Kinder einer Gruppe sind, gegen die es Vorurteile hat, oder wenn es in eine Nachbarschaft hineingerät, in der Menschen wohnen, gegen die es voreingenommen ist. Vorurteilsbestimmte Einstellungen drücken sich nicht immer im Verhalten des Kindes aus: Vielleicht treten sie nur zutage, wenn sie sozial gebilligt werden oder wenn der Druck einer Situation für das Kind so stark ist, daß es seine voreingenommenen Gefühle nicht mehr hinter der Maske des in der Gesellschaft gebilligtem Verhaltens verbergen kann (2, 21).
Vorurteile werden in sehr unterschiedlicher Weise gelernt. Einige Vorurteile lernt man durch unangenehme Erfahrungen mit einer Person aus einer bestimmten Gruppe. Dies bringt das Kind dazu, nicht nur diese bestimmte Person abzulehnen, sondern alle, die wegen der Zugehörigkeit zur gleichen Gruppe der Person ähnlich sind. Einige Vorurteile stammen aus der unkritischen Übernahme von kulturellen Werten des Elternhauses oder der sozialen Gruppe. Wenn z. B. bestimmte Gruppen in der Schule oder Wohngemeinde abgetrennt werden, nimmt das Kind an, sie seien minderwertig, denn die Gesellschaft behandelt sie so, als ob sie es wären (49, 215). Die meisten Vorurteile entstehen jedoch durch Nachahmen der Einstellungen und des Verhaltens der Eltern, Lehrer, Alterskameraden oder von Gestalten in Medien der Massenkommunikation (155). Zeligs schreibt treffend: „Kinder werden von Vorurteilen in ihrer sozialen Umwelt infiziert" (226).
Nur wenige Eltern lehren ihre Kinder ausdrücklich, Vorurteile zu haben.

Doch ergeben ihre Einstellungen und ihre Verhaltensweisen, die Gesichtspunkte, nach denen sie die Spielkameraden für ihre Kinder aussuchen, und ihre Tendenz, Individuen einer bestimmten Rasse oder religiösen Gruppe durch bestimmte körperliche und geistige Eigenschaften und durch gewisse Verhaltensweisen zu charakterisieren, umschriebene Vorurteile, die ihre Kinder imitieren. Es sind nicht alleine die Einstellungen der Eltern, vielmehr ist es die gesamte häusliche Atmosphäre, die für das Entstehen von Vorurteilen verantwortlich ist (45, 73, 195, 227).

Wenn die Kinder immer mehr Zeit zusammen mit ihrer Altersgruppe verbringen, dann übernehmen sie auch einige Vorurteile von den Mitgliedern dieser Gruppe. In ihrem Wunsch, Status in der Gruppe zu gewinnen, übernehmen ältere Kinder die Vorurteile anderer Kinder, weil das „sich so nun einmal gehört". Außerdem gibt ein Vorurteil dem älteren Kind ein Gefühl der eigenen Wichtigkeit, das oft als Ventil seiner Frustrationen und verdrängten Aggressionen dient (165). Allport bezeichnet das Vorurteil als „psychologische Krücke", die von unreifen und psychisch verkrüppelten Kindern benutzt werde oder deshalb, weil man versuche, den Erwartungen der Gruppe gerecht zu werden (2).

Selbst wenn ein Vorurteil in Konflikt gerät mit den Vorstellungen des Kindes von guter Kameradschaft oder mit dem, was das Kind im Religionsunterricht gelernt hat, kann sein Wunsch nach einer Aufwertung seiner eigenen Person oder sein Bestreben, den Anforderungen der Gruppe zu entsprechen, so stark sein, daß es bei seinen Vorurteilen bleibt. Es wird dann sein Verhalten so begründen, daß es sagt, jeder verhielte sich so, oder behaupten, daß bestimmte ihm bekannte Leute einer Gruppe, gegen die es Vorurteile hat, typisch für diese Gruppe seien (7).

Unterschiedliche Stärke von Vorurteilen. Wie stark bei einem Kind die Vorurteile ausgeprägt sind, hängt teils von der Atmosphäre in seinem Elternhaus ab, teils von der Nachbarschaft und der Gemeinde, in der es wohnt, und teils von der Ausgeprägtheit der Vorurteile bei seinen Spielkameraden. Jungen haben stärkere Vorurteile als Mädchen, Kinder aus Akademikerfamilien geringere als die aus den Schichten mit niedrigem sozioökonomischen Status; und diejenigen, die weniger Kontakt mit der Gruppe haben, der gegenüber sie voreingenommen sind, zeigen stärkere Vorurteile als diejenigen, die häufiger mit den Menschen, denen ihr Vorurteil gilt, zusammenkommen (172, 212). Kinder aus Familien mit autoritären Erziehungsmethoden sind in ihren Einstellungen in der Regel starrer und intoleranter als Kinder aus freier gesinnten Elternhäusern (129, 155, 165).

Je mehr ein Kind darum besorgt ist, seinen Status in der Gruppe der Gleichaltrigen zu bewahren, desto eher ist es geneigt, die Vorurteile der Gruppenmitglieder zu übernehmen. Deshalb wählt das Kind, um sicher zu sein, daß es überhaupt Freunde findet, Freunde aus seiner eigenen Gruppe, und lehnt Kinder aus einer anderen Gruppe ab, was besonders für rassische und religiöse Gruppen zutrifft, gegen die in der Kindheit das Vorurteil besonders stark ist (123). Ein Kind aus einem Elternhaus mit starker religiöser Bindung neigt zu stärkerem Vorurteil als ein Kind, dessen religiöse Erziehung freier gehandhabt wird (186, 221).

Bestimmte Formen der Massenkommunikation haben einen starken Einfluß auf die Bildung von Vorurteilen. So führt z. B. die stereotype Darstellung von Negern in Film und Fernsehen zu der immer wieder erneuerten und bestätigten Vorstellung von rassischer Überlegenheit und Minderwertigkeit (189).

Der wichtigste Faktor für die Ausgeprägtheit von Vorurteilen beim Kind ist dessen Persönlichkeitsstruktur. Kinder mit starken Vorurteilen sind in ihren Einstellungen starr, dogmatisch, intolerant und treten für harte Strafen ein. Sie leiden gewöhnlich unter starken Gefühlen des Versagens, der Minderwertigkeit und der Unsicherheit. Häufig fühlen sie sich ungeliebt und unerwünscht und kommen aus Elternhäusern mit einem gestörten oder unglücklichen Familienleben (10, 211).

Auswirkungen des Vorurteils. Vorurteile haben Rückwirkungen auf das Kind, das voreingenommen ist, wie auch auf das Opfer seiner Vorurteile, wenn auch die Auswirkungen verschieden sind (7). Das mit Vorurteilen behaftete Kind wird oft rigide, grausam, intolerant und rachsüchtig – ein Verhaltensmuster, das oft so sehr zur Gewohnheit wird, daß es auch seine Beziehungen zu den Menschen beeinflußt, gegen die es kein Vorurteil hat (119). Kinder, die unter den Vorurteilen zu leiden haben, kommen zu der Annahme, ihre soziale Umwelt sei feindlich und niemand liebe sie. Sie werden lächerlich gemacht, tyrannisiert, schikaniert, körperlich angegriffen, absichtlich ignoriert und ausgeschlossen. Einige reagieren auf diese Behandlung mit Rückzug aus der sozialen Gruppe, andere verteidigen sich in aggressiver Form, wieder andere wenden ihre Feindseligkeit gegen die Gesellschaft im allgemeinen und werden potentielle Rechtsbrecher. Nur relativ wenig Kinder fassen die Diskriminierung als eine Herausforderung auf, ihren wahren Wert zu zeigen (21, 160).

Je mehr ein Kind sich des Vorurteils, das ihm gegenüber besteht, bewußt ist, desto stärkeren psychischen Schaden trägt es davon. Es lassen sich individuelle Unterschiede erkennen in der Art, wie Kinder auf Vorurteile reagieren. Ein Kind, das sich zu Hause zurückgewiesen und ungeliebt fühlt, ist stärker der Wirkung von Vorurteilen außerhalb des Hauses ausgesetzt als ein Kind, dessen Heim ihm Sicherheit und Liebe gewährt. Einem Kind, das sich eine gewisse Achtung unter seinen Alterskameraden erworben hat, schaden Vorurteile weniger als einem Kind, das nicht oder kaum akzeptiert wird. Mädchen leiden mehr unter der erniedrigenden Behandlung von Mitgliedern der Majoritätengruppe, denn sie sind dazu erzogen worden, nicht aggressiv zu sein, deshalb wehren sie sich nicht so wie die Jungen (10, 82).

Das Opfer der Voreingenommenheit befindet sich unter allen Bedingungen in einer schwierigen Lage. Ein Zitat von Jersild sei angeführt: „Als Mitglied einer Minderheit ist es für ein Kind gefährlich, die gleichen Waffen zu gebrauchen, die andere gegen es gebrauchen. Wenn es aggressiv ist, fordert es den Angriff heraus. Hält es die andere Wange hin, wird es weiter ausgenutzt. Findet es sich, wenn es älter wird, damit ab, daß ihm die Türen zu günstigeren Gelegenheiten verschlossen sind, dann läuft es Gefahr, faul und unfähig genannt zu werden. Wenn es Selbstbestätigung auf dem üblichen Weg des Wettstreits um Positionen, Reichtum oder Macht sucht, wird es vielleicht Ehrgeizling gescholten oder für skrupellos gehalten" (113).

Versuche, Vorurteile einzuschränken. Da Vorurteile psychischen Schaden bei denen anrichten, die Vorurteile haben, so gut wie bei denen, die ihnen ausgesetzt sind, hat man schon viele Versuche unternommen, die Vorurteile zu mindern oder sogar völlig auszuräumen, bevor sie sich zu fest eingeschliffenen Einstellungen entwickeln. Das ist gewöhnlich sehr schwierig, wenn auch die Hoffnung um so größer ist, je jünger das Kind ist. Alter allein ist jedoch kein so wichtiger Faktor, wenn das Vorurteil ein fundamentales Bedürfnis im Leben des Kindes befriedigt. Ein Kind z. B., das mit Hilfe seiner Vorurteile verdrängte Aggressionen verschiebt, wird weniger motiviert sein, seine Vorurteile abzuschwächen, als ein Kind, das nur aufgrund der Annahme voreingenommen ist, jedermann würde so fühlen (137, 165).

Das Vorurteil richtet eine Schranke zwischen den Menschen auf, und es werden Versuche unternommen, diese Barriere niederzureißen und die Kinder zusammenzubringen, so daß sie sich besser kennenlernen können. Wenn Vorurteile auf der Übernahme stereotyper Vorstellungen beruhen, kann der persönliche Kontakt diese Vorurteile korrigieren und somit Vorurteile verringern. Beruhen sie jedoch auf schlechten persönlichen Erfahrungen oder kommt der Kontakt nur erzwungenermaßen zustande, wie es etwa in den zwangsweise integrierten Schulen in den USA der Fall ist, dann wird der persönliche Kontakt nicht notwendigerweise das Vorurteil ausräumen. Es kann dadurch sogar noch verstärkt werden (49). Vorurteile können auch dadurch besser abgebaut werden, daß man dem Kind hilft, die Menschen verstehen zu lernen, gegen die es voreingenommen ist, indem man erklärt, warum sie verschieden sind (150, 151).

Da die meisten Vorurteile bei Kindern nicht aus persönlichen Erfahrungen stammen, sondern aus ihrer sozialen Umwelt übernommen wurden, besteht die aussichtsreichste Methode, Vorurteile zu bekämpfen, darin, sie als „unmodern" und von der Gesellschaft nicht gebilligt zu erklären. Von keinem Kind kann man erwarten, daß es tolerant eingestellt ist, wenn seine Alterskameraden intolerant sind (84, 119).

Da die in der Gruppe der Gleichaltrigen verbreiteten Vorurteile von Erwachsenen erlernt wurden – hauptsächlich von den Eltern der Mitglieder einer Gruppe – kann man von den Kindern nicht erwarten, daß sie ihre Vorurteile ablegen, solange sie in ihrem Elternhaus ständig Vorurteile vorgelebt bekommen. Bis heute haben die Versuche, Vorurteile aus der Welt zu schaffen, nur geringen Fortschritt gebracht, und die Hoffnung, Vorurteile völlig auszulöschen, ist noch sehr gering.

Spannungen zwischen den Geschlechtern. In den frühen Jahren der Kindheit spielen Jungen noch ebensooft mit Mädchen wie in den ersten Jahren nach der Geburt, harmonische Beziehungen zwischen den beiden Geschlechtern sind das übliche (149). Noch im ersten oder manchmal auch im zweiten Schuljahr kann es vorkommen, daß Jungen mit Mädchen spielen wollen, vorausgesetzt, daß die Mädchen in dem Tempo mithalten können, das die Jungen bestimmen. Ein kleiner Junge kann in dieser Zeit sogar ein ausgeprägtes Interesse für ein Mädchen in seiner Klasse zeigen und lieber mit ihm zusammenspielen wollen als mit einem Jungen. Die meisten Kinder beginnen jedoch im Kindergarten oder im ersten Schuljahr, Personen ihres eigenen Geschlechts vorzuziehen. Diese Tendenz prägt sich mit jedem Jahr stärker aus bis zum sechsten oder siebten Schuljahr, wenn Mädchen Jungen deutlich vorzuziehen beginnen (31, 93).

In dieser Periode der Spannung entwickelt sich eine deutliche Trennung zwischen den Geschlechtern. Jungen und Mädchen setzen die jeweiligen Interessen der anderen, deren Fähigkeiten und Beschäftigungen herab; sie weigern sich selbst bei Feiern, sich mit den anderen abzugeben; sie zanken und streiten sich andauernd und rufen sich Spitznamen zu. Meistens sind die Jungen die Angreifer in diesem „Kampf der Geschlechter". Die Mädchen wehren sich dagegen, indem sie sich weigern, mit Jungen zusammen zu sein, und ihnen die gleiche Behandlung heimzahlen, die sie durch die Jungen erfahren. Wenn ein Junge irgendein Interesse für ein Mädchen zeigen sollte, wird er von seinen Kameraden für einen Weichling gehalten (31). Auch kleine Jungen, die noch im Kindergarten oder im ersten Schuljahr sind, können das typische Verhalten älterer Jungen gegenüber Mädchen zeigen, wenn sie sich mit älteren Jungen zusammentun und deren Einstellungen genauso wie ihr Verhalten nachahmen (33, 76, 79). Bei den meisten Kindern treten jedoch nicht so starke Spannungen zwischen den Geschlechtern auf, bevor sie nicht das fünfte bis siebte Schuljahr erreicht haben – die Zeit, in der sich die Trennung am deutlichsten entwickelt hat (149).

Ursachen der Spannungen zwischen den Geschlechtern. Es gibt keine Belege dafür, daß die Spannung zwischen den Geschlechtern auf physischen Ursachen beruht oder sich auf die Reifung irgendeiner geistigen Fähigkeit zurückführen ließe. Vielmehr spricht alle Evidenz für kulturelle Einflüsse. Kultureller Druck wird sowohl auf Jungen wie auf Mädchen ausgeübt, die ihrem eigenen Geschlecht angemessenen Interessen zu entwickeln, sich mit solchen Dingen zu beschäftigen, die die Kultur für ein bestimmtes Geschlecht vorsieht, das eine Geschlecht als dem anderen überlegen und nicht als verschieden anzusehen (62). Hinzu kommt, daß Jungen und Mädchen bestimmte W e r t e im Verlauf ihres sozialen Lernens übernehmen. Für die älteren Jungen scheinen sogar die Mütter etwas von ihrer früheren Bedeutung zu verlieren, da man ihnen nicht wie den Männern durch deren Beruf einen anerkannten Status zuschreiben kann (33, 202).

Unterschiede in den Spannungen zwischen den Geschlechtern. Die Spannungen zwischen den Geschlechtern variieren nicht nur mit dem Alter des Kindes, sondern auch von Kind zu Kind innerhalb der gleichen Altersgruppe. Kinder mit g e r i n g e m s o z i a l e n S t a t u s, die deshalb unter Gefühlen der Minderwertigkeit und Unsicherheit leiden, zeigen im allgemeinen stärkere Aggressionen gegenüber dem anderen Geschlecht als Kinder, deren sozialer Status sicherer ist (33). J u n g e n zeigen wegen ihres Gefühles männlicher Überlegenheit weniger Feindseligkeit gegenüber Mädchen – trotz der Tatsache, daß es meistens die Jungen sind, die damit beginnen, die Spannungen offen auszutragen. Die Einstellungen der Mädchen gegenüber den Jungen sind emotional getönt, wogegen die Einstellungen der Jungen gegenüber den Mädchen objektiver und neutraler sind (93).
Die ungünstige Einstellung der Mädchen gegenüber den Jungen rührt zum Teil daher, daß die Mädchen den Jungen die größeren Freiheiten neiden, die den Jungen von Eltern und Lehrern gewährt werden, und zum Teil aus der größeren sozialen Reife der Mädchen. Die frühere Pubertät der Mädchen läßt die Jungen der gleichen Altersstufe „unreif" erscheinen (79, 93). Die Einstellungen von Jungen und Mädchen gegenüber Alterskameraden des eigenen und des anderen Geschlechts sind in Abb. 8-6 dargestellt. In Kleinstädten und in den Vorstädten von Großstädten, in denen die scharfen Unterschiede zwischen den

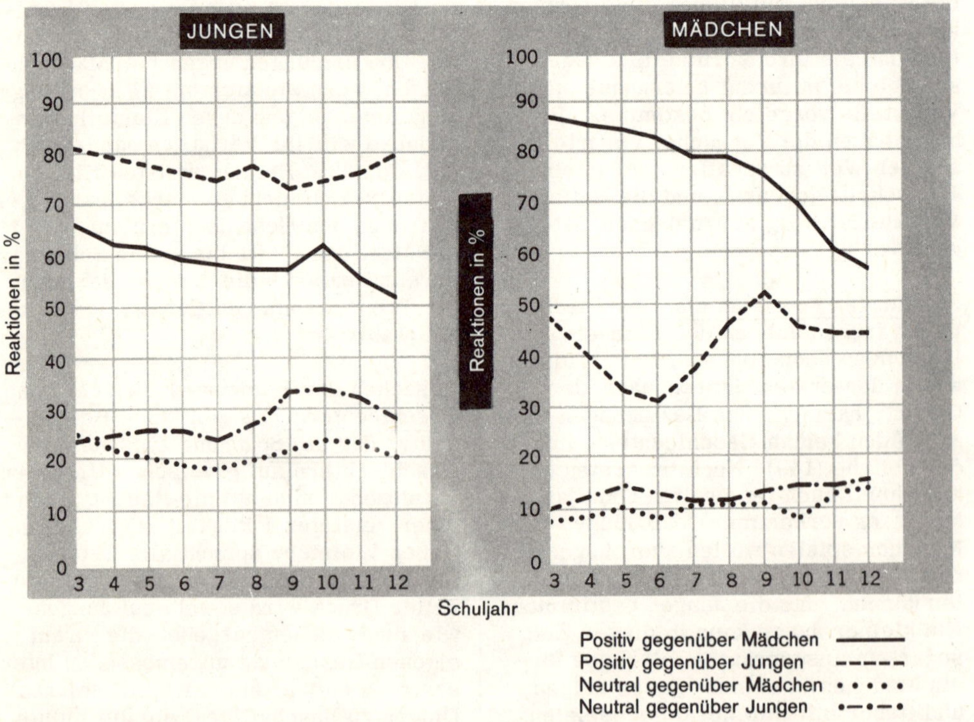

Abb. 8-6. Einstellungen von Jungen und Mädchen gegenüber Alterskameraden ihres eigenen und des anderen Geschlechts während des Kindesalters.

verschiedenen Rollen der Geschlechter sich immer mehr verwischen und in denen die Kinder von den Eltern ermutigt werden, schon früh mit einem Partner des anderen Geschlechts auszugehen, treten die Spannungen zwischen den Geschlechtern nicht so deutlich auf und dauern auch nicht so lange wie in Wohngegenden, in denen die Geschlechtsrollen stärker differenziert werden und frühe Kontakte zwischen den Geschlechtern weniger gefördert werden (31, 149).

Auswirkungen der Spannungen zwischen den Geschlechtern. Die Spannungen zwischen den Geschlechtern beeinflussen ein Kind, das damit anfängt, Kinder des anderen Geschlechts herabzusetzen, ebenso wie die Opfer dieser herabsetzenden Kritik. Dies bedeutet, daß die Auswirkungen auf Jungen ebenso wie die Auswirkungen auf Mädchen ungünstig sind. Die Jungen entwickeln ungerechtfertigte Gefühle männlicher Überlegenheit. Wenn sie älter werden, behandeln sie deshalb oft die Frauen in ihrem Heim, in ihrem sozialen Leben und in ihrem Beruf als die ihnen Untergebenen und Unterlegenen. Frauen, die als Kinder einer Behandlung ausgesetzt waren, wie sie die Spannung zwischen den Geschlechtern oft begleitet, entwickeln häufig Ressentiments gegenüber den Männern und gegenüber der Tatsache, daß sie als Frauen auf die Welt kamen; sie sind mit der Rolle, die die Kultur ihrem Geschlecht vorschreibt, unzufrieden und beneiden die Vorzugsstellung, die die Gesellschaft dem Mann gewährt. Diese Einstellungen können – und tun das auch oft – die individuelle und soziale Anpassung während der ganzen Lebenszeit beeinträchtigen, was sowohl für Männer als auch für Frauen gilt (27, 33, 168).

Die Spannungen zwischen den Geschlechtern erschweren es für Jungen und Mädchen, Freunde zu werden, selbst wenn sie es wünschen sollten. Viele Mädchen ziehen die sportlichen Spiele der Jungen vor, und viele Jungen würden lieber mit Mädchen spielen, denn sie sind weder an den Spielen der Jungen interessiert noch sind sie physisch in der Lage, daran teilzunehmen. Jeder Versuch, mit Kindern des anderen Geschlechts zu spielen oder sich mit solchen Spielen zu beschäftigen, die allgemein nicht bei einem Jungen bzw. einem Mädchen für angemessen gehalten werden, zieht mit großer Wahrscheinlichkeit die Belustigung oder den Spott der Eltern und die Verachtung der Alterskameraden nach sich.

Wenn auch heutzutage Eltern die Kinder beiderlei Geschlechts zu einem früheren Zeitpunkt als in den vergangenen Jahrzehnten ermutigen, gemeinsam an sozialen Veranstaltungen teilzunehmen, so werden diese Ermutigungen doch nicht ausgesprochen, bevor sich das Kind der Pubertät nähert (31). Bis zu diesem Zeitpunkt hat die Trennung der Geschlechter schon lange genug existiert, so daß sich starke ungünstige Einstellungen entwickeln konnten und die Kinder ausschließlich die Möglichkeiten hatten, die nur für ihr eigenes Geschlecht als angemessen betrachteten Beschäftigungen zu erlernen. Folglich haben sie nur wenig Gemeinsames; sie wünschen in Wirklichkeit nicht, Freunde zu werden, und die Probleme, die bei der gegenseitigen Anpassung der Heranwachsenden auftreten – besonders auf dem Gebiet der heterosexuellen Beziehungen – werden sehr intensiviert.

Die Spannungen zwischen den Geschlechtern haben weitreichende Auswirkungen auf die Entwicklung sozialer Fertigkeiten, wie etwa der Fähigkeit, sich mit anderen Leuten zu unterhalten, sich in sozialen Situationen zu Hause zu fühlen, gute Manieren zu haben und zu wissen, was man sagen und tun darf. Diese Fertigkeiten sind für eine gute soziale Anpassung nicht nur in der Kindheit, sondern während des ganzen Lebens wichtig. Weil Jungen alle solchen sozialen Fertigkeiten als „affig" ansehen und weil sie alle Möglichkeiten zu sozialem Kontakt gering schätzen, sind sie den Mädchen auf diesem Gebiet der Entwicklung deutlich unterlegen. Auf Selbsteinschätzungsskalen haben Jungen angezeigt, daß sie sich schon zu einem so frühen Zeitpunkt wie dem vierten Schuljahr in sozialen Beziehungen im Vergleich zu den Mädchen unterlegen fühlen (114).

Aus der oben gegebenen Beschreibung verschiedener Formen sozialen Verhaltens ist ersichtlich, daß das Verhalten älterer Kinder sozialer ist als das kleinerer Kinder. Ob diese Verbesserung eine Folge größerer intellektueller und emotionaler Reife oder von sozialem Druck ist, kann man nur schwer sagen; wahrscheinlich spielen alle Faktoren eine Rolle. Fraglos ist jedoch die Gruppe von größerer Bedeutsamkeit bei der Sozialisation des Kindes. Das Alter der Gruppenbildung ist die Zeit tiefgreifender Wandlungen.

Havighurst hob hervor, daß die Gruppe der Gleichaltrigen dem Kind auf vierfache Weise helfen kann: 1) zu erkennen, wie man mit seinen Alterskameraden zurechtkommt, und zu wissen, wie man sich in von der Gemeinschaft gebilligter Weise zu seinen Alterskameraden verhält; 2) ein von der Vernunft geleitetes Gewissen und eine Skala von Werten zu entwickeln, die die moralischen Werte der Eltern ersetzen, die das Kind als ein an Autorität orientiertes Gewissen übernommen hatte; 3) angemessene soziale Einstellungen zu entwickeln, etwa Menschen gegenüber aufgeschlossen zu sein und gern am sozialen Leben und den Unternehmungen der Gruppe teilzunehmen, und 4) persönliche Unabhängigkeit zu erreichen, indem es aus der Freundschaft mit Alterskameraden Befriedigung zu gewinnen vermag (99).

Im großen und ganzen begünstigt die Gruppe die Entwicklung guter Eigenschaften. Sie lehrt das Kind, demokratisch zu sein, seine Wünsche und Handlungen denen der Gruppe anzupassen, mit der Gruppe zusammenzuarbeiten, Fertigkeiten zu entwickeln, die es in die Lage versetzen, gleiches wie seine Alterskameraden zu tun, und Selbstsüchtigkeit und Eigenbrötelei abzulegen. Gleichzeitig entwickelt es Selbstkontrolle, Sinn für Fairneß, Mut, Gerechtigkeitsgefühl, Geduld, Loyalität, Treue, Hingabe gegenüber einem Ziel, Gefolgschaft gegenüber einem Anführer, Einsicht in die Natur sozialer Vorgänge und Sensibilität gegenüber den Motiven und Gefühlen anderer. Beim Wettstreit um Status versucht das Kind, sich selbst zu vervollkommnen und seine egozentrischen Interessen in Gruppeninteressen umzuwandeln.

Andererseits begünstigt die Gruppe unerwünschte Verhaltensweisen wie den Gebrauch niedriger Umgangssprache und von Schimpfwörtern, Erzählen zotiger Geschichten und „dreckiger" Witze, Schulschwänzen, Mutwilligkeiten, Auflehnung gegen Regeln und Autoritäten, das Aufgeben enger Beziehungen zum Elternhaus und Loyalität gegenüber der Gruppe statt gegenüber der Familie, Überheblichkeit und diskriminierendes Verhalten gegenüber Mitgliedern von Minoritätengruppen und ein Aufgeben von Werten, die die Erziehung im Elternhaus gefördert hatte. Die meisten dieser unerwünschten Wirkungen der Gruppe sind temporär. Wenn das Kind älter wird, treten viele ganz zurück (52, 223).

Zum wertvollsten, das ein Kind als Mitglied einer Gruppe lernt, gehört eine realistische Selbsteinschätzung. Im Elternhaus, in dem die Voreingenommenheiten aufgrund der Zuneigung der Eltern stark sind, lernt das Kind sich so einzuschätzen, wie seine Eltern es einschätzen – als jemanden, der „überlegen" ist. In der Gruppe bestehen diese Voreingenommenheiten nicht. Es wird von den Mitgliedern der Gruppe realistisch eingeschätzt und nach dem beurteilt, was es sagt und tut. Wenn das Kind in seinem täglichen Kontakt mit den Gruppenmitgliedern erfährt, was andere von ihm denken, beginnt es, seine Vorstellungen von sich selbst kritisch zu überprüfen, und verändert sie in Richtung auf eine größere Übereinstimmung mit der Realität. Wenn seine Alterskameraden es gern mögen, denkt es günstig über sich und akzeptiert sich selbst, so wie es ist (117, 127).

Ein Kind, das von der Gruppe zurückgewiesen wird oder das sich freiwillig aus der Gruppe zurückzieht, weil es in ihr zu wenig Befriedigung erfährt, wird mit der Zeit wahrscheinlich eine verallgemeinerte negative Einstellung gegenüber dem gesamten sozialen Leben entwikkeln. Wenn es von der Gruppe, der es gerne angehören möchte, nicht akzeptiert wird, dann glaubt es oft, daß es zu gar keiner Gruppe gehören möchte, oder wenn es sich aus einer Gruppe zurückzieht, weil ihm das Leben in einer Gruppe nicht gefällt, dann ist es kaum motiviert, das Gruppenleben noch einmal zu versuchen. Es weiß dann oft nicht, wie es seine Freizeit verbringen soll, und nimmt oft im Lesen, im Zuschauen beim Fernsehen und im Tagträumen seine Zuflucht – alle diese Tätigkeiten erfüllen seine Bedürfnisse, denn sie befriedigen es und können auch ohne Spielkameraden ausgeführt werden. Gelegenheiten zur Sozialisation bieten sie jedoch nicht, wie sie durch Kontakt mit anderen Menschen geboten werden. Die Wahrscheinlichkeit ist dann groß, daß sich das Kind zu einem unsozialen oder antisozialen Erwachsenen entwickelt.

Soziales Verhalten in der Pubertät

Mit Beginn der Pubertät verändern sich die sozialen Einstellungen, das Interesse an Aktivitäten im Rahmen einer Gruppe nimmt ab, statt dessen wird Alleinsein bevorzugt. Je weiter die Pubertät fortschreitet und je mehr die durch die Pubertät bedingten Veränderungen sich einstellen, desto stärker verändern sich auch die sozialen Einstellungen und das soziale Verhalten. Im allgemeinen verlaufen die Veränderungen parallel mit dem Größenwachstum; je schneller das Größenwachstum, um so ausgeprägter sind die Veränderungen. Man kann diese Periode mit Recht ein „antisoziales Stadium" nennen.

Da das antisoziale Verhalten für diese Zeit so charakteristisch ist, bezeichnet man die Pubertät bisweilen als „negative Phase" und als „Periode des Ungleichgewichts". (Die Bedeutung der Bezeichnung „negative Phase" wurde in Kapitel 4 erläutert.) Diese Namen legen die Annahme nahe, daß die Haltung des Kindes gegenüber dem Leben mit einem „Anti" zu erfassen ist, daß es einige der sozialen Eigenschaften verleugnet, die es so langsam und mit so viel Mühe während der Kinderjahre erworben hat. In der Pubertät ist der Verlauf der sozialen Entwicklung unterbrochen. Das Kind befindet sich allerdings nicht auf einem Plateau der Kurve des sozialen Lernens, es fällt vielmehr zurück, und zwar oft abrupt von dem Niveau, das dem des Erwachsenen schon so nahe schien.

Wenn das Größenwachstum nachläßt und sich die Geschlechtsreife einstellt, ist das Schlimmste der negativen Phase überwunden. Dann entwickelt sich der Heranwachsende wieder auf das Niveau des Erwachsenen zu, zunächst langsam, dann aber mit wachsender Geschwindigkeit, motiviert durch den starken Wunsch, von den Gruppen der Gleichaltrigen akzeptiert zu werden. Wenn die Entwicklung nach oben dann wieder einsetzt, hängt es von vielen Faktoren ab, ob die Auswirkungen der negativen Phase auf seine weitere Sozialisation überwunden werden können oder nicht. Zu diesen Faktoren gehören der Zeitpunkt, zu dem die Pubertät beginnt, ihre Dauer, wie sehr sie dem Pubertätsverlauf der Alterskameraden entspricht, und die Behandlung durch Eltern, Lehrer und Alterskameraden während dieser Übergangszeit.

Für die meisten Kinder ist dieser Schritt rückwärts im Prozeß der Sozialisation nur ein Zwischenspiel, das zwar an sich unerfreulich ist, das aber wenige, wenn überhaupt irgendwelche bleibenden Folgen hinterläßt. Wenn die Pubertät sich zu etwa der gleichen Zeit einstellt wie bei den Alterskameraden des Kindes, dann ist es mit seinen Freunden gewissermaßen „im gleichen Boot". Sie alle erfahren die gegen die Sozialisation gerichtete Wirkung dieser physischen Umwälzung gleichzeitig. Wenn es mit dem vorherrschenden unsozialen Gruppenverhalten konform geht, wird das Kind von der Gruppe toleriert oder gar akzeptiert. Seine antisozialen Einstellungen und sein antisoziales Verhalten werden geduldet, weil auch jeder andere gleich fühlt und sich gleich verhält (200, 205).

<u>Einsetzen des antisozialen Verhaltens.</u>
Man kann keinen genauen Zeitpunkt angeben, zu dem die antisozialen Einstellungen und Verhaltensweisen beginnen, denn die individuellen Unterschiede für

den Zeitpunkt der Geschlechtsreife sind zu groß. Im Durchschnitt beginnt allerdings die Pubertät der Mädchen ein Jahr früher als die der Jungen. (Weitere Ausführungen über den Zeitpunkt der Geschlechtsreife finden sich in Kap. 4.) Im Durchschnitt beginnen die Veränderungen der Pubertät bei den Mädchen mit elf Jahren, bei den Jungen mit zwölf Jahren. Die ersten Zeichen des antisozialen Verhaltens können deshalb ungefähr zu diesem Zeitpunkt erwartet werden.

Die schlimmsten Seiten des antisozialen Verhaltens lassen sich in der Zeit von etwa sechs bis zwölf Monaten vor Eintritt der Geschlechtsreife beobachten, d. h. also für Mädchen zwischen dem zwölften und dreizehnten Geburtstag und für Jungen zwischen dem dreizehnten und vierzehnten Geburtstag. Wenn erst einmal der Höhepunkt dieser Entwicklung erreicht ist, nimmt das antisoziale Verhalten normalerweise wieder rasch ab. Da Mädchen im Durchschnitt schneller reifen als Jungen, sind die antisozialen Verhaltenszüge der Mädchen in dieser Zeit in der Regel stärker ausgeprägt als die der Jungen. Die individuellen Unterschiede sind jedoch so stark, daß viele Jungen einen genauso starken Rückschlag in ihrer sozialen Entwicklung erfahren wie die Mädchen (72).

Ursachen des antisozialen Verhaltens. Da das antisoziale Verhalten des Kindes vor und in der Pubertät nicht auf mangelndes Wissen darüber, was die Gesellschaft erwartet, zurückzuführen ist, kann man es nicht unsozial nennen. Meist weiß das Kind recht genau, was die anderen von ihm erwarten, und es hat sich in den letzten Jahren der Kindheit ja auch nach diesen Erwartungen gerichtet. Es gibt genügend Hinweise darauf, daß ein Kind in der Pubertät *absichtlich* das Gegenteil von dem tut, was man von ihm erwartet. Es weiß z. B., daß man kleinere Kinder nicht stören und ärgern soll, und doch tyrannisiert und schikaniert es jüngere Geschwister und Kinder aus der Nachbarschaft. In ähnlicher Weise kennt es die Regeln zu Hause und in der Schule genau, aber es ist jetzt ungehorsam und verstößt gegen die gleichen Regeln, denen es früher willig gefolgt ist.
Warum, kann man mit gutem Recht fragen, verhält sich das Kind so? Zweifellos ist das antisoziale Verhalten in diesem Alter zum Teil eine Folge von schnellen und weitreichenden *physischen Veränderungen* und *Veränderungen des Drüsensystems*. Eine physische Umwälzung der Art, wie sie in der Pubertät vor sich geht, kann nicht geschehen, ohne daß sie einige Auswirkungen auf das Verhalten hat. In diesem Fall sind die Auswirkungen ungünstig, besonders weil das schnelle Wachstum mit Müdigkeit, Teilnahmslosigkeit und Mangel an Reserveenergien einhergeht (16, 39). Außerdem stören die Größe- und Lageveränderungen der verschiedenen Organsysteme die Homöostase des Körpers, und diese Störung wird immer begleitet von psychologischen Veränderungen, die zu einem Zustand mangelnden Gleichgewichts führen. Die Umwälzung wird noch akzentuiert durch die Funktionsänderungen der verschiedenen Drüsen des endokrinen Systems und zeitweilige Unausgeglichenheiten des Hormonhaushaltes (193).
Antisoziales Verhalten ist keineswegs ausschließlich die Folge physischer Veränderungen. *Faktoren der Umwelt* spielen eine sehr wichtige, wenn nicht die wichtigste Rolle. Weil das Aussehen des Kindes jetzt mehr dem des Erwachsenen gleicht – was seine Körpergröße *und* seine Proportionen angeht –, halten Eltern und Lehrer die Zeit für gekommen, daß das Kind sein „kindisches" Verhalten ablegt und die Verantwortung eines reifen Menschen übernimmt (56). Es werden dem Kind also neue Pflichten und Verantwortungen übertragen zu einem Zeitpunkt, an dem es zumindest physisch am wenigsten in der Lage ist, diese zu übernehmen (38, 153). Darüber hinaus sträubt sich das Kind dagegen, nach den relativ sorgenfreien Tagen der Kindheit plötzlich neue Aufgaben und Verantwortlichkeiten zu übernehmen. Es nimmt die Tatsache übel, daß man es nicht fragt, ob es die Pflichten übernehmen will, sondern das einfach von ihm verlangt, ob es das nun gern hat oder nicht. So entsteht das Ge-

fühl, ein Märtyrer zu sein, ein Gefühl, das auch ohne die anderen Begleitumstände der Pubertät schon zu antisozialen Einstellungen und Verhaltensweisen führen würde. Ob sich ein Kind nun wegen seiner Religion oder seiner Rasse als Märtyrer fühlt oder weil man von ihm Dinge erwartet, die zu tun es zu müde oder zu abgespannt ist, oder weil diese Pflichten ihm vorher noch nie abgefordert wurden, macht wenig aus; es ist über die Behandlung verstimmt, die es erfährt, und drückt seine Verstimmung im antisozialen Verhalten aus (56, 60).

Diese Märtyrergefühle treten sehr wahrscheinlich auf, wenn die Geschlechtsreife deutlich von der der Alterskameraden – sei es hinsichtlich ihres Beginns oder ihrer Dauer – abweicht. Tritt die Geschlechtsreife zum Beispiel früher ein, dann zeigt sich das für die negative Phase charakteristische Verhalten früher als bei den Freunden dieses Kindes. Und ein solches Verhalten dulden dann weder seine Freunde noch seine Eltern und Lehrer, die ihm sagen, es sei noch zu jung, um sich so zu benehmen. Wenn hingegen der Spätentwickler sich so verhält, wie es seinem Entwicklungsstand angemessen ist, dann wird ihm vorgeworfen, er sei doch schon zu alt, um sich noch so zu benehmen (114, 115, 163).

Im ganzen gesehen reifen Mädchen schneller als Jungen, und ihr für die negative Phase typisches Verhalten ist in der Regel ausgeprägter. Da man aber von Mädchen erwartet, daß sie sich reifer betragen als Jungen, werden sie für ihr antisoziales Verhalten schärfer kritisiert und von anderen abgelehnt. Mangelndes Verständnis führt nun auf jeder Altersstufe zu Märtyrergefühlen, aber in der Pubertät, wenn diese Gefühle aus vielerlei Quellen stammen, werden solche Gefühle noch verstärkt und führen zu einem noch deutlicheren Hervorkehren des antisozialen Verhaltens (54, 173).

Die physischen und physiologischen Erscheinungen in dieser Lebensspanne führen zu Besorgtheit um die eigene Person und zu Ängstlichkeit. Ein Kind, das sich außergewöhnlich starke Sorgen um sich selbst macht, wird in hohem Grade selbstbezogen und kann deshalb nicht sozial eingestellt sein. Viele Sorgen der Kinder in der Pubertät stammen aus der Unwissenheit über die Ursachen der physischen Veränderungen des Körpers und über den normalen Ablauf dieser Entwicklung. Wenn dann ein Kind auch noch feste Vorstellungen darüber hat, wie es einmal aussehen möchte, wenn es erwachsen ist, und wenn die Veränderungen seines Körpers nicht in die erhoffte Richtung gehen, steigert sich seine Besorgnis. Und dies verstärkt wiederum seine Selbstbezogenheit (179, 180).

Ängstlichkeit führt immer zu unsozialem Verhalten. Wenn dieses Verhalten von anderen nicht verstanden wird, entsteht Ärger, und beide, Ärger und Ängstlichkeit zusammen, machen das Kind zu antisozialem Verhalten geneigt. Sie lassen es glauben, es sei ein Märtyrer, schlecht behandelt und unverstanden von Kameraden, Eltern und Lehrern – gerade also von denen, auf die es für Verständnis und Zuneigung angewiesen ist.

Auswirkungen der Veränderungen in der Pubertät. Veränderungen in den Einstellungen und im Verhalten sind in der Pubertät unausweichlich, und es ist verständlich, daß diese Veränderungen zu Verschlechterungen führen. Im folgenden führen wir einige Veränderungen auf, die bei Jungen und Mädchen in dieser Zeit beobachtet wurden.

Veränderungen in den Vorstellungen von sich selbst. Untersuchungen der Veränderungen in den Vorstellungen, die Kinder über sich selbst haben, machen deutlich, daß diese Veränderungen mit den Veränderungen des Körpers einhergehen und mit dem Wandel der Einstellungen der für die Kinder in ihrem Leben wichtigen Menschen zu ihnen. Die negativen Veränderungen des Selbstbildes, die in den ersten Jugendjahren eintreten, werden allmählich überwunden, wenn der einzelne mehr Freude an seinem durch die Entwicklung veränderten, neuen Körper gewinnt und wenn andere ihm gegenüber günstigere Einstellungen zeigen (194).

Eine Untersuchung der Selbsteinschätzung von Jungen und Mädchen im Alter von neun bis dreizehn Jahren – der Zeit,

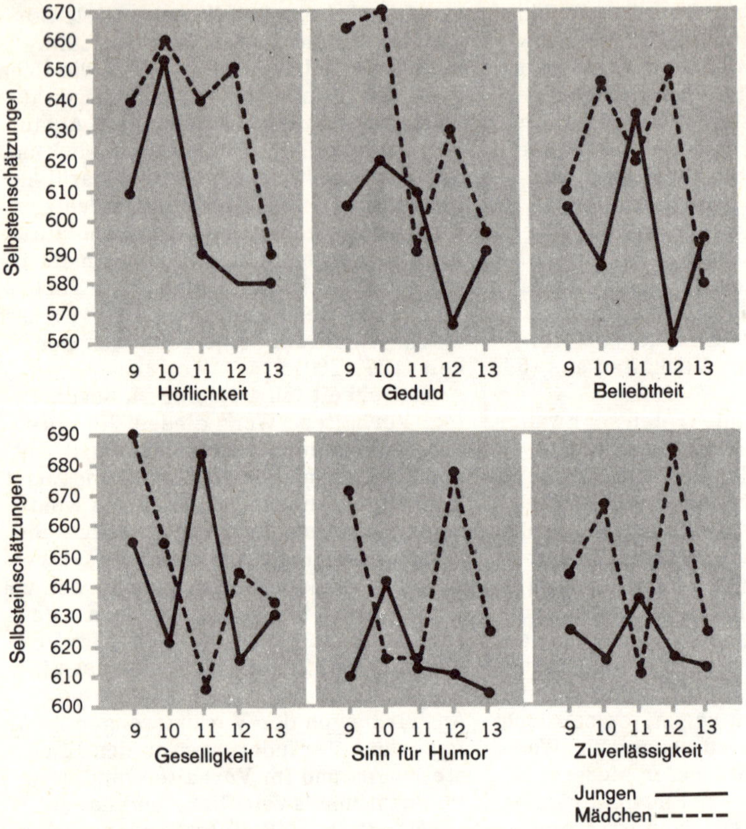

Abb. 8-7. Selbsteinschätzungen von Jungen und Mädchen in der späten Kindheit.

in der die Veränderungen der Pubertät am raschesten ablaufen und die Auswirkungen auf das Verhalten am deutlichsten sind – hat ergeben, daß ein abwärts gerichteter Trend besteht bei der Einschätzung der eigenen Intelligenz, der Bereitschaft zur Zusammenarbeit, Großzügigkeit, Geselligkeit, Beliebtheit und der Fähigkeit, andere zu unterhalten und zu erfreuen. Die Selbsteinschätzungen sind in Abb. 8-7 dargestellt. Da diese Einschätzungen insgesamt gesehen ungünstig sind, führen sie zu einem negativen Selbstbild, das sich wiederum in negativen Einstellungen gegenüber anderen und gegenüber sozialen Situationen im allgemeinen widerspiegelt. So wird ein Teufelskreis mit dem Ergebnis in Gang gebracht, daß mit fortschreitender Pubertät das unerwünschte soziale Verhalten sich verstärkt (3).

Veränderungen in den Einstellungen und im Verhalten. Die Wirkungen der radikalen physischen Veränderungen, die in der Pubertät auftreten, tragen in der Regel zu einer Unterbrechung des glatten Entwicklungsverlaufes des Sozialverhaltens bei. Einige der Verhaltensveränderungen sind so ausgeprägt, daß das Kind auf Verhaltensweisen der Vorschulzeit zurückzugreifen scheint, andere legen eher Vergleiche mit dem Verhalten jugendlicher Rechtsbrecher nahe, einige tauchen auch völlig neu auf, sind aber unsozial oder antisozial. In vieler Hinsicht *scheinen* diese Veränderungen schlimmer zu sein, als sie tatsächlich sind, teils weil sie unmittelbar auf das soziale Verhalten im Alter der Gruppenbildung folgen und teils weil das Kind, das jetzt schon fast wie ein Erwachsener wirkt, nach Standards beurteilt wird, die eher zu seiner Körpergröße und seinem Aussehen passen als zu seinem Entwicklungsniveau.
Die deutlichste Verhaltensänderung ist die von sozialem zu antisozialem Ver-

halten. Der Pubertierende ist gegen jeden eingestellt – gegen die Eltern, die Geschwister, die Lehrer, Verwandten, Kameraden und die Gesellschaft im allgemeinen. Er ist feindselig, verdächtigt die Motive der anderen und empfindet alles, was ihm gesagt wird und was man im Hinblick auf ihn tut, als aggressiven Akt und rechtfertigt so seine eigene Einstellung.

Statt anderen zu helfen, was er früher tat, versucht er nun, das Vergnügen anderer zu stören. Es reicht ihm nicht, daß die anderen sich ohne seine Hilfe abmühen, er möchte es ihnen noch schwerer machen und alles unterbinden, was sie planen. Er weigert sich nicht nur, anderen zu helfen, vielmehr vernachlässigt er auch seine eigenen Pflichten und Aufgaben und fühlt sich als Märtyrer, wenn er kritisiert oder bestraft wird. Er scheint geradezu daran Spaß zu haben, wenn er seine Hilfe entziehen kann (57, 171).

Er ist sogar aggressiver als das Kind im Vorschulalter. Er fängt mit Geschwistern oder Kameraden Streit an ohne offenkundigen Grund. Im allgemeinen sind jüngere Geschwister das Ziel seiner Aggressionen, und er sucht sein Verhalten damit zu rechtfertigen, daß seine Eltern ihnen Rechte einräumten, die er in diesem Alter nie hatte, oder daß irgendeiner ja den Geschwistern anständiges Betragen beibringen müsse. Seine Aggressionen gegen die Eltern und Verwandten sind verbaler Art, sie bestehen hauptsächlich aus Herumkritisieren, Suchen nach Fehlern, Widerspenstigkeit, wenn er um etwas gebeten oder zu etwas aufgefordert wird, und dem Vorwurf einer unfairen Behandlung und mangelnden Verständnisses ihm gegenüber.

Wenn er seine Aggressivität nicht direkt zeigt, geschieht dies indirekt, indem er versucht, Streit unter den Geschwistern oder unter den Eltern anzustiften, indem er Klatsch weitererzählt, indem er sich bei einem Elternteil über die erfahrene schlechte Behandlung durch den anderen beschwert oder erzählt, wieviel besser doch die Eltern seiner Freunde miteinander umgingen. Seine Mutter, die zuvor in seiner Gunst höher als sein Vater stand, wird nun meist zur Zielscheibe seiner Kritik. Er glaubt nicht unbedingt, daß sie ihn weniger versteht oder schlechter behandelt als der Vater, aber sie ist häufiger in der Nähe und toleriert seine Aggressivität eher als der Vater (56).

Die aggressiven Verhaltensweisen, die sich im Elternhaus entwickeln, werden in das Leben außerhalb des Hauses übertragen. Der pubertierende Junge oder das pubertierende Mädchen streitet über die nichtigsten Dinge, fängt mit den Kameraden in der Gruppe Streit an, kritisiert alles, was sie tun, und scheint sich daran zu freuen, ihre Gefühle zu verletzen.

Die Einsicht in soziale Sachverhalte, die sich in den früheren Jahren entwickelt hatte, scheint völlig geschwunden zu sein. Sowohl zu Hause wie unter seinen Kameraden zeigt das Kind kein Verständnis für das Empfinden der anderen, es zeigt kein Mitleid, wenn es ihnen schlecht geht. Die sozialen Züge, die es in der Hoffnung, beliebter zu werden, mit soviel Anstrengung entwickelt hat, schwinden, und seine früheren Freunde halten es jetzt für einen „Quertreiber" (79, 200). Sein Ansehen bei den Alterskameraden nimmt ab, und viele seiner Freundschaften – von denen manche bis ins erste Schuljahr zurückreichten – zerbrechen. Seine früheren Freunde sagen, sie hätten genug von der Art, wie der Pubertierende sich benimmt, wie er sie von oben herab behandelt, über sie klatscht und sie und alles, was sie tun, kritisiert (153, 205).

Das scheint den Pubertierenden nicht zu kümmern, er äußert vielmehr, daß ihn jede Gesellschaft langweile und daß er lieber allein sei. Isolierung tritt nun an die Stelle der Teilnahme am Leben der Gruppe, und dies tritt oft plötzlich ein, manchmal im Verlauf eines Wochenendes. Das Kind bleibt nicht mehr nach Schulschluß bei seinen Freunden zurück, es geht gleich nach Hause, auf sein Zimmer, schließt die Tür und läßt sich nur noch blicken, wenn Essenszeit ist. Auch seine Familie „hängt ihm zum Halse heraus". An gemeinsamen Unternehmen beteiligt es sich so kurz wie möglich und zeigt in seinem Verhalten, in seiner Unlust zu reden und in seinem Gesichtsausdruck, wie ganz und gar uninteressiert es ist. Tadel oder Druck erhöht nur sein Gefühl, Märtyrer zu sein, und scheint seinen Vorwurf zu stützen, daß keiner es liebe oder verstehe.

Würde der Pubertierende in der Zeit, in der er sich absondert, sich irgendwie nützlich beschäftigen, wäre die ungünstige Wirkung nicht so groß. Gewöhnlich verbringt er die Zeit jedoch mit Tagträumen. Er spielt in seinen Tagträumen die Rolle des Märtyrers, der unter intoleranten Eltern, Lehrern oder Kameraden leidet. Die Tagträume enden gewöhnlich damit, daß er ein Held wird – ein Ausgang, der ihm große emotionale Zufriedenheit verschafft und es ihm möglich macht, sein eigenes antisoziales Verhalten vor sich selbst zu rechtfertigen. Wie sehr man sich auch an solchen Tagträumen freuen kann, sie führen doch nur dazu, daß sich beim Kind die bereits bestehende Ansicht, keiner würde sich um es kümmern, nur noch weiter verstärkt.

In der Zeit, in der sich der Pubertierende von anderen absondert, denkt er oft über Geschlechtliches nach, liest Bücher oder schaut sich Bilder zu diesem Thema an, beschäftigt sich mit seinen Geschlechtsorganen und masturbiert. Was für zu ausgiebiges Tagträumen gilt, trifft auch zu für außergewöhnlich starke Beschäftigung mit allem, was das Geschlecht angeht; es ist ungesund, trägt nichts zu einer guten sozialen Anpassung bei und kann sogar die Einstellung eines Kindes gegen das andere Geschlecht noch verstärken (113, 223).

Eine weit verbreitete Form des antisozialen Verhaltens beim pubertierenden Kind ist sein Widerstand gegen Autorität zu Hause wie auch in der Schule. Dieses Verhalten beginnt in der Zeit, in der sich Gruppen bilden, ist aber in der Pubertät viel deutlicher und wird eher offen gezeigt. Beim Kind im Gruppenalter ist es viel weniger wahrscheinlich, daß es offenen Ungehorsam gegenüber Eltern und Lehrern zeigt, als beim Pubeszenten. Es ist auch unwahrscheinlicher, daß ein jüngeres Kind offen Autoritätspersonen beschuldigt, unfair zu sein. Solcher Widerstand gegen Autorität führt gelegentlich zu schwereren Vergehen, hat aber immer die beabsichtigte Wirkung, lästig zu sein.

Eltern und Lehrer glauben nicht nur, daß sie dem Kind zeigen müssen, sein Trotz werde nicht geduldet, sie sind auch verärgert über seine Anfälle von Rebellion – ein Verhalten, das vermuten läßt, daß das Kind ihre Autorität prüft und herausfinden will, wie weit es wohl gehen kann, ohne daß es bestraft wird. Seine Geringschätzung für die, die Autorität haben, zeigt es z. B. darin, daß es unaufmerksam und taktlos ist, daß es pfeift, wenn man ihm zu reden verboten hat, daß es zu spät zum Essen, zur Schule oder zum Familienspaziergang kommt, daß es die ihm übertragenen Aufgaben so nachlässig erledigt, daß ein anderer sie noch einmal in Angriff nehmen muß, oder daß es die Unterhaltung anderer stört. In allem ist die Absicht des Pubertierenden deutlich, die anderen wirklich zu treffen und zu verärgern (205).

Die Kommunikation mit anderen ist wesentlich für die eigene Sozialisation. Schon das Kleinstkind versucht auf seine Weise, mit anderen in ein kommunikatives Verhältnis zu treten und selbst zu einem Teil der Gruppe zu werden. Das antisoziale Kind in der Pubertät weist absichtlich diesen Weg zur Einfügung in die Gemeinschaft zurück. Außer in dringenden Fällen lehnt es die Kommunikation mit anderen ab. So beantwortet es z. B. eine Frage mit einfachem „Ja" oder „Nein" und kommt weiteren Fragen zuvor, indem es „Ich kann mich nicht mehr erinnern" oder „Ich weiß nicht" sagt. Obwohl es früher darauf aus war, sich mit Erwachsenen oder seinen Alterskameraden zu unterhalten, zeigt es nun äußerste Reserviertheit, eine Tendenz, sich mit sich selbst zu begnügen und sich aus der sozialen Gruppe zurückzuziehen, wobei es in seinem Benehmen, seinem Gesichtsausdruck und seiner Ungeduld zur Schau stellt, daß die Gruppe ihm langweilig vorkommt, und nicht, daß es sich irgendwie unterlegen oder nicht am richtigen Platz fühlt.

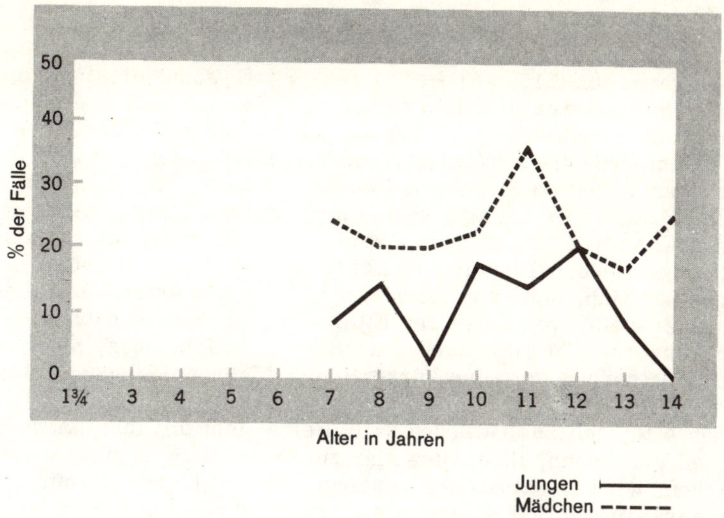

Abb. 8-8. In der Kindheit entwickelt sich die Schüchternheit bei Jungen anders als bei Mädchen.

Diese exzessive Verschlossenheit verbindet sich mit dem Syndrom der freiwilligen Isolierung. Sie erreicht in der Pubertät ihren Höhepunkt und ist auf die Ablehnung der sozialen Gruppe, nicht auf die Ablehnung d u r c h die soziale Gruppe zurückzuführen. Im Gefolge dieser Verschlossenheit findet sich auch S c h ü c h t e r n h e i t. Obwohl auch das kleine Kind gegen Ende des ersten Lebensjahres ein „schüchternes Alter" durchmacht, wird diese Schüchternheit durch fremde Leute und unbekannte Gegenstände und durch seine Angstreaktion darauf hervorgerufen. Hingegen tritt in der Pubertät die Schüchternheit in Gegenwart a l l e r Menschen auf, nicht nur bei Fremden. Die „schüchterne Zeit" in der Pubertät ist bei Jungen mit zwölf Jahren am deutlichsten, bei Mädchen im Alter von elf bis vierzehn Jahren (133). Abb. 8-8 gibt weiteren Aufschluß.

Immer ist es Furcht, die Schüchternheit zugrunde liegt. In der Pubertät ist das Kind darüber besorgt, wie die Leute, um deren Zuneigung es sich früher bemühte, auf die Veränderungen seines Körpers und seines Verhaltens reagieren. Es ärgert sich oft über sein neues Aussehen und ist noch ärgerlicher über sein eigenes Verhalten, von dem es weiß, daß andere es als antisozial ansehen. Seine Schüchternheit beruht also stärker auf Schuld- oder Schamgefühlen als auf Furcht vor Fremden oder vor fremden sozialen Situationen (57, 200).

Dauer des antisozialen Verhaltens. Wenn auch fast alle Kinder eine Zeit des antisozialen Verhaltens durchmachen, ist diese für früh oder spät reifende intensiver. Viele antisoziale Verhaltensweisen verschwinden oder lassen mit Abschluß der Geschlechtsreife nach. Das Streben des Heranwachsenden nach sozialer Anerkennung gibt ihm die nötige Motivation für neue Versuche, den Erwartungen der Gesellschaft besser zu entsprechen.

Wenn auch das Kind seine Freunde vor den Kopf gestoßen hat und die Zuneigung und Hochachtung der Eltern, Lehrer und anderer Erwachsener enttäuschte, als es sich in seiner negativen Phase befand, verbessert sich sein Verhalten später doch so sehr, daß man ihm die zeitweiligen Ausrutscher nachsieht. Fällt die Zeit seiner Geschlechtsreife in etwa mit der Zeit zusammen, in der auch seine Freunde diesem Prozeß unterworfen sind, dann verhalten sie sich alle ziemlich gleich. Also s t i m m t sein antisoziales Verhalten m i t d e m i n s e i n e r A l t e r s g r u p p e i n d i e s e r Z e i t ü b l i c h e n ü b e r e i n. Wahrscheinlich entwickelt es sich nicht zu einer Gewohnheit, denn es dauert nur relativ kurze Zeit, und es folgt unmittelbar eine Periode, in der der jun-

ge Heranwachsende stark motiviert ist, sich in einer sozial eher gebilligten Weise zu verhalten (115, 153).
Abweichende sexuelle Entwicklungen führen oft zu individuellen Verhaltensunterschieden, die schwieriger wieder der Norm angeglichen werden können. Beim Frühentwickler zeigen sich besonders stark ausgeprägte Formen antisozialen Verhaltens früher als beim normalen Kind, und zwar in erster Linie deshalb, weil er seinen Eltern und Lehrern nicht klar machen kann, daß er entsprechend seiner körperlichen Reife, nicht nach seinem chronologischen Alter behandelt werden will. Bei seinen Versuchen, ihnen dies klar zu machen, wird er aggressiv, verlangt Aufmerksamkeit und Sonderrechte, rebelliert gegen Autorität und ist negativistisch, sucht Streit, weil er glaubt, daß keiner seine Meinung zu verstehen sucht, und seine ungünstige Meinung, die er aufgrund des Verhaltens der anderen ihm gegenüber von sich selbst hat, macht ihn überempfindlich. Sein negatives Selbstbild kann sich in übertriebener Schüchternheit, in Prahlen oder in Frechheit ausdrücken (115, 163).
Sind jedoch die Versuche des Frühreifenden, den Status zu erhalten, den er zu verdienen glaubt, erfolgreich, legt er im allgemeinen sein antisoziales Verhalten ab und paßt sich gut an. Da er früher als seine Alterskameraden reif wurde, hat er die Möglichkeit, reiferes Verhalten zu entwickeln und größeres Selbstvertrauen, und mag sich darin im Prozeß des sozialen Lernens immer wieder bestätigt sehen. Gelingt ihm dies, wird er freundlicher und emotional ausgeglichener als seine Alterskameraden und hat in der Gruppe stärkeren Einfluß. Auch sein Äußeres macht einen günstigeren Eindruck als das seiner noch weniger reifen Kameraden. Wegen ihrer Ausgeglichenheit und ihres Selbstvertrauens werden sie als Heranwachsende und Erwachsene oft zu Anführern oder in leitende Stellungen gewählt (114). Wenn jedoch die Versuche des Frühreifen, Status zu gewinnen, vereitelt werden, und er zurückgehalten wird, bis seine Alterskameraden den gleichen Entwicklungsstand erreicht haben, entwickelt er mit einiger Wahrscheinlichkeit antisoziale Gewohnheiten, die oft für das ganze Leben bestehen bleiben.
Solche Gewohnheiten entwickeln sich mit noch größerer Wahrscheinlichkeit beim Spätreifen. Ein Kind, das hinter seinen Alterskameraden in seiner sexuellen Reifung zurückgeblieben ist, wird meistens sowohl von seinen Spielkameraden als auch von den Erwachsenen nach seiner körperlichen Erscheinung, nicht aber nach seinem chronologischen Alter oder den Leistungen in der Schule behandelt. Man geht mit ihm um wie mit einem Kind, weil es noch so aussieht wie ein Kind. Bei seinem Kampf um einen Status, der ihm seiner Meinung nach zusteht, entwickelt es antisoziale Einstellungen und Verhaltensweisen. Je größer der Abstand zwischen dem Zeitpunkt der Geschlechtsreife seiner Alterskameraden und dem seinen ist, desto mehr verstärken sich durch die ständige Wiederholung seine unreifen Einstellungen und Verhaltensweisen.
Leicht wird der Spätreife als jemand angesehen, der „gegen" alles ist, und zwar aus zwei Gründen: Zum ersten zeigen sich bei ihm noch immer antisoziale Verhaltensweisen, wenn seine normalen Alterskameraden schon längst im Begriff sind, sich als Heranwachsende in die Gesellschaft einzugliedern, zum zweiten deshalb, weil der Kontrast zwischen dem Verhalten der Gleichaltrigen und dem antisozialen Verhalten, das er zeigt, die Aufmerksamkeit auf ihn lenkt. Wenn er sich erst einmal den Ruf erworben hat, antisozial zu sein, bleibt ein solcher Ruf noch immer bestehen, wenn das Kind den Status erreicht hat, um den es kämpfte (153, 163).

Ernste Folgen des antisozialen Verhaltens. Das Kind verliert nicht nur während der Pubertät Terrain in seiner sozialen Entwicklung, das es schon gewonnen hatte, es beeinträchtigt auch seine soziale Anpassung, seine Vorstellungen über sich selbst und sein Ansehen bei Alterskameraden, Familienmitgliedern und Lehrern durch sein Verhalten in der negativen Phase. Die meisten Kinder können den Schaden, den sie angerichtet haben, wieder gut machen und in den Sozialisationsprozeß wieder einsteigen, ohne daß dauernder Schaden bleibt. Wie es aber bei jedem Rückschlag der Fall ist, so sind auch hier mehr Anstrengung und Zeit nötig als erforderlich gewesen wären, wenn der Rückschlag nicht eingetreten wäre.

Vielleicht ist bei alledem am schwierigsten, die zerbrochenen Freundschaften wiederherzustellen. Die meisten Streitereien der Pubertierenden spielen sich auf verbaler Ebene ab. Der psychische Schaden, der durch das Spitznamengeben, durch das Kritisieren, die abschätzigen Bemerkungen und die Herabsetzungen, die für die negative Phase typisch sind, angestellt wurde, kann nur schwer behoben und kaum wirklich ganz getilgt werden. Eine solche psychische Verletzung bewirkt beim Kind das Entstehen negativer Einstellungen gegenüber der Person, durch die es verletzt wurde, auch wenn es die näheren Umstände schon vergessen hat.

Eine andere ernste Folge des Verhaltens in der Pubertät ist in dem schlechten Ruf zu sehen, den das Kind sich erwirbt. Wenn man sein soziales Milieu verändern könnte, nachdem seine negative Phase vorbei ist, oder wenn das Kind seinen schlechten Ruf begraben könnte, indem es neue Freundschaften schließt, wäre die ganze Sache nicht so ernst zu nehmen. Aber die meisten Kinder leben weiterhin in der gleichen Wohngegend, besuchen die gleiche Schule und kommen mit denselben Leuten wie in ihrer negativen Phase zusammen. Die Schwierigkeit, seinen Ruf zu verbessern, ist deshalb besonders groß, weil das Kind sich in so vielen Gruppierungen antisozial benommen hat, daß sein Ansehen überall Schaden gelitten hat.

Abschließend wollen wir noch einmal hervorheben, daß der ungünstige Einfluß dieser Zeit der Geschlechtsreife durchaus nicht mehr wirksam sein muß, wenn erst einmal die Geschlechtsreife eingetreten ist. Unglücklicherweise läßt sich das in Wirklichkeit meistens nicht feststellen. Wie stark und dauernd diese Zeit das Verhalten des Kindes beeinflußt, wird zu einem großen Teil von den Grundlagen abhängen, die in der Kindheit gelegt wurden, und von der Behandlung, die das Kind von seinen Eltern, seinen Lehrern und Alterskameraden erfährt, wenn es durch diese schwierigen Jahre geht.

Bibliographie

(1) ALLEN, R. M.: A longitudinal study of six Rorschach protocols of a three-year-old child. *Child Develpm.*, 1951, **22,** 61–69.

(2) ALLPORT, G. W.: *The nature of prejudice.* Cambridge, Mass.: Addison-Wesley, 1954.

(3) AMATORA, SISTER M.: Developmental trends in pre-adolescence and early adolescence in self-evaluation. *J. genet. Psychol.*, 1957, **91,** 89–97.

(4) AMMONS, C. H., and R. B. AMMONS: Aggression in doll play: interviews of two- to six-year-old white males. *J. genet. Psychol.*, 1953, **82,** 205–213.

(5) ANDERSON, H. H., and G. L. ANDERSON: Social development. In L. Carmichael (Ed.), *Manual of child psychology,* 2d ed. New York: Wiley, 1954. Pp. 1162–1215.

(6) ANGELINO, H., and E. V. MECH: "Fears and worries" concerning physical changes: a preliminary survey of 32 females. *J. Psychol.*, 1955, **39,** 195–198.

(7) ARTER, P. M.: The effects of prejudice on children. *Children,* 1959, **6,** 185–189.

(8) AUSUBEL, D. P.: Negativism as a phase of ego development. *Amer. J. Orthopsychiat.*, 1950, **20,** 796–805.

(9) AUSUBEL, D. P.: Prestige motivation of gifted children. *Genet. Psychol. Monogr.*, 1951, **43,** 53–117.

(10) AUSUBEL, D. P.: Ego development among segregated Negro children. *Ment. Hyg., N.Y.*, 1958, **42,** 362–369.

(11) AUSUBEL, D. P., and H. M. SCHIFF: Some intrapersonal and interpersonal determinants of individual differences in socioempathic ability among adolescents. *J. soc. Psychol.*, 1955, **41,** 39–56.

(12) BAIN, R.: Making normal people. *Marriage fam. Liv.*, 1954, **16,** 27–31.

(13) BALDWIN, A. L.: The effect of the home environment on nursery-school behavior. *Child Develpm.*, 1949, **20,** 49–61.

(14) BANHAM, K. M.: Obstinate children are adaptable. *Ment. Hyg., N.Y.*, 1952, **36,** 84–89.

(15) BARKER, R. G., and H. F. WRIGHT: *Midwest and its children.* New York: Harper & Row, 1954.

(16) BAYLEY, N.: Individual patterns of development. *Child Develpm.*, 1956, **27,** 45–74.
(17) BEHERS, M. L.: Child-rearing and the character structure of the mother. *Child Develpm.*, 1954, **25,** 225–238.
(18) BELOFF, H.: Two forms of social conformity: acquiescence and conventionality. *J. abnorm. soc. Psychol.,* 1958, **56,** 99–104.
(19) BENDER, I. E., and A. H. HASTORF: The perception of persons: forecasting another person's responses on three personality scales. *J. abnorm. soc. Psychol.,* 1950, **45,** 556–561.
(20) BERENDA, R. W.: *Influence of the group on the judgments of children: an experimental investigation.* New York: King's Crown, 1950.
(21) BIRD, C., E. D. MONACHESI, and H. BURDICK: Studies of group tensions. IV. The effect of parental discouragement of play activities upon the attitudes of white children toward Negroes. *Child Develpm.*, 1952, **23,** 295–306.
(22) BOBROFF, A.: The stages of maturation in socialized thinking and the ego development of two groups of children. *Child Develpm.;* 1960, **31,** 321–338.
(23) BOEHM, L.: The development of independence: a comparative study. *Child Develpm.*, 1957, **28,** 85–92.
(24) BOLL, E. S.: The role of preschool playmates: a situational approach. *Child Develpm.*, 1957, **28,** 327–342.
(25) BONNEY, M. E.: Social behavior differences between second grade children of high and low sociometric status. *J. educ. Res.,* 1955, **48,** 481–495.
(26) BONNEY, M. E., and E. L. NICHOLSON: Comparative school adjustments of elementary school pupils with and without preschool training. *Child Develpm.*, 1958, **29,** 125–133.
(27) BORING, E. G.: The woman problem. *Amer. Psychologist,* 1951, **6,** 679–692.
(28) BOSSARD, J. H. S., and E. S. BOLL: *The sociology of child development,* 3d ed. New York: Harper & Row, 1960.
(29) BOWERMAN, C. E., and J. W. KINCH: Changes in family and peer orientation of children between the fourth and tenth grades. *Soc. Forces,* 1959, **37,** 206–211.
(30) BRECKENRIDGE, M. E., and E. L. VINCENT: *Child development,* 4th ed. Philadelphia: Saunders, 1960.
(31) BRODERICK, C. B., and S. E. FOWLER: New patterns of relationships between the sexes among preadolescents. *Marriage fam. Liv.*, 1961, **23,** 27–30.
(32) BROWN, A. W., and R. G. HUNT: Relations between nursery school attendance and teachers' ratings of some aspects of children's adjustment in kindergarten. *Child Develpm.*, 1961, **32,** 585–596.
(33) BROWN, D. G.: Sex-role development in a changing culture. *Psychol. Bull.,* 1958, **55,** 232–242.
(34) BROWN, F. J.: *Educational sociology,* 2d ed. Englewood Cliffs, N.J.: Prentice-Hall, 1954.
(35) BROWNFIELD, E. D.: Communication—key to dynamics of family interaction. *Marriage fam. Liv.*, 1953, **15,** 316–319.
(36) BURCHINAL, L. G., G. R. HAWKES, and B. GARDNER: Adjustment characteristics of rural and urban children. *Amer. sociol. Rev.*, 1957, **22,** 81–87.
(37) CANNING, R. R., and J. M. BAKER: Effect of the group on authoritarian and non-authoritarian persons. *Amer. J. Sociol.,* 1959, **64,** 579–581.
(38) CAPLAN, H.: The role of deviant maturation in the pathogenesis of anxiety. *Amer. J. Orthopsychiat.,* 1956, **26,** 94–107.
(39) CATTELL, R. B., and R. W. COAN: Personality factors in middle childhood as revealed by parents' ratings. *Child Develpm.,* 1957, **28,** 439–458.
(40) CENTERS, R.: Social-class identification of American youth. *J. Pers.,* 1950, **18,** 290–302.
(41) CHILD, I. L.: Socialization. In G. Lindzey (Ed.), *Handbook of social psychology.* Cambridge, Mass.: Addison-Wesley, 1954. Pp. 655–692.
(42) CHILD, I. L., E. H. POTTER, and E. M. DEVINE: Children's textbooks and personality development: an exploration in the social psychology of education. *Psychol. Monogr.,* 1946, **60,** No. 3.
(43) CHOWDHRY, K., and T. M. NEWCOMB: The relative abilities of leaders and non-leaders to estimate opinions of their own groups. *J. abnorm. soc. Psychol.,* 1952, **47,** 51–57.
(44) CHURCH, J., and L. J. STONE: The early school years. *Children,* 1960, **7,** 113–114.
(45) CLARK, K. B.: Race prejudice and children. *Child,* 1953, **17,** 113–115.
(46) CLARK, W. H.: Sex differences and motivation in the urge to destroy. *J. soc. Psychol.,* 1952, **36,** 167–177.
(47) COLEMAN, W. R., E. KRIS, and S. PROVENCE: The study of variations of early parental attitudes. *Psychoanal. Stud. Child.,* 1954, **8,** 20–47.
(48) COMMESS, H. H.: Some characteristics related to social isolation of second grade children. *J. educ. Psychol.,* 1962, **53,** 38–42.
(49) COOK, S. W.: Desegregation: a psychological analysis. *Amer. Psychologist,* 1957, **12,** 1–13.
(50) COOPER, J. B.: Emotion in prejudice. *Science,* 1959, **130,** 314–318.
(51) CRANDALL, V. J., A. PRESTON, and A. RABSON: Maternal reactions and the development of independence and achievement behavior in young children. *Child Develpm.,* 1960, **31,** 243–251.
(52) CRANE, A. R.: The development of moral values in children. IV. Pre-adolescent gangs

and the development of children. *Brit. J. educ. Psychol.*, 1958, **28,** 201–208.

(53) CRONBACH, L. J.: Processes affecting scores on "understanding of others" and "assumed similarity." *Psychol. Bull.*, 1955, **52,** 177–193.

(54) CROW, A.: Parental attitudes toward boy-girl relations. *J. educ. Sociol.*, 1955, **29,** 126–133.

(55) DAHLKE, H. O.: Determinants of sociometric relations among children in the elementary school. *Sociometry,* 1953, **16,** 327–338.

(56) DALE, R. J.: A method for measuring developmental tasks: scales for selected tasks at the beginning of adolescence. *Child Develpm.*, 1955, **26,** 111–122.

(57) DAVIDSON, H. L., and L. S. GOTTLIEB: The emotional maturity of pre- and post-menarcheal girls. *J. genet. Psychol.*, 1955, **86,** 261–266.

(58) DITTES, J. E.: Attractiveness of group as function of self-esteem and acceptance by group. *J. abnorm. soc. Psychol.*, 1959, **59,** 77–82.

(59) DEBUS, R. L.: Aggressive behavior in young children. *Forum Educ.*, 1953, **11,** 95–105.

(60) DUNBAR, F.: Homeostasis during puberty. *Amer. J. Psychiat.*, 1958, **114,** 673–683.

(61) DUNNINGTON, M. J.: Behavioral differences of sociometric status groups in a nursery school. *Child Develpm.*, 1957, **28,** 103–111.

(62) DYMOND, R. F., A. S. HUGHES, and V. L. RAABE: Measurable changes in empathy with age. *J. consult. Psychol.*, 1952, **16,** 202–206.

(63) ELKIN, F.: Socialization and the presentation of self. *Marriage fam. Liv.*, 1958, **20,** 320–325.

(64) ELKINS, D.: Some factors related to the choice-status of ninety eighth-grade children in a school society. *Genet. Psychol. Monogr.*, 1958, **58,** 207–272.

(65) EMMERICH, W.: Parental identification in young children. *Genet. Psychol. Monogr.*, 1959, **60,** 257–308.

(66) ERON, L. D., T. J. BANTA, L. O. WALDER, and J. H. LAULICHT: Comparison of data obtained from mothers and fathers on child rearing practices and their relation to child aggression. *Child Develpm.*, 1961, **32,** 457–472.

(67) EXLINE, R. V.: Group climate as a factor in the relevance and accuracy of social perception. *J. abnorm. soc. Psychol.*, 1957, **55,** 382–388.

(68) FEINBERG, M. R.: Relation of background experience to social acceptance. *J. abnorm. soc. Psychol.*, 1953, **48,** 206–214.

(69) FERGUSON, R. G.: Some developmental factors in childhood aggression. *J. educ. Res.*, 1954, **48,** 105–117.

(70) FIELDS, S. J.: Discrimination of facial expression and its relation to personal adjustment. *J. soc. Psychol.*, 1953, **38,** 63–71.

(71) FISHMAN, J. A.: Negative stereotypes concerning Americans among American-born children receiving various types of minority-group education. *Genet. Psychol. Monogr.*, 1955, **51,** 107–182.

(72) FRANK, L. K., and M. H. FRANK: *Your adolescent, at home and in school.* New York: Viking, 1956.

(73) FRENKEL-BRUNSWICK, E., and G. HAVEL: Prejudice in the interviews of children. 1. Attitudes toward minority groups. *J. genet. Psychol.*, 1953, **82,** 91–136.

(74) FREEMAN, H. E., and M. SHOWELL: The role of the family in the socialization process. *J. soc. Psychol.*, 1953, **37,** 97–101.

(75) FRIEDMAN, A.: Observations in a play group of young children. *Ind. Psychol. Bull.*, 1951, **9,** 25–30.

(76) GAGE, N. L.: Accuracy of social perception and effectiveness in interpersonal relationships. *J. Pers.*, 1953, **22,** 128–141.

(77) GALLAGHER, J. J.: Social status of children related to intelligence, propinquity, and social perception. *Elem. Sch. J.*, 1958, **58,** 225–231.

(78) GARRISON, K. C.: *Growth and development,* 2d ed. New York: Longmans, 1959.

(79) GESELL, A., F. L. ILG, and L. B. AMES: *Youth: the years from ten to sixteen.* New York: Harper & Row, 1956.

(80) GEWIRTZ, J. L.: A factor analysis of some attention-seeking behaviors of young children. *Child Develpm.*, 1956, **27,** 17–36.

(81) GEWIRTZ, J. L.: A program of research on the dimensions and antecedents of emotional dependence. *Child Develpm.*, 1956, **27,** 205–211.

(82) GILES, H. H.: *The integrated classroom.* New York: Basic Books, Inc., Publishers, 1959.

(83) GRAY, P. H.: Theory and evidence of imprinting in human infants. *J. Psychol.*, 1958, **46,** 155–165.

(84) GREENBERG, H., J. PIERSON, and S. SHERMAN: The effects of single-session education techniques on prejudice attitudes. *J. educ. Sociol.*, 1957, **31,** 82–86.

(85) GRIFFITHS, W.: *Behavior difficulties of children as perceived and judged by parents, teachers, and children themselves.* Minneapolis: The University of Minnesota Press, 1952.

(86) GRONLUND, N. E.: Sociometric status and sociometric perception. *Sociometry,* 1955, **18,** 122–128.

(87) GUINOUARD, E. D., and J. F. RYCHLAK: Personality correlates of sociometric popularity in elementary school children. *Personnel Guid. J.*, 1962, **40,** 438–444.

(88) HALE, C. J.: Physiological maturity of Little League baseball players. *Res. Quart. Amer. Ass. Hlth Phys. Educ. Recr.*, 1956, **27,** 276–284.

(89) HALPERN, H. M.: Empathy, similarity, and

self-satisfaction. *J. consult. Psychol.*, **1955**, **19**, 449–452.

(90) HANDLON, B. J., and P. GROSS: The development of sharing behavior. *J. abnorm. soc. Psychol.*, 1959, **59**, 425–428.

(91) HARDY, K. R.: Determinants of conformity and attitude change. *J. abnorm. soc. Psychol.*, 1957, **54**, 289–294.

(92) HARRIS, D. B., A. M. ROSE, K. E. CLARKE, and F. VALASEK: Personality differences between responsible and less responsible children. *J. genet. Psychol.*, 1955, **87**, 103–106.

(93) HARRIS, D. B., and C. S. TSENG: Children's attitudes toward peers and parents as revealed by sentence completions. *Child Develpm.*, 1957, **28**, 401–411.

(94) HARRIS, E. K.: The responsiveness of kindergarten children to the behavior of their fellows. *Monogr. Soc. Res. Child Develpm.*, 1946, **11**, No. 2.

(95) HARRIS, M.: Caste, class, and minority. *Soc. Forces,* 1959, **37**, 248–254.

(96) HARTRUP, W. W., and Y. HIMENO: Social isolation vs. interaction with adults in relation to aggression in preschool children. *J. abnorm. soc. Psychol.*, 1959, **59**, 17–22.

(97) HARTRUP, W. W., and E. D. KELLER: Nurturance in preschool children and its relation to dependency. *Child Develpm.*, 1960, **31**, 681–689.

(98) HARVEY, O. J., and J. RUTHERFORD: Status in the informal group: influence and influencibility at differing age levels. *Child Develpm.*, 1960, **31**, 377–385.

(99) HAVIGHURST, R. J.: *Human development and education*. New York: Longmans, 1953.

(100) HEATHERS, G.: Acquiring dependence and independence: a theoretical orientation. *J. genet. Psychol.*, 1955, **87**, 277–291.

(101) HIGHBERGER, R.: Maternal behavior and attitudes related to behavior of the preschool child. *J. home Econ.*, 1956, **48**, 260–264.

(102) HILGARD, J. R.: Sibling rivalry and social heredity. *Psychiatry,* 1951, **14**, 375–385.

(103) HIROTA, K.: Experimental studies of competition. *Jap. J. Psychol.*, 1951, **21**, 70–81.

(104) HOCHBAM, G. M.: The relation between group members' self-confidence and their reaction to group pressures to conformity. *Amer. sociol. Rev.*, 1954, **19**, 678–687.

(105) HOFFMAN, M. L.: Conformity as a defense mechanism and a form of resistance to genuine group influence. *J. Pers.*, 1957, **25**, 412–424.

(106) HORROCKS, J. E., and M. E. BUKER: A study of the friendship fluctuations of preadolescents. *J. genet. Psychol.*, 1951, **78**, 131–144.

(107) HUNT, R. G., and V. SYNNERDAHL: Social influence among kindergarten children. *Sociol. soc. Res.*, 1958, **43**, 171–174.

(108) HYMES, J. L.: Early childhood. *Children,* 1960, **7**, 111–113.

(109) ILG, F. L., J. LEARNED, A. LOCKWOOD, and L. B. AMES: The three-and-a-half-year-old. *J. genet. Psychol.*, 1949, **75**, 21–31.

(110) JACK, L. M.: An experimental study of ascendant behavior in preschool children. *Univer. Iowa Stud. Child Welf.*, 1934, **9**, No. 3.

(111) JAKUBCZAK, L. F., and R. H. WALTERS: Suggestibility as dependency behavior. *J. abnorm. soc. Psychol.*, 1959, **59**, 102–107.

(112) JERARD, S., and R. H. WALTERS: A study of some determinants of aggression in young children. *Child Develpm.*, 1960, **31**, 739–747.

(113) JERSILD, A. T.: *Child psychology,* 5th ed. Englewood Cliffs, N.J.: Prentice-Hall, 1960.

(114) JONES, M. C.: The later careers of boys who were early- or late-maturers. *Child Develpm.*, 1957, **28**, 113–128.

(115) JONES, M. C., and P. H. MUSSEN: Self-conceptions, motivations, and interpersonal attitudes of early- and late-maturing girls. *Child Develpm.*, 1958, **29**, 491–501.

(116) JOSSELYN, I. M.: Psychological changes in adolescence. *Children,* 1959, **6**, 43–47.

(117) JOURARD, S. M., and R. M. REMY: Perceived parental attitude, the self and security. *J. consult. Psychol.*, 1955, **19**, 364–366.

(118) KANOUS, L. E., R. A. DAUGHERTY, and T. S. COHN: Relation between heterosexual friendship choices and socioeconomic level. *Child Develpm.*, 1962, **33**, 251–255.

(119) KATZ, D., I. SARNOFF, and C. MC CLINTOCK: Ego-defense and attitude change. *Hum. Rel.*, 1956, **9**, 27–45.

(120) KLATSKIN, E. H., E. B. JACKSON, and L. C. WILKIN: The influence of degree of flexibility in maternal child practices on early child behavior. *Amer. J. Orthopsychiat.*, 1956, **26**, 79–93.

(121) KOCH, H. L.: The relation of certain formal attributes of siblings to attitudes held toward each other and toward their parents. *Monogr. Soc. Res. Child Develpm.*, 1960, **25**, No. 4.

(122) KUTNER, B.: Patterns of mental functioning associated with prejudice in children. *Psychol. Monogr.*, 1958, **72**, No. 7.

(123) LAMBERT, W. E., and Y. TAGUCHI: Ethnic cleavage among young children. *J. abnorm. soc. Psychol.*, 1956, **53**, 380–382.

(124) LANDRETH, C.: *The psychology of early childhood.* New York: Knopf, 1958.

(125) LESSER, G. S.: The relationship between various forms of aggression and popularity among lower-class children. *J. educ. Psychol.*, 1959, **50**, 20–25.

(126) LEVIN, H., and R. R. SEARS: Identification with parents as a determinant of doll play aggression. *Child Develpm.*, 1956, **27**, 135–153.

(127) LEWIS, E.: The function of group play during middle childhood in developing the

ego complex. *Brit. J. med. Psychol.*, 1954, **27,** 15–29.
(128) LUNDY, R. M.: Self-perceptions and descriptions of opposite sex sociometric choices. *Sociometry,* 1956, **19,** 272–277.
(129) LYLE, W. H., and E. E. LEVITT: Punitiveness, authoritarianism, and parental discipline of grade school children. *J. abnorm. soc. Psychol.*, 1955, **51,** 42–46.
(130) LYNN, R.: Personality characteristics of the mothers of aggressive and unaggressive children. *J. genet. Psychol.*, 1961, **99,** 159–164.
(131) MACCOBY, E. E.: Role-taking in children and its consequences for social learning. *Child Develpm.*, 1959, **30,** 239–252.
(132) MAC DONALD, M., C. MC GUIRE, and R. J. HAVIGHURST: Leisure activities and the socioeconomic status of children. *Amer. J. Sociol.*, 1949, **54,** 505–519.
(133) MACFARLANE, J., L. ALLEN, and M. P. HONZIK: *A developmental study of the behavior problems of normal children between twenty-one months and fourteen years.* Berkeley, Calif.: University of California Press, 1954.
(134) MANIS, M.: Social interaction and the self-concept. *J. abnorm. soc. Psychol.*, 1955, **51,** 362–370.
(135) MARSHALL, H. R.: Relations between home experiences and children's use of language in play interaction with peers. *Psychol. Monogr.*, 1961, **75,** No. 5.
(136) MARSHALL, H. R., and B. R. MC CANDLESS: Relationships between dependence on adults and social acceptance by peers. *Child Develpm.*, 1957, **28,** 413–419.
(137) MARTIN, J. G., and F. R. WESTIE: The tolerant personality. *Amer. sociol. Rev.*, 1959, **24,** 521–528.
(138) MC CANDLESS, B. R., C. B. BILOUS, and H. L. BENNETT: Peer popularity and dependence on adults in preschool-age socialization. *Child Develpm.*, 1961, **32,** 511–518.
(139) MC CANDLESS, B. R., and J. M. HOYT: Sex, ethnicity, and play preferences of preschool children. *J. abnorm. soc. Psychol.*, 1961, **62,** 683–685.
(140) MC CANDLESS, B. R., and H. R. MARSHALL: Sex differences in social acceptance and participation of preschool children. *Child Develpm.*, 1957, **28,** 421–425.
(141) MC CARTHY, D.: Language development. In L. Carmichael (Ed.), *Manual of child psychology,* 2d ed. New York: Wiley, 1954. Pp. 492–630.
(142) MC CLUSKY, H. Y.: The status of youth in our culture. *Education,* 1955, **76,** 206–209.
(143) MC CONNELL, G.: Questions about you. *Education,* 1959, **80,** 112–114.
(144) MC CULLOUGH, C. S.: A log of children's out-of-school activities. *Elem. Sch. J.*, 1957, **58,** 157–165.
(145) MC GUIRE, C., and G. D. WHITE: Social-class influences on discipline at school. *Educ. Leadership,* 1957, **14,** 229–231, 234–236.
(146) MC KEE, J. P., and F. B. LEADER: The relationship of socioeconomic status and aggression to the competitive behavior of preschool children. *Child Develpm.*, 1955, **26,** 135–142.
(147) MENZEL, H.: Public and private conformity under different conditions of acceptance in the group. *J. abnorm. soc. Psychol.*, 1957, **55,** 398–402.
(148) MERRY, F. K., and R. V. MERRY: *The first two decades of life,* 2d ed. New York: Harper & Row, 1958.
(149) MEYER, W. J.: Relationships between social need strivings and the development of heterosexual affiliation. *J. abnorm. soc. Psychol.*, 1959, **59,** 51–57.
(150) MILLER, K. M., and J. B. BIGGS: Attitude change through undirected group discussion. *J. educ. Psychol.*, 1958, **49,** 224–228.
(151) MITNICK, L. L., and E. MC GINNIES: Influencing ethnocentrism in small discussion groups through a film communication. *J. abnorm. soc. Psychol.*, 1958, **56,** 82–90.
(152) MOELLER, G., and M. H. APPLEZWEIG: A motivational factor in conformity. *J. abnorm. soc. Psychol.*, 1957, **55,** 114–120.
(153) MORE, D. M.: Developmental concordance and discordance during puberty and early adolescence. *Monogr. Soc. Res. Child Develpm.*, 1953, **18,** 1–128.
(154) MORLAND, J. K.: Racial recognition by nursery school children in Lynchburg, Va. *Soc. Forces,* 1958, **37,** 132–137.
(155) MOSHER, D. L., and A. SCODEL: Relationships between ethnocentrism in children and the ethnocentrism and authoritarian rearing practices of their mothers. *Child Develpm.*, 1960, **31,** 369–376.
(156) MOUSTAKAS, C. E.: The frequency and intensity of negative attitudes expressed in play therapy: a comparison of well-adjusted and disturbed young children. *J. genet. Psychol.*, 1955, **86,** 309–325.
(157) MUMMERY, D. V.: Family backgrounds of assertive and nonassertive children. *Child Develpm.*, 1954, **25,** 63–80.
(158) MUNSON, B. E.: Personality differentials among urban, suburban, town, and rural children. *Rur. Sociol.*, 1959, **24,** 257–264.
(159) MURPHY, L. B.: *Personality in young children.* New York: Basic Books, Inc., Publishers, 1957.
(160) MUSSEN, P. H.: Differences between the TAT responses of Negro and white boys. *J. consult. Psychol.*, 1953, **17,** 373–376.
(161) MUSSEN, P. H., J. J. CONGER, and J. KAGAN: *Child development and personality,* 2d ed. New York: Harper & Row, 1963.
(162) MUSSEN, P. H., and L. DISTLER: Child-rearing antecedents of masculine identifica-

tion in kindergarten boys. *Child Develpm.*, 1960, **31,** 89–100.

(163) MUSSEN, P. H., and M. C. JONES: Self-conceptions, motivations, and interpersonal attitudes of late- and early-maturing boys. *Child Develpm.*, 1957, **28,** 243–256.

(164) MUSSEN, P. H., and E. RUTHERFORD: Effects of aggressive cartoons on children's aggressive play. *J. abnorm. soc. Psychol.*, 1961, **62,** 461–464.

(165) MUUS, R., and C. B. STENDLER: Intergroup education in the public schools. *Educ. Forum.*, 1956, **20,** 151–164.

(166) NOWLIS, V.: A search for significant concepts in a study of parent-child relationships. *Amer. J. Orthopsychiat.*, 1952, **22,** 286–299.

(167) OTIS, N. B., and B. R. MC CANDLESS: Responses to repeated frustration of young children differentiated according to need area. *J. abnorm. soc. Psychol.*, 1955, **50,** 249–253.

(168) OVESEY, L.: Masculine aspirations in women. *Psychiatry,* 1956, **19,** 341–351.

(169) PEASE, D., and L. V. SWANSON: Middle childhood and preadolescence deserve study too. *J. home Econ.*, 1958, **50,** 33–35.

(170) PERKINS, H. V.: Teachers' and peers' perceptions of children's self-concepts. *Child Develpm.*, 1958, **29,** 203–220.

(171) POWELL, M.: Age and sex differences in degree of conflict within certain areas of psychological adjustment. *Psychol. Monogr.*, 1955, **69,** No. 2.

(172) PROTHRO, E. T.: Ethnocentrism and anti-Negro attitudes in the deep South. *J. abnorm. soc. Psychol.*, 1952, **47,** 105–108.

(173) RAFFERTY, F. T., and E. S. STEIN: A study of the relationship of early menarche to ego development. *Amer. J. Orthopsychiat.*, 1958, **28,** 170–179.

(174) REISSMAN, L.: Class, leisure, and social participation. *Amer. sociol. Rev.*, 1954, **19,** 76–84.

(175) ROSENBLITH, J. F.: Learning by imitation in kindergarten children. *Child Develpm.*, 1959, **30,** 69–80.

(176) ROSENBLITH, J. F.: Imitative color choices in kindergarten children. *Child Develpm.*, 1961, **32,** 211–223.

(177) ROSENZWEIG, S., and L. ROSENZWEIG: Aggression in problem children and normals as evaluated by the Rosenzweig Picture-Frustration Study. *J. abnorm. soc. Psychol.*, 1952, **47,** 683–688.

(178) RYAN, M. E.: Social adjustment of kindergarten children ten years later. *Smith Coll. Stud. soc. Wk,* 1949, **19,** 138–139.

(179) SCHNEIDERMAN, L.: Social perception as a function of identification. *J. Psychol.*, 1954, **37,** 155–162.

(180) SCHNEIDERMAN, L.: The estimation of one's own body traits. *J. soc. Psychol.*, 1956, **44,** 89–99.

(181) SEARS, P. S.: Doll play aggression in normal young children: influence of sex, age, sibling status, father's absence. *Psychol. Monogr.*, 1951, **65,** No. 6.

(182) SEARS, P. S., and H. LEVIN: Levels of aspiration in preschool children. *Child Develpm.*, 1957, **28,** 317–326.

(183) SEARS, R. R.: Effects of frustration and anxiety on fantasy aggression. *Amer. J. Orthopsychiat.*, 1951, **51,** 498–505.

(184) SEARS, R. R., E. E. MACCOBY, and H. LEVIN: *Patterns of child rearing.* New York: Harper & Row, 1957.

(185) SEARS R. R., J. W. M. WHITING, V. NOWLIN, and P. S. SEARS: Some child-rearing antecedents of aggression and dependency in young children. *Genet. Psychol. Monogr.*, 1953, **47,** 135–234.

(186) SECORD, P. F., and E. SAUMER: Identifying Jewish names: does prejudice increase accuracy? *J. abnorm. soc. Psychol.*, 1960, **61,** 144–145.

(187) SEIDLER, M. B., and M. J. RAVITZ: A Jewish peer group. *Amer. J. Sociol.*, 1955, **61,** 11–15.

(188) SHAPIRO, D. S.: Perceptions of significant family and environmental relationships in aggressive and withdrawn children. *J. consult. Psychol.*, 1957, **21,** 381–385.

(189) SIEGEL, A. E.: The influence of violence in the mass media upon children's role expectations. *Child Develpm.*, 1958, **29,** 35–56.

(190) SIEGEL, A. E., and L. G. KOHN: Permissiveness, permission, and aggression: the effect of adult presence or absence on aggression in children's play. *Child Develpm.*, 1959, **30,** 131–141.

(191) SIMPSON, R. L., and I. H. SIMPSON: The school, the peer groups, and adolescent development. *J. educ. Sociol.*, 1958, **32,** 37–41.

(192) SMITH, M. E.: Childhood memories compared with those of adult life. *J. genet. Psychol.*, 1952, **80,** 151–182.

(193) SMITH, W. D., and D. LEBO: Some changing aspects of the self concept of pubescent males. *J. genet. Psychol.*, 1956, **88,** 61–75.

(194) SPIVACK, S. S.: A study of a method of appraising self-acceptance and self-rejection. *J. genet. Psychol.*, 1956, **88,** 183–202.

(195) SPRINGER, D. V.: National-racial preferences of fifth-grade children in Hawaii. *J. genet. Psychol.*, 1953, **83,** 121–136.

(196) STENDLER, C. B., D. DAMRIN, and A. C. HAINES: Studies in cooperation and competition: 1. The effects of working for group and individual rewards on the social climate of children's group. *J. genet. Psychol.*, 1951, **79,** 173–197.

(197) STENDLER, C. B., and N. YOUNG: Impact of first grade entrance upon the socialization of the child: changes after eight months of school. *Child Develpm.*, 1951, **22,** 113–122.

(198) STEVENSON, H. W., and N. G. STEVENSON: Social interaction in an integrated nursery school. *Genet. Psychol. Monogr.*, 1960, **61**, 37–75.

(199) STEVENSON, H. W., and E. C. STEWART: A developmental study of racial awareness in young children. *Child Develpm.*, 1958, **29**, 399–409.

(200) STOLZ, H. R., and L. M. STOLZ: *Somatic development of adolescent boys.* New York: Macmillan, 1951.

(201) STONE, L. J., and J. CHURCH: *Childhood and adolescence.* New York: Random House, 1957.

(202) STOODLEY, B. H.: Mother role as focus of some family problems. *Marriage fam. Liv.*, 1952, **14**, 13–16.

(203) STOTLAND, E., S. THORLEY, E. THOMAS, A. R. COHEN, and A. ZANDER: The effects of group expectations and self-esteem upon self-evaluation. *J. abnorm. soc. Psychol.*, 1957, **54**, 55–63.

(204) STOTT, L. H., and R. S. BALL: Consistency and change in ascendance-submission in the social interaction of children. *Child Develpm.*, 1957, **28**, 259–272.

(205) STOUFFER, G. A. W., and J. OWENS: Behavior problems identified by today's teachers and compared with those of E. K. Wichman. *J. educ. Res.*, 1955, **48**, 321–331.

(206) STRANG, R. M.: *An introduction to child study*, 4th ed. New York: Macmillan, 1959.

(207) STRAUSS, A. L.: The learning of roles and of concepts as twin processes. *J. genet. Psychol.*, 1956, **88**, 211–217.

(208) TAFT, R.: The ability to judge people. *Psychol. Bull.*, 1955, **52**, 1–23.

(209) TARWATER, J. W.: Self-understanding and the ability to predict another's response. *Marriage fam. Liv.*, 1953, **15**, 126–128.

(210) THOMPSON, G. G., and S. L. WITRYOL: Adult recall of unpleasant experiences during three periods of childhood. *J. genet. Psychol.*, 1948, **72**, 111–123.

(211) TRENT, R. D.: The relation between expressed self-acceptance and expressed attitudes toward Negroes and whites among Negro children. *J. genet. Psychol.*, 1957, **91**, 25–31.

(212) TRIANDIS, H. C., and L. M. TRIANDIS: Race, social class, religion, and nationality as determinants of social distance. *J. abnorm. soc. Psychol.*, 1960, **61**, 110–118.

(213) TURNER, W. D.: Altruism and its measurement in children. *J. abnorm. soc. Psychol.*, 1948, **43**, 502–516.

(214) UGUREL-SEMIN, R.: Moral behavior and moral judgments of children. *J. abnorm. soc. Psychol.*, 1952, **47**, 463–474.

(215) VOSK, M.: Correlates of prejudice. *Rev. educ. Res.*, 1953, **23**, 353–361.

(216) WALLACE, E. H.: Selected out-of-school factors that affect Negro elementary school children. *J. educ. Res.*, 1960, **54**, 118–120, 137–140.

(217) WALTER, J., D. PEARCE, and L. DAHMS: Affectional and aggressive behavior of preschool children. *Child Develpm.*, 1957, **28**, 15–26.

(218) WALTERS, R. H., and P. KARAL: Social deprivation and verbal behavior. *J. Pers.*, 1960, **28**, 89–107.

(219) WALTERS, R. H., W. E. MARSHALL, and J. R. SHOOTER: Anxiety, isolation, and susceptibility to social influence. *J. Pers.*, 1960, **28**, 518–529.

(220) WEISS, W.: An examination of attitudes toward Negroes. *J. soc. Psychol.*, 1961, **55**, 3–21.

(221) WILSON, W. C.: Extrinsic religious values and prejudice. *J. abnorm. soc. Psychol.*, 1960, **60**, 286–288.

(222) WITTENBERG, R. M., and J. BERG: The stranger in the group. *Amer. J. Orthopsychiat.*, 1952, **22**, 89–97.

(223) WOLMAN, B.: Spontaneous groups of children and adolescents in Israel. *J. soc. Psychol.*, 1951, **34**, 171–182.

(224) WRIGHT, H. F.: Psychological development in Midwest. *Child Develpm.*, 1956, **27**, 265–286.

(225) YARROW, L. J.: Infancy. *Children.* 1960, **7**, 110–111.

(226) ZELIGS, R.: Your child's good-will depends on you. *J. Negro Educ.*, 1951, **20**, 32–38.

(227) ZELIGS, R.: Children's concepts and stereotypes of American, Greek, English, German, and Japanese. *J. educ. Sociol.*, 1955, **28**, 360–368.

Kapitel 9: Soziale Anpassung

Unter sozialer Anpassung verstehen wir den Grad des Erfolges, mit dem sich ein Individuum an andere Menschen im allgemeinen und an die Gruppe, zu der es gehört, im besonderen anzupassen versteht. Ein gut angepaßtes Individuum hat solche sozialen Fertigkeiten gelernt, wie diplomatisch mit anderen Menschen umzugehen – ob es sich dabei nun um Freunde oder Fremde handelt – und zu bewirken, daß sie ihm gegenüber günstig eingestellt sind und es achten. Es hat positive soziale Einstellungen entwickelt, etwa die Bereitschaft, anderen zu helfen, auch wenn es ihm selbst unbequem ist. Es ist nicht egozentrisch.

Von Kindern erwartet man, daß sie sich von Jahr zu Jahr dem sozialen Leben besser anpassen und den Erwartungen der Gesellschaft ihrem Alter gemäß entsprechen. Von einem Baby erwartet niemand, daß es gut angepaßt ist; es ist noch zu sehr auf sich selbst beschränkt, als daß es auf andere Rücksicht nehmen könnte, und kennt die sozialen Erwartungen noch zu wenig, um zu wissen, wie es sich in sozial gebilligter Weise verhalten sollte. Das ältere Kind wird jedoch kritischer beurteilt.

Der Prozeß der Sozialisation beginnt im Elternhaus. Das Kind überträgt die Art der sozialen Anpassung, die es im Elternhaus gelernt hat, auf die sozialen Situationen, die es in der Schule, der Nachbarschaft und der Gemeinde antrifft. Wenn seine Bindung an das Elternhaus und die Abhängigkeit von Familienmitgliedern sich allmählich in eine Abhängigkeit von Alterskameraden verwandelt, verlagert sich der Prozeß der Sozialisation aus dem Elternhaus in die Schule und auf den Spielplatz. Welche Gruppe schließlich die größere Rolle für seine Sozialisation spielt, hängt davon ab, zu welcher Gruppe die engeren Bindungen bestehen und von welcher es stärker abhängig ist, ob von der Familie oder der Gruppe der Gleichaltrigen (45, 200).

Kriterien der sozialen Anpassung

Um festzustellen, wie gut ein Kind in sozialer Hinsicht angepaßt ist, muß man vier Kriterien heranziehen; nur eines anzuwenden genügt nicht. Das erste Kriterium besteht im beobachtbaren Verhalten des Kindes, verglichen mit der Norm der Gruppe, zu der es gehört. Nur dann, wenn sein Verhalten den Erwartungen entspricht, die die Gruppe an Kinder seines Alters und seines Entwicklungsniveaus stellt, wird es in sie aufgenommen.

Das zweite Kriterium ist der Erfolg, mit dem das Kind sich jeder Gruppe anpassen kann, mit der es in Berührung kommt. So kann sich ein Kind z. B. gut in seine Familie einfügen, aber außerhalb des Elternhauses so furchtsam, schüchtern und zurückgezogen sein, daß es von anderen übersehen oder zurückgewiesen wird. Ähnlich kann sich ein Kind in guter Übereinstimmung mit seinem Lehrer befinden, aber nur schlecht mit seinen Klassenkameraden auskommen oder umgekehrt. Würde das Kind nur zu einer Gruppe gehören oder zu mehreren Gruppen, die in ihrer Art einander so ähnlich wären, daß ein Anpassungsstil, der für eine Gruppe gelernt wurde, leicht auf die anderen Gruppen übertragen werden könnte, wäre der Prozeß der Sozialisation für das Kind weniger schwierig. Im realen Leben muß sich das Kind jedoch in sehr viele verschiedene Gruppen einfügen, von denen jede andere Erwartungen und Wünsche hat.

Das dritte Kriterium bilden die Einstellungen des Kindes gegenüber anderen Menschen, gegenüber der Teilnahme am sozialen Leben und gegenüber seiner eigenen Rolle in der sozialen Gruppe. Auf jeder Altersstufe spiegeln sich die Einstellungen eines Menschen in der Art und Weise seines Verhaltens wider. Wenn ein Kind zum Beispiel negative Einstellungen gegenüber einer Gruppe anderer Rasse oder Religion entwickelt, dann behandelt es Mitglieder dieser Gruppen seinem Vorurteil entsprechend. Es wird das Individuum nicht als einzelnen beurteilen, sondern aufgrund seiner Gruppenzugehörigkeit. Eine positive Einstellung gegenüber allen sozialen Aktivitäten deutet darauf hin, daß das Kind sozial gut angepaßt ist.

Das vierte Kriterium, das in enger Beziehung zum dritten steht, ist der Grad der persönlichen Zufriedenheit, die ein Kind aus sozialen Kontakten zu schöpfen vermag. Ein Kind, dem die sozialen Kontakte Freude gemacht haben, wird sie wiederholen wollen. Auch aus der Zufriedenheit mit der Rolle, die ein Kind in einer Gruppe spielt, lassen sich Schlüsse über die Art der sozialen Anpassung ziehen. Wenn es lieber einem Anführer folgt, dann ist es mit der Rolle eines Gefolgsmannes durchaus zufrieden, fühlt sich aber in der Rolle des Anführers nicht wohl und glaubt für sie nicht geeignet zu sein (205, 239).

Schwierigkeiten bei der Anwendung dieser Kriterien. Es ist bei weitem nicht einfach, diese Kriterien anzuwenden und dabei sicher zu gehen, daß man die Art der sozialen Angepaßtheit eines Kindes wirklich erfaßt. Da die Einstellung der Gruppe ein Hinweis darauf ist, in welchem Grad das Verhalten des Kindes die sozialen Erwartungen erfüllt, kann man den Grad der sozialen Anpassung eines Kindes bestimmen, indem man andere über es ausfragt, feststellt, wie sehr es von der Gruppe der Gleichaltrigen akzeptiert wird, wie sein Lehrer es bewertet und ob es in der Gruppe die Rolle des Anführers, des Gefolgsmannes oder des Ausgestoßenen spielt.

Die ersten beiden Kriterien kann man mit einigem Erfolg anwenden. Schwieriger jedoch sind objektive Techniken zur Einschätzung von Einstellungen und der persönlichen Zufriedenheit zu finden. Man muß das Kind nach seinen Einstellungen fragen – wie sehr es das Zusammensein mit anderen schätzt – oder man muß versuchen, seine Einstellungen und seine Zufriedenheit aus dem abzuleiten, was es über sich selbst sagt, über andere und über die Unternehmungen der Gruppe. Wenn das Kind z. B. äußert, daß es nicht gern mit anderen Kindern spielt, daß ihre Spiele es „langweilen" oder daß es lieber lesen oder beim Fernsehen zuschauen möchte,

ist es klar, daß es weniger Befriedigung aus Beschäftigungen zusammen mit anderen schöpft als aus Beschäftigungen, die es alleine durchführen kann.
Auch wenn es dauernd kritische, abschätzige Bemerkungen über Kameraden, Lehrer und andere Erwachsene macht oder wenn es sich darüber beklagt, daß andere Kinder es immer ärgern, ihm sein Spielzeug wegnehmen oder es nicht mitspielen lassen, ist deutlich, daß dieses Kind kaum von anderen akzeptiert wird und von einigen oder vielen in der Gruppe der Gleichaltrigen zurückgewiesen wird. Ein Kind, das noch zu einem Zeitpunkt an seiner Familie orientiert ist, zu dem andere sich den Alterskameraden zuwenden, ist deshalb noch so stark mit seiner Familie verbunden, weil es bei ihr stärkere Befriedigung erfährt als bei seinen Alterskameraden. Das Kind, das in dieser Zeit immer mit Gleichaltrigen zusammensein will und das nicht gerne an Unternehmungen der Familie teilnimmt, zeigt, daß es in sozialer Hinsicht recht gut angepaßt ist.
Ein Wort der Vorsicht darüber, nicht zu viel über die soziale Angepaßtheit eines Kindes aus dem zu folgern, was es sagt oder tut, ist nötig. Viele Kinder sagen etwas, wenn sie wütend oder verärgert sind, was sie wirklich nicht so oder nur in diesem Augenblick so meinen. Wenn ihre Wut vorbei ist, behaupten sie vielleicht sogar, sie hätten niemals so etwas gesagt. Untersuchungen von Streitereien haben gezeigt, daß Kinder auf dem Höhepunkt des Streites Dinge zu dem Kind und über das Kind, mit dem sie sich zanken, sagen, daß man glauben möchte, beide seien erbitterte Feinde und ihr Verhältnis zueinander ließe sich durch äußerste Feindschaft charakterisieren. Das ist aber, wie man aus der schnellen Wiederaufnahme der alten Freundschaft sehen kann, nicht der Fall.
Studien über Vorurteile haben gezeigt, daß viele Kinder, die sich ihrer sozialen Beziehungen nicht sicher sind, Angehörigen von Minoritätengruppen nicht die gleichen Rechte einräumen. Wenn „man" Kinder aus Minderheitengruppen als unterlegen behandelt, dann folgen viele Kinder diesem Trend, weil sie auf diese Weise ihre Beliebtheit und ihren Status erhöhen wollen (7).
Nur wenn ein Verhaltensmuster relativ *konsistent* ist, kann man mit Sicherheit annehmen, daß es ein guter Indikator für die Einstellungen des Kindes ist. Ein Kind, das tagein, tagaus angibt, es wolle nicht mit anderen Kindern spielen und sich lieber zu Hause beschäftigen, hat zweifellos negative Einstellungen entwickelt. Auch ein Kind, das sich immer wieder darüber beklagt, es werde in der Schule nie zum Anführer gemacht, oder meint, es sei nicht richtig, daß „einige Kinder immer das meiste zu sagen haben und andere nie auch einmal etwas bestimmen lassen", sagt in ähnlicher Weise eigentlich, daß es sehr gern die Rolle eines Anführers spielen möchte und mit der Rolle eines Nachläufers, die ihm aufgezwungen wurde, gar nicht zufrieden ist.

Soziale Erwartungen

Soziale Erwartungen lassen sich am besten im Begriff der *sozialen Rolle* fassen oder als Zusammenhänge von üblichen Verhaltensweisen, die innerhalb einer sozialen Gruppe entwickelt wurden (179). Das Verhalten eines Kindes wird nach solchen Erwartungen beurteilt. Sollte man sein Verhalten als „unangemessen" ansehen, weil es den Erwartungen der Gruppe nicht entspricht, so wird es von der Gruppe um so stärker zurückgewiesen, je mehr es von den Erwartungen abweicht (242).

Unterschiede in den sozialen Erwartungen. Eine der größten Schwierigkeiten, auf die das Kind stößt, wenn es akzeptierte soziale Rollen zu lernen versucht, besteht darin, daß jede der verschiedenen Untergruppen in unserer Kultur ihre eigenen Vorstellungen darüber hat, was „akzeptables" Verhalten ausmacht. So wird z. B. Aggressivität von einigen Untergruppen geduldet oder gefördert, von anderen abgelehnt. Ob ein aggressives Kind also als angepaßt beurteilt wird, hängt davon ab, zu welcher Gruppe es gehört und nach welchen Standards es eingeschätzt wird (136). Darüber hinaus verändern sich noch die Standards für erlaubtes Verhalten mit zunehmendem Alter, und innerhalb der gleichen Altersgruppe unterscheiden sie sich für die beiden Geschlechter. Ein Überblick über einige der sozialen Erwartungen verschiedener Kulturen und Untergruppen innerhalb einer Kultur wird zeigen, wie verschieden sie tatsächlich voneinander sind und wie verwirrend das für ein Kind sein kann.

Soziale Erwartungen verschiedener Kulturen. Jede Kulturgruppe hat ihre eigenen Werte, die auf dem Beitrag beruhen, den sie zu einer erfolgreichen Anpassung an den Lebensstil dieser Gruppe leisten. Die Gruppe erwartet von allen ihren Mitgliedern, daß sie sich nach diesen Werten richten (15, 93, 179). Stendler formulierte es folgendermaßen: „In der Weise, wie sich die Kulturen unterscheiden, unterscheiden sich auch die Persönlichkeiten, die in diese Kulturen eingebettet sind" (238).

Auch wenn Kulturen einander in fast allen wichtigen Aspekten ähnlich sind, unterscheiden sie sich doch in der Betonung, die sie auf bestimmte gemeinsame Werte legen. So bewerten z. B. die Franzosen Sparsamkeit und Individualität höher als die Amerikaner (238). Deutsche schätzen Arbeit und Disziplin höher ein als Amerikaner (210). Die Engländer halten daran fest, daß ein „guterzogenes Kind" sich zurückhaltend benehmen sollte und seine antisozialen Impulse kontrollieren muß, wohingegen Amerikaner das am Charakter eines Kindes hoch bewerten, was ein Kind befähigt, sich durchzusetzen (100).

Mit wenigen Beispielen kann man zeigen, wie stark die Unterschiede zwischen kulturellen Werten selbst dann sein können, wenn die Kulturen einen gemeinsamen Hintergrund haben. Die Amerikaner fördern das Bestreben, in eine höhere Klasse aufzusteigen, obwohl dies gewöhnlich zu Angstgefühlen führt; die Engländer betonen hingegen Stabilität und Zufriedenheit mit sich selbst, was zu weniger emotionalen Spannungen führt. Amerikanische Kinder lernen, sich mehr um ein individuelles und originelles Verhalten zu bemühen, die Engländer betonen stärker die Verpflichtungen gegenüber anderen (198). Wenn wir uns noch weiter umsehen, stellen wir fest, daß die Unterschiede zwischen den Werten noch größer werden, wenn wir Kulturen mit sehr unterschiedlichen politischen und sozialen Weltanschauungen vergleichen (186). So werden heute vom „idealen Sowjetmenschen" Eigenschaften verlangt wie Mut, Ausdauer, Selbstlosigkeit, die Fähigkeit, Hindernisse zu überwinden und gegen den Strom zu schwimmen, ganz gleich wie stark die Strömung auch sein mag. Alle diese Eigenschaften passen zu dem kulturbedingten Idealbild eines Menschen, der dem Staat dient und nicht seine individuellen Ziele verfolgt (8).

Auch in Israel wird der Dienst am Staat hoch bewertet. In den Kibbuzim (Gemeinschaftssiedlungen in Israel mit gemeinsamem Eigentum und unbezahlter Arbeit) werden die Erziehungsaufgaben der Eltern anderen Erwachsenen übertragen, die darin ausgebildet sind, die Kinder nach den Idealen des Staates Israel zu erziehen. Hier spielt die Gruppe der Gleichaltrigen von früher Kindheit an eine wichtige Rolle im Prozeß der Sozialisation (152). Die Vorstellungen über das Idealbild des Menschen in solchen Ländern, die den Staat und nicht das Individuum in den Mittelpunkt stellen, unterscheiden sich stark von den amerikanischen Idealvorstellungen, in denen Eigenschaften wie die folgenden hoch veranschlagt werden: Durchsetzungsvermögen, Lust am Wettstreit, Angepaßtheit, Fairneß, Prestige, Erfolg und die Fähigkeit, sozial aufzusteigen – Eigenschaften, die alle das Individuum betonen (8).

Setzt sich eine kulturelle Gruppierung aus Menschen mit verschiedenem kulturellen Hintergrund zusammen und kennt dabei jede Kultur ihre eigenen Werte, dann wird die Verwirrung beim Kind darüber, welche Werte es übernehmen soll, sehr gesteigert. So spiegeln sich z. B. auch dann, wenn Kinder der Siouxindianer Seite an Seite mit amerikanischen Kindern leben und in die gleiche Schule gehen, in ihrem

Verhalten die verschiedenen kulturellen Werte ihrer Vorfahren wider. Wettstreit ist nichts, was der Sioux erstreben möchte, und deshalb versucht das Siouxkind nicht, seine Kameraden beim Sport oder in der Schule zu übertreffen. Die amerikanischen Kinder strengen sich sehr an, zu gewinnen, erfolgreich und in der Schule und beim Sport die ersten zu sein. Jeder Gruppe erscheinen die Werte der anderen fremd (99, 231).

Unterschiede in den sozialen Erwartungen verschiedener Untergruppen. Innerhalb jeder Kultur haben die einzelnen Untergruppen wiederum ihre eigenen Wertskalen. Es bestehen Unterschiede zwischen verschiedenen Landschaften und Volksstämmen. In der gleichen Landschaft bestehen Verschiedenheiten zwischen Stadt und Land (57, 58, 198, 204). Wenn ein Kind einer Minderheitengruppe angehört, lernt es in vieler Hinsicht andere Werte als ein Kind in der gleichen Gemeinde, das einer Majorität angehört. Das Kind, das in einer großen Familie aufwächst, entwickelt andere Werte als Kinder aus kleinen Familien der gleichen kulturellen Gruppe. In großen Familien ist die Konformität sehr wichtig und wird sehr hoch bewertet, Individualität steht in kleineren Familien höher im Kurs (43). Wenn eine Familie mit ihrem Status nicht zufrieden ist und aufsteigen möchte, wird sie Aufstieg im Beruf und in der Gesellschaft hoch bewerten. Ein Kind, das in einer solchen Familie erzogen wird, lernt mit anderen in den Wettkampf zu treten (54).

Unterschiede in den Erwartungen verschiedener sozialer Klassen. In jeder Untergruppe gibt es soziale Klassen, von denen jede ihre eigenen Werte und eigenen Standards des sozial akzeptablen Verhaltens hat (115). Da es in der westlichen Kultur keine äußeren oder allgemein anerkannten Rangabzeichen gibt, wird der Status eines Kindes bestimmt durch den Beruf des Oberhauptes der Familie, nach der Quelle des Familieneinkommens, nach dem Wohnhaus, in dem die Familie lebt, und nach der Wohngegend (226).

In jeder sozialen Klasse ist der Alltag durchdrungen von den Erwartungen, die die Klasse an ihre Mitglieder stellt. Die soziale Klasse bestimmt die Einstellungen und Verhaltensweisen ihrer verschiedenen Mitglieder. Werte der Oberklasse sind z. B. die Zugehörigkeit zu bestimmten Familien und bestimmte Arten der Freizeitbeschäftigung. Die obere Mittelklasse, deren Werte sich nach denen der Oberklasse richten, betont die Wichtigkeit des Geldes und der Stellung in der Gesellschaft. Die Arbeiterklasse oder die untere Mittelklasse weist die Vorstellung vom Aufstieg durch die Leistung des einzelnen zurück zugunsten der Idee von gemeinsamen Anstrengungen für den sozialen Fortschritt. Die unterste Klasse erwartet Aufstieg weder durch individuelle noch durch kollektive Anstrengungen, sie betont deshalb, wie wichtig es ist, das, was man hat, zu genießen (115).

Eltern versuchen ihren Kindern die Werte ihrer sozialen Klasse in der Hoffnung zu vermitteln, sie zu gut angepaßten, glücklichen Menschen zu machen. Eltern aus der Arbeiterschicht legen Wert auf Ehrlichkeit und Sauberkeit und idealisieren den „armen, aber ehrlichen" Mann, der achtbar ist, auch wenn ihn die soziale Gruppe nicht achtet. Eltern der Mittelschicht betonen Verantwortlichkeit und Beherrschtheit des Verhaltens stärker; beide sind notwendig, wenn das Kind es im Leben zu etwas bringen soll. Eltern der Mittelklasse bestrafen aggressives Verhalten stärker als Eltern, die zur unteren Klasse gehören, sie achten stärker auf die Erfüllung von Pflichten im Haushalt und erlauben weniger sexuelle Freiheit (161, 168).

Indirekt beeinflußt die Zugehörigkeit zu einer sozialen Klasse die Sozialisation des Kindes dadurch, daß die Auswahl der Möglichkeiten, bestimmte soziale Formen des Verhaltens und der Einstellung zu lernen, begrenzt wird. Konformität wird durch sozialen Druck erreicht – zuerst von der Familie, dann von der Gruppe der Gleichaltrigen, der Schule und den Einwohnern eines Ortes. Konformität mit den sozial akzeptierten Verhaltensweisen führt zu

einem Charakterbild, das für Kinder einer bestimmten sozialen Klasse typisch ist (215, 229).
Davis und Havighurst haben die klassenbedingten Wertunterschiede und ihre Auswirkungen auf das Sozialverhalten der Kinder in verschiedenen Bereichen der Anpassung folgendermaßen beschrieben: „Während das Kind aus der Mittelklasse sich davor fürchten lernt, schlechte Noten in der Schule zu erhalten, aggressiv gegenüber dem Lehrer zu sein, sich mit anderen herumzuschlagen, zu fluchen und schon früh Geschlechtsverkehr aufzunehmen, lernt das Kind in Slums ganz andere soziale Verhaltensweisen zu fürchten. Die Gruppe zu der es gehört, bringt ihm bei, sich nicht vom Lehrer erwischen zu lassen und sich nicht bei ihm einzuschmeicheln. Sich ernsthaft um die Hausaufgaben zu kümmern ist buchstäblich eine Schande. Statt mit guten Noten in der Schule anzugeben, versucht es sie zu verheimlichen, wenn es sie je bekommt" (83).

Erwartungen, die mit der Geschlechterrolle verbunden sind. In jeder sozialen Klasse stehen für die beiden Geschlechter unterschiedliche Verhaltensweisen zur Verfügung. Diese vorgeschriebenen Verhaltensweisen sind von einer kulturellen Gruppe zur anderen verschieden, und sie variieren auch von Zeit zu Zeit. Wenn erst einmal männliche und weibliche Verhaltensstereotype erlernt worden sind, kann das Kind sicher sein, von der Gruppe akzeptiert zu werden. Erfüllt es jedoch die an sein Geschlecht von der Gesellschaft gestellten Anforderungen nicht, wird es kritisiert, lächerlich gemacht und ausgestoßen (33, 120, 231).
Mädchen können sich z. B. in der Vorschulzeit sehr jungenhaft verhalten und feststellen, daß andere darauf nur mit Belustigung und Toleranz reagieren. Lange bevor die Kindheit zu Ende ist, entdecken sie jedoch, daß sie sich wie ein Mädchen verhalten und mädchenhaft aussehen müssen, wenn sie sich nicht Mißachtung und Ablehnung aussetzen wollen – eine Haltung der Gesellschaft, die ihren Niederschlag in dem Sprichwort gefunden hat: „Mädchen, die pfeifen, und Hühnern, die krähen, den' soll man beizeiten die Hälse umdrehen" (120, 254).
Gegenüber Jungen ist die Gesellschaft nicht so tolerant. In keinem Lebensabschnitt kann sich ein Junge wie ein Mädchen verhalten, ohne daß sein Verhalten mißbilligt oder sogar deutlich abgelehnt wird (90). Wir zitieren Koch: „Es gibt etliche Hinweise dafür, daß es in unserer Kultur viel schlimmer ist, wenn ein Junge von dem für sein Geschlecht vorgeschriebenen Verhalten abweicht, als wenn ein Mädchen die für sein Geschlecht vorgesehene Rolle nicht angemessen spielt. Mit anderen Worten, man nimmt dem Mädchen jungenhaftes Verhalten weniger übel als Jungen weichliches oder feminines Benehmen. Da man sich nach dem Sprichwort „Sage mir, mit wem du umgehst, und ich sage dir, wer du bist" richtet, hält man es in unserer Kultur für wichtig, daß ein Junge in erster Linie nur Umgang mit anderen Jungen hat (160). Wenn die soziale Gruppe auch die Abweichungen des Mädchens von dem für es vorgesehenen Verhalten duldet, bedeutet Toleranz keineswegs Zustimmung der Gruppe, sie bedeutet lediglich, daß es von der Gruppe nicht zurückgewiesen wird (123). Wenn Kinder eingeschult werden, wissen sie bereits recht gut, was ihre Alterskameraden von beiden Geschlechtern erwarten, und ihre Vorstellungen über die Rollen der beiden Geschlechter sind fast Fotokopien der Vorstellungen der Erwachsenen (33).
In Abb. 9-1 sind die Eigenschaften dargestellt, die Erwachsene als für jedes der beiden Geschlechter angemessen ansehen.
Auch die Interessen, die beide Geschlechter haben sollten, sind innerhalb einer Kultur festgelegt. Jungen lernen schon lange, bevor sie in die Schule kommen, daß nur ganz bestimmte Spiele und Spielzeuge für sie in Frage kommen (72, 256). Obwohl man es Mädchen erlaubt, die Spiele der Jungen zu spielen, ohne sie dafür allzusehr zu tadeln, schwindet doch mit dem zunehmenden Alter der Kinder diese Toleranz (143, 202). Auch die Interessen an bestimmten Büchern, Bildgeschichten,

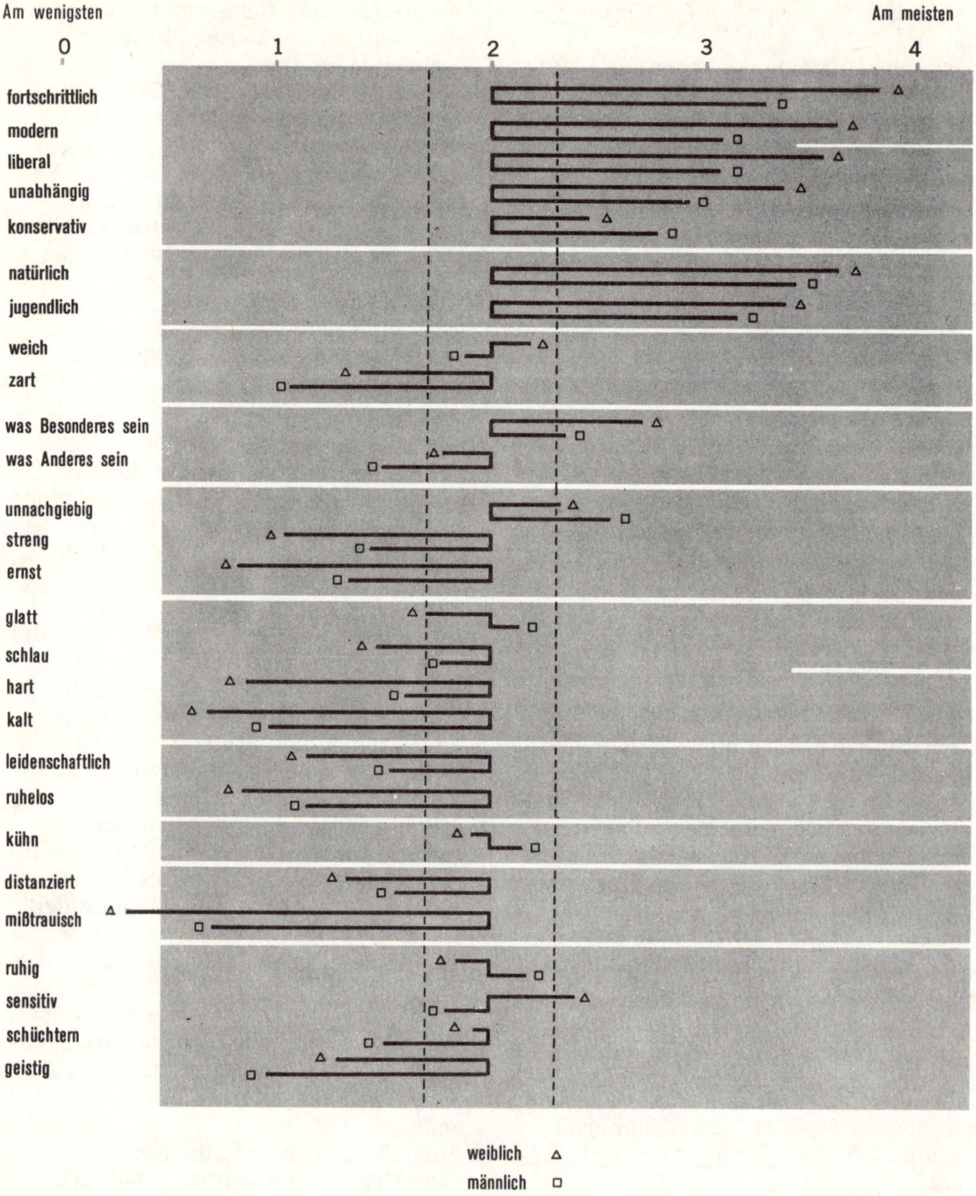

Abb. 9-1. Die von den Erwachsenen gebilligten geschlechtsangemessenen Eigenschaften, die von Männern bzw. von Frauen am höchsten bewertet werden.

Fernseh- oder Rundfunkprogrammen sind für die beiden Geschlechter festgelegt. Man erwartet von den Kindern, daß sie sich für die ihrem Geschlecht entsprechenden Dinge interessieren (62, 63). Die sozial gebilligten Interessen an bestimmten Schulfächern und bei der Berufswahl für Jungen und Mädchen werden in den folgenden Kapiteln ausführlicher besprochen (241).
Obwohl man von den Kindern der mittleren und unteren sozialen Schichten erwartet, daß sie den kulturell gebillig-

ten Verhaltensweisen für ihr Geschlecht relativ strikt folgen, gibt es doch zwischen den sozialen Klassen Unterschiede in der Betonung einzelner Verhaltensweisen. So werden z. B. bei Jungen in den unteren sozialen Klassen Kampflust und Aggressivität höher bewertet, wohingegen gutes Benehmen und Höflichkeit in den mittleren und oberen Schichten stärker betont werden. Von den kleinen Mädchen in den unteren sozialen Klassen erwartet man, daß sie sich wie „junge Damen" aufführen, Mädchen gleichen Alters der mittleren und oberen Schichten dürfen sich jungenhafter benehmen, das aber ändert sich, wenn sie älter werden, und man erwartet dann auch von ihnen „damenhaftes Betragen" (26, 142). Je mehr sich die Kindheit ihrem Ende nähert, desto deutlicher treten die Werte zutage, die eine bestimmte soziale Schicht gewissen Verhaltensweisen, die für die beiden Geschlechter vorgesehen sind, zuweist.

Konformität mit sozialen Erwartungen

Wie starke Konformität eine soziale Gruppe von ihren Mitgliedern erwartet und fordert, bevor sie als Mitglieder der Gruppe akzeptiert werden, ist sehr unterschiedlich. In einigen Kulturen kann ein Mensch durchaus noch sehr individuell bleiben, ohne daß ihn die Gesellschaft zurückweist, in anderen wird keinerlei Abweichung geduldet. Durch Beeinflussung der Umwelt und durch gleichförmige Erziehungsmethoden in Elternhaus, Schule und Gemeinde wird versucht, den Charakter eines jeden Kindes in einer sehr bestimmten Weise zu prägen.
Ein Kind, das in einer Kultur aufwächst, die Individualität toleriert, wird von der Gruppe auch dann akzeptiert, wenn sein Verhalten nicht ein genaues Spiegelbild des Verhaltens der anderen Kinder in seinem Alter ist. In einer stärker reglementierenden Kultur wird jeder, der von dem geforderten Verhalten in irgendeinem Grad abweicht, mit sozialer Ablehnung bestraft. Je genauer die Vorstellung über eine „Idealperson" in einer Kultur definiert ist – wobei unter Idealperson hier ein Mensch mit solchem Charakter verstanden wird, daß er sich auf bestmögliche Art in die Lebensweise einfügt, die für Mitglieder dieser Gruppe verbindlich sind – desto größer ist die für die Aufnahme in die soziale Gruppe geforderte Konformität. Diese Bedingungen sind zur Zeit in der sowjetischen und der israelischen Kultur z. T. gegeben (8, 152).
An einigen Beispielen für die unterschiedlichen Anforderungen an die Konformität soll gezeigt werden, wie sehr kulturelle Gruppen in dieser Hinsicht differieren können. Bei einer Untersuchung mehrerer Kulturen hat man festgestellt, daß Gesellschaften, die an übelwollende überirdische Mächte glauben, hart und häufig bei der Erziehung ihrer Kinder strafen. Eltern, die an aggressive übernatürliche Kräfte glauben, belohnen ihre Kinder für Verhalten, das zeigt, daß sie sich auf sich selbst verlassen und unabhängig sind, und bestrafen sie, wenn sie solches Verhalten nicht an den Tag legen. Wenn Eltern an wohlwollende übernatürliche Kräfte glauben, sind sie fürsorglich ihren Kindern gegenüber und drängen sie weniger, mit starren sozialen Standards konform zu gehen.
Diese unterschiedlichen Einstellungen bestehen deshalb, weil die Eltern ihre Kinder so erziehen möchten, daß sie erfolgreich in einer Welt zurechtkommen, die nach ihrem Glauben von übernatürlichen Mächten beeinflußt wird. Glauben sie z. B. an böse Götter, dann fordern sie ein striktes Befolgen der sozialen Standards, und sie bestrafen ihre Kinder, wenn sie diesen Forderungen nicht nachkommen (163).
Eine kulturelle Gruppe, die Bildung als gute Leiter zum sozialen Aufstieg ansieht, wie es z. B. in vielen jüdischen Familien der Fall ist, verlangt von ihren Kindern als Mittel zum Zweck gute Schulzensuren. Angehörige dieser Gruppen erreichen bei ihren Kindern Konformität durch stärker autoritäre Erziehungsmethoden, als sie in solchen Familien angewendet werden, in denen der soziale Aufstieg für weniger wichtig gehalten wird (87). Da die Familien der amerikanischen Mittelklasse größe-

ren Wert auf sozialen Aufstieg legen als Familien der Mittelklasse in England, erwarten erstere von ihren Kindern ein strikteres Befolgen der sozial akzeptierten Verhaltensnormen. Darüber hinaus trägt die relative Gleichgültigkeit der Engländer gegenüber Kritik von außen zu einem geringeren Konformitätsdruck auf die Kinder bei, als dieser auf Kinder der amerikanischen Familien der Mittelklasse ausgeübt wird. Denn im allgemeinen versuchen die amerikanischen Familien alles, um Kritik an ihnen und an ihren Kindern abzuwehren (198). In der Regel verlangt man von Negerkindern weniger als von weißen Kindern, daß sie in ihrem Verhalten den sozialen Standards folgen (142).

Innerhalb einer kulturellen Gruppe gibt es oft für verschiedene Verhaltensweisen Unterschiede im Zwang zur Konformität, wobei größere Konformität für solche Verhaltensweisen verlangt wird, die als für nur ein Geschlecht angemessen angesehen werden. Diese Verhaltenweisen sind in Familien der niedrigeren Klassen nicht nur klarer definiert als in Familien der Mittelklasse, es wird in den unteren Klassen auch viel mehr Druck auf die Kinder ausgeübt, das ihrem Geschlecht angemessene Verhalten zu lernen. Dies geschieht durch Belohnungen für das Kind, wenn es diesen Vorstellungen entspricht, und Strafen, wenn es ihnen nicht nachkommt. Eltern, die zur Mittelklasse gehören, sind dagegen großzügiger in ihren Einstellungen, besonders gegenüber Mädchen, mit dem Ergebnis, daß sie toleranter gegenüber jungenhaftem Verhalten bei Mädchen und mädchenhaftem Verhalten bei Jungen sind als Eltern der unteren Schicht (33, 217).

<u>Schwierigkeiten beim Versuch, sich konform zu verhalten.</u> In einem Kind können innere Tendenzen bestehen, die ihm den sozialen Erwartungen konformes Verhalten sehr schwierig, wenn nicht gar unmöglich machen. Ein schmächtiger Junge mit schwach entwickelter Muskulatur kann dem Konformitätsdruck einer Kultur nicht nachkommen, in der ein idealer Mann körperlich stark und motorisch geschickt ist; ein Mädchen ohne musikalische oder künstlerische Fähigkeiten kann nicht die Fertigkeiten erwerben, die in einer vergangegen Zeit nun einmal zur „Dame" gehörten. Kinder, die so beeinflußt worden sind, daß sie den kulturellen Erwartungen einer Gruppe entsprechen, sind schlecht auf eine Anpassung an eine andere kulturelle Gruppe vorbereitet (32, 238). Dies ist eines der größten Probleme, mit denen sich ein Kind, das sozial aufsteigt, auseinandersetzen muß. Wir werden darauf in diesem Kapitel noch zurückkommen.

Wieder andere Kinder können deshalb Schwierigkeiten haben bei der Anpassung ihres Verhaltens an die Ideale der Gruppe, zu der sie gehören, weil sie den Idealen dieser Gruppe nicht zustimmen. So mag zum Beispiel ein Kind das diskriminierende Verhalten seiner Gruppe gegen Angehörige von Minoritäten ablehnen. Also wird es bei seinem Versuch, sich konform zu verhalten, Schwierigkeiten haben, auch wenn ein solcher Mangel an Konformität zu Ablehnung durch die Gruppe führt (7).

Einem kleinen Kind, das gelernt hat, den für sein Alter akzeptierten sozialen Normen zu entsprechen, mag es schwer fallen, sein Verhalten so zu ändern, daß es den Normen einer späteren Altersstufe entspricht. So kann ein Mädchen, dessen Erziehung auf Unterdrückung allen aggressiven Verhaltens gerichtet war, wenn es älter wird, feststellen, daß die in der Schule oder im sozialen Leben Erfolgreichen anderen nicht den Vorrang überlassen. Wenn es lieber führend als geführt sein will, muß es eine stärkere Aggressivität entwickeln, als ihm eigentlich aufgrund seiner früheren Erziehung gestattet ist. Es wird dem Mädchen schwerfallen, die Einflüsse dieser Erziehung abzustreifen und eine Rolle zu spielen, von der es früher gelernt hat, sie passe nicht zu einem Mädchen – nämlich die eines aggressiven, beherrschenden und durchsetzungswilligen Menschen (118, 123).

Eine der häufigsten und wichtigsten Ursachen der Schwierigkeiten beim Versuch, sich in Übereinstimmung mit der sozial akzeptierten Rolle zu verhalten, ist die Verwirrung darüber, was eigentlich sozial gebilligt ist. Oft stellt das Kind fest, daß es nicht nur eine gebilligte Verhaltensweise gibt, sondern mehrere. Dann weiß es nicht, welche nun die richtige ist. Kinder aus der unteren Klasse können zum Beispiel von ihren Eltern die für ihre Klasse angemessenen Verhaltensweisen lernen, wenn sie aber in die Schule kommen, stellen sie möglicherweise fest, daß für den Lehrer und viele Kameraden andere Werte und Normen gelten. Wenn das Kind nun den Standards seiner Familie folgt, erfährt es wahrscheinlich in der Schule Ablehnung; wenn es denen der Schule folgt, wird es wahrscheinlich im Elternhaus und in der Nachbarschaft als „Waschlappen" angesehen (43, 134).

Was für alles Lernen gilt, gilt auch hier: Dem Kind muß eine Möglichkeit geboten werden, sozial gebilligte Verhaltensweisen zu lernen – entweder durch direktes Unterrichten oder durch ein Vorbild, das es nachahmen kann. Kinder aus Elternhäusern mit autoritären Erziehungsmethoden lernen sozial gebilligtes Verhalten im allgemeinen früher als Kinder, deren Streben nach Individualität geduldet oder gefördert wird. Da in den unteren Schichten autoritäre Erziehungsmethoden bevorzugt werden, lernen Kinder aus diesen Schichten das für ihre Gruppe gebilligte soziale Verhalten früher, als sich Kinder der Mittelschicht die Werte ihrer Schicht aneignen (225). Außerdem sind in den Familien der Mittelklasse, in denen der Beruf des Vaters ihn oft außer Hauses führt, die Lernmöglichkeiten für geschlechtsangemessenes Verhalten begrenzt, da das männliche Vorbild fehlt (26, 217).

Es kann sein, daß ein Kind durchaus weiß, welches Verhalten von der Gesellschaft gebilligt wird, aber kaum dazu motiviert ist, sich so zu verhalten. Wenn es von anderen akzeptiert werden möchte, ist seine Motivation stärker, als wenn es sich nicht darum kümmert, was andere von ihm halten, oder wenn es glaubt, es sei recht unwahrscheinlich, daß es sich die Achtung anderer erringen könnte. Wenn ein Kind in der Gunst seines Lehrers steht und bei seinen Klassenkameraden beliebt ist, übernimmt es bereitwillig deren Werte und versucht, ihren Erwartungen zu entsprechen (251). Sonst geht es konform mit den Werten der Gruppe, die es als Mitglied aufnimmt. Wenn Kinder der unteren Schicht absichtlich die Verhaltensnormen der Mittelklasse verletzen und sich nach den Standards der unteren Schicht richten, dann tun sie dies, um Ansehen in der einzigen Gruppe zu gewinnen, in der sie überhaupt Ansehen gewinnen können. Viele Kinder, die sich zu jugendlichen Rechtsbrechern entwickeln, haben die Werte der Gruppe, die sie selber abgelehnt hat, verworfen und statt dessen die Werte der Gruppe, die sie in sich aufgenommen hat, übernommen (69).

In keinem Fall wird die Rolle der Motivation für die Konformität des sozialen Verhaltens deutlicher als beim Lernen des geschlechtsangemessenen Verhaltens. Wenn Jungen ihre Beziehungen zu ihrem Vater als gut, herzlich und wertvoll ansehen, dann möchten sie diesen nachahmen und „Männer" werden; wenn sie glauben, ihr Vater habe nur wenig Interesse für sie, sind sie kaum motiviert, das Rollenvorbild zu imitieren (162). Wenn bei einem Mädchen die Motivation fehlt, die ihrem Geschlecht angemessenen Verhaltensweisen zu lernen, liegt das vielleicht daran, daß es sich darüber klar ist, daß die Rolle der Frau geringer bewertet wird als die des Mannes (151, 173).

Verwirrung, mangelnde Lerngelegenheiten und fehlende Motivation hindern oft viele begabte und fähige Kinder beim Lernen sozial gebilligter Verhaltensweisen. Deshalb fehlt diesen Kindern die Anerkennung, nach der sie streben und die sie verdienen, und ihre Angepaßtheit liegt auf jedem Gebiet unter dem, was sie ohne diese Hindernisse erreichen könnten.

Folgen mangelnder Konformität. Das Erfüllen der Erwartungen der Gesellschaft ist nicht nur wichtig für die Anerkennung durch andere, sondern auch für ein günstigeres Bild, das man sich von sich selbst macht. Ein Kind kann kaum eine gute Meinung von sich selbst haben, wenn es weiß, daß es die Hoffnungen anderer enttäuscht und deshalb ihre Wertschätzung verloren hat. Je älter Kinder werden, desto stärker sind sie sich der Art ihrer sozialen Angepaßtheit bewußt. Sie wissen, ob andere Leute sie gern mögen, nicht gern mögen oder ignorieren.

Da es Kindern aus den unteren Schichten oft schwer fällt, den sozialen Erwartungen in der Schule zu entsprechen, bekommen sie das Gefühl, sie hätten weniger als andere Kinder das Glück, die Wünsche der Gesellschaft und ihre eigenen Erwartungen zu erfüllen (239). Als Folge nehmen sie weniger, als sie gerne möchten, an Unternehmungen der Gruppe teil, zum einen, weil sie sich nicht genügend respektiert fühlen, zum anderen, weil sie das Gefühl haben, sie seien am falschen Platz. Wenn sie heranwachsen, bleibt ihre soziale Angepaßtheit so weit hinter den Erwartungen der Gesellschaft zurück, daß sie in ihrem sozialen Verhalten in Schule und Gemeinde außerhalb der Ordnung stehen. Oft verlassen sie vor Absolvieren der letzten Klasse die Schule. Viele von ihnen stoßen zu Gruppen anderer sozial Auffälliger, die, weil sie ihre Ressentimentgefühle wegen der sozialen Ablehnung kompensieren wollen, Verhaltensweisen annehmen, die zur Jugendkriminalität führen können (73).

Die einzige Möglichkeit, wie jemand, der den sozialen Erwartungen nicht entspricht, seinen Status in der Gruppe verbessern kann, ist die, etwas von seinem Individualismus aufzugeben und Konformität zu lernen, ob er nun den Werten der Gruppe zustimmt oder nicht. Wenn Individualist zu sein ihm mehr bedeutet als die Anerkennung durch andere, muß er bereit sein, den Preis für seinen Individualismus zu bezahlen; wenn die Achtung der Gruppe ihm mehr wert ist als sein Individualismus, muß er auch in diesem Fall bereit sein, den Preis zu zahlen, den die Gruppe für ihr Wohlwollen fordert. Mit einer solchen Situation kann ein Kind nur sehr schwer fertig werden.

Es genügt nicht, bereit zu sein, den Erwartungen der Gruppe zu entsprechen. Das Kind muß diese Erwartungen kennen und wissen, wie es sich betragen muß, um sie zu erfüllen. Ein Kind, in dessen Elternhaus Wert auf Konformität gelegt wird, dem ein gutes Vorbild zum Nachahmen zur Verfügung steht – ob dies nun ein Elternteil oder ältere Geschwister sind – wird keine Schwierigkeiten beim Lernen konformen Verhaltens erleben. Die größten Probleme treten bei Kindern auf, die aus einem fremden Kulturkreis kommen, deren Eltern von einer sozialen Klasse in eine andere überwechseln, deren Stellung in einer Gruppe an der Grenze zwischen Anerkennung und Ablehnung liegt oder die nur wenig Gelegenheit zu sozialen Kontakten haben.

Spielkameraden und Freunde

Jedes Kind wünscht sich Kameraden. Und außerdem *braucht* es sie, um sich zu einer harmonischen und sozial angepaßten Persönlichkeit zu entwickeln. Dieser Wunsch, andere Menschen um sich zu haben, zeigt sich schon im ersten Lebensabschnitt, wenn ein Baby so lange weint, bis jemand kommt und bei ihm bleibt. Wenn das Kind älter wird, nimmt die Stärke dieses Bedürfnisses zu, und es sind jetzt andere Leute, die es zufriedenstellen können. Zuerst möchte das Kind nur zusammen mit anderen etwas *tun*. Alle, die seinem Wunsch entgegenkommen, sind seine Spielkameraden. Später verlangt es nach mehr als nur Spielkameraden; das Kind wünscht sich „Freunde" – die nicht nur mit ihm spielen, mit denen es auch sprechen und denen es sich anvertrauen kann. Es möchte mit ihnen Ideen austauschen können, sie um Rat fragen, ihnen seine Sorgen anvertrauen und sie kritisieren dürfen, wenn es meint, sie machten etwas falsch.

Der Wunsch nach Freunden und seine Erfüllung. Auf jeder Altersstufe wird der Wunsch des Kindes nach Freunden und Kameraden von denen am besten erfüllt, von denen es glaubt, daß sie sich für es interessieren, die es bei Kummer trösten und sich an seinen Erfolgen freuen, kurz gesagt: die es *lieben*. In einigen Lebensjahren können die Eltern diese Bedürfnisse am besten erfüllen, aber zu anderen Zeiten sind es Lehrer, andere nicht zur Familie gehörende Erwachsene oder Alterskameraden. Auch müssen sich die Formen, in denen sich Interesse am Kind und Zuneigung äußern, ändern, wenn sie die Bedürfnisse des Kindes erfüllen sollen. Das Baby und das kleine Kind verlangen, daß seine Spielgefährten ihre Liebe direkt zeigen, das ältere Kind wehrt sich gegen diese offen und direkt gezeigte Zuneigung und findet sie lästig. Es möchte, daß Interesse und Liebe in subtilerer Weise ausgedrückt werden, etwa dadurch, daß man zuhört, wenn es etwas sagen möchte, daß man seine Fragen beantwortet und ihm die Probleme zu lösen hilft, die es alleine nicht meistern kann (75, 135, 258).

Den Wunsch des Kindes nach Kameraden können am besten diejenigen erfüllen, die dem Kind hinsichtlich seiner Interessengebiete, seiner Einstellungen und Werte am ähnlichsten sind; da sie und das Kind so vieles gemeinsam haben, sprechen sie gewissermaßen die gleiche Sprache. Für die Annahme, die sich in dem Sprichwort „Gegensätze ziehen sich an" niederschlägt und für die Meinung, daß sich unterschiedliche Interessen und Einstellungen ergänzen, gibt es wenig Belege, viele jedoch für die entgegengesetzte Meinung.

Ein Kind achtet andere Kinder, die dem Leben in gleicher Weise gegenüber stehen wie es selbst, mehr als Kinder mit einer anderen Einstellung zu den verschiedensten Fragen. Gleichartigkeit erleichtert es Kindern auch, Zuneigung auszudrücken und gibt dem Kind das angenehme Gefühl, bei dem anderen „zu Hause" zu sein (2, 149). Wenn Spannungen zwischen den Geschlechtern bestehen, fühlt sich das Kind heimischer bei Kameraden seines eigenen Geschlechts, ohne solche Spannungen fühlt es sich mit allen gleichermaßen vertraut (49, 153).

Dies gilt auch für die Unterschiede zwischen Rassen. Eine Untersuchung an asiatischen und weißen Kindern in Hawaii stellte fest, daß es die Kinder vorzogen, mit Kindern ihrer eigenen Rasse und ihres eigenen Geschlechts zusammen zu sein, nicht weil Vorurteile bestanden hätten, sondern weil sie das angenehme Gefühl der Vertrautheit mit denen hatten, die ihnen ähnlicher waren (188). Analog wurde auch festgestellt, daß „erfolgsorientierte" Menschen – sie legen großen Wert auf Fähigkeiten und Fertigkeiten, ob es sich nun um ein Spiel, soziale Kontakte oder Leistungen in Schule und Beruf handelt – sich wohler fühlen, wenn sie mit andern erfolgsorientierten Menschen zusammen sind, und daß „güteorientierte" Menschen, die also Werte wie Liebe, Zuneigung, Mitleid und Vertrauen betonen, sich bei anderen, die ihnen ähnlich sind, eher wohl fühlen (184).

Im allgemeinen nimmt die Anzahl der Spielgefährten, die ein Kind braucht, mit dem Alter zu. Das Kind im Vorschulalter vergnügt sich gewöhnlich mit einem oder zwei Spielgefährten, im „Banden- und Gruppenalter" braucht das Kind mindestens drei bis vier und bis zu acht oder zehn Kameraden. Allerdings unterscheiden sich innerhalb einer Altersgruppe Kinder danach, mit wie vielen Kameraden sie zusammen sein müssen, damit ihr Wunsch nach Spielgefährten erfüllt ist. Barclay hat sich hierzu folgendermaßen geäußert: „Einige Kinder ziehen es vor, mit einem oder zwei engen Freunden Kontakt zu haben, denn zwischen ihnen besteht ein tiefes gegenseitiges Verstehen, eine wirkliche Gegenseitigkeit der Interessen; andere schließen sich an einen Kameraden an, mit dem man leicht gut auskommen kann, denn für sie sind die Anforderungen der größeren Gruppe zu stark, werden in der Gruppe die Illusionen oder Selbsttäuschungen zu sehr gestört, das Verhalten der größeren Gruppe läßt sich zuwenig vorherbestimmen, als daß sie sich in ihr wohlfühlen könnten... Wieder andere profitieren von der Vielfalt und der Anregung, die eine große Gruppe bietet. Und es gibt noch andere, die ihrer selbst und ihrer Haltung unsicher sind, sich vor engen Beziehungen scheuen ... und Befriedigung und Sicherheit darin zu finden suchen, daß sie dem folgen, was die Menge diktiert" (21).

Art der Kameraden. Aus seiner Erfahrung lernt das Kind, welche Kameraden es am liebsten mag, und es sucht sich von denen, die es erreichen kann, diejenigen aus, bei denen es sich am wohlsten fühlt. Erwachsene und ältere Kinder sind in der Regel dem Baby als Spielgefährten während der ersten Lebensjahre am liebsten, denn sie erfüllen den Wunsch nach Spielkameraden und kümmern sich gleichzeitig um die körperlichen Bedürfnisse des Kindes. Sie spielen mit ihm, wenn das Kind es will, und auf die Art, wie das Kind spielen möchte. Ein gleichaltriges Kind oder eines, das nur wenig älter ist, erfüllt die egozentrischen Wünsche des Ein- oder Zweijährigen nicht. Auf dieser Altersstufe ist das Kind ganz eindeutig bei der Wahl seiner Spielgefährten auf die Familie ausgerichtet (45).

Die Rolle der Kameraden im Vorschulalter spielen meist die Erwachsenen in der Familie, die Brüder und Schwestern oder einige wenige Kinder aus der unmittelbaren Nachbarschaft. Mit etwa dreieinhalb Jahren beginnen Freunde für das Kind wichtig zu werden. Aus der Gruppe derer, die es umgeben, wählt es einen oder zwei aus, neben denen es sitzen möchte oder mit denen es spielen will. Das Geschlecht der Freunde ist bei dieser Wahl noch nicht ausschlaggebend. Mit jedem Jahr, das vergeht, verbringt das Kind mehr Zeit mit seinen Freunden und schließt mehr Freundschaften mit verschiedenen Kindern (35, 45).

Im Vergleich zum Baby, das gerne jeden als Spielkameraden akzeptiert, der für das Baby etwas zu tun bereit ist, wählt das Kind seine Freunde stärker aus. Faktoren wie Alter, Intelligenz und guter Kameradschaftsgeist sind dabei sehr wichtig. Im Alter von vier Jahren ziehen Kinder Spielkameraden ihres eigenen Geschlechtes sehr deutlich vor, die Freundschaften zwischen Jungen und Jungen und die der Mädchen untereinander nehmen von Jahr zu Jahr zu. Auch die Distanz zwischen verschiedenen Rassen wird in dieser Zeit sichtbar, Kinder bevorzugen deutlich Kinder ihrer eigenen Rasse (80, 188).

Wenn das Kind in die Schule kommt und sich für Gruppenspiele zu interessieren beginnt, werden neue Gesichtspunkte mit den alten bei der Auswahl der Spielkameraden verbunden. Das Kind muß seine Kameraden aus der unmittelbaren Nachbarschaft, in der es lebt, wählen, aber innerhalb dieser Nachbarschaft wählt es diejenigen aus, die ihm hinsichtlich Körpergröße, Geschlecht, chronologischem Alter, Intelligenz, sozialer Reife und Interessen am ähnlichsten sind. Wenn das Kind älter wird, spielen Charakterzüge eine wichtige Rolle (132, 149). Zu den Eigenschaften, die vom älteren Kind hoch bewertet werden, gehören Freundlichkeit, Ausgeglichenheit, Sinn für Humor und Kameradschaftsgeist (41, 84).

Das ältere Kind zieht Spielkameraden seiner eigenen Rasse deutlich vor. Vom fünften Schuljahr an berücksichtigen Kinder auch den sozioökonomischen Status. Obwohl Kinder aus den unteren sozialen Klassen eine größere Freiheit bei der Auswahl ihrer Freunde haben als Kinder aus der Mittelklasse, (deren Eltern stark darauf drängen, daß sie die „richtigen" Freunde wählen), muß das Kind aus den unteren sozialen Schichten oft feststellen, daß es von der Teilnahme an Unternehmungen der Kinder aus der Mittelklasse ausgeschlossen wird. So ist es doch gezwungen, seine Freunde in erster Linie innerhalb seiner eigenen sozialen Klasse zu suchen (49, 84).

Ersatz für Spielkameraden. Aufgrund geographischer Isolation, der Ablehnung oder aus anderen Gründen müssen Kinder oft auf Kameraden verzichten und erfahren deshalb die nachteiligen Wirkungen, die mit sozialer Isolierung einhergehen (259). Ein sehr kluges Kind wird z. B. wenig Gemeinsamkeiten mit Kindern durchschnittlicher Intelligenz feststellen, auch wenn es viele Kinder gäbe, mit denen es spielen könnte. Wenn es sie als ungeschickt und dumm herabsetzt, wird es sie sich zu Feinden machen und sich die Verärgerung der Eltern zuziehen. Es wird also zurückgewiesen, und es hat keine Freunde (169).

Wenn das Bedürfnis nach Freunden stark ist, wird das isolierte Kind einen Ersatz finden. Ein älteres Kind, das die Achtung der Gleichaltrigen nicht gewinnen kann, mag sich wieder den Mitgliedern seiner Familie zuwenden (15). Wenn es jedoch hiermit nicht zufrieden ist, sucht es anderen Ersatz. Was es als Ersatz nimmt, hängt zum Teil von seinem Alter ab, zum Teil von der ihm zur Verfügung stehenden Auswahl. Kleine Kinder halten im allgemeinen nur in ihrer Phantasie existierende Spielkameraden für einen zufriedenstellenden Ersatz für wirkliche Spielkameraden. Ältere Kinder, die in ihrer geistigen Entwicklung über ein Stadium hinausgewachsen sind, in dem sie imaginäre Freunde mit Eigenschaften lebendiger, wirklicher Freunde versehen konnten, wenden sich sehr leicht einem Haustier zu.

Spielkameraden, die nur in der Phantasie existieren. Für das kleine Kind sind imaginäre Kameraden wie wirklich lebendige; sie haben Namen, bestimmte Körpereigenschaften und Fähigkeiten, solche Dinge zu tun, die normale, wirkliche Kinder gewöhnlich tun können. Beim Spiel mit diesen vorgestellten Spielkameraden hat das Kind großes Vergnügen; sie füllen eine Lücke in seinem sozialen Leben. Mädchen haben mehr imaginäre Spielkameraden als Jungen, und sie sind für Mädchen realer als für Jungen. Sie finden sich häufiger bei Kindern mit überdurchschnittlicher Intelligenz, bei Einzelkindern oder bei Geschwistern mit sehr großem Altersabstand voneinander (11, 234).
Imaginäre Spielkameraden sind fast immer kleine Jungen oder Mädchen. Manchmal haben sie das gleiche Geschlecht wie das Kind, manchmal das andere. Das Kind spielt mit seinen vorgestellten Kameraden so, als ob es wirkliche Menschen wären. Es spricht mit ihnen und nimmt sie oft mit, ganz gleich, wohin es geht. In jedem Fall gibt das wirkliche Kind die Anweisungen, und der vorgestellte Spielkamerad folgt willig. Das übliche Alter, in dem ein Kind imaginäre Spielkameraden wählt, liegt zwischen drei und vier Jahren mit einem Höhepunkt bei dreieinhalb Jahren. Wenn das Kind bei Schuleintritt wirkliche Spielkameraden findet, gibt es die imaginären gewöhnlich auf, wenn es auch noch hin und wieder mit ihnen spielt (47, 148).
Da so viele Kinder während der Vorschulzeit imaginäre Spielkameraden wählen, kann man dieses Verhalten als „normal" ansehen. Es tritt bei solchen Kindern häufiger auf und dauert auch länger an, deren emotionale Beziehungen zu ihren Eltern nicht zufriedenstellend sind oder die bei ihren Beziehungen zu ihren Geschwistern oder zu anderen Kindern mit diesen wenig Gemeinsames entdecken.
Es ist nicht so, daß Kinder mit einem bestimmten Charakter besonders dazu veranlagt wären, sich imaginäre Spielgefährten zu wählen. Zufriedene und gut angepaßte Kinder geben sich mit ihnen genauso ab wie andere Kinder. Häufiger wählen sich jedoch solche Kinder imaginäre Spielkameraden, die in Gegenwart anderer Kinder schüchtern sind, die versuchen, andere Kinder herumzukommandieren, die sich vor körperlicher Betätigung scheuen, die empfindlich sind oder unaufdringlich, die ausweichendes oder verantwortungsloses Verhalten zeigen, die immer versuchen, im Rampenlicht zu stehen, und Angst haben, von anderen übertroffen zu werden (264).
Die Wahl imaginärer Spielkameraden ist nun bei weitem keine zufriedenstellende Lösung für die Probleme des einsamen Kindes. Wenn das Kind auch persönliche Befriedigung aus dem Umgang mit den vorgestellten Kameraden zu gewinnen vermag, so hilft ihm das nicht dabei, sich an andere anzupassen. Im imaginären Spiel spielt das Kind immer die Rolle des Überlegenen, und das hilft ihm nicht, Zusammenarbeit zu lernen, was eine wichtige Voraussetzung für die Beziehungen zu wirklichen Menschen ist.
Außerdem wird das kleine Kind in seinen Beziehungen zu den imaginären Freunden egozentrisch, alles wird so gemacht, wie es selbst es haben möchte; es braucht auf andere keine Rücksicht zu nehmen und kann so selbstsüchtig sein, wie es will. Wenn es dann feststellt, daß sein Verhalten gegenüber

dem imaginären Freund nicht mit gleichem Erfolg auf seine Beziehungen zu wirklichen Kindern übertragen werden kann, zieht es sich wahrscheinlich von ihnen zurück und sucht sich einen Ersatz, der seiner fortgeschrittenen intellektuellen Entwicklung eher entspricht. Zieht es sich jedoch nicht zurück, dann muß es neue Techniken der sozialen Anpassung erlernen.
Wenn das Kind diesen zweiten Weg wählt, gibt es keinen Grund für die Annahme, durch das Spiel mit imaginären Kameraden sei die spätere soziale Anpassung dauernd gefährdet. Anleitung und Hilfe bei der sozialen Anpassung an wirkliche Kinder sind zweifellos günstig. In einer Arbeit wurden Studenten des ersten Semesters, die angaben, keine imaginären Freunde gehabt zu haben, mit solchen verglichen, die diese Form des Ersatzes für wirkliche Spielkameraden gewählt hatten. Den letzteren fehlte Selbstgenügsamkeit, sie waren nicht gern alleine und suchten Rat und Ermutigung öfter als die ersteren. Außerdem waren die Studenten, die angaben, sie hätten imaginäre Spielkameraden gehabt, weniger neurotisch, weniger introvertiert und in Situationen mit engem Kontakt zum Partner diesem meist überlegen; sie zeigten ein gesundes Selbstvertrauen, waren an ihre Umwelt gut angepaßt, liebten die Gesellschaft anderer und freuten sich, wenn sie mit anderen Menschen zusammen sein konnten. Wenn auch die Art ihrer sozialen Anpassung sich von der der anderen unterschied, so ist doch deutlich, daß diejenigen, die mit imaginären Spielkameraden spielten, keinen dauernden Schaden davontrugen (264).

Haustiere. Obwohl kleine Kinder alle Arten von Haustieren gern haben – Hamster, Mäuse, Kaninchen, Schildkröten oder Vögel – gewinnen ältere Kinder doch kaum Freude an Haustieren, die nur wenig tun, um ihre Zuneigung zu zeigen oder das Interesse des Kindes aufrecht zu erhalten. Alle Kinder spielen gerne mit Haustieren und reagieren schon im frühesten Alter auf sie. Wenn aber ein Kind alt genug geworden ist, um sich Spielkameraden zu wünschen, mit denen es sich in seiner Freizeit zusammentun kann, dann sieht es vielleicht in einem Hund oder einer Katze einen guten Ersatz, falls keine menschlichen Spielkameraden erreichbar sind. Das Interesse an Hunden und Katzen nimmt vom siebten bis vierzehnten Lebensjahr rapide zu und erreicht etwa im zwölften Lebensjahr seinen Höhepunkt. Sowohl Jungen als auch Mädchen ziehen Hunde den Katzen vor, und ihr Interesse am Spiel mit Katzen erreicht zu einem früheren Zeitpunkt seinen Gipfel als das Interesse an Hunden. Die Katze verfügt über genügend Verhaltensmöglichkeiten, die sie zu einem fesselnden Spielgefährten machen, aber sie ist ein egozentrisches Tier, das kaum jemandem seine Zuneigung zeigt, nicht einmal dem, der für sie sorgt. Hunde andererseits hängen an ihrem Herrn, und deshalb sind sie meist der beste Ersatz für Spielgefährten (9).
Ein Haustier ist aber für ein Kind nicht nur ein Spielkamerad, es kann auch ein Ventil für seine Gefühle der Zuneigung sein. Es dient als Quelle der Selbstbestätigung, es erfüllt den Wunsch des Kindes nach Macht, und, was am wichtigsten ist, es ist für die Sozialisation von Nutzen. Es hilft dem schüchternen oder furchtsamen Kind in vielen Fällen, Kontakte mit anderen Kindern oder Erwachsenen zu schließen. Außerdem unterstützt die Beziehung des gegenseitigen Gebens und Nehmens, die ein Kind zu einem Haustier entwickelt, nicht unsoziale Verhaltensweisen, die man oft bei Kindern findet, die Spielkameraden aus Fleisch und Blut durch imaginäre Kameraden ersetzt haben (43).

Die Dauer von Freundschaften. Bei älteren Kindern sind Fluktuationen in den Freundschaften an der Tagesordnung, selbst wenn es sich um Freunde mit dem gleichen Geschlecht handelt. Oft wird aus dem besten Freund ein Feind, oder ein flüchtiges Sich-Kennenlernen wird zu einer Freundschaft, und das alles geschieht schnell und oft ohne ersichtlichen Grund. Wenn genügend Kinder erreichbar sind, etwa beim Schuleintritt, kann das Kind es sich leisten, Freundschaften aufzukündigen, und es muß nicht befürchten, dann ohne Freunde zu sein. Wenn sich also seine Interessen wandeln oder wenn ihm seine alten Freunde nichts mehr zu bieten haben, bricht es die eine Freundschaft und schließt eine neue. Vom fünften Lebensjahr an bis zur Pubertät lassen sich häufig solche Wechsel in den Freundschaften beobachten, mit jedem verstreichenden Jahr jedoch werden sie immer seltener (144). Wie man aus Abb. 9-2 entnehmen kann, festigen sich die Freundschaften bei Mädchen etwas früher als bei Jungen.

Es besteht kaum eine Beziehung zwischen dem Grad, in dem jemand von der Gruppe akzeptiert wird, und der Häufigkeit des Wechselns von Freundschaften. Beliebte Kinder wechseln ihre Freunde fast genauso oft wie von der Gruppe weniger bevorzugte Kinder (41). Als eine Gruppe von Grundschulkindern nach den Gründen gefragt wurde, warum eine Freundschaft gelöst wurde, gehörten zu den am häufigsten genannten Gründen: zu seltener Kontakt in der letzten Zeit, ein kurze Zeit zurückliegender Streit, die schlichte Tatsache, daß ein Freund durch einen anderen abgelöst wurde, Unverträglichkeit, Eingebildetheit oder tyrannisches Benehmen des Freundes, Treulosigkeit oder Unehrlichkeit des anderen (14). Wenn sich seine sozialen Erfahrungen erweitern, verbessern sich beim Kind in der Regel die Einsicht in soziale Sachverhalte und seine Fähigkeit, sich sozialen Gegebenheiten besser anzupassen. Als eine Folge hiervon geht es bei der Auswahl seiner Freunde sorgfältiger vor, es wählt sie aufgrund gleicher Interessen und Werte und nicht nur deswegen, weil sie gern die gleichen Spiele spielen. Deshalb werden die Freundschaften zunehmend fester (15).

Die Fluktuationen in den Freundschaften während des Kindesalters führen nicht notwendigerweise zu einem Abbruch dieser Freundschaften. Es ist vielmehr so, daß die Freundschaften geschlossen, gebrochen und wieder neu geschlossen werden. Ein Kind wendet sich von dem einen ab, dem anderen zu und schließt sich dann wieder an das erste an. Dies gilt auch für Freundschaften der Kinder mit verschiedenem Geschlecht. Obwohl die Freundschaft zwischen einem Jungen und einem Mädchen in den Kindergartentagen leicht dann aufhört, wenn der Junge feststellt, daß andere Jungen ihm diese Freundschaft vorwerfen, nimmt er diese Freundschaft doch als Heranwachsender vielleicht wieder auf.

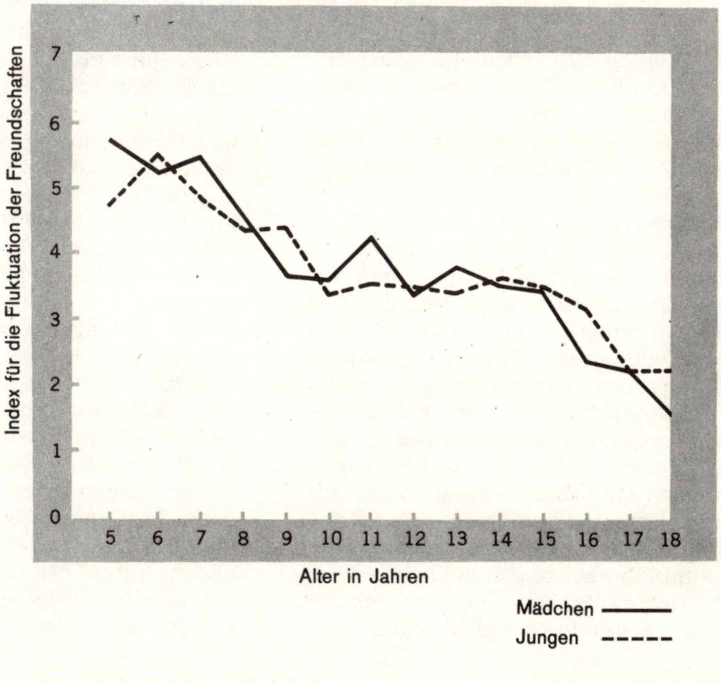

Abb. 9-2. Der Wechsel in den Freundschaften bei Jungen und Mädchen in verschiedenen Altersstufen.

Solange Freundschaften nur deshalb enden, weil sich die Interessen wandeln, besteht immer noch die Möglichkeit, daß sie wieder aufgegriffen werden, wenn sich eine erneute Verlagerung der Interessen ergibt.
Zwei Dinge führen mit Wahrscheinlichkeit zu einem endgültigen Abbruch einer Freundschaft: ein Streit, der zu verletzten Gefühlen führte, und eine so tiefgreifende Wandlung der Werte, daß alte Freunde nicht mehr länger irgend etwas gemeinsam haben. Während der Pubertät zerbrechen viele Freundschaften deshalb endgültig, weil ein Kind seinen früheren Freund durch abschätzige Bemerkungen verletzt hat. Freundschaften zwischen Kindern aus Gruppen, die in rassischer, religiöser oder sozioökonomischer Hinsicht verschieden sind, enden dann oft, wenn der Druck der Familie die Kinder zwingt, die Werte der eigenen Gruppe zu übernehmen.

Der Einfluß von Freunden auf den Sozialisierungsprozeß. Freunde haben für ein Kind aus zwei Gründen besonderen Wert. Sie schaffen ihm erstens innere Zufriedenheit, indem sie sein Bedürfnis nach Kameraden von der Art, wie es sie gern hat, erfüllen, und zweitens tragen sie stark zum Prozeß der Sozialisation bei, der im Elternhaus begonnen wurde. Wenn ein Kind Freunde hat, die die Kriterien für eine gute Sozialisation erfüllen – nämlich persönliche Zufriedenheit und das Erlernen von sozial gebilligten Verhaltensweisen –, wird es die Erwartungen der Gesellschaft erfüllen. Wie stark Freunde zur Zufriedenheit eines Kindes und zu seiner Sozialisation beitragen, betont Barclay: „Gute Freunde – sei es einzeln, zu zweit oder in der Gruppe – gewähren Kameradschaft im Vergnügen und Trost im Schmerz. Sie erweitern und vertiefen gegenseitig die Interessen eines jeden und vergrößern das Vergnügen. Sie sind ein guter Resonanzboden für die Diskussion von Ideen, die zu persönlich (oder zu phantastisch) sind, um sie mit Erwachsenen zu besprechen; sie sind ein Spiegel, in dem sich der Erfolg neuer Versuche ablesen läßt, sie sind Maßstäbe, an denen man neue Einstellungen messen kann. Sie stellen einen Standard dar, an dem die Kinder ihren persönlichen Fortschritt und ihr Wachsen abschätzen können. Sie sind Verbündete und unterstützen einander, wenn sie ihre Fähigkeit, Erwachsenen Widerstand zu leisten, prüfen – was einen schwierigen, doch notwendigen Abschnitt ihrer Entwicklung zur Unabhängigkeit darstellt. Sie sind es, die Verständnis haben, die Anerkennung zeigen" (21).
Einigen Kindern genügt ein guter Freund, andere brauchen eine große Gruppe. Der wichtigste Gesichtspunkt im Hinblick auf eine gute soziale Anpassung ist nicht der, wie viele Freunde ein Kind braucht, vielmehr daß es die richtigen Freunde sind, was die Sozialisation anbetrifft. Mehrere Freunde können in der Regel mehr zur Sozialisation eines Kindes beisteuern, weil jeder von ihnen etwas anderes beitragen kann. So kann z. B. der eine Freund dem Kind dabei helfen, einzusehen, wie wichtig es ist, daß man sich in seinem Geschlecht angemessener Weise verhält; ein anderer könnte ihm klar machen, daß es viel günstiger ist, hilfsbereit statt aggressiv zu sein, und noch ein anderer könnte ihm dabei helfen, soziale Einsicht zu gewinnen und mitfühlen zu lernen. Ein einzelnes Kind, ganz gleich, wie sehr man es als Freund schätzen mag, ist noch zu jung und im sozialen Leben noch zu unerfahren, um die ganze Aufgabe, seinen Freund in die Gesellschaft einzugliedern, übernehmen zu können; diese Aufgabe erfüllt eine Gruppe von Kindern mit verschiedenen Interessen und unterschiedlicher Herkunft besser.
Bei der Beantwortung des viel wichtigeren Teiles dieses Fragenkomplexes – nämlich der Frage nach der Art des Kindes, das die sozialen Strebungen seines Freundes zufriedenstellt – müssen wir feststellen, daß einige Kinder einen ausgesprochen guten Einfluß ausüben, während andere, gleichermaßen „nette" Kinder aus ebenso guten Familien einen sehr schlechten Einfluß haben können. Sie können der Grund für die schlechte

soziale Anpassung eines Kindes sein, ja sogar antisoziale Verhaltensweisen und Einstellungen verursachen. Wir zitieren Barclay: „Einige Beziehungen, zu einzelnen oder zu Gruppen, sind, ob man es nun gerne zugibt oder nicht, wahres Gift. Die nicht immer durchschaubare Wirkung von Kräften in der Gruppe kann auch das ‚wirklich nette' Kind zum Übelsten verführen. Wenn kluge Versuche einer Hilfeleistung fehlschlagen, muß manchmal der letzte Ausweg darin bestehen, diese Beziehungen zu unterbinden" (21).

Einige Kinder, die mit sich selbst nicht zufrieden sind, suchen sich einen Kameraden aus, dessen Verhalten sie deshalb bewundern, weil sich in ihm das äußert, was ihrer Meinung nach ihnen selbst fehlt. So kann zum Beispiel das ruhige, zurückhaltende Kind versuchen, die Freundschaft eines anderen Kindes zu gewinnen, das genauso wagemutig und kühn ist wie es selbst furchtsam. Wenn ein solches Kind sich die Bewunderung eines schüchternen Kindes gefallen läßt, kann der Einfluß, den es auf das furchtsame Kind hat, sowohl zu guter als auch zu schlechter sozialer Anpassung führen. Wenn es versucht, das ruhige Kind umzuwandeln, indem es zu Dingen ermutigt, die das scheue Kind von sich aus nie getan hätte, kann das entweder die Minderwertigkeitsgefühle dieses Kindes steigern oder es davon überzeugen, daß es mehr wert ist, als es selbst glaubte.

Das Akzeptiertwerden durch die Gruppe

Freundschaft besteht unter zwei Voraussetzungen. Das Kind muß, um Freunde zu haben, sich Freunde wünschen, und es muß von denen als Freund angenommen werden, um deren Freundschaft es sich bemüht. Die soziale Akzeptiertheit – oder die „Beliebtheit" – ist ein Gradmesser dafür, mit welchem Erfolg ein Kind seinen Platz in der sozialen Gruppe eingenommen hat und wie gern seine Kameraden mit ihm zusammenarbeiten oder mit ihm spielen. Noch genauer meint *Beliebtheit* den Grad der allgemeinen Bewunderung, die jemandem auch von denen entgegengebracht wird, die mit ihm nicht unmittelbar zu tun haben. Ein beliebtes Kind kann wenig Freunde, aber viele Bewunderer haben; man schätzt es wegen seiner allgemein bewunderten Eigenschaften, um die es aber nicht unbedingt beneidet wird. Da es von vielen bewundert wird, wählt man es häufig zum Anführer, besonders wenn sich seine Beliebtheit auf der Achtung, dem Respekt der Gruppe gründet.

Respekt gewinnt man dadurch, daß man bestimmte Fähigkeiten zeigt oder andere veranlaßt, sie zu vermuten, und durch die entsprechende Qualität der Leistungen. Naegele formuliert das so: Die Respektierten „werden für ein Amt gewählt, aber man lädt sie nicht zu Parties ein" (206). Was die Kinder angeht, haben weder die Beliebten noch die Geachteten eine sehr enge, wirkliche Freundschaft. *Akzeptiertwerden* bedeutet hingegen, daß man mitmachen darf bei den Unternehmungen der Gruppe, zu der man als Mitglied gehört (209). Ein aktives Mitglied der Gruppe ist nicht notwendigerweise beliebt oder geachtet oder akzeptiert. Oft wird ein Kind, das buchstäblich überall mitmacht und seine Nase in alles steckt, von seinen Klassenkameraden gründlich verabscheut.

Es besteht keine direkte Beziehung zwischen sozialer Akzeptiertheit und dem Wunsch eines Kindes nach sozialen Kontakten. Es gibt auch keine Hinweise darauf, daß bei irgendeinem Kind der Wunsch, sich mit seinen Alterskameraden zusammenzufinden, völlig fehlte. Aber einige Kinder ziehen enge persönliche Kontakte mit anderen vor; sie sind gesellig oder sogar aufdringlich, während andere eine gewisse Distanz vorziehen (267). So kommt es, daß es einigen Kindern leicht fällt, Freundschaften zu schließen; bei anderen dauert das relativ lange. Kinder und Heranwachsende schließen in der Regel leichter Freundschaften und sind bei der Wahl ihrer Freunde weniger wählerisch als Erwachsene, wenn auch die Variation innerhalb jeder Altersgruppe ausgeprägt ist.

Ein Kind mag nur von wenigen akzeptiert werden, selbst aber viele akzeptieren; auch das Umgekehrte ist möglich: Viele akzeptieren das Kind, das selbst nur wenigen diese Einstellung entgegenbringt. Die beliebtesten Kinder, die die Soziologen „Stars" nennen, gehören zur zweiten Kategorie. Stars sind diejenigen, die trotz der Tatsache, daß sie von fast allen hochgeschätzt und akzeptiert werden, viele dieser Freundschaftswahlen nicht erwidern, weil sie entweder wenig Interesse an den Kindern haben, die gerne ihre Freunde sein möchten, oder weil sie andere nicht zurückstoßen möchten, wenn sie zeigen, daß sie sich denen zuwenden, die in der Gruppe weniger beliebt sind (66).

Bedingungen, die das Akzeptiertwerden beeinflussen. Ob ein Kind von einer bestimmten Gruppe akzeptiert wird, hängt nicht nur von dem Kind selbst ab, sondern auch von den Vorlieben und Interessen der Gruppe oder Gruppen, die sich ihm anbieten. Der Status eines Kindes in der Gruppe – ob es akzeptiert, zurückgewiesen oder nicht beachtet wird – scheint „nicht so sehr von der Fähigkeit, seine Rolle zu spielen, abzuhängen, sondern auch von sozialen Techniken, die mit der Struktur und Funktion einer bestimmten Gruppe zusammenhängen" (96). Barclay weist in seinen Überlegungen zum Problem des Kindes, das nach sozialer Anerkennung strebt, die ihm jedoch vorenthalten wird, auf Folgendes hin: „Ein solches Kind ist manchmal Opfer der besonderen Zusammensetzung einer bestimmten Gruppe, und ein Erwachsener vermag das kaum zu verstehen. Manchmal sind die Eigenschaften, die in einer das Kind unmittelbar umgebenden Gruppe Ablehnung hervorrufen, genau die Qualitäten, die unter anderen Umständen sehr günstig beurteilt würden." Da Freundschaften bei Kindern schnell wechseln, auch dann noch, wenn sich die Kindheit ihrem Ende nähert, „kann der Paria von heute der Führer von morgen sein" (22).
Innerhalb einer Gruppe stimmen nicht alle Kinder darin überein, wen sie ablehnen oder akzeptieren oder in welchem Grad sie das tun. Im allgemeinen besteht größere Übereinstimmung darin, wen sie ablehnen, als darüber, wen sie gerne mögen. Dies bedeutet, daß unbeliebte Kinder mehr oder weniger allgemein von ihren Alterskameraden abgelehnt werden, wenn sie auch aus unterschiedlichen Gründen und in verschiedenem Maß zurückgewiesen werden. Hinzu kommt noch die Tendenz der Kinder, viele ihrer Altersgefährten nicht zu mögen und nur wenige gern zu haben.
Wenn unter Kindern starke Übereinstimmung darin besteht, wen sie von ihren Kameraden gern mögen und wen nicht, besteht die Tendenz, daß die Gruppe sich in Cliquen aufspaltet und weit weniger zusammenhält als eine Gruppe mit großer Binnenloyalität (203). Wenn das soziale Klima einer Klasse gut sein soll, dann muß die Mehrzahl der Kinder von ihren Klassenkameraden akzeptiert werden. Eine der Verantwortlichkeiten eines Führers (das kann z. B. auch ein Lehrer sein), besteht darin, Spaltungen in einer Gruppe zu überwinden, die sich daraus ergeben haben, daß die Mitglieder einer Clique die einer anderen ablehnen (66, 105).

Grad des Akzeptiertwerdens. Die Spanne der sozialen Achtung reicht vom Star bis zum sozial Isolierten. Der Star ist der Mittelpunkt einer Gruppe von Bewunderern, die ihn alle ihren besten Freund nennen, auch wenn er nicht, wie wir schon früher hervorgehoben, diese Freundschaften erwidert (66). Die Gruppe bewundert ihn vielleicht wegen seiner sportlichen Fertigkeiten, seines Erfolges in der Schule, seiner Ausgeglichenheit und wegen seines Geschicks in sozialen Beziehungen, wegen seiner guten Kameradschaft oder wegen seines Einflusses auf die Alterskameraden.
Am anderen Extrem steht der sozial Isolierte, der sich entweder freiwillig aus der sozialen Gruppe zurückzieht, weil ihn die Kinder, mit denen ihn die Umstände zusammenführen, nicht interessieren oder weil er von ihnen zurückgewiesen wird. Den ersten Typ sozial Isolierter kann man als „freiwillig" sozial Isolierten bezeichnen, den zweiten als den „unfreiwillig" sozial Isolierten. Der unfreiwillig Isolierte mag vielleicht annehmen,

er sei unerwünscht, ob dies nun zutrifft oder nicht, und sich deshalb aus der Gruppe zurückziehen. Er ist dann also eher ein „subjektiv" Isolierter als tatsächlich oder „objektiv" isoliert (206). Nur wenige Kinder fallen in die extremen Kategorien der Stars und der Isolierten, denn nur selten wird ein Kind von allen akzeptiert oder von allen abgelehnt. Die meisten Kinder lassen sich zwischen diesen beiden Extremen einordnen; sie erfreuen sich in unterschiedlichem Ausmaß der sozialen Achtung. Einige befinden sich genau auf der Grenze zwischen Akzeptiertwerden und Abgelehntwerden. Es sind dies die Grenzfälle, die in einer schwierigen Lage sind, denn sie können die Achtung, die sie sich erworben haben, leicht dadurch verscherzen, daß sie etwas sagen oder tun, das andere zu ihren Feinden macht. Es gibt auch den Aufsteiger, der in einer Gruppe soziale Achtung gewonnen hat, jetzt aber von einer gesellschaftlich besser gestellten Gruppe akzeptiert werden möchte. Leicht kann auch er seine Achtung in der ursprünglichen Gruppe verlieren und nicht in die andere aufgenommen werden, wenn er Dinge sagt oder tut, die Mitglieder einer der beiden Gruppen zu verärgern.
Auch in der Kategorie der überdurchschnittlichen Geachtetheit gibt es Unterschiede im Grad der sozialen Anerkennung, doch wird niemand so sehr akzeptiert wie der Star.
In der Kategorie der unterdurchschnittlichen Anerkennung beobachten wir Isolation in verschiedenem Ausmaß, ganz gleich, ob es sich dabei um freiwilliges oder unfreiwilliges Absondern handelt. Alle Kinder in dieser Kategorie haben wenigstens einige Freunde, wenn auch deren Anzahl unter dem altersüblichen Durchschnitt liegt. Außer denen, die zurückgewiesen werden oder sich freiwillig zurückziehen, gibt es noch diejenigen, die die Gruppe übersieht, die Unbeachteten. Man hat nichts gegen sie, aber man hat sie auch nicht gern; weil sie so schüchtern, zurückgezogen oder unbestimmt in ihrem Verhalten sind, haben sie der Gruppe so wenig zu bieten, daß keiner sich mit ihnen abgeben mag (58, 108, 209).

Klarheit über den eigenen Status. Die Fähigkeit, den eigenen Status in einer Gruppe zu erkennen, ist für eine gute soziale Anpassung wesentlich. Sie entscheidet darüber, wie sich ein Individuum in einer sozialen Situation verhält. Ein Kind, das nicht erkennt, daß ihm die Anerkennung der Gruppe fehlt, verhält sich so, als ob es beliebt wäre. Und das führt wahrscheinlich dazu, seine Unbeliebtheit noch zu steigern, denn andere Kinder werden sein Verhalten als Zudringlichkeit ansehen. Andererseits wird ein Kind, das weiß, wie sehr es geachtet ist, selbstsicher sein, und das spiegelt sich in guter sozialer Angepaßtheit wider. Ein Kind, das sich seines Status unsicher ist, versucht, sicher zu gehen, und wird dabei leicht den Eindruck erwecken, es sei unbeständig oder leide unter Minderwertigkeitsgefühlen. Je genauer ein Kind seinen Status in einer Gruppe bestimmen kann, desto besser wird es wissen, wie es sich verhalten muß (15, 146).
Bis etwa zum Alter von vier oder fünf Jahren sind die meisten Kinder sich nicht bewußt, wie andere über sie denken. Dies wird ihnen allmählich immer deutlicher, wenn sich ihr sozialer Horizont weitet und ihr Kontakt mit anderen Menschen aller Altersstufen immer mehr zunimmt. Noch bevor sie in die Schule kommen, sind sie sich der Gefühle anderer ihnen gegenüber so deutlich bewußt, daß sie diese Empfindungen in solche Äußerungen kleiden können wie: „Der mag mich nicht!" oder „Keiner will mit mir spielen!" Allmählich beginnt das Kind, Abstufungen der Beliebtheit zu unterscheiden. Es stellt fest, daß einige Kinder anderen vorgezogen werden und daß einige Menschen es gerne haben, andere es ablehnen und wieder andere sich nicht um das Kind kümmern (95, 195).

Unterschiede in der Klarheit über den eigenen Status. Obwohl normalerweise die Fähigkeit, seinen sozialen Status richtig abzuschätzen, mit dem

Alter zunimmt, lassen sich doch auf jeder Altersstufe starke Unterschiede beobachten. Außerdem entwickelt sich die Fähigkeit, den eigenen Status in einer Gruppe zu bestimmen, im allgemeinen langsamer als die Fähigkeit, den Status eines anderen zu bestimmen. Man kann in einer Sache, die andere angeht, objektiver sein als in Dingen, die einen selbst betreffen. Es besteht eine enge Beziehung zwischen Intelligenz und der Fähigkeit, den Status zu bestimmen; kluge Kinder können ihn besser einschätzen als weniger intelligente Kinder (263). Mädchen übertreffen im allgemeinen auf jeder Altersstufe die Jungen in dieser Fähigkeit (15, 35) (vgl. Abb. 9-3). Je mehr sich ein Kind darum Sorge macht, ob es akzeptiert wird, desto mehr ist es sich bewußt, wie andere über es denken; je weniger es sich um die Achtung anderer kümmert, desto ungenauer ist die Einschätzung der eigenen Beliebtheit (107, 248).

Schließlich ändert sich auch die Genauigkeit der Einschätzung der eigenen Beliebtheit, je nachdem wie beliebt ein Kind tatsächlich ist. Sehr unbeliebte Kinder neigen dazu, ihre Unbeliebtheit zu unterschätzen, und zwar hauptsächlich deshalb, weil ihr geringes Prestige bei anderen ihnen die Möglichkeit vorenthielt, wirklich zu erfahren, wie andere über sie denken. Sehr beliebte Kinder tendieren dazu, ihre Beliebtheit zu unterschätzen; der soziale Abstand zwischen ihnen und der Mehrheit der Gruppe ist so groß, daß sie keine Klarheit darüber gewinnen können, wie beliebt sie sind. Die Fähigkeit, Einstellungen der Gleichgültigkeit zu erkennen, ist im allgemeinen weniger entwickelt als die Fähigkeit, Ablehnung oder Zuneigung festzustellen. Trotz dieser Unterschiede wissen die meisten Kinder doch recht gut, wie andere über sie denken, wenn sie ins fünfte Schuljahr versetzt werden (15, 46, 250).

Anhaltspunkte zur Gewinnung von Klarheit über den eigenen Status. Aus vielen Hinweisen kann das Kind entnehmen, wie es von anderen eingeschätzt wird. Noch bevor es Worte versteht, kann

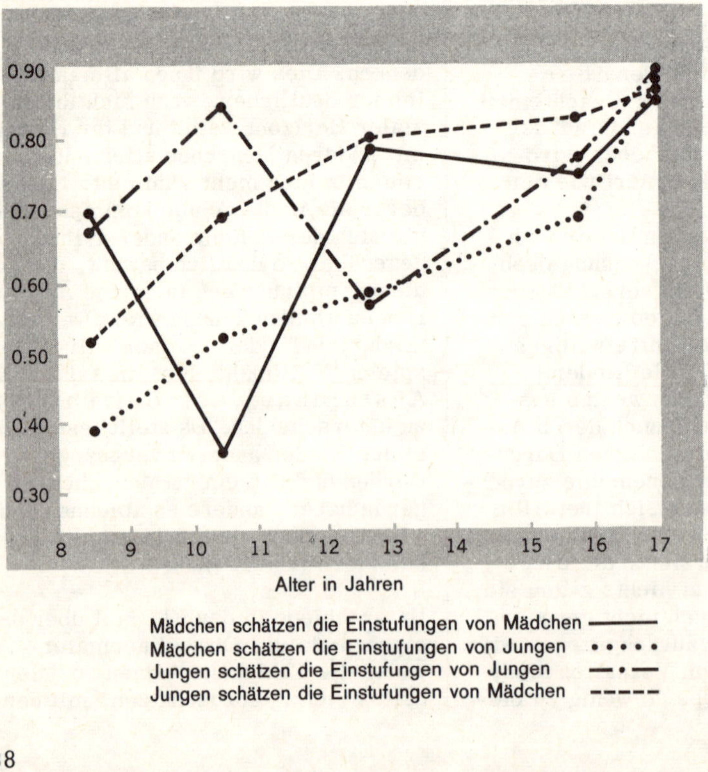

Abb. 9-3. Geschlechtsunterschiede in der Einschätzung des soziometrischen Status.

das kleine Kind aus dem Ton der Stimme und aus dem Gesichtsausdruck entnehmen, wie jemand ihm gegenüber eingestellt ist (10, 53). Aus der Behandlung, die es von anderen erfährt, kann es ihre Einstellung recht gut erschließen. Wenn sie mit ihm Streit anfangen, sein Spielzeug fortnehmen und sich weigern, es mitspielen zu lassen, dann kann es ziemlich sicher sein, daß es nicht gerne gesehen ist, besonders wenn die gleichen Kinder andere Spielkameraden nicht so behandeln. Wenn andere das tun wollen, was es sie tun heißt, oder wenn sie bewußt seine Sprache, sein Verhalten und seine Kleidung zum Vorbild nehmen, dann kann das Kind sicher sein, daß man es gern hat. Und wenn es eine ganze Reihe von Freunden hat, dann weiß es, daß es beliebter ist als ein Kind, das nur wenige Freunde hat (47, 112, 243).

Das vielleicht objektivste und genaueste Anzeichen dafür, wie beliebt es bei anderen ist, mag darin zu sehen sein, wie andere es nennen. Wenn sie es mit seinem Vornamen ansprechen, bedeutet dies, daß die Beziehung nicht allzu eng ist. Wenn sie ihm Kosenamen geben, deutet das auf eine gute enge Beziehung hin. Sind die Spitznamen aber abschätzig, bedeutet dies mangelnde soziale Akzeptiertheit (89). Es gibt auch bestimmte Kategorien, in die ein Kind von seinen Alterskameraden eingeordnet wird, die dann Aufschluß über den sozialen Status des Kindes geben. Die Namen sprechen für sich selbst: Drückeberger, Angeber, Sportskanone, Streber u. ä. (112, 243).

Charakterzüge, die zu sozialer Achtung oder sozialer Zurückweisung führen. Es gibt keinen Charakter, der an sich beliebt oder unbeliebt ist. Auch bei den beliebtesten Kindern lassen sich Charakterzüge finden, die wenig geschätzt werden. Andererseits ist es durchaus möglich, daß das unbeliebte Kind über einige Persönlichkeitszüge verfügt, die allgemein geschätzt werden. Beim akzeptierten Kind werden die wenig geschätzten Züge durch sozial gebilligte kompensiert; beim zurückgewiesenen oder unbeachteten Kind werden die geschätzten Eigenschaften durch die unerwünschten überschattet (41). Kein Kind muß ein „Muster an Vollkommenheit" sein, um akzeptiert zu werden. Da die soziale Billigung von der Reaktion der anderen auf die Gesamtpersönlichkeit und nicht von einzelnen Persönlichkeitsmerkmalen abhängt, bestimmen die dominierenden Eigenschaften, ob ein Kind in die Gruppe aufgenommen oder von ihr abgelehnt wird. Das formuliert Bonney so: „Eine sozial gebilligte Persönlichkeit zu sein ist der Erfolg einer positiven Anstrengung und läßt sich nicht einfach darauf zurückführen, daß das Schlechte gemieden wurde" (41). Beliebte Kinder sind im allgemeinen gut angepaßte Kinder, da die bei ihnen überwiegenden Verhaltensweisen diejenigen sind, die den sozialen Erwartungen entsprechen (125).

Daß einige Verhaltensweisen zur sozialen Achtung beitragen, bedeutet nicht, daß diese Eigenschaften um so stärker zum Akzeptiertwerden beitragen, je mehr sie ausgeprägt sind. Wenn man irgendeine Eigenschaft im Übermaß hat, führt dies wahrscheinlich zu einem geringeren Prestige, auch wenn diese Eigenschaft an sich sehr geschätzt wird. So hat ein Kind z. B. eine größere Chance, akzeptiert zu werden, wenn es großzügig und nicht knausrig ist, aber wenn es so großzügig ist, daß es bereitwillig sein Letztes jedermann hergibt, der danach fragt, dann kommt es leicht in den Verdacht, es wolle sich die Hochschätzung der anderen erkaufen.

Wenn auch aktive Teilnahme am sozialen Leben auf jeder Altersstufe zum sozialen Prestige beiträgt, wird doch ein überaktives Kind leicht den Eindruck erwecken, es sei aufdringlich. Es kann andere durch seine dauernde Geschäftigkeit nervös machen. Die Wahrheit zu sagen wird immer hoch geschätzt, aber man kann auch zu sehr die Wahrheit sagen wollen. Ein allzu wahrheitsbeflissenes Kind zeigt leicht Mangel an sozialer Einsicht und wird als taktlos angesehen, weil es einige Dinge sagt, die andere verletzen (150).

Verhaltenszüge, die zur Beliebtheit beitragen. Es gibt eine Reihe von Verhaltenszügen, die beliebte Kinder verschiedenen Alters und in verschiedenen Gruppen gemeinsam haben. Diese Charakterzüge bleiben zum größten Teil während der Kindheit ziemlich konstant und verändern sich dann zu einem gewissen Grad beim Übergang ins Jugendalter. Es ist nicht so, daß eine einzelne bestimmte Eigenschaft die beliebten von den unbeliebten Kindern unterscheiden ließe. Es ist vielmehr das Ausmaß und die Richtung der Energie, die die Kinder an den Tag legen.

Ein Kind ist beliebt, weil das, was es ist und was es tut, die Bewunderung der anderen erregt. Es fällt in der Gruppe dadurch angenehm auf, daß es Dinge tut, die es hervorstechen lassen, weniger dadurch, daß es sich von dem fernhält, was die Gruppe mißbilligen würde. Das soziale Prestige hängt also eng mit der Fähigkeit des Kindes zusammen, sich von seinen Kameraden abzuheben (125, 128).

Einzelne bestimmte Eigenschaften. Fast durchgängig sind die Kinder, die beliebt sind, freundlich und hilfsbereit. Sie passen sich an, ohne zu stören, erfüllen Bitten, nehmen das, was geschieht, in der rechten Weise hin und passen sich an Erwachsene wie an andere Kinder gut an. Sie sind anderen gegenüber freundlich, teilen, was sie haben, sind bei Gruppenspielen bereit, auch die unbeliebteren Aufgaben zu übernehmen und sind unparteiisch gegenüber anderen Mitgliedern der Gruppe. Sie übernehmen Verantwortung, nehmen mit Vergnügen am sozialen Leben teil, fühlen sich ihres Status sicher und schneiden beim Vergleich mit ihren Alterskameraden günstig ab.

Sehr beliebte Kinder sind expansiv, dynamisch, objektiv und frei von Furcht und Ängstlichkeiten. Sie wissen genau, was sie von sich zu halten haben, und sind deshalb nicht um jeden Preis bemüht zu gefallen. Sie sind optimistisch, glücklich, freundlich und haben einen gesunden Sinn für Humor. Das beliebte Kind ist eher „gruppenzentriert" als „egozentrisch", es denkt an andere zuerst, fördert sie, statt sie herabzuwürdigen, nur um sich selbst besser vorzukommen (24, 81, 84, 125).

Ein Kind, dem man allgemein Achtung und Wohlwollen entgegenbringt, hat gelernt, seine Energien für sozial gebilligte Verhaltensweisen einzusetzen, die deutlich machen, daß es seinen Platz in der Gruppe kennt und weiß, welche Rolle es zu spielen hat. Dies gilt besonders bei den nur für ein Geschlecht gebilligten Verhaltensweisen. Statt sklavisch Konventionen anzuhängen, ist das akzeptierte Kind originell und bleibt doch im Rahmen des von der Gruppe Geduldeten und folgt ihren Gesetzen, Regeln und Sitten. Es ist in dem Sinn flexibel, daß es seine Art, die Dinge anzugehen, den sozialen Erwartungen anpassen kann und will.

Es ist in emotionaler, intellektueller und sozialer Hinsicht reif; es zeigt seine soziale Reife dadurch, daß es die Leute so nimmt, wie sie sind, diese nicht kritisiert oder mit dem Ziel zu verändern sucht, sie nach seinen eigenen Wünschen zu modeln, und durch Einsicht in soziale Sachverhalte, die es ihm ermöglicht, sich erfolgreich an verschiedene Menschen anzupassen, und zwar in den unterschiedlichsten Situationen. Seine emotionale Reife zeigt sich in kontrolliertem, ausgeglichenem Verhalten, das frei von Angst, Wutanfällen oder Eifersucht ist. Es ist intelligent und aufgeweckt, aber nicht so intelligent, daß es dadurch die Gruppe stört. Meistens ist es ein guter Schüler, nicht so sehr wegen seiner überlegenen Intelligenz als wegen seiner Zuverlässigkeit (20, 52, 98, 101).

Unterschiede in den Eigenschaften, die zu sozialem Prestige führen. Die Eigenschaften, die ein Kind beliebt und akzeptiert machen, ändern sich mit dem Lebensalter und der Gruppenzugehörigkeit. Unter den Kindern des ersten Schuljahres sind die ruhigen, unauffälligen beliebter als die aktiven, geschwätzigen und aggressiven. Im dritten Schuljahr ist es eher so, daß die ruhigen Kinder übersehen werden, wohingegen die, die oft vom Lehrer wegen schlechten Verhaltens ermahnt werden, die gleichen sind, die die anderen Kinder am häufigsten nennen, wenn sie gefragt werden, wessen Verhalten am nachahmenswertesten sei (254, 258).

Der Wert, den eine Eigenschaft für die Beliebtheit eines Kindes hat, hängt auch vom sozioökonomischen Status der Gruppe ab. Jungen aus niedrigeren sozioökonomischen Schichten werden von ihren Alterskameraden mehr bewundert, wenn sie sich den Verhaltensnormen der Erwachsenen nicht zu sehr unterwerfen, Jungen der oberen Klasse hingegen, wenn sie diesen Normen möglichst entsprechen. Kinder der oberen Klasse werden eher akzeptiert, wenn sie sich flüssig ausdrücken können, gute Schüler sind und an Gruppenunternehmungen aktiv teilnehmen, während Kinder aus der mittleren und unteren Klasse eher geschätzt werden, wenn sie sich um ihre eigenen Sachen kümmern, ruhig sind und wenn man gerne mit ihnen zusammen ist (101, 215). Es lassen sich auch Unterschiede zwischen den Geschlechtern hinsichtlich der Eigenschaften, die zu sozialer Billigung führen, feststellen. Jungen bewundern „echte Jungen", die abenteuerlustig sind, sich durchsetzen können und im Sport ehrgeizig sind; Mädchen, wenigstens bis ins fünfte Schuljahr, bewundern die „kleine Dame", die ruhig, zurückhaltend und gut erzogen ist (254).

Verhaltenszüge, die der sozialen Billigung im Weg stehen. Ob ein Kind in einer bestimmten Gruppe beliebt ist oder nicht, hängt zum Teil von seinen eigenen Eigenschaften, zum Teil auch von der Gruppe ab. Ein Kind, das sich von den anderen Mitgliedern der Gruppe zu sehr im Aussehen, Intelligenz, Charakter, Familienherkunft, Interessen oder irgendeinem einer ganzen Reihe verschiedenster Verhaltenszüge unterscheidet, wird leicht als „anders" oder „verschieden" angesehen und wird deshalb nicht in die Gruppe aufgenommen. Sollte es mit einer Gruppe von Kindern zusammenkommen, deren Interessen und Fähigkeiten den seinen eher gleichen, dann steigen seine Aussichten, sozial gebilligt zu werden, stark an. Die soziale Gruppe erwartet z. B. von dem sehr klugen Kind mehr als von Kindern mit durchschnittlicher Intelligenz, sie weist ihm auch andere Rollen zu und behandelt es anders. So kommt es, daß ein intelligentes Kind oft alleine ist und wenig Freunde hat. Somit können die Verhaltensabweichungen eines Kindes, das sozial nicht akzeptiert wird, eine Folge dieser mangelnden Billigung sein, nicht die Ursache (52, 169).

„Störungssyndrome". Wir können drei Störungssyndrome unterscheiden. Das erste ist das rezessive Syndrom, charakterisiert durch teilnahmsloses Verhalten, ruhiges und zurückhaltendes Benehmen, Desinteresse am sozialen Leben und eine Tendenz, sich von Unternehmungen der Gruppe fernzuhalten. Kinder mit rezessivem Syndrom sind in der Regel keine „Leuchten" in der Schule, aber sie stören den Lehrer nicht. Meistens werden sie von anderen Kindern übersehen oder zurückgewiesen, weil sie sich in die Beschäftigungen der Gruppe nicht einfügen oder bei den Wettspielen nicht gut abschneiden. Die Klassenkameraden sagen vielleicht, diese Kinder seien ganz in Ordnung, erwähnen aber meistens auch, daß sie mit ihnen nicht gerade befreundet seien (113).

Das zweite Störungssyndrom – das Syndrom sozialer Uninteressiertheit – läßt sich durch die gleichen Verhaltenszüge charakterisieren wie das rezessive Syndrom, doch zusätzlich noch durch eine Gruppe von Verhaltenszügen, die das Kind egozentrisch und selbstsüchtig werden lassen. Wie auch das rezessive Syndrom führt das Syndrom sozialer Uninteressiertheit eher dazu, daß ein Kind übersehen, nicht unbedingt jedoch zurückgewiesen wird.

Das dritte Verhaltensmuster – das Syndrom mangelnden sozialen Erfolges – beschreibt die Kinder, die vielleicht über genügend Energie verfügen, diese aber in solche Kanäle lenken, daß andere Kinder sie ablehnen.

Sie versuchen Aufmerksamkeit und Billigung zu gewinnen, indem sie andere belästigen durch so aggressives Verhalten wie Schreien, Tyrannisieren, Angeben, Beharren auf den eigenen Vorstellungen, wie etwas zu tun sei, und durch Ablehnen der Spielregeln, denen sich die anderen Kinder unterwerfen.

In weniger aggressiver Form verärgern sie auch andere durch Trödeln, dadurch, daß sie Sachen unbedingt nach ihrer eigenen Fasson erledigen wollen, eine ihnen zugewiesene Aufgabe nicht erfüllen und sich albern benehmen, so daß sie andere Kinder daran hindern, sich auf das zu konzentrieren, was sie gerade tun wollen. Sie beschweren sich oft und suchen Mitleid und Hilfe bei Erwachsenen (113, 125, 166).

Solche Kinder zetteln gerne Streitereien an, sorgen für Ärger, fluchen und gebrauchen „schockierende" Wörter, klatschen und geben abfällige Bemerkungen von sich, um andere zu verletzen; sie nehmen für sich in Anspruch, an erster Stelle zu stehen und von allem das Beste zu bekommen (117, 168). Sie sind schlechte Kameraden, können nicht verlieren und sind überall lästig. Sie machen sich selbst zur Plage. Wegen ihres antisozialen Verhaltens und ihrer Neigung, anderen die Freude zu verderben, ist es wahrscheinlicher, daß sie zurückgewiesen statt übersehen werden. Sie werden auch als mögliche Verräter angesehen, die die Gruppe anschwärzen, wenn sie nicht das bekommen, was sie wollen (98, 170, 246).

Der Charakter *jedes* unbeliebten Kindes weist egozentrische Züge auf. Solche Kinder sind unruhig, leiden unter Gefühlen der Unsicherheit und Unterlegenheit und fühlen sich nirgendwo richtig zu Hause. Bei ihnen finden sich häufiger Verhaltensstörungen größeren oder kleineren Ausmaßes als bei beliebten Kindern. Sie fühlen sich oft so frustriert, daß sie aggressiv gegenüber anderen werden, besonders gegenüber Autoritätspersonen oder Kindern, die die Rolle eines Anführers übernommen haben. Ganz gleich, wie sehr sie sich anstrengen, immer glauben sie, sie hätten in dem, was sie gerade unternommen haben, versagt. So ungünstige Vorstellungen über sich selbst führen zu einer schlechten sozialen Anpassung, und daraus ergibt sich eine noch größere Unbeliebtheit, wenn die Kinder älter werden. Außerdem unterminiert ein ungünstiges Bild von sich selbst das Selbstvertrauen des Kindes und seine Achtung vor sich selbst. Als Folge zeigt sich, daß unbeliebte Kinder nicht sehr erfolgreich mit anderen zusammen arbeiten können (74, 129).

Faktoren, die das soziale Prestige beeinflussen. Untersuchungen beliebter Kinder haben ergeben, daß bestimmte Faktoren zu ihrer Beliebtheit beitragen, während andere ihr entgegenwirken.

1. Der erste Eindruck. Der erste Eindruck, den ein Kind auf andere macht, bestimmt schon sehr stark deren Einstellung zum Kind und ihre Bereitschaft, es als Spielkameraden oder als Freund zu akzeptieren (121). Wenn z. B. Schüchternheit den Eindruck erweckt, das Kind sei an der Gruppe nicht interessiert, wird es wahrscheinlich nicht beachtet. Also werden die Mitglieder der Gruppe kaum Gelegenheit haben, das Kind näher kennen zu lernen und festzustellen, ob es nicht doch ein netter Spielkamerad wäre. Besonders wichtig ist bei einem Neuankömmling der erste Eindruck. Wenn er die Mitglieder der Gruppe günstig beeindruckt, nehmen sie ihn auf; macht er aber auf sie gleich einen ungünstigen Eindruck, dann stehen seine Chancen schlecht (214).

2. Aussehen. Obwohl kleine Kinder noch nicht so stark wie Erwachsene auf das Aussehen achten, berücksichtigen sie es doch bei der Auswahl ihrer Freunde und Anführer (61, 256). Für das Verhalten gegenüber einem Neuankömmling ist dessen Aussehen wichtiger als das der Kinder, die schon längere Zeit zur Gruppe gehören (214).

Bei Grundschulkindern wird das Aussehen als für die Wahl der Freunde wichtig eingestuft. In einer Untersuchung wurden zwei Drittel der beliebten Kinder als gut aussehend eingestuft, weniger als ein Fünftel der unbeliebten

Kinder wurde so bezeichnet. Kein Kind, das als „häßlich" angeführt wurde, gehörte zur Gruppe der beliebten Kinder, und kein Kind, das als „sehr gut aussehend" eingeschätzt wurde, gehörte zu den unbeliebten Kindern. Für Mädchen aller Altersstufen ist gutes Aussehen ein wichtigerer Gesichtspunkt bei der Auswahl ihrer Freundschaften als für Jungen. Die beliebtesten Kinder sind auf jeder Altersstufe diejenigen, die mit den Normen der Gruppe – was Kleidung, Körperpflege und Benehmen angeht – am besten übereinstimmen (98, 254). Ein Kind, das sich in seinem Aussehen, sei es in seiner Kleidung oder wegen seiner Körpergröße, von den anderen unterscheidet, hat es wahrscheinlich schwer, akzeptiert zu werden.

3. Körperlicher Zustand. Die beliebtesten Kinder sind im allgemeinen durch und durch gesund und in einem besseren Allgemeinzustand als ihre Klassenkameraden. Außerdem trägt eine gute Gesundheit des Kindes zu einem besseren Aussehen bei, macht das Kind zufrieden und in den Fertigkeiten überlegen, die im Spiel mit der Gruppe gebraucht werden. Das zufriedene Kind ist ein fröhliches Kind, und jeder ist gern mit fröhlichen Menschen zusammen. Kinder mit schlechter Gesundheit sind auch oft sozial schlecht angepaßt. Körperbehinderte Kinder, so hat man festgestellt, ziehen sich im allgemeinen entweder zurück oder sind überaktiv, und beides trägt nicht gerade zur Beliebtheit bei. Kinder mit Hörschwierigkeiten versuchen z. B. oft sehr energisch, Mitglied oder Anführer in einer Gruppe zu werden. Greift dann die Gruppe sie an, ziehen sie sich meistens zurück und spielen alleine (86).

4. Intelligenz. Kluge Kinder und Kinder, die in der Schule erfolgreich sind, sind beliebter als die weniger klugen Kinder. Sehr intelligente Kinder andererseits neigen dazu, die Rechte der anderen nicht zu berücksichtigen oder ihnen gegenüber so gleichgültig zu sein, daß sie gar nicht wirklich versuchen, sich anzupassen (169, 171). Ein solches Verhalten führt natürlich nicht zu sozialem Prestige, wenn es auch vielleicht zu Bewunderung führt. In Schulen mit vielen intelligenten Kindern ist das intelligente Kind beliebter als in Schulen, in denen intelligente Kinder selten sind und sie deshalb eine Ausnahme darstellen.

Bei ihrem Versuch, sich das Wohlwollen der Gruppe zu sichern, zeigen viele intelligente Kinder nicht, wie überlegen sie tatsächlich sind, und verbergen ihre Fähigkeiten vor den anderen. Ein solches Verhalten ist oft der Beginn von untererwartungsgemäßen Leistungen – ein Verhalten, das für viele intelligente Kinder charakteristisch ist (109, 122). Das soziale Prestige der unterdurchschnittlich Begabten ist andererseits im allgemeinen niedriger als das der sehr hoch Begabten. Unbegabte Kinder sind weniger gute Kameraden, im allgemeinen fühlen sie sich unterlegen und minderwertig. Als Folge ist ihre soziale Anpassung meist nicht gut (20).

Kinder, die in der Schule Erfolg haben, insbesondere diejenigen, die gut lesen können, sind beliebter als diejenigen, die in der Schule nicht so gut mitkommen (249, 257). Eine Ausnahme hiervon stellt das sehr intelligente Kind dar, das in der Schule so gut ist, daß es in den Ruf kommt, ein „Streber" zu sein – jemand, der durch seine eigenen Leistungen die Zensuren der anderen drückt. Doch führt ein schlechter Leistungsstand in der Schule andererseits, ob er sich nun auf mangelnde Intelligenz oder auf schlechte Lerngewohnheiten zurückführen läßt, fast immer zu einem geringen Ansehen in der Gruppe (70, 157). Kinder, die gut lesen und sich gut ausdrücken können, sind meistens beliebter als andere Kinder. Ein Kind, das sich gut ausdrücken kann, kann das mitteilen, was es mitteilen will, und dies trägt zu seinem Ansehen in der Gruppe bei (222).

5. Einsicht in soziale Sachverhalte. Auf jeder Altersstufe hat das intelligente Kind eine bessere Einsicht in soziale Sachverhalte und versteht sich selbst besser als das weniger intelligente Kind. Da die Fähigkeit zur guten sozialen An-

passung in sehr starkem Maße davon abhängt, wie richtig eine Person eine soziale Situation beurteilen kann und feststellen kann, wie sie sich in ihr verhalten muß, wird ein Kind, dessen Einsicht in soziale Zusammenhänge der seiner Alterskameraden überlegen ist, sich in sozialer Hinsicht besser anpassen als ein Kind, dessen soziale Einsicht unter dem für sein Alter zu Erwartenden zurückbleibt (84).

6. Geschlecht. Wenn es auch zutrifft, daß es beliebte Jungen genauso wie beliebte Mädchen gibt, finden wir doch Hinweise dafür, daß Mädchen als Gruppe beliebter sind als Jungen. Unter den älteren Kindern ist der Prozeß der Sozialisation bei den Mädchen weiter vorangeschritten als bei den Jungen, folglich ist die soziale Anpassung der Mädchen besser (254).
Im Jugendalter entwickeln Mädchen jedoch oft weibliche „Minderwertigkeitskomplexe". Da sie von den Jungen in der Periode der Spannungen zwischen den Geschlechtern tyrannisiert und schikaniert worden sind, haben sie von sich selbst oft eine geringe Meinung und zeigen eine schlechtere soziale Anpassung, als es ihre soziale Reife rechtfertigen würde (132). Die Auswirkungen der Spannungen zwischen den Geschlechtern auf die soziale Anpassung wurde an anderer Stelle besprochen. Mädchen mit älteren Brüdern zeigen in der Regel bessere soziale Angepaßtheit und sind beliebter als Mädchen mit älteren Schwestern oder Mädchen, die nur Schwestern haben. Jungen mit älteren Schwestern oder Jungen, die nur Schwestern haben, sind – und das kontrastiert zu dem soeben Festgestellten – sozial schlechter angepaßt und auch weniger beliebt als Jungen, die ältere Brüder haben oder Brüder, die etwa in ihrem Alter stehen (43, 160).

7. Nähe zur Gruppe. Je mehr Kontakt ein Kind mit anderen Kindern haben kann, um so größer sind auch seine Chancen, Freundschaften zu schließen und als Mitglied der Gruppe akzeptiert zu werden. Wenn seine Persönlichkeitsstruktur jedoch derart ist, daß andere Kinder es ablehnen, dann kann sich große Nähe ebensogut dahingehend auswirken, daß sich die Zurückweisung durch die Gruppe verstärkt.

8. Beziehungen innerhalb der Familie. Ein Kind aus einem glücklichen Elternhaus ist beliebter als ein Kind aus einer Familie, die durch Reibereien und Spannungen gekennzeichnet ist. Das Kind, das im Elternhaus lernt, harmonische Beziehungen zu anderen herzustellen, überträgt diese soziale Anpassung auf seine Beziehungen zu Menschen außerhalb seiner Familie.
Erziehungsmethoden, die streng und autoritär sind, die starke Abhängigkeit bewirken oder die das Kind noch an die Familie gebunden sein lassen, wenn sich seine Kameraden schon an der Gruppe der Gleichaltrigen orientieren, werden im allgemeinen zu schlechter sozialer Angepaßtheit und geringem sozialen Prestige führen (45, 154, 229).
Während einige Untersuchungen berichten, daß Kinder aus kleinen Familien beliebter sind als Kinder aus großen Familien, findet sich in anderen Arbeiten die entgegengesetzte Feststellung. Kinder, die nicht als erste oder letzte in einer Familie geboren wurden, sind im allgemeinen beliebter als Erst- oder Letztgeborene. Einzelkinder passen sich sozial gut an, wenn sie zu den oberen sozialen Klassen gehören, meistens sind sie jedoch weniger beliebt als Kinder mit Geschwistern. Die Erklärung, die für die Beliebtheit der Kinder aus großer Familie gegeben wird, ist die, daß diese Kinder im Elternhaus gelernt haben, sich sozial anzupassen, und Verhaltensweisen entwickelt haben, die ihnen dabei helfen, sich außerhalb des Elternhauses beliebter zu machen. Andererseits ist die Erziehung der Kinder in kleineren Familien demokratischer, was ihnen hilft, solche Eigenschaften zu entwickeln, die ihnen eine gute soziale Anpassung ermöglichen und sie in Anführerrollen erfolgreich sein lassen (101, 253).
Der vielleicht wichtigste Aspekt der Beziehungen innerhalb der Familie ist der, welche Beziehungen das Kind zu seiner Familie und seine Familie zu ihm hat. Kinder mit einem war-

men, engen Verhältnis zu den Mitgliedern ihrer Familie, die gerne zusammen mit verschiedenen Familienmitgliedern etwas unternehmen und die von ihrer Familie ermutigt werden, soziale Kontakte außerhalb des Elternhauses zu pflegen, zeigen hinsichtlich der Gruppe der Gleichaltrigen die beste soziale Anpassung. Gute Beziehungen innerhalb einer Familie zu haben bedeutet nicht nur, gute Beziehungen zu den Eltern, sondern auch zu den Geschwistern zu unterhalten; beliebte Kinder gehen mit ihren Geschwistern freundlicher um als unbeliebte Kinder (98, 101). In Abb. 9-4 ist der Zusammenhang zwischen den Beziehungen innerhalb der Familie und der Akzeptiertheit außerhalb des Elternhauses dargestellt.

Wenn ein Kind bei seinen Kameraden nicht beliebt ist und wenn auch die Beziehungen innerhalb der Familie ihm wenig Geborgenheit zu bieten vermögen, dann fehlen ihm zwei der wichtigsten Quellen, aus denen es innere Sicherheit schöpfen könnnte. Ihm fehlt die Erfahrung, irgendwo zu Hause, geborgen zu sein. Einige Kinder, die bei ihren Alterskameraden unbeliebt sind, finden ihre Zufriedenheit im Elternhaus, andere, die in der Familie nicht geborgen sind, fühlen sich bei ihren Kameraden wohl. Für eine gute soziale Angepaßtheit sollte das Kind zu b e i d e n, Familie und Gleichaltrigen, ein gutes Verhältnis haben (98).

9. Sozioökonomischer Status. Die beliebtesten Kinder kommen aus Familien, die überdurchschnittlich gute kulturelle, soziale und ökonomische Bedingungen bieten. Da der sozioökonomische Status einer Familie zum größten Teil vom Beruf des Vaters bestimmt wird, besteht eine enge Beziehung zwischen der Akzeptiertheit eines Kindes und dem Beruf des Vaters, besonders während des Jugendalters, in dem das „Statusbewußtsein" den Höhepunkt erreicht (91, 230). In jeder Altersgruppe ist der sozioökonomische Status bei Mädchen für die soziale Akzeptiertheit wichtiger als bei Jungen (52).

Es gibt eine Reihe von Gründen für diese Beziehung zwischen sozioökonomischem Status und der sozialen Akzeptiertheit. Der wichtigste ist der, daß die Wertvorstellungen und Verhaltensweisen der oberen sozialen Klassen den Erwartungen und Standards einer Kultur stärker entsprechen als die der unteren Klassen. So entspricht zum Beispiel die starke Aggressivität der Jungen der unteren Klassen nicht den kulturellen Standards (168). Hinzu kommt noch, daß die Kinder der unteren sozialen Klassen weniger gut gekleidet und gepflegt sind und sich schlechter betragen als die Kinder der Oberklasse –

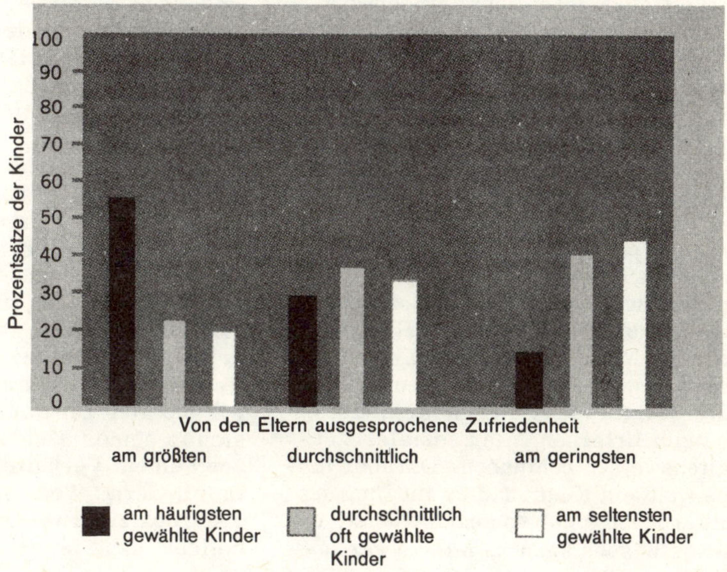

Abb. 9-4. Die Beziehung zwischen der Beliebtheit der Kinder in der Gruppe und der von den Eltern geäußerten Zufriedenheit mit ihren Kindern.

alles das bestimmt die soziale Akzeptiertheit mit.
Kindern der mittleren und oberen Schichten wird konformes Verhalten ausdrücklich beigebracht, und zwar als Mittel, Status zu erreichen; sie lernen, was man tun muß und wie man es tut; man lehrt sie, den Ausdruck ihrer Gefühle zu beherrschen. Und man legt Wert darauf, daß sie sich in ihrem Elternhaus geliebt und erwünscht fühlen. Eine solche Umgebung trägt zu dem Gefühl der inneren Sicherheit und zur individuellen Angepaßtheit bei (57). Und schließlich besteht noch bei Menschen aller Altersstufen die Tendenz, Mitgliedern der oberen Schicht günstigere Eigenschaften zuzuschreiben als denen der unteren Klassen. Und das legt die Vermutung nahe, daß „man in unserer Gesellschaft wie auch für andere Waren dafür einen Preis zu bezahlen hat, eine Persönlichkeit zu sein" (176).
Wenig beliebte Kinder kommen im allgemeinen aus Familien, in denen der Vater einen Beruf mit geringem Ansehen hat. Kinder aus den unteren Schichten kennen den niedrigen Status ihrer Familie und wissen, wie ihre Klassenkameraden sie selbst und ihre Familie einschätzen. Ihnen werden also nicht nur die sozialen und kulturellen Vorteile der Kinder der mittleren und oberen Klassen vorenthalten, sie entwickeln auch noch einen Minderwertigkeitskomplex hinsichtlich ihrer Stellung in der Gesellschaft. Als Gründe, warum Kinder aus den unteren sozialen Schichten oft nicht von der Gruppe akzeptiert werden, führen Mussen et al. auf: „Ökonomische Faktoren kann man zum Teil für das geringe soziale Prestige der Kinder aus ärmeren Schichten verantwortlich machen. Armut kann schlechte Gesundheit, schlechte Kleider und geringe Teilnahme am sozialen Leben bedeuten. Jeder dieser Faktoren kann die Möglichkeiten des Kindes einschränken, feste Beziehungen zu seinen Alterskameraden zu errichten, und es so beim Erlernen guter sozialer Verhaltensweisen behindern. Darüber hinaus weiß ein Kind, daß es im Umgang mit anderen nicht so geschickt ist, und dieses Wissen kann zu Minderwertigkeits- und Unterlegenheitsgefühlen führen und somit dazu, daß sich ein Kind aus den sozialen Beziehungen löst" (205).

10. Grad der Angepaßtheit. Ein Kind, das die soziale Reife zeigt, die die Gruppe von Kindern seines Alters erwartet und das mit den Interessen und Werthaltungen der Gruppe übereinstimmt, wird eher akzeptiert als ein Kind, das sich „kindisch" benimmt oder im Verhalten von der Norm abweicht. Ähnlichkeit der Interessen und Werte führt zu Ähnlichkeit der Ausdrucksweisen beim Bezeugen und Empfangen von Zuneigung und zu positiven Einstellungen gegenüber anderen. Sie vermindern die soziale Distanz zwischen dem Kind und den anderen und ermöglichen somit Freundschaften.

11. Ausstrahlungs-, Halo- oder Hofeffekt der Beliebtheit. Unter diesem psychologischen Hofeffekt verstehen wir die Ausstrahlung des Ansehens einer Person, das anderen eine Basis für ihr Urteil über diese Person abgibt. Der Ausstrahlungseffekt bei einer Person mit hohem Ansehen macht andere geneigt, diese Person günstig einzuschätzen. Wenn zum Beispiel zwei Kinder einen Streit anfangen, steht man dem Kind, das als „guter Kamerad" bekannt ist, wohlwollender gegenüber als dem Kind, das als „Schreihals" oder als unkameradschaftlich bekannt ist. Und so trägt ein guter Ruf zum sozialen Prestige soviel bei wie ein schlechter ihm abträglich ist.
Ein Kind, das gerne in eine Gruppe aufgenommen werden möchte, versucht den Eindruck zu erwecken, es habe viele Freunde, es sei ein guter Kamerad, es habe alle die Eigenschaften, die die Gruppe bewundert, und andere seien glücklich darüber, daß es ein Mitglied in ihrer Gruppe ist. Es gibt mit seinen Freunden an, ist mit der Gruppe so oft wie möglich zusammen und identifiziert sich in seiner Kleidung, seiner Sprache und seinem Verhalten mit den Gruppenmitgliedern. Wenn es mit Erfolg den Eindruck zu erwecken versteht, es sei beliebt, dann ist es schon einem ande-

ren Kind, das als unbeliebt bekannt ist, gegenüber im Vorteil (22, 121, 126).
Obwohl das Ansehen und der Status eines Kindes in der Gruppe zum Teil durch sein tatsächliches Verhalten bestimmt werden, werden beide doch stärker durch das Bild beeinflußt, das andere Kinder sich von ihm machen und von der Gruppe, zu der es gehört. Man neigt dazu, den Sprichwörtern „Gleich und gleich gesellt sich gern" und „Sage mir, mit wem du umgehst, und ich sage dir, wer du bist" zu glauben, und das bedeutet, daß ein Kind, wenn es erst einmal einen bestimmten Ruf erworben hat, diesen nur sehr schwer ändern kann. Also bleiben die Akzeptierten Mitglieder der Gruppe, und die Ausgestoßenen bleiben in der Regel zurückgewiesen, und die man übersieht, bleiben am Rand des Geschehens. Ältere Kinder achten gewöhnlich stärker auf den Ruf, wenn sie ihre Freunde auswählen, als dies jüngere Kinder tun (254).
Die Beliebtheit unter Kindern konzentriert sich auf einige wenige; diejenigen, die im Klassenzimmer am beliebtesten sind, sind es auch meistens auf dem Spielplatz. Ein Kind, das eine enge persönliche Beziehung zu einem anderen Kind hat, wird in der Regel auch von anderen Kindern geachtet. Ein Kind ohne einen engen Freund mag zwar nicht von anderen Kindern zurückgewiesen werden, es wird aber meist nicht als Spielkamerad gewählt. Um dieser Situation das Beste abzugewinnen, geht das Kind vielleicht dazu über, sich mit den „Stars" zu identifizieren, auch wenn es nur wenig, wenn überhaupt Kontakt mit ihnen hat. Es ist dann vor Zurückweisung geschützt und kann sich durch Verstandesgründe seine Anlehnung an die Stars erklären, wie man sich wohl auch Verstandesgründe dafür ausdenken kann (die Tatsache also „rationalisieren" kann), daß man sich von einem Filmstar angezogen fühlt. Viele der ruhigen Kinder, die übersehen und von ihren Alterskameraden nicht beachtet werden, wählen sich Freunde, die im Scheinwerferlicht der Aufmerksamkeit stehen, auch wenn diese nicht die Billigung der Gleichaltrigen finden. Indem sie sich mit solchen Kindern identifizieren, hoffen sie, die Aufmerksamkeit der Alterskameraden zu erringen (21). Wenn es ihnen gelingt, in den Ruf zu kommen, sie gehörten zu einer Gruppe, die angesehen ist, wird der Ausstrahlungseffekt von dieser Gruppe auch sie einschließen.

Konstanz des sozialen Prestiges. In einer Gruppe von Kindern, die gerade im Entstehen begriffen ist, wird mit großer Wahrscheinlichkeit zunächst einmal viel probiert, bevor sich bestimmte feste Freundschaften herauskristallisieren (40, 95, 266). Im allgemeinen aber ist der soziometrische Status bereits in der Vorschulzeit relativ konstant; Kinder wählen tagein, tagaus die gleichen Freunde. Und von dieser Zeit an ist ein Wechsel von einer Gruppe in die andere immer seltener, wenn auch das Sozialprestige, je nach der Beschäftigung, mit der man sich gerade befaßt, etwas schwankt.
Selbst wenn sich eine Klasse sehr stark verändert – etwa wenn sich die Bevölkerungsstruktur einer Gegend verändert oder wenn die Kinder aus der Volksschule in die höhere Schule kommen – bleibt der soziale Status innerhalb einer Gruppe doch konstant. Meßwerte für soziale Akzeptiertheit, so hat man festgestellt, sind fast so konstant wie Intelligenztest- und Leistungstestwerte. Der Meßwert für den Status des Kindes in einer Gruppe ist also ein zuverlässiger und genauer Hinweis darauf, wie sehr dieses Kind in irgendeiner ähnlichen Gruppe akzeptiert werden wird (125, 166, 249). Das bedeutet auch, daß „irgendwelche zufälligen Ereignisse, zufällige Erfolge oder Mißerfolge wenig Einfluß auf die Position des Kindes in einer Gruppe haben" (209). Veränderungen treten hauptsächlich bei denen auf, die sich im Mittelbereich des Sozialprestiges aufhalten – bei denen also, die schon z. T. akzeptiert worden sind. Es ist sehr ungewöhnlich, daß Beliebte plötzlich sehr unbeliebt werden oder daß die Ruhigen, Zurückgezogenen und Vernachlässigten von ganzem Herzen akzeptiert werden. Diejenigen, die deshalb zurückgewiesen wurden, weil man sie nicht ausstehen

konnte, werden in der Regel desto unbeliebter, je öfter sie mit anderen in Kontakt kommen; sie ersetzen die steigende Zahl ihrer Feinde nicht durch neue Freunde (77). Die Stabilität der sozialen Position eines Kindes hängt allerdings zum Teil von der Stabilität der Gruppe ab und von dem Ausmaß, in dem Kinder, die sich ein hohes Sozialprestige erwerben können, die Gruppe wechseln (125, 266).

Gründe für die Konstanz des Sozialprestiges. Es gibt sehr gute Gründe für die Konstanz der Beliebtheit oder Unbeliebtheit eines Kindes. Die Persönlichkeitseigenschaften, die mit der Akzeptierung, der mangelnden Beachtung und der Zurückweisung verbunden sind, bleiben konstant oder verstärken sich noch, wenn das Kind älter wird. Auch die Prinzipien, nach denen Leute andere beurteilen, bleiben die gleichen. In einer Gruppe erwirbt sich ein Kind einen gewissen Ruf, und selbst wenn das Kind sich verändert, bleibt in der Regel sein Ruf bestehen. Unbeliebte haben meistens wenig Erfolg, wenn sie beliebt werden wollen, selbst dann nicht, wenn ihnen mit dem Ziel fachkundige Hilfe zuteil wird, die Persönlichkeitszüge zu ändern, die zur Zurückweisung durch andere führen (233).
Die Konstanz des soziometrischen Status ist auch zurückzuführen auf die Anzahl und die Enge der Kontakte mit Gruppenmitgliedern. Je mehr Kontakte ein Kind hat und je enger diese Kontakte sind, um so wahrscheinlicher ist es, daß es eine stabile Position in der Gruppe behält. Ein hoher sozioökonomischer Status der Familie, aus der das Kind kommt, trägt ebenfalls zur Stabilität der sozialen Position bei, während die Herkunft aus Familien mit niedrigem Status zu andauernder Ablehnung beiträgt.

Verbesserung des sozialen Status. Da der soziometrische Status der Kinder entweder gleich bleibt oder sich verschlechtert, ist es wichtig, jeden nur möglichen Versuch zu unternehmen, das Sozialprestige des Kindes zu verbessern, bevor sich die Gruppe daran gewöhnt, es zu übersehen oder zurückzuweisen, und bevor das Kind selbst sich daran gewöhnt, sich aus der Gruppe zurückzuziehen oder bei dem Versuch, akzeptiert zu werden, Verhaltensweisen einzusetzen, die sozial nicht gebilligt werden. Obwohl es zutrifft, daß einige Jungen und Mädchen beliebter werden, wenn sie heranwachsen und wenn die Werthaltungen der Gruppe sich verändern, ist es ein großes Risiko, einfach zu warten und zu hoffen, daß dies für jedes unbeliebte Kind gilt. Das Sozialprestige zu verbessern ist in jedem Alter schwierig. Je älter das Kind und je länger es unbeliebt gewesen ist, um so schwieriger ist es, seine Beliebtheit zu vergrößern. Entdeckt man schlechte soziale Anpassung andererseits früh und unternimmt die nötigen Schritte, um sie zu korrigieren, dann vergrößern sich die Chancen des Kindes, daß es in eine Gruppe aufgenommen wird (140).

Zwei größere Hindernisse gilt es auf dem Weg zur Verbesserung des soziometrischen Status zu überwinden. Das erste besteht in der Unfähigkeit von Eltern und Lehrern, die schlechte soziale Angepaßtheit zu erkennen, bevor das Kind sozial isoliert ist. Eltern neigen dazu, die Beliebtheit ihrer Kinder zu überschätzen und anderen Kindern die Schuld zu geben, wenn ihr Kind nicht akzeptiert wird. Lehrer halten ein Kind oft dann für gut angepaßt, wenn es seine Hausaufgaben gut macht und wenig oder keinen Ärger beim Unterricht bereitet. Sehr häufig erkennen sie im Kind nicht die Persönlichkeitseigenschaften, die es bei anderen Kindern unbeliebt werden lassen (164, 182).

Das zweite größere Hindernis bei der Verbesserung des Sozialprestiges eines Kindes ist sein Ansehen, das es in der Gruppe der Gleichaltrigen genießt. Hat sich ein Kind angewöhnt, sich von Unternehmungen der Gruppe fernzuhalten, dann kommt es leicht in den Ruf, „komisch" oder „anders" zu sein, und für Kinder bedeuten beide Wörter „weniger wert". Sind bei ihm von der Gruppe nicht gebilligte Verhaltensweisen zur Gewohnheit geworden, dann erwirbt es sich einen solchen Ruf, der

Beliebtheit später fast unmöglich macht (190, 266).

Hilfe bei der Verbesserung des sozialen Prestiges. Wenn ein Kind lernen soll, sich so zu verhalten, daß andere es gern mögen, dann braucht es Anleitung. Man muß ihm zeigen, wie es sich verhalten soll und wie es sozial nicht gebilligte Verhaltensweisen durch erwünschte ersetzen kann. Und außerdem muß es motiviert sein, sein Verhalten verbessern zu wollen. „Wenn ein Kind wirklich daran interessiert ist, mit anderen besser zurecht zu kommen, dann kann man ihm durch einfühlende Anleitung oft helfen, sein ungeschicktes Betragen zu ändern", schreibt Barclay (22). Aber die Hilfe muß von Menschen kommen, die erfahrener sind als es selbst. Wenn sich die Erwachsenen um die Beschäftigungen der Kinder nicht kümmern und den Kindern überlassen, in welchen Gruppen sie sich zusammenschließen und wie sie das Leben dieser Gruppen gestalten, kann sehr vieles zerstört werden durch Schikanieren, Tyrannisieren, äußerst scharfen und schädlichen Wettkampf sowohl im sozialen Leben wie in der Schule (106).

Wenn die Isolierung erst einmal begonnen hat, wird sie zu einem Teufelskreis (52, 59). Doch haben Versuche, die Stellung des Kindes in einer Gruppe zu verbessern, oft bemerkenswerten Erfolg. Einem Kind, das schüchtern und zurückgezogen ist, kann man Gelegenheit zum Arbeiten und Spielen mit anderen Kindern dadurch verschaffen, daß man die Sitzordnung in der Klasse bestimmt, daß man die Gruppe bestimmte Aufgaben gemeinsam ausführen läßt und daß man bei verschiedenen Unternehmungen der Gruppe die Anführer im Turnus bestimmt. Einem Kind, dem die Fertigkeiten fehlen, um mit der Gruppe bei deren Tätigkeiten Schritt halten zu können, kann man helfen, diese Fertigkeiten zu erwerben (181). Wenn man in der Klasse die Auswirkungen von Beliebtheit und Unbeliebtheit diskutiert, so hilft das, die Kinder verständiger und toleranter anderen gegenüber zu machen. Wenn ein Kind isoliert ist wegen seiner Zugehörigkeit zu einer Minderheitengruppe, kann die Gruppe entweder direkt oder durch verschiedene Erfahrungen mit anderen Mitgliedern dieser Minorität lernen, ihm gegenüber mehr Toleranz zu üben (158).

Wenn ein Lehrer in den Augen der Gruppe Prestige hat und wenn er ein Kind für seine guten Leistungen in der Gruppe lobt, wird das die Aufmerksamkeit der Gruppe auf das Kind lenken, und es *kann* die Beliebtheit des Kindes steigern. Ob es sie steigert, hängt hauptsächlich davon ab, wie dieses Lob ausgesprochen wird. Wenn das Lob wegen der Leistung des Kindes für die Gruppe gegeben wird, hat es wahrscheinlich einen günstigen Einfluß auf die Reaktion der Gruppe gegenüber dem Kind, wenn aber seine persönliche Leistung gelobt wird, vergrößert das wahrscheinlich die Ablehnung, denn die Gruppe hält es nun für einen Lieblingsschüler des Lehrers (104).

Genauso wichtig wie es ist, die Einstellung der Gruppe zum Kind zu ändern, ist es auch, die Haltung des Kindes gegenüber sich selbst, gegenüber der Gruppe und gegenüber den Unternehmungen der Gruppe der Gleichaltrigen zu wandeln. Das unbeliebte Kind hält die anderen für besser als sich selbst, und das führt zu Gefühlen der Minderwertigkeit. Dann möchte es die Gruppe und ihre Unternehmungen meiden. Oft ist es für seinen sozialen Kontakt auf Eltern und Lehrer angewiesen. Nur wenn das Kind sich selbst zu verstehen und zu akzeptieren lernt, kann es auch lernen, sich an andere zufriedenstellend anzupassen. Kinder, denen man hilft, bestimmte Fertigkeiten gut zu entwickeln, vergrößern ihr Selbstvertrauen; sie sind eher bereit, sich in Situationen zu begeben, in denen sie auf andere Kinder treffen, und so kommt es dann zu einer besseren sozialen Anpassung (22, 74, 223).

Einem Kind, das nicht weiß, wie man Freundschaften schließt, kann man dabei einige Anleitung geben, und einem Kind mit lästigen und störenden Gewohnheiten kann man helfen, diese abzulegen. Man kann ein Kind ermutigen, irgendein Talent oder eine Fertigkeit, über die es verfügt, zu zeigen und sich dadurch Aufmerksamkeit und Wohlwollen der anderen Kinder zu erwerben. Da ein Kind seine meisten sozialen Kontakte beim Spiel aufnimmt, wird ein Kind, dem man zu Hause oder in der Schule helfen kann, seine Fertigkeiten, die für diese Spiele nötig sind, zu verbessern, mit ziemlicher Sicherheit auch in seiner Beliebtheit steigen (181).

In Abb. 9-5 sind die Veränderungen dargestellt, die in einer Gruppe von Kindern in der Zeit vom Oktober bis zum Januar vor sich gingen. Während dieser Zeit wurden Versuche unternommen, die Beliebtheit der sozial Isolierten zu steigern. Obgleich die „Stars" Stars blieben, verringerte sich die Anzahl der Isolierten in diesem kurzen Zeitraum von sieben auf drei. Doch auch wenn Kinder, die von ihren Alterskameraden zurückgewiesen oder übersehen wurden, durch helfende Anleitung ihre Beliebtheit steigern können, gibt es keine Garantie dafür, daß irgendeine Zunahme der Beliebtheit von Dauer sein wird. Die Dauer einer Verbesserung hängt in erster Linie davon ab, ob das Kind seine Einstellungen und sein Verhalten so weitgehend ändert, daß es von der Gruppe stärker akzeptiert wird als zuvor (233).

Begrenztheit der Möglichkeiten, den sozialen Status zu verbessern. Kein Erwachsener, weder Eltern noch Lehrer, kann den Kindern vorschreiben, wen sie gerne haben sollen oder wen sie als Mitglied in ihre Spielgruppe aufnehmen sollen (104). Das ist das eindeutige Vorrecht der Gruppe. Das einzige, was ein Erwachsener tun kann, besteht darin, Situationen herbeizuführen, die es der Gruppe möglich machen, das Kind in einem günstigeren Licht zu sehen. Wenn sich zum Beispiel die Klasse in zwei Gruppen aufspaltet, bleiben diese in der Regel bestehen. Auch wenn der Lehrer Kinder aus verschiedenen Gruppen nebeneinander setzt, kann er sie nicht zwingen, freundlich zueinander zu sein, wenn sie es nicht sein wollen (91). Auch Elkins stellt fest, daß „es leichter ist, den Lehrplan auf die Erfordernisse des jungen Menschen einzustellen, als ein Kind sozial in eine Gruppe einzufügen, in die es zunächst nicht hineinpaßt, oder zu versuchen, die sozialen Reaktionen einer Gruppe der Lage eines solchen Kindes anzupassen" (98). Wenn auch bei Kindern, denen man geholfen hatte, ihr Sozialverhalten zu verbessern, deutliche Fortschritte auf dem Weg zur sozialen Akzeptiertheit festgestellt werden konnten, muß man doch darauf hinweisen, daß die Wahrscheinlichkeit solcher Fortschritte in kleinen Gruppen am größten ist (158).

Da die Möglichkeit, den sozialen Status eines Kindes zu verbessern, begrenzt ist, ist es wichtig, das Selbstvertrauen des Kindes so weit zu stärken, daß es versucht, Mitglied der Gruppe zu werden, bevor es zu spät ist, weil das Kind sich mit der Rolle des sozial Isolierten abgefunden hat oder weil es ein Ersatzverhalten entwickelt hat, das späterer sozialer Akzeptiertheit im Wege steht. Und dieser Versuch sollte unternommen werden, bevor sich die Gruppe so sehr daran gewöhnt, das Kind als Außenseiter zu betrachten, daß sie alle guten Seiten an dem Kind einfach übersieht. Steht das Kind erst einmal in dem Ruf, ein Einzelgänger oder ein „Mauerblümchen" zu sein, dann behält es meistens diesen Status über längere Zeit hinweg. „Einem Kind, das sich aus dem einen oder anderen Grund eine schlechte Reputation in den unteren Klassen der Grundschule erworben hat, kann dieser Ruf auch in die Höhere Schule nachlaufen, obwohl es dort auf die meisten Kinder zum erstenmal trifft. Klatsch und Geschichten aus der Zeit, in der es die Volksschule besucht hat, können genügen, um Verdacht und Vorsicht ihm gegenüber zu wecken", sagt Jersild (150).

Wichtigkeit der sozialen Akzeptiertheit. Die Art der sozialen Anpassung eines Kindes wird sehr stark beeinflußt von dem Ausmaß, in dem seine Kameraden es akzeptieren (58, 70, 111, 170). Ein beliebtes Kind verfügt über die innere Freiheit, seine Aufmerksamkeit auf die Welt außerhalb seiner selbst zu richten und sich für andere Menschen zu

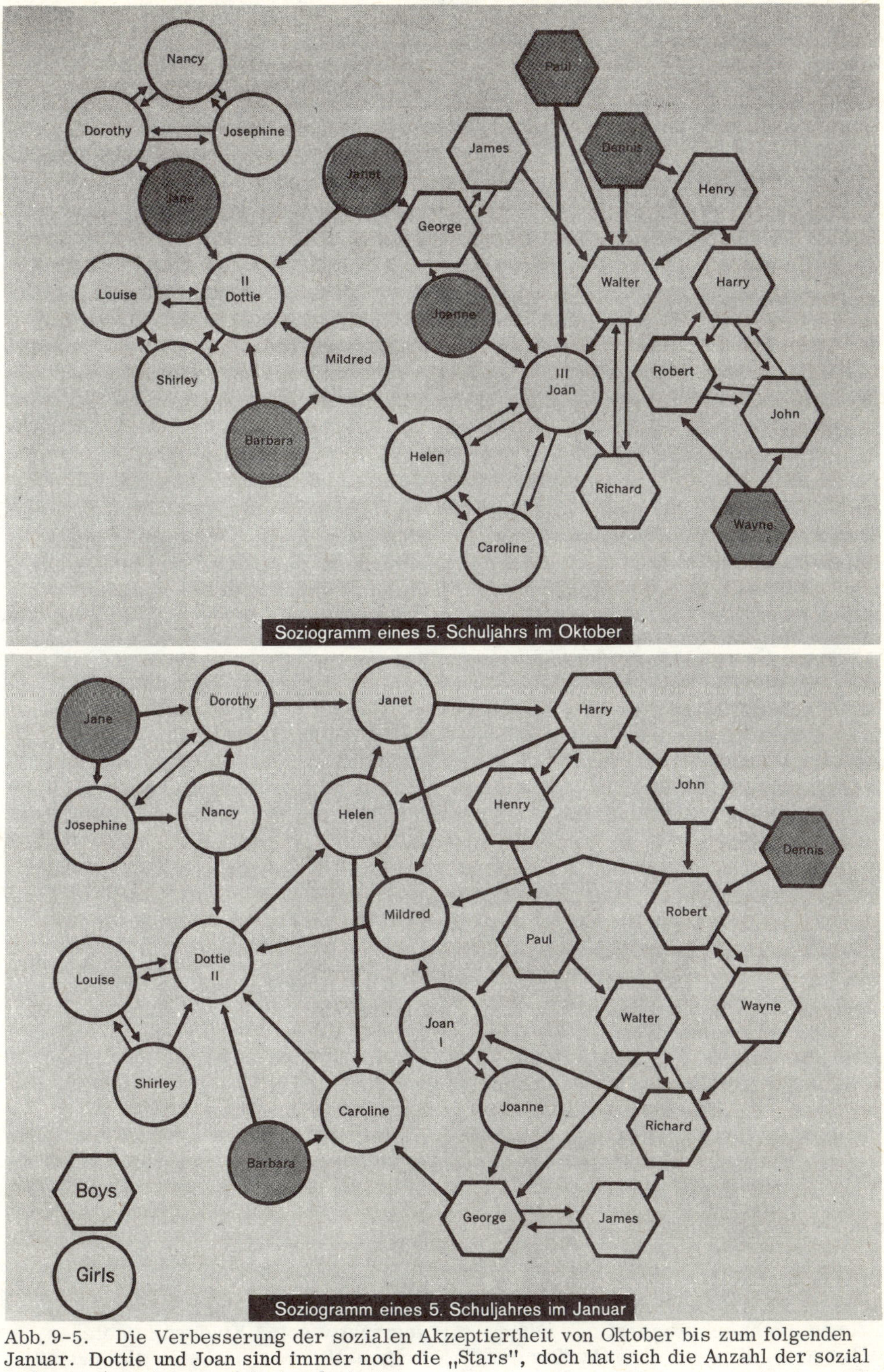

Abb. 9-5. Die Verbesserung der sozialen Akzeptiertheit von Oktober bis zum folgenden Januar. Dottie und Joan sind immer noch die „Stars", doch hat sich die Anzahl der sozial Isolierten von sieben auf drei reduziert.

interessieren. Mit der Beliebtheit stellt sich auch das Selbstvertrauen und die Sicherheit ein, die es einem Menschen ermöglichen, schöpferisch und originell zu sein. Er fühlt sich in seiner Originalität von der Gruppe unterstützt. Und darüber hinaus hat er das Selbstvertrauen, der Gruppe solche Anregungen zu geben, die der Gruppe gefallen, und als Folge hiervon wird er oft für die Rolle des Anführers ausersehen (209).

Je beliebter ein Kind ist, desto vielseitiger, dynamischer, origineller und schöpferischer ist es wahrscheinlich auch. Es wendet sich stärker Menschen als Dingen zu, es ist flexibler und anpassungsbereiter und klebt nicht so fest an einer stereotypen Rolle wie diejenigen, die sich weniger sicher fühlen. Andererseits überbetont ein beliebtes Kind, auch wenn es ein „Star" ist, bestimmte Gewohnheiten und Sitten nicht. Es weiß, was die Gruppe von ihm erwartet, und in einem relativ großen Spielraum entspricht es diesen Erwartungen. Ein Kind, das jedermann gern zu haben und als Freund zu wünschen scheint, wird anderen gegenüber oft gleichgültig und entwickelt ein Gefühl der Überlegenheit. Wenn sich dies nicht in seinem Verhalten ausdrückt und andere verärgert, dann steigert das nur noch seine Selbstsicherheit, und dies schließlich führt zu einer Distanziertheit, die charakteristisch für alle ist, die sehr beliebt sind (66, 157).

Das unbeliebte Kind empfindet sich selbst als Außenseiter: Es ist unglücklich und unsicher. Es fühlt, daß es „anders" ist und wird deshalb furchtsam und verärgert. Wenn es versucht, sich mit Gewalt Zugang zu einer Gruppe zu verschaffen, die es zurückgewiesen hat, dann entwickelt es dabei viele sozial nicht gebilligte Verhaltensweisen, die seine Unbeliebtheit noch steigern und es noch weiter von der Gruppe entfernen (71). Immer mehr kreist sein Denken nur um es selbst, es denkt mehr an sich als an andere. Dies behindert die Interaktion und erschwert eine spätere Aufnahme in die Gruppe, wenn es sie nicht gar unmöglich macht. Kinder, die „Randfiguren" sind – sie sind weder völlig akzeptiert noch vollständig zurückgewiesen – leben in einem Zustand der Ungewißheit, der sie ängstlich und unsicher macht. Sie sind deshalb überempfindlich gegenüber allem, was andere sagen oder tun, sind unsicher in jeder sozialen Situation und zeigen absolute Konformität in der Hoffnung, auf diese Weise ihren Status verbessern zu können (106).

Die Beliebtheit wird von vielen Eltern, Lehrern und Gleichaltrigen als Indikator für den Erfolg eines Kindes bei seiner sozialen Anpassung angesehen. Deshalb beurteilt sich das Kind selbst als erfolgreich oder als Versager je nachdem, wieviel Freunde es hat und wie sicher sein Status in der Gruppe ist. Viele Kinder, die völlig in einer Gruppe aufgehen, verhalten sich nicht so, weil es für sie eine so große Befriedigung bedeutet, Mitglied dieser Gruppe zu sein, oder weil ihnen die Unternehmungen der Gruppe so viel Spaß bereiten, sondern weil sie so dem Gefühl, nichts wert zu sein, entfliehen können (21).

Da in der Regel mehr Kinder unbeliebt als beliebt sind und da die Zahl der unbeliebten Kinder mit dem Alter zunimmt und nicht abnimmt, entwickeln viel mehr Kinder eine ungünstige Vorstellung von sich selbst und passen sich schlechter an, als es für irgendeine soziale Gruppe gesund ist (140). Kinder, denen der Wert der sozialen Angepaßtheit immer wieder vor Augen geführt wird, müssen ein ungünstiges Selbstbild entwickeln, wenn sie feststellen, daß ihre mangelnde Beliebtheit von anderen als mangelnder Erfolg gedeutet wird. Barclay erläutert die schädlichen Auswirkungen mangelnder sozialer Akzeptiertheit auf die Persönlichkeitsentwicklung des Kindes: „Nicht jedes Kind kann ein Mittelpunkt sozialen Lebens sein. ‚Bei allen beliebt sein' ist weder ein realistisches noch ein sonderlich konstruktives Ziel. Die meisten Kinder sind bei einigen beliebt, bei anderen unbeliebt, und der großen Mehrzahl sind sie gleichgültig. Aktiv abgelehnt zu werden kann jedoch schmerzlich und bisweilen destruktiv sein. Kindern in solcher Lage sollte man herbe Kritik und Ermahnungen ersparen und statt dessen

helfen, günstiger über sich selbst zu denken, herauszufinden, wie sie ihre guten Eigenschaften besser einsetzen und ihre schlechten korrigieren können, um Freundschaften zu schließen, die ihnen das Leben glücklicher und lebenswerter erscheinen lassen" (22).
Über die Jahre hinweg dauernde soziale Anerkennung garantiert nicht notwendigerweise eine gesunde Anpassung des Kindes, noch bedeutet sie, daß sich die soziale Entwicklung des Kindes in eine Richtung bewegt, die eine gesunde Anpassung im Erwachsenenalter gewährleistet. Alles ist so lange gut und in Ordnung, wie das Kind von seinen Alterskameraden deshalb gebilligt wird, weil sie es bewundern und respektieren. Wenn es jedoch akzeptiert wird, weil es sich willig der Gruppe unterwirft, wenn es persönliche Werte opfert und gegen allgemein gebilligte Verhaltensnormen verstößt, um seine Beliebtheit dadurch zu erkaufen, und sich von der Gruppe eine Rolle aufzwingen läßt, auch wenn diese Rolle seinen eigenen Verhaltensstandards entgegengesetzt ist, dann ist der Preis für das Akzeptiertwerden zu hoch. Die vorübergehende Befriedigung, die das Kind aus der Mitgliedschaft in der Gruppe schöpft, wird mehr als wettgemacht durch den bleibenden Schaden, der seiner Persönlichkeit und seinen moralischen Werten zugefügt werden kann. *Nur wenn soziale Akzeptiertheit und eine gesunde soziale und charakterliche Entwicklung Hand in Hand gehen, können wir soziale Akzeptiertheit als ein Ideal ansehen, nach dem jedes Kind streben sollte* (267).

Soziale Mobilität (Veränderung sozialer Positionen)

Eines der größten Hindernisse, die Kinder beim Erringen sozialer Geachtetheit zu überwinden haben, ist die soziale Mobilität. Sie verhindert auch häufig, daß sich Kinder der sozialen Achtung, die sie erworben haben, sicher fühlen. Wir verstehen unter *sozialer Mobilität* den Prozeß der Veränderung des eigenen Status in der sozialen Struktur; gleichzeitig gehen Veränderungen in den sozialen Beziehungen einher (1). Wir unterscheiden vertikale und horizontale Mobilität. Unter *horizontaler* Mobilität versteht man den Übergang aus einer Gruppe in eine andere auf gleichem Niveau. Vertikale Mobilität kann im Falle eines Aufsteigens wie eines Absteigens gegeben sein.
Natürlich haben nicht alle Kinder mit den Problemen zu tun, die die soziale Mobilität mit sich bringt. Einige gehören zu Familien, die ihre Position beibehalten, sie bleiben Jahr für Jahr in der gleichen Gemeinde, der gleichen Nachbarschaft oder sogar im gleichen Haus. Dies findet sich häufiger in Kleinstädten und ländlichen Gebieten als in Großstädten oder in Vorstadtbezirken. Seit dem Zweiten Weltkrieg wurde die soziale Mobilität jedoch in zunehmendem Maß zu einem Problem für Kinder und für die Familien. Mehr Kinder als Heranwachsende müssen sich mit diesem Problem auseinandersetzen, denn in der Regel wechselt der Versorger der Familie seinen Beruf während der ersten Jahre nach der Eheschließung, in denen die Kinder noch klein sind; oder er steigt innerhalb der Organisation, in der er arbeitet, in diesen Jahren auf (213).
Bei der horizontalen Mobilität geschieht die Veränderung gewöhnlich aus *persönlichen* Gründen auf seiten der Eltern. Dagegen geschieht die Veränderung bei der vertikalen Mobilität häufiger um eines *Aufstiegs* willen oder wegen eines *Unglücks* in der Familie, etwa dem Tod des Geldverdieners, oder wegen Scheidung. Kinder aus den unteren sozialen Klassen haben weniger mit dem Problem der Mobilität zu tun als Kinder der mittleren oder oberen Klassen, denn Arbeiter aus den unteren Schichten ziehen selbst dann nicht so häufig um, wenn sie den Beruf wechseln. Wenn sie umziehen, ziehen sie in der Regel vom Land in die Stadt (176, 220).
Bei der vertikalen Mobilität muß das Kind sich mit allen Schwierigkeiten der horizontalen Mobilität auseinandersetzen, *hinzu kommt* aber noch die Notwendigkeit, sich an die neuen Vor-

stellungen, neuen Einstellungen und neuen Verhaltensweisen der Gruppe anzupassen, mit der es nun versuchen muß, sich zu identifizieren (12). Die Anpassung an eine neue Gruppe ist für ein Kind nie leicht, nicht einmal dann, wenn die Gruppe sich aus Kindern mit ähnlicher Herkunft, mit ähnlichen Interessen und ähnlichen Werthaltungen zusammensetzt.

Da der soziale Aufstieg eine Verbesserung des Lebensstandards und Kontakt mit angeseheneren Menschen mit sich bringt, mühen sich die Eltern sehr darum, ihren Kindern bei der Anpassung an die neue soziale Gruppe zu helfen. Sie betonen, wie wichtig es ist, die Verhaltensweisen zu lernen, aufgrund derer man mit der Zustimmung der neuen Gruppe rechnen kann. Auch die Kinder selbst können einen starken Wunsch nach sozialem Aufstieg verspüren. Vielleicht hoffen sie selbst, „etwas Besseres zu sein", wenn sie mit einer sozialen Gruppe identifiziert werden, die der Gruppe, zu der ihre Familie gehört, überlegen ist; tatsächlich drücken sie oft anderen gegenüber aus, daß sie selbst „mehr" sind als ihre Familien (1, 27).

Weder Erwachsene noch Kinder steigen gern sozial ab, denn dies ist immer ein beschämendes Erlebnis, weil es auf Versagen schließen läßt. Wer absteigt, sträubt sich meist dagegen, mit Menschen einer niedrigeren Klasse zusammenzukommen; er schätzt ihre Werte, Interessen und Verhaltensweisen geringer ein als die, an die er gewöhnt war. Da sozialer Abstieg es mit sich bringt, daß man in einer weniger angenehmen Wohngegend leben muß, in einem Haus wohnt, das weniger schön ist als das frühere und über weniger materiellen Besitz verfügt, ist das Kind über seinen neuen Status unglücklich. All dies und dazu noch die Annahme, die neue Gruppe sei minderwertig, schwächen seine Motivation für einen Versuch, sich mit dieser Gruppe zu identifizieren. Und was die Lage noch verschlimmert: Es ist wahrscheinlich, daß das Kind von seiner alten sozialen Gruppe nicht mehr akzeptiert wird, weil sich sein Status geändert hat und damit gleichzeitig sein alltäglicher Umgang, seine Schule und seine Möglichkeiten, die Statussymbole vorzuzeigen, die diese Gruppe für wichtig hält (38).

Akzeptiertwerden von der neuen Gruppe.

Trotz der starken Motivation des aufsteigenden Kindes und seiner Eltern, in die neue Gruppe aufgenommen zu werden, und trotz des Wunsches der Absteigenden, ihren Status in der alten Gruppe zu bewahren, ist das Erreichen dieser Ziele sehr schwierig. Unter zwei Voraussetzungen kann ein Kind die soziale Anerkennung der neuen Gruppe gewinnen, ganz gleich, wie alt das Kind ist: Es muß einen günstigen Eindruck auf die Gruppe machen und soviel Aggressivität zeigen, daß es die Aufmerksamkeit der Gruppenmitglieder gewinnt, ohne sie zur gleichen Zeit zu verärgern.

Die Wichtigkeit des guten Eindrucks wird in einer Untersuchung des Eingliederungsprozesses von Neuankömmlingen in eine Gruppe sehr gut verdeutlicht. In der Untersuchung wurde eine hohe Korrelation zwischen der Beliebtheit in der Klasse am ersten Tag und der Beliebtheit elf Wochen später festgestellt. Ältere Kinder tendieren dazu, „wählerischer" beim Akzeptieren von Neuankömmlingen zu sein als jüngere Kinder. Der Grad der Schwierigkeit, die soziale Achtung zu gewinnen, hängt jedoch sowohl von der Art der Gruppe als auch von dem Alter ihrer Mitglieder ab (214, 269).

Gruppen, die gut orientiert, mit sich selbst zufrieden und in sich geschlossen sind, betrachten jeden Neuankömmling als einen möglichen Störenfried. Sie sind mit dem gegenwärtigen Zustand völlig zufrieden und wünschen sich keinerlei Veränderung. Wenn der Neuankömmling den Eindruck erweckt, er sei aggressiv, wird er zurückgewiesen. Im Vergleich dazu sind weniger erfolgreiche Gruppen eher gewillt, einen Neuankömmling aufzunehmen, wobei sie hoffen, daß dadurch neue Ideen oder neue Fertigkeiten der Gruppe zugeführt werden. Wenn in einer Mannschaft z. B. nur wenige gute Fußballspieler sind, nimmt sie einen guten

Spieler freundlicher auf als einen mittelmäßigen. Je weniger erfolgreich eine Gruppe ist, desto mehr strebt sie danach, „neues Blut" in die Gruppe zu bringen (269).
Die zweite wichtige Voraussetzung, um Ansehen in einer neuen Gruppe zu gewinnen, ist eine gut kontrollierte und sorgfältig verborgene Aggressivität auf seiten des Neuankömmlings. Nur selten ergreifen bereits bestehende Gruppen die Initiative und nehmen von sich aus Kontakt mit dem neuen Kind auf. Nur wenn es einen günstigen ersten Eindruck hinterläßt, unternehmen die Mitglieder der Gruppe von sich aus etwas, um den Kontakt herzustellen. Unter den meisten Umständen liegt es deshalb bei dem neuen Kind, den Kontakt in Gang zu bringen, indem es versucht, mit einigen Angehörigen der Gruppe zu sprechen oder zu spielen, ihre Aufmerksamkeit zu gewinnen, oder indem es ihr Spiel beobachtet und nachahmt.
Anfangs ist es wahrscheinlich, daß das Kind übersehen oder zurückgestoßen wird. Wenn es wirklich Wert darauf legt, Freunde zu gewinnen, wird es seine Versuche fortsetzen; wenn es schüchtern ist oder unter Gefühlen persönlicher Unzulänglichkeit leidet, dann gibt es auf, bleibt isoliert, wird übersehen oder sogar zurückgewiesen. Möglicherweise hat das Kind erst nach und nach Erfolg und wird in die Gruppe aufgenommen, wenn es die Aufmerksamkeit und Gunst eines Mitgliedes gewinnen kann, das dann die anderen in für es günstiger Weise beeinflußt (214).
Da Aggressivität als „überall die Nase hineinstecken wollen" interpretiert werden kann und auch oft so ausgelegt wird, weiß der Neuankömmling nur selten genau, wieviel er tun darf, um die Aufmerksamkeit und Achtung der Gruppe zu gewinnen. Dies ist ein besonders schwieriges Problem für ein Kind, das sich mit einer Gruppe zu identifizieren versucht, die aus Kindern mit einem höheren sozioökonomischen Status zusammengesetzt ist. Da es mit ihren Werten und den von ihnen gebilligten Verhaltensweisen nicht vertraut ist, wendet es vielleicht Methoden an, die ihm Gegnerschaft und Ablehnung einbringen.
Da Jungen eher aggressiv sind, besonders wenn sie aus den unteren sozialen Schichten kommen, ist es für einen Jungen im Kindesalter schwieriger, die Anerkennung der Gruppe zu finden, wenn seine Familie aufsteigt. Im Jugendalter ist dies für ein Mädchen schwieriger, nicht weil es mit zunehmendem Alter aggressiver würde, sondern weil im Jugendalter der sozioökonomische Status für das Sozialprestige eine wichtigere Rolle spielt als im Kindesalter (1, 28). Die einzige Art Aggressivität, die beim sozialen Aufstieg erfolgreich eingesetzt werden kann (ohne das Risiko, in den Ruf zu kommen, man stecke seine Nase in alles, und deshalb zurückgewiesen zu werden), ist eine Aggressivität, die die Gleichartigkeit der Partner betont und so – unter Umständen auch durch Eingeständnisse eigener Schwächen – entwaffnet (82). Aber nur wenige Kinder sind auf sozialem Gebiet erfahren genug, um zu wissen, wann aus dieser Art von Aggressivität Aufdringlichkeit wird.
Weil das Erreichen der Anerkennung der Gruppe so schwierig ist, müssen sich viele Kinder damit zufrieden geben, mit denjenigen Freundschaft zu schließen, die am wenigsten beliebt sind und die am wenigsten ausgeprägte Beziehungen zur Gruppe haben. Oft bleibt ihnen nur die Wahl übrig, keine Freunde zu haben oder sich mit denen zu begnügen, die sonst niemand als Freund haben will. Hat ein Kind erst einmal ein wenig soziale Achtung gewonnen, dann kann es die gebilligten Verhaltensweisen und die Werthaltungen der Gruppenmitglieder beobachten. Und dann kann es auch sein Verhalten nach diesem Vorbild ausrichten in der Hoffnung, daß die Gruppe es mit der Zeit als Mitglied aufnimmt.
Wenn ein Kind in eine Gruppe aufgenommen wird – und dies geschieht häufiger bei horizontaler als bei vertikaler Mobilität –, dann ist es nicht unbedingt so, daß sein Status weniger sicher ist als der der Kinder aus „statischen" Familien. In einer Untersuchung an Grundschulkindern wurde festgestellt, daß diejenigen, die ein- oder zweimal

umgezogen waren oder die das Schulsystem für einen Zeitraum von nur ein bis drei Jahren besuchten, von ihren Klassenkameraden in stärkerem Maße akzeptiert wurden als Kinder, die während der ganzen Schulzeit nur in einer Schule waren oder die sehr häufig umgezogen waren und ein Schulsystem für weniger als ein Jahr besucht hatten (92).

Ganz gleich, welchen Status ein Neuankömmling erreichen kann, der Status bleibt oft unbefriedigend. Dies trifft für ältere Kinder eher zu als für jüngere. In der Vorschulzeit und auch noch in den ersten ein oder zwei Jahren in der Grundschule ist das soziale Leben der Kinder sehr unstabil. Ein Neuankömmling kann in eine Gruppe schneller und leichter eingefügt werden als in den späteren Jahren, in denen das soziale Leben der Gruppe stabiler wird und sich Cliquen formen (22).

Auswirkungen der Mobilität. Ob nun die soziale Angepaßtheit nach objektiven oder nach subjektiven Standards eingeschätzt wird, die Auswirkungen der Mobilität sind öfter ungünstig als günstig. Vielleicht verbessert eine Familie ihren Lebensstandard, aber die Auswirkungen auf die soziale Anpassung des Kindes sind selten günstig. Mit der Zeit mag die Anpassung des Kindes Fortschritte machen und das Kind zufriedener werden, aber mit einiger Wahrscheinlichkeit folgt der Veränderung der sozialen Position eine Periode, in der emotionaler Streß, Gefühle der Unsicherheit und Einsamkeit sowie der Wunsch, in die alte und vertraute Umgebung zurückzukehren, im Vordergrund stehen (12, 243). Daß die Wirkungen der vertikalen Mobilität, sei es aufwärts oder abwärts, ernster sind als die der horizontalen, wurde an einer Studie an aufsteigenden Familien deutlich: Die Kinder wurden von ihren Vätern dauernd angehalten, in der Gruppe ihrer Alterskameraden einen höheren Status anzustreben. Die Eltern überwachten ihre Kinder strikt, um zu verhindern, daß sie sich in einer Weise verhielten, die ein ungünstiges Licht auf die Familie werfen und somit der Anerkennung durch die Gruppe entgegenwirken könnte. Darüber hinaus übten die Eltern auf die Kinder starken Druck aus, damit diese Verhaltensweisen entwickelten, die die Aufnahme der Familie in die höhere Klasse erleichterten. Man erwartete von ihnen, daß sie sowohl in der Schule wie auch im sozialen Leben hervorstachen. Als Folge dieses konstanten Drucks war die Atmosphäre in der Familie stark emotional getönt, und die Beziehungen zu den Eltern waren nicht gerade günstig (57).

Fehlende Achtung der Gruppe, zu der man gehören möchte, ist für jedes Kind schwer zu ertragen. Besonders schwer aber ist es für ein Kind, das dort, wo es früher wohnte, akzeptiert war. Es kann kaum verstehen, warum es in seiner neuen Nachbarschaft oder in seiner neuen Schule nicht akzeptiert wird. Je beliebter es in seiner früheren Gruppe war, desto weniger wird es damit zufrieden sein, daß es nun Freundschaften mit solchen Kindern schließen muß, die am Rande der neuen Gruppe stehen oder isoliert sind (247).

Einem Kind, das in seiner alten Umgebung nicht in einer Gruppe integriert war, haben seine Eltern vielleicht versprochen, daß sich das alles ändert, wenn die Familie umzieht. Ändert sich dann nichts, steigt die Unzufriedenheit des Kindes.

Ursachen der Unzufriedenheit. Die Unzufriedenheit, die sich bei einem Kind aufgrund einer Veränderung der sozialen Position einstellt, hat viele Gründe, nicht nur die mangelnde soziale Anerkennung. Das Kind muß u. U. feststellen, daß sein *Schulwissen Mängel* hat; vielleicht muß es in seiner neuen Schule sogar eine Klasse zurückversetzt werden. Wenn es nicht so gut vorbereitet ist wie seine neuen Klassenkameraden, können seine Schulnoten weit schlechter sein als früher. Darüber ist es besorgt, und es kommt aus diesem Grund auch leicht zu Spannungen im Elternhaus, besonders wenn die Eltern großen Wert auf gute Noten legen (57, 243).

Da jede Gruppe *verschiedene Werte* und *verschiedene An-*

sprüche für ihre Mitglieder bereithält, ist ein Kind leicht verwirrt oder verstört, wenn es feststellt, daß die Verhaltensweisen, die von der alten Gruppe gebilligt wurden, in der neuen kritisiert oder lächerlich gemacht werden. Ein Kind, das aus einem ländlichen Gebiet kommt, stößt in einer städtischen oder vorstädtischen Umgebung leicht auf Anpassungsschwierigkeiten. Bis das Kind die kulturellen Werte seiner neuen Gruppe lernt und übernimmt, wird ihm nicht nur die soziale Anerkennung vorenthalten, es wird vielleicht sogar zum Ziel von Spott und Verachtung (30, 207, 262).

Die häufigste und gefährlichste Quelle der Unzufriedenheit, die ein Kind im Prozeß der Veränderung der sozialen Position erfährt, ist das Gefühl, es gehöre nirgendwo hin, weder gehöre es zu seiner alten Gruppe, mit der es keinen Kontakt mehr hat, noch zu der neuen Gruppe, die es nicht oder noch nicht als anerkanntes Mitglied aufgenommen hat. Weil jedes Kind Freunde haben möchte und weil die meisten Eltern betonen, wie wichtig es ist, zu einer Gruppe gute Beziehungen zu haben, ist dieses Gefühl, zu keiner Gruppe zu gehören, eine Ursache dauernder Unzufriedenheit und häufigen Kummers. Das Kind beginnt an seinem eigenen Wert zu zweifeln, es wird verbittert und nachtragend gegenüber denen, die ihm ihre Anerkennung versagt haben (27, 57, 247).

Für das Kind im Prozeß der Mobilität hat die fehlende Identifikationsmöglichkeit mit einer Gruppe drei ernste Folgen. Die erste besteht in der mangelnden Möglichkeit, das zu lernen, was die Gruppe von ihm erwartet. Dies ist notwendig, damit es die Werte und Verhaltensweisen lernen kann, die zu seiner Aufnahme in die Gruppe führen.

Die zweite ernste Folge besteht in dem Gefühl der Unsicherheit. Wenn auch alle Menschen jeden Alters, selbst die, die ihre soziale Position nicht verändern, von Zeit zu Zeit unter Gefühlen der Unsicherheit leiden, so hängen diese Gefühle in der Regel mit solchen Situationen zusammen, in denen man in der Vergangenheit versagt hat oder von denen man glaubt, auf sie nicht genügend vorbereitet zu sein. Für denjenigen, der seine soziale Position verändert, können die Unsicherheitsgefühle allgemein werden und jeden Aspekt seines Lebens umgreifen, besonders seine sozialen Beziehungen. Und so fühlt sich ein Kind, das feste Bande weder mit seiner alten noch mit seiner neuen Gruppe verbinden, jedem gegenüber unsicher.

Viele Kinder kompensieren ihre Unsicherheit in dieser Situation durch übermäßige Konformität, was ihre äußere Erscheinung, ihre Sprache, ihre Einstellungen und ihre Verhaltensweisen anbetrifft; sie fürchten, Abweichungen würden als Zeichen sozialer Unangepaßtheit beurteilt werden (38, 255). Da sie unsicher über ihren Status sind, tritt ihnen alles, was mit dem Status zusammenhängt, deutlicher ins Bewußtsein, und sie wünschen sich jedes nur mögliche Statussymbol – sie möchten Geld ausgeben, in einem großen Haus wohnen und wünschen, daß ihre Familie so viele Autos hat wie die Familien anderer Kinder. Da die Eltern dieser Kinder sich sehr darum bemühen, daß ihre Kinder Umgang mit den „richtigen" Freunden haben, versehen sie ihre Kinder nur zu bereitwillig mit den nötigen Statussymbolen, auch wenn das für sie bedeutet, daß sie Schulden machen müssen, nur um mit ihren Nachbarn mithalten zu können (37).

Eng zusammen mit dieser Art Statusbewußtsein hängt die Tendenz, sich feindselig gegenüber allen sozial Tieferstehenden zu verhalten, selbst wenn es sich dabei um Familienmitglieder handelt, von denen das Kind glaubt, daß sie nicht zur neuen sozialen Gruppe passen. Dieser Tendenz liegen die Unsicherheitsgefühle des Kindes motivierend zugrunde, die das Kind kompensieren möchte. Ein großer Teil der Vorurteile, die Kinder gegenüber Angehörigen von Minoritätengruppen haben, stammt aus diesen Gefühlen der Unsicherheit, für die eine häufige Ursache in der sozialen Mobilität zu sehen ist (232). Die Ursachen der Vorurteile und ihre Auswirkungen auf das Verhalten des Kindes wurden ausführlich auf den Seiten 295–298 dargestellt.

Die dritte wichtige Auswirkung der Tatsache, daß man zu keiner Gruppe gehört, ist das Gefühl der sozialen Isoliertheit – das Gefühl, ohne Freunde zu sein. Zu der sozialen Mobilität gehört es, daß die Bande zu den früheren Freunden ganz oder wenigstens teilweise gelöst werden, ohne daß sie durch Bindungen an neue Freundschaften ersetzt würden – und so fehlt dem Kinde das, wonach jedes Kind sich sehnt: Spielkameraden zu haben, die mit ihm spielen wollen und die es in ihre Spielgruppe als vollwertiges Mitglied aufnehmen. Also fehlt dem Kind die Kameradschaft einer Gruppe von Gleichaltrigen gerade in einer Zeit, in der es andere, größere Probleme der Anpassung meistern muß (79, 226).

Bedeutet die soziale Mobilität Abstieg, dann erlebt das Kind alle diese Folgen in einer noch viel intensiveren Form. Denn zu den Auswirkungen der Mobilität an sich tritt noch das Gefühl der Scham vor anderen über den Verlust des Status (38).

Anführer und Anhänger

Zwischen Kindern in einer Gruppe besteht nur selten – ganz gleich, auf welcher Altersstufe sie sind – eine Beziehung völliger Gleichheit. Gewöhnlich ist ein Kind als Führer anerkannt, auch wenn die Gruppe nur aus zwei oder drei Kindern besteht. Wegen des Prestiges, das damit verbunden ist, Anführer zu sein, wünscht sich jedes Kind irgendwann einmal, diese Stellung einzunehmen. In diesem Wunsch wird es von seinen Eltern unterstützt. Denn die Eltern glauben nicht nur, daß die Anführerrolle ein sicherer Hinweis auf die ausgezeichnete soziale Angepaßtheit ihres Kindes ist, sie freuen sich auch in vieler Hinsicht an dem Status des Kindes. Aber nur wenige Kinder erreichen diesen Status eines Anführers, die meisten gehören zum Gefolge.

Ein Anführer ist ein Mitglied einer Gruppe, dem die anderen zu folgen bereit sind, weil es gezeigt hat, daß es die sozialen Beziehungen meistert, positive Reaktionen ihm gegenüber bei den Mitgliedern der Gruppe auszulösen vermag und besser als andere Gruppenmitglieder dazu beitragen kann, die Bedürfnisse der gesamten Gruppe zu befriedigen. Ein Anführer ist nicht lediglich eine Person mit Autorität, er vermag emotionale Reaktionen bei den Mitgliedern zu wecken. Deshalb kann er die Handlungen anderer in gewisser Weise beeinflussen (85, 114, 268).

Der Status als Führer kann formell sein, d. h. der Führer wird gewählt oder dazu bestimmt, diese Rolle zu spielen; er kann auch informell sein, d. h. der Führer wird von mindestens einem Drittel der Gruppe als Führer angesehen (184). Ein Kind, das Anführer ist, unterscheidet sich von den Kindern, die als „Asse" in einer Schulklasse gelten, dadurch, daß es Anhänger hat; die Gruppe kristallisiert sich um den Anführer. Die „Asse" verfügen zwar in den Augen der Gruppe über Prestige, haben aber nicht notwendigerweise Anhänger (103).

Man kann Anführer grob in zwei Kategorien einteilen: erstens den autoritären Anführer, der tyrannisch und despotisch ist und durch bloße Machtausübung anführt. Der autoritäre Anführer gewinnt vielleicht den Respekt, selten aber die Zuneigung der Gruppe. Zweitens nennen wir den demokratischen Anführer, der sich sehr um die Gefühle und Interessen der Gruppenmitglieder kümmert. Ein solcher Führer leitet die Gruppe dadurch, daß er Vorschläge macht, nicht Anweisungen gibt. Im Gegensatz zum autoritären Anführer gewinnt er sowohl die Achtung als auch die Zuneigung der Gruppenmitglieder.

Je größer die Gruppe ist, desto mehr Führungsgeschick ist nötig und desto wahrscheinlicher ist der Führungsstil autoritär (130, 159). Kleine Kinder, die daran gewöhnt sind, das zu tun, was ihnen im Elternhaus aufgetragen wird, akzeptieren einen autoritären Führungsstil bereitwilliger als ältere Kinder. In Gruppen innerhalb der unteren sozialen Schichten, in denen die Kinder an eine autoritäre Kontrolle durch ihre Eltern gewöhnt sind, neigen die Führer von Gruppen eher zu autoritären Verhaltensweisen als Führer von Gruppen innerhalb der mittleren oder oberen Schichten, deren Mitglieder vom Elternhaus her an demokratischere Kontrollmethoden gewöhnt sind (165, 268).

A n h ä n g e r sind wie Führer akzeptierte Mitglieder der sozialen Gruppe, zu der sie gehören; sie behalten diesen Status, solange sie bereit sind, das zu tun, was die Mehrheit der Gruppenmitglieder tun möchte, und solange sie willens sind, dem Anführer zu folgen. Wie es verschiedene Arten von Anführern gibt, so gibt es auch verschiedene Arten von Anhängern. Einige folgen, weil nachlaufen leichter als anführen ist, anderen fehlen die Qualitäten, Anführer zu sein. Einige Geführte tragen zum Gruppenleben wenig bei und sind zufrieden, wenn sie mit der Herde laufen können, andere übernehmen für den Anführer einen großen Teil der Arbeit, und es genügt ihnen, die Arbeit zu tun, während der Anführer die Anerkennung dafür bekommt.

Unter den Geführten sind solche, die konstruktive Beiträge zum Gruppenleben leisten, und andere, die destruktiv sind und andauernd den Anführer und seine Maßnahmen kritisieren. Das sind gewöhnlich die Kinder, die gerne Führer sein möchten, aber nicht dazu gewählt wurden, und die deshalb denen, die gewählt wurden, das im stillen vorwerfen und gegen sie eingestellt sind. In einer großen Gruppe sind meist alle Arten von Gefolgsleuten zu finden, während eine kleinere Gruppe mit einiger Wahrscheinlichkeit in ihren Interessen, Einstellungen und Werten homogener ist. In einer kleineren Gruppe gibt es gewöhnlich auch nur wenige oder gar keine Störenfriede. Deshalb sind die Ansprüche an die Führungsfähigkeiten bei einem Anführer in einer kleineren Gruppe geringer als in einer größeren Gruppe (130).

Ob ein Kind die Rolle eines Führers oder eines Geführten spielt, hängt nicht so sehr von den Qualitäten ab, die es hat, sondern von der Beziehung, in der seine Eigenschaften zu denen der Gruppe stehen. E s k a n n s e i n, d a ß e s i n d e r e i n e n G r u p p e d e r A n f ü h r e r, i n e i n e r a n d e r e n G r u p p e e i n G e f ü h r t e r i s t. Solange es fähig ist, die Bedürfnisse der Gruppe zu erfüllen, bleibt es der gebilligte Anführer, sonst muß es seine Rolle abgeben, die dann von einem anderen Kind übernommen wird, das die Bedürfnisse der Gruppe besser befriedigen kann (28, 85, 155).

Die Führungstechniken sind von Gruppe zu Gruppe verschieden. Wir zitieren Jersild: „Das eine Kind ist vielleicht in erster Linie deshalb Anführer, weil es redegewandt, wendig und sehr vielseitig ist. Ein anderes Kind bestimmt vielleicht die Spiele einer Gruppe und steht im Mittelpunkt, weil es aggressiv ist und Zwang ausübt. Und wieder ein anderes Kind ist deshalb Anführer, weil es unerschöpflich neue und originelle Ideen hat und immer wieder neue Freundschaften mit anderen Kindern zu knüpfen weiß" (150).

Kennzeichnende Eigenschaften von Anführern und Geführten

Alle Anführer aller Altersstufen verfügen über bestimmte Eigenschaften, die sie von den Geführten unterscheiden. Die Eigenschaften, durch die die beiden Gruppen getrennt werden, unterscheiden sich eher in ihrem A u s g e p r ä g t h e i t s g r a d als in ihrer Qualität. Das ist der Grund, warum ein Kind Anführer in der einen und Geführter in der anderen Gruppe sein kann. Wenn ein Kind z. B. im Sport den anderen Gruppenmitgliedern überlegen ist, hat es eine gute Chance, ihr Anführer zu werden. In einer anderen Gruppe mögen seine Fertigkeiten denen eines oder mehrerer Gruppenmitglieder unterlegen sein, dann ist seine Chance gering, zum Anführer gewählt zu werden.

Unterschiede zwischen Führern und Geführten. Wenn auch die Verhaltenszüge, die die Führer von den Geführten unterscheiden, sich ebenfalls bei den Geführten zeigen, so sind sie bei letzteren doch weniger stark ausgeprägt. Die in dieser Hinsicht wichtigsten Verhaltensdimensionen sind die folgenden:

1. Beliebtheit. Immer ist ein Führer beliebt, aber ein beliebtes Kind ist nicht

immer ein Anführer. Beliebtheit ist also ein Faktor, der bestimmt, ob die Gruppe ein Kind als Anführer wählt, und sie ist ein sehr wichtiger Faktor. Viele Kinder, die zu den Geführten gehören, sind vielleicht genauso beliebt wie der Anführer oder noch beliebter. Man mag sie gern, weil man mit ihnen gut auskommen kann, weil sie freundlich und humorvoll sind und weil sie sich rasch an verschiedene soziale Situationen anpassen können. Ihnen fehlen jedoch einige der wesentlichen Qualifikationen zum Anführer, oder ihnen fehlt die Motivation, Anführer zu werden (34, 110, 141).

2. Übereinstimmung mit dem Gruppenideal. Um Anführer zu sein, muß das Kind nicht nur beliebt sein, sondern auch das Gruppenideal besser repräsentieren als die anderen Gruppenmitglieder. Es muß den Normen und Werten der Gruppe in seiner äußerlichen Erscheinung, seinem Verhalten und seinen Einstellungen entsprechen. Je stärker das Kind dem Gruppenideal entspricht, desto sicherer ist seine Position als Anführer. Die Wertschätzung der Gruppe und anderer Menschen außerhalb der Gruppe erhöht seine Beliebtheit innerhalb einer Gruppe. Um z. B. Anführer in einer Jungenclique zu sein, muß ein Junge ein guter Sportler und ein guter Kamerad sein und sich auf allen Gebieten auskennen. Wenn wir die Geführten mit dem Anführer vergleichen, stellen wir fest, daß sie nicht im gleichen Ansehen wie der Anführer stehen, weil sie dem Gruppenideal in vieler Hinsicht nicht so nahe kommen – wenn ihre Konformität auch groß genug ist, um akzeptierte Mitglieder der Gruppe zu bleiben.

3. Angepaßtheit in charakterlicher und sozialer Hinsicht. Wenn ein Kind in charakterlicher Hinsicht gut angepaßt ist, vertraut es sich selbst und weiß, daß es einen Beitrag zum Gruppenleben leisten kann; wenn es auch in sozialer Hinsicht gut angepaßt ist, dann ist es demokratisch und diplomatisch in seinen Beziehungen zu anderen, es interessiert sich für sie, wird aber dabei nicht aufdringlich. Von einem Anführer erwartet man, daß er auf diesen Gebieten der Gruppe überlegen ist. Er entspricht den Erwartungen der Gruppe, aber nicht so sklavisch wie die Geführten, und so besteht für ihn die Möglichkeit, etwas Neues zum Gruppenleben beizutragen. Ein gut angepaßtes Kind ist in sozialer Hinsicht aktiver als ein schlecht angepaßtes, und so lernt es, wie man erfolgreich mit anderen Menschen umgeht (17, 65, 184).

4. Reifegrad. Ein gut angepaßtes Kind erweckt den Eindruck, reifer zu sein als seine Alterskameraden. Es vermag seine Gefühle in sozialen Situationen zu kontrollieren, zeigt eine höhere Frustrationstoleranz und kann Gegnerschaft äußern, ohne dabei gegen die guten Sitten zu verstoßen. Auch wenn es erregt ist, kann das reifere Kind seine Gefühle beherrscht ausdrücken. Seine Handlungen sind auch dann nicht impulsiv, wenn es erregt oder begeistert ist, auch dann urteilt es klug und behutsam (251).
Das vielleicht deutlichste Anzeichen seiner Reife ist sein realistisches Urteilsvermögen. Offensichtlich „strengt es seinen Kopf an", wenn Entscheidungen zu treffen sind, und kann seinen Alterskameraden die günstigen und nachteiligen Folgen der Handlungen, die sie planen, klarmachen. Dieser Realismus zeigt sich auch bei seiner Selbsteinschätzung. Es leidet weder unter Größenwahn, noch glaubt es, minderwertig zu sein oder verfolgt zu werden. Es sieht sich selbst vielmehr so, wie es wirklich ist, und auch seine Beziehungen zu anderen schätzt es so ein, wie sie sind, ohne Verzerrung (85).
Geführte sind in der Regel jünger oder scheinen jünger zu sein als diejenigen, die man für die Rolle des Anführers wählt. Sowohl was die Einstellungen als auch was ihr Verhalten anbetrifft, scheinen sie relativ unreif zu sein.

5. Motivation. Zweifellos einer der wichtigsten Unterschiede zwischen Führern und Geführten ist die Motivation des Führers, ein Anführer zu sein, und seine Bereitschaft, die für diese Rolle erforderlichen Opfer an Zeit, Auf-

wand und persönlichen Wünschen zu bringen. Viele Kinder, so haben wir schon betont, möchten gerne Anführer sein, wenn sie aber feststellen, welche Opfer sie dafür bringen müssen, sind sie oft nicht bereit oder fähig, diese Opfer zu bringen. Wurden sie in einem autoritären Elternhaus erzogen, in dem sie kaum Gelegenheit hatten, Führungsqualitäten zu entwickeln, sind sie vielleicht nicht dazu in der Lage, Unternehmungen in Gang zu bringen, die die Gruppe befriedigen, noch sind sie fähig, Verantwortung ohne Anleitung und Aufsicht durch Erwachsene zu übernehmen. Ein Anführer ist jedoch bereit, nicht nur für erfolgreiche Aktionen, sondern auch für Fehlschläge Verantwortung zu übernehmen. Er ist darüber hinaus bereit und in der Lage, solche Aufgaben zu übernehmen, die erledigt werden müssen, damit das Ziel der Gruppe erreicht wird, und Unternehmungen in Gang zu bringen, von denen die Gruppe etwas hält (93).

Wenn der Wunsch, Führer zu sein, durch das Streben nach Prestige und Anerkennung oder aus dem Verlangen, ein Gefühl der Minderwertigkeit zu kompensieren, entstanden ist, dann ist diese Motivation stark genug, um das Kind in die Lage zu versetzen, alle Opfer zu bringen, die zum Erreichen seines Zieles erforderlich sind. Das vielleicht größte Opfer, das ein Anführer bringen muß, besteht darin, daß er seine persönlichen Wünsche denen der Gruppe anpassen muß; er muß an der Gruppe und nicht an sich selbst orientiert sein. Ein Kind, das seine persönlichen Interessen denen der Gruppe nicht opfern kann oder will, verursacht Spannungen, geringen Zusammenhalt und Zwietracht unter seinen Kameraden. Oder, wie Jersild betont, der „mit größter Zuneigung gebilligte Führer ist der, der es angenehm macht, ein Geführter zu sein" (150). Mit großer Zuneigung gebilligt zu werden erfordert von einem Kind viele Opfer.

6. Extraversion. Wenn ein Kind Anführer werden will, muß es die Eigenschaften, die man als Führer braucht, offen zeigen und nicht verbergen. Alle Führer sind eher extravertiert als introvertiert. Je größer die Gruppe ist, um so wichtiger ist es, daß ihr die Führungsqualitäten, über die ein Kind verfügt, vor Augen gestellt werden. Falls ein Kind nicht schon dann, wenn es noch klein ist, seine Fähigkeiten ins rechte Licht rückt, nehmen seine Chancen, als Anführer gewählt zu werden, von Jahr zu Jahr ab, weil die Spielgruppen zunehmend größer werden (55, 130).

Entwicklung zum Anführer

Studien über Führerschaft haben ergeben, daß man es hier nicht mit einer angeborenen Verhaltensweise zu tun hat, sondern mit Verhaltensweisen, die sich über eine relativ lange Zeitperiode entwickeln und nicht ohne beträchtliche Anstrengungen auf seiten des Kindes. Das Kind muß die Fertigkeiten und Gewohnheiten erlernen, die zum Erfolg im sozialen Leben beitragen, und es muß die Rollen zu spielen lernen, die für einen Anführer wichtig sind. Wenn jemand zufällig an eine Führerrolle gerät, etwa um eine Lücke zu füllen, die ein anderer gelassen hat, so wird er diese Rolle wahrscheinlich nicht lange spielen können.

Die Grundlagen für die Entwicklung zum Anführer lassen sich in der Kindheit finden. Die wichtigsten Faktoren sind der Erziehungsstil der Eltern und die Einstellung der Eltern zu Fragen der Erziehung. Innerhalb der gleichen Familie scheinen einige Kinder eher dazu bestimmt, eine führende Rolle zu übernehmen, als andere. Dies liegt nicht so sehr an Unterschieden in der angeborenen Begabung als vielmehr an Unterschieden in der Behandlung, die das Kind von seinen Eltern erfährt, und in den Erwartungen, die sie an das Kind stellen. Einzige Kinder und ältere Kinder entwickeln eher Führungsqualitäten als jüngere Kinder. Älteren Kindern überträgt die Familie mehr Verantwortung, während Einzelkinder reifer sind als der Durchschnitt ihrer Altersstufe, weil sie andauernd mit ihren Eltern zusammen sind (6, 160).

Demokratisch-liberale Erziehungsmethoden in den ersten, prägenden Lebensjahren gewährleisten mit sehr viel größerer Wahrscheinlichkeit eine Umgebung, die für die Entwicklung von Führungsqualitäten günstiger ist, als eine stark autoritäre Erziehung. Hierzu möchten wir Miles anführen: „Die Eltern erfolgreicher Anführer zeigen Einstellungen, die von den Einstellungen der Eltern der anderen Kinder beachtlich abweichen... Im allgemeinen neigen die Eltern erfolgreicher Kinder weniger dazu, ihre Kinder vor den Risiken des Lebens übermäßig stark in Schutz zu nehmen, die normalen Verantwortlichkeiten von ihnen fernzuhalten, und sie hindern ihre Kinder nicht, ein vernünftiges Maß an Unabhängigkeit zu erreichen, das für die Charakterentwicklung und das Leben in der Gruppe so wichtig ist... Weit mehr Freiheit wird den Kindern zugestanden, Entscheidungen selbst zu treffen, ihre Urteilsfähigkeit einzusetzen und probierend Erfahrungen in neuen Situationen zu sammeln. Die individuelle Persönlichkeit wird stärker geachtet, und die Familie beachtet die Rechte und Meinungen der Kinder" (193).

Bei liberalem Erziehungsstil sind die Familienbeziehungen im allgemeinen gut, und so entwickelt das Kind im Elternhaus gute Gewohnheiten im Zusammenleben mit anderen Menschen, die später auch außerhalb des Elternhauses, etwa in der Gruppe der Gleichaltrigen, mit Erfolg übertragen werden können. Ein Kind, das in die Gruppe der Gleichaltrigen gut eingefügt ist, hat häufig Gelegenheit zu lernen, ein Anführer zu sein (25, 184).

Verlauf der Entwicklung zum Anführer. Der Ablauf des Hineinwachsens in die Rolle eines Anführers läßt sich voraussagen und verläuft bei allen Führungsrollen ähnlich. Führungsfähigkeiten zeigen sich, sobald zwei Kinder zusammengebracht werden. Das dominierende Kind nimmt sich die Spielzeuge, die ihm gefallen. Gehört das Spielzeug dem anderen Kind, dann greift es an, stößt, tritt und tut alles, um in den Besitz des Spielzeugs zu gelangen. Im Alter von zehn Monaten ist das Kleinkind sich gewöhnlich schon eines Erfolges bewußt, und ein Lächeln der Selbstzufriedenheit erscheint auf seinem Gesicht. Das andere Kind, das in die Stellung eines Unterlegenen gezwungen wurde, zeigt den Ausdruck des Kummers, es wimmert oder schreit.

Der Anführer im Vorschulalter ist typischerweise den anderen Mitgliedern in einer Gruppe an Körpergröße und Intelligenz überlegen, in der Regel ist er auch älter. Aufgrund dieser Unterschiede in Alter und Intelligenz weiß er mehr Vorschläge beim Spielen zu machen, und die anderen Kinder sind deshalb bereit, seinen Anleitungen zu folgen. Das Geschlecht ist in diesem Alter für die Anführerrolle ein unwichtiger Faktor. Mädchen führen andere Mädchen genauso wie Jungen an. Entsprechend sind auch sozialer Status, Nationalität und körperliche Attraktivität noch nicht so wichtig wie später. Vielmehr sind Fairneß und soziale Verantwortlichkeit gegenüber der Gruppe in diesem Alter die wichtigsten Charakteristika für ein Kind, das die Anführerrolle spielen will (47, 150). Anführer in diesem Alter zeigen ein ausgeprägtes Selbstbewußtsein.

In den ersten Jahren der Kindheit ist es sehr wahrscheinlich, daß ein Anführer einer Gruppe über diese tyrannisch herrscht. Er erwartet, daß die anderen seinen Anordnungen folgen und wird wütend oder verstimmt, wenn sie sich auflehnen. Werden seine Methoden zu tyrannisch, dann wird er abgesetzt und ein anderes Kind tritt an seine Stelle als Führer. Der „diplomatische" Anführer, der durch geschickte und indirekte Vorschläge, Verhandlungen, aber auch Bestechungen und Drohungen seinen Einfluß ausübt, vermag die Position des Anführers in der Regel länger zu behaupten.

Während der späteren Kindheit ist der Anführer der Repräsentant des Gruppenideals. Er muß auf sportlichem Gebiet Überdurchschnittliches leisten und in jeder Beziehung ein guter Kamerad sein. Wenn er die Erwartungen der Gruppe nicht erfüllt und Verhaltensweisen zeigen sollte, die seine Alterskameraden nicht leiden mögen, verliert er bald sein Prestige, und ein anderes Kind tritt an seine Stelle, das im Augenblick das Gruppenideal besser vertritt als er.

Mit fortschreitender Entwicklung werden im Kindesalter Anführer für verschiedenartige Unternehmen benötigt – für Posten in der Schule oder in der Klasse, beim Sport, in Cliquen und Verbänden wie etwa bei den Pfadfindern oder Pfadfinderinnen. Ein und dasselbe Kind hat nicht notwendigerweise die Führungsqulitäten, die für alle auf diese Weise entstehenden Gruppen erforderlich wären. Daher geht bei den älteren Kindern die Tendenz dahin, ihre Anführer für ganz bestimmte Gruppenaktivitäten zu wählen.

Ohne Frage jedoch lassen sich das Ansehen und die Erfahrung, die beim Anführen in einer bestimmten Gruppenaktivität gewonnen werden, auf andere Aktivitäten übertragen. Sie verschaffen dem Kind, das schon einmal Anführer war, einen Vorteil über ein anderes Kind, das vielleicht für die Führerrolle ebenfalls geeignet ist, dem aber die Erfahrung fehlt (29, 119, 268).

Die Führungstechniken bei älteren Kindern unterscheiden sich von denen, die bei jüngeren erfolgreich waren. Die Führer können nur dann autoritär und despotisch sein, wenn die Gruppe groß ist und sie einstimmig verehrt und respektiert.

Dauer der Anführerschaft. Ein kleines Kind, das in einer Gruppe im Kindergarten die Anführerrolle spielt, hat später als Erwachsener nicht notwendigerweise eine führende Rolle in einer Organisation inne, nicht einmal in der Höheren Schule muß es so sein, daß es eine Position als Anführer behauptet. Wenn auch auf jeder Altersstufe die Führer wechseln, so dauert doch die Zeit, die ein Führer auf seinem Posten bleibt, desto länger, je weiter die Entwicklung voranschreitet, wobei Jungen ihre Position meist länger behaupten können als Mädchen.

Faktoren, die zur Dauer der Anführerschaft beitragen. Drei Faktoren beeinflussen die Zeitdauer, für die eine Führerrolle gespielt wird: die Stabilität der Gruppe, die Anpassungsfähigkeit des Führers (154) und die Motivation des Führers (60, 90, 208). Es ist für ein Kind viel leichter, Anführer in einer stabilen Gruppe zu sein als in einer Gruppe, deren Mitglieder wechseln und in der neue Interessen und Werte entstehen. Bei Jungen hängt ihr Ansehen in starkem Maß von ihren sportlichen Fähigkeiten ab. Wenn also ein Junge im Alter der Cliquenbildung ein guter Sportler ist, ist es wahrscheinlich, daß er auch als Heranwachsender eine Führerrolle spielt. Entsprechend gilt auch, wenn mit fortschreitender Entwicklung stärkere Betonung auf den sozioökonomischen Status gelegt wird, daß Anführerrollen für eine längere Zeit von denen übernommen werden, die einen höheren sozioökonomischen Status haben als die anderen Mitglieder der Gruppe (184).

Faktoren, die sich gegen ein längeres Übernehmen einer Führerrolle auswirken. Unter drei Bedingungen ist es unwahrscheinlich, daß eine führende Position längere Zeit behauptet wird: wenn ein Führer einer Gruppe aufgezwungen wird, wenn der Führer ein „Lückenbüßer" ist und wenn der Anführer die Bedürfnisse einer Gruppe nicht erfüllt.

Wenn ein Anführer von einem Lehrer oder einem anderen Erwachsenen bestimmt wurde, nimmt die Gruppe es gewöhnlich übel, daß in die Rechte eingegriffen wurde, die ihnen nach ihrer Meinung zukommen. Selbst wenn die Gruppe vielleicht gezwungen ist, das ernannte Kind als Führer anzuerkennen, so sind doch die Chancen gering, daß es diese Stellung halten kann, wenn es der Gruppe freisteht, ihre eigene Entscheidung zu treffen – es sei denn, das Kind zeigt, daß es in der Lage ist, die Bedürfnisse der Gruppe zu erfüllen.

Auch ein Führer, der nur gewählt wurde, um eine Lücke zu füllen, die dadurch entstand, daß ein gewählter Anführer sich zurückgezogen hat, kann seinen Führerstatus nicht behalten, es sei denn, er erweist sich deutlich als ein guter Führer – er wird lediglich als Lückenbüßer angesehen, bis der richtige Führer gefunden werden kann.

Die wichtigste Bedingung, die darüber entscheidet, wie lange jemand eine Führerrolle spielen kann, ist die, ob der Führer die Bedürfnisse der Gruppe zufriedenstellen kann. Ein autoritärer Führer erfüllt zum Beispiel nicht die Bedürfnisse seiner Anhänger nach Unabhängigkeit und Ausdruck ihrer eigenen Persönlichkeit (125).

Faktoren, die ein längeres Übernehmen der Führerrolle begünstigen. Trotz der Faktoren, die gegen die Beständigkeit der Führerrolle wirken, nimmt die Dauer, für die diese Position innegehalten wird, mit fortschreitender Entwicklung zu. Und deshalb sind nur wenige Kinder in einer Gruppe als Führer anerkannt. Hierfür gibt es mehrere Gründe. Erstens sind die Eigenschaften, die von anderen geschätzt werden und aufgrund derer das Kind zum Anführer gewählt wurde, in der Regel beständig, denn sie werden zu einem Teil des Charakters dieses Kindes. Wenn überhaupt eine Veränderung eintritt, läßt sie sich oft auf eine bewußte Absicht des Kindes zurückführen, die positiven Eigenschaften zu stärken und die negativen zu unterdrücken. Das Kind, das Anführer sein möchte, bemüht sich darum, daß die Eigenschaften, die seine Führerrolle untermauern können, ausgeprägt sind (65).
Zweitens hat ein Führer bestimmte Lernmöglichkeiten, die ein Geführter nicht hat. Sie ermöglichen es ihm, bessere Einsichten in soziale Zusammenhänge zu gewinnen, überlegene Fertigkeiten im sozialen Leben zu entwickeln und ein größeres Selbstvertrauen zu erwerben als der Geführte. Je mehr Erfahrungen als Anführer ein Kind sammeln kann, wenn es noch klein ist, desto besser sind seine Chancen, als Anführer gewählt zu werden, wenn es älter wird.
Drittens ist Führerschaft beständig, weil ein Ausstrahlungseffekt (Halo) besteht. Durch diesen Ausstrahlungseffekt werden demjenigen, der in seinem Mittelpunkt steht, Eigenschaften zugeschrieben, die die Gruppe bewundert, und er wird zu einer wichtigeren Person gemacht, als er tatsächlich ist. Wenn ein Kind stark motiviert ist, die Anführerrolle zu spielen, und wenn es dem Gruppenideal recht gut entspricht, dann verstärkt sich dieser Ausstrahlungseffekt, sein Prestige nimmt zu, und seine Chancen, auch zukünftige Führerrollen zu übernehmen, wachsen (42, 114).
Und schließlich bleiben diejenigen, die einmal Führer sind, deshalb in dieser Position, weil sie anpassungsfähig sind. Ein Führer kann die Aktivitäten der Gruppenmitglieder so steuern, daß sie damit zufrieden sind. Dies erfordert einiges Geschick und bereitet dem Anführer oft Kopfzerbrechen. Wenn sich die Gruppe Aktivitäten zuwenden will, die der Führer nicht leiten kann, muß er seine Fertigkeiten verbessern oder versuchen, die Interessen der Gruppe zu ändern (155).

Zufriedenheit mit der Führerrolle. Wenn man nach objektiven Kriterien urteilt, wird eine Führerrolle als ein zuverlässiger Indikator für eine gute soziale Anpassung angesehen. Je größer eine Gruppe ist, die ein Kind führt, und je öfter ein Kind in eine Anführerrolle gewählt wird, desto besser – so nimmt man gewöhnlich an – ist das Kind angepaßt. Wenn man jedoch die soziale Angepaßtheit gerecht beurteilen will, muß man auch subjektive Kriterien berücksichtigen – d. h. danach fragen, wie sich das Kind in seiner Führerrolle fühlt. Die meisten Kinder freuen sich über ihr Prestige als Anführer und zahlen bereitwillig den Preis, der an zusätzlicher Arbeit und an Opfer der eigenen Wünsche verlangt wird. Sie sind sogar bereit, enge persönliche Freundschaften aufzugeben, um allen denen gegenüber freundlich sein zu können, die ihre Freundschaft suchen.
Als Ergebnis der positiven Einstellungen der sozialen Gruppe – der Alterskameraden und der Erwachsenen – gegenüber dem Kind, das die Rolle eines Anführers spielt, entwickelt das Kind einen typischen Charakter, der oft als „dynamische Persönlichkeit" gekennzeichnet wird. Die typischen Charakterzüge lassen sich beschreiben als Selbstvertrauen, Zuversichtlichkeit und eine Distanziertheit anderen gegenüber, die sich im Fehlen einer sklavi-

schen Konventionalität und einem Mangel an engen, tiefen Freundschaften mit Alterskameraden zeigt.
Weil jedes Kind, das Anführer ist, Führerwechsel erlebt hat, ist es sich klar darüber, daß es auch selbst seine Position verlieren kann. Wenn es von Unzufriedenheit erfährt, wenn seine Vorschläge angegriffen werden oder wenn es direkt kritisiert wird – sei es hinsichtlich seiner Person oder seiner Art zu führen – dann wird vieles von seiner Freude an der Führerrolle durch Gefühle der Angst und der Sorge aufgehoben. Sollte es durch einen anderen Führer abgelöst werden, dann werden seine negativen Gefühle gegenüber der Gruppe intensiviert, und mit der Zeit wird es an seinen Führungsqualitäten zweifeln. Psychischer Schaden entsteht besonders leicht bei Kindern aus den unteren sozialen Schichten, die feststellen müssen, daß die Führerrollen, die sie früher innehatten, später von anderen Kindern mit einem besseren sozioökonomischen Status übernommen wurden, auch wenn die anderen als Anführer keineswegs besser geeignet waren (224).

<u>Zufriedenheit mit der Rolle des Geführten.</u> In den Augen anderer ist ein Geführter sozial schlecht angepaßt. Und diese Einschätzung wird jedem Kind früher oder später klar. Je stärker Eltern und Lehrer betonen, daß man versuchen sollte, eine Rolle als Anführer zu spielen, desto unzufriedener fühlt sich ein Kind, das nur Nachläufer ist. Mit der Zeit entwickelt sich hieraus eine Persönlichkeitsstruktur, die die Fähigkeit, Führer zu sein, einschränkt, auch wenn das Kind später in diese Rolle hineingewählt werden sollte (138, 225). Dies ist einer der Gründe, warum es für Erwachsene so schwierig ist, die Kinder in eine Führungsrolle zu bringen, die nach Erwachsenenstandards dazu qualifiziert sind, von der Altersgruppe aber nicht für diese Rolle bestimmt werden. Auch wenn die anderen Kinder dieses Kind gerne mögen und es als Mitglied der Gruppe der Gleichaltrigen akzeptieren, wehren sie sich doch dagegen, ihr Vorrecht, sich ihren Führer selbst zu wählen, einschränken zu lassen. Dies läßt sie das Verhalten dieses Kindes als Führer kritischer beurteilen, als sie es getan hätten, wäre das Kind von ihnen selbst zum Führer gewählt worden. Und wenn sie ihre Kritik an seiner Führung äußern und gegen seine Vorschläge rebellieren, findet das Kind seine Rolle als Anführer weniger erfreulich, als es erwartet hatte, und die kritischen Bemerkungen der Gruppe vergrößern seine Zweifel an seiner Eignung zum Anführer.
Wie ein Geführter zu seiner Rolle eingestellt ist, hängt nicht nur davon ab, wie gerne er Führer sein möchte, sondern auch davon, wie er von dem Führer behandelt wird. Wenn er *gerne* ein Führerrolle übernehmen möchte, aber nicht gewählt wird, hält er seine soziale Angepaßtheit für schlechter als ein Kind, das mit der Rolle eines Geführten zufrieden ist. Er kann in der Rolle des Geführten so lange nicht zufrieden sein, wie er nicht mit dem Verhalten des Anführers ihm gegenüber zufrieden ist.
Kleinere Kinder zeigen ihren Widerstand gegenüber herrischem Verhalten in ihrem Negativismus gegenüber den Vorschlägen der Erwachsenen und in ihrem Streit mit den Spielkameraden. Vielleicht möchte ein Kind nicht Anführer sein, aber gleichzeitig möchte es auch nicht von dem Anführer tyrannisiert werden. Wenn die Führungstechnik des Anführers demokratisch ist, ist der Geführte in der Regel damit zufrieden, jemand anderen die Arbeit tun und die Verantwortung übernehmen zu lassen, während er selbst die Vorteile genießt. Auf diese Weise kommt es nicht zu den Gefühlen der Minderwertigkeit, besonders dann nicht, wenn er in der Gruppe beliebt ist und Zufriedenheit aus der Anerkennung der Gruppe schöpft (29, 93).
Die soziale Anpassung entwickelt sich am ungünstigsten bei dem Kind, das gezwungen ist, die Rolle des Geführten zu übernehmen, wenn es danach trachtet, Anführer zu werden. Selbst wenn es seine bitteren Gefühle nicht offen zeigt, so färben sie doch seine Einstellung gegenüber der Gruppe und seine Einstellung gegenüber den Aktivi-

täten, an denen sich die Gruppe als Ganze freut. Zeigt es jedoch sein Ressentiment offen, indem es versucht, andere Geführte zu einer Rebellion gegen den Führer zu überreden oder den Zusammenhalt der Gruppe durch seine überkritischen, negativen Einstellungen zu unterminieren, dann stellt es bald fest, daß die wichtigsten Mitglieder der Gruppe es zurückweisen. Dies führt mit der Zeit zu der Ablehnung durch die gesamte Gruppe. Also entwickelt sich die soziale Anpassung eines solchen Kindes sowohl nach objektiven wie nach subjektiven Kriterien am ungünstigsten.

Bibliographie

(1) ABEGGLEN, J. C.: Personality factors in social mobility: a study of occupationally mobile businessmen. *Genet. Psychol. Monogr.*, 1958, **58,** 101–159.

(2) ABEL, H., and R. SAHINKAYA: Emergence of sex and race friendship preferences. *Child Develpm.*, 1962, **33,** 939–943.

(3) ABERLE, D. F., and K. D. NAEGELE: Middle-class fathers' occupational roles and attitudes toward children. *Amer. J. Orthopsychiat.*, 1952, **22,** 366–378.

(4) ABRAHAMSON, S.: Our status system and scholastic rewards. *J. educ. Sociol.*, 1952, **25,** 441–450.

(5) ALDOUS, K., and L. KELL: A partial list of some theories of identification. *Marriage fam. Liv.*, 1961, **23,** 15–19.

(6) ALLEN, P. J.: The leadership pattern. *Amer. sociol. Rev.*, 1952, **17,** 93–96.

(7) ALLPORT, G. W.: *The nature of prejudice.* Cambridge, Mass.: Addison-Wesley, 1954.

(8) ALT, H.: Basic principles of child rearing in the Soviet Union: first-hand impressions of an American observer. *Amer. J. Orthopsychiat.*, 1958, **28,** 223–240.

(9) AMATORA, SISTER M.: Interests of preadolescent boys and girls. *Genet. Psychol. Monogr.*, 1960, **61,** 77–113.

(10) AMES, L. B.: The sense of self of nursery school children as manifested by their verbal behavior. *J. genet. Psychol.*, 1952, **81,** 193–232.

(11) AMES, L. B., and J. LEARNED: Imaginary companions and related phenomena. *J. genet. Psychol.*, 1946, **69,** 147–167.

(12) ANDERSON, C. A.: A skeptical note on the relation of vertical mobility to education. *Amer. J. Sociol.*, 1961, **66,** 560–570.

(13) ARTER, P. M.: The effects of prejudice on children. *Children*, 1959, **6,** 185–189.

(14) AUSTIN, M. C., and G. G. THOMPSON: Children's friendships: a study of the bases on which children select and reject their best friends. *J. educ. Psychol.*, 1948, **39,** 101–116.

(15) AUSUBEL, D. P., and H. M. SCHIFF: Some intrapersonal and interpersonal determinants of individual differences in socioempathic ability among adolescents. *J. soc. Psychol.*, 1955, **41,** 39–56.

(16) BAGBY, P. H.: Culture and the causes of culture. *Amer. Anthropologist*, 1953, **55,** 535–554.

(17) BAILARD, V.: Developing leadership. *Personnel Guid. J.*, 1953, **32,** 135–138.

(18) BAKER, J. W., and A. HOGWORTH: Social histories of successful and unsuccessful children. *Child Develpm.*, 1961, **32,** 135–149.

(19) BAKWIN, H.: Juvenile delinquency. *J. Pediat.*, 1953, **42,** 387–391; 1954, **44,** 338–342.

(20) BARBE, W. E.: Peer relationships of children of different intelligence levels. *Sch. Soc.*, 1954, **80,** 60–62.

(21) BARCLAY, D.: Friendship's many faces. *The New York Times*, Aug. 13, 1961.

(22) BARCLAY, D.: "No one will play with me." *The New York Times*, Oct. 29, 1961.

(23) BARCLAY, D.: Leads to developing leadership. *The New York Times*, Feb. 4, 1962.

(24) BARON, D.: Personal-social characteristics and classroom social status: a sociometric study of fifth and sixth grade girls. *Sociometry*, 1951, **14,** 32–43.

(25) BARR, J. A., and K. H. HOOVER: Home conditions and influences associated with the development of high school leaders. *Educ. Admin. Superv.*, 1957, **43,** 271–279.

(26) BARRY, H., K. M. BACON, and I. L. CHILD: Cross-cultural survey of some sex differences in socialization. *J. abnorm. soc. Psychol.*, 1957, **55,** 327–332.

(27) BEILIN, H.: The pattern of postponability and its relation to social class mobility. *J. soc. Psychol.*, 1956, **44,** 33–48.

(28) BEILIN, H., and K. V. BERGIN: The social mobility of a limited urban group and some implications for counseling. *Personnel Guid. J.*, 1956, **34,** 544–552.

(29) BELL, G. B., and H. E. HALL: The relationship between leadership and latency. *J. abnorm. soc. Psychol.*, 1954, **49,** 156–157.

(30) BENDIX, R., and F. W. HOWTON: Social mobility and the American business elite. *Brit. J. Sociol.*, 1957, **8,** 357–369; 1958, **9,** 1–14.

(31) BENE, E.: Suppression of heterosexual interest and of aggression by middle class and working class grammar school boys. *Brit. J. educ. Psychol.*, 1958, **28,** 226–231.

(32) BENEDICT, R.: Child rearing in certain European countries. *Amer. J. Orthopsychiat.*, 1949, **19,** 342–350.

(33) BENNETT, E. M., and L. R. COHEN: Men and women: personality patterns and contrasts. *Genet. Psychol. Monogr.*, 1959, **59**, 101–155.

(34) BERKOWITZ, L.: Social desirability and frequency of influence attempts as factors in leadership choice. *J. Pers.*, 1956, **24**, 424–435.

(35) BIEHLER, R. F.: Companion choice in the kindergarten. *Child Develpm.*, 1954, **25**, 45–51.

(36) BJERSTEDT, A.: The interpretation of sociometric status scores in the classroom. *Acta psychologica*, 1956, **12**, 1–14.

(37) BLALOCK, H. M.: Status consciousness: a dimensional analysis. *Soc. Forces*, 1959, **37**, 243–248.

(38) BLAU, P. M.: Occupational bias and mobility. *Amer. sociol. Rev.*, 1957, **22**, 392–399.

(39) BOGEN, I.: Pupil-teacher rapport and teachers' awareness of status structure within the group. *J. educ. Sociol.*, 1954, **28**, 104–114.

(40) BOLL, E. S.: The role of preschool playmates: a situational approach. *Child Develpm.*, 1957, **28**, 327–342.

(41) BONNEY, M. E.: Choosing between the sexes on a sociometric measurement. *J. soc. Psychol.*, 1954, **39**, 99–114.

(42) BORGATTA, E. F., R. F. BALES, and A. S. COUCH: Some findings relevant to the great man theory of leadership. *Amer. sociol. Rev.*, 1954, **19**, 755–759.

(43) BOSSARD, J. H. S., and E. S. BOLL: *The sociology of child development*, 3d ed. New York: Harper & Row, 1960.

(44) BOWER, E. M., T. A. SHELLHAMER, and J. M. DAILEY: School characteristics of male adolescents who later became schizophrenic. *Amer. J. Orthopsychiat.*, 1960, **30**, 712–729.

(45) BOWERMAN, C. E., and J. W. KINCH: Changes in family and peer orientation of children between the fourth and tenth grades. *Soc. Forces*, 1959, **37**, 206–211.

(46) BRANDT, R. M.: The accuracy of self estimate: a measure of concept reality. *Genet. Psychol. Monogr.*, 1958, **58**, 55–59.

(47) BRECKENRIDGE, M. E., and E. L. VINCENT: *Child development*, 4th ed. Philadelphia: Saunders, 1960.

(48) BRIELAND, D.: A variation of the "guess who" technique for the study of the adjustment of children. *J. educ. Res.*, 1952, **45**, 385–390.

(49) BRODERICK, C. B., and S. E. FOWLER: New patterns of relationships between the sexes among preadolescents. *Marriage fam. Liv.*, 1961, **23**, 27–30.

(50) BROWN, A. W., and R. G. HUNT: Relations between nursery school attendance and teachers' ratings of some aspects of children's adjustment in kindergarten. *Child Develpm.*, 1961, **32**, 585–596.

(51) BROWN, D. G.: Masculinity-femininity development in children. *J. consult. Psychol.*, 1957, **21**, 197–202.

(52) BROWN, W. H., and L. B. BOND: Social stratification in a sixth grade class. *J. educ. Res.*, 1955, **8**, 539–543.

(53) BROWNFIELD, E. D.: Communication—key to dynamics of family interaction. *Marriage fam. Liv.*, 1953, **15**, 316–319.

(54) BUCHER, C. A.: The atomic age strikes youth. *Education*, 1955, **76**, 203–205.

(55) BUGENTAL, D. E., and G. F. J. LEHNER: Accuracy of self-perception and group-perception as related to two leadership roles. *J. abnorm. soc. Psychol.*, 1958, **56**, 396–398.

(56) BÜHLER, C.: School as a phase of human life. *Education*, 1952, **73**, 219–222.

(57) BURCHINAL, L., B. GARDNER, and G. R. HAWKES: Children's personality adjustment and the socio-economic status of their families. *J. genet. Psychol.*, 1958, **92**, 149–159.

(58) BURGESS, E. W.: Social relations, activities, and personal adjustment. *Amer. J. Sociol.*, 1954, **59**, 352–360.

(59) BUSWELL, M. M.: The relationship between the social structure of the classroom and the academic success of pupils. *J. exp. Educ.*, 1953, **22**, 37–52.

(60) CAMPBELL, W. J.: Preferences of children for others of the same or opposite sex. *Aust. J. Psychol.*, 1955, **7**, 45–51.

(61) CANNON, K. L., R. STAPLES, and I. CARLSON: Personal appearance as a factor in social acceptance. *J. home Econ.*, 1952, **44**, 710–713.

(62) CAPPE, D.: Types of story books enjoyed by kindergarten children. *J. educ. Res.*, 1956, **49**, 555–557.

(63) CARSLEY, J. D.: The interests of children (ages 10–11) in books. *Brit. J. educ. Psychol.*, 1957, **27**, 13–23.

(64) CASSEL, R. N., and R. G. SAUGSTAD: Level of aspiration and sociometric distance. *Sociometry*, 1952, **15**, 318–325.

(65) CATTELL, R. B., and G. F. STICE: Four formulae for selecting leaders on the basis of personality. *Hum. Rel.*, 1954, **7**, 493–507.

(66) CHAPIN, P. S.: Sociometric stars as isolates. *Amer. J. Sociol.*, 1950, **56**, 263–267.

(67) CHILD, I. L.: Socialization. In G. Lindzey (Ed.), *Handbook of social psychology*. Cambridge, Mass.: Addison-Wesley, 1954. Pp. 655–692.

(68) CHRISTIANSON, H. M., M. L. ROGERS, and B. A. LUDLUM: *The nursery school: adventure in living and learning*. Boston: Houghton Mifflin, 1961.

(69) CHWAST, J.: Value conflicts in treating delinquents. *Children*, 1959, **6**, 95–100.

(70) CLARK, R. A., and C. MC GUIRE: Sociographic analysis of sociometric valuations. *Child Develpm.*, 1952, **23**, 129–140.

(71) COMMOSS, H. H.: Some characteristics related to social isolation of second grade children. *J. educ. Psychol.*, 1962, **53**, 38–42.

(72) CONN, J. H.: Children's awareness of sex

differences. II. Play attitudes and game preferences. *J. child Psychiat.*, 1951, **2,** 82–99.

(73) COOK, E. S.: An analysis of factors related to withdrawal from high school prior to graduation. *J. educ. Res.*, 1956, **50,** 191–196.

(74) COX, F. N.: Sociometric status and individual adjustment before and after play therapy. *J. abnorm. soc. Psychol.*, 1953, **48,** 354–356.

(75) CRANDALL, V. J., A. PRESTON, and A. RABSON: Maternal reactions and the development of independence and achievement behavior in young children. *Child Develpm.*, 1960, **31,** 243–251.

(76) CRANE, A. R.: Pre-adolescent gangs: a socio-psychological interpretation. *J. genet. Psychol.*, 1955, **86,** 275–279.

(77) CROFT, I. J., and T. G. GRYGIER: Social relationships of truants and juvenile delinquents. *Hum. Rel.*, 1956, **9,** 439–466.

(78) CUNNINGHAM, R.: *Group behavior of boys and girls*. New York: Teachers College, Columbia University, 1951.

(79) CURTIS, R. F.: Occupational mobility and urban social life. *Amer. J. Sociol.*, 1959, **65,** 296–298.

(80) DAHLKE, H. O.: Determinants of sociometric relations among children in the elementary school. *Sociometry,* 1953, **16,** 327–338.

(81) DAVIDS, A., and A. N. PARENTI: Personality, social choice, and adults' perception of these factors in groups of disturbed and normal children. *Sociometry,* 1958, **21,** 212–224.

(82) DAVIS, A.: Personality and social mobility. *Sch. Rev.*, 1957, **65,** 134–143.

(83) DAVIS, A., and R. J. HAVIGHURST: *Father of the man*. Boston: Houghton Mifflin, 1947.

(84) DAVITZ, J. R.: Social perception and sociometric choice of children. *J. abnorm. soc. Psychol.*, 1955, **50,** 173–176.

(85) DE HAAN, R. F.: Social leadership. In *57th Yearb. Nat. Soc. Stud. Educ.*, 1958, Pt. 2. Pp. 127–243.

(86) DENHOFF, E.: The physically handicapped child in the nursery school. *Except. Children,* 1954, **20,** 202–208.

(87) DENNIS, W.: A cross-cultural study of the reinforcement of child behavior. *Child Develpm.*, 1957, **28,** 431–438.

(88) DEVAULT, M. V.: Classroom sociometric mutual pairs and residential proximity. *J. educ. Res.*, 1957, **50,** 605–610.

(89) DEXTER, E. S.: Three items related to personality: popularity, nicknames, and homesickness. *J. soc. Psychol.*, 1949, **30,** 155–158.

(90) DIAMOND, S.: Sex stereotypes and acceptance of sex roles. *J. Psychol.*, 1955, **39,** 385–388.

(91) DINEEN, M. A., and R. GARRY: Effect of sociometric seating on a classroom cleavage. *Elem. Sch. J.*, 1956, **56,** 358–362.

(92) DOWNIE, N. M.: A comparison between children who have moved with those who have been in continuous residence on various factors of adjustment. *J. educ. Psychol.*, 1953, **44,** 50–53.

(93) DUFF, J. C.: Quest for leaders. *J. educ. Sociol.*, 1958, **32,** 91–95.

(94) DUKES, W. F.: Psychological studies of values. *Psychol. Bull.*, 1955, **52,** 24–50.

(95) DUNNINGTON, M. J.: Behavioral differences of sociometric status groups in a nursery school. *Child Develpm.*, 1957, **28,** 103–111.

(96) DYMOND, R. F., A. S. HUGHES, and V. L. RAABE: Measurable changes in empathy with age. *J. consult. Psychol.*, 1952, **16,** 202–206.

(97) ELKIN, F.: Socialization and the presentation of self. *Marriage fam. Liv.*, 1958, **20,** 320–325.

(98) ELKINS, D.: Some factors related to the choice-status of ninety eighth-grade children in a school society. *Genet. Psychol. Monogr.*, 1958, **58,** 207–272.

(99) ERIKSON, E.: *Childhood and society*. New York: Norton, 1950.

(100) FARBER, M. L.: English and Americans: values in the socialization process. *J. Psychol.*, 1953, **36,** 243–250.

(101) FEINBERG, M. R., M. SMITH, and R. SCHMIDT: An analysis of expressions used by adolescents at varying economic levels to describe accepted and rejected peers. *J. genet. Psychol.*, 1958, **93,** 133–148.

(102) FEY, W. F.: Acceptance by others and its relation to acceptance of self and others: a revaluation. *J. abnorm. soc. Psychol.*, 1955, **50,** 274–276.

(103) FIELDER, F. E.: A note on leadership theory: the effect of social barriers between leaders and followers. *Sociometry,* 1957, **20,** 87–94.

(104) FLANDERS, N. A., and S. HAVUMAKI: The effect of teacher-pupil contacts involving praise on the sociometric choices of students. *J. educ. Psychol.*, 1960, **51,** 65–68.

(105) FORLANO, G., and J. W. WRIGHTSTONE: Measuring the quality of social acceptability within a class. *Educ. psychol. Measmt,* 1955, **15,** 127–136.

(106) FRANK, L. K., and M. H. FRANK: Teachers' attitudes affect children's relationships. *Education,* 1954, **75,** 6–12.

(107) FRENCH, E. G., and I. CHADWICK: Some characteristics of the affiliation motivation. *J. abnorm. soc. Psychol.*, 1956, **52,** 296–300.

(108) FROMM-REICHMANN, F.: Loneliness. *Psychiatry,* 1959, **22,** 1–15.

(109) GALLAGHER, J. J.: Peer acceptance of highly gifted children in elementary school. *Elem. Sch. J.*, 1958, **58,** 465–470.

(110) GARDNER, G.: Functional leadership and popularity in small groups. *Hum. Rel.*, 1956, **9,** 491–509.

(111) GERARD, H. B.: Some effects of status, role clarity and group goal clarity upon the individual's relations to group process. *J. Pers.*, 1957, **25**, 475–488.

(112) GESELL, A., F. L. ILG, and L. B. AMES: *Youth: the years from ten to sixteen.* New York: Harper & Row, 1956.

(113) GOERTZEN, S. M.: Factors relating to opinions of seventh grade children regarding the acceptability of certain behaviors in the peer group. *J. genet. Psychol.*, 1959, **94**, 29–34.

(114) GOLD, M.: Power in the classroom. *Sociometry*, 1958, **21**, 50–60.

(115) GOLDSCHMIDT, W.: Social class in America: a critical review. *Amer. Anthropologist*, 1950, **52**, 483–498.

(116) GOLDSTEIN, A.: Aggression and hostility in the elementary school in low socioeconomic areas. *Understanding the Child*, 1955, **24**, 20–21.

(117) GOODCHILDS, J. D.: Effects of being witty on position in the social structure of a small group. *Sociometry*, 1959, **22**, 261–272.

(118) GOODENOUGH, E. W.: Interest in persons as an aspect of sex differences in the early years. *Genet. Psychol. Monogr.*, 1957, **55**, 287–323.

(119) GORDON, L. V.: Personal factors in leadership. *J. soc. Psychol.*, 1952, **36**, 245–248.

(120) GOUGH, H. G.: Identifying psychological femininity. *Educ. psychol. Measmt*, 1952, **12**, 427–439.

(121) GOUGH, H. G.: On making a good impression. *J. educ. Res.*, 1952, **16**, 33–42.

(122) GRACE, H. A., and N. L. BOOTH: Is the "gifted" child a social isolate? *Peabody J. Educ.*, 1958, **35**, 195–196.

(123) GRAY, S. W.: Masculinity and femininity in relation to anxiety and social acceptance. *Child Develpm.*, 1957, **28**, 203–214.

(124) GREEN, T. L.: The cultural determination of personality in Ceylon. *Sch. Soc.*, 1952, **75**, 164–166.

(125) GRONLUND, N. E., and L. ANDERSON: Personality characteristics of socially accepted, socially neglected, and socially rejected junior high school pupils. *Educ. Admin. Superv.*, 1957, **43**, 329–338.

(126) GRONLUND, N. E., and W. S. HOLMLUND: The value of elementary school sociometric status scores for predicting pupils' adjustment in high school. *Educ. Admin. Superv.*, 1958, **44**, 255–260.

(127) GRONLUND, N. E., and A. P. WHITNEY: Relation between pupils' social acceptability in the classroom, in the school, and in the neighborhood. *Sch. Rev.*, 1956, **64**, 267–271.

(128) GROSSMAN, B., and J. WRIGHTER: The relation between selection-rejection and intelligence, social status and personality amongst sixth grade children. *Sociometry*, 1948, **11**, 346–355.

(129) GUINOUARD, D. E., and J. F. RYCHLAK: Personality correlates of sociometric popularity in elementary school children. *Personnel Guid. J.*, 1962, **40**, 438–444.

(130) HARE, A.: Situational differences in leader behavior. *J. abnorm. soc. Psychol.*, 1957, **55**, 132–135.

(131) HARRIS, D. B., A. M. ROSE, K. E. CLARK, and F. VALASEK: Personality differences between responsible and less responsible children. *J. genet. Psychol.*, 1955, **87**, 103–106.

(132) HARRIS, D. B., and S. C. TSENG: Children's attitudes toward peers and parents as revealed by sentence completions. *Child Develpm.*, 1957, **28**, 401–411.

(133) HARTLEY, R. E.: Sex role pressures and the socialization of the male child. *Psychol. Rep.*, 1959, **5**, 457–468.

(134) HARTLEY, R. E., and S. A. KLEIN: Sex-role concepts among elementary-school-age girls. *Marriage fam. Liv.*, 1959, **21**, 59–64.

(135) HARTRUP, W. W., and E. D. KELLER: Nurturance in preschool children and its relation to dependency. *Child Develpm.*, 1960, **31**, 681–689.

(136) HAVIGHURST, R. J.: *Human development and education.* New York: Longmans, 1953.

(137) HEATHERS, G.: Acquiring dependence and independence: a theoretical orientation. *J. genet. Psychol.*, 1955, **87**, 277–291.

(138) HIGGIN, G.: The effect of reference group functions on social status ratings. *Brit. J. Psychol.*, 1954, **45**, 88–93.

(139) HILGARD, E. R.: *Introduction to psychology*, 3d ed. New York: Harcourt, Brace & World, 1962.

(140) HILLIARD, P.: *Improving social learnings in the elementary school.* New York: Teachers College, Columbia University, 1954.

(141) HOLLANDER, E. P., and W. B. WEBB: Leadership, fellowship, and friendship: an analysis of peer nominations. *J. abnorm. soc. Psychol.*, 1955, **50**, 163–167.

(142) HONIGMANN, J. J.: *Culture and personality.* New York: Harper & Row, 1954.

(143) HONZIK, M. P.: Sex differences in the occurrence of materials in the play constructions of preadolescents. *Child Develpm.*, 1951, **22**, 15–35.

(144) HORROCKS, J. E., and M. E. BUKER: A study of the friendship fluctuations of preadolescents. *J. genet. Psychol.*, 1951, **78**, 131–144.

(145) HUGHES, J. H., and G. G. THOMPSON: A comparison of the value systems of Southern Negro and Northern white youth. *J. educ. Psychol.*, 1954, **45**, 300–309.

(146) HUNT, R. G., and V. SYNNERDAHL: Social influence among children. *Sociol. soc. Res.*, 1959, **43**, 171–174.

(147) HUREWITZ, P.: The neutral isolate: some personality, behavioral, and role perception dynamics compared with a group of sociometric leaders. *Dissert. Abstr.*, 1961, **22**, Pt. 1, 6630.

(148) ILG, F. L., J. LEARNED, A. LOCKWOOD, and L. B. AMES: The three-and-a-half-year-old. *J. genet. Psychol.*, 1949, **75,** 21–31.

(149) IZARD, C. E.: Personality similarity and friendship. *J. abnorm. soc. Psychol.*, 1960, **61,** 47–51.

(150) JERSILD, A. T.: *Child psychology,* 5th ed. Englewood Cliffs, N.J.: Prentice-Hall, 1960.

(151) JOSSELYN, I. M.: Cultural forces, motherliness and fatherliness. *Amer. J. Orthopsychiat.*, 1956, **26,** 264–271.

(152) KAFFMAN, M.: Evaluation of emotional disturbance in 403 Israeli kibbutz children. *Amer. J. Psychiat.*, 1961, **117,** 732–738.

(153) KANOUS, L. E., R. A. DAUGHERTY, and T. S. COHN: Relation between heterosexual friendship choices and socioeconomic level. *Child Develpm.*, 1962, **33,** 251–255.

(154) KATES, S. L., and L. N. DIAB: Authoritarian ideology and attitudes on parent-child relationships. *J. abnorm. soc. Psychol.*, 1955, **51,** 13–16.

(155) KATZ, E., P. M. BLAU, M. L. BROWN, and F. L. STRODBECK: Leadership stability and social change: an experiment with small groups. *Sociometry,* 1957, **20,** 36–50.

(156) KEISLAR, E. R.: Girls' social groups rate each other. *Calif. J. educ. Res.*, 1953, **4,** 227–232.

(157) KERCKHOFF, A. C., and T. C. MC CORMICK: Marginal status and marginal personality. *Soc. Forces,* 1955, **34,** 48–55.

(158) KINNEY, E. E.: A study of peer group acceptability at the fifth grade level in a public school. *J. educ. Res.*, 1953, **47,** 57–64.

(159) KIPNIS, D.: The effects of leadership style and leadership power upon the inducement of an attitude change. *J. abnorm. soc. Psychol.*, 1958, **57,** 173–180.

(160) KOCH, H. L.: The relation of certain formal attributes of siblings to attitudes held toward each other and toward their parents. *Monogr. Soc. Res. Child Develpm.*, 1960, **25,** No. 4.

(161) KOHN, M. L.: Social class and parental values. *Amer. J. Sociol.*, 1959, **64,** 337–351.

(162) KORNER, I. N.: Of values, value lag, and mental health. *Amer. Psychologist,* 1956, **11,** 543–546.

(163) LAMBERT, W. W., L. M. TRIANDIS, and M. WOLF: Some correlates of beliefs in the malevolence and benevolence of supernatural beings: a cross-societal study. *J. abnorm. soc. Psychol.*, 1959, **58,** 162–169.

(164) LANGFORD, L. M., and O. W. ALM: A comparison of parent judgments and child feelings concerning the self adjustment and social adjustment of twelve-year-old children. *J. genet. Psychol.*, 1954, **85,** 39–46.

(165) LATHAM, A. J.: The relationship between pubertal status and leadership in junior-high-school boys. *J. genet. Psychol.*, 1951, **78,** 185–194.

(166) LAUGHLIN, F.: *A study of the peer status of sixth and seventh grade children.* New York: Teachers College, Columbia University, 1953.

(167) LENSKI, G. E.: Trends in inter-generational occupational mobility in the United States. *Amer. sociol. Rev.*, 1958, **23,** 514–523.

(168) LESSER, G.: The relationship between various forms of aggression and popularity among lower-class children. *J. educ. Psychol.*, 1959, **50,** 20–25.

(169) LEVINSON, B. M.: The inner life of the extremely gifted child, as seen from the clinical setting. *J. genet. Psychol.*, 1961, **99,** 83–88.

(170) LEWIS, E.: The function of group play during middle childhood in developing the ego complex. *Brit. J. med. Psychol.*, 1954, **27,** 15–29.

(171) LIDDLE, G.: Overlap among desirable and undesirable characteristics in gifted children. *J. educ. Psychol.*, 1958, **49,** 219–228.

(172) LITWAK, E.: Occupational mobility and extended family cohesion. *Amer. sociol. Rev.*, 1960, **25,** 9–21.

(173) LLOYD-JONES, E.: Women today and their education. *Teach. Coll. Rec.*, 1955, **57,** 1–7.

(174) LOTT, B. E., and A. J. LOTT: The formation of positive attitudes toward group members. *J. abnorm. soc. Psychol.*, 1960, **61,** 297–300.

(175) LUCK, J. M.: A study of peer relationships. *Group,* 1955, **17,** 13–20.

(176) LUFT, J.: Monetary value and the perception of persons. *J. soc. Psychol.*, 1957, **46,** 245–257.

(177) LUNDY, R. M., W. KATKOVSKY, R. L. CROMWELL, and D. J. SCHOEMAKER: Self acceptability and descriptions of sociometric choices. *J. abnorm. soc. Psychol.*, 1955, **51,** 260–262.

(178) LYNN, R.: Personality characteristics of the mothers of aggressive and unaggressive children. *J. genet. Psychol.*, 1961, **99,** 159–164.

(179) MACCOBY, E. E.: Role-taking in children and its consequences for social learning. *Child Develpm.*, 1959, **30,** 239–252.

(180) MACFARLANE, J., L. ALLEN, and M. P. HONZIK: *A developmental study of the behavior problems of normal children between twenty-one months and fourteen years.* Berkeley, Calif.: University of California Press, 1954.

(181) MARSHALL, H. R.: Relations between home experiences and children's use of language in play interaction with peers. *Psychol. Monogr.*, 1961, **75,** No. 5.

(182) MARSHALL, H. R.: Training adults to judge children's social acceptance. *J. educ. Psychol.*, 1962, **53,** 27–31.

(183) MARTIN, W. E.: Learning theory and identification. **III.** The development of values in

children. *J. genet. Psychol.*, 1954, **84,** 211–217.

(184) MARTIN, W. E., N. GROSS, and J. G. DARLEY: Studies of group behavior: leaders, followers, and isolates in small organized groups. *J. abnorm. soc. Psychol.*, 1952, **47,** 838–842.

(185) MASON, B. D.: Leadership in the fourth grade. *Sociol. soc. Res.*, 1952, **36,** 239–245.

(186) MATSUMATO, M., and H. T. SMITH: Japanese and American children's perception of parents. *J. genet. Psychol.*, 1961, **98,** 83–88.

(187) MC CANDLESS, B. R., C. B. BILOUS, and H. L. BENNETT: Peer popularity and dependence on adults in preschool age socialization. *Child Develpm.*, 1961, **32,** 511–518.

(188) MC CANDLESS, B. R., and J. M. HOYT: Sex, ethnicity, and play preferences of preschool children. *J. abnorm. soc. Psychol.*, 1961, **62,** 683–685.

(189) MC CORD, J., and W. MC CORD: The effects of parental role model on criminality. *J. soc. Issues*, 1958, **14,** No. 3, 66–74.

(190) MC GUIRE, C.: Family and age-mates in personality formation. *Marriage fam. Liv.*, 1953, **15,** 17–23.

(191) MC GUIRE, C., and G. D. WHITE: Social-class influences on discipline at school. *Educ. Leadership*, 1957, **14,** 229–231, 234–236.

(192) MEDINNUS, G. R.: An examination of several correlates of sociometric status in a first grade group. *J. genet. Psychol.*, 1962, **101,** 3–13.

(193) MILES, K. A.: Relationship between certain factors in the home background and the quality of leadership shown by children. Reported by J. E. Anderson, Parents' attitudes on child behavior: a report of three studies. *Child Develpm.*, 1946, **17,** 91–97.

(194) MC KEE, J. P., and F. B. LEADER: The relationship of socioeconomic status and aggression to the competitive behavior of preschool children. *Child Develpm.*, 1955, **26,** 135–142.

(195) MILLER, R. V.: Social status and socioempathic differences. *Except. Children*, 1956, **23,** 114–119.

(196) MILLER, W. B.: Lower class culture as a generating milieu in gang delinquency. *J. soc. Issues*, 1958, **14,** No. 3, 5–19.

(197) MISCHEL, M.: Preference for delayed reinforcement: an experimental study of a cultural observation. *J. abnorm. soc. Psychol.*, 1958, **56,** 57–61.

(198) MONTAGUE, J. B.: A study of anxiety among English and American boys. *Amer. sociol. Rev.*, 1955, **20,** 685–689.

(199) MOSHER, D. L., and A. SCODEL: Relationships between ethnocentrism in children and ethnocentrism and authoritarian rearing practices of their mothers. *Child Develpm.*, 1960, **31,** 369–376.

(200) MOSS, H. A., and J. KAGAN: Stability of achievement and recognition seeking behaviors from early childhood through adulthood. *J. abnorm. soc. Psychol.*, 1961, **62,** 504–513.

(201) MOUSTAKAS, C. E.: The frequency and intensity of negative attitudes expressed in play therapy: a comparison of well-adjusted and disturbed young children. *J. genet. Psychol.*, 1955, **86,** 309–325.

(202) MOYER, K. E., and B. VON H. GILMER: Experimental study of children's preferences and use of blocks in play. *J. genet. Psychol.*, 1958, **89,** 3–10.

(203) MULDOON, J. F.: The concentration of liked and disliked members in groups and the relationship of concentration to group cohesiveness. *Sociometry*, 1955, **18,** 73–81.

(204) MUNSON, B. E.: Personality differentials among urban, suburban, town, and rural children. *Rur. Sociol.*, 1959, **24,** 257–264.

(205) MUSSEN, P. H., J. J. CONGER, and J. KAGAN: *Child development and personality*, 2d ed. New York: Harper & Row, 1963.

(206) NAEGELE, K. N.: Friendship and acquaintances: an exploration of some social distinctions. *Harv. educ. Rev.*, 1958, **28,** 232–252.

(207) NAM, C. B.: Nationality groups and social stratification in America. *Soc. Forces*, 1959, **37,** 328–333.

(208) NEIMAN, L. J.: The influence of peer group upon attitude toward the feminine role. *Soc. Probl.*, 1954, **2,** 104–111.

(209) NORTHWAY, M. E., and M. MC C. ROOKS: Creativity and sociometric status in children. *Sociometry*, 1955, **18,** 450–456.

(210) OPLER, M. L.: The influence of ethnic and class subcultures on child care. *Soc. Probl.*, 1955, **3,** 12–21.

(211) OPPENHEIM, A. N.: Social status and clique formation among grammar school boys. *Brit. J. Sociol.*, 1955, **6,** 228–245.

(212) ORZACK, L. H.: Preference and prejudice patterns among rural and urban schoolmates. *Rur. Sociol.*, 1956, **21,** 29–33.

(213) PHILLIPS, B. E.: Impact of pupil mobility on the schools. *Educ. Admin. Superv.*, 1957, **43,** 101–107.

(214) PHILLIPS, E. L., S. SHENKER, and P. REVITZ: The assimilation of the new child into the group. *Psychiatry*, 1951, **14,** 319–325.

(215) POPE, B.: Socio-economic contrasts in children's peer culture values. *Genet. Psychol. Monogr.*, 1953, **48,** 157–220.

(216) PROTHRO, E. T.: Arab students' choices of ways to live. *J. soc. Psychol.*, 1958, **47,** 3–7.

(217) RABBAN, M.: Sex-role identification in young children in two diverse social groups. *Genet. Psychol. Monogr.*, 1950, **42,** 81–158.

(218) REEVES, J. M., and L. GOLDMAN: Social class perceptions and school maladjustment. *Personnel Guid. J.*, 1957, **35,** 414–419.

(219) REISMAN, D.: Permissiveness and sex roles. *Marriage fam. Liv.*, 1959, **21,** 211–217.

(220) ROSE, A. M.: Distance of migration and

socioeconomic status of migrants. *Amer. sociol. Rev.*, 1958, **23,** 420–423.

(221) ROSENBERG, B. G., and B. SUTTON: A revised conception of masculine-feminine differences in play activities. *J. genet. Psychol.*, 1960, **96,** 165–170.

(222) ROSENTHAL, F.: Some relationships between sociometric position and language structure of young children. *J. educ. Res.*, 1957, **48,** 483–497.

(223) ROSENTHAL, S.: A fifth grade classroom experiment in fostering mental health. *J. child Psychiat.*, 1952, **2,** 302–329.

(224) SATTERLEE, R. L.: Sociometric analysis and personality adjustment. *Calif. J. educ. Res.*, 1955, **6,** 181–184.

(225) SCHIFF, H.: Judgmental response sets in the perception of sociometric status. *Sociometry*, 1954, **17,** 207–227.

(226) SCHORR, A. L.: Mobile family living. *Soc. Casewk*, 1956, **37,** 175–180.

(227) SCHMUCK, R. A.: Upward mobility and I.Q. performance. *J. educ. Res.*, 1961, **55,** 123–127.

(228) SEARS, P. S.: Child-rearing factors related to playing of sex-typed roles. *Amer. Psychologist*, 1953, **8,** 431.

(229) SEARS, R. R., E. E. MACCOBY, and H. LEVIN: *Patterns of child rearing*. New York: Harper & Row, 1957.

(230) SEWELL, W. H., and A. O. HALLER: Social status and the personality adjustment of the child. *Sociometry*, 1956, **19,** 114–125.

(231) SHERRIFFS, A. C., and R. F. JARRETT: Sex differences in attitudes about sex differences. *J. Psychol.*, 1953, **35,** 161–168.

(232) SILBERSTEIN, F. B., and M. SEEMAN: Social mobility and prejudice. *Amer. J. Sociol.*, 1959, **65,** 258–264.

(233) SINGER, A.: Certain aspects of personality and their relations to certain group modes and constancy of friendship choice. *J. educ. Res.*, 1951, **45,** 33–42.

(234) SPERLING, O. E.: An imaginary playmate representing a pre-stage of the super-ego. *Psychoanal. Stud. Child.*, 1954, **9,** 252–258.

(235) SPEROFF, B. J.: The stability of sociometric choice among kindergarten children. *Sociometry*, 1955, **10,** 129–131.

(236) SPINDLER, D. G., and L. S. SPINDLER: American Indian personality types and their socio-cultural roots. *Ann. Amer. Acad. Pol. Soc. Sci.*, 1957, **311,** 147–157.

(237) STENDLER, C. B.: Social class differences in parental attitude toward school at grade 1 level. *Child Develpm.*, 1951, **22,** 37–46.

(238) STENDLER, C. B.: The learning of certain secondary drives by Parisian and American children. *Marriage fam. Liv.*, 1954, **16,** 195–200.

(239) STOTLAND, E., S. THORNLEY, E. THOMAS, A. R. COHEN, and A. ZANDER: The effects of group expectations and self-esteem upon self-evaluation. *J. abnorm. soc. Psychol.*, 1957, **54,** 55–63.

(240) STOUFFER, G. A. W., and J. OWENS: Behavior problems identified by today's teachers and compared with E. K. Wickman. *J. educ. Res.*, 1955, **48,** 321–331.

(241) STRANG, R.: How children and adolescents view their world. *Ment. Hyg., N.Y.*, 1954, **38,** 28–33.

(242) STRAUSS, A. L.: The learning of roles and of concepts as twin processes. *J. genet. Psychol.*, 1956, **88,** 211–217.

(243) STUBBEFIELD, R. L.: Children's emotional problems aggravated by family moves. *Amer. J. Orthopsychiat.*, 1955, **25,** 120–126.

(244) SULLENGER, T. E., L. H. PARKS, and W. K. WALLIN: The leisure time activities of elementary school children. *J. educ. Res.*, 1953, **46,** 551–554.

(245) SUTTON-SMITH, B., and P. GUMP: Games and status experience. *Recreation*, 1955, **48,** 172–174.

(246) SUTTON-SMITH, B., and B. G. ROSENBERG: Peer perceptions of impulsive behavior. *Merrill-Palmer Quart.*, 1961, **7,** 233–238.

(247) SWITZER, R. E., J. C. HIRSCHBERG, L. MYERS, E. GRAY, N. H. EVERS, and R. FORMAN: The effect of family moves on children. *Ment. Hyg., N.Y.*, 1961, **45,** 528–536.

(248) TAFT, R.: The ability to judge people. *Psychol. Bull.*, 1955, **52,** 1–23.

(249) TAYLOR, E. A.: Some factors relating to social acceptance in eighth grade classrooms. *J. educ. Psychol.*, 1952, **43,** 257–272.

(250) TAYLOR, F. K.: Awareness of one's social appeal. *Hum. Rel.*, 1956, **9,** 47–56.

(251) TERRELL, G., and J. SHREFFLER: A developmental study of leadership. *J. educ. Res.*, 1958, **52,** 69–72.

(252) THOMPSON, G. G., and R. NISHIMURA: Some determinants of friendship. *Amer. Psychologist*, 1950, **5,** 309–310.

(253) THORPE, J. G.: An investigation into some correlates of sociometric status within school classes. *Sociometry*, 1955, **18,** 49–53.

(254) TUDDENHAM, R. D.: Studies in reputation. III. Correlates of popularity among elementary school children. *J. educ. Psychol.*, 1951, **42,** 257–276.

(255) TUMIN, M. M.: Some unapplauded consequences of social mobility in a mass society. *Soc. Forces*, 1957, **36,** 32–37.

(256) TYLER, L. E.: The relationship of interests to abilities and reputation among first-grade children. *Educ. psychol. Measmt*, 1951, **11,** 255–264.

(257) WALL, H. R.: A differential analysis of some intellective and affective characteristics of peer accepted and peer rejected preadolescent children. *Dissertation Abstr.*, 1961, **21,** 2790.

(258) WALTERS, J., D. PEARCE, and L. DAHMS: Affectional and aggressive behavior of preschool children. *Child Develpm.*, 1957, **28,** 15–26.

(259) WALTERS, R. H., W. E. MARSHALL, and J. R. SHOOTER: Anxiety, isolation and susceptibility to social influence. *J. Pers.*, 1960, **28,** 518–529.

(260) WEISS, W.: An examination of attitude toward Negroes. *J. soc. Psychol.*, 1961, **55,** 3–21.

(261) WEST, S. S.: Sibling configuration of scientists. *Amer. J. Sociol.*, 1960, **66,** 268–274.

(262) WESTOFF, C. F., M. BRESSLER, and P. C. SAGI: The concept of social mobility: an empirical inquiry. *Amer. sociol. Rev.*, 1960, **25,** 375–385.

(263) WILLIAMS, M. F.: Acceptance and performance among gifted and elementary school children. *Educ. Res. Bull.*, 1958, **37,** 216–220, 224.

(264) WINGFIELD, R. C.: Bernreuter personality ratings of college students who recall having had imaginary playmates during childhood. *J. child Psychiat.*, 1948, **1,** 90–94.

(265) WITRYOL, S. L., and J. E. CALKINS: Marginal social values of rural school children. *J. genet. Psychol.*, 1958, **92,** 81–93.

(266) WITRYOL, S. L., and G. G. THOMPSON: A critical review of the stability of social acceptability scores obtained with the partial-rank-order and the paired-comparison scales. *Genet. Psychol. Monogr.*, 1953, **48,** 221–260.

(267) WITTENBERG, R. M., and J. BERG: The stranger in the group. *Amer. J. Orthopsychiat.*, 1952, **22,** 89–97.

(268) WOLMAN, B.: Leadership and group dynamics. *J. soc. Psychol.*, 1956, **42,** 11–25.

(269) ZILLER, R. C., and R. D. BEHRINGER: A longitudinal study of the assimilation of the new child in the group. *Hum. Rel.*, 1961, **14,** 121–133.

Kapitel 10: Das Verhalten beim Spiel

S p i e l ist ein so weit gefaßter Begriff, daß seine wirkliche Bedeutung wahrscheinlich verloren gegangen ist. Es ist eine Beschäftigung, die man unternimmt wegen der Freude, die sie bereitet, ohne dabei an Ergebnisse zu denken. Sie wird freiwillig unternommen, und äußerer Zwang fehlt. A r b e i t ist eine Beschäftigung auf ein Ergebnis hin; der einzelne führt diese Beschäftigung nicht unbedingt durch, weil sie ihm Freude bereitet, sondern wegen des Ergebnisses. Arbeit kann freiwillig oder unfreiwillig unternommen werden. Arbeit, die dem einzelnen von anderen auferlegt wird, hat kein Element mit dem Spiel gemeinsam; sie wird nicht freiwillig unternommen, und ihr Ergebnis ist dem einzelnen gleichgültig.

Spiel gegenüber Arbeit. Obgleich häufig versucht wird, eine Unterscheidung zwischen Arbeit und Spiel aufzustellen, gibt es keine Beschäftigung, die nur als eines von beiden bezeichnet werden kann. Ob eine Beschäftigung unter die eine oder die andere Kategorie fällt, hängt nicht nur von der Beschäftigung selbst, sondern von der Einstellung des Individuums zu ihr ab (157). Sammeln ist z. B. eine Form des Spieles für ein Kind oder einen Erwachsenen, der es als sein Steckenpferd betrachtet, aber es bedeutet Arbeit für denjenigen, der Gegenstände sammelt, um sie wegen des Verdienstes verkaufen zu können. Ähnlich ist Malen ein angenehmer Zeitvertreib; wenn man sich aber damit beschäftigt, weil man mit seinen Bildern an einem Wettbewerb teilnehmen will oder weil man als Künstler sein Geld verdient, wird das Malen zu einer Art Arbeit.

Jede Beschäftigung, die auf ein anderes Ziel als die Freude gerichtet ist, kann nicht zu Recht als „Spiel" bezeichnet werden. Sportliche Spiele sind „Spiel" für das kleine Kind, weil der Gedanke, zu gewinnen oder mit anderen zu wetteifern, darin keine Rolle spielt; das einzige Ziel ist es, Spaß dabei zu haben. Wenn die Kinder jedoch älter werden, gewinnt der Wettbewerb zwischen Gruppen an Bedeutung, und bei den sportlichen Spielen kommt der

Faktor der Rivalität dazu. Diese Beschäftigungen werden folglich mehr zu einer Arbeit als zu einem Spiel. Die rivalisierende Gruppe zu schlagen ist wichtiger als die Freude, die diese Beschäftigung bereitet. In der Mittel- und Oberstufe der Schule wird durch den Wettbewerb mit anderen Schulen oder Klassen das Ergebnis betont – das Gewinnen – und nicht so sehr die Freude am Spiel.

Kinder unterscheiden zwischen Arbeit und Spiel auf der Grundlage äußerer Bedingungen. Arbeit ist die Arbeit für die Schule und weiter die alltäglichen Arbeiten, die im Hause zu erledigen sind. Spiel dagegen ist alles andere. Spielen bedeutet für sie, daß sie das tun können, was sie wollen, wogegen Arbeit bedeutet, das zu tun, was sie tun müssen. Intelligente Kinder betonen, daß Arbeit eine nützliche Beschäftigung, das Spiel dagegen wertlos ist; Arbeit erfordert Fleiß und Aufmerksamkeit, Spiel ist dagegen eine ruhige und leichte Beschäftigung (37, 108). Intelligente Kinder kommen so eher an die Unterscheidung, die Erwachsene zwischen Arbeit und Spiel vornehmen, heran als Kinder mit einer durchschnittlichen Intelligenz.

Erwachsene betrachten Spiel als ein Mittel, Vergnügen zu haben; sie sehen ihre Freizeitbeschäftigung als einen Wechsel von ihrer Arbeitsbeschäftigung an. Ein großer Teil des Vergnügens, das ihnen ihre Freizeitbeschäftigung bereitet, entsteht dadurch, daß sie tun können, was sie wollen, und nicht, was sie tun müssen. Sie wollen sich vielleicht schöpferisch betätigen – etwas leisten, das ihnen Befriedigung gibt –, oder sie möchten vielleicht nur mit Freunden zusammen sein. So wird das, was sie in ihrer freien Zeit unternehmen, als „Spiel" angesehen, aber wie sie spielen, hängt davon ab, was ihnen Vergnügen bereitet (44, 72).

Anteil der Zeit, die mit Arbeit und Spiel verbracht wird. Obgleich Erwachsene aus den oberen sozialen Klassen ungewöhnlich viel freie Zeit haben, verbringen sie diese nicht immer mit Spiel; ein großer Teil der Gemeinschafts- und Sozialaufgaben wird (in den Vereinigten Staaten) von freiwillig arbeitenden Mitgliedern der oberen sozialen Klassen durchgeführt, die annehmen, daß diese Beschäftigungen Menschen, denen es schlechter geht, zugute kommen. Erwachsene der unteren sozialen Klassen arbeiten heutzutage aufgrund der umfangreichen Rationalisierungsmaßnahmen weniger Stunden, als sie für Freizeit zur Verfügung haben, die sie nach eigenen Wünschen verbringen können (1, 12, 72).

Dasselbe trifft auch auf die Kinder zu. Ein großer Teil der freien Zeit der Kinder aus der Oberschicht wird für Beschäftigungen veranschlagt, von denen ihre Eltern annehmen, daß sie sie auf eine erfolgreiche soziale Anpassung vorbereiten – wie Musik- oder Ballettstunden (38). Zu Hause wird von ihnen erwartet, daß sie nur kleinere Pflichten übernehmen, wie die, sich um ihr Zimmer zu kümmern und um ihre Kleidung und gelegentlich bei der Vorbereitung der Mahlzeiten zu helfen.

Kinder der unteren sozialen Klassen haben dagegen keine formale soziale Erziehung außerhalb der Schule, und solange sie klein sind, brauchen sie im Hause kaum Pflichten zu übernehmen. Folglich haben sie verhältnismäßig mehr Zeit zum Spielen. Wenn sie in das vierte oder fünfte Schuljahr kommen, wird von den Mädchen der unteren Klassen erwartet, daß sie sich mehr mit Pflichten im Hause abgeben, daß sie sich um kleinere Geschwister kümmern, waschen, putzen und die Mahlzeiten vorbereiten, während viele Jungen nachmittags nach der Schule schon etwas Geld verdienen (108). Da die Eltern der unteren Klassen die Schulbildung für nicht so wichtig halten, verbringen ihre Kinder weniger Zeit außerhalb der Schule mit Arbeiten für die Schule als Kinder aus den Mittel- und Oberschichten (12, 26).

Der Wert des Spielens

Das Spiel wird so sehr als ein Teil des kindlichen Lebens hingenommen, daß nur wenig Menschen sich die Mühe machen, darüber nachzudenken, eine wie wichtige Rolle es spielt. Viel zu oft sehen Eltern und Lehrer das Spiel als eine „Zeitverschwendung" an. Sie sehen nicht ein, daß zuwenig Spiel dem Kind viele Lernmöglichkeiten vorenthält, die für eine gesunde Entwicklung wesentlich sind. Für das Kind muß das Verhältnis zwischen Arbeit und Spiel ausgewogen sein – von beiden nicht zuviel und nicht zuwenig. Wenn ein Kind anfängt, sich bei einem Spiel zu langweilen, und fragt: „Was soll ich jetzt tun?", ist es offenkundig, daß auf der Waage die Schale des Spiels ein zu großes Gewicht bekommen hat. Wenn es dagegen bei seiner Schularbeit oder bei seinen Pflichten im Haus gelangweilt erscheint oder wenn seine Arbeit schlechter ausfällt, als es seinen Fähigkeiten entspricht, bedeutet das, daß die Seite der Arbeit auf der Waage zu schwer beladen worden ist; es braucht dann mehr Zeit und Gelegenheit zum Spielen. Das Spiel leistet Beiträge zu der Entwicklung eines Kindes, die auf eine andere Art durchweg nicht zu erreichen wären.

Bedeutung für den Körper. Aktives Spiel ist wesentlich, wenn sich die Muskeln des Kindes richtig entwickeln und wenn alle Teile des Körpers trainiert werden sollen. Ebenfalls dient es dazu, die überflüssige Energie abzulassen, die, wenn sie angestaut wird, das Kind abgespannt, nervös und reizbar macht. Sicher könnten diese Vorteile des Spiels für den Körper ebenso erreicht werden, wenn entsprechende Gymnastik mehrmals täglich getrieben würde, aber weil das Kind die Bedeutung dieser Gymnastik nicht sieht, würde es sich wahrscheinlich dagegen auflehnen und nur mit halbem Herzen machen, so daß jeder Vorteil, der ihm entstehen könnte, durch die emotionale Spannung wieder aufgehoben würde.
Im weiteren Verlauf der Kindheit finden viele Kinder spielerische Freizeitbeschäftigungen, die im Sitzen vor sich gehen, wie lesen, fernsehen oder einen Film im Kino anzusehen, angenehmer als aktives Spiel. Ihre Einstellung gegenüber verschiedenen Arten des Spieles wird weitgehend beeinflußt durch die Einstellung der Menschen, die für sie wichtig sind – wie der Eltern und der Alterskameraden (105).

Therapeutische Werte. Das Spiel ist therapeutisch. Es dient dazu, angestaute Energie loszuwerden. Im täglichen Leben braucht das Kind eine Befreiung von den Spannungen, die durch die Beschränkungen hervorgerufen werden, die ihm seine Umwelt auferlegt. Das Spiel hilft ihm, seine Emotionen auf sozial akzeptable Weise zu äußern, und erlaubt es ihm, angestaute Energien in einer Art loszuwerden, die den sozialen Erwartungen entspricht und die soziale Anerkennung gewinnt (111).
Alle diese Ziele werden durch aktives, körperliches Spiel – durch sportliche Spiele – erreicht; sie können aber auch durch eine indirekte Methode erreicht werden, wie die Identifikation mit einer Person in einem Buch, in einem Film oder auf dem Bildschirm. Wenn das Kind eine Geschichte liest oder wenn es sieht, wie sich ein Geschehen auf dem Bildschirm darstellt, kann es seine Ängste, seinen Ärger, seine Wut oder sogar seine Freude zu seiner Zufriedenheit äußern und sich so von ihnen befreien. Phantasiespiele und Spiele, in denen etwas vorgegeben wird, dienen ebenfalls dem Abbau von Ängsten und Spannungen, die mit Ängstlichkeit einhergehen (4). In ähnlicher Weise dienen Massenmedien wie Bildheftchen, Filme und Fernsehen dazu, die Aggressionen loszuwerden, die das Kind nicht direkt ausdrücken kann (2, 116, 141).
Das Spiel sorgt nicht nur für einen therapeutischen Abbau der emotinalen Spannungen, sondern ist auch ein Ventil für die Bedürfnisse und Wünsche, die den Kindern sonst nicht erfüllt werden. Wenn die Wünsche im Spiel befriedigt werden, sind die Frustrationen des täglichen Lebens geringer. Das Kind, das z. B. eine Führerrolle spielen möchte, ist vielleicht nicht imstande, diese Stellung im wirklichen Leben zu erreichen, aber in einem theaterhaften Spiel kann es der Vater, der Lehrer oder der General seiner Spielsoldaten sein.
Weiter kann das Kind in seinem Spiel

oft Pläne schmieden und ausführen, die ihm helfen, Probleme zu lösen, die für sein privates Leben von großer Bedeutung sind. Das Kind, das z. B. in der Schule Schwierigkeiten im Schönschreiben hat, kann die für das Schreiben erforderlichen Fertigkeiten mit einigem Erfolg durch Malen und Zeichnen erwerben. Oder es kann im Spiel eine Methode finden, erfolgreich mit der Beherrschung durch eines der älteren Geschwister fertig zu werden (56, 69, 70).

Der therapeutische Wert des Spieles ist eingesetzt worden, wenn die Verhaltensprobleme der Kinder in der Form von Spieltherapie behandelt worden sind. Axline weist darauf hin: „Spieltherapie gründet auf der Tatsache, daß Spiel das natürliche Mittel der Selbstdarstellung eines Kindes ist. Es ist eine Möglichkeit, die dem Kind gegeben wird, seine Gefühle und Probleme ‚herauszuspielen', ebenso wie in gewissen Arten der Erwachsenen-Therapie der Erwachsene seine Schwierigkeiten ‚herausspricht'" (7). Wenn ein Kind „Familie" spielt mit Puppen, die verschiedene Mitglieder der Familie darstellen, ist es dem Therapeuten möglich, einen Hinweis darauf zu bekommen, wie es zu den einzelnen Mitgliedern der Familie steht. Wenn es eine Puppe schlägt, die einen Säugling oder eines der jüngeren Geschwister darstellt, oder wenn es die Puppe, die die Mutter darstellt, eines der älteren Geschwister schlagen läßt, sind Schlüsse auf seine Haltung gegenüber den Mitgliedern seiner eigenen Familie möglich.

Sowohl in unkontrollierten als auch in kontrollierten Situationen kann ein Beobachter etwas über die Probleme des Kindes erfahren, und ein Kind kann seine eigenen Probleme kennenlernen und merken, wie es sich ihnen gegenüber verhalten soll (8). Wie Conn gesagt hat, „lernt das Kind nicht nur, was es zu der gesamten Situation beigetragen hat, sondern zum ersten Mal stellt es fest, daß es sicher in einer persönlichen Beziehung steht. Es kann deshalb den Mut entwickeln, der aus Selbstkritik entsteht, ein Gefühl der Freiheit, die aus der Selbstäußerung entsteht, und ihm kann die Richtung zu einem glücklichen, gesunden Leben gewiesen werden" (34).

Wert für die Erziehung. Durch das Spiel mit Spielzeug der verschiedensten Art lernt das Kind die Formen, Farben, Größen und Strukturen der Gegenstände kennen und ebenso ihre Bedeutung. Wenn es älter wird, entwickelt es viele Fertigkeiten bei Spiel und Sport. Erforschen, Sammeln und andere bevorzugte Formen des Spieles in der späteren Kindheit geben dem Kind Informationen, die aus Schulbüchern nicht gewonnen werden können.

Lesen, Theateraufführungen, Konzerte und sorgfältig ausgewählte Filme erweitern das Wissen des Kindes und bereiten ihm zu gleicher Zeit Vergnügen. Da das Material in Büchern, in Filmen und im Fernsehen oft in lebhafter Darstellung und aufregender Form gebracht wird, fängt es die Aufmerksamkeit des Kindes ein und verstärkt so seine Motivation zu lernen (130). Das Spiel hilft dem Kind, die Welt, in der es lebt, zu verstehen und zu beherrschen und zwischen Wirklichkeit und Phantasie zu unterscheiden (111).

Im Spiel lernt das Kind etwas über sich selbst und andere und über seine Beziehungen zu ihnen. Es lernt seine Fähigkeiten kennen und sie mit den Fähigkeiten anderer zu vergleichen. Und so kann es sich klarere und realistischere Vorstellungen von sich selber bilden (8). Das Spiel gestattet ihm, zu experimentieren und seine Fähigkeiten zu untersuchen, ohne die volle Verantwortung für seine Handlungen übernehmen zu müssen, wie das bei Handlungen ernsterer Natur gewesen wäre (80). Beim Zeichnen z. B. kann es Versuche anstellen, soviel es will, und doch sicher sein, daß es keine Zensur bekommt für das, was es gezeichnet hat. Beim Spiel nimmt das Kind viele verschiedene Rollen an und lernt so, welche Rollen ihm die größte Befriedigung geben und es ihm gleichzeitig ermöglichen, bessere Beziehungen zu anderen herzustellen. Es lernt weiter, die seinem

Geschlecht entsprechende Rolle zu spielen, indem es in seinem Spiel vorgibt, die Menschen darzustellen, die sozial anerkannte Verhaltensmuster für sein Geschlecht verkörpern (83).

Sozialer Wert. Durch Spiel mit anderen Kindern lernt das Kind, wie soziale Beziehungen zu Fremden gegründet werden und wie man den Problemen, die solche Beziehungen mit sich bringen, begegnet und sie löst. Durch Spiele, die die Zusammenarbeit erfordern, auch mit Erwachsenen, lernt das Kind, zu geben und zu nehmen (8, 102). Da Erwachsene die aggressiven Tendenzen eines Kindes beim Spiel im allgemeinen tolerieren, wird Zusammenarbeit jedoch schneller im Spiel mit anderen Kindern gelernt. Innerhalb der Familie helfen Spiele, bei denen etwas vorgegeben wird, die Feindseligkeiten zwischen Eltern und Kindern zu verringern und zwischen älteren und jüngeren Geschwistern, so daß solche Spiele zu einer besseren sozialen Anpassung im Elternhaus führen und zu einer besseren Atmosphäre (28, 142).
Es stimmt, daß ein Kind durch seine Kontakte in der Schule lernen könnte, sich in einer sozialen Art zu verhalten, aber die typische Umgebung in der Schule bietet im Gegensatz zum Spiel wenig Gelegenheit zu sozialem Verhalten. Selten gibt das Elternhaus oder die Schule dem Kind eine ausreichende Möglichkeit, seinen Wunsch nach sozialen Kontakten zu erfüllen.

Moralischer Wert. Das Spiel ist einer der wichtigsten Faktoren bei der moralischen Erziehung des Kindes. Obgleich es zu Hause und in der Schule lernt, was die Gruppe als richtig und falsch ansieht, wird die Annahme sozialer Standards dort nie so starr aufgezwungen wie in der Spielgruppe. Das Kind weiß, daß es fair, ehrlich, aufrichtig, selbstbeherrscht und ein guter Kamerad sein muß und daß es verlieren können muß, wenn es ein Mitglied der Gruppe werden soll. Es weiß auch, daß seine Spielkameraden Verstößen gegen die akzeptierten Verhaltensweisen viel weniger tolerant gegenüberstehen als die Erwachsenen zu Haus oder in der Schule. Im Spiel lernt es deshalb, sich schneller und vollständiger einzufügen als in irgendeiner anderen Situation (45).

Charakteristische Züge des kindlichen Spieles

Gewisse charakteristische Züge des kindlichen Spieles, die sich bei jeder Gruppe von Kindern feststellen lassen, zeigen, wie sehr es sich vom Spiel der Erwachsenen unterscheidet.

Das Spiel folgt einem Entwicklungsmuster. Vom frühen Säuglingsalter bis zur Reife sind bestimmte Spielbeschäftigungen in einem Alter beliebt, im anderen dagegen nicht – ganz gleich, was die Umgebung, die Nationalität oder der ökonomische Status des Kindes ist.
Während der ersten zwei oder drei Lebensmonate, wenn das Kind die Muskelkontrolle im Kopf- und Armbereich erwirbt, besteht sein Spiel hauptsächlich darin, daß es Menschen und Gegenstände ansieht und unkontrollierte Bewegungen ausführt bei dem Versuch, Gegenstände zu ergreifen, die man ihm vorhält. Von da an sind Arme und Hände genügend unter willensmäßiger Kontrolle, so daß es kleine Gegenstände und Spielzeuge ergreifen, halten und untersuchen kann; sein Spiel ist erforschender Natur. Nachdem es laufen kann, spielt es, indem es Spielzeug mit Rädern zieht oder schiebt. Wie ein Kind spielt, hängt somit von der Entwicklung der motorischen und intellektuellen Funktion ab (85).
In diesem vorhersagbaren Muster beginnt das Spiel mit Spielzeug im ersten Lebensjahr und erreicht einen Höhepunkt zwischen sieben und acht Jahren. Während des „Spielzeugalters" ist das Spiel des Kindes weitgehend durch die Art des Spielzeuges bestimmt, das einem Kind zur Verfügung steht. Interesse am Spielzeug entsteht hauptsächlich dadurch, daß ein Kind sich einbildet, sein Spielzeug habe Eigenschaften eines Lebewesens – daß es so sprechen, handeln und fühlen könne wie es selber. Wie das Kind mit seinen Spiel-

zeugen spielt, wie lange es das tut und wieviel Vergnügen ihm diese Art des Spielens bereitet, hängt teilweise von seiner intellektuellen und motorischen Entwicklung ab, teilweise von dem Spielzeug und teilweise von den Bedingungen, unter denen es spielt – ob alleine, mit einem Erwachsenen oder mit einem anderen Kind. Wenn das richtige Spielzeug gebraucht wird für das richtige Alter und das richtige Entwicklungsniveau, wird dem Kind das Spielen mit dem Spielzeug mehr Freude bereiten, und es wird länger damit spielen (114, 168). Im Verlauf der intellektuellen Entwicklung fängt das Kind an, sein Interesse an Spielzeug zu verlieren, weil es ihm nicht mehr die Eigenschaften eines Lebewesens zuerkennt. Bei intelligenten Kindern ist dies früher der Fall (89).

Nachdem das Kind in die Schule gekommen ist, verändern sich seine Spielinteressen teilweise wegen der größeren geistigen Reife und teilweise wegen des Druckes von seiten der Gruppe seiner Spielkameraden, mit solchem Spielzeug nicht mehr zu spielen, mit dem nach Meinung der Gruppe nur kleine Kinder spielen. Während des ersten und zweiten Schuljahres jedoch überschneiden sich die Spielbeschäftigungen, die für die frühe und die für die späte Kindheit charakteristisch sind. Ein Kind spielt oft noch weiter mit seinem Lieblingsspielzeug, wenn es nicht mit der Gruppe der Alterskameraden zusammen ist; wenn es sich aber in der Gruppe befindet, spielt es in einer reiferen Art. Zuerst interessiert sich das Kind für Laufspiele; danach werden sportliche Spiele mit strengen Regeln sein liebster Zeitvertreib.

Verhaltensweisen bei bestimmten Spielbeschäftigungen. Untersuchungen des Spieles in der Kindheit haben ergeben, daß die verschiedenen Arten des Spieles in einer mehr oder weniger regelmäßigen Reihenfolge und zu vorhersagbaren Zeitpunkten im Entwicklungsmuster des Kindes auftreten. Das Bauen mit Klötzchen durchläuft z. B. vier deutliche Stadien. Im ersten Stadium nimmt ein Kind die Klötzchen nur in die Hand, trägt sie oder häuft sie zu einer unregelmäßigen Masse auf; im zweiten baut es Mauern und Türme; im dritten entwickelt es Muster und Techniken, um kompliziertere Entwürfe auszuführen; und im vierten baut es Vorlagen nach (82, 102). Mit drei Jahren – im ersten Stadium – kümmert das Kind sich hauptsächlich um Fragen des Gleichgewichtes und der Größe und der Art, die Klötzchen zu verbinden; wenn es vier Jahre alt geworden ist, fängt es an, grobe und ausgedehnte Strukturen zu bauen, die lose miteinander verbunden sind; mit fünf kann es hoch integrierte, sorgfältig ausgewogene Strukturen bauen und mit sechs gebraucht es diese komplizierten Bauten als Kulisse für das Rollenspiel (145). Bestimmte Verlaufsmuster treten ebenfalls beim Zeichnen auf; es beginnt mit Kritzeln und dem Malen von Punkten beim einjährigen Kind und entwickelt sich dazu, daß Bilder mit einem Hintergrund gemalt werden, wenn das Kind acht ist (13). Ähnlich treten Interesse am Lesen und Interesse an Filmen, Sammeln, Fernsehen, Radio und Singen alle in einer mehr oder weniger regelmäßigen Reihenfolge und zu vorhersagbaren Zeiten auf.

Spiel wird von der Tradition beeinflußt. Viele der Spielbeschäftigungen der kleinen Kinder sind Nachahmungen der Beschäftigungen der Erwachsenen. Weil die Beschäftigungen in jeder Kultur mehr oder weniger stereotyp sind, verändert sich das Spiel kleiner Kinder von Generation zu Generation wenig, ganz gleich wie die jeweilige Umgebung aussieht. Kleine Kinder ahmen das Spiel älterer Kinder nach, die wiederum das Spiel der Generation von Kindern vor ihnen nachgeahmt haben. So reicht in jeder Kultur eine Generation solche Spiele an die nächste weiter, die sie selber am besten findet.

Die Art des Spiels jedoch, die in einer Kultur zur Tradition wird, hängt von den Werten der Kultur ab. Eine vergleichende Untersuchung des Spieles von Kindern in Amerika und Japan hat gezeigt, daß die japanischen Kinder

zwanglose Gruppenbeschäftigungen bevorzugen, wogegen die Amerikaner das Spiel in Mannschaften und Spiele mit Wettbewerbcharakter betonen. Amerikanische Kinder legen auf das Rollenspiel nur in den frühen Jahren der Kindheit Wert, wogegen sich die japanischen Kinder viel länger für das Rollenspiel interessieren. Weiter besteht eine größere Vielfalt im traditionellen Spielrepertoire der amerikanischen Kinder als in dem der japanischen Kinder (138).
Untersuchungen der Kunstgeschichte ergeben, daß Bilder von Kindern in verschiedenen Kulturen und zu verschiedenen Zeiten sie zeigen, wie sie mit Bällen und anderem Spielzeug spielen, das die Kinder heute noch gebrauchen. Wenn z. B. Kinder anfangen zu laufen, ist ein Laufspielzeug, das ihnen helfen soll, das Gleichgewicht zu halten, ein schon seit Jahrhunderten beliebter Gegenstand. Abb. 10-1 zeigt ein Laufspielzeug, das auf einer griechischen Vase abgebildet ist.
Der Einfluß der Tradition läßt sich auch in den Zeichnungen von Kindern der verschiedenen Kulturen beobachten. Diese Zeichnungen werden durch die Art der Handschrift in der kulturellen Gruppe beeinflußt, zu der das Kind gehört. In einer vergleichenden Untersuchung von arabischen und amerikanischen Kindern wurde festgestellt, daß die arabischen Kinder viel häufiger in der rechten oberen Ecke des Blattes zeichnen als in der linken, wogegen auf amerikanische Kinder das Gegenteil zutrifft – die arabische Handschrift läuft von rechts nach links, die amerikanische von links nach rechts (42).
Ein Vergleich hat ergeben, daß die Zeichnungen von Beduinenkindern klein sind im Vergleich zu denen amerikanischer Kinder desselben Alters. Die Beduinenzeichnungen sind im Durchschnitt etwa fünf Zentimeter groß, wogegen die amerikanischen rund 15 Zentimeter groß sind. Die Zeichnungen der Beduinenkinder zeigen rechteckige Rümpfe, Kleider fehlen; die Bilder der amerikanischen Kinder zeigen bekleidete und rundliche Rümpfe (43). Abb. 10 - 2 zeigt charakteristische Zeichnungen des menschlichen Körpers durch Beduinenkinder. Vergleiche diese Zeichnungen mit denen amerikanischer Kinder Abb. 10-3.
Der Einfluß der Überlieferung wird ebenfalls in der Tatsache deutlich, daß es jahreszeitliche Schwerpunkte der Spiele der Kinder gibt. Die Rollschuhe, Murmeln und Fahrräder kommen mit den ersten warmen Tagen ins Freie. Im Sommer verlagert sich das Interesse auf das Spielen am Wasser, auf Schwimmen und Bootfahren; die kühlen Tage des Herbstes erneuern das Interesse des Kindes an dem mehr aktiven Spiel, das ihm während der Frühlingszeit Vergnügen bereitet hat. Wenn der Winter kommt, freut sich das Kind auf das Schlittschuhlaufen, das Schlittenfahren, auf Schneeballschlachten und auf das Schlittern auf dem Eis.
Trotz der kulturellen Unterschiede im traditionellen Spiel bestehen Unterschiede überwiegend in der Betonung: Bestimmte Aspekte des Spieles werden in Übereinstimmung mit den Werten der bestimmten Kultur betont. Kinder aller Kulturen zeichnen, aber was sie zeichnen und wie sie zeichnen, ist von einer Kultur zur anderen verschieden. Blindekuh wird in verschiedenen Formen in vielen Ländern Europas ge-

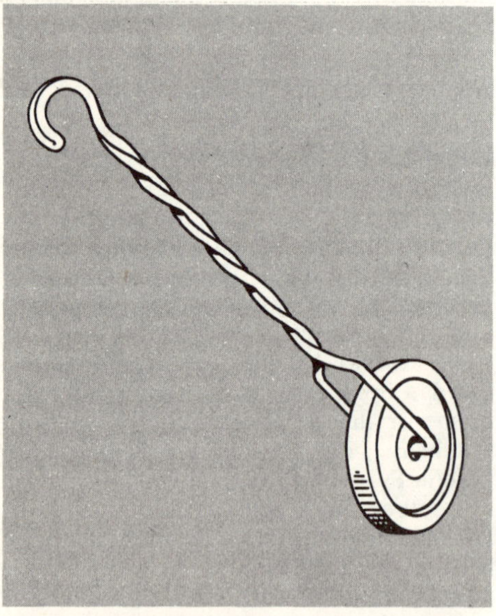

Abb. 10-1. Ein Laufspielzeug, wie es auf einer frühen griechischen Vase abgebildet ist.

Abb. 10-2. Menschen, gezeichnet von Beduinen-Kindern.

Abb. 10-3. Typische Zeichnungen eines Menschen von amerikanischen Kindern im ersten Schuljahr.

spielt. Fangenspielen wird in unterschiedlichen Arten in Burma, dem Irak und der Wüste Sahara ebenso gespielt wie in den meisten europäischen Ländern (158).

Die Tradition bestimmt auch, was für ein Spiel dem Geschlecht eines Kindes angemessen ist ohne Rücksicht auf die Vorlieben des jeweiligen Kindes. Bei den unteren Einkommensgruppen spielt die Tradition eine wichtigere Rolle als bei den höheren Einkommensgruppen. Bei den höheren Einkommensgruppen kann nämlich mehr Geld für neue und verschiedene Spielzeuge ausgegeben werden, und Reisen und soziale Beweglichkeit bringen das Kind mit mehr Kindern der verschiedenen kulturellen Gruppen in Verbindung.

Die Spielbeschäftigungen nehmen mit dem Alter ab. Untersuchungen haben ergeben, daß die Anzahl der Beschäftigungen allmählich abnimmt, wenn die Kinder älter werden. Etwa mit zwölf Jahren nimmt nicht nur die Zahl der spielerischen Beschäftigungen ab, sondern es ändert sich auch die Art der Beschäftigungen. In dieser Zeit gehören zu den beliebtesten Beschäftigungen von Regeln bestimmte sportliche Spiele und mehr einzelgängerische Unternehmungen wie ins Kino gehen, fernsehen, beim Sport zusehen und lesen (174).

Vergleiche der Zahl der verschiedenen Aktivitäten auf verschiedenen Altersstufen haben ergeben, daß Achtjährige sich im Durchschnitt mit 40,11 verschiedenen Spielaktivitäten in einer Woche beschäftigen, wogegen bei Zweiundzwanzigjährigen oder Älteren der Durchschnitt mit 17,71 angegeben wurde. Das Spiel mit anderen Kindern nimmt ebenfalls mit dem Alter ab.

Mit $7\frac{1}{2}$ Jahren stellen diese noch einen Anteil von 27 Spielen im Vergleich zu 21 mit $11\frac{1}{2}$ Jahren und 13 mit $16\frac{1}{2}$ Jahren (170).

Ursache für diese Abnahmen. Die Anzahl der Spielbeschäftigungen nimmt ab, weil den älteren Kindern weniger Zeit für das Spiel zur Verfügung steht; sie verstehen ihre Interessen und Fähigkeiten besser und haben darüber hinaus eine längere Aufmerksamkeitsspanne.
Kinder geben einige Beschäftigungen auf, weil sie ihnen langweilig geworden sind oder weil sie als kindisch angesehen werden. Kinder im Kindergartenalter (im letzten Jahre vor dem Schulbesuch) zeigen ein immer geringer werdendes Interesse an Bauklötzen, weil andere Materialien wie Farbe, Ton, Malstifte oder Kreide eine größere Vielfalt interessanter Beschäftigungen anbieten (101). Das Rollenspiel verliert seine Anziehungskraft, wenn das Kind sich nicht mehr vorstellen kann, daß es die Person, die es darstellt, wirklich ist. Ähnlich verlieren Spielzeuge ihre Anziehungskraft, wenn das Kind ihnen nicht mehr die Eigenschaften eines Lebewesens zuerkennen kann, und wenn es das doch tut, wird es als kindisch von der Gruppe der Alterskameraden angesehen (102, 126). Die Abnahme der Anzahl der Spielbeschäftigungen kann die Folge von Mangel an Spielkameraden sein. Kinder, die von der Gruppe der Alterskameraden nicht anerkannt werden, müssen ihre Spielbeschäftigungen auf solche beschränken, die sie allein durchführen können (91, 161).

Die Zeit, die mit Spielen verbracht wird, nimmt mit dem Alter ab. Wenn die freie Zeit abnimmt – wegen neuer Pflichten und wegen der Zeit, die in der Schule verbracht wird –, muß das Kind unter den möglichen Spielbeschäftigungen diejenigen auswählen, die ihm am besten gefallen, und sich darauf konzentrieren. Das wird immer mehr der Fall, je älter das Kind wird (108).
Die Menge der Zeit, die ein Kind für das Spiel hat, wird in einem gewissen Maß vom sozioökonomischen Status der Familie beeinflußt. Die Kinder aus der Oberschicht haben immer weniger Zeit zum Spiel zur Verfügung, wenn sie älter werden, und sie brauchen mehr Zeit in Verbindung mit dem Schulunterricht und dem Unterricht außerhalb der Schule. In der Unterschicht wird mehr Zeit mit Arbeit im Hause verbracht oder mit Geldverdienen nach der Schule.

Die Zeit, die für bestimmte Beschäftigungen aufgewendet wird, nimmt mit dem Alter zu. Weil sie sich schlecht konzentrieren können, wechseln kleine Kinder von einem Spielzeug zum anderen und von einer Spielbeschäftigung zur anderen. Ein zweijähriges Kind kann seine Aufmerksamkeit beispielsweise 6, 9 Minuten auf ein Spiel richten, das Fünfjährige dagegen 12, 6 Minuten. Wenn die Spielgegenstände interessant sind, hält das Kindergartenkind an einer Spielsituation fest, selbst wenn seine Beschäftigung schwierig ist (168). Das wird ebenfalls beim Lesen, Radiohören und Fernsehen deutlich.
Wenn die Kinder älter werden und intellektuell reifer, können sie mehr verstehen. Als Folge davon läßt ihr Interesse nicht so schnell nach, und sie können dem, was sie tun, länger ihre Aufmerksamkeit zuwenden (172). Wenn das Interesse für eine Beschäftigung nachläßt, verbringen die Kinder weniger Zeit bei dieser Beschäftigung. Kinder im Vorschuljahr finden das Bauen mit Klötzchen weniger interessant als vorher und verbringen deshalb weniger Zeit damit (102).

Das Spielen kleiner Kinder ist spontan und zwanglos. Das Kind spielt, wann und mit welchem Spielzeug es möchte, ohne Rücksicht auf Zeit und Ort. Es braucht keine besondere Spielausrüstung oder Spielkleidung.
Allmählich wird das Spiel immer stärker festen Regeln unterworfen; ein großer Teil der Spontaneität des Spieles verschwindet während des Jugendalters. Sogar während des Alters der Bandenbildung meint das Kind, eine besondere Kleidung, eine bestimmte Ausrüstung

und ein bestimmter Ort sei zum Spielen nötig. Verabredungen werden getroffen, sich zu einer bestimmten Zeit zum Spielen einzufinden, und von jedem Mitspieler wird erwartet, daß er pünktlich erscheint.
Vielleicht in keiner Hinsicht ist der Zug zur festen Form deutlicher als in der Haltung des Kindes gegenüber seinen Spielfreunden. Im Vorschulalter ist das Kind bereit, mit jedem zu spielen, der erreichbar ist, aber als Mitglied einer Bande spielt es nur mit seinen Kameraden; wenn sie nicht zu erreichen sind, spielt es alleine, hört Radio, sieht fern oder liest Bilderheftchen. Ähnlich glaubt ein Junge von sechs Jahren, daß er nur mit Jungen spielen sollte, und ein Mädchen, daß es nur mit Mädchen spielen sollte (68, 91).

Zum Spiel gehört weniger körperliche Aktivität, wenn das Kind älter wird.
Während der ersten drei Schuljahre legen die Kinder weniger Wert darauf, im Sitzen zu spielen, außer gegen Ende des Tages, wenn sie müde sind. Dann sehen sie gern fern oder lassen sich vorlesen. Vom vierten Schuljahr an nimmt jedoch die Zeit allmählich zu, die mit Lesen, im Kino, mit Fernsehen, mit Radiohören, mit Musikhören und mit Zuschauen bei sportlichen Ereignissen verbracht wird (81, 147). Das Interesse am aktiven Spiel erreicht seinen niedrigsten Punkt während der ersten Zeit der Pubertät. Dann ziehen sich die Kinder nicht nur aus dem aktiven Spiel zurück, sie verbringen auch weniger Zeit mit Lesen, mit Spielen im Haus oder mit Fernsehen. Den größten Teil ihrer Spielzeit widmen sie Wachträumen – eine Form der Freizeitbeschäftigung, die nur wenig Anstrengung und Energie erfordert.

Arten des Spieles

Wie und was das Kind spielt, hängt weitgehend von seinem Alter und seinem Entwicklungsniveau ab. Die bevorzugten Arten des Spieles während der Kindheit werden im folgenden Abschnitt aufgeführt.

Freies, spontanes Spiel

Das früheste Spiel des Kindes ist frei und spontan. Es kennt keine Regeln und Regulierungen, und das Kind spielt zum größten Teil alleine. Das Kind spielt, wie es spielen möchte, und hört auf, wenn es kein Interesse mehr hat. Spiele dieser Art verlieren in der späten Kindheit an Beliebtheit, wenn Wettbewerbsspiele vorgezogen werden (70, 145).
Freies, spontanes Spiel hat überwiegend erkundenden Charakter. Das Kind empfindet ein großes Vergnügen dabei, die Sinnesorgane anzuregen und verschiedene Sinneseindrücke zu empfangen. Wenn es drei Monate alt ist, erforscht es seine Spielzeuge, indem es daran saugt, stößt und zieht und jeden Gegenstand in seiner Reichweite untersucht (85).
Wegen der fehlenden motorischen Koordination zerstört das Kind sehr leicht etwas. Es zerbricht sein Spielzeug, weil es nicht stabil genug ist, um der Behandlung bei seinen Untersuchungen standzuhalten. Am Ende des zweiten Jahres wendet das Kind seine Aufmerksamkeit fortgeschritteneren und komplizierteren Formen des Spiels zu, die seine sich entwickelnde Denkfähigkeit auf die Probe stellen (80).

Rollenspiel

Beim Rollenspiel oder beim Spiel, in dem etwas vorgegeben wird, beschäftigt sich das Kind in Sprache und Verhalten mit Stoffen oder Situationen so, als hätten sie Merkmale über die hinaus, die sie wirklich haben; es ist für das Kind ein „Spiel der Illusionen" (65). Rollenspiel ist eine häufige und beliebte Form des Spiels in den Vorschuljahren, es verliert aber viel von seiner Anziehungskraft, wenn die Kinder in die Schule kommen. Das Kind im schulpflichtigen Alter fängt an, das Leben realistischer zu betrachten, und seine Fähigkeit, Dingen die Eigenschaften eines Lebewesens zuzuschreiben, nimmt ab, wenn seine Fähigkeit zu denken zunimmt.
Dramatische Verkörperung setzt gewöhnlich zwischen $1^1/_2$ und 2 Jahren

ein und erreicht den Höhepunkt im Vorschuljahr (104). Besonders intelligente Kinder genießen Rollenspiele schöpferischer und konstruktiver Art. Sie verlieren jedoch das Interesse an diesem Spiel ziemlich früh, weil sie verhältnismäßig früh „realistisch" werden (4).

Kleine Kinder lernen einen großen Teil der Spiele, in denen sie etwas vorgeben, von älteren Kindern, besonders von Geschwistern. Ältere Kinder wiederum vergrößern ihren Schatz an Episoden für das Rollenspiel, indem sie Anregungen aus dem Fernsehen, aus Filmen, persönlichen Erlebnissen und Gesprächen mit ihren Eltern und älteren Geschwistern aufgreifen. Bücher und Geschichten geben nur selten die Grundlage für ein Rollenspiel ab, weil kleine Kinder das, was sie sehen, besser verstehen als das, was sie hören, und weil so viele Geschichten, die heute geschrieben werden, sich für das Rollenspiel nicht eignen.

Aus zwei Gründen haben Jungen mehr Ideen für das Rollenspiel als Mädchen; einmal sind die Stoffe der Filme und des Fernsehens geeigneter für Jungen als für Mädchen, und zweitens erzählen die Eltern ihren Söhnen mehr von Cowboys und Kämpfen und anderen Themen, die sich in Rollenspiele übersetzen lassen, als sie mit ihren Töchtern über Themen sprechen, die für Mädchen als ihrem Geschlecht entsprechend angesehen werden (104).

Funktionen des Rollenspieles. Das Rollenspiel trägt zu der Fähigkeit des Kindes bei, seine tatsächlich vorhandenen Grenzen zu überschreiten und über die Einschränkungen hinauszugehen, die ihm die Wirklichkeit auferlegt; es ermöglicht dem Kind, seine Wünsche ersatzweise zu verwirklichen; und es gibt ihm die Gelegenheit, sich von Ärger zu befreien und Bedingungen zu entfernen oder zu überwinden, die es im wirklichen Leben ärgern oder hindern. Je stärker das Kind frustriert ist, desto mehr Spiele wird es spielen, in denen es etwas vorgibt. Das schlecht angepaßte Kind spielt mehr Spiele, in denen es etwas vorgibt, als das gut angepaßte Kind (65). Beobachtungen von Kindergartenkindern beim Spiel ergaben, daß diejenigen, die die meiste Zeit mit manipulierendem Spiel verbrachten, die niedrigsten Ängstlichkeitswerte aufwiesen, wogegen diejenigen mit einem höheren Ängstlichkeitswert mehr Zeit mit Spielen, in denen sie etwas vorgaben, verbrachten (120).

Beim Rollenspiel gibt das Kind vor, jemand zu sein, den es liebt und bewundert und dem es gerne gleichen möchte. Indem es einer Puppe, einem Stoffhund oder einem anderen Spielzeug eine Rolle zuteilt, ändert es seinen eigenen Status; dies gibt ihm ein Gefühl seiner eigenen Wichtigkeit und kompensiert seine Unzufriedenheit mit sich selbst (120).

Einer der wesentlichen Vorteile des Rollenspieles liegt darin, daß es das kleine Kind zum Sprechen ermuntert. Für das Rollenspiel zusammen mit anderen Menschen muß das Kind nicht nur Vorschläge für die Rollen machen können, die gespielt werden sollen, sondern es muß auch die Rolle sprechen, die es spielt. Dies hilft ihm, sein Vokabular zu vergrößern. Was noch wichtiger ist – solche Spiele dienen als Kräfte der Sozialisation und ermuntern das Kind zu Kontakten mit anderen Kindern (104).

Muster des Rollenspieles. Kinder unter drei Jahren zeigen ein vorherrschendes Interesse für 1. Personifikation – sie sprechen mit Puppen oder leblosen Gegenständen, oder sie machen Spiele, zu denen eingebildete Geschöpfe gehören wie Riesen oder Zwerge, 2. den Gebrauch von Stoffen, bei dem etwas vorgegeben wird; dazu gehört die mit phantasievollen Vorstellungen verbundene Bezeichnung eines Gegenstandes – daß etwa ein Schemel ein Zug genannt wird – oder einfaches, deutlich erkennbares, phantasievolles Verhalten, wie aus einer leeren Tasse zu trinken, und 3. Situationen, in denen etwas vorgegeben wird, wozu der komplizierte Gebrauch von Stoffen gehört – wie etwa „Familie im Haus" zu spielen. In den meisten Fällen steht das Spiel in einer Beziehung zu den Stoffen, die sie vor sich haben. Nach dem Alter von drei

Jahren erweist sich der Gebrauch von Gegenständen, bei dem etwas vorgegeben wird, als die typischste phantasievolle Beschäftigung. Wenn die Kinder älter werden, werden Stoffe in zunehmend komplizierterer Art verwendet – es wird etwa Sand gebraucht, um einen Tunnel zu bauen, statt daß er einfach mit einer Schaufel gegraben wird (103).

Stone und Church haben in einer Beschreibung des typischen Verlaufsmusters der kindlichen Handlungsspiele gezeigt, daß sich im Spiel bestimmte Stufen widerspiegeln: „Für das dreijährige Kind kann ein Klötzchen eine Puppe, ein Zug, ein Gebäude, eine Kuh sein. Für das fünfjährige Kind ist ein Bauklötzchen ein Baumaterial, und es möchte, daß sein Spielzeug einem wirklichen Zug ähnlich ist, der in einem Bahnhof aus Bauklötzchen ein- und ausläuft. Das Dreijährige kann ein Universum mit Menschen aus Stöckchen, Steinen, Papier und Lumpen bevölkern, die es jedoch nicht zu möglichst wirklichkeitsgetreuen Abbildungen umzuformen versucht. Das Vierjährige braucht einen bestimmten hervorstechenden Gegenstand, um ein guter Cowboy zu sein – einem breitkrempigen Hut, eine Pistole oder ein Halstuch. Für dieses Kind kann e i n Element stellvertretend für das ganze Bild ‚Cowboy' stehen. Das fünfjährige Kind ist jedoch wahrscheinlich unzufrieden, wenn es seine Rolle spielt und nicht die volle Ausstattung zu dieser Rolle hat" (145).

Themen des Rollenspieles. Die üblichen Themen des phantasievollen Spieles bei kleinen Kindern sind 1. häusliche Gegebenheiten, dazu gehört es, „Haus zu spielen", ein Haus einzurichten, kochen, essen, sich um Babys zu kümmern und Vater und Mutter zu spielen; 2. Tiere, die kriechen und knurren, nachzuahmen; 3. „Kranksein" zu spielen, wobei auch ein Arzt oder eine Krankenschwester nachgeahmt wird; 4. „Kaufladen" zu spielen, 5. Reisen und andere Beschäftigungen im Zusammenhang mit Fahrzeugen – wie in Autos, Zügen oder Bussen zu fahren, zu tanken, im Flugzeug zu fliegen oder in einem Boot zu fahren, 6. „Strafen"–Polizei zu spielen oder Spiele mit Gewehren allgemein, 7. Brand und Feuerwehr, 8. Töten und Sterben, 9. Feste und Hochzeiten zu feiern, Besuch zu haben und 9. die Rolle von Personen aus Geschichten zu spielen – wie Rotkäppchen und der böse Wolf, Aschenbrödel, Nikolaus (104, 115).

Familie zu spielen ist besonders beliebt bei Kindern im Vorschulalter, die kleineren Kinder lassen sich mehr passiv führen, die älteren nehmen die Rollen von Vater und Mutter an. Statt vorzugeben, daß sie Menschen des täglichen Lebens sind, ziehen ältere Kinder es vor, Märchengestalten, Indianer, Cowboys oder Gangster zu sein (104).

Rollen werden erstaunlich treu nachgespielt; sogar der Tonfall der nachgeahmten Person wird so gut übernommen, daß man fast annehmen könnte, daß die wirkliche Person spricht. Zur Ausstaffierung wird nur wenig gebraucht. Ein Hut, ein Spazierstock, ein langer Rock oder irgendein Gegenstand, der gewöhnlich mit der nachgeahmten Person in Verbindung gebracht wird, ist alles, was das Kind braucht, um sich einzubilden, es sei diese Person. Ein Stück Stoff über zwei umgedrehten Stühlen stellt ein Zelt oder eine Höhle dar.

Wachträume

Wachträume sind eine Form des psychischen Spieles. Die Rolle, die das Kind in seinen Wachträumen spielt, ist erregender, heldenhafter und phantasievoller und vom täglichen Leben weiter entfernt als die Rolle, die es in den Spielen spielt, in denen es etwas vorgibt. In den Spielen, in denen es etwas vorgibt, spielt es vielleicht die Rolle eines Piloten, indem es sich einen Pilotenhelm aufsetzt und vorgibt, durch die Luft zu fliegen, wenn es mit einem Spielflugzeug, das es über seinen Kopf hält, herumläuft.

In seinen Wachträumen jedoch sieht es sich als richtigen Piloten, der die Kleidung eines Piloten trägt und in einem richtigen Flugzeug durch die Luft fliegt.

Während sich beim kleinen Kind seine Spiele, in denen es etwas vorgibt, um die gewöhnlichen Erlebnisse des täglichen Lebens drehen, enthalten die Wachträume mehr Glanz, Abenteuer und Aufregung sowohl was die Handlung angeht als auch den Rahmen, in dem die Handlung abläuft. Viele der Vorstellungen in Wachträumen rühren aus Büchern, Bilderheftchen, Filmen und Fernsehprogrammen her, die ein Element des Phantastischen oder des Unwirklichen in sich tragen.

Etwa zu dem Zeitpunkt, zu dem das Kind in die Schule kommt, verliert das Spiel, in dem etwas vorgegeben wird, seine Anziehungskraft, und Wachträume nehmen seinen Platz ein (65). Obwohl Wachträume früher einsetzen können – und das ist bei intelligenten Kindern der Fall – erreichen sie den Höhepunkt in der Pubertät. Sie sind bei älteren Kindern beliebt, wenn diese sich langweilen oder keine anderen Spiele ausführen können, wenn sie z. B. bei einer sich lang hinziehenden Mahlzeit dabeisein müssen. Ein gut angepaßtes Kind hat im allgemeinen nur Wachträume, wenn andere Formen des Spieles nicht möglich sind. Das schlecht angepaßte Kind dagegen ersetzt das Spiel mit anderen Kindern oder das konstruktive Spiel durch Wachträume (121).

Die meisten Kinder haben zu viel Energie, um mit einer so wenig Aktivität erfordernden Beschäftigung wie Wachträumen zufrieden zu sein. Bei dem schnellen Wachstum und den körperlichen Veränderungen, die mit der Pubertät einhergehen, ist jedoch die Energie des Kindes erschöpft. Als Folge ersetzt es das körperliche Spiel durch psychisches. Oft ziehen die Pubertierenden Wachträume vor, weil sie weniger Energie erfordern, aber mehr Befriedigung bereiten. Mädchen neigen in jedem Alter mehr zu Wachträumen als Jungen. Weiter entwickeln sich in der Pubertät die Mädchen schneller als die Jungen und haben folglich weniger Energie für aktives Spiel.

Muster der Entwicklung. Das Vergnügen an Wachträumen läuft parallel zu der Entwicklung der Intelligenz bei Kindern, die gut angepaßt sind. Da die Einbildungskraft sich schneller entwickelt als die Fähigkeit, vernünftig zu denken, kann das ältere Kind sich in jeder Rolle vorstellen, die es sich wünscht, und nicht erkennen, wie ungereimt das ist. Wenn sich seine Fähigkeit, vernünftig zu denken, entwickelt, fängt es allmählich an, die Widersprüche zu sehen. Es steht dann seinen Wachträumen mit eben der kritischen Haltung gegenüber, die es auch bei der Einschätzung von eigenen Schöpfungen gebraucht, ob es sich nun um Zeichnungen, Malarbeiten oder Modellbau handelt.

Themen der Wachträume. Obgleich die Wachträume der Kinder jeden vorstellbaren Rahmen haben und zu jeder Beschäftigung in Beziehung stehen können, sind zwei wesentliche Richtungen am häufigsten vertreten – die Themen des „erobernden Helden" und des „leidenden Helden". Bei der ersten Art sieht sich das Kind so, wie es im wirklichen Leben gerne sein möchte. Ob es ein Cowboy, ein bekannter Sportler oder ein Weltraumfahrer, der als erster Mensch den Mond erreicht, ist, hängt von seinen Interessen und Wünschen ab. Das wichtigste Merkmal des Traumes ist es, daß er sich um das Kind dreht und daß alle anderen Menschen ihm huldigen.

In einem Wachtraum mit „leidendem Helden" dreht sich der Traum um ein Kind, das ein Märtyrer ist und von Eltern, Lehrern, Geschwistern, Alterskameraden oder der Gesellschaft im allgemeinen nicht verstanden und falsch behandelt wird. Die Befriedigung erhält es aus dem glücklichen Ende, bei dem der Märtyrer plötzlich zum Helden wird. Weiter sind alle die, die den Helden nicht verstanden oder falsch behandelt haben, nicht nur reuig, sondern sie wollen auch alles in ihrer Macht Stehende tun, um die körperlichen oder seelischen Schmerzen, die sie ihm zugefügt haben, wiedergutzumachen. Folglich wird der leidende Held noch besser als der erobernde Held behandelt; zur Schmeichelei der anderen kommt die Reue wegen ihres falschen Verhaltens hinzu.

Folgen der Wachträume. Für zu viele Kinder wird Wachträumen ein beliebter Zeitvertreib. Man kann sich ihm jederzeit widmen, und es erfordert keine Ausstattung, Spielkameraden oder auch nur körperliche Anstrengung. Bei keiner anderen Beschäftigung ist die Befriedigung, die jemand für sich selbst gewinnen kann, so vollständig. Auf keine andere Art kann man sich von den gewöhnlichen Erlebnisses des täglichen Lebens so weit entfernen und die Langeweile, die das Leben oft bringt, erträglicher machen.
Wachträumen bedeutet eine besondere Befriedigung, wenn das tägliche Leben in der Schule oder im Haus monoton ist und das Ich bedroht. Für das Kind, das unglücklich und unzufrieden mit sich selbst ist und mit seiner Rolle im Leben, ist das Ausweichen in die Welt seiner Wachträume das angenehmste Ereignis des Tages. In dieser privaten Welt läuft alles so, wie das Kind es sich wünscht; es ist völlig Herr der Situation. Obgleich es durch Lesen, Radiohören und Fernsehen der Langeweile und der allgemeinen Unzufriedenheit entkommen kann, sind dies für das Kind nicht die Erlebnisse, die zu einer Unterstreichung des Ichs führen.
Das Kind, dem die Wachträume Befriedigung geben, vermeidet bald, ihnen kritisch gegenüber zu stehen. Es muß eine Wahl treffen, den Wachtraum deutlich von der Wirklichkeit abzuheben oder sich selbst so zu sehen, wie es gerne sein möchte. Dem unglücklichen und unzufriedenen Kind fällt diese Wahl leicht; es wählt den Weg, der zu der größten Befriedigung führt. Für das glückliche, gut angepaßte Kind ist das Bedürfnis, der Wirklichkeit zu entkommen, nicht so groß; deshalb beschäftigt es sich mit Wachträumen nur, wenn es gelangweilt ist oder wenn es ein Erlebnis gehabt hat, durch das es sich zeitweilig unzulänglich fühlt.
Trotz des Vergnügens, das das Wachträumen dem Kind bereitet, ist es ohne Frage eine der gefährlichsten Arten der Freizeitbeschäftigung, wenn nicht sogar die gefährlichste. Körperlich ist es schädlich für das Wohlergehen eines Kindes, herumzusitzen und Wachträume zu haben, anstatt sich mit Spielen zu beschäftigen, die eine Übung des Körpers erfordern. Ebenfalls entsteht durch Wachträumen häufig ein stark emotionaler Zustand. Emotionale Störungen treten mit Wahrscheinlichkeit eher bei Tagträumen von der Art des „leidenden Helden" als bei der des „erobernden Helden" ein.
Der psychische Schaden des Wachträumens ist weitaus schlimmer als der körperliche. Ein Kind, das aus seinen Wachträumen eine ausreichende Befriedigung erhält, entwickelt bald eine Vorstellung von sich selbst, die weit von der Wirklichkeit entfernt ist. Je weniger es sich selbst mag, so wie es in Wirklichkeit ist, desto mehr lebt es in seiner Welt der Tagträume, wo es sich so sehen kann, wie es gerne sein möchte. Dies trägt zu der schlechten Anpassung bei, die zu seinem übermäßigen Wachträumen geführt hat; es bewegt sich dann in einem circulus vitiosus.
Ebenso wie übermäßiges Wachträumen zu schlechter individueller Anpassung führt, führt es auch zu schlechter sozialer Anpassung. Jemand, der Wachträume hat, hat selten eine gute Einsicht in sein eigenes Wesen. Da sich das Kind nicht so sieht, wie es ist, versteht es nicht, warum andere es nicht in Übereinstimmung mit dem behandeln, was es für seine Überlegenheit hält, und es zeigt seine Verärgerung durch die Art, wie es sie behandelt. Gefangen durch diese ungünstigen Einstellungen, wird im Verlauf der Zeit die soziale Anpassung des Kindes immer schlechter. Die Folge ist, daß es immer weniger Freunde und immer mehr Feinde erhält.
Nicht nur zuviel Wachträumen ist ungesund, sondern auch zuwenig. Das Kind, dem die Fähigkeit fehlt, sich so zu sehen, wie es gerne sein möchte, muß damit zufrieden sein, sich so zu sehen, wie es ist. Dieses Bild gefällt ihm wohl kaum. Manche Wachträume können das Kind dazu anregen, das, was in der Welt seiner

Wachträume passiert, im wirklichen Leben zu wiederholen. Ein Kind, das sich z. B. als bekannten Sportler sieht, gibt sich vielleicht Mühe, die Fertigkeiten zu entwickeln, die erforderlich sind, um es im wirklichen Leben zu einem Helden zu manchen. Weiter braucht jedes Kind einen zusätzlichen moralischen Antrieb, wenn es entmutigt ist und wenn sein Versuch, Erfolg zu erringen, unerkannt geblieben ist. Wenn es sich selbst als Held sieht, kann das seine Motivation verstärken, sich weiter zu bemühen, bis es schließlich sein Ziel erreicht hat. Ohne diesen zusätzlichen Antrieb könnte das Kind sich von seinen Ängsten und Frustrationen so fassen lassen, daß sie sein Leben beherrschen.

Wenn ein Kind keine Wachträume hat, wird ihm das Vergnügen vorenthalten, das Wachträume in sein Leben bringen können, wenn dieses nicht der völligen Zufriedenheit entspricht. Kinder mit zuwenig Wachträumen – und sie sind in der Minderheit – haben vielleicht nicht die intellektuelle Fähigkeit, sich Dinge vorzustellen, die nicht tatsächlich passieren, oder es fehlt ihnen vielleicht das Wissen, aus dem Tagträume entstehen. Ein Kind, dem die Gelegenheit fehlt, zu lesen, fernzusehen oder Filme zu sehen z. B., muß seine Wachträume vielleicht aus den Baustoffen gestalten, die ihm zur Verfügung stehen – Informationen über alltägliche Ereignisse seines eigenen Lebens. Diese Stoffe sind nicht geeignet, Wachträume zu erzeugen, die das Kind befriedigen.

Kinder, die vom Aufwachen am Morgen bis zum Schlafengehen in der Nacht sehr beschäftigt sind durch zusätzliche Aufgaben, die ihnen ehrgeizige Eltern auferlegen oder Eltern, die ihre Hilfe brauchen, haben wenig Zeit frei für geistige Beschäftigung. Oft gebrauchen sie, was ihnen an freier Zeit bleibt, nicht für Wachträume, weil sie sowohl körperlich als auch psychisch zu müde sind, um eine solche geistige Anstrengung auf sich zu nehmen, wie das Wachträumen sie erfordert.

Schließlich hat das Kind vielleicht auch zuwenig Wachträume wegen seiner Schuldgefühle. Wenn das Kind für seine Lügengeschichten – eingebildete Erlebnisse, die so realistisch sind, daß sie als wirklich angesehen und auch als solche berichtet werden – getadelt oder bestraft worden ist, wird sein Wunsch, sich in irgendeiner Art phantasievollen Denkens zu betätigen, aus Angst vor Tadel oder Strafe im Zaum gehalten. Es wird darauf konditioniert jeden Gebrauch des Vorstellungsvermögens als falsch anzusehen, weil es gelernt hat, ihn mit sozialer Ablehnung in Verbindung zu bringen.

Konstruktives Spiel

Bis zum Alter von fünf oder sechs Jahren fügt das Kind Gegenstände ohne einen vorher ausgedachten Plan oder Muster zusammen. Wenn sie zufällig einem vertrauten Gegenstand gleichen, ist es von seiner Leistung begeistert. Wenn es älter als sechs Jahre ist, gebraucht es Stoffe in spezifischer Weise und richtig für das Bauen und Zusammensetzen.

Das Kind, das zu realistisch eingestellt oder zu verträumt ist, spielt nicht schöpferisch. Das zu realistische Kind ist nicht imstande, sich Dinge vorzustellen, die es in seinem täglichen Leben nicht sieht; und nur das wiederzugeben, was es umgibt, schafft ihm wenig Befriedigung. Das Kind, das zu viel träumt, steckt alle seine Energien in Wachträume; es kommt nie dazu, seine Schöpfungen wiederzugeben, weil es sich mit ihren eingebildeten Formen zufrieden gibt. Wenn die Kinder älter werden und besser zwischen Phantasie und Wirklichkeit unterscheiden können, verlieren sie das Interesse am Spiel, in dem sie etwas vorgeben, und wenden ihre Aufmerksamkeit dem konstruktiven Spiel zu (20, 171).

Einigen Kindern bereiten schöpferische Leistungen große Befriedigung, anderen dagegen nicht. Bei einigen wird die schöpferische Fähigkeit entwickelt durch Anleitung und durch Ermunterung zum Gebrauch von Material, für das die Eltern oder Lehrer gesorgt haben. Anderen Kindern mit gleichen schöpferischen Fähigkeiten werden diese wesentlichen Voraussetzungen der Ent-

wicklung ihrer Möglichkeiten vorenthalten. Als Folge kennen sie nicht die Befriedigung, die sie aus solchem Spiel erhalten können, und werden nicht motiviert, ihre Fähigkeiten zu üben. Selbst wenn einem Kind Ermunterung gegeben und Material gestellt wird, wird seine Motivation durch Kritik vielleicht geschwächt.
Die verbreitetsten Formen des konstruktiven Spieles für verschiedene Altersstufen und Entwicklungsniveaus werden in den folgenden Abschnitten beschrieben.

Die Herstellung von Gegenständen. Das frühe konstruktive Spiel besteht darin, aus Sand Kuchen zu backen oder Berge und Tunnel zu bauen, mit Klötzchen, Perlen, Schere, Plastilin, Farben, Kreide und Klebstoff zu spielen. Obgleich kleine Kinder Dinge herstellen, die eine bestimmte Bedeutung haben und die zu erkennen sind, ist der praktische Gebrauch des Gegenstandes von zweitrangiger Bedeutung. Beim Bauen mit Klötzchen nennen Kinder ihre Strukturen „Häuser" oder „Boote", aber erst nach dem dritten Jahr verbinden Kinder ihre Bauten mit Handlungsspiel (69, 114). Wenn sie in den Kindergarten kommen, verlegen die meisten Kinder ihre Interessen vom Bauen mit Klötzchen auf das Malen, auf Modellieren mit Plastilin, auf Zeichnen mit bunter Kreide, auf Legespiele und auf Klebearbeiten (102).
In der späten Kindheit bauen die Kinder Zelte, Spielhäuser, Hütten, Schneemänner und Dämme. Jungen bilden im Zusammenhang mit ihren Spielen im Freien große, grobe Strukturen. Mädchen dagegen formen feinere und zartere Gegenstände; sie stellen Puppenkleider her, Papierpuppen und Zeichnungen, sie malen und modellieren.
Zuerst ist das Kind über alles erfreut, was es macht, und zeigt es stolz jedem, der zufällig anwesend ist. Später wird es kritischer gegenüber seiner Arbeit, besonders beim Zeichnen und Malen. Es hört nicht nur auf, sich seiner Arbeit zu rühmen, sondern es versteckt sie auch oft oder zerstört sie sogar, wenn andere kommen, um sie anzusehen. Zwischen dem vierten und dem achten Schuljahr verlieren sowohl Jungen als auch Mädchen das Interesse am Handwerklichen. Sie kochen jedoch immer noch gerne, und wenn sie eine Begabung für eine bestimmte Art der schöpferischen Arbeit haben, wie Malen, Zeichnen oder Modellieren, machen sie diese zu ihrem Steckenpferd – ihrer bevorzugten Spielbeschäftigung, die sie alleine durchführen (13, 147).

Zeichnen. Zeichnen ist eine der häufigsten Äußerungen schöpferischen Eifers. Wegen der schlechten Muskelkoordination kann das kleine Kind nicht wirklich zeichnen, es hat aber großes Vergnügen am Kritzeln und daran, grobe und oft völlig ziellose Bewegungen mit dem Bleistift oder dem Buntstift auszuführen. Für das Kind ist das Zeichnen eher ein Mittel, sich zu äußern, als ein Mittel, Schönheit entstehen zu lassen. Das fertige Produkt ist weit weniger wichtig als sein Entstehungsprozeß (63).

Muster der Entwicklung. Zeichnen ist eine Äußerung dessen, was zu dem Zeitpunkt im Geiste des Kindes vorherrschend ist. Seine ersten Zeichnungen sind symbolisch und kein direktes Abmalen von Gegenständen. Das Kind zeichnet Dinge, wie es sich an sie erinnert, aber Perspektive, Proportionen oder Beziehungen interessieren es nicht. Es zeichnet Einzelheiten ein, die es interessieren, wie die Knöpfe an einem Mantel, wogegen es Wesentliches ausläßt, wie die Beine eines Mannes. Etwa vom fünften Jahr an versucht das Kind, das wiederzugeben, was es sieht, und fängt an, Interesse für Größe, Perspektive und richtige Wiedergabe der Einzelheiten zu zeigen.
Wenn das Kind acht Jahre alt ist, ist die Perspektive gut entwickelt. Kinder über acht Jahre zeichnen Menschen oder Gegenstände nur selten so, wie man sie auf dem Röntgenschirm sehen würde. Wenn ein Kind nicht wirklich begabt ist, verschwindet die Originalität beim Zeichnen sehr bald. Kleine

Kinder haben ein großes Interesse für Farben, wogegen sich ältere Kinder überwiegend für die Form interessieren. Das kleine Kind zeichnet überwiegend mit Kreidestiften, das ältere Kind mit einem Bleistift (30, 88). Nach dem sechsten Lebensjahr besteht die wichtigste Veränderung in der Entwicklung des Zeichnens darin, daß es den Hintergrund, vor dem Gegenstände gezeichnet werden, herausarbeitet.

Wenn ein Muster zu schwierig ist, als daß ein kleines Kind es wiedergeben könnte, neigt es dazu, seine Zeichnung nach einem bestimmten Prinzip zu vereinfachen. Es besteht die Tendenz, ein sinnloses Muster durch etwas Sinnvolles zu ersetzen, eine vorgegebene Gestalt zu vereinheitlichen und zu schließen und Rhythmus, Symmetrie oder herkömmliche Proportionen einzuführen, wenn diese fehlen. Es besteht ebenfalls die Tendenz, ein Rechteck zu verkürzen, alles, was Winkel hat, quadratisch zu zeichnen, jedes Muster, das Rundheit nahelegt, durch einen Kreis zu ersetzen, Winkel zu vergrößern und Muster durch Auslassung von Einzelheiten zu vereinfachen. Zu keinem Zeitpunkt gibt es einen Hinweis darauf, daß das Kind versucht, eine Ganzheit aus einzelnen Teilen zusammenzubauen. Seine Zeichnungen sind immer Ganzheiten, auch wenn viele Teile fehlen. Kleine Kinder verstreuen ihre Zeichnungen willkürlich über das Papier, das ältere Kind verbindet die einzelnen Zeichnungen zu einer Einheit (74, 101).

Weil das Kind hauptsächlich aus dem Gedächtnis zeichnet, sind seine Zeichnungen im allgemeinen ungenau und unvollkommen. Es besteht ein deutlicher Mangel an Proportionen, wie aus den Bildern von Menschen zu erkennen ist, deren Köpfe größer als ihre Körper sind. Die Gesichter sind starr und ausdruckslos, und alle Menschen, alle Häuser und alle Tiere entstehen im allgemeinen auch nach einem stereotypen Muster. Ausschmückung spricht das Kind an; ihr wendet das Kind deshalb mehr Aufmerksamkeit als anderen Teilen der Zeichnung zu. Tiere werden häufig mit Menschenköpfen gezeichnet, aber mit einem tierartigen Körper und vier Beinen.

Wenn Kinder sechs oder sieben Jahre alt sind, werden ihre Zeichnungen zu Kompositionen – zwischen den verschiedenen Teilen besteht eine Beziehung. Wenn Kinder spontan zeichnen, zeichnen sie selten etwas Bizarres oder Ausgefallenes, obgleich ihre Zeichnungen dem Erwachsenen vielleicht wie Karikaturen erscheinen (64, 110).

Gegenstände der Zeichnungen von Kindern. Die Zeichnungen kleiner Kinder stellen gewöhnlich vertraute Gegenstände dar, selten Muster oder Ornamente. Der menschliche Körper ist am beliebtesten, der des Erwachsenen noch etwas mehr als der des Kindes (vgl. Abb. 10-3). Tiere werden etwas weniger häufig als Häuser oder Bäume gezeichnet. Ältere Kinder zeichnen häufiger Maschinen, Muster, Tiere, Häuser, Blumen und Bäume; Zeichnungen von Menschen treten etwas in den Hintergrund. Ältere Kinder zeichnen häufig in der Art der Bilderheftchen (Comics); die Gegenstände sind unterschiedlich, aber Lehrer und Alterskameraden, die ihnen nicht gefallen, werden bevorzugt dargestellt (48, 79).

Geschlechtsbedingte Unterschiede zeigen sich in den Gegenständen der Zeichnungen früh. Jungen zeichnen den menschlichen Körper seltener als Mädchen, aber Jungen können die Körperproportionen richtiger darstellen. Mädchen interessiert es mehr, ihre Zeichnungen von Menschen auszuschmücken. Zwischen fünf und elf Jahren zeichnen Kinder im allgemeinen Menschen ihres eigenen Geschlechts, wenn sie aber elf oder zwölf Jahre alt sind, zeichnen Mädchen mehr Menschen des anderen Geschlechts als ihres eigenen.

Das sechsjährige Kind zeigt, daß es zwischen den Geschlechtern unterscheidet, indem es die Haare, Kleidung und die Gesichtszüge seiner Menschen verändert. Mädchen zeichnen im allgemeinen die Gesichter ihrer Personen von vorne, wogegen Jungen das Profil ebenso oft wie Köpfe en face zeichnen.

Jungen zeichnen oft Maschinen, Flugzeuge, Panzer und Schlachtenszenen; Mädchen dagegen zeichnen so etwas selten. Auf jeder Altersstufe zeichnen die Kinder der höheren sozioökonomischen Gruppen mehr Einzelheiten als die der unteren sozioökonomischen Gruppen. Das intellektuelle Niveau eines Kindes beeinflußt ebenfalls die Qualität und den Gegenstand seiner Zeichnungen (64, 84, 164).

Malen mit Buntstiften oder Kreidestiften und Farben. Schöpferische Beschäftigungen, die den Gebrauch von Buntstiften oder Kreidestiften und Farben erfordern, sind in der Kindheit beliebt und folgen weitgehend demselben Entwicklungsmuster wie das Zeichnen. Mit zwei Jahren fängt das Kind an, mit Bunt- oder Kreidestiften zu experimentieren, mit drei beherrscht es den Gebrauch dieser Stifte; mit vier gebraucht es seine Einbildungskraft, mit fünf wird es hinsichtlich seines Werkes selbstbefangen. Bald nachdem das Kind lernt, seine Stifte zu gebrauchen, werden auch Wasserfarben zu einem gleichermaßen beliebten Mittel der Selbstäußerung. Es bereitet dem kleinen Kind ein ungeheures Vergnügen, viele Seiten mit bunten Farben anzufüllen. In den letzten Jahren hat auch das Fingermalen, bei dem die Farben schlammähnlich sind und mit dem Finger oder der Hand auf das Papier aufgetragen werden, zunehmend an Beliebtheit gewonnen (62, 153).

Musik

Kleine Kinder singen gerne, ganz gleich, ob sie musikalisch begabt sind oder nicht. Der Säugling beschäftigt sich mit dieser Art der Selbstäußerung, wenn er Rhythmus in sein Lallen aufnimmt. Das bereitet ihm großes Vergnügen, und er lacht herzlich über sich selbst. Kinder zeigen eine körperliche Reaktion auf Musik, während sie noch im Kinderbettchen liegen. Später laufen, hopsen und klatschen sie spontan zur Begleitung der Musik. Wenn sie vier oder fünf Jahre alt sind, können die meisten Kinder einfache Melodien singen, den Takt dazu schlagen und einfache Melodien erkennen. Wenn ein Kind nicht alle Wörter eines Liedes kennt, bringt es eigene Wörter hinein (80).

Kleine Kinder hören gerne die Musik, die andere erzeugen. Bei Kindern im Vorschulalter in Amerika ist festgestellt worden, daß am Tag im Schnitt 20,20 Minuten mit dem Anhören von Schallplatten verbracht werden. Diese Zeit nimmt nicht sehr zu, wenn die Kinder älter werden, außer im letzten Teil der Kindheit, wenn es zu einem beliebten Zeitvertreib wird, Musik im Radio zu hören. Die größte Freude bereitet es Kindern, der Musik zuzuhören, die sie selber machen, auch wenn sie weitaus schlechter ist als die Musik, die andere machen.

Das Interesse des Kindes an Musik *folgt einem Entwicklungsmuster*. Mit zwei Jahren tanzt das Kind nach der Musik aus dem Radio oder dem Plattenspieler, mit drei Jahren gefällt es ihm, den Plattenspieler zu beobachten und zuzuhören; es kann mehrere Melodien erkennen und hat vielleicht schon Lieblingsmelodien. Ein Jahr später kann es den Plattenspieler selber in Betrieb setzen, es probiert auf dem Klavier, es kann Lieder richtig singen und stellt gerne ihre Handlung dar. Mit fünf Jahren kann das Kind einige vertraute, einfache Melodien auf dem Klavier zu spielen lernen; es singt oder tanzt gerne nach der Musik im Radio oder Plattenspieler. Mit sechs Jahren machen ihm seine eigenen Schallplatten Freude. Mit sieben Jahren wünscht es sich Klavier- oder Ballettunterricht und gebraucht gerne verschiedene Schlaginstrumente; mit acht übt es ungern, aber es hat gerne Zuhörer, wenn es spielt; es spielt mit Begeisterung Duos, und es improvisiert vielleicht schon an einigen Stellen. Mit neun Jahren wendet sich das Kind wirklich dem Üben zu; es fängt an, sich für Komponisten zu interessieren, und es spielt gerne Stakkato oder Legato (62).

Singen ist die häufigste Form der musikalischen Äußerung, weil sie keine technische Übung erfordert. Die Lieblingslieder der Kinder verändern

sich je nach den zur Zeit vorherrschenden Interessen. Während der ersten vier Volksschuljahre sind die Lieder aus der Schule am beliebtesten. Wenn das Kind älter wird, besteht ein immer stärker werdendes Interesse für klassische und Volkslieder und weniger Interesse für religiöse Lieder. Das Interesse an Schlagern und Tanzmusik nimmt mit dem Alter zu.
Untersuchungen einzelner Lieder dieser Kategorie haben gezeigt, daß Kinder Lieder vorziehen, die einfache Melodien und einfache Kadenzen haben. Solche Lieder sind „singbar", und alle können ihre Freude daran haben, ob sie musikalisch begabt sind oder nicht. Diese Lieder können außerdem ohne große Anstrengung gelernt werden und erscheinen deshalb nicht als Teil des Unterrichtes. Wie Kinder auf klassische Musik reagieren, wird überwiegend durch ihre Vertrautheit mit der Musik bestimmt und nicht durch den sozioökonomischen Status (53, 119).

Sammeln

Jedes normale Kind sammelt vom Alter von drei Jahren an irgendwelche Gegenstände. In der frühen Kindheit sind sie gewöhnlich wertlos und trivial. Wenn sie erst einmal gesammelt worden sind, werden sie im allgemeinen vergessen oder erhalten wenig Aufmerksamkeit. Von sechs Jahren bis zum Jugendalter ist das Sammeln von Dingen, die im Augenblick sehr interessieren, eine der beliebtesten Formen der Freizeitbeschäftigung sowohl bei Jungen als auch bei Mädchen. Mädchen sammeln in der Regel mehr, als es Jungen tun. Auf jeder Altersstufe sammeln sie verschiedenartige Gegenstände (20, 63). Mit zehn Jahren erreicht bei Jungen das Sammeln einen Höhepunkt, ein Jahr später ist das bei Mädchen der Fall. Ältere Kinder bewahren ihre Sammlungen an Plätzen, wo sie nicht stören, in Mansarden, in Kellern, in Pulten, alten Koffern, Gläsern, Kästen oder Körben.

Sportliche Spiele und Sport

Sportliche Spiele und Sport sind Wettbewerbe mit festgesetzten Regeln, die zum Vergnügen oder für einen Einsatz unternommen werden. Sport ist immer ein Wettkampf körperlicher Art, wogegen sportliche Spiele körperlicher oder geistiger Natur sein können. Zum Sport gehören gewöhnlich, allerdings nicht immer, eine größere körperliche Anstrengung und starrere Regeln als zum sportlichen Spiel. Der Begriff „Sport" wird im allgemeinen gebraucht für Wettkämpfe gut organisierter Mannschaften, für Fußball, Handball oder Basketball etwa, obgleich er auch auf individuelle Wettkämpfe im Freien angewendet wird wie Leichtathletik, Tennis oder Reiten. Die Wettkämpfe der Kinder gehören weitgehend in die Kategorie der sportlichen Spiele. Die folgende Beschreibung von Wettkämpfen ist deshalb überwiegend eine Beschreibung von sportlichen Spielen und nicht so sehr von Sport.

Arten der sportlichen Spiele. Einfache Spiele, die im allgemeinen mit der Mutter gespielt werden, fangen an, eine Anziehungskraft auf das Kind während der zweiten Hälfte des ersten Lebensjahres auszuüben. Fingerspiele, „Backe, backe Kuchen", Versteckspiele (hinter einem Möbelstück, einem Stück Tuch oder nur hinter der Hand) und ähnliche Spiele, die von einer Generation zur nächsten weitergereicht worden sind, scheinen eine allgemeine Anziehungskraft zu haben.
Um das vierte oder fünfte Jahr fängt das Kind an, sich für Spiele mit unbestimmten Gruppen zu interessieren, an denen eine beliebige Anzahl von Kindern teilnehmen kann. Die Spiele werden durch ein gleichaltriges Kind, ein älteres Kind oder einen Erwachsenen organisiert. Sie sind einfach und kurz, sie haben wenige Regeln und werden oft aus dem Augenblick heraus erfunden. Häufig werden sie auch im Verlauf des Spieles verändert. Typische Spiele dieser Art sind Kriegenspielen, Versteckspielen, Letztenabschlagen, Bäumchen wechsel dich, Räuber und Gendarm (70, 123).
Im Alter von fünf Jahren macht das Kind Spiele, in denen es seine Fertigkeiten mißt, es läuft auf dem Bordstein oder auf Rissen im Pflaster, es

springt Treppen hinunter, hüpft auf einem Fuß, spielt Hüpfkästchen, Seilchenspringen und mit dem Ball. Diese Spiele zeigen eine geringere soziale Organisation, weil sie einzeln und weniger in der Gruppe gespielt werden und weil das Wettkampfelement von relativ geringer Bedeutung ist. Das Interesse eines Kindes an bestimmten Spielen dieser Art hängt weitgehend von seiner motorischen und intellektuellen Entwicklung ab (70).
Zwischen acht und zwölf Jahren, wenn die Kinder sich zu Banden zusammenschließen, herrscht der Wettkampfgeist bei Spielen vor; sie sind stärker geordnet und haben starrere Regeln als die Spiele der kleineren Kinder. Die typischen Gruppenspiele weichen dann den M a n n s c h a f t s -, P a a r - o d e r d o p p e l t e n P a a r s p i e l e n. In diesem Alter möchten die Kinder, besonders die Jungen, die Sportarten spielen lernen, die in der Mittel- und Oberstufe der Schulen überwiegen. Sie verlieren das Interesse an „Kinderspielen". Statt Räuber und Gendarm zu spielen, spielen sie lieber Fußball oder Handball. Statt Fangen zu spielen, laufen sie lieber um die Wette wie bei einem Leichtathletikwettkampf (91, 123).
Zusammen mit dem Übergang zum Sport nimmt das Interesse zu, Fertigkeiten zu erwerben. Zuerst ist das Spiel überwiegend Einzelspiel, und das Kind konzentriert sich darauf, besser als die anderen zu spielen. Wegen dieser egozentrischen Einstellung ist das Kind nicht zum Mannschaftsspiel geeignet. Es möchte das Spiel beherrschen, anstatt seine Anstrengungen auf seine eigene Rolle zu beschränken; es würde das ganze Spiel beherrschen, wenn die Mitglieder das zuließen. Allmählich lernt es jedoch mit den anderen Mitspielern zusammenzuarbeiten, und es hat mehr Vergnügen am Sport und behält seine Stellung als Mitglied der Mannschaft. Wenn es das Jugendalter erreicht, ist das typische Kind ein guter Mannschaftsspieler. Es kann mit den anderen Spielern zusammenarbeiten und sich streng an die Regeln halten, obgleich es vielleicht kein geschickter Spieler ist in dem Sinne, daß es sich Tüchtigkeit im Sport erworben hat (63).
Zusätzlich zu anstrengenden sportlichen Spielen und zu Sport im Freien spielen die meisten Kinder gerne Spiele im Haus. Zuerst spielt das Kind diese Spiele mit seinen Eltern oder den älteren Geschwistern. Wenn es anfängt, Freundschaft mit anderen Kindern zu schließen, spielt es sie jedoch mit seinen Freunden. Da Eltern oft die Art der Spiele ablehnen, weil sie die Mitglieder einer Bande spielen, besonders wenn um einen Einsatz gespielt wird, spielen die Kinder diese „häuslichen Spiele" oft im Freien. Die beliebtesten Spiele dieser Art sind Kartenspiele. Jungen spielen weitaus häufiger um einen Einsatz als Mädchen, wenn das auch viel üblicher ist bei Jungen aus den unteren sozialen Klassen als aus den mittleren und oberen Gruppen (178).

Der Wert von sportlichen Spielen und Sport. Sportliche Spiele und Sport sind nicht nur beliebte Arten des Spieles, sie haben auch einen bedeutenden Wert als Kräfte, die zur Sozialisation beitragen. Durch sie lernt das Kind, mit anderen Kindern zurechtzukommen, mit ihnen bei verschiedenen Beschäftigungen zusammenzuarbeiten, die Rolle des Führers ebenso wie die des Geführten zu spielen und sich selbst und die eigenen Fähigkeiten realistisch einzuschätzen, indem es sich mit seinen Spielkameraden vergleicht.
Eine Stellung mit hohem Status bei Spielen gibt dem Kind Prestige und Macht bei seinen Kameraden. Eine solche Stellung kann durch Beliebtheit erreicht werden, obgleich es wahrscheinlicher ist, daß sie darauf beruht, daß das Kind dieses Spiel kennt. Ein sehr beliebter Junge z. B. kann zum Kapitän der Fußballmannschaft in seiner Bande gewählt werden, aber es ist wahrscheinlicher, daß das Kind gewählt wird, das der beste Spieler ist, wenn es auch nicht so beliebt ist wie einige andere Kinder. Das Kind, das sein Geschick beim Spielen demonstriert hat, gewinnt den Ruf, ein „guter Spieler" zu sein. Dies garantiert ihm nicht nur eine Rolle in der

Mannschaft, sondern es bringt ihm einen hohen Status bei Beschäftigungen ein, bei denen sportliche Fertigkeiten keine Rolle spielen (148).
Das Kind, das von der Gruppe der Alterskameraden sozial nicht akzeptiert wird, muß sportliche Spiele mit Mitgliedern seiner Familie spielen, wenn es diese Art des Spieles zu spielen wünscht. Obwohl Erwachsene dem Kind beibringen können, wie ein Spiel gespielt wird, lehren sie es gewöhnlich nicht, wie man sich dabei kameradschaftlich verhält. Erwachsene sind geneigt, dem Kind Vorteile beim Spielen zuzugestehen, was seine Alterskameraden nicht tun, DuBois meint im Zusammenhang mit der Bedeutung des Spieles mit Gleichaltrigen: „Dies fordert das Kind dazu heraus, seine Fähigkeiten zu entwickeln, und zur richtigen Zeit wird es durch einen Sieg angeregt, noch größere Anstrengungen zu unternehmen ... Wenn junge Menschen nicht am Sport teilnehmen, neigt sich die Waagschale stark zuungunsten ihrer erfolgreichen sozialen und emotionalen Anpassung; sie haben häufig Schwierigkeiten, weil sie nicht lernen konnten, wie man ohne Hochmut gewinnt, mit Anstand verliert und körperliche Unannehmlichkeiten auf sich nimmt, um ein Ziel zu erreichen. Kurz gesagt, sie haben nicht das Vorrecht gehabt, die Zucht des guten sportlichen Verhaltens zu lernen, die für das Leben eines Erwachsenen so unumgänglich ist" (45).

Lesen

Etwa im Alter von zwei Jahren sehen sich kleine Kinder gerne Bücher an, die in großen, leuchtenden Bildern Menschen, Tiere und aus der häuslichen Umgebung vertraute Gegenstände darstellen. Sie haben es gerne, wenn ihnen einfache Geschichten erzählt werden, während sie sich die Bilder ansehen. Selbst wenn das kleine Kind die Worte nicht versteht, machen ihm die Stimme und der Gesichtsausdruck des Lesenden Spaß.
Kinder im Vorschulalter hören sich etwa eine halbe Stunde täglich Geschichten an, bei einer untersuchten Gruppe lag der Durchschnitt bei 23,14 Minuten (107). Solche frühen Erlebnisse üben einen starken Einfluß auf das Interesse aus, das Kinder später am Lesen haben. Sie beeinflussen nicht nur, wieviel sie lesen werden, sondern auch, was sie lesen (31, 49).

Frühe Leseinteressen. Das kleine Kind hat handliche Bücher gerne, mit denen es leicht umgehen kann; es liebt anziehende Bilder und kurze Geschichten. Weil es die Bedeutung der Wörter in den Geschichten nicht immer versteht, hört es gerne Geschichten mit Wortmalerei und Reimen. Kleine Kinder ziehen Geschichten über Dinge, die passieren *könnten*, denen vor, die *tatsächlich* passiert sind. Die Geschichten haben sie am liebsten, die gerade einen Anflug des Unwirklichen enthalten; die jedoch gefallen ihnen nicht, die so weit von ihren eigenen Erlebnissen entfernt sind, daß sie sie nicht verstehen können. Je mehr Tatsachen des Lebens ein kleines Kind kennt, desto stärker ist es gegen phantastische Elemente in Geschichten eingestellt (29, 121). Die Einstellung der Mutter gegenüber der Phantasie hat jedoch einen weitreichenden Einfluß auf die Einstellung des kleinen Kindes. Eine Mutter, die Phantasie für überflüssig hält oder die meint, daß sie die Flucht vor der Realität begünstigt, beeinflußt das Kind dahingehend, Realismus in seinen Geschichten vorzuziehen. Die meisten kleinen Kinder haben ihr Vergnügen an der Phantasie, und sie identifizieren sich gerne mit den Personen aus den Geschichten, die sie hören (177).
Weil die Geschichten, die kleinen Kindern vorgelesen werden, deren Einstellung und Verhalten beeinflussen, ist die Frage von großer Bedeutung, welche Bücher für kleine Kinder geeignet sind. Geschichten, die heute für kleine Kinder empfohlen werden, betonen einen wirklichkeitsnahen Inhalt. Von den am meisten empfohlenen Büchern haben etwa ein Drittel Kinder als handelnde Personen, ein Drittel Tiere, und in dem Rest dreht es sich überwiegend um Erwachsene, besonders um Frauen. Nur wenige der Ge-

schichten, die als für kleine Kinder geeignet angesehen werden, haben Märchengestalten oder übernatürliche Wesen als Hauptfiguren. In den heute in den USA veröffentlichten Büchern wird das soziale Verhalten und der Gedanke an andere Menschen stärker betont als in den Büchern, die bei Kindern früherer Generationen beliebt waren (23).

Die meisten kleinen Kinder geben Geschichten über ihnen bekannte Menschen und Tiere den Vorzug. Sie haben die klassischen Kinderbücher gerne – wie Grimms Märchen, Struwwelpeter und Max und Moritz –, ebenso wie neuere Bücher. – Im späteren Kindergartenalter haben sie lustige Geschichten gerne, Geschichten aus dem Wilden Westen und Bilderheftchen. Ihre Lieblingsgestalten sind Tiere, Jungen und Mädchen. Sie mögen diese Gestalten wegen bestimmter persönlicher Eigenschaften oder ihres Humors. Wegen ihres Glaubens an die Naturbeseelung (Animismus) sind Tiere, die sich wie Menschen verhalten, sehr beliebt. Das Kind kann sich mit den Tieren identifizieren, und es bereitet ihm großes Vergnügen, zu hören, was sie tun (19, 49, 57).

Leseinteressen in der späteren Kindheit. Obgleich es vielleicht gut lesen kann, ist das ältere Kind bei seiner Lektüre auf das beschränkt, was ihm seine Eltern geben oder was es sich bei Freunden oder in einer Bücherei ausleihen kann. Ein gewisser kultureller Druck beeinflußt ebenfalls seine Leseinteressen. Es lernt das zu lesen, was es lesen soll und was als angemessen für sein Geschlecht angesehen wird (33, 58, 139). Wieviel das Kind liest und was es liest, wird weiter beeinflußt durch klassenbedingte Werte; die Kinder der Mittel- und Oberschicht lesen, was die Eltern und Lehrer für richtig halten, und die Kinder der unteren Klassen lesen, was sie wollen, und werden dabei wenig oder kaum beaufsichtigt (71).

Wenn das Kind älter wird, verändert sich sein Geschmack, was das Lesen angeht. Was ihm nicht gefällt, nennt es jetzt „kindisch". Mit fortschreitender intellektueller Entwicklung und aufgrund seiner Erlebnisse in der Schule wird es realistischer und sieht alle phantastischen Elemente als „unecht" an. Das Kind, das vor wenigen Jahren Spaß an Tiergeschichten hatte, verliert jetzt allmählich sein Interesse daran, weil es sich nicht mehr mit den Tieren identifizieren kann (19, 57).

Hinsichtlich der drei wesentlichen Interessenbereiche des Lesens – Abenteuer und Gewalt, Glanz und Liebe, und Bildungsgut – verändern sich die Vorlieben je nach dem Alter des Kindes und nach seiner Lesefähigkeit.

Buchformat und Illustrationen sprechen einige Kinder mehr als andere an. Doch unterscheidet sich das, was Erwachsene anspricht, gewöhnlich von dem, was Kinder anspricht. Eine zu große Betonung des Deskriptiven, der seltsamen Einzelheiten und der Szenen und Kostüme, die dem Kind fremd sind, bringen das Kind dazu, daß es das Buch nicht mag, selbst wenn es von Erwachsenen hoch eingeschätzt wird.

Mit wenigen Ausnahmen ist es Kindern am liebsten, wenn ihre Geschichten ein glückliches Ende nehmen und von Elementen, die Ängstlichkeit erzeugen, so frei wie möglich sind (19, 58).

Mit sechs und sieben Jahren ziehen die Kinder Geschichten über die Natur, den Wind, die Vögel, Bäume und Blumen vor. Das achtjährige Kind bevorzugt Märchen. Die Anziehungskraft dieser Geschichten liegt in ihrem phantastischen, ideenreichen Element. Ziemlich nahe beim Interesse für Märchen finden wir auch das Interesse an Geschichten von anderen Ländern, besonders wenn diese von Kindern handeln. Wenn es neun Jahre alt ist, verliert das Kind allmählich das Interesse an Märchen. Das Interesse der Jungen verlagert sich auf Pfadfindergeschichten, auf Abenteuergeschichten, auf lustige Geschichten und auf Schreck- und Spukgeschichten (152).

Das elfjährige Kind interessiert sich überwiegend für Geschichten von Abenteuern und Geheimnissen. Wissenschaft und Erfindungen sind beliebte Themen bei Jungen, wogegen das häusliche Leben und die Schule bei Mädchen beliebtere Themen sind. Wegen ihrer Tendenz, Helden zu verehren, ziehen sie Bücher über legendäre oder geschichtliche Helden ebenso wie die Biographien großer Männer und Frauen vor. Bücher über Erfindungen, Sport und Abenteuer sind bei Jungen sehr beliebt, wogegen Mädchen eine Vorliebe für Bücher im Zusammenhang mit dem Internat, für Abenteuergeschichten, die für Jungen geschrieben worden sind, für Naturerzählungen und für biblische Geschichten zeigen. Diese Leseinteressen werden bei den Dreizehnjährigen noch stärker, aber es entwickeln sich wenig neue Interessen. Nachdem das Kind die Geschlechtsreife erlangt hat, werden Geschichten über Liebe und Zuneigung bevorzugt, besonders bei Mädchen (57, 92). Abb. 10-4 zeigt die Veränderung der Interessen.

Individuelle Unterschiede. Obgleich ziemlich deutliche altersbedingte Unterschiede hinsichtlich des bevorzugten Lesestoffes bestehen, sind die Unterschiede innerhalb jeder Altersgruppe noch größer. Diese Unterschiede hängen überwiegend vom Geschlecht und der Intelligenz ab. Jungen lieben Lesestoff, der sich um Abenteuer, Gewalt, Geheimnisse, Sport, Reisen, Wissenschaft und Krieg dreht, Mädchen ziehen Geschichten des tatsächlichen Lebens vor, in denen alltägliche Menschen auftreten. Diese geschlechtsspezifischen Unterschiede werden noch deutlicher, wenn die Kinder älter werden (154, 156).

Auf jeder Altersstufe lesen die Mädchen mehr als die Jungen. Jungen ziehen im allgemeinen Bilder vor – Bilderhefte, Filme und Fernsehen (9). Obgleich Kinder mit einem unterschiedlichen Intelligenzniveau auf derselben Altersstufe ähnliche Leseinteressen haben, lesen begabte Kinder mehr und suchen wertvollere Bücher aus als durchschnittlich oder unterdurchschnittlich begabte Kinder (162). Kinder aus den unteren sozioökonomischen Gruppen lesen mehr Bilderhefte als Bücher. Diese Vorliebe kann eher darauf beruhen, daß sie durch ihre Eltern wenig zum Lesen ermuntert werden und daß sie in ihrem Elternhaus nur wenige Bücher zur Verfügung haben, als auf Unterschieden des intellektuellen Niveaus (108, 161).

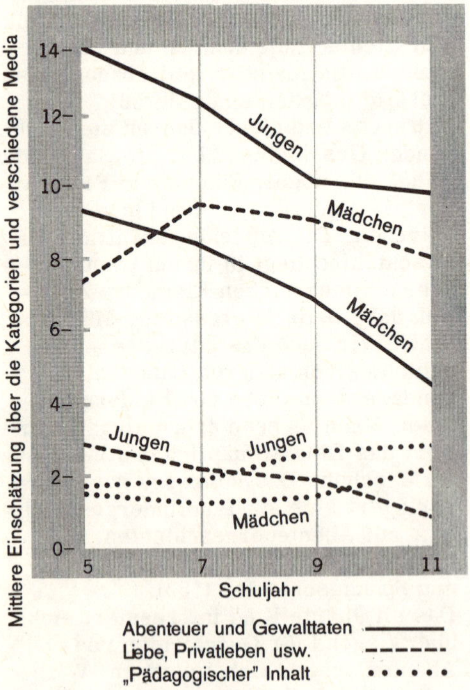

Abb. 10-4. Entwicklung der Interessen am Inhalt bei verschiedenen Massenkommunikationsmedien.

Zeitungen und Illustrierte. Vom fünften Schuljahr aufwärts zeigen die Kinder immer mehr Interesse an Zeitungen und Illustrierten; das ältere Kind verbringt mehr Zeit damit als mit Büchern. Jungen interessieren sich mehr für Zeitungen, Mädchen mehr für Illustrierte. Intelligente Kinder ziehen die „bessere" Zeitung oder Zeitschrift vor, wogegen die weniger Intelligenten oder die Kinder aus ärmeren Elternhäusern die Boulevardzeitungen und Illustrierten für Kinder oder, wenn sie älter werden, die reißerischen Illustrierten vorziehen. Wenn Kinder zuerst anfangen, Zeitungen zu lesen, gilt ihr Hauptinteresse den Witzseiten u. ä. (comic strips). Als Folge ihrer Arbeit in der Schule und der Diskussionen aktueller Ereignisse fangen sie allmählich an, die Nachrichten und die Leitartikel zu lesen (92, 131).

Bildheftchen (Comics). Comics sind gezeichnete Geschichten, in denen das Element der Geschichte weniger wichtig ist als das des Bildes. Die meisten Comics, die heute veröffentlicht werden, bringen Abenteuer und nicht lustige Geschichten, sie zielen in erster Linie auf die Emotionen ab. Wenn eine Situation in einem Bildheft wirklich ist, dann sind die Menschen meist unwirklich, ist die Situation unwirklich, dann sind die Menschen realistisch aufgefaßt.
Gelegentlich sind die Gestalten witzig, aber zum größten Teil sind es „ernsthafte Menschen, die nach gefährlichem Abenteuer oder nach edlen Taten verlangen". Um diese Ziele zu erreichen, gebrauchen sie Methoden, die von Zauberkraft bis zu roher Gewalt reichen. Das Gute triumphiert am Schluß immer. Etwa 50% der heutigen Bildheftchen haben Tiere als Hauptfiguren; viele von diesen Comics sind lustiger Natur (143, 172).
Es läßt sich feststellen, daß keine Übereinstimmung hinsichtlich der Auswirkung der Comics besteht (9, 10, 78, 116, 155). Statt dessen ist es offenkundig, daß sie gute und schlechte Seiten haben, was die psychische Gesundheit und die Entwicklung der Persönlichkeit des Kindes betrifft. Solange das Lesen von Bildheftchen eine bevorzugte Art der Beschäftgiung bei den amerikanischen Kindern von heute darstellt, kann man keinem Kind diese Heftchen vorenthalten, ohne einen weitaus größeren psychischen Schaden zu riskieren, als er durch die Lektüre entstehen kann. Wenn auf der anderen Seite das Kind einen übermäßig großen Teil der Zeit beim Lesen dieser Hefte verbringt, ist das nicht nur unklug, sondern auch eine Quelle möglichen psychischen Schadens. Wenn das Kind mehr Zeit mit Comics verbringen will als seine Altersgenossen, kann dies als Gefahrensignal der schlechten individuellen oder sozialen Anpassung angesehen werden.
Das Kind, das nicht jedes Bildheftchen liest und das nicht zuläßt, daß sie zu einem überwiegenden Interesse werden, ist im allgemeinen ein begeisterter Leser von Büchern aus der Bücherei. Es gibt keinen Beweis dafür, daß das Lesen der Bildhefte seine Leistungen in der Schule beeinflußt, auch nicht auf den Gebieten der Rechtschreibung und des Lesens, die nach manchen Kritikern mit größter Wahrscheinlichkeit nachteilig beeinflußt werden. Zusammengefaßt läßt sich sagen, daß „keine Rechtfertigung dafür zu bestehen scheint, Kindern den Zugang zu diesen Bildheftchen zu sehr zu beschränken" (16).

Filme

Wenige Fünf- oder Sechsjährige verstehen genug von dem, was auf der Leinwand gezeigt wird, um sich eine ganze Vorstellung lang darauf konzentrieren zu können. Die Langeweile macht sie unruhig. Da ihnen nicht klar ist, daß der Lärm und das Schießen nur vorgegeben sind, schließen sie oft die Augen und weinen vor Angst. Wenn das Kind sieben Jahre alt ist, kann es sich länger konzentrieren. Es versteht besser, wovon der Film handelt; es weiß, daß das, was es auf der Leinwand sieht, nur vorgegeben ist, und es wird dadurch weniger verängstigt als das kleine Kind.

Vorlieben bei Filmen. Das wichtigste Motiv dafür, sich einen Film anzusehen, ist die „Spannung". Alles, was mit Abenteuer und Geheimnissen zu tun hat, bietet Aufregung, die die Kinder in ihrem täglichen Leben nicht erhalten (47). Viele Kinder ziehen, wenn sie älter werden, Filme Büchern oder Spielen vor, weil die Filme spannender sind.
Kleine Kinder – sowohl Jungen als auch Mädchen – lieben Trickfilme und Naturfilme, besonders solche, in denen Tiere im Mittelpunkt stehen (92, 170). Geschlechtsspezifische Unterschiede der Vorlieben für bestimmte Filme setzen etwa mit sechs Jahren ein und werden stärker, wenn die Kinder ins Jugendalter kommen. Diese Unterschiede laufen parallel zu den Unterschieden der Leseinteressen. Jungen

interessieren sich besonders für Filme über Abenteuer, Krieg, Cowboys und Indianer, wogegen Mädchen Filme vorziehen, in denen Tanzen, Singen und Tiere vorkommen. Sowohl Jungen als auch Mädchen lieben lustige und Zeichentrickfilme; sie möchten, daß die Helden viel erleben und daß die Heldinnen schön sind. Während der ganzen Kindheit lehnen Jungen und Mädchen Liebesgeschichten ab, obwohl Mädchen sich etwas eher für diese Filme interessieren als Jungen.
Kinder, die wegen ungünstiger Umstände zu Hause oder an anderer Stelle unglücklich sind, entwickeln leicht eine sehr starke Vorliebe für Filme über Verbrechen. Sie gebrauchen diese Art der Flucht in weitgehend derselben Weise wie Erwachsene Alkohol gebrauchen. Sie „ertränken ihr Unglück in künstlicher Aufregung und erhalten so eine gewisse Erleichterung" (122).

Einfluß der Filme. Drei wichtige Faktoren bestimmen, wie groß der Einfluß von Filmen auf Kinder ist.

1. Persönlichkeit des Kindes. Was ein Film einem Kind „gibt", hängt von dem, was es bisher erlebt hat, und von seinen Bedürfnissen ab. Es nimmt aus dem Film das, was es gebrauchen kann oder was in seinem Leben eine Funktion erfüllen kann (52). Das Kind, das aggressiv ist, ist z. B. mit Wahrscheinlichkeit weniger aggressiv, nachdem es einen Film über ein aggressives Thema gesehen hat. Das weniger aggressive Kind dagegen ist gewöhnlich aggressiver, nachdem es solch einen Film gesehen hat, da ihm die Tatsache, daß es eine solche Handlung auf der Leinwand gesehen hat, die Aggression mit dem Stempel des Gebilligten versieht und im allgemeinen die Aggressivität, die das Kind unterdrückt hat, freigibt (2). Was nach der Meinung des Kindes andere von ihm erwarten, was es für seine Rechte und Pflichten hält und für das ihm angemessene Verhalten und was es von anderen erwartet, hat ebenfalls einen Einfluß darauf, wie es auf einen Film reagiert und welche Wirkung er auf sein Verhalten hat. Ein Kind, das sich vor Polizisten fürchtet, weil es ein bestimmtes Stereotyp des Polizisten in den Bildheftchen kennengelernt hat, wird stärker durch einen Polizisten auf der Leinwand in Schrecken versetzt als das Kind, das eine günstigere Vorstellung hat (141, 170).

2. Was das Kind versteht und an was es sich erinnert. Das kleine Kind versteht wenig von dem, was es auf der Leinwand sieht, und erinnert sich infolgedessen auch an wenig. Es ist berichtet worden, daß ältere Kinder etwa 70 Prozent von dem, woran sich ein Erwachsener erinnert, behalten und daß ihre Erinnerung über einen Zeitraum von 3–4 Monaten vorhält. Auch bei kleinen Kindern werden Filme, die etwas Neues bringen oder Vertrautes in einer neuen und fesselnden Weise schildern, länger behalten als Bilder, die weniger Aufmerksamkeit erregen.
Je aufregender der Film ist, desto weniger kritisch ist das Kind eingestellt und desto stärker wird es durch das beeinflußt, an was es sich erinnert. Insgesamt gesehen sind kleine Kinder dem Geschehen gegenüber weniger kritisch und werden stärker beeinflußt durch das, was sie sehen, als ältere Kinder – trotz der Tatsache, daß kleinere Kinder sich an weniger erinnern können. Kinder mit niedrigem IQ behalten ebenfalls weniger, sind aber auch weniger kritisch und leichter beeinflußbar als Kinder mit hohem IQ (2, 52, 141).

3. Identifikation mit den Gestalten. Am wichtigsten ist, daß der Einfluß der Filme verschieden ist, je nachdem, ob ein Kind sich mit einer Gestalt auf der Leinwand identifiziert oder nicht (47). Wenn das Kind sich stark mit einer der Gestalten identifiziert, teilt es stellvertretend die Erlebnisse dieser Gestalt. Wenn die Gestalt z. B. aggressiv ist, vergrößert das im allgemeinen die Aggressivität des Kindes. Wenn es sich nicht stark mit der Gestalt identifiziert, reagiert es durch das Ansehen des Filmes vielleicht angestaute Aggressionen ab und verringert so seine Aggressivität (116).

Kinder identifizieren sich im allgemeinen mit Gestalten, deren Handlungen für ihre Bedürfnisse am wichtigsten sind und die ihnen hinsichtlich Alter, Geschlecht und Rasse am ähnlichsten sind. Das Kind identifiziert sich ebenfalls im allgemeinen mit Gestalten, die zu der sozialen Klasse gehören, die es anstrebt, und nicht zu der, welcher es gegenwärtig angehört. Je mehr das Kind sich mit einer Gestalt auf der Leinwand identifiziert, desto stärker erinnert es sich an den Film und desto größer ist wiederum dessen Einfluß auf seine Einstellungen und sein Verhalten (96, 97).

Besondere Wirkungen. Filme bereiten dem Kind Vergnügen und geben ihm die Aufregung, die es im täglichen Leben nicht erhält. Dem kleinen Kind geben die Filme Anregungen für das Spiel – z. B. Cowboy und Indianer zu spielen. Das ältere Kind erhält Anleitungen, wie es sich zu verhalten hat, und Vorstellungen über die Welt, in der es lebt. Die Vorstellung, die es von Menschen der verschiedensten Art erhält, können zu Toleranz oder Intoleranz führen, je nachdem, wie die Gestalten gezeigt werden und die Situationen, in denen sie dargestellt werden. Wenn die Gestalten unbekannte Menschen darstellen, formt es wahrscheinlich Stereotype über die Gruppen, zu denen die Gestalten gehören (47). Ob das zu Vorurteil oder Toleranz im wirklichen Leben führt, hängt davon ab, wie sie auf der Leinwand gezeigt werden (9, 167).
Filme können einen deutlichen e m o t i o n a l e n Einfluß auf das Kind haben. Sie jagen ihm oft Furcht ein, verursachen Alpträume oder Furcht während des Tages, die für einen Erwachsenen schwer zu verstehen sind, wenn er die Umstände nicht kennt, die sie hervorgerufen haben. Eßstörungen, die durch emotionale Spannung hervorgerufen werden, können die Ursache dafür sein, daß ein Kind an Gewicht verliert oder krank wird. Nägelkauen und andere nervöse Angewohnheiten sind ebenfalls oft Folgeerscheinungen eines zu häufigen Kinobesuches. Viele Kinder leiden unter überanstrengten Augen und allgemeiner Müdigkeit als Folge von Kinobesuchen am späten Nachmittag oder Abend nach einem ausgefüllten Tag in der Schule oder beim Spiel. Alle diese Auswirkungen werden verstärkt, wenn die Filme Elemente des Schreckens enthalten (122, 170).

Radio

Der Säugling hört gerne Musik oder einfache Verschen aus dem Radio, aber erst mit drei Jahren zeigt das Kind ein wirkliches Interesse für das Radiohören. Mit fünf hört es sich verschiedene Radioprogramme an, mit sechs hört es mehrere Stunden wöchentlich und mit sieben hört es bestimmte Programme gern täglich und ärgert sich, wenn es eines verpaßt. Mit jedem Jahr nimmt das Interesse für das Radiohören zu (109, 170).
Das Schulkind verbringt täglich zwischen einer und drei Stunden mit Radiohören. Dies ist für das durchschnittliche Kind mehr als die Zeit, die es mit Lesen oder Kinobesuch verbringt. In vielen Fällen ist es auch mehr als die Zeit, die im Spiel mit anderen Kindern verbracht wird. Obgleich Jungen gegenüber Lesen und Radiohören Medien mit Bildern bevorzugen, wie Bildheftchen, Filme und Fernsehen, besteht in keinem Alter ein deutlicher, geschlechtsspezifischer Unterschied hinsichtlich der Menge der Zeit, die Jungen und Mädchen mit Radiohören verbringen. Kinder mit einem hohen IQ hören weniger als die mit einem niedrigeren IQ, bessere Schüler hören weniger als schlechte Schüler. Kinder auf dem Lande, denen nicht eine Vielzahl von Spielbeschäftigungen zur Verfügung steht, verbringen mehr Zeit mit Radiohören als Kinder in der Stadt. Besser angepaßte Kinder hören weniger Radio als schlecht angepaßte, und sie unterscheiden sich hinsichtlich ihrer Programmvorlieben (9).
Für den größten Teil der Kindheit ist das Radio nicht so beliebt wie das Fernsehen. Ein Kind kann jedoch zu einem Zeitpunkt Radio hören, zu dem es ihm unmöglich wäre, fernzusehen – wenn es kleine Aufgaben im Haushalt erledigt z. B. Viele Kinder lassen im

Radio Musik spielen, während sie lernen oder ihre Schulaufgaben erledigen oder lesen.
Während das Kind den Radioprogrammen zunehmend kritischer gegenüber steht, wenn es älter wird, hat es doch mehr Interesse daran als an Fernsehprogrammen. Die Folge ist, daß ältere Kinder seltener Radio hören, als sie es vorher getan haben, aber sie ziehen das Radio dem Fernsehen vor. In der frühen Kindheit war es genau umgekehrt (172).

Programmvorlieben. Im allgemeinen folgen die Vorlieben des Kindes für bestimmte Programme auf verschiedenen Altersstufen seinen Vorlieben beim Lesen oder bei Filmen (93). Das Kind im Vorschulalter hört sich Programme an, die sich überwiegend um Tiere drehen oder darum, daß vertraute Menschen etwas Vertrautes tun. Ihm gefällt auch einfacher Gesang oder Instrumentalmusik. Im Alter von sechs Jahren verliert es das Interesse an Sendungen für kleine Kinder; es wünscht sich jetzt Programme, die eher unterhaltend als bildend sind. Es gefallen ihm Stücke mit Abenteuern, Geheimnissen, Verbrechen und lustige Stücke, ebenso gefällt ihm beliebte Tanzmusik. Quizsendungen sprechen das ältere Kind an, ebenso wie Hörspiele über das häusliche Leben, Sendungen mit vielen Gags, Sportberichte und gelegentlich die Nachrichten.
Zum größten Teil gefallen dem älteren Kind Programme zu ernster Natur nicht, wie etwa klassische Musik, bildende, religiöse oder geschichtliche Sendungen. Bei Jungen ist die Spielbreite der Programmvorlieben kleiner als bei Mädchen. Sie ziehen Programme vor, in denen Abenteuer, Geheimnisse, Lustiges und Verbrechen im Vordergrund stehen, Mädchen dagegen ziehen leichte und beliebte Musik und lustige Programme vor (109, 125, 170).

Einflüsse des Radios. Es besteht die Tendenz, die unerwünschten Einflüsse des Radiohörens zu überschätzen und den erzieherischen Wert und andere Vorteile zu unterschätzen. Einige Autoren sind der Meinung, daß das Radiohören für ein Kind ein Ventil für seine aggressiven Tendenzen darstellt, wogegen andere behaupten, daß es die Neigung eines Kindes zur Gewalttätigkeit unterstütze. Die Tatsache, daß ein großer Prozentsatz der Kinder Radioprogramme hört, in denen Gewalttätigkeit und Verbrechen eine große Rolle spielen, könnte nahelegen, daß Kinder das Erlebnis des Abreagierens von Spannung brauchen, das solche Programme bieten (109, 125). Es besteht jedoch keine Frage, daß die Wirkung des Radiohörens durch die Menge der Zeit, die mit Hören verbracht wird, beeinflußt wird und durch die Art des Programmes, das gewohnheitsmäßig gehört wird.
Die günstigen Einflüsse sind wie folgt zusammengestellt worden: Es bietet dem Kind eine Form der Unterhaltung innerhalb des Elternhauses und bildet so einen Anreiz, der das Kind im Hause und bei der Familie hält; es vergrößert das Wissen des Kindes über die Geschichte, aktuelle Ereignisse, Geographie, Literatur und viele andere Bereiche, und es ergänzt das, was es in der Schule lernt; es verbessert seine Sprache durch Vergrößerung des Wortschatzes, Verbesserung der Grammatik und bietet ihm ein gutes Vorbild hinsichtlich des Stils; es ermuntert das Kind zum Lesen, um sein Wissen über Gebiete, von denen es im Radio gehört hat, zu erweitern, und es bietet ihm Vorbilder, mit denen es sich identifizieren kann, und bildet so einen Anreiz zur Selbsterziehung (170).
Kritiker des Radiohörens betonen seine schädlichen Einflüsse. Diese sind am stärksten, wenn das Kind sich auf Programme konzentriert über Gewalttätigkeit, Verbrechen und mysteriöse Geschehnisse. Programme, die Schrecken erregen, beeinflussen den allgemeinen körperlichen Zustand des Kindes, indem sie nervöse Spannungen erzeugen. Alpträume, Schlaf- und Appetitlosigkeit und Gewichtsverlust sind die Folgen. Dann lehnen sich Kinder auch dagegen auf, zur richtigen Zeit ins Bett gehen zu müssen, wenn es gerade dann Programme gibt, die sie gerne hören möchten. Das bedeu-

tet, daß sie weniger Schlaf bekommen als sie brauchen oder daß sie wütend oder emotional erregt ins Bett gehen (122).
Das Kind, das zuviel Zeit mit Radiohören verbringt, erhält zuwenig körperliche Bewegung für seine normale Entwicklung. Seine Arbeit in der Schule leidet, teilweise weil es seinen Arbeiten nicht genügend Zeit widmet und teilweise weil es sich nicht konzentriert, wenn es arbeitet. Podolsky meint: „Man kann nicht erwarten, daß Kinder langweiligen Schulfächern ihre Aufmerksamkeit zuwenden oder sich darauf konzentrieren, wenn ihr Nervensystem überbeansprucht ist und sie noch geschwächt durch Mangel an Schlaf sind und ihre Verdauung gestört ist" (122).
Viele Kinder behaupten, daß sie besser lernen können, wenn sie Radio hören, als wenn sie in einem stillen Zimmer sitzen. Bei einer Untersuchung des Lesens – während das Radio spielte – wurde an Kindern im sechsten Schuljahr festgestellt, daß das Lesen durch ein buntes Programm nachteilig beeinflußt wurde, aber nicht durch ein Musikprogramm. Die Kinder mit höherem IQ wurden weniger beeinflußt als die mit niedrigem IQ (112). Das Kind, das allzuviel seichte Schlagersendungen hört, kann sich einen Wortschatz der niederen Umgangssprache angewöhnen (107).

Fernsehen

Da Fernsehen die anziehenden Eigenschaften von Film und Radio verbindet, ist es für Kinder äußerst attraktiv. Die Zeit, die mit Fernsehen verbracht wird, steht in keinem Verhältnis zu der Zeit, die anderen Formen des Spieles bei allzu vielen Kindern gewidmet wird (137, 174). Die Anziehungskraft des Fernsehens – wie auch die anderer Formen der Unterhaltung – unterscheidet sich von einem Kind zum anderen und von einer Altersstufe zur anderen bei demselben Kind. Viele Kinder lernen das Fernsehen kennen, wenn sie noch in der Wiege liegen; für sie ist das Fernsehen ein „eingebauter Babysitter" (128). Für das Kind im Vorschulalter ist das Fernsehen eine zusätzliche Spielbeschäftigung, keine Ersatzbeschäftigung.
Unterschiede des Interesses am Fernsehen bestehen innerhalb jeder Altersgruppe. Obgleich Kinder jeden Intelligenzniveaus es als eine der erfreulichsten Formen der Unterhaltung ansehen, verlieren intelligente Kinder das Interesse am Fernsehen früher als weniger intelligente Kinder, und guten Schülern bereitet es weniger Vergnügen als schlechten Schülern (9, 136). Fernsehen zieht Kinder mehr an, die schlecht angepaßt sind – sowohl individuell als auch sozial – als diejenigen, die gut angepaßt sind (46). Fernsehen schluckt mehr Zeit bei Kindern der unteren sozioökonomischen Gruppen als bei denen aus höheren Gruppen, besonders mit fortschreitendem Alter (17, 136).

Die Zeit, die mit Fernsehen verbracht wird. Die Menge der Zeit, die ein Kind mit Fernsehen verbringt, ist kein narrensicherer Beweis seines Interesses daran. Die Zeit kann durch Regeln in der Familie begrenzt sein, durch die Menge der Arbeit in der Schule und für die Schule, die ein Kind zu erledigen hat, oder dadurch, ob *seine* Familie ein Fernsehgerät besitzt. Es ist für die Vereinigten Staaten geschätzt worden, daß von drei Jahren aufwärts das Kind ein Sechstel bis ein Siebtel der Zeit, die es wach ist, mit Fernsehen verbringt (117, 128, 133, 175).
Wenn die Kinder älter werden und abends länger wach bleiben dürfen, nimmt die Zeit zu, die sie an Schultagen mit Fernsehen verbringen. Nach dem Alter von zwölf Jahren müssen die Kinder jedoch immer mehr Hausaufgaben erledigen, und sie sehen weniger fern (11, 132, 172). Die Kinder sehen im Winter mehr fern als im Sommer, Kinder in der Stadt sehen mehr als Kinder auf dem Land. Jungen verbringen insgesamt mehr Zeit mit Fernsehen als Mädchen (9, 17, 104, 163). Abb. 10-5 zeigt die durchschnittliche Minutenzahl, die amerikanische Kinder auf verschiedenen Altersstufen mit Fernsehen verbringen.

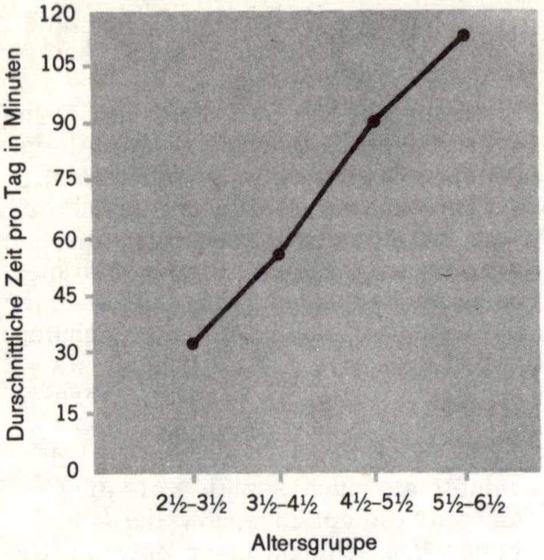

Abb. 10-5. Durchschnittliche Zeit, die nach einer amerikanischen Untersuchung täglich vor dem Fernsehschirm von Kindern verschiedener Altersstufen verbracht wird.

Die Zeitspanne, die mit Fernsehen ausgefüllt ist, wird deutlich dadurch beeinflußt, ob die Familie ein Fernsehgerät besitzt oder nicht, davon, wieviel Menschen in einer Familie fernsehen, davon, wieweit die Familienmitglieder sich über das zu betrachtende Programm einigen können, und dadurch, wie lange die Familie schon ein Fernsehgerät besitzt. In einer großen Familie mit Kindern in verschiedenem Alter und von unterschiedlichem Geschlecht hat kein Kind so viel Zeit, sein Lieblingsprogramm zu sehen, wie das in kleineren Familien möglich ist. Kinder, in deren Familien ein Fernsehgerät vorhanden ist, sehen mehr und regelmäßiger als Kinder, die zu Freunden und Nachbarn gehen müssen. Wenn die Familie das Gerät schon seit langer Zeit besitzt, wird die mit Fernsehen verbrachte Zeit durch die individuellen Interessen beeinflußt. Wenn das Gerät jedoch ein neues „Spielzeug" ist, sieht das Kind jede Sendung ohne Rücksicht auf seine Interessen, bis der Reiz des Neuen verschwunden ist. In Gebieten des Landes, wo der Empfang schlecht ist, hängt die Menge der Zeit, die ein Kind mit Fernsehen verbringt, nicht so sehr von seinen Interessen als von der Anzahl der zur Auswahl stehenden Programme ab und von der Zeit, in der sie empfangen werden können (11, 75, 133).

Vorlieben für bestimmte Programme. Kinder im Vorschulalter lieben einfache Geschichten über Tiere und vertraute Menschen, Musik, Zeichentrickfilme und einfache, lustige Sachen. Kinder im ersten und zweiten Schuljahr lieben Marionettentheater, Cowboyfilme, einfache Abenteuerfilme, lustige Sendungen, Sendungen mit Szenen aus dem Familienleben. Im dritten und vierten Schuljahr interessieren sich Kinder für utopische Programme, etwa über Raketen und Raumschiffe, für bunte Sendungen, für Abenteuer- und Kriminalsendungen, für Dramen und Musik. Kinder im fünften und sechsten Schuljahr haben diese Programme immer noch gerne, aber ebenso gefallen ihnen Sendungen über die Naturwissenschaften und über außergewöhnliche Fertigkeiten. Geschichten, lustige Sendungen, Zeichentrickfilme und Musik sind bei allen Altersstufen beliebt, wogegen Schulfunksendungen häufig nicht beliebt sind, besonders bei Kindern mit einem niedrigen IQ (136, 137, 161). Jungen haben es gerne, wenn der Held aggressiv ist und sich und andere verteidigt, wogegen Mädchen sich wenig aus aggressiven Helden machen (9, 95).

Wenn Kinder anfangen fernzusehen, sehen sie sich alles Erreichbare an. Nach sechs Monaten jedoch lernen sie, stärker zu unterscheiden. Sie entwickeln ausgewogene Vorlieben für Sendungen und verlangen Abwechslung ebenso wie Qualität. Die Lehrer helfen ihnen oft, Sendungen auszuwählen, die sich in die Arbeit in der Schule einfügen (54). Insgesamt gesehen neigen die Kinder heute dazu, sich die Art von Programmen anzusehen, die ihre Eltern und Lehrer für sie auswählen würden (134, 171). Schramm hat darauf hingewiesen: „Wir können etwas sehr Interessantes, allerdings kaum Verwunderliches hinsichtlich der Gewohnheiten feststellen, die Kinder im Umgang mit Massenkommunikationsmitteln haben. Bis zum Alter von zehn Jahren folgen sie den Gewohnheiten der Eltern. Wenn Sie mir nur eines mitteilen – die Bildung oder den Beruf des Vaters – kann ich mit einiger Sicherheit vorhersagen, welchen Umgang mit den Massenmedien die Kinder haben; und wenn Sie mir sagen, welche Art von Fernsehsendungen sich die Eltern ansehen, welche Musik sie hören und so weiter, dann kann ich mit fast völliger Sicherheit sagen, wie sich die Kinder der Massenmedien bedienen. Nach dem Alter von zehn Jahren ... ist der Einfluß der Eltern im allgemeinen durch den Einfluß der Gruppe der Alterskameraden abgeschwächt" (128).

Wirkungen des Fernsehens. Seit der Einführung des Fernsehens, das zu einer beliebten Art der Ablenkung für Kinder wurde, haben sich Eltern, Erzieher, die gesetzausführenden Organe und die Geistlichkeit immer wieder Gedanken über seinen Einfluß auf das Kind gemacht. Die Sorge hat von dem Einfluß gereicht, den das Fernsehen auf das Lesen und andere Freizeitbeschäftigungen ausübt, bis zu seiner Wirkung auf das moralische Verhalten und seine Beziehung zu der schwerwiegenden Zunahme der Jugendkriminalität.

Diese Sorge ist nicht neu; immer wenn ein neues Mittel der Massenkommunikation eingeführt worden ist, haben Mitglieder der älteren Generation das neue Medium für alle Fehler, die sie bei den jüngeren Menschen festgestellt haben, verantwortlich gemacht. Filmen, Radio und Bilderheftchen ist die Schuld für den Anstieg der Jugendkriminalität gegeben worden; zur Zeit ist das Fernsehen an der Reihe. In jedem Fall sind wegen dieser Sorgen Untersuchungen darüber angestellt worden, wie groß der Einfluß des bestimmten Massenmediums auf Einstellung und Verhalten der Kinder ist. Einige der Untersuchungen über die Auswirkungen des Fernsehens stellen fest, daß Fernsehen mehr schadet als nützt; andere nehmen den entgegengesetzten Standpunkt ein; und wieder andere behaupten, daß die Einflüsse zu geringfügig sind, um ernsthafte Beachtung zu verdienen (75, 95, 128, 133).

Wenn ein Kind ein Sechstel oder mehr von der Zeit, die es wach ist, mit einer Beschäftigung verbringt, so muß das ohne Frage einen gewissen Einfluß auf seine Handlungen und seine Einstellungen ausüben. Außerdem muß das zu der Formung seiner persönlichen und moralischen Werte beitragen. Ob der Einfluß unmittelbar oder auf lange Sicht oder sowohl kurz- als auch langfristig erfolgt, hängt jedoch nicht so sehr von den Sendungen ab, die das Kind sieht, als von dem Kind selbst. Schramm hat nach seiner Untersuchung über den Einfluß des Fernsehens bei über sechstausend Kindern diesen Punkt als wichtigsten Faktor für den Einfluß des Fernsehens unterstrichen. „Wichtiger als das, was das Fernsehen zum Kind bringt, ist das, was das Kind zum Fernsehen mitbringt, und das untersteht unserer Verantwortung. Was für ein Kind überlassen wir dem Fernsehen? ... Wenn wir das Fernsehen als Babysitter auf Kosten anderer menschlicher Kontakte gebrauchen, sind wir offenkundig nachlässig. Wenn wir unsere Kinder nicht mit Büchern bekannt machen, einfach weil das Fernsehen so leicht zu erreichen ist, dann sind wir töricht. Wenn wir unseren Kindern nicht helfen, gesunde Verbindungen zu anderen Menschen ihres Alters aufzubauen, einfach weil das Fernsehen sie im Hause hält, dann tun wir ihnen wirklich keinen Gefallen" (128).

Unterschiede der Wirkungen. Die Auswirkungen des Fernsehens auf ein Kind werden – wie beim Film – dadurch beeinflußt, wieweit das Kind sich erinnert, wieviel es versteht und ob es sich mit den Gestalten auf dem Bildschirm identifiziert oder nicht. Wenn es sich mit einer positiven Gestalt identifiziert, ist die Identifikation mehr nützlich als schädlich, aber wenn es sich mit einer Gestalt identifiziert, die nicht gebilligte moralische Standards verkörpert oder äußerste Aggressivität, so schadet ihm das wahrscheinlich (9, 175).

Wenn die Bedürfnisse eines Kindes im

wirklichen Leben nicht befriedigt werden und es das Fernsehen als einen Ausweichmechanismus gebraucht, dann hat es einen größeren Einfluß auf Einstellung und Verhalten, als wenn es nicht in eine Ersatzwelt ausweichen müßte. Da viele Sendungen, die ein Kind sieht (besonders in den Abendstunden), nicht für Kinder gedacht sind, versteht es nicht immer, was es sieht. Teilweises Verstehen und Verzerrung des Sinnes einer Sendung kann mehr Schaden hervorrufen als Nichtverstehen.

Ein Wort der Vorsicht ist angebracht bei der Einschätzung der Wirkung des Fernsehens. Man muß überlegen, ob der körperliche oder psychische Schaden, der angeblich durch das Fernsehen hervorgerufen werden soll, wirklich die Folge des Fernsehens per se ist oder ob häufiges Fernsehen die Folge eines körperlichen oder psychischen Schadens ist, der b e r e i t s beim Kind v o r h a n d e n ist. Ein Kind, das schlecht sehen kann, ist vielleicht nicht imstande, die Spiele in der Gruppe der Alterskameraden mitzumachen, oder seine Eltern gestatten es ihm nicht, an solchen Spielen teilzunehmen, bei denen es beispielsweise seine Brille zerbrechen könnte. Unter solchen Umständen wendet das Kind sich vielleicht dem Fernsehen als einem Ersatz für das Spiel zu. Wie weit so das ohnehin schlechte Augenlicht des Kindes beeinflußt wird, ist unter den Ärzten eine noch nicht geklärte Frage (75).

In ähnlicher Weise wird ein Kind, das sozial nicht akzeptiert ist, zu einem eifrigen Zuschauer von Fernsehsendungen. Es wird dann noch unsozialer, und es paßt sich mit jedem weiteren Jahr noch schlechter an, weil ihm die Lernmöglichkeiten fehlen, die seine Alterskameraden haben. Es s c h e i n t folglich durch zu viel Fernsehen psychisch geschädigt zu sein. Diese Annahme über Ursache und Wirkung ist jedoch nicht akzeptabel, sie ist zu einfach. Obgleich kein Zweifel bestehen kann, daß übermäßiges Fernsehen zu schlechter Anpassung beitragen kann, darf doch die Tatsache, daß dem Kind Lernmöglichkeiten vorenthalten worden sind, nicht übersehen werden. Was wichtiger ist, ist eine noch offene Frage (75, 128, 133).

Spezifische Wirkungen. Die vielen Wirkungen des Fernsehens, von denen berichtet worden ist, sind eine kritische Analyse wert. Bis jedoch weitere Information zur Verfügung steht, ist es unmöglich, festzustellen, wie nützlich oder schädlich Fernsehen ist und ob seine Einflüsse – gute oder schlechte – vorübergehend oder von Dauer sind. Bis die gegenwärtige Generation von Fernsehzuschauern den größten Teil ihres Lebens hinter sich hat, kann niemand etwas über die Auswirkung auf lange Sicht sagen. Es besteht jedoch eine fast völlige Übereinstimmung über einen Punkt: Es ist sehr viel unwahrscheinlicher, daß das gut angepaßte Kind nachteilig beeinflußt wird – sowohl vorübergehend als auch auf die Dauer – als das schlecht angepaßte, und das gesunde Kind wird weniger nachteilig beeinflußt als das nicht gesunde (175).

Von den vielen Einflüssen des Fernsehens, über die berichtet worden ist, haben die folgenden die meiste Aufmerksamkeit erhalten:

1. Körperliche Folgen. Die Argumente gegen das Fernsehen besagen, daß es den regelmäßigen Zeitplan des Essens und Schlafens stört. Es ist wahrscheinlich, daß ein Kind seine Mahlzeit verzögert, um die Sendung zu sehen, die es sehen möchte, oder daß es beim Fernsehen ißt und deshalb nicht richtig kaut (150). Weiter beeinträchtigt die Gewohnheit, Kleinigkeiten zu naschen, die bei Menschen jeden Alters beliebt ist, besonders aber bei Kindern, den Appetit und führt zu einer Auswahl von Speisen, die zuviel Stärke und Zucker enthalten. Viele fettleibige Kinder sehen überaus häufig fern, weil sie nicht imstande sind, sich an dem anstrengenden Spiel ihrer Altersgenossen zu beteiligen; beim Fernsehen „Kleinigkeiten" zu essen, verschlimmert nur ihr Problem (24).

S t ö r u n g d e s S c h l a f e s ist noch ernster zu nehmen als Störung beim Essen. Kinder, die länger wach bleiben, als es für sie an sich üblich ist, um fernzusehen, bekommen zuwenig Schlaf (94, 163). Kleine Kinder träumen oft oder haben Alpträume im Zusammenhang mit den Sendungen, die sie gesehen haben (51, 122). Zuviel Fernsehen kann Kinder nervös und erregt machen, besonders wenn furchterregende Inhalte überwiegen (133, 172). Podolsky meint: „Es besteht eine natürliche Tendenz beim Kind, immer wieder das zu bedenken, was es gesehen oder gehört hat, ehe es schlafen gegangen ist. Diese Eindrücke werden am nächsten Tag vertieft, indem sie wiedererzählt und in der Freizeit durchgespielt werden. Es besteht eine starke Tendenz bei Kindern, an Stelle anderer an gesehenen oder gehörten Geschehen teilzunehmen, so daß das Kind in der Erinnerung oder im Traum sich und seine Familie an die Stelle des Opfers versetzt und so ungesunde emotionale Reaktionen noch verstärkt, oft bis zu einem Zustand des Kampfes gegen eine furchterregende Bedrohung der Sicherheit oder der Existenz seiner selbst und seiner Familie" (122).

2. Wirkungen auf andere Formen des Spieles. Das Fernsehen beeinträchtigt immer die Zeit, die für andere Beschäftigungen zur Verfügung steht, besonders das Spiel im Freien und das Spiel mit anderen Kindern. Als Folge wird dem Kind gesunde körperliche Übung vorenthalten und die emotionale Entspannung, die das Spiel im Freien bietet (175). Weiter macht es die Lernerfahrungen nicht, die für gute soziale Anpassungen erforderlich sind (75, 133).

Wenn dem Fernsehen zu viel Zeit gewidmet wird, führt das zu einem unausgewogenen Spielprogramm, bei dem das schöpferische Spiel, der Kinobesuch oder das Radiohören einen zu geringen Raum erhalten. Wenn sich das Fernsehen zu den Beschäftigungen eines Kindes gesellt, liest das Kind gewöhnlich weniger und hat sogar weniger Zeit für Bilderheftchen als vorher. Das Lesen von Büchern wird stärker beeinflußt als das Lesen von Zeitungen oder Zeitschriften, weil diese immer noch durch ihren Bildteil und die Bildgeschichten interessant bleiben (137, 175). Was das Kind jedoch liest, hat mit Wahrscheinlichkeit eine bessere Qualität und ist durch das, was es im Fernsehen gesehen hat, angeregt. Weiter erweckt das Fernsehen oft neue Interessen und ermuntert das Kind dazu, sein Wissen durch Lesen zu vergrößern (41, 66, 113).

3. Wirkungen auf die Arbeit im Zusammenhang mit der Schule. Viele Schüler verbringen mehr Zeit mit Fernsehen als mit Schularbeiten. Dies hat mit Sicherheit einen Einfluß auf das Kind, selbst wenn die Zeit, die es mit Fernsehen verbracht hat, vielleicht nicht mit Schularbeit ausgefüllt worden wäre, besonders wenn das Kind kein Interesse dafür hat und nur gering motiviert ist (73, 161). Der wichtigere Aspekt dieses Problems ist der, daß das Fernsehen den Kindern das Material in so lebendiger und erregender Weise darbietet, daß Schulbücher nur schlecht um das Interesse und die Aufmerksamkeit des Kindes konkurrieren können. Viel zu viele Kinder, die eifrig fernsehen, werden so süchtig nach dieser Aufregung, daß sie den Unterricht und die Schulbücher langweilig finden (129, 130, 132).

Einige Kinder werden motiviert, dem, was sie auf dem Bildschirm gesehen haben, weiter nachzugehen und so die Lücken in ihrem Schulstoff aufzufüllen. Sie lesen über Themen nach, über die sie anderenfalls vielleicht nichts gelesen hätten. Nachdem der Reiz des Neuen beim Fernsehen verschwunden ist, läßt der bessere Schüler es nicht zu, daß seine Arbeit für die Schule beeinträchtigt wird. Bei dem schlechteren Schüler ist das nicht der Fall (11, 59, 67, 132). Lehrer geben oft dem Fernsehen die Schuld für schlechte Arbeit in der Schule. Ihre Einstellung wird aber häufig dadurch beeinflußt, ob sie ein Fernsehgerät besitzen oder nicht; diejenigen, die keins besitzen, sind weniger tolerant als die, die eines besitzen (170).

4. Wirkungen auf die Beschäftigungen der Familie. In der Familie erzeugt das Fernsehen eine größere körperliche

Nähe, aber es schränkt die sozialen Interaktionen ein. Es verhindert, daß die Mitglieder der Familie lesen, miteinander sprechen und spielen. Auf der anderen Seite regt es neue Familieninteressen an und erweitert den Kreis der Bekannten. Es kommen mehr Besucher ins Haus, es werden weniger Besuche abgestattet, es wird weniger zum Vergnügen Auto gefahren und weniger das Kino besucht (6, 94, 150). Ohne Frage ist die schlimmste und ungünstigste Auswirkung des Fernsehens die, daß viele Eltern das Fernsehen als ein Beruhigungsmittel für ihre Kinder gebrauchen – statt zu erziehen (94).

5. Auswirkungen auf Einstellungen. Was ein Kind auf dem Bildschirm sieht, ist so wirklich, daß Einstellungen, die begründet werden, nachdem es verschiedene Sendungen gesehen hat, mit Wahrscheinlichkeit auf Situationen im wirklichen Leben übertragen werden. In einer Untersuchung der Wirkung von Fernsehsendungen auf die Vorstellung und Einstellung der Kinder gegenüber den polizeilichen Behörden wurde festgestellt, daß Kinder vielfach glaubten, die Polizisten seien unehrlich und behandelten Verbrecher „gemein", es sei in Ordnung, Verbrecher „zusammenzuschlagen", es sei in Ordnung, wenn die Polizei nicht ehrlich ist, damit sie Verbrecher fangen kann, und Verbrecher seien „gerissen" (135).
Eine beständige Fernsehernährung mit Verbrechen, Schrecken und Grausamkeit stumpft mit der Zeit die Empfindungsfähigkeit des Kindes ab; antisoziales und zerstörerisches Verhalten sieht es fast als „normal" an. Wenn dem Kind wiederholt Verbrechen und Gewalttätigkeit demonstriert werden, führt das allmählich dazu, daß das Gefühl des Kindes für menschliches Leiden abstumpft (175).

6. Wirkungen auf Anschauungen. Viele Kinder glauben, daß alles, was über Funk gesagt wird, zutrifft und daß der Sprecher im Fernsehen über alles mehr weiß als die Eltern, Lehrer oder Ärzte. Falls diese Haltung zur Gewohnheit wird, hat sie einen weitreichenden Einfluß auf das Kaufverhalten des Kindes, wenn es älter wird, so wie sie auch sein Verhaltensmuster während der Kindheit beeinflußt (175). Weiter führt sie leicht zu einer allgemeinen Leichtgläubigkeit. Z. B. wird manches Kind seine Mutter dazu drängen, ein bestimmtes Nahrungsmittel zu kaufen, weil es glaubt, daß dieses es zu solch einem Menschen macht, wie es gerne einer sein möchte. Das Kind besteht darauf, dieses Nahrungsmittel zu sich zu nehmen ohne Rücksicht auf den Nährwert, weil die Behauptungen im Fernsehen so überzeugend waren.

Unterschätzung der schädlichen Einflüsse des Fernsehens. Diese kurze Zusammenfassung von Argumenten für und gegen das Fernsehen zeigt Übereinstimmung darin, daß Fernsehen weniger Nützliches und mehr Schädliches als andere Arten der Freizeitbeschäftigung zur gesunden Entwicklung des Kindes beiträgt.

Weil die Themen und die Bilder in einem großen Teil der Schundliteratur schädlich sind, versuchen Eltern und Lehrer, solche Schundliteratur außerhalb der Reichweite des Kindes zu halten. Außerdem hat der soziale Druck Händler in vielen Gemeinden dazu gebracht, daß sie diese schädlichen Bildheftchen aus den Regalen entfernt haben. Bei weitem zu viele Eltern machen sich weniger Gedanken über das Fernsehen als über Schundliteratur. Tatsächlich ermuntern viele Eltern ihre Kinder zum Fernsehen; es ist der ideale Babysitter, wenn die Kinder ermüdet oder verdrießlich sind. Weiter erlauben Eltern den Kindern ein höheres Maß an Freiheit bei der Auswahl von Fernsehprogrammen als bei der Auswahl von Bilderheftchen oder Filmen. Dies bedeutet natürlich nicht, daß man Kindern die Freude und den Nutzen vorenthalten sollte, der aus dieser Art der Unterhaltung gewonnen wird. Es bedeutet, daß Führung und Anleitung äußerst wichtig sind, wenn das Kind eine gesunde Vorstellung von sich selbst entwickeln soll, von den Menschen und vom Leben im allgemeinen, und wenn es eine moralische Ordnung lernen soll, die von der Gesellschaft anerkannt wird.

Unterschiede im Spielverhalten

Nicht alle Kinder spielen auf die gleiche Weise. Obwohl die Spielinteressen beim Kind mehr oder weniger stark einem Muster folgen, können Unterschiede auf einen oder mehrere der folgenden Faktoren zurückzuführen sein.

Gesundheit. Gesunde Kinder spielen mehr als kränkliche. Je gesunder das Kind ist, desto mehr überschüssige Energie hat es über die zum Leben notwendige hinaus und um so größer ist seine Energie für das Spielen.

Motorische Entwicklung. Der Grad der motorischen Entwicklung spielt eine wichtige Rolle für die Art des Spieles. Wenn ein Kind z. B. nicht imstande ist, Bälle zu werfen oder zu fangen, kann es sich an vielen Ballspielen nicht beteiligen, die seinen Altersgenossen Freude bereiten. In ähnlicher Weise kann ein Kind mit schlechter motorischer Koordination nicht schneiden, malen oder zeichnen oder viele der Dinge tun, die anderen Kindern ein großes Vergnügen bereiten.
Da zum kindlichen Spiel auf jeder Altersstufe motorische Koordination gehört, findet sich das Kind, das in diesem Bereich der Entwicklung zurückgeblieben ist, von der Gruppe ausgeschlossen; als Folge davon wird es gezwungen, sich Spielbeschäftigungen zuzuwenden, die ein Minimum an motorischer Koordination erfordern. Viele ungeschickte Kinder werden zu begeisterten Lesern oder Fernsehzuschauern, nicht weil ihnen diese Form des Spieles mehr Vergnügen bereitet, sondern weil ihre schlechtere motorische Entwicklung verhindert, daß sie so spielen, wie sie gerne möchten (63, 70).

Intelligenz. Im Vergleich zu unbegabten Kindern sind die begabten Säuglinge aktiver und verspielter, und in ihrem Spiel zeigt sich mehr Erfindungsgabe. Im zweiten Jahr gelangt das Kind schnell vom sinnenbezogenen zum nachahmenden Spiel und zum Spiel, zu dem Vorstellungskraft gehört. Bei dem dummen Kind ist das nicht der Fall. Einen Monat nach dem anderen spielt es, ohne daß sich eine größere Veränderung wahrnehmen ließe, und es wird bald klar, daß es hinter anderen Kindern seines Alters zurückgeblieben ist. Diese Lücke wird immer deutlicher, wenn es älter wird (39).
Im Vergleich zu schwachsinnigen Kindern zeigen Kinder mit normaler oder gehobener Intelligenz eine deutliche Vorliebe für Spielmaterial, das zu konstruktiver Beschäftigung führt. Kinder mit normaler Intelligenz zeigen auch eine größere Stabilität hinsichtlich der Dauer des Interesses an jedem gewählten Spielmaterial. Im Vorschulalter zeigen Kinder mit einem hohen IQ ein Interesse für die Ausrüstung, die für Handlungsspiel oder schöpferische Beschäftigungen gebraucht wird, wie Ton, Schere und Farbe. Bei ihren Schöpfungen stellen sie nicht nur kompliziertere Muster mit Klötzen, Farbe oder Buntstiften her, sie zeigen auch eine größere Originalität und ihr Spiel bereitet ihnen eine größere Befriedigung als weniger intelligenten Kindern (13, 114). Es bereitet begabteren Kindern auch ein größeres Vergnügen, wenn ihnen vorgelesen wird, und sie haben Bücher mit einem höheren Niveau gerne, besonders solche, die Informationen vermitteln und nicht nur eine Geschichte berichten (106).
Unter älteren Kindern werden die Unterschiede im Spiel bei denen mit hohem oder mit niedrigem IQ noch deutlicher. Intelligente Kinder sind einzelgängerischer und weniger sozial in ihren Spielinteressen, und sie nehmen weniger an Beschäftigungen teil, die einen starken Einsatz der Körperkräfte erfordern, als Kinder mit einer durchschnittlichen Intelligenz. Intelligente Kinder zeigen ein geringeres Interesse an sportlichem Spiel und Sport als Kinder mit einer durchschnittlichen Intelligenz, aber sie zeigen ein größeres Interesse für Kartenspiele und Ratespiele. Sie ziehen eine Ausge-

wogenheit der Interessen vor und schließen sowohl eindeutig körperliche als auch eindeutig intellektuelle Beschäftigungen ein. Das größte Vergnügen bereiten ihnen Spiele, die die Anwendung der Intelligenz erfordern. Sie finden einfache Spiele wie Kriegenspielen, Versteckspielen usw. langweilig, während das dumme Kind diese Spiele vorzieht (162). Intelligenten Kindern macht das Sammeln Spaß, und sie ordnen das, was sie sammeln, systematisch. Sie haben auch mehr Steckenpferde als die weniger intelligenten Kinder (39, 70). Sehr intelligente Kinder jeden Alters verbringen mehr Zeit mit Lesen als Kinder mit durchschnittlicher Intelligenz, und sie haben eine größere Spielbreite von Leseinteressen. Der Lesestoff, den sie vorziehen, unterscheidet sich ebenfalls von dem des durchschnittlich begabten Kindes. Begabte Kinder beschäftigen sich gerne mit Wörterbüchern, Atlanten, Lexika, Büchern über Wissenschaft, Geschichte und Reisen, Biographien, Volksmärchen, Dichtung in Prosa und Lyrik und dramatischen Werken. Sie mögen allzu Phantastisches nicht und haben nur ein verhältnismäßig geringes Interesse an gefühlsbetonter Dichtung. Sie ziehen Kriminalromane groben Abenteuerbüchern vor und sind an Liebesgeschichten schon interessiert, ehe sie zehn Jahre alt sind (31, 89, 106).

Diese Unterschiede hinsichtlich der Interessen lassen sich ebenfalls in der Wahl der Bilderhefte, der Filme und der Radio- und Fernsehsendungen erkennen. Hier wird die Art des Interesses noch deutlicher als beim Lesen; diese Freizeitbeschäftigungen sprechen Kinder mit einem niedrigen IQ mehr an als die mit einem hohen IQ (75, 97). Sehr intelligente Kinder, die das Spiel mit ihren Alterskameraden nicht zufriedenstellt, finden oft Vergnügen an Wachträumen. Wegen ihrer intellektuellen Überlegenheit können sie Wachträume mit so lebendigen und aufregenden Themen erleben, daß sie versucht sind, solchen Beschäftigungen mehr Zeit zu widmen als psychologisch gesehen gut für sie ist (20, 80).

Geschlecht. In der gleichen Umgebung und mit dem gleichen Spielzeug zeigen Jungen und Mädchen keine signifikanten Unterschiede bei ihren Spielbeschäftigungen, bis sie das Alter erreichen, in dem die Gruppe starken Einfluß hat. Aber da sich in den meisten Elternhäusern die Umgebung und die Spielzeuge für die Mitglieder der beiden Geschlechter unterscheiden, wird den Kindern schon früh klar, daß bestimmte Arten des Spieles als angemessen für Jungen und andere als angemessen für Mädchen gelten.

Die Rolle der Mädchen ist heute weniger klar definiert als die der Jungen. Viele Spiele, die früher nur von Jungen gespielt wurden, wie Ping-Pong oder Handball, werden daher heute von beiden Geschlechtern gespielt. Der umgekehrte Fall trifft jedoch nicht zu. Die Mädchenspiele sind immer noch Mädchenspiele.

Beim Spielen mit Spielzeugen ziehen Mädchen Puppen, Puppenmöbel, Perlen und Bauklötze vor, Jungen jedoch Eisenbahnen, Autos, Pferde, Flugzeuge und Werkzeuge. Jungen spielen anstrengendere Spiele als Mädchen und ziehen Spiele wie Fußball, Handball und Murmeln vor, wogegen Mädchen gerne Seilchen springen, Versteck spielen und „Familie" oder „Schule" spielen. Mädchen ziehen Spiele vor, die ruhiger und ästhetischer Natur sind. Bei Rollenspielen geben die Jungen vor, Väter, Soldaten, Ärzte, Piloten oder LKW-Fahrer zu sein, Mädchen spielen weibliche Rollen wie Mutter, Krankenschwester oder Lehrerin. Selbst wenn sie mit denselben Spielzeugen spielen, verhalten sich Jungen und Mädchen unterschiedlich. Beim Spiel mit Klötzchen z. B. bauen Jungen mehr die zur Männerwelt gehörenden Gegenstände als Mädchen (76, 83, 162).

In der frühen Kindheit zeigen die Jungen eine größere Spielbreite der Interessen als Mädchen. In der späten Kindheit trifft das Gegenteil zu, weil die Jungen keine Spiele mehr spielen, die als „Mädchenspiele" angesehen werden, wogegen Mädchen ihren eigenen Vorrat an Spielen durch Spiele der Jungen erweitern. Trotz dieser Verlagerung sind jedoch die geschlechtsbedingten Unterschiede hinsichtlich der Breite der Interessen in der späten Kindheit deutlicher als vorher. Jungen verlieren bald das Interesse an einem Teil der Spiele, die ihnen angemessen sind, und beschränken ihr Spiel auf Beschäftigungen, die Mädchen sich nicht angeeignet haben (21, 35).

Umgebung. Kleine Kinder aus einer armen Umgebung spielen weniger als Kinder aus einer besseren Umgebung. Dies kann zum Teil auf Unterschiede der Gesundheit zurückgeführt werden, es läßt sich aber auch weitgehend durch die Tatsache erklären, daß Kinder aus einer ärmeren Umgebung weniger Spielzeug, weniger Zeit und weniger Platz zum Spielen haben. Obgleich in einer ärmeren Umgebung häufiger mehr Spielkameraden zur Verfügung stehen, ist dieser Faktor doch nicht ausreichend, um die anderen erwähnten Faktoren auszugleichen.
Kinder auf dem Lande spielen wegen ihrer geographischen Isoliertheit weniger in Gruppen organisierte Spiele. Sie haben nicht die Ausrüstung für bestimmte Spiele und gewöhnlich weniger freie Zeit, weil von ihnen erwartet wird, daß sie ihren Eltern auf dem Hof und im Haushalt helfen. Kinder in der Stadt haben gewöhnlich mehr Spielkameraden, und sie sind im allgemeinen besser für Spiele ausgerüstet (70, 147, 161).

Sozioökonomischer Status. Die spielerischen Beschäftigungen bei Kindern aus verschiedenen sozialen Klassen unterscheiden sich sowohl quantitativ als auch qualitativ. Die Unterschiede nehmen sogar noch zu, wenn die Kinder älter werden. Kinder aus den höheren sozioökonomischen Gruppen bevorzugen zunehmend Spielbeschäftigungen, die Geld kosten – wie Tennis, Schwimmen, Zuschauen bei sportlichen Ereignissen –, wogegen Kinder der unteren sozioökonomischen Gruppen sich mehr mit Spielen beschäftigen, die nur selten Geldausgaben erfordern – wie Ballspiele, Kriegenspielen o. ä.
Die soziale Klasse, zu der das Kind gehört, beeinflußt, welche Art von Büchern es liest, welche Filme es ansieht und welche Art von Vereinen es in seiner Freizeit besucht. Kinder aus wirtschaftlich besser gestellten Familien beschäftigen sich mehr kulturell, etwa mit Ballett-, Musik- und Kunstunterricht, mit Theaterspiel, mit Singen im Chor und in organisierten Gruppen wie Pfadfindern und Pfadfinderinnen, als Kinder aus weniger gut gestellten Elternhäusern (38, 98, 160, 161).

Die Menge der freien Zeit. Die Menge der Freizeit, die einem Kind zum Spielen zur Verfügung steht, hängt in erster Linie von der wirtschaftlichen Stellung der Familie ab. Bei Kindern, die in einem Wohnvorort leben, wurde festgestellt, daß die mit einem höheren wirtschaftlichen Niveau weniger Pflichten im Haus und wenig oder gar keine Arbeit außerhalb des Hauses zu erledigen hatten, wogegen Kinder aus ärmeren Elternhäusern weniger Zeit mit Freizeitbeschäftigungen verbrachten und mehr mit Pflichten (70, 108).

Ausrüstung für das Spiel. Wenn ein Kind eine bestimmte Art von Spielzeug erhält, gebraucht es das, und sein Spiel wird dadurch beeinflußt. Wenn diese Ausrüstung konstruktives Spiel begünstigt, wie das der Fall ist bei Bauklötzen, bei Sand, bei Hammer und Nägeln, ist das Spiel selbstverständlich in erster Linie konstruktiv. Vorherrschen von Puppen, Haushaltsgegenständen oder Soldaten legt die Betonung auf phantasievolles Spiel, in dem etwas vorgegeben wird (106, 123).
Da kleine Kinder nur verhältnismäßig wenig Zeit bei einer bestimmten Art des Spieles verbringen, benötigen sie eine Vielzahl verschiedener Spielzeuge und Materialien. Eine zu umfassende Ausstattung ist jedoch ebenso schlecht wie eine zu kleine. Eine begrenzte Menge gut ausgewählten Spielzeuges ermuntert das Kind, erfinderisch und sozial zu sein (85, 86).
Viele Erwachsene machen den Fehler, anzunehmen, daß ein Kind automatisch weiß, wie es eine Ausrüstung gebrauchen soll, die sie ihm geben. Ihnen er-

scheint diese Annahme bekräftigt zu werden, wenn das Kind ein unmittelbares Interesse für ein neues Spielzeug zeigt und anfängt, es zu untersuchen und es auf verschiedene Arten zu gebrauchen. Die Tatsache, daß ein Kind nur für kurze Zeit mit seinen Spielsachen spielt und von einem Spielzeug zum anderen überwechselt, läßt sich auf zwei Faktoren zurückführen: 1. ist seine Aufmerksamkeitsspanne kurz und 2. kann es sich nichts anderes ausdenken, was es mit einem bestimmten Spielzeuge tun kann; es langweilt sich damit.

Zufriedenheit und Unzufriedenheit durch Spiel

Man kann nicht erwarten, daß alle Kinder sich an demselben Spiel freuen, und ein Kind kann sich nicht zu jeder Zeit an demselben Spiel freuen. Wegen der Unterschiede in der Intelligenz, den Interessen und vieler anderer Faktoren braucht ein Kind die Art des Spieles, die seinen Bedürfnissen entspricht. Ob eine bestimmte Spielbeschäftigung ihm Vergnügen bereitet und ob sie außerdem sozial anerkannt ist, hängt teilweise von dem Kinde ab und teilweise davon, was ihm zur Verfügung steht.

Es bereitet dem Kind vielleicht eine größere Befriedigung, in einer Mannschaft zu spielen, als fernzusehen oder ein Buch zu lesen, aber wenn es den anderen Mitgliedern der Mannschaft nicht gefällt, wird ihm die Möglichkeit vorenthalten, am Mannschaftsspiel teilzunehmen. Unter solchen Umständen muß es dann eine Form des Spieles, die ihm zur Verfügung steht, als Ersatz nehmen und eine möglichst große Befriedigung daraus zu gewinnen suchen. Wenn diese Beschäftigung seinen Bedürfnissen nicht entspricht, sucht es weiter nach Ersatz, bis es einen gefunden hat, der ihm die meiste Befriedigung bereitet.

Dies wird gut verdeutlicht bei den Kindern, die stark vom Durchschnitt der Intelligenz abweichen – entweder nach der einen oder nach der anderen Seite. Wenn es einem intelligenten Kind wenig Befriedigung bereitet, an den Spielen seiner Klassenkameraden teilzunehmen, entdeckt es bald, daß ältere Kinder, deren Spiel seinen Bedürfnissen eher entspricht, nicht mit ihm spielen, weil es zu einer unteren Klasse gehört. Es kann dann eventuell lange suchen, und es findet vielleicht nie einen Ersatz, der ihm völlig gefällt. Weitgehend dasselbe kann auf ein Spiel zutreffen, das als einem Geschlecht angemessen angesehen wird. Ein Mädchen zieht das Fußballspiel vielleicht dem Spiel mit Puppen vor, aber wenn die Jungen es nicht als Mitglied ihrer Mannschaft aufnehmen, muß es die Spiele spielen, die ihm zur Verfügung stehen, oder darf überhaupt nicht spielen. Für einen Jungen ergibt sich dasselbe Dilemma. Er spielt entweder so, wie die soziale Gruppe es von ihm erwartet, oder stößt auf soziale Ablehnung, weil er sich mit Spielen beschäftigt, die von der Gruppe verachtet werden, die ihm aber Vergnügen bereiten.

Der wichtige Punkt, der beachtet werden sollte, wenn man Unterschiede im Spiel analysiert, ist nicht der, daß Kinder unterschiedlich spielen und daß sich ihr Spiel von einer Altersstufe zur nächsten ändert, sondern eher der, daß viele ihrer Spielbeschäftigungen einen Ersatz für die Arten des Spieles darstellen, die sie vorziehen würden, die zu genießen sie aber gehindert werden. Viele Kinder finden nie einen Ersatz, der ihnen eine solche Befriedigung bereitet, wie es das Spiel getan hätte, das sie vorgezogen hätten. Außerdem kann der Ersatz entweder physisch oder psychisch schädlich für sie sein, oder er kann der sozialen Gruppe schaden. Das Kind, das sein Bedürfnis nach Aufregung befriedigt, indem es fernsieht oder Bilderhefte liest, wäre z. B. besser dran, wenn es das nach seinen Wünschen im sportlichen Wettkampf in der Gruppe der Alterskameraden tun könnte.

Auf der positiven Seite legt dies nahe, daß die Betonung, die wir heute darauf legen, Spielraum und Spielausrüstung für die Kinder zu beschaffen, nicht ausreicht. Wenn der Gebrauch dieses Raumes und dieser Ausrüstung die gewünschten Ergebnisse bringen soll, müssen positive Maßnahmen ergrif-

fen werden, um jedem Kind die Möglichkeit zu geben, in einer Art zu spielen, die seinen persönlichen Bedürfnissen entspricht und die überflüssig macht, daß das Kind eine Ersatzform finden muß, die ihm weniger Befriedigung bereitet oder die auf soziale Ablehnung stößt.
Dieses Problem wird besonders schwerwiegend im späteren Teil der Kindheit, wenn kriminelles Verhalten erstmals auftaucht. Viele Kinder, die später zu jugendlichen Kriminellen werden, werden das aufgrund der Tatsache, daß ihre Formen der Freizeitbeschäftigung für die Gruppe nicht akzeptabel sind. Das Kind, das sich gut sozial anpaßt, findet Spielbeschäftigungen, die seinen Bedürfnissen entsprechen und die ebenfalls die Anerkennung durch die soziale Gruppe erhalten. Im Gegensatz dazu spielt das Kind, das sich sozial schlecht anpaßt, entweder in einer Art, die ihm wenig Befriedigung bereitet, wenn diese Art vielleicht auch sozial anerkannt ist, oder es beschäftigt sich auf eine Art, die ihm oder der sozialen Gruppe schadet, ihm aber Befriedigung bereitet. Die Spielprobleme stehen so in enger Beziehung zu den Problemen der sozialen Anpassung; wenn die letzteren gelöst werden, lösen sich die ersten von selbst.

Bibliographie

(1) ABEGGLEN, J. C.: Personality factors in social mobility: a study of occupationally mobile businessmen. *Genet. Psychol. Monogr.*, 1958, **58,** 101–159.

(2) ALBERT, R. S.: The role of mass media and the effect of aggressive film content upon children's aggressive responses and identification choices. *Genet. Psychol. Monogr.*, 1957, **55,** 221–285.

(3) ALMY, M. C.: *Child development.* New York: Holt, 1955.

(4) AMEN, E. W., and N. RENISON: A study of the relationship between play patterns and anxiety in young children. *Genet. Psychol. Monogr.*, 1954, **50,** 3–41.

(5) AMES, L. B.: Free drawing and completion drawing: a comparative study of preschool children. *J. genet. Psychol.*, 1945, **66,** 161–165.

(6) APPELL, C. T.: Television's impact upon middle-class family life. *Teach. Coll. Rec.*, 1960, **61,** 265–274.

(7) AXLINE, V. M.: *Play therapy.* Boston: Houghton Mifflin, 1947.

(8) AXLINE, V. M.: Observing children at play. *Teach. Coll. Rec.*, 1951, **52,** 358–363.

(9) BAILYN, L.: Mass media and children: a study of exposure habits and cognitive effects. *Psychol. Monogr.*, 1959, **73,** No. 1.

(10) BAKWIN, R. M.: The comics. *J. Pediat.*, 1953, **42,** 633–635.

(11) BATTIN, T. C.: The use of the diary and survey method involving the questionnaire technique to determine the impact of television on school children in regard to viewing habits and formal and informal education. *Speech Monogr.*, 1953, **20,** 135–136.

(12) BEILIN, H.: The pattern of postponability and its relation to social class mobility. *J. soc. Psychol.*, 1956, **44,** 33–48.

(13) BELL, J. E.: Perceptual development and the drawings of children. *Amer. J. Orthopsychiat.*, 1952, **22,** 386–393.

(14) BENDER, L.: The psychology of children's reading and the comics. *J. educ. Sociol.*, 1944, **18,** 223–231.

(15) BERNHART, E. N.: Developmental stages in compositional construction of children's drawings. *J. exp. Educ.*, 1942, **11,** 156–184.

(16) BLAKELY, W. P.: A study of seventh grade children's reading of comic books as related to certain other variables. *J. genet. Psychol.*, 1958, **93,** 291–301.

(17) BLOOD, R. O.: Social class and family control of television viewing. *Merrill-Palmer Quart.*, 1961, **7,** 205–222.

(18) BLYLER, D.: The song choices of children in the elementary grades. *J. Res. music Educ.*, 1960, **8,** 9–15.

(19) BOYD, N. A., and G. MANDLER: Children's responses to human and animal stories and pictures. *J. consult. Psychol.*, 1955, **19,** 367–371.

(20) BRECKENRIDGE, M. E., and E. L. VINCENT: *Child development,* 4th ed. Philadelphia: Saunders, 1960.

(21) BROWN, D. G.: Sex-role development in a changing culture. *Psychol. Bull.*, 1958, **55,** 232–242.

(22) BROWN, F. J.: *Educational sociology,* 2d ed. Englewood Cliffs, N.J.: Prentice-Hall, 1954.

(23) BROWNMAN, M. T., and M. C. TEMPLIN: Stories for younger children in 1927–1929 and in 1952–1955. *Elem. Sch. J.*, 1959, **59,** 324–327.

(24) BRUCH, H.: Developmental obesity and schizophrenia. *Psychiatry,* 1958, **21,** 65–70.

(25) BÜHLER, K.: *The mental development of the child.* New York: Harcourt, Brace & World, 1930.

(26) BURCHINAL, L., B. GARDNER, and G. R. HAWKES: Children's personality adjustment and the socioeconomics status of their families. *J. genet. Psychol.*, 1958, **92,** 149–159.

(27) BUTTERWORTH, R. F., and G. G. THOMPSON: Factors related to age-grade trends and sex differences in children's preferences for comic books. *J. genet. Psychol.*, 1951, **78,** 71–96.

(28) CAHN, P.: The role of play in the development of fraternal relationships of an older brother. *Sauvegarde,* 1949, **4,** 40–52.

(29) CAPPA, D.: Types of story books enjoyed by kindergarten children. *J. educ. Res.*, 1956, **49,** 555–557.

(30) CAPPA, J.: Les manifestations artistiques chez l'enfant. *Nouv. Rev. pedag.*, 1947, **3,** 89–93.

(31) CARSLEY, J. D.: The interests of children (ages 10–11) in books. *Brit. J. educ. Psychol.*, 1957, **27,** 13–23.

(32) CAVENAUGH, J. R.: The comics war. *J. crim. Law Criminol.*, 1949, **40,** 28–35.

(33) CHILD, I. L., E. H. POTTER, and E. M. LEVINE: Children's textbooks and personality development. *Psychol. Monogr.*, 1946, **60,** No. 3.

(34) CONN, J. H.: The play interview as an investigative and therapeutic procedure. *Nerv. Child,* 1948, **7,** 257–286.

(35) CONN, J. H.: Children's awareness of sex differences. II. Play attitudes and game preferences. *J. child Psychiat.*, 1951, **2,** 82–99.

(36) CORNELIUS, R.: Games minus competition. *Childh. Educ.*, 1949, **26,** 77–79.

(37) COUSINET, R.: Investigation of what students think of play and work. *J. psychol. norm. Path.*, 1951, **44,** 556–568.

(38) CRAMER, M. W.: Leisure time activities of economically privileged children. *Sociol. soc. Res.*, 1950, **34,** 444–450.

(39) CRUICKSHANK, W. M., and G. O. JOHNSON: *Education of exceptional children and youth.* Englewood Cliffs, N.J.: Prentice-Hall, 1958.

(40) DAVIDSON, H. L., and L. S. GOTTLIEB: The emotional maturity of pre- and post-menarcheal girls. *J. genet. Psychol.*, 1955, **86,** 261–266.

(41) DEMPSEY, D.: And after TV fades, there still remains the magic of a book. *The New York Times,* Nov. 14, 1954.

(42) DENNIS, W.: Handwriting conventions as determinants of human figure drawings. *J. consult. Psychol.*, 1958, **22,** 293–295.

(43) DENNIS, W.: The human figure drawings of Bedouins. *J. soc. Psychol.*, 1960, **52,** 209–219.

(44) DONALD, M. N., and R. J. HAVIGHURST: The meaning of leisure. *Soc. Forces,* 1959, **37,** 355–360.

(45) DU BOIS, F. S.: The security of discipline. *Ment. Hyg., N.Y.*, 1952, **36,** 353–372.

(46) DUVALL, E. M.: *The effect of TV on the family and child life.* Nashville, Tenn.: Report of the Second National Conference on Family Life of the Methodist Church, 1954.

(47) ELKIN, F.: The psychological appeal of the Hollywood western. *J. educ. Sociol.*, 1950, **24,** 72–86.

(48) ELKISH, P.: Significant relationships between the human figure and the machine in the drawings of boys. *Amer. J. Orthopsychiat.*, 1952, **22,** 79–85.

(49) EPHRON, B. K.: *Emotional difficulties in reading.* New York: Julian Press, 1953.

(50) ERIKSON, E. H.: Sex differences in the play configurations of preadolescents. *Amer. J. Orthopsychiat.*, 1951, **21,** 667–692.

(51) EVRY, H.: TV murder causes bad dreams. *Film World,* 1952, **8,** 247.

(52) FEARING, F.: Influence of the movies on attitudes and behavior. *Ann. Amer. Acad. Pol. Soc. Sci.*, 1947, **254,** 70–79.

(53) FISHER, R. L.: Preferences of different age and socioeconomic groups in instrumental musical situations. *J. soc. Psychol.*, 1951, **33,** 147–152.

(54) FOGLER, S.: Progress report on TV. *Elem. Sch. J.*, 1953, **53,** 513–516.

(55) FRANK, L. K., and M. H. FRANK: *Your adolescent, at home and in school.* New York: Viking, 1956.

(56) FRANK, L. K., and R. E. HARTLEY: Play and personality formation in preschool groups. *Personality,* 1951, **1,** 149–161.

(57) FREIDSON, E.: Adult discontent: an aspect of children's changing taste. *Child Develpm.*, 1953, **24,** 39–49.

(58) GAIER, E. L., and M. J. COLLIER: The latency-stage story preferences of American and Finnish children. *Child Develpm.*, 1960, **31,** 431–451.

(59) GAMBLE, M. A.: The viewers' views on classroom TV. *Educ. Screen,* 1951, **30,** 226–227.

(60) GARRISON, K.C.: *Growth and development,* 2d ed. New York: Longmans, 1959.

(61) GESELL, A., and L. B. AMES: The development of directionality in drawing. *J. genet. Psychol.*, 1946, **68,** 45–61.

(62) GESELL, A., and F. L. ILG: *Child development.* New York: Harper & Row, 1949.

(63) GESELL, A., F. L. ILG, and L. B. AMES: *Youth: the years from ten to sixteen.* New York: Harper & Row, 1956.

(64) GOODENOUGH, F. L., and D. B. HARRIS: Studies in the psychology of children's drawings. II. 1928–1949. *Psychol. Bull.*, 1950, **47,** 369–433.

(65) GREENACRE, P.: Play in relation to creative imagination. *Psychoanal. Stud. Child,* 1959, **14,** 61–80.

(66) GREENAWAY, E.: Reading standards raised by television. *The New York Times,* Nov. 4, 1954.

(67) GREENSTEIN, J.: Effect of television upon elementary school grades. *J. educ. Res.*, 1954, **48,** 161–176.

(68) HARRIS, D. B., and S. C. TSENG: Children's attitudes toward peers and parents as re-

vealed by sentence completions. *Child Develpm.*, 1957, **28,** 401–411.

(69) HARTLEY, R. E.: *Growing through play: experiences of Teddy and Bud.* New York: Columbia, 1952.

(70) HARTLEY, R. E., L. K. FRANK, and R. M. GOLDENSEN: *Understanding children's play.* New York: Columbia, 1952.

(71) HAVIGHURST, R. J.: *Human development and education.* New York: Longmans, 1953.

(72) HAVIGHURST, R. J.: The leisure activities of the middle-aged. *Amer. J. Sociol.*, 1957, **63,** 152–162.

(73) HEMMERLING, R. L., and H. HURST: The effects of leisure activities on scholastic achievement. *Calif. J. educ. Res.*, 1961, **12,** 86–90.

(74) HILDRETH, G.: The simplification tendency in reproducing designs. *J. genet. Psychol.*, 1944, **64,** 329–333.

(75) HIMMELWEIT, H. T., A. N. OPPENHEIM, and P. VANCE: *Television and the child: an empirical study of the effect of television on the young.* Fair Lawn, N.J.: Oxford University Press, 1958.

(76) HONZIG, M. P.: Sex differences in the occurrence of materials in the play constructions of preadolescents. *Child Develpm.*, 1951, **22,** 15–35.

(77) HORNE, B. M., and C. C. PHILLES: A comparative study of the spontaneous play activities of normal and mentally defective children. *J. genet. Psychol.*, 1942, **61,** 33–46.

(78) HOULT, T. F.: Comic books and juvenile delinquency. *Sociol. soc. Res.*, 1949, **33,** 279–284.

(79) HUGHES, M. A., and L. STOCKDALE: The young child and graphic expression. *Childh. Educ.*, 1940, **16,** 307–314.

(80) JERSILD, A. T.: *Child psychology,* 5th ed. Englewood Cliffs, N.J.: Prentice-Hall, 1960.

(81) JERSILD, A. T., and R. J. TASCH: *Children's interests and what they suggest for education.* New York: Teachers College, Columbia University, 1949.

(82) JOHNSON, H. M.: *The art of block building.* New York: John Day, 1933.

(83) JOHNSON, R. C., C. JOHNSON, and L. MARTIN: Authoritarianism, occupation, and sex role differentiation of children. *Child Develpm.*, 1961, **32,** 271–276.

(84) JOLLES, I.: A study of the validity of some hypotheses for the qualitative interpretation of the H-T-P for children of elementary school age. 1. Sexual identification. *J. clin. Psychol.*, 1952, **8,** 113–118.

(85) LANDRETH, C.: *The psychology of early childhood.* New York: Knopf, 1958.

(86) LEONARD, A.: Toys for toddlers. *Today's Hlth*, 1952, Dec., 42–43, 60.

(87) LEROY, A.: Dessins en transparence et niveau de développement. *Enfance,* 1950, **3,** 276–287.

(88) LEROY, A.: Representation of perspective in the drawings of children. *Enfance,* 1951, **4,** 286–307.

(89) LEVINSON, B. M.: The inner life of the extremely gifted child, as seen from the clinical setting. *J. genet. Psychol.*, 1961, **99,** 83–88.

(90) LEWIN, H. S.: Factions and fears about the comics. *Nation's Schools,* 1953, **52,** 46–48.

(91) LEWIS, E.: The function of group play during middle childhood in developing the ego complex. *Brit. J. med. Psychol.*, 1954, **27,** 15–29.

(92) LYNESS, P. I.: Patterns in mass communications tastes of the young audience. *J. educ. Psychol.*, 1951, **42,** 449–467.

(93) LYNESS, P. I.: The place of the mass media in the lives of boys and girls. *Journalism Quart.*, 1952, **29,** 43–54.

(94) MACCOBY, E. E.: Television: its impact on school children. *Publ. Opin. Quart.*, 1951, **15,** 421–444.

(95) MACCOBY, E. E.: Why do children watch television? *Publ. Opin. Quart.*, 1954, **18,** 239–244.

(96) MACCOBY, E. E., and W. C. WILSON: Identification and observational learning from films. *J. abnorm. soc. Psychol.*, 1957, **55,** 76–87.

(97) MACCOBY, E. E., W. C. WILSON, and R. V. BARTON: Differential movie-viewing behavior of male and female viewers. *J. Pers.*, 1958, **26,** 259–267.

(98) MAC DONALD, M., C. MC GUIRE, and R. J. HAVIGHURST: Leisure activities and socioeconomic status of children. *Amer. J. Sociol.*, 1949, **54,** 505–519.

(99) MACHOVER, K.: *Personality projection in the drawing of the human figure.* Springfield, Ill.: Charles C Thomas, 1949.

(100) MALTER, M. S.: The content of current comic magazines. *Elem. Sch. J.*, 1952, **52,** 505–510.

(101) MALRIEU, P.: Comments on some free drawings by children. *J. Psychol. norm. path.*, 1950, **43,** 239–244.

(102) MARGOLIN, E. B., and D. A. LETON: Interest of kindergarten pupils in block play. *J. educ. Res.*, 1961, **55,** 13–18.

(103) MARKEY, F. V.: Imaginative behavior of preschool children. *Child Develpm. Monogr.*, 1935, No. 18.

(104) MARSHALL, H. R.: Relations between home experiences and children's use of language in play interactions with peers. *Psychol. Monogr.*, 1961, **75,** No. 5.

(105) MARTIN, P. C., and E. L. VINCENT: *Human development.* New York: Ronald, 1960.

(106) MAYBURY, M. W.: Selection of materials by nursery school children of superior mental intelligence. *J. educ. Res.*, 1952, **46,** 17–31.

(107) MC CARTHY, D. L.: Language development.

Monogr. Soc. Res. Child Develpm., 1960, **25,** No. 3, 5–14.

(108) MC CULLOUGH, C. M.: A log of children's out-of-school activities. *Elem. Sch. J.*, 1957, **58,** 157–165.

(109 MC KELLAR, P., and R. HARRIS: Radio preferences of adolescents and children. *Brit. J. educ. Psychol.*, 1952, **22,** 101–113.

(110) MERRY, F. K., and R. V. MERRY: *The first two decades of life,* 2d ed. New York: Harper & Row, 1958.

(111) MILLICHAMP, D. A.: Another look at play. *Instit. Child Study Bull.*, Toronto, 1953, **15,** No. 4, 1–13.

(112) MITCHELL, M. A.: The relationship of reading to social acceptability of sixth grade children. *Teach. Coll. Contr. Educ.*, 1949, No. 953.

(113) MORGAN, D.: Television versus reading. *Wilson Libr. Bull.*, 1955, **26,** 327.

(114) MOYER, K. E., and B. VON H. GILMER: Experimental study of children's preferences and use of blocks in play. *J. genet. Psychol.*, 1956, **89,** 3–10.

(115) MURPHY, L. B.: *Personality in young children.* New York: Basic Books, Inc., Publishers, 1957.

(116) MUSSEN, P. H., and E. RUTHERFORD: Effects of aggressive cartoons on children's aggressive play. *J. abnorm. soc. Psychol.*, 1961, **62,** 461–464.

(117) New York Times Report: TV-watching habits of students studied. *The New York Times,* Jan. 2, 1954.

(118) New York Times Report: Parents advised to curb TV fare. *The New York Times,* July 28, 1961.

(119) O'BRIEN, C. C.: The role of music in guiding the child. *Education,* 1953, **73,** 1–6.

(120) PELLER, L. E.: Models of children's play. *Ment. Hyg., N.Y.*, 1952, **36,** 66–83.

(121) PELLER, L. E.: Daydreams and children's favorite books. *Psychoanal. Stud. Child.*, 1959, **14,** 414–433.

(122) PODOLSKY, E.: Horrors. *Calif. P-T Jour.*, 1952, Dec., 23.

(123) REECE, L. H.: The play needs of children aged 6 to 12. *Marriage fam. Liv.*, 1954, **16,** 131–134.

(124) REICHENBERG-HACKETT, W.: The geo sign test: a semistructural drawing situation utilized as a screening test for adjustment. *Amer. J. Orthopsychiat.*, 1950, **20,** 578–594.

(125) RICCIUTI, E. A.: Children and radio: a study of listeners and non-listeners to various types of radio programs in terms of selected ability, attitudes, and behavior measures. *Genet. Psychol. Monogr.*, 1951, **44,** 69–143.

(126) ROSENBERG, B. G., and B. SUTTON-SMITH: A revised conception of masculine-feminine in play activities. *J. genet. Psychol.*, 1960, **96,** 165–170.

(127) RUSSELL, D. H.: The development of thinking processes. *Rev. educ. Res.*, 1953, **23,** 137–145.

(128) SCHRAMM, W.: *Children and television.* Washington, D.C.: Television Information Office, 1959.

(129) SCHRAMM, W.: *The impact of educational television.* Urbana, Ill.: The University of Illinois Press, 1960.

(130) SCHRAMM, W.: Mass media and educational policy. *60th Yearb. Nat. Soc. Stud. Educ.*, 1961, Pt. 2, 203–229.

(131) SCHRAMM, W., J. LYLE, and E. B. PARKER: Patterns in children's reading of newspapers. *Journalism Quart.*, 1960, **37,** 35–40.

(132) SCHRAMM, W., J. LYLE, and E. B. PARKER: Children's learning from television. *Stud. publ. Commun.*, 1961, No. 3, 86–98.

(133) SCHRAMM, W., J. LYLE, and E. B. PARKER: *Television in the lives of our children.* Stanford, Calif.: Stanford, 1961.

(134) SCOTT, L. F.: A study of children's TV interests. *Calif. J. educ. Res.*, 1953, **4,** 162–164.

(135) SCOTT, L. F.: Social attitudes of children revealed by responses to television programs. *Calif. J. second. Educ.*, 1954, **22,** 176–179.

(136) SCOTT, L. F.: Relationships between elementary school children and television. *J. educ. Res.*, 1958, **52,** 134–137.

(137) SEAGOE, M. V.: Some current research in television for children. *Calif. J. educ. Res.*, 1952, **3,** 151–153.

(138) SEAGOE, M. V., and K. MURAKAMI: A comparative study of children's play in America and Japan. *Calif. J. educ. Res.*, 1961, **12,** 124–130.

(139) SEWARD, B., and D. B. HARRIS: The reading ease, human interest value, and thematic content of *St. Nicholas* magazine. *J. educ. Psychol.*, 1951, **42,** 153–165.

(140) SHALTER, A.: A survey of student reading. *Eng. J.*, 1951, **40,** 271–273.

(141) SIEGEL, A. E.: The influence of violence in the mass media upon children's role expectations. *Child Develpm.*, 1958, **29,** 35–56.

(142) SOLOMON, J. C.: Play technique as a differential therapeutic medium. *Nerv. Child,* 1948, **7,** 296–300.

(143) SPIEGELMAN, M., C. TERWILLIGER, and F. FEARING: The content of the comic strips: a study of a mass medium of communication. *J. soc. Psychol.*, 1952, **35,** 37–57.

(144) STOLZ, H. R., and L. M. STOLZ: *Somatic development of adolescent boys.* New York: Macmillan, 1951.

(145) STONE, L. J., and J. CHURCH: *Childhood and adolescence.* New York: Random House, 1957.

(146) STRANG, R. M.: *An introduction to child study,* 4th ed. New York: Macmillan, 1959.

(147) SULLENGER, T. E., L. H. PARKE, and W. K. WALLIN: The leisure time activities of ele-

mentary school children. *J. educ. Res.,* 1953, **46,** 551–554.
(148) SUTTON-SMITH, B., and P. GUMP: Games and status experience. *Recreation,* 1955, **48,** 172–174.
(149) SUTTON-SMITH, B., and B. G. ROSENBERG: Manifest anxiety and game preferences in children. *Child Develpm.,* 1960, **31,** 307–311.
(150) SWANSON, C. F., and R. L. JONES: Television owning and its correlates. *J. appl. Psychol.,* 1951, **35,** 352–357.
(151) SYMONDS, P. M.: *The dynamics of human adjustment.* New York: Appleton-Century-Crofts, 1946.
(152) THAYER, L. O., and N. H. PRONKO: Some psychological factors in the reading of fiction. *J. genet. Psychol.,* 1958, **93,** 113–117.
(153) THOMAS, R. M.: Effects of frustration on children's paintings. *Child Develpm.,* 1951, **22,** 123–132.
(154) THORNDIKE, R. L.: *Comparative study of children's reading interests.* New York: Teachers College, Columbia University, 1941.
(155) THORNDIKE, R. L.: Words and the comics. *J. exp. Educ.,* 1942, **10,** 110–113.
(156) THORNDIKE, R. L., and F. HENRY: Differences in reading interests related to differences in sex and intelligence level. *Elem. Sch. J.,* 1940, **40,** 751–763.
(157) TYLER, L. E.: The relationship of interests to abilities and reputation among first grade children. *Educ. psychol. Measmt,* 1951, **11,** 255–264.
(158) United Nations Report: Games of childhood same around world. *The New York Times,* May 24, 1953.
(159) VERNON, M. D.: The development of imaginative construction in children. *Brit. J. Psychol.,* 1948, **39,** 102–111.
(160) VOLBERDING, E.: Out-of-school behavior of eleven-year-olds. *Elem. Sch. J.,* 1948, **48,** 432–441.
(161) WALLACE, E. H.: Selected out-of-school factors that affect Negro elementary school children. *J. educ. Res.,* 1960, **54,** 118–120, 137–140.
(162) WANG, J. D.: The relationship between children's play interests and their mental ability. *J. genet. Psychol.,* 1958, **93,** 119–131.
(163) WEATHERS, G. R.: Children up late for TV, a study shows. *The New York Times,* Dec. 3, 1954.
(164) WEIDER, A., and P. A. NOLLER: Objective studies of children's drawings of the human figure. 1: Sex awareness and socioeconomic level. *J. clin. Psychol.,* 1950, **6,** 319–325.
(165) WELLS, C. A., and T. J. LYNCH: The amount of free reading engaged in by intermediate grade pupils who have viewed television for one year or more. *J. educ. Res.,* 1954, **47,** 473–477.
(166) WERTHAM, F.: The curse of the comic books. *Relig. Educ.,* 1954, **49,** 394–406.
(167) WIESE, M. J., and S. G. COLE: A study of children's attitudes and the influence of a commercial motion picture. *J. Psychol.,* 1946, **21,** 151–171.
(168) WILSON, L. A.: The influence of a child purpose on the perseverance of young children. *J. exp. Educ.,* 1955, **23,** 353–358.
(169) WINSTEL, B.: The use of a controlled play situation in determining certain effects of maternal attitudes on children. *Child Develpm.,* 1951, **22,** 299–311.
(170) WITTY, P. A.: Children's interest in comics, radio, motion picture, and TV. *Educ. Admin. Superv.,* 1952, **38,** 138–147.
(171) WITTY, P. A.: Comparative studies of interest in TV. *Educ. Admin. Superv.,* 1954, **40,** 321–335.
(172) WITTY, P. A.: Comics, television, and our children. *Today's Hlth,* 1955, Feb., 18–21.
(173) WITTY, P. A., A. COOMER, and D. MC BEAN: Children's choices of favorite books: a study conducted in ten elementary schools. *J. educ. Psychol.,* 1946, **37,** 266–278.
(174) WITTY, P. A., *et al.:* Studies of children's interests: a brief summary. *Elem. Eng.,* 1960, **37,** 469–475.
(175) WITTY, P. A., and P. KINSELLA: Children and the electronic Pied Piper. *Education,* 1959, **80,** 48–56.
(176) WITTY, P. A., and D. MOORE: Interest in reading the comics among Negro children. *J. educ. Psychol.,* 1945, **36,** 303–308.
(177) WOLFENSTEIN, M.: The impact of a child's story on mothers and children. *Monogr. Soc. Res. Child Develpm.,* 1946, **11,** No. 1.
(178) WOLMAN, B.: Spontaneous groups of children and adolescents in Israel. *J. soc. Psychol.,* 1951, **34,** 171–182.
(179) ZORBAUGH, H.: The comics and where they stand. *J. educ. Sociol.,* 1944, **18,** 196–203.
(180) ZORBAUGH, H.: What adults think of the comics as reading for children. *J. educ. Sociol.,* 1949, **23,** 225–235.

Kapitel 11: Entwicklung des Verstehens

James hat vor vielen Jahren darauf hingewiesen, daß das neugeborene Kind die Welt als „große, bunte, summende Verwirrung" erlebt (116). Es hat kein Verständnis für seine Umwelt oder dafür, wo die Quelle seines Unwohlseins liegt, wenn es nach Hilfe schreit. Es weiß einzig und allein, daß es sich nicht wohl fühlt, es gebraucht dann das eine Mittel, das zu seiner Verfügung steht – das Schreien – bei dem Versuch, Linderung zu finden. Als Folge von Reifung und Lernen fängt das Kind allmählich an, das, was es sieht, hört, riecht, schmeckt und fühlt, zu verstehen. Seine Umgebung wird ihm allmählich sinnvoll, und es beginnt zu verstehen, warum es bei verschiedenen Gelegenheiten gerade so fühlt.

Der Reifungsprozeß stellt die Voraussetzungen für das Verstehen zur Verfügung. Ehe sich das Verstehen entwickeln kann, müssen sich das Gehirn des Kindes und das Nervensystem entwickeln, und die Sinnesorgane – die zur Wahrnehmung gebraucht werden – müssen für ihre Funktion reif werden. Verstehen läuft parallel zum geistigen Wachstum. Wenn das geistige Wachstum sehr schnell vor sich geht – wie etwa bei sehr intelligenten Kindern –, liegt das Verstehen oberhalb der Altersnorm, bei einem weniger intelligenten Kind bleibt das Verstehen hinter der Norm zurück (182). In ähnlicher Weise läuft die Entwicklung einer Hierarchie der Fähigkeiten, Informationen zu sammeln (was eine wesentliche Voraussetzung darstellt für das Verständnis komplexer Situationen und Verhaltensweisen), parallel zu der Fähigkeit des Gehirnes zu denken (154).

L e r n e n ist ebenfalls wichtig für das Verstehen. Das Kind muß lernen, Unterschiede wahrzunehmen bei den Dingen, die es sieht, hört, riecht, schmeckt und fühlt, sobald die sensorischen und die Nerven-Strukturen seines Körpers zum Gebrauch bereit sind. Das Verstehen fängt an, wenn das Kind die Fähigkeit entwickelt zu unterscheiden. Im Alter von zwei Wochen gibt das Kind vorübergehend acht auf einen baumelnden Ring und zeigt so, daß es in seiner Umgebung etwas vom Üblichen Abweichendes wahrnimmt. Von da an zeigt sein Verhalten, daß es Unterschiede bei Menschen und Dingen feststellen kann. Es lächelt, wenn es vertraute Menschen oder Gegenstände sieht, und es weint, wenn sie ihm nicht vertraut sind. Sein Verstehen nimmt zu, wenn seine Fähigkeit, Beziehungen zwischen alten und neuen Situationen festzustellen, zunimmt. Je schneller ein Kind neue Bedeutungen mit einem alten Erlebnis in Verbindung bringen kann, desto sinnvoller werden die alten Erlebnisse und desto mehr werden sie in einem System von untereinander zusammenhängenden Vorstellungen integriert (42, 143).

Die Bedeutung des Verstehens. Die Art der Anpassung, die ein Kind an das Leben vornimmt, wird stark beeinflußt von seinem Verständnis für seine Umgebung, für die Menschen in seiner Umgebung und sich selbst. Das Kind, das die Gefahr z. B. von Autos, hochgelegenen Plätzen und Tieren kennt, ist vorsichtig; das Kind, dem dieses Verständnis fehlt, trifft nicht die richtige Vorsorge in einer möglicherweise gefährlichen Situation und kann folglich für sein ganzes Leben durch eine dadurch entstehende Körperbehinderung benachteiligt sein.

Wenn ein Kind seine Grenzen – körperlicher oder geistiger Art – nicht kennt, versteht es auch nicht, warum die Menschen es in der Weise behandeln, wie sie es tun, und es legt ihre Handlungen falsch aus. Ein Junge, der seine körperlichen Grenzen nicht kennt, kann meinen, daß er in der Gruppe beim Spielen z. B. wegen seiner Rasse nicht akzeptiert wird, während das tatsächlich wegen seiner unzureichenden Fertigkeiten beim Spiel geschieht. Er staut seinen Groll an, was ihm später das Akzeptiertwerden durch die Gruppe erschwert und gleichzeitig ihn selbst unglücklich macht. Wenn er weiterhin die Gründe für seine Zurückweisung falsch versteht, hat er nur eine geringe Motivation, Eigenschaften zu pflegen, die seine Chance, akzeptiert zu werden, vergrößern könnten.

Einstellungen gegenüber Menschen, gegenüber Dingen und gegenüber dem, was im Leben wichtig ist, hängen gleichfalls vom Verstehen ab. Ein Kind, das nicht versteht, daß viel von dem, was es in einem Film oder im Fernsehen sieht, nur vorgegeben ist, entwickelt mit Wahrscheinlichkeit unrealistische oder falsche Einstellungen gegenüber dem Leben (183). Ähnlich ist es, wenn es den Wert der Wiederholung für das Lernen nicht versteht; es entwickelt dann vielleicht eine verärgerte Einstellung gegenüber einem Lehrer, der von ihm verlangt, daß es in einem Aufsatz falsch geschriebene Wörter immer wieder schreibt. Es sieht diese Aufgabe eher als eine Strafe an und nicht als eine bewährte Art des Lernens (76).

Ohne Frage ist einer der größten Werte des Verstehens darin zu sehen, daß es dem Kind ermöglicht, sich an Veränderungen – sowohl persönliche als auch solche der Umgebung – anzupassen. Die Veränderungen der Körperform in der Pubertät und die damit einhergehenden Veränderungen des Verhaltens und der Interessen bieten eine gute Illustration. Ein Kind, das versteht, daß diese Veränderungen nach einem vorhersagbaren Muster stattfinden, und das weiß, warum sie stattfinden, reagiert mit weniger Furcht, Ängstlichkeit oder Unwillen als ein Kind, das sie nicht versteht.

Die Vorstellungen der kleinen Kinder

Verstehen gründet auf Vorstellungen. Vorstellungen sind keine direkten Sinnesdaten; statt dessen folgen sie aus der Verarbeitung und der Verbindung – dem Zusammenbinden oder Zusammenfügen – getrennter Sinneserfahrungen. Die gemeinsamen Elemente bei verschiedenen Gegenständen oder Situationen dienen dazu, Gegenstände oder Situationen zu einer einzigen Vorstellung zu verbinden (238). Vinacke hat Vorstellung definiert als „Systeme kognitiver Organisationen, vermittels derer überdauernde Eigenschaften zurückliegender Erfahrungen auf einen gegenwärtigen Reiz bezogen werden ... Es handelt sich um selektive Systeme, die zusammen mit den Einstellungen die Reaktionen kontrollieren. Sie stellen die Ordnung von Erfahrungsmaterial dar und bestimmen die Bedeutung der Objekte ... Sie entwickeln sich während des Lernprozesses, wobei sie komplexer werden und im allgemeinen mit zunehmendem Alter auch differenzierter und effizienter" (239).

Vorstellungen sind symbolisch insofern, als sie von den Eigenschaften nicht konkret vorhandener Situationen und Gegenstände ebenso abhängen wie von den Eigenschaften von Situationen und Gegenständen, die zu der Zeit, wenn die Reaktion erfolgt, vorhanden sind. Häufig haben Vorstellungen eine affektive Qualität – „eine emotionale Tönung" –, die zu einem Teil der Vorstellung wird und die bestimmt, wie das Individuum über die Person, den Gegenstand oder die Situation denkt, für die die Vorstellung ein Symbol ist. Diese emotionale Tönung bestimmt in hohem Grade die Art der Reaktion, die diese Person von sich gibt (76, 252).

Vorstellungen sind komplex, sie ändern sich fortwährend mit der Erfahrung und mit der Ansammlung neuen Wissens. Wie komplex sie sind, kann durch eine einfache Skizze gezeigt werden, die die Zusammensetzung einer Vorstellung zeigt (Abb. 11-1).

Vorstellungen können sich auf Gegenstände beziehen, auf Menschen, auf Eigenschaften (wie „gut" und „unehrlich") oder auf Beziehungen (wie „über" und „als") (197). Sie können bestimmt („ein halber Teelöffel Salz") oder unbestimmt („eine gute Prise Salz") sein (117, 161). Vorstellungen sind nicht immer bewußt und werden auch nicht immer verbalisiert (169). Einige Vorstellungen sind gut entwickelt, einige teilweise entwickelt und einige sehr wenig differenziert. Einige Vorstellungen entwickeln sich weiter und werden mit der Zeit berichtigt, einige entwickeln sich nie über die Grundlagen hinaus, die in der Kindheit gelegt wurden (238).

Russell hat darauf hingewiesen, daß Kinder „oft ein klares Verständnis für ein Konzept zeigen, aber es nicht verbalisieren können" (197). Ein Kind kann z. B. eine klare und genaue Vorstellung davon haben, was „Großzügigkeit" bedeutet, aber es kennt das Wort nicht, das diese Eigenschaft beschreibt. Es weiß aus seinem Spiel vielleicht, daß man, wenn man rote und blaue Farbe mischt, einen bestimmten Ton bekommt, wenn man mehr Rot nimmt, und einen anderen Ton, wenn man mehr Blau nimmt. Es

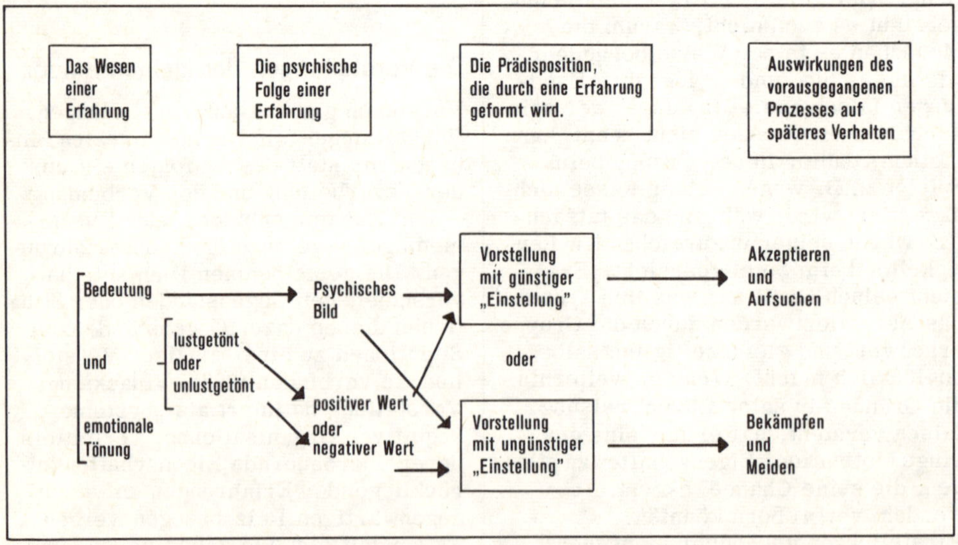

Abb. 11-1. Vorstellungen sind komplex und bestehen aus mehreren voneinander abhebbaren Charakteristika.

kennt jedoch nicht die Namen für diese Farbtöne und kann sie deshalb nicht als „purpurrot" oder „violett" bezeichnen.
Die Vorstellungen eines Kindes sind wichtig, weil sie bestimmen, was das Kind weiß, was es glaubt, und in einem hohen Maß, was es tut. Weiter beeinflußt die Genauigkeit oder die Ungenauigkeit seiner Vorstellungen sein Verständnis. Je mehr Vorstellungen ein Kind hat, je besser sie entwickelt sind und je genauer sie sind, desto größer wird sein Verständnis. Einfacher Lesestoff, der aus wenigen, jedoch sinnvollen Wörtern besteht und mit entsprechenden Bildern versehen ist, kann von einem kleinen Kind besser verstanden werden als Material, das viele verschiedene Gedanken und abstrakte oder unvertraute Wörter bringt (53). Selbst die mechanischen Mittel der Großschreibung und der Interpunktion können dem Kind einen Hinweis auf die Beziehung geben, die ein fremdes Wort zu den Wörtern hat, die es umgeben (117).
Die Vorstellungen entwickeln sich schnell wegen des Interesses, das ein Kind an der Welt hat, in der es lebt. Man hat geschätzt, daß Kinder einen Vorrat von mehreren hundert Vorstellungen haben, ehe sie in die Schule kommen. Diese sind zum größten Teil einfach und schließen solche Vorstellungen wie Rundheit, Röte, Hund, Tier, Essen und Liebe ein; viele sind teilweise oder insgesamt ungenau. Bis zum Jugendalter hat das Kind einen Vorrat von mehreren tausend Vorstellungen angesammelt. Es hat weiter alten Vorstellungen neue Bedeutungen hinzugefügt und viele der alten Ungenauigkeiten berichtigt.

Wie sich Vorstellungen entwickeln

Wegen ihres begrenzten Wissens und ihrer begrenzten Erfahrung können Kinder einen Gegenstand oder eine Situation nicht in der Art sehen, wie es Erwachsene tun, obschon ihre Sinnesorgane gleichermaßen gut entwickelt sind. Wie Russell festgestellt hat, bedeutet dies, daß sich die Vorstellungen der Kinder oft langsam entwickeln „aus wahrgenommenen Gegenständen, Erinnerungen und Bildern und ihre Entwicklung weitgehend durch die Sprache oder andere Symbole unterstützt wird" (197).
Russel hat weiter erklärt, daß einige Vorstellungen dem Kinde helfen, andere Vorstellungen zu entwickeln: „Vorstellungen über die Zeit helfen Vorstellungen über die sozialen Sitten zu erklären ... Vorstellungen der Ästhetik und des Humors wachsen im Verhältnis zu den sozialen Vorstellungen" (197). Zum Beispiel lernt ein Kind, es als komisch anzusehen, wenn eine ältere Person über eine Bananenschale ausrutscht und fällt, weil dieses Geschehen die bereits gelernte Vorstellung über die Würde und den Respekt, die mit dem Erwachsensein einhergehen, verletzen. In ähnlicher Weise haben Kinder, wenn sie die Vorstellung der geschichtlichen Zeit lernen, eine Grundlage, auf der sie erklären können, warum Menschen anders zu leben, sich zu kleiden und zu verhalten pflegten, als sie es heute tun. Dies wird besonders deutlich beim Verständnis religiöser Vorstellungen. Das Kind, das Vorstellungen des angemessenen Verhaltens und Aussehens der Mitglieder der beiden Geschlechter entwickelt, kann sein Wissen übertragen, damit sein Wissen ihm hilft, Vorstellungen über die männliche und die weibliche Schönheit zu entwickeln. So lernt es, Schönheit nicht als eine abstrakte Vorstellung zu verstehen, sondern sie in Beziehung zu bringen zu seinen Vorstellungen über das, was einem Geschlecht angemessen ist (76, 161).

Wesentliche Voraussetzungen für die Entwicklung einer Vorstellung. Die Entwicklung von Vorstellungen ist ein langer und schwieriger Vorgang. Wenn Vorstellungen genau sein sollen und wenn das Kind genügend Vorstellungen entwickeln soll, damit es seine Welt versteht, müssen die folgenden wesentlichen Bedingungen zufriedenstellend erfüllt sein:

1. Fähigkeit, Beziehungen zu sehen. Wie der Erwachsene interpretiert das

Kind neue Erfahrungen in Beziehung zu früher erworbenem Wissen. Dies bedeutet, daß ein Kind, um Bedeutungen feststellen zu können, Beziehungen zwischen neuen und vorausgegangenen Erfahrungen sehen können muß. Je größer die Ähnlichkeit zwischen den neuen und den alten Erfahrungen, desto mehr Bedeutungen müßte das Kind wahrnehmen können. Wenn es nicht imstande ist, irgendeine Beziehung zwischen den Erfahrungen zu sehen, ist sein Verständnis für die neue Situation begrenzt. Dies ist gut illustriert worden durch eine Untersuchung der Reaktionen in einer Gruppe von Sechs- bis Achtjährigen bei Krankenhausaufenthalt. Kinder, die durch ihre Eltern dazu erzogen worden waren, auf allgemeine Streßsituationen angemessen zu reagieren, reagierten mit Streßverhalten auf ihren Krankenhausaufenthalt wegen einer Mandeloperation, weil sie keine Verbindung zwischen dieser bestimmten Streßsituation und allgemeinen Streßsituationen sahen. Kinder, die man angeleitet hatte, wie auf eine bestimmte Streßsituation zu reagieren sei, etwa auf einen Krankenhausaufenthalt, reagierten jedoch günstiger und fühlten sich im Krankenhaus wohler, weil sie dieses Erlebnis verstanden und wußten, was sie zu erwarten hatten (145).

Die Beobachtung hat ergeben, daß ein Kind, schon ehe es ein Jahr alt ist, neue Geschehnisse in der Form dessen interpretieren kann, was es bereits gelernt hat. Es fängt z. B. an, sich weniger vor Fremden zu fürchten, weil es gelernt hat, daß ein fremder Mensch ihm oft neue und angenehme Erlebnisse beschert. In ähnlicher Weise hat es gelernt, daß seine Mutter nicht immer gleich aussieht; manchmal trägt sie einen Hut und einen Mantel, und manchmal trägt sie ein Kleid und keinen Hut oder Mantel (30).

Im Alter von zwei Jahren ist das Kind imstande, einfache Verallgemeinerungen vorzunehmen. Von da an nimmt seine Fähigkeit ständig zu, Dinge in Gruppen zu ordnen, die zusammengehören und abstrakte, begriffliche Erklärungen für die Gruppierungen zu geben. Die Fähigkeit des Dreijährigen, neue Erfahrungen in der Sprache von alten Erfahrungen zu interpretieren, erklärt die deutliche Zunahme seines Wissens. Die Fähigkeit, Beziehungen zu sehen und sie genau zu sehen, ist jedoch leichter zu erwerben, wenn das Material sich in Übereinstimmung mit vergangenen Erfahrungen befindet (197).

2. Fähigkeit, die zugrundeliegenden Bedeutungen zu erfassen. Kinder nehmen Dinge oberflächlich wahr, und es entgeht ihnen jede Bedeutung, die nicht auf den ersten Blick zu erkennen ist. Es ist festgestellt worden, daß kleine Kinder Bilder zuerst nach dem, was in statischer Form abgebildet ist, auslegen und später nach der Handlung, die sie darstellen. Erst wenn sie reifer sind, interpretieren sie das Bild nach den Gedanken und Gefühlen, die der Künstler ausgedrückt hat. Subtilere Bedeutungen entgehen sogar älteren Kindern. Bedeutung von Karikaturen wird von Kindern erst kurz vor dem Jugendalter erfaßt (195, 207).

Das trifft weitgehend auch auf Sprichwörter zu. Das Kind erfaßt im allgemeinen nicht den Sinn des Sprichwortes „Es ist nicht alles Gold, was glänzt". Es denkt nur an das Wort „Gold" und wie das Gold „glänzt". Später, in der Kindheit, wenn die Auffassungsgabe zunimmt, sind die Kinder imstande, einige der übertragenen Bedeutungen der Sprichwörter zu erfassen (191).

3. Fähigkeit, vernünftig zu denken. Um das genau verstehen zu können, was ein Kind hört oder sieht, muß es induktives Denken anwenden und manchmal sogar deduktives oder schöpferisches Denken. Da sich diese geistigen Fähigkeiten langsam entwickeln, interpretiert ein Kind das, was es beobachtet, oft falsch. Im Prozeß des Entdeckens von Bedeutungen muß das Kind oft gemeinsame Elemente bei Gegenständen und Situationen erkennen und Einzelheiten, die ohne Verbindung sind, beachten. Wenn ein Kind z. B. nur Hunde mit kurzem Haar kennt, muß es im Geiste einem langhaarigen Hund das Fell scheren, ehe es die Verallgemeinerung „Hund" vollziehen kann; aber gleichzeitig muß

es bereit sein, seiner ursprünglichen Vorstellung von dem, was ein Hund ist, „Langhaarigkeit" hinzuzufügen (161). Das verlangt eine Denkfähigkeit, die viele Kinder nicht haben, ehe sie das Ende der Kindheit erreichen.

Quellen der Bedeutung. Die Entwicklung der Fähigkeit, eine Bedeutung zu erfassen, schreitet schnell während der ersten Lebensjahre fort. Zuerst entdeckt das kleine Kind die Bedeutung der Gegenstände in seiner Umgebung durch eine Erforschung mit Hilfe der Sinnesorgane. Es sieht und hört, es riecht, schmeckt und berührt alles, was sich in seiner Reichweite befindet. Durch die Verschmelzung von Bedeutungen, die vorher unbekannt waren, mit bereits vertrauten Bedeutungen werden fremde und unbekannte Gegenstände vertraut. Je öfter es einen Gegenstand beobachten kann – mit kurzen zeitlichen Zwischenräumen zwischen den Beobachtungen –, desto schneller wird er für das Kind sinnvoll (195, 252).

Wenn die motorische Koordination so weit entwickelt ist, daß ein Kind Dinge nach seinem Willen behandeln kann, ersetzt die motorische Manipulation die Information, die durch die Erforschung mit den Sinnen gewonnen wurde. Das Kind entdeckt Eigenschaften wie Glätte, Weichheit, Wärme. Allzu oft enthält die „Hände weg"-Einstellung, die viele Erwachsene erzwingen, dem Kinde eine seiner wichtigsten Quellen der Information vor (237).

Sobald das Kind alt genug ist, um Wörter zusammenzusetzen, fängt es an, Fragen zu stellen über Dinge, die seine Neugier erregen. Das „Fragealter" setzt um das dritte Jahr ein und erreicht seinen Höhepunkt etwa im sechsten Jahr, aber jeder Mensch gebraucht diese Methode, Information zu erhalten, für den Rest seines Lebens (159, 238).

Das kleine Kind ist motiviert, Fragen in erster Linie aus echtem Interesse zu stellen, doch es will vielleicht auch Informationen überprüfen oder ergänzen, die es durch eigenes Experimentieren erhalten hat. Das Fragen wird gelegentlich auch durch das Verlangen nach Aufmerksamkeit motiviert. Dann zeigt das Kind wenig Interesse für die Antworten, die es auf seine Fragen erhält, und es stellt dieselbe Frage oft mehrfach.

Was das Kind in den Massenkommunikationsmitteln, die Bilder verbreiten, sieht – besonders in Bilderheftchen, Fernsehen und Filmen –, bildet die Grundlage für viele seiner Vorstellungen. Wenn Lehrer oder Polizisten ständig in einer bestimmten Weise dargestellt werden, kommt es dazu, daß ein Kind denkt, alle Lehrer oder alle Polizisten hätten die charakteristischen Züge, die es in diesen Darstellungen gesehen hat. Dies ist eine der häufigsten Arten, wie sich Stereotype entwickeln.

Da die meisten Massenmedien Elemente der Unwirklichkeit in sich bergen, auch wenn sie sich um Realität bemühen, entwickelt das Kind mit Wahrscheinlichkeit Vorstellungen, die unrealistisch sind. Dies wird durch die unrealistische Vorstellung über Eltern illustriert, die viele Kinder aus Filmen, Fernsehsendungen oder Bildheften erhalten. Wenn Eltern gewöhnlich als viel eleganter und aufregender gezeigt werden als alles, was das Kind bei den eigenen Eltern erlebt hat, neigt es dazu, eine kritische, unrealistische Einstellung gegenüber seinen Eltern zu entwickeln (46, 249).

Sachlich informierende Filme und Schulfernsehen dienen dazu, realistischere Vorstellungen zu entwickeln. Ein Kind, dessen Vorstellung von einem Elefanten sich auf das Betrachten eines Elefanten aus der Ferne in einem Zoo oder auf Bilder in einem Buch gründet, erhält eine genauere Vorstellung, wenn es einen Expeditionsfilm über Elefanten in ihrer natürlichen Umgebung sieht (190).

Ehe ein Kind imstande ist zu lesen, lernt es viele Bedeutungen, indem es sich Bilder ansieht, wenn ihm vorgelesen wird oder wenn ihm Geschichten erzählt werden. Selbst die einfachsten Bücher führen neue Bedeutungen in das Leben des Kindes ein, und durch sorgfältiges Betrachten von Bildern werden ihm Einzelheiten von Gegenständen und Personen, die es vorher nicht gesehen hat, deutlich. Mit jedem Jahr hängt das Kind immer mehr vom Lesen ab, um sein Verstehen zu verbessern. Wenn das, was es liest, durch Diskussionen mit Erwachsenen ergänzt wird oder durch unterrichtende Filme in der Schule, nimmt sein Verständnis stark zu (24, 117, 190, 198).

Bewertung der Informationsquellen. Obgleich Kinder neue Quellen der Information gebrauchen, wenn sie älter werden, geben sie die alten niemals völlig auf. Sie gebrauchen die alten Quellen vielleicht immer weniger – nicht unbedingt, weil sie die neuen für genauer und vollständiger halten, sondern weil die Umstände es schwierig oder unmöglich machen, die alten Quellen zu benutzen. Dies trifft besonders auf die motorische Manipulation zu. Wenn das Kind mit einer „Hände weg"-Einstellung konfrontiert wird, hat es keine Wahl, als eine andere Quelle zu benutzen, wenn ihm auch die motorische Manipulation mehr Information geben könnte. Wenn es wissen möchte, wie sich der Pelzmantel eines fremden Menschen anfühlt, aber seine Mutter ihm nicht erlaubt, diesen zu berühren, kann es eine gewisse Information erhalten, indem es sich den Mantel aus der Nähe betrachtet und indem die Mutter erklärt, daß er sich „genau wie dein Plüschhäschen anfühlt". Sein Verstehen wäre jedoch größer, wenn es den Mantel direkt hätte berühren dürfen. In ähnlicher Weise kann es feststellen, daß seine Fragen nicht immer beantwortet werden oder nicht immer die richtige Antwort erhalten.

Wenn das Kind lesen kann, ohne der Technik des Lesens zu viel Aufmerksamkeit widmen zu müssen, wendet es sich den Büchern als einer Quelle der Information zu. Dies bedeutet jedoch nicht, daß es aufhört, Fragen zu stellen. Wenn ihm gestattet wird, Fragen zu stellen, und wenn es glaubt, daß die Information, die es auf seine Fragen erhält, genau ist, zieht es diese Quelle der mühsameren, zeitraubenderen Arbeit des Lesens vor. Eines der Argumente zugunsten der Massenkommunikationsmittel, die Bilder verbreiten, ist, daß diese Medien oft die Neugier des Kindes erregen und es motivieren, weiter nachzuforschen und so sein Verständnis für neue Gegenstände und Situationen zu vergrößern.

Faktoren, die die Entwicklung von Vorstellungen beeinflussen

Da Kinder den verschiedensten Einflüssen unterworfen sind, haben nicht alle Kinder desselben Alters oder Entwicklungsniveaus die gleichen Vorstellungen. Von den vielen Faktoren, die die Entwicklung der Vorstellungen beeinflussen, sind die folgenden die wichtigsten:

1. Zustand der Sinnesorgane. Die Sinnesorgane sind die Kanäle, durch die die Sinneserfahrungen auf dem Wege zum Gehirn hindurchgehen; der Zustand der Sinnesorgane ist deshalb äußerst wichtig für die Entwicklung von Vorstellungen. Ein Kind, das farbenblind ist, sieht etwa Gegenstände in seiner Umgebung anders als das Kind mit normalem Sehvermögen. Ein Kind, das völlig oder teilweise taub ist, bildet sich Vorstellungen, in denen Geräusche keine oder nur eine geringe Rolle spielen. Da sich Kinder hinsichtlich der Effizienz ihrer Sinnesorgane unterscheiden, gibt es keine zwei Kinder, die die gleichen Primärdaten über die Welt, in der sie leben, erhalten. Die Grundlagen, auf denen ihre Vorstellungen aufbauen, unterscheiden sich, und deshalb unterscheiden sich auch ihre Vorstellungen (76).

2. Intelligenz. Mit der Reifung der Intelligenz, besonders in den Bereichen des Gedächtnisses und des vernünftigen Denkens, nimmt die Fähigkeit des Kindes zu, Vorstellungen zu entwickeln. Die Intelligenz ermöglicht es dem Kind, Gewinn aus der Erfahrung zu ziehen, zu beobachten, sich zu erinnern, zu unterscheiden, zu verallgemeinern, zu deduzieren und Bilder im Gedächtnis zu behalten.

Intelligenz spielt eine weitaus weniger

wichtige Rolle für das *affektive* Element einer Vorstellung als für die *kognitiven* Aspekte. Z. B. sieht und versteht ein sehr intelligentes Kind Elemente in einer Situation, die ein Kind von geringerer Intelligenz nicht erkannt hätte (197, 239). Dies beeinflußt nicht den Gefühlston oder die emotionale Tönung der Vorstellung, weil Wissen und Fühlen nicht unbedingt miteinander in Verbindung stehen. Daß das intelligente Kind einen bestimmten Gegenstand liebt oder ablehnt, ist nicht unbedingt die Folge seiner intellektuellen Fähigkeit, sondern irgendeiner vergangenen Erfahrung, bei der es angenehme oder unangenehme Gefühle mit dem Gegenstand oder dem Erlebnis in Verbindung gebracht hat. Die Vorstellung, die ein begabtes Kind von „Hund" hat, enthält mehr kognitive Elemente als die Vorstellung eines weniger intelligenten, wenn beide dieselben Lernmöglichkeiten haben. Die Art der Erlebnisse, die jedes Kind in der Vergangenheit mit Hunden gehabt hat, beeinflußt die emotionale Tönung der Vorstellung.

3. Gelegenheit zum Lernen. Weil die Vorstellungen ein Produkt des Lernens sind, sind die Möglichkeiten zu lernen noch wichtiger für die Entwicklung von Vorstellungen als die Intelligenz. Wenn aber die Möglichkeiten zu lernen für alle Kinder gleich sind, entwickeln die Kinder mit einem höheren IQ bessere Vorstellungen. Die Korrelation zwischen der Entwicklung von Vorstellungen und der Erfahrung ist höher als die zwischen der Entwicklung von Vorstellungen und der Intelligenz.

Je älter das Kind ist, desto mehr Möglichkeiten zu lernen hat es gehabt; deshalb spielt das chronologische Alter eine ebenso wichtige Rolle für die Vorstellungsfähigkeit des Kindes wie das Intelligenzalter (238, 239). Eine Untersuchung, die feststellen sollte, was sich die Kinder auf verschiedenen Altersstufen unter Gerechtigkeit vorstellen, zeigte, daß ältere Kinder viel mehr wichtige Faktoren erkennen als kleinere Kinder. Das ältere Kind zieht z. B. den *Grund* für das schlechte Verhalten eines Menschen in Erwägung, wogegen das jüngere Kind das schlechte Verhalten nur nach dem, was oberflächlich zu erkennen ist, bewertet und nur auf dieser Grundlage entscheidet, was eine gerechte Strafe sein sollte (71).

Da Alter und Erfahrung Hand in Hand gehen, hat das ältere Kind andere und vollständigere Vorstellungen als das kleine Kind. Weiter verändern sich die Vorstellungen häufig als eine Folge bestimmter Erfahrungen, besonders die Vorstellung von sich selbst und anderen. Tatsächlich entwickeln sich die Vorstellungen weiter und verändern sich, solange ein Mensch lebt und neue Erfahrungen macht (76, 142, 252).

Der Einfluß der Lerngelegenheit ist in einer Anzahl von Untersuchungen zur Entwicklung der Vorstellungen gezeigt worden. In einer Untersuchung darüber, welche Vorstellungen Kinder von verschiedenen inneren Organen haben (wie z. B. von Lunge und Magen), stellte es sich heraus, daß nur eine geringfügige Beziehung zwischen dem Intelligenzalter oder dem chronologischen Alter eines Kindes und seinen Vorstellungen besteht. Auf der anderen Seite bestand eine deutliche Korrelation zwischen den Vorstellungen eines Kindes und den Kenntnissen seiner Eltern. Es bestand ebenfalls eine hohe Korrelation zu dem, was das Kind in der Schule über die Körperfunktionen gelernt hatte (174).

In ähnlicher Weise stellte es sich heraus, daß die Vorstellungen eines Kindes über die Geburt hoch korrelieren mit der Menge und der Art der geschlechtlichen Aufklärung, die es zu Hause und in der Schule erhalten hat. Z. B. zeigten sich bei ungarischen Kindern, die weniger über Geschlechtliches unterrichtet werden als amerikanische oder englische Kinder, mehr Phantasieelemente als wirkliche Informationen in ihren Vorstellungen über die Geburt. Kinder, die Schulen mit einem starken Vorurteil gegen das Geschlechtliche besuchten, hatten weniger und weniger genaue Vorstellungen über die Geburt als diejenigen, die Schulen mit schwachem Vorurteil besuchten (173).

Der Einfluß der Gelegenheit zu lernen auf die Entwicklung von Vorstellungen zeigt sich ebenfalls in Unterschieden zwischen den sozialen Klassen. Einige Vorstellungen sind in einer Kultur allgemein verbreitet wie die Vorstellungen über Zeit, Raum und Zahlen. Andere sind spezifisch für eine soziale Klasse, so etwa Vorstellungen von „Kindermädchen", „Dienstmädchen" und „Reisen". So werden die Vorstellungen eines Kindes in einem hohen Maß durch die sozioökonomische Gruppe bestimmt, zu der eine Familie gehört (110).

Weil darüber hinaus Namen als Symbole eine wichtige Rolle für die Vorstellung eines Kindes spielen, sind die Vorstellungen um so vollständiger und genauer, je größer sein Wortschatz ist und je genauer das Kind die Bedeutung von Wörtern erfaßt. Da Kinder aus den unteren sozioökonomischen Gruppen insgesamt gesehen ein begrenzteres und weniger genaues Vokabular haben als Kinder aus den höheren sozioökonomischen Gruppen, sind die Vorstellungen, die diese Kinder entwickeln, verschieden. Kinder aus einer ländlichen Umgebung haben andere und oft geringere Möglichkeiten zu lernen als Kinder aus einer städtischen Umgebung; Unterschiede in ihren Erfahrungen sind deshalb überwiegend verantwortlich für Unterschiede in ihren Vorstellungen (210, 231).

4. Art der Erfahrung. Die frühe Entwicklung von Vorstellungen gründet auf konkreten Erfahrungen. Je direkter und konkreter diese Erfahrungen sind, desto zutreffender gestaltet sich wahrscheinlich die Vorstellung. Später werden viele Vorstellungen durch „stellvertretende" Erfahrungen gewonnen, besonders durch solche, die als Tatsachenmaterial in Büchern, in Filmen, im Radio und Fernsehen gebracht werden (98, 110, 161, 208).

Vorstellungen, die mit vertrauten Gegenständen oder mit den Erfahrungen eines Kindes in Verbindung stehen, wie Vorstellungen von Wolken, vom Fliegen eines Flugzeuges, vom Aufsteigen der Blasen im Wasser, werden eher erworben als Vorstellungen in Verbindung mit weniger vertrauten Gegenständen oder Situationen, wie etwa die Funktionen des Herzens und der Muskeln, die Bedeutung der Schwerkraft oder die geologische Entstehung von Bergen und Seen (179).

5. Menge der Anleitung. Die Vorstellungen unterscheiden sich nach der Menge der Anleitung und Erziehung, die ein Kind erhält. Obwohl es zutrifft, daß alles Neue oder Interessante die Neugier eines Kindes erregt, gibt es dennoch viele Dinge, die es nicht bemerken würde, wenn seine Aufmerksamkeit nicht direkt auf sie gerichtet würde. Je mehr es dazu angeleitet wird, Einzelheiten zu beobachten, desto sinnvoller werden die Gegenstände in seiner Umgebung. Spielzeuge helfen, wenn sie richtig ausgesucht worden sind, das Erfassen von Raum und Farbe zu entwickeln, so wie gut ausgesuchte Bücher und Bilder dem Kind helfen, das Schöne oder das Komische wahrzunehmen. Striktes Festhalten an einem Zeitplan ermöglicht es dem Kind besser, die Zeit zu schätzen, als ein weniger geordneter Zeitplan. Musik im Elternhaus als Teil der Freizeitbeschäftigung erzeugt nicht nur ein Verständnis für Musik, sondern auch eine echte Liebe dazu.

6. Art der Massenkommunikationsmittel. Das Kind lernt nicht nur neue Bedeutungen aus Büchern, Filmen, Fernsehen und Radio, sondern es lernt auch, bestimmte Bezeichnungen oder Namen mit der Vorstellung in Verbindung zu bringen, die es entwickelt (198, 237). Was für Vorstellungen das Kind entwickelt, wie sinnvoll sie sind, und welche Art der emotionalen Tönung sie haben, hängt weitgehend davon ab, was es liest, sieht und hört. Stoff, der nicht richtig für sein Alter oder für sein Entwicklungsniveau ist, kann zu der Entwicklung unklarer oder falscher Vorstellungen beitragen. Dies steht in einer engeren Beziehung zu der Entwicklung des Wortschatzes als zu anderen Faktoren; je besser das Verständnis des Kindes für Wörter ist, desto besser ist sein Verständnis der

Vorstellungen, für die die Wörter Symbole sind (240, 246).

7. Geschlecht. Wie das Kind eine Person, einen Gegenstand oder eine Situation sieht, wird dadurch beeinflußt, ob es zum männlichen oder weiblichen Geschlecht gehört. Weil Kinder von der frühesten Kindheit an dazu erzogen werden, in einer Art zu denken und zu handeln, die als ihrem Geschlecht angemessen angesehen wird, spiegelt sich das wahrscheinlich in den Bedeutungen wider, die sie mit verschiedenen Erfahrungen und Gegenständen in Verbindung bringen. Für ein Mädchen kann z. B. Kleidung etwas sein, was das Aussehen verbessert und Bewunderung hervorruft; für einen Jungen ist Kleidung etwas, was vor Kälte schützt und was getragen wird, weil die Gesellschaft es verlangt. Für einen Jungen ist die Beschäftigung mit der Mathematik vielleicht ein wichtiger Schritt für seinen zukünftigen Beruf, einem Mädchen kann sie als „Zeitverschwendung" erscheinen.
Es unterscheiden sich nicht nur die kognitiven Elemente der Vorstellungen bei Jungen und Mädchen, die emotionale Tönung unterscheidet sich ebenfalls oft stark. Die Vorstellung, die Jungen von der Armut haben, ist mit Wahrscheinlichkeit realistisch und entspricht den Tatsachen, wogegen die Vorstellungen der Mädchen mehr durch Mitleid und ein Gefühl der Teilnahme gekennzeichnet sind (76). Da die geschlechtsspezifischen Unterschiede mit dem Alter zunehmen, da auch der Druck der Erziehung in Richtung auf sozial anerkannte Geschlechterrollen zunimmt, weichen die Vorstellungen bei Jungen und Mädchen stärker voneinander ab, wenn die Kinder älter werden.

8. Persönlichkeit. Insgesamt gesehen hat das gut angepaßte Kind genauere, realistischere und weniger emotional getönte Vorstellungen als das schlecht angepaßte Kind. Da jedes Kind das Leben von einem Bezugssystem her sieht, in dem es selbst die Hauptrolle spielt, bestimmt das, was das Kind von sich selbst und anderen denkt, welcher Art sein Bezugssystem ist. Wenn es gut angepaßt ist, sieht es sich selbst, seine Fähigkeiten und seine Beziehungen zu anderen realistisch; es sieht sich selbst, wie es ist und wie die anderen es sehen. Als Folge davon wird seine Vorstellung von sich selbst der sehr ähnlich sein, die andere von ihm haben.
Bei dem schlecht angepaßten Kind dagegen kann eine so unrealistische Vorstellung von sich selbst entstehen, daß sogar die eigenen Eltern ihr Kind nicht darin erkennen würden. Da diese Vorstellung so weit entfernt ist von der Vorstellung, die andere von ihm haben, führt sie zu einem Verhalten, das seine schlechte Anpassung verstärkt.

Charakteristische Züge der kindlichen Vorstellungen

Die Vorstellungen von Kindern zeigen im Vergleich zu denen der Erwachsenen eher Grad- als Artunterschiede. Vorstellungen, die einem Erwachsenen „unlogisch" erscheinen, sind das nicht vom Standpunkt eines Kindes, dessen Erlebnisse anders sind und dessen Kenntnis begrenzter ist (197, 238).
Um die Vorstellungen der Kinder zu verstehen und um zu wissen, wie Kinder ihre Welt sehen, muß man einige der hervorstechendsten Züge der kindlichen Vorstellungen kennen.
Die Vorstellungen sind individuell verschieden. Da es keine zwei Kinder mit denselben intellektuellen Fähigkeiten oder denselben Lernerfahrungen gibt, gibt es auch keine zwei Kinder, die dasselbe Verständnis für eine Situation oder einen Gegenstand haben. Die Vorstellungen enthalten jedoch Bedeutungen, die denen aller anderen Kinder ähnlich sind. Wenn darüber hinaus Kinder eine ähnliche Erziehung erhalten und ähnliche Werte lernen, enthalten ihre Vorstellungen ähnliche Elemente. Kurz gesagt bedeutet dies, daß, obwohl jede Vorstellung für jedes Kind einzigartig ist, sie jedoch nicht völlig von den Vorstellungen der anderen verschieden ist (239).
Arme Kinder sehen das Bild einer ar-

men Familie völlig anders als die, welche niemals Armut erlebt haben und die folglich nicht verstehen, was es bedeutet, arm zu sein. Obgleich das Bild für beide dasselbe ist, ist ihr Verständnis dessen, was in der Darstellung abgebildet ist, sehr unterschiedlich. Weiter hängt die emotionale Tönung der Vorstellungen über die Armut von den persönlichen Erlebnissen der Kinder ab (76).

Die Entwicklung von Vorstellungen folgt einem Muster. Untersuchungen der Vorstellungen von Kindern haben ergeben, daß es ein Entwicklungsmuster gibt, das für alle Kinder ähnlich ist, obgleich die Zeit, die erforderlich ist, um Vorstellungen zu entwickeln, und der Grad der erreichten Entwicklung von der Intelligenz des Kindes und seiner Möglichkeit zu lernen abhängt.

Die Vorstellungen der Kinder verändern sich mit dem Alter, aber statt sich in scharf markierten Stufen zu bewegen, scheinen sie sich, wie Russell gemeint hat, „entlang einem Kontinuum von einfach bis komplex, von konkret bis abstrakt, von undifferenziert zu differenziert, von separat zu integriert, von egozentrisch zu eher sozial" zu bewegen, wenn neue Bedeutungen mit alten in Verbindung gebracht werden, um ein Teil des Systems von Vorstellungen zu werden (197).

Hier soll ein Beispiel genügen, um zu zeigen, wie vorhersagbar das Muster der Entwicklung von Vorstellungen ist. In einer Untersuchung zu der Vorstellung „Flagge" und dem Gefühl der nationalen Identität stellte es sich heraus, daß das Muster der Entwicklung einer ziemlich festen Ordnung für alle untersuchten Kinder folgte. Zuerst, wenn die Vorstellungen vage und allgemein sind, nennt das Kind nur die Flagge; für das Kind gehört sie in eine Klasse von Gegenständen mit gemeinsamen Eigenschaften. Wenn das Kind sechs oder sieben Jahre alt ist, kann es zwischen Flaggen unterscheiden, die verschiedene Länder repräsentieren. Ein Jahr später werden seine Vorstellungen über verschiedene Länder umfassender, und es sieht Fahnen als ein Symbol eines Landes an. Das Achtjährige hat eine vage Vorstellung von Staaten und Regierungen; es sieht die Fahne als ein willkürlich festgesetztes Symbol der Identifikation mit einem bestimmten Land an. Wenn das Kind zehn Jahre alt ist, hat es eine Vorstellung von abstrakter Loyalität gegenüber seinem Land entwickelt, und die Fahne ist ein Symbol dieser Loyalität. Zwischen elf und zwölf Jahren versteht das Kind die Bedeutung des Rituals, das mit der Flagge verbunden wird (244).

Vorstellungen sind hierarchisch geordnet. Im Verlauf der Entwicklung werden die Vorstellungen hierarchisch geordnet, und die Namen werden mit Gegenständen oder Klassen von Gegenständen verbunden. Diese Hierarchie entsteht, wenn die Vorstellungen von der einfacheren zu einer komplexeren Ebene gelangen. Im Alter von etwa sechsundzwanzig Monaten gelangen die Kinder aus der vorabstrakten Periode in eine Periode, in der sie Vorstellungen der ersten Hierarchie erfassen können; sie können z. B. verstehen, daß „Männer" und „Frauen" „Menschen" sind. Etwa in der Mitte des vierten Jahres kommen sie in die Periode der zweiten Hierarchie, wenn sie solche Vorstellungen verstehen wie: „Kartoffeln" sind ein „Gemüse", „Äpfel" sind „Obst", und sowohl „Gemüse" als auch „Obst" sind „Nahrungsmittel". Mit fortschreitendem Alter ist das Kind imstande, zunehmend komplexere Vorstellungen von noch höheren Hierarchien zu erfassen (239).

Vorstellungen entwickeln sich von unspezifisch zu spezifisch. Die vagen, unbestimmten Vorstellungen des kleinen Kindes werden allmählich durch bestimmtere ersetzt. Das kleine Kind reagiert zuerst eher auf die gesamte Situation als auf irgendeinen Teil. Es bemerkt Einzelheiten nicht so schnell wie ganze Gegenstände. Die Folge ist, daß es auf Gegenstände oder Situationen mit gemeinsamen Elementen so reagiert, als wenn sie die gleichen wären. Deshalb entwickelt es Vorstellungen, in denen die Bedeutungen vage und nicht spezifisch sind.

In einer qualitativen Analyse der Reaktionen von Kindern auf Wörter im Stanford-Binet-Wortschatztest wurde festgestellt, daß die Antworten der kleineren Kinder sich stark von denen der älteren Kinder unterschieden. Das kleinere Kind gebraucht gewöhnlich Beschreibungen und nicht völlig zutreffende Erklärungen, wogegen das ältere Kind die Eigentümlichkeiten der Wortklassen betont. Bei der Definition von „Kittel" sagt das kleine Kind z. B.: „Man trägt ihn", das ältere Kind dagegen sagt: „Es ist eine Arbeitsbekleidung" (78, 161).

Vorstellungen entwickeln sich von spezifisch zu allgemein. Zuerst sind die Vorstellungen des Kindes zu vage und undifferenziert, als daß sie es ihm ermöglichen, ihre Verbindung zu anderen Vorstellungen zu sehen. Deshalb kann es sie nicht in Kategorien ordnen. Durch Erfahrung kann es Teilelemente von Gegenständen unterscheiden und die zusammenordnen, die gemeinsame Züge tragen. Bei dieser frühen Art der Klassifizierung spielen Struktur und Funktion des Gegenstandes eine wichtige Rolle im Verständnis des Kindes für seine Bedeutung (10). Das Kind bemerkt z. B., daß gemeinsame Elemente in den Vorstellungen von „Regen", „Schnee" und „Sonnenschein" enthalten sind. Wenn es feststellt, daß sie als „Wetter" bekannt sind, faßt es sie in der allgemeinen Vorstellung „Wetter" zusammen (252).

Stereotype sind eine Form der allgemeinen Vorstellungen. Wie Vinacke erklärt hat, handelt es sich hierbei um eine „Tendenz, verallgemeinerte und vereinfachte Charakteristika auf Gruppen von Menschen in Form von verbalen Bezeichnungen anzuwenden" (239). Bei Stereotypen sind die psychologischen oder physischen Charakteristika, die Gruppen von Menschen zugeschrieben werden, im allgemeinen nicht schmeichelhaft; sie führen daher zu Vorurteil. Wenn die stereotypen Züge psychologischer Natur sind, führen sie mit größerer Wahrscheinlichkeit zu Vorurteilen, als wenn sie physischer Natur sind.

Wenn Stereotype gebildet werden, wird angenommen, daß die unvorteilhaften Züge, die einer bestimmten Gruppe von Menschen zugeschrieben werden, bei anderen Gruppen nicht zu finden sind, wogegen Züge, die wünschenswert und bei anderen Gruppen anzutreffen sind, sich bei der Gruppe, über die Stereotype gebildet worden sind, nicht finden. Das Stereotyp hat, wie andere Vorstellungen, ein verbales Symbol oder einen Namen wie „Tattergreis", „alte Jungfer" oder „Nigger". Wenn das verbale Symbol ausgesprochen wird, erregt das im Zuhörer eine verallgemeinerte Vorstellung von der Person, die ein Mitglied dieser Gruppe ist und der die Züge zugeschrieben werden, die mit dieser Gruppe in Verbindung stehen (68, 180, 205).

Stereotype schließen auch die günstigen oder ungünstigen Reaktionen ein gegenüber der Person oder der Gruppe, zu der das Stereotyp gehört. Die Form, die die Reaktion annimmt, hängt auch von den Bedeutungen ab, die in dem Stereotyp eingeschlossen sind.

Vorstellungen sind kumulativ. Bei der Entwicklung von Vorstellungen baut das Kind neue Bedeutungen auf alten auf. Nur wenn sich herausstellt, daß eine Vorstellung falsch gewesen ist, gibt das Kind sie auf und bildet eine völlig neue. Die Entwicklung der Vorstellung „Orange" geschieht, indem neue Bedeutungen der ursprünglichen Bedeutung von Orange als einer Frucht hinzugefügt werden. Wenn das Kind lernt, daß eine bestimmte Farbe „orange" genannt wird, daß ein bestimmter Baum „Orange" genannt wird, daß es ein Getränk gibt, das „Orangensaft" heißt und daß eine bestimmte Blume „Orangenblüte" heißt, versteht es allmählich, daß „Orange" mehr bedeutet als eine Frucht.

Bei dem Aufbau von Vorstellungen kann das Kind neue Assoziationen oder neue Beziehungen zwischen Bedeutungen herstellen, die es schon früher erworben, aber nicht als aufeinander bezogen erkannt hat (221, 252). Neue Erfahrungen bringen dem Kind jedes

Jahr neue Bedeutungen und vergrößern und erweitern so die bereits vorhandenen Vorstellungen. Der kumulative Prozeß ist nie beendet; er dauert während des ganzen Lebens an (76).

Vorstellungen sind emotional getönt. Alle Vorstellungen enthalten eine gewisse emotionale Tönung. Woodruff meint: „Es gibt kein Gefühl, das nicht mit einer Vorstellung verbunden ist, und es gibt keine Vorstellung, die nicht ein Element des Gefühls hat, das mit ihr verbunden oder ein Teil von ihr ist." Woodruff erklärt, warum das der Fall ist: „Obwohl sich Vorstellungen durch die Erfahrung bilden, lernt der einzelne auch, welchen Wert jeder der Gegenstände und Kräfte für ihn hat, weil er erlebt, wie sie ihn beeinflussen. Dieser Sinn für Wert wird zu einem Teil jeder Vorstellung und bestimmt, welche Emotion er mit der Vorstellung verbindet. Das beeinflußt im allgemeinen sein Verhalten gegenüber dieser Sache" (252).

Im allgemeinen sind Vorstellungen, die subjektiv sind – bezogen auf den Menschen selbst oder auf Gegenstände, Menschen oder Situationen im direkten Zusammenhang mit ihm selbst –, stärker durch Gefühle getönt als Vorstellungen einer mehr objektiven Natur. Ein Kind, das gezwungen wird, Milch zu trinken, hat eine andere Vorstellung von Milch als von einem anderen Getränk, mit dem es noch keine direkte Verbindung gehabt hat – wie etwa einem Cocktail. Schulfächer, in denen das Kind unterrichtet wird, sind stärker emotional getönt als Schulfächer, in denen es noch keinen Unterricht erhält.

Die emotionale Tönung von Vorstellungen kann sich schnell oder langsam entwickeln. Sie entwickelt sich schneller, wenn sie konditioniert ist. Z. B. kann das Kind konditioniert sein, etwas sehr schnell zu mögen, wenn dieses mit angenehmen Emotionen assoziiert ist. Ebenso wie sich Vorstellungen verändern, so ändert sich auch die emotionale Tönung der Vorstellungen. Das Kind, das bei der Einschulung die Vorstellung hat, daß die Schule etwas ist, auf das es sich freuen kann, weil es dann „größer" wird, erlebt oft eine Veränderung dieser Vorstellung bis zu dem Punkt, wo es – oft noch vor dem Ende des zweiten Schuljahrs – eine Abneigung gegen die Schule hat und alles in Verbindung mit der Schule als eine unerfreuliche Erfahrung ansieht (121).

Werte sind Vorstellungen, die stark mit Emotionen gewichtet sind. Sie sind Vorstellungen des Wünschenswerten, die die Auswahl des Kindes aus den zur Verfügung stehenden Arten, Mitteln und Zielen der Handlung beeinflussen. Da sie in erster Linie subjektiv sind, beeinflussen sie das Verhalten stärker als Vorstellungen mit weniger ausgeprägter emotionaler Tönung. Obgleich jedes Kind seine eigene Vorstellung davon entwickelt, was ihm wünschenswert erscheint, hilft ihm der Druck des Elternhauses und später von seiten der Gruppe seiner Alterskameraden, Werte zu entwicklen, die von der sozialen Gruppe anerkannt sind, zu der es gehört (157).

Ein Kind, das z. B. in einer großen Familie aufwächst, entwickelt andere Vorstellungen von dem, was wichtig ist, als das Kind, das in einer kleinen Familie aufwächst. In einer großen Familie wird die Konformität hoch bewertet; das Kind, das sich anpaßt, wird von seinen Eltern besser behandelt als das Kind, das sich schlecht anpaßt. Im Gegensatz dazu wird in der kleinen Familie mehr Wert auf die Individualität gelegt; das Kind lernt, daß es durch Originalität mehr Befriedigung erhält als durch Konformität (29).

Die im Elternhaus gelernten Werte ändern sich oft, wenn die Kinder entdecken, daß ihre Vorstellungen von Menschen außerhalb des Elternhauses nicht geteilt werden. Kinder der Mittelklasse stellen oft fest, daß Ehrlichkeit für ihre Beliebtheit nur nachteilig ist; ihre Einstellungen ändern sich dann, und die ursprüngliche emotionale Tönung wird abgeschwächt (134).

Vorstellungen widerstehen manchmal der Veränderung. Die emotionale Tönung einer Vorstellung bietet dem Kind eine Quelle der Befriedigung, die eine Veränderung schwierig macht. Weiter ist es so, daß eine einmal gebildete Vorstellung nicht „verschwindet, wenn ihr durch die Tatsachen oder durch eine Autorität widersprochen wird" (138). Statt dessen bleibt sie bestehen, bis sie von einer anderen Vorstellung ersetzt wird, die gleichermaßen befriedigend ist, oder bis das Kind sie nicht mehr beibehalten kann – entweder wegen des sozialen Druckes oder wegen seiner größeren intellektuellen Reife.

Wenn die Vorstellungen über Ostern in erster Linie auf dem Glauben an den Osterhasen aufgebaut wurden, ist es oft schwierig, diesen Glauben durch einen Glauben, der auf der christlichen Bedeutung dieses Festes gründet, zu ersetzen. Die Kinder versuchen, ihren Glauben an den Osterhasen dadurch zu stützen (zu rationalisieren), daß sie angeben, den Osterhasen gesehen zu haben. Wenn sie diesen Glauben nicht mehr verteidigen können, reagieren sie oft negativ gegenüber ihren Eltern oder sogar auf die Vorstellung, daß Ostern ein wichtiges Ereignis sei. Ähnlich verhält es sich mit dem Glauben an den Weihnachtsmann; erfahren Kinder, daß es ihn nicht gibt, so kommt es bisweilen zu Äußerungen wie: „Demnächst erzählen mir die Eltern, daß es den lieben Gott nicht gibt" (138).

Vorstellungen beeinflussen das Verhalten. Der letzte wichtige charakteristische Zug von Vorstellungen ist der, daß sie das Verhalten eines Kindes und die Art seiner Anpassung an das Leben beeinflussen (239).

Das Kind, das eine Vorstellung von „Mutter" durch Lesen, durch Filme, Fernsehen oder Bilderheftchen oder durch das Zusammensein mit Müttern von Freunden entwickelt, baut ein Stereotyp „Mutter" auf. Es gebraucht dies dann als ein Bezugsschema, um seine eigene Mutter zu beurteilen. Ein großer Teil der Reibung zwischen Mutter und Kind kann darauf zurückgeführt werden, daß beide Vorstellungen davon haben, wie der andere sein sollte, und daß keiner den Erwartungen des anderen entspricht (204).

Werte, die auf Vorstellungen dessen, was wichtig ist, gründen, haben einen deutlichen Einfluß auf das Verhalten. Wenn das Kind großen Wert auf Beliebtheit legt, wird es alles tun, um durch die soziale Gruppe angenommen zu werden. Wenn es großen Wert auf die Arbeit in der Schule und auf Zensuren legt, wird es nicht nur seine Fähigkeiten voll ausschöpfen, sondern auch versucht sein, zu betrügen, um gute Zensuren zu bekommen.

Es ist wichtig, festzuhalten, daß in einer bestimmten Kultur, in der Werte und Kenntnisse, die einander ähnlich sind, existieren, Kinder im Verlauf des Aufwachsens Vorstellungen erwerben, die denen anderer Kinder ähnlich sind. Dies macht es den Menschen möglich, sich gegenseitig zu verstehen und mit ziemlicher Genauigkeit vorherzusagen, wie sich die einzelnen Menschen in verschiedenen Situationen verhalten (67).

Falsche Vorstellungen

Die Vorstellungen von Kindern sind oft fehlerhaft. Das Kind legt das häufig falsch aus, was es hört oder beobachtet. Es sieht, hört, riecht, schmeckt oder fühlt vielleicht richtig, aber es bringt falsche Bedeutungen mit dem, was es beobachtet hat, in Verbindung; oder es interpretiert die Bezeichnung falsch, die mit der Vorstellung verbunden ist. Das geschieht mit besonders großer Wahrscheinlichkeit, wenn die Bezeichnung gesprochen und nicht geschrieben ist (42, 195). Wenn sich jemand z. B. auf das „Moor" bezieht, kann das Kind leicht an den „Mohren" denken, den es aus Geschichten und Kinderbüchern kennt. Die am weitesten verbreiteten Fehler treten auf dem Gebiet der Stereotype auf. Weil Stereotype verallgemeinerte oder Durchschnitts-Bilder darstellen, die einer Gruppe von Menschen gemeinsam sind, berücksichtigen sie individuelle Unterschiede nicht. Als Folge davon denkt das Kind, daß alle Menschen in einer bestimmten Gruppe gleich sind, und es handelt in Übereinstimmung mit dieser Vorstellung (239).

In den ersten Stadien des Lernens von Vorstellungen macht das Kind viele

Fehler. Zuerst sind die Vorstellungen so vage, daß ein Kind die Beziehungen zwischen denen, die gemeinsame Elemente haben, nicht sehen kann; und so kann es sie nicht in Kategorien ordnen. Mit zunehmendem Lernen und Erfahrung macht es weniger Fehler sowohl hinsichtlich seiner Vorstellungen als auch seiner Klassifizierungen. Es zeigt zum Beispiel eine geringere Tendenz, Lebendes mit Nichtlebendem oder Tiere mit Pflanzen gleichzuordnen (10). Die Abnahme der Fehler bei der Einordnung von Vorstellungen wird in Abb. 11-2 dargestellt.

Die Genauigkeit dessen, was gelernt wird, zu vergrößern, erfordert Anleitung. Dieses läßt sich durch das Beispiel der Stereotype gut illustrieren. Eltern und Lehrer berichtigen wahrscheinlich falsche Vorstellungen über Menschen, die zu bestimmten Gruppen gehören – wie „Lehrer", „Jude", „Schotte" – weniger als Fehler in Vorstellungen im Zusammenhang mit alltäglichen Gegenständen oder Situationen – wie „Haus", „Schule", „Tisch" oder „Familie" (239). Wenn jedoch Fehler bei Vorstellungen nicht bald, nachdem sie auftreten, korrigiert werden, wird die Assoziation durch Wiederholung so fest begründet, daß spätere Berichtigung sehr schwierig, wenn nicht unmöglich wird.

Obwohl die kognitiven Aspekte einer fehlerhaften Vorstellung durch das Übernehmen der richtigen Information berichtigt werden können, werden

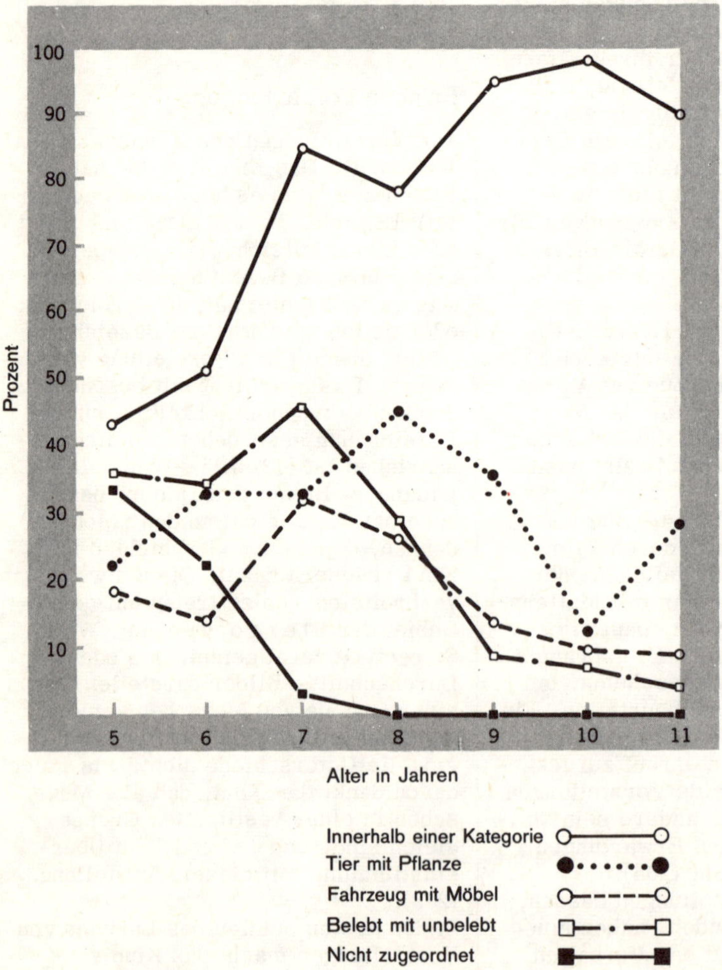

Abb. 11-2. Die Zuordnung von Vorstellungen zu Kategorien läßt die Fehler, die mit bestimmten Vorstellungen verbunden werden, abnehmen.

die emotionalen Aspekte der Vorstellung wahrscheinlich beibehalten. Wenn ein Kind durch eines seiner älteren Geschwister konditioniert worden ist, Arithmetik als schweres oder langweiliges Fach anzusehen, kann es z. B. seine Vorstellung leicht ändern, wenn es feststellt, daß das Fach nicht so schwierig ist, wie es erwartet hatte. Wenn es aber konditioniert ist, eine Abneigung gegen Arithmetik zu haben, ist es weitaus unwahrscheinlicher, daß die emotionale Tönung der Vorstellung so grundlegend geändert werden kann, daß ihm das Fach gefällt, obgleich es vielleicht eine Einstellung der Gleichgültigkeit annimmt.

Ursachen der falschen Vorstellungen. Daß dem Beobachteten eine falsche Bedeutung beigemessen wird, kann auf eine Anzahl von Gründen zurückgeführt werden, von denen die folgenden die wichtigsten sind:

1. Das Kind kann eine unrichtige Information über eine Sache erhalten haben. Wenn Eltern sich nicht sicher sind, was die richtige Antwort auf eine Frage ist, denken sie sich eine Antwort aus, nur um seine Neugier zufriedenzustellen oder um es ruhig zu halten. Auf der anderen Seite können sie ihm auch eine Antwort geben, von der sie ernsthaft glauben, daß sie richtig ist, die es aber in Wirklichkeit nicht ist. Manchmal sind sie mit anderen Dingen beschäftigt und hören die Frage des Kindes nicht richtig; sie beantworten dann die Frage so, wie sie meinen, daß das Kind sie gestellt hat. Sie geben eine richtige Information auf die Frage, die das Kind ihnen gestellt zu haben scheint, aber eine falsche Information auf die Frage, die es tatsächlich gestellt hat.

Wenn das Kind Auskunft von einem seiner Geschwister oder Kameraden haben möchte, besteht eine noch größere Wahrscheinlichkeit, daß die Information falsch oder teilweise falsch ist. Seine Information kann ebenfalls fehlerhaft sein, wenn es Quellen liest, die selbst fehlerhaft oder überholt sind – wie alte Lehrbücher (39).

2. Aberglaube ist häufig die Ursache für falsche Vorstellungen. Wenn Eltern, Lehrer oder sonst eine Autoritätsperson den Aberglauben an das Kind weiterreichen, stellt es ihn mit Wahrscheinlichkeit weniger in Frage, als wenn ihm Alterskameraden darüber berichten (197, 238).

3. Begrenzte Erfahrungen machen es dem Kinde unmöglich, Dinge genau einzuschätzen. Dies ist in Laboratoriumsexperimenten über Gewichtstäuschungen gezeigt worden. Wenn ein Pfund Watte neben ein Pfund Blei gelegt wird, wird das Kind sicher sagen, daß ein Pfund Watte schwerer ist, weil es das Gewicht nach der Größe einschätzt. Wenn es aufgefordert wird, beides aufzuheben und in den Händen zu wägen, erhält es gewöhnlich den entgegengesetzten Eindruck. Was auf Laboratoriumsexperimente zutrifft, gilt auch außerhalb des Laboratoriums. Wegen fehlender kritischer Einstellung, die aus begrenzten Erfahrungen und unentwickelter Intelligenz entsteht, kann das Kind leicht völlig falsche Bedeutungen mit dem, was es beobachtet, in Verbindung bringen, ohne daß ihm klar wird, wie unangemessen seine Assoziation ist (197).

4. Leichtgläubigkeit ist die Grundlage für viele falsche Vorstellungen. Kinder, die in einem autoritären Elternhaus aufwachsen, lernen, daß die „Eltern alles am besten wissen". Das führt schnell zu dem Glauben, daß irgendjemand, der älter ist als sie oder der Autorität hat, mehr weiß als sie selber; als Folge davon nehmen sie alles, was gesagt wird, ohne Fragen hin. Ältere Kinder sind zu unabhängigem Denken fähig, aber sie haben vielleicht schon die Gewohnheit entwickelt, andere für sich denken zu lassen. Je unsicherer Kinder hinsichtlich ihrer sozialen Position sind und je mehr sie nach Anerkennung durch die Gruppe verlangen, desto leichtgläubiger sind sie (22, 241).

5. Fehlerhaftes Denken kann zu falschen Vorstellungen führen. Bei kleinen Kindern ist die Fähigkeit, kritisch zu denken, noch nicht genug entwickelt, um es ihnen zu ermöglichen, ein Problem in kritischer Weise anzugehen. Darüber hinaus haben sie wenig Informationen, auf denen sie

genaue Vorstellungen über Gegenstände und Bedingungen, falls diese zu dem Zeitpunkt nicht beobachtbar sind, aufbauen können. Fehlerhaftes Denken kann zu erheiternden – aber völlig falschen – Schlußfolgerungen führen wie die folgende Geschichte zeigt: Nachdem ein Lehrer seinen Schülern das wissenschaftliche Prinzip der Ausdehnung und Zusammenziehung erklärt hat, beantwortet einer die Frage, warum die Tage im Winter kürzer sind als im Sommer, so: „Während der Wintermonate werden die Tage kalt und ziehen sich zusammen. In den Sommermonaten werden sie warm und dehnen sich aus" (178).

6. Lebhaftes Vorstellungsvermögen kann zu Schlüssen führen, die durch die zur Verfügung stehenden Daten nicht gerechtfertigt sind. Beim Wachstum der verschiedenen intellektuellen Fähigkeiten übertrifft das Einbildungsvermögen das kritische Denken. Deshalb kann das Kind sein Einbildungsvermögen nicht so kontrollieren, wie es das später kann; es glaubt, daß alles, was es sich einbildet, wirklich geschehen ist. Nachdem es einen Elefanten in einem Umzug im Fernsehen betrachten konnte, glaubt es vielleicht, daß es den Elefanten tatsächlich in einem Umzug in der Nähe seines Elternhauses gesehen hat. In ähnlicher Weise können Einbildungen in seinen Träumen oder Tagträumen so realistisch erscheinen, daß sie in seine sich entwickelnden Vorstellungen mit aufgenommen werden. Viele „Lügen" in der frühen Kindheit können darauf zurückgeführt werden (48).

7. In enger Beziehung zu einem lebhaften Einbildungsvermögen und in Abhängigkeit von ihm befindet sich das unrealistische Denken. Das Kind wird ermuntert, unrealistisch über alles Mögliche zu denken, sich selbst eingeschlossen, durch die Geschichten, die es hört und später liest, durch Szenen und Handlungen, die es im Film und Fernsehen sieht, durch Bilderheftchen und sogar durch Schule und Elternhaus. Da die meisten Kinder Geschichten über Ereignisse vorziehen, die passieren könnten, enthalten Bücher, Bilderhefte, Filme und Fernsehsendungen oft ein Element des Unwirklichen. Die Geschehnisse werden in einer solchen Weise dargestellt, daß das unkritische Kind glaubt, sie passierten wirklich, und dann animmt, daß sie im wirklichen Leben ebenso wie in den Büchern oder auf der Leinwand passieren können (16, 45, 202).

Da Kinder weiterhin dazu neigen, sich mit Personen aus diesen Darstellungen zu identifizieren, meinen sie, daß die Dinge, die in den Geschichten geschehen, ebenso im wirklichen Leben geschehen können und geschehen. Selbst wenn das Kind älter wird, bleibt die Tendenz zu unrealistischem Denken bestehen, weil es in den Massenkommunikationsmitteln ständig ein solches Denken vorgeführt bekommt (31, 152).

8. Jede Vorstellung erhält früher oder später eine verbale Bezeichnung, und viele falsche Vorstellungen sind die Folgen des falschen Verstehens von Wörtern. Obgleich der passive Wortschatz des Kindes in jedem Alter größer ist als der aktive, gibt es immer Lücken und Fehler in seinem Verstehen von Wörtern. Viele Kinder behaupten z. B., die Bedeutung weit verbreiteter Wörter – wie etwa „Groschen" – zu kennen, aber wenn man sie bittet, genau zu sagen, was diese Wörter bedeuten, zeigt es sich, daß sie falsche Vorstellungen haben oder nur teilweise richtige Vorstellungen von der Bedeutung der Dinge, für die diese Wörter als verbale Bezeichnungen dienen.

Da ein begrenzter oder fehlerhafter Wortschatz zu falschen Interpretationen führt, entwickelt das Kind mit Wahrscheinlichkeit falsche Vorstellungen über die Dinge, über die es eine Information sucht; die Erklärung kann richtig sein, aber seine Interpretation ist fehlerhaft. Dies trifft oft zu auf die Erklärung der wissenschaftlichen Tatsachen, der Religion und des Geschlechts. Selbst wenn die Wörter erklärt werden, kann das Kind die Bedeutung nicht völlig verstehen, wenn die Erklärung nicht durch Bilder oder eine Demonstration, die es sehen oder fühlen kann, begleitet wird (23, 106).

Unterschiede in den Fehlern. Obgleich es zutrifft, daß alle Wahrnehmung Fehlern unterliegt und daß das Ausmaß der Fehler in enger Beziehung zu dem Alter des Individuums steht, gibt es trotzdem Fehler, die jeder Altersgruppe gemeinsam sind. In der Regel ist die Wahrnehmung um so subjektiver, je stärker sie durch persönliche Neigung oder Vorurteile beeinflußt ist, was wiederum zu fehlerhaften Vorstellungen führt. Objektive Tatsachen dagegen können falsch gesehen werden, weil dem Wahrnehmenden Kenntnisse fehlen, die es ihm ermöglichen, die Tatsachen richtig zu sehen (76, 252). So weitverbreitete falsche Vorstellungen wie „Telephondrähte sind hohl", „Blüten haben keine Funktion für die Pflanze", „Das Herz schlägt nur, wenn man krank ist oder Angst hat" werden hervorgerufen durch falsche oder unzulängliche Informationen, die das Kind im Kontakt mit anderen erworben hat, oder durch eine falsche Auslegung dessen, was es gelesen hat (179).

Falsche Vorstellungen von sich selbst werden nicht durch falsche Information, sondern durch persönliche Neigung und Voreingenommenheit bestimmt. Wie der Erwachsene zieht das Kind es vor, von sich selbst so zu denken, wie es gerne sein möchte – mit Zügen und Charakteristika, die in der Gruppe anerkannt werden. Wenn es dann aufgefordert wird, sich selber zu beurteilen, bezieht es sich dabei auf ein ideales Selbst. In einem Experiment, in dem Kinder gebeten wurden, ein Wort in einem Paar zu kennzeichnen, das sie am ehesten beschrieb, stellte es sich heraus, daß Kinder dazu neigen, das Vorhandensein sozial wünschenswerter Züge zu überschätzen und das Vorhandensein der nicht wünschenswerten zu unterschätzen. Diese Tendenz war bei älteren Kinder stärker, die die Meinungen anderer deutlicher erkennen als kleinere Kinder (113).

Jungen neigen in jedem Alter dazu, sich selbst schlechter einzuschätzen, und diese Tendenz wird stärker, wenn sie älter werden. Mädchen neigen dazu, sich selbst höher einzuschätzen – nicht nur, weil Mädchen insgesamt gesehen besser angepaßt sind, sondern eher, weil sie kompensieren wollen, daß sie sich den Jungen unterlegen fühlen (102).

Die Wichtigkeit falscher Vorstellungen. Es wird allgemein angenommen, daß ein Kind eine richtige Vorstellung entwickelt, wenn es die richtige Information erhält. Das ist jedoch nicht immer der Fall. Eine der frühesten und wichtigsten Untersuchungen über die Genauigkeit der Vorstellungen bei Kindern wurde von G. Stanley Hall 1891 vorgenommen. Nach seinen Ergebnissen haben Kinder mehr fehlerhafte Vorstellungen, wenn sie in die Schule kommen, als man erwarten könnte. Kinder aus einem besseren Elternhaus haben weniger fehlerhafte Vorstellungen als Kinder aus einem ärmeren Elternhaus. Ebenso gibt es weniger falsche Vorstellungen über Erlebnisse und Gegenstände, die in einer bestimmten Umgebung häufiger vorkommen, als über solche, die dort seltener vorkommen (99).

Andere Untersuchungen haben ähnliche Ergebnisse erbracht. Falsche Vorstellungen sind in jedem Alter eng verbunden mit den typischen Vorstellungen, die das Kind in diesem Alter hat. Die Fehler sind systematisch, nicht zufällig oder einzigartig-individuell, und sie sind ziemlich gleichartig bei Kindern dieses bestimmten Entwicklungsniveaus (197, 221). Bei den Zahlen stehen z. B. die Fehler in einem Zusammenhang mit den Begriffen der Addition, Subtraktion, Multiplikation oder Division, die das Kind gerade lernt (114).

Falsche Vorstellungen sind ernst zu nehmen, nicht nur, weil es schwierig ist, sie zu ändern, sondern auch, weil sie die Anpassung des Kindes beeinflussen. Bei seiner Arbeit für die Schule ist das Kind durch falsche Vorstellungen hinsichtlich der Wörter behindert, die der Lehrer oder das Lehrbuch gebraucht. Wenn seine Vorstellungen begrenzt oder fehlerhaft sind, ist es vielleicht nicht imstande, die Erklärungen des Lehrers zu verstehen (42). In ähnlicher Weise kann es das, was es aus reinem Vergnügen liest oder im Film und Fernsehen sieht, falsch auslegen, wenn seine Vorstellungen von bestimmten Wörtern falsch sind oder wenn es gewohnheitsmäßig das Leben unrealistisch sieht (16, 86).

Die wesentliche Quelle der Schwierigkeiten, die aus falschen Vorstellungen entstehen, ist auf dem Gebiet der sozialen Beziehungen zu finden. Ein Kind, das das, was andere sagen oder tun, falsch interpretiert oder das seinen eigenen Status in der Gruppe nicht richtig erkennt, ist in seiner sozialen Anpassung behindert. Um sich gut anzupassen, muß das Kind nicht nur seinen eigenen Status in der Gruppe genau wahrnehmen können, sondern auch den Status der anderen (15).

Schwerwiegende falsche Vorstellungen entstehen oft durch Stereotype. Ein Kind, das alle Menschen in eine Kategorie steckt, weil sie gemeinsame körperliche oder persönliche Merkmale haben, reagiert ihnen gegenüber, als ob sie alle gleich wären; als Folge davon verhält es sich oft in einer Weise, die zu schlechter sozialer Anpassung führt (239).

Einige Vorstellungen, die Kindern gemeinsam sind

Wegen der begrenzten Erfahrungen und des begrenzten Wissens eines kleinen Kindes kann dieses nicht zwischen lebenden und toten Gegenständen unterscheiden. Im Gegenteil, es glaubt – ebenso wie primitive Völker –, daß alle Gegenstände dieselben Eigenschaften des Lebenden haben, wie man sie bei Menschen findet, und daß sie daher beseelt und lebendig sind (238). Animismus (die Tendenz, leblosen Gegenständen Bewußtsein zuzuschreiben) ist eines der hervorstechendsten Merkmale der Wahrnehmung kleiner Kinder.

Ohne Frage ermuntern Erwachsene Kinder, ihren animistischen Glauben beizubehalten und zu entwickeln. Geschichten für Kinder berichten von Spielzeug und Tieren, die denken und fühlen können wie die Menschen (31, 39, 202). Viele Filme und Fernsehprogramme für Kinder zeigen vermenschlichtes Spielzeug, Bäume, Häuser und andere Gegenstände. Obgleich es einem älteren Kind oder einem Erwachsenen klar ist, daß solche Filme reine Phantasieprodukte darstellen, ist das beim kleineren Kind nicht der Fall (16, 24). Je mehr das Kind sich mit diesen Gegenständen oder Figuren identifiziert, um so leichter fällt es ihm, sich vorzustellen, daß sie dieselben Eigenschaften haben wie es selbst (152, 153). Weiterhin geben Eltern oder Erwachsene zu verstehen, daß leblose Gegenstände lebendig sind. Wenn ein wütendes Kind einen Stuhl tritt, sagt seine Mutter vielleicht: „Da hast du dem armen Stuhl wehgetan; sag ihm, daß es dir leid tut." Unter solchen Umständen ist es nicht erstaunlich, daß ein Kind animistisches Denken zeigt.

Eine Anzahl von Untersuchungen hat sich damit beschäftigt, herauszufinden, wann Kinder anfangen, toten Gegenständen Eigenschaften des Lebendigen zuzuschreiben, und wie lange sie das tun. In einer der umfassendsten Untersuchungen hat Piaget festgestellt, daß es in den animistischen Vorstellungen kleiner Kinder vier aufeinanderfolgende Stufen gibt. Auf der ersten Stufe, wenn die Kinder vier bis sechs Jahre alt sind, wird alles, was sich in Bewegung befindet, als etwas, das ein Bewußtsein hat, angesehen, auch wenn es an der gleichen Stelle bleibt. Auf der zweiten Stufe zwischen sechs und sieben Jahren wird Bewußtsein nur solchen Dingen zugeschrieben, die s i c h b e w e g e n können. Die Sonne und ein Fahrrad werden als belebt angesehen, ein Tisch und ein Stein nicht. Zwischen dem Alter von acht und zehn, in der dritten Stufe, trifft das Kind die wesentliche Unterscheidung zwischen Bewegung, die auf den Gegenstand selbst zurückzuführen ist, und Bewegung, die auf eine Kraft von außen zurückzuführen ist. Körper, die sich aus eigener Kraft bewegen können, wie die Sonne oder der Wind, werden als bewußt angesehen, wogegen Gegenstände, deren Bewegung äußerlich verursacht wird, wie ein Fahr-

rad, als ohne Bewußtsein angesehen werden. In der vierten und letzten Stufe, die im Alter von elf Jahren einsetzt, ist das Bewußtsein auf Pflanzen und Tiere beschränkt oder nur auf Tiere (181).
Neuere Untersuchungen haben ergeben, daß es keine bestimmten Stufen gibt, die Kinder bei der Entwicklung dieser Vorstellungen durchlaufen müssen, sondern daß es sich eher um einen allmählichen Übergang von einer Phase zur anderen handelt. Weiter unterscheiden sich Kinder desselben Alters stark voneinander; einige Erwachsene können Vorstellungen haben, die denen der Kinder ähnlich sind (66).
Von dem Jahr vor dem ersten Schuljahr an nimmt die Zahl der Kinder fortlaufend ab, die leblosen Gegenständen Leben zuschreiben (131, 220). Bei einer Untersuchung mit Sieben- bis Achtjährigen sagten die meisten Kinder, daß ein Hund, ein Baum oder der Mond leben; weniger behaupteten, daß ein Fluß, eine Uhr oder ein Auto leben, und sehr wenige meinten das von einem Fahrrad, einem Bleistift oder einem Stein (130). Wenn sie gefragt wurden: „Wodurch läuft die Maschine?", erkennen sogar kleine Kinder, daß ein Mensch nötig ist, um die Maschine zu führen. In einer Untersuchung, bei der die Kinder gefragt wurden, ob alle Dinge, die sich bewegen, leben, sagte etwa ein Drittel „Nein" im Alter von sechs Jahren; im Alter von elf Jahren sagten alle „Nein". Dies wird illustriert durch Abb. 11-3. Wenn Kinder in das schulpflichtige Alter kommen, wird ihnen die Tatsache zunehmend deutlich, daß Bewegung nicht das einzige Kriterium für Leben ist (128).

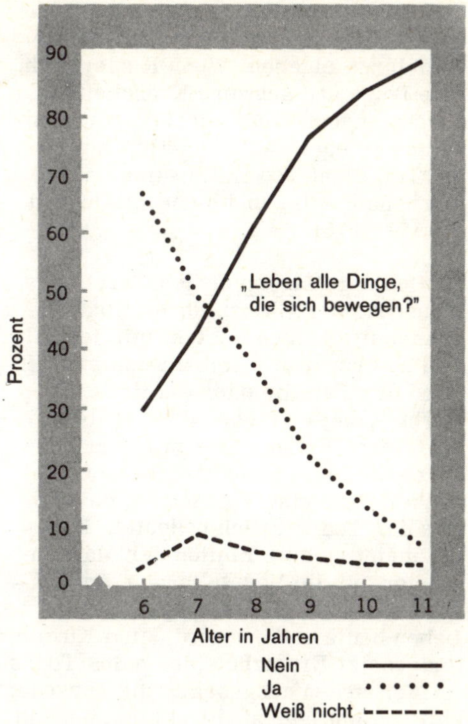

Abb. 11-3. Mit zunehmendem Alter wird den Kindern klar, daß „sich bewegen" und „lebendig sein" nicht Gleiches bedeuten.

Vorstellungen vom Tod

In enger Beziehung zu den Vorstellungen vom Leben stehen die Vorstellungen vom Tode. Die Vorstellungen der Kinder vom Tode, die weitgehend von ihrer religiösen Unterweisung abhängen, reichen von brutaler Zerstörung bis zu Befreiung (23, 176). Bei einer Untersuchung mit großen Gruppen von Kindern wurde festgestellt, daß Kinder zwischen drei und fünf Jahren den Tod als Abreise oder eine Veränderung des Aufenthaltes ansehen. Sie leugnen, daß der Tod ein regulärer und endgültiger Prozeß ist, weil sie auf dieser Stufe der Entwicklung alles als lebendig ansehen einschließlich des Toten und Leblosen (171). Sie können die Endgültigkeit des Todes nicht verstehen; statt dessen glauben sie, daß der tote Mensch oder das tote Tier zurückkehrt (1).
Zwischen fünf und neun Jahren personifizieren die Kinder den Tod. Sie sehen ihn als unausweichlich an, aber sie versuchen nicht zu erklären, warum er eintritt, weil sie ihn nicht als einen Vorgang erkennen, der aus bestimmten Bedingungen und unter bestimmten Umständen erfolgt. In diesem Alter machen sie sich mit Wahrscheinlichkeit keine Sorgen über den Tod, wenn sie nicht ängstlich und besorgt über ihre Beziehungen zur Familie sind. Dann machen sie sich Sorgen über den

Tod eines Elternteiles oder eines anderen Mitgliedes der Familie, nicht über ihren eigenen. Wenn Kinder nicht eine lange und schwere Krankheit durchgemacht haben, denken nur wenige an den eigenen Tod. Für den größten Teil steht Tod im Zusammenhang mit hohem Alter und nicht mit Jugend (1, 171, 176).

Einfluß der Massenmedien. Trotz des Wunsches der Eltern, ihren Kindern den unmittelbaren Kontakt mit dem Tod zu ersparen – selbst wenn ein Mitglied der Familie oder ein Haustier stirbt –, hat es früher oder später mittelbare Erfahrungen mit dem Tod durch die Massenmedien. Es entwickelt dann eine Vorstellung davon, was der Tod wirklich bedeutet. Barclay meint zu dem Einfluß der Massenmedien auf die Vorstellungen der Kinder vom Tod: „Bei der Art, wie das Leben heute geführt wird, sind Kinder fortgesetzt Ersatzbeispielen des Todes im Fernsehen ausgesetzt, die entweder kalt und blutleer sind und nicht beklagt werden oder auf die in der melodramatischsten Art reagiert wird. Zur gleichen Zeit zeigen ihnen die Nachrichtensendungen, die Zeitungen und Illustrierten den richtigen Tod und die tatsächlichen Reaktionen darauf – einige Menschen voll Kummer, einige anscheinend ohne Emotionen, wenige lächelnd selbstbefangen. Die Erwachsenen, die einem Kind nahestehen, geben dazu nur selten einen Kommentar. Wenn das Kind bestürzt ist über einen Tod, den es in einem Film oder im Fernsehen sieht, versichern ihm seine Eltern, daß dieses bestürzende Ereignis nur ‚vorgetäuscht' worden ist. Aber es weiß, daß es bei anderen Gelegenheiten und an anderen Orten sicher wirklich war. Was ist das Geheimnis? Warum widerstrebt es Erwachsenen, über diese offenkundig wichtige Angelegenheit zu sprechen?" (20).

Je größer das Geheimnis ist, das in dem Elternhaus, in der Schule und in der Nachbarschaft des Kindes den Tod umgibt, desto stärker wird es gezwungen, seine Vorstellungen vom Tode nach den Informationen zu bilden, die es aus den Massenmedien hat erhalten können.

Einfluß der Reaktionen von Erwachsenen. Die Vorstellungen, die ein Kind vom Tode hat, werden ebenfalls beeinflußt durch die Reaktionen der Erwachsenen. Bei ihrem Versuch, vom Kind den Kummer fernzuhalten, den sie selbst erleben, wenn ein Mitglied der Familie oder ein guter Freund stirbt, gehen sie oft in ihrem eigenen Kummer so auf, daß sie das Kind nicht bemerken. Die Reaktion der Eltern jagt dem Kind oft Furcht ein und erregt es, und ihre Vernachlässigung verärgert das Kind. Wie Barclay erklärt hat, beeinflussen diese Umstände das Kind nicht nur emotional, sondern sie färben auch seine Vorstellungen vom Tode. Ein Kind, das „umgeben ist von Erwachsenen mit starren Augen, die einen nicht sehen und kein Wort von dem, was man sagt, hören, können die Vorstellung von der Ungeheuerlichkeit des Todes unglaublich verstärken" (20).

Ein Kind kann zu der Meinung kommen, daß es persönlich für einen Teil der Vernachlässigung, die seine Eltern ihm gegenüber zeigen, verantwortlich ist. Wenn sie sich nicht die Zeit nehmen, den Grund ihres Kummers zu erklären oder ihre Beschäftigung mit Angelegenheiten im Zusammenhang mit dem Tod, kann das Kind ihr Verhalten leicht als eine Form der Zurückweisung interpretieren.

Vorstellungen vom Leben nach dem Tode. Kinder machen sich nicht sehr viele Gedanken darüber, was nach dem Tode passiert. Vielen wird gesagt, daß ein Mensch nach seinem Tode in den Himmel kommt, wo er alles hat, was er sich jemals gewünscht hat, aber nicht haben konnte, solange er lebte. Wenn nicht die religiöse Unterweisung die Hölle als einen Ort der ewigen Strafe besonders kennzeichnet, lernt es das Kind, sich das Leben nach dem Tode als angenehm vorzustellen. Da es dieser Sache jedoch nur ein geringes persönliches Interesse entgegenbringt, wird die Vorstellung, die sich in der frühen Kindheit gebildet hat,

beibehalten mit geringfügigen Veränderungen, bis das Kind das Jugendalter erreicht (1).
Wenn das Kind wenig oder keine religiöse Unterweisung über das Leben nach dem Tode erhält, stellt es selten Fragen dazu oder baut irgendeine Vorstellung darüber auf. Wenn das Kind auf diesem Gebiet eine religiöse Unterweisung erhalten hat, entwickelt es mit Wahrscheinlichkeit eine so unrealistische Vorstellung, daß sie radikal geändert werden muß, wenn es das Jugendalter erreicht und wenn ihm klar wird, wie unrealistisch sie ist (215, 219).

Vorstellungen von der Kausalität

Die Fähigkeit, Beziehungen von Ursache und Wirkung zu sehen, entwickelt sich allmählich und nicht in Stufen, wie früher angenommen wurde (181). Diese Fähigkeit steht in einer engeren Beziehung zu der Art der Lernerfahrung und den Erlebnissen eines Kindes als zu seinem chronologischen oder seinem Intelligenz-Alter. Wenn das Kind verschiedene abergläubische Erklärungen für Naturerscheinungen oder zufällige Geschehnisse gehört hat, hat es viel mehr falsche Vorstellungen über die Kausalität (252).
In ähnlicher Weise kann ein Kind, das Bücher und Comics liest und Filme und Fernsehsendungen sieht, die einen märchenhaften Einschlag haben, leicht glauben, daß alles, was nicht unmittelbar offenkundig ist, durch Zauberei verursacht wird. Kinder lernen in ihrer religiösen Unterweisung oft, daß Gott für alles verantwortlich ist; sie halten Gott für die Ursache von allem, über das sie sich Fragen stellen (152, 234).
Als Folge der Unterschiede in den Lernerfahrungen zeigen die Vorstellungen der Kinder von der Kausalität in jedem Alter eine große Spielbreite. Sogar bei demselben Kind sind einige Vorstellungen unreif, andere dagegen voll entwickelt; einige sind völlig falsch, einige teilweise falsch und einige richtig. Diejenigen, die eine Beziehung zu den persönlichen Erfahrungen des Kindes haben, sind am besten entwickelt und am genauesten. Die Arbeit in der Schule, die eine wissenschaftliche Einstellung betont, besonders wenn sie durch Demonstrationen und Lehrfilme ergänzt wird, trägt zur Entwicklung genauer Vorstellungen von der Kausalität bei und hilft den Kindern, ungenaue Vorstellungen zu korrigieren. Lehrfilme oder Fernsehprogramme und an den Tatsachen festhaltende, realistische Bücher und Comics helfen den Kindern ebenfalls, genaue Vorstellungen von der Kausalität zu entwickeln (179, 208).

Verlauf der Entwicklung. Trotz der Unterschiede, die den individuellen Lernerfahrungen zugeschrieben werden können, gibt es ein allgemeines Entwicklungsmuster für die Vorstellungen über Kausalität. Die Vorstellungen kleiner Kinder sind im allgemeinen unlogisch, ungenau und haben einen magischen Inhalt; es gibt wenig Hinweise darauf, daß Kinder, die jünger als sieben oder acht Jahre sind, Ursache und Wirkung verstehen (128, 237). Wenn allerdings Kinder mit normaler Intelligenz acht oder neun Jahre alt werden, können sie ohne besondere Anleitung Beziehungen zwischen Ursache und Wirkung in einfachen Situationen erfassen. Weiter scheint kein Unterschied zu bestehen in den Schwierigkeiten beim Lernen von Vorstellungen im Zusammenhang mit dem Körper und im Zusammenhang mit Naturerscheinungen. Beide hängen ab von der Entwicklung der Fähigkeit, vernünftig zu denken, und von persönlichen Erfahrungen (238, 252).
Die Beziehung zwischen der Entwicklung der Fähigkeit, vernünftig zu denken, den Lernerfahrungen und der Entwicklung von Vorstellungen ist in einfachen Experimenten mit Kindern verschiedenen Alters demonstriert worden. In einem Experiment wurde der Wasserspiegel in einem Behälter gehoben, indem ein Gegenstand in das Wasser gelegt wurde; in einem anderen Experiment wurde ein Schatten erzeugt, indem eine Taschenlampe auf eine nichtbrennende Kerze gerichtet wurde. Es war festzustellen, daß Kinder unter

sieben Jahren die Ursache-und-Wirkung-Beziehung sehen konnten, wenn sie eine Erklärung erhielten; bei wiederholter Beobachtung konnten einige die Beziehung ohne Erklärung feststellen. Über sieben konnten die meisten Kinder die Beziehung ohne Erklärung erkennen; mit der Zunahme ihrer verbalen Fertigkeit konnten sie ihr Verständnis der Beziehungen besser erklären (166).

Einige spezifische Vorstellungen. Es sind eine Anzahl von Untersuchungen angestellt worden über den Entwicklungsverlauf von Kausalitätsvorstellungen auf verschiedenen Bereichen. Eine Untersuchung der Vorstellungen von der Geburt hat z. B. gezeigt, daß ein Kind zuerst glaubt, daß da ein ein Baby einfach aus sich selbst entsteht. Mit acht Jahren bezieht das Kind gewöhnlich die Rolle, die die Mutter spielt, mit ein und manchmal auch die Rolle des Vaters. Viele kleine Kinder glauben, die Säuglinge kämen von Gott, vom Storch oder aus einem Geschäft (173).

Die Vorstellungen eines Kindes von den Körperfunktionen hängen weitgehend von seinen Möglichkeiten ab, darüber etwas zu lernen. Sehr wenige Kinder, auch wenn sie noch sehr jung sind, schreiben dem Körper mystische Eigenschaften zu. In einer Untersuchung hat z. B. nicht ein einziges Kind auf die Seele und ihre Rolle für die Kontrolle des Körpers hingewiesen. Sie waren jedoch der Meinung, daß die wichtigsten Teile des Körpers das Herz und das Gehirn sind, und sie legten so nahe, daß sie eine Ursache-und-Wirkung-Beziehung zwischen diesen Organen und dem Funktionieren des Körpers gesehen haben. Nicht ehe die Kinder zehn Jahre und älter sind, fangen sie an, ursächliche Beziehungen zwischen den verschiedenen Organen des Körpers und seinem Funktionieren zu sehen (87). Bis zu diesem Alter beschreiben die meisten Kinder die Körperorgane, aber nicht die verschiedenen Systeme und ihre Funktionen. Das einzige System, das sie als wichtig angeben, ist das System der Skelettmuskeln (228).

Die meisten kleinen Kinder denken sich das Funktionieren des Körpers als das Funktionieren bestimmter Organe. Ihre Vorstellung vom Gehirn ist bis zum Alter von sieben Jahren die, daß es sich im Kopf befindet, daß es rund ist und aus Knochen, Blut und Haut besteht. Erst im fünften oder sechsten Schuljahr gehören auch Fleisch und Zellen zur Vorstellung vom Gehirn. In der Regel denken sie sich das Gehirn als überwiegend knochig, dadurch wird eine Verwechslung zwischen Gehirn und Schädel angedeutet. Bis die Kinder acht Jahre alt sind, schreiben sie dem Gehirn überwiegend intellektuelle Beschäftigungen zu, vor allen Dingen das Denken. Auch nach dem achten Lebensjahr gibt es wenig Hinweise darauf, daß sie die Funktionen des Gehirnes verstehen.

Die Nerven werden als Fäden gedacht, die sich überwiegend aus Knochen, Blut und Fleisch zusammensetzen und den Kopf ganz oder zum Teil bedecken, wobei es ihre wesentlichste Funktion ist „zu fühlen". Viele verwechseln Nerven mit Nervosität (87, 174).

Die Vorstellungen vom Atmen sind so falsch wie die vom Gehirn und den Nerven. Das Kind sieht kaum einen Zusammenhang zwischen Atmen und Leben. Ihm scheint das Atmen überwiegend in der Nase, im Mund und im Hals stattzufinden, und die Luft zirkuliert irgendwo im Kopfbereich. Nicht ehe Kinder neun Jahre alt sind, erkennen sie das Atmen als einen Prozeß, bei dem Luft eingesogen und ausgestoßen wird. Sie sehen es nicht als Austausch von Sauerstoff oder dessen Einfluß auf den Körper. Erst gegen Ende der Kindheit erkennen Kinder, daß die Lungen Organe für das Atmen sind und daß das Atmen zum Leben notwendig ist. Den älteren Kindern erscheinen die Lungen als runde Säcke, die aus Knochen, Haut, Blut und Fleisch bestehen. Einige Kinder meinen, daß die Lunge sich im Kopf befindet, wenige meinen, daß sie in der Brust zu finden ist (87, 174). Abb. 11-4 zeigt an zwei Beispielen, welchen Stellen des Körpers Kinder verschiedenen Alters wichtige Organe zuordnen.

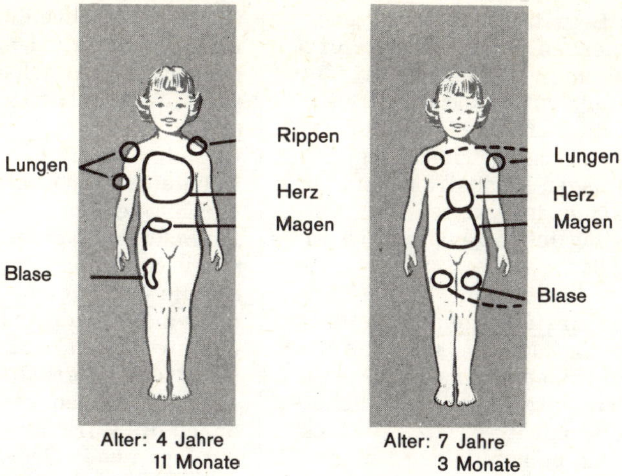

Abb. 11-4. Beispiele, wie Kinder verschiedener Altersstufen einige Körperteile lokalisieren.

Sogar im 6. Schuljahr schließen Kinder bei ihrer Zuteilung der verschiedenen Körperorgane die Geschlechtsorgane nicht ein (228).

Nach der Vorstellung, die Kinder vom *Verdauungsprozeß* haben, findet die Verdauung im Mund und im Magen statt. Der Magen, in dem Nahrungsmittel aufbewahrt oder gegessen werden sollen, wird gewöhnlich als im oberen Teile des Rumpfes liegend bezeichnet, und es wird angenommen, daß er aus Haut, Knochen, Fleisch und Blut besteht. Der Zweck des Essens ist den Kindern nicht klar. Wenn sie irgendetwas über seinen Zweck sagen, dann meinen sie im allgemeinen, daß „man ißt, damit man wächst", aber sie haben nur verschwommene Vorstellungen davon, wie Essen und Wachsen miteinander in Beziehung stehen.

Vorstellungen über den Raum

Um den Raum genau einschätzen zu können, muß das Kind lernen, den Raum, den es erkennen soll, mit vertrauten Gegenständen, deren Größe oder Entfernung ihm bekannt sind, zu vergleichen. Es muß lernen, das Maß der Deutlichkeit des Umrisses und der Farbe und die Menge der Einzelheiten als Hinweise zu erkennen, und es muß lernen, daß verschiedene Empfindungen des Auges, die die Folge der Konvergenz sind, ihm helfen, das, was es sieht, zu interpretieren. Die Entfernung des Gegenstandes vom Kind spielt eine wichtige Rolle dafür, wie genau es seine Größe einschätzen kann. Es neigt dazu, Gegenstände, die sich in seiner Nähe befinden, als größer einzuschätzen, als sie wirklich sind, und entfernte Gegenstände als kleiner, als sie sind. Im Verhältnis zu seiner Körpergröße erscheinen sie ihm oft so (56).

Säuglinge reichen nur selten nach Gegenständen, die weiter als 50 cm von ihnen entfernt sind; dies zeigt, daß sie eine Einschätzung der Entfernung haben, noch ehe sie ein Jahr alt sind. Sobald sie zu kriechen und zu krabbeln anfangen, haben sie mehr Gelegenheit, Entfernung und Größe abzuschätzen (33, 88).

Indem es sich mit Bauklötzen, Karren, Dreirädchen und anderem Spielzeug beschäftigt, lernt das Kind bald allgemeine Hinweisreize, die es ihm ermöglichen, kurze Entfernungen genau wahrzunehmen. Weitere Entfernungen kann es nur mit großen Schwierigkeiten feststellen, weil sie keine Beziehungen zu seinem eigenen Körper haben – z. B. die Entfernung zwischen zwei Bäumen oder die Länge einer Straße. Erst im Jugendalter kann es große Entfernungen richtig feststellen, und selbst dann treffen seine Schätzungen oft nicht zu (197).

Die Feststellung der Entfernung, der Richtung und der Größe wird durch Übung besser. Spielzeuge und Geräte – Perlen zum Aufziehen, Bauklötzchen, Rohre, Legespiele, Dreiräder, Schlitten usw. – geben dem Kind eine Möglichkeit, in Begriffen von „lang" und „kurz" zu messen. In der Schule lernt es die Bedeutung von Zentimeter, Meter und Kilometer, von Pfund und Kilogramm und die verschiedenen Standardmaße für Raum und Gewicht, obgleich die Vorstellungen so abstrakt sein können, daß es Schwierigkeiten hat, sie für seine alltäglichen Erfahrungen anzuwenden (184).

Vielfalt der Vorstellungen. Bereits im Alter von sechs Monaten kann das Kind zwischen einzelnen einfachen geometrischen Formen unterscheiden (Kreis, Quadrat, Kreuz, Dreieck und Oval), und es kann diese Unterscheidung als Hinweisreiz für das Lernen gebrauchen. Zwischen fünfzehn Monaten und zwei Jahren entwickeln die Kinder die Vorstellung des Dreiecks und anderer Formen. Terman und Merrill meinen, daß ein zweijähriges Kind von durchschnittlicher Intelligenz imstande sein müsse, einen Kreis, ein Quadrat und ein Dreieck in ein Brett mit drei entsprechenden Löchern zu stecken. Bei dem dreijährigen Kind sind die Vorstellungen über die Rundheit gut genug entwickelt, daß das Kind zwischen zylindrischer und zweidimensionaler Rundheit unterscheiden kann (232, 238). Die Fähigkeit, Unterschiede der Form festzustellen, nimmt weiter allmählich zu.

Bei der Untersuchung zur Feststellung, ob die Form oder die Farbe eine wichtigere Rolle bei der Wahrnehmung spielte, wurden Kindern Gegenstände so vorgelegt, daß sie die Gegenstände entweder auf der Grundlage der Form oder der Farbe einander zuordnen mußten, aber nicht auf beiden Grundlagen gleichzeitig. Kinder unter drei Jahren verbanden die Gegenstände eher auf der Grundlage der Form als auf der der Farbe; Kinder von drei bis sechs brachten sie auf der Grundlage der Farbe zusammen; die Kinder über sechs verbanden sie dagegen auf der Grundlage der Form. Baley hat als Prinzip formuliert, daß „mit dem Fortschreiten der Entwicklung des Kindes Elemente der Form mehr und mehr die Elemente des Materials, wie etwa der Farbe, dominieren" (18). Bei Figur-Grund-Unterscheidungen ist die Wahrnehmung des Kindes vom Grund dem Niveau des Erwachsenen näher als seine Wahrnehmung der Figuren (162).

Obgleich kleine Kinder die Größe ähnlich geformter Gegenstände ebenso gut wie Erwachsene schätzen können, haben sie Schwierigkeiten, wenn die Figuren von unterschiedlicher Form sind; wenn sie die Größe eines Dreiecks z. B. mit der eines Quadrates vergleichen, finden sie es schwierig, Hinweise für ihre Schätzung zu erhalten. Zwischen drei und vier Jahren werden Kinder mehr durch die Wirkung verschiedener Täuschungen beeinflußt, wenn sie versuchen, die relative Größe verschiedener geometrischer Figuren zu schätzen, als wenn sie noch jünger sind. Figuren, die sich über einen größeren Raum ausdehnen, wie etwa Sterne, scheinen dem Kind größer zu sein als die mehr kompakten Figuren, wie Quadrate und Rechtecke (74).

Vorstellungen der relativen Größe treten zuerst auf zwischen drei und vier Jahren, wenn das Kind erkennt, daß es sich als einen Gegenstand unter anderen Gegenständen im Raum sehen muß. Zu diesem Zeitpunkt kann das Kind die größten und die kleinsten Gegenstände in einer Gruppe, die sich vor ihm befindet, heraussuchen, und wenn es fünf Jahre alt ist, kann es Gegenstände mittlerer Größe herausfinden. Das Maß des Größenunterschiedes beeinflußt in gewisser Weise die Reaktion des Kindes. Jedoch erst kurz bevor es neun Jahre alt ist, kann es „mittlere Größe" ebenso genau wie „Größe" und „Kleinheit" einschätzen (238). Wenn die Größenunterschiede sehr gering sind, wird die Feststellung der relativen Unterschiede zunehmend ungenau (195).

In einem Experiment, bei dem die Kinder aufgefordert wurden, die relative Größe der Tafel und die Länge des Schulgebäudes zu schätzen, zeigte es sich, daß die Fähigkeit, die Größe der Tafel richtig einzuschätzen, mit dem Alter zunahm, ihre Tendenz jedoch, die Länge des Schulgebäudes zu unterschätzen, blieb bestehen (128).

Kinder im Kindergartenalter können

ihre eigene Körpergröße und die ihrer Eltern realistisch feststellen. Sie sehen den Vater als den größeren Elternteil und sich selbst als kleiner als beide Eltern. Es besteht bei ihnen jedoch die Tendenz, Mitglieder des anderen Geschlechtes für größer zu halten als die Mitglieder ihres eigenen Geschlechtes (126).

Die Fähigkeit, zwischen rechts und links zu unterscheiden, fängt etwa im Alter von fünf Jahren an, sich zu entwickeln, und nimmt zwischen sechs und sieben ziemlich schnell zu (225). Auf der ersten Stufe des Verlaufs bis zum Alter von sieben oder acht Jahren hat das Kind eine undifferenzierte Vorstellung von rechts und links; es wendet die Vorstellung auf seine Arme und Beine an, aber nicht auf Gegenstände. Auf der zweiten Stufe, von sieben oder acht bis zehn oder elf Jahre, entwickelt es eine konkrete Differenzierung von rechts und links; es bezieht die Vorstellung ebenso auf sich selbst wie auf Gegenstände, aber bei Gegenständen kann es nur dann richtig differenzieren, wenn ihm eine Hilfe gegeben wird. Auf der dritten Stufe, im Alter von zehn oder elf Jahren aufwärts hat das Kind eine abstrakte Vorstellung von rechts und links; es kann beides wie ein Erwachsener unterscheiden, ohne eine besondere Hilfe zu gebrauchen (72).

Kinder im Grundschulalter haben keinen verallgemeinerten Begriff von den Himmelsrichtungen. Obwohl sie vielleicht Süd und Ost feststellen können, gelingt es ihnen mit Wahrscheinlichkeit nicht, Südost auszumachen. Außerdem haben sie Schwierigkeiten, die Himmelsrichtungen richtig zu gebrauchen, um die Lage bestimmter Orte anzugeben, obgleich sie die Lage von Städten sonst ziemlich genau angeben können, besonders wenn es sich um nahe gelegene Städte handelt (82, 146).

Die Fähigkeit, Entfernungen einzuschätzen, entwickelt sich ziemlich schnell. Aus seinen Erfahrungen mit Standardobjekten, die unterschiedlich weit entfernt sind, wie bei einem Auto oder einem einstöckigen Haus, lernt das Kind, daß Objekte kleiner zu sein scheinen, wenn sie weiter entfernt sind als wenn sie sich ganz in der Nähe befinden. Es lernt weiter, daß es ihre Entfernung daran feststellen kann, wie klar es Einzelheiten erkennen kann (56). Wenn das Kind vier Jahre alt ist, ist seine Wahrnehmung der Entfernung der beim Erwachsenen ähnlich. Dagegen entwickelt sich die Wahrnehmung der Tiefe langsam. Selbst im Alter von fünf oder sechs Jahren kann das Kind gewöhnlich einen Gegenstand nicht dreidimensional sehen. Wenn es die Geschwindigkeit von zwei sich bewegenden Gegenständen vergleicht, schätzt das Kind von fünf Jahren ziemlich genau (82).

Vorstellungen über das Gewicht

Die Einschätzung von Gewicht hängt teilweise von der Einschätzung der Größe und teilweise von der Kenntnis des Gewichtes verschiedener Stoffe ab. Das Kind urteilt überwiegend nach der Größe; als Folge davon paßt es, wenn es einen Gegenstand hebt, seine Muskeln nicht entsprechend an. Ein kleines Spielzeug oder ein Haushaltsgegenstand kann dem Kind z. B. aus den Fingern gleiten und zerbrechen, weil es dessen Gewicht geringer geschätzt hatte.

Durch die Erfahrung lernt ein Kind allmählich, daß bestimmte Dinge „schwer" sind, andere dagegen „leicht". Noch wichtiger aber ist es, daß es sowohl zu bedenken lernt, woraus ein Objekt gemacht worden ist, als auch, wie groß es ist. Mit der Zeit entdeckt das Kind, daß es, wenn es das genaue Gewicht eines Gegenstandes feststellen will, diesen aufheben muß, in seinen Fingern halten oder auf seine Handfläche legen und die Hand dann auf und ab bewegen muß (34, 88). Auf diese Weise kann ein fünfjähriges Kind den Unterschied zwischen einem Gewicht von drei Gramm und einem Gewicht von fünfzehn Gramm feststellen, wenn beide Gewichte dieselbe Größe haben. Durch Übung kann es den Unterschied nennen, wenn die Gewichte sich nur um drei oder vier Gramm unterscheiden (232).

In einem Experiment, bei dem Kinder gebeten wurden, das Gewicht einer Milchflasche zu schätzen, wenn sie gefüllt war und wenn sie leer war, unterschätzen kleine Kinder beide im allgemeinen. Mit dem Alter verbesserten sie jedoch allmählich ihre Schätzungen. Bei der Einschätzung des Gewichtes zweier Klumpen aus Plastilin, die in Größe und Gewicht übereinstimmten, aber jeweils eine andere Form hatten, zeigten die Kinder eine allmähliche Zunahme der Genauigkeit mit dem Alter (128). Die Ergebnisse des Experimentes zeigt Abb. 11-5.

Vorstellungen über Zahlen

Wörter, die sich auf Zahlen beziehen, werden bald gebraucht, nachdem das Kind anfängt zu sprechen. Dieser frühe Gebrauch von Zahlwörtern ist jedoch nur eine Form der „Papageiensprache". Was eine Zahl wirklich für ein Kind bedeutet und wann es sie in einer sinnvollen Weise gebrauchen kann, ist schwer zu bestimmen. Die Entwicklung der Zahlenvorstellung scheint eine Funktion des Alters und des Lernens zu sein (250). Terman und Merrill

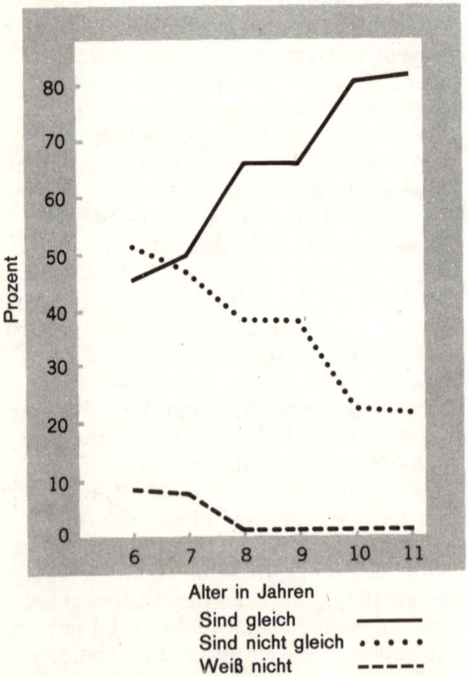

Abb. 11-5. Mit dem Alter zunehmende Fähigkeit, das Gewicht von zwei schweren Objekten mit unterschiedlicher Form richtig einzuschätzen.

haben herausgefunden, daß das durchschnittliche Kind von vier Jahren zwei Gegenstände zählen kann; das durchschnittliche Kind von fünf Jahren kann bis vier zählen; und das durchschnittliche Kind von sechs kann bis zwölf zählen (232). Kleine Kinder, die den Kindergarten besuchen, lernen die Bedeutung von Zahlen im allgemeinen eher als die, die nicht in den Kindergarten gehen. Die Vorstellungen, die kleine Kinder von Zahlen über 10 haben, sind im allgemeinen verschwommen und verworren; sie halten 100 und 1000 für ähnlich (156).

Der Entwicklungsverlauf bei Vorstellungen von Zahlen hat keine bestimmten Stufen gezeigt, sondern eher eine allmähliche Verbesserung (250). Der Entwicklungsverlauf zeigt, daß das Verständnis zunimmt, wenn das Kind älter wird und seine Erfahrungen breiter werden:

1 Jahr
„Eins nach dem anderen"-Muster der Behandlung von Gegenständen (rudimentärer Ansatz für das Zählen).

18 Monate
Es kann einen Turm aus drei oder vier Würfeln bauen, gebraucht das Wort „mehr".

2 Jahre
Es unterscheidet zwischen „eins" und viele, sagt: „Zwei Bälle", wenn ihm ein zweiter Ball gegeben wird.

$2^1/_2$ Jahre
Es zählt auswendig: 1, 2, „viele". Es kann „nur einen Würfel" geben, wenn es darum gebeten wird.

3 Jahre
Es kann zwei Gegenstände zählen. Es kann „nur zwei Würfel" geben, wenn es darum gebeten wird.

4 Jahre
Es zählt und zeigt dabei richtig auf drei Gegenstände. Verbales Zählen ohne Zeigen geht über das Zählen von Gegenständen hinaus.

5 Jahre
Die meisten Kinder können dreizehn Pfennige zählen. Ein Drittel kann bis dreißig oder höher zählen.

Die meisten Fehler treten nach der Zahl 9 auf.

6 Jahre
Es kann bis 100 zählen.
Es kann die Zehner bis 100 zählen.
Es kann die Fünfer bis 50 zählen.
Es kann innerhalb von 10 richtig zusammenzählen.
Es kann innerhalb von 5 richtig abziehen.

7 Jahre
Es kann die Fünfer und Zehner richtig bis 100 zählen.
Es kann innerhalb von 20 zusammenzählen.
Es kann innerhalb von 10 abziehen.

8 Jahre
Es kann die Zweier bis 20 zählen.
Es kann die Dreier bis 30 zählen.
Es kann die Vierer bis 40 zählen.
Es kann innerhalb von 25 zusammenzählen.
Es kann innerhalb von 25 abziehen.
Es kann einfache Brüche, Multiplikationen und Divisionen vornehmen.

9 Jahre
Die Zahlenvorstellung geht bis 1000 oder darüber hinaus (114).

Vom zweiten bis elften Schuljahr nimmt das Verständnis für die Vorstellungen unbestimmter Mengen wie „wenige", „mehrere" und „einige" zu (38). Da ein so großer Wert in den Lehrbüchern, die in der Schule benutzt werden, besonders in der Arithmetik und in der Gemeinschaftskunde, auf quantitative Vorstellungen gelegt wird – auf Vorstellungen von Zahlen, die sich auf eine Zunahme oder Abnahme der Menge beziehen – entwickeln die Kinder allmählich bestimmtere und genauere Vorstellungen davon, was Zahlen bedeuten. Hinweise wie „60 Mark die Tonne", „eine 1000-Kilometer-Reise" oder „eine Reise von 20 Tagen" können relativ wenig Bedeutung haben, bevor nicht das Kind in ihrer Anwendung angeleitet worden ist und Möglichkeiten zu Vergleichen gehabt hat. In jedem Alter haben die Mädchen eine genauere Vorstellung von Zahlen, obgleich die Jungen oft eine klarere Vorstellung der Quantität entwickeln. Kinder aus den höheren sozioökonomischen Gruppen haben mehr Zahlenvorstellungen und genauere Vorstellungen als die der unteren Gruppen (117, 156).

Vorstellungen vom Geld

Geld hat für das Kind erst dann Bedeutung, wenn es eine Möglichkeit hat, es zu gebrauchen. Sicher, es kann vielleicht verschiedene Münzen identifizieren, aber die Namen der Münzen sind verhältnismäßig bedeutungslos, bis es ihren Wert kennenlernt oder bis es weiß, was es dafür kaufen kann. Da bei uns nur wenig Kinder häufig Gelegenheit haben, Geld auszugeben, ehe sie in die Schule kommen, bleibt die Entwicklung der Vorstellungen über Geld hinter der vieler anderer Vorstellungen zurück (155).
Im Alter von sieben Jahren kann das Kind um das richtige Wechselgeld in einem Geschäft bitten. Das Kind von $8^1/_2$ Jahren kann einen gleichen Wert aus verschiedenen Münzen zusammensetzen, selbst wenn die Zusammensetzungen komplex sind (201)
Im Alter von fünf Jahren beginnen die Kinder zu verstehen, daß Geld etwas mit Kaufen zu tun hat, obgleich sie nicht verstehen, daß bestimmte Münzen gebraucht werden müssen, um verschiedene Dinge zu kaufen. Im Alter von $6^1/_2$ Jahren ist es Kindern klar, daß sie für ein Fünf-Pfennig-Stück mehr kaufen können als für einen Pfennig, aber weniger als für einen Groschen. Sie erkennen auch, daß sie für Geld Dienstleistungen ebenso wie Gegenstände kaufen können und daß manchmal Kleingeld zurückgegeben wird, wenn ein Kauf abgewickelt wird. Wenn sie sieben Jahre alt sind, wissen Kinder meistens genau, wieviel jede Münze im Vergleich zu jeder anderen Münze wert ist (221, 222).

Unterschiede zwischen den Vorstellungen. Deutliche Unterschiede bei den Vorstellungen vom Geld rühren aus den unterschiedlichen Lernerfahrungen her. Das Kind, das durch Arbeit im Haus oder außerhalb des Hauses Geld verdient, lernt mehr darüber, was Geld bedeutet – in Form von Zeit und Anstrengung –, als das Kind, das sein Geld als Taschengeld oder als Geschenk von seinen Eltern erhält (89). Im allgemeinen nimmt die Zahl der Erfahrungen mit Geld ab, wenn die Zahl der Geschwister zunimmt; je größer die Zahl der Geschwister wird, desto weniger Geld hat jedes Kind zum Ausgeben.

Ein Kind hat mehr Erfahrung im Umgang mit Geld, wenn seine Mutter arbeitet, weil es mehr Arbeiten im Hause übernehmen muß, die den Gebrauch von Geld erfordern. Die Menge des Geldes, die das Kind ausgibt, ist jedoch nicht so wichtig für die Entwicklung von Vorstellungen wie die Art, in der es das Geld gebraucht. Kinder, die ihr Geld sparen, haben ein besseres Verständnis für seine Bedeutung als Kinder, die es ausgeben. Dies wird durch Abb. 11-6 illustriert. Kinder, die ihr Geld unüberlegt ausgeben, lernen mehr über den Wert des Geldes als Kinder, die ihr Geld mit Überlegung ausgeben oder deren Geldausgaben genau überwacht werden (155). Jungen haben in der Regel eine genauere Vorstellung davon, was sie für Geld kaufen können, als Mädchen. Dies ist der Fall, weil Jungen beim Gebrauch ihres Geldes eine größere Freiheit haben und im allgemeinen eine größere Summe für ihre persönlichen Bedürfnisse erhalten. Weiter verdienen ältere Jungen mehr Geld außerhalb des Hauses und entwickeln deshalb eher ein „Gefühl für Geld" als Mädchen. Geld als Belohnung für gutes Verhalten oder gute Leistungen zu geben und es zur Strafe wegzunehmen, trägt wenig dazu bei, dem Kind den Wert des Geldes und seinen überlegten Gebrauch beizubringen (155).

Mangelndes Interesse am Geld ist nicht immer der Fehler des Kindes. In autoritären Elternhäusern behandeln die Eltern Geldfragen, ohne mit dem Kind darüber zu sprechen. In Elternhäusern, in denen Kinder liberaler aufgezogen werden, meinen Eltern oft, daß Kinder nicht mit finanziellen Fragen belastet werden sollten, und folglich besprechen sie solche Fragen nicht mit dem

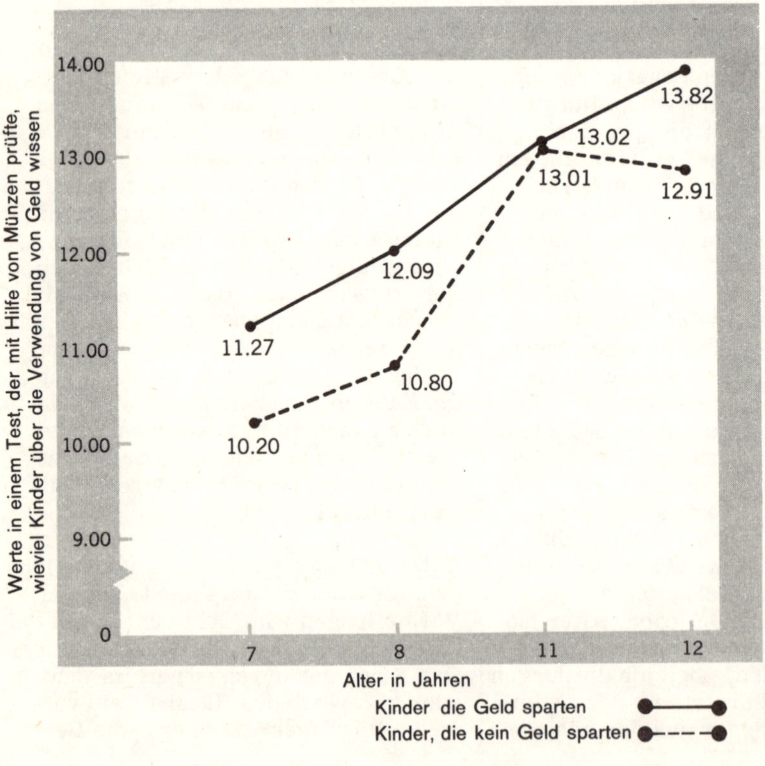

Abb. 11-6. Beziehungen zwischen „Sparen" und „Nichtsparen" einerseits und Kenntnisse über die Verwendung von Geld.

Kind oder in seiner Gegenwart. Oft erzählen sie ihm nichts von persönlichen Opfern, die sie auf sich genommen haben, um ihm die materiellen Güter zu geben, die es erbittet, oder die Möglichkeiten, die sie ihm geben möchten. Und so ist die Motivation des Kindes gering, etwas über das Geld zu lernen. Folglich sind seine Vorstellungen vom Geld, selbst wenn es das Jugendalter erreicht, auf einem niedrigen Entwicklungsniveau, und sie sind überwiegend egozentrisch.

Verwandte Bedeutungen. Die Vorstellungen des Kindes vom Geld enthalten oft Bedeutungen, die wenig direkte Beziehungen zu dem Gebrauch des Geldes haben oder dazu, wieviel man für die einzelnen Nennwerte des Geldes kaufen kann. Wenn das Kind diese Bedeutungen und Gebräuche lernt, nimmt es die Einstellung der Eltern zum Vorbild; die Einstellungen und Gebräuche der Eltern sind wiederum ein Produkt ihrer sozialen Klasse. Wenn das Kind mit anderen Erwachsenen, mit den Massenmedien und mit der Gruppe der Alterskameraden in Berührung kommt, bringt es nicht nur neue Bedeutungen mit dem Geld in Verbindung, sondern es fügt auch eine emotionale Tönung seiner sich entwickelnden Vorstellung vom Geld hinzu (177, 186).
Das kleine Kind lernt, daß Geld oft gebraucht wird, um sich Zuneigung zu erkaufen, weil seine Eltern es mit Spielzeug und Geschenken überschütten und sagen, daß sie das tun, weil sie „es so lieb haben". Mit der Zeit glaubt es, daß Geld dazu gebraucht werden kann, Freundschaft zu kaufen, und es möchte ein großes Taschengeld haben, damit es seinen Alterskameraden etwas spendieren und so erreichen kann, daß sie es in die Gruppe aufnehmen. Ein solcher Umgang mit dem Geld motiviert das Kind, geschickt in der Beeinflussung seiner Eltern zu werden. Es bringt dieses Verhalten vielleicht sein ganzes Leben lang mit Geld in Verbindung und gebraucht Geld, um das zu erreichen, was es will, indem es Leute besticht. Wenn das Kind im Elternhaus dafür bezahlt wird, daß es Pflichten im Haushalt übernimmt, erreicht es den Punkt, wo es alles so betrachtet, als habe es ein „Preisschildchen"; dies färbt seine Einstellung gegenüber der Arbeit in der Schule und später in seinem Beruf (177). Noch ehe es in die Schule kommt, stellt das Kind fest, daß Geld für materiellen Besitz gebraucht wird und daß materieller Besitz Prestigewert hat. Wenn es mehr Spielzeug hat als seine Spielkameraden, beneiden diese es; wenn sie mehr haben, beneidet es sie. Nachdem es in die Schule gekommen ist, bemerkt es, daß das soziale Akzeptiertwerden weitgehend durch den sozioökonomischen Status der Familie beeinflußt wird, daß der sozioökonomische Status beurteilt wird durch solche Symbole wie die Größe des Hauses, die Marke des Autos und die Art der Kleidung und daß Geld der bestimmende Faktor für den Besitz dieser Statussymbole ist. Geld wird so als ein notwendiges Werkzeug dafür angesehen, Freundschaft und einen Status in der Gruppe zu erwerben (55, 135, 200).
Ältere Kinder verbinden Unabhängigkeit mit Geld. Weil jedes Kind mehr Unabhängigkeit haben möchte als ihm Eltern und Lehrer zu bewilligen bereit sind, möchte es eine Arbeit bekommen, um Geld verdienen und tun zu können, was ihm gefällt; die meisten Kinder, die außerhalb des Hauses arbeiten, tun das aus diesem Grund. Weiter tönt die Assoziation von Geld mit Freiheit die Einstellung des Kindes gegenüber der Schule und spielt eine wesentliche Rolle für die Wahl seines Berufes (70, 77). Wenn ihm die schulische Ausbildung einen Beruf ermöglicht, der gut bezahlt wird, arbeitet es auch für die Schule; wenn es mehr Geld verdienen kann, ohne noch weiter lernen zu müssen, dann wird es den Wunsch haben, die Schule so bald zu verlassen, wie es nach dem Gesetz möglich ist, eine Arbeit anzunehmen und unabhängig zu sein. Jede Arbeit, die im Augenblick gut bezahlt wird, übt eine größere Anziehungskraft aus als eine Arbeit, die erst nach einer langen Ausbildung gut bezahlt wird. Die Einstellung des Kindes gegenüber den Menschen und gegenüber materiellen Gütern wird ebenfalls

durch seine Vorstellung vom Geld gefärbt. Es kommt zu dem Glauben, daß eine Sache um so besser ist, je mehr sie kostet, und daß ein Mensch um so erfolgreicher ist, je mehr Geld er verdient: Menschlicher Wert und materieller Wert werden mit der Elle des Geldes gemessen (64, 150, 177). Wenn das Kind mit älteren Verwandten zu tun gehabt hat, die von ihren verheirateten Kindern hinsichtlich der Unterstützung abhängen, hält es das Geld für eine Quelle der persönlichen Sicherheit und es lernt den Wert des Sparens. Wenn seine älteren Verwandten finanziell unabhängig sind und wenn seine Eltern mehr Wert darauf legen, Statussymbole zu kaufen, als zu sparen, dann meint es, daß man ausgeben sollte, was man hat, und läßt die Zukunft auf sich zukommen (186, 221).

Vorstellungen über die Zeit

Die Wahrnehmung der Zeit ist selbst bei Erwachsenen nicht sehr genau, aber bei Kindern ist sie noch verzerrter. Das erklärt den scheinbaren Ungehorsam, wenn kleine Kinder nicht zur festgesetzten Zeit nach Hause kommen. Die Zeit scheint schnell zu vergehen, wenn sie beschäftigt sind oder sich für das Spiel interessieren, aber langsam, wenn sie nichts tun.

Wenn das Kind im letzten Jahr den Kindergarten besucht, verfügt es erst über die einfachsten Grundlagen des normalen Zeitbewußtseins; wenn es in das erste Schuljahr kommt, sind seine Vorstellungen noch unvollständig und oft falsch. Die Vorstellungen von der Zeit entwickeln sich sehr langsam, weil sie abstrakt sind und weil sie ein solches Maß an subjektiver Einschätzung und vernünftigem Denken erfordern, wie das kleine Kind es nicht aufbringen kann. Es versteht vielleicht die Zahlen auf einer Uhr oder kennt die Zeit eines bestimmten täglichen Ereignisses, aber das Verständnis von Daten in der geschichtlichen Zeit, des Wortes „Generation" und der Begriff der chronologischen Reihenfolge sind für das Kind zu viel (56, 85). Da darüber hinaus „Zeit" verschiedene Bedeutungen hat und nicht nur mit der Gegenwart verbunden ist, ist sie für das Kind sehr verwirrend. Zum Beispiel ist „heute" morgen „gestern" (238).

Viele Vorstellungen von Uhrzeit und Datum hängen ab von den Vorstellungen über Zahlen. Ein Kind kann die Bedeutung von „Monat" nicht völlig verstehen, ehe es nicht eine richtige Vorstellung von 30 oder 31 und der entsprechenden Beziehung zu sieben Tagen hat.

Das Erlernen von Zeitvorstellungen.

Das Kind lernt zuerst solche Zeitvorstellungen, zu denen es eine persönliche Beziehung hat, und später die, die von seinen Erfahrungen weiter entfernt sind. Im Alter von sechs Jahren z. B. hat es ein gutes Verständnis von Tageszeit und Datum, aber erst wenn es neun oder zehn ist, kann es längere Zeiträume in der Vergangenheit erfassen.

Direkte Übung ist von geringerem Wert als Eindrücke, die sich im Prozeß des Älterwerdens anhäufen. Das Kind muß eine Grundlage aus einander verwandten Vorstellungen aufbauen, überwiegend Vorstellungen von Zahlen, ehe die Übung viel Wert hat. Dann muß es lernen, Vorstellungen, die es selbständig oder in der Schule erfahren hat, und die, die es aus Büchern, Filmen und Fernsehen und anderen Formen der Massenkommunikation gelernt hat, mit seiner sich entwickelnden Vorstellung von der Zeit zu vergleichen. Diese Vorstellungen sind oft zu fremd für das Kind, als daß es eine Beziehung sofort sehen könnte (32, 252).

Das Verständnis der Bedeutung der Zeit hängt vom Bezug auf Hinweisreize ab, wie die Zeit der Mahlzeiten oder andere regelmäßige Beschäftigungen. Wenn die tägliche Routine dem Zufall überlassen bleibt, finden die Kinder es schwierig, eine Vorstellung von der Zeit zu entwickeln. Da Kinder keinen ausgefüllten Zeitplan haben und da sie ihre meiste Zeit für das Spiel frei haben, haben sie nur wenige Hinweisreize, die bei der Entwicklung ihrer Vorstellungen helfen könnten. Außerdem verfügen sie auch nur über wenige Hinweisreize, die ihnen sagen könnten, wieviel Zeit die einzelnen Beschäfti-

gungen erfordern. Beim Ankleiden oder Essen zu trödeln hilft ihnen auch nicht dabei, eine genaue Einschätzung der Zeit zu erhalten, die diese Beschäftigungen erfordern (214).
Nachdem das Kind in die Schule gekommen und sein Zeitplan ausgefüllter geworden ist, hat es eine Motivation, mehr seinen Fähigkeiten entsprechend zu arbeiten bei Beschäftigungen, bei denen es früher getrödelt hat; als Folge davon lernt es besser zu schätzen, wieviel Zeit es braucht, um sie zu erledigen. Außerdem hilft ihm der starre Zeitplan der Schule – mit dem Ton der Klingel am Ende eines bestimmten Zeitraumes – nicht nur, einzuschätzen, wieviel es in dieser Zeit erledigen kann, sondern er ermöglicht ihm auch, genauere Bedeutungen mit „Morgen" oder „Nachmittag" in Verbindung zu bringen. Wenn Hinweisreize jedoch Wert haben sollen, müssen sie sich innerhalb des Rahmens der Erfahrungen des Kindes befinden; jeder von außen kommende Hinweisreiz verwirrt es und verzögert die Entwicklung der Zeitvorstellung oder führt zu falschen Zeitvorstellungen (238, 252).
Irrtümer treten hauptsächlich dann auf, wenn unbestimmte Hinweisreize gebraucht werden. Das kleine Kind hat z. B. keine Vorstellung von der Länge der Zeit; es schätzt sie im allgemeinen danach ein, was es gerade tut. Ehe es lernt, daß die Zeit schnell vergeht, wenn es in einer Beschäftigung aufgeht, und langsam bei einer anderen Beschäftigung, kann es die Zeit nicht richtig beurteilen. Ein großer Teil des Trödelns beim Ankleiden und Essen, das zwischen drei und fünf Jahren auftritt, kann auf eine falsche Einschätzung der Zeit zurückgeführt werden und nicht auf den Mangel an motorischer Geschicklichkeit (120).
Fehler bei der Einschätzung einer Zeitdauer können ebenfalls darauf zurückgeführt werden, daß Kinder das Verstreichen der Zeit selten in Erwägung ziehen. Ein Zeitraum, der erst kurze Zeit zurückliegt, wird richtiger geschätzt als weiter zurückliegende Zeit, da die Schätzungen in Beziehung stehen zu der Erinnerung an Ereignisse, die mit der Beschäftigung in Verbindung stehen oder die während des darauffolgenden Intervalles eintraten. Die Erinnerung läßt mit der Zeit nach, deshalb findet eine entsprechende Verkürzung bei der Beurteilung der Intervalle statt. Dies trifft besonders zu auf Zeiträume bis zu sechs Monaten (56).

Reihenfolge der Entstehung. Trotz der deutlichen individuellen Unterschiede, die in der Zeitorientierung der Kinder auftreten, tauchen die Vorstellungen über die Zeit in einer verhältnismäßig uniformen Reihenfolge im Leben eines jeden Kindes auf. Ames stellte fest, daß Wörter, die auf die Gegenwart hinweisen, zuerst kommen, dann Wörter, die sich auf die Zukunft beziehen, und schließlich Wörter, die auf die Vergangenheit hinweisen. Der Gebrauch von „heute" z. B. findet sich mit 24 Monaten, „morgen" mit 30 Monaten und „gestern" mit 36 Monaten. Das legt nahe, daß die Zeit, zu der etwas abgeschlossen wird, eher begriffen wird als die Zeit, zu der etwas beginnt.
Die Fähigkeit zu sagen, zu welcher Zeit eine Sache geschieht in Bezug zu einer anderen Beschäftigung, erscheint eher als die Fähigkeit, die wirkliche Uhrzeit anzugeben. Mit vier Jahren kennen die Kinder Morgen oder Nachmittag, mit fünf Jahren wissen sie den Wochentag und den Namen des Tages, mit sieben kennen sie die Uhrzeit. Mit sieben kennen sie ebenfalls den Monat und die herrschende Jahreszeit. Wenn sie acht sind, wissen sie, in welchem Jahr sie sich befinden, welcher Tag des Monats gerade ist, und sie können den Monat richtig nennen.
Wenn Kinder fünf Jahre alt sind, können sie sagen, um welche Zeit sie ins Bett gehen, mit sechs, um welche Zeit sie das Abendbrot zu sich nehmen, wann sie aufstehen, wann sie in die Schule gehen und wann der Nachmittag anfängt. Die meisten Kinder können ihr Alter angeben, wenn sie drei Jahre alt sind; mit vier Jahren können sie sagen, wann ihr nächster Geburtstag stattfindet, und wenn sie fünf Jahre alt sind, wissen sie, wie alt sie an ihrem nächsten Geburtstag werden (5). Wenn auch dieser Verlauf bei allen Kindern ähnlich ist, hängt es weitgehend von der Intelligenz

und den Lernmöglichkeiten ab, wann ein bestimmtes Kind eine bestimmte Stufe in diesem Verlauf erreicht (147).
Wenn sie lernen, die Zeit nach der Uhr anzugeben, ergibt sich für alle Kinder eine ähnliche Entstehungsfolge. Sie können zuerst nur ganze Stunden angeben und die Uhr entsprechend stellen, dann die halben Stunden angeben und später die Viertelstunden. Sie müssen jedoch lernen, was die unterschiedliche Länge der Zeiger bedeutet, ehe sie dies tun können. Die meisten Kinder lernen es, die Zeit anzugeben, wenn sie sechs Jahre alt sind (32, 214).

Vorstellungen von der Zeitdauer. Die Fähigkeit, Zeitintervalle richtig zu schätzen, entwickelt sich erst, wenn das Kind gelernt hat, die Zeit zu verschiedenen Beschäftigungen in Beziehung zu setzen. Längere Intervalle werden gewöhnlich unterschätzt, kürzere dagegen überschätzt; die besten Schätzungen sind bei Intervallen festgestellt worden, die zwischen 30 Sekunden und einer Minute dauern. Bis zum Alter von acht Jahren haben Kinder Schwierigkeiten dabei, die Länge einer Sekunde zu schätzen. Wenn sie Hinweisreize gebrauchen – wie laut zu zählen –, können sie ihre Genauigkeit verbessern (91).
Bei einem Vergleich der Fähigkeit von Kindern im fünften Schuljahr mit Universitätsstudenten beim Schätzen von Zeitintervallen wurde festgestellt, daß die Studenten den Kindern nur um 15 bis 18% überlegen waren. Das Maß der Genauigkeit bei den Kindern legt nahe, daß sie schon bestimmte Hinweisreize für die Zeitschätzung entwickelt hatten (90). Im Gegensatz zum kleineren Kind hat das Schulkind festgestellt, daß die Schätzungen der Zeit nicht nur durch die Beschäftigung beeinflußt werden, sondern auch durch das eigene Bezugssystem. Die Einstellung, die man gegenüber der Beschäftigung hat, dient als Hinweisreiz (92). Abb. 11-7 zeigt die Verbesserung bei der Einschätzung von zwei Zeiträumen (von 15 Sekunden und von 45 Sekunden) mit zunehmendem Alter. Während die Sechsjährigen dazu neigen, beides zu unterschätzen, zeigen die Achtjährigen eine beständige Zunahme der richtigen Schätzungen, besonders für die kürzere Zeit (128).

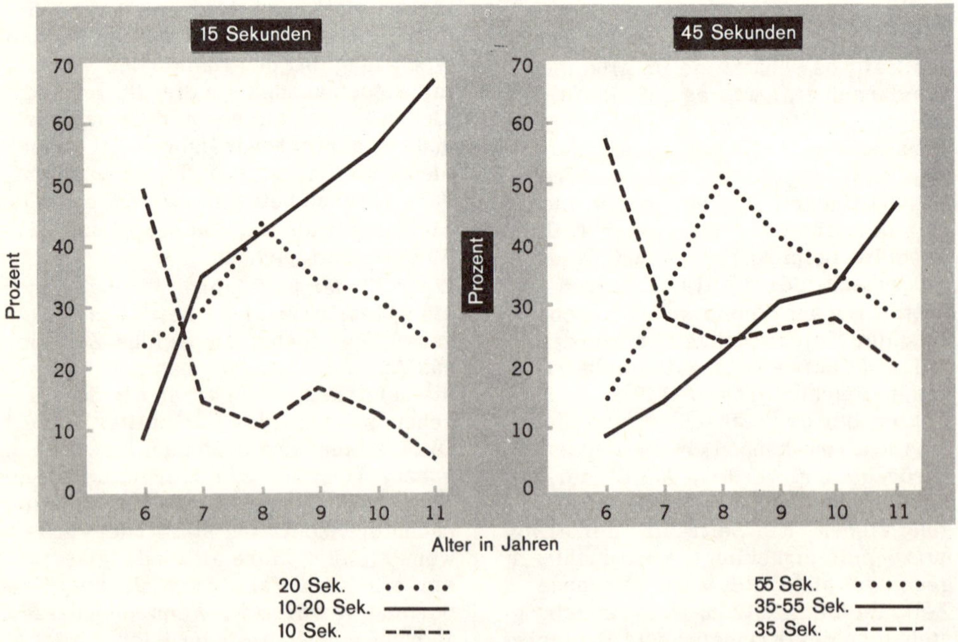

Abb. 11-7. Verbesserung der Zeitlängenschätzung mit zunehmendem Alter.

Vorstellungen über die historische Zeit.
Die Fähigkeit, sich die Vergangenheit anders zu denken als die Gegenwart, durchläuft zwei Stadien. Im ersten oder „negativen" Stadium lernt das Kind, daß sich die Vergangenheit von der Gegenwart unterscheidet, weil z. B. in der Vergangenheit die Menschen Felle trugen und Götzen anbeteten. Im zweiten Stadium unterscheidet das Kind nicht nur historische Zeiträume, sondern formt auch für sich ein Bild der aufeinanderfolgenden Epochen, das dem der Erwachsenen nicht unähnlich ist. Es ist für Kinder leichter, Zeiträume der Vergangenheit zu verstehen, wenn die Zeiträume sich auf Ereignisse beziehen und nicht auf bestimmte Menschen oder Orte. Vorstellungen von der historischen Zeit und von der Kontinuität der Zeit sind oft verschwommen und wirr, weil sie in Ausdrücken gelehrt worden sind, die abstrakt sind und fremd für die Erfahrung des Kindes (32, 120, 158).

Vorstellungen von der Schönheit

Nichts ist schön oder häßlich in oder durch sich selbst. Was das kleine Kind als schön sieht, ist das, was ihm gefällt. Menschen, die es gern hat, sieht es als schön an, ganz gleich wie sie nach objektiven Maßstäben eingeschätzt würden. Wenn das Kind aus dem Haus heraus und in die Nachbarschaft und die Schule geht, entdeckt es, daß andere Menschen andere Vorstellungen über die Schönheit haben. Dann sind die Dinge nicht mehr schön oder häßlich, einfach weil es sie liebt oder ablehnt; seine Vorstellungen von der Schönheit und Häßlichkeit der Farbe, der Natur, des menschlichen Gesichtes und der menschlichen Gestalt werden eher durch Gruppenstandards konditioniert als durch individuelle Reaktionen (14, 212).
Darüber hinaus ist das ältere Kind den Einflüssen der Massenkommunikationsmittel ausgesetzt. Jedes Jahr nimmt der Einfluß der Massenmedien auf die Auffassungen des Kindes über die Schönheit zu. Da es selbst und die meisten seiner Freunde dieselben Filme und Fernsehsendungen sehen und dieselben Bücher und Bilderheftchen lesen, wird der Einfluß der Massenkommunikationsmittel durch die Einflüsse der Alterskameraden verstärkt. Je mehr das Kind sich mit den Personen im Buch oder auf der Leinwand identifiziert, desto größer ist deren Einfluß auf seine Vorstellung über die Schönheit (16, 45, 153, 249).

Spezifische ästhetische Vorstellungen.
Der Einfluß des kulturellen Drucks ist in einer Anzahl von Untersuchungen aufgezeigt worden, die sich auf die Vorstellungen des Kindes von der Schönheit bezogen. In einer Untersuchung zu den Gesichtszügen hat es sich herausgestellt, daß es bestimmte, der Entwicklung folgende Züge gibt für die ästhetischen Vorlieben für die Dicke der Lippen, für die Breite des Mundes, für den Raum, der zwischen den Augen liegt und für die Länge der Nase. Wenn das Kind älter wird, werden seine Vorlieben zunehmend denen der Erwachsenen ähnlicher (230). Kultureller Druck ist ebenfalls wichtig für die zunehmende Vorliebe des Kindes für bestimmte geometrische Figuren – für Rechtecke z. B., deren Seiten im Verhältnis des „goldenen Schnittes" zueinander stehen (11).
Untersuchungen darüber, was Kinder als schön ansehen, haben ergeben, daß sie Bilder mit vertrauten Menschen gerne haben und mit Tieren, die vertraute Dinge tun. Sie haben häufig vorkommende Objekte gerne wie Häuser, Boote, Bäume und Flugzeuge (14). Asiatische Kinder ziehen Bilder von Asiaten vor, Nichtasiaten ziehen dagegen Bilder von Weißen vor. Jungen ziehen Bilder von Jungen vor, Mädchen dagegen Bilder von Mädchen (213). Kinder lieben jedes Thema, das eine Handlung darstellt und von mitmenschlichem Interesse ist oder das von aufregenden Ereignissen handelt. Landschaften üben nur eine geringe Anziehungskraft auf das kleine Kind aus, wenn auch das ältere Kind sie gerne mag, falls sie vertraute Gegenstände enthalten (247).
Realistische Bilder ziehen Kinder weitaus mehr an als die, welche hoch stilisiert sind (28). Bunte Bilder werden nur dann bevorzugt, wenn die Farben

realistisch sind. Kinder lieben an Bildern ebenfalls die Einfachheit; die Beliebtheit der Bilderheftchen ist zum Teil auf diesen Faktor zurückzuführen. Wenn die Kinder reifer werden, fangen sie an, die Komplexität bei Bildern stärker zu schätzen (84, 194, 247).

In jedem Alter lieben Kinder Farben. Das kleine Kind liebt Farben, die leuchtend und grell sind; es sieht Pastelltöne und zarte Farben als häßlich an. Mit zunehmendem Alter ändert sich seine Einstellung jedoch. Wenn sie fast das Jugendalter erreicht haben, zeigen sowohl Jungen als auch Mädchen eine deutliche Vorliebe für dunklere Töne und weniger kräftige Farben; sie sehen die kräftigen Farben als „schreiend" an oder als häßlich. Die meisten Kinder haben blau, rot und grün am liebsten und mögen schwarz, weiß, gelb und orange am wenigsten. Die Jungen ziehen rot vor, die Mädchen dagegen blau und violett (27, 28, 216).

Die Vorliebe für bestimmte Farbverbindungen ist bei kleinen Kindern sehr unbestimmt. Rot-Blau und Rot-Grün sind die bevorzugten Verbindungen bei älteren Kindern, Orange-Grün ist dagegen die am wenigsten beliebte Verbindung. In jedem Alter sind die individuellen Unterschiede bei den bevorzugten Farbverbindungen größer als bei den bevorzugten einzelnen Farben. Dies ist in einem hohen Maß auf die verschiedenen Assoziationen der einzelnen bei den Farbkombinationen zurückzuführen (194).

Kinder zeigen eine Liebe zur Musik, noch ehe sie ein Jahr alt sind. Da die Lieder und die Musik, die ein Kind zuerst hört, eine klare und feste Melodie oder einen bestimmten Rhythmus haben, lernt das Kind diese Art von Musik vorzuziehen. Wenn das Kind drei Jahre alt ist, hat es bestimmte Vorlieben für gewisse Arten von Musik, und von jeder Art hat es seine Lieblingsstücke. Je öfter es die bevorzugten Melodien hört, desto schöner erscheinen sie ihm. Mit jedem nachfolgenden Jahr nimmt seine Zuneigung zu dem Alten und Vertrauten zu; dies ist ein wesentlicher Faktor, der seinen Standard für das, was schön ist, bestimmt.

Zusätzlich zu der Rolle, die die Assoziation bei der ästhetischen Wahrnehmung in der Musik spielt, ist das Verständnis der Bedeutung ebenfalls wichtig. Wenn das Kind das Vorschuljahr erreicht hat, kann es die Tonhöhe und die Stärke ziemlich genau bestimmen; es kann seine Stimme auf einen bestimmten Ton einstellen, wenn ihm ein anderer Ton vorgegeben wird, und es kann im Takt zu einem Rhythmus schreiten oder marschieren. Von da an zeigt es Vorlieben für die einzelnen Intervalle oder Harmonien. Es gibt starke individuelle Unterschiede in den Vorlieben der Kinder, die teilweise von ihrer Erziehung und teilweise von ihrer musikalischen Begabung abhängen. Sogar bei klassischer Musik hängen die Unterschiede bei der Bevorzugung weitgehend von der Kenntnis der Kompositionen und der Vertrautheit mit den einzelnen Stücken ab (80, 127).

Vorstellungen vom Komischen

Nichts ist an sich komisch. Ob ein Mensch eine Sache für komisch hält oder nicht, hängt in hohem Maße von den Bedeutungen ab, die er mit ihr assoziiert. Es gibt zwei Arten, Komisches zu erfassen: objektiv und subjektiv. Bei der objektiven Art sieht der Mensch das Komische in einer Situation, in die andere verwickelt sind; bei der subjektiven Art sieht er das Komische in einer Situation, in die er selbst und seine Handlungen verwickelt sind. Je intelligenter ein Mensch ist, desto besser kann er sich aus der Perspektive des anderen sehen und über sich selbst amüsieren (2, 36).

Britt hat darauf hingewiesen, daß Situationen, die als komisch gesehen werden, grob gesprochen unter drei Kategorien fallen, von denen jede eine Art, das Komische zu erfassen, darstellt, die sich deutlich von den anderen Arten unterscheidet: 1. „Spöttischer Humor", der einen Stachel hat und einem Menschen auf Kosten eines anderen ein Gefühl der Überlegenheit gibt; 2. „Schadenfreude" bereitet einem Individuum Spaß über das Pech eines anderen; 3. „witziger Humor" gründet auf der Feststellung von subtilen und

tiefgründigeren Ungereimtheiten bei bestimmten Umständen (36).
Bei allen drei Kategorien wird die Aufmerksamkeit eines Menschen auf jemanden oder etwas außerhalb seiner selbst gerichtet. Die Auffassung vom Komischen fällt bei Kindern zum größten Teil unter die Kategorien des Spottes und der Schadenfreude. Es bereitet den Kindern Vergnügen, sich anderen überlegen zu fühlen oder imstande zu sein, die lächerlich zu machen, die sie als unterlegen ansehen. Erst im späteren Teil der Kindheit kann das Kind die subtileren Ungereimtheiten verstehen, die den witzigen Humor ausmachen. Aus diesem Grunde enthalten die meisten Witze der Kinder Spott oder behandeln tabuierte Bereiche wie Geschlecht oder Religion (34, 164, 165).

Die Entwicklung der Wahrnehmung des Komischen. Ehe ein Kind nicht Vorstellungen von der Größe, dem Geld, der Zeit u. ä. entwickelt hat, kann es Ungereimtheiten nicht erkennen. In ähnlicher Weise kann es, wenn es noch keine Vorstellungen von den verschiedenen sozialen Rollen erworben hat, auch nicht das Komische in einer Situation sehen, wenn sich eine Person in einer Autoritätsstellung in einer mißlichen Lage befindet. Da ein großer Teil des Humors auf der Sprache gründet, muß das Kind die Bedeutung von Wörtern kennen, ehe es Witze oder auch einfache Wortspiele verstehen kann. Wenn sich das Verständnis des Kindes für die Sprache verbessert, kann es auch komplexere und abstrakte Witze besser verstehen.
Die enge Beziehung zwischen Intelligenz und der Fähigkeit, das Komische zu erfassen, bedeutet, daß mit der intellektuellen Entwicklung die Wahrnehmung des Komischen abstrakter und subtiler wird; das Kind versteht dann witzige Dialoge ebenso wie aufeinanderfolgende Gags (6, 100, 251). Da die meisten Witzzeichnungen ein Element der Feindseligkeit enthalten, können sehr intelligente oder ältere Kinder die versteckte Feindseligkeit eher als jüngere oder weniger intelligente Kinder entdecken (36, 47).
Die Vorstellungen vom Komischen folgen einem Entwicklungsmuster, das in einem gewissen Grad durch das Alter, die Intelligenz und die Interessen beeinflußt wird. Viele ähnliche Elemente finden sich in den Vorstellungen vom Komischen bei kleinen Kindern, bei älteren Kindern und bei Jugendlichen. Je jünger das Kind jedoch ist, desto offenkundiger und konkreter muß das Komische sein, um geschätzt zu werden, und in einer um so engeren Beziehung muß es zu vertrauten Gegenständen und Situationen stehen (96, 164, 251).

Vorstellungen vom Komischen bei kleinen Kindern. Obgleich das Spiel mit der Stimme eine der frühesten Formen des Humors ist, sehen kleine Kinder auch Komisches und Ulkiges darin, Menschen zu ärgern, Dinge fallen zu lassen und Luftblasen ins Wasser hineinzublasen. Nach dem ersten Jahr macht es den Kindern Spaß, Gesichter zu schneiden und sich vor Menschen zu verstecken und dann zu lachen. Unter Kindern im Vorschulalter wird Belustigung hauptsächlich durch Situationen hervorgerufen, in denen Gags aneinandergereiht sind, durch Lärm und Grimassen, die das Kind oder andere verursachen, durch Wortspiele, durch komische Possen von Tieren, durch komische Zeichnungen und durch einfache Witze. Überraschung und Spannung sind fundamentale Elemente in der Erfassung des Komischen in diesem Alter.

Vorstellungen vom Komischen bei älteren Kindern. Das Kind im Schulalter stimmt mit ein, wenn andere über etwas lachen, ganz gleich, ob es das für komisch hält oder nicht. Wie das kleinere Kind sieht es Lustiges hauptsächlich in Ungereimtheiten oder in Ungewöhnlichem, in der Herabsetzung von Menschen, in Menschen, die der Autorität trotzen – wie es das selber gerne tun würde, aber sich aus Furcht vor Strafe nicht getraut –, und in dem Unglück und der mißlichen Lage anderer, besonders derer, zu denen es aufsieht und vor denen es Respekt hat. Z. B. lacht es herzlich wenn es seinen Vater fallen oder stolpern sieht. Clownnummern im Zirkus oder komische Situationen

im Film oder Fernsehen ziehen das ältere Kind ebenfalls an, weil eines oder mehrere dieser Elemente des Komischen enthalten sind.
Da es die Sprache besser beherrscht, machen dem älteren Kind Wortspiele, Rätsel und Witze Spaß. Streiche und Witze im Zusammenhang mit verbotenen Bereichen, wie dem Geschlecht, üben eine starke Anziehungskraft aus. Streiche richten sich gewöhnlich gegen eine Autoritätsperson oder gegen jemanden, gegen den das Kind ein Vorurteil hat. Sie machen dem Kind Spaß, weil es meint, daß es so „eine Rechnung begleichen kann", indem es diese Person lächerlich erscheinen läßt, indem es ihr eine mißliche Lage bereitet oder indem es sie in Verlegenheit bringt (36, 110). Gesell hat darauf hingewiesen, daß sogar zehnjährige Kinder kein sehr hochstehendes Verständnis des Komischen haben; ihnen bereiten immer noch „schlechte" Witze Vergnügen, Witze im Zusammenhang mit dem Geschlechtlichen, schmutzige Geschichten und bestimmte Gags, wenn sie elf Jahre alt sind (89).

Die Bedeutung der Erfassung des Komischen. Ein Kind, das das Komische erfassen kann, ist für die Gruppe der Alterskameraden eher annehmbar als das Kind, das dieses nicht kann. Da die Fähigkeit, das Komische zu erkennen, als ein Zeichen der Intelligenz angesehen wird, und da Begabung zu sozialem Akzeptiertwerden führt, ruft jedes Kind gerne den Eindruck hervor, daß es bei einem Witz versteht, worum es geht. Wenn die anderen Kinder lachen, lacht es ebenfalls, ob es nun den Witz versteht oder nicht. Je lauter und länger es lacht, einen desto größeren Sinn für Humor schreiben ihm seine Alterskameraden zu; das Kind glaubt, dies bedeute, daß sie es als intelligent ansehen.
Weiter stellt das Lachen über Witze oder andere komische Situationen ein Kompliment für die Person dar, die dafür verantwortlich ist. Wenn das Kind nicht lacht, veranlaßt es andere mit Wahrscheinlichkeit dazu, anzunehmen, daß es den Witz oder die Person ablehnt (60, 164, 165).
Wenn die sozialen Kontakte des Kindes zunehmen, entdeckt es, daß es ein hoch geschätzter Zug ist, Sinn für Humor zu haben, und daß andere Kinder, die beliebt sind, fast immer diese Eigenschaft zeigen (73, 144). Folglich hat es in seinem Verlangen nach sozialer Anerkennung eine starke Motivation, seine Fähigkeit zu steigern, das Komische zu sehen, oder den Eindruck hervorzurufen, daß es das tun kann. Um den Eindruck zu erwecken, daß sie einen guten Sinn für Humor haben, können Kinder „viel Zeit verbringen und sich sehr bei ihren Bemühungen anstrengen, festzustellen, was die Leute zum Lachen bringt und wie die Zeit und die Betonung abzumessen sind, um das Komische bei dem, was sie tun oder sagen, herauszustellen" (120).
Über eine komische Situation lachen zu können, hilft auch dem Kind, sich selbst zu akzeptieren; es verstärkt das Gefühl der eigenen Wichtigkeit und Überlegenheit. Eine der Quellen des Vergnügens der Comics oder der lustigen Sendungen im Fernsehen oder Film ist die, daß das Kind sich mit der Person identifiziert, die eine andere Person in eine mißliche Lage bringt. Es genießt so stellvertretend das Gefühl der Überlegenheit, die die Folge einer solchen Situation ist. Sein Vergnügen wird verstärkt, wenn die Person in der mißlichen Lage eine Autoritätsperson ist; wenn der Held, mit dem das Kind sich identifiziert, jedes Gesetz bricht und das ohne Schaden und ohne zur Rechenschaft gezogen zu werden tut, dann bereitet das dem Kind ein Gefühl der Überlegenheit, ohne daß ein persönliches Risiko dabei eine Rolle spielt (17, 46).
Weiter dient es als eine Art der emotionalen Befreiung, wenn das Kind über eine andere Person lachen kann; das befreit von angestauter emotionaler Energie. Je mehr es andere zum Lachen bringen kann oder je mehr andere Kinder zusammen mit ihm über eine komische Situation lachen, desto befreiender ist die Wirkung und desto angenehmer ist das Erlebnis für das Kind. So ist es offenkundig, daß die Erfassung des Komischen eine wichtige Rolle für die Entwicklung des Kindes spielt,

und zwar eine weitaus größere Rolle, als es die meisten Erwachsenen erkennen (189).

Vorstellungen über sich selbst

Die Vorstellungen über sich selbst entwickeln sich früher und sind stärker Wechsel und Veränderungen unterworfen als die sozialen Vorstellungen. Irgendwann erkennt das Kind sich während des ersten Lebensjahres als ein Individuum. Zwischen sich selbst und seiner Umgebung unterscheidet es jedoch nicht so früh, wie es andere Menschen von seiner Umgebung unterscheidet. Es erkennt z. B. die Hand seiner Mutter, ehe es seine eigene Hand erkennt; es identifiziert die Stimme seiner Mutter früher als seine eigene. Es kann andere Personen im Spiegel oder auf Bildern eher erkennen als sich selbst.

Da ein kleines Kind in erster Linie egozentrisch ist, bildet es sich Vorstellungen von sich selbst, ehe es Vorstellungen von anderen bildet; was es von sich selbst denkt, beeinflußt das, was es von anderen denkt. Vorstellungen über sich selbst werden als Maßstab genommen, nach dem andere beurteilt werden und deren Verhalten interpretiert wird (6, 195).

Die Vorstellungen, die ein Kind von sich selbst hat, schließen ein körperliches und ein psychisches Bild ein. Die Bilder über die körperliche Erscheinung entstehen im allgemeinen zuerst; sie beziehen sich auf die Gesamterscheinung des Kindes, das Anziehende oder nicht Anziehende, das für das Geschlecht des Kindes Angemessene oder nicht Angemessene – und auf die Bedeutung der verschiedenen Körperteile für sein Verhalten und das Prestige, das sie ihm in den Augen der Welt verschaffen. Die psychischen Selbstvorstellungen eines Kindes gründen auf seinen Gedanken, Gefühlen und Emotionen; sie beziehen sich auf die Eigenschaften und Fähigkeiten, die eine wichtige Rolle für seine Anpassung an das Leben spielen, Eigenschaften wie Mut, Ehrlichkeit, Selbstvertrauen und Ansprüche und Geschicklichkeiten der verschiedensten Art.

Es ist oft schwierig für das Kind, das körperliche und das psychische Bild von sich selbst zu koordinieren; ein Kind ist folglich leicht geneigt, sich selbst als doppelte Persönlichkeit zu sehen mit einer bestimmten äußeren Erscheinung und einem bestimmten Charakter. Wenn es älter geworden ist, fließen diese Vorstellungen über sich selbst ineinander, und es sieht sich selbst als ein einheitliches Individuum (8, 119, 199).

„Spiegel-Bilder". Die Vorstellungen und Gefühle, die ein Kind über sich selbst hat, gründen darauf, was die seiner Meinung nach wichtigen Menschen in seinem Leben – seine Eltern, seine Geschwister, seine Kameraden und Lehrer – von ihm denken. Die Vorstellungen werden so zu „Spiegel-Bildern" (83, 124).

Spiegel-Bilder können falsch sein. Sie gründen auf der Interpretation eines Kindes davon, wie die Leute es behandeln, und weil das Kind nicht unter die Oberfläche der Reden und des Verhaltens anderer sehen kann, erfaßt es oft die wirkliche Bedeutung der Motivation hinter ihren Reden und dem Verhalten nicht. Es kann also sein Bild von sich auf eine Fehlinterpretation gründen. Wenn seine Eltern es z. B. einen „ungezogenen Bengel" nennen, wenn es sich schlecht benimmt, aber wenn sie vergessen, es einen „lieben Jungen" zu nennen, wenn es das tut, was sie wollen, baut es eine Vorstellung von sich selbst als „ungezogen" auf und glaubt so schließlich, daß es minderwertig ist (50, 123, 137). Gibt der Lehrer einem langsam Lernenden mehr Zeit als ihm selber, dann legt es das leicht falsch aus und glaubt, daß der Lehrer den langsam Lernenden lieber hat.

In ähnlicher Weise kann ein Kind, das zu einer Minderheitengruppe gehört, der gegenüber Vorurteile bestehen, schnell das kulturelle Stereotyp annehmen, das dieser Gruppe von seinen Alterskameraden zugeschrieben wird, und sich selbst als minderwertig ansehen. Das führt dann zu einer Diskrepanz zwischen den vorteilhaften Vorstellungen über es selbst, die die

Mitglieder seiner eigenen Gruppe haben, und den unvorteilhaften Vorstellungen der Mitglieder anderer Gruppen. Wenn Kinder die ungünstigen Vorstellungen erkennen, die Mitglieder anderer rassischer oder religiöser Gruppen oder sozialer Klassen über die Mitglieder ihrer Gruppe haben, dann halten sie sich im allgemeinen von den anderen Gruppen fern und identifizieren sich mit der eigenen Gruppe. Das hilft ihnen, vorteilhaftere Spiegel-Bilder zu erhalten – Bilder, die mehr mit denen vereinbar sind, die in der Familie gebildet worden sind (37, 129, 188).

Vorteilhafte gegenüber unvorteilhaften Vorstellungen von sich selbst. Wenigen Erwachsenen ist klar, daß ein Kind unvorteilhafte Vorstellungen von sich selbst aufbaut, wenn es die Reden und das Verhalten anderer falsch deutet. Folglich setzen sich solche Vorstellungen intensiv fest, ehe sie korrigiert werden. Noch ernster zu nehmen ist die Tatsache, daß wenige Erwachsene – weder Eltern noch Lehrer – versuchen, die Entwicklung der Vorstellungen über sich selbst beim Kind zu kontrollieren mit dem Ziel, daß sie sowohl realistisch als auch positiv sind. Die Folge ist, daß die Selbstvorstellungen sich zufällig entwickeln und viele falsche Vorstellungen umfassen. Obgleich das Kind eine bessere soziale Einsicht entwickelt und genauere Abschätzungen seiner Fähigkeiten, seiner äußeren Erscheinung, seiner Leistungen und seiner Rollen vornehmen kann, wenn es älter wird, sind seine Selbstvorstellungen doch wahrscheinlich getönt durch früher gebildete Spiegel-Bilder.
Um realistische Vorstellungen von sich selbst gewinnen zu können, muß das Kind von denen innerlich unabhängig sein können, von denen es für seine Sicherheit abhing; es muß von sich selbst als einem Individuum denken können, frei vom Einfluß der Einstellungen anderer. Wenn seine Vorstellungen von sich selbst in unrealistischer Weise vorteilhaft sind, baut es jedoch eine Abwehr auf, um seine gegenwärtigen Gedanken über sich selbst beizubehalten. Es „rationalisiert". Es widersteht dem Einfluß der Gedanken, die es erforderlich machen würden, seine Vorstellungen von sich selbst zu überprüfen (219).

Entwicklungsverlauf. Die Vorstellungen von sich selbst entwickeln sich wie andere Vorstellungen auf vorhersagbare Weise. In diesem Entwicklungsmuster ist die Entwicklung des Erkennens des eigenen Selbst nicht ein einheitlicher Prozeß, und er findet auch nicht auf einmal statt. Vielmehr erfaßt das Kind verschiedene Aspekte des eigenen Selbst zu verschiedenen Zeiten (199). Es unterscheidet zwischen sich selbst und anderen, ehe es Vorstellungen von seinem Aussehen und von seinen Fähigkeiten bildet. Wenn es älter wird, nehmen seine Erfahrungen zu, und mit der Reifung seiner intellektuellen Fähigkeiten wachsen seine Vorstellungen über sich selbst durch die Entdeckung neuer Eigenschaften und neuer Möglichkeiten.

Die Hierarchie der Vorstellungen von sich selbst. Die Vorstellungen von sich selbst sind hierarchischer Natur; die grundlegendste – die primäre Vorstellung von sich selbst – wird zuerst erworben. Sie wird geformt durch die Erlebnisse, die das Kind im Elternhause hat, und besteht aus vielen einzelnen Vorstellungen; jede ist die Folge von Erfahrungen mit verschiedenen Mitgliedern der Familiengruppe. Die Vorstellung, die das kleine Kind von sich selbst als einer Person hat, wird am stärksten beeinflußt durch sein Verhältnis zu seiner Mutter. Die Häufigkeit und die Art seiner Beziehungen zu anderen Mitgliedern der Familie bestimmen, wie wichtig die Rolle ist, die sie bei der Bildung der primären Selbstvorstellung spielen (33, 62).
Die primäre Vorstellung von sich selbst schließt sowohl körperliche als auch psychische Bilder über sich selbst ein, obgleich die ersteren in den frühen Jahren der Kindheit häufiger sind als die letzteren. Die psychischen Bilder werden erst durch die sozialen Kontakte des Kindes mit seinen Geschwistern gebildet und durch seine Vergleiche seiner selbst mit ihnen. In ähnlicher Weise werden seine Vorstel-

lungen über seine Rollen im Leben, seine Ansprüche und seine Verantwortlichkeit für andere zuerst durch die Anleitung und den Druck der Eltern gebildet (157, 211).

Wenn der soziale Horizont des Kindes sich erweitert und seine Kontakte außerhalb des Hauses zunehmen, erwirbt es andere Vorstellungen von sich selbst. Diese sind sekundäre Vorstellungen in der Hierarchie und beziehen sich darauf, wie es sich selbst mit den Augen anderer sieht. Die primäre Vorstellung von sich selbst bestimmt häufig die Auswahl der Situationen, in denen die sekundären Selbstvorstellungen gebildet werden. Ein Kind, das eine Vorstellung von sich selbst entwickelt hat, die charakterisiert ist durch den Glauben an seine eigene Wichtigkeit, sucht z. B. Spielkameraden aus, die es weitgehend so behandeln, wie es seine Eltern tun. Zu dieser sekundären Selbstvorstellung gehören körperliche ebenso wie psychische Bilder von sich selbst. Das Kind denkt über seine körperliche Erscheinung, wie es die Menschen außerhalb des Elternhauses tun, und es bewertet seine psychischen Vorstellungen von sich selbst, die sich im Elternhaus gebildet haben, im Vergleich zu dem, was Alterskameraden, Lehrer und andere Erwachsene außerhalb des Hauses denken.

Es ist nicht ungewöhnlich, daß ein Kind eine Diskrepanz zwischen den primären und den sekundären Vorstellungen von sich selbst entdeckt. Im allgemeinen, wenn auch nicht immer, sind die primären Vorstellungen von sich selbst vorteilhafter als die sekundären. Wenn eine Diskrepanz vorhanden ist, muß das Kind sie überwinden, wenn es ein glücklicher, gut angepaßter Mensch sein soll. Es kann das tun, indem es versucht, andere zu zwingen, ihre unvorteilhaften Vorstellungen von ihm zu ändern, so daß sie den vorteilhaften Vorstellungen, die es von sich selber hat, entsprechen. Das gelingt nur selten; gewöhnlich muß das Kind seine unrealistischen Vorstellungen von sich selbst revidieren, so daß sie der Wirklichkeit etwas mehr entsprechen. Da die primären Selbstvorstellungen im allgemeinen die älteren und positiveren sind, weigert sich das Kind jedoch, sie zu ändern. Folglich paßt es sich schlecht an und meidet soziale Situationen, in denen andere unvorteilhafte Vorstellungen von ihm haben und wo es nicht in Übereinstimmung mit seinen Erwartungen behandelt wird – Erwartungen, die auf seiner primären Selbstvorstellung gründen (33, 62).

Wesentliche Elemente im Verlauf der Entwicklung. Alle Kinder fügen zu ihren Selbstvorstellungen Vorstellungen hinzu, die ihre kulturelle Gruppe als wichtig ansieht. Diese Elemente werden zu vorhersagbaren Zeiten hinzugefügt, und sie sind ähnlich für alle Kinder, obgleich Unterschiede in Untergruppen der Gesellschaft sie in gewisser Weise beeinflussen. Die folgenden sind am verbreitetsten anzutreffen:

1. Vorstellungen im Zusammenhang mit Geschlechtsunterschieden. Durch fortschreitenden Vergleich des eigenen Körpers mit denen anderer Kinder oder Erwachsener werden dem Kind die Geschlechtsunterschiede deutlich. Wenn es drei oder vier Jahre alt ist, kennt es sein eigenes Geschlecht und ebenfalls die Kleidung und die Frisur, die zu beiden Geschlechtern gehören. Den Kindern werden in einem frühen Alter nicht nur die körperlichen Geschlechtsunterschiede klar, sie bemerken auch die Unterschiede in der Haltung beim Urinieren. In der Regel identifizieren die Kinder in unserer Kultur die Unterschiede eher an den Geschlechtsmerkmalen als durch die Kleidung, da Männer und Frauen sich manchmal so weitgehend gleich kleiden, daß es für kleine Kinder schwierig ist, einen Unterschied zwischen den beiden festzustellen. Wenn ein Körper bekleidet ist, ist das Haar ein genauerer Hinweis auf das Geschlecht des einzelnen als die Kleidung (9, 58, 109, 122, 187).

Im Alter von vier oder fünf Jahren können die meisten Kinder das Geschlecht von anderen Kindern nach den Genitalien bestimmen, und ein Jahr später können sie das Geschlecht von

Erwachsenen erkennen. Mädchen sind im allgemeinen eher imstande, körperliche Geschlechtsunterschiede festzustellen, als Jungen, und Kinder mit beiden Eltern können es eher als Kinder, die nur ein Elternteil haben (35, 125). Am Ende der Kindheit haben die Jungen die Mädchen im allgemeinen eingeholt, was die Fähigkeit, körperliche Geschlechtsunterschiede festzustellen, angeht (226).

Wenn die Jungen das Jugendalter erreicht haben, legen sie in ihren Zeichnungen mehr Wert auf die sekundären Geschlechtsmerkmale als die Mädchen. Dies legt eine größere Bewußtheit der Geschlechtsmerkmale bei den Jungen nahe (132). Kinder aus den höheren sozioökonomischen Gruppen nehmen mehr Geschlechtsmerkmale in ihren Zeichnungen auf als Kinder der unteren Gruppen (69).

Die Bewußtheit der psychischen Unterschiede zwischen den Geschlechtern – wie sie sich in Unterschieden der Interessen, der Eignungen oder der Leistungen ausdrücken – zeigt sich viel später als die Kenntnis der körperlichen Unterschiede. Tatsächlich werden vielen Kindern solche Unterschiede nicht bewußt, ehe in der Schule verlangt wird, daß die Jungen bestimmte Fächer lernen und die Mädchen andere, oder bis Eltern und Kameraden betonen, daß bestimmte Spielbeschäftigungen „besser" für Jungen und andere „besser" für Mädchen sind. Bald nachdem sie in die Schule gekommen sind, stellen die Kinder fest, daß Jungen und Mädchen unterschiedliche Stoffgebiete in Büchern, Filmen und Radiosendungen bevorzugen (193). Sie bemerken ebenfalls, daß ihre Mütter und Väter und andere Frauen und Männer verschiedene Interessen haben und sich mit verschiedenen Beschäftigungen abgeben (233). Die Bewußtheit der Geschlechtsunterschiede – sowohl der körperlichen als auch der psychischen – erreicht einen Höhepunkt im späteren Teil der Kindheit, wenn die pubertären Veränderungen die Aufmerksamkeit des Kindes auf seinen sich verändernden Körper und seine sich ändernden Interessen richten.

Wenn die Kinder immer mehr Vorstellungen im Zusammenhang mit den Geschlechtsunterschieden in ihren Vorstellungen über sich selbst einschließen, kommt auch eine emotionale Tönung hinzu. Wenn das Kind die Bedeutung der Geschlechtsunterschiede entdeckt, lernt es, daß verschiedene soziale Einstellungen mit den Bezeichnungen „männlich" und „weiblich" verbunden sind. So ist seine Einstellung gegenüber seinem Geschlecht ebenso wie seine Einstellung gegenüber anderen Bereichen seiner selbst ein Spiegel-Bild der Einstellungen wichtiger Menschen in seinem Leben (107). Bei zunehmenden Kontakten mit Menschen beginnt es zu erkennen, wie die Menschen seinem Geschlecht gegenüber eingestellt sind; es sieht, daß Jungen und Mädchen unterschiedlich behandelt werden, daß die Eltern nachgiebiger sind, wenn es darum geht, Jungen zur Ordnung zu rufen und daß die Lehrer den Jungen mehr Freiheit zugestehen und eine größere Auswahl an Spiel- und Schulbeschäftigungen anbieten. Sogar Schulbücher zeichnen Jungen und Männer vorteilhafter als Mädchen und Frauen (54, 209).

Daß Kindern die vorteilhaftere soziale Einstellung gegenüber Jungen bewußt ist, kann aus den freien Zeichnungen von Jungen und Mädchen entnommen werden. Bei kleinen Kindern zeigen sowohl Jungen als auch Mädchen eine Vorliebe dafür, Mitglieder ihres eigenen Geschlechts zu zeichnen. Im weiteren Verlauf der Kindheit jedoch zeigen Mädchen eine immer größere Vorliebe dafür, männliche Figuren zu zeichnen; bei Jungen ist eine solche Verlagerung nicht festzustellen (25). Die Bewußtheit der sozialen Einstellungen gegenüber dem Geschlecht wird ebenfalls in der Tatsache offenkundig, daß Mädchen weit öfter als Jungen wünschen, sie könnten ihr Geschlecht verändern (40, 107).

Wenn die Mädchen erkennen, daß eine solche Veränderung unmöglich ist, entwickeln sie mit Wahrscheinlichkeit eine unvorteilhafte Vorstellung von sich selbst; die Jungen entwickeln eine zunehmend günstigere Selbstvorstellung, wenn ihnen das Sozialprestige klar wird, das damit zusammenhängt, ein Junge zu sein (41).

2. Vorstellungen im Zusammenhang mit den Geschlechterrollen. Kurz nachdem den Kindern die physischen Geschlechtsunterschiede bewußt werden, aber ehe sie erkennen, daß es psychische Geschlechtsunterschiede gibt, werden ihnen die Unterschiede im angemessenen Geschlechterrollenverhalten klar. Zuerst lernen sie, was das angemessene Verhalten für ihr Geschlecht ist, indem sie sich mit dem Elternteil ihres eigenen Geschlechtes identifizieren und durch Erziehung und Druck seitens der Eltern. Später lernen sie die angemessene Geschlechterrolle, indem sie sich mit dem kulturellen Ideal und Stereotyp für ihr Geschlecht identifizieren, wenn dies auch stärker bei Jungen als bei Mädchen zutrifft (105, 106, 151). Die meisten Mädchen sind sich der anerkannten Rolle für ihr Geschlecht bewußt, wenn sie vier oder fünf Jahre alt sind; die Jungen werden sich der für sie anerkannten Geschlechterrollen etwas früher bewußt, weil auf die Jungen ein größerer Druck ausgeübt wird, „männlich" zu sein. Dies ist der Fall, obwohl kleine Jungen in einer Welt leben, die eine überwiegend weibliche Bevölkerung hat (255). Wenn die Jungen erst einmal vier Jahre alt sind, fangen sie an, eine „harte, männliche Rolle" zu spielen und alles Spiel oder Verhalten, das als für Mädchen typisch angesehen wird, zu verachten. Mit jedem weiteren Jahr nimmt die Tendenz zu, sich der anerkannten männlichen Rolle anzupassen (109, 236).

In jedem Alter in der Kindheit sind die Jungen sich dessen mehr bewußt, was es heißt, „männlich" zu sein, als die Mädchen dessen, was es heißt, „weiblich" zu sein. Außerdem sind sich sowohl Jungen als auch Mädchen aus den Arbeiterklassen eher und deutlicher ihrer Geschlechterrolle bewußt als Kinder der mittleren und der oberen Klassen. Für Kinder der Arbeiterklasse tritt diese Bewußtheit zwischen vier und fünf Jahren auf; für Kinder der höheren Klassen ist das etwa mit sechs der Fall (9, 41, 122). Der Grund für diese Unterschiede zwischen den sozialen Klassen ist der, daß in den oberen Klassen Jungen und Mädchen gleich behandelt werden; sie werden sogar zum Spielen gleich angezogen, also der Zeit, zu der sie am meisten Kontakt miteinander haben. Außerdem wird in den oberen Klassen von den Mädchen weniger verlangt, daß sie Hausarbeiten erledigen – „Frauensache" –, und jungenhaftes Verhalten bei Mädchen wird eher geduldet. Vielleicht ist es aber am wichtigsten, daß Mütter aus den oberen sozialen Schichten im allgemeinen weniger zufrieden mit ihrer Geschlechterrolle sind als die Mütter aus der Arbeiterklasse; daher haben sie eine geringere Motivation, ihre Töchter entsprechend für die gebilligte weibliche Rolle zu erziehen als die Mütter der unteren Schichten (187, 255).

Während sich die Einstellung von Jungen und Mädchen gegenüber der Geschlechterrolle des Mädchens verschlechtert, wird ihre Einstellung gegenüber der männlichen Rolle zunehmend vorteilhafter (102, 109). Trotzdem wollen Mädchen, wenn sie elf oder zwölf Jahre alt sind, nicht die Dinge tun, die für Jungen typisch sind; sie erkennen, daß sie, damit sie sozial akzeptiert werden, „feminin" sein müssen (108).

3. Vorstellungen im Zusammenhang mit sozialen Klassenunterschieden. Noch ehe das Kind in die Schule kommt, entdeckt es, daß es Unterschiede gibt in der Art, wie Menschen leben, und daß diese Unterschiede dafür verantwortlich sind, daß die Menschen verschiedenen Kategorien wie „reich" und „arm" zugeordnet werden (76). Es entdeckt ebenfalls, daß die Unterschiede im sozialen Status in einer Beziehung zum Beruf des Vaters stehen. Nicht ehe es jedoch weitere soziale Kontakte hat, die sich durch den Schuleintritt ergeben, entwickelt es bestimmte Vorstellungen über seinen eigenen Status in der sozialen Struktur. Dann klärt es seine Vorstellungen über die sozialen Klassenunterschiede und gebraucht solche Hinweise wie den Beruf des Vaters, die Größe des Hauses, die Zahl der Autos oder die Automarke in der Familie und die Art und Menge der Kleidungsstücke für jedes Mitglied der Familie. Auf der Grundlage dieser

Hinweise indentifiziert es sich mit einer bestimmten sozialen Klasse und schließt die Mitgliedschaft in dieser sozialen Klasse in seine Selbstvorstellung ein (112, 115). In der Regel neigen Mädchen dazu, sich in der Struktur der sozialen Klassen beständig höher einzuordnen als die Jungen (15).

Beim kleinen Kind spielt der sozioökonomische Status eine untergeordnete Rolle für die Entwicklung der Vorstellung von sich selbst. Dessen Bedeutung wird ihm erst klar, wenn es erkennt, daß einige Kinder mehr Spielzeug haben und mehr materielle Güter besitzen als andere. Wenn es weniger und kleinere Spielzeuge hat als seine Spielkameraden, ist es mit Wahrscheinlichkeit neidisch und möchte auch das haben, was sie haben; wenn es mehr und größere Spielzeuge hat als sie – Spielzeug, um das sie es beneiden –, dann fühlt es sich wahrscheinlich überlegen. Später, wenn es ihm wichtig wird, in der Gruppe der Alterskameraden sozial akzeptiert zu werden, stellt es fest, daß diejenigen, die mehr materielle Besitztümer haben – wenn alle anderen Faktoren gleich sind –, die Mitglieder der Gruppe sind, die eher akzeptiert werden, und sich im allgemeinen unter denen befinden, die für Anführerrollen ausgewählt werden.

Bei den Mädchen spielt der sozioökonomische Status noch mehr als bei den Jungen eine Rolle, die im Verlauf der Kindheit immer wichtiger wird. Aus diesem Grund neigen Mädchen dazu, sich mit einer höheren sozioökonomischen Gruppe zu identifizieren, als es der Status ihrer Familie rechtfertigt. Zu einer höheren Gruppe zu gehören oder in einer Clique akzeptiert zu werden, die sich aus Mädchen aus einer höheren Gruppe zusammensetzt, ist für sie eine Selbstbestätigung. Es ist diese Erkenntnis dessen, wie andere den sozioökonomischen Status einschätzen, der zu der emotionalen Tönung der Entwicklung der Selbstvorstellungen beiträgt (252).

Einfluß der Vorstellungen von sich selbst. Die Vorstellung, die das Kind von sich selbst als einem Individuum hat, ist eine wesentliche Determinante seines Verhaltens. Sowohl mangelnde Zufriedenheit mit sich selbst als auch übermäßige, unrealistische Zufriedenheit mit sich selbst führt oft zu einem Verhalten, das schlechte soziale Anpassung zur Folge hat. Nur wenn die Vorstellung von sich selbst übereinstimmt mit den Vorstellungen, die andere haben, kann das Kind gute soziale Anpassungen vornehmen (15, 119, 219).

Die vorteilhaften Selbsteinschätzungen nehmen ab, und die vorteilhaften Beurteilungen anderer nehmen zu, wenn das Kind beim sozialen Lernen Fortschritte macht. In jedem Alter kann das Kind das Maß der sozialen Gebilligtheit der anderen genauer abschätzen, als es das bei seiner eigenen kann. Es neigt dazu, alle schlechten Eigenschaften, die es haben könnte, zu übertreiben, und das führt zu Gefühlen der Unzulänglichkeit, der Scheu und der Selbstbefangenheit (12, 236).

Soziale Vorstellungen

Vorstellungen vom Sozialen oder Vorstellungen, die sich auf Menschen und soziale Situationen beziehen, entwickeln sich aus der Wahrnehmung des Sozialen. Unter Wahrnehmung des Sozialen verstehen wir die Fähigkeit, durch Beobachten des Gesichtsausdruckes und des Verhaltens anderer zu erfassen, was ihre Gedanken und wie ihre emotionalen Reaktionen sind. Sie schließt die Fähigkeit ein, den Charakter anderer schnell und genau auf der Grundlage der zur Verfügung stehenden Hinweise richtig einzuschätzen. Wenn das Individuum sich gut sozial anpassen soll und mit Erfolg mit Menschen aller Art zurechtkommen soll, dann muß es diese Fähigkeit entwickeln. Es kann dann sein eigenes Verhalten verändern, damit es zum akzeptierten sozialen Verhalten paßt. Es wird so in einem solchen Maße sozialisiert, daß es zu einem willkommenen Mitglied der sozialen Gruppe wird, der es angehört.

Das Kind unterscheidet die Stimme von anderen Geräuschen, wenn es einen Monat alt ist, und mit zwei Monaten zeigt es sein Interesse für Menschen durch Lächeln und Lachen, wenn es mit ihnen in Kontakt kommt. Im dritten Monat kann es zwischen fremden und vertrauten Personen unterscheiden, und mit sechs Monaten wird es stark durch den Gesichtsausdruck beeinflußt. Jedoch nicht bevor es acht Monate alt ist, reagiert es auf das emotionale Verhalten anderer in einer Weise, die zu verstehen gibt, daß es den Gesichtsausdruck versteht. Vor einem wütenden Gesicht wendet das Kind sich ab, ein lächelndes Gesicht ruft zuwendende Bewegungen hervor, wie auf eine Person zuzugehen, die Arme auszustrekken oder ein Spielzeug zu überreichen. Es gibt keinen Beleg dafür, daß ein Kind den zugrunde liegenden Sinn bei dem versteht, was es bei anderen beobachtet; es beurteilt ihre Reaktionen nur auf der Grundlage dessen, was es oberflächlich beobachten kann (79).

Das ältere Kind schließt in seinen sich entwickelnden sozialen Vorstellungen nicht nur ein Verständnis für die Gefühle und Emotionen der anderen – wie sie sich in ihrem deutlich sichtbaren Verhalten ausdrücken –, sondern auch ein Verständnis ihrer Bedeutung ein (93). So sind die Wahrnehmungen des Sozialen beim Kind getönt durch seine vergangenen Erfahrungen, durch das, was es andere sagen gehört hat oder was es in ihrem Verhalten beobachtet hat, und durch sozialen Druck von seiten der Gruppe. Je stärker die Vorstellungen gewichtet sind mit emotional getönten Einstellungen, desto stärker wirken sie auf das Urteil des Kindes in einer aktuellen sozialen Situation ein (44, 65, 76).

Wie einschneidend die sozialen Vorstellungen des Kindes durch die Werte der Erwachsenen und der Alterskameraden beeinflußt werden, ist durch eine Untersuchung illustriert worden, in der Negerkinder und weiße Kinder gebeten wurden, die Einstellungen der Lehrer gegenüber den Negerkindern vorherzusagen. Die Ergebnisse der Untersuchung zeigten, daß Negerkinder stärker vermuteten, daß die Einstellungen der Lehrer mit Vorurteilen behaftet waren, als die weißen Kinder es taten; dadurch wurde der Einfluß der Ichbeteiligung widergespiegelt (13). In ähnlicher Weise waren die Kinder der unteren sozioökonomischen Gruppen stärker durch den Faktor der Ichbeteiligung beeinflußt als die Kinder der höheren sozialen Gruppen (6). In anderen Untersuchungen ist festgestellt worden, daß – wenn ein Lehrer eine Vorliebe für bestimmte Schüler zeigt – die Gruppe der Alterskameraden dazu neigt, den soziometrischen Status dieser Schüler höher einzuschätzen als er ist, wogegen die Beliebtheit der Schüler, die er am wenigsten vorzieht, mit Wahrscheinlichkeit unterschätzt wird (97).

Die Entwicklung der sozialen Vorstellungen. Da die Vorstellungen des Kindes von sozialen Gegebenheiten durch seine eigenen Erfahrungen ebenso beeinflußt werden wie durch sein Erfassen der kulturellen Werte der Menschen, mit denen es etwas zu tun hat, lernt es, Unterschiede in der Erscheinung und den Handlungen anderer zu erkennen. Darüber hinaus lernt es, das, was es wahrnimmt, gern zu haben oder nicht gern zu haben und gegenüber anderen entsprechend zu reagieren.

Das ältere Kind ist besser imstande, das richtig zu bewerten, was Erwachsene anerkennen oder ablehnen. Das Unterscheidungsvermögen der Mädchen ist in dieser Beziehung etwas stärker ausgeprägt als das der Jungen. Ältere Kinder beurteilen sowohl Erwachsene als auch Gleichaltrige ziemlich genau und entwickeln bestimmte Vorstellungen von ihnen unter dem Aspekt des sozial anerkannten Verhaltens (3, 15, 248). Sogar innerhalb der Familie entwickeln die Kinder bestimmte Vorstellungen über die anerkannte soziale Rolle der Mutter, des Vaters und anderer Familienmitglieder (103, 107). Dieses Thema soll im Kapitel über die Beziehungen innerhalb der Familie diskutiert werden.

Das Vorurteil gegenüber bestimmten ethnischen Gruppen spielt eine wichtige Rolle für die Entwicklung von Vorstellungen, die das Kind über die Mitglieder dieser Gruppe hat (139). Vorurteile gegenüber einem Mitglied einer Minder-

heitengruppe sind – wie bereits betont worden ist – gewöhnlich nicht auf persönlicher Erfahrung des Kindes gegründet, sondern sind eine Reflexion der kulturellen Muster und Stereotype der Umgebung (81, 168). Das Kind im Vorschulalter kann Menschen verschiedener Rassen unterscheiden aufgrund ihrer Haut- und Haarfarbe und anderer körperlicher Züge, aber der Grad der Verschiedenheit von körperlicher Erscheinung des Kindes und der äußeren Erscheinung von Menschen anderer ethnischer Gruppen bestimmt das Alter, in dem einem Kind der Unterschied bewußt wird (7, 140, 188, 217). Da Kinder aus Minoritätengruppen eher ein Gefühl für rassische Unterschiede entwickeln als die aus Majoritätengruppen, enthalten die sozialen Vorstellungen der Kinder aus Minoritätengruppen früher das Element der rassischen Unterschiede (81, 95). Die Vorstellungen des Kindes über die Rasse schließen nicht nur das äußere Aussehen der Menschen der verschiedenen ethnischen Gruppen ein, sondern auch ihre Berufe, ihre Kleidung, ihre Wohnviertel, ihren Charakter und ihre Fähigkeiten. Diese Assoziationen werden stärker, wenn die Kinder älter werden (188).
Bei der Entwicklung der sozialen Vorstellungen fügt das Kind neue Bedeutungen den bereits vorhandenen hinzu, die sich auf Geschlechtsunterschiede und die anerkannten Geschlechterrollen beziehen. Während es lernt, wie es sich von Mitgliedern des anderen Geschlechtes unterscheidet und was die anerkannte Geschlechterrolle für die Mitglieder seines Geschlechtes ist, lernt es, andere – die Eltern, die Geschwister, die Kameraden und die Erwachsenen außerhalb des Elternhauses – nach diesen Gesichtspunkten zu beurteilen.
Soziale Vorstellungen schließen ebenfalls Elemente ein, die sich auf die Identifikation der sozialen Klasse beziehen. Schon in den Vorschuljahren treffen einige Kinder verschwommene soziale Unterscheidungen auf der Grundlage relativ grober und konkreter Hinweise, die es ihnen ermöglichen, ihr soziales Milieu mit dem anderer zu vergleichen. Abb. 11 - 8 zeigt die Fortschritte bei der Wahrnehmung

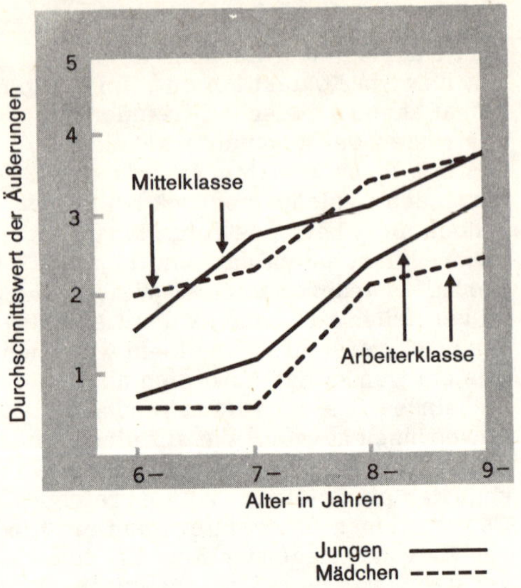

Abb. 11-8. Mit dem Alter zunehmende Feststellung von Unterschieden zwischen den sozialen Klassen.

sozialer Unterschiede mit zunehmendem Alter.
Für die meisten Kinder entwickelt sich die Wahrnehmung der Unterschiede zwischen den sozialen Klassen während der Jahre der Kindheit und erreicht während der frühen Jugendjahre das Niveau des Erwachsenen (52). Estvan stellte fest, daß die Fähigkeit, einen hohen sozioökonomischen Status – wie er durch das Bild eines herrschaftlichen Wohnhauses dargestellt wurde – zu verstehen und zu würdigen, bei Grundschulkindern in einer engeren Beziehung zu der sozialen Reife als zu Unterschieden im sozialen Milieu steht. Im Alter von sechs Jahren konnten z. B. nur 30% der untersuchten Kinder einen Unterschied zwischen der Villa und einem anderen Haus feststellen; mit zwölf Jahren war der Prozentsatz auf 68 angestiegen. Mit einem steigenden Gespür für soziale Unterschiede kam eine stärkere Beachtung dessen, was eine Villa in unserer Kultur versinnbildlicht.
Ähnlich stellte es sich heraus, daß Kinder Zeit dafür brauchen zu erkennen, was Armut bedeutet. Bei Schuleintritt waren nur wenige Kinder in der Lage, die Bedeutung eines Bildes zu interpretieren, das ein ärmliches

Haus zeigte; mit zwölf Jahren wußte die Hälfte der Gruppe nicht nur, was das Haus bedeutete, sondern auch, was Armut bedeutet. Wenn die Kindheit zu Ende ist, sind den meisten Kindern nicht nur die Statusunterschiede bewußt, sondern auch der Wert, den die Menschen auf „bessere" Lebensbedingungen legen (76).

Einfluß der sozialen Vorstellungen. Vorstellungen sind nicht statisch. Sie ändern sich, wenn neue Bedeutungen gelernt werden und wenn neue Einstellungen, die in den Vorstellungen eingeschlossen sind, erworben werden. Dies trifft besonders zu auf soziale Vorstellungen. Wegen seiner begrenzten sozialen Erfahrungen muß ein Kind seine sozialen Vorstellungen oft aus der Grundlage dessen formen, was andere über bestimmte Menschen oder bestimmte Gruppen von Menschen sagen. Sogar wenn die Möglichkeit zu persönlichem Kontakt mit ihnen besteht, begrenzt sein beschränktes Verständnis seine Fähigkeit, sie und ihr Verhalten richtig zu bewerten. Mit der Zunahme seiner sozialen Erfahrungen und seines Verständnisses sieht es vertraute Menschen in einem neuen Licht und ändert oft seine Vorstellungen von ihnen. Dies wird vielleicht am deutlichsten an der Vorstellung des Kindes von seiner Mutter. Wenn das Kind noch klein ist und seine Kontakte mit anderen Menschen begrenzt sind, ist seine Mutter in seinen Augen ein fast vollkommener Mensch. Als eine Folge der Begegnung mit den Müttern seiner Freunde und dem Stereotyp der „Mutter", wie es die verschiedenen Massenmedien bringen, beginnt das Kind später seine Mutter nach einer neuen Vorstellung zu bewerten (111). Wie weitgehend das die Eltern-Kind-Beziehungen beeinflussen kann, soll in dem Kapitel über die Familienbeziehungen abgehandelt werden.

Alle sozialen Vorstellungen enthalten sozial bedingte Elemente, die der Veränderung unterworfen sind, wenn neue Werte die alten ersetzen. Die Massenkommunikationsmittel haben eine wichtige Rolle dabei gespielt, die Vorstellungen der Kinder über die Menschen anderer Länder oder anderer geschichtlicher Epochen zu ändern. Indem sie die stereotypen und oft grotesken Ideen, die Kinder häufig über verschiedene Rassen haben, aufgezeigt und in gewisser Weise berichtigt haben, konnten die Massenmedien dazu beitragen, das Vorurteil zu verringern und das Verhalten von Kindern gegenüber Menschen anderer Rassen zu verbessern (81, 254).

Die emotionale Tönung einer Vorstellung bestimmt im allgemeinen, wie leicht oder wie schwer sich eine Vorstellung ändert. Wenn das Vorurteil auf einem unerfreulichen Erlebnis mit einer Person oder Gruppe einer bestimmten Rasse oder Religionsgemeinschaft gründet, ist es viel schwieriger zu verändern, als wenn es auf dem Einfluß der Gruppe der Alterskameraden gründet, denn die emotionale Tönung spielt eine weitaus wichtigere Rolle.

Estvan und Estvan stellten fest, daß sich Kinder mit zunehmendem Alter mehr und mehr in die Richtung der sozial anerkannten Einstellungen bewegen; ihre Einstellungen gegenüber einzelnen Situationen im Leben verändern sich von negativ zu positiv und von egozentrisch zu sozial (76). Wenn sie lernen, was in ihrem Kulturbereich erstrebt und was gemieden werden muß, ändern sie ihre Einstellung in Richtung auf das, was an Menschen wünschenswert ist und an sozialen Situationen erfreulich, um sich so der herrschenden Kultur anzupassen (134).

Nur wenn die emotionale Tönung der sozialen Vorstellungen geändert wird, kann eine wirkliche oder dauerhafte Veränderung der Vorstellungen stattfinden. Und wenn dies nicht geschieht, kann keine Veränderung des Verhaltensmusters stattfinden, das zu der Vorstellung gehört. Einzig den kognitiven Aspekt einer Vorstellung zu ändern, ist nicht genug; der verhaltenswirksame Aspekt muß ebenfalls geändert werden, wenn eine Veränderung des Verhaltens eintreten soll. Wenn das Kind eine ungünstige Einstellung gegenüber der Schule entwickelt, können Eltern und Lehrer dem Kind bis zum Überdruß erklären, warum die Schule für es wichtig ist. Das Kind kann alles verstehen, was sie sagen und allem zustimmen, aber wenn nichts unternommen werden kann, durch das seine Einstellung gegenüber der Schule oder gegenüber einem Lehrer gebessert wird, der es konditioniert hat, die Schule nicht zu mögen, dann bleibt seine Vorstellung von der Schule negativ. Da Einstellungen so schwer zu verändern sind, sollte man darauf achten, daß unvorteilhafte Einstellungen nicht zur Gewohnheit werden.

Bibliographie

(1) ALEXANDER, I. E., and A. M. ADLERSTEIN: Affective responses to the concept of death in a population of children and early adolescents. *J. genet. Psychol.*, 1958, **93**, 167–177.

(2) ALLPORT, G. W.: *Personality: a psychological interpretation*. New York: Holt, 1937.

(3) AMATORA, SISTER M.: Can elementary school children discriminate certain traits in their teachers? *Child Develpm.*, 1952, **23**, 75–80.

(4) AMEN, E. W.: Individual differences in apperceptive reactions: a study of the response of preschool children to pictures. *Genet. Psychol. Monogr.*, 1941, 23, 319–385.

(5) AMES, L. B.: The development of the sense of time in the young child. *J. genet. Psychol.*, 1946, **68**, 97–125.

(6) AMES, L. B.: The sense of self of nursery school children as manifested by their verbal behavior. *J. genet. Psychol.*, 1952, **81**, 193–232.

(7) AMMONS, R. B.: Reactions in projective doll-play interviews of males two to six years of age to differences in skin color and facial features. *J. genet. Psychol.*, 1950, **76**, 323–341.

(8) ANDERSON, J. E.: Personality organization in children. *Amer. Psychologist*, 1948, **3**, 409–416.

(9) ANGRILLI, A. F.: The psychosexual identification of pre-school boys. *J. genet. Psychol.*, 1960, **97**, 329–340.

(10) ANNETT, M.: The classification of instances of four common class concepts by children and adults. *Brit. J. educ. Psychol.*, 1959, **29**, 223–236.

(11) AUSTIN, T. R., and R. B. SLEIGHT: Aesthetic preference for isosceles triangles. *J. app. Psychol.*, 1951, **35**, 340–341.

(12) AUSUBEL, D. P.: *Ego development and the personality disorders*. New York: Grune & Stratton, 1952.

(13) AUSUBEL, D. P.: Ego development among segregated Negro children. *Ment. Hyg., N.Y.*, 1958, **42**, 362–369.

(14) AUSUBEL, D. P., F. DEWITT, B. GOLDEN, and S. H. SCHPOONT: Prestige suggestion in children's art preferences. *J. genet. Psychol.*, 1956, **89**, 85–93.

(15) AUSUBEL, D. P., H. M. SCHIFF, and E. B. GASSER: A preliminary study of developmental trends in sociopathy: accuracy of perception of own and others' sociometric status. *Child Develpm.*, 1952, **23**, 111–128.

(16) BAILYN, L.: Mass media and children: a study of exposure habits and cognitive effects. *Psychol. Monogr.*, 1959, **73**, No. 1.

(17) BAKWIN, R. M.: The comics. *J. Pediat.*, 1953, **42**, 633–635.

(18) BALEY, S.: Color, form, and size perception in the preschool child. *Psychol. Abstr.*, 1948, **22**, No. 248.

(19) BANHAM, K. M.: Obstinate children are adaptable. *Ment. Hyg., N.Y.*, 1952, **36**, 84–89.

(20) BARCLAY, D.: Questions of life and death. *The New York Times*, July 15, 1962.

(21) BAYLEY, N.: On the growth of intelligence. *Amer. Psychologist*, 1955, **10**, 805–818.

(22) BEHRENS, M. L.: Child-rearing and the character structure of the mother. *Child Develpm.*, 1954, **25**, 225–238.

(23) BERNARDA, M.: Wat den Kenjonge mensen over den Dood. *Opvoedk. Fijdschr.*, 1949, **30**, 32–40.

(24) BERNSTEIN, M. R.: Relationship between interest and reading comprehension. *J. educ. Res.*, 1955, **49**, 283–288.

(25) BIELIANSKAS, V. J.: Sexual identification in children's drawings of human figure. *J. clin. Psychol.*, 1960, **16**, 42–44.

(26) BLAKELY, W. P.: A study of seventh grade children's reading of comic books as related to certain other variables. *J. genet. Psychol.*, 1958, **93**, 291–301.

(27) BLUM, L. H., and A. DRAGOSITZ: Finger painting: the developmental aspect. *Child Develpm.*, 1947, **18**, 88–105.

(28) BON, I. R., and D. C. LOPEZ: Preferences in colors and illustrations of elementary school children in Puerto Rico. *J. educ. Psychol.*, 1953, **44**, 490–496.

(29) BOSSARD, J. H. S., and E. S. BOLL: *The sociology of child development*, 3d ed. New York: Harper & Row, 1960.

(30) BOUSFIELD, W. A., and W. D. ORBISON: Ontogenesis of emotional behavior. *Psychol. Rev.*, 1952, **59**, 1–7.

(31) BOYD, N. A., and G. MANDLER: Children's responses to human and animal stories and pictures. *J. consult. Psychol.*, 1955, **19**, 367–371.

(32) BRADLEY, N. C.: The growth of the knowledge of time in children of school age. *Brit. J. Psychol.*, 1947, **38**, 67–78.

(33) BRANDT, R. M.: Self: missing link for understanding behavior. *Ment. Hyg., N.Y.*, 1957, **41**, 24–33.

(34) BRECKENRIDGE, M. E., and E. L. VINCENT: *Child development,* 4th ed. Philadelphia: Saunders, 1960.

(35) BRIELAND, D., and L. NELSON: Age trends in sex identification as determined by a picture test. *Amer. Psychologist,* 1951, **6,** 309.

(36) BRITT, S. H.: *Social psychology of modern life,* rev. ed. New York: Holt, 1949.

(37) BRODBECK, A. J., and H. V. PERLMUTTER: Self-dislike as a determinant of marked ingroup, out-group preferences. *J. Psychol.,* 1954, **38,** 271–280.

(38) BROTHERTON, D. A., J. M. READ, and K. C. PRATT: Indeterminate number concepts. II. Application by children to determinate number groups. *J. genet. Psychol.,* 1948, **73,** 209–236.

(39) BROWMAN, M. T., and M. C. TEMPLIN: Stories for younger children in 1927–29 and 1952–55. *Elem. Sch. J.,* 1959, **59,** 324–327.

(40) BROWN, D. G.: Sex role preferences in young children. *Psychol. Monogr.,* 1956, **71,** No. 14.

(41) BROWN, D. G.: Sex-role development in a changing culture. *Psychol. Bull.,* 1958, **55,** 232–242.

(42) BROWNELL, W. A., and G. HENDRICKSON: How children learn information, conceptions and generalizations. *49th Yearb. Nat. Soc. Stud. Educ.,* 1950, Pt. 1, 92–128.

(43) BROWNFIELD, E. D.: Communication: key to dynamics of family interaction. *Marriage fam. Liv.,* 1953, **15,** 316–319.

(44) BRUNER, J. S., and R. TAGIURI: The perception of people. In G. Lindzey (Ed.), *Handbook of social psychology.* Cambridge, Mass.: Addison-Wesley, 1954. Vol. II. Pp. 634–654.

(45) BURTON, D. L.: Comic books: a teacher's analysis. *Elem. Sch. J.,* 1955, **56,** 73–77.

(46) BUTTERWORTH, R. F., and G. G. THOMPSON: Factors related to age-grade trends and sex differences in children's preferences for comic books. *J. genet. Psychol.,* 1951, **78,** 71–96.

(47) BYRNE, D.: The relationship between humor and the expression of hostility. *J. abnorm. soc. Psychol.,* 1956, **53,** 84–89.

(48) CALOGERAS, R. C.: Some relationships between fantasy and self-report behavior. *Genet. Psychol. Monogr.,* 1958, **58,** 273–325.

(49) CAPPA, D.: Types of story books enjoyed by kindergarten children. *J. educ. Res.,* 1956, **49,** 555–557.

(50) CARTER, D. C.: The influence of family relationships and family experience on personality. *Marriage fam. Liv.,* 1954, **16,** 212–215.

(51) CATTELL, R. B., and L. B. LUBORSKY: Personality factors in response to humor. *J. abnorm. soc. Psychol.,* 1947, **42,** 402–421.

(52) CENTERS, R.: Social-class identification of American youth. *J. Pers.,* 1950, **18,** 290–302.

(53) CHALL, J. S.: *Readability: an appraisal of research and application.* Columbus, Ohio: Ohio State Univer., Bur. Educ. Res. Monogr., 1958, No. 34.

(54) CHILD, I. L., E. H. POTTER, and E. M. LEVINE: Children's textbooks and personality development: an exploration in the social psychology of education. *Psychol. Monogr.,* 1946, **60,** No. 3.

(55) COBB, H. V.: Role-wishes and general wishes of children and adolescents. *Child Develpm.,* 1954, **25,** 161–171.

(56) COHEN, J., C. E. M. HANSEL, and J. SYLVESTER: An experimental study of comparative judgments of time. *Brit. J. Psychol.,* 1954, **45,** 108–114.

(57) COLLIER, M. J., and E. L. GAIER: Adult reactions to preferred childhood stories. *Child Develpm.,* 1958, **29,** 97–103.

(58) CONN, J. H.: Children's awareness of sex differences. II. Play attitudes and game preferences. *J. child Psychiat.,* 1951, **2,** 82–99.

(59) CORDEAU, R.: The "golden section" in the drawings of children. *Enfance,* 1953, **6,** 147–151.

(60) COSER, R. L.: Laughter among colleagues. *Psychiatry,* 1960, **23,** 81–95.

(61) CRANE, A. R.: The development of moral values in children. IV. Pre-adolescent gangs and the moral development of children. *Brit. J. educ. Psychol.,* 1958, **58,** 201–208.

(62) DAI, B.: A socio-psychiatric approach to personality organization. *Amer. sociol. Rev.,* 1952, **17,** 44–49.

(63) DAMERON, L. E.: Mother-child interaction in the development of self-restraint. *J. genet. Psychol.,* 1955, **86,** 289–308.

(64) DAVIS, J. A.: Status symbols and the measurement of status perception. *Sociometry,* 1956, **19,** 154–165.

(65) DAVITZ, J. R.: Social perception and sociometric choice of children. *J. abnorm. soc. Psychol.,* 1955, **50,** 173–176.

(66) DENNIS, W.: Animistic thinking among college and high school students in the Near East. *J. educ. Psychol.,* 1957, **48,** 193–198.

(67) DENNIS, W.: Arab and United States children: some psychological comparisons. *Trans. N.Y. Acad. Sci.,* 1960, Ser. II, Vol. 22, 589–605.

(68) DEUTSCHER, I.: The stereotype as a research tool. *Soc. Forces,* 1958, **37,** 55–60.

(69) DIXON, J. C.: Development of self recognition. *J. genet. Psychol.,* 1957, **91,** 251–256.

(70) DUNSING, M.: Spending money of adolescents. *J. home Econ.,* 1956, **48,** 405–408.

(71) DURKIN, D.: Children's concept of justice: a further comparison with the Piaget data. *J. educ. Res.,* 1959, **52,** 252–257.

(72) ELKIND, D.: Children's conceptions of right and left: Piaget replication study, IV. *J. genet. Psychol.,* 1961, **99,** 269–276.

(73) ELKINS, D.: Some factors related to the choice-status of ninety eighth-grade children

in a school society. *Genet. Psychol. Monogr.*, 1958, **58,** 207–272.

(74) ESTES, B. W.: Judgment of size in relation to geometric shape. *Child Develpm.*, 1961, **32,** 277–286.

(75) ESTVAN, F. J.: The relationship of social status, intelligence, and sex of ten- and eleven-year-old children to an awareness of poverty. *Genet. Psychol. Monogr.*, 1952, **46,** 3–60.

(76) ESTVAN, F. J., and E. W. ESTVAN: *The child's world: his social perception.* New York: Putnam, 1959.

(77) EWENS, W. P.: Experience patterns as related to vocational preferences. *Educ. psychol. Measmt,* 1956, **16,** 223–231.

(78) FEIFEL, H., and I. LORGE: Quantitative differences in the vocabulary responses of children. *J. educ. Psychol.*, 1950, **41,** 1–18.

(79) FIELDS, S. G.: Discrimination of facial expression and its relation to personal adjustment. *J. soc. Psychol.*, 1953, **38,** 63–71.

(80) FISHER, R. L.: Preference of different age and socioeconomic groups in instrumental musical situations. *J. soc. Psychol.*, 1951, **33,** 147–152.

(81) FISHMAN, J. A.: Negative stereotypes concerning Americans among American-born children receiving various types of minority-group education. *Genet. Psychol. Monogr.*, 1955, **51,** 107–182.

(82) FRAISSE, P., and P. VAUTREY: Perception of space, of speed, and of time in the five-year-old child. *Enfance,* 1952, **5,** 1–20.

(83) FRANK, L. K., and M. H. FRANK: *Your adolescent, at home and in school.* New York: Viking, 1956.

(84) FRENCH, J. E.: Children's preferences for pictures of varied complexity of pictorial pattern. *Elem. Sch. J.*, 1952, **52,** 90–95.

(85) FRIEDMAN, K. C.: Time concepts of elementary-school children. *Elem. Sch. J.*, 1944, **44,** 337–342.

(86) GAIER, E. L., and M. J. COLLIER: The latency-stage story preferences of American and Finnish children. *Child Develpm.*, 1960, **31,** 431–451.

(87) GELLERT, E.: Children's conceptions of the content and function of the human body. *Genet. Psychol. Monogr.*, 1962, **65,** 293–405.

(88) GESELL, A., and F. L. ILG: *Child development.* New York: Harper & Row, 1949.

(89) GESELL, A., F. L. ILG, and L. B. AMES: *Youth: the years from ten to sixteen.* New York: Harper & Row, 1956.

(90) GILLILAND, A. R., and D. W. HUMPHREYS: Age, sex, method, and interval as variables in times estimation. *J. genet. Psychol.*, 1943, **63,** 123–130.

(91) GOLDSTONE, S., W. K. BOARDMAN, and W. T. LHAMON: Kinesthetic cues in the development of time concepts. *J. genet. Psychol.*, 1958, **93,** 185–190.

(92) GOLDSTONE, S., W. T. LHAMON, and W. K. BOARDMAN: The time sense: anchor effects and apparent duration. *J. Psychol.*, 1957, **44,** 145–153.

(93) GOLEIN, E. S.: Forming impressions of personality. *J. Pers.*, 1954, **23,** 65–67.

(94) GOODCHILDS, J. D.: Effect of being witty on position in the social structure of a small group. *Sociometry,* 1959, **22,** 261–272.

(95) GOODMAN, M. E.: *Race awareness in young children.* Cambridge, Mass.: Addison-Wesley, 1952.

(96) GRAHAM, L. R.: The maturational factor in humor. *J. clin. Psychol.*, 1958, **14,** 326–328.

(97) GRONLUND, M. E.: The accuracy of teachers' judgments concerning the sociometric status of sixth grade pupils. *Sociometry,* 1950, **13,** 197–225, 329–357.

(98) GUNDERSON, A. G.: What seven-year-olds like in books. *J. educ. Res.*, 1957, **50,** 509–520.

(99) HALL, G. S.: The contents of children's minds on entering school. *Ped. Sem.*, 1891, **1,** 139–173.

(100) HARMS, E.: The development of humor. *J. abnorm. soc. Psychol.*, 1943, **38,** 351–369.

(101) HARRIS, D. B., H. G. GOUGH, and W. E. MARTIN: Children's ethnic attitudes. **II.** Relationship to parental beliefs concerning child training. *Child Develpm.*, 1950, **21,** 169–181.

(102) HARRIS, D. B., and S. C. TSENG: Children's attitudes toward peers and parents as revealed by sentence completions. *Child Develpm.*, 1957, **28,** 401–411.

(103) HARTLEY, E. L., and D. C. KRUGMAN: Note on children's social role perception. *J. Psychol.*, 1948, **26,** 399–405.

(104) HARTLEY, E. L., M. ROSENBAUM, and S. SCHWARTZ: Children's use of ethnic frames of reference. *J. Psychol.*, 1948, **26,** 367–386.

(105) HARTLEY, R. E.: Sex-role pressures and the socialization of the male child. *Psychol. Rep.*, 1959, **5,** 457–468.

(106) HARTLEY, R. E.: Some implications of current changes in sex role patterns. *Merrill-Palmer Quart.*, 1960, **6,** 153–164.

(107) HARTLEY, R. E., F. P. HARDESTY, and D. S. GORFEIN: Children's perceptions and expressions of sex preference. *Child Develpm.*, 1962, **33,** 221–227.

(108) HARTLEY, R. E., and A. KLEIN: Sex-role concepts among elementary-school-age girls. *Marriage fam. Liv.*, 1959, **21,** 59–64.

(109) HARTRUP, W. W., and E. A. ZOOK: Sex-role preferences in three- and four-year-old children. *J. consult. Psychol.*, 1960, **24,** 420–426.

(110) HAVIGHURST, R. J.: *Human development and education.* New York: Longmans, 1953.

(111) HAWKES, G. R., L. G. BURCHINAL, and B. GARDNER: Preadolescents' views of some of their relationships with their parents. *Child Develpm.*, 1957, **28,** 393–399.

(112) HOLLINGSHEAD, A. DE B.: *Elmtown's youth.* New York: Wiley, 1949.

(113) HURLOCK, E. B.: A study of self-ratings by children. *J. appl. Psychol.,* 1927, **11,** 490–502.

(114) ILG, F. L., and L. B. AMES: Developmental trends in arithmetic. *J. genet. Psychol.,* 1951, **79,** 3–28.

(115) JAHODA, G.: Development of the perception of social differences in children from 6 to 10. *Brit. J. Psychol.,* 1959, **50,** 159–175.

(116) JAMES, W.: *The principles of psychology.* New York: Holt, 1890.

(117) JAROLIMEK, J., and C. D. FOSTER: Quantitative concepts in fifth-grade social studies text books. *Elem. Sch. J.,* 1959, **59,** 437–442.

(118) JERSILD, A. T.: Self-understanding in childhood and adolescence. *Amer. Psychologist,* 1951, **6,** 122–126.

(119) JERSILD, A. T.: *In search of self.* New York: Teachers College, Columbia University, 1952.

(120) JERSILD, A. T.: *Child psychology,* 5th ed. Englewood Cliffs, N.J.: Prentice-Hall, 1960.

(121) JERSILD, A. T., and R. J. TASCH: *Children's interests and what they suggest for education.* New York: Teachers College, 1949.

(122) JOHNSON, R. C., C. JOHNSON, and L. MARTIN: Authoritarianism, occupation, and sex role differentiation of children. *Child Develpm.,* 1961, **32,** 271–276.

(123) JOSSELYN, I. M.: The family as a psychological unit. *Soc. Casewk,* 1953, **34,** 336–344.

(124) JOURARD, S. M., and R. M. REMY: Perceived parental attitude, the self, and security. *J. consult. Psychol.,* 1955, **19,** 364–366.

(125) KATCHER, A.: The discrimination of sex differences by young children. *J. genet. Psychol.,* 1955, **87,** 131–143.

(126) KATCHER, A., and M. M. LEVIN: Children's conceptions of body size. *Child Develpm.,* 1955, **26,** 103–110.

(127) KESTON, M. J., and I. M. PINTO: Possible factors influencing musical preferences. *J. genet. Psychol.,* 1955, **86,** 101–113.

(128) KING, W. H.: The development of scientific concepts in children. *Brit. J. educ. Psychol.,* 1961, **31,** 1–20.

(129) KLAUSNER, S. Z.: Social class and self concept. *J. soc. Psychol.,* 1953, **38,** 201–205.

(130) KLINGBERG, G.: The distinction between living and not living among 7–10-year-old children, with some remarks concerning the so-called animism controversy. *J. genet. Psychol.,* 1957, **90,** 227–238.

(131) KLINGENSMITH, S. W.: Child animism: what the child means by "alive." *Child Develpm.,* 1953, **24,** 51–61.

(132) KNOPF, I. J., and T. W. RICHARDS: The child's differentiation in sex as reflected in drawings of the human figure. *J. genet. Psychol.,* 1952, **81,** 99–112.

(133) KOCH, H. L.: The relation in young children between characteristics of their playmates and certain attributes of their siblings. *Child Develpm.,* 1957, **28,** 175–202.

(134) KOHN, M. L.: Social class and parental values. *Amer. J. Sociol.,* 1959, **64,** 337–351.

(135) KOLKO, G.: Economic mobility and social stratification. *Amer. J. Sociol.,* 1957, **63,** 30–38.

(136) KOMAROVSKY, M.: Functional analysis of sex roles. *Amer. sociol. Rev.,* 1950, **15,** 508–516.

(137) KOPPITZ, E. M.: Relationship between some background factors and children's interpersonal attitudes. *J. genet. Psychol.,* 1957, **91,** 119–129.

(138) KOWITZ, G. T., and E. J. TIGNER: Tell me about Santa Claus: a study of concept change. *Elem. Sch. J.,* 1961, **62,** 130–133.

(139) LAMBERT, W. E., and TAGUCHI, Y.: Ethnic cleavage among young children. *J. abnorm. soc. Psychol.,* 1956, **53,** 380–382.

(140) LANDRETH, C., and B. C. JOHNSON: Young children's responses to a picture and inset test designed to reveal reactions to persons of different skin color. *Child Develpm.,* 1953, **24,** 63–80.

(141) LARK-HOROVITZ, B., and J. NORTON: Children's art abilities: the interrelation and factorial structure of ten characteristics. *Child Develpm.,* 1960, **31,** 453–462.

(142) LEHMANN, I. J.: Learning. III. Attitudes and values. *Rev. educ. Res.,* 1958, **28,** 468–474.

(143) LEUBA, C.: Relation of stimulation intensities to learning and development. *Psychol. Rep.,* 1962, **11,** 55–65.

(144) LEVINE, J., and F. C. REDLICH: Failure to understand humor. *Psychoanal. Quart.,* 1955, **24,** 560–572.

(145) LEVY, E.: Children's behavior under stress and its relation to training by parents to respond to stress situations. *Child Develpm.,* 1959, **30,** 301–324.

(146) LORD, E. E.: A study of spatial orientation of children. *J. educ. Res.,* 1941, **34,** 481–505.

(147) LOVELL, K., and A. SLATER: The growth of the concept of time: a comparative study. *J. child Psychol. Psychiat.,* 1960, **1,** 179–190.

(148) LUCHINS, A. S.: On the theories and problems of adolescence. *J. genet. Psychol.,* 1954, **85,** 47–63.

(149) LUCIO, W. H., and C. D. MEAD: An investigation of children's preferences for modern pictures. *Elem. Sch. J.,* 1939, **39,** 678–689.

(150) LUFT, J.: Monetary value and the perception of persons. *J. soc. Psychol.,* 1957, **46,** 245–251.

(151) LYNN, D. B.: A note on sex differences in the development of masculine and feminine identification. *Psychol. Rev.,* 1959, **66,** 126–135.

(152) MACCOBY, E. E., and W. C. WILSON: Identification and observational learning from films. *J. abnorm. soc. Psychol.*, 1957, **55**, 76–87.
(153) MACCOBY, E. E., W. C. WILSON, and R. V. BURTON: Differential movie-viewing behavior of male and female viewers. *J. Pers.*, 1958, **26**, 259–267.
(154) MARK, H. J.: Elementary thinking and the classification of behavior. *Science*, 1962, **135**, 75–87.
(155) MARSHALL, H. R., and L. MAGRUDER: Relations between parent money education practices and children's knowledge and use of money. *Child Develpm.*, 1960, **31**, 253–284.
(156) MARTIN, W. E.: Qualitative expressions in young children. *Genet. Psychol. Monogr.*, 1951, **44**, 147–219.
(157) MARTIN, W. E.: Learning theory and identification. III. The development of values in children. *J. genet. Psychol.*, 1954, **84**, 211–217.
(158) MC AULAY, J. D.: What understandings do second grade children have of time relationships? *J. educ. Res.*, 1961, **54**, 312–314.
(159) MC CARTHY, D.: Language development. *Monogr. Soc. Res. Child Develpm.*, 1960, **25**, No. 3, 5–14.
(160) MC CULLOUGH, C. M.: A log of children's out-of-school activities. *Elem. Sch. J.*, 1957, **58**, 157–165.
(161) MC CULLOUGH, C. M.: Implications of research on children's concepts. *Read. Teacher*, 1959, **13**, 100–107.
(162) MEISTER, D.: A comparative study of figure-ground discrimination in preschool children and adults. *J. genet. Psychol.*, 1949, **74**, 311–323.
(163) MERRY, F. K., and R. V. MERRY: *The first two decades of life*, 2d ed. New York: Harper & Row, 1958.
(164) MIDDLETON, R.: Negro and white reactions to racial humor. *Sociometry*, 1959, **22**, 175–183.
(165) MIDDLETON, R., and J. MOLAND: Humor in Negro and white subcultures: a study of jokes among university students. *Amer. sociol. Rev.*, 1959, **24**, 61–69.
(166) MOGAR, M.: Children's causal reasoning about natural phenomena. *Child Develpm.*, 1960, **31**, 59–65.
(167) MORLAND, J. K.: Racial recognition by nursery school children in Lynchburg, Virginia. *Soc. Forces*, 1958, **37**, 132–137.
(168) MOSHER, D. L., and A. SCODEL: Relationships between ethnocentrism in children and the ethnocentrism and authoritarian rearing practices of their mothers. *Child Develpm.*, 1960, **31**, 369–376.
(169) MUNN, N. L.: *The evolution and growth of human behavior.* Boston: Houghton Mifflin, 1955.
(170) MUUS, R., and C. B. STENDLER: Intergroup education in the public schools. *Educ. Forum*, 1956, **20**, 151–164.
(171) NAGY, M. H.: The child's theories concerning death. *J. genet. Psychol.*, 1948, **73**, 3–27.
(172) NAGY, M. H.: Children's ideas on the origin of illness. *Hlth educ. J.*, 1951, **9**, 6–12.
(173) NAGY, M. H.: Children's birth theories. *J. genet. Psychol.*, 1953, **83**, 217–226.
(174) NAGY, M. H.: Children's conceptions of some bodily functions. *J. genet. Psychol.*, 1953, **83**, 199–216.
(175) NAGY, M. H.: The representation of "germs" by children. *J. genet. Psychol.*, 1953, **83**, 227–240.
(176) NATTERSON, J. M., and A. G. KUNDSON: Observations concerning fear of death in fatally ill children and their mothers. *Psychosom. Med.*, 1960, **22**, 456–465.
(177) NEISSER, E. G.: Emotional and social values attached to money. *Marriage fam. Liv.*, 1960, **22**, 132–139.
(178) New York Times Report: Long and short days simplified by pupil. *The New York Times*, Feb. 11, 1962.
(179) OAKES, M. E.: Children's explanations of natural phenomena. *Teach. Coll. Contr. Educ.*, 1947, No. 926.
(180) PERLMUTTER, H. V., and D. SHAPIRO: Stereotypes about Americans and Europeans who make specific statements. *Psychol. Rep.*, 1957, **3**, 131–137.
(181) PIAGET, J.: *The origins of intelligence in children.* New York: International Universities Press, Inc., 1952.
(182) PINNEAU, S. R., and H. E. JONES: Development of mental abilities. *Rev. educ. Res.*, 1958, **28**, 392–400.
(183) PODOLSKY, E.: Horrors. *Calif. Parent-Teacher J.*, 1952, Dec., p. 23.
(184) PRATT, K. C., W. E. HARTMANN, and J. C. MEAD: Interdeterminate number concepts. III. Representation by children through selection of appropriate aggregations. *J. genet. Psychol.*, 1954, **87**, 39–63.
(185) PRESSEY, S. L., and A. W. JONES: 1923–1953 and 20–60 age changes in moral codes, anxieties, and interests, as shown by the "X-O Tests." *J. Psychol.*, 1955, **39**, 485–502.
(186) PREVEY, E. E.: Developing good habits in the use of money. *J. home Econ.*, 1948, **38**, 79–81.
(187) RABBAN, M.: Sex-role identification in young children in two diverse social groups. *Genet. Psychol. Monogr.*, 1950, **42**, 81–158.
(188) RADKE-YARROW, M. J., and B. LANDE: Personality correlates of differential reactions to minority group belonging. *J. soc. Psychol.*, 1953, **38**, 253–272.
(189) RAPP, A.: A phylogenetic theory of wit and humor. *J. soc. Psychol.*, 1949, **30**, 81–96.
(190) REID, F.: Films provide a rich source of

vocabulary study. *J. educ. Res.*, 1958, **51,** 617–623.

(191) RICHARDSON, C., and J. CHURCH: A developmental analysis of proverb interpretations. *J. genet. Psychol.*, 1959, **94,** 169–179.

(192) ROBERTS, A. F., and D. M. JOHNSON: Some factors related to the perception of funniness in the humor situation. *J. soc. Psychol.*, 1957, **46,** 57–63.

(193) ROSENBERG, B. G., and B. SUTTON-SMITH: A revised conception of masculine-feminine differences in play activities. *J. genet. Psychol.*, 1960, **96,** 165–170.

(194) RUDISILL, M.: Children's preferences for color versus other qualities in illustrations. *Elem. Sch. J.*, 1952, **52,** 444–451.

(195) RUSSELL, D. H.: The development of thinking processes. *Rev. educ. Res.*, 1953, **23,** 137–145.

(196) RUSSELL, D. H.: What does research say about self-evaluation? *J. educ. Res.*, 1953, **46,** 561–573.

(197) RUSSELL, D. H.: *Children's thinking*. Boston: Ginn, 1956.

(198) RUSSELL, D. H.: Contributions of reading to personal development. *Teach. Coll. Rec.*, 1960, **61,** 435–442.

(199) SARBIN, T. R.: A preface to a psychological analysis of the self. *Psychol. Rev.*, 1952, **59,** 11–22.

(200) SCHIFF, H.: Judgmental response sets in the perception of sociometric status. *Sociometry*, 1954, **17,** 207–227.

(201) SCHUESSLER, K., and A. L. STRAUSS: A study of concept learning by scale analysis. *Amer. sociol. Rev.*, 1950, **15,** 752–762.

(202) SCHWARTZ, E. K.: A psychoanalytic study of the fairy tale. *Amer. J. Psychother.*, 1956, **10,** 740–762.

(203) SEARS, R. R., E. E. MACCOBY, and H. LEVIN: *Patterns of child rearing*. New York: Harper & Row, 1957.

(204) SECORD, P. F., and S. M. JOURARD: Mother-concepts and judgments of young women's faces. *J. abnorm. soc. Psychol.*, 1956, **52,** 246–250.

(205) SECORD, P. F., and E. SAUMER: Identifying Jewish names: does prejudice increase accuracy? *J. abnorm. soc. Psychol.*, 1960, **61,** 144–145.

(206) SEWELL, W. H., and A. O. HALLER: Social status and the personality adjustment of the child. *Sociometry*, 1956, **19,** 114–125.

(207) SHAFFER, L. F.: *Children's interpretation of cartoons*. New York: Teachers College, Columbia University, 1930.

(208) SHANE, H. G.: Children's interests. *NEA J.*, 1957, **46,** 237–239.

(209) SHERRIFFS, A. C., and R. F. JARRETT: Sex differences in attitudes about sex differences. *J. Psychol.*, 1953, **35,** 161–168.

(210) SILLER, J.: Socioeconomic status and conceptual thinking. *J. abnorm. soc. Psychol.*, 1957, **55,** 365–371.

(211) SMITH, W. D., and D. LEBO: Some changing aspects of the self-concept of pubescent males. *J. genet. Psychol.*, 1956, **88,** 61–75.

(212) SPIEGEL, L. A.: The child's concept of beauty: a study in concept formation. *J. genet. Psychol.*, 1950, **77,** 11–23.

(213) SPRINGER, D. V.: Awareness of racial differences of preschool children in Hawaii. *Genet. Psychol. Monogr.*, 1950, **41,** 215–270.

(214) SPRINGER, D. V.: Development in young children of an understanding of time and the clock. *J. genet. Psychol.*, 1952, **80,** 83–96.

(215) STACEY, L. L., and M. L. REICHEN: Attitudes toward death and future life among normal and subnormal adolescent girls. *Except. Children*, 1954, **20,** 259–262.

(216) STAPLES, R., and H. CONLEY: The use of color in the finger painting of young children. *Child Develpm.*, 1949, **20,** 201–212.

(217) STEVENSON, H. W., and E. C. STEWART: A developmental study of racial awareness in young children. *Child Develpm.*, 1958, **29,** 399–409.

(218) STILES, F. S.: Developing an understanding of human behavior at the elementary school level. *J. educ. Res.*, 1950, **43,** 516–524.

(219) STRANG, R.: How children and adolescents view their world. *Ment. Hyg., N.Y.*, 1954, **38,** 28–33.

(220) STRAUSS, A. L.: The animism controversy: Reexamination of Huang-Lee data. *J. genet. Psychol.*, 1951, **78,** 105–113.

(221) STRAUSS, A. L.: The development and transformation of monetary meanings in the child. *Amer. sociol. Rev.*, 1952, **17,** 275–286.

(222) STRAUSS, A. L., and K. SCHUESSLER: Socialization, logical reasoning, and concept development in the child. *Amer. sociol. Rev.*, 1951, **16,** 514–523.

(223) SUTTON, R. S.: The effect of vocabulary building on reading skills. *Elem. Sch. J.*, 1953, **54,** 94–97.

(224) SUTTON, R. S.: Behavior in the attainment of economic concepts. *J. Psychol.*, 1962, **53,** 37–46.

(225) SWANSON, R., and A. L. BENTON: Some aspects of the genetic development of right-left discrimination. *Child Develpm.*, 1955, **26,** 123–133.

(226) SWENSEN, C. H., and K. R. NEWTON: The development of sexual differentiation on the draw-a-person test. *J. clin. Psychol.*, 1955, **11,** 417–418.

(227) TAFT, R.: The ability to judge people. *Psychol. Bull.*, 1955, **52,** 1–23.

(228) TAIT, C. D., and R. C. ASCHER: Inside-of-the-body test. *Psychosom. Med.*, 1955, **17,** 139–148.

(229) TARWATER, J. W.: Self-understanding and

the ability to predict another's response. *Marriage fam. Liv.*, 1953, **15**, 126–128.

(230) TAYLOR, C., and G. G. THOMPSON: Age trends in preferences for certain facial proportions. *Child Develpm.*, 1955, **26**, 97–102.

(231) TEMPLIN, M.: *Certain language skills in children.* Minneapolis: The University of Minnesota Press, 1957.

(232) TERMAN, L. M., and M. A. MERRILL: *Stanford-Binet Intelligence Scale,* 3rd rev. Boston: Houghton Mifflin, 1960.

(233) TERMAN, L. M., and L. E. TYLER: Psychological sex differences. In L. Carmichael (Ed.), *Manual of child psychology,* 2d ed. New York: Wiley, 1954. Pp. 1064–1114.

(234) THAYER, L. O., and N. H. PRONKO: Some psychological factors in the reading of fiction. *J. genet. Psychol.*, 1958, **93**, 113–117.

(235) TUCKMAN, J., I. LORGE, and G. A. SPOONER: The effect of family environment on attitudes toward old people and the older worker. *J. soc. Psychol.*, 1953, **38**, 207–218.

(236) TUDDENHAM, R. D.: Studies in reputation. I. Sex and grade differences in school children's evaluations of their peers. II. The diagnosis of social adjustment. *Psychol. Monogr.*, 1952, **66**, No. 1.

(237) VERNON, M. D.: The development of perception in children. *Educ. Res.*, 1960, **3**, 2–11.

(238) VINACKE, W. E.: Concept formation in children of school age. *Education,* 1954, **74**, 527–534.

(239) VINACKE, W. E.: Stereotypes as social concepts. *J. soc. Psychol.*, 1957, **46**, 229–243.

(240) VINEYARD, E. E., and H. W. MASSEY: The interrelationship of certain linguistic skills and their relationship with scholastic achievement when intelligence is ruled constant. *J. educ. Psychol.*, 1957, **48**, 279–286.

(241) WALTERS, R. H., W. E. MARSHALL, and J. R. SHOOTER: Anxiety, isolation, and susceptibility to social influence. *J. Pers.*, 1960, **28**, 518–529.

(242) WATERS, J., F. I. STROMBERG, and G. LONIAN: Perceptions concerning development of responsibility in young children. *Elem. Sch. J.*, 1957, **57**, 209–216.

(243) WEIDER, A., and P. A. NOLLER: Objective studies of children's drawings of the human figure. I. Sex awareness and socioeconomic level. *J. clin. Psychol.*, 1950, **6**, 319–325.

(244) WEINSTEIN, E. A.: Development of the concept of flag and the sense of national identity. *Child Develpm.*, 1957, **28**, 167–174.

(245) WEISS, W.: An examination of attitude toward Negroes. *J. soc. Psychol.*, 1961, **55**, 3–21.

(246) WERNER, H.: Change of meaning: a study of semantic processes through the experimental method. *J. gen. Psychol.*, 1954, **50**, 181–208.

(247) WHIPPLE, G.: Appraisal of the interest appeal of illustration. *Elem. Sch. J.*, 1953, **53**, 262–269.

(248) WITRYOL, S. L.: Age trends in children's evaluation of teacher-approved and teacher-disapproved behavior. *Genet. Psychol. Monogr.*, 1950, **41**, 271–326.

(249) WITTY, P. A.: Children's interest in comics, radio, motion pictures, and TV. *Educ. Admin. Superv.*, 1952, **38**, 138–147.

(250) WOHLWILL, J. F.: A study of the development of the number concept by scalogram analysis. *J. genet. Psychol.*, 1960, **97**, 345–377.

(251) WOLFENSTEIN, M.: Children's understanding of jokes. *Psychoanal. Stud. Child.*, 1954, **8**, 162–176.

(252) WOODRUFF, A. D.: *Basic concepts of teaching.* San Francisco: Chandler, 1961.

(253) YOUMANS, E. G.: Occupational expectations of twelfth grade Michigan boys. *J. exp. Educ.*, 1956, **24**, 259–271.

(254) ZELIGS, R.: Children's concepts and stereotypes of Norwegian, Jew, Scotch, Canadian, Swedish, and American Indian. *J. educ. Res.*, 1952, **45**, 349–360.

(255) ZUK, G. H.: Sex-appropriate behavior in adolescence. *J. genet. Psychol.*, 1958, **93**, 15–32.

Kapitel 12: Moralische Entwicklung und Erziehung

Unter Moralität verstehen wir die Übereinstimmung mit den moralischen Regeln einer sozialen Gruppe. Das Wort stammt vom lateinischen *mores*, was soviel wie „die Sitten, das Brauchtum, die guten Gewohnheiten" bedeutet. Moralische Vorstellungen sind die Regeln, an die sich die Mitglieder einer bestimmten Kultur im Verlauf einer bestimmten Zeitperiode gewöhnt haben. Sie legen das Verhalten fest, das man von allen Mitgliedern dieser Kultur erwartet. *Sich moralisch zu verhalten bedeutet somit, in Übereinstimmung mit den Standards der Gruppe zu handeln.* Ein Individuum, dessen Verhalten den Erwartungen der Gruppe entspricht, gewinnt die Zustimmung und somit die Akzeptierung durch die Gruppe.

Ethisches Verhalten, das oft mit moralischem Verhalten verwechselt wird, umfaßt mehr. Es bezieht sich auf allgemeinmenschliche Verhaltensregeln und nicht nur auf die einer bestimmten kulturellen Gruppe. Wer ethisch handelt, handelt gewöhnlich auch moralisch, aber moralisches Verhalten ist nicht immer ethisch. Ein moralischer Mensch mag mit den Standards *seiner speziellen Gruppe* übereinstimmen, aber diese Standards werden vielleicht nicht von Mitgliedern anderer Gruppen anerkannt. Das Verhalten eines Diebes hält vielleicht die Bande, zu der er gehört, für „moralisch", weil es sich mit den Gewohnheiten dieser Bande in Übereinstimmung befindet. Im allgemeinen aber würde die Gesellschaft als Ganzes dieses Verhalten nicht als ethisch bezeichnen (203).

Unter *Immoralität* fassen wir das Verhalten zusammen, das den Erwartungen der Gruppe nicht entspricht; es besteht aus solchen Verhaltensweisen, die gegen das Interesse und das Wohl der Gruppe gerichtet sind. Immoralität ist nicht Mangel an Wissen um die Normen, vielmehr werden die Standards der Gruppe, zu der ein Individuum gehört, nicht akzeptiert, oder das Individuum fühlt sich nicht verpflichtet, den Erwartungen der Gruppe zu entsprechen. In den meisten Fällen läßt sich seine mangelnde Bereitschaft zu mit den Standards übereinstimmendem Verhalten auf seine Überzeugung zurückführen, es schulde der Gruppe nichts, weil die Gruppe es auf eine Art und Weise behandelt hat, die es nicht billigen kann. Das Verhalten jugendlicher Rechtsbrecher und erwachsener Krimineller kann man mit dem Begriff „Immoralität" umschreiben, denn sie wissen, was man von ihnen erwartet, verstoßen aber absichtlich gegen die Erwartungen der Gruppe.

Unmoralisch verhält sich jemand nach dem hier geübten Sprachgebrauch, der die von der Gruppe gebilligten Verhaltensweisen nicht kennt. Schadet er der Gruppe durch sein Verhalten, so ist dies nicht beabsichtigt. Manche schlechten Verhaltensweisen kleiner Kinder sind in diesem Sinne unmoralisch. Bis zum Zeitpunkt der Einschulung hat ein Kind normalerweise genügend Möglichkeiten gehabt zu lernen, was die Gesellschaft von ihm erwartet. Man kann von keinem Kind verlangen, daß es alle Verhaltensregeln lernt, bevor die Kindheit zu Ende ist. Wenn das Kind etwas tut, das von der Gruppe als falsch angesehen wird, nimmt man oft an, daß seine Eltern die Schuld trifft, weil sie es nicht richtig erzogen haben. Wenn das Kind ins Jugendalter eintritt, erwartet die Gesellschaft von ihm, daß sein Verhalten mit den Regeln der Gruppe übereinstimmt; verstößt es gegen sie, dann geschieht es jetzt nicht mehr aus Unwissenheit, vielmehr absichtlich.

Gewohnheiten und Gesetze. In jeder sozialen Gruppe werden bestimmte Handlungen für „gut" oder für „schlecht" gehalten, weil sie das Wohl der Gruppenmitglieder fördern oder beeinträchtigen. Die wichtigsten Gewohnheiten sind in Form von Gesetzen gefaßt, und für Verstöße sind bestimmte Strafen festgesetzt. Andere Gewohnheiten, die genauso bindend verpflichten wie Gesetze, existieren als Sitten, ohne daß bestimmte Strafen festgelegt wären, wenn man gegen sie verstößt (112).

Moralische Standards können von Gruppe zu Gruppe variieren – je nachdem, was von der Gruppe als gebilligtes Verhalten angesehen wird. Oft haben innerhalb der gleichen Gemeinde verschiedene soziale Klassen und religiöse Gruppen jeweils ihre eigenen Verhaltensregeln, wenn auch Übereinstimmung hinsichtlich der wichtigeren Regeln besteht. So bestehen z. B. unterschiedliche Standards für das Sexualverhalten innerhalb verschiedener sozialer Klassen und für die beiden Geschlechter – wenn auch die wichtigeren Standards, etwa die, die sich auf Vergewaltigung und Polygamie beziehen, ihren Niederschlag in Gesetzen gefunden haben, die für beide Geschlechter und alle sozialen Klassen bindend sind (105).

Echte Moralität

Echte Moralität zeigt sich in einem Verhalten, das den sozialen Standards entspricht und das außerdem freiwillig vom Individuum vollzogen wird. Sie tritt dann auf, wenn die Autorität von außen nach innen verlagert wird, und ist also nur dann möglich, wenn das Verhalten von innen gelenkt, nicht von außen erzwungen ist. Sie wird begleitet vom Gefühl der persönlichen Verantwortlichkeit für die eigenen Handlungen, und sie schließt ein, daß man sich über das Wohl der Gruppe an erster Stelle Gedanken macht und persönliche Wünsche oder Vorteile an die zweite Stelle verweist. Echte Moralität läßt sich bei Kindern kaum finden, sollte sich jedoch im Jugendalter feststellen lassen (74).

Auf den höheren Stufen der moralischen Entwicklung können wir einen verstandesmäßigen und einen willensmäßigen Aspekt voneinander abheben. Das Kind muß lernen, was richtig und was falsch ist, und sobald es alt genug ist, muß es auch verstehen, warum das so ist. Man muß ihm häufig Gelegenheit geben, am Leben der Gruppe teilzunehmen, damit es lernen kann, was die Gruppe erwartet. Und außerdem muß es den Wunsch entwickeln, das, was richtig ist, zu tun, für das gemeinsame Wohl zu handeln und das Schlechte zu meiden. Man kann dies am besten dadurch erreichen, daß man mit dem Richtigen angenehme

Reaktionen verbindet und mit dem Falschen unangenehme Folgen assoziiert. Um seine Bereitschaft zu sichern, in sozial gebilligter Weise zu handeln, muß das Kind die Billigung der Gruppe erfahren (28, 77).

Die Rolle des „Gewissens". Wenn man der Überlieferung folgt, werden Kinder mit einem „Gewissen" – der Fähigkeit, zu wissen, was gut und was schlecht ist – geboren. Zu diesen Überlieferungen paßt die Annahme, schlechtes Verhalten sei die Folge irgendeiner angeborenen Schwäche, deren Herkunft entweder der Familie der Mutter oder der des Vaters zugeschrieben wird. Diejenigen, die an solchen Annahmen festhalten, behaupten meistens, daß man ein Kind nicht bessern könne, und halten es folglich nicht für nötig, Zeit und Mühe für die moralische Erziehung eines Kindes aufzuwenden. Die Rechtfertigung für die Anwendung körperlicher Strafen beruhte auf der Annahme, daß man so den „Teufel austreiben" und so ein „von Natur aus schlechtes" Kind in ein gutes verwandeln könne (74).

Heute ist allgemein akzeptiert, daß ein Kind nicht mit einem „Gewissen" geboren wird, daß es vielmehr lernt, was „gut" und „schlecht" ist (178). Nach Eysenck ist „Gewissen" eine konditionierte Angstreaktion auf bestimmte Situationen und Verhaltensweisen, die dadurch entstehen, daß aggressive Handlungen mit Strafen verbunden werden. Dies führt beim Kind zu Furcht- und Angstreaktionen. Es ist dieser „nach innen verlegte Polizist", der auch als „Über-Ich" oder „inneres Licht" bezeichnet wird. Eysenck führt weiter aus, man stelle sich das Gewissen gewöhnlich als eine Art deus ex machina vor, das auf geheimnisvolle Weise irgendwie in den Menschen hineingekommen ist und alle seine Handlungen ständig überwacht und den Menschen dann jedesmal scharf zwackt, wenn er vom geraden und engen Pfad der Pflicht abweiche (55).

Die „Stimme des Gewissens" ist somit der nach innen verlegte Verhaltenscode, der das Verhalten eines Individuums kontrolliert. Von echter Moralität können wir nur sprechen, wenn das Verhalten eines Individuums vom Gewissen gelenkt wird. Dies ist viel zu komplex für ein kleines Kind, deshalb wird sein Verhalten hauptsächlich durch Restriktionen, die aus der Umwelt stammen, kontrolliert (6, 55). Und der Übergang von der äußeren zur inneren Kontrolle geschieht allmählich (25, 26, 27). Wenn das Kind in das Jugendalter eintritt, sollte der „innere Polizist" den größten Teil der Verhaltenskontrolle übernommen haben. Wenn es nach dem Gesetz volljährig geworden ist, sollte dieser Prozeß des Überganges abgeschlossen sein; dann hat das Individuum das Niveau echter Moralität erreicht (139).

Die Rolle von Schuld und Scham. Wenn ein Kind die „warnende und strafende Stimme des Gewissens" entwickelt, dann trägt es diese mit sich, ganz gleich, wohin es geht, und benutzt sie als Leitfaden für sein Verhalten. Entspricht sein Verhalten nicht dem Standard, dann fühlt es sich schuldig, beschämt oder beides. Ausubel definiert Schuld „als besonders negative Selbsteinschätzung, die dann eintritt, wenn ein Individuum zugibt, sein Verhalten entspreche nicht einem vorgegebenen moralischen Wert, den zu erfüllen es sich verpflichtet sieht" (11).

Bevor sich jedoch Schuld entwickeln kann, muß ein Mensch zuerst Standards hinsichtlich dessen, was richtig und falsch, gut und schlecht ist, als die eigenen anerkennen; zweitens muß er sich verpflichtet sehen, sein Verhalten nach den von ihm akzeptierten Standards auszurichten und muß sich für Abweichungen von diesen Standards verantwortlich fühlen; und drittens muß er über genügend Selbstkritik verfügen, um feststellen zu können, daß sein Verhalten von seinen inneren Werten abgewichen ist (11).

Scham hingegen ist eine „unangenehme emotionale Reaktion eines Menschen auf ein tatsächliches oder angenommenes negatives Urteil über ihn, das von anderen ausgesprochen wurde und das zu einer Entwertung der eigenen Person gegenüber der Gruppe führt". Scham beruht ausschließlich auf äußeren Sanktionen, auch wenn vielleicht gleichzeitig Schuldgefühle auftreten. Schuld beruht sowohl auf inneren als auch auf äußeren Sanktionen (11, 55).

Zur echten Moralität gehört Schuld. Das Individuum muß den Sitten der Gruppe folgen, weil es sich von inneren, nicht von äußeren Standards leiten läßt (6). Ausubel gibt folgende Erklärung: „Schuld ist einer der wichtigsten psychologischen Mechanismen, mit dem die Sozialisation eines Individuums nach der Art und Weise seiner Kultur vollzogen wird. Sie ist gleichzeitig ein wichtiges Instrument für das kulturelle Überleben, denn sie ist – in jedem einzelnen – ein ausgezeichneter Wachhund, der das Verhalten mit den moralischen Werten der Gesellschaft, in der der einzelne lebt, in Übereinstimmung bringt" (11). Empfände ein Kind keine Schuld, wäre es kaum motiviert, den sozialen Erwartungen zu entsprechen.

Unter wie starkem emotionalen Druck das Kind steht und ob dieser Druck die Form von Schuld oder Scham oder beiden annimmt, wird zum größten Teil durch den moralischen Code, den das Kind lernt, und durch die Art, wie das Kind ihn lernt, bestimmt (6). Wenn die Erziehung sehr autoritär ist, wird das Gewissen wahrscheinlich zu starr. Starke Angst- und Schuldgefühle stehen dann einer guten Anpassung im Weg und machen das Kind unglücklich. Um dem vorzubeugen, sollte man dem Kind helfen, kleinere Schwächen bei sich selbst und bei anderen zu dulden. Entwickeln sich jedoch die Schuldgefühle nicht stark genug, dann ist die Entwicklung des Gewissens beeinträchtigt (94, 100).

Unterschiede bei der inneren und äußeren Kontrolle. Wenn ein Konflikt zwischen den von der Gesellschaft gebilligten Verhaltensregeln und den Wünschen des Individuums auftritt, dann weiß der moralisch reife Mensch, wie er diesen Konflikt zu seiner und der Gruppe Zufriedenheit lösen kann. Der unreife erlaubt seinen Impulsen hingegen, sein Verhalten so lange zu beherrschen, bis ihm der Druck der Gruppe zu stark wird (4). Ein Kind, das Konfliktsituationen auf moralisch hohem Niveau zu bewältigen gelernt hat, wurde so konditioniert, daß es Angst und Schuld empfindet, wenn es seinen Impulsen zu dominieren gestattet. Als Regel kann man feststellen, daß Extravertierte empfindlicher gegenüber sozialem Einfluß sind als Introvertierte und deshalb leichter Angstreaktionen in Konfliktsituationen erlernen (11).

Eine Untersuchung an den „anständigen Jungen" einer Wohngegend mit hoher Kriminalität wurde festgestellt, daß diejenigen, die von den Sitten ihrer sozialen Gruppe isoliert waren, nach innen verlegte, mit den Gesetzen übereinstimmende Normen entwickelt hatten, weil ihre Erziehung im Elternhaus gut war und weil sie innere Befriedigung aus der Zuneigung ihrer Eltern schöpften. Diejenigen, die nicht „isoliert" waren und deren Verhalten durch äußeren Druck statt durch innere Maximen kontrolliert wurde, kamen in erster Linie aus Elternhäusern, in denen die Erziehung schlecht und die Beziehung zwischen Eltern und Kindern nicht glücklich waren. In der Folge waren sie nur wenig motiviert, ihr Verhalten so kontrollieren zu lernen, daß die Gruppenstandards erfüllt wurden, wenn nicht Strafe drohte (167).

Im allgemeinen verfügen die Kinder aus mittelständischen Familien über ein stärker ausgeprägtes Gewissen, und die Entwicklung des Gewissens setzt auch zu einem früheren Zeitpunkt ein als bei Kindern aus den unteren Klassen. Welche Vorstellungen und Werte sich im Gewissen eines Kindes bilden und wie stark ausgeprägt dieses Gewissen ist, hängt allerdings von der Art der moralischen Erziehung ab, die dem Kind zuteil wird. Und diese Erziehung weist innerhalb einer sozialen Klasse große Unterschiede auf, wie auch zwischen den Klassen große Unterschiede bestehen (25, 27, 77).

Moralität wird gelernt

Bei seiner Geburt hat ein Kind kein Gewissen und keine Rangordnung der Werte. Bevor es sich moralisch verhalten kann, muß es lernen, was die Gruppe, zu der es gehört, für richtig oder falsch hält. Dies lernt es in erster Linie im Rahmen der Eltern-Kind-Beziehung, denn die Grundlagen der moralischen Entwicklung sind gelegt, bevor das Kind mit der Gruppe der Gleichaltrigen in Berührung kommt (10, 31). Und was es zu Hause lernt, hat einen starken Einfluß darauf, welche Kinder es sich als seine Spielkameraden aussucht (38, 98, 100).

Von keinem Kind kann man erwarten, daß es die Regeln der Moral selbständig entwickelt. Man muß es die Standards der Gruppe bezüglich dessen, was richtig und was falsch ist, lehren, und es muß den Wunsch entwickeln, sich nach dem zu richten, was die Gruppe für richtig hält, weil es weiß, daß es dafür von der Gruppe akzeptiert oder belohnt wird (11, 77). Dieser Lernprozeß dauert lange und vollzieht sich nur langsam; er erstreckt sich bis ins Jugendalter hinein. Er stellt eine der wichtigsten Aufgaben dar, die in der Kindheit zu lösen sind. Noch vor Eintritt in die Schule erwartet man von dem Kind, daß es in einfachen Situationen das Richtige vom Falschen unterscheidet und daß es die Grundlagen für die Entwicklung des Gewissens legt; und noch bevor die Kindheit abgeschlossen ist, erwartet man von ihm, daß es eine Hierarchie der Werte entwickelt hat und über ein Gewissen verfügt, durch das es, wenn eine moralische Entscheidung getroffen werden soll, geleitet wird (74, 139).

Je älter das Kind wird, desto klarer wird ihm, daß man von ihm ein Verhalten gemäß den Sitten und Regeln und ein Überwinden seines antisozialen Verhaltens erwartet. Kinder der mittleren Klassen lernen in der Regel eher als Kinder aus den unteren oder oberen Klassen, sich diesen Erwartungen konform zu verhalten. Wenn ein Konflikt zwischen den Verhaltensregeln des Elternhauses und denen seiner Alterskameraden besteht, tritt die Möglichkeit ein, daß die Verhaltensregeln aus der Gruppe der Gleichaltrigen an die Stelle der im Elternhaus erlernten Maßstäbe treten (37, 39, 69).

Phasen der moralischen Entwicklung. Wenn echte Moralität erreicht werden soll, muß die moralische Entwicklung in zwei getrennten und deutlich unterscheidbaren Phasen ablaufen: (1) die Entwicklung moralischen Verhaltens und (2) die Entwicklung moralischer Vorstellungen. Wissen über die Moral garantiert nicht moralisches Verhalten, denn das Verhalten des Kindes wird durch andere Faktoren motiviert als durch die Kenntnisse über die Moral. Der soziale Druck, seine Vorstellungen über sich selbst, die Art, wie es von seiner Familie und seinen Alterskameraden behandelt wird, seine augenblicklichen Wünsche und noch viele andere Faktoren üben einen Einfluß darauf aus, wie es sich entscheidet, wenn eine Wahl getroffen werden muß. Untersuchungen über die Ehrlichkeit haben eine Korrelation von etwa 0,25 zwischen moralischen Kenntnissen und moralischem Betragen ergeben (98).

Die Entwicklung des moralischen Verhaltens

Das Kind kann von der Gruppe gebilligtes Verhalten durch Versuch und Irrtum, durch direktes Lehren oder durch Identifikation lernen. Von diesen dreien sind die beiden letzteren – direktes Unterrichten und Identifikation – nicht nur die besten Methoden, sondern auch die am häufigsten gebrauchten. Lernen nach dem Prinzip von Versuch und Irrtum ist auf jedem Gebiet aufwendig an Zeit und Energie, und die Ergebnisse sind oft bei weitem nicht zufriedenstellend.

Direktes Unterrichten. Verschiedene Untersuchungen haben gezeigt, daß das Erlernen von sozial gebilligten Verhaltensweisen denselben Gesetzen folgt wie alle anderen Formen des Lernens. Das Kind muß zuerst lernen, mit bestimmten richtigen Reaktionen auf bestimmte Situationen zu antworten. Wenn die Standards, die im Elternhaus, in der Schule und in der Spielgruppe gelernt wurden, übereinstimmen, dann vermag das Kind leicht deren Ähnlichkeit zu sehen und entwickelt mit der Zeit abstrakte Vorstellungen darüber, was richtig und was falsch ist. Unterscheiden sich diese Standards jedoch von einer Situation zur anderen, dann ist das Kind verwirrt und fragt sich, warum es für die gleiche Handlung in der einen Situation bestraft wird, die man in der anderen Situation übersah oder sogar billigte (166, 202).

Eine noch ernstere Folge dieser Diskrepanz besteht darin, daß das Kind keine moralischen Vorstellungen entwickeln kann, die für die gleiche Handlung in verschiedenen Situationen gültig sind. Wenn man es durchgehen läßt, daß ein Kind Kuchen aus der Dose nimmt, die anzurühren man ihm vorher verboten hat – ist dann seine Verwirrung verwunderlich, wenn es für den Diebstahl von Bleistiften aus dem Tornister seiner Kameraden bestraft wird? Stehlen sollte man in jeder Situation als Unrecht ansehen, und es muß in jedem Fall bestraft werden, wenn das Kind lernen soll, sich in Übereinstimmung mit den Regeln der Gesellschaft zu verhalten.

Experimente zum Übungstransfer haben gezeigt, daß Transfer (Übertragung des Gelernten) dann eintritt, wenn objektive Aspekte der Situation ähnlich sind. Wenn sie verschieden sind, ist es fraglich, ob Transfer stattfindet. Überträgt zum Beispiel ein Kind, das lernt, kein Geld aus einer Brieftasche zu nehmen, seine Lernerfahrung und weiß es, daß es auch kein Geld aus einer Ladenkasse nehmen darf? Die objektiven Kennzeichen der beiden Situationen sind verschieden, und möglicherweise sieht ein Kind das Gemeinsame dieser Situation nicht, das für den Erwachsenen so offensichtlich ist.

Die moralische Erziehung sollte sich deshalb auch darauf erstrecken, dem Kinde nahezubringen, *auf gemeinsame Züge verschieden erscheinender Situationen zu achten*. Im Alter von acht bis zehn Jahren kann man dem Kind beibringen, daß es falsch ist, Geld, das anderen Leuten gehört, zu nehmen – gleichgültig, ob man es aus ihrer Schublade, ihrer Ladenkasse, ihrer Brieftasche oder von ihrem Schreibtisch nimmt. Auf diese Weise werden durch die moralische Erziehung allgemeine moralische Vorstellungen und nicht nur an bestimmte Situationen gebundene Konzepte entwickelt (149, 214).

Identifikation. Bei der Identifikation übernimmt das Kind die Wertvorstellungen eines anderen und formt sein Verhalten nach dem Verhalten dieses Menschen. Identifikation kann mit dem Lernen durch direktes Unterrichten, der Erziehung, einhergehen. Das Kind lernt dann, das zu tun, was der Erwachsene tut, und gleichzeitig auch das, was ihm der Erwachsene zu tun aufträgt. Wenn sich ein Kind mit einem Menschen, den es verehrt, identifiziert – ohne daß ein Druck oder direktes Lehren im Spiel ist –, ahmt das Kind freiwillig die Verhaltensweisen nach, die es an diesem Menschen beobachtet (116, 187).

Erziehung ohne ein Mindestmaß an Identifikation ist weniger erfolgreich als Erziehung verbunden mit Identifikation. Dies gilt besonders für kleine Kinder, deren begrenztes Verständnis es ihnen schwer macht, zu begreifen, warum man von ihnen bestimmte Dinge erwartet, und die deshalb vielleicht nicht genügend motiviert sind, diesen Erwartungen nachzukommen (113, 119).

Da ein Kind seine Gefühle auf verschiedenen Altersstufen an verschiedene Menschen bindet, ändert sich das Vorbild der moralischen Verhaltensweisen, das nachzuahmen es sich bemüht. Im Vorschulalter identifiziert es sich mit einem Elternteil und einem der älteren Geschwister, das meistens das gleiche Geschlecht hat wie es selbst; später identifiziert es sich mit einem Lehrer oder dem Führer einer Jugendgruppe und noch später mit einem Kameraden aus der Gruppe der Gleichaltrigen. Häufig identifizieren sich Kinder mit einer Gestalt in einem Buch, einem Film, einer Fernsehsendung oder in einem Bilderheftchen. Die Identifikation mit einer solchen fiktiven Gestalt kann für die Entwicklung eines gesunden moralischen Verhaltens schädlich sein (122).

Identifikation wird als Lernstimulans für moralisches Verhalten zunehmend wichtiger, je älter Kinder werden und je mehr sie sich gegen die Erziehung im Elternhaus oder in der Schule wehren. Wenn das Kind jemanden hat, mit dem es sich identifizieren kann, wird diese Lücke gefüllt und eine Verankerung gewährleistet, die für die Entwicklung gesunden moralischen Verhaltens notwendig ist (66, 107). Untersuchungen über die Auswirkungen des elterlichen Vorbilds auf die Kriminalität haben ergeben, daß sowohl die Zurückweisung durch die Eltern als auch ein von der Norm abweichendes Vorbild der Eltern zu Kriminalität führt. Zurückweisung durch die Eltern spielt jedoch eine wichtigere Rolle, weil dadurch dem Kind ein fester Bezugspunkt für eine Identifikation fehlt (39, 136).

Die Entwicklung der moralischen Vorstellungen

Die zweite Phase der moralischen Entwicklung umfaßt das Erlernen der moralischen Vorstellungen, der Prinzipien dessen, was richtig und falsch ist, in einer abstrakten verbalen Form. Für ein kleines Kind ist das zu schwierig, deshalb muß man warten, bis das Kind in der Lage ist, ein Prinzip zur Regelung des Verhaltens zu generalisieren und von einer Situation auf eine andere zu übertragen. Die Beherrschung der Sprache erleichtert dies, da Vorstellungen *aus konkreten Fällen abgeleitet werden*. Also muß das Kind die nötige geistige Reife haben, um die Beziehungen zwischen einem abstrakten Prinzip und konkreten Fällen zu sehen und diese Fälle mit Gedächtnisbildern bestimmter Situationen zu assoziieren. Die Fähigkeit, eine Fülle von Regeln systematisch auf verschiedene Situationen anzuwenden, entwickelt sich mit den zunehmenden Erfahrungen des Kindes nur allmählich (194).

Der Verlauf der Entwicklung moralischer Vorstellungen. Man hat einen Zusammenhang festgestellt zwischen der Entwicklung der moralischen Vorstellungen und der geistigen, sozialen, emotionalen und kulturellen Entwicklung eines Kindes. Für die Entwicklung der Selbstlosigkeit hat man z. B. eine Folge von sechs Stufen herausgearbeitet. Diese Stufen sind: egozentrisches Verhalten, das sich als ausschließlich selbstsüchtige Einstellung kennzeichnen läßt; Gehorsam gegenüber moralischen oder religiösen Regeln und Sitten; Bewußtheit der Reaktionen anderer, oder auch Furcht vor der Zurückweisung durch andere; oberfächliche Gegenseitigkeit, die auf dem Schuldgefühl beruht, wenn man nicht gerecht teilt; vertiefte und erweiterte Gegenseitigkeit, die auf dem Wunsch beruht, gute Beziehungen zu den eigenen Freunden aufrecht zu erhalten; Altruismus oder der Wunsch, für andere Opfer zu bringen; schließlich ein Gerechtigkeitssinn, der sich auf der Überzeugung gründet, es sei gut, selbstlos zu sein, und schlecht, selbstsüchtig zu sein (201).

Ähnlich hat sich auch eine entwicklungsbedingte Abfolge der Vorstellungen konstatieren lassen, die sich auf die Gerechtigkeit gegenüber der eigenen Person beziehen. Als man kleine Kinder fragte: „Was soll geschehen, wenn man dich schlägt?", antworteten sie, sie würden sich an jemanden wie Lehrer oder Eltern, also an jemanden mit Autorität, wenden; ältere Kinder gaben dagegen an, sie würden das aggressive Verhalten erwidern. Gegen Ende der Kindheit gehört zum Konzept der Gerechtigkeit die Frage nach der Motivation und den Umständen, die die Handlung veranlaßt haben. Das moralische Urteil der älteren Kinder ist also an einer reiferen Vorstellung von Gerechtigkeit orientiert, während das kleinere Kind eine Handlung nach Äußerlichkeiten beurteilt (50).

Von spezifischen zu allgemeinen Vorstellungen. Das Kind im Vorschulalter kann nicht abstrakt denken. Es definiert „gutes Betragen", indem es bestimmte Handlungen nennt, etwa „Mutter gehorchen" oder „Mutter helfen" und „schlechtes Betragen" als „das nicht tun, was Mutter sagt" oder „schlimme Wörter zu gebrauchen". Bis zum Alter von sechs oder sieben Jahren richtet das Kind sein Verhalten an spezifischen moralischen Vorstellungen aus, die es von seinen Eltern gelernt hat. Im Alter von acht oder neun Jahren werden seine Vorstellungen allgemeiner. Jetzt gilt z. B. „Stehlen ist falsch" statt „einen Ball zu stehlen ist falsch" (194). In diesem Alter zeigen sich erste Hinweise darauf, daß es versucht, den von der Gruppe gebilligten Vorstellungen zu entsprechen; und im Alter von zehn Jahren betrachtet es die Vorstellungen der Gruppe als Richtlinien für sein Verhalten, auch wenn sie denen widersprechen, die es im Elternhaus gelernt hat (24).

Allgemeine moralische Vorstellungen, die soziale Werte widerspiegeln, bezeichnet man als moralische Werte. Die moralischen Werte eines Kindes ändern sich, sobald es mit mehr Menschen zusammenkommt und mit Menschen, deren Wertvorstellungen sich von denen seiner Eltern unterscheiden. Im Alter von zwölf Jahren sollten die moralischen Werte eines Kindes jedoch schon eine gewisse Festigkeit zeigen. Seine Vorstellungen von „gutem Verhalten" z. B. beziehen sich nicht mehr einfach auf unmittelbare Belohnung, sondern auf Aufschieben von Belohnung und Lohn in die Zukunft (48, 74, 118, 144).

Trotz der Unterschiede zwischen den moralischen Werten der Kinder und denen der Erwachsenen und zwischen verschiedenen Individuen der gleichen Altersgruppe übernimmt doch das Kind allmählich die moralischen Werte der Erwachsenen und koordiniert sie mit seinen moralischen Vorstellungen (213). Im Jugendalter sind seine moralischen Leitlinien schon recht gut etabliert, wenn sie auch noch durch starken Druck von außen verändert werden können. Diese Veränderungen schließen gewöhnlich Verschiebungen der Schwerpunkte ein, und diese Verschiebungen gehen meistens in Richtung auf die konventionelle Moralität, um so dem moralischen Code der Erwachsenengesellschaft stärker zu entsprechen (157; vgl. Abb. 12-1).

Schwierigkeiten beim Erlernen moralischer Vorstellungen. Es braucht Zeit, die moralischen Werte der sozialen Gruppe zu lernen, wie auch das Lernen bestimmter moralischer Vorstellungen seine Zeit erfordert, und dieser Prozeß wird durch eine Reihe von Faktoren erschwert, von denen die wichtigsten im folgenden erörtert werden sollen:

1. Die intellektuelle Entwicklung des Kindes. Ein niedriges Intelligenzniveau erschwert es dem Kind, die Belehrung über moralische Vorstellungen zu verstehen und die Situationen zu erkennen, in denen sie angewendet werden sollen. Eine kurze Aufmerksamkeitsspanne, die für Kinder mit niedriger Intelligenz kennzeichnend ist, kommt häufig mit Impulsivität und ruhelosem Verhalten zusammen vor. Geringe Denkfähigkeit, die auch für diese Kinder charakteristisch ist, führt zu mangelnder Planung und Voraussicht, die, wenn sie mit Impulsivität verbunden sind, sehr wahrscheinlich zu Verhaltensweisen führen, die gegen die Sitten der Gruppe verstoßen.

Dies bedeutet keineswegs, daß geringe Intelligenz immer die Ursache unmoralischen Verhaltens ist. Es bedeutet allerdings, daß es für Kinder mit begrenzter intellektueller Kapazität schwierig ist, die moralischen Vorstellungen der Gruppe zu erlernen und sie in ganz bestimmten Situationen anzuwenden, ohne daß diese Kinder ständig angeleitet und kontrolliert werden müßten. Hieraus ergibt sich, daß nicht so intelligente Kinder wahrscheinlicher ihre Probleme mit Methoden lösen, die mit den Sitten der Gruppe nicht konform gehen, als intelligentere Kinder (22, 147).

2. Die Art des Unterrichtens. Wenn moralische Vorstellungen den Kindern nahegebracht werden, sagen Erwachsene oft, was „falsch" ist und was man nicht tun sollte, statt zu sagen, was „richtig" ist und wie man handeln sollte. Und so kommt es, daß Kinder sicherer wissen, was sie in einer Entscheidungssituation nicht tun sollten, als was sie tun sollten. Weil zu viel Nachdruck auf den negativen Aspekt der moralischen Regeln gelegt wird und zu wenig auf den positiven, ist „der richtige Weg für das Kind nur sehr vage beschrieben" (50).

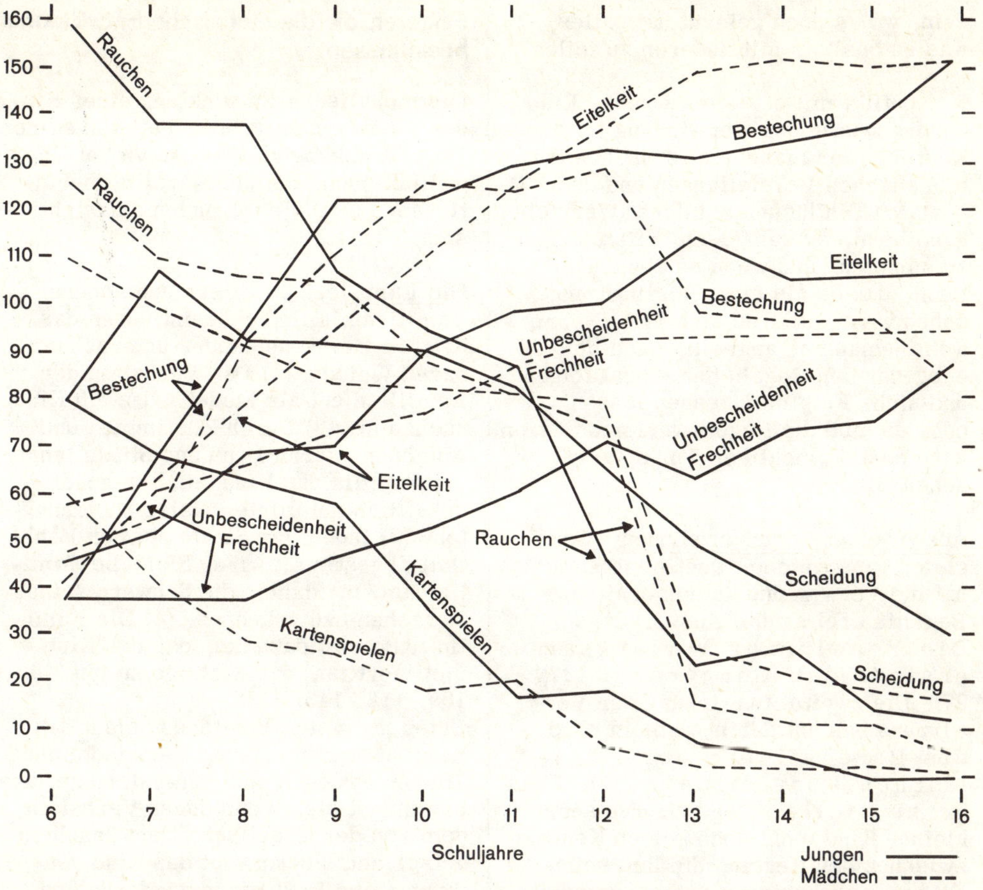

Abb. 12-1. Was in den verschiedenen Altersstufen für falsch gehalten wird.

3. Unterschiede in den moralischen Regeln. Wenn das Kind moralische Vorstellungen lernt, wird es dadurch verwirrt, daß es nicht nur einen moralischen Code gibt, der von allen Menschen akzeptiert wird. Auch wenn alle Menschen gewisse allgemeine moralische Vorstellungen teilen, so stellt das Kind doch bald fest, daß die einen dieses, die anderen jenes stärker betonen. Angehörige der unteren sozioökonomischen Gruppen neigen dazu, bei der Interpretation der moralischen Vorstellungen willkürlich und autoritär vorzugehen, während Angehörige der mittleren und oberen Klassen Unterschiede in der Schwere einer Handlung, etwa des Betruges, differenzieren (109). Wenn das Kind dann auch noch Widersprüche zwischen dem, was es nach dem Willen der Eltern und Lehrer tun soll, und deren eigenem Verhalten feststellt, trägt dies noch weiter zu seiner Verwirrung darüber bei, was „richtig" und was „falsch" ist.

4. Die Verschiedenheit von Situationen. Eine der größten Schwierigkeiten, auf die das Kind beim Erlernen moralischer Vorstellungen trifft, rührt daher, daß das, was in der einen Situation richtig ist, in einer anderen vielleicht falsch ist (147, 201). Diese subtilen Unterschiede vermag es nur sehr schwer zu begreifen. Warum darf es sich z. B. kein Bonbon vom Ladentisch nehmen, wenn es sich zu Hause immer etwas aus der Dose mit den Süßigkeiten nehmen darf? Wenn es seinen Klassenkameraden, die es darum bitten, bei der Klassenarbeit oder bei den Hausaufgaben hilft, warum soll das „Mogeln"

sein, wo es doch gelernt hat, alles, was es besitzt, mit anderen zu teilen?

5. Konflikt mit sozialem Druck. Eine andere Quelle der Verwirrung ist der Konflikt, der manchmal zwischen den moralischen Vorstellungen und den sozialen Einflüssen entsteht. Wenn ein Kind lernt, es sei falsch, mit anderen zu kämpfen, und wenn es ebenfalls lernt, daß es als ein „Feigling" angesehen wird, falls es sich nicht wehrt, wenn jemand es angreift, dann muß es entweder den Regeln der Moral folgen und sich „Feigling" nennen lassen, oder es muß die Regeln verletzen, dann wird es als „richtiger Junge" angesehen (108).

Auswirkungen der Verwirrung. Ganz gleich, aus welcher Quelle sie stammt, hat die Verwirrung über moralische Begriffe drei ernste Auswirkungen. Die Verwirrung verlangsamt erstens den Lernprozeß (37, 97). Die zweite Auswirkung der Verwirrung besteht darin, daß ein Kind die Berechtigung der moralischen Vorstellungen in Frage zu stellen beginnt. Ein sehr kleines Kind sieht noch keinen Konflikt zwischen den Regeln, die ihm seine Eltern vorschreiben, und denen, die das Leben anderer Kinder bestimmen; vielleicht versucht es, dem häuslichen Reglement auszuweichen und gegen die Autorität der Erwachsenen zu rebellieren, aber es stellt die Gerechtigkeit dieser Autorität nicht in Frage. Wenn sich sein sozialer Horizont erweitert und es entdeckt, daß seine Freunde manchmal von moralischen Vorstellungen geleitet werden, die sich von den seinen unterscheiden, wird es die Berechtigung der Vorstellungen anzweifeln, denen zu folgen man von ihm erwartet. Die Auflehnung gegen moralische Vorstellungen, weil man sie für ungerechtfertigt hält, erreicht ihren Höhepunkt im Bandenalter und reicht bis in das Jugendalter hinein (39, 193). Als dritten und schwerwiegendsten Effekt der Verwirrung moralischer Vorstellungen dürfen wir jedoch den Einfluß auf die moralische Entscheidung ansehen.

Faktoren, die die moralische Entwicklung beeinflussen

Die moralische Entwicklung eines Kindes ist zu einem großen Teil von seiner Umwelt abhängig. Von den vielen Umweltfaktoren, die die Moralität beeinflussen, sind die folgenden am wichtigsten:

Die Familie. Die Eltern und andere Familienmitglieder beeinflussen das Kind in vier voneinander unterscheidbaren Weisen: (1) Das Verhalten der Familie dient als Modell, das ein Kind nachahmt. (2) Durch Zustimmen und Ablehnen, durch Lohn und Strafe lehrt die Familie das Kind, sich in gesellschaftlich gebilligter Weise zu verhalten. (3) Indem die Strafe auf den Fehltritt abgestimmt wird, führt die Familie das Kind dahin, die Schwere seines Vergehens zu erkennen. (4) Die Familie trägt viel dazu bei, daß das Kind motiviert ist, das Richtige zu tun (49, 100, 118, 145).

Unter normalen Umständen sieht das Kind zu seinen Eltern, Verwandten und älteren Brüdern und Schwestern auf und bewundert sie. Wenn deren Verhalten dem von der Gesellschaft erwünschten entspricht, übernimmt das Kind von ihnen seine Verhaltensstandards und verhält sich so, wie es die Mitglieder seiner sozialen Gruppe billigen. Wenn die Erziehung vernünftig und nicht launisch ist, entwickelt das Kind moralische Reife in Form von Selbstkontrolle und Selbstleitung. Doch können sogar noch die Auswirkungen eines schlechten elterlichen Vorbilds abgefangen werden, wenn das Kind eine warme und enge Beziehung zu seinen Eltern, besonders zu seiner Mutter, hat (136).

Wenn die Beziehungen innerhalb der Familie gut sind, wird das Kind von seinen Eltern stärker beeinflußt als von irgendjemand sonst. Dennoch reichen günstige Beziehungen zwischen Eltern und Kind unter Umständen nicht aus, um eine gesunde moralische Entwicklung zu gewährleisten, wenn die Eltern nicht fähig sind, sich mit dem Kind wirklich zu verständigen. Eine klare Verständigung stellt sicher, daß ein Kind weiß, was man von ihm erwartet, und man es ermutigt, dies auch zu wollen. Eine schlechte Verständigung zwischen Eltern und Kind – wie sie für die späteren Jahre der Kindheit typisch ist – hat den gegenteiligen Effekt. In dieser Zeit wird die Kommunikation nicht durch mangelndes sprachliches Verständnis auf seiten des Kindes erschwert, vielmehr durch die fehlende emotionale Wärme zwischen Eltern und Kind (99, 129).

Wenn die Beziehungen zwischen Eltern und Kind ungünstig sind oder wenn die Familie, in der das Kind aufwächst, durch Scheidung, Trennung oder Tod nicht mehr vollständig ist, verliert das moralische Verhalten des Kindes an Niveau, und seine Einstellungen gegenüber Vergehen verändern sich. Ungünstige Beziehungen zwischen Eltern und Kind, die oft bis in die frühesten Tage der Kindheit zurückreichen, zeigen sich oft in Verhaltensweisen wie Schulschwänzen, Unehrlichkeit, Zerstörungswut und – wenn das Kind älter wird – in Jugendkriminalität (65, 190).

Der sozioökonomische Status einer Familie spielt eine wichtige Rolle für die moralische Entwicklung eines Kindes. Für den Beispielfall der Ehrlichkeit ist dies in Abb. 12-2 dargestellt. Wenn es auch zutrifft, daß Kinder aus allen sozioökonomischen Schichten stehlen, lügen und die Schule schwänzen, ist solches Verhalten doch häufiger bei Kindern aus den unteren sozioökonomischen Gruppen anzutreffen (147). Da der sozioökonomische Status der Familie den Hintergrund bildet, vor dem sich die Entwicklung des Kindes abspielt, bestimmt er auch darüber, welche moralischen Werte das Kind lernt und welche Vorbilder moralischen Verhaltens dem Kind zur Imitation angeboten werden (179).

Eltern der Mittelklasse bestrafen ihre Kinder in erster Linie für „Stibitzen", den Gebrauch „schmutziger Wörter", Wutausbrüche, Streitereien mit Geschwistern und für Ungehorsam; Eltern der unteren Klassen bestrafen eher Aggressivität, die anderen ernstlich schaden könnte, den Gebrauch tabuierter Wörter und Trotz (109, 160).

Spielkameraden. Schon bei Kindern, die im ersten Jahr den Kindergarten besuchen, ist der Einfluß der Kameraden stark genug, um die Kinder dazu zu bringen, von den Einstellungen ihrer Eltern gegenüber Aggressivität abzuweichen. Wenn sich ein „Gruppengefühl" entwickelt, wird die Unabhängigkeit gegenüber den Regeln der Erwachsenen größer, und die Gruppenautorität gewinnt an Einfluß. Der Einfluß der Spielkameraden ist dann am größten, wenn sie anwesend sind und sich in einer Position befinden, die es ihnen

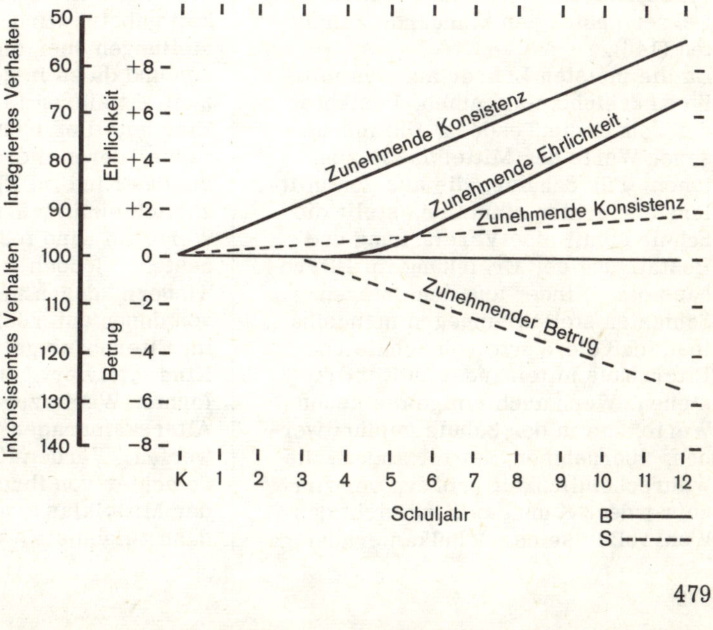

Abb. 12-2. Unterschiedliche Trends bei ehrlichem Verhalten und der Konsistenz ehrlichen Verhaltens. Kinder aus ökonomisch besser gestellten Schichten (B) werden mit zunehmendem Alter ehrlicher und sind in dieser Hinsicht konsistenter; Kinder aus den schlechter gestellten Schichten (S) betrügen mit zunehmendem Alter mehr und sind in dieser Hinsicht konsistenter.

erlaubt, durch Beispiel, Suggestion und durch zustimmende oder ablehnende Reaktionen auf die Einstellungen des Kindes und sein Verhalten einzuwirken (39). Der Gruppeneinfluß ist am größten, wenn die Gruppe klein ist und eng zusammenhält.
Wenn das Kind akzeptiertes Mitglied der Gruppe der Gleichaltrigen sein will, muß es die moralischen Werte der Gruppe übernehmen und sein Verhalten nach den Leitlinien ausrichten, die sie billigt, auch wenn diese von den Standards, die das Elternhaus gesetzt hat, abweichen. Wenn ein Kind sich weigert, einem Kameraden bei seinen Hausaufgaben oder in einer Prüfung zu helfen, muß es vielleicht feststellen, daß die Gruppe es zurückweist, weil es sich der Gruppe gegenüber nicht kameradschaftlich verhalten hat (77).

Die Schule. Das Verhältnis, das ein Kind zu seinem Lehrer und seinen Klassenkameraden hat, beeinflußt sein Verhalten deutlich. Wenn es in der Klasse ein Störenfried ist, wirkt sich das auf die Beziehung zwischen Schüler und Lehrer nachteilig aus (88, 192). Ähnlich verhält es sich, wenn ein Lehrer einen Schüler nicht leiden kann oder dessen Verhalten die moralischen Standards des Lehrers nicht erfüllt, und es kann sein, daß der Lehrer so ungünstig auf den Schüler einwirkt, daß dieser kaum noch versuchen will, sich nach den vom Lehrer gebilligten Standards zu richten (146).
Da die meisten Lehrer aus den mittleren Schichten stammen, besteht in der Schule die Tendenz, die moralischen Werte der Mittelklasse zu betonen. Für Schüler, die aus den mittleren Schichten stammen, stellt die Schule somit eine Verstärkung und Bestätigung der Erziehung im Elternhaus dar. Kinder aus den unteren Schichten stellen hingegen manchmal fest, daß die Werte von Schule und Elternhaus miteinander in Konflikt stehen. Wenn auch einige die neuen Werte, die in der Schule gelehrt werden, übernehmen, ist für andere die Wahrscheinlichkeit größer, verwirrt zu werden. Kann das Kind nicht das Wohlwollen seiner Schulkameraden gewinnen, stellt es sich mit einiger Wahrscheinlichkeit gegen die Schule und lehnt die moralischen Vorstellungen ab, die dort gelehrt werden (98).
Der autoritäre Lehrer versetzt ein Kind unter Umständen in eine solche Furcht, daß es nicht nur den Lehrer, sondern die Arbeit in der Schule überhaupt und die Zensuren fürchtet. Mit der Zeit kann sich dieses Gefühl zu einer allgemeinen Furcht und Ablehnung gegenüber der Schule entwickeln – und das ist eine ungünstige Einstellung, die nicht gerade zu gutem Betragen führt. Wenn sich eine solche Einstellung erst einmal entwickelt hat, ist die Wahrscheinlichkeit, daß sie sich ändert, gering, bis das Kind unter den Einfluß eines stärker demokratisch eingestellten Lehrers gerät (8, 117).
Wieviel an Unehrlichkeit sich im Unterricht zeigt, hängt stärker von der Beziehung zwischen Schüler und Lehrer ab als von den formalen Erziehungsleitsätzen der Schule (10). Die Persönlichkeit des Lehrers und die Art, wie er den Unterricht gestaltet, haben mehr Einfluß als die Nachdrücklichkeit, mit der man die Bildung des Charakters und die Erziehung zum guten Staatsbürger betont. Wenn die moralische Erziehung in der Schule Erfolg haben soll, sind nicht nur gute Beziehungen zwischen Schüler und Lehrer die Voraussetzung, sondern auch, daß die Möglichkeit geboten wird, Ansichten und Vorstellungen über die Moral zu diskutieren und diese in konkreten Situationen zu praktizieren (98, 146).
Eine gute Beziehung zu Klassenkameraden, deren moralische Werte denen, die das Kind im Elternhaus gelernt hat, ähnlich sind, trägt dazu bei, diese Werte im Kind fester zu verankern; bestehen jedoch gute Beziehungen zu Kindern, deren moralische Werte sich von denen unterscheiden, die das Kind im Elternhaus gelernt hat, dann ist das Kind motiviert, die im Elternhaus gelernten Werte zugunsten der von den Alterskameraden vertretenen zu verwerfen. Werden Kinder aus den unteren Schichten von ihren Kameraden, die der Mittelklasse angehören, abgelehnt, dann zeigen sie – und zwar als Mittel,

Status zu gewinnen – oft schlechtes Betragen. Indem sie sich mit anderen Kindern zusammentun, die sich den in der Schule geltenden Regeln nicht fügen wollen, finden sie nicht nur die Kameradschaft, nach der sie sich sehnen, sondern auch eine Möglichkeit, sich in gewisser Weise an der Schule, ihren Lehrern und ihren Klassenkameraden zu rächen (39).

Religiöse Unterweisung. Die religiöse Unterweisung beeinflußt die moralische Entwicklung des Kindes einmal dadurch, daß sie seine Vorstellung über die Wichtigkeit bestimmter Werte und Ideen akzentuiert, und zum anderen dadurch, daß die moralischen Regeln, die es gelernt hat, durch „göttliche Sanktionen" gestützt werden – durch den „Willen Gottes" und die Rolle von Himmel und Hölle. Das Kind glaubt, seine Übeltaten würden in diesem Leben und auch im Leben nach dem Tod bestraft werden. Oft wird ihm erzählt, Gott sehe es ständig und schreibe seine Missetaten in ein großes Buch. Einigen Kindern droht man mit ewigen Strafen in der Hölle, wenn sie sich schlecht benehmen, und drastisch wird beschrieben, wie diese Strafe aussieht. Wenn auch viele Religionen betonen, daß Gott Wohlverhalten belohnt – mit einem glücklichen Leben im Himmel nach dem Tode –, wird doch in der Regel die Strafe für Übeltäter stärker herausgestellt als der Lohn für gutes Verhalten. Religion als Stütze für moralische Regeln unterscheidet sich von der Stützung moralischer Regeln durch die soziale Gruppe dadurch, daß die Religion Gottes Zorn und Strafe in der Zukunft betont, nicht die Strafe im gegenwärtigen Augenblick (84).

Kinder, die diese Art religiöser Unterweisung bekommen haben, beginnen im allgemeinen im Jugendalter, einige der Lehren der Religion anzuzweifeln. Diese Kinder glauben dann z. B. weiterhin, daß die Religion die Menschen lehre, wie sie sich richtig zu verhalten haben, daß Religion aber die Menschen nicht gut macht. Gute religiöse Unterweisungen helfen hingegen dem Kinde, die Kontrolle seines Verhaltens nach innen zu verlegen (65, 84, 132, 182, 206).

Freizeitbeschäftigungen. Aus dem Kontakt mit anderen Kindern lernt das Kind die Regeln des fairen Spiels, mit anderen zusammenzuarbeiten und sich so zu verhalten, daß es anderen hilft und nicht schadet (24). Sportwettkämpfe, die in der späten Phase der Kindheit so beliebt sind, bieten ausgezeichnete Möglichkeiten für die moralische Erziehung. Kein Verhalten, das nicht den Regeln guten sportlichen Geistes entspricht, wird toleriert. Wenn man das Siegen jedoch zu sehr betont, ermutigt man die Spieler zum Betrügen, denn wenn der Sportler fair spielt und dann verliert, fühlt er sich minderwertig (39).

Eltern und Lehrer gehen von der Annahme aus, daß die moralischen Standards eines Kindes von dem, was es liest, beeinflußt werden. Sie empfehlen deshalb Bücher, die ihrer Meinung nach dem Kind die erwünschten Moralvorstellungen und Verhaltensweisen nahebringen. Der gute Einfluß dieser Bücher wird jedoch oft aufgehoben durch die Wirkung der Schundliteratur, die Verbrechen und Gewalttaten herausstellt (zum Einfluß der Lektüre der Bildhefte, des Films und Fernsehens vgl. Kapitel 10). Erwähnen sollte man vielleicht noch, daß die Konzentration auf Verbrechensschilderungen in Zeitungen und Illustrierten für die Moral des Kindes genauso schädigend sein kann wie zu häufiges Lesen von Groschenheften (118, 145).

Intelligenz. Die Beziehung zwischen Intelligenz und Moral ist nicht so wichtig, wie man früher annahm. Sicherlich trifft es zu, daß ein Kind zwischen richtig und falsch unterscheiden können und die Folgen seines Verhaltens vorhersehen muß, aber dies erfordert nicht unbedingt ein höheres Maß an Intelligenz. Man hat eine Korrelation zwischen Meßwerten für Ehrlichkeit und Intelligenz von 0, 50 bei Schulkindern festgestellt. Dies legt die Interpretation nahe, daß die Beziehung zwischen Intelligenz und Ehrlichkeit in der untersuchten Gruppe nur wenig stärker war, als nach Zufall zu erwarten stand (98). Untersuchungen an sehr intelligenten Kindern ergaben, daß diese ge-

genüber durchschnittlich begabten Kindern ehrlicher und wahrheitsliebender waren. Sehr viel seltener als weniger intelligente Kinder mogeln sie in der Schule, hauptsächlich deshalb, weil sie es wegen ihrer Leistungen nicht nötig haben.
Hin und wieder ist jedoch die Moral sehr intelligenter Kinder nur schwach ausgeprägt, und einige entwickeln sich sogar zu jugendlichen Rechtsbrechern. Die Anzahl jugendlicher Rechtsbrecher mit einem sehr hohen IQ ist jedoch verglichen mit der Anzahl mit niedrigem Intelligenzniveau sehr gering. In der Schule wie im Elternhaus zeigen sehr intelligente Kinder oft schlechtes Betragen, weil sie absichtlich gegen die Regeln verstoßen und sich gegen die Autorität auflehnen. Ein solches Betragen läßt sich nicht darauf zurückführen, daß diese Kinder nicht wissen, wie sie sich verhalten sollten, vielmehr sind sie gelangweilt und stoßen sich an den Regeln, die sie für ungerecht halten (36, 120). Von wenigen Ausnahmen abgesehen, ist den intelligenten Kindern durchaus klar, daß „richtiges Betragen schlichtweg intelligentes Verhalten ist" und es lediglich zu ihrem persönlichen Vorteil ist, wenn sie sich so verhalten, wie es die Gruppe von ihnen erwartet (211).

Geschlecht. Es gibt keine Belege dafür, daß Jungen und Mädchen sich aufgrund angeborener Faktoren hinsichtlich der Moralität unterscheiden, und es gibt auch keine Hinweise darauf, daß sie sich unterscheiden, wenn sie eine ähnliche moralische Erziehung erhalten (50). Aber es ist ja so, wie Jones es schildert: „Unsere Kultur erwartet von den Mädchen nicht die gleichen Verhaltensweisen, die sie von den Jungen erwartet; und die Erziehung, die sie ihnen angedeihen läßt, ist unterschiedlich" (98).
Weil Anerkennung durch die sozialen Gruppen und die Verhinderung sozialer Mißbilligung für Mädchen mehr bedeutet und oft schwerer zu erreichen ist als für Jungen, erzählen Mädchen mehr Lügen solcher Art, die ihnen das Wohlwollen der Gruppe sichern. Auf jeder Altersstufe, besonders aber in der späten Kindheit und im Jugendalter, rebellieren Jungen stärker als Mädchen gegen Disziplin und sind weniger bereit, sich Regeln zu unterwerfen, wobei es

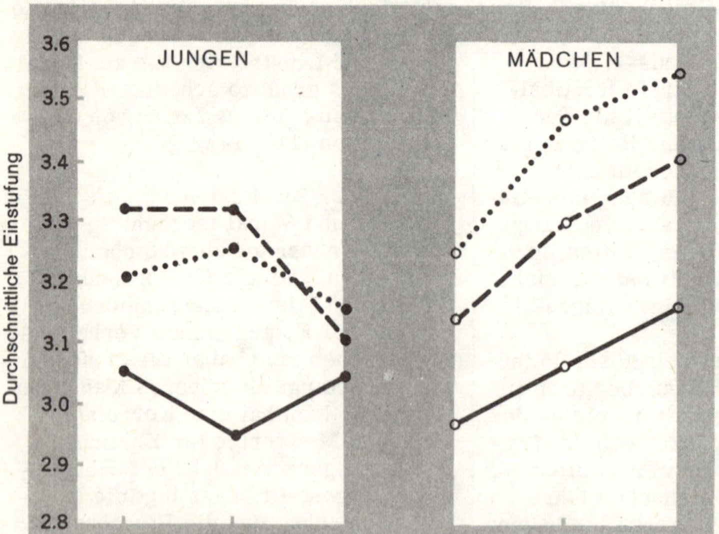

Abb. 12-3. Geschlechtsunterschiede beim Befolgen von Anordnungen im Übergang von der Kindheit zum Jugendalter.

ihnen gleichgültig ist, ob sie diese für gerecht halten oder nicht (81, 200). Vgl. hierzu Abb 12-3.
Wegen ihrer rebellischen Einstellung betragen sich Jungen im Elternhaus und in der Schule schlechter als Mädchen (53). Wie schon betont wurde, neigen Mütter gegenüber ihren Söhnen zu größerer Milde, und da die Mutter sich mehr als der Vater mit der Erziehung der Kinder beschäftigt, entdecken Jungen bald, daß sie leichter gegen Regeln verstoßen und dabei der Strafe entgehen können als Mädchen (35, 42). Sie stellen auch bald fest, daß ihre Lehrer, die in der Mehrzahl Frauen sind, ihnen gegenüber nachsichtiger sind und sie für das gleiche schlechte Benehmen weniger schwer bestrafen als Mädchen (117, 138).
Außerdem wird in einer Gruppe gleichaltriger Jungen ein Auflehnen gegen Autorität höher bewertet. Der Junge, der gegen die Regeln verstößt, wird für einen „richtigen Jungen" gehalten. Viele Jungen benehmen sich manchmal daneben, weil sie die Anerkennung ihrer Alterskameraden erringen wollen.
Wenn Jungen älter werden, werden sie eher zu Rechtsbrechern als Mädchen; und das wiederum läßt sich oft auf den Wunsch zurückführen, in der Achtung ihrer Alterskameraden zu steigen. Selbstverständlich ist das nicht der einzige Grund für die größere Jugendkriminalität bei Jungen, doch stellt es einen wichtigen Faktor dar (212).

Methoden, moralische Werte zu erlernen. Die Art und Weise, wie sich bei einem Kind die moralischen Vorstellungen entwickeln, beeinflußt sehr stark seine Motivation, in Übereinstimmung mit diesen Vorstellungen zu handeln. Wie alle Vorstellungen haben auch moralische Vorstellungen eine stark emotionale Tönung, und je nach dem emotionalen Gewicht oder der gefühlsmäßigen Tönung dieser Vorstellungen motivieren sie zum Guten oder zum Schlechten. Da die Methoden, moralische Vorstellungen zu vermitteln, und die Wirkungen, die diese Methoden auf die Einstellungen eines Kindes haben, eng mit Fragen der Erziehung zusammenhängen, werden diese Probleme im folgenden Abschnitt ausführlich behandelt.

(Moralische) Erziehung

Unter Erziehung verstehen wir „einen Prozeß des Übens und Lernens, der Wachsen und Entwicklung fördert". Das aus dem Lateinischen stammende Wort „Disziplin" hängt mit „discipulus" zusammen – das ist jemand, der lernt oder freiwillig einem Vorbild folgt. Diese Vorbilder sind Eltern und Lehrer, und das Kind ist der Schüler, der von ihnen die Lebensführung erlernt, die persönliches Glück gewährt und für die Gesellschaft von Nutzen ist. Auf dem Wege der Erziehung übermittelt also die Gesellschaft dem Kind ihre moralischen Vorstellungen (48).
Ziel aller Erziehung ist es, das Kind so zu formen, daß es sich an die traditionellen Rollen anpassen kann, die die kulturelle Gruppe, zu der es gehört, für das Kind bereithält. Da unsere Kultur jedoch nicht nur ein System von Rollen anbietet, gibt es auch keine allgemeingültigen Leitlinien für die Erziehung eines Kindes, aus denen die Erziehungsmethoden abgeleitet werden könnten. So kommt es zu der großen Spielbreite spezifischer Methoden, die innerhalb der gleichen kulturellen Gruppe angewandt werden, wenn auch alle anderen darauf abzielen, zum gleichen Endergebnis zu gelangen (176, 213).

Soziale Einstellungen gegenüber dem Erziehen

Wir möchten ein Zitat von DuBois voranstellen: Seit „undenklichen Zeiten hat man Erziehung als wesentlichen Bestandteil des menschlichen Lebens angesehen. Die Erfahrung hat gezeigt, daß Ziele nur dann erreicht werden können und Individuen nur dann glücklich sein können, wenn die menschlichen Kräfte geordnet und gerichtet werden. Da die Wünsche des einen oft mit denen der anderen in Konflikt geraten, hat die Gesellschaft Regeln zum Zweck des gemeinsamen Wohlergehens aufgestellt, denen sich jedes

einzelne Mitglied der Gruppe fügen muß, wenn es nicht bestraft werden will" (48).
Welche Erziehungsmethode zur Erreichung dieses gemeinsamen Wohlergehens angewendet wird, hängt allerdings von den gesellschaftlich gebilligten Ansichten über das Wesen des Menschen und über die übernatürlichen Kräfte ab. Wenn man glaubt, Sündhaftigkeit sei angeboren, billigt die Gesellschaft grausame und strafende Erziehungsmethoden (48). Wenn man an den bösen Willen der übernatürlichen Welt glaubt, werden ebenfalls grausame Strafen angewendet, und auf strikte Erziehung wird Wert gelegt. Im Gegensatz dazu bevorzugen Gruppen, die an die Güte der übernatürlichen Welt glauben, weniger strenge Erziehungsformen und halten Strafen für nicht so wichtig (45, 111).
In den vergangenen Jahren hat man von strafenden Erziehungsmethoden allgemein immer mehr abgesehen. Außerdem hat die Ansicht an Boden gewonnen, schlechtes Verhalten sei das Ergebnis einer bestimmten Erziehung des Kindes und nicht die Folge angeborener Boshaftigkeit. Diese Verschiebung hat zur Entwicklung zweier einander widersprechender Konzeptionen von Erziehung geführt, die wir im folgenden als „negatives" und „positives" Konzept bezeichnen werden. Folgt man dem negativen Konzept, dann bedeutet Erziehung Kontrolle durch *äußere* Autorität, die gewöhnlich nach eigenem Gutdünken eingesetzt wird. Es ist eine Art Einschränkung durch Mittel, die Schmerz bereiten oder aus anderen Gründen gefürchtet werden – was eigentlich nur ein anderer Name für Strafe ist. Strafe jedoch schwächt keineswegs immer die Tendenzen eines Individuums, in einer von der Gruppe nicht gebilligten Weise zu handeln, noch garantiert Strafe, daß die aufgegebenen Verhaltensweisen durch solche ersetzt werden, die eher gebilligt werden.
Das positive Konzept der Erziehung kann man mit beratender Pädagogik gleichsetzen, da es das *innere* Wachsen – Selbstdisziplin und Selbstkontrolle – betont. Das wiederum führt dazu, daß die Motivation von innen her aufgebaut wird. Negative Erziehung zwingt das Individuum zur Unreife, positive Erziehung fördert den Reifungsprozeß (16, 60).

Die Notwendigkeit zu erziehen

Es gab niemals eine Zeit, in der man annahm, ein Kind brauche nicht erzogen zu werden, aber die Gründe, warum man annahm, ein Kind brauche Erziehung, haben sich geändert. In der Vergangenheit glaubte man, ein Kind müsse erzogen werden, weil die Gesellschaft von ihm erwartete, daß es sich in einer bestimmten Weise verhalte, und Abweichungen von ihren Vorschriften nicht duldete. Heute wird allgemein angenommen, daß ein Kind erzogen werden muß, wenn es ein glücklicher, gut angepaßter Mensch werden soll (203).
Das Kind braucht den festigenden Einfluß der Erziehung, um seine Unsicherheitsgefühle auszugleichen, die durch das ständige Wechseln der Werte beim Kind entstehen. Außerdem lenkt Erziehung seine Kräfte in gesellschaftlich gebilligte Kanäle (125, 175). Erziehung erfüllt also bestimmte Bedürfnisse eines Kindes und trägt so zu seinem Glück und seiner guten Angepaßtheit bei:
1. Erziehung gibt dem Kind ein Sicherheitsgefühl, indem sie ihm sagt, wie weit es gehen kann, was es tun darf und was nicht.
2. Wenn es sich nach bestimmten Standards richtet, kann das Kind häufige Schuldgefühle vermeiden. Hin und wieder kann es nicht anders und muß etwas Falsches tun und sich schuldig fühlen, aber zu häufige Schuldgefühle machen unglücklich und führen zu einer schlechten Anpassung.
3. Wenn ein Kind sich richtig verhält, können Erwachsene es loben. Das Kind interpretiert Lob als Liebe, Schelte und Kritik als Zurückweisung. Und das Kind braucht Liebe, um sich richtig zu entfalten.
4. Erziehung führt zu einer das Ich stärkenden Motivation; sie ermutigt das Kind, das zu erreichen, was man von ihm verlangt.

5. Die Erziehung hilft dem Kind bei der Entwicklung seines Gewissens, das es dabei anleitet, Entscheidungen nach seinen eigenen Richtlinien zu fällen (62, 203).

Da Erziehung für die Entwicklung des Kindes notwendig ist, kann ein Kind, das nur sporadisch und unregelmäßig erzogen wird, sich nicht zu einem glücklichen, gut angepaßten Menschen entfalten (35, 176).

Unterschiede in der Notwendigkeit zu erziehen. Da sich Kinder in ihrem Erbgut und der Geschwindigkeit, mit der die Reifung sich vollzieht, unterscheiden, sind Erziehungsmaßnahmen, die für das eine Kind angebracht wären, für ein anderes Kind gleichen Alters ungeeignet. Ein paar freundliche Worte reichen vielleicht für das eine Kind aus, und es spielt nicht mit Streichhölzern, wohingegen ein anderes, gleichaltriges Kind das Verbot nicht versteht, weil es die Wörter, die gebraucht werden, nicht kennt, und also einen Klaps auf die Finger braucht (203). Für ältere Kinder muß man andere Erziehungsmaßnahmen heranziehen. Statt ihnen einfach zu sagen, was sie zu tun haben und was nicht, muß man ihnen erklären, warum einige Verhaltensweisen gestattet, andere verboten sind. So hilft man dem Kind, seine moralischen Vorstellungen zu erweitern, und motiviert es, das zu tun, was man von ihm erwartet (83).

Die Erfordernis der Erziehung schwankt auch mit der Tageszeit. Bei Dreijährigen gibt es bestimmte Gipfelzeiten, in denen am häufigsten Erziehungsmaßnahmen nötig sind – das ist in der Regel gegen acht Uhr morgens, gegen Mittag und etwa um 18 Uhr; bei den Sechsjährigen liegt der Gipfel bei 16 Uhr und bei den Neunjährigen mittags um 12. Erziehungsmaßnahmen werden meistens im Zusammenhang mit alltäglichen Routinebeschäftigungen erforderlich, so beim Essen, beim Schlafengehen oder wenn die Kinder zur Schule gehen müssen; sie werden am wenigsten benötigt, wenn das Kind frei nach seinem eigenen Willen spielen kann (35). Faktoren wie zuwenig Schlaf, schlechte Gesundheit und besondere Ereignisse, die den üblichen Tagesablauf des Kindes stören, bestimmen auch darüber, wie häufig Erziehungsmaßnahmen angewendet werden müssen. Wenn ein Kind z. B. müde ist, muß man erwarten, daß es sich nicht gut benimmt. Es kommt weiter darauf an, womit das Kind sich gerade beschäftigt; wenn ein Kind beim Essen trödelt oder sich gegen das Zubettgehen sträubt, muß der Erzieher öfter eingreifen, als wenn es sich mit seinem Spielzeug beschäftigt. Schließlich spielen bei dieser Frage auch die Wochentage eine Rolle; an Wochenenden und Montagen muß in der Regel häufiger erzieherisch eingegriffen werden. Je älter Kinder werden, desto seltener muß der Erzieher eingreifen. Es wurde festgestellt, daß man bei Dreijährigen etwa – im Durchschnitt – jeden Tag zu besonderen Erziehungsmaßnahmen greifen mußte, bei Sechsjährigen jeden zweiten Tag und bei Neunjährigen jeden vierten Tag. Ein Grund hierfür liegt darin, daß man sich mit Kindern, wenn sie älter werden, besser verständigen kann und sie eher verstehen, was man von ihnen erwartet (35).

Das Wesentliche bei der Erziehung

Erziehung besteht hauptsächlich aus Gewohnheitsbildung und umfaßt vier wesentliche Prinzipien: 1) Das Kind muß sich in der gewünschten Weise verhalten und unerwünschtes Verhalten ablegen. Es muß lernen, was von der sozialen Gruppe für wünschenswert und was für unerwünscht gehalten wird. 2) Es muß Befriedigung mit den gewünschten Verhaltensweisen assoziieren und Unlust mit den unerwünschten Verhaltensweisen, wenn man will, daß es genügend motiviert ist, die erwünschten Verhaltensweisen zu wiederholen und sich von den unerwünschten zurückzuhalten. 3) Es muß die gewünschten Verhaltensweisen so automatisch ausführen, daß es sie nach einiger Zeit auch ohne Beaufsichtigung wiederholt. 4) Es muß lernen, unerwünschte durch gebilligte Verhaltensweisen so zu ersetzen, daß seine Bedürfnisse durch

die gebilligten Verhaltensweisen genauso gut befriedigt werden wie zuvor durch die nicht tolerierten.
Jede Erziehungsmethode enthält bestimmte Elemente, die eine Hilfe bei der Verwirklichung dieser Prinzipien darstellen. Die im folgenden besprochenen Elemente sind für jede Erziehungsmethode wesentlich.

Regeln und Gesetze. Regeln und Gesetze erfüllen in der Erziehung zwei gute Zwecke. Als erstes wäre ihre Funktion als pädagogische Vermittler zu nennen, die ein Kind mit den Verhaltensstandards vertraut machen, die die Gruppe akzeptiert (175). Ihr zweiter Zweck ist es, unerwünschtes Verhalten zu hemmen. Wie viele Regeln es gibt, hängt bis zu einem bestimmten Grad von der Größe der Familie und der ausgeübten Erziehungsmethode ab. Je autoritärer die Erziehungsmethode ist, desto mehr Regeln gibt es. Die Anzahl der Regeln hängt weiter von der Beschäftigung ab. In den meisten Familien gibt es z. B. mehr Vorschriften für das Spiel außerhalb des Hauses als für das Zuschauen bei einer Fernsehsendung (15).

Beständigkeit. Wenn Erziehung nicht beständig und konsequent ist, weiß das Kind nicht, was es tun und wem es gehorchen soll. Settlage hat die Wichtigkeit einer konsistenten Erziehung betont: „Wenn man eine Grenze setzen will, muß man sich auf einen Wert beziehen, und wenn man sich dabei über seine Werte nicht im klaren ist, entstehen Verwirrung, Zusammenhanglosigkeit und Mehrdeutigkeit" (175).
Inkonsistenz beim Lernen verlangsamt den Lernprozeß, Konsistenz beschleunigt ihn (1). In einem Experiment mit Kindern im Kindergartenalter gaben zwei Erwachsene die Anordnungen. Wenn die Anordnungen gleich lauteten, gehorchten die Kinder meistens. Unterschieden sich jedoch die Anordnungen und waren miteinander nicht vereinbar, schwankten die Kinder und gehorchten mal nur einem der Erwachsenen oder gehorchten mal dem einen, mal dem anderen – viel häufiger gehorchten sie keinem der beiden (141). Bei älteren Kindern sind die Auswirkungen der Inkonsistenz noch ernster. Entweder sind die Kinder verwirrt und wissen nicht, was sie tun sollen, oder sie verlieren vor dem Erzieher den Respekt und weigern sich, ihm zu folgen (35, 164).
Strenge oder Laxheit der Erziehung an sich sind nicht so schädlich wie Inkonsistenz. Untersuchungen haben z. B. ergeben, daß Kinder, die später kriminell wurden, inkonsequent erzogen wurden, wohingegen Kinder, die streng erzogen wurden – wenn diese Erziehung nur konsistent war – sich nur in wenigen Fällen zu Rechtsbrechern entwikkelten (136).
Je konsistenter die Erziehung ist, desto glücklicher wird das Kind und desto besser paßt es sich ein. Dies zeigt sich in einer besseren Integration der Verhaltensweisen und einer realistischeren Haltung dem Leben gegenüber (134, 143). Inkonsequente Erziehung hingegen führt zu Reibungen zwischen Kind und Erwachsenem. Weil es nicht genau weiß, was man von ihm will, tut das Kind meistens das, was ihm gefällt.
Man hat festgestellt, daß Erstgeborene häufiger inkonsequent erzogen werden als Nachgeborene (115).
Nur viel zu oft wissen Eltern und Lehrer nicht genau, welches Verhalten sie von dem Kind fordern sollen, noch wissen sie, wie sie erreichen können, daß das Kind sich so verhält, wie sie es sich wünschen. Die meisten Eltern – und das gilt auch für viele Lehrer – haben keine einheitliche, in sich geschlossene Vorstellung darüber, wie man ein Kind erziehen soll, noch verwenden sie die Methode konsistent, die sie im allgemeinen bevorzugen. Sie wechseln von Milde, die fast einem völligen Mangel an Kontrolle gleichkommt, zu so strikter Kontrolle, daß dem Kind kaum noch Freiheit zum Handeln bleibt (176). Erzieher, die sehr strikt oder sehr milde sind, zeigen im allgemeinen größere Konsistenz als Erzieher mit Methoden, die zwischen diesen Extremen liegen; aber auch ein sehr strenger oder sehr laxer Erzieher ändert von einem Zeitpunkt zum anderen und von einer Situation zur anderen seine Methode (184).

Mütter aus der Mittelklasse sind wohl die am wenigsten konsequenten Erzieher; ihre Vorschriften sind zwar oft streng, deren Beachtung setzen sie aber nicht strikt durch (208).
Mütter schwanken in ihren Erziehungsmethoden stärker als Väter, wofür es viele Gründe gibt: Eine Mutter muß mit ihrem Kind 24 Stunden am Tag zusammenleben, und sie möchte, daß die Beziehung zwischen Eltern und Kind gut bleibt; sie versteht die Gründe für das Verhalten eines Kindes besser als der Vater; sie beurteilt das Kind eher nach dem Kinde angemessenen Standards, während Väter dazu neigen, es nach Erwachsenenstandards einzuschätzen; und schließlich gehört es auch nicht zum Stereotyp einer „guten Mutter", streng zu sein, doch zum Stereotyp eines „guten Vaters" gehört das eindeutig. Aus all diesen Gründen schwanken Mütter zwischen dem, was sie tun wollen, und dem, was die Gesellschaft von ihnen zu tun verlangt (93).
Studien über inkonsequente Mütter haben gezeigt, daß ihnen gewöhnlich bestimmte Charakteristika gemeinsam sind. Ihre Einstellungen gegenüber ihren Kindern sind ambivalent, Feindseligkeit und Sorge um das Wohl der Kinder wechseln einander ab. In mancher Hinsicht ist ihr Verhalten gegenüber den Kindern inkonsistent: Sie drohen, setzen aber keine wirksamen Maßnahmen durch; sie ziehen Grenzen und entschuldigen sich dann dafür – als ob sie zugäben, etwas Falsches getan zu haben; oder sie verlangen bei der einen Gelegenheit strikt, daß man ihren Anordnungen folgt, nicht aber bei der nächsten. Sie jammern über ihre Unfähigkeit, das Kind zum Gehorchen zu bringen, und suchen sich Gründe, um ihre schlechte Kontrolle über ihre Kinder zu erklären. Diese Verhaltensweisen stammen zum größten Teil aus Schuldgefühlen darüber, daß man den Kindern Grenzen ziehen muß. Dies merken die Kinder bald; sie versuchen, ihre Mütter zu überlisten, oder verhalten sich antisozial, wobei sie sich sicher fühlen, daß sie der Strafe entgehen, wenn sie es nur so anlegen, daß sie die Schuldgefühle der Mutter verstärken. Wenn sie die Mutter in Wut bringen, greift sie zur Strafe als Mittel der Rache – nicht um den Kindern zu zeigen, daß sie bestimmte Dinge nicht tun dürfen. Dabei handelt es sich also selbstverständlich nicht um wirkliche Erziehung, sondern um ein Ventil für den Ärger der Mutter (164).
Eltern schwanken nicht nur zwischen milder und strenger Erziehung, sondern probieren auch oft herum, um zu sehen, welche Methode den besten Erfolg hat. Bei einer Erziehungsaufgabe, so hat man festgestellt, ziehen Eltern von Drei- und Sechsjährigen oft bis zu sieben verschiedene Methoden heran, um Kontrolle auszuüben. Sie versuchen, das Gefühl anzusprechen, versuchen es mit Humor, appellieren an die Selbstachtung des Kindes, bestechen es und schmeicheln ihm, versuchen sein Verhalten zu übersehen, bestrafen es oder lenken seine Aufmerksamkeit ab. Außerdem sind die meisten Eltern in der Wahl ihrer Strafmethode nicht beständig. Jackson meint: „Es ist nicht so, daß sie drohen oder schimpfen oder schlagen, viel wahrscheinlicher ist, daß sie drohen *und* schimpfen *und* schlagen" (93).
Für diese Inkonsistenz bei der Erziehung der Kinder gibt es viele *Gründe*. Die Schwankungen in der Wärme der Beziehungen zwischen Eltern und Kind aufgrund der Veränderung der Einstellungen des Kindes gegenüber den Eltern und der Eltern gegenüber dem Kind sind eine Ursache. Meist ist die Erziehung großzügig, wenn die Beziehung zwischen Eltern und Kind gut ist; sind die Beziehungen gespannt, ist die Erziehung streng (143). Wenn ein Kind sich anstrengt, die Erwartungen der Eltern zu erfüllen, sind die Eltern nachgiebiger, als wenn es sich keine Mühe gibt (2, 204).
Wie zufrieden Eltern mit ihrer Rolle als Eltern sind, beeinflußt ebenfalls die Konsistenz der Erziehung (195).
Wenn in einer Familie Konflikte darüber bestehen, nach welcher Methode man am besten erziehen sollte, unterminiert das in der Regel die Selbstsicherheit des Erziehenden und führt zu Inkonsequenzen. Viele Mütter aus den mittleren Schichten sind heutzutage durch die Widersprüche verwirrt,

die sie zwischen den Ratschlägen der modernen, für Eltern gedachten Literatur und den Ratschlägen der Mitglieder ihrer Familien feststellen (29, 106, 196).

Die vielleicht häufigste Ursache für die mangelnde Folgerichtigkeit sind die verschiedenen Vorstellungen über Erziehung, die bei Vätern und Müttern bestehen (203). Wenn zwischen den Eltern Meinungsverschiedenheiten auftreten, einigen sie sich eher auf ein striktes als auf ein nachgiebiges Vorgehen. Als Erklärung hierfür hat man zwei Überlegungen vorgetragen: Einmal glauben alle Eltern, sie sollten strenger sein, als sie es sind; weiter fürchtet jeder, der andere würde eifersüchtig oder verstimmt sein, wenn man selbst dem Kind gegenüber nachgiebiger wäre (158).

Wenn es auch nicht wichtig ist, daß Eltern in allen Erziehungsfragen völlig übereinstimmen, so ist es doch entscheidend, daß sie sich gegenseitig in den einzelnen Fällen unterstützen, daß sie etwa dem Kind das gleiche erlauben und in einem anderen Fall beide das gleiche verbieten. Sonst lernt das Kind schnell, einen Elternteil gegen den anderen auszuspielen und so möglichst oft seinen eigenen Willen durchzusetzen. Schlimmer noch als Inkonsistenz ist es, wenn ein Elternteil den anderen wegen einer Erziehungsmaßnahme kritisiert.

Wird diese Kritik nicht vor dem Kind ausgesprochen, so schadet sie dem Kind indirekt, weil sie den kritisierten Elternteil in seiner Rolle als Erzieher unsicher macht (142, 173). Wird kritisiert, wenn das Kind anwesend ist, schadet man ihm direkt, indem man seinen Respekt vor dem Erzieher untergräbt. Mit der Zeit kann sich diese Einstellung auf jede Autorität übertragen. Ehemänner stehen den Methoden ihrer Frauen kritischer gegenüber als Frauen den Maßnahmen ihrer Männer. Ehemänner aus der Mittelklasse sind jedoch weniger kritisch als Männer aus den unteren Schichten (128, 196, 210).

Strafe. Bei der Erziehung eines Kindes spielen Lohn und Strafe eine wichtige Rolle. Strafe dient dazu, unerwünschtes Verhalten zu hemmen, Lohn dient dazu, gern gesehene Verhaltensweisen zu fördern. Wenn beide jedoch ihre Funktion richtig erfüllen und zu einer gesunden Entwicklung von Geist und Gefühl beitragen sollen, „muß das Kind beides, Lohn und Strafe, verdient haben. Und das Kind muß sie auch verstehen. Falls entweder belohnt oder gestraft wird, wenn das Kind es nicht verdient hat, wird das Kind verwirrt und irregeleitet. Man kann hier fragen, was damit gemeint ist, wenn man sagt, das Kind müsse Lohn oder Strafe ‚verdient' haben. Man kann dies vielleicht ganz allgemein so formulieren: Lohn oder Strafe sind verdient, wenn ein Kind, das in früheren Situationen die Gelegenheit hatte zu lernen, welche Verhaltensweisen gebilligt sind, sich besser verhalten hat, als man vernünftigerweise hätte erwarten können, oder nicht das Verhalten gezeigt hat, das man von ihm hätte erwarten dürfen" (203).

Auch wenn positive Motivation – in der Form von Belohnung – zu besseren Ergebnissen führt als negative Motivation – in der Form von Strafen –, sollte man nicht völlig auf Strafen verzichten. Für alles moralische Verhalten ist es wesentlich, daß man die möglichen Konsequenzen einer Handlung kennt. Da Kenntnis der möglichen Konsequenzen die Bewertung der Handlung notwendig macht, muß jedes Kind lernen, Alternativen und die jeweils damit verbundenen Konsequenzen abzuwägen. Auf diese Weise lernt es, selbst zu entscheiden, ob eine Handlung ihren „Preis" wert ist (175).

Strafe erfüllt in der Erziehung zwei größere Funktionen: 1) Sie schränkt die Wiederholung sozial unerwünschter Verhaltensweisen ein, und 2) sie zeigt dem Kind, was die soziale Gruppe für richtig oder falsch hält. Da das Kind die Schwere seines Verstoßes nach der Schwere der Strafe einschätzt, ist es klar, warum man in gleichbleibender Weise strafen sollte. Unglücklicherweise verliert dieses Kriterium seinen Wert, weil die meisten Eltern und Erwachsenen im Zorn strafen. Wenn ein Kind lernt, daß jedesmal auf eine falsche Handlung eine bestimmte Strafe folgt, dann denkt es zweimal nach, bevor es so handelt.

Formen der Strafe. Bestimmte Formen zu strafen sind in unserer Kultur weit verbreitet. Abb. 12-4 zeigt verschiedene Strafarten, die die Eltern angaben, und zwar erstens für den Zeitpunkt, zu dem das Kind in den Kindergarten geschickt wurde, und zweitens für einen Zeitpunkt, der etwa ein Jahr später lag. Ein Vergleich zeigt, daß die gleiche Strafart zu den verschiedenen Zeitpunkten etwa gleich häufig berichtet wird, außerdem geht daraus hervor, daß die Anzahl der verwendeten Strafarten mit dem Alter zunimmt. Wenn man die berichteten Strafarten daraufhin untersucht, welchen Einfluß auf das Verhalten man ihnen zuschreibt, stellt man fest, daß die meisten darauf abzielen, das Selbstvertrauen des Kindes zu unterminieren oder seine Freiheit einzuschränken – durch Schlagen, Vorenthalten, Isolieren, Einschüchtern, Beschämen und Entziehen der Zuwendung. Ähnliche Strafformen werden auch bei älteren Kindern angewendet (35).

Die meisten Eltern halten eine körperliche Züchtigung, besonders eine Ohrfeige oder eine Tracht Prügel, für die wirksamste Methode, um mit dem schlechten Betragen eines Kindes fertig zu werden. Vielleicht spiegelt sich in dieser Einstellung die alte Annahme wider, daß, wer mit der Rute geize, sein Kind verderbe. Vielleicht rührt diese Haltung auch einfach daher, daß die Eltern noch keine bessere Methode, mit einem Kind zurechtzukommen, gefunden haben. Wenn auch im allgemeinen die Strafe nur in leichten Schlägen besteht, kommen doch Fälle vor, in denen das Kind dauernden Schaden erleidet oder sogar getötet wird. Einige Kinder versuchen, ihre Eltern zu einer körperlichen Bestrafung herauszufordern, um deren Aufmerksamkeit zu gewinnen, die meisten Kinder aber fürchten sich davor.

Entgegen weitverbreiteten Ansichten ist die körperliche Züchtigung eine der

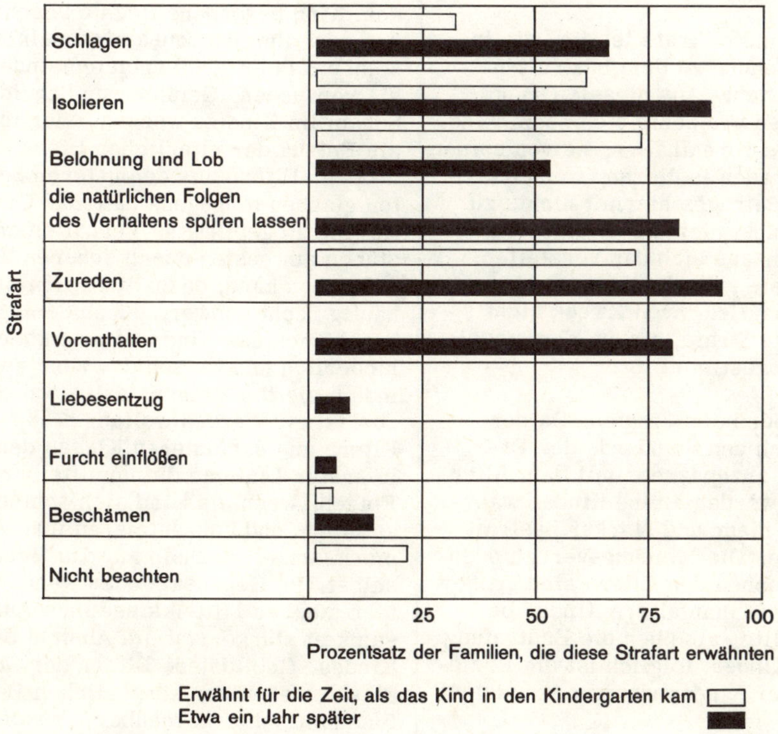

Abb. 12-4. Strafarten nach Aussage der Eltern.

schlechtesten Methoden zu strafen, denn das Kind assoziiert diese Strafe selten mit der Handlung, für die es bestraft wird. Weil die Wut der Erwachsenen in der Situation stärker im Vordergrund steht als die Handlung des Kindes, verbindet das Kind den Schmerz mit dem, der es schlägt, nicht mit seinem eigenen Verhalten.

Wenn man schon durch Schlagen bestraft, sollte man es dann tun, wenn die Handlung, die man dem Kind verboten hatte, noch andauert. Schiebt man die Strafe auf, dann assoziiert das Kind sein Verhalten nicht mit der Strafe, und so verliert die Strafe ihren Sinn. Wenn man überhaupt körperlich bestrafen will, sollte man diese Strafart nur benutzen, bis das Kind zwei oder drei Jahre alt ist – wenn also das Kind auch schon verstehen kann, was man ihm sagt. Nach diesem Alter sollte man so bestrafen, daß Strafe und falsches Verhalten eng aufeinander bezogen sind. Straft man nach diesem Alter noch durch Schlagen, dann muß das Kind wissen, daß seine Eltern es trotz seines schlechten Betragens lieben (102).

Die wirksamste Strafe ist die, die in enger Beziehung zu dem bestraften Verhalten steht. Aus diesem Grund sind Formen wie Schimpfen, dem Kind eine Freude vorenthalten, es von seinen Spielkameraden isolieren, wenn das schlechte Betragen hiermit nichts zu tun hat, längst nicht so erfolgreich, wie Erwachsene sich das vorstellen. Man kann sie zwar leicht anwenden, aber sie erfüllen ihren Zweck nicht so gut wie eine Strafe, die auf den einzelnen Fall abgestimmt ist.

Unterschiede beim Strafen. Da der Zwang, sich den Standards der Erwachsenen anzupassen, mit dem Alter zunimmt, werden ältere Kinder wahrscheinlich mehr und stärker bestraft als jüngere. Die Meinungsverschiedenheiten zwischen den Eltern sind größer darüber, wie man ältere Kinder bestrafen sollte, als über die Bestrafung jüngerer Kinder; folglich ist die Erziehung älterer Kinder weniger konsistent (35, 173).

Solange Jungen und Mädchen noch klein sind, werden sie kaum unterschiedlich bestraft, mit zunehmendem Alter stellen sich jedoch Unterschiede ein in Ausmaß und Art der Strafe und hinsichtlich der Anlässe, derentwegen bestraft wird. Bei den älteren Kindern werden die Mädchen insgesamt gesehen weniger bestraft als die Jungen, da sich Mädchen den Erwachsenenstandards besser anpassen (101). Jungen werden härter bestraft, und sie erhalten öfter Schläge. Wenn Mädchen sich gegen Autorität auflehnen, werden sie öfter bestraft als Jungen, denn Streben nach Unabhängigkeit, das sich ja im Auflehnen gegen Autorität ausdrückt, hält man bei Jungen für wertvoller und erlaubt ihnen daher auch öfter, dieses Streben deutlich werden zu lassen (109).

Die Art der Strafe hängt auch ein wenig vom sozioökonomischen Status der Familie ab. Eltern der Mittelklasse wünschen gewöhnlich, daß sich ihre Kinder nach Verhaltensregeln richten, die sie sich zu eigen gemacht haben; sie versuchen dies zu erreichen, indem sie Mißbilligung zeigen, indem sie dem Kind besondere Rechte beschneiden oder ihm das Zusammensein mit seinen Kameraden verbieten, indem sie versuchen, Gefühle von Schuld und Scham im Kind zu wecken, oder indem sie Entzug der elterlichen Liebe androhen. Eltern aus den unteren Schichten glauben hingegen, daß man Orientierung an gebilligten Verhaltensmaßstäben am besten durch äußeren Zwang erreichen kann; deshalb strafen sie, häufig recht schwer, durch Schlagen, beschämen das Kind und machen es lächerlich und weisen das Kind zurück, indem sie ihm zeigen, daß sie nicht „belästigt" werden wollen.

Eltern aus der unteren Klasse denken in erster Linie an die unmittelbaren Folgen, wenn ein Kind sich schlecht aufführt, und konzentrieren ihre Aufmerksamkeit deshalb auf das Verhalten selbst. Im Gegensatz dazu wenden Eltern aus der Mittelklasse ihre Aufmerksamkeit stärker auf die Absicht des Kindes. Gebildetere Eltern der Mittelklasse stehen der körperlichen Bestrafung kritischer gegenüber – besonders, wenn sie in irgendeiner Form über die

Pflege und Erziehung ihrer Kinder unterrichtet wurden – als weniger gebildete Eltern der Mittelschicht (29, 76, 109, 160).

Solange die Kinder klein sind, bestrafen die Mütter am häufigsten; wenn die Kinder älter werden, bestrafen beide Eltern. Väter bestrafen ihre Söhne etwas öfter und härter als ihre Töchter, für die Mütter gilt das Umgekehrte. Zwar strafen in Familien des Mittelstandes die Väter weniger als die Mütter, doch strafen Väter häufiger körperlich.

Mütter berücksichtigen stärker die Absicht des Kindes, bevor sie schlechtes Benehmen bestrafen, Väter achten eher auf das Verhalten selbst. Wenn es auch in jeder sozialen Schicht Meinungsverschiedenheiten zwischen den Eltern über die beste Form zu strafen gibt, so ziehen doch Eltern aus den unteren Klassen übereinstimmend körperliche Bestrafung allen anderen Formen vor; in den oberen Klassen bevorzugen Väter körperliche Strafen stärker als Mütter. Aus diesem Grund werden Kinder aus den unteren Schichten weniger wegen der Meinungsverschiedenheiten der Eltern darüber verwirrt, was richtig und was falsch ist (35, 109).

Nach Havighurst gibt es nur zwei Menschengruppen, denen man es ohne allzu großen Schaden erlauben darf, die Bestrafung eines Kindes als Ventil ihrer Aggressionen zu benutzen. Eltern dürfen dies innerhalb enger Grenzen tun, da sie dem Kind so nahe stehen, daß es eine gelegentliche Strafe von ihnen hinnehmen kann, ohne daß es an der Zuneigung der Eltern zweifelt. Auch völlig Fremde dürfen ein Kind bestrafen, wenn es ihr Eigentum zerstört oder ihnen etwas weggenommen hat. Auf diese Weise bringen sie dem Kind bei, daß es bestraft wird, wenn es die Rechte anderer verletzt. Andere Menschen jedoch, die häufig mit einem Kind in Berührung kommen, mit ihm vielleicht gefühlsmäßig nicht so eng verbunden sind – wie z. B. Lehrer, Jugendführer und Nachbarn – sollten das Kind nicht aggressiv strafen. Sie werden meistens feststellen, daß Belohnen eine bessere Methode ist, ihre Ziele zu erreichen (73).

Vorsicht bei der Anwendung von Strafe. Im allgemeinen greifen Erwachsene zur Strafe, um Fehler im Verhalten zu korrigieren, ohne dabei die Motive des Kindes zu berücksichtigen. Das ist offensichtlich dem Kind gegenüber ungerecht. Ein Erwachsener, der straft, sollte sich ausdrücklich darum bemühen, die Motive, die dem Verhalten des Kindes zugrunde liegen, herauszufinden. Wenn man dem Kind sagt, warum es bestraft wird, erhöht das nicht nur den pädagogischen Wert der Strafe, sondern macht dem Kind auch deutlich, daß es nicht aufgrund persönlicher Verärgerung der Erwachsenen bestraft wird.
Sicher kann man Gehorsam durch Strafe oder durch Furcht vor Strafe erreichen, oft aber sind die Auswirkungen auf das Kind ungünstig, besonders, wenn die Eltern das Kind zu schnell ändern wollen oder das Kind für eine Beeinflussung noch zu jung ist. Eine Strafe kann man kaum als pädagogisch ansehen, wenn sie sich nicht auf die Handlung, die bestraft werden soll, bezieht. Für ein Kind bedeutet eine Strafe: ein Schmerz, der von einer älteren, größeren und stärkeren Person zugefügt wird, weil man eine Regel, die ein Erwachsener willkürlich aufgestellt hat, übertreten hat. Außerdem führt Strafe leicht dazu, daß Ressentiments und Feindseligkeiten entstehen und Denken wie Verhalten beeinträchtigt werden. Also trägt sie nur selten zum Lernen bei und verstößt so selbst gegen ihren eigentlichen Zweck. Wenn man mit Strafen Erfolg haben will, muß man nachdrücklich herausstellen, was das Kind durch die Strafe lernen soll; Strafe sollte niemals erniedrigend sein, und das trifft doch so oft für die körperliche Bestrafung zu (48).

Lohn. Wenn ein Kind sich so verhalten soll, wie die Gesellschaft es wünscht, dann muß es sich für das Kind auch lohnen, sich so zu verhalten. Der Lohn muß also die Funktion erfüllen, mit dem erwünschten Verhalten angenehme Assoziationen zu verbinden (203). Obwohl Lob und Lohn ausgezeichnete Erziehungsinstrumente darstellen, belohnen Eltern ihre Kinder, wenn sie älter werden, immer weniger und bestrafen sie immer mehr (Abb. 12-4).

Wenn nun auch außer Frage steht, wie richtig es ist, angenehme Assoziationen bei dem Kind mit dem Verhalten zu verbinden, von dem man wünscht, daß ein Kind es häufig wiederholt, heißt dies doch nicht, man sollte krampfhaft nach Belohnungen suchen, die auf das Verhalten, das belohnt werden soll, nicht bezogen sind. Wie auch die Strafe soll der Lohn in direkter Beziehung zu dem Verhalten stehen, damit er das Kind motiviert, die belohnte Handlung zu wiederholen. Die vielleicht einfachste und doch wirksamste Belohnung ist die Anerkennung durch andere in Form eines Lobes. Eine Bemerkung wie: „Du hast dein Zimmer aber schön sauber gemacht!" läßt sich ja leicht auf die zu belohnende Handlung beziehen. Gleichzeitig befriedigt sie das normale Bedürfnis eines Kindes nach Anerkennung durch andere. Vincent und Martin weisen jedoch darauf hin, daß „Lob klug gespendet werden sollte – nicht dann, wenn die Eltern dafür gerade in der richtigen Laune sind, sondern dann, wenn das Kind etwas wirklich gut gemacht hat. Sonst kann das Kind sich keinen vernünftigen Maßstab bilden, an dem es seine Leistungen messen kann" (203).

Manchmal gibt es Geschenke als Lohn für gutes Betragen. Jersild und Tasch weisen darauf hin, daß „die Dankbarkeit des Kindes oft über den materiellen Wert des Geschenkes und auch über seinen praktischen Nutzen weit hinaus geht" (95). Ein Geschenk kann ein Zeichen der Zuneigung sein, es kann die Achtung vor den Fähigkeiten und Leistungen eines Kindes ausdrücken, es kann als Ansporn dienen oder ein Zeichen des Vertrauens sein. In jedem Fall stärkt es beim Kind das Gefühl, es selbst sei wichtig. Unter keinen Umständen sollte das Geschenk eine Bestechung für gutes Betragen darstellen oder eine Art Bezahlung dafür sein, daß das Kind lernt, sich in sozial erwünschter Form zu benehmen (98).

Häufig wird angenommen, man mache ein Kind eingebildet, wenn man es für gutes Betragen belohne oder lobe; es ist aber festgestellt worden, daß bei Lob, Ermunterung oder ausgewogener Kritik in der Schule (in der richtigen Weise angewendet) die positiven Reaktionen die negativen im Verhältnis 46 zu 1 überwiegen. Man konnte feststellen, daß die positiven Reaktionen über längere Zeit konstant blieben, ganz gleich, welche der positiven Erziehungsmaßnahmen – Lob, Ermunterung oder ausgewogene Kritik – man angewendet hatte. Auch die Kinder, die zunächst negativ reagierten, zeigten später positive Reaktionen (98).

Wenn die Kinder älter werden und immer weniger Anerkennung für ihre Bemühungen finden, das zu tun, was von ihnen erwartet wird, dann sind Belohnungen eine wichtige Quelle für die Motivation, auch weiterhin zu versuchen, den Erwartungen zu entsprechen. Wenn ihre Anstrengungen nicht bemerkt oder anerkannt werden, schwindet ihre Motivation, und was an Motivation noch bleibt, wird oft durch ständiges Kritisieren und Nörgeln über das, was sie falsch gemacht haben, gedämpft.

Erziehungsmethoden

Generell können Erziehungsmethoden in drei weite Kategorien eingeteilt werden: autoritäre, demokratische und nachgebende.

Autoritäre Erziehungsmethoden. Alle autoritären Erziehungsmethoden sind gekennzeichnet durch strenge Regeln und Anordnungen aller Art, die das erwünschte Verhalten erzwingen sollen. Zu diesem Stil gehören auch schwere Strafen, wenn ein Kind die ihm gesetzten Standards nicht erreicht, und ein mehr oder weniger starkes Fehlen von Lob, Anerkennung oder anderen Zeichen der Zustimmung, wenn das Kind das von ihm verlangte Verhalten an den Tag legt. Dieser Erziehungsstil reicht von vernünftigen Verboten bis zu starrem Reglement, das dem Kind keinerlei Handlung erlaubt außer der, die den vorgeschriebenen Standards entspricht. Autoritäre Erziehungsmethode bedeutet immer die Anwendung äußeren

Zwanges in Form von Strafe, besonders von körperlicher Bestrafung. Auch wenn das Kind älter wird, gehen Eltern, die nach autoritären Erziehungsmethoden verfahren, nicht von ihrer strikten Kontrolle ab und geben die körperliche Züchtigung nicht auf. Sie ermutigen das Kind nicht, selbst über sein Handeln zu entscheiden – sie sagen ihm, wie es sich zu verhalten hat. So wird ihm die Möglichkeit vorenthalten, zu lernen, wie es sein Verhalten kontrollieren kann (42, 83, 203).

Demokratische Erziehungsmethoden. Im demokratischen Erziehungsstil versucht man dem Kind durch Erklärung, Diskussion und Verstandesgründe zu helfen, daß es versteht, warum man von ihm ein bestimmtes Verhalten erwartet. Hier wird der pädagogische, nicht der strafende Aspekt von Erziehungsmaßnahmen betont. Es wird niemals scharf oder barsch bestraft, und bestraft wird überhaupt nur dann, wenn man weiß, daß ein Kind absichtlich das nicht getan hat, was man von ihm erwartete.

Wenn das Verhalten des Kindes den Standards entspricht, belohnt es der demokratische Erzieher durch Lob oder irgendeine andere Form der Anerkennung. Mit Hilfe der demokratischen Erziehungstechnik versucht man das Kind zu einer inneren Kontrolle seines Verhaltens zu führen, indem man es darauf hinweist, welche Vorteile es davon hat. Demokratische Erziehungsmethoden umfassen eine weite Spielbreite von extremer Milde mit geringer Kontrolle bis zu sorgfältiger Vorplanung der Tätigkeiten des Kindes, damit seine Energien in vorgeschriebene Bahnen gelenkt werden und nicht zu Handlungen werden können, die die soziale Gruppe mißbilligt (106, 176, 203).

Nachgebende Erziehungsmethoden. Die nachgebende Erziehungsmethode besteht darin, eigentlich gar nicht oder nur wenig zu erziehen. Man versucht nicht, das Kind zu führen und wendet keine Strafe an. Manche Eltern und Lehrer, die nachgebende Haltung mit der Einstellung des laissez-faire verwechseln, lassen das Kind sich seinen Weg durch Situationen suchen, die zu schwierig sind, als daß es sie alleine, ohne Führung und ohne Kontrolle, bewältigen könnte (106).

Bei vielen Eltern ist dieser nachgebende Erziehungsstil ein Protest gegen die strikte und rigide Erziehung, unter der sie aufwuchsen. In solchen Fällen werden dann den Kindern keine Beschränkungen auferlegt, sie können sich selbst entscheiden und sich in jeder Weise nach ihren Entscheidungen richten (35, 82, 175).

Mütter wenden sehr viel häufiger diese Erziehungstechnik an als Väter. Mütter haben häufig Schuldgefühle, weil sie ihren Kindern Beschränkungen auferlegen müssen, und oft geben sie den Forderungen der Kinder nach, wenn diese ihnen vorwerfen, sie seien lieblos (164).

Die meisten Eltern und Lehrer, die nach dieser Erziehungsmethode verfahren, glauben jedoch, daß nachgebende Erziehung die beste Methode ist, das Kind in die Gesellschaft einzufügen und gleichzeitig vor dem psychischen Schaden bewahren, der von psychoanalytischen Schulen als direkte Folge autoritärer Erziehungsmethoden dargestellt worden ist (82).

Faktoren, die die Wahl der Erziehungsmethode beeinflussen. Meistens haben Eltern und Lehrer gute Gründe dafür, warum sie die eine oder andere Erziehungsmethode wählen. Es besteht eine starke Tendenz, eine solche Erziehungsmethode zu wählen, die der Erziehungsmethode der eigenen Eltern ähnlich ist. Man neigt jedoch zur entgegengesetzten Methode, wenn man glaubt, die Methode der Eltern sei falsch gewesen (215). Wenn die Eltern z. B. meinen, ihre unglückliche Kindheit sei auf die autoritäre Erziehungsmethode ihrer Eltern zurückzuführen, erziehen sie ihre eigenen Kinder nachgebend; Eltern, die selbst unter nachgebender Erziehungsmethode aufwuchsen, werden oft autoritär, besonders wenn sie glauben, daß der Mangel an Anleitung für sie ein Nachteil war (33, 91).

Bei der Wahl der Erziehungsmethoden lassen sich Eltern heutzutage weniger von ihrem eigenen Gewissen leiten als von dem, was die anderen tun. Wir zitieren Brodbeck et al.: „Es scheint, als ob ‚innere Standards' etwas von ihrer früheren Macht, das soziale Verhalten zu beeinflussen, verloren hätten: Ein ‚soziales Radarsystem' ist an die Stelle der ‚Stimme des Gewissens' getreten" (30). Junge Eltern sind in ihrer Erziehung demokratischer und nachgebender als Eltern, die schon in einem höheren Lebensalter stehen. Junge Eltern kontrollieren auch ihre Kinder stärker, wenn diese klein sind, als wenn sie ins Jugendalter eintreten (106). Allgemein gilt, daß die Erziehungsmethode um so weniger autoritär ist, je besser die Eltern ein Kind und seine Bedürfnisse verstehen (174, 188). Da Mütter in der Regel ihre Kinder und deren Sorgen besser verstehen, sind sie meist weniger autoritär als Väter (173).

Eltern aus ländlichen Gegenden sind durchweg autoritärer als Eltern, die in der Stadt wohnen (207). Insgesamt gesehen sind Eltern aus den mittleren sozioökonomischen Schichten strikter und weniger tolerant als Eltern der unteren Klasse. Eltern der Mittelklasse erziehen jedoch konsistenter; Eltern der unteren Schichten schwanken zwischen autoritären und nachgebenden Erziehungstechniken (123, 128, 208). Innerhalb der Mittelklasse neigen Eltern mit guter Bildung mehr zu demokratischen Erziehungsmethoden als Eltern, deren Ausbildung nicht so gut ist (42).

Die Religion der Familie beeinflußt die Wahl der Erziehungsmethode ebenfalls deutlich. Jüdische Eltern sind weniger autoritär, verlangen weniger nachdrücklich Gehorsam gegenüber absoluter Autorität und neigen weniger stark als Eltern, die zur Baptistengemeinde gehören, dazu, ihre Kinder übertrieben stark zu beschützen. Da katholische Eltern sich oft darüber Sorge machen, daß schlechte Einflüsse von außen ihre Kinder verderben könnten, neigen sie sehr stark zu dogmatischen und autoritären Erziehungsstilen (209).

Je nach dem Alter des Kindes ändern sich die Erziehungsmethoden. In einer Untersuchung an Kindern im Alter von drei bis neun Jahren stellte man bei Dreijährigen als häufigste Erziehungsmaßnahmen folgende fest: Zureden, schimpfen, schmeicheln, schlagen, die Aufmerksamkeit ablenken, sie nicht beachten oder sie mit Gewalt von anderen isolieren. Bei den Sechsjährigen werden als häufigste Formen genannt: Zureden, schimpfen, schmeicheln, drohen, isolieren, schlagen, Vorrechte einschränken und ihnen befehlen, das zu tun, was sie tun sollen. Bei den Neunjährigen wurden am häufigsten folgende Erziehungsmethoden angewendet: Zureden, schimpfen, Appelle an das Selbstwertgefühl, drohen, absichtliches Nichtbeachten, Humor mit ins Spiel bringen, einsperren und soziale Mißbilligung (35).

Welche Erziehungsmethode man anwendet, hängt häufig auch von der Situation ab. Wenn ein Kind Furcht oder Angst empfindet, wird es in der Regel nicht bestraft, verstößt es aber gegen die elterliche Autorität und verhält es sich negativistisch oder aggressiv (wenn es nicht gehorcht, Spielzeug zerbricht, andere bespuckt oder seine Geschwister schlägt), dann wird meistens gestraft. Ähnlich wird auch bei Problemen, die die Selbständigkeitsentwicklung betreffen – wenn ein Kind sich zum Beispiel weigert, zu essen – häufig gestraft (30). Eltern, die nachgebend erziehen, tun dies nicht notwendigerweise konsistent. Weniger nachgiebig sind sie z. B. in der Sauberkeitserziehung, bei der Erziehung zur Selbständigkeit und bei der Erziehung, die sich auf die Aggressivität und das Geschlechtliche bezieht (156).

Die Vorstellung des Erwachsenen über seine Rolle hat einen starken Einfluß auf die Art und Weise, wie er ein Kind erzieht. Eltern, die noch von den durch die Tradition überlieferten Vorstellungen ausgehen, sind autoritärer als Eltern, die moderne Vorstellungen akzeptiert haben (3, 18, 177). Lehrer, die auf „Disziplin und Ordnung" beim Unterricht Wert legen, wenden eher autoritäre Erziehungstechniken an als Lehrer mit demokratischeren Vorstellungen über Unterrichtsgestaltung. Schließlich darf auch nicht der Einfluß unerwähnt bleiben, den der Beruf der Eltern auf die Wahl der Erziehungsmethode hat. Mütter, die ihrem Beruf außer Hauses nachgehen müssen, neigen mehr zu autoritären Methoden als Mütter, die im Heim der Familie bleiben; Väter in führenden Stellungen sind autoritärer als Väter in Stellungen mit weniger Autorität (23, 204).

Beurteilung verschiedener Erziehungsmethoden

Erziehungsmethoden sollten nicht nach ihren unmittelbaren Resultaten beurteilt werden. Leicht kann man Kindern die Verhaltensweisen aufzwingen, die Erwachsene gerne sehen wollen, aber der Schaden, den man ihrer Persönlichkeit auf längere Sicht zufügen kann, überwiegt vielleicht jeden Augenblickserfolg. Es gibt bestimmte nützliche und schädliche Funktionen der Erziehung, die man im Auge behalten muß, wenn man einzelne Erziehungstechniken beurteilt.

Die wichtigsten nützlichen Funktionen der Erziehung sind:
1. Das Kind lernt, daß es eine stabile Ordnung in der Welt gibt, nach der einige seiner Handlungen und Verhaltensweisen stets bestraft, andere immer belohnt werden. Konsistente Erziehung verhilft dem Kind zu der Einsicht, daß es eine moralische Ordnung in der Welt gibt.
2. Das Kind lernt, sich in einem vernünftigen Ausmaß konform zu verhalten.
3. Die Entwicklung der eigenen Verantwortung und der Autonomie wird gefördert. Das Kind lernt, sich aus eigener Verantwortung zu entscheiden und ein „Gewissen" zu entwickeln.

Die wichtigsten nachteiligen Funktionen der Erziehung sind:
1. Das Kind wird eingeschüchtert.
2. Das Kind wird zum Ziel der Aggressionen des Erziehers (73).
Die Wahl des richtigen Zeitpunktes ist für die Erziehung genauso wichtig wie ihre Konsistenz. Da das Kind gegenüber Einflüssen von außen in den ersten Lebensjahren am empfänglichsten ist, beeinflussen Erziehungsstil und die Einstellung des Erziehenden in dieser Zeit in besonderem Maße das spätere Verhalten und die Charakterentwicklung. Spock erörtert die Folgen der verschiedenen Erziehungsstile in dieser Zeit und weist darauf hin, daß ein Kind, „das dazu gebracht wird, sich jedesmal, wenn ihm etwas passiert, auch wenn es eigentlich gar nichts dafür kann, zu schämen, ein ständiges Gefühl der Beschämtheit und der Wertlosigkeit entwickelt. Wenn es übermäßig stark kontrolliert wird, wird es entweder trotzig oder unterwürfig. Wenn die Eltern es dauernd warnen, sie hätten es nicht mehr lieb, falls es sich nicht anders beträgt, wird der Charakter des Kindes von innerer Unruhe und widerstreitenden Gefühlen völlig vergiftet" (181).
Wenn ein Kind gerade lernt, unabhängig zu sein, dann ist autoritäre Erziehung sehr viel schädlicher als zu einem früheren Zeitpunkt, zu dem ein Kind noch zu unreif ist, um irgendetwas anderes als unreif zu sein. Auch später, wenn die Einstellungen der Erwachsenen weniger wichtig sind als die der Alterskameraden, ist autoritäre Erziehung weniger schädlich (5). Ähnliches gilt auch für allzugroße Nachsicht gegenüber dem Kind, wenn es gerade lernt, sich an die Welt außerhalb des Elternhauses anzupassen, denn dann könnte bei dem Kind das Gefühl entstehen, die Eltern kümmerten sich nicht genug um es und würden ihm beim Anpassungsprozeß nicht helfen. Unter Umständen, besonders wenn es sich nicht erfolgreich in die neue Welt einordnen kann, entwickelt das Kind dann ein bitteres Ressentiment gegenüber den Eltern. Hat das Kind sich jedoch bereits an die Welt außerhalb des Elternhauses angepaßt, dann interpretiert es die nachgiebige Haltung der Eltern als einen Hinweis darauf, sie hielten das Kind für fähig, seine Angelegenheiten selbst zu regeln, und das stärkt sein Selbstvertrauen (189).

Zu strenge Erziehungsmethoden. Wenn auch gilt, daß zu strenge Erziehungsmethoden in bestimmten Phasen des

Entwicklungsverlaufes ungünstigere Auswirkungen haben als zu anderen Zeitpunkten, so muß man sich doch vor Augen halten, daß es eigentlich gar keinen Zeitabschnitt gibt, in dem zu strenge Erziehungsmethoden nicht Verhalten oder Persönlichkeit des Kindes negativ beeinflussen. Zu strenge Eltern, die hart strafen, um ihre Ziele zu erreichen, können vielleicht das Kind dazu bringen, sich nach ihren Wünschen zu richten und ein „braves" Kind zu sein. Wenn es dann auch an der Oberfläche so aussieht, als ob alles gut wäre, so glimmt darunter doch vielleicht der Groll, der früher oder später durchbricht. Vielleicht aber zwingen solche Eltern ihr Kind auch, zu einem viel zu frühen Zeitpunkt seine Unabhängigkeit zu zeigen. Dann kommt es, wenn sofortiger und völliger Gehorsam verlangt wird, zu Erziehungsproblemen, wobei das Kind seine Unabhängigkeit demonstriert, indem es vieles tut, was es sonst unterlassen hätte (17, 37, 205). Ein zu streng behandeltes Kind entwickelt das Gefühl, die Welt sei feindselig, und handelt entsprechend (58). Es glaubt, wenn die Welt ihm gegenüber feindlich sei, dürfe es auch der Welt gegenüber feindselig sein – eine Haltung, die der Jugendkriminalität oft zugrunde liegt (1, 131).

Wenn Auflehnung und Verbitterung des Kindes wegen zu strenger Erziehung und zu harter Strafen zu noch härteren Strafen führen, kann man diese Haltungen vielleicht dem Anschein nach zum Verschwinden bringen; sie suchen sich jedoch neue Kanäle, um sich auszudrükken. Vielleicht zeigen sie sich dann in Aggressionen gegenüber anderen Kindern – besonders gegenüber jüngeren Geschwistern und Angehörigen einer Minorität – in einer überkritischen Einstellung gegenüber allen, die Autorität ausüben, oder in Vorstellungen der Phantasie, in denen das Kind seinen Kampf gegen diejenigen gewinnt, die es beeinträchtigt haben (2).

Bei kleineren Kindern ist der häufigste indirekte Ausdruck von Groll und Verärgerung Aggressivität gegen jüngere und schwächere Kinder, bei älteren Kindern sind verbale Angriffe in Form von Kritik am häufigsten. Kinder aller Altersstufen, die feststellen, daß Auflehnung zu nur noch härteren Strafen führt, lernen ihre Aggressionen nach innen zu richten und für sie in ihrer Phantasie Ausdruck zu finden (17, 51, 86, 126, 151). Dies ist in Abb. 12-5 dargestellt.

Wenn ein Kind seine Mutter für den strengen Erzieher hält, kehrt es wahrscheinlich sein Ressentiment nach innen, denn es zieht die Mutter dem Vater vor und möchte sein gutes Verhältnis zu ihr nicht gefährden. Wenn es jedoch seinen Vater für den strengeren Erzieher hält, zeigt es wahrscheinlich seinen Ärger offen. Entweder greift es dann seinen Vater direkt an, oder es verschiebt seinen Ärger, indem es ein unschuldiges Opfer angreift (44, 81).

Einige Kinder reagieren empfindlicher als andere auf angedrohten Liebesentzug, und einige Kinder fürchten auch Strafe mehr als andere. Von Faktoren dieser Art hängt natürlich sehr stark ab, wie sich ein Kind in einer bestimmten Erziehungssituation verhält. Es ist jedoch wahrscheinlicher, daß es zu einer Fehlanpassung als zu besser angepaßtem Verhalten kommt. Davitz formuliert das folgendermaßen: „Strafe und Zurückweisung rufen Furcht hervor, Furcht führt zu defensiven Reaktionen, und diese abwehrenden Reaktionen fordern neue Strafen heraus. Wir können hier von einem circulus vitiosus der Fehlanpassung sprechen. Ein solches Kind lebt in einer Welt zwischenmenschlicher Beziehungen, die durch ständige Drohungen gekennzeichnet ist. Die Folge davon sind Furcht und das Gefühl, unglücklich zu sein" (44).

Ähnlich wird auch der Charakter durch zu strenge Erziehungsmethoden ungünstig beeinflußt. Zu streng erzogene Kinder neigen dazu, mürrisch, eigensinnig und in ihrer Einstellung gegenüber allen Autoritätsträgern negativistisch zu werden. Auch wenn das Verhalten eines Kindes nach außen hin ruhig und ordentlich erscheint, verbirgt es doch schwere Ressentiments, die es unglücklich und unsicher machen, die seine Neugier, seine Originalität und seinen Einfallsreichtum restringieren

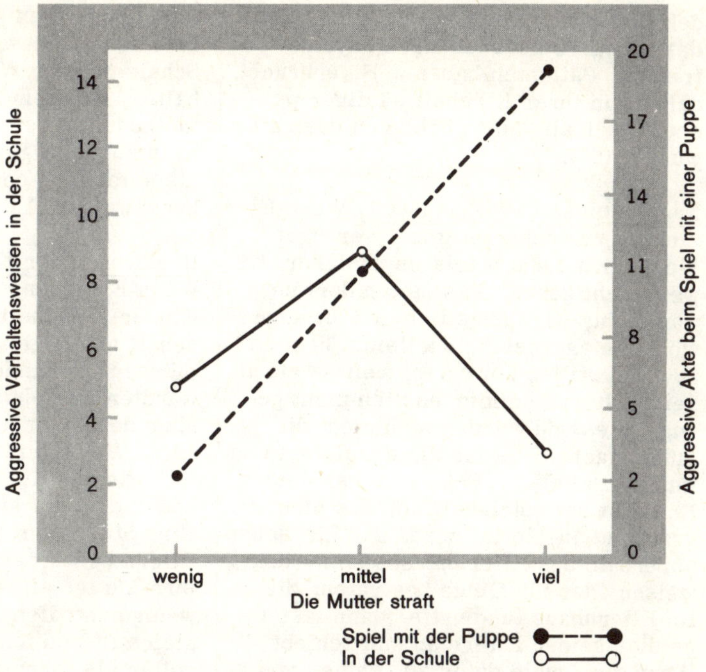

Abb. 12-5. Die Beziehung zwischen aggressiven Verhaltensweisen in der Schule und beim Spiel mit einer Puppe und dem Strafverhalten der Mutter.

und sein Selbstvertrauen beeinträchtigen.

Wenn das Kind älter wird, führt mangelndes Selbstvertrauen zu Schuldgefühlen, falls es selbständig denken und handeln sollte, und hemmt somit die soziale und emotionale Entwicklung. Mangelndes Selbstvertrauen bringt ein Kind auch dazu, sich selbst für wenig wert zu halten, was auch die individuelle und soziale Anpassung beeinträchtigt. Was Wunder, wenn dann auch der Erfolg bei allem, was das Kind unternimmt, ausbleibt (6, 12, 184). Zu strenge Erziehung während der frühen, formenden Jahre kann zur Entwicklung der „autoritären Persönlichkeit" führen. Diese ist gekennzeichnet durch Rigidität und die Unfähigkeit, Einstellungen und Verhaltensweisen neuen Anforderungen im Leben anzupassen. Wenn diese Entwicklung eintritt, wird das Kind so unterwürfig, daß es den Wettbewerb weniger sucht als andere Kinder und im sozialen Leben weniger Erfolg hat, wobei es dann gleichzeitig zwanghaft unterwürfig und trotzig herausfordernd ist (21, 129). In einer Untersuchung wurde festgestellt, daß chinesische Kinder, die traditionsgemäß streng erzogen werden, zurückgezogen, schüchtern, mißtrauisch, empfindsam und introvertiert werden (170).

Da ein Kind, das streng erzogen wird, nicht weiß, ob es die Erwartungen der Erwachsenen erfüllen kann, wird es ängstlich und unsicher. Schon beim Eintritt in den Kindergarten werden diese Charakterschäden sichtbar. Untersuchungen an Kindern in diesem Alter, die mit Farben und Kreiden spielen durften, ergaben, daß Kinder mit zu strenger Erziehung im Elternhaus es weniger gut vertragen konnten, wenn sie schmutzig und unordentlich waren, als Kinder aus Familien mit weniger strikten Erziehungsmethoden. Die Erziehung, die die Kinder im Elternhaus erhalten hatten, übertrug sich also auf ihr Spiel; die Kinder aus strengem Elternhaus hatten Angst, sich in ihrem Spiel frei zu benehmen, weil sie die Mißbilligung und Strafe der Eltern fürchteten (7).

Wenn Eltern ihren Wunsch unterdrükken, durch Schlagen zu strafen, ersetzen sie dies gewöhnlich durch „psychologische" Strafen, etwa durch Entzug der Zuneigung. Diese Strafe ist außerordentlich hart und kann, wenn sie zu oft angewendet wird, einen verheerenden Einfluß auf den Charakter des Kindes haben. Untersuchungen psychiatrischer Patienten haben z. B. erbracht, daß sie in ihrer Kindheit häufiger psychologisch als durch Schlagen bestraft wurden (68).

Nachgiebiger Erziehungsstil. Wenn Erziehung zu nachsichtig ist, verwirrt sie das Kind und macht es unsicher. Es weiß nicht genau, was es tun darf und was nicht, wird ängstlich und oft ungewöhnlich aggressiv. Vielleicht hegt es auch im stillen Vorwürfe, weil es glaubt, seine Eltern kümmerten sich nicht genug um es und würden sich nicht die Mühe machen, es richtig anzuleiten und ihm so zu helfen, Fehler zu vermeiden. Entdeckt ein solches Kind, das nicht genügend angeleitet wird, daß Menschen außerhalb des Elternhauses es zurückweisen oder für Dinge bestrafen, die es im Elternhaus tun durfte, dann lastet es dies seinen Eltern an und schiebt ihnen die Schuld dafür zu, daß es von seiner Gruppe nicht akzeptiert wird (37, 82, 94, 205).

Demokratischer Erziehungsstil. Die demokratische Erziehungsmethode vereinigt die guten Seiten der autoritären und der nachgiebigen Erziehungsmethoden, doch vermeidet sie die mit diesen beiden Methoden verbundenen nachteiligen Konsequenzen. Ihr liegt folgendes Prinzip zugrunde: Das Kind wird nachgiebig erzogen, doch von den Erwachsenen geführt und motiviert, und die Lenkung seines Verhaltens soll aus seinem eigenen Inneren kommen. Im Idealfall führt dieser Erziehungsstil zu einer guten individuellen und sozialen Angepaßtheit (62, 150).
Die größere Freiheit im Elternhaus, die für die demokratische Erziehungsweise charakteristisch ist, zeigt sich in besserer Kooperation, größerer Ausdauer, wenn Hindernisse auftauchen, besserer Selbstkontrolle, mehr schöpferischen Einfällen und dem freundlicheren Umgang mit anderen Menschen (185). Dies gilt auch für den Bereich der Schule. Lehrer, die mit ihren Schülern freundlich zusammenarbeiten, stellen fest, daß ihre Schüler ausgeglichener und besser angepaßt sind, ihnen weniger Schwierigkeiten bereiten und bessere Leistungen in der Schule zeigen. Wir dürfen also festhalten, daß demokratische Erziehungsmethoden in der Schule wie im Elternhaus zu günstigeren Ergebnissen führen als autoritäre oder nachgiebige Erziehungsweisen (150).

Reaktionen der Kinder auf Erziehung.
Wenn Erziehung dazu führen soll, daß Kinder sich in einer von der Gesellschaft gebilligten Weise verhalten, dann müssen die Kinder gegenüber den angewandten Erziehungsmethoden und gegenüber den Erziehenden positiv eingestellt sein. Wichtiger als die Methode selbst ist, wie das Kind diese Methode sieht und wie es auf sie reagiert.
Eine Studie darüber, wie Kinder ihre Eltern sehen, ergab, daß ältere Kinder ihre Mutter als weniger dominierend, weniger strafend und bedrohend, zugleich freundlicher und verständnisvoller als ihren Vater erlebten. Je mehr sich jedoch die Kinder dem Jugendalter näherten, desto stärker sahen sie den Elternteil ihres eigenen Geschlechts als weniger wohlwollend und mehr frustrierend an als den jeweils anderen Elternteil. Den Mädchen war deutlich bewußt, daß ihre Mütter an sie strengere Anforderungen stellten als an ihre Brüder, und, ob das nun stimmte oder nicht, sie schlossen daraus, daß ihre Mütter ihre Brüder vorzogen (101, 172).
Auch kleine Kinder spüren schon genau, ob Eltern und Lehrer gerecht sind, und sie werden in dieser Hinsicht mit zunehmendem Alter noch empfindlicher. Wenn sie glauben, sie würden „unfair" behandelt, tragen sie das nach. Ob nun die Behandlung tatsächlich ungerecht ist oder nicht – ausschlaggebend ist allein, wie das Kind sich behandelt fühlt. Sein Verdruß ist aus zwei Gründen wichtig: Er beeinflußt seine Einstellungen gegenüber Autoritätspersonen und seine Bereitschaft, sich sozialen Erwartungen anzupassen, wie auch seine Vorstellungen über sich selbst. Wenn es glaubt, es sei Opfer einer ungerechten Behandlung geworden, so kann das zu ernsten Charakterschäden führen (67, 92, 107).

Man nimmt im allgemeinen an, die Wirkung einer Erziehungsmethode bestehe darin, der Wiederholung unerwünschter Verhaltensweisen vorzubeugen. Als man Kinder fragte, wie sie sich, nachdem sie bestraft worden waren, fühlten, antworteten die meisten, sie fühlten sich unglücklich und erinnerten sich an körperliche Schmerzen. Nur sehr wenige zeigten Reuegefühle oder äußerten gute Vorsätze für ihr zukünftiges Verhalten. Untersuchungen an Jugendlichen und Erwachsenen zeigen deutlich, daß die Wirkungen der Erziehungsmethoden über längere Zeit andauern und Charakter und Verhalten eines Menschen mitbestimmen. Sehr strenge Erziehung geht oft einher mit ungenügender Anpassung, dem Gefühl, unglücklich zu sein, und Kriminalität (77, 205).

Unterschiede in der Einstellung zur Erziehung. Die Einstellung eines Kindes zur Erziehung hängt von einer Anzahl von Faktoren ab, unter denen dem Alter eine besondere Bedeutung zukommt. Solange die Kinder noch klein sind, stehen sie in dem festen Glauben, die Eltern machten alles richtig. Wenn sie jedoch mit anderen Kindern in Kontakt kommen, die über andere Erziehungsmethoden in ihrem Elternhaus und andere Arten zu strafen erzählen, lehnen sie sich gegen ihre Eltern und deren Standards auf (39, 63).

Daß sich die Einstellungen zu Erziehungsmaßnahmen mit zunehmendem Alter ändern, wird in der Art und Weise deutlich, wie Kinder auf Strafen reagieren. Bei den Dreijährigen ist z. B. die häufigste Reaktion auf eine Erziehungsmaßnahme zu schreien. Vielleicht schreien die Kinder, weil sie wütend sind, daß sie nicht das tun dürfen, was sie wollen. Öfter aber weinen sie, weil sie fürchten, die Liebe der Mutter oder des Vaters zu verlieren.

Kinder zwischen sechs und neun Jahren hingegen reagieren auf eine Erziehungsmaßnahme am häufigsten mit Wut.

Wenn auch beides – Schreien und Wut – Antworten auf die durch die Erziehungsmaßnahmen hervorgerufenen Frustrationen sind, so hat doch das ältere Kind gelernt, daß „nur ein Baby" schreit. Und die Ärger-Reaktion des älteren Kindes weist auch darauf hin, daß es weniger als ein kleineres Kind fürchtet, die Liebe seiner Eltern zu verlieren, doch stärker empfindet, die Strafe sei ungerecht gewesen. Gewöhnlich schreit ein kleineres Kind kürzere Zeit, als ein älteres Kind wütend ist, wenn man auch festgestellt hat, daß beides in den meisten Fällen nur fünf Minuten dauert. Wenn auch ein älteres Kind seine Wut nicht offen zeigt, so unterdrückt es sie vielleicht, und in der Form eines Ressentiments beeinflußt sie später seine Einstellungen gegenüber jeder Art von Erziehung und gegenüber allen Menschen in einer Autoritätsposition (35).

Auf allen Altersstufen tragen Jungen eine ungerechte Behandlung mehr nach als Mädchen und rebellieren stärker gegen körperliches Bestrafen. Im Elternhaus wie in der Schule haben Jungen und Mädchen unterschiedliche Einstellungen gegenüber Regeln. Jungen sehen Regeln als ein Mittel an, ihr schlechtes Betragen im Zaum zu halten und sie vor Unannehmlichkeiten zu bewahren. Mädchen hingegen betrachten Regeln als ein Mittel, mit dessen Hilfe sie lernen sollen, sich richtig zu verhalten. Für sie entsprechen Regeln den Standards der sozialen Gruppe für gutes Betragen. Sie lenken ihre Kräfte in die richtigen Kanäle (47).

Die Einstellungen werden auch von der sozioökonomischen und kulturellen Gruppe beeinflußt, zu der ein Kind gehört. Kinder aus den ärmeren Schichten ziehen es vor, wenn eine Autoritätsperson sich den Erziehungsproblemen zuwendet. Sie neigen dazu, jedes Kind selbst für einen Verstoß gegen eine Verhaltensregel verantwortlich zu machen, und sie sind öfter für eine Bestrafung als Kinder aus bessergestellten Schichten. Letztere scheinen Umweltbedingungen bei der Beurteilung eines Fehlverhaltens mit zu berücksichtigen und machen den Vorschlag, daß man die Umstände ändert, die zu dem schlechten Verhalten führten (46, 50, 175, 194, 205).

Intelligente Kinder langweilen sich mit einiger Wahrscheinlichkeit bei zu

vielen Reglementierungen, andererseits fühlen sie sich unsicher und unglücklich, wenn ihrem Verhalten nicht genau umschriebene Grenzen gezogen sind. Sie sind sehr sensibel, was gerechte Behandlung, besonders seitens der Lehrer, angeht.
Ein weniger intelligentes Kind wird eher nachtragen, wenn es bestraft wird; nicht immer versteht es die Regeln und glaubt deshalb, ihm sei ein Unrecht geschehen. Im allgemeinen äußern Kinder, die demokratischer erzogen werden, sie fühlten sich glücklich und sicher, frei von den Ängsten und Ressentiments, die die Kinder erleben, deren Erziehung zu streng oder zu lax ist (41, 120, 193).

Diskrepanz zwischen moralischen Vorstellungen und Verhalten

So etwas wie absolute Konsistenz gibt es nicht; bei Erwachsenen wie bei Kindern gibt es viele Diskrepanzen zwischen dem moralischen Code eines Menschen und seinem Verhalten. Bei Kindern treten diese Diskrepanzen besonders leicht auf, wenn die moralischen Vorstellungen der Eltern sich von denen unterscheiden, von denen die Alterskameraden des Kindes ausgehen. Häufig entsteht Verwirrung auch dadurch, daß bestimmte moralische Vorstellungen miteinander in Konflikt geraten. So kann Wahrheitsliebe mit der Loyalität gegenüber einem Freund unvereinbar sein. Die Diskrepanz zwischen moralischem Wissen und moralischem Verhalten lassen sich meist auf emotionale und motivationale Faktoren zurückführen. Untersuchungen der moralischen Entwicklung haben gezeigt, daß die kognitiven und emotionalen Aspekte verschiedene Prozesse repräsentieren, daß sie verschiedene Entwicklungsverläufe zeigen und daß sie in ihrer Entwicklung von unterschiedlichen Bedingungen beeinflußt werden (10). So kann z. B. in der Wut ein Kind etwas tun, von dem es genau weiß, daß es falsch ist, nur um sich an dem zu rächen, der es in Wut gebracht hat. Im späteren Teil der Kindheit, der sich durch allgemeine Auflehnung gegen die Autorität der Erwachsenen kennzeichnen läßt, bewerten Jungen und Mädchen Ehrlichkeit nicht so hoch wie früher. Viele Verhaltensweisen jugendlicher Rechtsbrecher lassen sich in ihrer Motivation als Nachahmung der Art und Weise verstehen, wie sie selbst von ihren Klassenkameraden behandelt werden: Sie rächen sich an ihnen oder an irgendjemandem, der gerade erreichbar ist, und sie verhalten sich in einer bestimmten Weise, wobei sie genau wissen, daß sie Unrecht tun (130, 138).
Motivationale Faktoren bedingen hauptsächlich die Diskrepanzen zwischen Wissen über die Moral und moralischem Verhalten. Häufig hält das Kind es für vorteilhaft, sich in einer bestimmten Weise zu verhalten, obwohl es weiß, daß das nicht richtig ist. Ungehorsam zu Hause oder in der Schule ist oft motiviert durch den Wunsch nach Aufmerksamkeit. Ein Kind, das sich vernachlässigt fühlt, freut sich viel mehr darüber, im Rampenlicht zu stehen, als daß es die augenblickliche Unannehmlichkeit der Strafe fürchtet (103, 192). Oder ein Kind verstößt absichtlich gegen die Regeln und lehnt sich gegen die Autorität der Erwachsenen auf, weil es sich selbst und seinen Alterskameraden zeigen will, daß es kein kleines Kind mehr ist, sondern selbständig (212). Um dies zu erreichen, muß das Kind vielleicht einige seiner abstrakten Vorstellungen über das, was richtig oder falsch ist, opfern; das erstrebte Ziel aber, die Billigung der anderen zu gewinnen, mag jeden Preis wert sein, den es zahlen kann. Viele Kinder lügen oder beschuldigen andere, um zu vermeiden, daß sie bestraft, lächerlich gemacht oder von ihren Kameraden verachtet werden. Bei einem Spiel mogelt ein Kind vielleicht deshalb, weil ihm die nötige Fertigkeit zum Gewinnen fehlt. In der Schule betrügt es vielleicht, weil seine Eltern von ihm mit Gewalt bessere Noten erreichen wollen, als es ohne Betrug zu liefern imstande ist. Oder das Kind mogelt, weil es mit seinen Klassenkameraden zusammen versetzt und nicht allein zurückgelassen werden will. Es weiß, daß es seinen Status in der Schule behaupten muß,

um seinen Status in der Gruppe der Gleichaltrigen zu behalten. Wenn es das nicht einmal durch Mogeln erreichen kann, ist es motiviert, die Schule zu schwänzen (148, 163, 183).
Die emotionalen und motivationalen Faktoren, die der Diskrepanz zwischen Wissen um die Moral und Verhalten nach der Moral zugrunde liegen, wirken sich besonders stark aus, wenn die vorherrschende Erziehungsmethode die autoritäre ist. In einer Untersuchung, die Kinder aus den Vereinigten Staaten, England, Mexiko, Deutschland, Finnland und Schweden einschloß, wurde festgestellt, daß Kinder aus mehr demokratischen Gesellschaftsordnungen ehrlicher waren und weniger zu Verteidigungsreaktionen Zuflucht nahmen als Kinder aus den Ländern, in denen überwiegend autoritäre Erziehungsmethoden angewendet wurden. Kinder aus diesen Ländern hatten auch weniger Sinn für Fairneß und zeigten weniger Verantwortungsgefühl als Kinder aus den Ländern, in denen demokratischer Erziehungsstil gepflegt wurde (153).

<u>Auswirkungen der Diskrepanz.</u> Nur wenige Kinder bemerken die Diskrepanz zwischen ihrem Verhalten und ihrem moralischen Wissen nicht. Ein Kind, das z. B. beim Mogeln erwischt wird, versucht vielleicht, sich mit dem Hinweis, jeder täte das doch, zu rechtfertigen, aber es weiß doch genau, daß das, was es getan hat, falsch war, und es hat Schuldgefühle (34, 163).
Kinder, die selbstsüchtig eingestellt sind, halten ihr selbstsüchtiges Verhalten für gerechtfertigt, auch wenn sie wissen, daß Selbstsüchtigkeit von den anderen verurteilt wird. Andererseits haben Kinder, die Selbstsüchtigkeit ablehnen, ein vages Schuldgefühl, wenn sie selbstsüchtig handeln – was man manchmal daran merkt, daß sie zögern, bevor sie ihre Handlung ausführen (201).
Die vorübergehende Befriedigung, die ein Kind aus der Zustimmung seiner Altersgruppe zu gewinnen vermag, wenn es sich etwa gegen die Autorität der Erwachsenen auflehnt, ist nicht groß genug, um seine Schuldgefühle zu kompensieren. Deshalb versucht es, sie noch auf andere Weise zu kompensieren, indem es z. B. behauptet, es habe nicht gewußt, daß etwas verboten sei, alle anderen würden auch so handeln, oder indem es die Schuld auf die Eltern, Lehrer oder einen Kameraden schiebt. Wenn es sich selbst und andere davon überzeugen kann, daß zwischen dem, was es von der Moral weiß, und seinem Verhalten keine Diskrepanz besteht oder daß diese Diskrepanz nicht seine Schuld war, befreit es sich von den Gefühlen der Schuld und Scham (11, 55).

Kleine Vergehen

Unter einem kleinen Vergehen verstehen wir hier eine Mutwilligkeit, Ungehorsam oder eine absichtliche Böswilligkeit geringfügigen Charakters. Unglücklicherweise lernen die meisten kleinen Kinder, daß man ihnen mehr Aufmerksamkeit zuwendet, wenn sie frech sind, als wenn sie sich anständig benehmen. Sie verstoßen deshalb oft *absichtlich* gegen die Vorschriften, wenn sie sich vernachlässigt fühlen. Gruppen älterer Kinder freuen sich oft an Mutwilligkeiten, weil sie jedem Mitglied der Gruppe ein Gefühl der eigenen Wichtigkeit vermitteln. Verhaltensweisen wie läuten an Haustürklingeln, Luft aus Reifen lassen oder Bilder an Häuser oder Zäune malen machen Mitgliedern solcher Gruppen Freude, denn sie verschaffen ihnen das Gefühl, Meister der Situation zu sein.
Wenn ein Kind auch sicher sein kann, daß seine Unarten in der Schule wie wispern, Briefchen schreiben oder andere Schüler quälen mit Sicherheit bestraft werden, scheint es ihm die Strafe wert zu sein, wenn alle Augen der Mitschüler auf es gerichtet sind und alle Mitschüler ihm ihre Aufmerksamkeit zuwenden, wenn der Lehrer es bestraft (152). Daß die meisten Kinder sich darüber klar sind, etwas Unrechtes zu tun, wurde in einer Untersuchung deutlich, in der die Kinder aufgefordert wurden, das Schlimmste, das sie getan hätten, zu nennen und die Gründe auf-

zuführen, warum sie es getan hatten. Bei den Kindern im ersten und zweiten Schuljahr standen an der Spitze etwa dazwischenreden, andere Kinder in der Schule angreifen, Sachen zerbrechen, mit Feuer spielen oder Ungehorsam gegenüber den Eltern. Kinder im dritten Schuljahr stellten eher Handlungen in den Vordergrund, die moralisch schlecht waren, und machten so deutlich, daß sie sich sehr wohl darüber im klaren waren, Dinge zu tun, die sie nicht tun durften. Während kleinere Kinder ihr schlechtes Verhalten zu rechtfertigen suchten, zeigten die älteren Kinder Schuldgefühle, indem sie auf den Ärger oder Kummer hinwiesen, den ihr Verhalten anderen zugefügt hatte. In keinem Fall gab es einen Hinweis darauf, daß ihr Verhalten aus Unkenntnis dessen, was man von ihnen erwartete, resultierte (72).

Unterschiede in der Art und Häufigkeit kleinerer Vergehen. Deutliche Unterschiede in Häufigkeit und Schwere der kleineren Vergehen lassen sich auf verschiedene Altersstufen, zwischen verschiedenen Kindern der gleichen Altersstufe und bei unterschiedlichen situationalen Bedingungen feststellen. Die Häufigkeit kleinerer Vergehen nimmt insgesamt in der Entwicklungsperiode der Kindheit zu. Kurz vor dem Jugendalter erreicht die Häufigkeit ihren Gipfel, und zwar in der Zeit, in der das Kind den Einflußbereich der Eltern verläßt und den Einflußbereich der Gruppe aufsucht. In dieser Zeit werden oft die äußeren Verhaltenskontrollen abgebaut, ohne daß sich die inneren bereits genügend entwickelt hätten (11, 37).

Im Verlauf der Kindheit nimmt die Tendenz zu, Autoritätspersonen in Schule und Elternhaus anzugreifen und mit Vertretern des Gesetzes in Konflikt zu geraten. Alle möglichen Arten von Mutproben oder Waghalsigkeiten gewinnen an Reiz, worin sich auch ein Streben nach sozialer Anerkennung zu zeigen scheint (212).

Auf jeder Altersstufe sind Jungen in der Schule wie im Elternhaus eher ungehorsam, lärmend, störend, negativistisch, destruktiv, aufdringlich und suchen mehr als Mädchen die Aufmerksamkeit anderer. Vom Kindergarten bis ins sechste Schuljahr bleibt der Unterschied zwischen den Geschlechtern in dieser Hinsicht ziemlich konstant. Und so ergibt sich, daß mehr Jungen im Jugendalter kriminell werden und ihre Verstöße insgesamt gesehen schwerwiegender sind. Diese Geschlechtsunterschiede hinsichtlich der kleineren Vergehen bestehen, weil man Jungen in einem früheren Alter mehr Freiheit einräumt, zu tun, was sie wollen, und weil die soziale Gruppe schlechtes Verhalten bei Jungen eher toleriert (154). Außerdem haben Jungen meistens das Gefühl, sie müßten die Autorität der Erwachsenen angreifen, wenn sie von der Gruppe akzeptiert werden wollen (74).

Bei den Kindern der unteren sozialen Klassen, bei denen die Erziehungsmethoden inkonsistent sind, wo nur wenig Wert auf die moralische Erziehung des Kindes gelegt wird und wo selbst kleinere Vergehen körperlich hart bestraft werden, lassen sich Vergehen und Verstöße häufig beobachten. Wenn diese Kinder älter werden, nehmen ihre Verstöße immer ernsteren Charakter an, und die Wahrscheinlichkeit eines Zusammenstoßes mit dem Gesetz nimmt zu. Das gleiche gilt auch für Kinder aus Familien mit besserem sozioökonomischem Status, wenn sie nicht in die Gruppe ihrer Alterskameraden aufgenommen werden oder sich in ihrem Elternhaus ungeliebt und unerwünscht fühlen (39). Gesell hat auf „Perioden des mangelnden Gleichgewichtes" hingewiesen, die die meisten Kinder in ihrer Entwicklung durchlaufen. In diesen Perioden ist es schwierig, mit ihnen zurecht zu kommen, und kleinere Vergehen sind relativ häufig. (Für eine ausführliche Darstellung dieser Perioden des Ungleichgewichts vgl. Kapitel 1.)

Kleinere Vergehen, die sich im Elternhaus ereignen, unterscheiden sich oft sehr stark von Vergehen, die in anderen Situationen geschehen. Zu den häufigsten Unarten und Vergehen von Kindern im vorschulpflichtigen Alter gehören Launenhaftigkeit, Bettnässen, Wutanfälle, Trödeln, Angriffe auf Alters- und Spielkameraden, unangebrachte Versuche, die Aufmerksamkeit auf sich zu ziehen, Spielsachen oder Eigentum der Familie zu zerstören, sich grob gegenüber Verwandten oder Freunden der Familie zu benehmen und sich gegen die Autorität der Eltern aufzulehnen. Man sieht leicht, daß alle diese Verhaltensweisen sich auf die Unreife der Kinder zurückführen lassen und daß sie oft durch die Art und Weise provoziert werden, wie man die Kinder erzieht. Bei Kindern, die im autoritären Stil erzogen werden, lassen sich häufiger kleinere Vergehen feststellen als bei Kindern, die nachgiebiger erzogen werden (30, 48).

Zu den Unarten im Elternhaus, die gewöhnlich in der späteren Kindheit häufiger sind, gehören absichtlicher Ungehorsam und Trotz gegen die Autorität der Erwachsenen, verbale Aggressionen gegenüber den Geschwistern, Trödeln bei der alltäglichen Routine, Wutausbrüche, Sich-Drücken vor Verantwortung, Lügen, kleinere Diebereien, Petzen, Dinge zerbrechen oder verschütten und Grobheiten gegenüber Verwandten oder Freunden der Familie (63).

Da sich Lehrer in erster Linie darum kümmern, daß der Unterricht geordnet abläuft und die Schüler Fortschritte machen, versuchen sie, alle Verhaltensweisen zu unterbinden, die die Ordnung des Unterrichts stören, kümmern sich dabei aber nur wenig um die länger andauernden Folgen, die das Verhalten eines Kindes auf seinen Charakter und seine Anpassung an das Leben hat. Wenn ein Kind in der Schule „gut" ist, d. h. wenn es seine Hausaufgaben macht, dem Lehrer keinen Ärger bereitet und sich mit seinen Klassenkameraden nicht streitet, dann gibt ihm der Lehrer in Betragen eine gute Note. Kinder, die dem Lehrer Unannehmlichkeiten bereiten und nicht so gut arbeiten wie sie könnten, bekommen eine schlechte Betragensnote, und der Lehrer hält sie für Störenfriede (146, 192).

Wenn auch die Unarten in der Schule sehr stark variieren, und zwar je nach Herkunft der Kinder, der Eigenart ihres Lehrers und noch vielen anderen Faktoren, nehmen Unaufmerksamkeit, der Wunsch jemanden herunterzumachen, Zerstörungswut, Lügen und Sorglosigkeit bei der Schularbeit vom ersten zum sechsten Schuljahr hin ab, und an ihre Stelle treten Rauchen, unentschuldigtes Fernbleiben vom Unterricht, Stehlen, Fluchen, Trinken und unerlaubte geschlechtliche Betätigung. Ältere Kinder verstoßen sehr viel häufiger absichtlich gegen das Reglement einer Schule als jüngere Kinder (53).

Das Verhalten eines Kindes in der Schule hängt auch ab von dem Stoff, der unterrichtet wird; je weniger interessiert ein Kind ist, desto eher stört es. So wird z. B. beim Mathematikunterricht mehr gestört als in sozialwissenschaftlichen Fächern wie Gemeinschaftskunde. Und wenn ein Kind in Mathematik begabt ist, langweilt es sich wegen des langsamen Tempos seiner Mitschüler und läßt sich deshalb auf Unfug ein. Wenn einem Kind aber Interesse und Fähigkeit für Mathematik fehlen, langweilt es sich ebenfalls, was die gleiche Wirkung hat. An Diskussionen nimmt ein Kind, dem es an Selbstvertrauen fehlt, nicht teil, statt dessen malt es herum, schreibt Briefchen und flüstert mit anderen (8, 88, 110, 117, 146, 212).

Vergehen, die in der Kindheit häufig sind. Wenn auch Kinder alles Mögliche tun, was Erwachsene für „frech" oder „schlimm" halten, gibt es doch bestimmte Verhaltensweisen, die fast überall anzutreffen sind. In Häufigkeit und Schwere können sie von Kind zu Kind und beim gleichen Kind von einer Altersstufe zur anderen variieren. Am häufigsten werden für das Kindesalter die folgenden kleineren Vergehen berichtet:

1. Unehrlichkeit. Kinder die mit viel Prügel streng erzogen wurden, versuchen mit Hilfe irgendeiner Unehrlichkeit die Strafe zu umgehen – einer Unehrlichkeit, von der sie aus Erfahrung wissen, daß sie sie vor der Strafe wirksam schützt. Auch Kinder, die „psychologisch" gestraft wurden (besonders dadurch, daß ihnen der Ent-

zug der elterlichen Zuneigung angedroht wurde, die häufig gescholten wurden und die man zu ihren Ungunsten mit ihren Geschwistern verglich), sind zur Unehrlichkeit motiviert, weil sie auf diese Weise der herabsetzenden und furchtauslösenden Strafe zu entgehen hoffen (143, 176). Unehrlichkeit läßt sich bereits im Vorschulalter feststellen, doch ist sie in der späten Kindheit ausgeprägter. Jungen und Mädchen lernen aus ihren eigenen Erfahrungen oder aus denen ihrer Freunde, wie man andere, besonders Eltern und Lehrer, täuschen kann.

2. Lügen. Eine der häufigsten Formen der Unehrlichkeit ist das Lügen. Man hat die Lügen von Kindern in sieben Kategorien aufgeteilt: a) Lügen, die aus dem Spielcharakter einer Situation verständlich werden – das Kind reagiert so, als ob es sich noch im Reich seiner Phantasie befände; b) Lügen aufgrund von Verwirrtheit – etwa wenn ein Kind nicht in der Lage ist, Details genau zu schildern, oder durch die Suggestion anderer stark beeinflußt wird; c) die Lüge aus Eitelkeit, mit der das Kind die Aufmerksamkeit auf sich ziehen will; d) die Lüge aus Böswilligkeit oder Rache, die von Haß motiviert ist; e) die Lüge, mit der das Kind sich zu entschuldigen sucht, weil es die strenge Erziehung und die Prügel fürchtet; f) die selbstsüchtige Lüge, die dazu bestimmt ist, andere zu täuschen, um das zu bekommen, was man sich wünscht; g) die Lüge, mit der man einen Freund decken will (98).

Bei kleinen Kindern sind die meisten Lügen nicht dazu gedacht, andere zu täuschen, sie lassen sich vielmehr oft auf überschwengliche Phantasie zurückführen. Einige gehen auf das Konto von Übertreibungen, Ungenauigkeiten und der Nachahmung der Unehrlichkeit der Erwachsenen. Wenn man das Kind zwingen will, die Wahrheit zu sagen, stiftet man es oft gerade dadurch zum Lügen an. Auch kleinere Kinder lernen schon, sich durch Lügen vor Strafe oder Strafandrohung zu schützen (129, 183). Ältere Kinder lügen oder bezichtigen andere, um Strafe zu vermeiden, die sie selbst, wie sie wohl wissen, verdient haben. Die meisten Lügen lassen sich auf diese Furcht vor Strafe, Ablehnung oder Lächerlichkeit zurückführen (129, 208). Zur Häufigkeit von Lügen in verschiedenen Altersstufen bei Jungen und Mädchen siehe Abbildung 12-6.

Kinder unter acht Jahren halten Lügen für falsch, weil es von den Erwachsenen verboten wurde. Wenn sie nicht bestraft werden, haben sie beim Lügen keine Schuld- oder Schamgefühle; sie fühlen sich schuldig und schämen sich nur, wenn sie bestraft werden. Wenn Kinder älter als acht Jahre sind, halten sie die Lügen für schlecht, weil dadurch das gegenseitige Vertrauen und die Zuneigung untergraben werden. Das ältere Kind ist sich auch schon klar über die unangenehmen Folgen, wenn es beim Lügen ertappt wird. Dieser Wechsel in der Einstellung zum Lügen zeigt deutlich die moralische Entwicklung – es ist ein Wechsel von der Kontrolle durch äußere Regeln zur Kontrolle des Verhaltens durch das Gewissen (139).

3. Mogeln. Viele ältere Kinder mogeln in der Schule, weil man den Schulnoten eine so große Bedeutung zumißt. Jungen neigen dazu, mehr zu mogeln als Mädchen, Kinder mit niedriger Intelligenz mogeln mehr als intelligentere Kinder, und Kinder aus ärmeren Schichten betrügen in der Schule öfter als Kinder aus bessergestellten Schichten. Intelligente Kinder, die nicht mogeln müssen, um mit ihren Leistungen an der Spitze zu liegen, kommen leicht in Versuchung, dadurch unehrlich zu sein, daß sie einem weniger begabten Freund helfen, um so ihr Prestige in der sozialen Gruppe zu verbessern (39, 147, 212).

4. Stehlen. Schon früh lernt ein Kind, daß man nicht stehlen darf und das Eigentum anderer nicht ohne deren Wissen und Zustimmung benutzen darf. Die Frage, wie ernst Stehlen zu nehmen sei, wird auf verschiedenen Altersstufen unterschiedlich beantwortet (77). In einer Erhebung wurden Jungen vom ersten bis zum zwölften Schuljahr gebeten, zwanzig Verstöße gegen die Ehrlichkeit in eine Rangordnung nach ihrer

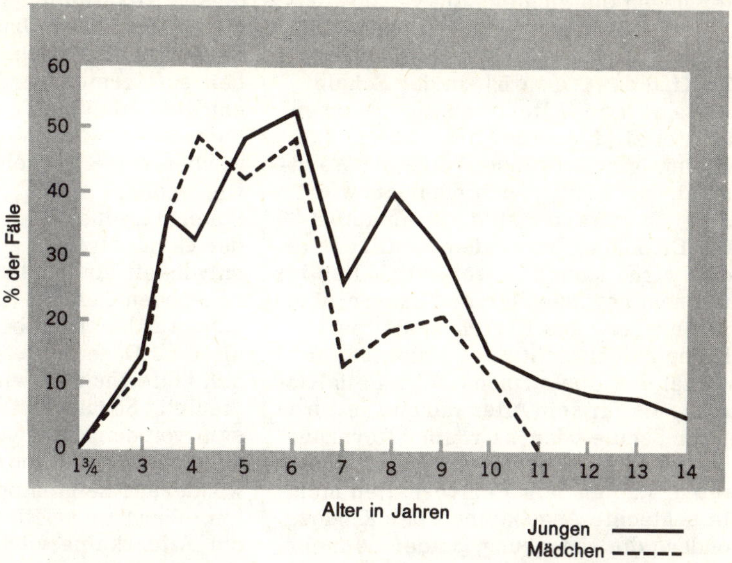

Abb. 12-6. Geschlechtsunterschiede beim Lügen in verschiedenen Altersstufen.

Schwere zu bringen; hierbei ergab sich, daß sich die Einstellungen mit zunehmenden Alter änderten (54). Verstöße gegen die Ehrlichkeit, die mit zunehmendem Alter als schwerer eingestuft wurden, bezogen sich in der einen oder anderen Form auf Diebstahl. Die als weniger schwer eingestuft wurden, hatten mit dem Täuschen einer Autoritätsperson zu tun, mit dem Behalten von gefundenem fremden Eigentum und dem Gebrauch von Eigentum der Geschwister für eigene Zwecke. Als man die Jungen nach den Gründen für ihre Einstufungen fragte, nannten die jüngeren den Gesichtspunkt „Furcht vor Strafe" häufiger als die älteren. Bei den Älteren war der am meisten genannte Grund der Wunsch, andere nicht zu verletzen (54).

5. Zerstörungswut. Kleine Kinder zerstören Gegenstände meist nicht absichtlich. Wenn ein kleines Kind in Wut gerät, zerstört es aber seine eigenen Sachen und die anderer oft in einer Art von Vergeltung (34, 36, 212).

6. Schulschwänzen. Je älter Kinder werden, um so häufiger kommt Schulschwänzen vor. Viele Schulschwänzer stammen aus zerbrochenen Familien, in denen die Eltern oder Geschwister kriminell sind. Häufig haben sie die Schulen mehrfach gewechselt und Klassen wiederholt. Oft stellen sie besondere Erziehungsschwierigkeiten dar, weil sie sich antisozial verhalten, weil sie sich krampfhaft bemühen, die Aufmerksamkeit auf sich zu ziehen, weil sie sich aggressiv verhalten und ihr Arbeitsverhalten zu wünschen übrig läßt. Viele Schulschwänzer sind häufig krank, kränkeln und werden zu Hause verwöhnt, sie sind Einzelkinder oder der einzige Junge oder das einzige Mädchen in der Familie (88, 146, 148). Schulschwänzen kann auch von Schulphobie herrühren, das ist Angst vor der Schule, die nicht durch Bedingungen in der Schule, sondern im Elternhaus hervorgerufen wird. Diese Frage wollen wir im Zusammenhang mit Schulinteressen im nächsten Kapitel ausführlicher besprechen.

Psychischer Schaden, der durch kleinere Vergehen bewirkt wird. Alle Kinder benehmen sich irgendwann einmal schlecht, und das ist völlig in Ordnung. Auch die Kinder, die so streng erzogen und so hart bestraft worden sind, daß sie vor kleineren Fehltritten große Angst haben, werden früher oder später ein Ventil für ihre Furcht und ihren Groll suchen. Da diese Emotionen sich im Kind aufgestaut und so an Stärke gewonnen haben, können sie zu schweren Verbrechen führen, die sich nicht immer gegen die richten, die verantwortlich sind, sondern oft gegen unschuldige Opfer.

Ein Kind das sowohl in der Schule als auch im Elternhaus mehr Ärger bereitet als für sein Alter „normal" erscheint, gibt auf diese Weise ein Warnsignal, daß künftig noch mehr Schwierigkeiten zu erwarten sind. Wenn autoritäre Erziehung durch demokratische ersetzt wird, kann sich sein Verhalten bis zu einem gewissen Grade bessern, aber die Änderung des Erziehungsstiles alleine reicht nicht aus. Man muß die Wurzel des Übels finden. Wenn ein Kind mehr, als für sein Alter normal ist, nur in der Schule oder nur im Elternhaus Schwierigkeiten bereitet, darf man vermuten, daß an dem Fehlverhalten nicht die schlechte Angepaßtheit des Kindes, sondern die Umgebung, in der es mehr Schwierigkeiten macht, schuld ist. Ein Wort der Warnung ist auch angebracht, wenn weder Eltern noch Lehrer irgendeinen Grund zur Klage haben. Hin und wieder kommt es bei solchen Kindern vor, daß sie ganz unerwartet sich in einer Gewalttat entladen. Immer wieder kann man in den Zeitungen von solchen Fällen lesen.

Eine Begleiterscheinung der Vergehen in der Kindheit, die man vielleicht am wichtigsten nehmen sollte, besteht in der Tatsache, daß die Vergehen dem Kind ein Gefühl der Befriedigung verschaffen, und dieses Gefühl motiviert das Kind, die gleichen Verhaltensweisen zu wiederholen. Wenn man das Niveau der Befriedigung jedoch konstant halten will, muß man gewöhnlich die Stärke des Stimulus vergrößern. Wenn ein Kind z. B. Befriedigung empfindet, wenn es im Alter von sechs Jahren seiner Mutter einen Groschen stiehlt, dann muß es vielleicht, um als zwölfjähriges die gleiche Befriedigung zu verspüren, ein Fünfmarkstück stehlen. Ähnlich wichtig mag auch ein weiterer Effekt der kleineren Vergehen sein: Sie rauben dem Kind die Möglichkeit, zu lernen, wie man Befriedigung aus sozial gebilligten Verhaltensweisen gewinnen kann. Wenn die Befriedigung, die ein Kind durch die Unarten in seiner Kindheit erfährt, ihm die Motivation vorenthält, seine Verhaltensweise zu ändern, dann wird dieses Kind immer wieder versuchen, die Billigung der Gruppe mit den Methoden zu erreichen, die in seiner Kindheit erfolgreich waren. Wenn es dann entdeckt, daß kleine Verstöße nicht mehr die gewünschte Wirkung haben, werden seine Vergehen immer schwerwiegender.

Solange kleine Vergehen von der Gruppe der Gleichaltrigen gebilligt werden, entwickelt ein Kind keine tiefen und dauernden Gefühle von Schuld oder Scham. Aber noch bevor das Kindesalter zu Ende ist, stellt das Kind fest, daß viele Unarten wie Lügen, Mogeln, Stehlen, Schulschwänzen und Ungehorsam von den Kameraden nicht mehr gutgeheißen werden, obwohl sie früher Bewunderung zeigten oder Beifall klatschten. Wenn diese Einstellungsänderung der Alterskameraden zu einer Übereinstimmung mit den Einstellungen der Erwachsenen führt, beginnt das Kind unter den Folgen von Scham und Schuld zu leiden. Allmählich kommt es zu der Ansicht, daß, weil sein Verhalten der sozialen Wertschätzung nicht würdig ist, auch es selbst nicht wert ist, von den anderen geachtet zu werden. Nach und nach kann sich das zu einem allgemeinen Gefühl der Minderwertigkeit entwickeln, das seiner psychischen Gesundheit schadet. Schlechte Angepaßtheit, das Gefühl, unglücklich zu sein, und eine allgemeine Unzufriedenheit sind die Folgen.

Bibliographie

(1) ABBE, A. E.: Maternal attitudes toward child behavior and their relationship to the diagnostic category of the child. *J. genet. Psychol.*, 1958, **92**, 167–173.

(2) ABERLE, D. F., and K. D. NAEGELE: Middle-class fathers' occupational roles and attitudes toward children. *Amer. J. Orthopsychiat.*, 1952, **22**, 366–378.

(3) ALDOUS, J., and L. KELL: Child-rearing values of mothers in relation to their children's perceptions of their mothers' control: an exploratory study. *Marriage fam. Liv.*, 1956, **18**, 72–74.

(4) ALDRICH, C. A.: On the subject of orderly and lawful behavior. *Pediatrics*, 1948, **1**, 725–732.

(5) ALLEN, F. H.: Special problems of infancy and childhood. *Ann. Amer. Acad. Pol. Soc. Sci.*, 1953, **286**, 65–73.

(6) ALLINSMITH, W.: Conscience and conflict: the moral force in personality. *Child Develpm.*, 1957, **28**, 469–476.

(7) ALPER, T. G., H. T. PLANE, and B. I. ABRAMS: Reactions of middle and lower class children to finger paints as a function of class differences in child-training practices. *J. abnorm. soc. Psychol.*, 1955, **51**, 439–448.

(8) ANDERSON, H. H., G. L. ANDERSON, I. H. COHEN, and F. D. NUTT: Image of the teacher by adolescent children in four countries: Germany, England, Mexico, United States. *J. soc. Psychol.*, 1959, **50**, 47–55.

(9) ARIAMOV, E. A.: Fantasy and lying in childhood. *Semia i Shkola*, 1948, **11**, 16–19.

(10) AUSUBEL, D. P.: Prestige motivation of gifted children. *Genet. Psychol. Monogr.*, 1951, **43**, 53–117.

(11) AUSUBEL, D. P.: Relationship between shame and guilt in the socializing process. *Psychol. Rev.*, 1955, **62**, 378–390.

(12) BAKWIN, H., and R. M. BAKWIN: Discipline in children. *J. Pediat.*, 1951, **39**, 623–634.

(13) BALDWIN, A. L.: Socialization and the parent-child relationship. *Child Develpm.*, 1948, **19**, 127–136.

(14) BARCLAY, D.: "Law course" for the young. *The New York Times*, April 16, 1961.

(15) BARTOW, J. A. R.: Family size as related to child-rearing practices. *Dissertation Abstr.*, 1961, **22**, 558.

(16) BECKER, W. C., D. R. PETERSON, L. A. HELLMER, B. J. SHOEMAKER, and H. C. QUARY: Factors in parental behavior and personality as related to problem behavior in children. *J. consult. Psychol.*, 1959, **23**, 107–118.

(17) BECKER, W. C., D. R. PETERSON, Z. LURIA, B. J. SHOEMAKER, and L. A. HELLMER: Relations of factors derived from parent-interview ratings to behavior problems of five-year-olds. *Child Develpm.*, 1962, **33**, 509–535.

(18) BEHERS, M. L.: Child rearing and the character structure of the mother. *Child Develpm.*, 1954, **25**, 225–238.

(19) BELLER, E. K.: Two attitude components in younger boys. *J. soc. Psychol.*, 1949, **29**, 139–151.

(20) BELLINGER, G., and E. B. WARING: *How do children feel toward younger brothers and sisters?* Ithaca, N.Y., Cornell Ext. Bull., 1953, No. 881.

(21) BISHOP, B. M.: Mother-child interaction and the social behavior of children. *Psychol. Monogr.*, 1951, **65**, No. 11.

(22) BLANK, L.: The intellectual functioning of delinquents. *J. soc. Psychol.*, 1958, **47**, 9–14.

(23) BLOCK, J.: Personality characteristics associated with the fathers' attitudes toward child rearing. *Child Develpm.*, 1955, **26**, 41–48.

(24) BOBROFF, A.: The stages of maturation in socialized thinking and in the ego development of two groups of children. *Child Develpm.*, 1960, **31**, 321–330.

(25) BOEHM, L.: The development of conscience: a comparison of American children of different mental and socioeconomic levels. *Child Develpm.*, 1962, **33**, 575–590.

(26) BOEHM, L.: The development of conscience: a comparison of students in Catholic parochial schools and in public schools. *Child Develpm.*, 1962, **33**, 591–602.

(27) BOEHM, L., and M. L. NASS: Social class differences in conscience development. *Child Develpm.*, 1962, **33**, 565–574.

(28) BRECKENRIDGE, M. E., and E. L. VINCENT: *Child development*, 4th ed. Philadelphia: Saunders, 1960.

(29) BRIM, O. C.: The acceptance of new behavior in child-rearing. *Hum. Rel.*, 1954, **7**, 473–491.

(30) BRODBECK, A. J., P. NOGEE, and A. DI MARCIO: Two kinds of conformity: a study of the Riesman typology applied to standards of parental discipline. *J. Psychol.*, 1956, **41**, 23–45.

(31) BURTON, R. V., E. E. MACCOBY, and W. ALLINSMITH: Antecedents of resistance to temptation in four-year-old children. *Child Develpm.*, 1961, **32**, 689–710.

(32) CHANSKY, N. M.: The attitudes students assign to their teachers. *J. educ. Psychol.*, 1958, **49**, 13–16.

(33) CLARK, E. J.: Teacher reactions toward objectionable pupil behavior. *Elem. Sch. J.*, 1951, **51**, 446–449.

(34) CLARK, W. H.: Sex differences and motivation in the urge to destroy. *J. soc. Psychol.*, 1952, **36**, 167–177.

(35) CLIFFORD, E.: Discipline in the home: a controlled observational study of parental practices. *J. genet. Psychol.*, 1959, **95**, 45–82.

(36) COHEN, A. K.: *Delinquent boys.* New York: Free Press, 1955.

(37) COLM, H.: Help and guidance as discipline for preadolescents. *Nerv. Child*, 1951, **9**, 131–138.

(38) COOPER, W. M.: Parental delinquency. *Phylon*, 1950, **11**, 269–273.

(39) CRANE, A. R.: The development of moral values in children. IV. Preadolescent gangs and the moral development of children. *Brit. J. educ. Psychol.*, 1958, **28**, 201–208.

(40) CRIST, J. R.: High-school dating as a behavior system. *Marriage fam. Liv.*, 1953, **15**, 23–28.

(41) CRUICKSHANK, W. M., and G. O. JOHNSON: *Education of exceptional children and youth.* Englewood Cliffs, N.J.: Prentice-Hall, 1958.

(42) DAMERON, L. E.: Mother-child interaction in the development of self-restraint. *J. genet. Psychol.*, 1955, **86**, 289–308.

(43) DAVIDSON, H. H., and G. LANG: Children's perceptions of their teachers' feeling toward them related to self-perception, school achievement, and behavior. *J. exp. Educ.*, 1960, **29**, 107–118.

(44) DAVITZ, J. R.: Contributions of research with children to a theory of maladjustment. *Child Develpm.*, 1958, **29**, 3–7.

(45) DICKENSON, J. R., and H. S. LEVIN: The role of discipline in modern education. *Nerv. Child*, 1951, **9**, 122–124.

(46) DOLGER, L., and J. GINANDES: Children's attitude toward discipline as related to socioeconomic status. *J. exp. Educ.*, 1946, **15**, 161–165.

(47) DOUVAN, E.: Independence and identity in adolescence. *Children*, 1957, **4**, 186–190.

(48) DU BOIS, F. S.: The security of discipline. *Ment. Hyg., N.Y.*, 1952, **36**, 353–372.

(49) DUKES, W. F.: Psychological studies of values. *Psychol. Bull.*, 1955, **52**, 24–50.

(50) DURKIN, D.: Children's concepts of justice: a comparison with the Piaget data. *Child Develpm.*, 1959, **30**, 59–67.

(51) DURRETT, M. E.: The relationship of early infant regulation and later behavior in play interviews. *Child Develpm.*, 1959, **30**, 211–216.

(52) DUVALT, E. M., and A. B. MOTZ: Age and education as factors in school experience and personal-family adjustments. *Sch. Rev.*, 1945, **53**, 413–421.

(53) EATON, M. T., L. A. D'AMICO, and B. N. PHILLIPS: Problem behavior in school. *J. educ. Psychol.*, 1956, **47**, 350–357.

(54) EBERHART, H. C.: Attitude toward property: a genetic study by the paired comparison rating of offenses. *J. genet. Psychol.*, 1942, **60**, 3–35.

(55) EYSENCK, H. J.: The development of moral values in children. VII. The contribution of learning theory. *Brit. J. educ. Psychol.*, 1960, **30**, 11–21.

(56) FINNEY, J. C.: Some maternal influences on children's personality and character. *Genet. Psychol. Monogr.*, 1961, **63**, 199–278.

(57) FITE, M. D.: Aggressive behavior in young children and children's attitudes toward aggression. *Genet. Psychol. Monogr.*, 1940, **22**, 151–319.

(58) FRANK, L. K.: The concept of maturity. *Child Develpm.*, 1950, **21**, 21–24.

(59) FRANK, L. K.: Play in personality development. *Amer. J. Orthopsychiat.*, 1955, **25**, 576–590.

(60) FROE, O. D.: The negative concept in discipline and its relation to rapport in counseling. *Educ. Admin. Superv.*, 1953, **39**, 470–477.

(61) GARDNER, L. P.: An analysis of children's attitudes toward fathers. *J. genet. Psychol.*, 1947, **70**, 3–28.

(62) GEISEL, G. B.: Discipline viewed as a developmental need of the child. *Nerv. Child*, 1951, **9**, 115–121.

(63) GESELL, A., F. L. ILG, and L. B. AMES: *Youth: the years from ten to sixteen.* New York: Harper & Row, 1956.

(64) GEWIRTZ, J. L.: A factor analysis of some attention-seeking behaviors of young children. *Child Develpm.*, 1956, **27**, 17–36.

(65) GLUECK, S., and E. H. GLUECK: *Unravelling juvenile delinquency.* New York: Commonwealth Fund, 1950.

(66) GOUGH, H. G., and D. R. PETERSON: The identification and measurement of predispositional factors in crime and delinquency. *J. consult. Psychol.*, 1952, **16**, 207–212.

(67) GRAY, S. W., and R. KLAUS: The assessment of parental identification. *Genet. Psychol. Monogr.*, 1956, **54**, 87–114.

(68) GREENFIELD, N. S.: The relationship between recalled forms of childhood discipline and psychopathology. *J. consult. Psychol.*, 1959, **23**, 139–142.

(69) GRIFFITHS, W.: *Behavior difficulties of children as perceived and judged by parents, teachers, and children themselves.* Minneapolis: The University of Minnesota Press, 1952.

(70) GRINDER, R. E.: New techniques for research in children's temptation behavior. *Child Develpm.*, 1961, **32**, 679–688.

(71) GRINDER, R. E.: Parental child rearing practices, conscience, and resistance to temptation of sixth-grade children. *Child Develpm.*, 1962, **33**, 803–820.

(72) GUMP, P. V., and J. S. KOUNIN: Milieu influences in children's concepts of misconduct. *Child Develpm.*, 1961, **32**, 711–720.

(73) HAVIGHURST, R. J.: The function of successful discipline. *Understanding the Child*, 1952, **21**, 35–38.

(74) HAVIGHURST, R. J.: *Human development and education.* New York: Longmans, 1953.

(75) HAVIGHURST, R. J.: Moral character and religious education. *Relig. Educ.*, 1956, **51**, 163–169.

(76) HAVIGHURST, R. J., and A. DAVIS: A comparison of the Chicago and Harvard studies of social class differences in child rearing. *Amer. sociol. Rev.*, 1955, **20**, 438–442.

(77) HAVIGHURST, R. J., and H. TABA: *Adolescent character and personality.* New York: Wiley, 1949.

(78) HAWKES, G. R.: A study of personal values of elementary school children. *Educ. psychol. Measmt.*, 1952, **12**, 654–663.

(79) HAWKES, G. R., L. G. BURCHINAL, and B. GARDNER: Measurement of pre-adolescents' views of family control of behavior. *Child Develpm.*, 1957, **28**, 387–392.

(80) HEMMING, J.: The development of children's moral values. *Brit. J. educ. Psychol.*, 1957, **27**, 77–88.

(81) HENRY, A. F.: Sibling structure and perception of disciplinary roles of parents. *Sociometry*, 1957, **20**, 67–74.

(82) HENRY, J.: Permissiveness and morality. *Ment. Hyg., N.Y.,* 1961, **45,** 282–287.

(83) HENRY, J., and J. W. BOGGS: Child-rearing, culture, and the natural world. *Psychiatry,* 1952, **15,** 261–271.

(84) HILLIARD, F. H.: The influence of religious education upon the development of children's moral ideas. *Brit. J. educ. Psychol.,* 1959, **29,** 50–59.

(85) HOEFLIN, R.: Child rearing practices and child care resources used by Ohio farm families with preschool children. *J. genet. Psychol.,* 1954, **84,** 271–297.

(86) HOFFMAN, M. L.: Power assertion by the parent and its impact on the child. *Child Develpm.,* 1960, **31,** 129–143.

(87) HOLLINGWORTH, L. S.: *Children above 180 IQ: origin and development.* New York: Harcourt, Brace & World, 1950.

(88) HYMES, J. L.: *Behavior and misbehavior: a teacher's guide to action.* Englewood Cliffs, N.J.: Prentice-Hall, 1957.

(89) ILG, F. L., and L. B. AMES: *Child behavior.* New York: Harper & Row, 1955.

(90) ILG, F. L., J. LEARNED, A. LOCKWOOD, and L. B. AMES: The two-and-a-half-year-old. *J. genet. Psychol.,* 1949, **75,** 21–31.

(91) INGERSOLL, H. L.: A study of the transmission of authority patterns in the family. *Genet. Psychol. Monogr.,* 1948, **38,** 225–302.

(92) ITKIN, W.: Relationships between attitudes toward parents and parents' attitudes toward children. *J. genet. Psychol.,* 1955, **86,** 339–352.

(93) JACKSON, P. W.: Verbal solution to parent-child problems. *Child Develpm.,* 1956, **27,** 339–349.

(94) JERSILD, A. T.: *Child psychology,* 5th ed. Englewood Cliffs, N.J.: Prentice-Hall, 1960.

(95) JERSILD, A. T., and R. J. TASCH: *Children's interests and what they suggest for education.* New York: Teachers College, Columbia University, 1949.

(96) JOHNSON, R. C.: Early studies of children's moral judgments. *Child Develpm.,* 1962, **33,** 603–605.

(97) JONES, L. V., and C. MORRIS: Relations of temperament to the choice of values. *J. abnorm. soc. Psychol.,* 1956, **53,** 345–349.

(98) JONES, V.: Character development in children: an objective approach. In L. Carmichael (Ed.), *Manual of child psychology,* rev. ed. New York: Wiley, 1954. Pp. 781–832.

(99) JOSSELYN, I. M.: Psychological changes in adolescence. *Children,* 1959, **6,** 43–47.

(100) JUSTIN, F.: Home training in human values. *J. home Econ.,* 1950, **47,** 722.

(101) KAGAN, J.: The child's perception of the parent. *J. abnorm. soc. Psychol.,* 1955, **53,** 257–258.

(102) KANNER, L.: *A word to parents about mental hygiene.* Madison, Wis.: The University of Wisconsin Press, 1957.

(103) KAPLAN, L.: The annoyances of elementary school teachers. *J. educ. Res.,* 1952, **45,** 649–665.

(104) KELL, L., and J. ALDOUS: The relation between mothers' child-rearing ideologies and their children's perceptions of maternal control. *Child Develpm.,* 1960, **31,** 145–156.

(105) KINSEY, A. C., W. B. POMEROY, C. E. MARTIN, and P. H. GEBHARD: *Sexual behavior in the human female.* Philadelphia: Saunders, 1953.

(106) KLATSKIN, E. H.: Shifts in child care practices in three classes under an infant care program of flexible methodology. *Amer. J. Orthopsychiat.,* 1952, **22,** 201–205.

(107) KLINEBERG, O.: Cultural factors in personality adjustment of children. *Amer. J. Orthopsychiat.,* 1953, **33,** 465–471.

(108) KOCH, H. L.: The relation of certain formal attributes of siblings to attitudes held toward each other and toward their parents. *Monogr. Soc. Res. Child Develpm.,* 1960, **25,** No. 4.

(109) KOHN, M. L.: Social class and parental values. *Amer. J. Sociol.,* 1959, **64,** 337–351.

(110) KOWATRAKUL, S.: Some behaviors of elementary school children related to class room activities and subject areas. *J. educ. Psychol.,* 1959, **50,** 121–128.

(111) LAMBERT, W. W., L. M. TRIANDIS, and M. WOLF: Some correlates of beliefs in the malevolence and benevolence of supernatural beings: a cross societal study. *J. abnorm. soc. Psychol.,* 1959, **58,** 162–169.

(112) LANDIS, P. H.: *Adolescence and youth: the process of maturing.* New York: McGraw-Hill, 1952.

(113) LANDRETH, C.: *The psychology of early childhood.* New York: Knopf, 1958.

(114) LANGSTON, R. D.: Children's overt and fantasy aggression toward peers as a function of perceived severity of parental punishment. *Dissert. Abstr.,* 1961, **21,** 2367.

(115) LASKO, J. K.: Parent behavior toward first and second children. *Genet. Psychol. Monogr.* 1954, **49,** 97–137.

(116) LAZOWICK, L. M.: On the nature of identification. *J. abnorm. soc. Psychol.,* 1955, **51,** 175–183.

(117) LEAVITT, J.: Teacher-pupil relationships. *J. educ. Res.,* 1959, **29,** 210–217.

(118) LEHMANN, I. J.: Learning. III. Attitudes and values. *Rev. educ. Res.,* 1958, **28,** 468–474.

(119) LEVIN, H., and R. R. SEARS: Identification with parents as a determinant of doll play aggression. *Child Develpm.,* 1956, **27,** 135–153.

(120) LEVINSON, B. M.: The inner life of the extremely gifted child, as seen from the

clinical setting. *J. genet. Psychol.*, 1961, **99,** 83–88.
(121) LEWIN, K.: Time perspective and morale. In G. Watson, *Civilian morale.* Boston: Houghton Mifflin, 1952.
(122) LINDEN, M. E.: The older person in the family. *Soc. Casewk,* 1956, **37,** 75–81.
(123) LITTMAN, R. A., R. C. A. MOORE, and J. PIERCE-JONES: Social class differences in child rearing: a third community for comparison with Chicago and Newton. *Amer. sociol. Rev.*, 1957, **22,** 694–704.
(124) LIU, C. H.: *The influence of cultural background on the moral judgments of children.* Ph.D. thesis, Columbia University, 1950.
(125) LOURIE, N. V.: Discipline: a consistent, non-punitive concept. *Child Welf.,* 1951, **30,** 3–6.
(126) LYLE, W. H., and E. E. LEVITT: Punitiveness, authoritarianism, and parental discipline in grade school children. *J. abnorm. soc. Psychol.,* 1955, **51,** 42–46.
(127) LYNN, D. B.: Sex-role and parental identification. *Child Develpm.,* 1962, **33,** 555–564.
(128) MACCOBY, E. E., and P. K. GIBBS: Methods of child rearing in two social classes. In W. E. Martin and C. B. Stendler (Eds.), *Readings in child development.* New York: Harcourt, Brace & World, 1954. Pp. 380–396.
(129) MACFARLANE, J., L. ALLEN, and M. P. HONZIK: *A developmental study of the behavior problems of normal children between twenty-one months and fourteen years.* Berkeley, Calif.: University of California Press, 1954.
(130) MAC RAE, D.: A test of Piaget's theories of moral development. *J. abnorm. soc. Psychol.,* 1954, **49,** 14–18.
(131) MADOFF, J. M.: The attitudes of mothers of juvenile delinquents toward child rearing. *J. consult. Psychol.,* 1959, **23,** 518–523.
(132) MANWELL, E. M., and S. L. FAHS: *Consider the children—how they grow,* rev. ed. Boston: Beacon Press, 1951.
(133) MARSTEN, B. H., and J. C. COLEMAN: Specificity of attitudes toward parental and non-parental authority figures. *J. indiv. Psychol.,* 1961, **17,** 96–101.
(134) MARTIN, M. H.: Some reactions of preschool children to discipline. *Nerv. Child,* 1951, **9,** 125–130.
(135) MC ARTHUR, C.: Personality differences between middle and upper classes. *J. abnorm. soc. Psychol.,* 1955, **50,** 247–254.
(136) MC CORD, J., and W. MC CORD: The effects of parental role model on criminality. *J. soc. Issues,* 1958, **14,** No. 3, 66–74.
(137) MC GUIRE, C.: Family life in lower and middle class homes. *Marriage fam. Liv.,* 1952, **17,** 1–6.
(138) MC GUIRE, C., and G. D. WHITE: Social-class influences on discipline at school. *Educ. Leadership,* 1957, **14,** 29–31, 234–236.
(139) MEDINNUS, G. R.: Objective responsibility in children: a comparison with Piaget data. *J. genet. Psychol.,* 1962, **101,** 127–133.
(140) MERRY, F. K., and R. V. MERRY: *The first two decades of life,* 2d ed. New York: Harper & Row, 1958.
(141) MEYERS, C. E.: The effect of conflicting authority on the child. *Univer. Iowa Stud. child Welf.,* 1944, **20,** 31–98.
(142) MILLER, D. R., and G. E. SWANSON: *The changing American parent.* New York: Wiley, 1958.
(143) MILTON, G. A.: A factor analytic study of child-rearing behaviors. *Child Develpm.,* 1958, **29,** 381–392.
(144) MORGAN, P. K., and E. L. GAIER: The direction of aggression in the mother-child punishment situation. *Child Develpm.,* 1956, **27,** 647–657.
(145) MORRIS, C., and L. V. JONES: Value scales and dimensions. *J. soc. Psychol.,* 1955, **51,** 523–535.
(146) MOUSTAKAS, C. E.: *The teacher and the child: personal interaction in the classroom.* New York: McGraw-Hill, 1956.
(147) MUELLER, K. H.: Can cheating be killed? *Personnel Guid. J.,* 1953, **31,** 465–468.
(148) MULLEN, F. A.: Truancy and classroom disorders as symptoms of personality problems. *J. educ. Psychol.,* 1950, **41,** 97–109.
(149) MUNN, N. L.: *The evolution and growth of human behavior.* Boston: Houghton Mifflin, 1955.
(150) MUSSEN, P. H., and J. KAGAN: Group conformity and perceptions of parents. *Child Develpm.,* 1958, **29,** 57–67.
(151) NAKAMURA, C. Y.: The relationship between children's expressions of hostility and methods of discipline exercised by dominant, overprotective parents. *Child Develpm.,* 1959, **30,** 109–117.
(152) New York Times Report: Pupils told how to avoid crimes. *The New York Times,* Feb. 20, 1961.
(153) New York Times Report: U.S. children top list for honesty. *The New York Times,* Sept. 3, 1961.
(154) PETERSON, D. R.: Behavior problems of middle childhood. *J. consult. Psychol.,* 1961, **25,** 205–209.
(155) PIKAS, A.: Children's attitudes toward rational versus inhibiting parental authority. *J. abnorm. soc. Psychol.,* 1961, **62,** 315–321.
(156) PROTHRO, E. T.: Patterns of permissiveness among preliterate peoples. *J. abnorm. soc. Psychol.,* 1960, **61,** 151–154.
(157) PRESSEY, S. L., and R. G. KUHLEN: *Psychological development through the life span.* New York: Harper & Row, 1957.
(158) PUTNEY, S., and R. MIDDLETON: Effect of husband-wife interaction on the strictness of

attitudes toward child rearing. *Marriage fam. Liv.*, 1960, **22,** 171–173.

(159) RADKE, M. J.: *The relation of parental authority to children's behavior and attitudes.* Minneapolis: The University of Minnesota Press, 1946.

(160) RAINWATER, L.: A study of personality differences between middle and lower class adolescents: the Szondi test in culture-personality research. *Genet. Psychol. Monogr.*, 1956, **54,** 3–86.

(161) RAPP, D. W.: Child rearing attitudes of mothers in Germany and the United States. *Child Develpm.*, 1961, **32,** 669–678.

(162) RETTIG, S., and B. PASAMANICK: Changes in moral values among college students: a factorial study. *Amer. sociol. Rev.*, 1959, **24,** 856–863.

(163) ROGOSIN, H.: What about "cheating" on examinations and honesty? *Sch. Soc.*, 1951, **74,** 402–403.

(164) ROSENTHAL, M. J.: The syndrome of the inconsistent mother. *Amer. J. Orthopsychiat.*, 1962, **32,** 637–644.

(165) ROY, K.: Parents' attitudes toward their children. *J. home Econ.*, 1950, **42,** 652–653.

(166) RUSSELL, D. H.: *Children's thinking.* Boston: Ginn, 1956.

(167) SCARPITTI, F. R., E. MURRAY, S. DINITZ, and W. C. RECKLESS: The "good" boy in a high delinquency area: four years later. *Amer. sociol. Rev.*, 1960, **25,** 555–558.

(168) SCHAEFER, E. S., and R. Q. BELL: Development of a parental attitude research instrument. *Child Develpm.*, 1958, **29,** 339–361.

(169) SCHOEPPE, A.: Sex differences in adolescent socialization. *J. soc. Psychol.*, 1953, **38,** 175–185.

(170) SCOFIELD, R. W., and C.-W. SUN: A comparative study of the differential effect upon personality of Chinese and American child training practices. *J. soc. Psychol.*, 1960, **52,** 221–224.

(171) SCOTT, R. B., A. D. FERGUSON, M. E. JENKINS, and F. F. CUTLER: Growth and development in Negro infants. V. Neuromuscular patterns of behavior during the first year of life. *Pediatrics,* 1955, **16,** 24–29.

(172) SEARS, R. R.: A theoretical framework for personality and social behavior. *Amer. Psychologist,* 1951, **6,** 476–483.

(173) SEARS, R. R., E. E. MACCOBY, and H. LEVIN: *Patterns of child rearing.* New York: Harper & Row, 1957.

(174) SEARS, R. R., J. W. M. WHITING, V. NOWLIS, and P. S. SEARS: Some child-rearing antecedents of aggression and dependency in young children. *Genet. Psychol. Monogr.*, 1953, **47,** 135–234.

(175) SETTLAGE, C. F.: The values of limits in child rearing. *Children,* 1958, **5,** 175–178.

(176) SEWELL, W. H., P. H. MUSSEN, and C. W. HARRIS: Relationships among child training practices. *Amer. sociol. Rev.*, 1955, **20,** 137–148.

(177) SHAPIRO, M. B.: Some correlates of opinion on the upbringing of children. *Brit. J. Psychol.*, 1952, **43,** 141–149.

(178) SHERIF, M.: *An outline of social psychology.* New York: Harper & Row, 1948.

(179) SILLER, J.: Socioeconomic status and conceptual thinking. *J. abnorm. soc. Psychol.*, 1957, **55,** 365–371.

(180) SLAVSON, S. R.: Authority, restraint, and discipline in group therapy with children. *Nerv. Child,* 1951, **9,** 187–195.

(181) SPOCK, B.: What we know about the development of healthy personality in children. *Understanding the Child,* 1951, **20,** 2–9.

(182) STACEY, L. L., and M. L. REICHEN: Attitudes toward death and future life among normal and subnormal adolescent girls. *Except., Children,* 1954, **20,** 259–262.

(183) STAINS, K. B.: The beginnings of dishonesty. *Understanding the Child,* 1954, **22,** 55.

(184) STAPLES, R., and G. W. SMITH: Attitudes of grandmothers and mothers toward child-rearing practices. *Child Develpm.*, 1954, **25,** 91–97.

(185) STENDLER, C. B.: A study of some socio-moral judgments of junior high school children. *Child Develpm.*, 1949, **20,** 15–28.

(186) STENDLER, C. B., and N. YOUNG: Impact of first grade entrance upon the socialization of the child: changes after eight months of school. *Child Develpm.*, 1951, **22,** 113–122.

(187) STOKE, S. M.: An inquiry into the concept of identification. In W. E. Martin and C. B. Stendler (Eds.), *Readings in child development.* New York: Harcourt, Brace & World, 1954. Pp. 227–239.

(188) STOLZ, L. M., et al.: *Father relations of war born children.* Stanford, Calif.: Stanford, 1954.

(189) STONE, L. J.: A critique of studies of infant isolation. *Child Develpm.*, 1954, **25,** 9–20.

(190) STOTT, D. H.: *Delinquency and human nature.* Fife, Scotland: Carnegie United Kingdom Trust, 1950.

(191) STOUFFER, G. A. W.: Behavior problems of children as viewed by teachers and mental hygienists. *Ment. Hyg., N.Y.*, 1952, **36,** 271–283.

(192) STOUFFER, G. A. W., and J. OWENS: Behavior problems identified by today's teachers and compared with those reported by E. K. Wickman. *J. educ. Res.*, 1955, **48,** 321–331.

(193) STRANG, R.: How children and adolescents view their world. *Ment. Hyg., N.Y.*, 1954, **38,** 28–33.

(194) STRAUSS, A. L.: The development of conceptions of rules in children. *Child Develpm.*, 1954, **25,** 193–208.

(195) STROUP, A. L.: Marital adjustment of the

mother and the personality of the child. *Marriage fam. Liv.*, 1956, **18**, 109–113.
(196) TASCH, R. J.: Interpersonal perceptions of fathers and mothers. *J. genet. Psychol.*, 1955, **87**, 59–65.
(197) THOMPSON, G. G.: *Child psychology*, 2d ed. Boston: Houghton Mifflin, 1962.
(198) TRENT, R. D.: The expressed values of institutionalized delinquent boys. *J. genet. Psychol.*, 1958, **92**, 133–148.
(199) TUDDENHAM, R. D.: Studies in reputation. I. Sex and grade differences in school children's evaluations of their peers. II. The diagnosis of social adjustment. *Psychol. Monogr.*, 1952, **66**, No. 1.
(200) TUMA, E., and N. LIVSON: Family socioeconomic status and adolescent attitudes to authority. *Child Develpm.*, 1960, **31**, 386–399.
(201) UGUREL-SEMIN, R.: Moral behavior and moral judgments of children. *J. abnorm. soc. Psychol.*, 1952, **47**, 463–474.
(202) VINACKE, W. E.: Concept formation in children of school age. *Education*, 1954, **74**, 527–534.
(203) VINCENT, E. L., and P. C. MARTIN: *Human psychological development*. New York: Ronald, 1961.
(204) VON MERING, F. H.: Professional and nonprofessional women as mothers. *J. soc. Psychol.*, 1955, **42**, 21–34.
(205) WATSON, G.: Some personality differences in children related to strict or permissive parental discipline. *J. Psychol.*, 1957, **44**, 227–249.
(206) WATTERBERG, W. W.: Church attendance and juvenile misconduct. *Sociol. soc. Res.*, 1954, **34**, 195–202.
(207) WERNER, E.: Milieu differences in social competence. *J. genet. Psychol.*, 1957, **91**, 239–249.
(208) WHITE, M. S.: Social class in child rearing practices and child behavior. *Amer. sociol. Rev.*, 1957, **22**, 704–712.
(209) WHITEMAN, P. H.: The relation of religious affiliation to parents' opinions concerning child rearing and children's problems, and parents' evaluations of their own personalities. *Dissert. Abstr.*, 1959, **20**, 2149–2150.
(210) WHITING, J. W. M., and I. L. CHILD: *Child training and personality: a cross cultural study*. New Haven: Yale, 1953.
(211) WIGGAM, E. A.: Do brains and character go together? *Sch. Soc.*, 1941, **54**, 261–265.
(212) WITRYOL, S. L., and J. E. CALKINS: Marginal social values of rural school children. *J. genet. Psychol.*, 1958, **92**, 81–93.
(213) WOLFENSTEIN, M. T.: A developmental study of children's fantasies about moral problems. II. Conceptions of "goodness." *Amer. Psychologist*, 1950, **5**, 304–305.
(214) WOODRUFF, A. D.: *Basic concepts of teaching*. San Francisco: Chandler, 1961.
(215) WOODS, P. J., K. B. GLAVIN, and C. M. KETTLE: A mother-daughter comparison on selected aspects of child rearing in a high socioeconomic group. *Child Develpm.*, 1960, **31**, 121–128.

Kapitel 13: Interessen in der Kindheit

Die Interessen spielen eine wichtige Rolle im Leben des Kindes, weil sie in einem hohen Maß bestimmen, was es tut und wie gut es das tut. Ein Interesse ist ein gelerntes Motiv, das die Person dazu veranlaßt, sich mit einer Beschäftigung zu befassen, wenn sie wählen kann, was sie tun möchte. Ein Interesse ist „etwas, mit dem das Kind sein persönliches Wohlergehen identifiziert" (255). Wenn ein Kind sieht, daß ihm etwas nützt, interessiert es sich dafür; und dies motiviert sein Lernen. Solange etwas dem Kind Befriedigung bereitet, interessiert es sich weiter dafür; wenn die Befriedigung nachläßt, schwindet auch sein Interesse (280).

Eine Laune ist ein vorübergehendes Interesse; solange sie vorhält, kann sie ebenso stark oder noch stärker sein als ein Interesse; da sie aber nur vorübergehende Befriedigung bietet, läßt ihre Stärke sehr schnell nach. Wirkliche Interessen sind andauernder, weil sie ein Bedürfnis im Leben des einzelnen befriedigen.

Viele Erwachsenen erkennen nicht, daß das, was ein Interesse zu sein scheint, in Wirklichkeit vielleicht nur eine Laune ist. Und so machen sie den Fehler, zu erwarten, daß ein Kind eine Aufgabe oder Beschäftigung weiter verfolgt, die ihm keine Befriedigung mehr bereitet. Ein Kind kann z. B. den Wunsch äußern, das Klavierspiel zu erlernen, weil eines der Geschwister oder ein Spielkamerad Musikunterricht bekommt. In dem Glauben, daß dieses Verlangen auf echten Interessen gründet, was wiederum bedeutet, daß das Kind musikalisch begabt ist, vereinbaren die Eltern Klavierunterricht, sie kaufen ein Klavier und zwingen dann ihr Kind zum Üben. Wenn es dem Kind wenig Befriedigung bereitet, Klavier zu spielen, dann läßt sein Interesse schnell nach, und es lehnt sich gegen den Unterricht und das Üben auf.

Da jedes Interesse irgendein Bedürfnis im Leben des Kindes befriedigt, auch wenn der Erwachsene das Bedürfnis nicht klar erkennt, ist das Interesse um so stärker und andauernder, je stärker dieses Bedürfnis ist. Das Kind, das ein großes Verlangen nach Freundschaft hat, richtet seine Energien auf Beschäftigungen, die es mit anderen in Verbindung bringen. Wenn diese Verbindungen seine Bedürfnisse nicht befriedigen, weil das Kind entweder für die anderen Kinder, die es erreichen kann, nicht akzeptabel ist oder weil es wenig mit ihnen gemeinsam hat, läßt sein Interesse nicht nach, sondern es wird in andere Bahnen geleitet, die seine Bedürfnisse besser befriedigen (184, 280). Es spielt vielleicht mit imaginären Spielkameraden, oder es identifiziert sich mit Menschen in Büchern, in Comics, in Filmen oder auf dem Bildschirm (186, 268).

Je häufiger ein Kind sein Interesse an einer Betätigung äußert, desto stärker wird es. Dagegen erlöscht das Interesse, wenn es nicht geäußert wird (125, 255). Wenn die Umgebung des Kindes seine Möglichkeiten begrenzt, mit anderen Kindern zu spielen, läßt sein Interesse an Spielkameraden nach, und ein Ersatzinteresse tritt an dessen Platz. Wenn es einen völlig befriedigenden Ersatz finden kann, kommt ein Zeitpunkt, an dem es sich wenig für Menschen interessiert; vielleicht behauptet es sogar, daß die Menschen es „langweilen". Wenn ein Kind nicht sieht, wie das Abstrakte, das es in der Arithmetik lernt, ihm nützen könnte, läßt sein Interesse an diesem Fach nach, auch wenn es vielleicht sehr stark gewesen ist, ehe es zur Schule kam.

Eine Beschäftigung, die den einzelnen nicht befriedigt, anregt oder herausfordert, ist l a n g w e i l i g. Eine solche Beschäftigung ist das Gegenteil eines Interesses. Wenn Kinder sich langweilen, machen sie wahrscheinlich mehr Unfug und bereiten anderen Schwierigkeiten in der Hoffnung, ein wenig Aufregung hervorzurufen und so eine langweilige Situation in eine interessante zu verwandeln. Zum größten Teil sind Kinder gelangweilt, wenn sie gezwungen werden, Dinge zu tun, die nicht zu ihren Bedürfnissen passen oder ihnen keine Befriedigung bereiten. Langweile tritt besonders leicht in der Schule auf, wo der Stundenplan und die Lehrmethode für die Gruppe und nicht für den einzelnen geplant werden müssen.

Die Entwicklung der Interessen

Ein Kind wird nicht mit bereits vorhandenen Interessen geboren; vielmehr entwicklen sich diese als eine Folge von Lernerfahrungen. Die folgenden fundamentalen Tatsachen sind wichtig für das Verständnis, wie, warum und wann sich Interessen entwickeln:

1. Es gibt individuelle Unterschiede in den Interessen. Die Entwicklung der Interessen verläuft weitgehend parallel zu der körperlichen und geistigen Entwicklung des Kindes. Das Kind, das sich langsamer oder schneller als der Durchschnitt entwickelt, unterscheidet sich von seinen Altersgenossen. Das ist der Grund, weshalb ein sehr begabtes Kind wenig mit Kindern gemeinsam hat, deren Intelligenz in etwa der Norm entspricht (184). Das ist ebenfalls einer der Gründe, warum ein spät reifendes Kind gewissen sozialen Problemen begegnet; seine sozialen Interessen sind noch die eines K i n d e s, während die Interessen seiner Alterskameraden die von J u g e n d l i c h e n sind (156, 211).

2. Interessen hängen von der Bereitschaft zu lernen ab. Da die Interessen in einer engen Beziehung zu der körperlichen und geistigen Entwicklung stehen, kann ein Kind keine Interessen erwerben, ehe es nicht körperlich und geistig dazu bereit ist. Ein Kind kann z. B. kein wirkliches Interesse an Ballspielen haben, wenn es nicht über die dafür erforderliche Stärke und Muskelkoordination verfügt. Ähnlich kann ein Kind sich nicht für Geschichte interessieren, ehe sich nicht die Intelligenz so weit entwickelt hat, daß es die Bedeutung historischer Tatsachen erfassen kann.

3. Interessen hängen von den Möglichkeiten zu lernen ab. Wie auch immer die Bereitschaft des Kindes zu lernen aussieht, es kann keine Interessen entwickeln, wenn ihm nicht die Möglichkeit dazu gegeben wird. Das wiederum hängt ab von seiner Umgebung und von den Interessen der Menschen – sowohl der Kinder als auch der Erwachsenen –, mit denen es am meisten zu tun hat. Die Art der Umgebung, in der ein Kind

in seiner Kindheit lebt, bestimmt, welche Interessen es entwickelt und wie stark sie sind.
Die Umgebung des kleinen Kindes ist weitgehend auf das Elternhaus beschränkt; seine Interessen sind dementsprechend. Es ist festgestellt worden, daß das erstgeborene Kind eine größere Anzahl von Interessen hat als später geborene Geschwister, weil es mehr Kontakte mit Erwachsenen hat. Zweitgeborene oder noch später geborene Kinder dagegen haben mehr Kontakte mit Geschwistern als mit Erwachsenen; die Folge ist, daß sie die Interessen ihrer älteren Geschwister nachahmen. Wenn eines der älteren Geschwister dasselbe Geschlecht hat, entwickelt das Kind mehr Interessen, weil es Geschwister seines eigenen Geschlechtes stärker nachahmt als Geschwister des anderen Geschlechtes (166). Kinder aus großen Familien haben mehr Interessen als Kinder aus kleinen Familien – wegen der größeren Anzahl der Interessen bei den verschiedenen Familienmitgliedern (7).

4. Die Interessen verändern sich mit dem Alter. Mit den körperlichen und psychischen Veränderungen gehen Veränderungen der Interessen einher. Das wird durch die Spielinteressen des Kindes gut illustriert. Solange es noch sehr klein ist, macht es ihm seine körperliche und geistige Entwicklung nur möglich, sich für Spiele mit wenigen Regeln zu interessieren. Allmählich wächst es aus diesen einfachen Spielbeschäftigungen heraus und möchte an solchen Arten von Spiel und Sport teilnehmen, zu denen höchst geschickte Bewegungen des Körpers gehören und in denen diese Bewegungen durch Regeln und Bestimmungen genau festgelegt sind.
Da sich die Interessen verändern, solange körperliche und geistige Veränderungen vor sich gehen, sollte man von Kindern nicht erwarten, daß ihre Interessen beständig sind. Veränderungen der Interessen spiegeln eine Zunahme des Verständnisses und den Erwerb neuer Kenntnisse wider. Interessen, die Bedürfnisse befriedigt haben, als das Kind klein war, können seine Bedürfnisse nicht mehr befriedigen, wenn es die Reife erreicht hat (82). Wenn das Wachstum langsamer vor sich geht und ein reiferes Entwicklungsniveau erreicht ist, zeigen die Interessen normalerweise mehr Beständigkeit (280).

5. Die Einflüsse der Kultur bestimmen die Interessen. Die Einflüsse der Kultur in der Umgebung des Kindes spielen eine wichtige Rolle für die Entwicklung seiner Interessen, weil sie seine Lernmöglichkeiten kontrollieren. Eltern, Lehrer und andere Erwachsene geben dem Kind die Möglichkeit, zu lernen, was die Kulturgruppe als angemessene Interessen ansieht; es werden ihm die Möglichkeiten vorenthalten, Interessen zu entwickeln, die die soziale Gruppe nicht als angemessen empfindet. Der Grad des Interesses, das es für verschiedene Fächer in der Schule und für die Schule im allgemeinen zeigt, wird weitgehend beeinflußt durch die Einstellungen der wichtigen Menschen in seiner Umgebung (259).

6. Interessen sind emotional getönt. Bei der Entwicklung von Interessen sind die zwischenmenschlichen Beziehungen wichtiger als spezifische Unterweisung. Das Kind, das seinen Lehrer nicht mag, lernt vielleicht nicht nur, das Fach abzulehnen, in dem er unterrichtet, sondern auch die Schule allgemein. Andererseits kann es dazu führen, daß das Kind ein Interesse für ein bestimmtes Fach entwickelt, wenn es seinen Lehrer mag. Dieses Interesse kann so stark sein, daß es sich zu einem allgemeinen Interesse für die Schule entwickelt. So ist es offenkundig, daß Interessen deutlich durch Vorliebe und Abneigung beeinflußt werden.
Untersuchungen der Interessen haben ergeben, daß Vorlieben und Abneigungen früh gebildet werden und über die Jahre hinweg verhältnismäßig beständig bleiben. Wenn ein Kind in die Schule kommt, hat es die meisten Dinge gern, obgleich seine Vorlieben und Abneigungen eher allgemein als spezifisch sind. Es hat alles gern, was unter die Kategorie „Spiel" fällt, und lehnt alles ab, was als „Arbeit" angesehen werden könnte. Wenn sie zehn Jahre alt sind,

entwickeln Kinder, deren Einstellung gegenüber allem positiv war, unterschiedliche Interessen, indem sie Abneigungen erwerben. Der Junge lehnt alles ab, was als „weibisch" angesehen werden könnte. Jungen entwickeln stärker als Mädchen eine Ablehnung gegen alles, was „Arbeit" ist, und erwerben als Folge eine Einstellung, die gegen die Arbeit, besonders gegen geistige Arbeit gerichtet ist, was ihre Interessen deutlich beeinflußt (292).

7. Die Entwicklung der Interessen kann begrenzt sein. Beschränkungen der körperlichen oder geistigen Fähigkeiten des Kindes oder seiner Erfahrungen setzen seinen Interessen Grenzen. Ein körperbehindertes Kind kann z. B. nicht dasselbe Interesse für Sport erwerben wie ein Kind, dessen körperliche Entwicklung normal ist. In der gleichen Weise beschränken geistige Behinderungen das Interesse eines Kindes für geistige Arbeit bis zu dem Punkt, wo es nicht mehr genug Interesse hat, um mit seinen Alterskameraden Schritt halten zu können; die Folge ist, daß es in Sonderklassen geschickt wird, wo besonderer Wert auf praktische Fächer gelegt wird (65).
Interessen entstehen manchmal als eine Folge der Frustration und stehen in einer engen Beziehung zu dem Anspruchsniveau des Kindes. Es ist nicht ungewöhnlich, daß ein Kind ein Interesse für etwas entwickelt, das sich ziemlich außerhalb seiner Möglichkeiten befindet; beispielsweise kann ein Junge mit einem schwächlichen Körper ein starkes Interesse für den Sport entwickeln. Indem er sich mit den Spielern identifiziert, erhält er „stellvertretend" eben das Vergnügen, das die anderen Jungen durch die Beschäftigung selbst erhalten. In ähnlicher Weise entwickeln Neger oft ein starkes Interesse für die Freizeitbeschäftigungen und Berufe, die den Weißen Vergnügen bereiten, aber den Negern wegen der Rassendiskriminierung nicht zugänglich sind (280, 295).

Die Bedeutung der Interessen. Interessen sind wichtig, weil sie als eine Quelle starker Motivation für das Lernen dienen. Ein Kind, das sich für eine Beschäftigung interessiert, ob es sich nun um eine Art des Spieles oder der Arbeit handelt, strengt sich mehr an als ein Kind, das sich weniger interessiert oder sogar langweilt. Wenn die Lernerfahrungen die Hilfsquellen eines Kindes in vollem Umfang anzapfen sollen, müssen sie zeitlich so angesetzt werden, daß sie seinen Interessen entsprechen. Das ist der günstigste Augenblick für die Unterweisung (lernoptimaler Augenblick) – der Zeitpunkt, zu dem das Kind bereit ist zu lernen, weil es sich dafür interessiert, was ihm das Lernen an persönlichen Vorteilen bringt (129).
Weiter bringen die Interessen Vergnügen und Freude in das Leben eines Kindes. Wenn es sich dafür interessiert, eine geforderte Beschäftigung durchzuführen, ist das Erlebnis weitaus erfreulicher, als wenn es gezwungen wird, sie trotz seines mangelnden Interesses zu erledigen. Wenn ihm das Interesse fehlt, bleiben seine Leistungen weit hinter seinen Möglichkeiten zurück. Einer der Gründe für untererwartungsgemäße Leistung bei intelligenten Kindern ist der, daß sie an einem Fach zu wenig Interesse haben, als daß sie ihren Möglichkeiten entsprechend arbeiten; und als Folge davon langweilen sie sich (76, 184).
Es gibt auch viele Hinweise darauf, daß die Spielbreite der Interessen, die ein Kind erwirbt, zu eng ist, als daß es mit vielen Interessen vertraut werden könnte, die seinen Bedürfnissen dienen und seine verschiedenartigen Möglichkeiten erfüllen könnten. Die Entwicklung der Interessen wird weitgehend beeinflußt durch die Möglichkeiten, die die Umgebung bietet, und aus diesem Grund sollten Elternhaus, Schule und Gemeinde versuchen, dem Kind so viele Beschäftigungen wie möglich zu zeigen, damit es entdecken kann, welche seinen Bedürfnissen entsprechen und welche nicht. Wenn ihm die Gelegenheit geboten wird, so viele verschiedene Beschäftigungen wie möglich zu versuchen, kann es aus seiner eigenen Erfahrung feststellen, welche ihm Befriedigung bereiten und welche es langweilen.
Wenn man bestimmte Interessen nicht

während der Kindheit erwirbt, kann man für sein ganzes Leben benachteiligt sein. Viele Erwachsene berichten, daß sie bedauern, nicht mehr Interessen in der Kindheit erworben zu haben (288). Obgleich Interessen in jedem Alter erworben werden können, hat das Kind mehr Zeit und Gelegenheit, sich mit neuen Interessen zu beschäftigen, als der Erwachsene. Dies wird am Beispiel der Freizeitinteressen gut illustriert. Im Elternhaus, in der Schule und im Wohnbezirk werden dem Kind die Zeit, die Ausrüstung, der Platz und die Anleitung für das Lernen verschiedener Spiele geboten; der Erwachsene muß all das selbst bereitstellen (72, 131).

Die wichtigste Tatsache, die festgehalten werden muß, ist die, daß ein Kind, weil die Interessen *gelernt* werden, bei der Entwicklung *der* Interessen geleitet werden kann, die zu seinem Glück und Erfolg beitragen. Ein Kind kann dafür interessiert werden, gute Bücher zu lesen, wenn es dazu ermuntert wird und wenn es ein Vorbild an seinen Eltern hat, denen das Lesen Vergnügen bereitet. Wenn ihm jedoch gestattet wird, seine Freizeit nach seinem eigenen Willen zu gestalten, entwickelt es oft ein so starkes Interesse für das Lesen von Comics oder für das Fernsehen – weil es eine so geringe Anstrengung erfordert und weil „alle anderen" es auch tun –, daß es nie die Befriedigung erfährt, die das Interesse für Lesen mit sich bringen kann.

Es können aber auch, weil die Interessen gelernt werden, sozial unerwünschte Interessen durch erwünschtere ersetzt werden. Je eher das geschieht, desto besser. Wenn ein Interesse einmal gut gelernt ist, bietet es eine Quelle der Befriedigung, die schwer zu ersetzen ist; das wirkt der Entwicklung gesunderer Interessen entgegen.

Methoden zur Feststellung der Interessen bei Kindern

Durch die Beobachtung, mit welchen Gegenständen ein Kind spielt, welche es kauft, sammelt oder gebraucht, wenn in seiner Beschäftigung offenkundig ein Element der Spontaneität vorhanden ist, ist es möglich, Hinweise auf seine Interessen zu bekommen. Das Ausmaß des Interesses kann bestimmt werden durch die Länge der Zeit, die es innerhalb eines bestimmten Zeitraumes mit einer bestimmten Beschäftigung verbringt, oder durch seine Angaben darüber, was es gerne tut und womit es sich häufig beschäftigt (125, 255). Viele Beschäftigungen, die einen großen Teil der freien Zeit des Kindes ausfüllen, wie Radiohören oder Fernsehen, scheinen kein starkes Interesse auf der Seite des Kindes darzustellen, sondern das Fehlen einer besonderen Beschäftigung.

Andere Hinweise auf die Interessen des Kindes geben die Fragen, die es stellt, die Gespräche, die es mit Gleichaltrigen führt, das, was es liest, wenn es frei unter mehreren Büchern wählen kann, und was es spontan malt und zeichnet. Eine der besten Arten, die Interessen eines Kindes in einem bestimmten Alter zu erkennen, besteht darin, seine *Wünsche* festzustellen. Wenn sie gefragt werden, was sie sich wünschen, wenn sie alles haben könnten, äußern Kinder ihre Wünsche sehr frei nach Dingen, die sie am stärksten interessieren (152). Zahlreiche Untersuchungen über die Interessen von Kindern sind angestellt worden, bei denen man von diesem Ansatz ausging.

Die Wünsche eines kleinen Kindes betonen den materiellen Besitz, wie Spielzeug, Geld, Kleidung und materielle Verbesserungen im Haus. Das Kind im Grundschulalter konzentriert seine Wünsche auf persönliche Leistung, persönliche Fortschritte, Geschick zum Geldverdienen und zum Erlangen der Unabhängigkeit, auf größere Beliebtheit und soziale Billigung. Es wünscht, es lebte in einer besseren Wohnung, könnte reisen und die Welt sehen und moralisch besser sein. Wenn das Kind in das sechste Schuljahr kommt, sind seine Wünsche weniger egozentrisch und mehr sozial; es wünscht sich Dinge, die anderen helfen, ebenso wie Dinge, die es selbst interessieren. Mädchen legen mehr Wert auf persönliche Anziehungskraft, Charme und Beliebtheit, Jungen dagegen betonen Fertigkeiten, persönliche Leistungen und Unabhängigkeit. In ihren geäußerten Wünschen legen Negerkinder mehr Wert auf materiellen Besitz als die weißen Kinder im selben Alter (54, 152).

Ein ähnlicher, aber vielleicht realistischerer Ansatz, die Interessen zu untersuchen, besteht darin, das Kind zu bitten, drei Dinge, die es am meisten interessieren, zu nennen oder aufzuschreiben. Dieser Ansatz betont die Interessen, die das Kind schon hat, und nicht die Dinge, die es gerne haben möchte. Wenn es gebeten wird, seine drei stärksten Interessen in der Schule oder einem anderen Bereich des Lebens zu nennen, muß das Kind genau wissen, was das Wort „Interessen" bedeutet, wenn die Information, die es gibt, von Wert sein soll. Wenn es bei älteren Kindern angewendet wird, gibt dieses Verfahren einen Hinweis auf ihre bereits geformten Interessen und kann von großem Wert dafür sein, zu bestimmen, woher ihre Befriedigung rührt (7, 8, 9).

Einige charakteristische Interessen

Trotz der starken individuellen Unterschiede sind bestimmte Interessen bei amerikanischen Kindern weit verbreitet und werden durch Umwelteinflüsse begünstigt, die in dieser Kultur ziemlich allgemein sind. Diese Interessen sollen auf den folgenden Seiten aufgeführt werden.

Religiöse Interessen

Laut Webster's Dictionary – einem amerikanischen Standardwörterbuch – ist Religion „die äußerliche Handlung oder Form, durch die Menschen eine Anerkennung eines Gottes oder von Göttern anzeigen, denen Gehorsam und Ehre gebühren." Dazu gehört ein Verlangen nach Hilfe, Sicherheit und Trost, die die Welt nicht gibt; eine Abhängigkeit von einer Macht außerhalb einem selbst; ein Gefühl des Vertrauens in die Macht, an die man sich wendet, und eine emotionale Reaktion in einer ehrerbietigen Weise.

Religion schließt zwei Elemente ein: Glauben und Ausübung. Beide sind im ganzen Leben wichtig, aber die relative Bedeutung jedes Elementes ist auf verschiedenen Altersstufen unterschiedlich. Je jünger das Kind ist, um so größer ist sein Interesse an religiösen Übungen. Das Interesse für den Inhalt des Glaubens entwickelt sich langsamer, weil es von der intellektuellen Entwicklung des Kindes abhängt; je jünger das Kind ist, um so weniger kann es die Bedeutung religiöser Annahmen verstehen (193).

Das Interesse des Kindes für Religion wird durch die Erziehung genährt, die es im Elternhaus, in der Schule oder der Kirche erhält, und den Wert, der auf die Religion in seinem täglichen Leben gelegt wird. Ein Kind, in dessen Elternhaus das Tischgebet üblich ist, von dem ein Gebet erwartet wird, ehe es ins Bett geht, und dessen Eltern ihm Geschichten aus der Bibel erzählen oder vorlesen, zeigt sicherlich mehr Interesse für Religion als das Kind, dessen Hauptverbindung zur Religion im wöchentlichen Religionsunterricht besteht. Wie auch immer die religiöse Unterweisung aussieht, jedes Kind interessiert sich für den Himmel über ihm, der Regen, Schnee und Sonne bringt, ebenso wie für seine alltägliche Umgebung. Zwischen drei und vier Jahren beziehen sich die Fragen des Kindes oft auf die Religion: „Wer ist Gott?", „Wo ist der Himmel?", „Wie kommt man dahin?". Geheimnisse im Zusammenhang mit Geburt, Tod, Wachstum und den Elementen werden oft in Ausdrücken der Religion erklärt. Das Kind akzeptiert fast alle Antworten, die es erhält, aber sie stellen es nur vorübergehend zufrieden und führen in vielen Fällen zu Zweifel und Skepsis während der Jugendjahre.

Faktoren, die das religiöse Interesse beeinflussen. Es hat sich herausgestellt, daß die folgenden Bedingungen unter den Faktoren am wichtigsten sind, die bestimmen, wie groß das Interesse des Kindes an der Religion ist:

1. Religiöse Erziehung. Viele Eltern versuchen, der im Jugendalter verbreiteten Skepsis gegenüber der Religion durch eine strenge religiöse Erziehung in der Kindheit vorzubeugen. Es hat sich jedoch herausgestellt, daß Jugendliche mit um so größerer Wahrscheinlichkeit an den religiösen Vorstellungen zweifeln, die sie vorher akzeptiert haben, je strikter und dogmatischer die Unterweisung in der Kindheit war. Je mehr religiöse Unterweisung dem Kind geboten wird, desto wahrscheinlicher ist es, daß es die Religion für notwendig hält, wenn es älter wird (4, 150, 293).

2. Religiöse Annahmen. Die religiösen Annahmen eines kleinen Kindes gründen auf realistischen Vorstellungen. Es stellt sich Gott, den Himmel, die Hölle, die Engel und den Teufel so vor, wie es sie auf Bildern gesehen hat oder wie sie nach den Geschichten sein müssen, die es über sie gehört hat. In welcher Weise Bilder von Menschen oder Szenen, die den alltäglichen Erfahrungen des Kindes fremd sind, seine religiösen Vorstellungen verzerren können, ist durch Murphys Feststellung illustriert worden, daß Kinder leicht von Jesus hören „nicht als dem idealen Erwachsenen, der den Menschen geholfen hat, sondern als einem kleinen Kind, dessen Mutter es in eine Strohkrippe in einer Scheune gelegt hat – statt in ein Kinderbett – und dem seltsam aussehende Männer in gestreiften Gewändern Geschenke brachten, mit denen kein kleines Kind etwas anfangen kann. Sie lernen auch, daß es da einen bösen König gab, mit einem grausamen Gesicht, vor dem sich die Mutter des Kindes fürchtete, so daß sie mit dem Kind weit von zu Hause weg gehen mußte, wobei sie auf einem Tier ritt, das man in der Stadt nicht sieht, ja nicht einmal mehr im Zoo" (209).
Später wenn das Verständnis des Kindes Fortschritte macht und wenn seine Erfahrungen vielseitiger werden, verändern sich seine Vorstellungen. Seine Vorstellung von Gott als dem Vater werden beeinflußt durch die Erfahrung mit seinem eigenen Vater und den Vätern seiner Freunde. Ebenfalls spiegeln seine Vorstellungen von Sünde und Vergebung wider, wie es behandelt worden ist, wenn es sich schlecht benommen hatte (170, 193).
Da das Kind Vorstellungen aufbaut, die sich auf unbekannte Menschen, Orte und Gelegenheiten beziehen, und zwar nach dem, was ihm bekannt ist, ist es nicht erstaunlich, daß seine Vorstellungen von dem Unbekannten sich mischen mit bereits entwickelten Vorstellungen. Die Bedeutung von Vorstellungen wie „Bekehrung", „Kreuz", „Rosenkranz", „Retter" und „christlich" sind verschwommener und verwirrter als die Vorstellungen, die sich auf besondere religiöse Tage oder Orte beziehen wie „Weihnachten", „Sonntag" und „Kirche" (157). Estvan und Estvan haben darauf hingewiesen, daß es Kindern Schwierigkeiten bereitet, die Religion zu verstehen. Viele der Vorstellungen sind abstrakt, die Sprache ist oft schwierig, und vieles gründet auf etwas, das weit entfernt ist und vor langer Zeit geschah (90).
Untersuchungen zu spezifischen religiösen Vorstellungen haben ergeben, daß sie sich in Einzelheiten unterscheiden – je nach den Bildern, die das Kind gesehen hat, und der Unterweisung, die es erhalten hat. Die meisten Kinder haben eine Vorstellung von Gott als einer Person, die aus Fleisch und Blut besteht. Er ist sehr groß, hat ein freundliches oder ernstes Gesicht, ist alt, trägt lange, weiße, wallende Gewänder und hat einen weißen Bart. Einige Kinder glauben, daß Gott eine Krone trägt und Flügel hat. Die Rolle Gottes besteht darin, daß er die Natur geschaffen hat, daß er für sie sorgt und daß er sie beherrscht. Er kann alles überall sehen, und er verbringt seine Zeit, indem er die Menschen beobachtet, um festzustellen, wie sie sich verhalten. Wenn sie schlecht sind, bestraft er sie, obgleich er durch Gebete angefleht werden kann. Wenn auch alle Kinder meinen, daß Gott allmächtig ist, halten ihn doch einige für freundlich, andere für schrecklich und Ehrfurcht erregend. Die meisten Kinder glauben, daß Gott im Himmel oder in den Wolken wohnt (170, 193).
Die Vorstellungen über religiöse Be-

kenntnisse sind für ein Kind sehr verwirrend. Bei einer Untersuchung mit jüdischen Kindern zur Entwicklung der Vorstellung über religiöse Bekenntnisse wurde festgestellt, daß diese Vorstellungen sich stufenweise in einem vorhersagbaren Alter entwickeln. Auf der ersten Stufe, die mit etwa fünf oder sechs Jahren einsetzt, wissen die meisten jüdischen Kinder, daß sie „jüdisch" sind; diese Vorstellung ist jedoch undifferenziert, abgesehen davon, daß sie andeutet, daß Juden sich von Katholiken oder Protestanten unterscheiden. Auf der zweiten Stufe von sieben bis neun Jahren entwickeln sie eine konkrete Vorstellung von einem Juden als einem Menschen, der sich in einer bestimmten Weise verhält; er geht in die Synagoge und feiert jüdische Festtage.

Auf der dritten Stufe von zehn bis elf Jahren entwickeln Kinder eine abstrakte Vorstellung von einem Juden als einem Menschen, der an einen Gott glaubt und dessen Gottesdienst sich von dem der Menschen mit anderen religiösen Bekenntnissen unterscheidet. Ebenso wie alle anderen Vorstellungen hängen die religiösen Vorstellungen von dem Niveau der Entwicklung ab. Da sich dieses von Kind zu Kind unterscheidet, erreicht jedes eine bestimmte Stufe des Entwicklungsverlaufs in einem etwas verschiedenen Alter. Ein ähnliches Muster hat sich bei den Vorstellungen, die Kinder vom Katholizismus haben, feststellen lassen (87, 88).

3. Religiöse Einstellungen. Wie bereits früher erwähnt wurde, ist das Kind an allem interessiert, was ihm persönlich nützt. Seine Einstellung gegenüber der Religion ist egozentrisch und eigennützig. Für das kleine Kind sind Gebete und Gottesdienste Mittel, ein kindliches Verlangen erfüllt zu bekommen; wenn es gut ist, werden seine Gebete erhört und seine Wünsche erfüllt. Diese Einstellung stimmt mit der Persönlichkeit des Kindes überein. Genauso wie es gewöhnt ist, daß ihm die Erwachsenen alle Dinge erledigen, so sieht es Gott als eine Person, die Dinge für es tut (182, 193). Für das kleine Kind ist Weihnachten z. B. eine Zeit, zu der es Spielzeug und Geschenke erhält; anderen Geschenke zu geben bedeutet ihm nicht viel.

Die Religion des älteren Kindes ist ebenfalls egozentrisch. Dies wird gut illustriert durch eine Untersuchung, die Freeman mit Schülern im ersten Schuljahr über deren Vorstellung von Weihnachten durchgeführt hat. Freeman weist darauf hin, daß sie alle gerne nahmen, aber kaum Gedanken auf das Geben verwandten. Typische Reaktionen waren die folgenden: „Letztes Jahr Weihnachten habe ich ein Dreirad bekommen und dieses Jahr eine Mamapuppe", „Ich finde Weihnachten schön, weil mir das Christkind ein Auto und einen neuen braunen Anzug gebracht hat" (100, 168).

Abgesehen von diesem Interesse für Gott als eine Person, die ihm in Notzeiten hilft, ist die Religion des Kindes eine unpersönliche Erfahrung. Für die meisten Kinder stellt die Religion ein Mittel dar, selbst Fortschritte zu machen, das, was sie im Leben wollen, zu bekommen und die Sünde und ihre Folgen zu meiden. Es ist typisch, daß die Einstellung des Kindes – im Gegensatz zu der des Jugendlichen oder Erwachsenen – nicht durch Emotionalität beeinflußt wird. Sogar der Gedanke an Sünde oder Strafe ist unpersönlich und unemotional (4, 185, 230).

Interesse an religiösen Handlungen. Der Gottesdienst in der Kirche zieht das Kind vielleicht wegen seines farbenprächtigen Prunkes an. Es singt gewöhnlich gerne, und das Ritual des Gottesdienstes fesselt es. Es sieht die Leute beim Gottesdienst gerne an, um festzustellen, was sie tun. Seine Einstellung ist eine seltsame Mischung aus Ehrfurcht und Neugier (38, 111).

Wenn der Reiz des Neuen beim Gottesdienst verschwunden ist, fängt das Kind an, sich gegen den Kirchgang aufzulehnen. Es geht nur so lange gerne in den Kindergottesdienst, wie seine Freunde ebenfalls gerne gehen. Es hat Organisationen für junge Leute gerne, Sportmöglichkeiten in der Stadt, „Treffen" in kleinen Gemeinden, Picknicks, Feiern und Ausflüge. Sein Interesse ist in erster Linie sozial und nicht so sehr religiös (86). Nur ein kleiner Prozentsatz der älteren Jungen und Mädchen besucht in den USA Treffen, bei denen es überwiegend um Unterweisung geht (z. B. Bibelkreise), ein noch geringerer Prozentsatz geht zur Kirche. Die Kinder finden es schwierig, die Bedeutung des Gottesdienstes zu verstehen, besonders der Predigt; weiter lehnen sie im allgemeinen die Beschränkungen ab und die Länge der Gottesdienste, die mehr für Erwachsene als für Kinder gedacht sind. Allerdings gehen viele junge Leute in die Kirche, weil die ganze Familie den Gottesdienst besucht. Für sie ist die soziale Seite wichtiger als die moralische oder religiöse. Zumindest gibt ihnen der Kirchgang die Möglichkeit, „gut gekleidet" zu sein und Bekannte zu treffen (90).

In der Regel wird der Prozentsatz der Kinder, die zur Kirche gehen, um so geringer, je größer die Gemeinde ist. Kinder und Erwachsene in Wohnvororten gehen mehr zur Kirche als die Menschen in der Stadt, weil der soziale Druck hier größer ist (177, 193, 218, 313).

Wenn die Eltern nur selten zur Kirche gehen und der Religion im Hause keine wichtige Stellung einräumen, ist das Kind weniger aktiv, als wenn die Eltern in diesem Bereich aktiv sind. Kinder von Katholiken oder Juden – so ist festgestellt worden – legen mehr Wert auf eine Äußerung der religiösen Einstellung im Elternhaus als die Kinder, deren Eltern dem protestantischen Glauben angehören (12, 86, 111). Familien, die durch Tod oder Scheidung getrennt worden sind, nehmen weniger aktiv teil als Familien, die nicht getrennt sind. Wenn die Eltern verschiedenen Bekenntnissen angehören, sind sie in Kirchenangelegenheiten weniger aktiv, als wenn sie durch Scheidung getrennt sind (38). Wenn ein Elternteil keiner Religionsgemeinschaft angehört, ist das Interesse für Teilnahme an kirchlichen Angelegenheiten gering.
Mädchen sind in jedem Alter religiös aktiver und haben eine positivere Einstellung gegenüber diesem Bereich als Jungen. Mädchen stimmen im allgemeinen mit dem sozialen Urteil über die Religion überein, Jungen dagegen haben eine neutralere oder negativere Einstellung (90).

Religiöse Zweifel. Obgleich die meisten Kinder die religiöse Unterweisung blind akzeptieren, äußern fast alle einmal Zweifel. Dies tritt wahrscheinlich ein, wenn Gebete nicht erhört worden sind, und ist bei intelligenten Kindern häufiger. Wenn das kleine Kind das, was es gelehrt worden ist, in Frage stellt, sind seine Reaktionen unemotional und objektiv. Wenn das Ereignis, das den Zweifel hervorgerufen hat, vergangen ist, vergeht sein Zweifel ebenfalls und ist schnell vergessen (170).
Das ältere Kind ist oft verwirrt durch die Unterschiede der Bekenntnisse und äußert seine Sorge über die Frage, welche Lehren richtig sind. Ebenfalls nimmt es vielleicht eine kritische Haltung gegenüber den Vorstellungen ein, die es als kleines Kind gelernt hat. Dies kann auf die Unangemessenheit und die Widersprüchlichkeit seiner religiösen Unterweisung zurückzuführen sein, sie entsteht aber mit mehr Wahrscheinlichkeit aus seinen Arbeiten in der Schule, besonders durch den Unterricht in den Naturwissenschaften. Wenn das Kind das Jugendalter erreicht, führen seine größere geistige Reife und sein vergrößertes Wissen zu ernsthaften religiösen Zweifeln (185).
Oft nimmt das Kind eine kritische Haltung an, weil es ihm Spaß macht, Fragen zu stellen, die den Religionslehrer in Verlegenheit bringen könnten. Was ein religiöser Zweifel zu sein scheint, ist in Wirklichkeit wenig mehr als eine Form von kindlicher Wichtigtuerei. Wie oberflächlich die kritische Einstellung des Kindes ist, kann der Tatsache entnommen werden, daß es sich nicht wirkliche Sorgen macht oder betrübt ist; nach dem Ende der Religionsstunde ist die ganze Sache vergessen. Das steht in einem deutlichen Gegensatz zum Erwachsenen, der über religiöse Vorstellungen grübelt und emotionale Störungen bekommt, wenn sie in Konflikt geraten mit wissenschaftlichen oder pseudowissenschaftlichen Vorstellungen (108, 109).

Interesse am menschlichen Körper

Es ist eine der frühesten Formen des erforschenden Verhaltens, wenn das kleine Kind seinen Körper beobachtet und untersucht. Wenn es später einen Spiegel entdeckt, macht es ihm Spaß, sich darin zu betrachten. Es interessiert sich sehr für sein Gesicht, und wenn es sich selbst „Gesichter schneidet", lacht es fröhlich über sein Aussehen (40, 107).

Wenn das Kind dreieinhalb Jahre alt ist, interessiert es sich für seine Körperfunktionen und wofür die verschiedenen Teile des Körpers gebraucht werden. Es macht Bemerkungen und stellt Fragen über die verschiedenen Teile des Körpers; es untersucht seinen Nabel, seine Augen, seine Haare, Brust und Anus; es betrachtet sich selbst im Spiegel und lenkt die Aufmerksamkeit anderer Kinder auf die verschiedenen Teile ihres Körpers. Wie viele andere Interessen des Kindes ist auch das Interesse für seinen Körper objektiv und unpersönlich. Es verhält sich zum Beispiel bei der Entleerung ebenso sachlich wie beim Kämmen des Haares (146, 201).

Dem Interesse des kleinen Kindes für die körperlichen Unterschiede zwischen Jungen und Mädchen fehlt ebenfalls der emotionale Ton. Die meisten Kinder reagieren auf die geschlechtlichen Unterschiede, indem sie sie still und ohne Beunruhigung akzeptieren. Selbst Kinder, die auf diese Unterschiede nicht vorbereitet sind, sind nicht beunruhigt, wenn sie sie zum ersten Male bemerken. Einige Kinder bezeichnen die Genitalien als „seltsam", weil sie überrascht sind, Genitalien zu sehen, die sich von ihren eigenen unterscheiden. Für verhältnismäßig wenige Kinder ist der Unterschied der Genitalien eine Quelle der Sorge oder des Interesses. Ehe Kinder ins Schulalter kommen, nimmt ihr Interesse für Geschlechtsunterschiede zu und erreicht einen Höhepunkt im späten Teil der Kindheit. Das Wachstum der Genitalien und die Entwicklung der sekundären Geschlechtsmerkmale richten die Aufmerksamkeit des Kindes auf diese Geschlechtsunterschiede und erhöhen sein Interesse daran (60, 163).

Das Interesse des kleineren Kindes richtet sich überwiegend auf das Äußere seines Körpers, Es untersucht die verschiedenen Teile seines Körpers eingehend, um festzustellen, was für Empfindungen von ihnen ausgehen. Das ältere Kind wendet sein Interesse stärker dem Inneren seines Körpers zu. Es möchte wissen, wie es in seinem Kopf, seinem Rumpf und in seinen Gliedern aussieht; es möchte die Namen der einzelnen Teile wissen, wie sie aussehen und was sie tun. Dies Interesse motiviert das Kind, unzählige Fragen zu stellen, Bilder in Zeitschriften und Büchern anzusehen, die Lage und Form der verschiedenen Organe darstellen, und es verfolgt mit gespannter Aufmerksamkeit, wenn Erwachsene körperliche Leiden besprechen.

Das Interesse des Kindes für seinen Körper schließt in der Regel nicht Interesse für seine Gesundheit ein, wenn sein Gesundheitszustand nicht so schlecht ist, daß er das Kind daran hindert, das zu tun, was andere Kinder tun (8, 9). Wenn ein Kind durch eine chronische Krankheit behindert ist, wie Asthma oder Diabetes, wird ihm sein Gesundheitszustand so wichtig, daß es zu viel darüber nachdenkt und darüber spricht. Das gut angepaßte Kind macht sich nicht viel Gedanken über seinen Gesundheitszustand; das schlecht angepaßte Kind dagegen beschäftigt sich nicht nur viel mit seinen Krankheiten, sondern es gebraucht sie auch häufig, um Unzulänglichkeiten in der Schule und im sozialen Bereich zu erklären oder zu vermeiden, daß es Dinge tun muß, die es nicht tun möchte. Wenn es das Jugendalter erreicht, weiß es die Beziehung zwischen Gesundheit, Aussehen und den Beschäftigungen, denen es nachgehen möchte, zu würdigen. Als Folge davon wird sein Interesse für seinen Gesundheitszustand oft zu einer Besessenheit (16, 165, 176).

Interesse für das Geschlecht

Das Kind wächst heute in einer Umwelt auf, in der das Geschlecht überall eine Rolle spielt. Es stellt bald fest, daß es ein Interesse dafür zeigen muß, wenn es in das soziale Leben seiner Alterskameraden passen soll. Die Bilderhefte, die es liest, die Filme und Fernsehsendungen, die es sieht, haben oft das Geschlecht zum Thema; sie zeigen ihm, was dem Geschlecht in Aussehen und Verhalten angemessen ist, und helfen ihm so, die Aufmerksamkeit auf das Geschlecht zu lenken und ein Interesse dafür zu entwickeln. Reklame in Zeitungen und Zeitschriften – besonders solche, die verhüllte Hinweise auf die weibliche Hygiene gibt oder auf Möglichkeiten, die männliche Potenz zu verbessern – trägt dazu bei, das Interesse des Kindes für das Geschlecht lebendig zu halten.

Bereiche des geschlechtlichen Interesses. Eine kurze Analyse der Interessenbereiche soll zeigen, wie weitverbreitet die Beschäftigung des Kindes mit dem Geschlecht ist und wie sein Interesse mit dem Alter zunimmt und einen Höhepunkt gegen Ende der Kindheit erreicht.

Liebesobjekte. Die erste Liebe (Zuneigung) empfindet das kleine Kind zu sich selbst. In diesem autoerotischen Stadium, das in den ersten fünf oder sechs Lebensmonaten anhält, zeigt das Kind keine Zuneigung für andere. Das erste Objekt der Zuneigung ist die Mutter, die Krankenschwester oder die Person, die sich um das Kind kümmert. Allmählich dehnt sich die Liebesbindung während der ersten Jahre auch auf andere Mitglieder der häuslichen Gemeinschaft aus. Am stärksten sind die Zuneigungen, die das Kind besonders glücklich machen. Oft ist die Bindung eines Kindes an ein Haustier oder ein Spielzeug stärker als seine Liebe zu einem Menschen.

Wenn das Kind anfängt, mit anderen Kindern zu spielen, wählt es eines oder zwei Kinder aus, zu denen es eine starke emotionale Zuneigung entwikkelt. Zuerst ist seine Zuneigung auf ein älteres Kind gerichtet, das, ebenso wie der Erwachsene, das Kind zum Mittelpunkt seiner Aufmerksamkeit macht.

Gegen Ende der Kindheit verlagert sich die Zuneigung, die sich vorher auf ein erwachsenes Mitglied der Familie gerichtet hat, oft auf einen Erwachsenen außerhalb des Hauses – auf einen Lehrer, den Leiter eines Vereines usw. Wenn sie sich dem Jugendalter nähern, beginnt bei vielen Kindern die „Heldenverehrung" eines Filmschauspielers oder einer Schauspielerin, immer von demselben Geschlecht wie das Kind, oder eines nationalen oder eines Sporthelden. Wenn auch die Heldenverehrung ihren Höhepunkt in den frühen Jahren des Jugendalters erreicht, setzt sie doch ein, ehe die Kindheit zu Ende ist.

Während der Kindheit entsteht gelegentlich eine romantische Zuneigung zwischen einem Jungen und einem Mädchen, wobei der Junge eine Einstellung von Verehrung und Respekt gegenüber dem Mädchen zeigt und ein Verlangen, ihm zu dienen, indem er ihm die Büchertasche zur Schule und zurück trägt und indem er es vor Neckereien schützt. Romantische Zuneigung in der Kindheit unterscheidet sich stark von der im Jugendalter insofern, als es keine körperliche Äußerung der Zuneigung zwischen Kindern gibt – abgesehen von vielleicht einem gelegentlichen, schüchternen Händehalten. Das Mädchen kann ebenfalls eine tiefe Zuneigung zum Jungen zeigen, aber es hat kein Verlangen nach einer körperlichen Äußerung dieser Zuneigung.

Der Ausdruck der Zuneigung bei Kindern ändert sich mit dem Alter. Das kleine Kind äußert seine Zuneigung durch Streicheln, Tätscheln oder Küssen und durch ein Verlangen nach engem persönlichen Kontakt. Das Kind kann in ein Extrem verfallen und dem Menschen, den es liebt, überall hin folgen und einen lauten Protest äußern, wenn er das Haus verläßt, ohne das Kind mitzunehmen. Haustiere und Lieblingsspielzeug werden liebkost, umarmt, geküßt und überall mit hingetragen.

Bei kleinen Kindern ist die Konzentration der Zuneigung auf eine Person oft nur von kurzer Dauer. Ein Kind kann eine starke Vorliebe für eine Person zeigen, aber sobald diese Person weggeht, wendet sich das Kind einem ande-

ren Menschen zu, vorausgesetzt, daß er dem Kind Zuneigung und Aufmerksamkeit zuwendet.
Das ältere Kind zeigt seine Zuneigung, indem es bei der Person, die es liebt und bewundert, zu sein wünscht, indem es Dinge für diese Person erledigt und indem es versucht, sie in jeder nur möglichen Art nachzuahmen. Ob das Liebesobjekt ein Freund des eigenen Geschlechtes, ein Freund des anderen Geschlechtes, ein Elternteil, ein Lehrer oder ein „Held" ist, die Äußerung der Zuneigung ist dieselbe. Zuneigung durch körperlichen Kontakt zu zeigen, wird als „babyhaft" angesehen und macht verlegen, wenn es von Alterskameraden gesehen wird; ein älteres Kind fürchtet, daß solches Verhalten als „Gefühlsduselei" gilt oder als ein Zeichen, daß „es am Schürzenzipfel eines Erwachsenen hängt". Um alle solche Probleme zu vermeiden, bewahrt es sich an der Oberfläche eine Reserviertheit, obgleich sein Interesse an der Person groß bleibt.

Interesse am Geschlechtlichen. Beim Erforschen seines Körpers berührt das Kind früher oder später seine Geschlechtsorgane und stellt fest, daß dies zu einer angenehmen Empfindung führt. Durch Zufall entdeckt es seinen Nabel und hat Vergnügen, wenn es seinen Finger in das „Loch" steckt. Abgesehen hiervon erregt das Geschlecht keine Neugier beim Kind, bis etwa das Ende des dritten Lebensjahres gekommen ist und der Junge feststellt, daß sein Körper sich von dem eines kleinen Mädchens unterscheidet, daß er steht, wenn er zur Toilette geht, während das Mädchen sitzt, daß Erwachsene bestimmte körperliche Züge haben, die Kinder nicht haben. Die Genitalien sind der Brennpunkt des Interesses beim kleinen Kind. Seine Einstellung ist völlig unpersönlich und objektiv, ganz frei von dem krankhaften Interesse, das man mit der Neugier des Heranwachsenden in Verbindung bringt (60, 163, 238).
Die Sechsjährigen zeigen eine aktive und freie Neugier an Geschlechtlichem, die weitreichender ist als die der Kinder im Vorschulalter. Ihnen sind die Unterschiede des Körperbaues bei Jungen und Mädchen deutlich, und sie suchen eine Erklärung für diese Unterschiede. Diese Neugier ist nicht nur intellektuell, sondern hat einen starken emotionalen Antrieb. Wenn die Kinder älter werden, ist die sexuelle Neugier mehr versteckt. Sie ist jedoch da und wird nur unterdrückt, weil die Kinder gelernt haben, daß sie bestraft werden können, wenn sie die Neugier zu aufdringlich äußern. Wie jedes starke Interesse, das unterdrückt wird, findet das Interesse am Geschlecht seine indirekten Ventile. Kinder äußern ihr Interesse für das Geschlecht, indem sie Bücher oder Bilderheftchen, die das Geschlechtliche behandeln, lesen, indem sie mit Alterskameraden darüber sprechen, indem sie Witze und Geschichten über dieses Thema erzählen und genießen oder indem sie die Geschlechtsorgane untersuchen (17, 108).
Mit den radikalen Veränderungen, die am Körper in der Pubertät stattfinden, und mit den einhergehenden neuen Empfindungen der Geschlechtsorgane wird das Interesse für das Geschlecht beinahe zur Besessenheit. Dieses Interesse wird subjektiv und persönlich. Es konzentriert sich z. B. nicht auf den Ursprung der Kinder und auf die Geschlechtsunterschiede, sondern eher auf die Frage, wie die Veränderungen, die im Körper des Kindes stattfinden, es selbst beeinflussen. Wenn die Geschwindigkeit der pubertären Veränderungen zunimmt, verstärkt sich auch das Interesse für das Geschlecht, bis es einen großen Teil der Zeit und der Gedanken des Kindes ausfüllt (98, 309).
Eine verbreitete Quelle des Interesses für das Geschlecht ist die Geburt eines Kindes, kleiner Katzen oder Welpen. Das kleine Kind ist von Natur aus neugierig und möchte erfahren, woher sie gekommen sind, und jede logische Erklärung befriedigt seine Neugier eine Zeit lang. Kinder im Vorschulalter glauben im allgemeinen, daß Gott oder der Storch die Kinder bringt.
Wenn Kinder sieben oder acht Jahre alt sind, wissen sie, daß die Ärzte die

Kinder bringen, und ihnen ist klar, daß die Mütter bei der Ankunft des Kindes eine Rolle spielen. Kinder zwischen neun und elf Jahren haben ihre Spielkameraden über die verschiedenen Vorstellungen über die Herkunft eines Kindes sprechen hören, und einige wissen etwas über den genitalen Kontakt bei der Zeugung. Sehr intelligente Kinder sind im allgemeinen den Alterskameraden im Wissen über die Fortpflanzung voraus (60, 238).

Von den vielen Methoden, mit denen Kinder ihre Neugier über das Geschlecht zufriedenstellen, sind am verbreitetsten: 1. Fragen zu stellen, 2. die Geschlechtsorgane zu untersuchen, 3. sich mit homosexuellen Spielen zu beschäftigen und 4. zu masturbieren.

Jedes Kind stellt Fragen über eine Vielzahl von Bereichen. Je intelligenter das Kind ist, desto mehr Fragen stellt es wahrscheinlich (60). Wenn das Gesprächsthema jedoch auf das Geschlecht kommt, sind die meisten Eltern verlegen; sie versuchen, diese Gespräche zu vermeiden. Die Folge ist, daß das Kind sich die Informationen an anderer Stelle holen muß. Unter den Kindern im Vorschulalter beziehen sich die meisten Fragen auf das Entstehen von Kindern, auf die Ankunft eines weiteren Kindes in der Familie, auf die Geschlechtsorgane und ihre Funktionen und auf die körperlichen Geschlechtsunterschiede. Bei älteren Kindern liegt der Schwerpunkt bei der Zeugung des Kindes, bei dem Vorgang der Geburt und bei der Rolle des Vaters für die Fortpflanzung. Typische Fragen, die Kinder zwischen drei und zwölf Jahren stellen, sind: „Kriegt der Vogel auch Kinder?", „Kommt das Kitz aus einem Ei wie das Küken?" (238). Was es den Kindern erschwert, Information über das Geschlecht durch Fragen zu erhalten, ist der Mangel an angemessenen Bezeichnungen. Meist stehen ihnen nur Namen wie „Ding", „Männlein" usw. zur Verfügung. Viele falsche Vorstellungen entstehen auch durch Belehrungen, die das Kind noch nicht verstehen kann.

Geschlechtliche Neugier äußert sich oft in der Untersuchung der Geschlechtsorgane. Im Alter von sechs Jahren untersuchen die Kinder sich häufig gegenseitig. Der Wunsch zu entdecken, was die Geschlechtsorgane sind und wie sie funktionieren, führt oft zu einem gefährlichen Vorgehen wie der Einführung von kurzen, unsauberen oder rostigen Gegenständen in die Körperöffnungen. „Doktorspiele" geben dem Kind einen Vorwand dafür, die Geschlechtsorgane seiner Spielkameraden zu untersuchen. Bei Achtjährigen besteht das geschlechtsbezogene Verhalten darin, auf der Toilette Vergleiche anzustellen, verstohlene Blicke zu werfen, schmutzige Witze zu erzählen, provozierend zu kichern, zu masturbieren, obszöne Wörter zu gebrauchen und „Geheimnisse" über Freundschaften zwischen Jungen und Mädchen zu kennen. Zwischen neun Jahren und der Pubertät wird das Verhalten zunehmend herausfordernder; der Penis wird in die Scheide des Mädchens eingeführt, manuelle Untersuchungen werden zusammen mit direkter Beobachtung der Fortpflanzungsorgane durchgeführt, es kommt zu Exhibitionismus und oralen Kontakten (163, 238).

Kinder aus den unteren sozialen Klassen lernen im allgemeinen nicht, daß geschlechtliche Spiele verboten sind, sie werden auch nicht dafür bestraft; sie zeigen deshalb kaum das Gefühl von Schuld oder Scham, auch wenn sie bei solchen Spielen erwischt werden. Im Gegensatz dazu lernen Kinder der mittleren und oberen sozialen Klassen, daß jede Art des geschlechtlichen Spieles verboten ist, und sie werden auch fast immer bestraft, wenn sie dabei ertappt werden. Dies hält sie nicht davon zurück, ihre Neugier zu befriedigen; es ermuntert sie nur dazu, geschlechtliche Spiele im Geheimen zu spielen (254).

Geschlechtliche Spiele mit Mitgliedern des eigenen Geschlechts – homosexuelles Spiel – ist eine Art der geschlechtlichen Untersuchung. Sie ist häufiger als heterosexuelles Spiel – Spiel mit Mitgliedern des anderen Geschlechts. Homosexuelles Spiel besteht im allgemeinen im Zeigen der Genitalien, im Manipulieren der Genitalien und in analen oder oralen Kontakten mit den Genitalien. Solche Spiele spielt das Kind gewöhnlich mit Kameraden, die etwa in seinem Alter sind, wenn auch das erste Erlebnis häufig mit einem älteren Kind oder einem Erwachsenen stattfindet. Der größte Teil der geschlechtlichen Spiele endet bei normalen, gut angepaßten Kindern mit dem Beginn des Jugendalters. Wenn sie danach noch fortgeführt werden, kann das als ein Gefahrensignal für schlechte Anpassung gelten (163).

Für das kleine Kind ist die Masturbation eine Art der geschlechtlichen Untersuchung, die in erster Linie durchgeführt wird, um die Neugier des Kindes hinsichtlich der Geschlechtsorgane zu befriedigen und hinsichtlich der Empfindungen, die es hat, wenn es sie streichelt, tätschelt oder mit ihnen spielt. Durch Zufall stellt es fest, daß es eine angenehmere Empfindung darstellt, die Geschlechtsorgane zu berühren als irgendeinen anderen Teil des Körpers. Es ist deshalb nicht erstaunlich, daß es diesen Akt wiederholt, besonders wenn es allein ist und es wenig gibt, dem es Aufmerksamkeit und Interesse zuwenden kann. Manchmal liegt der Grund für das Manipulieren der Geschlechtsorgane in einer Reizung oder in Druck, der durch zu enge Kleidung hervorgerufen wird (163, 238).

Das kleine Kind macht keinen Versuch, das Spielen mit seinen Geschlechtsorganen zu verheimlichen; es zeigt auch weder Scham noch Schuld, wenn es dabei ertappt wird. Das Schulkind, das aus Schimpfen oder Strafen gelernt hat, daß dies als ungehörig angesehen wird, masturbiert, wenn es alleine ist. Wenn es die angenehmen Empfindungen, die das Spiel mit den Geschlechtsorganen hervorruft, nicht von selbst entdeckt hat, erkennt es sie meistens, indem es andere Kinder beobachtet, oder durch Hinweise älterer Kinder.

Jungen werden im allgemeinen mit der Masturbation durch ältere Jungen oder Erwachsene bekannt gemacht; die meisten Mädchen lernen es aus eigenen Untersuchungen oder durch das Beobachten anderer Mädchen. Masturbieren ist bei Jungen häufiger als bei Mädchen und bei Kindern häufiger, die schlecht angepaßt sind, als bei denen, die gut angepaßt sind. Die meisten Kinder masturbieren jedoch in einem bestimmten Ausmaß (163, 164, 198, 238).

Wenn auch durch das Masturbieren keine körperlichen Schäden hervorgerufen werden, kann doch der psychische Schaden ernster Natur sein. Viele Kinder, die schlecht angepaßt und unglücklich sind, wenden sich der Masturbation zu, um ihre Gefühle der Unzulänglichkeit zu kompensieren. Je mehr sie masturbieren, desto unzulänglicher fühlen sie sich; dies spiegelt sich in immer schlechterer Anpassung wider, begleitet von einem verstärkten Unglücklichsein. Wenn auch alle sozialen Klassen die Masturbation in jedem Alter mit Mißfallen betrachten, sind doch die Mitglieder der mittleren und oberen Klassen intoleranter als die Mitglieder der unteren Klassen (254). In den unteren Klassen verändert sich diese Toleranz, wenn das Kind geschlechtsreif wird. Der heranwachsende Junge, der masturbiert, wird als „degeneriert" und „verweichlicht" angesehen; vom „richtigen" Jungen wird erwartet, daß er seinen Geschlechtstrieb durch Liebesspiele und Geschlechtsverkehr befriedigt (163, 164). Die verbreiteten Formen des geschlechtlichen Verhaltens in der Kindheit und der frühen Jugend sind in Abb. 13-1 dargestellt.

<u>Einstellungen gegenüber dem Geschlecht.</u> Die grundlegende Einstellung, die im Elternhaus in den frühen Jahren im Leben des Kindes entstanden ist, beherrscht spätere Einstellungen (155). Mussen et al. haben darauf hingewiesen: „Keine Menge an Information oder Beruhigung im Vorjugendalter ermöglicht es dem Kind, eine gesunde Einstellung gegenüber der Sexualität anzunehmen, wenn es in den voraufgegangenen Jahren gelernt hat, sexuelle Reaktionen zu fürchten ... Kliniker haben festgestellt, daß, wenn ungünstige sexuelle Einstellungen aufgebaut worden sind ... es äußerst schwierig und manchmal unmöglich ist, sie durch vernunftbetonte Ratschläge in

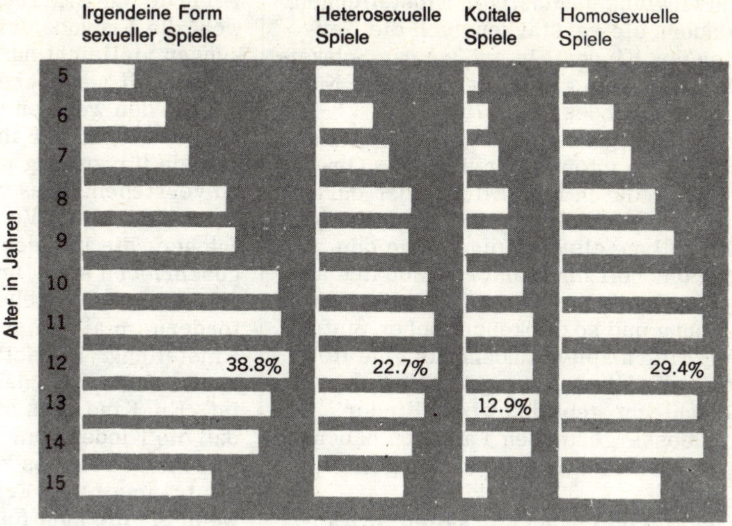

Abb. 13-1. Arten sexueller Spiele bei Kindern.

der Jugend zu ändern. Selbst intensive Psychotherapie schafft es vielleicht nicht, die Einstellungen zu verändern, die schon zu tief verwurzelt sind" (210).

Die ersten Folgen ungünstiger Einstellungen sind nicht auf geschlechtliches Verhalten beschränkt. Wenn das Kind lernt, die Geschlechtsorgane und ihre Funktion als etwas anzusehen, über das nur flüsternd gesprochen werden darf, wenn es gelernt hat, das Berühren seiner Geschlechtsorgane als böse und verderbt anzusehen, und wenn es gelernt hat, eheliche Beziehungen als etwas anzusehen, das man „durchstehen" muß zu dem einzigen Zweck, Kinder zu haben, dann wird es seine eigenen Gefühle mit diesen Vorstellungen verbinden. Wenn dies nicht gefährlich ist, solange es noch ein Kind ist, so wird es doch sehr gefährlich, wenn es erwachsen ist.

Die Menge und die Genauigkeit der Information, die ein Kind erhält, ist nicht so wichtig für die Formung seiner Einstellung wie die Art, in der die Information übermittelt wird. Ein Kind kann die Antwort auf seine Frage: „Wo kommen die Kinder her?" ganz oder zum Teil wieder vergessen, aber es vergißt wahrscheinlich nicht die Art, in der geantwortet wurde, den Gesichtsausdruck der Person, die geantwortet hat, oder die Leichtigkeit oder Schwierigkeit, mit der die Person mit ihm darüber gesprochen hat. Diese Verhaltenssymbole teilen dem Kind mit, wie die Person über das Geschlecht denkt. Wenn die Symbole dem Kind nahelegen, daß die Person die Geschlechtlichkeit als ein natürliches Phänomen im Zusammenhang mit Liebe und glücklicher Ehe sieht, lernt es, sie ebenso zu sehen; wenn die Symbole nahelegen, daß das Geschlechtliche etwas ist, über das nur geflüstert werden kann, das in Verlegenheit bringt und das nicht gerade erfreulich ist, nimmt es eine ähnliche Einstellung an (210). Obgleich allgemeine Übereinstimmung darüber besteht, daß das Kind seine erste Information über das Geschlecht von seinen Eltern erhalten sollte – möglichst von dem Elternteil seines Geschlechts –, sind einige Eltern nicht imstande, ihren Kindern wegen ihres eigenen begrenzten Wissens die Information zu geben. Andere Eltern haben eine so unvorteilhafte Einstellung gegenüber der Geschlechtlichkeit, daß jede Information, die sie geben – ganz gleich wie zutreffend sie ist –, ungewollt irreführend und voreingenommen ist. Eltern, die die Geschlechtlichkeit mit einem Geheimnis und Tabus umgeben oder die es vorziehen, völlig zu schweigen, ermutigen nicht nur die

Entwicklung ungünstiger Einstellungen, sondern sie verstärken auch die Neugier des Kindes. Je größer das Schweigen ist, desto größer ist auch die Neugier des Kindes (71, 175).

Insgesamt gesehen haben Kinder, die ihre erste Information über das Geschlecht durch ihre Eltern oder durch die Schule erhalten, eine vorteilhaftere Einstellung als diejenigen, die den größten Teil ihrer Information aus anderen Quellen erhalten (80, 175). Erziehung und sozioökonomischer Status der Eltern spielen ebenfalls eine Rolle, wenn die Einstellung gegenüber dem Geschlecht gebildet wird; Kinder aus bessergestellten Familien haben eine vorteilhaftere Einstellung (180, 254).

Viel zu viele Kinder erhalten ihre Information über das Geschlecht von einem Freund oder Klassenkameraden. Sie wird oft flüsternd gegeben, mit einer Abforderung des Versprechens, nie zu verraten, wer sie gegeben hat, und sie ist gewöhnlich begleitet von verlegenem Kichern und Spott. Unter solchen Umständen ist es für Kinder schwer, gesunde Einstellungen gegenüber dem Geschlechtlichen zu entwikkeln (17, 108). Weil viele Kinder schmutzige Geschichten und Bilder nicht verstehen, stoßen sie auf Gelächter und Sticheleien wie „lilienrein" oder „unschuldig", wenn sie ihre Freunde um Erklärungen bitten. Obwohl die Freunde durch solche Bemerkungen vielleicht nur ihre eigene Unwissenheit verstecken wollen, erwecken sie bei den weniger erfahrenen Kindern den Eindruck, daß ihre Alterskameraden sie für zu jung halten, diese Sachen zu verstehen. Dies verstärkt die bereits bestehende Verwirrung.

Bücher, die in einer sachlichen Weise geschrieben sind, um den Kindern die „Tatsachen des Lebens" nahezubringen, fördern im allgemeinen eine gesunde Einstellung. Es gibt jedoch keine Garantie dafür, daß das immer der Fall ist. Ein Kind, das bisher geglaubt hat, daß die Kinder vom Storch oder aus der Tasche des Arztes kommen, können es als traumatische Erfahrung erleben, wenn sie die kühl festgestellten Tatsachen hören und ungeschminkte Darstellungen der Schwangerschaft und des Geburtsvorganges sehen. Wenn das Kind nicht jemanden hat, der ihm das Buch in mitfühlender Weise erklärt, entwickelt es mit Wahrscheinlichkeit Gefühle der Furcht und Abneigung, die beide später nur schwer zu überwinden sind. Heute werden immer mehr Kinder früher als in der Vergangenheit über das Geschlecht informiert, und immer mehr erhalten ihre Information von Eltern und Verwandten (175). Diese Tendenz wird in Abb. 13-2 verdeutlicht.

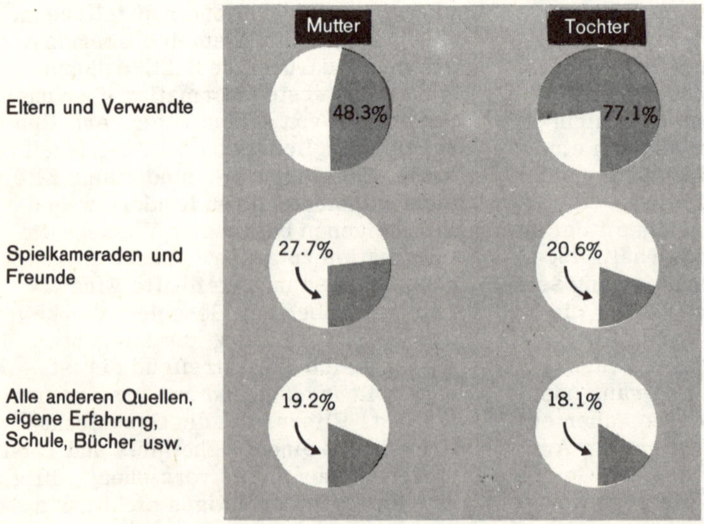

Abb. 13-2. Quellen der Information über Geschlechtliches bei zwei Generationen. Die Prozentangaben addieren sich zu mehr als 100% auf, da einige Befragte mehr als eine Quelle angaben.

Berufliche Interessen

Das Interesse des Kindes für seinen zukünftigen Beruf entwickelt sich früh, nicht weil es früh anfangen muß, sich darauf vorzubereiten, sondern vielmehr weil seine Aufmerksamkeit ständig auf die Zukunft gerichtet wird durch Leute, die immer wieder fragen, was es tun möchte, wenn es groß ist. Wenn es Bücher liest, Filme und Fernsehsendungen sieht, Bilderhefte betrachtet und Menschen über ihre Arbeit sprechen hört, entwickelt es ein Interesse dafür, wie seine eigene Zukunft aussehen wird.

Die beruflichen Interessen des Kindes werden stark beeinflußt durch seine Identifikation mit jemandem, den es bewundert. Es beschließt, daß es das tun will, was sein Ideal tut, ob es sich bei diesem Vorbild nun um ein Elternteil, einen Verwandten, einen Lehrer oder einen Polizisten handelt. In den ersten Grundschuljahren sind seine Vorstellungen von der Zukunft verschwommen, vage umrissen und unrealistisch. Es sieht in der Zukunft eine Zeit, in der es von der Autorität der Eltern und der Erwachsenen unabhängig sein wird. Um diese Unabhängigkeit zu erlangen – das weiß es –, muß es Geld haben und somit auch eine Arbeit. Sein Beruf wird deshalb Mittel zum Zweck; es denkt wenig an Freude oder Prestige, die es aus seiner Arbeit erhalten kann, jedoch viel an die Freiheit, die es haben wird. Selten denkt es an seine Fähigkeiten oder seine Eignung für die Arbeit, die es anstrebt (91, 214, 266).

Alter der Wahl. Aufgrund von Bedingungen in der Umwelt, die den einzelnen zwingen, eine Entscheidung über seine Zukunft vorzunehmen, treffen die meisten Kinder ihre Berufswahl zwischen neun und 18 Jahren. Weil von Mädchen erwartet wird, daß sie heiraten und ihre Zeit mit Hausarbeiten verbringen, wird auf sie nicht der Druck ausgeübt, so früh wie Jungen über ihre Zukunft nachzudenken und ihren Beruf zu planen (27, 41, 217).

Anders als die Kinder aus den mittleren und oberen Klassen wenden die Kinder der unteren Klassen so wenig Gedanken auf ihre Vorbereitung für den Beruf und auf ihre Pläne für die Zukunft, daß sie, wenn man sie fragt, was sie einmal tun möchten, wenn sie erwachsen sind, wahrscheinlich antworten: „Arbeiten gehn"; sie geben selten an, welcher Art die Arbeit sein soll. Im allgemeinen sind die Menschen der unteren Klassen gegenwartsorientiert in dem Sinne, daß sie nur an die Gegenwart denken – in der Zukunft wird es schon gut gehen. Dagegen sind die Menschen der mittleren und oberen Schichten zukunftsorientiert, sie legen eine stärkere Betonung auf die Zukunft und sind in der Gegenwart zu Opfern bereit, um größere Belohnungen in der Zukunft zu ernten (30, 230).

Die Mehrzahl der Kinder folgt diesem Muster der Berufswahl:

1. Zeitraum der Phantasiewahlen, in dem die Berufsziele des Kindes undifferenziert und „unwirklich" sind. Statt durch die berufliche Wirklichkeit wie erforderliche Fähigkeiten und Ausbildung geleitet zu werden, unternimmt das Kind Phantasieversuche, die Rolle eines Erwachsenen zu spielen. Dieser Zeitraum dauert bis zum elften Jahr.
2. Zeitraum der versuchten Wahlen, zwischen elf und siebzehn Jahren, in dem die beruflichen Neigungen zuerst auf Vorlieben und Ablehnung oder Interessen gründen, aber später auf Eignung und Fähigkeit und noch später auf persönlichen Werten und Idealen.
3. Zeitraum der realistischen Wahlen, der nach 17 bzw. 14 Jahren beginnt, wenn die beruflichen Möglichkeiten und andere Tatsachen in Erwägung gezogen werden (110).

Daß der größte Teil der Kindheit im Zeitraum der Phantasiewahlen verbracht wird, ist wichtig, weil dann die Einstellungen bestimmt werden, die das Kind gegenüber verschiedenen Arten der Arbeit haben wird, und das Interesse, das es für sie hegt. Diese Einstellungen führen zu persönlicher Zufriedenheit, und es ist später schwierig, sein Interesse von einem gewählten Beruf, für den es ungeeignet ist, zu einem, für den es geeignet ist, zu lenken. Der dritte Zeitraum beginnt normalerweise im späteren Teil des Jugendalters, aber viele Kinder erreichen diese Stufe nie.

Faktoren, die die Berufswahl beeinflussen. Wenn das Kind seinen zukünftigen Beruf wählt, ist das kaum eine Laune. Die Wahl kann auf einer Laune gründen, wahrscheinlicher aber auf Interesse, das andauert, bis seine psychische und physische Entwicklung ihm eine realistischere Einschätzung erlaubt und es andere Möglichkeiten sehen kann, die ihm offen stehen. Von den vielen Faktoren, die das Interesse eines Kindes für einen bestimmten Beruf beeinflussen, sind die folgenden die wichtigsten:

1. Wünsche der Eltern. Das kleine Kind akzeptiert gewöhnlich die Pläne der Eltern für seine Zukunft. Die Eltern üben einen zweifachen Einfluß aus: (a) betonen sie den Wert der Arbeit, die sie für wünschenswert halten, und (b) raten sie dem Kind, die andere Art von Beschäftigung zu vermeiden (148). Wenn der Vater seine Arbeit nicht gern tut oder wenn seine Arbeit kein Prestige hat, entmutigt er das Kind nicht nur, in sein eigenes Gebiet zu gehen, sondern er projiziert auch oft seine eigenen vereitelten Wünsche auf sein Kind und ermuntert es zu einem Beruf mit höherem Prestige. Als eine Folge dieser elterlichen Einstellungen kann die Spielbreite bei der Berufswahl für das Kind stark begrenzt sein, und es kann eine negative Einstellung gegenüber der Art Arbeit entwickeln, für die es am besten geeignet ist.

2. Status der Familie. Noch während das Kind die Grundschule besucht, wird ihm die Tatsache klar, daß die Welt der Erwachsenen nach einem Prinzip der unterschiedlichen Bewertung der Berufe aufgebaut ist und daß Menschen nach der Art ihrer Tätigkeit in Rangordnungen gebracht werden (288). Es erkennt die Bedeutung verschiedener Statussymbole wie Häuser, Autos, Wohngegenden; und es beurteilt verschiedene Berufe nach den Prestigesymbolen, die sie den Arbeitenden geben. Es lernt, daß in der Hierarchie der Berufe akademische und halbakademische Tätigkeiten an der Spitze der Prestigeskala stehen, Anlern- und Hilfsarbeiten dagegen ganz unten. Es stellt weiter fest, daß viele Prestigeberufe mit Titeln verbunden sind; es wünscht sich dann einen Beruf mit einem wichtig klingenden Titel. Es akzeptiert die Einstellungen der Erwachsenen und die Werte, die mit verschiedenen Berufen in Verbindung gebracht werden, und diese haben einen weitreichenden Einfluß auf seine Wahl (34, 274, 288, 301).

3. Prestigewert des Berufes. Eltern, die den sozialen Status und das Prestige für wichtiger halten als das Interesse, unterstützen das Kind häufig in seinem Streben und bringen persönliche Opfer, um ihm die erforderliche Ausbildung zu ermöglichen und es von einfacher, von Hilfs- und Schmutzarbeit abzuhalten (14, 103, 113, 127, 171, 265). Obgleich die meisten Kinder erwarten, weiter zu kommen als ihre Väter, sind sie realistisch genug, um einzusehen, daß sie vielleicht nicht die Berufsziele erreichen können, die ihre Eltern für sie gesetzt haben (89, 246, 272, 279).

4. Vorbilder. Wie stark auch die Eltern bestimmen, was die beruflichen Interessen und Wünsche des Kindes sind, seine Interessen werden ebenfalls weitgehend beeinflußt durch jeden, den es bewundert – einen Lehrer, einen Verwandten, einen Nachbarn, einen beliebten Helden aus dem militärischen oder dem sportlichen Bereich oder dem Bereich von Film, Unterhaltung usw. Das Kind, das zu einer Bande gehört, will das tun, was seine Freunde tun wollen, ein Kind, das eines seiner älteren Geschwister verehrt, möchte das tun, was dieses der älteren Geschwister tut (166, 308).

5. Die Fähigkeiten und Interessen des Kindes. Die körperlichen und intellektuellen Fähigkeiten des Kindes, seine Persönlichkeit und seine Interessen – sie alle spielen eine Rolle für seine Berufswahl. Wenn ein Kind sich stark

für ein Fach in der Schule interessiert oder für eine Beschäftigung außerhalb der Schule – wie etwa den Sport –, dann wird es seine Interessen in die Wahl seines Berufes mit einbeziehen wollen (51). Kinder mit hohen IQ-Werten wählen gewöhnlich gehobene oder akademische Berufe, die mit niedrigeren Werten wählen Berufe im Handel, werden Facharbeiter oder arbeiten im Büro (184, 223). Die Persönlichkeit des Kindes ist ebenso wichtig wie seine Intelligenz für die Festlegung seiner beruflichen Interessen. Kinder ohne Abenteurergeist – so hat es sich herausgestellt – wollen „sichere" Arbeit, die aggressiveren und wagemutigeren möchten „aufregende" Arbeit (51).

Wenn sie ihren zukünftigen Beruf wählen, ziehen Kinder gewöhnlich nicht ihre Fähigkeiten für eine bestimmte Beschäftigung in Erwägung oder die Nachfrage danach. Dies ist keineswegs allein der Fehler der Kinder. Sie haben wenig Gelegenheit, ihre Fähigkeiten zu erkennen, und sie wissen ebenfalls nicht, welche Stellen offen sind (120, 148, 200, 278).

6. Geschlechtsangemessenheit. Schon früh stellen Kinder fest, daß bestimmte Arten der Arbeit als für Männer angemessen gelten und andere als für Frauen angemessen. Sie lernen ebenfalls, daß Jungen ihre Arbeit als eine Sache für das ganze Leben anzusehen haben, wogegen sie für Mädchen als ein Lückenfüller für die Zeit zwischen Schule und Ehe zu gelten hat. Jungen streben selten „weibliche" Berufe an; sie wollen nicht nur in die traditionell männlichen Bereiche gehen, sondern sie legen auch großen Wert auf eine „gute Stellung". Für sie bedeutet Arbeit nicht nur ein Einkommen, sondern auch die Möglichkeit, aufzusteigen. Da Mädchen die von der Kultur anerkannte Einstellung gegenüber der Arbeit akzeptieren, suchen sie im allgemeinen Berufe, die keine allzu lange Ausbildungszeit erfordern. Da sie die kurze Zeit, die sie im Beruf stehen, angenehm verbringen möchten, wählen sie Berufe, die eine günstige Arbeitszeit, die Möglichkeit, mit anderen zusammen zu sein, und Sicherheit vor Arbeitslosigkeit bieten (75, 133, 240, 284).

7. Verlangen nach Unabhängigkeit. Jedes Jahr wird das Kind stärker frustriert durch die Beschränkungen seitens der Erwachsenen und verlangt stärker nach Unabhängigkeit (287). Es glaubt, daß es unabhängig sein wird, wenn es genug Geld verdient, um für sich selbst zu sorgen. Unter solchen Umständen spielt das Verlangen nach Unabhängigkeit eine wichtige Rolle für seine beruflichen Vorstellungen. „Eine gute Stellung" bedeutet nicht unbedingt Zufriedenheit bei der Arbeit, sondern Geld, das ausgegeben werden kann (8). Es strebt deshalb eine Arbeit an, die von Anfang an gut bezahlt wird.

8. Kulturelle Stereotype. Bei der Entwicklung der beruflichen Interessen werden viele Kinder durch kulturelle Stereotype beeinflußt. Das ungünstige Bild von Lehrern z. B. veranlaßt viele Mädchen, sich gegen den Lehrerberuf zu entscheiden (253).

Veränderungen der beruflichen Interessen. Obgleich einige Kinder schon im sechsten Schuljahr ihre genauen Berufsziele kennen, wechseln die meisten Kinder von einer Berufswahl zur anderen. Diejenigen, die einen akademischen Beruf auswählen, fällen im allgemeinen ihre Entscheidung früher als diejenigen, die sich zu Fabrikarbeit oder einer anderen Art von Arbeit entschließen, die eine geringere Fähigkeit und eine kürzere Ausbildungszeit erfordert (27, 217). Bei Jugendlichen verändert sich das berufliche Interesse häufig, teils weil frühere Entscheidungen später unrealistisch erscheinen, teils weil deutliche Veränderungen des Interesses charakteristisch für das Jugendalter sind.

Bedeutung der Berufswahl. Es ist wichtig für den Erfolg und für das Glück eines Menschen, daß er die Art von Arbeit wählt, die er gut erledigen kann und die ihm Vergnügen bereitet. Die Betonung des „Was-willst-du-denn-mal-Werden" zwingt mit Wahrscheinlichkeit eine Entscheidung bei dem Kind herbei, ehe es imstande ist, eine vernünftige Wahl zu treffen. Eine frühe Wahl setzt ebenfalls die Ansprüche des einzelnen fest und begrenzt die Vielfalt seiner Interessen (233).

Ebenso problematisch wie eine zu frühe Entscheidung ist eine, die mit den Fähigkeiten nicht übereinstimmt. Das Kind, das über seine Fähigkeiten hinausgehende Ansprüche hat, fühlt sich frustriert, wenn es das Ziel, das es sich selber gesetzt hat, nicht erreichen kann und fühlt sich schuldig, wenn es feststellt, daß die Opfer seiner Eltern nicht durch seinen beruflichen Erfolg zurückgezahlt werden. Weiter besteht die Möglichkeit, daß es nie mit der Art Tätigkeit zufrieden ist, die es wirklich tun kann; es erinnert sich immer wieder daran, was es selbst oder seine Eltern gewollt haben. Ein großer Teil der Unzufriedenheit mit dem Beruf läßt sich darauf zurückführen, daß der Arbeitende annimmt, seine Arbeit habe nicht soviel Prestige, wie er wünscht. Er kann vielleicht kompensieren, indem er sich eine Arbeit aussucht, die er von ihm erstrebten nahe verwandt ist, und kann so etwas von der Befriedigung erhalten, auf die er gehofft hatte (264).

Es ist ebenfalls problematisch, in einem Beruf zu arbeiten, der die Fähigkeiten längst nicht voll ausschöpft. Ein intelligentes Kind, dessen Freunden die Fähigkeit für die Art Arbeit fehlt, die es tun könnte, kann in seiner Berufswahl vom Druck der Alterskameraden beeinflußt werden. Wenn sie besonderen Wert darauf legen, möglichst schnell Geld zu verdienen, entschließt es sich vielleicht auch, zu arbeiten, anstatt noch weiter zu lernen. Die vorübergehende Befriedigung, die ihm das Geldverdienen – und damit die Unabhängigkeit – gibt, wird bald durch die Erkenntnis überschattet, daß die einzige Arbeit, die es mit seinem beschränkten Schulbesuch ausführen kann, es langweilt. Besonders für beliebte Kinder besteht die Gefahr, daß sie diesen Fehler machen; um ihre Beliebtheit zu bewahren, müssen sie das tun, was alle anderen tun.

Schulische Interessen

Für ein kleines Kind bedeutet der Schulbesuch, „erwachsen zu werden"; mit Begeisterung sieht es der Zeit entgegen, wenn es den Status eines „Schulkindes" haben wird. Die Rolle eines Schülers zieht das Kind an, und es wird durch das, was zu lernen ist, herausgefordert. Dinge, die eindeutig ein Teil der Schule sind, gefallen ihm besser als Dinge, die sowohl innerhalb als auch außerhalb der Schule zu finden sind, wie etwa Spiel und Sport. Schüler im 1. und 2. Schuljahr lieben und idealisieren häufig den Lehrer.

Mit höheren Schuljahren jedoch nimmt sein Interesse für Dinge, die eindeutig zur Schule und zum Lernen gehören, ab, und sein Interesse für Dinge außerhalb der Schule, wie Pausen, Spiel und Sport, nimmt zu. Am Ende der Grundschule lehnt das Kind oft seinen Lehrer ab, den Stundenplan, die Regeln und Richtlinien der Schule. Es sträubt sich dagegen, Hausarbeit erledigen zu müssen, und sehnt sich nach der Zeit, wenn es die Schule verlassen kann (152).

Im sechsten oder siebten Schuljahr ist etwa eines von fünf Kindern mit der Schule eindeutig unzufrieden. Diese unvorteilhafte Einstellung kann eine Widerspiegelung des Bedürfnisses sein, das das heranwachsende Kind nach Freiheit und Unabhängigkeit hat. Sie wird durch die Tatsache beeinflußt, daß das Kind nur gelegentlichen Kontakt mit dem Lehrer hat und deshalb die emotionale Wärme fehlt, die andererseits gewöhnlich mit den Interessen einhergeht. Außerdem wird das Kind, wenn es älter wird, mehr durch die Einstellung der Alterskameraden beeinflußt. Wenn seinen Freunden die Schule gefällt, gefällt sie ihm auch, und umgekehrt (125, 259). Andererseits ist aber auch möglicherweise dieser Wechsel der Einstellung gegenüber der Schule nicht so groß, wie es scheint; das ältere Kind faßt seine Ablehnung vielleicht besser in Worte als das kleinere Kind (70).

Das Interesse des Kindes an der Schule verändert sich nicht nur, wenn es älter wird, es wird auch *selektiver*.

Einiges gefällt ihm besser als zu Anfang, aber das meiste gefällt ihm weniger gut. Obgleich die meisten Kinder darin übereinstimmen, daß Lernen „gut" ist in dem Sinne, daß es einen auf das Leben vorbereitet, daß es Spaß machen kann, neue Dinge zu lernen, und daß man die Möglichkeiten, die einem die Schule bietet, zu schätzen wissen sollte, verringern ihre negativen Einstellungen – wie sie sich in einer beständigen Kritik an der Schule äußern – ihre Interessen. Die Kinder stehen der Schule mit gemischten Gefühlen gegenüber. Wenn die negativen Gefühle stärker sind als die positiven, ist ihr Interesse nur schwach; je stärker ihre positiven Gefühle, desto stärker ihr Interesse (90).

Bereiche des Interesses an der Schule. Einige Kinder interessieren sich in erster Linie für Unterrichtsfächer, andere für die zusätzlichen Fächer wie Sport und Arbeitsgemeinschaften. Da der größte Teil des Schultages mit den Unterrichtsfächern ausgefüllt ist, nimmt ein Kind, das sie nicht interessant findet, eine unvorteilhafte Haltung gegenüber der Schule ein (8, 10). Mit dem Verlauf der Schulzeit zeigen Mädchen ein immer geringeres Interesse für Mathematik, aber ein verhältnismäßig beständiges Interesse für ihre Muttersprache, deren Gebrauch und deren Literatur. Jungen dagegen zeigen ein gleichbleibendes Interesse für Mathematik, aber ein abnehmendes Interesse für die Muttersprache. Das Interesse an der Natur und den Naturwissenschaften nimmt zu, wenn die Kinder etwa das siebte Schuljahr erreicht haben. Kindern fehlt es an Interesse für ein bestimmtes Fach, weil sie nicht die Notwendigkeit dieses Faches einsehen, weil sie das Stoffgebiet uninteressant oder zu schwierig finden und die Unterweisungsmethoden monoton oder weil sie meinen, daß der Lehrer das Fach nicht geschickt darstellen kann. Das Kind neigt dazu, Lernerfahrungen danach zu bewerten, ob sie spannend und interessant sind und nicht danach, ob sie ihm bei der Vorbereitung auf die Zukunft nützlich sind (90, 152, 167).

Zusammenfassend läßt sich über die Interessen des Kindes in der Schule sagen, daß es „scheint, daß Kinder die Schule nicht so gerne haben, wie die Erwachsenen das gerne sähen" (90). Es ist eine noch offene Frage, wo die Schuld zu suchen ist. Die Ablehnung der Schule kann eine kulturgebundene Sache sein, die das Kind von anderen übernommen hat. Es ist eben das, was „man tut" – man hat die Schule einfach nicht gerne und empfindet die meisten, wenn nicht alle Fächer als langweilig. Ohne Frage trifft einen Teil der Schuld die ständig zunehmende Zahl aufregender Formen der Unterhaltung, die für Kinder erreichbar sind; im Vergleich dazu erscheint die Arbeit in der Schule sowohl langweilig als auch schwierig. Wenn das Kind ebensoviel Zeit mit Fernsehen verbringt wie mit Arbeiten für die Schule, kommt ihm seine Schularbeit ohne Zweifel uninteressant oder sogar langweilig vor (134).

Ablehnung gegenüber der Schule. Wenn auch die meisten Kinder die Schule als ein „notwendiges Übel" ansehen, lehnen einige wenige sie aktiv ab; einige zeigen eine geradezu besessene Angst davor. Kinder, die die Schule ablehnen, betragen sich oft schlecht, um den Lehrer zu ärgern und die Kinder, die lernen wollen, zu stören. Die Fächer, die sie am langweiligsten finden, rufen das schlechteste Betragen hervor (85, 124, 167).

Kinder zeigen ihre Ablehnung gegenüber der Schule auf viele Arten; die beiden extremsten sind Schuleschwänzen und Schulangst. In beiden Fällen versuchen die Kinder, einer Situation zu entkommen, die für sie nur von geringem Interesse ist. Weil Jungen aggressiver sind in der Äußerung ihrer Ablehnung und sich weniger vor der Bestrafung fürchten, wenn sie ertappt werden, trotzen sie der Autorität eher und leisten häufiger Widerstand als Mädchen (136).

Der Schulschwänzer ist ein Kind, das sich von der Schule fernhält ohne zulänglichen Grund und ohne die Erlaubnis seiner Eltern oder Lehrer. Es verläßt die Schule manchmal mitten am

Tag und klagt dem Lehrer gegenüber, daß es sich nicht wohlfühle oder daß seine Eltern von ihm verlangen, eher nach Hause zu kommen. Häufig bleibt der Schulschwänzer den ganzen Tag der Schule fern (203, 290).

Hinter der Ablehnung der Schule steht beim Kind Versagen, sowohl Versagen in der Schule als auch im sozialen Bereich. Das Kind, das in der Schule schlecht ist und das ständig von seinem Lehrer kritisiert wird, meint, daß die Schule eine Erfahrung darstellt, die es demütigt. Wenn es nicht zusammen mit seinen Klassenkameraden versetzt wird, ist es ihm unangenehm, mit jüngeren Kindern zusammen zu sein, und es findet es langweilig, denselben Stoff wie im Vorjahr noch einmal zu behandeln. Da viel ältere Kinder in der Klasse im allgemeinen sozial nicht akzeptiert werden, hat der Sitzenbleiber wenig Freunde; dies trägt zu seiner Ablehnung der Schule bei (205).

Häufig glaubt der Schulschwänzer, daß ihn sein Lehrer nicht leiden mag oder daß er ihn ungerecht behandelt hat. Alles in allem meint er, daß die Schule eine so erniedrigende und langweilige Erfahrung ist, daß er sie nicht länger ertragen kann (290). Kinder, die mit Wissen und Zustimmung ihrer Eltern die Schule schwänzen, haben die Einstellung ihrer Eltern gegenüber der Schule übernommen und bewerten Erziehung und Bildung gering. Dies trifft besonders zu auf Kinder der unteren sozioökonomischen Gruppen, deren Eltern oft wünschen, daß sie im Hause helfen oder daß sie sich eine Arbeitsstelle suchen, sobald sie das dazu erforderliche Alter erreicht haben (136).

Ungünstige Einstellungen gegenüber der Schule aufgrund von Schulphobie – einer abnormen und an Besessenheit grenzenden Angst vor der Schule – sind am stärksten verbreitet im Kindergarten und in den ersten vier Schuljahren, obgleich sie sich gelegentlich auch bei älteren Kindern entwickelt (203, 205). Die Schulangst besteht in einem völligen oder teilweisen Widerwillen gegenüber der Schule und äußert sich in körperlichen Symptomen wie Übelkeit, Appetitmangel und leichtem Fieber. Das Kind geht vielleicht zur Schule und beklagt sich dann über ein körperliches Symptom wie Brechreiz oder Kopfschmerzen. Oberflächlich betrachtet scheint die Angst des Kindes vor der Schule aus einem bestimmten Aspekt der Schulsituation her zu stammen, wie etwa die erhöhte Ängstlichkeit anzeigt, die auftritt, wenn es Zeit ist, zur Schule zu gehen (50, 159). Es gibt jedoch wenig Beweise, daß dies der Fall ist. Statt dessen ist die Furcht Teil einer generalisierten Ängstlichkeit, die von der Angst, von der Mutter getrennt zu sein, von einer starken Abhängigkeit von der Mutter oder einem Muttterersatz und von der Unfähigkeit, Selbständigkeit zu erlangen, herrührt.

Wenn das Kind feststellt, daß die Angst als „kindisch" angesehen wird oder daß es gezwungen wird, in die Schule zu gehen, obwohl es das nicht gerne möchte, schiebt es im allgemeinen die Schuld einem Menschen oder einem Moment in der Schulsituation zu. Es behauptet, daß der Lehrer es nicht gerne mag und daß es sich vor ihm fürchtet; es behauptet, daß es vom Lehrer ungerecht behandelt wird; es schiebt die Schuld seinen Klassenkameraden zu und behauptet, daß sie es immer necken oder nicht mit ihm spielen wollen; oder es behauptet, daß es sich davor fürchtet, eine Klassenarbeit nicht zu schaffen. Manche Eltern erkennen nicht, daß Schulangst aus Bedingungen des Elternhauses herrührt, und sie versuchen, das Kind in eine andere Klasse oder sogar Schule zu schicken und hoffen, daß sie auf diese Weise die Einstellung des Kindes ändern können. Das hat jedoch selten Erfolg, weil der Fehler nicht bei der Schule, sondern bei dem Kind und in seinem Verhältnis zu seinen Eltern liegt (159, 243, 294).

Faktoren, die das Interesse beeinflussen. Es gibt offenkundig Gründe für die ständige Abnahme des Interesses an der Schule. Um festzustellen, was diese Gründe sind, muß man die Faktoren untersuchen, die die Einstellung des Kindes gegenüber der Schule bestimmen. Untersuchungen haben gezeigt, daß von den vielen Faktoren die folgenden am wichtigsten sind:

1. Einfluß der Eltern. Der Einfluß der Eltern ist ohne Zweifel einer der stärksten und anhaltendsten Faktoren, die bestimmen, welcher Art das Interesse eines Kindes für die Schule ist. Die Eltern beeinflussen nicht nur die Einstellung gegenüber der Schule ganz allgemein, vielmehr haben sie auch einen weitreichenden Einfluß auf seine Einstellung gegenüber der Erziehung, gegenüber dem Lernen, gegenüber verschiedenen Fächern und gegenüber seinen Lehrern. Wenn die Eltern sich für den Schulbesuch des Kindes interessieren und auf seine Leistungen stolz sind, wird es meistens seine Fähigkeiten ausschöpfen; wenn sie gleichgültig sind, ist es mit Wahrscheinlichkeit auch gleichgültig (79, 124, 271, 300). Parker meint: „Jungen und Mädchen werden nicht als Rohmaterial an der Schultüre abgegeben. Sie sind bereits Produkte – Produkte von fünf oder sechs Jahren Entwicklung im Elternhaus. Immer mehr erkennen wir, daß das, was die Schule für die Entwicklung der Anlagen tun kann, durch das beschränkt ist, was das Elternhaus getan hat und was es noch mit dem Kind und für es tut" (219).
Die Eltern-Kind-Beziehung hat einen starken Einfluß auf die Einstellung des Kindes gegenüber der Schule, seinen Lehrern und seinem Verlangen, in der Schule erfolgreich zu sein. Wenn das Kind eine feindliche Einstellung gegenüber seinen Eltern entwickelt hat, überträgt es diese Einstellung vielleicht auf seinen Lehrer und alle Autoritätspersonen in der Schule. Wenn es gelernt hat, im Elternhaus aufgrund autoritärer Erziehungsmethoden furchtsam zu sein, wird es auch in der Gegenwart seines Lehrers und der Klassenkameraden furchtsam sein (286).
Wenn die Eltern wenig Interesse für das Kind zeigen oder wenn es meint, daß eines seiner Geschwister das Lieblingskind seiner Eltern ist, dann hat es wenig Motivation, zu versuchen, seinen Eltern Freude zu machen; also leidet seine Arbeit in der Schule. Übermäßiges Beschützen, sehr starkes Nachgeben, Zurückweisung, Dominieren – das alles führt dazu, die Möglichkeiten eines Kindes, sich erfolgreich an die Schulsituation anzupassen, sowohl in sozialer Hinsicht als auch leistungsmäßig, einzuschränken (118, 210, 260, 267).
Die Eltern-Kind-Beziehung beeinflußt ebenfalls die Einstellung des Kindes gegenüber verschiedenen Schulfächern. Wenn ein Junge z. B. eine starke emotionale Bindung an seine Mutter hat und wenn sie eine negative Einstellung gegenüber der Mathematik zeigt, entwickelt er mit Wahrscheinlichkeit eine ähnliche Einstellung. Wenn der Junge dagegen eine starke emotionale Bindung an seinen Vater hat, der glaubt, daß Mathematik wichtig ist für den Erfolg im Leben, dann hat er eine starke Motivation, gute Leistungen in Mathematik zu zeigen, um seinem Vater eine Freude zu machen (227). Wenn die Eltern selber wenig lesen, können sie nicht erwarten, daß das Kind eine positive Einstellung gegenüber dem Lesen entwickelt (154).

2. Einfluß der Geschwister. Da kleine Kinder versuchen, sich mit ihren älteren Geschwistern zu identifizieren und sie nachzuahmen, wird die Einstellung des kleinen Kindes zur Schule stark durch die Einstellungen der älteren Geschwister beeinflußt. Da Jungen im allgemeinen eine ungünstigere Einstellung zur Schule haben, hat ein Junge mit einem älteren Bruder wahrscheinlich eine ungünstigere Einstellung zur Schule, als das der Fall wäre, wenn er eine ältere Schwester hätte. Weiter haben Jungen auch zu Lehrerinnen eine ungünstigere Haltung, als die Mädchen sie haben. Da in den ersten Schuljahren zu einem großen Teil Frauen unterrichten, haben Jungen mit älteren Brüdern oft schon, ehe sie zur Schule kommen, eine ungünstige Einstellung gegenüber den Lehrerinnen. Es ist weitaus weniger wahrscheinlich, daß dies geschieht, wenn das ältere der Geschwister ein Mädchen ist (166).
Emotionaler Druck zwischen den Geschwistern beeinflußt die Einstellung des Kindes zur Schule, seine Beziehung zu den Klassenkameraden und

seine Leistung ebenso wie emotionaler Druck, der durch schlechte Eltern-Kind-Beziehungen entsteht (139). Einzige Kinder, die den größten Teil dieser Probleme der Geschwister-Beziehung nicht kennen, zeigen im allgemeinen eine bessere Anpassung an die Schule, die Lehrer und die Klassenkameraden. Darüber hinaus haben sie gewöhnlich eine bessere Beziehung zu ihren Eltern als Kinder mit Geschwistern (38, 305).

3. Erste Erfahrungen in der Schule. Wenn das Kind sich gut an die Schule anpaßt, ist seine Einstellung weitaus günstiger, als wenn es sich schlecht anpaßt. Obgleich diese Anpassung zum Teil beeinflußt wird durch die Einstellungen, die es der Schule von zu Hause her entgegenbringt, wird sie auch beeinflußt durch die Schulreife – sowohl die psychische als auch die physische. Die Reife hängt in einem hohen Maß vom Alter ab. Da die Schulen in Amerika und Deutschland so aufgebaut sind, daß Kinder mit sechs Jahren eingeschult werden, haben Kinder, die älter oder jünger sind, mit Wahrscheinlichkeit mehr soziale oder emotionale Anpassungsschwierigkeiten als Kinder, die mit sechs Jahren eingeschult werden (22, 122, 162).

Psychische Reife bedeutet mehr als die Bereitschaft, das zu lernen, was in der Schule gelehrt wird. Sie bedeutet, daß das Kind unabhängig sein kann von der Hilfe und der Anweisung der Erwachsenen, daß es sich Fremden sozial anpassen kann, daß es emotional reif genug ist, die Beschränkungen zu akzeptieren, die die Schule fordert, ohne daß es Störungen zeigt, und daß es die Tatsache akzeptieren kann, daß es eine Prestigehierarchie unter den Klassenkameraden gibt, in der es vielleicht keine so hohe Stellung einnimmt, wie es das gerne möchte. Ob das Kind für die Schule psychisch reif ist, hängt weitgehend von seiner Erziehung im Elternhaus ab und von den voraufgegangenen sozialen Erfahrungen sowohl im Elternhaus als auch in der Gruppe der Alterskameraden. Kinder, die den Kindergarten besucht haben, passen sich im allgemeinen besser an die Schule an als die Kinder, die das nicht getan haben (20, 42).

Da das Lesen eine so wichtige Rolle im Stundenplan der Grundschule spielt, ist das Kind, das noch nicht bereit ist, lesen zu lernen, wenn es in das erste Schuljahr kommt, in seiner Anpassung behindert. Ob das Kind Lesen lernen kann, hängt nicht nur von der Intelligenz ab, sondern wird auch deutlich beeinflußt durch die Eltern-Kind-Beziehungen, die kulturelle Umgebung des Elternhauses und viele andere Faktoren (263). Kinder, die wegen schlechter Eltern-Kind- oder Geschwister-Beziehungen emotional gestört sind, zeigen Leseschwierigkeiten, ganz gleich, welches Intelligenzniveau sie haben.

Die meisten Kinder passen sich in relativ kurzer Zeit der Schule an, aber ein Kind, das nicht reif ist, zeigt seine fortwährenden Anpassungsschwierigkeiten durch Weinen, durch übermäßige Abhängigkeit vom Lehrer oder dadurch, daß es stiller wird und sich zurückzieht. Wenn der Lehrer und seine Klassenkameraden dann ungünstig auf seine Unreife reagieren, lehnt es die Schule sehr stark ab und entwickelt vielleicht Schulangst (2, 152, 187, 243).

4. Einstellungen der Kameraden. Das Kind lernt, daß es die Interessen und Werte der Gruppe akzeptieren muß, wenn es sich die Billigung durch seine Kameraden sichern will. Einer dieser Werte bezieht sich auf die Schule. Ein Teil der ungünstigen Einstellungen des Kindes zur Schule ist ohne Zweifel durch die Kameraden verursacht. Es muß seine Ablehnung der Schule aussprechen, oder es läuft Gefahr, „Streber" oder „Liebling vom Lehrer" genannt zu werden. Wenn seine Freunde schimpfen, muß es auch schimpfen; es kann es sich nicht leisten, anders zu sein, weil das seine Stellung innerhalb der Gruppe gefährdet (125).

Wenn das Kind erst einmal die Werte der Kameraden akzeptiert und Einstellungen, die ihren ähnlich sind, entwickelt, dann wird es der Schule gegenüber kritisch. Je kritischer es ist – auch wenn das nur geschieht, um die Anerkennung der Kameraden zu erringen – desto schlechter paßt es sich der Schule an. Mit der Zeit überzeugt das Kind, das die Schule kritisierte, weil „man" das einfach tat, sich selbst, daß es die Schule oder alles, was damit zusammenhängt, nicht gerne hat.

5. Billigung durch die Gruppe der Kameraden. Es kann von keinem Kind erwartet werden, daß es die Schule gern hat, wenn es unbeliebt ist. Ein gutes Verhältnis zum Lehrer und gute Zensuren gleichen fehlende Billigung durch die Gruppe der Kameraden nicht aus. Kinder, die zu religiösen oder rassischen Minderheitengruppen gehören oder deren Väter weniger angesehenen Berufen nachgehen, werden im allgemeinen von der Gruppe der Kameraden wenig akzeptiert. Sie stellen außerdem fest, daß die „Belohnungen", die die Schule zu bieten hat – gute Zensuren, Preise, ein Amt in der Klasse oder Schule und die Anerkennung des Lehrers –, im allgemeinen an Angehörige der mittleren und oberen sozialen Gruppen gehen. Dies verstärkt natürlich noch ihre Abneigung gegen die Schule (90, 113, 216).
Körperbehinderte Kinder fühlen sich von vielen Beschäftigungen, die ihren Klassenkameraden Vergnügen bereiten, ausgeschlossen; die wenigen Beschäftigungen, an denen sie außerhalb der Unterrichtsstunden teilnehmen können, haben im allgemeinen einen geringen Prestigewert. Kinder, deren geistige Fähigkeit stark von der Norm abweicht, erfahren ebenfalls wenig soziale Billigung. Sehr intelligente Kinder stehen gewöhnlich der Schule im allgemeinen überaus kritisch gegenüber und ihren Unterrichtsfächern und Lehrern im besonderen; dadurch haben sie die Schule nicht gerade lieber, und sie werden auch von ihren weniger kritischen Schulkameraden nicht besser akzeptiert (84, 142). Dumme Kinder mögen im allgemeinen die Schule nicht wegen der Ablehnung durch die Kameraden und weil sie das Gefühl haben, in der Klasse und beim Spiel zu versagen (24, 216). Wenn die Eltern sich der Schulleistungen ihrer Kinder schämen oder wenig Mitgefühl gegenüber dem Kind zeigen, es tadeln, weil es sich nicht genügend Mühe gebe, dann verstärkt das beim Kind noch die Ablehnung gegenüber der Schule (116, 153, 312).

6. Erfolg in der Schule. Erfolg in der Schule trägt zu guter sozialer und schulischer Anpassung bei, die beide wiederum beitragen zu einer günstigen Einstellung und zum Interesse für die Schule. Beliebte Kinder sind zum größten Teil die, die in der Schule gut sind – aber nicht zu gut; unbeliebte Kinder sind oft die, die in der Schule versagen (47, 149). In unserer Kultur wird der Erfolg in der Schule an Zensuren und Preisen gemessen. Sie sagen dem Kind, wie es im Verhältnis zu seinen Klassenkameraden steht, und sie haben einen eindeutigen Einfluß auf seine Einstellung zur Schule. Es ist festgestellt worden, daß eine hohe Korrelation zwischen der Zensur eines Kindes in einem bestimmten Fach und seiner Einstellung zur Schule besteht. Es besteht ebenfalls eine hohe Korrelation zwischen der Zensur eines Kindes in einem bestimmten Fach und seiner Einstellung zu diesem Fach. Eine schlechte Zensur erstickt seine Motivation, zu versuchen, bessere Leistungen zu erreichen. Dies führt zu einer noch schlechteren Zensur mit einer zunehmend ungünstigen Einstellung zur Schule (39, 189, 195, 285).
Viele Kinder, die schlechte Zensuren bekommen, fürchten sich, ihre Zeugnisse nach Hause zu bringen, sie haben Angst vor der Schelte und der Strafe der Eltern. Andere Kinder meinen, daß ihre schlechten Zensuren zeigen, sie seien nicht gerecht behandelt worden (249). Kinder, die Lernschwierigkeiten haben, versuchen oft, sich zu überzeugen, daß Zensuren unwichtig sind, obgleich die meisten Kinder wissen, daß in unserer Kultur Zensuren als wichtig angesehen werden. Kinder der Mittelklasse wissen besonders, daß ihr Prestige in den Augen ihrer Lehrer und Klassenkameraden und die Anerkennung ihrer Eltern weitgehend durch ihren Erfolg in der Schule beeinflußt werden (195, 251). Wenn die Kinder es nicht schaffen, gute Zensuren ohne Angstgefühle oder Betrügen zu bekommen, ist es unwahrscheinlich, daß ihnen die

Arbeit in der Schule Vergnügen bereitet (49, 73, 283, 314).
Wenn ein Kind vor einem Versagen in der Schule steht, entwickelt es wahrscheinlich kompensatorische Abwehrmechanismen. Kinder, die schlecht lesen, sind z. B. oft aggressiv, frech und gegenüber der Autorität feindlich eingestellt. Diese ungünstigen Persönlichkeitszüge verringern noch ihre Chancen, sozial akzeptiert zu werden. Mangel an sozialer Billigung wiederum verringert ihre positiven Gefühle gegenüber der Schule. Kinder, die gut lesen, haben dagegen keinen Grund, sich unzulänglich zu fühlen; sie sind stolz auf ihre Leistungen, passen sich sozial besser an und entwickeln folglich eine vorteilhafte Einstellung zur Schule (229).

7. Einstellung zur Arbeit. Das Interesse des Kindes für die Schule wird deutlich beeinflußt durch seine Einstellung zur Arbeit. Schon ehe Kinder in die Schule kommen, treffen sie eine Unterscheidung zwischen Dingen, die als „Arbeit" angesehen werden, und anderen Dingen, die sie als „Spiel" bezeichnen. Weiter haben sie eine bestimmte Haltung gegenüber den Beschäftigungen, die zu diesen beiden Kategorien gehören. Es hat sich herausgestellt, daß Kinder, wenn sie zehn Jahre alt sind, eine Ablehnung gegen alles, was als Arbeit angesehen werden könnte, entwickelt haben. Diese Einstellung zeigt sich wahllos bei allen Tätigkeiten im Zusammenhang mit der Schule und dem Elternhaus.

Jungen haben noch mehr als Mädchen eine ungünstige Einstellung zur Arbeit; dies erklärt zum Teil die unvorteilhaftere Einstellung der Jungen zur Schule. Die einzige Zeit, zu der Jungen eine wirklich günstige Einstellung zur Arbeit haben, ist die, wenn sie mit einem Fernziel im Zusammenhang steht wie dem Erwerb eines Autos oder der Vorbereitung auf einen besseren Beruf. Wenn sie meinen, daß ihre Arbeit in der Schule mit der Zeit belohnt wird, sind sie bereit zu arbeiten, um ihr Ziel zu erreichen. Aber ihre Einstellung zur Schule – der Situation, die diese Arbeit erfordert – wird nicht nennenswert verbessert (134, 292).

8. Lehrer-Schüler-Beziehungen. Obgleich einige Kinder ihre Lehrer gerne haben, kritisieren die, bei denen das nicht der Fall ist, die Schule überwiegend aufgrund ihrer Ablehnung des Lehrers (84, 181). Das Kind im Vorschulalter ist abhängiger als das Grundschulkind; deshalb hat es eine freundlichere Einstellung gegenüber dem Erzieher. Wenn seine Einstellung zuerst feindlich ist, wird sie allmählich günstiger (vgl. Abb. 13-3). Das ältere Kind verlagert sein Interesse vom Lehrer zu seinen Kameraden, und seine Interaktion mit dem Lehrer wird förmlicher (vgl. Abb. 13-4).
Faktoren, die die Lehrer-Schüler-Beziehung beeinflussen, schließen ein (a) die Vorstellung des Kindes vom Lehrer, (b) die persönlichen Erfahrungen des Kindes, (c) die Vorstellung des Kindes von einem „guten Lehrer", (d) das Geschlecht des Kindes und (e) die Einstellung des Lehrers zu seinen Schülern. Noch ehe das Kind zur Schule kommt, hat es eine Vorstellung davon, was ein Lehrer ist (179). Von seinen Eltern, Geschwistern und Spielkame-

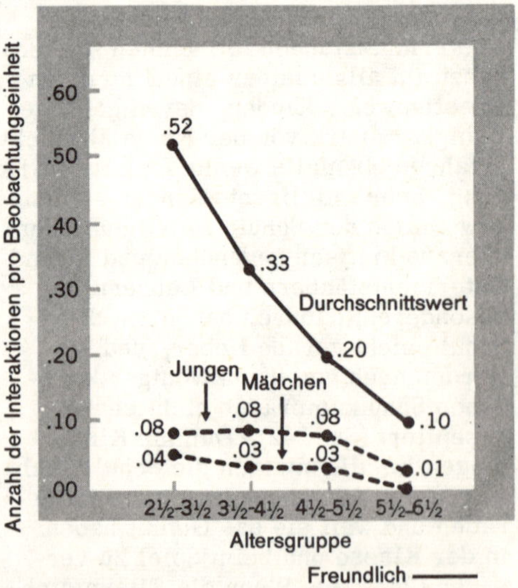

Abb. 13-3. Durchschnittliche Anzahl der freundlichen und feindlichen Interaktionen zwischen Kindern und Lehrern pro zweiminütiger Beobachtungseinheit.

raden hat es etwas über Lehrer erfahren ebenso wie durch die Stereotype von Lehrern in den Büchern, in Filmen, in Bilderheften und im Fernsehen. Es ist festgestellt worden, daß jüngere Geschwister ihre Vorstellung vom Lehrer auf der Einstellung der älteren Geschwister begründen. Da Jungen die Lehrer im allgemeinen stärker ablehnen als die Mädchen, kommt ein Junge mit einem älteren Bruder häufig mit einer fest begründeten, unvorteilhaften Vorstellung vom Lehrer in die Schule (166).

Untersuchungen der Darstellung von Lehrern in der Literatur und in Filmen haben gezeigt, daß das Stereotyp sowohl vom Lehrer als auch von der Lehrerin, das den Kindern geboten wird, unvorteilhaft ist. In der Literatur z. B. ist die Lehrerin meistens nicht anziehend, steht in mittleren Jahren und ist eine wenig elegante Erscheinung. Wenn sie jung ist, wird sie als burschikos dargestellt; wenn sie mittleren Alters ist, als eine Art Hexe mit schriller Stimme. In Filmen spielen die Lehrer im allgemeinen heitere und komische Rollen, obgleich sie gelegentlich als sich selbst opfernde, schwache Menschen gezeigt werden, die ihr Leben ihren Schülern geweiht haben auf Kosten ihres eigenen Glückes (253).

Kinder lehnen Lehrer ab, die ungerecht sind (oder das zu sein scheinen), die Schüler vorziehen, die bestimmte Schüler ablehnen und die ungerecht prüfen. Sie mögen Lehrer nicht, die viel schimpfen, die sich viel ärgern oder sich herrisch geben, die wütend werden, wenn ein Kind sie nicht versteht, die zuviel Hausaufgaben aufgeben, die ein Kind vor der ganzen Klasse strafen oder in Verlegenheit bringen und die sich nicht für ihre Schüler interessieren (13, 278).

Kinder mögen einen Lehrer gern, der seine Schüler als gleichberechtigt behandelt und der freundlich ist, nett, geduldig, an Kindern interessiert und verständnisvoll. Sie haben einen Lehrer gern, der weiß, wie man unterrichtet, und der streng, aber gerecht ist. In der Grundschule ziehen Kinder im allgemeinen die Lehrer den Lehrerinnen vor; sie halten Männer für weniger autoritär und für freundlicher als Frauen. Kinder erkennen schnell die Einstellung der Lehrer zu ihnen und reagieren dementsprechend (196, 277).

Das Geschlecht des Kindes beeinflußt oft das Schüler-Lehrer-Verhältnis. Schon im Kindergarten zeigen Jungen Kindergärtnerinnen gegenüber eine größere Feindlichkeit als Mädchen, und Pädagogen sind in der Regel den Jungen

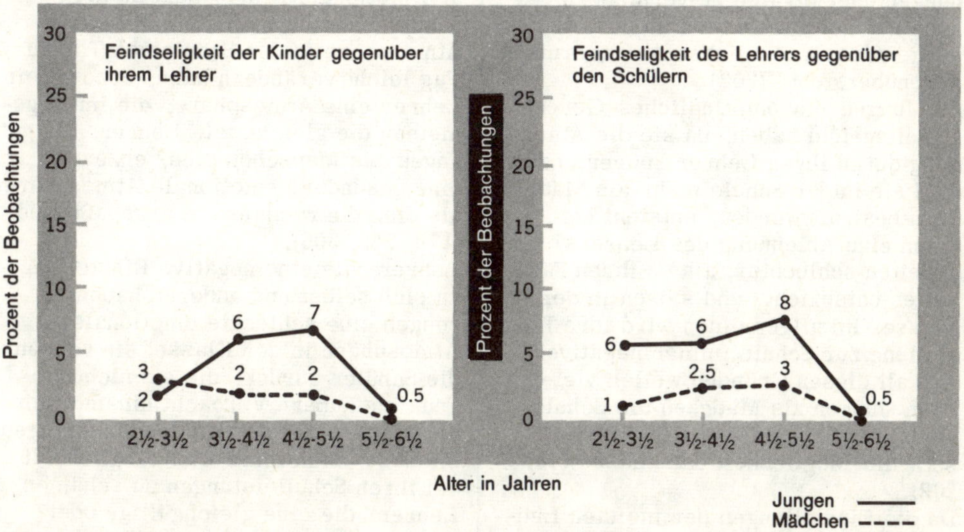

Abb. 13-4. Zwischen Jungen und ihrem Lehrer besteht größere Feindseligkeit als zwischen Mädchen und ihrem Lehrer.

gegenüber kritischer als den Mädchen. Dies wird in Abb. 13-4 dargestellt. In der Grundschule meinen Lehrerinnen, daß Mädchen leichter zu behandeln sind, und sie neigen dazu, Mädchen zu bevorzugen (302). Lehrer meinen dagegen, daß Mädchen sie gerne ausnutzen, daß Jungen eine bessere Haltung zeigen, wenn sie getadelt werden, und daß Mädchen im allgemeinen nachtragend sind, wenn sie auf den Lehrer wütend sind (48).

Ohne Frage rühren einige der Schwierigkeiten, die Lehrerinnen mit Jungen haben, aus der Tatsache her, daß sie Jungen nicht sehr gut verstehen und daß sie versuchen, die Jungen zur Übereinstimmung mit Standards zu bringen, die mehr für Mädchen angemessen sind. In ihrer Untersuchung zur Einstellung von Lehrerinnen zu Jungen und Mädchen haben Meyer und Thompson festgestellt: „Wir meinen, daß die durchgehenden Trends in unseren Ergebnissen besagen, daß die negativen Einstellungen von Lehrerinnen gegenüber ihren Schülern aus einem mangelnden Verständnis des Begriffes ‚normaler' Junge entstehen. In unserer Zivilisation ist aggressives, aus sich herausgehendes Verhalten so normal für einen Jungen wie stilles, zurückhaltendes Verhalten für ein Mädchen. Wer versucht, dieses Verhalten durch Drohungen oder Strafen zu verhindern, kann nur auf Frustration stoßen, da der Junge widersprüchlichen Anforderungen gegenübersteht" (202).

Da Jungen ein empfindliches Gerechtigkeitsgefühl haben, da sie die Ablehnung durch ihren Lehrer spüren und weil sie in der Schule mehr als Mädchen bestraft werden, entsteht bei ihnen eine Ablehnung des Lehrers, sie arbeiten schlechter, als es ihren Fähigkeiten entspricht, und stören in der Klasse. Im allgemeinen wird ihre Einstellung zur Schule immer negativer. Aus all diesen Gründen wollen viel mehr Jungen als Mädchen die Schule verlassen, sobald sie nach dem Gesetz die Möglichkeit dazu haben (48, 202).

Da die Einstellungen der meisten Lehrer nach ihrer eigenen Mittelklassenherkunft und ihren eigenen Mittelklassenwerten gebildet sind, verstehen sie oft nicht das Verhalten der Kinder aus den unteren Klassen und erkennen es nicht an (57). Kinder aus der Mittelschicht versuchen, den Erwartungen der Lehrer zu entsprechen; deshalb haben ihre Lehrer sie gewöhnlich gerne, und ihr Verhältnis zum Lehrer ist besser.

Lehrer ziehen nicht eigentlich Schüler aus den mittleren und oberen Klassen vor; sie haben vielmehr häufiger Konflikte mit den Schülern aus den unteren Klassen, da die jeweiligen Werte im Widerstreit liegen. Dies trifft besonders zu bei Jungen aus den unteren Schichten, deren Umgebung sie ermutigt hat, aggressiv zu sein, und deren Eltern wenig Wert auf Leistungen in der Schule legen (135, 140, 202).

Lehrer haben im allgemeinen eine bessere Beziehung zu beliebten Kindern als zu denen, die isoliert sind oder vernachlässigt werden. Offensichtlich macht das Verhalten, das ein Kind bei seinen Kameraden beliebt macht, es auch bei seinen Lehrern beliebt. Da intelligente Kinder kritisch gegenüber der Schule und den Lehrern sind, spüren Lehrer diese kritische Einstellung und haben eine weniger gute Beziehung zu intelligenten Kindern als zu denen, die weniger begabt sind (84).

9. Emotionale Atmosphäre in der Schule. Obwohl sich die emotionale Atmosphäre in der Schule von Tag zu Tag leicht verändern kann, erzeugt ein Lehrer eine Atmosphäre, die im allgemeinen die gleiche ist. Lehrer, die gut angepaßte Menschen sind, erzeugen eine gesundere emotionale Atmosphäre als die, die weniger gut angepaßt sind (178, 282, 306).

Lehrer, die eine negative Einstellung zu sich selbst und anderen haben, erzeugen eine schlechte emotionale Atmosphäre in der Klasse; sie weisen die Schüler zurück, die sie nicht mögen, sie äußern Verdacht hinsichtlich der Ehrlichkeit der Kinder und bringen sie dazu, sich ihrer Unzulänglichkeit bei ihren Schulleistungen zu schämen. Lehrer, die eine gleichgültige oder negative Einstellung gegenüber dem Lehren oder ihrer Rolle als Lehrer

haben, rufen bei ihren Schülern die gleiche Einstellung hervor (52, 66, 183).
Ein Lehrer, der sich in erster Linie für das Stoffgebiet interessiert, das er unterrichtet, hat eine weniger harmonische Beziehung zu seinen Schülern als der Lehrer, der sich in erster Linie um das Wohlergehen der Schüler kümmert. Der erste hat eine akzeptierende Einstellung gegenüber seinen Schülern nur, wenn sie gute Arbeit leisten. Das führt zu einer schlechten Schülermoral und einer gespannten Atmosphäre in der Klasse (252).
Da viele Lehrer aus den unteren oder mittleren Klassen stammen und wegen ihrer akademischen Leistungen aufgestiegen sind, drängen sie ihre Schüler, das ebenfalls zu tun. Dies ermuntert die Schüler dazu, hauptsächlich auf Zensuren hin zu arbeiten. Wenn das eintritt, wird – wie bereits betont worden ist – die Einstellung gegenüber der Schule ungünstig, und das Interesse an der Schule läßt nach (130).

Kinder mit untererwartungsgemäßer Leistung und Kinder mit übererwartungsgemäßer Leistung. Es wird im allgemeinen angenommen, daß das Interesse in erster Linie verantwortlich ist für die Qualität der Arbeit, die ein Kind in der Schule leistet. Das bedeutet, daß ein interessierter Schüler nicht nur bessere Arbeit leistet als sein weniger interessierter Klassenkamerad, sondern auch bessere Arbeit, als man sie normalerweise von einem Kind mit seinen Fähigkeiten erwarten würde. Es wird ebenfalls vielfach angenommen, daß – wenn ein Kind schlechter arbeitet als man normalerweise erwarten könnte – der Grund dafür in mangelndem Interesse liegt. Ein Lehrer wird oft dafür getadelt, daß er das Interesse des Kindes nicht erweckt, und das Kind selbst wird ständig durch Eltern und Lehrer gescholten oder bestraft, weil es „faul" ist.
Mit dem verbreiteten Gebrauch von Intelligenz- und Leistungstests in den letzten Jahren ist es offenkundig geworden, daß viel mehr Kinder in ihren Leistungen hinter ihren Fähigkeiten zurückbleiben, als es früher angenommen wurde. Es ist ebenfalls deutlich geworden, daß das Mogeln zugenommen hat ebenso wie die Hilfe durch die Eltern oder von anderer Seite. Weiter ist mit dem zunehmenden Wunsch der Eltern, ihre Kinder höhere Schulen besuchen und studieren zu lassen, und mit der immer stärker werdenden Konkurrenz bei der Zulassung zum Studium das wissenschaftliche Augenmerk auf die Kinder mit über- oder untererwartungsgemäßer Leistung gerichtet worden. Zum größten Teil haben die Untersuchungen betont, daß der angenommene Grund – Interesse für die Arbeit in der Schule – eine weitaus weniger wichtige Rolle spielt, als es früher angenommen wurde.
Ein Kind mit untererwartungsgemäßer Leistung ist ein Schüler, der „in der Schule nicht seinen eingeschätzten Fähigkeiten gemäß zu arbeiten scheint, seinen Fähigkeiten, die durch einen individuellen Intelligenztest bestimmt worden sind" (96). Genauer gesagt, spricht man von untererwartungsgemäßer Leistung, wenn die Leistung eines Schülers 30 oder mehr Perzentile unter seiner Fähigkeit im Vergleich zur Gruppe zurückbleibt. Mit anderen Worten, das Kind mit untererwartungsgemäßer Leistung leistet nur zwei Drittel von dem, was seine Fähigkeiten ermöglichen könnten. Ein begabter Schüler mit untererwartungsgemäßer Leistung fällt so in das mittlere Drittel zurück, statt im oberen Drittel zu stehen (117).
Es gibt zwei Arten von Kindern mit untererwartungsgemäßer Leistung: das Kind mit untererwartungsgemäßer Leistung für lange Zeit und das Kind mit situationaler untererwartungsgemäßer Leistung, das wegen einer traumatischen Erfahrung schlechter arbeitet, als es seinen Fähigkeiten entspricht. Das kann etwa der Fall sein, wenn es in eine andere Schule kommt, wenn ein Todesfall in der Familie eingetreten ist oder es ein Erlebnis gehabt hat, das starke Emotionen hervorruft. Das Kind mit situationaler untererwartungsgemäßer Leistung kann eine untererwartungsgemäße Leistung für lange Zeit zeigen oder seine untererwartungsgemäße Leistung bleibt nur bestehen, bis

es sich an die Situation angepaßt hat, die seine untererwartungsgemäße Leistung hervorgerufen hat. Einige Schüler zeigen generell untererwartungsgemäße Leistung und bleiben in allen Fächern hinter ihren Fähigkeiten zurück, wogegen andere eine spezifische untererwartungsgemäße Leistung zeigen und nur in bestimmten Fächern hinter ihren Fähigkeiten zurückbleiben (117, 121).

Ein Kind mit übererwartungsgemäßer Leistung ist ein Schüler, dessen Leistungen in der Schule über seinen getesteten Fähigkeiten liegen. Das Kind kann die übererwartungsgemäße Leistung für lange Zeit zeigen, oder seine übererwartungsgemäße Leistung kann auch die Folge einer traumatischen Erfahrung sein wie z. B. drohendes Versagen. Wie die untererwartungsgemäße Leistung kann die übererwartungsgemäße generell oder spezifisch sein. Es gibt Belege dafür, daß es mehr Kinder mit untererwartungsgemäßer Leistung als Kinder mit übererwartungsgemäßer Leistung auf allen Ebenen der Schule und der Universität gibt.

Gründe für die übererwartungsgemäße und die untererwartungsgemäße Leistung. Es gibt eine Fülle von Belegen dafür, daß die übererwartungsgemäße und die untererwartungsgemäße Leistung durch Bedingungen hervorgerufen werden, die nicht mit der Schule oder der Arbeit in der Schule in Verbindung stehen. Weiter gibt es Beweise, daß viele Kinder nicht wissen, warum sie hinter ihren Fähigkeiten zurückbleiben, auch wenn die Eltern und Lehrer ihnen wiederholt gesagt haben, daß sie besser sein könnten. Trotz der Tatsache, daß sie Zensuren bekommen, die besser sein könnten, haben viele Kinder mit untererwartungsgemäßer Leistung die Schule tatsächlich gern, obgleich sich ihr Interesse mit Wahrscheinlichkeit auf die Fächer richtet, die kein Lernen erfordern (76, 121).

Untererwartungsgemäße und übererwartungsgemäße Leistung zeigen eine Vielfalt von grundlegenden persönlichen und sozialen Problemen an. Nur selten sind sie die Folge von schlechtem Unterrichten oder von Mangel an Bildungs- und Erziehungsmöglichkeiten; der Grund liegt vielmehr im Kinde selber (81, 220). Weiter kann der Umgebung in Schule und Elternhaus an sich nicht direkt die Schuld zugeschoben werden, obgleich sie indirekt zur Grundlage der Schwierigkeiten gehören, weil sie die emotionalen und die Persönlichkeitsprobleme fördern, die zu einer feindlichen Einstellung des Kindes führen. Das Kind kann seine feindliche Einstellung auf die Schule richten und auf die, die sich um seine Erziehung kümmern (26, 96, 117, 137, 256, 257).

Bestimmte Umstände in der Schule verstärken die bereits bestehende feindliche Einstellung des Kindes. Die Einstellung des Lehrers und die emotionale Atmosphäre, die er im Klassenraum schafft, sind von großer Bedeutung. Wenn der Stundenplan für das kindliche Entwicklungsniveau nicht geeignet ist oder wenn ein Wechsel von einer Schule zu einer anderen soziale und schulische Probleme hervorruft, zeigt das Kind mit Wahrscheinlichkeit eine verstärkte Feindlichkeit gegenüber der Schule.

Untererwartungsgemäße Leistung und übererwartungsgemäße Leistung können die Folgen von Bedingungen in der Schule sein, die eine feindliche Einstellung auf der Seite des Kindes hervorrufen. Wenn sie in der Schule ihren Ursprung haben, sind sie gewöhnlich eher spezifisch als allgemein. Sie beginnen jedoch selten in der Schule, wenn das Kind gut angepaßt ist (298).

Ob eine feindliche Einstellung das Kind zu übererwartungsgemäßer oder zu untererwartungsgemäßer Leistung bringt, hängt weitgehend von seiner Persönlichkeit und von seinen Bedürfnissen ab. Ein Kind, das ein starkes Bedürfnis nach Aufmerksamkeit, Anerkennung und Zuneigung hat und das gelernt hat, daß diese nur befriedigt werden, wenn es den elterlichen Erwartungen entspricht, neigt dazu, seine Feindlichkeit zu zeigen, indem es sich selbst dazu zwingt, mehr zu tun, als es eigentlich zu tun imstande ist; es fühlt sich nur im Verhältnis zu seiner Fähigkeit bewertet, gute Zensuren nach Hause zu bringen. Ein gleichermaßen feindseliges Kind, das festgestellt hat, daß nichts geeignet zu sein scheint, ihm Anerkennung und Zuneigung zu erringen, entwickelt die Einstellung „Wozu denn?" und wird ein Kind, das untererwartungsgemäße Leistungen zeigt. Wenn Eltern wenig Wert auf Bildung legen, weiß das Kind, daß Erfolg in der Schule wenig Beifall und Zuneigung einbringt; es gewöhnt sich an untererwartungsgemäße Leistung, weil es keine wirkliche Motivation zu anderem hat (93, 137).

Wenn jedoch auf Erfolg in der Schule von Eltern, Lehrern oder Kameraden großer Wert gelegt wird, dann kann das Kind, das sich unzulänglich fühlt oder das feindselig eingestellt ist, weil es nicht akzeptiert worden ist, eine übererwartungsgemäße Leistung zeigen in der Hoffnung, so akzeptiert zu werden. Es nimmt die Werte der anderen an, deren Anerkennung es erbittet, und versucht einen sicheren Status durch seine Leistungen zu erringen. So wird offenkundig, daß untererwartungsgemäße und übererwartungsgemäße Leistung weitgehend denselben Grund haben, ein Gefühl der Unsicherheit und Unzulänglichkeit, das von Feindlichkeit begleitet ist; sie sind relativ wenig beeinflußt durch das Interesse an der Arbeit für die Schule oder an der Schule als einer Institution (26, 234).

Der Beginn untererwartungsgemäßer und übererwartungsgemäßer Leistung. Untererwartungsgemäße und übererwartungsgemäße Leistung können zu jedem Zeitpunkt des Schulbesuches eines Kindes einsetzen, obgleich sie gewöhnlich im zweiten oder dritten Schuljahr anfangen und stark ausgeprägt sind, wenn das Kind die Mittel- oder Oberstufe von weiterführenden Schulen erreicht (93, 256). Der Student mit untererwartungsgemäßer oder übererwartungsgemäßer Leistung in der Hochschule hat im allgemeinen solches Verhalten schon früher gezeigt, oft schon in seinen ersten Grundschultagen (257).

In der Regel setzen untererwartungsgemäße und übererwartungsgemäße Leistung etwa zu der Zeit ein, wenn die Kinder statt der „Berichte über ihre Fortschritte" Zeugnisse mit Zensuren erhalten. Da die Eltern die Leistungen ihrer Kinder durch das traditionelle Notensystem besser einschätzen können, verlangen sie dann entweder, daß die Kinder besser arbeiten, oder sie nehmen eine gleichgültige Einstellung an (258). Abb. 13-5, die den Verlauf der untererwartungsgemäßen Leistung bei Jungen und Mädchen zeigt, weist darauf hin, daß die Prädisposition zu untererwartungsgemäßer Leistung in leicht erkennbarer Form vorhanden ist, wenn die Kinder in die Oberstufe kommen.

Die meisten Kinder mit untererwartungsgemäßer Leistung erkennen nicht, daß sie nicht ihren Fähigkeiten entsprechend arbeiten. Wie jede Handlung, die über einen Zeitraum hinweg wiederholt wird, wird die untererwartungsgemäße Leistung zu einer Gewohnheit. Wenn Kindern vorgeworfen wird, nicht ihr Bestes zu leisten, geben sie ihren Eltern unrealistische, oberflächliche und weitgehend nicht plausible Entschuldigungen (76). Sie können schützende Abwehrmechanismen wie Negativismus, störrisches Verhalten, leichte Formen von Autismus oder Tagträumen entwickeln. Gewöhnlich geben sie jedoch anderen die Schuld und behaupten, daß Lehrer ungerecht sind, daß diejenigen, die besser sind, gemogelt haben oder daß sie zu Fächern gezwungen worden sind, die sie nicht interessieren und zu denen sie nicht befähigt sind (99, 296).

In ähnlicher Weise kann übererwartungsgemäße Leistung zu einer Gewohnheit werden. Dem Kind mit übererwartungsgemäßer Leistung ist jedoch gewöhnlich der Grund für seine übererwartungsgemäße Leistung nicht klar. Es schreibt sie im allgemeinen einem starken Interesse für seine Arbeit in der Schule zu und dem brennenden Ehrgeiz, im Leben vorwärts zu kommen. Da es die soziale Anerkennung findet, hat das Kind mit übererwartungsgemäßer Leistung wenig Motivation, sich zu ändern, und wenig Verlangen, zu wissen, warum genau es über seine Fähigkeiten hinaus arbeitet (206).

Unterschiede in der untererwartungsgemäßen und der übererwartungsge-

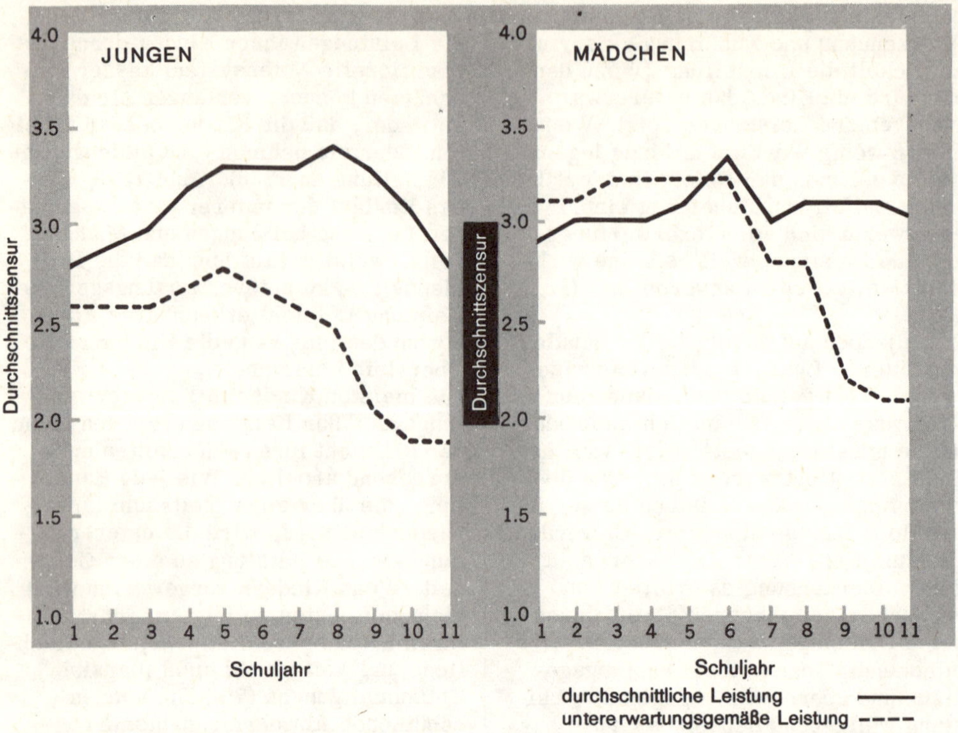

Abb. 13-5. Das Eintreten untererwartungsgemäßer Leistungen bei Jungen und Mädchen.

mäßen Leistung. Im allgemeinen neigen Jungen zu untererwartungsgemäßer Leistung und Mädchen zu übererwartungsgemäßer Leistung. Der wichtigste Grund für diesen Unterschied zwischen den Geschlechtern ist der, daß Mädchen stärker auf Druck von seiten der Familie reagieren und sich stärker bemühen, den Erwartungen der Erwachsenen zu entsprechen, als Jungen. Jungen dagegen werden aufsässig, wenn auf sie Druck ausgeübt wird. Bewußt oder unbewußt arbeiten sie schlechter, als es ihren Fähigkeiten entspricht, um ihre Unabhängigkeit zu behaupten (117, 298). Weiter hat für Mädchen gute Arbeit in der Schule in den Augen der Gruppe der Alterskameraden mehr Prestigewert; um die soziale Billigung durch die Kameradinnen zu erwirken, arbeiten sie besser, als sie es ihren Fähigkeiten nach können. Jungen konzentrieren sich auf sportliche Leistungen (96).

Untererwartungsgemäße Leistung ist bei sehr intelligenten Kindern am verbreitetsten, wogegen übererwartungsgemäße Leistung am häufigsten vorkommt bei Schülern mit durchschnittlicher und unterdurchschnittlicher Fähigkeit (26, 96). Wenn Eltern erkennen, daß ihre Kinder begabt sind, versuchen sie Druck auszuüben, damit sie Hervorragendes leisten (247). Wenn von Kindern erwartet wird, daß sie in allen Schulfächern gleichermaßen gute Leistungen zeigen, nur weil sie in einem oder zwei gut sind, kommt es dazu, daß ihnen die Fächer, in denen sie die elterlichen Erwartungen nicht erfüllen können, nicht mehr gefallen. Wenn ständig Druck auf sie ausgeübt wird, gute Arbeit zu leisten, dann widmen sie vielleicht einigen Fächern zu viel Zeit und anderen zu wenig; sie mogeln vielleicht, oder sie werden so widerspenstig, daß sie untererwartungsgemäße Leistung zeigen als Protest gegen das, was sie als ungerechte Erwartungen ansehen. So kann es bei Kindern mit durchschnittlicher Fähigkeit zu übererwartungsgemäßer Leistung kommen in Fächern, für die sie die Eignung haben, und zu untererwartungsgemäßer Leistung in Fächern, in denen ihre Eignung begrenzt ist (187, 258).

Kinder aus der Mittelklasse zeigen mit besonderer Wahrscheinlichkeit übererwartungsgemäße Leistung. Da die Eltern der Mittelklasse einen besonderen Wert auf Leistung legen – vor allem auf die Leistung in der Schule, die sie als wesentlich für den Beruf ihrer Kinder ansehen –, drängen sie ihre Kinder, ihren vollen Fähigkeiten entsprechend und noch darüber hinaus zu arbeiten. Je mehr sie drängen, desto feindlicher und widerspenstiger werden die Kinder. Da die Kinder jedoch wissen, was schließlich die Belohnung für gute Leistung ist, sind sie vielleicht bereit, die Herausforderung anzunehmen, und entsprechen den Erwartungen der Eltern.

Eltern in den unteren Klassen dagegen legen wenig Wert auf Ausbildung und zeigen ein geringes Interesse für die Leistungen ihrer Kinder in der Schule. Sie bieten den Kindern wenig Motivation, ihre Fähigkeiten voll auszuschöpfen. Sogar in der Schule erhalten diese Kinder oft wenig Ermunterung, weil die Lehrer gegenüber Kindern, die aus der unteren Klasse stammen, oft ablehnend eingestellt sind. Folglich finden sich unter Kindern aus den unteren Klassen mehr mit untererwartungsgemäßer Leistung als mit übererwartungsgemäßer Leistung (57, 68).

Kinder mit untererwartungsgemäßer Leistung sind ebenfalls zahlreich unter denen der oberen Klassen. Entsprechend den Werten der Oberklasse ist gute Leistung in der Schule nicht notwendig für beruflichen oder sozialen Erfolg. Lehrer neigen dazu, Kinder der Oberklasse zu bevorzugen; die Folge ist, daß solche Kinder oft bessere Zensuren bekommen, als sie verdienen. Die Einstellung der Eltern und Lehrer bietet den Kindern aus der Oberklasse wenig Motivation, über ihre Fähigkeiten hinausgehend zu arbeiten (68, 96).

Wirkungen der untererwartungsgemäßen und der übererwartungsgemäßen Leistung. Logischerweise könnte man erwarten, daß Kinder mit übererwartungsgemäßer Leistung ein starkes Interesse für die Schule zeigen und Kinder mit untererwartungsgemäßer Leistung sie sehr stark ablehnen. Untersuchungen haben jedoch gezeigt, daß b e i d e eine ungünstige Einstellung zur Schule haben, wenn auch von verschiedener Art; beide mögen die Schule nicht. Ebenso haben Untersuchungen gezeigt, daß zwar Verhaltensschwierigkeiten in der Klasse gewöhnlich bei Kindern mit untererwartungsgemäßer Leistung zu finden sind, Schulschwänzen aber bei Kindern mit übererwartungsgemäßer Leistung häufiger ist (137, 290).

Weder für das Kind mit untererwartungsgemäßer noch für das mit übererwartungsgemäßer Leistung ist der Schulbesuch ein glückliches, entspanntes und befriedigendes Erlebnis; statt dessen wird er begleitet von Gefühlen der Angst und Gefühlen von Schuld und Scham. Das Kind mit übererwartungsgemäßer Leistung kann die Anerkennung der Eltern und Lehrer erringen, sie wird aber überschattet von einer beständigen Angst zu versagen, durch eine immer vorhandene Ängstlichkeit, die besonders stark bei Klassenarbeiten und Prüfungen wird, und durch Gefühle der Unzulänglichkeit, die entstehen, wenn das Kind seine intellektuellen Grenzen erkennt. Das Kind mit übererwartungsgemäßer Leistung fühlt sich schuldig, wenn es sich die Zeit nimmt, um sich zu vergnügen. Es meint, daß es sich zum Arbeiten zwingen muß, wenn seine Klassenkameraden spielen. Bei seinem Verlangen, den Erwartungen der Erwachsenen zu entsprechen, muß es gewöhnlich die Billigung durch die Gruppe der Alterskameraden opfern, und das führt zu einer Ablehnung der Schule.

Kinder mit übererwartungsgemäßer Leistung sind gewöhnlich die am wenigsten beliebten Mitglieder einer Klasse – nicht nur wegen ihrer guten Zensuren, sondern auch, weil gute Zensuren nur erreicht werden können, wenn das Kind einen starken Antrieb, Erfolg zu haben, entwickelt, der es nervös, gereizt, ängstlich und hochempfindlich gegenüber sozialer Anerkennung und Ablehnung macht – charakteristische Züge, die der Anerkennung durch die Alterskameraden entgegenwirken. Weiter muß das Kind mit übererwartungsgemäßer Leistung, um Erfolg zu haben, starkes Wettbewerbsverhalten zeigen, die Gunst des Lehrers zu gewinnen suchen oder es ablehnen, einem Klassenkameraden bei der Erledigung der Schulaufgaben zu helfen. Die Billigung durch die Kameraden erreicht den Nullpunkt, wenn das Kind mit übererwartungsgemäßer Leistung in den Ruf kommt, in der Klasse ganz oben zu stehen, indem es Partei für den Lehrer und gegen seine Klassenkameraden ergreift (121, 137, 298).

Wenn das Kind mit untererwartungsgemäßer Leistung weiß, daß es hinter seinen Fähigkeiten zurückbleibt, fühlt es sich schuldig und schämt sich. Seine Eltern und Lehrer drängen es dauernd oder bestrafen es dafür, daß es nicht tut, was es könnte, und sie geben ihm das Gefühl, ein „Faulenzer" zu sein (79). Unausweichlich entwickelt es eine Ablehnung gegenüber der Schule und allem, was dazu gehört. Diese ungünstigen Einstellungen wirken nicht nur dem Verlangen des Kindes zu lernen entgegen, sondern sie führen auch zu der „Ist-mir-alles-egal"-Haltung, und also dazu, daß es sich vom Wettbewerb mit anderen Schülern zurückzieht, die eifriger um Erfolg in der Schule bemüht sind. Eine der Folgen des Zurückziehens vom Wettbewerb in der Schule ist das Zurückziehen aus der sozialen Gruppe. Viele Kinder mit untererwartungsgemäßer Leistung werden unsozial und selbstgenügsam, sie entwickeln sich freiwillig zu Isolierten (76, 117).

Da Schuld und Scham unerfreuliche emotionale Erlebnisse sind und begleitet werden von Gefühlen der Unzulänglichkeit und der Hilflosigkeit, entwickelt das Kind mit untererwartungsgemäßer Leistung oft ein verzwicktes System von Abwehrmechanismen, um sich selbst von einem Teil der Schuld und Scham zu befreien, die es sonst spüren würde (296). Ein ernst zu nehmender Aspekt der untererwartungsgemäßen Leistung ist der, daß es sich nicht um ein „Oberflächenphänomen handelt, das leicht zu verändern ist, sondern daß es in Beziehung steht zu den Grundlagen der Persönlichkeit des einzelnen" (256). Es ist schwer ohne größere Veränderungen der Persönlichkeitsstruktur zu korrigieren. Da weiter das Kind mit untererwartungsgemäßer Leistung gewöhnlich ein begabtes und fähiges Kind ist, geht viel wertvolle Begabung durch fehlendes Interesse an der Schule und dadurch, daß es dem Lernen abgeneigt ist, verloren.

Kinder mit untererwartungsgemäßer Leistung stellen auch ein Problem für die Arbeitsmoral in der Schule dar. Wenn auch nur wenige Kinder eine unvorteilhafte Einstellung zur Schule entwickeln und nicht ihren Fähigkeiten entsprechend arbeiten, werden andere Kinder leicht dahingehend beeinflußt, sie nachzuahmen. Kinder, die die Schule nicht mögen, sprechen gewöhnlich diese Abneigung gegenüber ihren Klassenkameraden aus. Die Einstellungen des Kindes mit untererwartungsgemäßer Leistung gegenüber der Schule sind stark getönt durch Feindlichkeit gegenüber denen, die es drängen, besser zu arbeiten, und durch Schuld und Scham, weil sie hinter den Erwartungen zurückbleiben; ihre stark emotionalen Angriffe auf die Schule, die Lehrer und die verschiedenen Unterrichtsfächer können die Arbeitsmoral der Klassenkameraden stark beeinflussen.

Das intelligente Kind kann die Achtung seiner Klassenkameraden wegen seiner guten Arbeit in der Schule erringen, obgleich sie weit hinter seinen Fähigkeiten zurückbleibt. Da sie das intelligente Kind respektieren, werden die weniger intelligenten Kinder durch seine Einstellung und durch seine verbalen Angriffe auf die Schule beeinflußt und entwickeln ähnlich ungünstige Einstellungen. Wenn es als richtig gilt zu kritisieren und wenn die intelligentesten Mitglieder der Klasse die stimmkräftigsten Kritiker sind, tritt die Gruppe der Alterskameraden in die Fußstapfen der intelligenten Kinder mit untererwartungsgemäßer Leistung (130, 135, 277, 302).

Interesse für Kleidung

Lange ehe das Kind die Bedeutung seiner körperlichen Erscheinung erkennt, ist ihm allmählich klar geworden, daß einige seiner Bedürfnisse durch die Kleidung befriedigt werden. Mit dieser Erkenntnis kommt das Interesse. Ein Aspekt der Kleidung, der einen großen Einfluß auf die Beurteilung des Kindes durch andere in einem bestimmten Alter hat, kann später an Bedeutung verlieren und durch einen anderen Aspekt ersetzt werden. Wenn dies geschieht, verändert sich auch das Interesse des Kindes und konzentriert sich auf den Aspekt der Kleidung, der zu der Zeit einen größeren symbolischen Wert hat.

In allen Kulturen hat die Kleidung wenigstens drei Funktionen: eine nützliche, eine ästhetische und eine für den Status des Trägers symbolische. Jede kulturelle Gruppe betont die Funktion der Kleidung, die die Bedürfnisse seiner Mitglieder am besten erfüllt. In sehr kaltem Klima z. B. dominiert die Nutzfunktion der Kleider; in sehr warmen Klimazonen, wo die Nutzfunktion weniger wichtig ist, wird der ästhetische Wert besonders betont. Da die Mitglieder der oberen sozialen Klassen ihren Status nicht durch die Kleidung demonstrieren müssen, können sie sich auf die ästhetischen Werte konzentrieren. Unter Mitgliedern der unteren sozialen Klassen wird die Kleidung überwiegend zur Symbolisierung des Status gebraucht, mit dem sich der Träger am liebsten identifiziert sähe (25, 218, 262).

Das Kind lernt die kulturellen Werte der Kleidung, wie es andere kulturelle Werte lernt – durch die Identifikation mit den Eltern und anderen Mitgliedern der sozialen Gruppe und durch Imitation. Wenn seine Eltern und die Mitglieder der Gruppe der Alterskameraden Kleidung als wichtiges Statussymbol ansehen, dann tut es das auch; wenn sie Kleidung als wichtig ansehen, weil sie einen ästhetischen oder einen Nutzwert hat, dann tut es das ebenfalls. Wenn es weiter lernt, daß körperliche Attraktivität für die soziale Billigung einen Pluspunkt darstellt, dann hält es richtige Kleidung für noch wichtiger. Jersild hat unterstrichen, welche Rolle die Kleidung für die Beurteilung durch andere spielt: „Kleidung und Körperpflege können viele Schattierungen der Einstellung zu sich selbst enthüllen. Die Kleidung und Körperpflege eines Menschen sind – manchmal direkt, manchmal subtiler – eine Projektion seiner selbst, seines wirklichen oder idealisierten Selbst, nach dem zu leben er anstrebt. Wir können den Verdacht äußern, daß ein Mensch sich nicht mit ganzem Herzen akzeptiert, wenn er das Bedürfnis spürt, seine Erscheinung in beachtlichem Maße zu verfälschen ..." (150).

Brennpunkte des Interesses

1. Selbständigkeit. Jedes Kind möchte von der Beherrschung durch Eltern oder Geschwister unabhängig sein, oft noch ehe es imstande ist, sich selbst um seine Angelegenheiten zu kümmern. Je stärker die Beschränkungen durch die Umwelt sind, desto größer ist das Verlangen des Kindes nach Unabhängigkeit. An der Kleidung interessiert das kleine Kind nur, daß sie nicht seine Bewegungsfreiheit einengt. Kleider, die das tun, regen es auf, weil es so unabhängig sein möchte, wie sein hilfloser, abhängiger Zustand es zuläßt. Das Weinen beim Ankleiden ist zum großen Teil einfach ein Protest des Kindes gegen die Beeinträchtigung seiner Freiheit. Ihm ist noch nicht klar, daß Kleidung sein Aussehen verbessert (236, 273).

Noch ehe das Kind ein Jahr alt ist, stellt es fest, daß es die Mütze, die Strümpfe, die Schuhe oder seine Handschuhe entfernen kann, und noch später lernt es, daß es alle seine Kleidungsstücke ausziehen kann. Das ist ihm eine Quelle wirklicher Befriedigung; es ist ein Symbol seiner zunehmenden Selbständigkeit. Das kleine Kind ist begierig darauf, sich selbst zu kleiden und lehnt sich auf, wenn ihm das nicht gestattet wird. Sein Interesse an Kleidung entsteht aus einem Gefühl der Unabhängigkeit und Leistung, das es dadurch erhält, daß es die Kleidung manipulieren kann, und nicht so sehr durch die Kleidung selbst (236).

Wenn das Kind erst einmal die Geschicklichkeit erworben hat, sich selbst zu kleiden, wendet sich sein Interesse der Frage zu, was es tragen möchte und wie es das tragen möchte. Wenn die Mutter meint, daß ein bestimmtes Kleidungsstück geeigneter ist als ein anderes, dann wird sich das Kind, das unabhängig sein möchte, dagegen wehren, es zu tragen, nicht wegen des Kleidungsstückes, sondern weil es seine eigene Entscheidung treffen möchte (15, 108, 250, 289).

2. Erwachsenwerden. Das Kind stellt bald fest, daß man durch Kleider älter erscheinen kann; folglich richtet sich sein Interesse auf Kleidung, durch die es älter aussieht und die der Schlüssel zur Selbständigkeit, die es sich wünscht, ist (69, 143). Das ist der Grund, warum die ersten Kleidungsstücke einer bestimmten Art, besonders wenn sie wie die Kleider eines älteren Kindes sind, mit solchem Stolz getragen werden.
Für einen Jungen bedeuten die ersten langen Hosen, daß er kein „kleiner Junge" mehr ist; er wird jetzt bald ein Mann. In ähnlicher Weise deuten für ein Mädchen die ersten Nylonstrümpfe darauf hin, daß es erwachsen wird.
Das etwas ältere Mädchen möchte vor allen Dingen einen Lippenstift gebrauchen, weil der Lippenstift den Übergang von der Kindheit zum Jugendalter symbolisiert (46, 215).

3. Aufmerksamkeit. Sehr früh merkt das Kind, daß seine Kleider die Aufmerksamkeit anziehen. Wenn es mit anderen Kindern zu spielen anfängt, stellt es fest, daß sie seine Kleidung bemerken, bewundern, Kommentare dazu abgeben und es offen beneiden.
Es ist berichtet worden, daß sogar Dreijährige untereinander die Kleidung bemerken, sich darauf beziehen, daß etwas neu ist, eine bestimmte Farbe hat oder ein anderes auffälliges Merkmal hat. Es ist deshalb nicht überraschend, daß ein Kind die starken Wirkungen erkennt, die Kleidung auf andere hat, und die Befriedigung, die sie dem Träger vermittelt (209).
Neue Kleidung hat einen besonderen Reiz für das Kind. Es möchte ein neues Kleidungsstück tragen, sobald es gekauft worden ist, ob es nun für die Gelegenheit angemessen ist oder nicht. Es ist in lächerlicher Weise stolz, und wenn andere nichts merken, richtet es die Aufmerksamkeit darauf durch solche Bemerkungen wie: „Guck mal meine neuen Schuhe!" Ein Kleidungsstück verliert viel von seinem Reiz, wenn es nicht beachtet wird oder wenn abfällige Bemerkungen darüber gemacht werden.
Kinder interessieren sich in jedem Alter besonders für die Farbe ihrer Kleider. Wenn ein Kleidungsstück die Lieblingsfarbe hat, gefällt es ihnen, ganz gleich ob es ihnen steht oder angemessen ist. Die meisten Kinder haben leuchtende und kräftige Farben gerne, in erster Linie, weil sie stark die Aufmerksamkeit auf sich ziehen. Kein Rot kann zu rot sein, kein Grün zu grün, um ein kleines Kind anzusprechen (144).
Kinder stellen auch fest, daß die Ausschmückung ihrer Kleidung die Aufmerksamkeit auf sich zieht. Da die Kleidung der Mädchen mehr verziert werden kann als die der Jungen, interessieren sich Mädchen sehr für Rüschen, Schleifen und Schmuck (198, 218).
Während das kleine Kind die Aufmerksamkeit um jeden Preis erringen möchte, stellt das ältere Kind fest, daß Aufmerksamkeit nicht immer günstig ist. Das ältere Kind beginnt sich dafür zu interessieren, was „richtig" und „angemessen" ist. Es möchte die Anerkennung der anderen ebenso erringen wie ihre Aufmerksamkeit. Es stellt fest, daß grelle Farben als schlechter Geschmack angesehen werden; folglich zieht es dunklere und weniger kräftige Farben vor (144, 200, 221, 250, 261).
Beginnend mit dem achten oder neunten Jahr werden viele Kinder selbstbefangen und wollen die Aufmerksamkeit vermeiden. Sie merken, daß eine Möglichkeit, unauffällig zu sein, die ist, wie alle anderen auszusehen. Kinder werden dann sklavisch konventionell in ihren Kleidungsgewohnheiten (198, 250).

4. Individualität. Kein Kind sieht sich gerne als „einfach irgendein Mensch"; es möchte als Individuum anerkannt werden (11). Kleidung – das lernt das

kleine Kind – zieht nicht nur die Aufmerksamkeit auf sich, sondern trägt auch dazu bei, es als eine Person zu identifizieren. Es ist es selbst, nicht wie eines seiner Geschwister oder ein anderes Kind.

Ein großer Teil der Befriedigung, die es dem kleinen Kind bereitet, getragene Sachen zu übernehmen, ist verschwunden, wenn es feststellt, daß diese Kleidungsstücke von anderen als solche erkannt werden, die früher einem seiner älteren Geschwister gehört haben. Dies wirkt gewöhnlich seinem Streben nach Individualität entgegen. Nur wenn die getragene Kleidung so geändert werden kann, daß sie eindeutig seine wird, dann möchte es sie auch tragen.

Wenn das Kind im späteren Teil der Kindheit das Stadium der Selbstbefangenheit erreicht, möchte es immer noch eine gewisse Individualität seines Aussehens beibehalten. Es kann sich anpassen und sich doch unterscheiden, indem es seine Lieblingsfarbe bei Kleidungsstücken trägt, die genau wie die der Gruppe der Alterskameraden geschnitten sind. Je beliebter ein Kind ist, desto weniger ist es bemüht, seine Individualität zu verbergen (55, 143, 250).

5. Identifikation mit der sozialen Gruppe. Das Verlangen nach Individualität wird ersetzt durch ein Verlangen nach Identifikation mit der sozialen Gruppe, wenn das Kind älter wird und ein Mitglied einer Bande sein möchte. Deshalb entwickelt das Kind ein starkes Interesse für Kleidung, die als Statussymbol dient – ein Symbol der Identifikation mit der Bande. Es macht ihm wenig aus, ob ihm die Kleider, die andere Kinder tragen, stehen, ob sie den Beifall der Eltern und anderer Erwachsener finden oder ob sie sich den vorherrschenden Stilrichtungen anpassen. Wenn seine Freunde sie tragen, möchte es sie auch tragen (112, 147, 276, 297).

6. Angemessenheit für das Geschlecht. Jedes Kind lernt, wenn es anfängt, mit Alterskameraden zu spielen, daß die soziale Billigung erleichtert wird, wenn es den Eindruck hervorrufen kann, daß es sich seinem Geschlecht angemessen verhält. Wenn das Verlangen zunimmt, zu einer Bande zu gehören, und wenn dem Kind zunehmend die Rolle klar wird, die das für sein Geschlecht Angemessene spielt bei der sozialen Billigung, dann nimmt das Interesse für Kleidung zu, die dem Geschlecht angemessen ist. Jungen interessieren sich für typisch männliche Kleidung, um sich von den Mädchen zu unterscheiden (144, 198, 299).

7. Tarnung. Weil viele Kinder eine bestimmte Vorstellung davon haben, wie sie aussehen wollen, wenn sie erwachsen sind, machen sie sich in der Pubertät ernsthaft Sorgen über ihren Körper. Z. B. ist das Mädchen, das immer groß und schlank sein wollte, erschrokken, wenn sich an Hüften und Bauch Fett ansammelt. In ähnlicher Weise kann ein Junge, bei dem erst spät die Reife eintritt, befürchten, daß er immer klein und schlank bleibt.

Das Kind stellt aus eigener Erfahrung und nach dem, was andere sagen, fest, daß bestimmte Arten der Kleidung das an seiner Erscheinung tarnen oder auf ein Mindestmaß verringern, was ihm nicht gefällt. Da die Kleider der Mädchen weniger einheitlich sind als die der Jungen, interessieren sich Mädchen mehr für Kleidung, die ihre Erscheinung tarnt oder verschönert, als Jungen, und sie fangen früher an, sich dafür zu interessieren (143, 150, 215, 261).

So ist es offenkundig, daß das, was im allgemeinen als kultiviertes Interesse für Kleider angesehen wird, lange ehe die Kindheit zu Ende ist, einsetzt. Das Kind weiß vielleicht nicht so wie ein Jugendlicher oder Erwachsener, auf welche Weise es das ersehnte Ziel erreichen kann; es muß das möglicherweise durch Erfolg und Mißerfolg herausfinden.

Wert der Kleidung für das Kind. Jedes Kind lernt, daß die kulturelle Gruppe großen Wert auf Kleidung legt. Der Wert, den seine Eltern auf die richtigen Kleider für eine bestimmte Gelegenheit legen und darauf, daß es sein Aussehen verbessert, daß es sauber und ordentlich ist und daß es sich um seine Kleider kümmert – das alles ruft in dem Kind die Vorstellung hervor, daß Kleider wichtig sind. Da sie den Menschen wichtig sind, die in seinem Leben Bedeutung haben, sind sie ihm auch wichtig. Die Aspekte seiner Kleidung, die für es von Bedeutung sind, brauchen jedoch nicht mit denen übereinzustimmen, die für seine Eltern einen hohen Wert haben. Wenn es ihm wichtig ist, soziale Billigung zu finden, wird sein Interesse für Kleidung proportional der Rolle sein, die sie dabei spielt, ihm soziale Anerkennung zu verschaffen. Wenn es ihm dagegen wichtig ist, seinen Altersgenossen gleich zu sein, ist sein Interesse für Kleider proportional zu deren Fähigkeit, es so wie die anderen aussehen zu lassen.

In einer Kultur, die einen so großen Wert auf die Erscheinung legt – und die meisten Kulturen, ganz gleich wie primitiv sie sind, legen großen Wert auf die Erscheinung –, ist es normal, daß ein Kind sich für seine Kleider interessiert. Eine ungebührlich starke Beschäftigung mit der Kleidung legt jedoch irgendeine Art von Schwäche oder Störung des Charakters nahe, bei der Kleider als eine Art der Kompensation gebraucht werden. Das Kind, dessen Interesse für Ordnung und Sauberkeit schon fast an Besessenheit grenzt, ist weit vom Normalen entfernt. Dieses Interesse kann die Furcht widerspiegeln, von Erwachsenen abgelehnt oder bestraft zu werden, weil seine Eltern einen hohen Wert auf die Kleidung des Kindes gelegt haben und darauf, daß es eine anziehende Erscheinung bewahrt.

Wenn ein Kind absichtlich nachlässig ist und wenn es alles trägt, das zufällig zu erreichen ist, weil das einfacher ist, als das richtige Kleidungsstück herauszusuchen, dann stimmt wahrscheinlich etwas mit seiner Persönlichkeit nicht. Wenn ihm die sozialen Werte, die mit der Kleidung zusammenhängen, nicht klar wären, wäre diese Mißachtung verständlich. Kein Kind, das in unserer Zivilisation aufwächst, kann jedoch das Schulalter erreichen, ohne daß es den großen Wert erkennt, der auf die Erscheinung und die Kleidung gelegt wird. Deshalb ist die Mißachtung nicht auf Unkenntnis zurückzuführen, sondern auf Trotz gegen Autorität und auf Feindlichkeit gegenüber der sozialen Gruppe.

Abschließend läßt sich sagen, daß die Kleidung des Kindes nicht nur eine Quelle von viel Freude für das Kind ist, sondern daß sie auch außerordentlich zu einer Einstellung des Selbstvertrauens beiträgt. Ein gut gekleidetes Kind hat mehr Selbstvertrauen, hat bessere Manieren und ist weniger grob als ein schlecht gekleidetes. Dies ist zunehmend mehr der Fall, wenn das Kind älter wird. Die Einstellung der sozialen Gruppe muß ebenfalls in Erwägung gezogen werden, wenn der Einfluß der Kleidung auf das Verhalten und die Einstellung bewertet wird. Was die Gruppe meint, spürt das Kind schnell und wird dann in seiner Einstellung zu sich selber widergespiegelt.

Bibliographie

(1) ABERLE, D. F., and K. D. NAEGELE: Middle-class fathers' occupational roles and attitudes toward children. *Amer. J. Orthopsychiat.*, 1952, **22**, 366–378.

(2) AGRAS, S.: The relationship of school phobia to childhood depression. *Amer. J. Psychiat.*, 1959, **16**, 533–536.

(3) ALEXANDER, I. E., and A. M. ADLERSTEIN: Affective responses to the concept of death in a population of children and early adolescents. *J. genet. Psychol.*, 1958, **93**, 167–177.

(4) ALLPORT, G. W.: *The individual and his religion.* New York: Macmillan, 1950.

(5) ALLPORT, G. W., J. M. GILLESPIE, and J. YOUNG: Religion of the freshman college student. *J. Psychol.*, 1948, **25**, 3–33.

(6) AMATORA, SISTER M.: Contrasts in boys' and girls' judgments in personality. *Child Develpm.*, 1954, **25**, 51–61.

(7) AMATORA, SISTER M.: Analyses of certain recreational interests and activities and other variables in the large family. *J. soc. Psychol.*, 1959, **50**, 225–231.

(8) AMATORA, SISTER M.: Expressed interests in later childhood. *J. genet. Psychol.*, 1960, **96**, 327–342.

(9) AMATORA, SISTER M.: Interests of preadolescent boys and girls. *Genet. Psychol. Monogr.*, 1960, **61**, 77–113.

(10) AMATORA, SISTER M.: School interests in later childhood. *Education,* 1960, **81,** 32–37.
(11) AMES, L. B.: The sense of self of nursery school children as manifested by their verbal behavior. *J. genet. Psychol.,* 1952, **81,** 193–232.
(12) ANDERS, S. F.: Religious behavior in church families. *Marriage fam. Liv.,* 1955, **17,** 54–57.
(13) ANDERSON, H. H., G. L. ANDERSON, I. H. COHEN, and F. D. NUTT: Image of the teacher by adolescent children in four countries: Germany, England, Mexico, United States. *J. soc. Psychol.,* 1959, **50,** 47–55.
(14) ANDERSON, W. F.: Attitudes of parents of differing socio-economic status toward the teaching profession. *J. educ. Psychol.,* 1954, **45,** 345–352.
(15) ANGELINO, H., L. A. BARNES, and C. L. SHEDD: Attitudes of mothers and adolescent daughters concerning clothing and grooming. *J. home Econ.,* 1956, **48,** 779–782.
(16) ANGELINO, H., and E. V. MECH: "Fears and worries" concerning physical changes: a preliminary survey of 32 females. *J. Psychol.,* 1955, **39,** 195–198.
(17) ANGELINO, H., and E. V. MECH: Some "first" sources of sex information as reported by sixty-seven college women. *J. Psychol.,* 1955, **39,** 321–324.
(18) AUSTER, D., and J. MOLDSTAD: A survey of parents' reactions and opinions concerning certain aspects of education. *J. educ. Sociol.,* 1957, **31,** 64–74.
(19) AUSUBEL, D. P.: Ego development among segregated Negro children. *Ment. Hyg., N.Y.,* 1958, **42,** 362–369.
(20) AXTELL, J. B., and M. W. EDMUNDS: The effect of preschool experience on fathers, mothers, and children. *Calif. J. educ. Res.,* 1960, **11,** 195–203.
(21) AYAD, J. M., and P. R. FARNSWORTH: Shifts in the values of opinion items: further data. *J. Psychol.,* 1953, **36,** 295–298.
(22) BAER, C. J.: The school progress and adjustment of underage and overage students. *J. educ. Psychol.,* 1958, **49,** 17–19.
(23) BAILYN, L.: Mass media and children: a study of exposure habits and cognitive effects. *Psychol. Monogr.,* 1959, **73,** No. 1.
(24) BALDWIN, W. K.: The social position of the educable mentally retarded child in the regular grades in the public schools. *Except. Children,* 1958, **25,** 106–108, 112.
(25) BARBER, B., and L. S. LOBEL: "Fashion" in women's clothes and the American social system. *Soc. Forces,* 1952, **31,** 124–131.
(26) BARRETT, H. O.: An intensive study of 32 gifted children. *Personnel Guid. J.,* 1957, **36,** 192–194.
(27) BAXTER, L. C.: Vocational guidance for elementary school pupils. *Elem. Sch. J.,* 1951, **51,** 343–345.
(28) BEDOIAN, V. H.: Social acceptability and rejection of the underage, at-age and overage pupils in the sixth grade. *J. educ. Res.,* 1954, **47,** 513–520.
(29) BEEKMAN, E.: What high-school seniors think of religion. *Relig. Educ.,* 1947, **42,** 333–337.
(30) BEILIN, H.: The pattern of postponability and its relation to social class mobility. *J. soc. Psychol.,* 1956, **44,** 33–48.
(31) BENDER, I. E.: Changes in religious interest: a retest after 15 years. *J. abnorm. soc. Psychol.,* 1958, **57,** 41–46.
(32) BENE, E.: Some differences between middle-class children and working-class grammar school boys in their attitudes toward education. *Brit. J. Sociol.,* 1959, **10,** 148–152.
(33) BERDIE, R. F.: Why don't they go to college? *Personnel Guid. J.,* 1953, **31,** 352–356.
(34) BETTELHEIM, B., and E. SYLVESTER: Notes on the impact of parental occupations; some cultural determinants of symptom choice in emotionally disturbed children. *Amer. J. Orthopsychiat.,* 1950, **20,** 785–795.
(35) BLAKELY, W. P.: A study of seventh grade children's reading of comic books as related to certain other variables. *J. genet. Psychol.,* 1958, **93,** 291–301.
(36) BOGEN, I.: Pupil-teacher rapport and the teacher's awareness of status structure within the group. *J. educ. Sociol.,* 1954, **28,** 104–114.
(37) BOND, J. A.: Analysis of factors affecting scholarship of high school pupils. *J. educ. Res.,* 1952, **46,** 1–16.
(38) BOSSARD, J. H. S., and E. S. BOLL: *The sociology of child development,* 3d ed. New York: Harper & Row, 1960.
(39) BOWER, E. M., and J. A. HOLMES: Emotional factors and academic achievement. *Rev. educ. Res.,* 1959, **29,** 529–544.
(40) BRECKENRIDGE, M. E., and E. L. VINCENT: *Child development,* 4th ed. Philadelphia: Saunders, 1960.
(41) BRIM, O. G., and R. FORER: A note on the relation of values and social structure in life planning. *Sociometry,* 1956, **19,** 54–60.
(42) BROWN, A. W., and R. G. HUNT: Relations between nursery school attendance and teachers' ratings of some aspects of children's adjustment in kindergarten. *Child Develpm.,* 1961, **32,** 585–596.
(43) BROWN, D. G., and W. L. LOWE: Religious beliefs and personality characteristics of college students. *J. soc. Psychol.,* 1951, **33,** 103–129.
(44) BROWN, F. J.: *Educational sociology,* 2d ed. Englewood Cliffs, N.J.: Prentice-Hall, 1954.
(45) BÜHLER, C.: School as a phase of human life. *Education,* 1952, **73,** 219–222.
(46) BUSH, G., and P. LONDON: On the disap-

pearance of knickers: hypotheses for the functional analysis of the psychology of clothing. *J. soc. Psychol.*, 1960, **51,** 359–366.

(47) BUSWELL, M. M.: The relationship between the social structure of the classroom and the academic success of the pupils. *J. exp. Educ.*, 1953, **22,** 37–52.

(48) CALLENDER, W. P.: Who likes whom? *Clearing House,* 1955, **29,** 490–492.

(49) CHANSKY, N. M.: Threat, anxiety, and reading behavior. *J. educ. Res.*, 1958, **51,** 333–340.

(50) CHOI, E. H.: Father-daughter relationships in school phobia. *Smith Coll. Stud. soc. Wk,* 1961, **31,** 152–178.

(51) CHOWN, S. M.: Personality factors in the formation of occupational choice. *Brit. J. educ. Psychol.*, 1959, **29,** 23–33.

(52) CHRISTENSEN, C. M.: Relationships between pupil achievement, pupil affect-need, teacher warmth, and teacher permissiveness. *J. educ. Psychol.*, 1960, **51,** 169–174.

(53) CLARK, W. H., and C. M. WARNER: The relation of church attendance to honesty and kindness in a small community. *Relig. Educ.*, 1955, **50,** 340–342.

(54) COBB, H. V.: Role-wishes and general wishes of children and adolescents. *Child Develpm.*, 1954, **25,** 161–171.

(55) COBLINER, W. J.: Feminine fashion as an aspect of group psychology: analysis of written replies received by means of a questionnaire. *J. soc. Psychol.*, 1950, **31,** 283–289.

(56) COFFIN, T. E.: Television's impact on society. *Amer. Psychologist,* 1955, **10,** 630–641.

(57) COHN, W.: On the language of lower-class children. *Sch. Rev.*, 1959, **67,** 435–440.

(58) CONDON, M. E.: Extracurricular activities of physically handicapped students. *Personnel Guid. J.*, 1958, **37,** 53–54.

(59) CONN, J. H.: Children's awareness of the origin of babies. *J. child Psychiat.*, 1948, **1,** 140–178.

(60) CONN, J. H.: Children's awareness of sex differences. II. Play attitudes and game preferences. *J. child Psychiat.*, 1951, **2,** 82–99.

(61) COOK, E. S.: An analysis of factors related to withdrawal from high school prior to graduation. *J. educ. Res.*, 1956, **50,** 191–196.

(62) CRANDALL, V. J., A. PRESTON, and A. RABSON: Maternal reactions and the development of independence and achievement behavior in young children. *Child Develpm.*, 1960, **31,** 243–251.

(63) CRANE, A. R.: The development of moral values in children. IV. Pre-adolescent gangs and the moral development of children. *Brit. J. educ. Psychol.*, 1958, **28,** 201–208.

(64) CROW, A.: Parental attitudes toward boy-girl relations. *J. educ. Sociol.*, 1955, **29,** 126–133.

(65) CRUICKSHANK, W. M., and G. O. JOHNSON: *Education of exceptional children and youth.* Englewood Cliffs, N.J.: Prentice-Hall, 1958.

(66) CUMMINS, R. E.: Research insights into the relationship between teachers' acceptance attitudes, their role concepts, and students' acceptance attitudes. *J. educ. Res.*, 1960, **53,** 197–198.

(67) DAVIDSON, H. H., and G. LANG: Children's perceptions of their teachers' feelings toward them related to self-perception, school achievement, and behavior. *J. exp. Educ.*, 1960, **29,** 107–118.

(68) DAVIS, A.: Socio-economic influences upon children's learning. *Understanding the Child,* 1951, **20,** 10–16.

(69) DAVIS, A., and R. J. HAVIGHURST: *Father of the man.* Boston: Houghton Mifflin, 1947.

(70) DEMOS, G. M.: Attitudes of student ethnic groups on issues related to education. *Calif. J. educ. Res.*, 1960, **11,** 204–206.

(71) DESENBERG, B. M.: Home sex education and monogamy. *Marriage fam. Liv.*, 1947, **9,** 89–92.

(72) DONALD, M. N., and R. J. HAVIGHURST: The meaning of leisure. *Soc. Forces,* 1959, **37,** 355–360.

(73) DORIS, J.: Test-anxiety and blame assignment in grade school children. *J. abnorm. soc. Psychol.*, 1959, **58,** 181–190.

(74) DOUVAN, E.: Social status and success strivings. *J. abnorm. soc. Psychol.*, 1956, **52,** 219–223.

(75) DOUVAN, E.: Independence and identity in children. *Children,* 1957, **4,** 186–190.

(76) DRASGOW, J.: Underachievers. *J. counsel. Psychol.*, 1957, **4,** 210–211.

(77) DREGER, R. M.: Some personality correlates of religious attitudes, as determined by projective techniques. *Psychol. Monogr.*, 1952, **66,** No. 3.

(78) DREGER, R. M.: Spontaneous conversation and story-telling of children in a naturalistic setting. *J. Psychol.*, 1955, **40,** 163–180.

(79) DREWS, E. M., and J. E. TEAHAM: Parental attitudes and academic achievement. *J. clin. Psychol.*, 1957, **13,** 328–332.

(80) DRUCKER, A. J., H. T. CHRISTENSEN, and H. H. REMMERS: Some background factors in sociosexual modernism. *Marriage fam. Liv.*, 1952, **14,** 334–337.

(81) DULLES, R. J.: The myth of underachievement. *J. educ. Sociol.*, 1961, **35,** 121–122.

(82) DUNKELBERGER, C. J., and L. E. TYLER: Interest stability and personality traits. *J. counsel. Psychol.*, 1961, **8,** 70–74.

(83) DUVALL, E. M., and A. B. MOTZ: Age and education as factors in school experience and personal-family adjustments. *Sch. Rev.*, 1945, **53,** 413–421.

(84) DYE, M. G.: Attitudes of gifted children toward school. *Educ. Admin. Superv.*, 1956, **42,** 301–308.

(85) EATON, M. T., L. A. D'AMICO, and B. N.

PHILLIPS: Problem behavior in school. *J. educ. Psychol.*, 1956, **47,** 350–357.
(86) EISTER, A. W.: Some aspects of institutional behavior with reference to churches. *Amer. sociol. Rev.*, 1952, **17,** 64–69.
(87) ELKIND, D.: The child's conception of his religious denomination: I. The Jewish child. *J. genet. Psychol.*, 1961, **99,** 209–225.
(88) ELKIND, D.: The child's conception of his religious denomination. II. The Catholic child. *J. genet. Psychol.*, 1962, **101,** 185–193.
(89) EMPEY, L. T.: Social class and occupational aspiration: a comparison of absolute and relative measurement. *Amer. sociol. Rev.*, 1956, **21,** 703–709.
(90) ESTVAN, F. J., and E. W. ESTVAN: *The child's world: his social perception.* New York: Putnam, 1959.
(91) FAGIN, B.: Guiding the vocational interests of the child. *Education,* 1953, **74,** 171–179.
(92) FAHS, S. L.: The beginnings of mysticism in children's growth. *Relig. Educ.*, 1950, **45,** 139–147.
(93) FEINBERG, H., and E. MOSCOVITCH: Achievement on the Stanford Achievement Test of children in difficult own home situations compared with children placed out of the home. *J. exp. Educ.*, 1957, **26,** 67–80.
(94) FINE, B.: Children most interested in science. *The New York Times,* July 10, 1955.
(95) FITT, A. B.: An experimental study of children's attitudes toward school in Auckland, N.Z. *Brit. J. educ. Psychol.*, 1956, **26,** 25–30.
(96) FLIEGLER, L. A.: Understanding the underachieving gifted child. *Psychol. Rep.*, 1957, **3,** 533–536.
(97) FORD, T. R.: Social factors affecting academic performance: further evidence. *Sch. Rev.*, 1957, **65,** 415–422.
(98) FRANK, L. K., and M. H. FRANK: *Your adolescent, at home and in school.* New York: Viking, 1956.
(99) FRANKEL, E.: A comparative study of achieving and underachieving high school boys of high intellectual ability. *J. educ. Res.*, 1960, **53,** 172–180.
(100) FREEMAN, H. A.: First graders' religious ideas. *Sch. Soc.*, 1931, **34,** 733–735.
(101) FREUD, S.: *The standard edition of the complete works of Sigmund Freud.* London: Hogarth, 1953–1962.
(102) GALLAGHER, J. J.: Peer acceptance of highly gifted children in elementary school. *Elem. Sch. J.*, 1958, **58,** 465–470.
(103) GALLER, E. H.: Influence of social class on children's choice of occupations. *Elem. Sch. J.*, 1951, **51,** 439–445.
(104) GARDNER, G. E.: A factor in the sex education of children. *Ment. Hyg., N.Y.*, 1944, **28,** 55–63.
(105) GARRISON, K. C.: *Growth and development,* 2d ed. New York: Longmans, 1959.
(106) GELLERT, E.: Children's conceptions of the content and function of the human body. *Genet. Psychol. Monogr.*, 1962, **65,** 293–405.
(107) GESELL, A., and F. L. ILG: *Child development.* New York: Harper & Row, 1949.
(108) GESELL, A., F. L. ILG, and L. B. AMES: *Youth: the years from ten to sixteen.* New York: Harper & Row, 1956.
(109) GILLILAND, A. R.: Changes in religious beliefs of college students. *J. soc. Psychol.*, 1953, **37,** 113–116.
(110) GINZBERG, E., J. W. GINZBERG, S. AXELROD, and J. C. HERMA: *Occupational choice.* New York: Columbia, 1951.
(111) GLASNER, RABBI S.: Family religion as a matrix of personal growth. *Marriage fam. Liv.*, 1961, **23,** 291–293.
(112) GLICKMAN, A. S.: Clothing leadership among boys. *Dissertation Abstr.*, 1958, **18,** Pt. 1, 682–684.
(113) GOFF, R. G.: Some educational implications of the influence of rejection on aspiration levels of minority group children. *J. exp. Educ.*, 1954, **23,** 179–184.
(114) GOLDBERG, M. L.: Motivation of the gifted. *57th Yearb. Nat. Soc. Stud. Educ.*, 1958, Pt. 2, 87–109.
(115) GOLDWORTH, M.: The effects of an elementary-school fast-learning program on children's social relationships. *Except. Children,* 1959, **26,** 59–63.
(116) GOODLAD, J. I.: Some effects of promotion and non-promotion upon the social and personal adjustment of children. *J. exp. Educ.*, 1953, **22,** 301–328.
(117) GOWAN, J. C.: Dynamics of the underachievement of gifted children. *Except. Children,* 1957, **24,** 98–101, 122.
(118) GROFF, P. J.: Children's attitudes toward reading and their critical reading abilities in four content-type materials. *J. educ. Res.*, 1962, **55,** 313–317.
(119) GRONLUND, N. E.: Relationship between sociometric status of pupils and teachers' preferences for having them in class. *Sociometry,* 1953, **16,** 142–150.
(120) GRUNES, W. F.: On perception of occupations. *Personnel Guid. J.*, 1956, **34,** 276–279.
(121) HAGGARD, E. A.: Socialization, personality, and academic achievement in gifted children. *Sch. Rev.*, 1957, **65,** 388–414.
(122) HAMALAINEN, A. E.: Kindergarten-primary entrance age in relation to later school adjustment. *Elem. Sch. J.*, 1952, **52,** 406–411.
(123) HARMS, E.: The development of religious experience in children. *Amer. J. Sociol.*, 1944, **50,** 112–122.
(124) HARPER, L. E., and B. WRIGHT: Dealing with emotional problems in the classroom. *Elem. Sch. J.*, 1958, **58,** 316–325.

(125) HARRIS, D. B.: How children learn interests. *49th Yearb. Nat. Soc. Stud. Educ.*, 1950, Pt. 1, 129–135.
(126) HARRIS, D. B., and S. C. TSENG: Children's attitudes toward peers and parents as revealed by sentence completions. *Child Develpm.*, 1957, **28**, 401–411.
(127) HARRISON, E. C.: A study of vocational attitudes. *J. Negro Educ.*, 1953, **22**, 471–475.
(128) HARTMANN, G. W.: Clothing: personal problem and social issue. *J. home Econ.*, 1949, **41**, 295–298.
(129) HAVIGHURST, R. J.: *Human development and education.* New York: Longmans, 1953.
(130) HAVIGHURST, R. J.: Social-class influences on American education. *60th Yearb. Nat. Soc. Stud. Educ.*, 1961, Pt. 2, 120–143.
(131) HAVIGHURST, R. J., and K. FEIGENBAUM: Leisure and life style. *Amer. J. Sociol.*, 1959, **64**, 396–404.
(132) HEIL, L. M., and C. WASHBURNE: Characteristics of teachers related to children's progress. *J. teacher Educ.*, 1961, **12**, 401–406.
(133) HEISLER, F.: An elementary-school background for vocational guidance. *Elem. Sch. J.*, 1955, **55**, 513–516.
(134) HEMMERLING, R. L., and H. HURST: The effects of leisure time activities on scholastic achievement. *Calif. J. educ. Res.*, 1961, **12**, 86–90.
(135) HENRY, J.: Docility or giving teacher what she wants. *J. soc. Issues*, 1955, **11**, No. 2, 33–41.
(136) HERSOV, L. A.: Persistent non-attendance at school. *J. child Psychol. Psychiat.*, 1960, **1**, 130–136.
(137) D'HEULE, A., J. C. MELLINGER, and E. A. HAGGARD: Personality, intellectual, and achievement patterns in gifted children. *Psychol. Monogr.*, 1959, **73**, No. 13.
(138) HOCH, P. H., and J. ZUBIN: *Psychosexual development.* New York: Grune & Stratton, 1949.
(139) HODGES, A., and B. BALOW: Learning disability in relation to family constellation. *J. educ. Res.*, 1961, **55**, 41–42.
(140) HOEHN, A. J.: A study of social status differentiation in the classroom behavior of nineteen third grade teachers. *J. soc. Psychol.*, 1954, **39**, 269–292.
(141) HOFFMAN, L. W., S. ROSEN, and R. LIPPITT: Parental coerciveness, child autonomy, and child's role at school. *Sociometry*, 1960, **23**, 15–22.
(142) HOLLINGWORTH, L. S.: *Children above 180 IQ: origin and development.* New York: Harcourt, Brace & World, 1950.
(143) HOULT, T. F.: Experimental measurement of clothing as a factor in some social ratings of selected American men. *Amer. sociol. Rev.*, 1954, **19**, 324–328.
(144) HUNT, L. A.: A developmental study of factors related to children's clothing preferences. *Monogr. Soc. Res. Child Develpm.*, 1959, **24**, No. 1.
(145) HUTT, M. L., and R. G. GIBBY: *The child: development and adjustment.* Boston: Allyn and Bacon, 1959.
(146) ILG, F. L., and L. B. AMES: *Child behavior.* New York: Harper & Row, 1955.
(147) JACOBI, J. E., and S. G. WALTERS: Social status and consumer choice. *Soc. Forces*, 1958, **36**, 209–214.
(148) JAHODA, G.: Social class attitudes and levels of occupational aspiration in secondary modern school leavers. *Brit. J. Psychol.*, 1953, **44**, 95–107.
(149) JENSEN, V. H.: Influence of personality traits on academic success. *Personnel Guid. J.*, 1958, **36**, 497–500.
(150) JERSILD, A. T.: *In search of self.* New York: Teachers College, Columbia University, 1952.
(151) JERSILD, A. T.: *Child psychology*, 5th ed. Englewood Cliffs, N.J.: Prentice-Hall, 1960.
(152) JERSILD, A. T., and R. J. TASCH: *Children's interests and what they suggest for education.* New York: Teachers College, Columbia University, 1949.
(153) JOHNSON, C. J., and J. R. FERREIRA: School attitudes of children in special classes for mentally retarded. *Calif. J. educ. Res.*, 1958, **9**, 33–37.
(154) JOHNSON, M. S.: Factors related to disability in reading. *J. exp. Educ.*, 1957, **26**, 1–26.
(155) JONES, A.: Sexual symbolic response in prepubescent and pubescent children. *J. consult. Psychol.*, 1961, **25**, 383–387.
(156) JONES, M. C., and P. H. MUSSEN: Self-conceptions, motivations, and interpersonal attitudes of early- and late-maturing girls. *Child Develpm.*, 1958, **29**, 491–501.
(157) JOSEPHINA, SISTER: A study of some common religious terms for six-year-old children. *Relig. Educ.*, 1961, **56**, 24–25.
(158) JOSSELYN, I. M.: Psychological changes in adolescence. *Children*, 1959, **6**, 43–47.
(159) KAHN, J. H., and J. P. NURSTEN: School refusal: a comprehensive view of school phobias and other failures of school attendance. *Amer. J. Orthopsychiat.*, 1962, **32**, 707–718.
(160) KEISLAR, E. R.: Peer group ratings of high school pupils with high and low school marks. *J. exp. Educ.*, 1955, **23**, 375–378.
(161) KEY, C. B., M. R. WHITE, W. P. HONZIK, A. B. HEINEY, and D. ERWIN: The process of learning to dress among nursery school children. *Genet. Psychol. Monogr.*, 1936, **18**, 67–163.
(162) KING, E. B.: Effect of age on entrance into grade 1 upon achievement in elementary school. *Elem. Sch. J.*, 1955, **55**, 331–336.
(163) KINSEY, A. C., W. B. POMEROY, C. E. MARTIN, and P. H. GEBHARD: *Sexual behavior in*

the human female. Philadelphia: Saunders, 1953.

(164) KIRKENDALL, L. A.: Toward a clarification of the concept of male sex drive. *Marriage fam. Liv.*, 1958, **30**, 367–372.

(165) KLEIN, W. C.: Development of health knowledge and understanding test for fifth grade pupils. *Res. Quart. Amer. Ass. Hlth Phys. Educ. Recr.*, 1961, **32**, 530–533.

(166) KOCH, H. L.: The relation of certain formal attributes of siblings and attitudes held toward each other and toward their parents. *Monogr. Soc. Res. Child Develpm.*, 1960, **25**, No. 4.

(167) KOWATRAKUL, S.: Some behaviors of elementary school children related to classroom activities and subject areas. *J. educ. Psychol.*, 1959, **50**, 121–128.

(168) KOWITZ, G. T., and E. J. TIGNER: Tell me about Santa Claus: a study of concept change. *Elem. Sch. J.*, 1961, **62**, 130–133.

(169) KRAUS, P. E.: *A longitudinal study of children*. New York: Board of Education, 1956.

(170) KUHLEN, R. G., and M. ARNOLD: Age differences in religious beliefs and problems during adolescence. *J. genet. Psychol.*, 1944, **65**, 291–300.

(171) KUNDE, T. A., and R. V. DAVIS: Comparative study of occupational prestige in three western cultures. *Personnel Guid. J.*, 1959, **27**, 350–352.

(172) KURTZ, J. J., and E. J. SWENSON: Factors related to overachievement and underachievement in school. *Sch. Rev.*, 1951, **59**, 472–480.

(173) LAIRD, D. C. S.: How eleven-year-old boys see their teachers. *Prog. Educ.*, 1956, **33**, 115–118.

(174) LANDIS, B. Y.: Religion and youth. In E. Ginzberg, *The nation's children*. Vol. 2. *Development and education*. New York: Columbia, 1960. Pp. 186–206.

(175) LANDIS, P. H.: Marriage preparation in two generations. *Marriage fam. Liv.*, 1951, **13**, 155–156.

(176) LANTAGNE, J. E.: An analysis of the health interests of 3,000 secondary school children. *Res. Quart. Amer. Ass. Hlth Phys. Educ. Recr.*, 1950, **21**, 34–39.

(177) LANTZ, H.: Religious participation and social orientation of 1,000 university students. *Sociol. soc. Res.*, 1949, **33**, 285–291.

(178) LAYCOCK, S. R.: Effects of the teacher's personality on the behavior of pupils. *Understanding the Child*, 1950, **19**, 50–55.

(179) LEAVITT, J.: Teacher-pupil relationships. *J. educ. Res.*, 1959, **29**, 210–217.

(180) LEE, M. R.: Background factors related to sex information and attitudes. *J. educ. Psychol.*, 1952, **43**, 467–485.

(181) LEEDS, C. H.: Teacher behavior liked and disliked by pupils. *Education*, 1954, **75**, 29–37.

(182) LENSKI, G. E.: Social correlates of religious interest. *Amer. social. Rev.*, 1953, **18**, 533–544.

(183) LEVIN, H., T. L. HILTON, and G. F. LEIDERMAN: Studies of teacher behavior. *J. exp. Educ.*, 1957, **26**, 81–91.

(184) LEVINSON, B. M.: The inner life of the extremely gifted child, as seen from the clinical setting. *J. genet. Psychol.*, 1961, **99**, 83–88.

(185) LOWE, W. L.: Religious beliefs and religious delusions. *Amer. J. Psychother.*, 1955, **9**, 54–61.

(186) MACCOBY, E. E., W. C. WILSON, and R. V. BURTON: Differential movie-viewing behavior of male and female viewers. *J. Pers.*, 1958, **26**, 259–267.

(187) MACFARLANE, J., L. ALLEN, and M. P. HONZIK: *A developmental study of the behavior problems of normal children between twenty-one months and fourteen years*. Berkeley, Calif.: University of California Press, 1954.

(188) MALLINSON, G. G., and W. M. CRUMRINE: An investigation of the stability of interests of high-school students. *J. educ. Res.*, 1952, **45**, 369–383.

(189) MALPASS, L. F.: Some relationships between students' perceptions of school and their achievement. *J. educ. Psychol.*, 1953, **44**, 475–482.

(190) MANN, H.: How real are friendships of gifted and typical children in a program of partial segregation? *Except. Children*, 1957, **23**, 199–201, 206.

(191) MANWELL, E. M., and S. L. FAHS: *Consider the children—how they grow*, rev. ed. Boston: Beacon Press, 1951.

(192) MARSHALL, H. R.: Relations between home experiences and children's use of language in play interactions with peers. *Psychol. Monogr.*, 1961, **75**, No. 5.

(193) MC CANN, R. V.: Developmental factors in the growth of a mature faith. *Relig. Educ.*, 1955, **50**, 147–155.

(194) MC CARTHY, D.: Language development. In L. Carmichael (Ed.), *Manual of child psychology*, 2d ed. New York: Wiley, 1954. Pp. 492–630.

(195) MC DAVID, J.: Some relationships between social reinforcement and scholastic achievement. *J. consult. Psychol.*, 1959, **23**, 151–154.

(196) MC GEE, H. M.: Measurement of authoritarianism and its relation to classroom behavior. *Genet. Psychol. Monogr.*, 1955, **52**, 89–146.

(197) MC GUIRE, C., and G. D. WHITE: Social-class influences on discipline at school. *Educ. Leadership*, 1957, **14**, 229–231, 234–236.

(198) MEAD, M.: *Male and female*. New York: Morrow, 1952.

(199) MEAD, M., and R. MÉTRAUX: Image of the

scientist among high school students. *Science,* 1957, **126,** 384–390.

(200) MENDELSOHN, H., and I. CRESPI: The effect of autistic pressure and institutional structure on preferences in a choice situation. *J. soc. Psychol.,* 1952, **36,** 109–123.

(201) MERRY, F. K., and R. V. MERRY: *The first two decades of life,* 2d ed. New York: Harper & Row, 1958.

(202) MEYER, W. J., and G. G. THOMPSON: Sex differences in the distribution of teacher approval and disapproval among sixth-grade children. *J. educ. Psychol.,* 1956, **47,** 385–396.

(203) MILLER, T. P.: The child who refuses to attend school. *Amer. J. Psychiat.,* 1961, **118,** 398–404.

(204) MILNER, E.: A study of the relationship between readiness in grade one school children and patterns of parent-child interaction. *Child Develpm.,* 1951, **22,** 95–112.

(205) MORRISON, I. E., and I. F. PERRY: Acceptance of overage children by their classmates. *Elem. Sch. J.,* 1956, **56,** 217–220.

(206) MOTTO, J. J.: A reply to Drasgow on underachievers. *J. counsel. Psychol.,* 1959, **6,** 245–247.

(207) MOWRER, E. R.: Some factors in the affectional adjustment of twins. *Amer. sociol. Rev.,* 1954, **19,** 468–471.

(208) MUELLER, K. H.: Can cheating be killed? *Personnel Guid. J.,* 1953, **31,** 465–468.

(209) MURPHY, L. B.: *Personality in young children.* New York: Basic Books, Inc., Publishers, 1957.

(210) MUSSEN, P. H., J. J. CONGER, and J. KAGAN: *Child development and personality,* 2d ed. New York: Harper & Row, 1963.

(211) MUSSEN, P. H., and M. C. JONES: Self-conceptions, motivations, and interpersonal attitudes of late- and early-maturing boys. *Child Develpm.,* 1957, **28,** 243–256.

(212) NAGY, M. H.: Children's conceptions of some bodily functions. *J. genet. Psychol.,* 1953, **83,** 199–216.

(213) NAGY, M. H.: The representation of "germs" by children. *J. genet. Psychol.,* 1953, **83,** 227–240.

(214) NEISSER, E. G.: Emotional and social values attached to money. *Marriage fam. Liv.,* 1960, **22,** 132–139.

(215) New York Times Report: Lipstick charts youth maturity. *The New York Times,* Mar. 20, 1959.

(216) NORMAN, R. D., and M. F. DALEY: The comparative personality adjustment of superior and inferior readers. *J. educ. Psychol.,* 1959, **50,** 31–36.

(217) NORTON, J. L.: Patterns of vocational interest development and actual job choice. *J. genet. Psychol.,* 1953, **82,** 235–262, 263–278.

(218) PACKARD, V.: *The status seekers.* New York: Pocket Books, 1961.

(219) PARKER, J. C.: Comment on children. *Children,* 1960, **7,** 116.

(220) PASSOW, A. H.: Study of underachieving gifted. *Educ. Leaders,* 1958, **16,** 121–125.

(221) PEARSON, L. H.: Teen-agers' preferences in clothes. *J. home Econ.,* 1950, **42,** 801–802.

(222) PERKINS, H. V.: Teachers' and peers' perceptions of children's self concepts. *Child Develpm.,* 1958, **29,** 203–220.

(223) PHILBAD, C. T., and G. L. GREGORY: The role of test intelligence and occupational background as factors in occupational choice. *Sociometry,* 1956, **19,** 192–199.

(224) PHILLIPS, B. N., F. J. KING, and C. MC GUIRE: Studies on anxiety: I. Anxiety and performance on psychometric tests varying in complexity. *Child Develpm.,* 1959, **30,** 253–259.

(225) PHIPPS, M. J.: Some factors influencing what children know about human growth. *Amer. Psychologist,* 1949, **4,** 79–81.

(226) PITJE, G. M.: Sex education among the Pedi. *Intern. J. Sexol.,* 1951, **4,** 212–216.

(227) POFFENBERGER, T., and D. NORTON: Factors in the formation of attitudes toward mathematics. *J. educ. Res.,* 1959, **52,** 171–176.

(228) POPE, B.: Socio-economic contrasts in children's peer culture prestige values. *Genet. Psychol. Monogr.,* 1953, **48,** 157–220.

(229) PORTERFIELD, O. V., and H. F. SCHLICHTING: Peer status and reading achievement. *J. educ. Res.,* 1961, **54,** 291–297.

(230) POWELL, M.: Age and sex differences in degree of conflict within certain areas of psychological adjustment. *Psychol. Monogr.,* 1955, **69,** No. 2.

(231) PRESSEY, S. L., and A. W. JONES: 1923–1953 and 20–60 age changes in moral codes, anxieties, and interests, as shown by the "X-O Tests." *J. Psychol.,* 1955, **39,** 485–502.

(232) PSATHAS, G.: Ethnicity, social class, and adolescent independence from parental controls. *Amer. sociol. Rev.,* 1957, **22,** 415–423.

(233) PUSEY, N. M.: Stress on job choice decried by Dr. Pusey in education panel. *The New York Times,* Jan. 21, 1954.

(234) RABINOWITZ, R.: Attributes of pupils achieving beyond their level of expectancy. *J. Pers.,* 1956, **24,** 308–317.

(235) RAINWATER, L.: A study of personality differences between middle and lower class adolescents: the Szondi Test in culture-personality research. *Genet. Psychol. Monogr.,* 1956, **54,** 3–86.

(236) READ, K. H.: Clothes help build personality. *J. home Econ.,* 1950, **42,** 348–350.

(237) Recreation Survey: Recreational interests and needs of high-school youth. *Recreation,* 1954, **47,** 43–46.

(238) REEVY, W. R.: Child sexuality. In *The encyclopedia of sexual behavior.* Englewood

Cliffs, N.J.: Hawthorn Books, 1961. Pp. 258–267.

(239) REMMERS, H. H., and D. H. RADLER: *The American teenager*. Indianapolis: Bobbs-Merrill, 1957.

(240) RENNE, R. R.: Woman power and the American economy. *J. home Econ.*, 1957, **49,** 83–86.

(241) REUSS, C. F.: Research findings on the effects of modern-day religion on family life. *Marriage fam. Liv.*, 1954, **16,** 221–225.

(242) RIESMAN, D.: Permissiveness and sex roles. *Marriage fam. Liv.*, 1959, **21,** 211–217.

(243) RODRIQUEZ, A., M. RODRIQUEZ, and L. EISENBERG: The outcome of school phobia: a follow-up study based on 41 cases. *Amer. J. Psychiat.*, 1959, **116,** 540–544.

(244) ROE, A.: Early determinants of vocational choice. *J. counsel. Psychol.*, 1957, **4,** 212–217.

(245) ROGOSIN, H.: What about "cheating" on examinations and honesty? *Sch. Soc.*, 1951, **74,** 402–403.

(246) ROSEN, B. C.: Race, ethnicity, and the achievement syndrome. *Amer. sociol. Rev.*, 1959, **24,** 47–60.

(247) ROTHNEY, J. W. M., and N. E. KOOPMAN: Guidance of the gifted. *57th Yearb. Nat. Soc. Stud. Educ.*, 1958, Pt. 2, 347–361.

(248) RUSSELL, D. H.: The development of thinking processes. *Rev. educ. Res.*, 1953, **23,** 137–145.

(249) RUSSELL, I. L., and W. A. THALMAN: Personality: does it influence teachers' marks? *J. educ. Res.*, 1955, **48,** 561–564.

(250) RYAN, M. S.: *Psychological effects of clothing*. Ithaca, N.Y.: Cornell Univer. Agr. Exp. Sta. Bull., 1952, No. 882; 1953, No. 900.

(251) SARNOFF, I., F. LIGHTHALL, B. WAITE, K. DAVIDSON, and S. SARASON: A cross-cultural study of anxiety among American and English school children. *J. educ. Psychol.*, 1958, **49,** 129–136.

(252) SCATES, D. E.: Significant factors in teachers' classroom attitudes. *J. teacher Educ.*, 1956, **7,** 274–279.

(253) SCHWARTZ, J.: The portrayal of educators in motion pictures, 1950–1958. *J. educ. Sociol.*, 1960, **34,** 82–90.

(254) SEARS, R. R., E. E. MACCOBY, and H. LEVIN: *Patterns of child rearing*. New York: Harper & Row, 1957.

(255) SHANE, H. G.: Children's interests. *NEA J.*, 1957, **46,** 237–239.

(256) SHAW, M. C., and D. J. BROWN: Scholastic underachievement of bright college students. *Personnel Guid. J.*, 1957, **36,** 195–199.

(257) SHAW, M. C., and J. GRUBB: Hostility and able high school underachievers. *J. counsel. Psychol.*, 1958, **5,** 263–266.

(258) SHAW, M. C., and J. T. MC CUEN: The onset of academic underachievement in bright children. *J. educ. Psychol.*, 1960, **51,** 103–105.

(259) SILLER, J.: Socioeconomic status and conceptual thinking. *J. abnorm. soc. Psychol.*, 1957, **55,** 365–371.

(260) SILVERMAN, J. S., M. W. FITE, and M. M. MOSHER: Clinical findings in reading disability children: special cases of intellectual inhibition. *Amer. J. Orthopsychiat.*, 1959, **29,** 298–314.

(261) SILVERMAN, S. S.: Clothing and appearance: their psychological implications for teen-age girls. *Teach. Coll. Contr. Educ.*, 1945, No. 912.

(262) SIMMEL, G.: Fashion. *Amer. J. Sociol.*, 1957, **62,** 541–558.

(263) SIMON, M. D.: Body configuration and school readiness. *Child Develpm.*, 1959, **30,** 493–512.

(264) SIMPSON, R. L., and I. H. SIMPSON: The psychiatric attendant: development of an occupational self-image in a low-status occupation. *Amer. sociol. Rev.*, 1959, **24,** 389–392.

(265) SINGER, S. L., and S. STEFFLRE: Age differences in job values and desires. *J. counsel. Psychol.*, 1954, **1,** 89–91.

(266) SINNET, E. R.: Some determinants of agreement between measured and expressed interests. *Educ. psychol. Measmt,* 1956, **16,** 110–118.

(267) SPACHE, G.: Personality patterns of retarded readers. *J. educ. Res.*, 1957, **50,** 461–469.

(268) SPERLING, O. E.: An imaginary companion representing a pre-stage of the super ego. *Psychoanal. Stud. Child.*, 1954, **9,** 252–258.

(269) STAINS, K. B.: Developing independence in children. *Understanding the Child,* 1951, **20,** 49.

(270) STAUDT, V. M.: Character formation is the teacher's business. *Education,* 1957, **77,** 198–202.

(271) STENDLER, C. B.: Social class differences in parental attitude toward school at grade 1 level. *Child Develpm.*, 1951, **22,** 37–46.

(272) STEPHENSON, R. M.: Mobility orientation and stratification of 1,000 ninth graders. *Amer. sociol. Rev.*, 1957, **22,** 204–212.

(273) STEWART, A. H., I. H. WEILAND, A. R. LEIDER, C. A. MAUGHAN, T. R. HOLMES, and H. S. RIPLEY: Excessive infant crying (colic) in relation to parent behavior. *Amer. J. Psychiat.*, 1954, **110,** 687–694.

(274) STEWART, L. H.: Relationship of socioeconomic status to children's occupational attitudes and interests. *J. genet. Psychol.*, 1959, **95,** 111–136.

(275) STONE, L. J., and J. CHURCH: *Childhood and adolescence*. New York: Random House, 1957.

(276) STOUT, D. R., and A. LATZKE: Values col-

lege women consider in clothing selection. *J. home Econ.*, 1958, **50**, 43–44.
(277) STRANG, R.: Characteristics of a classroom which promotes mental health. *Nerv. Child,* 1954, **10,** 363–367.
(278) STRANG, R.: How children and adolescents view their world. *Ment. Hyg., N.Y.*, 1954, **38,** 29–33.
(279) STRODBECK, F. L., M. R. MC DONALD, and B. C. ROSEN: Evaluation of occupations: a reflection of Jewish and Italian mobility differences. *Amer. sociol. Rev.*, 1957, **22,** 546–553.
(280) STRONG, E. K.: Satisfactions and interests. *Amer. Psychologist,* 1958, **13,** 449–456.
(281) SWEETSER, F. S.: *Grade-school families meet television.* Boston, Boston University Press, 1953.
(282) SYMONDS, P. M.: Characteristics of the effective teacher based on pupil evaluations. *J. exp. Educ.*, 1955, **23,** 289–310.
(283) SYMONDS, P. M.: What education has to learn from psychology. VI. Emotion and learning. *Teachers Coll. Rec.*, 1958, **60,** 9–22.
(284) TERMAN, L. M., and L. E. TYLER: Psychological sex differences. In L. Carmichael (Ed.), *Manual of child psychology,* 2d ed. New York: Wiley, 1954. Pp. 1064–1114.
(285) THISTLEWAITE, D. L.: Effects of social recognition upon the educational motivation of talented youth. *J. educ. Psychol.*, 1959, **50,** 111–116.
(286) TOBY, J.: Orientation to education as a factor in the school maladjustment of lower-class children. *Soc. Forces,* 1957, **35,** 259–266.
(287) TROW, D. B.: Autonomy and job satisfaction in task-oriented groups. *J. abnorm. soc. Psychol.*, 1957, **54,** 204–209.
(288) TUCKMAN, J.: Rigidity of social status rankings of occupations. *Personnel Guid. J.*, 1958, **36,** 534–537.
(289) TUDDENHAM, R. D.: Studies in reputation: I. Sex and grade differences in school children's evaluation of their peers. II. The diagnosis of social adjustment. *Psychol. Monogr.*, 1952, **66,** No. 1.
(290) TYERMAN, M. J.: A research into truancy. *Brit. J. educ. Psychol.*, 1958, **28,** 217–225.
(291) TYLER, L. E.: The relationship of interests to abilities and reputation among first-grade children. *Educ. psychol. Measmt,* 1951, **11,** 255–264.
(292) TYLER, L. E.: The development of "vocational interests": I. The organization of likes and dislikes in ten-year-old children. *J. genet. Psychol.*, 1955, **86,** 33–34.
(293) VAN DORN, V., and F. MAYFARTH: Religious nurture and childhood education. *Relig. Educ.*, 1949, **44,** 141–148.
(294) WALDFOGEL, S., E. TESSMAN, and P. B. HAHN: A program for early intervention in school phobia. *Amer. J. Orthopsychiat.*, 1959, **29,** 324–332.
(295) WALLACE, E. H.: Selected out-of-school factors that affect Negro elementary school children. *J. educ. Res.*, 1960, **54,** 118–120, 137–140.
(296) WALSH, A. M.: *Self-concepts of bright boys with learning difficulties.* New York: Teachers College, Columbia University, 1956.
(297) WARDEN, J. A.: Some desires or goals for clothing of college women. *J. home Econ.*, 1957, **49,** 795.
(298) WATSON, G. W.: Emotional problems of gifted students. *Personnel Guid. J.*, 1960, **39,** 98–105.
(299) WAX, M.: Themes in cosmetics and grooming. *Amer. J. Sociol.*, 1957, **62,** 588–593.
(300) WEIGAND, G.: Adaptiveness and the role of parents in academic success. *Personnel Guid. J.*, 1957, **35,** 518–522.
(301) WEINSTEIN, E. A.: Children's conceptions of occupational stratification. *Sociol. soc. Res.*, 1958, **42,** 278–284.
(302) WEINSTEIN, E. A., and P. N. GEISEL: An analysis of sex differences in adjustment. *Child Develpm.*, 1960, **31,** 721–728.
(303) WELFORD, A. T.: An attempt at an experimental approach to the psychology of religion. *Brit. J. Psychol.*, 1946, **36,** 55–73.
(304) WHEELER, L. R., and V. D. WHEELER: Differences in religious ideas and attitudes of children who go to church and those who never attend. *Relig. Educ.*, 1945, **40,** 149–161.
(305) WINKLEY, R., K. JACKSON, O. A. FAUST, M. F. MURRAY, and E. G. CERMAK: Emotional reactions and behavior of children in the home. *J. Pediat.*, 1951, **38,** 476–481.
(306) WITHALL, J.: Assessment of the social-emotional climate experienced by a group of seventh graders as they move from class to class. *Educ. psychol. Measmt,* 1952, **12,** 440–451.
(307) WITHEY, R. A.: The role of religion in higher education. *Sch. Soc.*, 1952, **76,** 257–261.
(308) WITTY, P. A., and T. F. GUSTAFSON: Studies of TV: an eighth yearly report. *Elem. Eng.*, 1957, **34,** 536–542.
(309) WOLMAN, B.: Sexual development in Israeli adolescents. *Amer. J. Psychother.*, 1951, **5,** 531–559.
(310) WOLMAN, B. B.: Education and leadership. *Teach. Coll. Rec.*, 1958, **59,** 465–473.
(311) WORELL, L.: Level of aspiration and academic success. *J. educ. Psychol.*, 1959, **50,** 47–54.
(312) WORTH, W. H.: Promotion or not promotion? *Educ. Admin. Superv.*, 1960, **46,** 16–26.

(313) ZIMMER, B. G., and A. H. HAWLEY: Suburbanization and church participation. *Soc. Forces,* 1959, **37,** 338–345.

(314) ZWEIBELSON, I.: Test anxiety and intelligence test performance. *J. consult. Psychol.,* 1956, **20,** 479–481.

Kapitel 14: Die Beziehung innerhalb der Familie

Das Kräftespiel in der amerikanischen und europäischen Zivilisation hat es mit sich gebracht, daß viele Veränderungen im Familienleben eingetreten sind, und es hat den Status der Frauen und das Verhältnis zwischen Mann und Frau, Ehemännern und Ehefrauen, Eltern und Kindern grundlegend beeinflußt (177).
Von den vielen Veränderungen, die stattgefunden haben, sind die folgenden am wichtigsten:

Die Familien sind kleiner.
Die Bande zu den Verwandten sind schwächer. Die Einheit der Familie, die unter einem Dach lebt, besteht gewöhnlich nur aus der unmittelbaren Familie, nicht aus einer größeren Gruppe von Verwandten.
Weniger Arbeit wird im Hause erledigt.
Mehr Frauen und Mütter arbeiten außerhalb des Hauses.
Scheidung und Trennung der Familie sind häufiger.
Die Erziehungsmethoden sind demokratischer.
Mehr Erziehung findet in der Schule statt.
Die Erholung hat sich aus dem Haus heraus verlagert.
Die soziale und die berufliche Beweglichkeit (Mobilität) hat zugenommen.
Die materiellen Bedingungen im Hause sind wichtiger geworden (33, 308, 310).

Veränderungen im Familienleben sind in erster Linie die Folgen des kulturellen Einflusses der vielen verschiedenen Gruppen, die die Bevölkerung bilden. Burgess hat darauf hingewiesen: „Nie zuvor in der Geschichte der Menschheit ist eine Gesellschaft aus so vielen unterschiedlichen Arten von Familien zusammengesetzt gewesen. Die Familien unterscheiden sich nach den Teilen des Landes, nach ethnischen und religiösen Gruppen, nach wirtschaftlichen und sozialen Klassen und nach Berufen. Sie unterscheiden sich nach dem Lebenszyklus der Familie und nach der Zahl und der Rolle der Familienmitglieder. Sie weichen voneinander ab hinsichtlich der Person, bei der in der Familie die Autorität liegt, und unterscheiden sich weitgehend nach dem Lebensstil" (42).

Veränderungen im Familienleben rufen unausweichlich auch Veränderungen in den Beziehungen der verschiedenen Familienmitglieder hervor. Die schnelle Veränderungsrate in Europa und Amerika bedeutet, daß die Kinder heute viele Erfahrungen machen, die ihre Eltern zum größten Teil nicht gehabt haben und die sie nicht verstehen können oder wollen. Die weite Verbreitung des Fernsehens ermöglicht es den Kindern, auf vielen Gebieten viel mehr zu wissen, als ihre Eltern im gleichen Alter jemals hätten wissen können. Aus dem Fernsehen lernt das Kind, wie andere Leute leben, und das macht es oft kritisch gegenüber seinen Eltern und der Lebensführung im eigenen Elternhaus. Viele Kinder aus Familien, in denen die Erziehung der Eltern nur begrenzt war, stehen der Art, wie ihre Eltern sich verhalten, kritisch gegenüber und schämen sich ihrer (239, 247). Junge Eltern verstehen in der Regel ihre Kinder besser als ältere Eltern, denn je geringer der Altersunterschied zwischen Eltern und Kind ist, desto geringer ist die Veränderung der kulturellen Werte und der Art des Lebens, die inzwischen stattgefunden hat (33, 101).

Die Erziehungsmethoden in Amerika haben eine revolutionäre Veränderung durchgemacht; und deshalb hat es viel Verwirrung über die richtige Art, Kinder aufzuziehen, gegeben. Das steht in direktem Gegensatz zu den meisten primitiven und vielen zivilisierten Kulturen heute, in denen es ein festes Gefüge des Familienlebens und ein starres, vorgeschriebenes Erziehungsprogramm für das Kind gibt. Es steht ebenfalls in direktem Gegensatz zu den kontinuierlichen Erziehungsvorschriften in Kulturen, in denen das Kind für seine Rolle als Erwachsener vorbereitet wird, indem mit einfachen Lernerfahrungen angefangen wird und dann zu umfassenderen Lernerfahrungen von ähnlicher Art fortgeschritten wird (24, 38).

Die amerikanische Erziehungsmethode wird charakterisiert durch Mangel an Zusammenhang in dem Sinne, daß die Erziehung in der Kindheit wenig oder keinen Zusammenhang hat mit dem Leben als Erwachsener. Das trägt zu den Schwierigkeiten bei, die das Kind mit seiner Anpassung hat, und verstärkt die Spannung in der Familie. Das Kind, das mit kontinuierlicher Erziehung aufgewachsen ist, hat weniger Konflikte; es gewinnt ein Gefühl der Sicherheit und erlebt verhältnismäßig wenig Spannung in seinen Beziehungen innerhalb der Familie. Kontinuität der Erziehung gibt auch den Eltern ein größeres Gefühl der Sicherheit in ihrer Rolle als Eltern (24, 187).

Daß viele amerikanische und europäische Eltern sich in ihrer Rolle unzulänglich fühlen, wird deutlich an der Häufigkeit, mit der sie den Rat von Verwandten und Freunden oder Erziehungsberatern suchen (21, 264, 277). Wenn die Eltern sich unzulänglich fühlen, spiegelt sich ihre Spannung in der Eltern-Kind-Beziehung wider. Uneinigkeit zwischen den Eltern über die beste Art, das Kind zu erziehen, verstärkt die Reibung innerhalb der Familie und intensiviert die Gefühle der Unzulänglichkeit, die die Mutter gegenüber ihrer elterlichen Rolle hat (280). In einer Untersuchung zu den Schwierigkeiten, die Mütter mit ihren Kindern in den ersten Lebensmonaten hatten, wurde festgestellt, daß die durchschnittliche Zahl der Schwierigkeiten bei 4,1 lag, wobei viele Mütter weitaus höhere Zahlen angaben. Die Sorgen der Mütter schlagen sich in dem Verhältnis der Mutter zu ihrem Kind nieder (229). Abb. 14-1 zeigt die Anzahl der Sorgen und Probleme, über die junge Mütter berichtet haben. Weinen kam dabei am häufigsten vor.

Einfluß der Familienbeziehungen auf das Kind

Trotz der radikalen Veränderungen im Familienleben ist die Familie immer noch der „wichtigste Teil im Netz der sozialen Beziehungen des Kindes" (48). Bossard und Boll haben unterstrichen, was das Elternhaus dem Kind bedeutet: „Das Heim ist der Ort, zu dem das Kind mit seinen Erfahrungen zurückkehrt. Es ist das Lager, auf das es

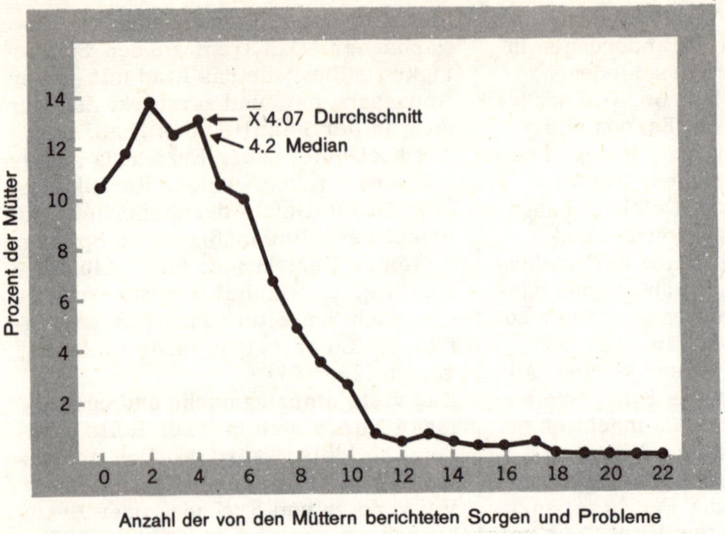

Abb. 14-1. Anzahl der Sorgen und Probleme, die Mütter während der ersten Lebensmonate ihres Kindes berichteten.

sich zurückzieht, um seine Wunden zu lecken, die Bühne, auf der es den Glanz seiner Leistungen vorführt, die Zuflucht, die es findet, in der es über die schlechte Behandlung – die tatsächliche oder eingebildete – brüten kann. Mit anderen Worten – das Heim ist der Ort, zu dem man seine täglichen sozialen Erfahrungen trägt, um sie zu sichten, zu bewerten, abzuschätzen, zu verstehen oder zu verflechten, zu verstärken oder nicht zu beachten, je nachdem wie der Fall liegt" (33).

Seit vielen Jahren haben die Psychoanalytiker die Bedeutung der frühen Erlebnisse in der Familie für das Verhalten und die Einstellung des Kindes betont. Nach Freud lassen neurotische Eltern, die das Kind übermäßig behüten und es mit Zuneigung überhäufen, in dem Kind eine Anlage zu neurotischen Krankheiten entstehen (91). Flügel weist darauf hin, daß zu strenge oder zu besorgte Eltern das Kind aufsässig machen, nicht nur gegenüber seinen Eltern, sondern gegenüber jeglicher Autorität der Erwachsenen (89, 274).

Vor kürzerer Zeit haben Untersuchungen über das Fehlen der Mutter – die Kinder wurden von ihrer Mutter getrennt und in Heimen untergebracht – gezeigt, eine wie wichtige Rolle die frühen Beziehungen in der Familie für die Entwicklung des Kindes spielen. Obgleich einigen schädlichen Folgen des Fehlens der Mutter entgegengewirkt werden kann, wenn für einen Mutterersatz gesorgt wird, gibt es Hinweise, daß dies oft nicht ausreicht, hauptsächlich weil es nicht immer leicht oder sogar unmöglich ist, einen ausreichenden Ersatz zu finden (36, 94, 226, 228). Abb. 14-2 zeigt die Folgen des Verlustes von Vater oder Mutter in der frühen Kindheit, wie sie sich in depressiven Zuständen widerspiegeln, wenn das Kind ins Erwachsenenalter kommt.

Einflußbereiche. Ein kurzer Überblick über die Bereiche im Leben des Kindes, auf die die Beziehungen innerhalb der Familie einen Einfluß ausüben, zeigt, wie groß ihre Bedeutung ist.

1. Die Persönlichkeit des Kindes. In einem Elternhaus, in dem die Eltern überbesorgt sind und sich allzu viele Gedanken über die Kinder machen, wo die Erziehung inkonsistent ist und wo es Ängstlichkeit und Besorgtheit gibt, wo es weiter an Sinn für Humor fehlt, sind die Kinder mit Wahrscheinlichkeit stark emotional und haben häufig Wutausbrüche (164, 175). Kinder, die an nicht organisch bedingten Sprachstörungen leiden, kommen oft aus Elternhäusern mit gestörten Beziehungen innerhalb der Familie, die das Kind unsicher und schlecht angepaßt machen (182, 226).

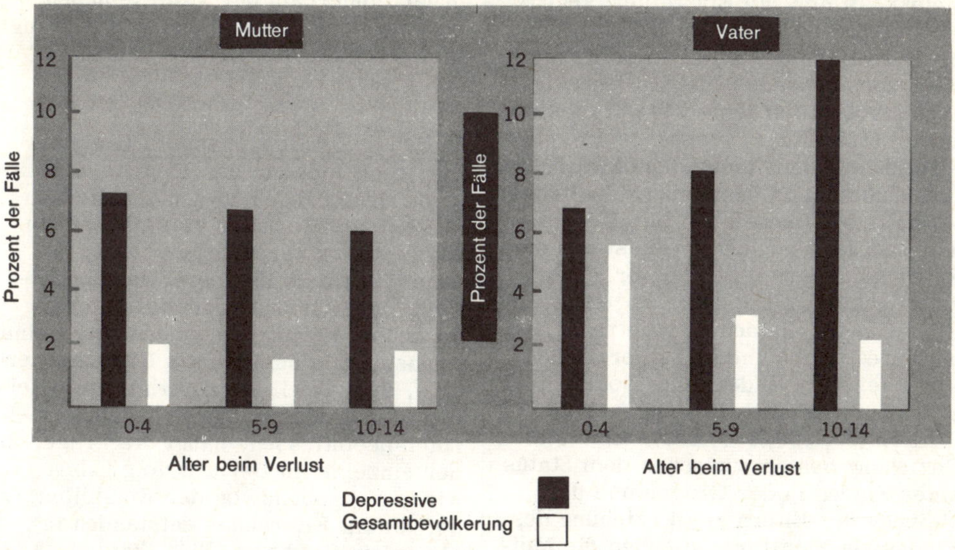

Abb. 14-2. Die langandauernden Auswirkungen des Verlustes von Vater und Mutter durch Todesfall während der Kindheit.

Schlecht angepaßte Kinder stammen gewöhnlich von schlecht angepaßten Eltern (281). Kinder, deren Mütter eine schlechte Anpassung an die Ehe zeigen, haben mit Wahrscheinlichkeit mehr und ernstere Verhaltensschwierigkeiten als Kinder von Müttern, die eine bessere Anpassung an ihre Rolle als Ehefrau zeigen. Essensschwierigkeiten, nervöses Verhalten, Einnässen und eine Vielzahl ähnlicher Schwierigkeiten zeigen sich charakteristischerweise bei Kindern, die ohne familiäre Eintracht leben (32, 161).

Kinder von geschiedenen Eltern oder von Eltern, die sich nicht mehr verstehen, entwickeln Persönlichkeitsmuster, die die gute Anpassung an die Menschen außerhalb des Elternhauses stören (19, 64, 167). Lange andauernde und wiederholte Abwesenheit eines oder beider Elternteile vom Heim beeinflußt ebenfalls die Anpassung des Kindes nachteilig. Kinder, denen ein normales Elternhaus vorenthalten worden ist – durch Kriege, Naturkatastrophen, durch berufsbedingte, soziale und psychosoziale Faktoren –, werden körperlich, intellektuell und emotional betroffen (289). Wenn Eltern ihre Kinder nicht genügend beachten und ihnen wenig Zeit widmen, wenn die Kinder älter werden, führt deren schlechte Anpassung häufig zu Kriminalität (50, 299). Wenn die Beziehungen innerhalb der Familie *ernsthaft* gestört sind, werden Kinder mit Wahrscheinlichkeit neurotisch oder kriminell. Obgleich Kinder die Bedeutung des Verhaltens ihrer Eltern nicht voll verstehen, spüren sie intuitiv das emotionale Klima im Hause – ob alles gut ist oder nicht, und was ihre Eltern von ihnen halten (29, 53, 158, 225, 245).

Günstige Beziehungen innerhalb der Familie führen dagegen zu einer gesunden Vorstellung über sich selbst und zu guter individueller und sozialer Anpassung. Es hat sich herausgestellt, daß die Motivation der Kinder der der Eltern ähnlich ist, besonders im Vorschulalter. Selbst nachdem der Einfluß der Gruppe der Alterskameraden das Kind zu beherrschen beginnt, stellt er die Bedeutung der Beziehungen innerhalb der Familie für die sich entwickelnde Persönlichkeit nicht in den Schatten (287).

2. Anpassung außerhalb des Hauses.
Kein einzelnes Verfahren, Vorgehen oder Methode, etwas im Elternhaus zu tun, bewirkt gute oder schlechte Anpassung außerhalb des Hauses. Viel-

mehr bestimmt die Einstellung gegenüber dem Kind – Liebe und Zuneigung, erwünscht und geschätzt zu sein, mit Vertrauen behandelt und als Mensch akzeptiert zu werden – wie gut es sich anpaßt (129, 272).
Elternhäuser mit einer demokratischen Grundhaltung, in denen ein glückliches Verhältnis zwischen den Mitgliedern der Familie herrscht, begünstigen die Entwicklung sozial gebilligter Zuversichtlichkeit im Handeln, wogegen Elternhäuser, in denen Zwietracht, schwere Strafen und selbstherrliches Dominieren zu finden sind, sozial nicht annehmbare Folgen der Aggression fördern (90, 168, 183, 200). Eine starke Beziehung besteht zwischen dem Status eines Kindes in der Gruppe und der Meinung der Eltern zur Erziehung des Kindes. In Familien, in denen die Mutter die beherrschende Rolle spielt, haben Jungen im allgemeinen eine Abneigung gegen Mädchen und Mädchen eine Abneigung gegen Jungen. Wenn die Väter auf eine strenge Erziehung achten, verdrängen die Söhne durchweg ihre Aggressivität, zeigen Verhaltensschwierigkeiten in der Schule und erreichen nur einen geringen Beliebtheitsgrad. Wenn die Vater-Sohn-Beziehung warm und herzlich ist, passen sich die Jungen viel besser an ihre Kameraden an. Was das Kind von Erwachsenen im allgemeinen hält, wird durch sein Verhältnis zu seinen Eltern beeinflußt. Je geringer der Altersunterschied zwischen einem Kind und seinen Geschwistern ist, desto weniger freundlich ist es zu Erwachsenen. Dies kann hauptsächlich durch die Eifersucht des Kindes erklärt werden (133, 152).

3. Der Erfolg in der Schule. Die Leistung des Kindes in der Schule wird nachteilig beeinflußt durch ein schlechtes Verhältnis zwischen ihm und seinen Eltern oder anderen Mitgliedern der Familie (133, 196). Übermäßiges Behütetwerden macht das Kind sehr abhängig, und das stört bei seiner Anpassung in den ersten Schuljahren. Zurückweisung im Elternhaus macht das Kind unsicher, und das führt ebenfalls zu schlechter Anpassung an die Arbeit in der Schule (189). Störungen der Beziehungen innerhalb der Familie haben besonders ernste Folgen für die Arbeit in der Schule, die Denken verlangt (137, 293).

4. Erfolg als Erwachsener. Die Stellung des Kindes in der Familie und seine Beziehungen zu den Mitgliedern seiner Familie haben viel mit seinem Erfolg im späteren Leben zu tun (5). Eine glückliche Ehe der Eltern beeinflußt nicht nur des Kindes Einstellung gegenüber der Ehe, sondern auch seine Anpassung in der Ehe als Erwachsener (169, 295). Weil die Eltern die Einstellung des Kindes zu verschiedenen Berufen beeinflussen, hängt die Frage, ob der einzelne im Beruf Erfolg haben wird, weitgehend von der Einstellung ab, die im Elternhaus entstanden ist, als er ein Kind war (230, 288).

Unterschiede im Einfluß der Familie. Nicht alle Mitglieder der Familie üben denselben Einfluß auf das Kind aus; wieviel Einfluß ein Familienmitglied hat, hängt weitgehend von der emotionalen Beziehung ab, die zwischen ihm und dem Kind besteht. Da die Mutter mit dem Kind mehr Zeit als der Vater verbringt und weil sie dem Kind ihre Zuneigung offener zeigt, übt sie einen größeren Einfluß als der Vater aus (214). In einer Untersuchung von Verhaltensschwierigkeiten beim Kind in Beziehung zu den Einstellungen der Eltern wurde festgestellt, daß Probleme des Verhaltens häufiger auftraten, wenn die Kinder schlecht angepaßte Mütter hatten, wogegen Persönlichkeitsprobleme gewöhnlich die Folgen ungesunder Einstellungen auf seiten des Vaters waren (209).
Wenn auch der Einfluß des Vaters geringer ist als der der Mutter, kann man ihn nicht einfach außer acht lassen. Ein herrschsüchtiger Vater kann eine fehlangepaßte Entwicklung ebenso verursachen wie ein nachgiebiger Vater, dessen Erziehungsgrundsätze unwirksam sind (208). Ein Kind wird stärker durch eines seiner älteren Geschwister seines eigenen Geschlechtes beeinflußt als durch eines des anderen Geschlechtes, weil es sich im allgemeinen mit

einem Mitglied seines eigenen Geschlechtes identifiziert (152).
Günstige Beziehungen in der Familie in der frühen Kindheit sind vielleicht nicht stark genug, spätere unvorteilhafte Beziehungen außerhalb des Hauses auszugleichen. So haben die Ereignisse der späten Kindheit und der Jugend einen starken Einfluß auf die Charakterstruktur, die ansatzweise in den ersten Jahren der Kindheit gebildet worden ist (206).

Veränderungen der Beziehungen innerhalb der Familie

Die Beziehungen zu Menschen bleiben selten statisch; wenn sich die Menschen ändern, verändern sich auch ihre Beziehungen zueinander. Die Beziehungen innerhalb der Familie verändern sich im allgemeinen ungünstig. Diese Verschlechterung beginnt gewöhnlich während des letzten Teiles des ersten Lebensjahres und ist schon früh im zweiten Lebensjahr klar zu erkennen. Sie äußert sich in einer Abnahme der elterlichen Wärme gegenüber dem Kind, wobei die Eltern dem Kind mehr Beschränkungen und Strafen auferlegen (14, 33, 242).
Obgleich sich die Beziehungen zwischen den Mitgliedern der Familie etwas bessern können, wenn das Kind zuerst in die Schule geht – ob es sich nun um den Kindergarten oder das erste Schuljahr handelt –, ist das doch gewöhnlich nicht der Fall. Die Anpassung an die Schule geht immer mit emotionaler Spannung in stärkerem oder schwächerem Maß einher, was sich äußert in einer Zunahme der Anzahl von Verhaltensschwierigkeiten oder in der Intensität und Häufigkeit derer, die bereits vorhanden sind.
Wenn das Kind sich gut an die Schule anpaßt, lassen die Schwierigkeiten im Elternhaus normalerweise nach, sie leben aber später wieder auf und führen zu einer weiteren Verschlechterung der Beziehungen innerhalb der Familie. Wenn das Kind immer mehr Zeit mit Menschen außerhalb des Hauses verbringt, entsteht durch neue Interessen und Werte eine zunehmende Reibung mit den Mitgliedern der Familie. In den letzten Jahren der Kindheit werden die Beziehungen in der Familie immer schlechter, und Reibung wird zum vorherrschenden Aspekt der Beziehungen. Das Kind, dessen Anpassungen an die Leistungen und an die sozialen Aspekte der Schule schlecht sind oder hinter seinen Erwartungen zurückbleiben, erlebt mehr Reibung in der Familie als das Kind, das sich besser anpaßt (33, 53, 74, 152).

Ursachen für die Verschlechterung

Die Verschlechterung der Beziehungen innerhalb der Familie wird durch Bedingungen hervorgerufen, die bis zu einem gewissen Grad kontrolliert werden können. Wenn sich die Menschen verändern, setzt eine Verschlechterung ein, wenn sie nicht Anpassungen in ihren Beziehungen vornehmen. Da sich die Kinder mehr als die Eltern verändern, müssen die Eltern den größten Teil der Anpassung vornehmen. Falls Wachstum und Entwicklung besonders schnell geschehen, sind Anpassungen an das Kind und an seine veränderten Bedürfnisse besonders wichtig, wenn die Beziehungen harmonisch sein sollen.
Eine Verschlechterung kann hinsichtlich jeder Beziehung innerhalb der Familie eintreten, nicht nur bei der zwischen Eltern und Kind. Ein Überblick über die verschiedenen Arten der Beziehungen innerhalb der Familie soll verdeutlichen, daß die Verschlechterung bei jeder einen eigenen Grund oder Gründe hat.

Veränderungen der Beziehungen zwischen Eltern und Kind. In keinem Bereich der Entwicklung des Kindes ist die Veränderung deutlicher als bei seiner immer geringer werdenden Abhängigkeit von anderen und seinem zunehmenden Bedürfnis nach Unabhängigkeit und seinem Bedürfnis, Leistungen zeigen zu können. Viele Eltern erkennen nicht, wie schnell das Kind aus seiner kindlichen Abhängigkeit herauswächst. Selbst wenn sie es erkennen, weigern sich einige Mütter aus selbstsüchtigen Gründen, sich daran anzupassen, und vereiteln so das natürliche Streben des Kindes. Immer wenn ein starkes Bedürfnis nicht erfüllt wird – und das Bedürfnis nach Unabhängigkeit ist eines der stärksten Bedürfnisse in der Kindheit –, führt das zu Reibung (53, 59, 184). Und weil das Verlangen nach Unabhängigkeit am stärksten ist in Zeiten des schnellen Wachstums und der Entwicklung im Kleinkindalter und dann wieder am Ende der Kindheit, sind das die schwierigsten Zeiten für die Familie (34).

Eine Verschlechterung der Eltern-Kind-Beziehung tritt ebenfalls ein, wenn es Kindern nicht gelingt, sich an die veränderten Bedürfnisse ihrer Eltern anzupassen. Solange die Kinder klein und hilflos sind, erhalten die Eltern eine Befriedigung daraus, Dinge für sie zu tun, und aus der Belohnung, die sie in Form kindlicher Liebe und Abhängigkeit erhalten. Wenn die Kinder nicht mehr so sehr von ihren Eltern abhängig sein müssen und sie ihre Zuneigung, Rücksichtnahme und Achtung nicht mehr so deutlich zeigen, behandeln sie ihre Eltern oft in einer Art, daß die Eltern sich zurückgestoßen fühlen. Selbst wenn die Kinder weniger kritisch und aufsässig sind, als es für Amerika heute typisch ist, muß ihr verändertes Verhalten doch zu einer Verschlechterung der Eltern-Kind-Beziehungen führen (33, 97, 204).

Veränderungen im Familienleben. Immer wenn eine Veränderung des gewohnten Familienlebens eintritt, müssen alle Familienmitglieder Anpassungen vornehmen. Sonst wird das Gleichgewicht in der Familie gestört, und es ergeben sich Schwierigkeiten. Die Ankunft eines weiteren Kindes in der Familie verwirrt gewöhnlich jedes Mitglied der Familie. In ähnlicher Weise ist die Ankunft eines älteren Verwandten, der ständig zum Haushalt gehören wird, immer mit Schwierigkeiten verbunden (3, 92, 152).

Wenn das Familienleben durch soziale Mobilität nach oben oder unten gestört wird oder dadurch, daß die Mutter einer Tätigkeit außerhalb des Hauses nachgeht, entwickeln die Kinder, die nur indirekt in diese Veränderungen mit einbezogen sind, starke Gefühle der Unsicherheit und Ängstlichkeit. Diese Gefühle tragen zu einem ungesunden emotionalen Klima im Elternhaus bei und führen zu einer Verschlechterung aller Beziehungen innerhalb der Familie.

Der hohe Wert, der auf die Sozialisation und auf die Billigung durch die Kameraden gelegt wird, hat die Kinder ermutigt, die Interessen und Werte ihrer Kameraden akzeptieren zu lernen und immer mehr Zeit außerhalb des Hauses zu verbringen, wenn sie älter werden. Weiter hat der Zug zum Wohnen in Vororten bewirkt, daß der Vater mehr Zeit auf dem Wege von und zur Arbeitsstätte verbringt und weniger Zeit zu Hause. Ebenso hat die zunehmende Mechanisierung des Haushaltes es immer weniger erforderlich gemacht, daß die Mutter den Kindern Pflichten im Haushalt überträgt. Dies alles führt mit zu einer Auflösung der Familieneinheit; jedes Familienmitglied geht seinen eigenen Weg und entwickelt seine eigenen, individuellen Interessen und Werte (34, 262).

Mit jedem Jahr entfernen sich die Kinder weiter von der Familie und kommen Menschen außerhalb des Elternhauses immer näher. Folglich werden ihre Kontakte mit Familienmitgliedern seltener, weniger einflußreich und weniger bedeutsam als ihre Kontakte mit Menschen, die in keiner Beziehung zu der Familieneinheit stehen (214, 245).

Veränderungen der Beziehungen zwischen den Geschwistern. Eine Verschlechterung der Beziehungen innerhalb der Familie dehnt sich oft auf die Beziehungen zwischen den Geschwistern aus. Die ältere Schwester, die eines ihrer jüngeren Geschwister als ein „süßes Ding" angesehen hat, als es noch ein Säugling war, bezeichnet es vielleicht später als „Balg", wenn sie ohne Entlohnung auf das Kind aufpassen muß (141, 152).

Auswirkungen von Veränderungen der Beziehungen innerhalb der Familie. Veränderungen der Beziehungen innerhalb der Familie führen manchmal zu größerer Harmonie. Unglücklicherweise ist das eher die Ausnahme als die Regel. Wenn erst einmal schlechte Beziehungen entstanden sind, ist es im allgemeinen so, daß sie andauern und sich noch verschlechtern, teilweise, weil die Menschen die Gewohnheit entwickeln, in einer bestimmten Weise aufeinander zu reagieren, und teilweise, weil die Verbindung immer mehr abnimmt und damit auch das Verstehen (178, 245).

Untersuchungen darüber, wie Mütter mit ihren Kindern umgehen, haben ergeben, daß die Art, wie sie ihre Kinder im Kleinkindalter behandeln, in deutlicher Beziehung zu der Art steht, wie sie sie behandeln, wenn sie älter werden. Veränderungen treten eher in der Quantität als in der Qualität der Behandlung auf; nachgiebige Eltern werden im allgemeinen noch nachgiebiger und ablehnende Eltern werden noch ablehnender. Folglich führen kleinere Reibungen in der frühen Kindheit mit Wahrscheinlichkeit zu einem größeren Bruch gegen Ende der Kindheit (238).

Die Beziehungen innerhalb der Familie erreichen ihren tiefsten Punkt in der Pubertät, und die Kommunikation schwindet mit Wahrscheinlichkeit fast ganz. Das pubertierende Kind, das meint, seine Eltern verstünden es nicht, gibt diesen gar keine Gelegenheit, dies zu tun; es behält seine Gedanken, Gefühle und Emotionen für sich (33, 69).

Wenn ein Kind das Verhalten seiner Eltern dahingehend falsch versteht, sie würden es ablehnen oder weniger lieben, wird es ängstlich, unsicher und aufsässig. Die Eltern wiederum verstehen nicht, was hinter dem Verhalten des Kindes steht, sie fühlen sich nicht anerkannt und zurückgewiesen. Mit der Zeit lehnen sie es ab wegen der gegenseitigen Feindseligkeit, die entsteht. Dieser Teufelskreis kann zu jedem Zeitpunkt beginnen, aber er setzt am wahrscheinlichsten in der frühen Kindheit ein, wenn das Kind es als schwierig ansieht, das Verhalten anderer zu verstehen, falls die Gründe für das Verhalten ihm nicht in Worten, die es verstehen kann, erklärt werden. Wenn er einmal begonnen hat, nimmt er wahrscheinlich an Stärke zu (108).

Falls einer der Menschen, die in einer schlechten Beziehung eine Rolle spielen, seine Einstellung zu ändern vermag, kann sich die Beziehung leicht verbessern. Das tritt mit besonderer Wahrscheinlichkeit ein, wenn ein Zeitraum der Trennung es allen Beteiligten ermöglicht, das Problem besser zu sehen. Jedoch sind wenige Kinder lange genug vom Elternhaus und den Eltern entfernt, um die therapeutische Wirkung der Trennung zu erfahren; sogar Ferienlager im Sommer dauern im allgemeinen nicht lange genug, um es den Eltern zu ermöglichen, das Verhalten gegenüber dem Kind zu ändern (106, 140, 238).

Verantwortlichkeit für die Verschlechterung der Beziehungen innerhalb der Familie

Alles scheint darauf hinzudeuten, daß die Eltern diejenigen sind, die überwiegend für die Verschlechterung verantwortlich sind. Die Eltern sind die eigentliche Ursache, selbst wenn die schlechte Beziehung zwischen den Geschwistern oder zwischen Kindern und älteren Verwandten besteht. Wenn die Eltern kein Kind vorzögen, wenn sie nicht erwarteten, daß die älteren Kinder eine Verantwortung für jüngere Geschwister auf sich nehmen, ohne daß für einen entsprechenden Ausgleich oder Belohnung für ihre persönlichen Opfer gesorgt wäre, wenn sie keinen Vergleich zwischen den Geschwistern anstellten, um jedes zu größerer Anstrengung zu motivieren, und wenn sie den jüngeren Geschwistern nicht Rechte zugeständen, die sie den älteren Geschwistern nicht zugestanden haben, würden die Feindlichkeiten und Rivalitäten auf einem Minimum gehalten, und die Beziehungen zwischen den Geschwistern wären harmonischer. Wenn die Eltern mehr Achtung für ältere Verwandte hätten, würden die Kinder ihrem Beispiel folgen und eine bessere Beziehung zu ihnen aufrechterhalten.

Faktoren, die die Beziehungen innerhalb der Familie beeinflussen

In den letzten Jahren sind viele Untersuchungen darauf gerichtet worden, die verschiedenen Faktoren im Elternhaus zu bewerten, die Einstellungen und Verhalten des Kindes beeinflussen. Die Ergebnisse haben gezeigt, daß der Einfluß von Situationen im Elternhaus und von Beziehungen innerhalb der Familie weitaus größer ist als ursprünglich angenommen wurde. Obgleich hier kein Versuch unternommen wird, die verschiedenen Faktoren in der Reihenfolge ihrer Wichtigkeit aufzuführen, soll der Überblick so vollständig wie nur möglich sein. Dabei zeigt es sich, daß die Verschlechterung der Beziehungen innerhalb der Familie nicht allein auf einen Faktor zurückzuführen ist, sondern auf viele Bedingungen, und daß die meisten, wenn nicht alle Faktoren kontrolliert werden können.

Einstellungen der Eltern

Die Einstellungen der Eltern beeinflussen die Art, wie die Eltern ihr Kind behandeln, und ihre Behandlung wiederum beeinflußt seine Einstellung ihnen gegenüber. Deshalb ist die Beziehung zwischen Eltern und Kind von den Einstellungen der Eltern abhängig. Und wie bereits früher betont, werden viele Einstellungen der Eltern geformt, ehe das Kind geboren ist. Viele sind romantisch verklärt; sie gründen darauf, wie die Eltern ihre Kinder gerne hätten. Die Einstellungen der Eltern werden teilweise durch kulturelle Werte, teilweise durch die Persönlichkeitsstruktur der Eltern und teilweise durch ihre Vorstellungen von ihrer Rolle als Eltern beeinflußt.

Kulturelle Werte. Um die Jahrhundertwende behauptete Freud, daß zu viel liebende Fürsorge der Eltern die Geschlechtsreife beschleunigt, das Kind „verwöhnt" und es ihm unmöglich macht, mit weniger Liebe später im Leben zufrieden zu sein (91). Diese Theorie wurde von vielen amerikanischen Psychologen wiederholt. Das tat besonders J. B. Watson, der in den zwanziger Jahren den Eltern den Rat gab, sich vor zu viel Mutterliebe wegen der schädlichen Auswirkungen zu hüten, die sie auf die Entwicklung der Persönlichkeit hat, wenn das Kind älter wird (298).
Jetzt ist das Pendel zur anderen Seite ausgeschlagen. Es herrscht dahingehend Übereinstimmung, daß Liebe und Zuneigung der Mutter für gute psychische Gesundheit erforderlich sind. Das Kind sollte eher zu viel als zu wenig Zuneigung erfahren – besonders in der frühen Kindheit (228). Diese Betonung des „Bemutterns", des Verständnisses für das Kind und seine Bedürfnisse, bedeutet, daß die Kinder heute mehr Zuneigung von ihren Eltern erhalten, als man es früher für gut hielt. Wenn diese Einstellung zu Extremen führt und bis ins Jugendalter beibehalten wird, ist wahrscheinlich die Folge, daß ein solches Kind sozial und emotional unreif bleibt und nicht imstande ist, Anpassungen an die Anforderungen des Erwachsenenlebens vorzunehmen (274).

Persönlichkeit der Eltern. Selbst wenn eine allgemeine kulturgebundene Einstellung zu Kindern besteht, wird die Einstellung der Eltern gegenüber ihren Kindern deutlich durch ihre eigene Persönlichkeit beeinflußt. Die Einstellungen unterscheiden sich von einem Erwachsenen zum anderen und verändern sich bei demselben Erwachsenen von Zeit zu Zeit. Diese Inkonsistenz oder „Ambivalenz" hängt nicht unbedingt vom Verhalten des Kindes ab, sondern von der augenblicklichen Stimmung der Eltern, von ihren Erinnerungen an die Art, wie sie als Kinder behandelt worden sind, von Veränderungen im Familienleben, die das Kind herbeigeführt hat, und von dem Wert, den die kulturelle Gruppe auf die Elternschaft legt (175, 242, 292).
Die Einstellung der Eltern zu dem Kind kann eine Widerspiegelung ihrer eigenen Anpassung an das Leben und an die Ehe sein. Glück und Einheit der Familie werden deutlich beeinflußt durch solche Faktoren wie die Beziehung zwischen Mann und Frau, durch das Verhältnis zu der angeheirateten Fa-

milie, durch Geldprobleme und durch den Gesundheitszustand und die Persönlichkeit der Eltern. Die Einstellung, die die Eltern zueinander haben, hat mehr Bedeutung für Kinder im Vorschulalter als für ältere Kinder (82, 161, 210).

Vorstellungen von der Rolle als Eltern. Die Einstellung der Mutter zur Mutterschaft spielt eine wichtige Rolle für ihre Beziehung zu ihrem Kind. Wenn eine Frau ein Kind nicht haben will und erfolglos einen Abtreibungsversuch unternommen hat, entwickelt sie dem Kind gegenüber Gefühle der Schuld und des Vorwurfs. Wenn eine Frau über ihre Schwangerschaft unglücklich ist, erlebt sie wahrscheinlich mehr emotionale Spannung und fühlt sich häufiger unwohl, als es normal ist. Diese Reaktion der Spannung hält oft noch für viele Monate an, nachdem das Kind geboren ist (44, 55, 202, 313).

Sehr oft besteht ein Vorbehalt gegenüber dem zweiten Kind, besonders wenn der Abstand zwischen der Geburt des ersten und des zweiten Kindes sehr klein ist. Die meisten Mütter haben Schuldgefühle wegen ihrer unvorteilhaften Einstellungen zu ihren Kindern und versuchen auszugleichen, indem sie übermäßig nachgiebig sind. Häufig jedoch reichen die Freuden der Elternschaft aus, um eine andere Einstellung der Mütter hervorzurufen.

Die Einstellungen der Eltern sind günstiger, wenn das Kind erwünscht ist. Die meisten Erwachsenen ziehen eine Familie von einer bestimmten Größe vor, aber sie vergrößern die Familie vielleicht in der Hoffnung, ein Kind mit dem Geschlecht, das sie sich wünschen, zu bekommen. Das Kind, das so zur Familie hinzugekommen ist, ist dann vielleicht unerwünscht, wenn es nicht das erhoffte Geschlecht hat. Das Kind, das mit Wahrscheinlichkeit am wenigsten erwünscht ist, ist das einer ledigen Mutter (47, 83, 291).

Das Alter der Eltern ist von Einfluß für die Festlegung der Einstellung gegenüber dem Kind. Junge Eltern nehmen mit Wahrscheinlichkeit ihre elterliche Verantwortung leichter, während alte Eltern leicht nervös und weniger energiegeladen sind und deshalb ihre Kinder übermäßig zu behüten suchen und hohe Anforderungen an sie stellen. Wenn ein Elternteil besonders alt ist, kann ein Unterschied der Interessen und Werte zwischen den Eltern bestehen, was das Verhalten des Kindes angeht. Das Bildungsniveau der Eltern ist wichtiger als das Alter. Eltern mit einem höheren Bildungsniveau geben ihren Kindern im allgemeinen mehr Freiheit als Eltern mit einem niedrigen Bildungsniveau (21, 235).

Alter und Bildungsniveau der Eltern beeinflussen auch ihre Gefühle der Zulänglichkeit in ihrer Rolle als Eltern. Eltern, die älter sind und eine bessere Bildung haben, fühlen sich im allgemeinen ihrer Aufgabe besser gewachsen; das spiegelt sich wider in einer entspannteren, akzeptierenden Einstellung zum Kind. Einige Eltern glauben, die Bedürfnisse eines Kindes nur in einem bestimmten Alter befriedigen zu können. Diese „altersspezifischen" Eltern zeigen eine Starrheit, die verhindert, daß sie zusammen mit ihren Kindern wachsen (229, 242, 292). Eine Mutter, die Säuglinge „furchtbar gern hat", hat beispielsweise ein gutes Verhältnis zu ihrem Kind in dessen ersten Lebensjahr, aber falls sie keine Beweglichkeit entwickelt, kann sie seine Bedürfnisse nicht befriedigen, wenn es älter wird. Das Kind spürt die Gefühle der Unzulänglichkeit der Eltern und reagiert negativ darauf (22).

Typische Einstellungen der Eltern.

Übermäßiges Behütenwollen. Übermäßiges Behütenwollen durch die Eltern besteht in einem sehr starken körperlichen Kontakt zwischen Eltern und Kind, in einer sehr langen Dauer der Babypflege, in der Verhinderung einer Entwicklung von Selbstsicherheit und im Mangel oder Übermaß an elterlicher Kontrolle. Übermäßig behütende Eltern lassen nicht zu, daß andere Interessen ihre elterlichen Pflichten stören; sie beschränken ihre anderen Interessen auf ein Minimum. Übermäßiges Behüten findet sich häufiger bei den begünstigten sozioökonomischen Gruppen (43, 57, 165).

Die häufigsten Ursachen des übermäßigen Behütens sind ein langer Zeitraum der Erwartung und Frustration, in dem der Wunsch einer Frau nach einem Kind durch Unfruchtbarkeit, Fehlgeburten oder den Tod von Säuglingen nicht erfüllt wurde; Leiden des Kindes wie Körperbehinderung oder Krankheiten, die die Eltern in Furcht versetzen; unharmonisches Geschlechtsleben der Ehepartner, das dazu führt, daß die Mutter ihre Liebe auf das Kind überträgt; soziale Isolation; Mangel an emotionaler Zuwendung in den ersten Lebensjahren und eine unglückliche Kindheit; die Entwicklung von Zügen des Dominierens im Charakter, die die Folge einer ungebührlichen Verantwortung in der Kindheit und deren Fortdauer in der Ehe sind, und vereitelte Hoffnungen. Manchmal umsorgen Mütter ihre Kinder übermäßig, um Schuld zu kompensieren, die aus einer feindlichen oder ablehnenden Haltung ihnen gegenüber rührt (11, 59, 184).

Eine der ernstesten Folgen des übermäßigen Behütens ist die, daß es eine zu starke Abhängigkeit im Kinde fördert. Das Kind ist abhängig und seine Bedürfnisse müssen erfüllt werden, aber wie die Eltern seine Abhängigkeit behandeln, legt fest, ob es zu stark abhängig wird (4, 260). Inkonsequente Behandlung ermuntert zur Abhängigkeit, konsequente Behandlung und Anerkennung der sich verändernden Bedürfnisse und Fähigkeiten fördern die Unabhängigkeit (11, 233, 261).

Nervöse Verhaltensweisen wie Erregbarkeit, Ruhelosigkeit und Konzentrationsschwäche sind bei übermäßig behüteten Kindern häufig. Solche Kinder sind oft fettleibig und sehen unreif aus. Ihr charakteristisches Persönlichkeitsmuster zeigt sich in geringer Ich-Stärke, geringem Anspruchsniveau und niedriger Frustrationstoleranz. Sie zeigen häufig die Reaktion, sich zurückzuziehen, es fehlt ihnen an emotionaler Beherrschung, und sie lehnen Verantwortung ab. Sie scheinen sich davor zu fürchten, erwachsen zu werden; sie haben kein Vertrauen zu ihren Fähigkeiten; sie werden leicht von der Gruppe beeinflußt und sind von ihr abhängig; und sie sind überaus empfindlich gegen Kritik (59, 260).

In der Schule hat das übermäßig behütete Kind oft Schwierigkeiten. Es möchte, daß der Lehrer ihm Aufmerksamkeit zuwendet, und seine Arbeit ist unsystematisch und unsorgfältig. Wenn es in der Schule schlecht zurechtkommt, werden seine Eltern noch sorgenvoller; die Arbeit des Kindes wird wiederum noch schlechter. Bei seiner sozialen Anpassung kann das übermäßig behütete Kind Schwierigkeiten machen. Es ist sozial unreif in seinem Verhalten, es hat kein Verantwortungsgefühl, es verlangt übertrieben stark nach Aufmerksamkeit, es ist egoistisch und verwöhnt, und oft ist es streitsüchtig (168, 233).

Nachgiebige Einstellung. Die nachgiebige Einstellung ist das Gegenteil von übermäßigem Behüten; nachgiebige Eltern „geben", anstatt zu „nehmen". Sie wenden Zeit, Gedanken und Mühe auf, statt nur materielle Dinge zu geben; sie akzeptieren die frühen Vorstellungen und den Ehrgeiz der Kinder, statt ihnen ihre eigenen Vorstellungen und Wünsche aufzuzwingen; sie regen das Kind dazu an, mit anderen Kindern zu spielen; sie geben dem Kind das Gefühl, akzeptiert und stark zu sein, und sie zeigen Toleranz und Verständnis für die Schwächen des Kindes. Die nachgiebige Einstellung kann zu weit gehen und führt dann zu übertriebener Nachgiebigkeit. Selbst wenn sie gelegentlich übertrieben nachgiebig sind, sind die Eltern zwar tolerant, aber sie überlassen ihre Behandlung des Kindes eher dem Zufall (122, 278).

Die nachgiebige Haltung beeinflußt die Eltern ebenso wie die Kinder. Nachgiebige Eltern berichten, daß ihr Leben durch den Lärm der Kinder gestört wird, daß es nicht beachtet wird, wenn sie sich einmal zurückziehen, und daß ihren Versuchen, die Beschäftigungen der Kinder zu begrenzen oder zu kontrollieren, Widerstand entgegengesetzt wird. Weiter leiden Haus und Möbel mehr, als es normal ist. Nachgiebige Eltern müssen oft mehr Energie und Geld für ihre Kinder aufbringen, als es ihnen lieb ist. Eltern, die dazu neigen, die Rolle des Kindes in traditioneller Weise zu sehen, sollten nicht versuchen, nachgiebig zu sein, weil das zu einer zu großen Reibung mit dem Kind und zu zu vielen Frustrationen für die Eltern führt. Wenn die nachgiebige Haltung nicht zum Extrem getrieben wird, führt sie jedoch zu besseren Eltern-Kind-Beziehungen und zu einem gesunden Familienleben (11, 13, 30).

Kinder aus Elternhäusern, in denen sie zu einem vernünftigen Maß an Freiheit ermuntert werden, haben sich als einfallsreich und vielseitig, bereit zur Zusammenarbeit, als sich auf sich selbst verlassend und als in sozialen Situationen gut angepaßt erwiesen. Sie zeigen Ausdauer und können Verantwortung übernehmen. Wenn die Mutter nachgiebiger ist als der Vater, zeigen die Kinder ein vorteilhafteres Verhalten, im umgekehrten Falle.

Wenn die Eltern übermäßig nachgiebig sind, hat das Kind Schwierigkeiten bei seiner sozialen Anpassung. Es ist selbstsüchtig, anspruchsvoll und tyrannisch und verlangt ständige Aufmerksamkeit, Zuneigung und Bedienung. Es reagiert auf Ablehnung seiner Wünsche oder auf Maßregelung mit Ungeduld, Wutausbrüchen oder Aggressivität. Es gebraucht jede Möglichkeit – ob es sich nun um Beschwatzen, um Tyrannisieren oder um Schmeicheln handelt –, um seinen Willen zu bekommen; wenn es alleine ist, ist es unruhig und unglücklich (33, 175).

Zurückweisung. Eine Zurückweisung durch die Eltern bedeutet nicht notwendigerweise offene Zurückweisung; sie kann auch gekennzeichnet sein durch Gleichgültigkeit, durch Trägheit und durch eine allgemeine Atmosphäre des Nichtinteressiertseins am Wohlergehen des Kindes; sie zeigt sich aber auch in dominierendem Verhalten und auffallender Feindseligkeit. Oft wird bei der Zurückweisung der Eindruck hervorgerufen, daß die Eltern übermäßig stark behüten. Die Einstellung der Eltern wird verdeckt durch eine „Maske deutlicher Zuneigung und harmonischer Beziehungen" (278).

Viele zurückweisende Mütter haben ein nicht zufriedenstellendes Geschlechtsleben oder sind mit ihrer Ehe nicht zufrieden, weil sie Verantwortung übernehmen müssen oder wegen der Unterschiede der Persönlichkeiten. Dagegen ist festgestellt worden, daß zurückweisende Väter aus Elternhäusern kommen, wo sie durch dominierende Mütter verwöhnt worden sind. Ihre Eltern führten eine schlechte Ehe und stritten sich ständig, die Erziehung der Kinder war streng und inkonsequent (158, 215).

Die Zurückweisung durch die Eltern gefährdet die normalen Gefühle der Sicherheit, unterminiert die Selbsteinschätzung des Kindes und führt zu Gefühlen der Hilflosigkeit und Frustration, die dem Kind für die ganze Zukunft die Anpassung ans Leben unmöglich machen. Bei kleinen Kindern, die sich zurückgewiesen fühlen, sind nervöse Angewohnheiten verbreitet wie Einnässen, Schwierigkeiten beim Essen, Nägelkauen usw. Wenn die Kinder älter werden, ist antisoziales Verhalten verbreitet – Aggressivität, Grausamkeit, Lügen, Stehlen, Fluchen, nach Aufmerksamkeit, Lob und unnötigerweise nach Hilfe zu verlangen und anzugeben (24, 175).

Trotz der nachteiligen Folgen hat die Zurückweisung durch die Eltern auch einen konstruktiven Wert. Zurückgewiesene Kinder entwickeln wahrscheinlich Unabhängigkeit, sie sind imstande, sich selbst die Zeit zu vertreiben und besondere Interessen zu entwickeln. Sie sind wachsam, schlau, listig, realistisch und wollen schnell erwachsen werden und die Schule verlassen. Sozial gesehen, werden sie früh reif (40, 187).

Soziale Billigung. Die Billigung durch die Eltern wird durch ein starkes Interesse und durch Liebe zum Kind gekennzeichnet. Die akzeptierenden Eltern haben das Kind nicht nur gewollt und es in vielen Fällen geplant, sie glauben auch nicht, daß die Pflege des Kindes eine unangenehme oder schwierige Angelegenheit sei. Annehmende Eltern weisen dem Kind eine wichtige Stellung im Heim zu und entwickeln eine warme emotionale Beziehung zu ihm (255, 292).

Es gibt verschiedene Arten der Billigung durch die Eltern, die von der emotionalen Reife der Eltern abhängen. Emotional reife Eltern zielen ab auf die Entwicklung eines unabhängigen Individuums und tun alles, was sie können, um dieses Ziel zu erreichen. Emotional unreife Eltern sind in neurotischer Weise mit ihrem Kind verbunden und versuchen, es so zu formen, daß es zu ihren Standards paßt. Wenn die Billigung einhergeht mit großer Nachgiebigkeit, neigen die Eltern dazu, sich so völlig mit dem Kind zu identifizieren, daß sie versuchen, ihr eigenes Leben in seinem weiterzuleben. Billigung, die einhergeht mit einer liberalen Einstellung, führt dagegen dazu, daß das Kind an den Diskussionen der Familie teilnimmt, und dazu, daß das Kind als Person unabhängig wird (8, 20).

Das akzeptierte Kind ist im allgemeinen sozialisiert, zur Mitarbeit bereit, freundlich, loyal, emotional ausgewogen und guter Laune. Es akzeptiert die Verantwortung und die Sorge sowohl für seinen eigenen Besitz als auch für den anderer. In der Regel ist es ehrlich, geradeheraus und verläßlich; es sieht dem Leben mit Vertrauen entgegen, und es hat eine klare Vorstellung von seinen Plänen und den Hoffnungen für seine Zukunft. Es kann sich selbst realistisch sehen und vermag seine Stärken und Schwächen objektiv einzuschätzen. Symonds hat darauf hingewiesen, daß „gute Bürger, tüchtige Gelehrte, gute Arbeiter, gute Ehemänner und Ehefrauen und gute Eltern aus einem Elternhaus stammen, in dem die Kinder erwünscht und akzeptiert sind" (278).

Dominieren. In jedem Haus dominiert mit Wahrscheinlichkeit ein Elternteil die ganze Familie. Ein dominierender Elternteil kommt gewöhnlich aus einer Familie, in der einer oder beide Eltern dominierten. Als Kind mußte dieser Elternteil sich unterwerfen. Als Elternteil dominiert er seine Kinder in weitgehend derselben Weise, wie er selbst dominiert wurde.

Das Kind, das von einem oder beiden Eltern dominiert wird, zeigt besseres sozialisiertes Verhalten als das Kind, dem mehr Freiheit zugestanden wird. Es ist ehrlich, höflich und sorgfältig, aber es ist ebenfalls wahrscheinlich scheu, fügsam, selbstbefangen, unterwürfig und empfindlich. Es fühlt sich unzulänglich, unterlegen, verwirrt und gehemmt. Es läßt sich leicht durch seine Familie führen und dominieren, aber nicht durch seine Alterskameraden. Wenn es älter wird, fühlt es sich mit Wahrscheinlichkeit betrogen, und es fürchtet, daß andere es betrügen (242, 292).

Unterwerfung unter das Kind. Das Gegenteil von dominierenden Eltern sind unterwürfige Eltern, die zulassen, daß ihre Kinder das Elternhaus beherrschen. Wenn es möglich ist, wird jeder Wunsch des Kindes erfüllt, sogar gegen das bessere Wissen der Eltern. Das Kind ist im wahrsten Sinne des Wortes der Herr seiner Eltern und behandelt sie mit wenig oder keinem Respekt. In ihrer aktiven Form besteht die Unterwerfung der Eltern darin, daß sie sich willentlich um die Launen und Wünsche des Kindes bemühen. Im allgemeinen haben Eltern, die sich ihren Kindern unterwerfen, eine Persönlichkeit, die gekennzeichnet ist durch kindisches Verhalten und dadurch, daß keine Verantwortung übernommen werden kann. Sie selber waren Kinder von unterwürfigen Eltern und ahmen mit ihrem eigenen Verhalten das Beispiel nach, das ihnen durch ihre Eltern gegeben worden ist (33).

Wenn Eltern es zulassen, daß sie durch das Kind dominiert werden, wird das Kind oft ungehorsam und verantwortungslos. Es trotzt der Autorität und ist nicht zu lenken, aggressiv, starrköpfig, antagonistisch und nachlässig. Gleichzeitig ist es unabhängig und selbstsicher. Häufig hat es eine übertriebene Meinung von sich selbst und hat keine Hemmungen, mit sich zu prahlen. Wenn eine Mutter allzu unterwürfig ist, besteht beim Kind die Tendenz zu infantilem Verhalten und zu einer aufsässigen, trotzenden und tyrannischen Einstellung ihr gegenüber (242, 278).

Bevorzugung. Eltern reagieren unterschiedlich auf verschiedene Kinder, und sie zeigen es durch ihre Einstellungen und Handlungen. Trotz der typischen Behauptung der Eltern, daß sie „alle Kinder gleich lieb haben", erscheinen ihre Handlungen für die Kinder nicht so überzeugend. Das Kind, das erkennt, daß es bevorzugt wird, lernt, daß es Dinge tun und sagen kann, für die die weniger bevorzugten Geschwister wahrscheinlich bestraft würden (22). Das Kind, das nicht bevorzugt wird, erkennt seine Stellung ebenfalls und ist verärgert über die Rechte, die dem Bevorzugten gewährt werden. Die Bevorzugung durch die Eltern nimmt oft zu, wenn die Kinder älter werden. Das bevorzugte Kind zeigt ein stärkeres Verlangen, seinen Eltern zu gefallen, wogegen seine Geschwister feindlicher und aufsässiger werden (49, 233, 238).

Abb. 14-3 zeigt die Korrelation zwischen dem sozioökonomischen Status der Mutter und der Behandlung, die sie ihren Söhnen und Töchtern zukommen läßt. Obgleich die Mütter der höheren sozioökonomischen Gruppen insgesamt freundlicher und akzeptierender sind als Mütter der unteren sozioökonomischen Gruppen, ziehen alle Mütter Jungen vor (20).

Ehrgeiz der Eltern. Vom Augenblick der Geburt des Kindes an und manchmal noch früher haben Eltern Ambitionen für ihr Kind. Ohne daß sie die Fähigkeiten und Interessen des Kindes in Erwägung ziehen, haben übermäßig ehrgeizige Eltern oft das Bestreben, ihre Kinder ihre eigenen nicht erfüllten Ambitionen erfüllen zu lassen. Fast alle Eltern messen die Leistungen eines Kindes an irgendeiner Idealvorstellung (232).

Der Ehrgeiz der Eltern schließt den Erfolg in der Schule, im Sport, im sozialen und finanziellen Bereich ein. Der Vater ist besonders beunruhigt, wenn es seinen Kindern an Initiative und Verantwortungsgefühl mangelt, wenn sie nicht gehorchen, nicht aggressiv genug oder zu reizbar sind, wenn sie

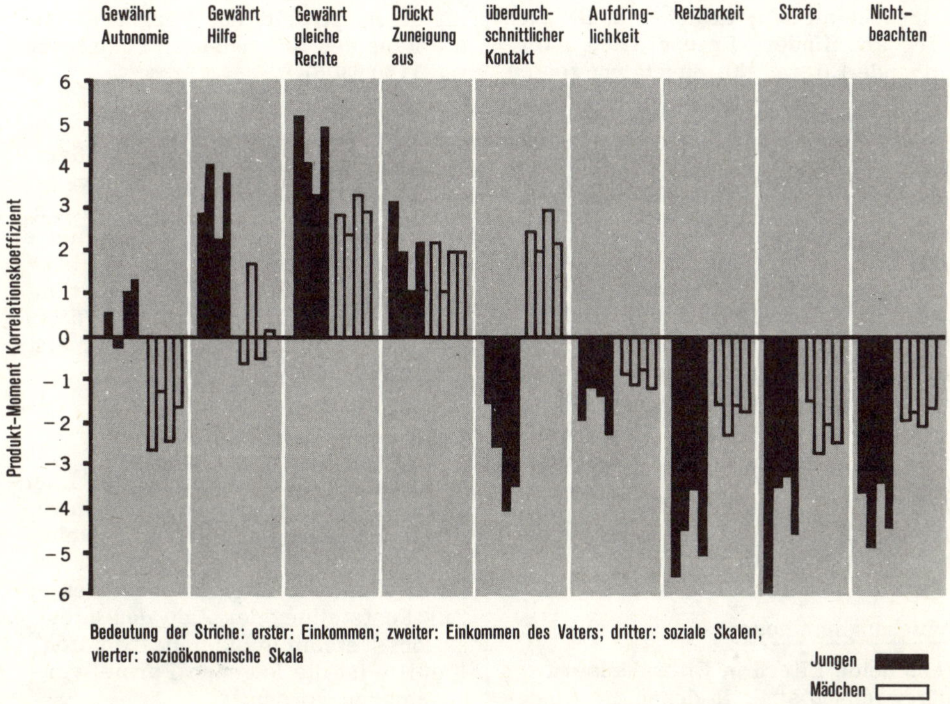

Abb. 14-3. Zusammenhang zwischen dem sozioökonomischen Status der Mutter und ihrem Verhalten gegenüber ihren Kindern.

in der Schule schlecht sind und im Sport nicht gut genug oder wenn ihr Verhalten „kindisch" ist. Die größte Sorge dreht sich um die Söhne, besonders um die erstgeborenen, für die die Ambitionen höher gesteckt sind als für die später geborenen (1, 137).

Bedeutung der Einstellung der Eltern. Das Kind, dem Aufmerksamkeit und Zuneigung von seinen Eltern vorenthalten werden, hungert nach Zuneigung; es möchte überall sein und fürchtet sich, etwas zu verpassen. Es ist weiter allzu bereit dazu, anderen zu gefallen und Dinge für sie zu tun. Alles das ist eine Form der Kompensation und ein Versuch, Zuneigung um jeden Preis zu erkaufen (94).
Wenn das Kind älter wird, äußern sich schlechte Beziehungen zu seinen Eltern häufig in Eltern-Kind-Konflikten. Die schädlichsten Wirkungen hat eine schlechte Beziehung zu der Mutter, weil das Kind öfter bei seiner Mutter als bei seinem Vater ist und folglich ihr Einfluß größer ist (139, 158, 169). Eltern, die vieles verbieten und hohe Ansprüche stellen, erziehen z. B. leicht erregbare Kinder. Freundliche, unterstützende Eltern, die Zuneigung zeigen, erziehen lebhafte, spontane, gesellige Kinder und kalte, gleichgültige Eltern erziehen schuldbewußte, sich absondernde und im sozialen Bereich zurückgezogene Kinder. Am wichtigsten aber ist das Maß der Toleranz, das Eltern gegenüber dem Kind und seinem Verhalten zeigen. Je toleranter die Eltern sind, desto größer ist die Ich-Stärke des Kindes (254). Falls die Einstellungen der Eltern sich verbesserten, wenn die Kinder älter werden, wären ihre Folgen für die Beziehungen innerhalb der Familie weniger ernst. Wie jedoch bereits betont worden ist, bleiben die Einstellungen der Eltern im allgemeinen bestehen und ändern sich eher quantitativ als qualitativ.

Erziehungsmethoden

Wenn beide Eltern in Elternhäusern aufgewachsen sind, in denen die Kinder in ähnlicher Weise überwacht wurden, ist es wahrscheinlich, daß sie in ihrer eigenen Familie die Methoden wieder anwenden, die auch ihre Eltern angewendet haben. Wenn sie nach verschiedenen Methoden erzogen wurden, entsteht wahrscheinlich ein Konflikt darüber, welche Methode angewendet werden sollte, und es kommt zu einer bestimmten Veränderung der Methoden (21).
Da es in den letzten Jahren deutliche Verlagerungen hinsichtlich der Einstellungen zur Erziehung der Kinder gegeben hat, entsteht mit Wahrscheinlichkeit ein Konflikt zwischen den Eltern und den Großeltern, was ebenfalls Konflikte für das Kind hervorrufen kann. Wenn Großmütter mit im Hause leben, ist die Mutter mit Wahrscheinlichkeit strenger und die Großmutter nachgiebiger, als wenn sie in verschiedenen Häusern lebten (259).
Unterweisung über Kindererziehung, die vor der Geburt des Kindes stattgefunden hat, führt zu größerer Nachgiebigkeit, außer in den Bereichen des Gehorsams, des Schlafens, der Entleerung und des Fütterns. Das sind die Bereiche, wo die Kinderpflege direkt die eigene Arbeit, das Vergnügen oder die Ruhe des Erwachsenen beeinträchtigt (140, 305).

Unterschiede in den Methoden. Unterschiede in den Methoden der Kindererziehung finden sich innerhalb verschiedener sozialer Gruppen. Eltern aus ländlichen Bezirken wenden insgesamt autoritärere Methoden an als Eltern aus der Stadt. Mütter sind im allgemeinen weniger strikt als Väter, und jüngere Eltern sind liberaler als ältere (224, 227).

Familiengröße

Die Familie ist ein Komplex von Interaktionssystemen, der aus verschiedenen Mitgliedern der Familie besteht. Je größer die Familie, desto größer ist die Zahl der Interaktionssysteme. Zur Feststellung der Zahl der Interaktionssysteme in einer bestimmten Familie ist die folgende Formel vorgeschlagen worden:

$$2^n - n - 1$$

Jedes Interaktionssystem hat seine eigene besondere emotionale Qualität, die die Persönlichkeit und das Verhalten aller Mitglieder der Familie beeinflußt (124). Je größer die Familie, desto stärker ist die Interaktion zwischen den einzelnen Persönlichkeiten und desto größer ist auch die Möglichkeit, daß es zu Reibung kommt (48).

In vielen Familien werden Verwandte, Untermieter oder Bedienstete zu einem Teil der vergrößerten Familiengruppe. Diese Außenstehenden beeinflussen ebenso wie die Angehörigen der unmittelbaren Familie das Verhalten jedes einzelnen innerhalb der Gruppe. Sogar ein verstorbenes Mitglied der Familie kann Einfluß haben. Die Rolle, die jeder einzelne spielt, und der Einfluß, den er hat, werden nicht durch die Enge der verwandtschaftlichen Beziehungen bestimmt, sondern durch die Bedürfnisse des Kindes und durch die Befriedigung, die es von dieser Person erhält. Einer der Eltern spielt im Leben des Kindes vielleicht eine weniger wichtige Rolle als einer der Großeltern, eines der älteren Geschwister oder ein Dienstbote (33, 124).

Alle Zeichen deuten auf die Tatsache hin, daß die „Kernfamilie" – bestehend lediglich aus Eltern und Kindern – eine wichtigere Rolle für die Entwicklung des Kindes spielt als die weitere Familie. Drei charakteristische Kernfamilien – die Familie mit einem Kind, die kleine Familie mit wenigen Kindern und die große Familie mit vielen Kindern - sollen zur Illustration dafür dienen, wie verschiedene Familienkonstellationen das Kind beeinflussen und auf die Beziehungen innerhalb der Familie einwirken.

<u>Die Familien mit einem Kind.</u> Nach herkömmlicher Meinung gibt es zwei Arten von einzigen Kindern: 1. die verzogenen, egozentrischen, antisozialen und deshalb sehr unbeliebten Kinder und 2. die zurückgezogenen, empfindlichen, nervösen Kinder, die vor sozialen Kontakten zurückschrecken und die übermäßig abhängig sind von ihren Eltern (186). Es ist offensichtlich, daß keines von beiden als gut angepaßt angesehen wird und daß es mit Wahrscheinlichkeit wenig Erfolg im Leben hat.

Frühe Untersuchungen an einzigen Kindern betonen die Unterlegenheit des einzigen Kindes. G. Stanley Hall meinte: „Ein einziges Kind zu sein ist schon eine Krankheit. Das einzige Kind ist sehr behindert. Man kann von ihm nicht erwarten, daß es mit derselben Fähigkeit zur Anpassung durch das Leben geht wie das Kind, das in einer Familie mit mehreren Kinder aufgewachsen ist" (107).

In jüngster Zeit haben sich die Ansichten über einzige Kinder deutlich geändert. Jetzt wird die Bedeutung der häuslichen Umgebung betont für die Frage, ob es ein Nachteil ist, ein einziges Kind zu sein, oder nicht. Welche Rolle auch das schiere Vorhandensein oder Fehlen von Geschwistern für die Entwicklung der Persönlichkeit spielen mag, sie ist sicher nicht von entscheidender Bedeutung (45, 271).

Ob das einzige Kind sich zu einer reifen, zuversichtlichen und gut angepaßten Persönlichkeit entwickelt oder nicht, wird weitgehend dadurch bestimmt, was für Eltern es hat, was für Einstellungen sie zu ihm haben und wie sie es behandeln. Es gibt ebensowenig ein „typisches Einzelkind" wie es ein „typisches" Kind mit Geschwistern gibt (45).

Die Möglichkeit zu lernen, wie man mit anderen zurechtkommt und wie man sich an die soziale Gruppe anpaßt, ist einer der am häufigsten hervorgehobenen Vorteile bei Kindern mit Geschwistern. Wenn ein Einzelkind ohne entsprechende Erfahrungen im Vorschulalter ist, muß es sich im Schulalter an eine Gruppe anpassen, deren Verhalten sich schon von seinem eigenen unterscheidet. Das erschwert die Anpassung, macht sie aber keinesfalls unmöglich (271).

Das einzige Kind nimmt sich seine Eltern als Vorbild, und es ist überwiegend mit Erwachsenen zusammen; deshalb ist es meistens für sein Alter reifer als ein Kind mit Geschwistern. Es ist festgestellt worden, daß Reife des Verhaltens zu guter sozialer Anpassung und zu einer Anführerstellung innerhalb der Gruppe beiträgt. Weiter wird das Einzelkind nicht so stark durch Rivalität zwischen den Geschwistern und durch Eifersucht „verdorben" wie das Kind aus einer kleinen Familie (120, 152).

Die Vorteile, ein Einzelkind in einer städtischen Umgebung zu sein, machen die Nachteile wett. Aber in einer ländlichen Umgebung ist das einzige Kind isoliert; seine Kontakte mit anderen Kindern sind selten und mit Wahrscheinlichkeit auf die Schule beschränkt. Als Folge ist seine individuelle und soziale Entwicklung in gewisser Weise behindert. Die Verkehrsverbindungen, der Trend zu Mittelpunktschulen, die weite Verbreitung der Massenkommunikationsmittel, besonders von Film und Fernsehen, geben dem Kind auf dem Lande heute weitaus mehr Gelegenheit zu sozialen Kontakten, als das in der Vergangenheit möglich war.

Obgleich einzige Kinder ein Persönlichkeitsmuster entwickeln, das sich deutlich von dem der Kinder mit Geschwistern unterscheidet, gibt es keinen Beweis dafür, daß einzige Kinder emotional weniger ausgeglichen sind, daß sie mehr Schwierigkeiten in der Schule oder beim Lernen haben als Kinder mit Geschwistern. Das einzige Kind nimmt jedoch nicht so oft an freiwilligen Veranstaltungen in der Schule teil wie das Kind mit Geschwistern (33, 194).

Wegen der weitverbreiteten Meinung, daß einzige Kinder verzärtelt und verzogen sind, wird allgemein angenommen, daß es unter ihnen mehr Fälle mit Verhaltensschwierigkeiten als bei Nichteinzelkindern gibt. Zum größten Teil sind die Formen der Verhaltensschwierigkeiten, die häufiger bei Einzelkindern als bei Kindern mit Geschwistern auftreten – wie Nägelkauen, Weinen, Unruhe und Überaktivität – zurückzuführen auf Faktoren im Elternhaus, die charakteristisch sind für die Umgebung, in der ein Einzelkind lebt. Außerhalb des Hauses sind Einzelkinder weniger lästig, und wenn sie in das Jugendalter kommen, passen sie sich im Elternhaus im allgemeinen besser an als die Kinder, die von Geschwisterrivalitäten und Eifersucht geplagt werden (33, 304).

Kleine Familien. Unter einer kleinen Familie verstehen wir eine Familie mit zwei oder drei Kindern. Sie ist im allgemeinen geplant in Hinsicht auf Größe, zeitlichen Zwischenraum zwischen den Geburten und Erziehung; die Elternschaft ist eher intensiv als extensiv. Die Beschäftigungen und die Rolle jedes Familienmitgliedes sind betont individuell; Eltern und Kinder arbeiten in demokratischer Weise zusammen. Auf das Kind wird ein Druck ausgeübt, die Erwartungen der Eltern zu erfüllen, und die Familie steht unter dem Druck, Leistungen zu zeigen und vorwärts zu kommen. Die Erziehung des Kindes fällt überwiegend unter die Verantwortlichkeit der Mutter.

In der kleinen Familie bestehen einwandfrei wirtschaftliche und soziale Vorteile für das Kind, aber es muß „seinen Preis dafür bezahlen, hauptsächlich in Form von Umständen, die Probleme erzeugen" (33). Das Kind aus einer kleinen Familie wird beschützt und steht bei seinen ersten sozialen Erfahrungen im Mittelpunkt des Interesses. So kann es eine übertriebene Meinung über seine eigene Wichtigkeit im Gruppenleben erhalten. Krisen innerhalb der kleinen Familie bedeuten eine große Belastung für das Kind, weil es sie mit so wenigen Mitgliedern teilt. Das Kind leistet oft wegen emotionaler Störungen schlechte Arbeit in der Schule.

Wenn auch die wirtschaftliche Stellung der kleinen Familie eine überlegene sein kann, entschließen sich solche Eltern häufiger, sich voneinander zu trennen, was zu den Anpassungsschwierigkeiten des Kindes beiträgt. Weiter ist wahrscheinlich das Kind aus einer kleinen Familie übermäßig behütet und damit abhängiger als das Kind aus einer größeren Familie (59, 75, 265). Trotz der Nachteile, die mit der kleinen Familie verbunden sind, sind Kinder aus kleinen Familien in ihrer körperlichen, emotionalen und sozialen Anpassung den Kindern aus sehr großen Familien überlegen. Auf der anderen Seite gibt es Hinweise, daß eine Familie mittlerer Größe, besonders eine Familie mit drei, vier oder sogar fünf Kindern, der sehr großen oder der sehr kleinen Familie überlegen ist (33, 75).

Große Familien. Eine große Familie ist eine mit sechs oder mehr Kindern. Wenn große Familien nicht geplant sind, lernen alle Mitglieder ihre immer weiter wachsende Zahl als Schicksal anzusehen; diese Einstellung wirkt sich auf ihre Reaktion auf Krisen aus, besonders auf Krankheit oder Tod eines Elternteils. Betonung liegt eher auf der Gruppe als auf dem Individuum.
Bei einer großen Zahl von Kindern gibt es wenig Gelegenheit für die Eltern, übermäßig zu behüten, zu nörgeln oder Druck auszuüben. Die Erziehung wird oft von älteren Geschwistern durchgeführt, die die Rolle eines Elternersatzes einnehmen. Es gibt nur wenige wirtschaftliche oder soziale Vorteile, besonders für die älteren Kinder. Auf der anderen Seite haben die Kinder in einer großen Familie die Möglichkeit, relativ unabhängig von Erwachsenen zu leben; das hilft, die Unabhängigkeit und die Reife des Verhaltens zu fördern (7, 8, 33, 266).
Die große Familie ist notgedrungen eine Arbeitsgemeinschaft; jedes Kind bekommt nach der Reihenfolge seiner Geburt eine Rolle zugeteilt, und es wird erwartet, daß es sie auch ausfüllt. Z. B. wird das zuerst geborene Mädchen zur „Stütze" der Mutter und wird als die „Verläßliche" von den anderen Mitgliedern der Familie angesehen. Vom zuerst geborenen Jungen erwartet man im allgemeinen, daß er seinem Vater bei den Männerarbeiten im Haus hilft; wenn dem Vater etwas zustößt, wird von ihm erwartet, daß er zum Vaterersatz wird und daß er die Rolle des Vaters sogar so weit übernimmt, daß er seine Ausbildung oder sein Studium opfert und eine Arbeit annimmt, um die Familie zu unterstützen. Das Kind, das besondere Fähigkeiten zeigt, ob es sich nun um häusliche oder andere handelt, muß – das erwartet man von ihm – den anderen Mitgliedern der Familie entsprechend helfen. Das „Nesthäkchen" der Familie, das kommt, nachdem alle wichtigen Rollen vergeben worden sind, wird gewöhnlich das „Verzogene" – das Kind, um das sich alle kümmern und das nichts Wesentliches zum Wohlergehen der Familie beiträgt (33).
Wenn dem Kind die Rolle gefällt, die ihm zugeteilt worden ist, ist alles in Ordnung. Allein die Tatsache, daß ihm die Rolle zugeteilt wurde und nicht freiwillig ausgewählt worden ist, führt jedoch mit Wahrscheinlichkeit zu Reibungen. Die älteste Tochter ist vielleicht äußerst verärgert über ihre Rolle als „Stütze" der Mutter und meint, daß ihre jüngeren Schwestern einige der Aufgaben übernehmen sollten, die ihr zugeteilt worden sind. Das kann zu einer Verschlechterung der Beziehungen zwischen Eltern und Kind und der Beziehungen zwischen den Geschwistern führen.
Da in großen Familien immer etwas passiert, lernt das Kind, sich wiederholt an Veränderungen seiner Rolle, seines Status und seiner Verantwortlichkeiten anzupassen. Da die Familie nur einen engen Spielraum hat, müssen alle Mitglieder zusammenarbeiten und lernen, Ordnung zu halten und sich der Autorität zu unterwerfen. Obgleich das die Zusammenarbeit fördert, führt es auch zu einer autoritären Lebensweise; je autoritärer die Lebensweise, desto ungesunder ist das emotionale Klima im Elternhaus (33).
Kinder aus großen Familien zeigen mit mehr Wahrscheinlichkeit schlechte und untererwartungsgemäße Leistung in der Schule als Kinder aus kleineren Familien. Das ist nicht unbedingt der Fall, weil sie weniger begabt sind, sondern eher, weil die Anforderungen, die im Hause an sie gestellt werden, sie vom Lernen abhalten. Weiter fördert die Verärgerung, die durch autoritäre Kontrolle hervorgerufen wird, oft eine untererwartungsgemäße Leistung als eine Form der Auflehnung gegen das Dominieren der Erwachsenen.
Bei Kindern aus großen Familien ist es weniger wahrscheinlich, daß sie emotional gestört sind oder daß sie so viele Verhaltensschwierigkeiten aufweisen wie Kinder aus kleinen Familien. Obgleich die große Familie

vielleicht keine wirtschaftliche Sicherheit gewährt, bietet sie dem Kind fünf Bedingungen, die zur emotionalen Sicherheit beitragen: Jemanden, an den es sich wenden kann, wenn es nicht genug Aufmerksamkeit bei seinen möglicherweise lieblosen oder gleichgültigen Eltern findet; besseres Verständnis für seine Probleme durch seine Geschwister als es durch seine Eltern bekommen kann; bessere Anleitung durch Geschwister als durch Eltern; wenig Eifersucht, weil es für emotionale Verzärtelung wenig Gelegenheit gibt; und wenig übermäßige Abhängigkeit (33). Nicht alle Kinder aus großen Familien erleben jedoch Gefühle der Sicherheit oder sind gut angepaßt. Insgesamt sind Jungen besser angepaßt als Mädchen. Die an mittlerer Stelle geborenen Kinder sind besser angepaßt als die zuerst oder zuletzt geborenen, die an vierter Stelle geborenen sind dabei am besten angepaßt. Das zuerst geborene ist im allgemeinen am schlechtesten angepaßt.

Wenn schlechte Anpassung bei Kindern aus einer großen Familie anzutreffen ist, läßt sie sich gewöhnlich zurückführen auf besondere Bedingungen innerhalb des Familienlebens dieser bestimmten Familie. Die Eltern sind vielleicht selbstherrlich und dominierend; ein Kind kann sich ausgenützt fühlen, wenn es sich um jüngere Geschwister kümmern muß; ein jüngeres Kind kann verzogen sein oder übermäßig durch eines seiner älteren Geschwister dominiert werden; gesundheitliche Schwierigkeiten können auftreten als Folge unzulänglicher Ernährung oder des Fehlens richtiger ärztlicher Betreuung. Die Anpassung hängt also nicht von der Größe der Familie per se ab, sondern von der Art der Familie (33). Wenn die finanzielle Stellung der Familie gut ist, werden viele der nachteiligen Wirkungen der großen Familie für die Beziehungen innerhalb der Familie verringert oder völlig ausgeschaltet. Der finanzielle Faktor spielt eine wichtige Rolle (33, 205).

Die Beziehungen zwischen den Geschwistern

Sehr früh in seinem Leben werden dem Kind seine Stellung in der Familie und die Rolle, die zu spielen von ihm erwartet wird, klar. Die meisten Kinder halten ihre Rollen für ungünstiger als die ihrer Geschwister , und sie wünschen sich, an früherer oder späterer Stelle geboren zu sein, so daß ihre Rollen anders aussähen. Obgleich sie alle Vorteile erkennen können, die mit einer anderen Stelle in der Geschwisterreihe verbunden sind, sehen sie im allgemeinen die Nachteile nicht. Und so trägt ihre Verärgerung weiter zur Reibung zwischen den Geschwistern bei. Freud hat bereits vor vielen Jahren darauf hingewiesen, daß die Stellung eines Kindes in der Reihe der Brüder und Schwestern weitgehend den Verlauf seines weiteren Lebens bestimmt (91).

Stellung in der Geschwisterreihe. Im Gegensatz zu häufig vertretenen Ansichten (110) gibt es keine „ideale Stellung" in der Familie. Tatsächlich gibt es „keine Stellung im Kreise der Familie, die nicht als Folge ihrer besonderen Art bestimmte Anpassungsprobleme mit sich bringt" (103).

Untersuchungen zur Bestimmung der relativen Vorzüge der verschiedenen Stellungen in der Familie haben gezeigt, daß die Wirkungen auf die Dauer nicht so stark sind, wie allgemein angenommen wird, wobei die Wirkungen beim ältesten Kind am wenigsten vorhalten und beim jüngsten Kind am längsten. Obgleich jede Stellung eine bestimmte emotionale Befriedigung oder Unzufriedenheit mit sich bringt, hängen die Einflüsse auf das Kind mehr von seinem Geschlecht und Alter als von seiner Stellung an sich ab. Weiter werden die Wirkungen sehr dadurch beeinflußt, wie es seine Stellung *sieht* (33, 241, 242).

Das Recht des Erstgeborenen, das den Erstgeborenen hinsichtlich Titel, Eigentum und Reichtum bevorzugt, gründet auf der angenommenen Überlegenheit des Erstgeborenen. Untersuchungen zur Intelligenz zeigen jedoch eine deutliche Tendenz, daß der Intelligenzquotient fortschreitend zunimmt vom Erstgeborenen zum später Geborenen, wenigstens jedenfalls bis zum an achter Stelle geborenen Kind. Genies dagegen finden sich häufiger bei erstgeborenen als bei später geborenen Kindern (282).

Untersuchungen der Persönlichkeit und der sozialen Anpassung haben gezeigt, daß das ältere Kind an einer Stelle steht, die eine erfolgreiche Anpassung sehr schwierig macht. Sein Verhältnis zu seiner Mutter läßt an Intensität ständig nach, besonders wenn ein zweites Kind ankommt (133, 160, 241). Zusätzlich dazu, daß es übermäßig behütet wird, ist das zuerst geborene Kind das Opfer der verhältnismäßigen Unerfahrenheit seiner Eltern, und mit Wahrscheinlichkeit wird von ihm erwartet, daß es einen Teil der Verantwortung für seine jüngeren Geschwister übernimmt.

Weil sich viele Eltern Gedanken machen über die Folgen, die die Ankunft eines zweiten Kindes für das erste hat, neigen sie dazu, den Glauben an die eigene Wichtigkeit weiter zu bestärken, der gefördert wurde, als das Kind noch das einzige Kind war. Als Folge dominiert das ältere Kind seine jüngeren Geschwister, es macht herabsetzende Bemerkungen über den Fortschritt des jüngeren Kindes, es ermuntert das jüngere der Geschwister zu Wettbewerben, bei denen dieses ganz sicher Verlierer bleibt, und wendet die verschiedensten Möglichkeiten an, um die Aufmerksamkeit der Mutter zu erregen (87, 152, 242).

Wenn die Eltern übermäßig behüten wollen, ist das ältere Kind mit Wahrscheinlichkeit konservativer und weniger dominierend und aggressiv als die jüngeren Geschwister. Es fehlt ihm gewöhnlich an Selbstvertrauen und an der Fähigkeit, anzuführen, es wird leicht durch Vorschläge beeinflußt und ist sehr leichtgläubig. Es ist abhängiger und erregbarer, seine Gefühle sind leichter zu verletzen, und es zeigt weniger demonstrativ seine Zuneigung als seine später geborenen Geschwister. Wegen der hohen elterlichen Ansprüche leidet das ältere Kind oft an dem Gefühl zu versagen; ängstlich und besorgt, der Strafe zu entkommen, entwickelt es Gefühle der Unsicherheit (4, 22, 133).

Dem Kind, das als zweites geboren wird, wird ein großer Teil der elterlichen Ängstlichkeit, der emotionalen Spannung und der übermäßigen Sorge erspart, die das Erstgeborene erlebt. Deshalb ist das zweitgeborene Kind gewöhnlich weniger abhängig als das erste. Weil die Mutter weniger durch Ängstlichkeit angespannt ist und dem Verlust ihrer Freiheit weniger ambivalent gegenüber eingestellt ist, wenn das zweite Kind geboren wird, ist die Mutter-Kind-Beziehung wärmer und entspannter (98, 160, 241).

Im Alter von ein bis zwei Jahren orientiert sich das zweite Kind an dem ersten als Schrittmacher. Es kann jedoch kaum mit dem ersten Schritt halten, und oft trägt die überlegene Haltung und das dominierende Verhalten des ersten Kindes zu den Gefühlen der Unzulänglichkeit bei, die das jüngere Kind häufig hat (87, 160).

Trotz der Tatsache, daß die Mütter den Zweitgeborenen weniger Anleitung geben, übertreffen sie die Erstgeborenen in psychologischen Tests. Die Kinder mit einem Bruder zeigen bessere Leistungen als die mit einer älteren Schwester. „Es ist nicht so, daß der Junge die größere Geschicklichkeit oder das größere Wissen hat, sondern daß er durch die Herausforderung, die er bietet, das jüngere Kind stärker anregt und wachsamer macht als ein Mädchen. Eifersucht auf ihn, weil er im allgemeinen von seiner Mutter bevorzugt wird, regt vielleicht auch die Wachsamkeit an" (152). In der Regel sind die zweitgeborenen Kinder weniger neurotisch und introvertiert, fröhlicher und humorvoller als die erstgeborenen Kinder (6, 51).

Das mittlere Kind in einer Familie mit drei oder mehr Kindern wird leicht etwas vernachlässigt. Auch ihm fehlt es im allgemeinen an Aggressivität, es ist aber aggressiver als das älteste Kind. Das mittlere Kind wird sehr leicht durch Vorschläge beeinflußt; es ist häufig fahrig; seine Aufmerksamkeit läßt sich leicht von vor ihm liegenden

Dingen ablenken; es verlangt mehr als üblich nach körperlichen Beweisen der Zuneigung, und seine soziale Einstellung ist im allgemeinen gesellig. Es ist festgestellt worden, daß es mehr sehr unbeliebte Kinder unter den mittleren Kindern in Familien gibt als unter denen irgendeiner anderen Stellung in der Geschwisterreihe (74, 304).

Das jüngste Kind einer Familie ist mit Wahrscheinlichkeit verzogen und verzärtelt; andere Mitglieder der Familie helfen dem Kind oft noch, lange nachdem es sich schon selber helfen könnte. Manchmal neigt die Familie dazu, weil es so viel jünger und weniger reif erscheint als die anderen Kinder, es in einzelnen Fällen zu übergehen und es zu behandeln, als ob es eigentlich nicht in das Leben der Familie paßt. Diese beiden Extreme des Verhaltens – Nachgeben und Nichtbeachtung – beeinflussen seine Auffassung vom Leben und wiederum sein Verhalten (6, 33, 205, 242).

Nach Adler ist es so, daß die jüngsten Kinder in einer Familie nicht zu übersehende Zeichen der Tatsache tragen, daß sie die jüngsten gewesen sind. Adler glaubt auch, daß sie den größten Anreiz haben, danach zu streben, ihre Geschwister zu übertreffen. Die jüngsten Kinder erwarten Hilfe von anderen Mitgliedern der Familie und nehmen an, daß die Dinge immer in der Art ausgehen, wie sie es wünschen, weil immer andere Menschen da sein werden, um ihnen zu helfen (2). Da ihr Selbstvertrauen nie durch Wettbewerb mit einem der neu angekommenen Geschwister erschüttert worden ist, haben sie im Gegensatz zu den anderen Geschwistern einen Vorteil. Das kann zu einer optimistischeren Auffassung vom Leben führen (273).

Altersunterschiede. Wenn der Altersunterschied zwischen Geschwistern gering ist, werden die Beziehungen zwischen den Geschwistern am stärksten belastet; wenn der Altersunterschied groß ist, werden die Beziehungen zwischen Eltern und Kindern am stärksten strapaziert. Ein Zwischenraum von zwei bis vier Jahren führt zu einer besonders starken Anspannung der Beziehungen zwischen den Geschwistern, besonders wenn es sich um zwei Brüder handelt. Ein zuerst geborenes Kind mit einem dicht folgenden Geschwister wird reserviert; es kontrolliert seine Wut und emotionale Störungen besser als das an zweiter Stelle geborene Kind. Das ist nicht der Fall, weil es eine tiefe Zuneigung zum jüngeren seiner Geschwister hegt, sondern vielmehr weil es fürchtet, daß es bestraft wird, wenn es auf das jüngere der Geschwister in aggressiver Weise reagiert (152).

Der Altersunterschied zwischen Kindern ist ein wichtiger Faktor, der bestimmt, wie die Mutter sie behandelt. Wenn der Zwischenraum nur gering ist, behandelt sie ihre Kinder rationaler, gleicher und mit mehr Verständnis, obgleich jeder Unterschied der Behandlung weniger deutlich wird, wenn das zweite Kind in die Schule kommt (160).

Wenn der Altersunterschied zwischen Geschwistern groß ist, besteht eine völlig unterschiedliche Beziehung der Eltern zu jedem Kind. Eltern erwarten leicht, daß das ältere Kind dem jüngeren ein gutes Beispiel gibt, und sie kritisieren es, wenn das nicht der Fall ist. Vom jüngeren Kind wiederum erwarten sie, daß es das ältere nachahmt und ihm gehorcht. Diese elterlichen Erwartungen tragen zu einer schlechten Beziehung zwischen den Geschwistern bei (33, 242).

Geschlecht der Geschwister. Die Beziehungen zwischen den Geschwistern werden deutlich durch das Geschlecht der Geschwister beeinflußt. Sowohl Jungen als auch Mädchen reagieren sehr unterschiedlich auf Brüder und auf Schwestern. Das Geschlecht alleine ist jedoch nicht der bestimmende Faktor: Altersunterschiede, Stellung in der Geschwisterreihe und Einstellung der Eltern haben einen starken Einfluß.

Bei einer Verbindung Mädchen-Mädchen gibt es mehr Eifersucht als bei einer Kombination Junge-Mädchen oder Junge-Junge. Eine ältere Schwester spielt mit Wahrscheinlichkeit eine aggressivere Rolle in ihrer Beziehung zu einer jüngeren Schwester als zu einem jüngeren Bruder. Wenn die jüngere Schwester versucht, der älteren Anweisungen zu geben, wird das ältere Mädchen kämpfen, um seine Stellung zu behaupten. In ähnlicher Weise rivalisieren Jungen mehr mit ihren Brüdern als mit ihren Schwestern, teilweise deshalb, weil Eltern nicht soviel Aggressivität gegenüber den Schwestern zulassen, wie sie das gegenüber Brüdern tun. Wenn der Altersunterschied zwischen Geschwistern groß ist, seien sie nun gleichen oder verschiedenen Geschlechts, besteht eher eine zuneigungsvolle, freundliche Beziehung der Zusammenarbeit (175).

Typische Beziehungen zwischen den Geschwistern. Trotz einiger Abweichungen gibt es einen mehr oder weniger allgemeinen Verlauf der Beziehungen zwischen Geschwistern; dieser Verlauf zeigt eine ständige Zunahme der Reibungen in der Kindheit. Bei älteren Kindern führt der Erwerb von Interessen und Werten durch ihr Zusammensein mit Alterskameraden zu Zusammenstößen nicht nur mit ihren Eltern, sondern auch mit ihren Geschwistern.

Ältere Brüder und Schwestern, besonders wenn sie im Jugendalter sind, kritisieren ihre jüngeren Geschwister ständig und entdecken Fehler an ihnen, die „hacken auf ihnen herum" und nörgeln über alles und jedes. Das jüngere Geschwister wiederum versucht das heimzuzahlen, indem es sich über eines der älteren Geschwister lustig macht oder indem es bei den Eltern klatscht. Es kann sogar seine Aggression auf eines der noch jüngeren Geschwister projizieren (33, 97).

Spannung und Streit unter den Geschwistern entstehen aus vielen Gründen, von denen am häufigsten sind schlechte Laune der Geschwister, Mangel an Achtung vor dem Eigentum des anderen und das Verlangen der Eltern, daß eines der älteren Geschwister die verantwortliche Sorge um ein jüngeres übernimmt. Kleine Geschwister sind gerne mit älteren Geschwistern zusammen, aber die älteren Kinder sehen das als „Mitschleppen" und „Im-Wege-Sein" an. Das führt zu Streit, in dem das ältere Kind im allgemeinen die Oberhand über das jüngere gewinnt. Jüngere Geschwister wünschen oft, sie könnten die Stelle eines der älteren Geschwister einnehmen, besonders wenn es sich bei dem älteren der Geschwister um einen Jungen handelt (33, 160, 245).

Wenn die Geschwister in soziale Gruppen hineinwachsen und wenn sie Kontakte zu Kameraden entwickeln, kommen sie gewöhnlich auch zu Hause freundschaftlicher zurecht. Das bedeutet nicht, daß das Streiten ein Ende hat; es bedeutet vielmehr, daß Konflikte normalerweise weniger häufig und weniger intensiv werden und nur im ersten Teil der Pubertät wieder aufflakkern. Da wir eine nach Altersstufen aufgebaute Gesellschaft sind, fühlen sich Kinder weniger zufrieden mit vertikalen Beziehungen als mit horizontalen. Sie fühlen sich wohler und eher unter gleichen bei ihren Alterskameraden, ob sie nun Mitglieder der Gruppe der Altersgenossen sind oder Geschwister, als bei ihren Eltern, Lehrern oder anderen Erwachsenen. Das trägt weiter dazu bei, die Beziehungen zwischen den Geschwistern zu verbessern. Mit der Zeit nimmt das Band zwischen Geschwistern, besonders die Beziehung von einer Schwester zur anderen, die zweite Stelle hinsichtlich der Stärke nach der Beziehung zwischen Eltern und Kind ein (62).

Bedeutung der Beziehungen zwischen den Geschwistern. Die Reibung zwischen Geschwistern ist ohne Zweifel einer der wichtigsten Gründe für die Verschlechterung der Familieneintracht. Die Rivalitäten und die Eifersucht zwischen den Geschwistern kann durch Strafandrohung vor offenem Ausbruch bewahrt werden, aber wie jede unterdrückte emotionale Erfahrung, brechen sie früher oder später auf und verursachen Schwierigkeiten. Eine Umgebung im Elternhaus, die sich eher durch Gleichberechtigung auszeichnet, ist wahrscheinlich stürmischer, aber psychologisch gesünder, weil Verärgerung geäußert und die Atmosphäre gereinigt wird (152).

Der ernstzunehmende Aspekt der Reibung unter den Geschwistern ist der, daß sie zu einer Gewohnheit in der sozialen Beziehung wird, die das Kind mit Wahrscheinlichkeit aus dem Elternhaus herausträgt und auf seine Beziehungen mit der Gruppe der Alterskameraden überträgt. Gewohnheitsmäßiges Streiten, Beschimpfen, Tyrannisieren und Necken vergrößern seine Chance nicht, von der Gruppe der Alterskameraden akzeptiert zu werden. Ebenso schwächt die Reibung mit den Geschwistern die Motivation des Kindes, soziale Beziehungen zu Menschen außerhalb des Elternhauses zu bilden. Wenn seine Beziehungen zu seinen Geschwistern nicht erfreulich sind, hat es wenig Motivation, seine sozialen Kontakte auszudehnen.

Wenn schlechte Beziehungen zwischen den Geschwistern nur die Kinder der Familie beeinflußten, wäre die Situation nicht so unerfreulich und die Atmosphäre im Hause nicht so ungesund. Es ist jedoch fast unmöglich, daß die Eltern untätig dabei stehen, wenn ihre Kinder sich schlagen, beschimpfen oder klatschen; sie meinen, daß sie eingreifen und dem Streit ein Ende bereiten müßten. Indem sie das tun, verschlimmern sie gewöhnlich die Sache nur. Sie werden angeschuldigt, Partei zu ergreifen, jemanden vorzuziehen oder ungerecht zu sein.

Wem kann die Schuld an der Verschlechterung der Beziehungen zwischen Geschwistern zugeschoben werden, wenn die Kinder älter werden? Die meisten Männer geben ihren Frauen die Schuld und behaupten, daß sie nicht gut erzogen haben. Die Frauen wiederum geben ihren Männern die Schuld dafür, daß sie ihre elterlichen Pflichten vernachlässigt haben, daß sie der Erziehung der Kinder zuwenig Zeit gewidmet und dafür, daß sie das Verhalten eines Erwachsenen von Kinder erwartet haben. Den Finger anklagend auf jemanden zu richten führt zu Verärgerung und verschlimmert eine schlechte Lage. Wenn die Beziehungen innerhalb einer Familie vor Verschlechterung bewahrt werden sollen, ist es offenkundig, daß die beiden ernstesten Gründe der Verschlechterung – schlechte Beziehungen zwischen den Geschwistern und zwischen Eltern und Kind – in Angriff genommen werden müssen. Kinder müssen durch das gute Beispiel ihrer Eltern und durch direkte Unterweisung und Anleitung lernen, wie man gut mit Menschen zurechtkommt, ob es sich nun um Geschwister, Kameraden oder Erwachsene handelt; Eltern müssen es lernen, jedes Kind als ein Individuum anzuerkennen auch wenn es nicht den Erwartungen der Eltern entspricht, so daß es keinen Beweis für Bevorzugung gibt.

Eine Rückkehr zu der altmodischen Einstellung in der Kindererziehung, bei der von jedem Kind erwartet wurde, daß es seinen Fähigkeiten entsprechend einen Beitrag zum Wohlergehen der Familie leistet, könnte leicht zu besseren Beziehungen zwischen den Geschwistern und damit wiederum zu besseren Beziehungen innerhalb der Familie führen.

Art des Elternhauses

Sozioökonomischer Status. Das Familienleben unterscheidet sich in den verschiedenen sozioökonomischen Gruppen. Es bestehen Unterschiede in der Haushaltsführung und den Tischmanieren, in den Beziehungen zwischen dem Ehemann und der Frau, in den Vorstellungen über die Rollen der Eltern, der Kinder und der Verwandten, in den Werten der Familie, im Gebrauch des Geldes, in der sozialen Konformität, in der Erziehung der Kinder und der Einstellung zur Erziehung und in den Einstellungen zum Familienleben (25, 173, 185). Eltern der Mittelklasse sehen ihre Kinder in der Regel mit „Besitzerstolz und -hoffnung" an. Sie legen Wert auf soziale Anpassung, damit ein bestimmter Status erreicht wird, sie überwachen ihre Kinder genau und erwarten, daß sie jedes Verhalten vermeiden, das der Familie Kritik einbringen könnte. Weil das Kind der Mittelklasse von seinen Eltern erwünscht ist und als eine Erfüllung ihrer Ehe angesehen wird, wird es in freundlicher Weise behandelt, es wird gewöhnlich als gleichberechtigt betrachtet, und es werden ihm so viele Vorteile geboten, wie seine Eltern sie sich nur leisten können. Trotz der Aufmerksamkeit der

Eltern, die das Kind aus der Mittelklasse erhält, führt der ständige Druck, der dahingehend ausgeübt wird, daß der Familienstatus beibehalten wird, oft zu Verhaltensschwierigkeiten und Neurosen (20, 33, 242, 292).
Eltern der unteren Klasse haben viel zu oft die Einstellung, daß ein Kind den „unausweichlichen Tribut für geschlechtliche Beziehungen" darstellt (33). Diese Einstellung ruft keine warme Beziehung zwischen Eltern und Kindern hervor. Die Eltern kontrollieren ihre Kinder oft autoritär, aber ihre Erziehung ist inkonsequent. Das Kind aus der unteren Klasse fühlt sich oft nicht geliebt, unerwünscht und zu Hause zurückgewiesen; um das auszugleichen, sucht es die Gemeinschaft außerhalb des Elternhauses (4, 175).

Ökonomischer Status. Der ökonomische Status der Familie bestimmt häufig den sozialen Status. Ein wohlhabendes Elternhaus, in dem die Kinder von ihren Eltern nicht beachtet werden und durch unwissende oder uninteressierte Dienstboten aufgezogen werden, kann noch schädlichere Wirkungen zur Folge haben für die Einstellungen des Kindes als die Einstellungen, welche in Elternhäusern entstehen, in denen Armut herrscht (83, 116). Wirtschaftliche Unsicherheit trägt zur emotionalen Unsicherheit bei, aber wirtschaftliche Sicherheit schließt nicht unbedingt emotionale Sicherheit ein. Die größte emotionale Sicherheit findet sich bei Kindern der mittleren Einkommensgruppen. Wirtschaftlich begünstigte Eltern behandeln im allgemeinen ihre Kinder in intelligenter Weise und rufen so weniger Verhaltensschwierigkeiten hervor. Weiter haben Eltern in einer günstigen wirtschaftlichen Lage mehr Zeit und Geld für Freizeitbeschäftigungen, an denen die ganze Familie teilnehmen kann (119, 302).

Beruf der Eltern. Der Beruf des Vaters ist für das kleine Kind nur insofern wichtig, als er in einem direkten Zusammenhang mit dem Wohlergehen des Kindes steht. Für das ältere Kind ist jedoch der Beruf des Vaters dahingehend von Bedeutung, als er das Sozialprestige des Kindes beeinflußt (72). Kinder im Grundschulalter bewerten Menschen auf der Grundlage von Berufen und übernehmen die Einstellungen und Werte der Erwachsenen hinsichtlich der verschiedenen Berufe (302). Wenn ein Kind sich des Berufes seines Vaters schämt – entweder wegen des Niveaus der Arbeit, die getan werden muß, oder wegen der Art der Kleidung, die er bei der Arbeit trägt –, wird die Einstellung des Kindes zu seinem Vater, seinem Elternhaus und sich selbst nachteilig beeinflußt (26, 33, 212). Der Beruf des Vaters beeinflußt das Kind indirekt insofern, als er die Standards beeinflußt, die der Vater dem Kind setzt. Aus seiner Erfahrung durch die Arbeit weiß der Vater, welche Einstellungen, Geschicklichkeiten und Eigenschaften für den Erfolg wesentlich sind. Er versucht dann, diese in seinem Kind zu fördern. So „infizieren" die Standards der Welt des Berufes das Elternhaus und beeinflussen die Rolle des Vaters (1). Wenn der Beruf des Vaters ihn außer Hauses bringt, entsteht ein vorübergehender Bruch in der Familie und eine Veränderung der Umgebung im Elternhaus. Viele Berufe erfordern eine Verlegung der Wohnung. Die Anpassungsschwierigkeiten, die dem Neukommenden in der Gruppe der Schulkameraden begegnen, sind bereits ausführlich dargelegt worden.
Heute arbeiten mehr Mütter außerhalb des Heimes als je zuvor. Wie das die Kinder beeinflußt, hängt teilweise von ihrem Alter ab und teilweise von der Vorsorge, die für ihre Pflege getroffen worden ist. Das kleine Kind ist im allgemeinen unglücklich, wenn die Mutter für den größten Teil des Tages abwesend ist. Es wird ebenfalls verwirrt durch die verschiedenen Formen der Erziehung, die von der Mutter und dem Mutterersatz gebraucht werden. In Häusern, in denen die Mutter arbeitet, wird die Hausarbeit vernachlässigt, sind die Mahlzeiten unregelmäßig, gibt es wenig Gelegenheit zu sozialem Leben und Freizeit mit der Familie, und jedes Kind muß mehr Pflichten im Haus übernehmen als das sonst der Fall wäre (174, 207, 221). Kinder von arbeitenden Müttern kommen oft zu spät zur

Schule, Körperpflege und Kleidung werden bei ihnen mehr vernachlässigt als bei Kinder, deren Mütter nicht arbeiten; sie werden oft unzulänglich ernährt, weil sie sich ihre Nahrung selber besorgen oder weil sie zu unregelmäßigen Zeiten essen müssen; und sie sind oft nervös, was es schwierig für sie macht, sich in der Schule zu konzentrieren und gute Arbeit zu leisten.
Kleine Kinder werden stärker durch eine Berufstätigkeit der Mutter beeinflußt als ältere Kinder, obgleich die Mädchen, wenn sie älter sind, gewöhnlich über die zusätzlichen Hausarbeiten Verärgerung zeigen, die zu übernehmen von ihnen erwartet wird (234).
Der Grund für die Arbeit der Mutter hat einen deutlichen Einfluß auf ihre Einstellung zu ihrer Rolle als Mutter; das wiederum wirkt sich auf ihre Beziehung zu ihren Kindern aus. Wenn sie arbeiten muß, um den wirtschaftlichen Status der Familie beizubehalten, sind die Auswirkungen besser, als wenn sie nur arbeitet, um von der Familie und der Hausarbeit wegzukommen. Da Arbeit nicht in das kulturelle Stereotyp der „Mutter" paßt, hat sie wegen ihrer Abwesenheit vom Haus vielleicht Schuldgefühle, besonders wenn ihre Arbeit nicht durch wirtschaftliche Notwendigkeit motiviert wird (100, 221, 248).
Wenn der Mutter ihre Arbeit nicht gefällt oder wenn sie sich schuldig fühlt, weil sie ihr gefällt, ist ihre Beziehung zu ihrer Familie schlecht, und die Kinder werden im allgemeinen feindlich. Weiter erlegt die Mutter, der ihre Arbeit nicht gefällt, ihren Kindern häufig Hausarbeit auf, und sie verstärkt so die Feindlichkeit ihr gegenüber.
Eine Mutter, der ihre Arbeit Freude bereitet und die eine positive Einstellung zu ihr hat, bietet ihren Kindern ein Vorbild, das sie nachahmen; sie entwickeln gewöhnlich ein starkes Verlangen nach Leistung und danach, gute Arbeit in der Schule zu zeigen (135, 216, 268).
Wann die Mutter zu arbeiten anfängt, hat einen wichtigen Einfluß auf die Mutter-Kind-Beziehung. Wenn die Mutter zu arbeiten anfängt, ehe das Kind daran gewöhnt ist, alle Zeit mit ihr zu verbringen – ehe eine bestimmte Beziehung begründet worden ist –, sind die Auswirkungen minimal. Wenn sich starke Bindungen gebildet haben, leidet das Kind jedoch unter dem Entzug der Mutter, wenn nicht für einen zufriedenstellenden Mutterersatz gesorgt wird – einen Ersatz, den das Kind gerne hat und dessen Erziehungsmethoden keine Verwirrung oder Verärgerung beim Kind hervorrufen (174, 207).
Wenn die Mutter gelegentlich arbeitet – um etwa zusätzlich Geld für Weihnachtsgeschenke oder die Sommerferien zu verdienen – sind die Auswirkungen auf die Beziehung zwischen Eltern und Kind schwerwiegender, als wenn die Mutter ununterbrochen arbeitet. Im ersten Fall wird im allgemeinen keine angemessene Vorsorge für die Kinder getroffen, und sie stehen vielleicht komplizierten Anpassungsschwierigkeiten gegenüber. Mütter, die nur gelegentlich arbeiten, sorgen oft nicht dafür, daß jemand sich ersatzweise um die älteren Kinder kümmert – mit dem Ergebnis, daß die Kinder in der Nachbarschaft Ärger bekommen (104, 204).
Was das Kind von der Arbeit seiner Mutter hält, hängt teilweise davon ab, wie schwerwiegend ihre Arbeit sein Leben verändert, teilweise davon, was die Mütter seiner Freunde tun, und teilweise von seinem Stereotyp der „Mutter". Wenn es das kulturell anerkannte Stereotyp von „Mutter" hat als der Frau, die in das Haus gehört, wird es nicht verstehen können, warum seine Mutter anders ist. Die meisten Kinder erheben Einwände dagegen, daß ihre Mütter arbeiten, weil sie einsam sind und weil sie meinen, daß es kein Familienleben gibt, wenn die Mutter fort ist. Weiter ist die Mutter, wenn sie von der Arbeit nach Hause kommt, oft müde und reizbar; dies beeinflußt ihre Beziehung zu ihren Kindern (135, 216, 221).
Wenn die Mutter mit einer Arbeit beschäftigt ist, die in den Augen der Freunde des Kindes Prestige hat, ist das Kind stolz auf sie; wenn ihre Arbeit sie vom Hause nicht zu lange fernhält oder seine Lebensführung nicht zu sehr beeinträchtigt, ist ein Kind vielleicht

stolz auf seine Mutter, einfach weil sie Geld verdient. Wenn alles im Heim wie ein Uhrwerk ablaufen muß und wenn beständig Druck auf das Kind ausgeübt wird, Dinge in einer geschäftsmäßigen Art zu erledigen, ist seine Reaktion auf seine Mutter und ihre Arbeit sehr verschieden von der Reaktion, die es zeigen würde, wenn sie ihre Prinzipien der höchsten Leistungsfähigkeit im Büro hinter sich ließe (292).

Die Art der Anpassung, die das Kind an die Arbeit der Mutter vornimmt, kann von stiller Unterwerfung zu bitterem Groll reichen. Siegel und andere haben darauf hingewiesen: „Die Beschäftigung der Mutter per se ist nicht der überwältigend einflußreiche Faktor im Leben des Kindes, als den ihn einige angesehen haben" (253). Wenn die Mutter-Kind-Beziehungen schlecht sind und wenn das Kind psychischen Schaden durch die Arbeit der Mutter erlitten hat, entstehen die Schwierigkeiten oft durch andere Faktoren als durch ihre Beschäftigung. Wenn sie arbeitet, weil sie ihrer Rolle als Hausfrau und Mutter ablehnend gegenüber steht, wegen wirtschaftlicher Notwendigkeit aufgrund von Trennung, Scheidung oder Verlassen durch den Mann, weil sie für die Zukunft ihres Kindes einen hohen Anspruch stellt oder weil ihre Ehe nicht zufriedenstellend ist, sind viel mehr ihre unvorteilhaften Einstellungen als ihre Arbeit die Grundlage der schlechten Mutter-Kind-Beziehungen (253, 268, 300).

Außenstehende im Elternhaus. Obwohl die ideale Familie eine Kernfamilie ist, ist die typische Familie doch oft eine vergrößerte (62). Das Vorhandensein von Großeltern oder älteren Verwandten im Heim beeinflußt mit Sicherheit das Verhalten des Kindes. Wenn die Eltern des Kindes im Hause der Großeltern leben, müssen sie häufig den Wünschen der Großeltern nachgeben, damit die Eintracht im Heim gesichert ist. Ein wie großes Risiko eine Familie von drei Generationen darstellt, hängt teilweise von der Einstellung der Eltern zu den Großeltern ab und von der Notwendigkeit, sich um sie zu kümmern, teilweise von der Einstellung des Kindes und teilweise davon, ob es sich bei den älteren Verwandten um Männer oder Frauen handelt. Ohne Frage stellt die risikoreichste Art eines Drei-Generationen-Haushaltes – was die Eltern und die Kinder anbetrifft – der dar, in dem die älteren Verwandten weiblich sind (3, 71, 222, 275).

Wenn im Hause eine Großmutter mütterlicherseits ist, die Anforderungen an die Mutter stellt, ist die Situation für den Vater ebenso wie für die Kinder unbefriedigend. Im allgemeinen führt es dazu, daß der Vater sich von den Beschäftigungen der Familie zurückzieht und daß eine zusätzliche Last der Mutter auferlegt wird. Weiter führt es zu Reibung zwischen Ehemann und Frau, die für das emotionale Klima im Hause schädlich ist. Kinder leiden unter den widersprüchlichen Anforderungen, die von Mutter und Großmutter an sie gestellt werden (48). Die schwerwiegenden Folgen für das Kind äußern sich in fehlangepaßtem Verhalten im Heim und in der Schule. Abb. 14-4 zeigt die Wirkungen eines Familienlebens dieser Art. Weil ein Großvater weniger in Kontakt mit den Kindern käme, hätte er einen weniger störenden Einfluß als die Großmutter (92, 151).

Trotz der Tatsache, daß Kinder dazu angehalten werden, Loyalitätsgefühle gegenüber ihren Verwandten zu zeigen, kommt es mit Wahrscheinlichkeit zu Reibungen, wenn die Verwandten das Kind oder seine Eltern kritisieren oder wenn sie versuchen, ihre Autorität gegenüber dem Kind zu zeigen. Die Reibung nimmt zu, wenn die Verwandten von beiden Seiten der Familie aus verschiedenen sozioökonomischen Gruppen kommen. Es entsteht beim Kind die Neigung, wenn ihm die Unterschiede der sozialen Klassen deutlich werden, sich mit den Verwandten des Elternteiles aus der höheren Klasse zu identifizieren und sich der Verwandten des Elternteiles aus der unteren Klasse zu schämen (33). Wo die Familie des Kindes sozial beweglich geworden ist und sich an eine Lebensweise gewöhnt hat, die sich deutlich von der der Verwandten unterscheidet, ist die Wahrscheinlichkeit besonders groß, daß es

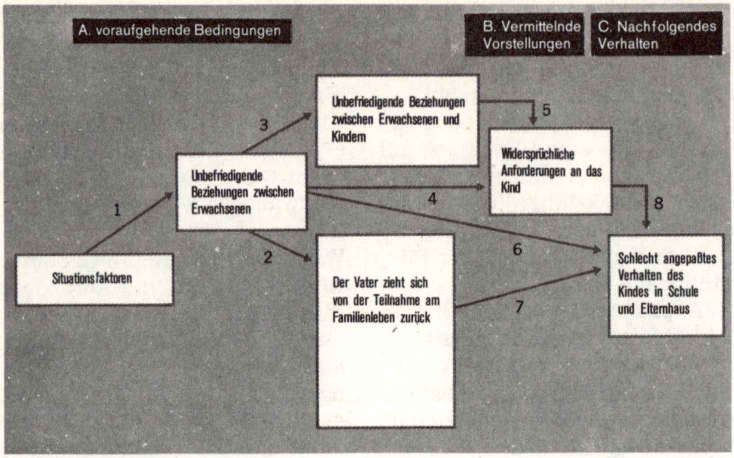

Abb. 14-4. Auswirkungen ungünstiger Familienbedingungen auf die Angepaßtheit des Kindes in Familie und Schule.

sich seiner Verwandten schämt (28, 128, 191).

Gäste im Elternhaus haben einen deutlichen Einfluß auf das Kind. Dem Kind bieten sich neue soziale Perspektiven, nach denen es seine Eltern, den Status der Familie und das Familienleben messen kann; es lernt neue soziale Rollen und Geschicklichkeiten, und es erwirbt neue Interessen und neues Wissen, wenn es zuhört, was die Gäste sagen. Es kann jedoch auch über die Gegenwart von Gästen verärgert sein, weil sie zusätzliche Arbeit für jedes Mitglied der Familie bedeuten, weil sie seine Pläne stören und weil sie oft Spannung bei den Eltern hervorrufen, die möchten, daß ihr Kind „einen guten Eindruck" macht (33).

Getrennte Familien. Wenn eine Familie durch Tod, Trennung oder Scheidung zerbrochen ist, wird das ganze Muster des Familienlebens verändert. Wenn die Veränderung auf Tod zurückzuführen ist, muß die Familie vielleicht die Wohnung aufgeben und zu den Großeltern oder anderen Verwandten ziehen. Es entstehen im allgemeinen finanzielle Schwierigkeiten, wenn die Mutter überlebt, und Schwierigkeiten mit der Betreuung der Kinder, wenn der Vater überlebt. Wenn die Familie aufgrund von Trennung, Scheidung oder Verlassen nicht mehr vollständig ist, entstehen zusätzliche Komplikationen durch die Feindschaft zwischen den Eltern und dadurch, daß das Kind von einem Elternteil zum anderen wechselt. So bestimmt die Ursache der Veränderung, welchen Einfluß die Veränderung auf das Kind ausübt (234, 236).

Der Zeitpunkt – wann im Leben des Kindes die Veränderung eintritt – ist ebenso wichtig, wenn nicht sogar wichtiger, als die Ursache für den Bruch. In der frühen Kindheit, wenn die Umwelt des Kindes fast ausschließlich auf das Elternhaus beschränkt ist, ist ein Bruch des gewohnten Familienlebens besonders traumatisch für das Kind; es wird unsicher und fühlt sich, als ob seine ganze Welt zerbräche. Weiter enthält eine unvollständige Familie dem Kind eine Quelle der Befriedigung seiner psychischen Bedürfnisse vor, besonders wenn die Mutter fehlt. Um den Verlust emotionaler Befriedigung auszugleichen, der ihm widerfährt, wenn die Familie zerbricht, wird das Kind im allgemeinen sehr abhängig von dem noch verbleibenden Elternteil; das führt zu unreifem Verhalten. Wenn die Familie getrennt wird, nachdem das Kind das Schulalter erreicht hat, dann hat sich sein Interesse auf die Gruppe der Alterskameraden und seine Arbeit in der Schule verlagert, und einige der schädlichen Wirkungen werden so ausgeschlossen. Sogar bei älteren Kindern ruft das Zerbrechen der Familie für die Eltern-Kind-Beziehung eine so starke emotionale Belastung und einen solchen Schaden hervor, daß sich das in schlechtem Verhalten in der Schule und im Elternhaus äußert (18, 94, 194, 263).

Wenn in der Familie ein Todesfall eintritt und das Kind erkennt, daß eines seiner Eltern nicht mehr zurückkommen wird, trauert es über den Verlust. Dieses Trauern beginnt mit Protest und verändert sich über Verzweiflung bis zur Loslösung. Bei Jugendlichen und jungen Erwachsenen sind viele Fälle psychischer Krankheiten, besonders des manisch-depressiven Typs, auf den Verlust eines geliebten Elternteiles durch Tod in den frühen Jahren der Kindheit zurückgeführt worden. In einem gewissen Maße hängen die Wirkungen des Todes der Eltern von der Art der Beziehungen ab, die das Kind zu ihnen gehabt hat. Die Folgen sind früh im Leben schwerwiegender, wenn die Mutter stirbt, und später, wenn der Vater stirbt (36, 131, 236). Die Auswirkungen auf lange Sicht auf das Leben des Kindes sind in Abb. 14-5 dargestellt.

Wenn das Kind beide Eltern verliert, sind die Folgen doppelt schwerwiegend. Abgesehen davon, daß es radikale Veränderungen seines Lebens akzeptieren muß, muß das Kind sich an die Fürsorge durch einen anderen Menschen anpassen, oft sogar eines Menschen, der ihm unbekannt war. Um die Gefühle der Unsicherheit, der Unzulänglichkeit und des Nichterwünschtseins zu verringern, versucht das Kind vielleicht, sich den Wünschen seiner Ersatzeltern anzupassen; indem es das tut, entwickelt es oft ein Persönlichkeitsmuster, das zu schlechter Anpassung führt (234, 290).

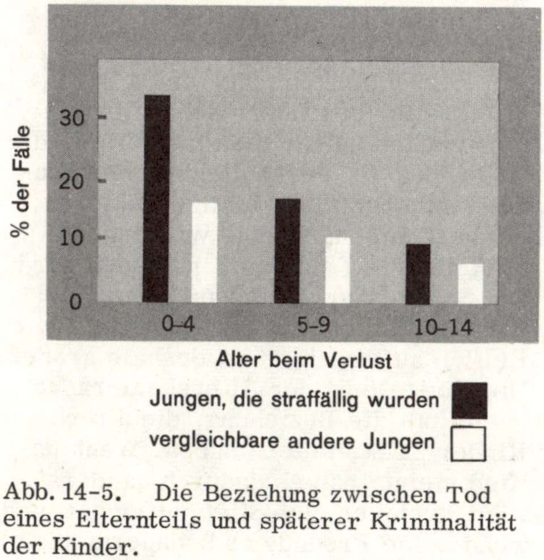

Abb. 14-5. Die Beziehung zwischen Tod eines Elternteils und späterer Kriminalität der Kinder.

Eine Familie, die durch Scheidung zerbrochen ist, kann für das Kind schädlicher sein als eine Familie, die durch Tod unvollständig geworden ist. Bossard hat sieben mögliche Folgen erwogen, die eine durch Scheidung zerbrochene Familie für das Kind haben kann: „Es entsteht ein Konflikt, wenn das Kind sich mit beiden Eltern verbunden fühlt; das Kind ist sich ständig des Problemes bewußt; das Kind stellt vielleicht Beschränkungen fest, die ihm auferlegt werden und die es nicht gab, als die Eltern noch zusammen waren; oft muß das Kind den Übergang von einer unvollständigen Familie in die Stellung eines Stiefkindes vollziehen; das Kind muß sich vielleicht zwischen zwei Elternhäusern bewegen und an das Klima von zwei verschiedenen Heimen gewöhnen; das Kind vergleicht vielleicht das Leben in seinem Heim mit dem von Kindern aus vollständigen Familien, und das Kind entwickelt vielleicht neue und verwirrte Ansichten über beide Eltern" (33).

Eine der schwerwiegendsten Folgen ist die, daß die Scheidung das Kind in den Augen der Kameraden „anders" macht. Wenn es gefragt wird, wo sein fehlender Elternteil ist, ist es verlegen und schämt sich. Weiter fühlt es sich vielleicht schuldig, wenn es die Zeit genießt, die es mit dem fehlenden Elternteil verbringt, oder wenn es vorzöge, bei dem abwesenden Elternteil zu leben, statt bei dem, der für es sorgt (95, 102).

In Familien, die vorübergehend getrennt sind, weil der Vater abwesend ist, kommt es für das Kind ebenso wie für die Eltern zu Spannungssituationen, wenn der Vater zurückkehrt. Eine Untersuchung mit Kindern, die im Kriege geboren wurden und deren Väter zum Zeitpunkt ihrer Geburt nicht zu Hause waren und während ihrer ersten Lebensjahre, wies darauf hin, daß die Kinder mehr Verhaltensschwie-

rigkeiten hatten, daß sie mehr Kontakte zu nahen Verwandten und weniger zu anderen Kindern aufnahmen, daß sie außerhalb des Hauses schlechtere soziale Anpassung zeigten, daß sie stärker von Erwachsenen abhängig waren und daß sie stärker Gefühle der Ängstlichkeit hatten als Kinder, die in einem Elternhaus zusammen mit beiden Eltern aufgewachsen waren (296).
Eine Untersuchung an den Kindern norwegischer Fischer, für die es unumgänglich war, für längere Zeiträume von zu Hause fort zu sein, hat gezeigt, daß diese Kinder von der Mutter abhängig werden, daß sie übermäßig behütet sind und daß sie im allgemeinen ihren Vater idealisieren. Für die Jungen gibt es keinen Mann, mit dem sie sich identifizieren können, und sie werden deshalb etwas verweichlicht. Wenn der Vater weiter im wirklichen Leben nicht der Idealvorstellung des Kindes entspricht, entsteht eine Reibung zwischen ihnen. Wenn ein starkes Band zwischen Mutter und Sohn besteht, ist der Junge vielleicht über die Rückkehr des Vaters verärgert und lehnt sich gegen ihn auf (309).
Vorübergehende Abwesenheit der Mutter berührt kleine Kinder beiderlei Geschlechtes in ernster Weise, weil ihnen die ausgewogene Fürsorge vorenthalten wird, an die sie gewöhnt sind. Bei älteren Kindern ist die vorübergehende Abwesenheit des Vaters schlimmer für Jungen als für Mädchen, weil sie dem Jungen die Möglichkeit zur Idenfifikation vorenthält, die er braucht, um die dem Manne angemessene Rolle zu lernen, und weil er das Gefühl hat, anders als die anderen Jungen zu sein (201, 234).
Wiederheirat wird oft als eine Lösung der Probleme einer unvollständigen Familie angesehen. Sie bringt jedoch ihre eigenen Probleme mit sich und, macht schwierige Anpassungen für alle erforderlich, besonders für das Kind. Obgleich die Wiederheirat einige der finanziellen Schwierigkeiten der zerbrochenen Familie beenden kann und so radikale Veränderungen des Lebensstandards der Familie verhindert, sind die zwischenmenschlichen Probleme, die entstehen, oft so schwierig zu lösen, daß sie die günstigen Wirkungen aufheben (95, 102, 131, 159).
Für das Kind besteht das größte Problem darin, sich an den Stiefvater oder die Stiefmutter anzupassen. Wie es sich daran anpaßt und an das neue Leben, das Stiefvater oder Stiefmutter bedingen, wird von vielen Faktoren beeinflußt. Sein Alter beim Zeitpunkt der Wiederheirat ist ein solcher Faktor. Je jünger das Kind ist, desto besser paßt es sich an, besonders wenn es sich um einen Stiefvater handelt. Das kleine abhängige Kind, das wenige Erinnerungen an den fehlenden Elternteil hat, paßt sich im allgemeinen besser an als das ältere Kind, weil Stiefvater oder Stiefmutter dem Kind ein Gefühl der Sicherheit geben. Bei älteren Kindern, ob es sich nun um Jungen oder Mädchen handelt, besteht die Neigung, Stiefeltern, also Vater ebenso wie Mutter, abzulehnen (33, 147, 234). Wenn Kinder mit ihren Stiefeltern bekannt gemacht werden, ohne daß sie auf die Veränderung vorbereitet sind, entstehen von Anfang an Schwierigkeiten (213, 256).
Dann gibt es noch das Stereotyp der Stiefeltern, besonders das der „bösen Stiefmutter", das ein Kind in Märchen, Filmen und durch Freunde kennenlernt. Es hat eine Vorstellung von seiner Stiefmutter, nach der es jede ihrer Handlungen mißt, wobei es im allgemeinen alles falsch auslegt, was sie sagt oder tut. Dies macht die Rolle der Stiefmutter außerordentlich schwierig (256).
Die Persönlichkeitszüge eines Stiefelternteils, besonders seine Gefühle hinsichtlich seiner Geeignetheit für die Rolle, und die Persönlichkeit des Kindes sind ebenfalls wichtige Faktoren, die bestimmen, welche Wirkungen ein Stiefelternteil auf das Kind haben wird. Die Stiefmutter kommt mit dem Kind mehr in Kontakt als der Stiefvater; ihr Einfluß auf das Kind ist deshalb größer. Die Einstellung der Alterskameraden beeinflußt die Beziehung, die ältere Kinder zu Stiefeltern haben. Wenn das Kind meint, daß es dadurch „anders" wird, wenn es eine Stiefmutter hat, und wenn seine Freunde es bedauern, dann

ist seine Einstellung weitaus weniger günstig, als wenn seine Freunde die Situation akzeptieren (147, 256, 290). Schlechte Stiefeltern-Kind-Beziehungen beeinflussen unausweichlich auch die Beziehungen zwischen den Eltern.

Vorstellungen über die Rollen in der Familie

In den primitiven Kulturen und in den meisten zivilisierten Kulturen ist die Rolle jedes Mitgliedes der Familie historisch starr vorgeschrieben durch Sitte, Konvention und Gesetz. So lernt das Kind die Rollen, die es in verschiedenen Perioden seines Lebens spielen soll, und nimmt diese Rollen an, ohne sie in Frage zu stellen. In der japanischen Familie z. B. sind die Rollen von Vater und Mutter eindeutig festgelegt, wobei die anerkannte Rolle für den Vater autoritärer ist als die für die Mutter. Jedes Kind lernt schon früh, daß dies die Rollen sind, die es zu übernehmen hat, wenn es in das Erwachsenenalter kommt (180, 279).

In der amerikanischen und europäischen Zivilisation heute führen das städtische Leben und die zunehmende Tendenz, daß Mütter außerhalb des Hauses zur Arbeit gehen, eine Veränderung der Rollen aller Familienmitglieder herbei (39, 46). Wegen der Veränderungen, die in unseren Vorstellungen über die anerkannten Rollen der verschiedenen Familienmitglieder stattgefunden haben, besteht eine geringere psychologische Distanz zwischen Eltern und Kind in Amerika als in Kulturen wie der japanischen, wo die Rollen von Eltern und Kindern auf dem Glauben an die Autorität der Eltern über die Kinder gründen und der Männer über die Frauen (180). Wenn sich die psychologische Distanz verringert, vergrößert sich mit Wahrscheinlichkeit die Reibung. Deshalb kann als einer der Gründe für die zunehmende Verschlechterung der Familienbeziehungen in Amerika, wenn die Kinder älter werden, auch die veränderten Vorstellungen von den Rollen in der Familie angesehen werden.

Das Kind entwickelt nicht nur eine Vorstellung von „Vater" oder „Mutter", sondern es fügt auch diesem Konzept eine Zuneigung oder Ablehnung gegen die Person hinzu, die durch die verbale Bezeichnung „Mutter" oder „Vater" beschrieben wird. Diese emotionale Tönung kann von stark bis schwach variieren. In ähnlicher Weise verbinden Mütter, wenn sie eine romatisierte oder unrealistische Vorstellung von „Kind" haben, Liebe mit dieser Vorstellung und Enttäuschung oder sogar Ärger mit jeder anderen. Ein großer Teil der Ambivalenz, die Mütter in ihren Beziehungen zu ihren Kindern erfahren, kann auf die Diskrepanz zwischen ihrer idealen Vorstellung und der Wirklichkeit zurückgeführt werden (238).

Wenn die Umgebung des Kindes sich vom Elternhaus zur Nachbarschaft und der Schule verlagert, gehen Veränderungen seiner Vorstellungen von den Mitgliedern der Familie vor sich. Die zunehmende Fähigkeit des Kindes, die Bedeutungen von Situationen zu erkennen, läßt es feststellen, daß die Mutter eine weniger wichtige Rolle spielt für das Fällen von Entscheidungen, für das Geldverdienen, für die Führung des Hauses und der Kinder, als es gedacht hat. Es findet dann eine Verlagerung seiner Vorstellungen von der Rolle, die Mutter und Vater spielen, statt. Zusätzlich verändert sich die Vorstellung des Kindes von „Kind" als von „einem, der seine Eltern dominieren kann" – wie es das getan hat, als es noch kleiner war – zu „einem, den die Eltern kontrollieren und dominieren" (79).

Veränderungen der Vorstellungen führen oft zu Konflikten und Spannung, wenn nicht die Vorstellungen aller Familienmitglieder sich in dieselbe Richtung und in gleichem Maße verändern. Wenn die Veränderungen bedeuten, daß die Vorstellungen sich ähnlicher werden, werden Reibung und Spannung reduziert; wenn sie sich weiter voneinander entfernen, nehmen Spannung und Reibung zu. Obwohl Veränderungen der Vorstellungen im allgemeinen zu einer Verschlechterung der Beziehungen innerhalb der Familie führen, läßt fehlende Rigidität eine größere Individualität und Flexibilität angesichts sich verändernder Umstände zu (39, 294).

Spezifische Vorstellungen. 1. Vorstellungen von den Eltern. Für einen Erwachsenen sind Eltern nicht nur Personen, die Kinder in die Welt setzen und während der hilflosen Jahre der Kindheit für sie sorgen; vom Standpunkt des Erwachsenen sind „gute Eltern" Menschen, die wünschen, daß das Kind für ein glückliches und nützliches Leben ausgerüstet ist (278).
Obwohl alle Eltern gute Eltern sein möchten, haben sie verschiedene Ansichten darüber, wie dieses Ziel zu erreichen ist. Im allgemeinen fallen die Vorstellungen, die Eltern von ihren Rollen haben, in zwei Kategorien, in traditionelle oder in die, welche die natürliche Entwicklung betonen. Die traditionelle Vorstellung unterstreicht die autoritäre Rolle der Eltern, die Wert darauf legt, das Kind an ein Vorbild anzupassen, indem ihm die kulturell anerkannten moralischen und religiösen Werte eingeimpft werden. Die Vorstellung, die von der natürlichen Entwicklung ausgeht, betont dagegen die Achtung vor der Person und eine das Wachstum fördernde Art der Anleitung ohne allzu viele Restriktionen (70, 122, 156, 295).
Das Kind sieht die Eltern oft als eine Quelle der Frustrationen, während die Eltern selbst sich als Menschen sehen, die das Kind fördern (30, 79, 144). Für die meisten Kinder sind die Eltern Menschen, die etwas für sie tun und auf die sie sich verlassen können. Ihre Vorstellungen von Eltern gründen viel häufiger auf den Beschäftigungen der Eltern als auf ihrer körperlichen Erscheinung oder auf der Persönlichkeit der Eltern. Für Kinder sind „gute Eltern" nachgiebige oder fürsorgliche Eltern; sie interessieren sich für das Heim, die Kinder und die Interessen der Kinder; sie respektieren die Individualität der Kinder, und sie fördern Liebe und nicht Furcht (4, 56, 86, 144).
Kinder wissen nicht nur, was ihnen an ihren Eltern gefällt, sondern sie haben auch ziemlich feste Vorstellungen davon, wie sie ihre Eltern gerne hätten und welche Charakterzüge sie an ihren Eltern gerne sähen. Sie möchten, daß sie ein gutes Vorbild abgeben, daß sie gesellig sind, verständnisvoll, freundlich, liebevoll, voll Zuneigung und gutmütig. Die Eigenschaften, die sie als die wichtigsten ansehen, sind die Persönlichkeitszüge, die ihre Eltern ihnen gegenüber interessierter und mitfühlender machen (33, 126).

2. Vorstellungen von „Mutter". Die traditionelle Vorstellung von der Rolle der Mutter, die heute mehr von Mitgliedern der unteren als der mittleren und oberen Klassen vertreten wird, ist die einer autoritären Person, die erzieht, unterweist und sich um die Kinder und das Haus kümmert, ohne viel Hilfe vom Vater zu bekommen. Manchmal sorgt sie sogar für den Lebensunterhalt der Familie. Die Vorstellung von der Familie in den Mittelklassen ist fortschrittlicher und betont, daß die Entwicklung des Kindes gefördert werden soll, daß auch Interessen außerhalb des Hauses vorhanden sein müssen, daß der Vater sich auch um die Kinder kümmert, daß manchmal sogar Hilfe von außerhalb geholt wird, damit die Mutter mehr für und mit den Kindern tun kann. In der Regel halten sich Männer eher an die traditionelle Vorstellung, wogegen Frauen häufiger die fortschrittliche Vorstellung akzeptieren (242, 280).
Das kleine Kind denkt an die Mutter als an eine Person, die Dinge für es tut, die sich seiner körperlichen Bedürfnisse mit Verständnis annimmt, die es liebt, die eine ganze Menge kindischen Unfugs ertragen kann und die ihm zu Hilfe kommt, wenn es in Schwierigkeiten ist. Wenn sie noch klein sind, sehen sowohl Jungen als auch Mädchen die Mutter so, als übe sie eine viel größere Macht als der Vater aus. Wenn die Mutter als sehr autoritär angesehen wird, gilt sie nicht als liebevoll; für Kinder gehen Autorität und Zuneigung nicht Hand in Hand (79, 105, 199).
Wenn die Kinder älter werden, verändern sich ihre Vorstellungen von „Mutter" in einem gewissen Maße. Obwohl sie immer noch in erster Linie die Mutter einschätzen nach dem, was sie

für sie tut, erkennen sie, daß die Mutter in den Augen der Umwelt weniger Autorität und Prestige hat als sie angenommen haben, als sie noch kleiner waren (80). Weiter werden sie stärker durch das Stereotyp der „Mutter" beeinflußt, das ihnen in den Massenmedien dargeboten wird, besonders im Film und im Fernsehen.

Es ist nicht überraschend, daß sich auch die Einstellungen der Kinder zur Mutter ändern, wenn die Vorstellungen von der Rolle sich ändern, die die Mutter in der Familie und in der Gesellschaft spielt. Als eine Folge dieser Veränderungen nehmen die Kinder eine kritischere Einschätzung ihrer Mutter als Persönlichkeit vor und ihrer Rolle im Haus, besonders wenn ihre Interessen und Beschäftigungen das Vergnügen der Kinder beeinträchtigen oder wenn der Eindruck, den sie auf die Kameraden macht, nicht so günstig ist, wie sie das gerne hätten (15, 97, 181).

Jungen neigen dazu, ihre Mütter zu idealisieren, wenn sie älter werden, und sie sind ihnen gegenüber weniger kritisch als die Mädchen. Gegen Ende der Kindheit und im Jugendalter entwickeln Jungen oft das Stereotyp einer idealen Mutter, die solche Züge wie Freundlichkeit, Aufrichtigkeit, Gewissenhaftigkeit, hohe moralische Standards, Bildung und Weiblichkeit besitzt; sie ist ein geselliger Mensch, und es fehlen ihr solche Züge wie Eitelkeit. Dieses Stereotyp einer idealen Mutter (zur „typischen Mutter" vgl. Abb. 14-6) wird nicht nur herangezogen, um die eigene Mutter zu beurteilen, sondern auch um Mädchen und andere Frauen zu bewerten (243).

3. Vorstellungen über den „Vater". Nach traditioneller Ansicht sorgt der Vater für den Lebensunterhalt der Familie und ist das Oberhaupt im Hause. Wenn der Vater dem Kinde etwas beibringt, tut er das unbewußt, mehr durch sein Beispiel als durch Gebote. Diese Vorstellungen haben überwiegend Väter der unteren sozioökonomischen Gruppen. Im Gegensatz dazu halten sich Väter der mittleren und oberen Klassen mehr an die fortschrittliche Vorstellung von der Rolle des Vaters, die Wert legt auf das Verständnis für die Kinder, darauf, der Freund oder Kamerad des Kindes zu sein, die Kinder bewußt zu lehren, ihre Entwicklung zu leiten und etwas für sie und mit ihnen zu tun.

Der Vater, der eine fortschrittliche Vorstellung von seiner Rolle hat, gebraucht liberale Arten der Kontrolle über das Kind, versucht schwere Strafen zu vermeiden und ist daran interessiert, das Kind auf eine Zukunft vorzubereiten, die seinen Fähigkeiten entspricht. Eltern aus der unteren Klasse zeigen weniger Übereinstimmung hinsichtlich der Rolle, die der Vater in der Familie spielen sollte, als Eltern der Mittel- und Oberklassen (54, 142, 156).

Viele Männer meinen, daß sie für ihre Rolle als Vater ungeeignet sind, besonders in solchen Bereichen wie Erziehung, Kameradschaft und Vermittlung von Charakterzügen. Väter, die von ihren Kindern für einen längeren Zeitraum in den frühen, formenden Jahren getrennt gewesen sind, fühlen sich in dieser Hinsicht besonders unzulänglich (269).

Die meisten Kinder haben eine ziemlich festgelegte Vorstellung von „Vater", die sich deutlich von ihrer Vorstellung von „Mutter" unterscheidet. Nach dieser Vorstellung ist der Vater mehr von zu Hause fort als die Mutter; er straft häufiger und schlimmer als die Mutter; er weiß mehr und ist im allgemeinen wichtiger als die Mutter, weil er das Geld verdient, weil er mehr besitzt und weil er das Oberhaupt der Familie ist (181, 270). Die Tendenz, die Rolle des Vaters als eine machtvollere in der Familie anzusehen, nimmt mit dem Alter zu. Weil der Vater als der Elternteil mit mehr Macht angesehen wird, wird er mehr gefürchtet und wird als dominierender und als weniger fürsorglich angesehen; das kleinere Kind verbindet Aggressivität mit dem Vater und Fürsorglichkeit mit der Mutter. Sowohl Jungen als auch Mädchen denken an den Vater als „stärker, größer, dunkler, schmutziger, ungelenker und gefährlicher" als die Mutter (144).

Wenn die Kinder älter werden, ent-

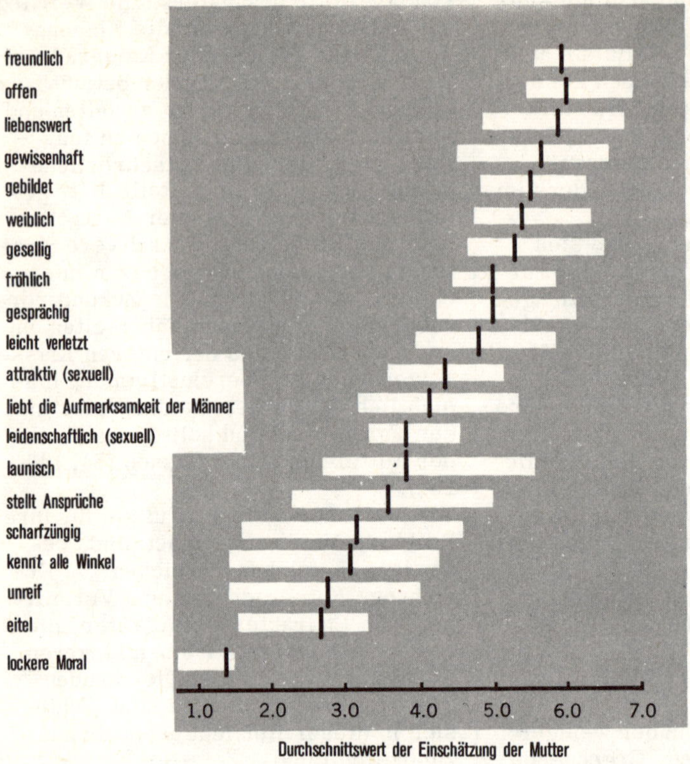

Abb. 14-6. Die „typische" Mutter.

wickeln sie eine Vorstellung von einem „idealen" Vater, die sich auf Bücher und Massenkommunikationsmittel ebenso wie auf ihre Beobachtungen der Väter ihrer Freunde gründet. Nach diesem Ideal ist der Vater gerecht, liebevoll, beherrscht, man hat viel Spaß mit ihm, er ist sauber, mild, geschäftig und legt hohe Maßstäbe an sich selbst und andere an. Da die Väter selten diesem Ideal entsprechen, wird das Kind den Mängeln seines Vaters gegenüber kritisch; diese kritische Einstellung wird bald generell und breitet sich auf alles aus, was der Vater sagt oder tut (67, 144, 279).

Da die Väter weniger bei ihren Kindern sind als die Mütter, können die Kinder leichter eine ideale Vorstellung vom Vater aufbauen. Aus demselben Grund haben Väter mehr Schwierigkeiten, unerfreuliche Züge und Verhaltensweisen, die die Kinder mit ihnen in Verbindung bringen, zu beseitigen. Als Folge davon ist die Beziehung zwischen Vater und Kind mehr durch ihre Vorstellung von idealen Eltern gestört als die Mutter-Kind-Beziehung (58, 144).

4. Vorstellung von „Kind". Ein „gutes" Kind ist in der traditionellen Vorstellung der Erwachsenen eines, das seine Eltern achtet, das gehorcht, das Erwachsenen Freude macht, das im Hause Pflichten auf sich nimmt und zur Zusammenarbeit bereit ist, das gesund ist und eifrig lernt. Es ehrt seine Eltern wegen ihrer selbstlosen Hingebung. Die Tochter muß im Haushalt helfen, vom Sohn wird erwartet, daß er früh selbständig wird und daß er zu seinem Unterhalt im Hause beiträgt. Diese traditionelle Vorstellung wird eher von Eltern der Unterklasse als von denen der Mittel- und Oberklassen vertreten und mehr von Vätern als von Müttern (54, 279).

Nach der fortschrittlichen Vorstellung, die überwiegend die Eltern der Mittel- und Oberklassen vertreten, wird das Kind in ein Entwicklungsmuster hineingeführt, das seiner angeborenen Ausstattung entspricht, und nicht gezwungen, sich sozial anerkannten Idealen anzupassen (111, 129, 261).

Die Vorstellung, die das Kind von seiner Rolle hat, wird stark beeinflußt durch die Vorstellungen seiner Eltern. Wenn sie es für abhängig halten, lernt es zu glauben, daß das die Rolle des Kindes ist; wenn sie das Kind bedienen, glaubt es, daß ein Kind bedient werden muß. Ohne Rücksicht auf die soziale Klasse haben die meisten Kinder eine Vorstellung, die auf ihrer moralischen und religiösen Erziehung im Elternhaus, der Schule und der Kirche gründet, daß ein „gutes" Kind seine Eltern ehrt und achtet, daß es gehorsam ist und daß es zur Zusammenarbeit bereit ist, aber daß es in der Familie keine Schwierigkeiten macht (33, 54).

Ganz gleich, wie unwillig ein Kind über die Autorität der Eltern ist, es sieht sich selbst als jemanden, der weniger Macht hat im Elternhaus als seine Eltern (79). Das trifft sogar auf ein Elternhaus zu, in dem das Kind der Mittelpunkt ist, wo Nachgiebigkeit in den Erziehungsmethoden vorherrscht und wo die Eltern wenig Autorität oder Kontrolle ausüben. Obgleich es sich selbst vielleicht als fast unabhängig sieht, sieht das Kind seine Eltern auch als die, die die Verantwortung für die Führung des Hauses übernehmen und die sich um seine physischen und psychischen Bedürfnisse kümmern (122).

<u>Auswirkungen der Vorstellungen.</u> Vorstellungen von den Rollen der verschiedenen Mitglieder der Familie haben eine große Bedeutung für die Beziehungen innerhalb der Familie. Wenn Eltern sich für „gute" Eltern halten, das Kind aber nicht dieser Meinung ist, besteht eine schlechte Eltern-Kind-Beziehung (245). Eine Mutter, die glaubt, daß es sie zu einer „guten Mutter" macht, wenn sie bestimmte Dinge für ihre Kinder tut, kann entdecken, daß ihre Kinder sie als kalt, uninteressiert und sogar zurückweisend ansehen. Wenn ihre Vorstellungen von einer „guten Mutter" Beweise der Zuneigung und Nachgiebigkeit einschließen, werden die Kinder sie weitaus weniger günstig einschätzen, als die Mutter sich selber einschätzt, und das führt zu schlechten Mutter-Kind-Beziehungen (4). Es ist nicht die Beziehung zwischen Eltern und Kind, die per se wichtig ist, sondern das ist die Frage, wie Kind und Eltern sie sehen (245).

Viel zu oft sind die Vorstellungen von den Rollen in der Familie so romantisiert, daß sie mit der Wirklichkeit nicht übereinstimmen. Die Folge ist, daß wenige Familienmitglieder, ob es sich um Eltern, Kinder, Großeltern oder Geschwister handelt, hoffen können, den Erwartungen der anderen Familienmitglieder zu entsprechen. Wenige Eltern können sich z. B. der romantisierten Vorstellung von „idealen" Eltern annähern, wie sie in Büchern, Bilderheftchen oder auf der Leinwand dargeboten wird. Das Kind, das seine Eltern nach solchen Stereotypen beurteilt, wird mit Wahrscheinlichkeit ihnen gegenüber sehr kritisch und meint, daß seine Eltern den Eltern seiner Freunde nachstehen (16, 181).

In ähnlicher Weise entsprechen nur wenige Männer oder Frauen der romantisierten Vorstellung ihrer Frauen oder Männer von der Rolle der „Mutter" oder des „Vaters". Ein Mann meint vielleicht, daß er ein „guter Vater" ist, wenn er gut für den Lebensunterhalt seiner Kinder sorgt und ihnen Vorteile bietet, die er selber nie gekannt hat. Seine Frau meint dagegen vielleicht, daß er ein „nachlässiger Vater" ist, weil er seinen Kindern zuwenig Zeit widmet und ihr den größten Teil der Verantwortung für sie überläßt (156). Die Frau, deren Vorstellung von einer „guten Mutter" einschließt, daß sie ihren Kindern Vorteile bietet durch Arbeit, die sie außerhalb des Hauses übernommen hat, stellt vielleicht fest, daß die Vorstellung ihres Mannes sich radikal unterscheidet; das führt zu einer Reibung über die Frage ihres Berufes (248). Männer stehen der Rolle ihrer Frauen als Mütter kritischer gegenüber als Frauen der Rolle ihrer Männer als Väter, und zwar in erster Linie deshalb, weil Männer stärker dazu neigen, die Rolle der Mutterschaft zu romantisieren (37, 280).

Unrealistische Vorstellungen können

mit der Zeit und durch direkten Kontakt mit den Mitgliedern der Familie realistischer werden (248). Das Kind, das vorher geglaubt hat, das undemonstrative Verhalten seiner Mutter bedeute Zurückweisung, erkennt vielleicht schließlich, daß sie ihre Zuneigung in einer Weise zeigt, die es vorher nicht verstanden hat. Weiter ist es, wenn es älter wird, froh, daß sie es nicht in Verlegenheit bringt durch auffällige Beweise ihrer Zuneigung. Durch persönliche Kontakte mit älteren Menschen, besonders Verwandten, wird das Kind seine frühere Vorstellung von alten Leuten und Großeltern überprüfen und vielleicht sogar aufgeben. Wenn diese Veränderungen der Vorstellungen über Rollen innerhalb der Familie eintreten, verbessern sich die Beziehungen innerhalb der Familie (4, 155, 283). Wie jedoch bereits zuvor erwähnt worden ist, führen die Veränderungen nicht immer – oder nicht einmal gewöhnlich – zu verbesserten Beziehungen.

Vorliebe für einen Elternteil

In jeder menschlichen Beziehung besteht die Tendenz, die jeweilige Person zu mögen, sie abzulehnen oder ihr neutral gegenüberzustehen. Wie bereits früher erwähnt wurde, zieht ein Kind eines seiner Geschwister einem anderen vor; es zieht auch einen Elternteil einem anderen vor. Diese Vorliebe kann so gering sein, daß sie von dem Kind oder von den Eltern kaum zu erkennen ist, oder sie kann so stark sein, daß jeder sie sehen muß.

Eine leichte Vorliebe für einen Elternteil kann mit Humor angenommen werden, kann aber auch zu verletzten Gefühlen oder zu Reibung führen. Auf der anderen Seite erfordert es einen sehr reifen Erwachsenen, deutliche Ablehnung durch ein Kind ohne Verärgerung zu akzeptieren. Das enge Band, das sich zwischen dem Kind und dem bevorzugten Elternteil entwickelt, gibt dem anderen Elternteil das Gefühl, überflüssig zu sein.

Psychoanalytiker erklären die Vorliebe des Kindes für einen Elternteil durch die Theorie des Ödipuskomplexes – daß ein angeborenes, unbewußtes geschlechtliches Verlangen besteht, das Söhne nach ihrer Mutter und Töchter nach ihrem Vater haben. Wenn das zuträfe, würde das bedeuten, daß das Kind immer den Elternteil des anderen Geschlechtes vorzöge. Inzwischen haben Untersuchungen gezeigt, daß das nicht der Fall ist. Statt dessen wird die Einstellung des Kindes zu einem Elternteil bestimmt durch das Alter des Kindes, durch seine Stellung in der Familie, durch die Art, wie es von seinen Eltern behandelt wird und durch ihre Einstellung zu ihm, durch die Persönlichkeit des Kindes, durch kulturgebundene Einstellungen zur relativen Bedeutung von Mutter und Vater und durch viele andere Faktoren. So wird offenkundig, daß die Vorlieben für Eltern gelernt sind; es gibt keinen Beweis einer angeborenen Vorliebe für einen Elternteil (33).

Daß es keine solche angeborene Vorliebe gibt, wird weiter deutlich in der Tatsache, daß die Vorlieben nicht gleich bleiben; sie ändern sich vielmehr von einem Alter zum nächsten und von einer Gelegenheit zur nächsten. Im allgemeinen besteht jedoch die Tendenz, daß Kinder beider Geschlechter die Mutter dem Vater vorziehen, wenn sie noch sehr klein sind. Bei älteren Kindern nimmt die Zuneigung zum Vater zu, die Mutter bleibt ihnen aber weiter am liebsten. Wenn sie sich der Pubertät nähern, zeigen Mädchen eine weniger günstige Haltung gegenüber beiden Eltern, aber es besteht immer noch die Neigung, die Mutter vorzuziehen. Jungen haben eine vorteilhaftere Einstellung zu beiden Eltern, wenn sie sich der Pubertät nähern, aber auch sie ziehen in der Regel die Mutter vor (113, 148). Abb. 14-7 zeigt Vorlieben für Eltern in der Kindheit.

Gründe für die Vorlieben. Im Denken des Kindes hat der bevorzugte Elternteil einen Vorteil vor dem anderen Elternteil, und der Vorteil besteht im allgemeinen zugunsten des Kindes. Von den vielen Faktoren, die bestimmen, wie es seine Eltern sieht und einschätzt, sind die folgenden am wichtigsten:

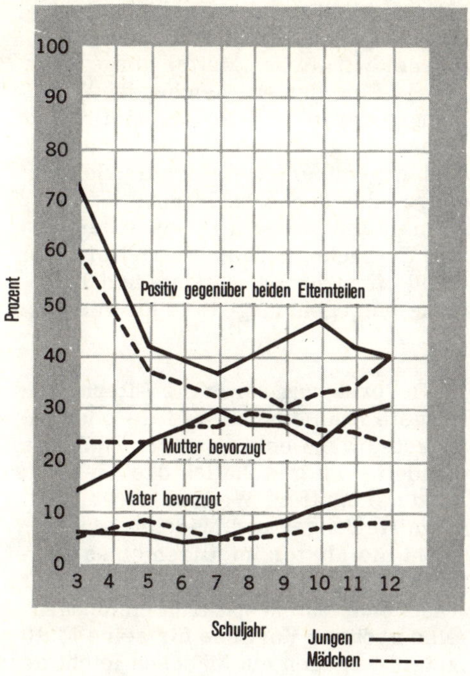

Abb. 14-7. Präferenzen von Jungen und Mädchen für die Mutter bzw. den Vater.

1. Die Zeit, die mit dem Kind verbracht wird. Herkömmlicherweise ist die Mutter der Elternteil, der mehr Zeit mit den Kindern verbringt. Weiter spielt sie im allgemeinen mehr mit den Kindern und bietet ihnen so mehr glückliche Erlebnisse als der Vater (66).

Wenn die Kinder älter werden, spielt der Vater weniger mit ihnen und wird ihrem Lärm und dem normalen kindlichen Verhalten gegenüber intoleranter. Mütter dagegen sind toleranter und zeigen dem Kind gegenüber mehr Zuneigung (11, 33, 34). Da Mütter verständnisvoller sind als Väter, behaupten Kinder, daß sie mit den Müttern leichter zurechtkommen (96).

Je länger ein Elternteil von dem Kind getrennt ist, desto größer wird die Vorliebe für den verbleibenden Elternteil. Kinder, die z. B. geboren wurden, als ihre Väter im Kriege waren, reagierten auf die Rückkehr der Väter mit scheuem Sich-Zurückziehen und gingen nicht auf die Väter ein. Die Väter wiederum wurden ihren Kindern und deren Verhalten gegenüber kritisch. Daraufhin wendeten sich die Kinder noch mehr als vorher ihren Müttern zu, um Aufmerksamkeit und Zuneigung zu erlangen (269).

Wenn die Mutter vom Kind für einen bestimmten Zeitraum getrennt ist, wendet das Kind vielleicht dem Vater seine Zuneigung zu und zieht ihn sogar nach der Rückkehr der Mutter vor (94).

2. Sorge für das Kind. Wenn Kinder noch sehr klein sind, ziehen sie ohne Frage die Mutter vor; sie ist diejenige, die ihnen die meisten ihrer materiellen Wünsche erfüllt (11, 59, 96, 227). Wenn sie jedoch ihre Vorliebe äußern können, ziehen sie die Mutter für einige Beschäftigungen vor wie kochen, an den Händen halten, baden und lesen und den Vater für andere, besonders für das Spielen. Mädchen ziehen es vor, wenn ihre Mütter sie ankleiden, ihnen ist es lieber, neben ihrer Mutter zu sitzen, bei ihr zu schlafen und ihr zu helfen. Jungen ziehen in diesen Fällen ihre Väter vor. Wenn sie einen Dienst von den Eltern wünschen, dann erhält der Vater den Vorrang, wenn ein Spielzeug zerbrochen ist oder wenn Geld gebraucht wird, und die Mutter ist ihnen lieber bei Krankheit, bei Schwierigkeiten in der Schule, wenn sie etwas verloren haben oder wenn ihre Gefühle verletzt worden sind (9).

3. Äußerung der Zuneigung. Väter können eine ebenso große Zuneigung zu ihren Kindern haben wie die Mütter, aber sie zeigen das oft nicht in einer Art, die das Kind verstehen kann (20, 22, 59, 149, 204, 209).

4. Strenge der Erziehung. Der Elternteil, der dem Kind am meisten Beschränkungen auferlegt und es am meisten bestraft, wird weniger vorgezogen. Die Mutter ist gewöhnlich toleranter und wendet körperliche Züchtigung weniger oft an als der Vater, und das trägt dazu bei, daß ein Kind die Mutter vorzieht. Sowohl Jungen als auch Mädchen ziehen jedoch den Vater vor, wenn die Mutter sie bestraft, und die Mutter, wenn der Vater sie bestraft. Für die Kinder ist es schwer

zu verstehen, daß ein Mensch, der sie liebt, sie strafen kann; sie legen daher die Strafe als Mangel an Zuneigung aus und ziehen den Elternteil vor, der sie zu der Zeit lieber zu haben scheint (57, 144).

5. Die Erwartungen der Eltern. Der Elternteil, der zuviel von dem Kind erwartet und es kritisiert, wenn es diesen Erwartungen nicht entspricht, wird weniger begünstigt als der Elternteil, dessen Erwartungen besser mit den Fähigkeiten des Kindes übereinstimmen. Die Mütter von Kindern, deren Geburt geplant war, und Mütter, die in einem akademischen Beruf stehen, erwarten im allgemeinen zuviel von ihren Kindern. Sie setzen unrealistisch hohe Ziele und erwarten, daß ihr Kind effizient und geschäftsmäßig vorgeht (58, 255, 292).
Viele Väter erwarten ebenfalls, daß ihre Kinder, besonders ihre Söhne, den Maßstäben der Geschäftswelt entsprechen. Sozial mobile Eltern setzen wahrscheinlich unrealistisch hohe Ziele für ihre Kinder; je höher die Eltern aus eigener Anstrengung auf der beruflichen und sozialen Leiter geklettert sind, desto wahrscheinlicher ist es, daß sie hohe Ansprüche an ihre Kinder stellen. Von Mädchen wird erwartet, daß sie Erfolg haben im gesellschaftlichen Leben, auf Jungen dagegen wird Druck ausgeübt, damit sie in der Schule und im Beruf Erfolg haben (1, 4, 232, 242).
Wenn ein Elternteil für einen bestimmten Zeitraum von zu Hause fort ist, stellt er im allgemeinen höhere Ansprüche als der Elternteil, der immer bei dem Kind ist und der deshalb besser erkennt, was man normalerweise von dem Kind erwarten kann. Weil der Elternteil mit den höheren Anforderungen dann dem Kind gegenüber kritischer eingestellt ist, wenn er mit ihm zusammen ist, wendet das Kind sich dem anderen Elternteil zu, um Zuneigung und Anerkennung zu bekommen (269).
Die Mutter, die einem Beruf außerhalb des Hauses nachgeht, hat im allgemeinen höhere Erwartungen an das Kind als die Person, die sich während ihrer Abwesenheit um das Kind kümmert. Die Folge ist, daß die Ersatzmutter oft der wirklichen Mutter vorgezogen wird. Eine der ausgleichenden Wirkungen gegenüber der unvorteilhaften Einstellung, die ein Kind wahrscheinlich gegenüber einem der Großeltern wegen des vorherrschenden Stereotyps vom „alten Menschen" entwickelt, ist die Tatsache, daß die Großeltern dem Kind oft mehr Verständnis und Toleranz entgegenbringen als die Eltern (3, 92).

6. Bevorzugung durch die Eltern. Das jüngste Kind einer Familie – oder das älteste, wenn es sich um einen Jungen handelt – ist gewöhnlich das Lieblingskind der Mutter. Wenn in derselben Familie Jungen und Mädchen sind, zieht die Mutter im allgemeinen die Jungen vor. Es ist deshalb nicht überraschend, daß schon früh ein Junge eine größere Vorliebe für seine Mutter zeigt, wogegen ein Mädchen leicht den Vater vorzieht. Diese Tendenz wird stärker, wenn die Kinder älter werden und sie die Unterschiede zwischen den Eltern deutlicher sehen.
Wenn die Mädchen sich der Pubertät nähern, entwickeln sie oft eine generalisierte Einstellung der Ablehnung gegenüber allen Angehörigen des männlichen Geschlechts, einschließlich ihren Vätern. Folglich ist ihre Einstellung gegenüber ihren Vätern weniger günstig als zuvor. Mädchen zeigen in dieser Zeit auch weniger positive Einstellungen zu ihren Müttern, was in erster Linie auf ihre Verärgerung über die Bevorzugung der Jungen zurückzuführen ist (9, 40, 113). Vgl. Abb. 14-7 für typische Einstellungen gegenüber beiden Eltern.

7. Status der Eltern. Nachdem das Kind sechs Jahre alt geworden ist, sieht es die Rolle des Vater als eine mächtigere an als die der Mutter; das macht den Vater zu einer wichtigeren Person als die Mutter. In Familien der unteren Klassen und der unteren Mittelschicht ist die Rolle des Vaters deutlich der der Mutter überlegen, was die Kontrolle über die Familie anbetrifft (79, 156, 242).

Wenn die Kinder weiter lernen, daß die Arbeit der Frau von der kulturellen Gruppe weniger hoch eingeschätzt wird als die Arbeit des Mannes, akzeptieren sie diese Bewertung und messen der Mutter einen geringeren Wert bei. Ein großer Teil der Veränderung der Einstellung bei Kindern kann darauf zurückgeführt werden, daß das Kind den kulturgebundenen Glauben akzeptiert, Männer leisteten einen größeren Beitrag für die Gesellschaft und Männer seien deshalb wichtiger. Ebenso wie Kinder Mitglieder mit mehr Prestige in der Altersgruppe vorziehen, so zeigen sie auch eine Vorliebe für den Elternteil, dessen Status in der Familie überlegen ist (31, 270).

8. Idealisierung der Eltern. Jedes Kind mißt seine Eltern an Idealen und richtet seine Beziehungen zu ihnen danach. Den Elternteil, der seinem Ideal am nächsten kommt, zieht es vor und achtet es am meisten. Ein Vater erreicht in der Erscheinung vielleicht nicht die Ideale seines Sohnes, aber wenn er einen Beruf ausübt, der in den Augen der Gemeinschaft Prestige hat und bei der Gruppe der Alterskameraden, dann wird der Sohn eine größere Vorliebe für ihn zeigen, als das der Fall wäre, wenn die Arbeit des Vaters nicht mit Prestige verbunden wäre. In ähnlicher Weise hat der Sohn eine günstigere Einstellung zu seiner Mutter, wenn sie dem Stereotyp einer „idealen Mutter" nahekommt, als wenn sie von diesem Stereotyp entfernt wäre. Das Aussehen spielt für die Werte der Jungen eine weitaus weniger wichtige Rolle als für die der Mädchen; deshalb macht der Sohn sich weniger Gedanken als die Tochter, wenn das Aussehen der Mutter dem Stereotyp der Mutter nicht entspricht (148, 270).

Mädchen haben äußerst unrealistische Idealvorstellungen von Eltern. Dies ist einer der Gründe für die weniger günstigen Einstellungen, die die älteren Mädchen zu beiden Eltern entwickeln. Da es weiter nicht in die romantisierte Vorstellung des Mädchens von der Mutter paßt, wenn die Mutter ein Lieblingskind, besonders einen Lieblingssohn, hat, ist ein Mädchen wahrscheinlich weniger günstig zur Mutter eingestellt als zum Vater. Dagegen findet der Junge, der das Lieblingskind der Mutter ist, daß sie seiner idealisierenden Vorstellung nahekommt, und er zeigt seine Vorliebe für sie. Wenn sich die Ideale des Kindes verändern, tun das auch seine Vorlieben. Wenn alle anderen Umstände gleich sind, ist der Elternteil, der seinem Ideal zu der Zeit am nächsten kommt, gewöhnlich der bevorzugte Elternteil (113, 270).

Reaktionen der Eltern auf die Vorlieben der Kinder. Ebenso wie das Kind verärgert ist, wenn die Eltern eines seiner Geschwister vorziehen, so ist auch ein Elternteil verärgert, wenn ein Kind den anderen vorzieht. Der Vater, der feststellt, daß das Kind lieber bei seiner Mutter ist und daß es ihm lieber ist, wenn seine Mutter etwas für es tut, hegt dem Kind gegenüber weniger warme und freundliche Gefühle als der Vater, der bevorzugt wird. Es ist schmeichelhaft für einen Erwachsenen, wenn er feststellt, daß er in den Augen des Kindes ein wichtiger Mensch ist, und es ist seinem Selbstbewußtsein abträglich, wenn er merkt, daß er unwichtig ist.

Je mehr der Vater dem Kinde zuliebe opfert, desto mehr ist er verärgert, wenn das Kind die Mutter vorzieht.

Weil es Kindern an dem, was man Takt nennt, mangelt, weiß ein Elternteil gewöhnlich, wo er in der Zuneigung des Kindes steht. Ein Kind, das sagt, daß „Mama das lieber tun soll", teilt dem Vater ganz eindeutig mit, daß es seine Mutter vorzieht, jedenfalls für diese bestimmte Angelegenheit.

Wenn eine Vorliebe erst einmal fest besteht, ist es schwierig, sie aufzuheben. Das trifft gleichermaßen zu auf die Bevorzugung eines Kindes durch die Eltern wie auf die Bevorzugung eines Elternteils durch das Kind. Die Dauer kann auf die Wirkung der Bevorzugung auf das Verhalten eines einzelnen zurückgeführt werden und auf die Reaktionen, die sein Verhalten bei der anderen Person hervorruft. Der Elternteil, der zuerst bevorzugt wird – die Mutter –, erhält wegen ihrer Sorge für das Kind dessen besondere Zuneigung. Es reagiert in günstiger Weise auf sie, das wieder verstärkt ihre vorteilhafte Reaktion auf das Kind. Ein Kreis wird geschlossen, den zu unterbrechen schwierig oder unmöglich ist.

Kinder versuchen auf allen Altersstufen, die nachzuahmen, die sie bewundern. Das Kind, das seine Mutter liebt, möchte so wie sie sein; es ahmt ihre Handlungen, ihre Sprache, ihre Werte und ihre Interessen nach. Gäbe es nicht den kulturgebundenen Druck, dann wären alle Jungen „mädchenhaft", weil sie ihr Verhalten nach dem ihrer Mutter richten (77, 170, 201).

Die Jungen lernen auch, wenn sie in die Schule kommen, daß der Status des Mannes dem der Frau überlegen ist. Sie messen dem Vater dann mehr Prestige zu, als sie das früher getan haben, und das erleichtert es dem Jungen, sich mit ihm zu identifizieren. Für jeden ist es schmeichelhaft, nachgeahmt zu werden; es ist aber besonders schmeichelhaft für den Vater, der über die frühere Vorliebe seines Sohnes für die Mutter verärgert war. Infolgedessen kann sich die Einstellung des Vaters zu seinem Sohn so ändern, daß sein Sohn ihn weitaus höher einschätzt; es ist jedoch unwahrscheinlich, daß er eine höhere Position als die Mutter erreicht. Auf jeden Fall trägt diese Veränderung viel zu einer Verbesserung des Vater-Sohn-Verhältnisses bei.

Obgleich viele Mütter behaupten, daß sie wünschen, ihre Söhne würden „Männer" und sie dazu ermuntern, „genau so wie der Vater zu werden", sind sie insgeheim verärgert darüber, daß sich die Zuneigung des Sohnes dem Vater zugewendet hat. Dies spiegelt sich in einer weniger warmen Beziehung zwischen Mutter und Sohn wider; es bietet der Mutter oft die Motivation dafür, die Aufmerksamkeit der Tochter zuzuwenden. In vielen Familien entsteht ein Bruch zwischen den Geschlechtern, wenn die Kinder das Jugendalter erreichen. Der Vater und die Söhne stehen auf der einen Seite, die Mutter und die Töchter auf der anderen. Jeder Bruch der Beziehungen innerhalb einer Familie – ganz gleich, wie geringfügig er ist – bringt die Wahrscheinlichkeit einer Reibung mit sich. Auch wenn sich also die Vorlieben von einem Elternteil zu einem anderen Elternteil verlagern, spielen sie weiter eine wichtige Rolle für die Verschlechterung der Beziehungen innerhalb der Familie. Gäbe es keine anderen Gründe für die Verschlechterung, genügte allein die Verlagerung der Bevorzugungen, um eine solche Verschlechterung herbeizuführen.

Bibliographie

(1) ABERLE, D. F., and K. D. NAEGELE: Middle-class fathers' occupational roles and attitudes toward children. *Amer. J. Orthopsychiat.*, 1952, **22**, 366–378.

(2) ADLER, A.: *The education of children.* New York: Greenberg, 1930.

(3) ALBRECHT, R.: Intergeneration parent patterns. *J. home Econ.*, 1954, **46**, 29–32.

(4) ALDOUS, J., and L. KELL: Child-rearing values of mothers in relation to their children's perceptions of their mothers' control: an exploratory study. *Marriage fam. Liv.*, 1956, **18**, 72–74.

(5) ALLEN, P. J.: Childhood backgrounds of success in a profession. *Amer. sociol. Rev.*, 1955, **26**, 186–190.

(6) ALTUS, W. D.: Birth order, intelligence, and adjustment. *Psychol. Rep.*, 1959, **5**, 502.

(7) AMATORA, SISTER M.: Analyses of certain recreational interests and activities and other variables in the large family. *J. soc. Psychol.*, 1959, **50**, 225–231.

(8) AMATORA, SISTER M.: An investigation of certain economic factors in large families. *J. soc. Psychol.*, 1959, **49**, 207–214.

(9) AMMONS, R. B., and H. S. AMMONS: Parent preferences in young children's doll-play interviews. *J. abnorm. soc. Psychol.*, 1949, **44**, 490–505.

(10) Anonymous: Ambivalence in first reactions to a sibling. *J. abnorm. soc. Psychol.*, 1949, **44**, 541–548.

(11) ANTONVSKY, H. F.: A contribution to research in the area of the mother-child relationship. *Child Develpm.*, 1959, **30**, 37–51.

(12) BAIN, R.: Making normal people. *Marriage fam. Liv.*, 1954, **16**, 27–31.

(13) BAKWIN, H.: "Pure mother" overprotection. *J. Pediat.*, 1948, **33**, 788–794.

(14) BALDWIN, A. L.: Changes in parent behavior during childhood. *Amer. Psychologist*, 1947, **2**, 425–426.

(15) BARCLAY, D.: How girls judge mother's role. *The New York Times*, June 21, 1953.

(16) BARCLAY, D.: Family business in brief. *The New York Times*, Feb. 18, 1962.

(17) BARTEMEIER, L.: The contribution of the father to the mental health of the family. *Amer. J. Psychiat.*, 1953, **111,** 277–280.

(18) BARTLETT, C. J., and J. E. HORROCKS: A study of the needs status of adolescents from broken homes. *J. genet. Psychol.*, 1958, **93,** 153–159.

(19) BATCHELOR, I. R. C., and M. NAPIER: Broken homes and attempted suicide. *Brit. J. Delinq.*, 1953, **4,** 99–108.

(20) BAYLEY, N., and E. S. SCHAEFER: Relationships between socioeconomic variables and the behavior of mothers toward young children. *J. genet. Psychol.*, 1960, **96,** 61–77.

(21) BEHRENS, M. L.: Child-rearing and the character structure of the mother. *Child Develpm.*, 1954, **25,** 225–238.

(22) BELL, R. Q.: Retrospective attitude studies of parent-child relations. *Child Develpm.*, 1958, **29,** 323–338.

(23) BELLER, E. K.: Dependency and independence in young children. *Amer. Psychologist,* 1950, **5,** 293.

(24) BENEDICT, R.: Continuities and discontinuities in cultural conditioning. *Psychiatry,* 1938, **1,** 161–167.

(25) BENEDICT, R.: Child rearing in certain European countries. *Amer. J. Orthopsychiat.*, 1949, **19,** 342–350.

(26) BETTELHEIM, B., and E. SYLVESTER: Notes on the impact of parental occupation: some cultural determinants of symptom choice in emotionally disturbed children. *Amer. J. Orthopsychiat.*, 1950, **20,** 785–795.

(27) BISHOP, B. M.: Mother-child interaction and the social behavior of children. *Psychol. Monogr.*, 1951, **65,** No. 11.

(28) BLAU, P. M.: Occupational bias and mobility. *Amer. sociol. Rev.*, 1957, **22,** 392–399.

(29) BLOCK, J.: Personality characteristics associated with fathers' attitudes toward child-rearing. *Child Develpm.*, 1955, **26,** 41–48.

(30) BLOOD, R. O.: Consequences of permissiveness for parents of young children. *Marriage fam. Liv.*, 1953, **15,** 209–212.

(31) BORING, E. G.: The woman problem. *Amer. Psychologist,* 1951, **6,** 679–692.

(32) BOSSARD, J. H. S., and E. S. BOLL: Marital unhappiness in the life cycle. *Marriage fam. Liv.*, 1955, **17,** 10–14.

(33) BOSSARD, J. H. S., and E. S. BOLL: *The sociology of child development,* 3d ed. New York: Harper & Row, 1960.

(34) BOWERMAN, C. E., and J. W. KINCH: Changes in family and peer orientation of children between the fourth and tenth grades. *Soc. Forces,* 1959, **37,** 206–211.

(35) BOWLBY, J.: Some pathological processes set in train by early mother-child separation. *J. ment. Sci.*, 1953, **99,** 265–272.

(36) BOWLBY, J.: Childhood mourning and its implications for psychiatry. *Amer. J. Psychiat.*, 1961, **118,** 481–498.

(37) BRIM, O. G., R. W. FAIRCHILD, and E. F. BORGATTA: Relations between family problems. *Marriage fam. Liv.*, 1961, **23,** 219–226.

(38) BRONFENBRENNER, U.: Soviet methods of character education: some implications for research. *Amer. Psychologist,* 1962, **17,** 550–564.

(39) BRONSON, W. C., E. S. KATTEN, and N. LIVSON: Patterns of authority and affection in two generations. *J. abnorm. soc. Psychol.*, 1959, **58,** 143–152.

(40) BROWN, D. G.: Sex-role development in a changing culture. *Psychol. Bull.*, 1958, **55,** 232–242.

(41) BURCHINAL, L. G., and J. E. ROSSMAN: Relations among maternal employment indices and developmental characteristics of children. *Marriage fam. Liv.*, 1961, **23,** 334–339.

(42) BURGESS, E. W.: The family in a changing society. *Amer. J. Sociol.*, 1948, **53,** 417–422.

(43) BURLINGHAM, D. T.: Precursors of some psychoanalytic ideas about children in the sixteenth and seventeenth centuries. In R. S. Eissler, A. Freud, H. Hartmann, and E. Kries, *The psychoanalytic study of the child.* New York: International Universities Press, Inc., 1951. Pp. 244–254.

(44) CAPLAN, G.: The disturbance of the mother-child relationship by unsuccessful attempts at abortion. *Ment. Hyg., N.Y.*, 1954, **38,** 67–80.

(45) CATTELL, R. B., and R. W. COAN: Personality factors in middle childhood as revealed by parents' ratings. *Child Develpm.*, 1957, **28,** 439–458.

(46) CAVAN, R. S.: *The American family.* New York: Crowell, 1953.

(47) CENTERS, R., and G. H. BLUMBERG: Social and psychological factors in human procreation: a survey approach. *J. soc. Psychol.*, 1954, **40,** 245–257.

(48) CLARK, A. W., and P. VAN SOMMERS: Contradictory demands in family relations and adjustments to school and home. *Hum. Relat.*, 1961, **14,** 97–111.

(49) CLIFFORD, E.: Discipline in the home: a controlled observational study of parental practices, *J. genet. Psychol.*, 1959, **95,** 45–82.

(50) COHEN, A. K.: *Delinquent boys.* New York: Free Press, 1955.

(51) COHEN, F.: Psychological characteristics of the second child as compared with the first. *Indian J. Psychol.*, 1951, **26,** 79–84.

(52) COLE, L.: *Psychology of adolescence,* 5th ed. New York: Holt, 1959.

(53) COLE, N. J., O. M. SHAW, J. STENECK, and L. H. TABOROFF: A survey assessment of current parental attitudes and practices in child rearing. *Amer. J. Orthopsychiat.*, 1957, **27,** 815–822.

(54) CONNOR, R. T., B. J. JOHANNIS, and J.

WATERS: Parent-adolescent relationships. *J. home Econ.*, 1954, **46,** 183–191.

(55) COOPER, L.: Predisposition toward parenthood: a comparison of male and female students. *Sociol. soc. Res.*, 1957, **42,** 31–36.

(56) COX, F. N.: An assessment of children's attitudes toward parent figures. *Child Develpm.*, 1962, **33,** 821–830.

(57) COX, F. N., and P. M. LEAPER: Assessing some aspects of the parent-child relationship. *Child Develpm.*, 1961, **32,** 637–649.

(58) CRANDALL, V. J., and A. PRESTON: Verbally expressed needs and overt maternal behavior. *Child Develpm.*, 1961, **32,** 261–270.

(59) CRANDALL, V. J., A. PRESTON, and A. RABSON: Maternal reactions and the development of independence and achievement behavior in young children. *Child Develpm.*, 1960, **31,** 243–251.

(60) CROWTHERS, B.: Poor Mom. *The New York Times,* Apr. 22, 1962.

(61) CRUICKSHANK, W. M., and G. O. JOHNSON: *Education of exceptional children and youth.* Englewood Cliffs, N.J.: Prentice-Hall, 1958.

(62) CUMMING, E., and D. M. SCHNEIDER: Sibling solidarity: a property of American kinship. *Amer. Anthropologist,* 1961, **63,** 498–507.

(63) DAVIDS, A., and M. J. LAWTON: Self-concept, mother concept, and food aversions in emotionally disturbed and normal children. *J. abnorm. soc. Psychol.*, 1961, **62,** 309–314.

(64) DESPERT, J. L.: *Children of divorce.* Garden City, N.Y.: Doubleday, 1953.

(65) DINITZ, S., R. R. DYNES, and A. C. CLARKE: Preferences for male or female children: traditional or affectional? *Marriage fam. Liv.*, 1954, **16,** 128–134.

(66) DOUVAN, E.: Independence and identity in adolescence. *Children,* 1957, **4,** 186–190.

(67) DREGER, R. M., and A. SWEETLAND: Traits of fatherhood as revealed by the factor analysis of a parent attitude scale. *J. genet. Psychol.*, 1960, **96,** 115–122.

(68) DU BOIS, F. S.: The security of discipline. *Ment. Hyg., N.Y.*, 1952, **36,** 353–372.

(69) DUNBAR, F.: Homeostasis during puberty. *Amer. J. Psychiat.*, 1958, **114,** 673–682.

(70) DUVALL, E. M.: Conceptions of parenthood. *Amer. J. Sociol.*, 1946, **52,** 193–203.

(71) DUVALL, E. M.: *In-laws: pro and con.* New York: Association Press, 1954.

(72) ECKHOFF, E., J. GAUSLAR, and A. L. BALDWIN: Parental behavior toward boys and girls. *Acta psychol.*, 1961, **18,** 85–99.

(73) ELKIND, D.: Children's conceptions of brother and sister: Piaget replication study. *J. genet. Psychol.*, 1962, **100,** 129–136.

(74) ELKINS, D.: Some factors related to the choice-status of ninety eighth grade children in a school society. *Genet. Psychol. Monogr.*, 1958, **58,** 207–272.

(75) ELLIS, A., and R. M. BEECHLEY: A comparison of child guidance clinic patients coming from large, medium, and small families. *J. genet. Psychol.*, 1951, **79,** 131–144.

(76) ELLIS, E.: Social psychological correlates of upward social mobility among unmarried career women. *Amer. sociol. Rev.*, 1952, **17,** 558–563.

(77) EMMERICH, W.: Parental identification in young children. *Genet. Psychol. Monogr.*, 1959, **60,** 257–268.

(78) EMMERICH, W.: Young children's discrimination of parent and child roles. *Child Develpm.*, 1959, **30,** 403–419.

(79) EMMERICH, W.: Family role concepts of children ages six to ten. *Child Develpm.*, 1961, **32,** 609–624.

(80) EMMERICH, W.: Variations in the parent role as a function of the parent's sex and the child's sex and age. *Merrill-Palmer Quart.*, 1962, **8,** 3–11.

(81) ESTVAN, F. J., and E. W. ESTVAN: *The child's world: his social perception.* New York: Putnam, 1959.

(82) FARBER, B.: Marital integration as a factor in parent-child relations. *Child Develpm.*, 1962, **33,** 1–14.

(83) FARBER, B., and L. S. BLACKMAN: Marital role tensions and number and sex of children. *Amer. sociol. Rev.*, 1956, **21,** 596–601.

(84) FARRAR, M. S.: Mother-daughter conflicts extended into later life. *Soc. Casewk,* 1955, **36,** 202–207.

(85) FEINBERG, H., and E. MOSCOVITCH: Achievement on the Stanford Achievement Test of children in different home situations compared with children placed out of the home. *J. exp. Educ.*, 1957, **26,** 67–80.

(86) FINCH, H. M.: Young children's concepts of parent roles. *J. home Econ.*, 1955, **47,** 99–103.

(87) FISCHER, A. E.: Sibling relationships with special reference to the problems of the secondborn. *J. Pediat.*, 1952, **40,** 254–259.

(88) FISHER, H. H.: Family life in children's literature. *Elem. Sch. J.*, 1950, **50,** 516–520.

(89) FLÜGEL, J. C.: *The psychoanalytic study of the family.* London: International Psychoanalytical Library, 1929, No. 3.

(90) FREEMAN, H. E., and M. SHOWELL: The role of the family in the socialization process. *J. soc. Psychol.*, 1953, **37,** 97–101.

(91) FREUD, S.: *The standard edition of the complete psychological works of Sigmund Freud.* London: Hogarth, 1953–1962.

(92) FRIED, E. G., and K. STERN: The situation of the aged within the family. *Amer. J. Orthopsychiat.*, 1948, **18,** 31–54.

(93) FRUMKIN, R. M.: Marital status and mental health. *Sociol. soc. Res.*, 1953, **39,** 237–239.

(94) GARDNER, D. B., G. R. HAWKES, and L. G. BURCHINAL: Noncontinuous mothering in in-

fancy and development in later childhood. *Child Develpm.*, 1961, **32,** 225–234.
(95) GARDNER, G. E.: Separation of the parents and the emotional life of the child. *Ment. Hyg., N.Y.*, 1956, **40,** 55–64.
(96) GARDNER, L. P.: An analysis of children's attitudes toward fathers. *J. genet. Psychol.*, 1947, **70,** 3–28.
(97) GESELL, A., F. L. ILG, and L. B. AMES: *Youth: the years from ten to sixteen.* New York: Harper & Row, 1956.
(98) GEWIRTZ, J. L.: A factor analysis of some attention-seeking behaviors of young children. *Child Develpm.*, 1956, **27,** 17–36.
(99) GLASNER, RABBI S.: Family religion as a matrix of personal growth. *Marriage fam. Liv.*, 1961, **23,** 291–293.
(100) GLENN, H. M.: Attitudes of women regarding gainful employment of married women. *J. home Econ.*, 1959, **51,** 247–252.
(101) GLICK, P. C.: The life cycle of the family. *Marriage fam. Liv.*, 1955, **17,** 3–9.
(102) GOODE, W. J.: *After divorce.* New York: Free Press, 1956.
(103) GOODENOUGH, F. L., and A. M. LEAHY: The effect of certain family relationships upon the development of personality. *J. genet. Psychol.*, 1927, **34,** 45–71.
(104) GLUECK, S., and E. T. GLUECK: *Unravelling juvenile delinquency.* New York: Commonwealth Fund, 1950.
(105) GRACE, H. A., and J. J. LOHMANN: Children's reactions to stories depicting parent-child conflict situations. *Child Develpm.*, 1952, **23,** 61–74.
(106) GRAY, S. W., and K. KLAUS: The assessment of parental identification. *Genet. Psychol. Monogr.*, 1956, **54,** 87–114.
(107) HALL, G. S.: *Aspects of child life and education.* Boston: Ginn, 1907.
(108) HALLOWITZ, D., and B. STULBERG: The vicious cycle of parent-child relationship breakdown. *Soc. Casewk*, 1959, **40,** 268–275.
(109) HANDEL, G., and R. D. HESS: The family as an emotional organization. *Marriage fam. Liv.*, 1956, **18,** 99–101.
(110) HANDSCHIN-NINCK, M.: Aelterster und Jüngster in Marchen. *Prax. Kinderpsychol. Kinderpsychiat.*, 1956, **7,** 167–173.
(111) HARRIS, D. B.: Parental judgment of responsibility in children and children's adjustment. *J. genet. Psychol.*, 1958, **92,** 161–166.
(112) HARRIS, D. B., and W. E. MARTIN: Mothers' child-training preferences and children's ethnic attitudes. *Amer. Psychologist*, 1950, **5,** 467.
(113) HARRIS, D. B., and S. C. TSENG: Children's attitudes toward peers and parents as revealed by sentence completions. *Child Develpm.*, 1957, **28,** 401–411.
(114) HARTLEY, R. E., F. P. HARDESTY, and D. S. GORFEIN: Children's perceptions and expressions of sex preference. *Child Develpm.*, 1962, **33,** 221–227.
(115) HAVIGHURST, R. J.: Social class differences and family life education at the secondary level. *Marriage fam. Liv.*, 1950, **12,** 133–135.
(116) HAVIGHURST, R. J.: *Human development and education.* New York: Longmans, 1953.
(117) HAVIGHURST, R. J., and R. ALBRECHT: *Older people.* New York: Longmans, 1953.
(118) HAWKES, G. R., L. G. BURCHINAL, and B. GARDNER: Measurement of preadolescents' views of family control of behavior. *Child Develpm.*, 1957, **28,** 387–392.
(119) HAWKINS, H., and J. WALTERS: Family recreation activities. *J. home Econ.*, 1952, **44,** 623–626.
(120) HAYES, D. T.: Freedom and fears in the family today. *Understanding the Child*, 1952, **21,** 39–44.
(121) HEATHERS, G.: Acquiring dependence and independence: a theoretical orientation. *J. genet. Psychol.*, 1955, **87,** 277–291.
(122) HENRY, J.: Permissiveness and morality. *Ment. Hyg., N.Y.*, 1961, **45,** 282–287.
(123) HENRY, J., and J. W. BOGGS: Child-rearing, culture, and the natural world. *Psychiatry*, 1952, **15,** 261–271.
(124) HENRY, J., and S. WARSON: Family structure and psychic development. *Amer. J. Orthopsychiat.*, 1951, **21,** 59–73.
(125) HERBST, P. G.: The measurement of family relationships. *Hum. Relat.*, 1952, **5,** 3–35.
(126) HERTZ, R. F.: 100,000 children tell how children should behave. *This Week Mag.*, July 24, 1955.
(127) HESS, R. D., and J. V. TORNEY: Religion, age, and sex in children's perceptions of family authority. *Child Develpm.*, 1962, **33,** 781–789.
(128) HIGGIN, G.: The effect of reference group functions on social status ratings. *Brit. J. Psychol.*, 1954, **45,** 88–93.
(129) HIGHBERGER, R.: Maternal behavior and attitudes related to behavior of the preschool child. *J. home Econ.*, 1956, **48,** 260–264.
(130) HILGARD, J. R.: Sibling rivalry and social heredity. *Psychiatry*, 1951, **14,** 375–385.
(131) HILGARD, J. R., M. F. NEWMAN, and F. FISK: Strength of adult ego following childhood bereavement. *Amer. J. Orthopsychiat.*, 1960, **30,** 788–798.
(132) HILLIARD, F. H.: The influence of religious education upon the development of children's moral ideas. *Brit. J. educ. Psychol.*, 1959, **29,** 50–59.
(133) HODGES, A., and B. BALOW: Learning disability in relation to family constellation. *J. educ. Res.*, 1961, **55,** 41–42.
(134) HOEFLIN, R.: Child-rearing practices and child care resources used by Ohio farm families with preschool children. *J. genet. Psychol.*, 1954, **84,** 271–297.

(135) HOFFMAN, L. W.: Effects of maternal employment on the child. *Child Develpm.*, 1961, **32,** 187–197.

(136) HOFFMAN, L. W.: The father's role in the family and the child's peer-group adjustment. *Merrill-Palmer Quart.*, 1961, **7,** 97–105.

(137) HOFFMAN, L. W., S. ROSEN, and R. LIPPITT: Parental coerciveness, child autonomy, and child's role at school. *Sociometry,* 1960, **23,** 15–22.

(138) ILG, F. L., J. LEARNED, A. LOCKWOOD, and L. B. AMES: The three-and-a-half-year-old. *J. genet. Psychol.*, 1949, **75,** 21–31.

(139) ISCH, M. J.: Fantasied mother-child interaction in doll play. *J. genet. Psychol.*, 1952, **81,** 233–258.

(140) ITKIN, W.: Relationships between attitudes toward parents and parents' attitudes toward children. *J. genet. Psychol.*, 1955, **86,** 339–352.

(141) JERSILD, A. T.: *Child psychology,* 5th ed. Englewood Cliffs, N.J.: Prentice-Hall, 1960.

(142) JOHNSON, P. P.: Conceptions of parenthood held by adolescents. *J. abnorm. soc. Psychol.*, 1952, **47,** 783–789.

(143) JOSSELYN, I. M.: Psychological changes in adolescence. *Children,* 1959, **6,** 43–47.

(144) KAGAN, J., B. HOSKEN, and S. WATSON: Child's symbolic conceptualization of parents. *Child Develpm.*, 1961, **32,** 625–636.

(145) KAGAN, J., and J. LEMKIN: The child's differential perception of parental attributes. *J. abnorm. soc. Psychol.*, 1960, **61,** 440–447.

(146) KATES, S. L.: Suggestibility, submission to parents and peers, and extrapunitiveness and impunitiveness in children. *J. Psychol.*, 1951, **31,** 233–241.

(147) KAVANAGH, G.: The influence of a stepmother's motivation in marriage upon her stepchild's symptom formation. *Smith Coll. Stud. soc. Wk,* 1961, **32,** 65–66.

(148) KENT, D. P.: Subjective factors in mate selection—an exploratory study. *Sociol. soc. Res.*, 1951, **35,** 391–398.

(149) KINSEY, A. C., W. B. POMEROY, C. E. MARTIN, and P. H. GEBHARD: *Sexual behavior in the human female.* Philadelphia: Saunders, 1953.

(150) KLAPP, O. E.: Ritual and family solidarity. *Soc. Forces,* 1959, **37,** 212–214.

(151) KLATSKIN, E. H., E. B. JACKSON, and L. C. WILKIN: The influence of degree of flexibility in maternal child care practices on early child behavior. *Amer. J. Orthopsychiat.*, 1956, **26,** 79–93.

(152) KOCH, H. L.: The relation of certain formal attributes of siblings to attitudes held toward each other and toward their parents. *Monogr. Soc. Res. Child Develpm.*, 1960, **25,** No. 4.

(153) KOCH, M. B.: Anxiety in preschool children from broken homes. *Merrill-Palmer Quart.*, 1961, **7,** 225–231.

(154) KOGAN, N., and F. C. SHELTON: Images of "old people" and "people in general" in an older sample. *J. genet. Psychol.*, 1962, **100,** 3–21.

(155) KOGAN, N., and F. C. SHELTON: Beliefs about "old people": a comparative study of older and younger samples. *J. genet. Psychol.*, 1962, **100,** 93–111.

(156) KOHN, M. L., and E. E. CARROLL: Social class and the allocation of parental responsibilities. *Sociometry,* 1960, **23,** 372–392.

(157) KOLLER, M. R.: Studies of three-generation households. *Marriage fam. Liv.*, 1954, **16,** 203–206.

(158) KOPPITZ, E. M.: Relationships between some background factors and children's interpersonal attitudes. *J. genet. Psychol.*, 1957, **91,** 119–129.

(159) LANDIS, P. H.: Sequential marriage. *J. home Econ.*, 1950, **42,** 625–627.

(160) LASKO, J. K.: Parent behavior toward first and second children. *Genet. Psychol. Monogr.*, 1954, **49,** 97–137.

(161) LAW, S.: The mother of the happy child. *Smith Coll. Stud. soc. Wk,* 1954, **25,** 1–27.

(162) LEMASTERS, E. E.: Social class mobility and family integration. *Marriage fam. Liv.*, 1954, **16,** 226–232.

(163) LEVIN, H., and V. F. TURGEON: The influence of the mother's presence on children's doll play aggression. *J. abnorm. soc. Psychol.*, 1957, **55,** 304–308.

(164) LEVINSON, B. M.: Parental achievement drives for preschool children: the Vineland Social Maturity Scale and the Social Deviation Quotient. *J. genet. Psychol.*, 1961, **99,** 113–128.

(165) LEVY, D. M.: *Maternal overprotectiveness.* New York: Columbia, 1943.

(166) LEVY, D. M., and A. HESS: Problems in determining maternal attitudes toward newborn infants. *Psychiatry,* 1952, **15,** 273–286.

(167) LIVERANT, S.: MMPI differences between parents of disturbed and nondisturbed children. *J. consult. Psychol.*, 1959, **23,** 256–260.

(168) LIVSON, N., and P. H. MUSSEN: The relation of ego control to overt aggression and dependency. *J. abnorm. soc. Psychol.*, 1957, **55,** 66–71.

(169) LU, Y. C.: Parent-child relationships and marital roles. *Amer. sociol. Rev.*, 1952, **17,** 357–361.

(170) LYNN, D. B.: The husband-father role in the family. *Marriage fam. Liv.*, 1961, **23,** 295–296.

(171) LYNN, D. B., and W. L. SAWREY: The effects of father-absence on Norwegian boys and girls. *J. abnorm. soc. Psychol.*, 1959, **59,** 258–262.

(172) LYNN, R.: Personality characteristics of the mothers of aggressive and unaggressive

children. *J. genet. Psychol.*, 1961, **99**, 159–164.
(173) MAAS, H. S.: Some social class differences in the family systems and group relations of pre- and early adolescents. *Child Develpm.*, 1951, **22**, 145–152.
(174) MACCOBY, E. E.: Children and working mothers. *Children*, 1958, **5**, 83–89.
(175) MACFARLANE, J., L. ALLEN, and M. P. HONZIK: *A developmental study of the behavior problems of normal children between twenty-one months and fourteen years.* Berkeley, Calif.: University of California Press, 1954.
(176) MADOFF, J. M.: The attitudes of mothers of juvenile delinquents toward child rearing. *J. consult. Psychol.*, 1959, **23**, 518–523.
(177) MARMOR, J.: Psychological trends in American family relationships. *Marriage fam. Liv.*, 1951, **13**, 145–147.
(178) MARSHALL, H. R.: Relations between home experiences and children's use of language in play interactions with peers. *Psychol. Monogr.*, 1961, **75**, No. 5.
(179) MARSHALL, J.: Children in the present world situation. *Amer. J. Orthopsychiat.*, 1953, **23**, 454–464.
(180) MATSUMOTO, M., and H. T. SMITH: Japanese and American children's perceptions of parents. *J. genet. Psychol.*, 1961, **98**, 83–88.
(181) MAXWELL, P. H., R. CONNOR, and J. WALTER: Family member perceptions of parent role performance. *Merrill-Palmer Quart.*, 1961, **7**, 31–37.
(182) MC CARTHY, D.: Language disorders and parent-child relationships. *J. speech hear. Disord.*, 1954, **19**, 514–523.
(183) MC CORD, W., J. MC CORD, and A. HOWARD: Familial correlates of aggression in non-delinquent male children. *J. abnorm. soc. Psychol.*, 1961, **62**, 79–93.
(184) MC FARLAND, M. B., and J. B. REINHART: The development of motherliness. *Children*, 1959, **6**, 48–52.
(185) MC GUIRE, C.: Conforming, mobile, and divergent families. *Marriage fam. Liv.*, 1954, **14**, 109–115.
(186) MC GUIRE, C., and G. D. WHITE: Social-class influences on discipline at school. *Educ. Leadership*, **1957**, **14**, 229–231, 234–236.
(187) MEAD, M.: *Male and female.* New York: Morrow, 1952.
(188) MEAD, M.: Some theoretical considerations on the problem of mother-child separation. *Amer. J. Orthopsychiat.*, 1954, **24**, 471–483.
(189) MEDINNUS, G. R.: The relation between several parent measures and the child's early adjustment to school. *J. educ. Psychol.*, 1961, **52**, 153–156.
(190) MERRY, F. K., and R. V. MERRY: *The first two decades of life,* 2d ed. New York: Harper & Row, 1958.
(191) MOGEY, J. B.: Changes in family life experienced by English workers moving from slums to housing estates. *Marriage fam. Liv.*, 1955, **17**, 123–128.
(192) MONAHAN, T. P.: Broken homes by age of delinquent children. *J. soc. Psychol.*, 1956, **51**, 387–397.
(193) MONCUR, J. P.: Symptoms of maladjustment differentiating young stutterers from non-stutterers. *Child Develpm.*, 1955, **26**, 91–96.
(194) MONTAGUE, A.: Sex, order of birth and personality. *Amer. J. Orthopsychiat.*, 1948, **18**, 351–353.
(195) MORRIS, W. W., and A. L. NICHOLAS: Intra-family personality configurations among children with primary behavior disorders and their parents: a Rorschach investigation. *J. clin. Psychol.*, 1950, **6**, 309–319.
(196) MORROW, W. R., and R. C. WILSON: Family relations of bright high-achieving and under-achieving high school boys. *Child Develpm.*, 1961, **32**, 501–510.
(197) MOSHER, D. L., and A. SCODEL: Relationships between ethnocentrism in children and the ethnocentrism and authoritarian rearing practices of their mothers. *Child Develpm.*, 1960, **31**, 369–376.
(198) MOSS, H. A., and J. KOGAN: Stability of achievement and recognition seeking behaviors from early childhood through adulthood. *J. abnorm. soc. Psychol.*, 1961, **62**, 504–513.
(199) MOTT, S. M.: Concept of mother: study of four- and five-year-old children. *Child Develpm.*, 1954, **25**, 99–106.
(200) MUMMERY, D. V.: Family backgrounds of assertive and non-assertive children. *Child Develpm.*, 1954, **25**, 63–80.
(201) MUSSEN, P. H., and L. DISTLER: Child-rearing antecedents of masculine identification in kindergarten boys. *Child Develpm.*, 1960, **31**, 89–100.
(202) NEWTON, N.: *Maternal emotions.* New York: Hoeber-Harper, 1955.
(203) NICHOLS, R. C.: A factor analysis of parental attitudes of fathers. *Child Develpm.*, 1962, **33**, 791–802.
(204) NYE, F. I.: The rejected parent and delinquency. *Marriage fam. Liv.*, 1956, **18**, 291–300.
(205) NYE, I.: Adolescent-parent adjustment: age, sex, sibling number, broken homes, and employed mothers as variables. *Marriage fam. Liv.*, 1952, **14**, 327–332.
(206) O'CONNOR, N.: The evidence for the permanently disturbing effects of mother-child separation. *Acta psychol.*, 1956, **12**, 174–197.
(207) PERRY, J. B.: The mother substitutes of employed mothers: an exploratory inquiry. *Marriage fam. Liv.*, 1961, **23**, 362–367.
(208) PETERSON, D. R., W. C. BECKER, L. A. HELLMER, D. J. SHOEMAKER, and H. C. QUAY: Pa-

rental attitudes and child adjustment. *Child Develpm.*, 1959, **30,** 119–130.

(209) PETERSON, D. R., W. C. BECKER, D. J. SHOEMAKER, Z. LURIA, and L. A. HELLMER: Child behavior problems and parental attitudes. *Child Develpm.*, 1961, **32,** 151–162.

(210) PFEIFFER, M. S., and D. D. SCOTT: Factors in family happiness and unity. *J. home Econ.*, 1952, **44,** 413–414.

(211) PHILLIPS, E. L.: Parent-child similarities in personality disturbances. *J. clin. Psychol.*, 1951, **7,** 188–190.

(212) PODOLSKY, E.: The father's occupation and the child's emotions. *Understanding the Child*, 1954, **23,** 22–25.

(213) PODOLSKY, E.: The emotional problems of the stepchild. *Ment. Hyg., N.Y.*, 1955, **39,** 49–53.

(214) POFFENBERGER, T.: A research note on father-child relations and father viewed as a negative figure. *Child Develpm.*, 1959, **30,** 489–492.

(215) PORTER, B. M.: The relationship between marital adjustment and parental acceptance of children. *J. home Econ.*, 1955, **47,** 157–164.

(216) POWELL, K. S.: Maternal employment in relation to family life. *Marriage fam. Liv.*, 1961, **23,** 350–355.

(217) POWELL, M.: Age and sex differences in degree of conflict within certain areas of psychological adjustment. *Psychol. Monogr.*, 1955, **69,** No. 2.

(218) PRESSEY, S. L., and A. W. JONES: 1923–1953 and 20–60 age changes in moral codes, anxieties, and interests, as shown by the "X-O Tests." *J. Psychol.*, 1955, **39,** 485–502.

(219) PURCELL, K.: A method of assessing aspects of parent-child relationships. *Child Develpm.*, 1962, **33,** 537–553.

(220) RADKE, M. J.: *The relation of parental authority to children's behavior and attitudes.* Minneapolis: The University of Minnesota Press, 1946.

(221) RADKE-YARROW, M., P. SCOTT, L. DE LEEUW, and C. HEINIG: Child-rearing in families of working and nonworking mothers. *Sociometry*, 1962, **25,** 122–140.

(222) RAMSEY, C. E., and L. NELSON: Changes in values and attitudes toward the family. *Amer. sociol. Rev.*, 1956, **21,** 605–609.

(223) RAND, W., M. E. SWEENEY, and E. L. VINCENT: *Growth and development of the young child*, 6th ed. Philadelphia: Saunders, 1958.

(224) RAPP, D. W.: Child-rearing attitudes of mothers in Germany and the United States. *Child Develpm.*, 1961, **32,** 669–678.

(225) REXFORD, E. N., and S. T. VAN AMEROGNEN: The influence of unsolved maternal oral conflicts upon impulsive acting out in young children. *Amer. J. Orthopsychiat.*, 1957, **27,** 75–87.

(226) RHEINGOLD, H. L.: The modification of social responsiveness in institutional babies. *Monogr. Soc. Res. Child Develpm.*, 1956, **21,** No. 2.

(227) RHEINGOLD, H. L.: The measurement of maternal care. *Child Develpm.*, 1960, **31,** 565–575.

(228) RIBBLE, M. A.: *The personality of the young child.* New York: Columbia, 1955.

(229) ROBERTSON, W. O.: An investigation of maternal concerns by mail survey. *Child Develpm.*, 1961, **32,** 423–436.

(230) ROE, A.: Early determinants of vocational choice. *J. counsel. Psychol.*, 1957, **4,** 212–217.

(231) ROSE, A. A.: The homes of homesick girls. *J. child Psychiat.* 1948, **1,** 181–189.

(232) ROSEN, B. C.: Race, ethnicity, and achievement syndrome. *Amer. sociol. Rev.*, 1959, **24,** 47–60.

(233) ROSENTHAL, M. J., M. FINKELSTEIN, E. NI, and R. E. ROBERTSON: A study of mother-child relationships in the emotional disorders of children. *Genet. Psychol. Monogr.*, 1959, **60,** 65–116.

(234) ROUMAN, J.: School children's problems as related to parental factors. *J. educ. Res.*, 1956, **50,** 105–112.

(235) ROY, K.: Parents' attitudes toward their children. *J. home Econ.*, 1950, **42,** 652–653.

(236) RUSSELL, I. C.: Behavior problems of children from broken and intact homes. *J. educ. Sociol.*, 1957, **31,** 124–129.

(237) RYERSON, A. J.: Medical advice on child rearing, 1550–1900. *Harv. educ. Rev.*, 1961, **31,** 302–323.

(238) SCHAEFER, E. S., and N. BAYLEY: Consistency of maternal behavior from infancy to preadolescence. *J. abnorm. soc. Psychol.*, 1960, **61,** 1–6.

(239) SCHRAMM, W., J. LYLE, and E. B. PARKER: *Television in the lives of our children.* Stanford, Calif.: Stanford University Press, 1961.

(240) SCHWARTZ, E. K.: A psychoanalytic study of the fairy tale. *Amer. J. Psychother.*, 1956, **10,** 740–762.

(241) SEARS, R. R.: Ordinal position in the family as a psychological variable. *Amer. sociol. Rev.*, 1950, **15,** 397–401.

(242) SEARS, R. R., E. E. MACCOBY, and H. LEVIN: *Patterns of child rearing.* New York: Harper & Row, 1957.

(243) SECORD, P. F., and S. M. JOURARD: Mother-concepts and judgments of young women's faces. *J. abnorm. soc. Psychol.*, 1956, **52,** 246–250.

(244) SENN, M. J. E.: A relook at the effects of maternal deprivation. *Children*, 1962, **9,** 237–239.

(245) SEROT, N. M., and R. C. TEEVAN: Perception of the parent-child relationship and its relation to child adjustment. *Child Develpm.*, 1961, **32,** 373–378.

(246) SEWELL, W. H., P. H. MUSSEN, and C. M. HARRIS: Relationships among child training practices. *Amer. sociol. Rev.*, 1955, **20**, 137–148.
(247) SHANE, H. G.: Children's interests. *NEA J.*, 1957, **46**, 237–239.
(248) SHARP, L. J.: Employment status of mothers and some aspects of mental illness. *Amer. sociol. Rev.*, 960, **25**, 714–717.
(249) SHELDON, W. D., and L. CARRILLO: Relation of parents, home, and certain developmental characteristics to children's reading ability. *Elem. Sch. J.*, 1952, **52**, 262–270.
(250) SHELDON, W. D., and W. C. CUTTS: Relation of parents, home, and certain developmental characteristics to children's reading ability. II. *Elem. Sch. J.*, 1953, **53**, 517–521.
(251) SHERE, M. O.: Socio-emotional factors in families of the twin with cerebral palsy. *Except. Children*, 1956, **22**, 197–199.
(252) SHOBEN, E. J.: The assessment of parental attitudes in relation to child adjustment. *Genet. Psychol. Monogr.*, 1949, **39**, 101–148.
(253) SIEGEL, A. E., L. M. STOLZ, E. A. HITCHCOCK, and J. ADAMSON: Dependence and independence in the children of working mothers. *Child Develpm.*, 1959, **30**, 533–546.
(254) SLATER, P. E.: Parental behavior and the personality of the child. *J. genet. Psychol.*, 1962, **101**, 53–68.
(255) SLOMAN, S. S.: Emotional problems in "planned for" children. *Amer. J. Orthopsychiat.*, 1948, **18**, 523–528.
(256) SMITH, W. C.: Remarriage and the stepchild. In M. Fishbein and R. J. R. Kennedy (Eds.), *Modern marriage and family living.* Fair Lawn, N.J.: Oxford University Press, 1957. Pp. 457–475.
(257) SOFMAN, A.: Clinical manifestations of poor mother-child relationships. *Smith Coll. Stud. soc. Wk*, 1949, **19**, 107–108.
(258) STAPLES, F. R., and R. H. WALTERS: Anxiety, birth order, and susceptibility to social influence. *J. abnorm. soc. Psychol.*, 1961, **62**, 716–719.
(259) STAPLES, R., and G. W. SMITH: Attitudes of grandmothers and mothers toward child-rearing practices. *Child Develpm.*, 1954, **25**, 91–97.
(260) STENDLER, C. B.: Critical periods in socialization and overdependency. *Child Develpm.*, 1952, **23**, 3–12.
(261) STENDLER, C. B.: Possible causes of overdependency in young children. *Child Develpm.*, 1954, **25**, 127–146.
(262) STENDLER, C. B.: The learning of certain secondary drives by Parisian and American children. *Marriage fam. Liv.*, 1954, **16**, 195–200.
(263) STEPHENS, W. N.: Judgments by social workers on boys and mothers in fatherless families. *J. genet. Psychol.*, 1961, **99**, 59–64.
(264) STERNBERG, H.: Fathers who apply for child guidance. *Smith Coll. Stud. soc. Wk*, 1951, **22**, 53–68.
(265) STITH, M., and R. CONNOR: Dependency and helpfulness in young children. *Child Develpm.*, 1962, **33**, 15–20.
(266) STÖCKLE, O.: The family with many children and its significance for social education. *Heilpädag. Werkbl.*, 1954, **23**, 144–149.
(267) STOLZ, H. R., and L. M. STOLZ: *Somatic development of adolescent boys.* New York: Macmillan, 1951.
(268) STOLZ, L. M.: Effects of maternal employment on children: evidence from research. *Child Develpm.*, 1960, **31**, 749–782.
(269) STOLZ, L. M., et al.: *Father relations with war-born children.* Standford, Calif.: Stanford University Press, 1954.
(270) STOODLEY, B. H.: Mother role as focus of some family problems. *Marriage fam. Liv.*, 1952, **14**, 13–16.
(271) STOTT, L. H., and M. P. BERSON: Some changes in attitudes resulting from a preparental education program. *J. soc. Psychol.*, 1951, **34**, 191–202.
(272) STOUT, I. W., and G. LANGDON: A report on follow-up interviews with parents of well-adjusted children. *J. educ. Sociol.*, 1953, **26**, 434–442.
(273) STRAUSS, B. V.: The dynamics of ordinal position effects. *Quart. J. child Behav.*, 1951, **3**, 133–145.
(274) STRECKER, E. A.: *Their mothers' sons.* Philadelphia: Lippincott, 1946.
(275) STRYKER, S.: Relationships of married offspring and parent. *Amer. J. Sociol.*, 1956, **62**, 308–319.
(276) STUBBEFIELD, R. L.: Children's emotional problems aggravated by family moves. *Amer. J. Orthopsychiat.*, 1955, **25**, 120–126.
(277) SUSSMAN, M. B.: Family continuity: selective factors which affect relationship between families at generational levels. *Marriage fam. Liv.*, 1954, **16**, 112–120.
(278) SYMONDS, P. M.: *The dynamics of parent-child relationship.* New York: Teachers College, Columbia University, 1949.
(279) TASCH, R. J.: The role of the father in the family. *J. exp. Educ.*, 1952, **20**, 319–361.
(280) TASCH, R. J.: Interpersonal perceptions of fathers and mothers. *J. genet. Psychol.*, 1957, **87**, 59–65.
(281) TEAGARDEN, F. M.: *Child psychology for professional workers,* rev. ed. Englewood Cliffs, N.J.: Prentice-Hall, 1946.
(282) TERMAN, L. M., and M. H. ODEN: *The gifted child grows up.* Stanford, Calif.: Stanford University Press, 1947.
(283) TUCKMAN, J., and I. LORGE: Attitude toward aging of individuals with experience with the aged. *J. genet. Psychol.*, 1958, **92**, 199–204.
(284) TUCKMAN, J., I. LORGE, and G. A. SPOONER: The effect of family environment on atti-

tudes toward old people and the older worker. *J. soc. Psychol.*, 1953, **38,** 207–218.

(285) TUMA, E., and N. LIVSON: Family socio-economic status and adolescent attitudes to authority. *Child Develpm.*, 1960, **31,** 387–399.

(286) TURNER, R. H.: Children and women's work. *Sociol. soc. Res.*, 1952, **36,** 377–381.

(287) TYLER, F. B., J. E. RAFFERTY, and B. B. TYLER: Relationships among motivations of parents and their children. *J. genet. Psychol.*, 1962, **101,** 69–81.

(288) TYLER, L. E.: The development of "vocational interests": I. The organization of likes and dislikes in ten-year-old children. *J. genet. Psychol.*, 1955, **86,** 33–34.

(289) U.N. Report: *Children deprived of normal home life.* New York: United Nations, 1952.

(290) VINCENT, C. E.: The loss of parents and psychosomatic illness. *Social. soc. Res.*, 1955, **39,** 404–408.

(291) VINCENT, C. E.: The adoption market and the unwed mother's baby. *Marriage fam. Liv.*, 1956, **18,** 124–127.

(292) VON MERING, F. H.: Professional and non-professional women as mothers. *J. soc. Psychol.*, 1955, **42,** 21–34.

(293) WALLACH, M. A., D. N. ULRICH, and M. B. GRUNEBAUM: Relationship of family disturbance to cognitive difficulties in a learning-problem child. *J. consult. Psychol.*, 1960, **24,** 355–360.

(294) WALLER, W., and R. HILL: *The family: a dynamic interpretation.* New York: Holt, 1951.

(295) WALLIN, P.: Marital happiness of parents and their children's attitudes to marriage. *Amer. sociol. Rev.*, 1954, **19,** 20–23.

(296) WALLIN, P., and R. P. RILEY: Reactions of mothers to pregnancy and adjustment of offspring in infancy. *Amer. J. Orthopsychiat.*, 1950, **20,** 616–622.

(297) WALSH, A. M.: *Self-concepts of bright boys with learning difficulties.* New York: Teachers College, Columbia University, 1956.

(298) WATSON, J. B.: *Psychological care of infant and child.* New York: Norton, 1928.

(299) WATTENBERG, W. W.: *The adolescent years.* New York: Harcourt, Brace & World, 1955.

(300) WEIL, M. W.: An analysis of the factors influencing married women's actual or planned work participation. *Amer. sociol. Rev.*, 1961, **26,** 91–96.

(301) WEINSTEIN, E. A.: Children's conceptions of occupational stratification. *Sociol. soc. Res.*, 1958, **42,** 278–284.

(302) WILLIAMSON, R. C.: Socio-economic factors and marital adjustment in an urban setting. *Amer. sociol. Rev.*, 1954, **19,** 213–216.

(303) WINCH, R. F.: Further data and observations on the Oedipus hypothesis: the consequences of an inadequate hypothesis. *Amer. sociol. Rev.*, 1951, **16,** 784–795.

(304) WINKELEY, R., K. JACKSON, O. A. FAUST, M. F. MURRAY, and E. G. CERMACK: Emotional reactions and behavior of children in the home. *J. Pediat.*, 1951, **38,** 476–481.

(305) WOLFENSTEIN, M.: Trends in infant care. *Amer. J. Orthopsychiat.*, 1953, **33,** 120–130.

(306) WOLFLE, H. M.: The import of the caress in modern child psychology. *Amer. Psychologist,* 1949, **4,** 249.

(307) WOODRUFF, A. D.: *Basic concepts of teaching.* San Francisco: Chandler, 1961.

(308) WRIGHT, H. F.: Psychological development in Midwest. *Child Develpm.*, 1956, **27,** 265–286.

(309) WYLIE, H. L., and R. A. DELGADO: A pattern of mother-son relationship involving the absence of the father. *Amer. J. Orthopsychiat.*, 1959, **29,** 644–649.

(310) YOUNG, K.: What strong family ties mean to our society. *Soc. Casewk,* 1953, **34,** 323–329.

(311) ZEMLICK, M. J., and R. I. WATSON: Maternal attitudes of acceptance and rejection during and after pregnancy. *Amer. J. Orthopsychiat.*, 1953, **23,** 570–584.

(312) ZUK, G. H., R. M. MILLER, J. B. BARTRAM, and F. KLING: Maternal acceptance of retarded children: a questionnaire study of attitudes and religious backgrounds. *Child Develpm.*, 1961, **32,** 525–540.

(313) ZUNICH, M.: Relationship between maternal behavior and attitudes toward children. *J. genet. Psychol.*, 1962, **100,** 155–165.

Kapitel 15: Persönlichkeit

Nach einer überlieferten Redensart fällt der Apfel „nicht weit vom Stamm". Der tiefere Sinn hinter diesem traditionellen Glauben ist der, daß die Persönlichkeitsstruktur ererbt und keiner Veränderung unterworfen ist. Diese Annahme wurde jahrhundertelang weitgehend akzeptiert. Nur wenige erkannten die Möglichkeit, daß das Kind wie ein Elternteil war, weil es sich mit diesem Elternteil identifiziert hatte und es nachahmte. So wurde die Rolle des Lernens für die Entwicklung der Persönlichkeit entweder nicht beachtet, oder sie erhielt nur geringe Aufmerksamkeit.

Seit der Jahrhundertwende sind mit zunehmender Anwendung von Tests die Scheinwerfer der wissenschaftlichen Aufmerksamkeit auf die Persönlichkeit gerichtet worden. Der herkömmliche Glaube an die beherrschende Rolle der Vererbung ist weitgehend verschwunden; an seine Stelle sind Beweise dafür getreten, daß Lernen eine wichtige und notwendige Rolle spielt. Wenn es auch zutrifft, daß selbst die überzeugtesten Anhänger des Glaubens an den Einfluß der Umwelt nicht so weit gehen, völlig abzustreiten, daß die Vererbung eine Rolle spielt, gibt es immer mehr Beweise dafür, daß bei der Persönlichkeit, ebenso wie bei der Intelligenz, dem Körperbau und anderen Charakteristika, die ererbten Anlagen Wechsel und Veränderung unterworfen sind.

Es gibt ebenfalls zunehmend Beweise dafür, daß Wechsel und Veränderungen am besten in den ersten, den formenden Jahren des Lebens vorgenommen werden können. Obgleich es keinen Stichtag gibt, nach dem das Lernen nicht eine Veränderung der ererbten Züge herbeiführen kann, gibt es Hinweise darauf, daß es um so leichter für das Kind ist und daß die Wirkung um so nachhaltiger ist, je eher die Veränderung stattfindet.

Der Begriff „Persönlichkeit"

Man kann fragen, was die so hoch bewertete Qualität ist, die als „Persönlichkeit" bezeichnet wird. Der Begriff Persönlichkeit kommt aus dem Lateinischen, wo „persona" Maske bedeutete. Im klassischen Griechenland trugen die Schauspieler Masken, um ihre Individualität zu verbergen; diese Masken ermöglichten es ihnen, die Personen zu verkörpern, die sie in dem Spiel darstellten. Diese dramatische Technik wurde später von den Römern übernommen, und von ihnen haben wir unsere moderne Bezeichnung „Persönlichkeit".

Für die Römer bedeutete persona, wie man den anderen erscheint, nicht, wie man wirklich ist. Der Schauspieler rief im Geist der Zuhörer einen Eindruck der Person hervor, die er auf der Bühne verkörperte, und nicht einen Eindruck von dem, was er selbst war. Aus dieser Konnotation des Wortes persona leitet sich unsere verbreitete Vorstellung von Persönlichkeit her als der Wirkung, die man auf andere hat. Was ein Mensch ist, wie er denkt und fühlt und was in seiner psychischen Struktur eingeschlossen ist, zeigt sich in einem hohen Maß in seinem Verhalten. Persönlichkeit ist also nicht eine bestimmte, spezifische Eigenschaft; sie ist die „Beschaffenheit des gesamten Verhaltens des Individuums" (349).

Diese verbreitete Vorstellung von der Persönlichkeit hat zwei schwerwiegende Nachteile: Einmal betont sie nur einen Aspekt des komplizierten Musters der Persönlichkeit – das, was am Individuum Ausdruck ist; und weiter betont sie nur den objektiven Aspekt der Persönlichkeit – die Wirkung auf andere Menschen – und nicht die subjektive oder innere Ordnung, die für den Ausdruck verantwortlich ist (11, 293).

Wenn man die Persönlichkeit eines anderen Menschen beurteilt, tut man das danach, wie dieser Mensch seine Gedanken, Gefühle und Emotionen in Sprache und Handlung äußert. Diese enthüllen vielleicht seine wirkliche Persönlichkeit, vielleicht tun sie das aber auch nicht. Ein kleines Kind z. B. enthüllt vielleicht, wie es wirklich ist, durch das, was es sagt und tut, aber noch ehe es in die Schule kommt, lernt es, Gedanken, Gefühle und Motive zu verbergen, die sozial nicht annehmbar sind, und den sozialen Anforderungen entsprechend zu handeln.

Allports Definition. Von den vielen vorgeschlagenen Definitoinen für Persönlichkeit, wie sie heute wissenschaftlich bestimmt wird, ist die vielleicht umfassendste die Allports, der Persönlichkeit definiert hat als die „dynamische Organisation jener psychophysischen Systeme innerhalb des Individuums, die seine einzigartige Anpassung an die Umgebung bestimmen" (11). Die Bezeichnung „dynamisch" hebt das sich ändernde Wesen der Persönlichkeit hervor; sie betont, daß Veränderungen der Beschaffenheit des Verhaltens eines Menschen auftreten können und auftreten. „Organisation" schließt ein, daß Persönlichkeit nicht aus einer Anzahl von verschiedenen Zügen besteht, wobei einer zum anderen hinzugefügt wird, sondern daß sie in einer Beziehung zueinander stehen. Diese Beziehung zueinander verändert sich, wobei einige Züge stärker hervortreten und andere weniger, wenn Veränderungen im Kind oder in seiner Umgebung stattfinden.

Die „psychophysischen Systeme" sind die Gewohnheiten, Einstellungen, Werte, Annahmen, Affektzustände, Gefühle und Motive, die psychologischer Natur sind, die aber eine physische Grundlage haben im Zustand der Drüsen, im neuralen und im allgemeinen körperlichen Zustand des Kindes. Diese Systeme sind kein Produkt der Vererbung, wenn sie auch auf einem ererbten Fundament gründen; sie sind durch das Lernen als eine Folge der Erfahrungen des Kindes entwickelt worden.

Die psychophysischen Systeme sind die motivierenden Kräfte, die bestimmen, welche Art von Anpassung das Kind vornimmt. Da jedes Kind unterschiedliche Lernerfahrungen hat, ist die Art der Anpassung, die es vornimmt, einzigartig in dem Sinne, als kein anderes Kind – nicht einmal ein eineiiger Zwilling – in genau derselben Weise reagiert. Weil weiter die psychophysischen Systeme ein Produkt des Lernens darstellen, wird die herkömmliche Annahme, daß die Persönlichkeitszüge ererbt sind, zurückgewiesen.

Das Muster der Persönlichkeit

Die Persönlichkeit setzt sich aus vielen Komponenten zusammen, von denen einige objektiv sind – beobachtbar und meßbar – und andere subjektiv und deshalb weniger leicht zu untersuchen und zu messen. Zu den objektiven Komponenten der Persönlichkeit gehören körperliche Charakteristika, wie die Körpergröße und der Körperbau und Faktoren der Körpermechanik und -chemie, die die Art zu denken, zu fühlen und zu handeln beim einzelnen beeinflussen (146).

Das Persönlichkeitsmuster besteht aus Zügen oder bestimmten Eigenschaften des Verhaltens, die in ein Ganzes geordnet und integriert sind. Diese bestehen aus den Reaktionen auf Frustrationen, aus den Arten, Schwierigkeiten zu begegnen, aus aggressivem und defensivem Verhalten, und aus Einstellungen des Aus-sich-heraus-Gehens oder des Sich-Zurückziehens gegenüber anderen Menschen (166). Der „Kern" oder der „Schwerpunkt" dieses Musters ist die Vorstellung von sich selbst – das Bild, das sich der einzelne von sich selbst, von seinen Fähigkeiten, von seinen Eigenschaften, von seinem Wert und von seinen Beziehungen zu seiner Umwelt macht.

Die Unterscheidung zwischen dem normalen und dem abnormen Persönlichkeitsmuster findet sich in dem Maß der Organisation, die vorhanden ist. Die normale, gesunde Persönlichkeit stellt ein äußerst integriertes, geordnetes Muster dar; bei der abnormen Persönlichkeit fehlt es in einem unterschiedlichen Maß an Ordnung. Die Schwere der Abnormität steht in einem direkten Zusammenhang mit dem Grad, in dem Ordnung fehlt (59, 271, 293).

Entwicklung des Persönlichkeitsmusters

Drei Faktoren sind für die Entwicklung des Persönlichkeitsmusters verantwortlich: die ererbten Anlagen, die frühen Erfahrungen innerhalb der Familie und die Ereignisse im späteren Leben. Das Muster steht in einem engen Zusammenhang mit der Reifung der körperlichen und geistigen Züge, die die ererbten Anlagen eines Individuums darstellen. Obgleich Faktoren der Umwelt die Form bestimmen, die das Persönlichkeitsmuster annimmt, wird es nicht von außen kontrolliert, sondern entfaltet sich aus den Anlagen im Individuum (6, 22).

Komponenten des Musters der Persönlichkeit

Die Vorstellung von sich selbst. Von den Komponenten des Persönlichkeitsmusters ist die Vorstellung von sich selbst ohne Frage die wichtigere, weil sie der „Kern" des Musters ist und die Formen beeinflußt, die die verschiedenen Züge annehmen. Die Vorstellung von sich selbst, die eine Zusammensetzung der Gedanken und Gefühle ist, die die Bewußtheit eines Menschen für seine Existenz als Individuum begründet – seine Vorstellung davon, wer und was er ist – enthält ein Bild, das der einzelne sich von sich selber macht. Dieses Selbstbild hat zwei Aspekte, den körperlichen und den psychischen. Das körperliche Selbstbild besteht aus den Vorstellungen des einzelnen von seiner körperlichen Erscheinung und seinen Vorstellungen von der Bedeutung aller Teile seines Körpers in Beziehung zu seinem Verhalten und zu dem Prestige, das sie ihm in den Augen anderer geben. Das psychische Selbstbild besteht aus Zügen wie Ehrlichkeit, Unabhängigkeit und Hilflosigkeit (85, 145).

Das Selbstbild ist ein „Spiegelbild", das weitgehend bestimmt wird durch die Art der Beziehungen des einzelnen zu anderen. Die Rolle oder der Status, den das Individuum in einer Gruppe oder in einer Gesellschaft einnimmt, beeinflußt so die Vorstellung, die es von sich selber hat (150, 164), das heißt seine Vermutung darüber, was wichtige Menschen von ihm halten.

Entwicklung der Vorstellung von sich selbst. Die Persönlichkeit ist um die verschiedenen Vorstellungen von sich selbst geordnet, von denen jede einen soziokulturellen Bezugspunkt hat oder entstanden ist aus der Interaktion zwischen dem einzelnen und einer bestimmten soziokulturellen Umgebung. Die Organisation dieser Vorstellungen von sich selbst ist hierarchisch. Die erste und grundlegendste Vorstellung von sich selbst (die primäre Vorstellung) wird durch die Beziehungen innerhalb der Familie gebildet (111). Andere Vorstellungen von sich selbst (sekundäre Vorstellungen) werden in anderen Gruppenumgebungen außerhalb des Elternhauses erworben. Diese Vorstellungen können vorteilhaft oder unvorteilhaft sein, und sie haben ein unterschiedliches Maß an Bedeutung für die allgemeine Vorstellung von sich selbst (50, 75).

Die primäre Vorstellung von sich selbst beeinflußt gewöhnlich die Auswahl der Situationen, in denen sekundäre Vorstellungen von sich selbst gebildet werden. Wie gut integriert die primären und die sekundären Vorstellungen sind, hängt von dem Maß der Kontinuität zwischen den primären und den sekundären soziokulturellen Umgebungen ab. Ein Kind, das z. B. in einem Elternhaus aufwächst, in dem es im Mittelpunkt der Aufmerksamkeit steht, wird seine Vorstellung von sich selbst in anderen Umgebungen außerhalb des Hauses ändern müssen, wo sein Status ein deutlich anderer ist. Der Grad der Integration des primären und des sekundären Selbstbildes wird wiederum das Maß der Anpassung beeinflussen, das das Individuum leistet (164).

Feststellungen, die die Eltern treffen – ihr Lob oder Tadel – tragen zu der Entwicklung einer Vorstellung von sich selbst bei. Aus dieser grundlegenden Vorstellung entwickelt das Kind weitere Vorstellungen von sich selbst. Wie die Menschen innerhalb des Hauses es behandeln, was sie über es sagen und welchen Status es in der Gruppe erreicht, das alles verstärkt oder verändert die Vorstellung von sich selbst, die es im Elternhaus gelernt hat (50, 57).

Die Beziehungen des Kindes zu Menschen außerhalb des Elternhauses sind wichtiger als die Erlebnisse, die es mit denen innerhalb des Hauses teilt. Wenn das Kind das Jugendalter erreicht, ist sein Selbstbild fest gegründet, wenn es auch vielleicht später, wenn das Individuum neue soziale Erlebnisse hat, überprüft wird (51, (51, 293).

Vorstellungen von dem „idealen Selbst". Jedes Kind hat ein Ideal von sich selbst, das im allgemeinen eine Vorstellung ist, die durch Kontakte mit anderen Leuten, durch Lesen und durch Film und Fernsehen gebildet wurde. Nur sehr wenige Kinder sind zufrieden mit sich selbst so wie sie sind. Die Idealvorstellung von sich selbst erfüllt so ein Bedürfnis und dient als eine Richtschnur für das Verhalten (54, 258, 308).

Untersuchungen haben gezeigt, daß das Ideal des Kindes sich ändert, wenn es älter wird, und daß seine Erfahrungen außerhalb des Hauses die Richtung der Veränderung beeinflussen. Zum größten Teil entsteht das Ideal in der unmittelbaren Umgebung des Kindes und wird durch seine Kontakte – entweder direkte oder indirekte – mit Menschen gebildet, die es bewundert und denen es gerne ähnlich sein möchte.

Das kleine Kind wählt sich zu seinem Ideal zuerst einen Elternteil oder ein Mitglied seiner Familie. Wenn es in das zweite Schuljahr gekommen ist und seine Kontakte sich erweitert haben, ist ein Lehrer sein Ideal oder jemand aus seiner Bekanntschaft außerhalb des Hauses oder der Schule. Viele dieser frühen Ideale werden in das Rollenspiel des Kindes mit einbezogen. Von da an besteht ein zunehmendes Interesse für Ideale aus entfernteren Bereichen, wie der Geschichte, dem zeitgenössischen öffentlichen Leben, Film, Fernsehen oder sogar Comics (18, 112, 127, 222, 339).

Wenn das Kind sich dem Jugendalter nähert, ist sein Ideal mit Wahrscheinlichkeit ein junger Erwachsener, den es bewundert, wie ein Sportler, ein Schauspieler oder eine Schauspielerin oder ein Politiker. Sehr wenige Ideale werden der Literatur, der Dichtung oder der Religion entnommen; sie entstammen mit viel größerer Wahrscheinlichkeit dem Fernsehen, den Filmen oder der Welt des Sportes, und sie haben fast immer dieselbe Nationalität wie das Kind (127, 306).

Jungen wählen sich in jedem Alter Ideale aus entfernteren Bereichen als Mädchen, sie nehmen sich die als Ideale, die eine wichtige Rolle und einen hohen Status in der Gesellschaft haben, besonders Sportler, Wissenschaftler und Politiker. Mädchen dagegen wählen sich häufig Menschen als Ideal, die im sozialen Leben Erfolg gehabt haben oder die anziehend aussehen, wie Schauspieler, oder Angehörige des Adels. Wenn das Kind älter wird, hat das Beisammensein mit Menschen in Stellungen mit Prestige einen deutlichen Einfluß auf die Wahl des Ideals (112, 129).

Jungen, die aus höheren sozioökonomischen Gruppen stammen, nehmen sich häufiger ihren Vater zum Ideal als Jungen der unteren Gruppen, wogegen Mädchen aus beiden Gruppen sich gewöhnlich ihr Ideal außerhalb des Elternhauses suchen. Nicht vor dem Jugendalter spielt das Bewußtsein, einer bestimmten sozialen Klasse anzugehören, eine wichtige Rolle für die Auswahl des Ideales beim Kind (54, 266).

Das Kind verbindet Eigenschaften seiner Eltern mit denen von Außenstehenden und bildet sich ein zusammengesetztes Bild des Ideales, das es anstrebt. Ältere Kinder haben eine sehr genaue Vorstellung davon, wie sie gerne sein möchten und wie sie sich gerne ändern möchten (56, 346).

Das Ideal des Kindes verkörpert die Werte in seiner Kultur, die es am meisten anziehen. Bei einem Versuch, sein Ideal nachzuahmen, nimmt das Kind diese Werte als seine eigenen an; sie dienen als Vorbilder für sein Verhalten. Obgleich die Werte des Kindes sich verändern, wenn es älter wird, bleiben bestimmte Werte von einer Altersstufe zur anderen konstant (54, 187). Abb. 15-1 zeigt die Veränderung der Werte vom vierten zum sechsten Schuljahr. Das Geschlecht des Kindes spielt ebenfalls eine wichtige Rolle für die Festlegung der Werte und des Ideales, das es sich erwählt. Kinder wählen sich fast immer Vorbilder mit ihrem eigenen Geschlecht (56, 196).

Der Einfluß der Vorstellungen von sich selbst. Weil die Vorstellung von sich selbst der Kern des Persönlichkeitsmusters ist und als solcher das Verhalten des Kindes beeinflußt, spielt sie eine wesentliche Rolle für die Festlegung der Art der Anpassung, die das Kind vornimmt. Eine ausgewogene Vorstellung von sich selbst, bei der eine Integration des primären Selbst vorliegt, das sich zu Beginn des Lebens gebildet hat, und des sekundären Selbst, das sich später bildet, führt zu einer weitaus besseren Anpassung als eine unausgewogene Vorstellung von sich selbst. Es ist bereits früher darauf hingewiesen worden, daß Konsequenz der Behandlung im Elternhaus und Kontinuität zwischen der Umgebung im

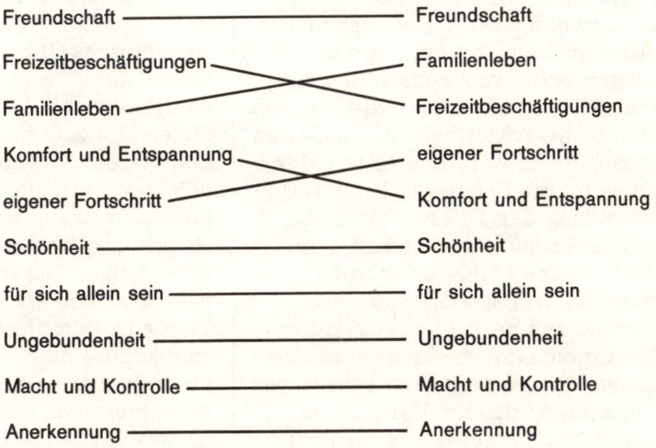

Abb. 15-1. Änderung der Werte mit zunehmendem Alter.

Elternhaus und außerhalb des Elternhauses notwendig sind für die Entwicklung einer ausgewogenen Vorstellung von sich selbst. Eine Ausgewogenheit erfordert ebenfalls, daß kein zu großer Unterschied besteht zwischen dem Kind, wie es wirklich ist und wie es sich als Ideal sieht (50, 72, 75).

Eine ausgewogene Vorstellung von sich selbst kann zusammengesetzt sein aus überwiegend positiven oder negativen Vorstellungen, je nach der Art der Behandlung, die das Kind von anderen im Elternhaus erhalten hat, wo die primären Vorstellungen von sich selbst gebildet werden. Wenn die Vorstellung von sich selbst sich überwiegend aus positiven Vorstellungen zusammensetzt, entwickelt das Kind Selbstvertrauen, ein hohes Maß an Selbstachtung, wenig Gefühle der Unzulänglichkeit und der Minderwertigkeit, die Fähigkeit, sich selbst realistisch zu sehen, und wenig kompensierendes Verhalten einer defensiven Art, wie Schüchternheit oder Sich-Zurückziehen. Als Folge nimmt das Kind bessere soziale Anpassung vor, wird sozial stärker akzeptiert und ist in sozialen Gruppen aktiver, was alles zu einer positiveren sekundären Vorstellung von sich selbst führt, die wieder die positiven primären Vorstellungen von sich selbst verstärkt.

Wenn sich die Vorstellung von sich selbst überwiegend aus negativen Vorstellungen zusammensetzt, nimmt das Kind dagegen eine schlechte soziale Anpassung vor; es hat Gefühle der Unsicherheit, der Unzulänglichkeit und der Minderwertigkeit und es gebraucht viele Abwehrmechanismen, die alle die ungünstigen primären Vorstellungen von sich selbst verstärken, die sich im Elternhaus entwickelt haben. Zu Zeiten einer besonderen Anspannung wie der Anpassung an die Schule oder an Tod oder Scheidung der Eltern erlebt das Kind mit einer unausgewogenen Vorstellung von sich selbst oder mit einer ausgewogenen Vorstellung, die sich überwiegend aus negativen Vorstellungen zusammensetzt, mehr emotionale Reaktionen, und es paßt sich schlechter an als das Kind, dessen Vorstellung von sich selbst ausgewogener ist oder dessen Vorstellung von sich selbst sich überwiegend aus positiven Vorstellungen zusammensetzt (53, 59).

Unausgewogenheit der Vorstellung von sich selbst wird oft verursacht durch eine deutliche Diskrepanz zwischen der Idealvorstellung, die das Kind von sich hat, und der Vorstellung, die es darüber hat, wie es wirklich ist (221).

Aufgrund seiner Unerfahrenheit neigt das Kind dazu, seine Fähigkeiten zu überschätzen; es wird von seinen Eltern oft dazu angehalten, zu glauben, daß es alles tun kann, was es tun möchte, wenn es sich nur genug anstrengt. Zum größten Teil ist das Ideal des Kindes mehr ein Index der wunschgeprägten Einschätzung seiner Fähigkeiten als seiner wirklichen Fähigkeiten.

Die meisten Kinder können sich nicht genau einschätzen; sie neigen dazu, vorteilhafte Züge zu betonen und unvorteilhafte außer acht zu lassen. Nicht ehe sie das Jugendalter erreichen, kann man erwarten, daß die Selbstbewertung genauer und unvoreingenommener wird (29, 251).

Eltern und Lehrern ist nur selten klar, welche Art der Vorstellung von sich selbst sich beim Kind entwickelt, und wenige versuchen, sicherzustellen, daß diese Vorstellungen sowohl realistisch als auch vorteilhaft genug sind, damit das Kind sich selber zu akzeptieren bereit ist. Jersild hat darauf hingewiesen, wie folgenschwer es sein kann, wenn die Vorstellung von sich selbst in der Kindheit dem Zufall überlassen wird und unkontrolliert ist (144).

Persönlichkeitszüge. Die zweitwichtigste Komponente im Muster der Persönlichkeit sind die Persönlichkeitszüge. Ein Zug kann beschrieben werden als ein Aspekt oder eine Dimension der Persönlichkeit, die aus einer Gruppe von verwandten und konsistenten Reaktionen besteht, die für die typische Anpassung eines Menschen charakteristisch sind. Er ist eine gelernte Tendenz, Situationen in einer vorhersagbaren Weise einzuschätzen und in einer Weise zu reagieren, in der der einzelne mehr oder weniger erfolgreich in der Vergangenheit auf ähnliche Situationen reagiert hat, in denen er ähnlich motiviert war. Da nicht ein Zug zum anderen hinzugefügt wird, sondern weil Persönlichkeitszüge in das Muster integriert sind, in dem die Vorstellung von sich selbst der Kern ist, werden sie von der Vorstellung von sich selbst beeinflußt. Ein Kind, das sich selbst für minderwertig hält, entwickelt charakteristische Methoden, sich anzupassen, die sich deutlich von denen eines Kindes unterscheiden, dessen Vorstellung von sich selbst vorteilhafter ist (11, 51, 271, 293).

Züge haben zwei hervorstechende Merkmale: Individualität und Konsistenz. Individualität bezieht sich nicht auf die Tatsache, daß jedes Individuum bestimmte Züge aufweist, die nur bei ihm zu finden sind, sondern vielmehr auf die Tatsache, daß es eine eigene individuelle „Quantität" dieses bestimmten Zuges hat. Woodworth hat es so formuliert: „Züge sind ‚Dimensionen' des Verhaltens, in denen sich die Individuen unterscheiden" (349). Jedes Kind hat Persönlichkeitszüge – wie Großzügigkeit, Tapferkeit, oder andere wünschenswerte Persönlichkeitszüge – wenn auch in einem jeweils unterschiedlichen Maß. Die meisten Menschen finden sich etwa im Durchschnitt hinsichtlich der verschiedenen Züge (293). Das bedeutet, daß die meisten Kinder in bezug auf Großzügigkeit, Tapferkeit und der Freude am Umgang mit anderen etwa im Durchschnitt stehen; das sehr großzügige, sehr tapfere oder sehr umgängliche Kind ist ebenso selten wie das sehr geizige, das sehr feige oder das sehr unsoziale Kind.

Das zweite Merkmal aller Züge, die Konsistenz, bedeutet, daß ein Mensch sich in annähernd derselben Weise unter ähnlichen Umständen verhält. Ein Kind kann selbstsicher in einer Situation sein, in der es die erforderlichen Geschicklichkeiten gelernt hat, um eine gute Anpassung vorzunehmen, aber in einer Situation, für die es keine frühere Erfahrung hat, fehlt es ihm an Selbstsicherheit, oder es zeigt sogar Furcht. Es gibt jedoch ein zugrundeliegendes Muster der Konsistenz bei der charakteristischen Anpassung einer Person an das Leben, obgleich auch das wie die Individualität eine Frage des Grades ist (11, 293).

Entwicklung von Zügen. Persönlichkeitszüge sind ein Produkt des Lernens; zugleich basieren sie auf einer ererbten Grundlage. Sie werden überwiegend geformt durch die Erziehung im Elternhaus und in der Schule und durch die Nachahmung des Menschen, mit dem das Kind sich identifiziert. Wenn ein Kind sich mit dem Vater identifiziert, ahmt es die charakteristischen Weisen des Vaters nach, auf Menschen und Situationen zu reagieren, sogar bis zu dem Punkt, wo es scheint, daß es diese charakteristischen Züge geerbt hat. Später ahmt es die Verhaltenszüge der Mitglieder der Gruppe der Alterskameraden nach, und es entwickelt die charakteristischen Methoden der Anpassung, die von der Gruppe akzeptiert und anerkannt werden (48, 54, 178, 329).

Einige Persönlichkeitszüge werden durch Versuch und Irrtum gelernt. Wenn ein Kind entdeckt – mehr durch Zufall als durch Nachahmung oder direktes Unterrichten –, daß Aggressivität die Anerkennung der Gruppe der Alterskameraden hervorruft oder daß sie ein Bedürfnis befriedigt, wiederholt es sein aggressives Verhalten immer wieder, wenn sich eine ähnliche Situation ergibt. Mit der Zeit entwickelt sich das zu einer charakteristischen Art, sich an Frustrationen anzupassen, und man kennt es als ein „aggressives Kind" (106, 110).

Persistenz und Variabilität der Persönlichkeit

Nach der verbreiteten Ansicht, die auf der Voraussetzung gründet, daß die Persönlichkeit ererbt wird, bleibt die Persönlichkeit das ganze Leben in relativ unveränderter Form. Wenn eine Veränderung eintritt, ist sie bei jungen Menschen mit Wahrscheinlichkeit eine Veränderung zum Besseren und eine ungünstige Veränderung, wenn die Menschen das mittlere oder höhere Lebensalter erreichen. Die Veränderungen der Persönlichkeit werden körperlichen Veränderungen zugeschrieben. In der Pubertät zum Beispiel verändert sich der kindliche Körper zu dem Körper eines Erwachsenen; da diese körperliche Veränderung als eine Verbesserung angesehen wird, wird herkömmlicherweise die Meinung vertreten, daß auch eine Verbesserung der Persönlichkeit stattfindet. Die körperlichen Veränderungen, die zur Zeit des Klimakteriums oder mit zunehmendem Alter vor sich gehen, werden dagegen für Verschlechterungen gehalten. Die Persönlichkeitsveränderungen, von denen angenommen wird, daß sie damit einhergehen, werden dann ebenfalls als Veränderungen zum Negativen angesehen. Wissenschaftler teilen diese Meinung in einem gewissen Maß. Wenn sie auch diese Persönlichkeitsveränderungen nicht völlig den körperlichen Veränderungen zuschreiben, sehen sie Zeiträume, in denen radikale körperliche Veränderungen auftreten, als „kritisch" für die Entwicklung der Persönlichkeit an (158, 328).

Unter dem praktischen ebenso wie unter dem theoretischen Gesichtspunkt ist es wichtig zu wissen, genau wie persistent die Persönlichkeit ist, wieviel Veränderung man erwarten kann und wann Veränderungen am besten vorzunehmen sind, wenn es sich herausstellt, daß Veränderungen wesentlich sind, um die Anpassung des Kindes zu verbessern (244).

Die Bedeutung der Persistenz. Die Bezeichnung „persistent" bedeutet „andauernd" und „ständig wiederauftretend"; sie bedeutet aber nicht, daß keine Veränderung stattfinden kann. Sie bedeutet dagegen, daß bei bestimmten Zügen eine Tendenz besteht, in unveränderter oder verhältnismäßig unveränderter Form beibehalten zu werden, selbst wenn Erziehung und sozialer Druck wirksam gewesen sind. Wie Allport betont hat, ist das „Wichtigste an der Persönlichkeit ihre verhältnismäßig andauernde und einzigartige Organisation" (11). Ein Kind, das als Kleinkind Reizbarkeit zeigte, zeigt denselben Zug auch, wenn es älter wird, wenn auch seine Reizbarkeit in gewisser Weise verändert und abgeschwächt ist – eine Folge von Druck durch die Umwelt.

Obwohl sich bestimmte Persönlichkeitszüge verändern, wenn das Kind bestimmte Erfahrungen durchmacht, „bewahrt sich jede Persönlichkeit eine zentrale Stabilität, einen zentralen Kern, Brennpunkt oder Schwerpunkt, der sich nicht verändert. Einige Persönlichkeiten sind weitaus flexibler als andere und verändern sich radikal unter radikalen Veränderungen der Umgebung; andere haben eine ‚granitartige Beschaffenheit', die sogar den radikalsten Veränderungen der Umwelt Widerstand leistet" (51). Dieser Schwerpunkt führt zu einer Ausgewogenheit der Persönlichkeit, indem er eine Balance der Züge innerhalb des Persönlichkeitsmusters bewahrt. Wenn der Schwerpunkt einmal festliegt, verändert er sich nicht, wenn nicht radikale Schritte unternommen werden, um eine solche Veränderung hervorzurufen.

Bei kleinen Kindern ist der „Kern" der Persönlichkeit noch nicht fest gegründet. Er kann deshalb geändert werden, ohne daß das gesamte Gleichgewicht der Persönlichkeit gestört wird. Aber die Persönlichkeit wird weniger flexibel, wenn der einzelne älter wird, weil der „Kern" der Gewohnheiten und Einstellungen größer wird und stärker festgelegt ist, und jede Veränderung erfordert viel Anstrengung und Druck. Es muß dann ebenfalls Vorsorge getroffen werden, daß das Gleichtgewicht der Persönlichkeit nicht gestört wird (77).

„Kritische Zeiträume" für die Entwicklung der Persönlichkeit. Schon im sechzehnten Jahrhundert hat Ignatius behauptet, daß, wenn er die Unterweisung eines Kindes in den ersten sechs Lebensjahren überwachen könnte, nichts seine Unterweisung rückgängig machen könnte. Freud und viele seiner Anhänger vertraten einen ähnlichen Standpunkt. Heute fragen die Wissenschaftler: „Wann erreicht die Entwicklung der Persönlichkeit den Punkt, wo es nur noch wenig Veränderung gibt, und wird dieser Punkt überhaupt jemals erreicht?" Es besteht jedoch Übereinstimmung darüber, daß die ersten Jah-

re die „kritischen" Jahre für die Entwicklung der Persönlichkeit sind; mit jedem verstreichenden Jahr werden die Veränderungen geringer und sind schwieriger vorzunehmen (164). Es gibt auch Hinweise darauf, daß viele leichte bis schwere Störungen der Persönlichkeit ihren Ursprung in den ersten Jahren haben und daß die grundlegenden Persönlichkeitsmuster zu dieser Zeit festgelegt werden (23, 131, 235).
Das Persönlichkeitsmuster in den ersten Lebensjahren weist auch darauf hin, zu welcher Art von Individuum das Kind heranwachsen wird. Zwischen dem zweiten und dritten Jahr lernt das Kind, autonom oder selbständig zu werden – oder es bleibt abhängig. Wenn sein Verlangen nach Unabhängigkeit nicht klug gehandhabt wird, wird das Kind übermäßig abhängig oder abweisend und eigenwillig (91, 299).
In den ersten Lebensjahren werden die positiv getönten Reaktionen gebildet, die die Haltung des Kindes gegenüber dem Leben beeinflussen. Diese Vorlieben und Abneigungen sind nicht die Folgen einer zufälligen Verbindung mit einem unmittelbaren Erlebnis, sie sind vielmehr die Folgen von Erfahrungen mit bestimmten und eng miteinander in Verbindung stehenden Reizen in der Vergangenheit, die zu generalisierten Einstellungen geworden sind. Tryon und Henry haben die Bedeutung von früh gelernten Einstellungen betont: „Die Bedeutung dieser frühen Lernerfahrungen liegt in der Tatsache, daß grundlegende Einstellungen gegenüber den menschlichen Beziehungen im späteren Leben in dieser Zeit fundiert werden und daß sie nach den Gefühlen und Einstellungen, die sich aus diesen Erfahrungen entwickeln, gebildet werden... Die Anpassungsweisen, die am frühesten gelernt werden, scheinen die zu sein, die am gründlichsten gelernt werden. Von da an besteht eine starke Tendenz des Individuums, auf nachfolgende Erfahrungen so zu reagieren wie in seiner Kindheit, und seine sozialen Anpassungen in der Jugend in weitgehend derselben Weise vorzunehmen wie in der Kindheit... So formen also die frühen Beziehungen des Kindes zu seinen Eltern die grundlegenden Wünsche und Ziele der Anpassung und die Techniken der Anpassung. Diese Basis-Persönlichkeit dient als Grundlage und gibt den sozialen und individuellen Anpassungsmodi im späteren Leben die grundlegende Richtung" (326).

Hinweise auf die Persistenz. Die Persistenz von Persönlichkeitszügen wurde schon in einigen der ersten Tagebücher über die Entwicklung von Kindern erwähnt (274, 350). In den letzten Jahren haben Untersuchungen an Gruppen von Kindern über einen Zeitraum hinweg die Persistenz von Persönlichkeitsmustern betont und haben gezeigt, unter welchen Bedingungen Veränderungen eintreten. Sie haben aufgewiesen, daß Züge, wenn sie auch geringfügig von Jahr zu Jahr variieren können, doch über einen längeren Zeitraum verhältnismäßig konstant bleiben.
Diese Ergebnisse ermöglichen eine Prognose über die zukünftige Persönlichkeit des Kindes bereits im ersten Lebensjahr. Wenn das Kind älter wird, werden vorherrschende Arten des Verhaltens weniger deutlich. Kein Kind bleibt völlig konsistent hinsichtlich der vorherrschenden Formen des Verhaltens, und es gibt ebensowenig revolutionäre Veränderungen. Verlagerungen gehen immer in die Richtung des Verhaltens, das schon früh zu erkennen war, wenn auch nicht in sehr ausgeprägter Form (51, 205).
Eine der interessantesten und ausgedehntesten Untersuchungen zur Persistenz der Persönlichkeitszüge wurde an einer Gruppe von 25 Kindern durchgeführt – zuerst von Shirley, dann von Neilon. Während des Zeitraumes von zwei Jahren, in dem die Kinder unter ständiger Beobachtung standen, bemerkte Shirley eine beachtliche Konsistenz. Veränderungen des Verhaltens wurden ebenfalls festgestellt. Ein Kind, das sich fürchtete und schrie, als es ein Jahr alt war, fürchtete sich auch mit zwei Jahren, aber anstatt zu schreien, lief es weg (275).
Fünfzehneinhalb Jahre nachdem Shirley ihre Untersuchung durchgeführt hatte, verglich Neilon Ergebnisse objektiver Persönlichkeitstests sowie neue Per-

sönlichkeitsbeschreibungen für 15 der ursprünglichen 25 „Shirley-Kinder" mit den ursprünglichen Beschreibungen, die Shirley gegeben hatte. Es waren definitive Beweise vorhanden, daß die Persönlichkeiten über diesen Zeitraum hinweg ähnlich geblieben waren und daß einige der Individuen leicht zu identifizieren waren aufgrund der Einzigartigkeit ihres Persönlichkeitsmusters (212).

Mit den Veränderungen der Pubertät treten auch Veränderungen der Persönlichkeit des Individuums ein. Es ist deshalb wichtig, zu bestimmen, ob Persönlichkeitsmuster, die in den ersten Jahren der Kindheit begründet worden sind, sich verändern, wenn der einzelne das Jugendalter erreicht, oder ob das Persönlichkeitsmuster weitgehend so bleibt, wie es gewesen ist. Sogar im späten Jugendalter kann eine Variation der Züge auftreten, aber zum größten Teil werden die frühen Muster weiter beibehalten (253, 293).

Untersuchungen haben bei abhängigem Verhalten eine Persistenz von den frühen Schuljahren bis zum Erwachsenenalter gezeigt. Persistent ist ebenfalls das Streben nach Leistung und sozialer Anerkennung durch Qualifikation im geistigen oder sportlichen Bereich oder durch eine verbesserte wirtschaftliche und kulturelle Umgebung. Abhängiges Verhalten, wie es sich darin äußert, daß Hilfe bei anderen in Streß-Situationen gesucht wird, war bei Mädchen und Frauen andauernder als bei Männern. Auf der anderen Seite war die Persistenz des Strebens nach Leistung und sozialer Anerkennung größer bei Jungen und Männern. Der Grund für diese geschlechtsbedingten Unterschiede kann in dem unterschiedlichen sozialen Druck liegen, der auf die beiden Geschlechter ausgeübt wird (153, 202).

Nachdem ein Mensch das Erwachsenenalter erreicht hat, ist die Konstanz der Persönlichkeitszüge größer als zuvor, und zwar sowohl bei gut als auch bei schlecht angepaßten Menschen. Eine Untersuchung mit sechs Personen, bei denen 35 Persönlichkeitszüge eingeschätzt wurden, 50 Jahre nachdem ihre Mutter ihre Ansichten über sie in einem Tagebuch aufgeschrieben hatte, zeigte, daß bei diesem langen Zwischenraum eine Persistenz der Züge von 70 % bestand. Es lag eine allgemeine Tendenz zur Verbesserung vor, wobei sowohl vorteilhafte als auch unvorteilhafte Züge Verbesserungen zeigten (284).

Eine Untersuchung an Jungen, die früh oder spät reif wurden, zeigte, daß das Persönlichkeitsmuster – beeinflußt durch die Behandlung, die sie von Erwachsenen und Kameraden wegen ihres körperlichen Zustandes in der Pubertät erhielten – bis zum Anfang ihrer dreißiger Jahre vorhielt. Diejenigen, die früh reif wurden, waren als junge Männer verantwortungsbewußt, unternehmungslustig, gesellig, freundlich, sie arbeiteten beständig auf ein Ziel zu, waren selbstbeherrscht und dominierend, und sie waren imstande, das Vertrauen anderer zu erwecken. Diese charakteristischen Züge waren denen ähnlich, die sie auch im Jugendalter gezeigt hatten. Die Männer dagegen, die spät reif geworden waren, waren empfindlich, aufsässig, impulsiv, genußsüchtig, und sie verlangten in übertriebener Weise nach Ermunterung und Unterstützung, wenn sie verletzt waren. Im allgemeinen war ihr Verhalten eine Weiterführung des „Kleine-Jungen-Verhaltens", das sie in ihren Jugendjahren gezeigt hatten (19, 148, 209).

Untersuchungen schlecht angepaßter Individuen haben ergeben, daß ungewöhnliches Verhalten in der Kindheit oft zu Persönlichkeitsstörungen im Erwachsenenalter führt. Aufzeichnungen über Patienten in psychiatrischen Kliniken haben gezeigt, daß die Persönlichkeitseigenschaften psychotischer Patienten seit der Kindheit gleich geblieben sind (104, 168, 323). Problem-Kinder werden oft zu jugendlichen Kriminellen und zu Verbrechern, wenn sie erwachsen sind. Diejenigen, die so schlecht angepaßt sind, daß sie in der Schule und im Elternhaus Schwierigkeiten bereiten, tragen – so hat es sich herausgestellt – einen unverhältnismäßig großen Teil zu so schwerwiegenden sozialen Problemen bei wie Verbrechen, Mord und Selbstmord (31, 105, 246).

Änderungen der Persistenz. Einige Menschen weisen eine stärkere Konstanz der Persönlichkeitsmuster auf als andere, und einige Züge sind konstanter als andere. Die Züge, die sich als die persistentesten erwiesen haben, sind diejenigen, die im Zusammenhang stehen mit Intelligenz, körperlicher Entwicklung und Temperament; am wenigsten Persistenz weisen die auf, die im Zusammenhang stehen mit sozialen Situationen wie etwa Introversion, Extraversion, Einstellungen und Werten. Zu den Zügen, die sich als die stabilsten und beständigsten erwiesen haben, gehören Zuneigung, Ehrgeiz, Gewissenhaftigkeit, Mitgefühl, herrische Haltung, Widerspenstigkeit, Sorglosigkeit, Reizbarkeit, Nervosität, Streitsucht und Willensstärke; zu den am wenigsten persistenten gehören Selbstsicherheit, Mut, Beharrlichkeit, Schüchternheit und Aufbrausen (11, 158, 284).

Es gibt geschlechtsspezifische Unterschiede hinsichtlich der Stabilität der Persönlichkeitszüge (s. o.). Es gibt Beweise dafür, daß die Persistenz größer ist bei Verhaltenseigenschaften, die traditionell als dem einen Geschlecht angemessen angesehen werden, als bei denen, die als für beide Geschlechter angemessen gelten (154). Abb. 15-2 zeigt die Korrelationen zwischen der Einschätzung des Verhaltens bei denselben Männern und Frauen in der Kindheit und im Erwachsenenalter.

Im Persönlichkeitsmuster besteht eine größere Persistenz bei der Vorstellung von sich selbst als bei den spezifischen Persönlichkeitszügen, obgleich die Vorstellung von sich selbst durch die Er-

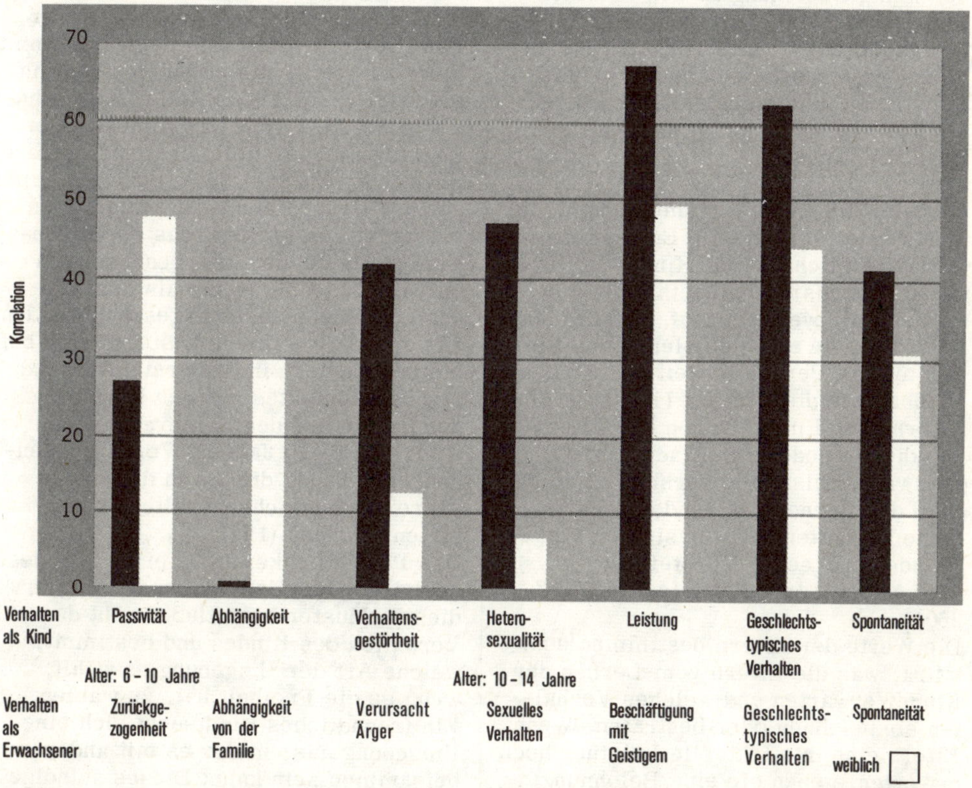

Abb. 15-2. Einige Persönlichkeitszüge, die von der Kindheit bis ins frühe Erwachsenenalter Persistenz zeigen.

fahrungen des einzelnen verändert werden kann (60, 202, 315, 329). Breckenridge und Vincent haben festgestellt: „Die größere Unbeweglichkeit der älteren Persönlichkeit ist wahrscheinlich zurückzuführen auf einen größeren und stärker festgelegten Kern der persönlichen Gewohnheiten und Einstellungen, die wie jede Gewohnheit, ganz gleich wie festgelegt sie ist, verändert werden können, etwa durch einen hinreichend starken emotionalen Schock und wenn fortgesetzter und genügend starker Druck einwirken kann" (51).

Erklärung der Persistenz. Die Vererbung spielt eine wichtige Rolle dafür, wie persistent das Persönlichkeitsmuster ist. Jeder Zug der entweder direkt oder indirekt in einer Beziehung zu ererbten Anlagen des Kindes steht, bleibt über Jahre hinweg stabiler als ein Zug, der wenig Beziehung zu den ererbten Anlagen hat. Angeborene Unterschiede führen zu individuellen Reaktionen auf dieselben Menschen und auf dieselben Situationen in den ersten Lebensmonaten und werden zunehmend spezifisch, wenn die Kinder älter werden (220, 275).

Obgleich die Erziehungsmethoden, die angewendet werden, die Entwicklung der Persönlichkeit des Kindes in den ersten Lebensjahren beeinflußt, gibt es wenig Hinweise darauf, daß die Methoden per se einen so bleibenden Einfluß auf die Persönlichkeit des Kindes ausüben wie die Einstellungen der Eltern. Die Einstellungen der Eltern und die Methoden der Kindererziehung sind verhältnismäßig persistent; so wird das Lernen des Kindes verstärkt, seine Verhaltensmuster sind fest gegründet und seine Vorstellung von sich selbst liegt relativ fest (42, 188, 260).

Die Werte der Eltern bestimmen sehr stark, was die Eltern vom Lernen der Kinder erwarten und welches Verhalten sie belohnen oder bestrafen. Wenn Eltern eine intellektuelle Leistung hoch bewerten, geben sie eine Belohnung; Streben nach Leistung wird verstärkt und wird so leicht persistent. Ohne Belohnung wird es gelöscht (153, 202).

Die soziale Umgebung – sowohl innerhalb als auch außerhalb des Elternhauses – trägt viel zur Persistenz des Persönlichkeitsmusters bei. Wegen der Abhängigkeit des Kindes in den ersten Lebensjahren bleibt seine Umwelt die des Elternhauses oder eines Ersatzes des Elternhauses. Wie im Kapitel über die Beziehungen innerhalb der Familie betont wurde, sind die Beziehungen des Kindes zu den verschiedenen Mitgliedern der Familie verhältnismäßig stabil. Deshalb lernt das Kind in den ersten formenden Jahren des Lebens, sich so zu sehen, wie die Mitglieder der Familie es sehen, und sich so an das Leben anzupassen, wie sie es von ihm erwarten. Bis zu dem Zeitpunkt, an dem sich seine Umwelt so ausdehnt, daß sie auch Menschen außerhalb des Elternhauses einschließt, ist seine Vorstellung von sich selbst gut entwickelt, und seine Persönlichkeitszüge sind gut gelernt. In der Familie wird jedem Kind eine bestimmte Rolle zugeteilt, die zu spielen von ihm erwartet wird. Diese Rolle ist gewöhnlich persistent, und das Kind lernt in Begriffen dieser Rolle über sich selbst zu denken (47, 164, 299). Sozialer Druck aus der Gruppe der Alterskameraden verstärkt das Lernen, das im Elternhaus stattgefunden hat, besonders in bezug auf die Züge, die als dem Geschlecht angemessen angesehen werden. Als eine Folge „kristallisieren sich bei einigen Kindern in den ersten vier Jahren des Kontaktes mit der Umgebung der Schule und den Kameraden (d. h. im Alter von 6–10 Jahren) Verhaltenstendenzen heraus, die bis in die ersten Jahre des Erwachsenenalters beibehalten werden" (154).

Das Persönlichkeitsmuster des Kindes oder irgendein dominierender Zug in diesem Muster beeinflußt leicht das Verhalten des Kindes und bestimmt, welche Art der Umgebung es wählt, wenn es die Freiheit hat, zu wählen. Ein freundliches Kind sucht sich eine Umgebung aus, in der es mit anderen beisammen sein kann: Dieses ständige Zusammensein mit anderen trägt dazu bei, die freundliche Einstellung des Kindes zu verstärken und zu bewahren. Das scheue Kind dagegen sucht eine

Umgebung, in der es allein sein kann; das verstärkt seine Scheu (146).

Wenn das Kind sich für einen bestimmten Zeitraum in einer Umgebung aufhält, die die Entwicklung bestimmter Persönlichkeitszüge fördert – besonders in den ersten Lebensjahren – dann ist eine Veränderung der Umgebung zu einem späteren Zeitpunkt vielleicht nicht mehr ausreichend, um das Muster der Persönlichkeit zu verändern. Dies ist durch das Beispiel von Jugendlichen illustriert worden, die die ersten Lebensjahre in Anstalten verbrachten, wo die Routine die Apathie, den Mangel an Ehrgeiz, die Ruhelosigkeit und die unkontrollierte Emotionalität förderten. Selbst wenn sie später in Familien aufgenommen wurden, dauerten diese Persönlichkeitszüge an (107, 214).

Bedeutung der Veränderung. Wissenschaftliche Evidenz zeigt, daß Veränderungen der Persönlichkeit auftreten können und auftreten. „Verändern" bedeutet „wechseln" oder „abweichen", es bedeutet nicht unbedingt, daß die Veränderung oder der Wechsel vollständig ist. So ist das Muster der Persönlichkeit sowohl persistent als auch der Veränderung unterworfen. Cole hat darauf hingewiesen: „Die Persönlichkeit eines Menschen ist nicht durch die Vererbung festgelegt; sie wächst, verliert einige Züge, erwirbt einige neu, sie wird manchmal gefördert durch den Druck der Umgebung, wird manchmal nachteilig beeinflußt durch ihn, und Krankheit, Leiden oder emotionale Beanspruchung wirken leicht auf sie ein" (71).

Obgleich Veränderung charakteristisch ist für den Körperbau und die Intelligenz, ist die Persönlichkeit in stärkerem Maße „flexibel oder der Veränderung durch Einflüsse der Umwelt unterworfen ..." (51). Veränderungen der Persönlichkeit sind viel häufiger und stärker bei kleinen Kindern als bei älteren Kindern und Jugendlichen und sehr viel häufiger als bei Erwachsenen (166, 299).

Bereiche der Veränderung. Der Teil des Persönlichkeitsmusters, für den die Wahrscheinlichkeit am geringsten ist, daß er sich verändert, ist der „Kern", die Vorstellung von sich selbst. Die Vorstellung von sich selbst wird im allgemeinen mit zunehmendem Alter starrer, obwohl sie sich in vielen verschiedenen Formen äußern kann, wenn die Bedingungen der Umwelt eine bestimmte Art der Äußerung anregen und eine andere Form der Äußerung zu hemmen versuchen. Das Kind, das unter Gefühlen der persönlichen Unzulänglichkeit und der Minderwertigkeit leidet, kann diese Gefühle durch übertriebene Scheu und Furchtsamkeit äußern, wenn es noch klein ist. Wenn es älter wird, erkennt es vielleicht, daß Schüchternheit einen sozialen Nachteil darstellt, und es zwingt sich, extravertierter zu sein. Obgleich es nach außen hin den Eindruck des Selbstvertrauens macht, vielleicht sogar der Frechheit, bleibt es innerlich wahrscheinlich so furchtsam und bange vor Menschen und vor sozialen Situationen, wie es schon immer war. Es hat nur eine Fassade aufgebaut, die seine wahre Vorstellung von sich selbst verhüllen soll (71, 315).

In ähnlicher Weise kann ein Kind in der Gegenwart seiner Mutter nur wenig Aggressivität zeigen, aber beim Spiel mit Puppen zeigt es vielleicht, wie es wirklich ist; es greift eine Puppe, die eines seiner Geschwister darstellt, oder sogar die Puppe, die die Mutter darstellt, an, wie es das im wirklichen Leben tun würde, hielte es nicht die Furcht vor Strafe davon zurück (267). Offensichtlich ist seine Vorstellung von sich selbst als einem Menschen, der ungerecht behandelt worden ist, noch vorhanden, obgleich seine charakteristische Methode, sich anzupassen, die aus dieser Vorstellung von sich selbst herrührt, sich durch sozialen Druck geändert hat.

Veränderungen des Persönlichkeitsmusters treten mit weitaus größerer Wahrscheinlichkeit bei bestimmten Zügen als bei der Vorstellung von sich selbst auf. Eine Veränderung kann quantitativer Art sein, insofern als ein Zug, der bereits vorhanden ist, sich verstärkt oder abschwächt, oder sie kann qualitativer Art sein, insofern als Züge, die unter dem sozialen Gesichtspunkt nicht erwünscht sind, verschwinden und durch mehr erwünschte ersetzt werden. So bedeutet Veränderung nicht unbedingt eine Veränderung zu einem völlig andersartigen Zug und sie bedeutet ebenfalls nicht ein völlig neues Persönlichkeitsmuster.

Zum größten Teil bestehen die Veränderungen darin, daß auf bereits vorhandenen Charakteristika aufgebaut wird, statt daß etwas Neues und Unterschiedliches entwickelt wird. Die variabelsten Züge sind im allgemeinen die, die auf irgendeiner erblichen Tendenz gründen. Es ist jedoch nie möglich zu sagen, welche Züge bei einem bestimmten Kind persistent sein und welche sich verändern werden; die Veränderungen hängen teilweise von den Lebenserfahrungen eines Kindes und teilweise von seinen ererbten Anlagen ab (166, 244, 307).

Wenn dem Kind zunehmend klar wird, was sozial anerkannt oder abgelehnt wird, versucht es, sich an ein Muster anzupassen, das ihm mehr Anerkennung einbringen soll. Eine Untersuchung hat gezeigt, daß Jungen im allgemeinen eine größere Verbesserung ihrer Persönlichkeit vornehmen als Mädchen; dies wurde erklärt auf der Grundlage des größeren sozialen Anpassungsdrucks, der auf Jungen ausgeübt wird (284).

Ursachen für Veränderungen der Persönlichkeit. Veränderungen der Persönlichkeit geschehen nicht von selbst. Wenn Veränderungen auftreten, dann tun sie es *allmählich*. Plötzliche Veränderungen der Persönlichkeit gehören zu den Kriterien, die herangezogen werden, um Geisteskrankheiten zu diagnostizieren; charakteristischerweise sind sie bei normalen Menschen nicht zu finden (271, 293). Wo eine strukturelle Anomalie des Gehirnes vorliegt – wie im Falle eines Gehirntumors – läßt sich die veränderte Persönlichkeit im allgemeinen auf *einen* Faktor zurückführen. Aber gewöhnlich wird eine Veränderung herbeigeführt durch die Interaktion von zwei oder mehreren Faktoren.

Von den vielen Ursachen der Veränderung der Persönlichkeit, die man bis heute erkannt hat, sind die häufigsten und die wichtigsten körperliche Veränderungen, Veränderungen der Umwelt, sozialer Druck und die Veränderung der Vorstellung von sich selbst.

Körperliche Veränderungen können die Folgen sein von Reifung oder von Krankheiten, von organischen Störungen, von Verletzungen, von Nahrungsmitteln oder von Drogen. Während der ersten Lebensmonate führen Wachstum und Entwicklung Veränderungen der Persönlichkeit beim Kind herbei. Einflüsse der Umwelt sind dann weniger wichtig, als sie es später sind (5).

Wenn das Kind älter wird, macht seine Muskelentwicklung eine komplexere, willensgesteuerte Beschäftigung möglich. Wenn die Umgebung den normalen Gebrauch seiner entstehenden Fähigkeit behindert, dann wird das Kind störrisch und aufsässig. Eine Umgebung, die die Entwicklung seiner Persönlichkeit fördert, macht es zur Zusammenarbeit bereit und zugänglich (153).

Körperliche Veränderungen wie die, die durch Krankheit, Unfall oder schlechte Ernährung verursacht werden, führen eine Veränderung der Persönlichkeit des Kindes herbei – hauptsächlich durch ihre unvorteilhafte Wirkung auf die Vorstellung, die das Kind von sich selber hat. Solche Veränderungen sind besonders häufig bei Kindern, die gewöhnt waren, sich selbst als eine normale, gesunde Person vorzustellen, die imstande ist, das zu tun, was die Mitglieder der Gruppe der Alterskameraden auch tun. Wenn die Behinderung früh im Leben des Kindes eintritt, ehe die Vorstellung von sich selbst voll ausgebildet ist, ist der psychische Schaden nicht ganz so schwerwiegend (43, 74, 228, 342).

Veränderungen der körperlichen oder sozialen Umwelt können Veränderungen der Persönlichkeit herbeiführen. Das Kind, das daran gewöhnt ist, in einem warmen Klima zu leben, in dem es leicht ist, beständig Kontakt zu Menschen außerhalb des Elternhauses zu pflegen, entwickelt sich wahrscheinlich zu einem überschwenglichen, extravertierten Menschen. Wenn es in eine äußerst kalte Gegend umzieht, wo es mehrere Monate hintereinander im Hause bleiben muß, wodurch seine sozialen Kontakte auf die Mitglieder der Familie beschränkt bleiben, wird es mit Wahrscheinlichkeit introvertiert und schüchtern in der Gegenwart von Fremden.

Das Kind, dessen Gruppe in der Wohngegend aus älteren und stärkeren Kindern zusammengesetzt ist als es selber ist, entwickelt Gefühle der persönlichen Unzulänglichkeit. Ein Wechsel in eine Wohngegend, wo die Gruppe, die zusammenspielt, überwiegend aus Kindern seines Alters oder jüngeren Kindern besteht, macht es dann bestimmter und aggressiver; vielleicht erreicht es sogar den Status eines Anführers (73, 254).

Ob Veränderungen der Umgebung von Vorteil für die Persönlichkeit des Kindes sind, hängt teilweise davon ab, ob die Veränderungen seinen Status verbessern, und teilweise davon, ob seine Persönlichkeit sich auf ein Gleichgewicht mit der Umgebung zubewegt. Das Kind, das meint, daß sein Status in der neuen Umgebung ungünstiger ist, dem wird mehr Schaden durch die Veränderung zugefügt, als ihm geholfen wird (313, 319).

Kindern wird zunehmend klar, daß bestimmte Persönlichkeitszüge bewundert und andere abgelehnt werden. Der soziale Druck, sich an ein anerkanntes Persönlichkeitsmuster anzupassen, spielt somit eine wichtige Rolle für die Veränderungen der Persönlichkeit. Der soziale Druck wird wichtiger, wenn das Kind älter wird, und sein Einfluß auf die Persönlichkeit wird stärker. Je stärker das Kind nach sozialer Billigung strebt, desto stärker versucht es, annehmbare Persönlichkeitszüge zu entwickeln (284, 319).

Die Psychotherapie gründet auf der Annahme, daß einem schlecht angepaßten Menschen geholfen werden kann, bessere Anpassungen vorzunehmen, wenn er eine vorteilhaftere Vorstellung von sich selbst entwickeln kann. Die Vorstellung von sich selbst zu ändern, ist jedoch alles andere als leicht; sie kann am leichtesten geändert werden, ehe der „Kern" der Persönlichkeit voll entwickelt ist, und die Veränderung muß langsam vorgenommen werden, um zu verhindern, daß das Muster der Persönlichkeit gestört wird (235).

Um eine vorteilhaftere Vorstellung von sich selbst zu entwickeln, muß das Kind Einsichten in die Gründe gewinnen, die zu seiner unvorteilhaften Vorstellung von sich selbst geführt haben, Gründe, die ihm manchmal unbekannt sind oder die es vergessen hat. Es braucht Führung, die ihm hilft, zu erkennen, wie irrational oder schädlich seine Vorstellung von sich selber ist und wie nachteilig sie sein Verhalten beeinflußt. Das Kind muß motiviert werden, daß es sich eine Veränderung der Vorstellung von sich selber wünscht, und es müssen ihm die Möglichkeiten gezeigt werden, wie das geschehen kann, oder es muß ihm geholfen werden, diese Veränderungen durch Anleitung vorzunehmen, durch Veränderung der Umgebung oder beides (144).

Bei dem Versuch, experimentell darzulegen, wie ein unter sozialen Gesichtspunkten wünschenswerter Zug durch Übung gestärkt werden kann, hat Jack ein Programm ausgearbeitet, kleine Kinder so üben zu lassen, daß ihr Selbstvertrauen gestärkt wird. Jack stellte fest, daß die leicht zu dominierenden Kinder sich in erster Linie von den überlegenen Kindern unterschieden durch das Maß an Selbstvertrauen, das sie fühlten. Die leicht zu dominierenden Kinder wurden angeleitet, Dinge zu tun, die die überlegenen Kinder nicht tun konnten – ein Mosaik aus Klötzen zusammensetzen und sich mit dem Inhalt eines Buches vertraut zu machen.

Nach einem Zeitraum der Übung, der ausreichte, um den leicht zu dominierenden Kindern ein Gefühl des Selbstvertrauens in ihre neu erworbene Geschicklichkeit zu geben, wurden die Kinder der beiden Gruppen zusammengebracht. Jack stellte nicht nur fest, daß eine deutliche Zunahme der Überlegenheits-Werte bei den Kindern in der geübten Gruppe festzustellen war, sondern sogar, daß sie versuchten, die früher überlegenen Kinder zu dominieren. Das Experiment zeigte, daß Überlegenheitsverhalten durch Übung verstärkt werden kann, und daß die Wirkungen der Übung kumulativ sind (142).

Indem die Selbstsicherheit hinsichtlich einer oder mehrerer Geschicklichkeiten verstärkt wird, kann das Kind dazu ermuntert werden, sich an anderen zu versuchen und so ein überlegeneres Verhalten zu entwickeln (194, 218).

Sozial unerwünschte Züge können ebenfalls durch Übung abgeschwächt oder ausgeschlossen werden. Untersuchungen an Kindern, die unreife Reaktionen auf Versagen zeigten – wie „aufgeben", um Hilfe bitten, Zerstörungswut oder Fehler fortzuerklären, erhielten Aufgaben mit unterschiedlichem Schwierigkeitsgrad, so daß es ihnen möglich war, ihren Fortschritt zu sehen und den größten Teil der Zeit erfolgreich zu sein. Nach einem Zeitraum, der mit solchen Übungen angefüllt war, zeigte sich eine merkliche Verbesserung; die Kinder zeigten ein stärkeres Interesse und stärkere Anstrengungen bei den Aufgaben, sie waren weniger von Erwachsenen abhängig, und das Schmollen, das Weinen und das heftige emotionale Verhalten, das für Kinder charakteristisch ist, die zu viele Fehlschläge erlebt haben, verschwand (332).

Wenn man Kindern hilft, Einsichten über sich selbst und andere zu gewinnen, verändern sie ihre Vorstellungen über sich selbst und ihre Beziehungen zu anderen und verbessern so ihre individuelle und soziale Anpassung. Älteren Kindern kann im allgemeinen am besten geholfen werden, ihre Vorstellung von sich selbst zu ändern, indem man sie in eine neue Umgebung und von zu Hause weg bringt, etwa in ein Sommerlager. Dort kann durch Anleitung und konstruktive Erfahrung mit Gruppen die Ansicht des Kindes über die Welt und seine Beziehung zu ihr – sein inneres „Bezugssystem" – verändert werden, so daß seine charakteristische Art, sich an das Leben anzupassen, verbessert werden kann (120, 281).

Trotz der experimentell demonstrierten Veränderungen, die an den Persönlichkeitszügen hervorgerufen werden können, ist wichtig, sich zu vergegenwärtigen, daß diese Veränderungen nur bei sehr kleinen Kindern herbeigeführt worden sind, ehe das Persönlichkeitsmuster fest begründet war. Weiterhin ist nicht berichtet worden, wie dauerhaft diese Veränderungen waren und ob sie sich auch in den Situationen des täglichen Lebens bewährt haben. Nur wenn die Umgebung des Kindes vorteilhaft bleibt, besteht die Wahrscheinlichkeit, daß die Veränderungen zu einem dauerhaften Teil des Musters der Persönlichkeit werden.

Von einem Kind, dem es an Selbstvertrauen fehlt, kann man nicht erwarten, daß es sich zu einem selbstsicheren Menschen entwickelt, wenn durch seine Umgebung wiederholtes Versagen hervorgerufen wird; eine solche Umgebung besteht notwendigerweise, wenn die Eltern erwarten, daß das Kind bessere Leistungen zeigt, als es seinen Fähigkeiten entspricht. Die kumulative Wirkund des wiederholten Versagens läßt eine Narbe an seiner Persönlichkeit zurück, indem sie den bereits vorhandenen Glauben an seine Unzulänglichkeit verstärkt. Nur wenn die sozialen Erwartungen gemindert werden und den Möglichkeiten des Kindes entsprechen, kann man von ihm erwarten, daß es sein Selbstvertrauen verstärkt.

Bei jeder Persönlichkeit gibt es bestimmte Grenzen, über die hinaus Veränderungen nicht vorgenommen werden können, ohne daß das Gleichgewicht des gesamten Musters gestört wird (244, 319). Wenn sich auch diese Grenzen der Veränderbarkeit von einer Person zur anderen unterscheiden können und von einem Alter zum anderen bei derselben Person, so existiert doch diese Grenze und sie muß erkannt werden, wenn eine Störung des gesamten Musters vermieden werden soll. Weiter können einige Bereiche des Musters leichter verändert werden als andere, und einige können so starr sein, daß eine Veränderung unmöglich ist.

Diese Unterschiede der Flexibilität sind teilweise eine Folge des zunehmenden Alters und teilweise eine Folge der Lebenserfahrungen. In jedem Persönlichkeitsmuster gibt es einen starren Teil, der sich entwickelt hat als Reaktion auf starke Bedrohung oder Ängstlichkeit. Er schließt Abwehr der Impulse oder Triebe ein, die sich als unannehmbar für die Bezugspersonen im Leben des Kindes herausgestellt haben. Jeder Versuch, diesen Teil des Persönlichkeitsmusters des Kindes zu ändern, ruft starke Ängstlichkeit und starren Widerstand hervor (319). Führung und Hilfe können unwirksam sein wegen der Neigung des Kindes zu bestimmten Formen des Verhaltens, wegen der Wirkungen der ersten Erziehung oder wegen der Konflikte mit den Einflüssen des Elternhauses. Einige Kinder sind empfänglicher für Anleitung und reagieren leichter auf Versuche, das Muster ihrer Persönlichkeit zu ändern, als andere.

Es ist etwas anderes, ob versucht wird, die gesamte Persönlichkeit zu ändern, oder ob nur ein oder zwei Persönlichkeitszüge verändert werden, die sich deutlich als Nachteil im sozialen Leben erweisen. Breckenridge und Vincent haben gewarnt: „Gerade die Stabilität eines inneren Kernes der Persönlichkeit, um den herum Gewohnheiten und Einstellungen ein dynamisches Gleichgewicht in jeder Persönlichkeit erreichen, ist der Grund, warum wir nicht versuchen können und versuchen sollten, grundlegende Züge bei irgendeiner Persönlichkeit zu erneuern, wenn wir nicht über die Hilfe eines gut ausgebildeten Spezialisten verfügen. Irgendeinen grundlegenden Zug zu ändern, ohne den anderen Zügen, Gewohnheiten und Einstellungen gebührende Beachtung zu schenken, die diesen Zug ausbalancieren, kann bedeuten, daß das Unheil durch eine ernstzunehmende Störung des gesamten Gleichgewichtes der Persönlichkeit herausgefordert wird..." (51)

Bedeutung der Persistenz. So schwierig es auch sein mag, zu bestimmen, wie persistent das Persönlichkeitsmuster ist und wann, wie und wieviel es geändert werden kann, die Probleme müssen doch in Angriff genommen werden, und zwar aus mehreren praktischen Gründen:

1. Wenn das Persönlichkeitsmuster persistent ist, dann müssen gute Grundlagen, die eine verhältnismäßig gute Anpassung im ganzen Leben garantieren, früh gelegt werden. Dies kann am besten erreicht werden durch eine Anleitung, die sicherstellt, daß eine vorteilhafte Vorstellung von sich selbst entwickelt wird und daß sozial gebilligte Methoden der Anpassung an Menschen und Situationen gelernt und durch wiederholte Erfahrungen verstärkt werden. Falls es Beweise dafür gäbe, daß diese Veränderungen leicht vorgenommen werden könnten, wenn das Kind älter wird, oder daß es automatisch aus unerwünschten Persönlichkeitszügen herauswächst, dann wäre das nicht so wichtig. Heute legen jedoch die Forschungsergebnisse nahe, daß das frühe Persönlichkeitsmuster mit Wahrscheinlichkeit bleibt.

2. Symptome der Fehlanpassung sollten erkannt und die Fehlanpassungen sollten korrigiert werden, sobald sie auftreten. Da es wenig Beweise gibt, daß Veränderungen von selbst auftreten oder daß es sich dabei um Veränderungen zum Guten handelt, sind sie um so leichter durchzuführen und dauern sie um so länger an, je eher sie vorgenommen werden. Dasselbe trifft zu für Veränderungen einer nicht wünschenswerten Vorstellung von sich selbst. Wenn nicht Veränderungen in Richtung auf eine vorteilhaftere Vorstellung von sich selbst vorgenommen werden, wird eine nicht wünschenswerte Vorstellung von sich selbst so fixiert, daß jeder Versuch, sie später zu ändern, die ganze Persönlichkeitsstruktur stören kann.

3. Das Persönlichkeitsmuster des Kindes beeinflußt die Art der Anpassung viel eher, als das umgekehrt der Fall ist. Es gibt deutliche Beweise dafür, daß Kinder, die eine gute Anpassung an das Leben vornehmen, diejenigen sind, deren Persönlichkeitsmuster gut integriert ist, in dem der „Kern" eine stabile, realistische Vorstellung von sich selbst ist, wogegen diejenigen, die eine schlechte Anpassung vornehmen, schlecht integrierte Persönlichkeiten haben, mit einer nicht ausgewogenen und unrealistischen Vorstellung von sich selbst als Schwerpunkt. Nur durch Anleitung besteht eine gute Möglichkeit für eine vorteilhafte Entwicklung.

4. Das Persönlichkeitsmuster des Kindes wird zunehmend stabiler, wenn es älter wird; es ist deshalb in der frühen

Kindheit möglich, vorherzusagen, was für eine Art Mensch es sein wird, wenn es älter wird, und welche Art von Anpassungen es an das Leben vornehmen wird. Radikale Veränderungen werden nicht auftreten, falls das Kind nicht an einer psychischen Krankheit leidet, wenn es sich dem Erwachsenenalter nähert. Daß die Persistenz stark genug und umfassend genug ist, um eine Vorhersage für die Zukunft zu ermöglichen, ist keine neue Idee; ihr Ursprung geht zurück auf die griechische und römische Antike. Als Plato über das Alter schrieb, wies er darauf hin, daß derjenige, der ein ruhiges und glückliches Wesen hat, kaum den Druck des Alters fühlen wird, aber dem, der die entgegengesetzte Veranlagung hat, sind Jugend und Alter gleichermaßen eine Bürde.

Kelly erklärt, warum die Menschen erwarten, daß die Persönlichkeit konstant bleibt, und warum sie deshalb glauben, daß die zukünftigen Anpassungen eines Menschen aus seinem gegenwärtigen Anpassungsverhalten vorhersagbar sind: „Weil wir das Bedürfnis haben, an die Konsistenz unserer selbst von Augenblick zu Augenblick und von Jahr zu Jahr zu glauben, neigen wir dazu, auf ein ungerechtfertigtes Maß an Konsistenz bei anderen zu schließen. Eine gewisse Konsistenz ist in der Tat erforderlich für die sozialen Beziehungen ..." (158)

Individualität

Jedes Muster der Persönlichkeit ist einzigartig, insofern als es sich in der Verbindung und Ordnung der Züge unterscheidet, in der Stärke der verschiedenen Züge und im „Kern" des Musters, der Vorstellung von sich selbst. Sogar bei der Geburt ist eine klar erkennbare Individualität bei der charakteristischen Anpassung eines Kindes an seine neue Umgebung vorhanden. Obgleich die Persönlichkeit des Kindes zu diesem Zeitpunkt noch nicht entwickelt ist, sind die möglichen Eigenschaften da. Aus diesen Unterschieden heraus wird ein Muster aufgebaut, dem der einzelne niemals völlig entkommen kann (205, 293). Einen oder zwei Monate nach seiner Geburt fängt das Kind an, auf andere Individuen zu reagieren, und sein Verhalten wird entsprechend verändert.

Da es nicht zwei einzelne Menschen gibt, die dieselbe soziale Umgebung haben, selbst wenn sie in derselben physikalischen Umgebung leben, neigen sie dazu, in ihren Persönlichkeitsmustern zunehmend zu divergieren, wenn sie älter werden. Bei Kindern im ersten Schuljahr können verschiedene „Persönlichkeitstypen" unterschieden werden. Einige Kinder sind hilfsbereit und kümmern sich um andere Kinder; einige Kinder sind Anführer, die genügend Initiative haben, um Vorschläge zu machen und andere, die ihnen folgen, anzuziehen; einige sind mütterlich; andere sind despotisch; einige sind gern lustig und machen Witze über andere; einige sind eingefleischte Angeber; einige sind beliebt und stehen in hoher Gunst; einige sind Einzelgänger und zurückgezogen (293).

Bedeutung der Individualität. Allport bezieht sich auf Individualität als ein „nie-wiederholtes Phänomen" und er hat betont, daß die „hervorstechende Eigenschaft des Menschen seine Individualität ist" (11). Individualität hinsichtlich der Persönlichkeit bedeutet eher Unterschiede in der Art als Unterschiede in der Quantität. Innerhalb des Persönlichkeitsmusters bestehen nicht nur Unterschiede des „Kernes", sondern auch Unterschiede der einzelnen Züge. Einige Züge mögen großen Gruppen von Menschen gemeinsam sein, wie Wahrheitsliebe, Großzügigkeit und Geselligkeit, weil sie durch ähnliche Erziehungsmethoden und durch ähnliche Einflüsse der Umwelt entstanden sind. Andere sind einzigartig insofern, als sie bei anderen nicht anzutreffen sind, weil sie sich entwickelt haben aus ungewöhnlichen Verbindungen der ererbten Eigenschaften, der persönlichen Erfahrung und der sozialen Umgebung (164).

Selbst Züge, die mehreren Menschen gemeinsam sind, enthalten ein einzigartiges Moment; nicht zwei Menschen haben denselben Zug in genau dem gleichen Maße. Dieser Standpunkt ist von Allport betont worden: „Es gibt keine zwei Menschen, die genau denselben Zug haben. Obgleich jeder von zwei Menschen aggressiv ... sein kann, sind Stil und Reichweite der Aggression ... in jedem Fall merklich verschieden. Was anders könnte erwartet werden angesichts der einzigartigen ererbten Anlagen, der verschiedenen Entwicklung, der niemals wiederholten äußeren Einflüsse, die jede Persönlichkeit bestimmen? Das Endergebnis von einzigartiger Determination kann niemals etwas anderes sein als einzigartig" (11).

Frühe Erkenntnis der Individualität.
Die Erkenntnis der Einzigartigkeit – der individuellen Unterschiede der Persönlichkeit – geht wenigstens bis ins antike Griechenland zurück. Hippokrates bezieht sich auf vier verschiedene Persönlichkeitstypen: Den Sanguiniker oder die schnelle, aktive Persönlichkeit, den Choleriker oder den starken und leicht erregbaren Menschen, den Phlegmatiker oder den langsamen und schwerfälligen Menschen und den Melancholiker oder den traurigen und pessimistischen Menschen.

Untersuchungen der Persönlichkeit haben ergeben, daß es kein Syndrom oder keine Verbindung von Zügen gibt, die sich charakteristischerweise bei allen Menschen finden, die z. B. als Künstler, Wissenschaftler, Geschäftsleute, Lehrer oder Mitglieder einer religiösen Gruppe erkannt werden. Genauso wie es keine „typische" Stiefmutter, keinen „typischen" Wissenschaftler oder keinen „typischen" Lehrer gibt, gibt es auch keinen „typischen" Amerikaner und keinen „typischen" Juden. Obgleich jeder Mensch Züge mit anderen Mitgliedern seiner bestimmten Gruppe gemeinsam haben kann, bestehen Unterschiede in der Stärke dieser Züge, in den Vorstellungen von sich selbst, die in einer Beziehung stehen zu den Zügen und die sie beeinflussen, und in anderen Zügen, die das Muster der Persönlichkeit ausmachen (24, 46, 137, 197).

Obgleich Veränderungen ohne Frage durch Faktoren der Umwelt herbeigeführt werden, wird jede Veränderung modifiziert durch die Grenzen des ursprünglichen Persönlichkeitskernes. Starke Persönlichkeitseigenschaften, die auf ererbten Zügen gründen, werden durch Erziehung nicht ausgebügelt. Das legt wiederum nahe, daß die Vererbung verantwortlich ist für die Unterschiede hinsichtlich des Widerstandes gegen Veränderungen.

Wenn ein Zug sich erst einmal durch Einflüsse der Umwelt entwickelt hat, beeinflußt das nicht nur das Verhalten des einzelnen, sondern auch seine Interessen und Einstellungen. Der Zug wird somit verstärkt und wird widerstandsfähiger gegen Veränderung. Trotz der Umwelteinflüsse hat jedes Muster der Persönlichkeit einen zähen Kern von Zügen. Wenn dieser zähe Kern „verbunden ist mit den dynamischen Kräften des Wachstums, verhindert er, daß das Individuum jemals zu einer völligen Marionette der Kräfte wird, die ihr Spiel mit ihm treiben" (275). Wegen dieses inneren Widerstandes reagiert das Kind in seiner eigenen individuellen Art auf Menschen und Dinge in seiner Umgebung und verstärkt so seine Individualität.

Determinanten der Persönlichkeit

Die Individualität, ein Ergebnis sowohl des Erbeinflusses als auch der Umgebung, kann am besten durch eine Analyse der vielen verschiedenen Determinanten der Persönlichkeit verstanden werden. Da es keine zwei Kinder gibt, die in der gleichen Weise auf dieselben Einflüsse der Umwelt reagieren, wird bald deutlich durch eine Untersuchung der Determinanten der Persönlichkeit, daß man erwarten kann, daß die Individualität eher zunimmt als abnimmt, wenn die Kinder älter werden.

Da weiter keine zwei Kinder in derselben Weise durch denselben Faktor beeinflußt werden, ist es unmöglich, die Determinanten der Persönlichkeit in der Reihenfolge ihrer Wichtigkeit aufzuzählen. Ein Kind, dessen Eltern einen großen Wert auf Schulbildung legen, wird durch Zensuren mehr beeinflußt als ein Kind, dessen Eltern einen so geringen Wert auf die Schulbildung legen, daß schlechte Zensuren sie nicht stören. Das zuerst erwähnte Kind, das in seiner Vorstellung von sich selbst die Einstellung der in seinem Leben wichtigen Menschen widerspiegelt, entwickelt Gefühle der Unzulänglichkeit, wenn seine Zensuren schlecht sind, und Gefühle der Überlegenheit, wenn seine Zensuren gut sind.

Einige der Determinanten der Persönlichkeit üben den größten Einfluß auf den „Kern" des Persönlichkeitsmusters aus und auf einige Züge, die mit dem Kern in Verbindung stehen. Kein determinierendes Moment beeinflußt jedoch nur einen Teil des Persönlichkeitsmusters. Zum Beispiel beeinflußt ein körperliches Leiden nicht nur die charakteristische Anpassung an das Leben beim Kind, sondern auch den Kern seiner Persönlichkeit; es beeinflußt die Vorstellung des Kindes von sich selbst als einer Person im Vergleich zu anderen Mitgliedern der Gruppe der Alterskameraden.

Wie viel oder wie wenig Einfluß verschiedene Faktoren auf die Persönlichkeitsentwicklung des Kindes haben, hängt in einem hohen Maß von der Fähigkeit des Kindes ab, die Bedeutung der Faktoren im Verhältnis zu ihm selbst zu erkennen. Seine Vorstellung von sich selbst wird beeinflußt durch sein Verständnis für die Einstellung der sozialen Gruppe ihm gegenüber. Wenn sein Äußeres so ist, daß es deshalb von anderen bewundert wird, wird das Äußere ein günstiger Faktor für seine Persönlichkeitsentwicklung sein.

Die folgenden Seiten enthalten eine kurze Analyse der Determinanten der Persönlichkeit, die sich als die mit dem meisten Einfluß auf die Art des Persönlichkeitsmusters, das das Kind entwickelt, erwiesen haben.

Körperbau

Der Körperbau beeinflußt die Persönlichkeit sowohl direkt als auch indirekt. Direkt bestimmt der Körperbau, was das Kind tun kann oder nicht tun kann. Das ist auf jeder Altersstufe wichtig, auf der die körperliche Beschäftigung einen hohen Prestigewert in der Gruppe der Alterskameraden hat. Das Kind mit einem kleinen, zarten Körper oder das fettleibige Kind ist bei vielen Spielen und Sportarten benachteiligt, die die Grundlage der sozialen Billigung in der Kindheit bilden (12, 278).

Indirekt beeinflußt der Körperbau die Persönlichkeit, indem er bestimmt, wie das Kind gegenüber seinem Körper eingestellt ist. Das wird wiederum dadurch beeinflußt, was wichtige Menschen in seinem Leben davon halten. Ein Kind, das deutlich Übergewicht hat, wird von seiner Fettleibigkeit beispielsweise nicht berührt, bis es merkt, daß einige Menschen es als häßlich ansehen (151, 348). Obgleich es einige Hinweise gibt, daß bestimmte Persönlichkeitsmuster mit bestimmten Arten des Körperbaues einhergehen, gibt es keinen Beweis, daß diese Beziehungen auf Vererbung zurückzuführen sind. Auf der anderen Seite gibt es Beweise dafür, daß die Bewußtheit der Einstellungen der Gesellschaft gegenüber bestimmten Arten des Körperbaues verantwortlich ist für die Persönlichkeitsmuster, die die Individuen mit diesem Körperbau entwickeln (271, 293).

Körperzustand

Veränderungen des Körperzustandes des Kindes spiegeln sich wider in Veränderungen des Verhaltens, die geringfügig oder schwerwiegender sein können, vorübergehend oder von Dauer, je nachdem wie groß oder wie dauerhaft diese körperlichen Veränderungen sind. Ein Kind, das müde ist, wird reizbar und paßt sich also anders an und reagiert anders, als es das tut, wenn es ausgeruht ist. Jeder Zustand, der die Homöostase stört, beeinflußt mit Wahrscheinlichkeit die Anpassungen des Kindes. Störungen der Homöostase sind am häufigsten bei Wachstumsschüben, aber sie treten ebenfalls auf, wenn das Wachstum ungleichmäßig ist. Ungleichmäßigkeit des Wachstums wird wahrscheinlich von Unreife des Verhaltens begleitet (82, 86, 134, 280).

Ein guter Gesundheitszustand ermöglicht es dem Kind nicht nur, sich mit all den normalen Beschäftigungen seiner Altersgruppe abzugeben, sondern er hat auch einen vorteilhaften Einfluß auf seine Persönlichkeit. Die Einstellung der Familie und der sozialen Gruppe im allgemeinen ist so viel günstiger gegenüber einem gesunden Kind als gegenüber einem kränklichen, daß das mit Sicherheit einen Einfluß auf sein Verhalten ausübt.

Kinder, die als Folge von chronischer Krankheit oder schlechter Ernährung wenig Energie haben, werden oft schüchtern, reserviert, reizbar, deprimiert und unsozial. Diejenigen, die ein körperliches Leiden haben, das Reizungen hervorruft – wie Ausschlag oder Ekzeme – entwickeln Launen und überaktive Reaktionen (121, 229). Die emotionale Unausgeglichenheit allergischer Kinder zeigt sich in einem Hin und Her, das sich „mit fast unglaublicher Schnelligkeit und Heftigkeit ändern kann" (241). Ihre Persönlichkeit entwickelt sich positiv, wenn es möglich ist, die Allergie unter Kontrolle zu bringen. Kinder mit Diabetes entkommen einer Schädigung der Persönlichkeit nur selten. Je älter ein Kind ist, wenn die Krankheit bei ihm zum Ausbruch kommt, desto eher ist es imstande, seine negativen Emotionen zu kontrollieren. Je schwerer der Fall ist, desto abhängiger und emotional unausgeglichener wird das Kind (41, 68).

Die Wirkung von körperlichen Leiden auf die Persönlichkeit hängt davon ab, wie weit das Kind erkennt, daß es anders ist. Kinder, die an Kinderlähmung leiden, werden von ihrer Behinderung weniger beeinflußt, wenn ihre Umgebung eingeschränkt ist auf andere Kinder mit ähnlichen Behinderungen. Kinder, die taub oder blind sind, entwickeln eine Rigidität (Starrheit) der Persönlichkeit, wenn sie mit Kindern zusammen sind, die normal hören und sehen. Zuerst erkennen die Kinder mit Gehirnlähmung in einer verschwommenen Weise, daß sie anders sind. Später versuchen sie vielleicht, ihre Gehirnlähmung zu leugnen, oder sie schämen sich und fühlen sich schuldig (43, 74).

Der Zustand der endokrinen Drüsen, oder der Drüsen mit innerer Sekretion, beeinflußt die Persönlichkeitsentwicklung des Kindes. Eine Überfunktion der Schilddrüse z. B. macht das Kind nervös, erregt, unruhig und überaktiv. Das Gegenteil, die Unterfunktion der Schilddrüse, läßt das Kind teilnahmslos, deprimiert, unzufrieden und mißtrauisch sein. Obgleich es zur Zeit nicht viele Unterlagen über die spezifischen Einflüsse der verschiedenen Drüsen mit innerer Sekretion auf die Persönlichkeit des Kindes gibt, wird allgemein angenommen, daß diese Drüsen von nicht geringer Bedeutung für die Struktur der Persönlichkeit sind (86, 185).

Intelligenz

Die Intelligenz gibt dem Kind die Möglichkeit, sich an das Leben anzupassen, den Problemen zu begegnen und sie zu lösen, wie es die Anpassung erfordert. Durchschnittliche Intelligenz ermöglicht es dem Kind, sich mit hinreichendem Erfolg anzupassen, wenn andere Bedingungen günstig sind. Aber ein sehr niedriger oder sehr hoher IQ erweist sich oft als Nachteil für die soziale Anpassung. Ein Kind, das sehr begabt oder sehr dumm ist, erleidet im allgemeinen psychischen Schaden, weil es eine Vorstellung von sich selbst entwickelt, die einer guten Anpassung entgegenwirkt und weil es Muster des Verhaltens erwirbt, die nicht den sozial anerkannten Standards entsprechen. Eine Erkenntnis der sozialen Mißbilligung seines Verhaltens setzt seine Vorstellung von sich selbst noch weiter herab, und das wiederum führt zu noch negativerem sozialen Verhalten (21, 155, 291, 352).

Außer bei einer starken Abweichung von der Norm erkennen kleine Kinder nicht, welches intellektuelle Niveau sie haben; nachdem die Kinder jedoch in die Schule gekommen sind, verfügen sie über einen Maßstab, mit dem sie ihre intellektuellen Fähigkeiten vergleichen können, und sie messen das Niveau ihrer intellektuellen Entwicklung an der Art der Anpassung, die sie an die Schule vornehmen (335).

Emotionen

Sogar eine leichte Emotion verursacht eine so weitgehende Störung, daß das Verhalten des Kindes beeinflußt wird. Wenn Emotionen stark und persistent sind, vervielfältigen sich die schädlichen Wirkungen. Wie das Kind einen Reiz wahrnimmt, der Emotionen hervorruft, hängt von den vergangenen Erfahrungen ab und beeinflußt seine charakteristische Methode der Anpassung. Wenn es z. B. gelernt hat, alle Menschen, die Autorität ausüben, als eine Bedrohung seiner Unabhängigkeit zu sehen, reagiert es auf solche Menschen mit starker Verärgerung. Einige Kinder entwickeln die Gewohnheit, ihre Emotionen auf der Stelle zu äußern, einige lernen es, die angestaute emotionale Energie zu einem günstigeren Zeitpunkt von sich zu geben, während noch andere es lernen, sich der angestauten Emotionen zu entledigen, indem sie die emotionale Energie auf einen Sündenbock richten. Es ist so offenkundig, daß die Art, in der ein Kind emotional zu reagieren lernt, nicht nur die Art seines Verhaltens beeinflußt, sondern auch die Beurteilung durch andere Menschen und ihre Einstellung ihm gegenüber (271, 293).

Zu häufige, zu starke und offenkundig ungerechtfertigte Ausbrüche auf seiten des Kindes führen dazu, daß andere es als „unreif" einschätzen. Eine Unterdrückung der Äußerung von Emotionen führt zu Launenhaftigkeit, die das Kind grob, mürrisch und schroff, nicht zur Zusammenarbeit bereit und in erster Linie mit sich selbst beschäftigt sein lassen. Erhöhte Emotionalität macht im allgemeinen – selbst wenn die Äußerungen kontrolliert sind – das Kind nervös, reizbar und befangen; sie gehen oft einher mit bestimmten Eigenheiten des Benehmens (Manierismen) wie Nägelbeißen oder Kichern, was den Eindruck hervorruft, das Kind sei „albern" oder unreif (181, 203, 204).

Die vorherrschende Art der Emotionen, die ein Kind erlebt, hat sogar einen noch stärkeren Einfluß auf seine Persönlichkeit als die allgemeine emotionale Spannung. Ein Kind, das gelernt hat, Angst vor Menschen zu haben, reagiert in abwehrender Weise; es zeigt Furchtsamkeit, Ängstlichkeit und Mangel an Selbstvertrauen. Andere reagieren auf diese Art des Verhaltens, indem sie es lächerlich machen oder nicht beachten, und das Kind wird bekannt als ein „furchtsamer" Mensch. In ähnlicher Weise lernt ein Kind, das aggressiv reagiert, wenn es frustriert ist, anderen gegenüber feindlich zu sein. Weil sie seine Feindlichkeit ablehnen, reagieren sie negativ auf das Kind, was wieder seine Feindseligkeit verstärkt (291, 354).

Wie die Emotionen des Kindes seine Vorstellung von sich selbst beeinflussen, wird so weitgehend dadurch bestimmt, wie sie auf andere Menschen wirken. Die direkte Wirkung der Emotionen auf die Persönlichkeit – wenn diese auch häufig weniger schwerwiegend ist als die Wirkung, die sie für andere Menschen hat – sollte nicht übersehen werden. Wenn die Emotionen so stark sind oder so lange andauern, daß sie das Verhalten des Kindes durcheinander bringen, dann haben sie einen schwerwiegenden Einfluß auf seine charakteristische Anpassung an das Leben.

Frühe Erfahrungen

Die Erlebnisse in der Kindheit und die Erinnerung an diese Erfahrungen hinterlassen einen unauslöschlichen Eindruck in der Persönlichkeit des einzelnen. Bartemeier behauptet, daß „welcher emotionale Schaden auch immer einem Kind im Kleinkindalter zugefügt worden ist, die Folgen für die zukünftige Entwicklung des Charakters weitaus schwerwiegender sein werden als die Folgen eines ähnlichen Schadens in einem späteren Zeitraum, wenn die Persönlichkeit voller ausgebildet ist" (37).

Die Bedeutung der frühen Erfahrungen für die zukünftige Persönlichkeitsentwicklung hat zuerst Freud betont, der feststellte, daß viele seiner erwachsenen Patienten unerfreuliche Erlebnisse in der Kindheit gehabt hatten. Viele Persönlichkeitsforscher behaupten jetzt, daß Menschen, denen in den ersten Lebensjahren übermäßige Frustrationen widerfahren sind, in infantile Verhaltensweisen zurückfallen, daß sie ihr Interesse von den äußeren Bereichen ab- und den inneren Bereichen zuwenden und daß sie eher selbstzentriert und mit sich selbst beschäftigt als aus sich herausgehend sind. Die nachteiligen Wirkungen der frühen Erlebnisse können allerdings häufig aufgehoben werden, besonders durch Psychoanalyse.

Es fehlt an überzeugenden Beweisen dafür, daß die Persönlichkeit des einzelnen die Art der Fürsorge widerspiegelt, die er in den ersten Lebensjahren erhalten hat; das heißt, es gibt keine schlüssigen Beweise dafür, daß Stillen oder späte Sauberkeitsgewöhnung besser ist als Flaschenernährung oder frühe Sauberkeitsgewöhnung, was das Muster der Persönlichkeit anbetrifft. Es gibt auch keine sicheren Beweise dafür, daß die Wirkungen dieser frühen Erfahrungen bis in das Erwachsenenalter hineinreichen. Auf der anderen Seite gibt es reichlich Belege dafür, daß die Einstellung und die emotionalen Reaktionen der Mutter, die gesamte durch die Gesellschaftsordnung bestimmte Umgebung, in der das Kind aufwächst, und andere Faktoren der Gesamterfahrungen des Kindes von großer Wichtigkeit sind für die Festlegung der Persönlichkeit. Nur wenn die Einstellung der Mutter bewirkt, daß ein Kind Angst- und Schuldgefühle im Zusammenhang mit Sauberkeitserziehung und Nahrungsaufnahme entwickelt, kann von einer echten Wirkung auf die Persönlichkeit die Rede sein (240, 288, 303).

Einfluß der Familie

Das Familienleben, in dem die Familienmitglieder freundlich miteinander umgehen, wo die Bereitschaft zur Zusammenarbeit und eine demokratische Einstellung herrscht und wo versucht wird, die Bedürfnisse des Kindes zu erfüllen, fördert eine gut angepaßte Persönlichkeit beim Kind. Diese Art des Elternhauses bietet die Beziehungen der Zuneigung zu den Eltern und Geschwistern, wie sie jedes Kind braucht.

Wie ein Kind die Einstellungen seiner Eltern wahrnimmt und auffaßt, ist wichtiger als die Einstellungen selber. Ein Kind, das sich selbst als akzeptiert ansieht, stellt höhere Ansprüche an sich, zeigt mehr Ausdauer und größere Unabhängigkeit von den Eltern als das Kind, das sich zurückgewiesen fühlt. In der Regel sehen Mädchen sich als eher akzeptiert als Jungen (226).

Die Einstellungen der Eltern, die für die Entwicklung des Kindes günstig sind, werden charakterisiert durch Verstehen, Liebe und Interesse für das Kind als ein Individuum. Einstellungen der Eltern, die sich als ungünstig für die Entwicklung der kindlichen Persönlichkeit erwiesen haben, werden gekennzeichnet durch Mangel an emotionaler Wärme, durch Zurückweisung in solchen Formen wie Kritik und Feindlichkeit, verborgen unter einem Mantel der unaufrichtigen Sorge und Zuneigung, Bevorzugung eines der Geschwister und ein hohes Maß an Kontrolle des Verhaltens. Es hat sich herausgestellt, daß Kinder, wenn es der Mutter an Fürsorglichkeit mangelt, feindlich eingestellt werden, daß sie abhängig, gewissenlos und pessimistisch sind; die Kinder haben eine generalisierte Erwartung zu versagen, was mit Mangel an Selbstvertrauen einhergeht (99). Die Persönlichkeit der Eltern und ihre Einstellung zu dem Kind sind weitaus einflußreicher für die Entwicklung der Persönlichkeit als die äußeren Faktoren der häuslichen Umgebung (94, 267).

Die Persönlichkeit des Kindes wird ebenfalls *indirekt* durch seine Eltern beeinflußt, weil es die Neigung hat, sie nachzuahmen und sich mit ihnen zu identifizieren. Daß die Kinder ihre Eltern nachahmen, kann an der Tatsache erkannt werden, daß das Persönlichkeitsmuster sowohl der Jungen als auch der Mädchen in den ersten Jahren der Kindheit mehr dem der Mutter als dem des Vaters gleicht, was auf die beständigeren Kontakte mit der Mutter zurückzuführen ist (54). Es gibt ebenfalls Hinweise auf die Nachahmung bei solchen Störungen der Persönlichkeit bei

Kindern, die stark denen der Mütter gleichen (208, 247). Weil die Persönlichkeit des Kindes so stark von den Eltern beeinflußt wird, hat Symonds zu Recht behauptet: „Wenn Vater und Mutter eines Menschen gesund, ausgewogen, mutig, und liebevoll sind, ist die Wahrscheinlichkeit groß, daß er ein guter Schüler, ein guter Arbeiter, ein guter Ehemann oder eine gute Ehefrau, ein guter Anführer und ein guter Bürger wird" (311).

Einflüsse der Kultur

Jede soziale Klasse und jede Gruppe einer Gesellschaftsordnung erzeugt eine andere Basis-Persönlichkeit. Diese Basis-Persönlichkeit stellt die Struktur der Antriebe und Emotionen des einzelnen, die tiefer liegenden Momente des psychischen Verhaltens dar. Die Basis-Persönlichkeit schließt innere Gefühle gegenüber den Eltern und gegenüber Mitgliedern des eigenen oder des anderen Geschlechtes ein, Schuldgefühle, emotionale Reagibilität und Feindlichkeit. Viele dieser Gefühle können unbewußt sein. Die kulturelle Gruppe, zu der die Eltern des Kindes gehören, bestimmt das Muster für diese Basis-Persönlichkeit, und durch seine frühe Erziehung ist das Kind prädisponiert, dieses Muster zu übernehmen. Die Art, in der ein Kind aufgezogen wird, ist also verantwortlich für die Art der Persönlichkeit, die es entwickelt (119, 128, 189).

Da das grundlegende Persönlichkeitsmuster nicht so sehr von dem abhängt, was biologisch gesehen ererbt worden ist, als von dem Druck der Gesellschaftsordnung, kann die Art der Persönlichkeit, die für ein erfolgreiches Leben in einer Kultur erforderlich ist, bewußt geformt und entwickelt werden. Die Begegnung mit der Kultur wird hauptsächlich durch die Familie während der ersten Lebensjahre vermittelt. Später ergänzt der Druck durch die Gruppe in der Schule und der Alterskameraden den Druck von seiten der Familie. Aus diesem Druck lernt das Kind, sich in einer sozial anerkannten Weise in der Gesellschaftsordnung zu verhalten und Einstellungen zu haben, die dem Geschlecht angemessen sind.

Spielkameraden und Freunde

Das kleine Kind bemüht sich um die Anerkennung der Eltern, aber nachdem es in die Schule gekommen ist, ist ihm der Beifall seiner Alterskameraden so wichtig, daß es seine Aufmerksamkeit der Entwicklung von Persönlichkeitszügen zuwendet, die seine Spielkameraden bewundern, auch wenn es sich dabei nicht um solche handelt, die seine Eltern bewundern. Darüber hinaus versucht es, die unerwünschten Persönlichkeitszüge, die die Gruppe ablehnt und die das Kind vielleicht in die Stellung eines sozial Isolierten drängen könnten, abzulegen – oder wenigstens auf ein Minimum zu reduzieren (48).

Einfluß der Schule

Der Einfluß der Schule auf die Entwicklung der Persönlichkeit des Kindes ist sehr groß, weil die Schule zu einem Ersatz des Elternhauses wird und der Lehrer zu einem Ersatz der Mutter (289). Die Schule fordert nicht nur etwa die Hälfte der Zeit, die das Kind wach ist, sie „bietet auch die erste Begegnung mit einer Wirklichkeit, die spezifische Ansprüche auf bestimmten Altersstufen stellt, Ansprüche, die durch unsere auf Wettbewerb abgestimmte Gesellschaft festgelegt sind" (134). Ebenso wie das Elternhaus fungiert die Schule als Vermittler der Werte der Gesellschaftsordnung und achtet mit mehr Nachdruck darauf, daß ein Kind diese Werte annimmt, und zwar als einen Preis für die soziale Billigung (61, 295).

Jersild betont, wie die Schule die Entwicklung der Persönlichkeit beeinflußt. Er schreibt: „Die Funktion der Schule... ist nicht nur eine zufällige, sondern eine gezielte. Sie verteilt Lob und Tadel, Billigung und Ablehnung in einem gewaltigen Umfang. Selbst wenn die Situation in der Schule so perfekt ist, wie eine menschliche Einrichtung sein kann, werden die Kinder mit Wahrscheinlichkeit immer wieder an ihr

Versagen, ihre Mängel, ihre Grenzen erinnert. In einer guten Schulumgebung sind solche Hinweise gesund, denn sie helfen dem Kind, die Realitäten des Lebens zu sehen und sie zu meistern" (145).

In den ersten Schuljahren ist der Lehrer der wichtigste Einzelfaktor des gesamten Schuleinflusses auf die Persönlichkeit des Kindes. Zu diesem Zeitpunkt ist die Art der Beziehung, die das Kind zu seinem Lehrer hat, wichtiger als später, ebenso wie die Eltern-Kind-Beziehungen für die Entwicklung der Persönlichkeit des Kindes in den ersten Jahren wichtiger sind als dann, wenn das Kind sich dem Jugendalter nähert.

Direkt übt der Lehrer einen Einfluß aus auf die Art, wie das Kind sich sieht, und zwar dadurch, wie er dessen Verhalten korrigiert, wie er es nicht beachtet oder wie er die Arbeit des Kindes in der Schule bewertet. Ein Kind sieht sich selbst mit den Augen des Lehrers. Indirekt beeinflußt der Lehrer das Kind und seine Persönlichkeit, indem er ihm hilft, sich an die Gruppe anzupassen, und indem er der Gruppe hilft, sich an das Kind anzupassen; er beeinflußt so das Maß der sozialen Billigung, das es erreicht (103, 289).

Die Einstellung des Lehrers zu seiner Arbeit und zu Kindern allgemein ist sehr wichtig. Die Lehrerin, der ihre Arbeit gefällt, die Kinder gerne hat und sie versteht, und die von dem, was sie unterrichtet, begeistert ist, stellt ein weitaus besseres Klima in der Schule her als die Lehrerin, die sich wenig für das Unterrichten oder die Kinder interessiert oder die das Lehren als einen Lückenbüßer zwischen dem Ende des Studiums und der Heirat ansieht. Ein Lehrer, der sich gut auf Kinder einstellen kann, hat weniger Schwierigkeiten mit der Disziplin und weniger Reibung und Spannung in der Klasse als der Lehrer, der meint, daß er für seine Rolle nicht geeignet sei, oder dem seine Rolle nicht gefällt (344).

Wieviel Einfluß ein Lehrer auf das Kind ausübt, hängt zu einem gewissen Grad von der Interaktion zwischen Lehrer und Schüler ab. Wenn ein Lehrer besonders für die Klasse verantwortlich ist (z. B. als Klassenlehrer), kommt das Kind in einen ziemlich engen Kontakt mit diesem Lehrer. Wenn verschiedene Lehrer die verschiedenen Fächer unterrichten, ist sein Kontakt mit allen Lehrern begrenzt und unpersönlich. Wenn die Kinder älter werden, neigen sie dazu, ihren Lehrern gegenüber kritischer zu sein; diese kritische Einstellung beeinflußt sie indirekt ebensoviel, als wenn sie ihre Lehrer bewunderten und nachahmten. Das kritische Kind sucht Mängel der Persönlichkeit, der Erscheinung und des Verhaltens und versucht zu vermeiden, daß es ähnliche Fehler entwickelt. Manchmal übt ein Lehrer, der nicht beliebt ist, einen ungünstigen Einfluß auf seine Schüler aus, indem er die emotionale Spannung verstärkt, was zu streitsüchtigem Verhalten außerhalb der Schule führt (198, 276).

Das sehr begabte Kind, das die Anforderungen der Schule erfolgreich ohne zu große Anstrengung meistert, entwickelt mit Wahrscheinlichkeit negative Einstellungen gegenüber der Autorität und Intoleranz gegenüber denen, die weniger begabt sind, als es selber ist, ob es sich dabei nun um seine Klassenkameraden oder seine Lehrer handelt (138).

Zensuren und Zeugnisse verstärken im allgemeinen bei einem Kind die Gefühle der Unzulänglichkeit, der Ängstlichkeit und der emotionalen Spannung. Weiter führen Zensuren zum Wettbewerb mit anderen Kindern und so zu verstärkter Ängstlichkeit. Insgesamt sind Schüler, die gute Zensuren bekommen oder die soziale Anerkennung gewinnen durch Preise oder durch das Lob der Lehrer, mit Wahrscheinlichkeit besser angepaßt als diejenigen, die schlechte Zensuren bekommen. Die ersteren sind in der Schule glücklicher und haben eine vorteilhaftere Vorstellung von sich selbst (133, 182, 318).

Anspruchsniveau

Die Vorstellung des Kindes von sich selbst wird stark dadurch beeinflußt, ob es sich als erfolgreich ansieht oder als Versager. Es kann in den Augen

der anderen erfolgreich sein, aber in seinen eigenen Augen ein Versager.
Ein Mensch, der objektiv erfolgreich ist, kann subjektiv ein Versager sein. Was ein Kind von seinen Leistungen hält, und nicht die Leistungen selber, beeinflußt bei einem Kind die Vorstellung von sich selbst.
Wenn das Kind vier oder fünf Jahre alt ist, beginnt es sich selbst Maßstäbe zu setzen. Mit jedem weiteren Jahr gestaltet der Druck von seiten der Eltern, Lehrer und Kameraden diese Standards bestimmter und spezifischer. Oft legt das Kind in der Hoffnung, Zustimmung und Anerkennung finden zu können, seinen Maßstab höher fest, als es seinen Fähigkeiten entspricht. Dieser Maßstab wird zum Anspruchsniveau oder zum „Niveau der erwarteten Leistung bei einer vertrauten Aufgabe, die ein Mensch sich ausdrücklich zu erreichen vornimmt" (312).
Wenn das Kind sein Anspruchsniveau festlegt, wird es von vielen Menschen und vielen Bedingungen beeinflußt. Die meisten Kinder, besonders wenn sie noch klein sind, kennen ihre Fähigkeiten so wenig, daß sie leicht überredet werden können, sich Ziele zu setzen, die außerhalb ihrer Reichweite liegen. Von ihren Eltern wird das mit der Begründung gerechtfertigt, daß sie diese Ziele erreichen können, wenn sie sich nur genug anstrengen. Außerdem legen Eltern Ziele fest, die über die gegenwärtigen Möglichkeiten der Kinder hinausgehen, weil sie glauben, daß die hochgesteckten Ziele die Kinder motivieren, das beste aus ihren Fähigkeiten zu machen und aus den Möglichkeiten, die ihnen ihre Eltern bieten. Eltern möchten, daß ihre Kinder „vorwärts kommen", und sie ermuntern sie somit, unrealistisch über das zu denken, was sie leisten können (156).
Je höher Leistung von einer kulturellen Gruppe bewertet wird, desto mehr ermuntern Eltern ihre Kinder, Ziele aufzustellen, die die Kapazität der Kinder überfordern – in der Hoffnung, daß die Ziele als Triebkräfte dienen, die verborgenen Fähigkeiten des Kindes hervorzuholen – Fähigkeiten, von denen die Eltern annehmen, daß sie sonst ungenutzt bleiben. Auch glauben viele Eltern, daß es die Motivation des Kindes verstärkt, wenn sie ein Anspruchsniveau äußern; sie ermutigen das Kind dann zu sagen, was es zu erreichen hofft, weil sie glauben, daß ihm das weiterhilft. Sie glauben, es werde versuchen, dem, was andere von ihm erwarten, zu entsprechen, weil es sich selbst festgelegt hat, etwas Bestimmtes von sich zu erwarten (66, 157, 249).
Bei der Festlegung seines Anspruchsniveaus wird das Kind ebenfalls durch sein Ideal zu diesem Zeitpunkt beeinflußt, von der Person also, mit der es sich identifiziert und der es gerne gleichen möchte. Die meisten Kinder erwählen zu ihren Idealen Menschen, die einen außerordentlichen Erfolg gehabt haben; deshalb können Kinder leicht Ansprüche stellen, die weit über ihre gegenwärtigen und vielleicht auch ihre zukünftigen Fähigkeiten hinausgehen (129).
Jedes Kind stellt fest, daß ein hohes Anspruchsniveau, wenn es ausgesprochen wird, sein soziales Ansehen bei jedermann hebt – es selbst eingeschlossen. Ein Kind, das eine negative Vorstellung von sich selbst hat oder das glaubt, daß andere eine negative Vorstellung von ihm haben, setzt oft ein unrealistisch hohes Anspruchsniveau in der Hoffnung, dies hebe sein soziales Ansehen. Jungen haben im allgemeinen ein größeres Verlangen nach Leistung als Mädchen und folglich setzen sie sich oft für ihre Fähigkeiten zu hohe Ziele (56, 157, 336).
Das Kind, dessen Anspruchsniveau für seine Fähigkeiten zu hoch ist, sieht sich selbst beständig als Versager; ein Kind, das mit seinen Ansprüchen hinter seinen Fähigkeiten zurückbleibt, hat keinen „Ehrgeiz" und bringt es zu nichts; ein Kind, das dagegen mit beiden Füßen auf dem Boden steht, vergleicht seine Ansprüche und seine Leistungen und überprüft seine Ansprüche beständig, damit sie seinen Fähigkeiten in realistischer Weise entsprechen. Die meisten Kinder gehören bedauerlicherweise in eine der ersten beiden Kategorien (51, 339).
Die Gewohnheit, den Anspruch zu hoch oder zu niedrig zu setzen, wird früh

im Leben festgelegt und hat einen deutlichen Einfluß auf die Vorstellung, die der einzelne von sich selber hat. Bis zum Jugendalter ist die Beziehung zwischen dem Anspruchsniveau und der Anstrengung des einzelnen, diesen Anspruch zu erreichen, im großen und ganzen festgelegt. Wenn das Kind glücklich, erfolgreich und gut angepaßt sein soll, muß es früh im Leben lernen, seine Fähigkeiten realistisch einzuschätzen und sein Anspruchsniveau entsprechend festzusetzen.

Das Kind, das seine eigenen Erwartungen erfüllt, ist stolz und zufrieden mit sich selbst und mit seinen Leistungen. Das ist eher charakteristisch für das intelligente und gut angepaßte Kind, das es gelernt hat, sich und andere realistisch einzuschätzen, als für das weniger intelligente und weniger gut angepaßte Kind. Ein Kind, das an zu viel oder zu leicht errungenen Erfolg gewöhnt ist, braucht oft ein gelegentliches Versagen, damit es nicht allzu sicher wird und damit es auf starken Wettbewerb vorbereitet ist. Wiederholter Erfolg kann dazu führen, daß das Kind sein Anspruchsniveau unrealistisch hoch festsetzt; ein Fehlschlag von Zeit zu Zeit trägt dazu bei, es auf ein realistischeres Niveau zurückzubringen (114, 213).

Wiederholter Fehlschlag bringt das Kind dazu, daß es seiner selbst unsicher wird und sein Anspruchsniveau herabsetzt, vielleicht bis zu einem unrealistisch niedrigen Punkt. Die Leistung des Kindes ist dann schwankend und unvorhersagbar; es ist ängstlich, besorgt und leidet unter Gefühlen der Unzulänglichkeit, und es hat eine unterwürfige Einstellung anderen gegenüber. Alle diese Bedingungen tragen bei zu negativen Vorstellungen von sich selbst, zu schlechter Anpassung, zum Gefühl, unglücklich zu sein (323, 351).

Viele Eltern und Lehrer glauben, daß ein drohendes Versagen einen guten Anreiz für das Kind darstellt und es motiviert, seine Fähigkeiten voll auszuschöpfen. Wenn das Kind ein realistisches Anspruchsniveau hat, kann drohendes Versagen gerade das richtige sein; aber wenn sein Anspruchsniveau unrealistisch hoch ist, verstärkt die Drohung zu versagen seine Ängstlichkeit, setzt seine Arbeitsmoral herab und schwächt weiter seine bereits unvorteilhafte Vorstellung von sich selbst.

Statussymbole

Noch vor seinem ersten Geburtstag möchte das Kind als ein Individuum anerkannt werden. Wenn es Geschwister hat, mit denen es um die Aufmerksamkeit der Eltern wetteifern muß, dann bereitet ihm alles, durch das es einen vorteilhafteren Status als die Geschwister erhält, das Gefühl, es sei wichtiger. Der Wunsch nach einer Prestigestellung wird stärker, wenn das Kind älter wird. Eine Möglichkeit, seine Stellung in der Gruppe zu verbessern – so stellt es bald fest –, ist die, Statussymbole zu besitzen. Ein Statussymbol ist ein Prestigesymbol in dem Sinne, als es anderen mitteilt, daß die Person einen höheren Status hat als diejenigen, zu denen sie normalerweise gerechnet wird (78, 139).

Die Statussymbole für die verschiedenen Altersgruppen und sozialen Gruppen sind unterschiedlich. Eine Schule mit einer guten Reputation zu besuchen, ist z. B. ein Statussymbol für einen Jugendlichen, aber nicht für ein Kind, weil das Kind nicht erkennt, wie die Gesellschaft verschiedene Schulen bewertet. Spielzeuge sind Statussymbole für ein Kind, aber sie haben wenig Wert für einen Jugendlichen und geben ihm deshalb kein soziales Ansehen in der Gruppe der Alterskameraden. Ehe Statussymbole die Persönlichkeit des Kindes beeinflussen können, muß ihm die Bedeutung der Symbole für die soziale Gruppe klarwerden, und es muß erkennen, daß es nach den Statussymbolen beurteilt wird, die es selbst oder seine Familie besitzt.

Einige Statussymbole in der Kindheit.

Auf allen Altersstufen sind die materiellen Besitztümer die allgemeinsten Statussymbole, weil sie von allen erkannt werden können. Noch ehe es in die Schule kommt, erkennt das kleine Kind den Prestigewert seiner Spielzeuge, seiner Kleidung und andere Besitztümer. Es rühmt sich und prahlt mit dem, was es hat, und behauptet, daß seine Sachen besser sind. Wenn es die Elternhäuser seiner Spielkameraden besucht, vergleicht es deren Besitz mit seinem. Wenn es deren Eigentum für besser als seine Sachen hält, wird es unzufrieden und neidisch (193, 270). Seine Wünsche und Tagträume drehen sich dann um materiellen Besitz, der in den Augen seiner Spielkameraden Prestigewert hat, und Unzufriedenheit und Neid nehmen zu (70). Untersuchungen haben ergeben, daß solche Statussymbole wie Spielzeug, Fahrräder, Sportausrüstungen, ein Auto in der Familie, gute Kleidung, Fernsehen, Radio und Klavier oben auf der Liste stehen. Jedes Jahr erkennen Kinder zunehmend die Rolle, die das Statussymbol für die soziale Billigung spielt, und ihr Interesse an materiellem Besitz nimmt zu (17).

Kinder erkennen Abweichungen vom „Durchschnitt" des Lebensstandards hinsichtlich der materiellen Besitztümer, und sie erkennen eher die, die qualitativ schlechter sind, als die, die qualitativ besser sind. Sie werden stärker angezogen durch die Lebensweise, die mit einem höheren Status verbunden ist, als durch die, die mit einem niedrigeren Status verbunden ist. Sie äußern häufig Mitgefühl für Menschen, die über keine besseren Besitztümer verfügen können (93).

Bis zum vierten oder fünften Schuljahr können die meisten Kinder die Symbole des sozialen Status erkennen und sie ziemlich genau zum wirtschaftlichen Status in Beziehung setzen. Dann kommt es dazu, daß ein Kind andere und sich selbst nach dem Beruf des Vaters beurteilt. Wenn es ein Beruf ist, der soziales Ansehen genießt und der es der Familie ermöglicht, die Statussymbole zu besitzen, die in den Augen der Gruppe der Alterskameraden Prestigewert haben, dann hat das einen günstigen Einfluß auf die Vorstellung des Kindes von sich selbst. Ein Beruf, der kein Prestige hat, auch wenn er die Mittel für die Statussymbole zur Verfügung stellt, die für die soziale Billigung wichtig sind, ruft beim Kind Verlegenheit hervor und beeinträchtigt so seine Vorstellung von sich selbst. Statussymbole spielen eine wichtigere Rolle für die soziale Billigung bei Mädchen als bei Jungen; Mädchen erleiden daher mehr psychischen Schaden, wenn sie in den Statussymbolen nicht mithalten können (93, 143, 300, 340).

Kleidung ist eine ständige Darstellung des Status eines Kindes. Sie berichtet nicht nur indirekt den sozioökonomischen Status der Familie, sondern sie teilt auch direkt den Status des Kindes in der Gruppe der Alterkameraden mit. Aus diesem Grunde stellt Kleidung einen wichtigen Faktor für die Entwicklung der Persönlichkeit dar. Dem Kind wird die Einstellung deutlich bewußt, die andere, vor allem seine Kameraden, zu seiner Kleidung haben. Übereinstimmung mit dem bestimmten Stil, der von der Gruppe, zu der es gehört, akzeptiert wird, wird entscheidend, selbst wenn die Gruppe sich nicht an den vorherrschenden Stil in der Gemeinschaft anpaßt.

Eine Kleidung zu haben, die andere Kinder bewundern, auf die sie neidisch sind und die sie nachahmen, gibt dem Kind ein Gefühl der Wichtigkeit. Auf der anderen Seite bereitet es dem Kind ein Gefühl der Minderwertigkeit, in Kleidung herumzugehen, über die sich andere Kinder lustig machen. Wenn das Kind über einen längeren Zeitraum hinweg schlecht gekleidet ist, führt das mit Wahrscheinlichkeit zu starken Gefühlen der Minderwertigkeit (141, 279).

<u>Wirkungen der Statussymbole.</u> Ein Kind, dessen Eltern genug Geld haben, um für solche Kleider und den materiellen Besitz zu sorgen, die ihm in den Augen der Gruppe der Alterskameraden Prestige geben, entwickelt eine weitaus günstigere Vorstellung von sich selbst und damit eine gesundere Persönlichkeit als das Kind, dessen Eltern in dieser Weise nicht für es sorgen können oder wollen. Wenn es einem Kind an sozialer Billigung fehlt, schiebt es dafür leicht seinem Vater die Schuld zu, weil er es nicht mit den Statussymbolen versorgt, die seine Klassenkameraden haben. Es entwickelt Märtyrergefühle, beklagt sich über sein Los, beneidet andere um ihr Los oder

erzählt ihnen, wie gut es ihnen doch geht. Solches Selbstmitleid macht das Kind unglücklich, und die anderen fühlen sich unwohl (177, 262).

Als eine Verteidigung gegen Gefühle der Minderwertigkeit kritisieren einige Kinder das, was andere haben, oder machen es lächerlich. Sie verhalten sich wie der Fuchs zu den Trauben, von denen er behauptete, sie seien sauer, als er sie nicht erreichen konnte. Kein Kind sieht seinen Besitz gerne kritisiert oder lächerlich gemacht, und so schadet das Kind, das diesen Abwehrmechanismus gebraucht, seiner Persönlichkeit direkt, indem es eine ungesunde Vorstellung von sich selbst entwickelt, und indirekt, indem es sich in einer Weise verhält, die geringe soziale Billigung garantiert (271).

Grad der Anpassung

Die Anpassung ist das Ausmaß, in dem die Persönlichkeit eines Individuums effizient der sozialen Umwelt korrespondiert. Thompson hat darauf hingewiesen: „Normale Anpassung ist nur relativ. Jedes Kind leidet unter einer gewissen Ängstlichkeit, zeigt ein gewisses Verhalten, das für andere nicht annehmbar ist, erreicht einige Ziele nicht, die für es äußerst wichtig sind, und erlebt in einigen Zeiträumen das, was es Unglücklichsein nennt. Ein Kind, dessen psychische Anpassung als innerhalb des Normalen liegend angesehen werden kann, erholt sich jedoch von diesen Enttäuschungen und Depressionen. Es orientiert sein Verhalten weiter an Zielen, die versprechen, seine Bedürfnisse zu befriedigen, und es paßt seine Zielsetzung an die sozialen Ansprüche seiner Kultur an" (320).

Die Rolle der Akzeptierung seiner selbst. Wenn die Vorstellung, die das Kind von sich selber hat, ihm gefällt, dann akzeptiert es sich selbst; wenn sie ihm mißfällt, dann mag es sich selber nicht und lehnt sich ab. Wenige Kinder jedoch nehmen sich hundertprozentig an oder lehnen sich hundertprozentig ab. Sie möchten gewöhnlich mehr wie ihre Idealvorstellung werden, und jedes Jahr werden sie sich mehr ihrer Persönlichkeit bewußt. Wenn das Kind eine gesunde Persönlichkeit haben soll, die es akzeptieren kann, dann muß es eine Vorstellung von sich selbst haben, die es „akzeptieren und mit der es leben kann, ohne sich zu schuldig, ängstlich oder feindselig zu fühlen, ohne daß es sich anderen unterlegen fühlt oder anderen schaden will" (102).

Hilfen für die Akzeptierung seiner selbst. Die Akzeptierung seiner selbst wird unterstützt durch eine Anzahl von Faktoren, von denen jeder dem Kind hilft, eine zufriedenstellende Vorstellung von sich selbst zu entwickeln. Zuerst müssen die Hoffnungen, die das Kind für sich hegt, und die Anforderungen, die es an sich stellt, innerhalb der Grenzen seiner Leistung gehalten werden; es muß realistisch sein, was es selbst angeht, und nicht nach dem Unmöglichen streben. Das bedeutet natürlich nicht, daß es ihm an Ehrgeiz mangeln sollte oder daß es sich Ziele setzen soll, die hinter seinen Möglichkeiten zurückbleiben, auch wenn diese Möglichkeiten geringer sind, als ihm das lieb ist. Nur wenn die Lücke zwischen der wirklichen und der idealen Vorstellung von sich selbst soweit verkleinert werden kann, daß das Ideal möglicherweise erreicht werden kann, ist es dem Kind möglich, sich selbst zu akzeptieren und eine gute individuelle und soziale Anpassung vorzunehmen (173).

Zweitens hilft das Selbstverständnis, die Lücke zwischen dem Wirklichen und dem Ideal zu schließen. Das Kind, das sich selbst versteht, erkennt nicht nur Tatsachen über sich selbst; es nimmt auch die Bedeutung dieser Tatsachen wahr. Um sich selbst zu akzeptieren, muß z. B. das Kind, das körperlich behindert ist, nicht nur erkennen, daß diese Behinderung ihm viele Beschäftigungen unmöglich macht, sondern es muß ebenfalls erkennen, daß sie ihm nicht alles unmöglich macht; es gibt einige Beschäftigungen, die es mit seinen Alterskameraden genießen kann, und es vermag durch sie seinen Beitrag zu den Freuden der Gruppe leisten. Sich selbst zu verstehen und sich selbst zu

akzeptieren, geht Hand in Hand. Je besser das Kind sich selbst versteht, desto realistischer ist es, und desto kleiner ist die Lücke zwischen der wirklichen und der idealen Vorstellung von sich selbst.
Ein dritter Faktor, der beeinflußt, wieweit das Kind sich selbst akzeptiert, ist die Diskrepanz zwischen seiner Vorstellung von sich selbst und der Vorstellung, die andere von ihm haben. Das Kind, dem es an sozialer Einsicht und Selbsteinsicht mangelt, nimmt – wie bereits früher betont worden ist – schlechtere Anpassungen vor und wird von der Gruppe der Alterskameraden weniger akzeptiert als ein Kind, dessen Auffassung von sich selbst nahe an die Auffassung herankommt, die andere von ihm haben. Indem es imstande ist, sich so zu sehen, wie andere es sehen, kann es sein Verhalten so leiten, daß es den sozialen Erwartungen entspricht, und so seine soziale Anerkennung vergrößern. Dagegen führt eine starke Diskrepanz zwischen der Meinung, die andere von ihm haben, und der Meinung, die das Kind von sich selbst hat, zu Verhaltensweisen, die die anderen zum Gegner machen und ihre Meinung von ihm herabsetzen. Je weniger es von anderen gebilligt wird, desto schwerer ist es ihm, sich selber zu akzeptieren.
Schließlich wird die Akzeptierung seiner selbst stark beeinflußt durch die Stabilität der Vorstellung von sich selbst. Das Kind, das sich zu einem Zeitpunkt auf eine Art sieht und zu einem anderen Zeitpunkt auf eine andere – manchmal vorteilhaft und manchmal unvorteilhaft –, ist ambivalent, was sein Selbstkonzept anbetrifft. Damit das Kind sich selbst akzeptiert, muß seine Vorstellung von sich selbst sowohl stabil als auch vorteilhaft sein. Eine stabile Vorstellung von sich selbst, die überwiegend aus negativen Vorstellungen zusammengesetzt ist, führt dazu, daß man sich selbst ablehnt.

Akzeptierung von sich selbst und Anpassung. Je länger die Akzeptierung von sich selbst andauert, desto stärker und tiefer verwurzelt ist sie. Das trifft ebenfalls zu auf die Ablehnung seiner selbst. Mit der Zeit wird das charakteristische Muster der Anpassung, die der einzelne am Leben vornimmt, motiviert durch den Grad der Annahme oder Zurückweisung seiner selbst. Keiner, auf irgendeiner Altersstufe, akzeptiert sich völlig oder lehnt sich völlig ab. Ein Kind akzeptiert sich vielleicht beim Spielen, weil es ebenso gut oder besser als andere Kinder spielt. Auf der anderen Seite lehnt es sich vielleicht selbst hinsichtlich der Schule ab, weil seine Zensuren schlechter sind als die der anderen Kinder.
Wenn der Lehrer eines Kindes ihm gegenüber eine akzeptierende Einstellung hat, es für seine Leistungen lobt und ihm bei seinen Schwierigkeiten hilft, ohne kritisch oder strafend eingestellt zu sein, dann akzeptiert es sich selbst, solange es in der Schule bleibt. Falls es Kritik, Strafe, Necken und Einschüchterung ausgesetzt ist, wenn es nach Hause kommt, dann sieht es die Umgebung im Elternhause als zurückweisend an, und es ist mit sich selbst auch in dieser Hinsicht unzufrieden.
Weil die Akzeptierung seiner selbst so weitgehend beeinflußt wird durch die Umgebung und durch die Einstellung wichtiger Menschen, ist es logisch, daß das Maß der Akzeptierung von sich selbst von Zeit zu Zeit variiert. Der wichtige Punkt ist jedoch, daß es einen Grad der Konsistenz bei der Akzeptierung seiner selbst geben muß, wenn das Kind eine gute Anpassung leisten soll.
Außerdem muß diese Konsistenz eher in Richtung auf positive als auf negative Vorstellungen von sich selbst gehen.
Im Zusammenhang mit Jugendlichen – auf Kinder trifft das jedoch ebenso zu – hat Jersild darauf hingewiesen, daß „Akzeptierung seiner selbst eher einen vorherrschenden Zug oder eine Richtung im Leben eines Menschen bezeichnet als einen Zustand, in dem alles rosig erscheint. Ein Jugendlicher, der einige Teilbereiche in seinem Leben von ganzem Herzen akzeptiert, kann in bezug auf andere Zweifel äußern oder Schwierigkeiten haben. Die vorherrschende Tendenz geht jedoch in Richtung auf die Akzeptierung seiner selbst" (144).

Es gibt Zeiten im Leben, in denen es für ein Kind leicht ist, sich selbst zu akzeptieren, und andere, in denen das fast unmöglich ist. Oft hängt das von den Einstellungen anderer Menschen zu dem Kind ab und seinem Verhalten in diesem Alter. Für ein Kleinkind ist es z. B. leicht, sich selbst zu akzeptieren; jeder akzeptiert es oder verhält sich wenigstens in so einer Weise, daß es annimmt, es werde gebilligt. Wenn es jedoch älter wird, stellt es fest, daß es weniger bereitwillig akzeptiert wird als zuvor. An die Stelle von Beweisen der Liebe treten Strafen und barsche, kritische Worte und Stirnrunzeln. Indem es sie als Zurückweisung deutet, beginnt es, eine immer weniger vorteilhafte Meinung von sich selbst zu haben. Es akzeptiert sich weniger und weist sich selbst mehr zurück. Der Tiefpunkt der Familienbeziehungen und der sozialen Beziehungen findet sich in der Pubertät. Die Akzeptierung von sich selbst erreicht dann ebenfalls einen Tiefpunkt. Ob mit der Zeit eine Verbesserung eintritt, hängt weitgehend von der Art der sozialen Anpassung ab, die der Jugendliche im Elternhaus, in der Schule und in der Gruppe der Alterskameraden vornimmt (86, 147, 323).

Selbsteinschätzungen von Kindern, als sie älter wurden, haben ergeben, daß sich die Kinder selbst weniger günstig einschätzen, als sie von ihren Lehrern und von den Alterskameraden eingeschätzt werden. Das wird deutlich in Abb. 15-3. Mädchen schätzen sich insgesamt vorteilhafter ein als Jungen. Die schlechte Meinung, die ältere Kinder von sich haben, rührt zweifellos von der Art her, mit der verschiedene soziale Gruppen, mit denen sie täglich in Kontakt kommen, sie behandeln. Sie wird ebenfalls stark beeinflußt durch die Diskrepanz zwischen dem, was sie gerne wären, und dem, was sie als die Meinungen der anderen über sie feststellen (15, 16).

Untersuchungen gut angepaßter und schlecht angepaßter Kinder haben gezeigt, daß bestimmte Verhaltensmuster charakteristischerweise mit beiden einhergehen. Ein kurzer Überblick über diese Muster der Anpassung soll zeigen, wie wichtig ein vernünftiges Maß an Akzeptierung seiner selbst ist.

Gut angepaßte Persönlichkeiten

Das gut angepaßte Kind genießt eine Art „innerer Harmonie"; es befindet sich in Eintracht mit sich selbst und in Eintracht mit anderen (171). Bain hat das gut angepaßte Kind in der folgenden Weise beschrieben: „Es denkt, handelt und fühlt dem entsprechend, was in seiner Gesellschaftsordnung erwartet und toleriert wird... Es ist zufrieden mit dem Leben, das es führt, und wird durch dieses Leben angeregt. Es ist aus Gewohnheit glücklich, und in der Regel bildet es neue Gewohnheiten effektiv und legt alte, wenn es erforderlich ist, ab. Es fürchtet sich weder ungebührlich vor der Zukunft, noch ist es mit der Vergangenheit verheiratet... Es hat kein Gefühl für Sünde, aber es lernt aus der Erfahrung. Es hat einen starken Sinn für Humor und lacht mit anderen Menschen, aber nicht über sie. Es kennt seine Grenzen und Fähigkeiten und handelt entsprechend. Es beurteilt andere ziemlich genau und das, was andere von ihm halten... Es bringt seine Ziele und Ideale in Einklang mit seiner Kenntnis dessen, was möglich ist, und es ist offen gegenüber dem ‚Möglichen'. Es hat Achtung vor sich selbst, weil es Achtung vor anderen hat... Es wünscht sich die Möglichkeit, seine eigenen Anlagen zu erproben, solange dieses nicht andere daran hindert, dasselbe zu tun" (30).
Gut angepaßte Kinder haben ebenso wie gut angepaßte Erwachsene harmonische Beziehungen zu den Menschen, mit denen sie zusammen sind, im Elternhaus, in der Schule, in der Geschäftswelt, beim Spiel. Weil sie sich selbst akzeptieren, brauchen sie keinen Abwehrmechanismus aufzubauen und anderen die Schuld an der Diskrepanz zwischen dem, was sie sind, und dem, was sie gerne sein möchten, geben (96). Das Maß, in dem sich ein Kind a n a n d e r e anpaßt, zeigt also an, ein wie gut angepaßter Mensch es ist.

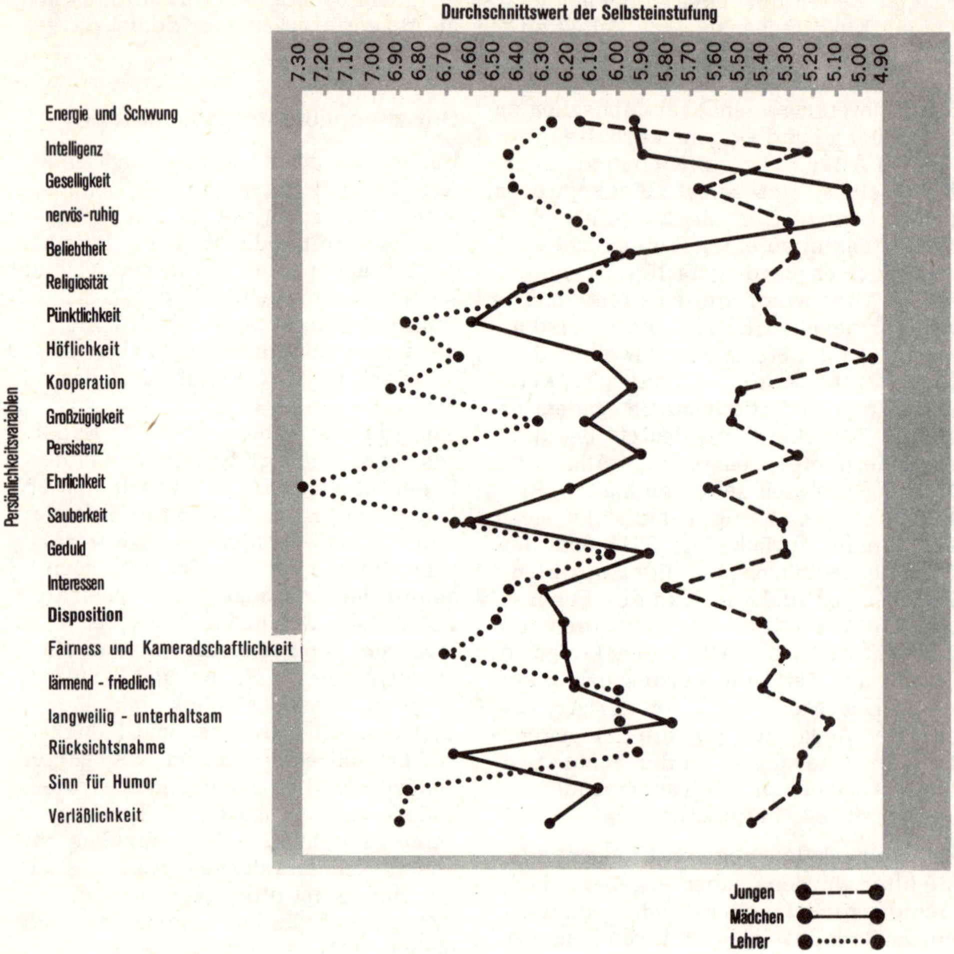

Abb. 15-3. Selbsteinschätzungen von Jungen und Mädchen einer Volksschule und Einschätzung durch den Lehrer.
Jungen schätzen sich insgesamt ungünstiger ein als Mädchen; und Kinder beiden Geschlechts beurteilen sich selbst ungünstiger, als die Lehrer sie einstufen.

Fehlanpassungen

Ein Kind, das sich ablehnt, nimmt sowohl schlechte individuelle als auch soziale Anpassung vor; es wird zum fehlangepaßten Menschen, den man in der Kindheit häufig als „schwieriges Kind" oder „Problemkind" bezeichnet (98).
Es gibt zwei hauptsächliche Arten der Fehlanpassung: Zu der ersten Art gehört Verhalten, das für das Kind zufriedenstellend, das aber sozial nicht annehmbar ist; zu der zweiten Art gehört Verhalten, das sozial gebilligt ist, das aber eine Quelle fortgesetzten, übermäßig starken und störenden Konfliktes für das Kind darstellt (35, 271, 323).
Es gibt eine Anzahl von unerwünschten Persönlichkeitszügen, die in einer leichten Form bei Kindern auftreten. Zuerst scheinen sie harmlos zu sein, und oft wird zugelassen, daß das Kind sie beibehält, ohne daß eine wirkliche Anstrengung unternommen wird, sie zu überwinden. Kein einziges Verhaltensmuster ist gefährlich, wenn man es isoliert betrachtet. Wenn mehrere Muster jedoch bei demselben Kind zu beobachten sind und wenn sie in ein

„Persönlichkeitsbild" zu passen scheinen, sind sie wichtig und können als „Gefahrensignale" für zukünftige Schwierigkeiten angesehen werden.
Aus der Vielzahl der Verhaltensmuster werden die folgenden als die schwerwiegendsten angesehen:

Bei der geringsten Herausforderung einen Wutanfall zu bekommen.
Zeichen übermäßiger Besorgtheit und Ängstlichkeit zu zeigen.
Häufiger deprimiert zu erscheinen und selten zu lächeln oder mit anderen Witze zu machen.
Wiederholtes Stehlen kleiner Gegenstände trotz schwerer Bestrafung.
Häufig in Tagträumen verloren zu sein.
Sehr empfindsame Reaktionen gegenüber wirklichen oder eingebildeten Zurücksetzungen zu zeigen.
Große Grausamkeit gegenüber jüngeren oder kleineren Kindern oder Tieren an den Tag zu legen.
Ein abnorm ängstliches Bemühen, bei jeder Aufgabe Perfektion zu zeigen.
Häufiges Äußern der Vorstellung, daß es öfter bestraft wird als andere.
Unfähigkeit, falsches Verhalten zu vermeiden, selbst wenn es wiederholt gewarnt und bestraft worden ist.
Übermäßige Beschäftigung mit der körperlichen Erscheinung und dem Aussehen.
Die Gewohnheit, bei jeder Gelegenheit zu lügen, um irgendeinen Zweck zu erreichen.
Ein hoher Grad an Unentschlossenheit, wenn verhältnismäßig unbedeutende Wahlen getroffen werden müssen.
Feindlichkeit gegenüber jeder Art von Autorität.
Auffallende Neigung zu Unfällen.
Wiederholte Akte der Zerstörung von materiellen Dingen.
Andere zu necken und zu tyrannisieren, wenn man sich zurückgesetzt fühlt.
Krankhaftes Heimweh bei Trennung von vertrauten Menschen und vertrauter Umgebung.
„Albern sein" als Mittel, die Aufmerksamkeit auf sich zu lenken.
Die Schuld auf andere zu schieben und nach Ausflüchten zu suchen, wenn es kritisiert wird.
Über andere Kinder zu klatschen, um die Aufmerksamkeit und die Zustimmung der Erwachsenen zu erringen.
Eine Enttäuschung zu verbergen, indem der Wert nicht erreichbarer Dinge herabgesetzt wird (52, 136, 206, 323).

Unter dem Alter von zwölf Jahren erkranken Kinder selten an einer klar erkennbaren psychischen Krankheit. Aber zu diesem Zeitpunkt schlägt sich eine mangelhafte Anpassung an Situationen des täglichen Lebens in Symptomen nieder wie Weinen, Aufmerksamkeit erheischen und Tagträume, die, wenn sie ohne Korrektur geduldet werden, zu schwerwiegender psychischer Krankheit führen können, wenn das Kind die Zeit der Reife erreicht. Kein normales Kind ist völlig frei von dem, was als „Verhaltensschwierigkeiten" bezeichnet wird. Die durchschnittliche Anzahl der verschiedenen Formen dieser Schwierigkeiten reicht von vier bis sechs für jedes Kind; die Häufigkeit ist unterschiedlich je nach dem Alter des Kindes. Ein Kind kann ziemlich gestört sein und trotzdem eine gute Anpassung in der Schule vornehmen (179). Einige Kinder können als gut angepaßt von ihren Lehrern angesehen werden und trotzdem bei ihren Eltern als „schwierig" gelten und von klinischen Psychologen als schwer gestört angesehen werden (38, 331).
Jungen zeigen in der Regel mehr Persönlichkeitsstörungen als Mädchen. Abb. 15-4 zeigt die durchschnittliche Zahl der Verhaltensschwierigkeiten bei Kindern (wie Minderwertigkeitsgefühle, Mangel an Selbstvertrauen, Überempfindlichkeit, Ängstlichkeit und Schüchternheit) vom Kindergarten bis zum sechsten Schuljahr. Daraus ist es ersichtlich, daß Jungen die Schule mit sehr viel mehr Verhaltensschwierigkeiten beginnen als Mädchen, aber wenn die Mädchen sieben oder acht Jahre alt sind, nehmen ihre Probleme zu, während die der Jungen abnehmen. Die Erklärung, die für diese Zunahme bei den Mädchen angeboten wird, ist die, daß es sich um Vorboten der Pubertät handelt, die bei Mädchen eher als bei Jungen erscheinen, und der größere Druck auf Mädchen hinsichtlich der Konfor-

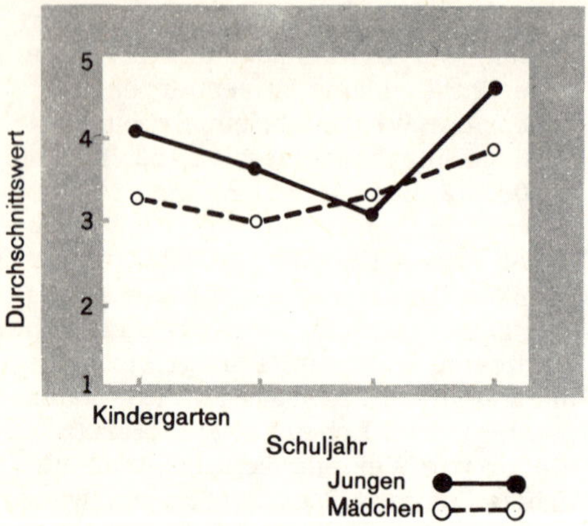

Abb. 15-4. Geschlechtsabhängige Unterschiede bei Problemen der Persönlichkeitsentwicklung.

mität mit geschlechtsadäquatem Verhalten.

Glück in der Kindheit

Die meisten Erwachsenen denken an die Kindheit als an eine glückliche, sorglose Zeit im Leben. Rosenzweig und Rosenzweig haben darauf hingewiesen: „Die goldenen Tage der Kindheit, wie sie in den üblichen Erinnerungen der Erwachsenen erscheinen, sind eher mit der Phantasie als mit Tatsachen zu vereinbaren. Die Mythen in allen Rassen zeichnen in ähnlicher Weise die Kindheit des Menschen als ein Paradies" (250). Tatsächlich ist das Kind wohl nicht glücklicher als der Erwachsene. Während der Erwachsene mit Sehnsucht an die Kindheit zurückdenkt, sehnt das Kind den Tag herbei, an dem es „erwachsen" sein wird und frei von der Kontrolle, die es ständig frustriert.

Der Glaube, daß ein Kind am ehesten glücklich sein kann, wenn es sorglos ist, rührt aus der Annahme her, daß Verantwortlichkeiten und Leistung nur zu Ängstlichkeit und Frustration führen können. Weil Geld und die Statussymbole, die Geld kaufen kann, wie Kleidung, Häuser, Autos, Unterhaltung, Mitgliedschaft in exklusiven Vereinen und die Muße, das zu tun, was man gerne möchte, bei Erwachsenen so hoch bewertet werden, nehmen sie an, daß materielle Besitztümer die Quelle für Glück in der Kindheit sind. Die Märchen der frühen Kindheit und die Massenkommunikationsmittel, denen sich die älteren Kinder zuwenden, die Jugendlichen und die Erwachsenen verstärken alle den Glauben, daß man nicht glücklich sein kann, wenn man arm ist. Es ist deshalb nicht überraschend, daß Eltern ihre Kinder mit materiellem Besitz überschütten und ihnen jeden Vorteil bieten, den sie mit Geld kaufen können, oft nur unter großen persönlichen Opfern – in dem Glauben, daß dies eine glückliche Kindheit garantiert.

Schließlich gibt es den weitverbreiteten Glauben, daß ein Mensch immer glücklich und gut angepaßt sein wird, wenn er eine glückliche Kindheit hatte. Es gibt genügend Ausnahmen von dieser allgemeinen Annahme, so daß es gerechtfertigt ist zu sagen: Glück in der Kindheit ist keine narrensichere Garantie für Glück im Erwachsenenalter oder auch nur in der Jugend. Bedingungen, die innerhalb des Individuums liegen, wie ein Unfall, der es bei seinen Beschäftigungen behindert, die ihm früher Freude bereitet haben, und der ihm die sozialen Kontakte vorenthält, die viel zu seinem früheren Glück beigetragen haben, können ein glückliches Kind leicht in einen unglücklichen, neurotischen, fehlangepaßten Jugendlichen oder Erwachsenen verwandeln. Ähnlich können Bedingungen der Umgebung, die zu Glück auf einer Altersstufe geführt haben, das auf einer anderen Altersstufe nicht mehr tun. Ein Kind, das wegen seiner Geschicklichkeit beim Spielen, ohne Rücksicht auf seine Hautfarbe oder seine Religion akzeptiert wird, stellt vielleicht fest, wenn es das Jugendalter erreicht hat, daß Rasse und Religion für die Billigung beim Jugendlichen wichtiger sind als beim Kind. Folglich kann die Billigung, die es vordem genossen hat, durch Ablehnung ersetzt werden.

Retrospektive Berichte über das Glück.

Wenn die Erwachsenen auf die Tage ihrer Kindheit zurückblicken, sehen sie sie aus einer Perspektive, die es ihnen ermöglicht, das Glück, das sie in der

Kindheit erlebt haben, mit dem Glück zu vergleichen, das sie auf anderen Altersstufen erfahren haben. Zum größten Teil zeigen die retrospektiven Untersuchungen, daß die Kindheit als ein verhältnismäßig glückliches Alter erinnert wird, wenn auch Erinnerungen an unglückliche Erfahrungen nicht fehlen.

Wenn das Kind vier Jahre alt geworden ist, gibt es viele unerfüllte Wünsche, ungelöste Probleme und unerfreuliche Gelegenheiten, bei denen es gezwungen war, Dinge zu tun, die es nicht tun mochte, und bei denen es für Dinge bestraft wurde, die es nicht als falsch ansah. Das Kind ist nicht mehr allmächtig, wie es das im Kleinkindalter war. Es stößt jetzt ebenso auf neue Hindernisse in der Umgebung wie auf neue Anforderungen (36, 69, 285).

Wenn das Kind in die Schule geht, stößt es auf noch mehr Hindernisse in der Umgebung und auf noch mehr Anforderungen von den Erwachsenen; es tritt ebenfalls in Wettbewerb mit anderen Kindern. Wie gut es diese Anforderungen erfüllen kann und wie gut es in diesem Wettbewerb besteht, bestimmt, wie glücklich es ist. Die Familie und das Elternhaus sind für das Glück des Kindes weniger wichtig, als das vorher der Fall war, obgleich Reibung mit anderen Mitgliedern der Familie und Schuldgefühle bei Nichterfüllung der elterlichen Erwartungen dazu beitragen, daß es unglücklich ist (61, 346).

Wenn man zwischen den Zeilen der retrospektiven Berichte liest, dann wird deutlich: Das Glück hängt nicht davon ab, daß man keine Sorgen hat oder über materiellen Besitz verfügt, und man fühlt sich nicht unglücklich, wenn diese Vorteile nicht vorhanden sind. Den wirklichen Schlüssel zum Glück, wie es in diesen retrospektiven Untersuchungen berichtet wird, bildet das *Maß der Anpassung*, die das Kind zu verschiedenen Zeiten in seiner Kindheit vornimmt.

Glück und Anpassung. Glück entsteht in der Kindheit überwiegend aus den Beziehungen zwischen den Menschen und nicht aus materiellem Besitz oder dadurch, daß man von Verantwortung frei ist. Wenn es auch zutrifft, daß materieller Besitz der in den Augen der Gruppe Prestige hat, zum Glück beiträgt, indem er die Wahrscheinlichkeit vergrößert, daß ein Kind sozial akzeptiert wird, und wenn es dem Kind auch mehr Zeit gibt, wenn es frei ist von Aufgaben im Elternhaus, so sind doch diese Faktoren an sich verhältnismäßig unbedeutend für das Glücklichsein in den Jahren der Kindheit. Ein Kind kann nur dann glücklich sein, wenn es merkt, daß es von anderen akzeptiert wird; es wird von anderen nur akzeptiert, wenn es eine verhältnismäßig gut angepaßte Persönlichkeit ist; und es kann nur dann ein verhältnismäßig gut angepaßter Mensch sein, wenn es sich selbst akzeptiert. Wegen des großen Wertes, der auf soziale Billigung gelegt wird, kann kein Kind in der amerikanischen Gesellschaftsordnung heute erwarten, glücklich zu sein, wenn es keine Freunde hat (152, 238).

Wenn auch soziale Billigung und Glück Hand in Hand gehen, müssen die Menschen das Kind akzeptieren, die für das Leben des Kindes zu diesem Zeitpunkt wichtig sind. Dem kleinen Kind sind die Eltern die wichtigsten Menschen, besonders die Mutter. Wenn es älter wird, muß es nicht nur von seiner Familie akzeptiert werden, sondern auch von den Mitgliedern der Gruppe der Alterskameraden, die es sympathisch findet und die es als Freunde gewinnen möchte (36, 48, 238).

Um gute soziale Anpassungen vornehmen zu können, muß das Kind sich gut an sich selbst anpassen können. Auf keiner Altersstufe kann ein Kind, das mit sich selbst unzufrieden ist, hoffen, daß andere es zum Freund haben wollen. Solange das Kind eine unrealistische Vorstellung von sich selbst hat, wird es ständig sein Ideal nicht erreichen. Das macht es unzufrieden und unglücklich. Um dieser Unzufriedenheit mit sich selbst entgegenzuwirken, wird es anfangen, Abwehrmechanismen zu entwickeln, es schiebt dabei die Schuld an seinen Fehlern oft anderen zu. Lange ehe die Kinder in die Schule kommen, entwickeln sie ein Repertoire an Abwehrmechanismen,

um mit Menschen und Situationen fertig zu werden, durch die sie sich unwohl fühlen oder die zu Gefühlen der Unzulänglichkeit führen.
Ein Kind, das in seinen Reaktionen flexibel ist und Abwehrmechanismen gebraucht, die es mehr dazu bringen, sich selbst zu akzeptieren und für andere akzeptabler zu sein, wird viel glücklicher als das Kind, das Abwehrmechanismen gebraucht, durch die es zwar mit seinem eigenen Verhalten zufrieden wird, die ihm aber andere zum Gegner machen. Ein Kind kann mit sich selbst zufrieden sein, wenn es die Schuld an seinen eigenen Mängeln jemandem sonst zuschiebt, aber wenn es feststellt, daß das als unkameradschaftlich gilt und daß es auf soziale Ablehnung stößt, dann verändert sich die Akzeptierung seiner selbst zu einer Ablehnung seiner selbst (206).
Eine realistische Vorstellung von sich selbst dagegen vermindert stark die Versuchung, Abwehrmechanismen zu gebrauchen. Wenn das Kind eine realistische Einstellung zu sich hat, dann erwartet es nicht mehr als das, wozu es fähig ist; folglich muß es kein Verhalten rechtfertigen, das die Vollkommenheit nicht erreicht. Dabei kann es durch Eltern und Lehrer unterstützt werden, die wissen, daß ein Kind ein Kind ist und kein kleiner Erwachsener. Solange die Anpassungen des Kindes an das Leben im Vergleich zu seiner Altersnorm günstig ausfallen, kann es mit sich selbst zufrieden sein, wenn die wichtigen Menschen in seinem Leben ebenfalls zufrieden sind.
Es liegt also nahe, daß das Glück der Kindheit nicht alleine in den Händen des Kindes ruht; Eltern und Lehrer spielen eine wesentliche Rolle für die Festlegung, wie glücklich oder wie unglücklich ein Kind sein wird. Im ersten Fall ermuntern sie zu einer realistischen Vorstellung von sich selbst und zu einer unrealistischen Vorstellung im zweiten Fall. Von einem Kind zu erwarten, daß es ein Kind ist mit dem charakteristischen Verhalten eines Kindes in seinem Alter und nicht ein Muster der Vollkommenheit, trägt viel dazu bei, eine glückliche Kindheit zu gewähren.

Bibliographie

(1) ABBE, M.: Ideal personalities of pupils and teachers judged by pupils. *Jap. J. Psychol.*, 1950, **20,** 37–43.

(2) ADELSON, D.: Attitudes toward first names: an investigation of the relation between self-acceptance, self-identity, and group and individual attitudes toward first names. *Dissert. Abstr.*, 1957, **17,** 1831.

(3) AINSWORTH, L. H.: Rigidity, insecurity, and stress. *J. abnorm. soc. Psychol.*, 1958, **56,** 67–74.

(4) ALBERT, R. S.: The role of mass media and the effect of aggressive film content upon children's aggressive responses and identification choices. *Genet. Psychol. Monogr.*, 1957, **55,** 221–285.

(5) ALDRICH, C. A.: The pediatrician looks at personality. *Amer. J. Orthopsychiat.*, 1947, **17,** 571–574.

(6) ALEXANDER, F.: The dynamics of personality development. *Soc. Casewk,* 1951, **32,** 139–143.

(7) ALEXANDER, I. E., and A. M. ADLERSTEIN: Affective responses to the concept of death in a population of children and early adolescents. *J. genet. Psychol.*, 1958, **93,** 167–177.

(8) ALEXANDER, T.: Certain characteristics of the self as related to affection. *Child Develpm.*, 1951, **22,** 285–290.

(9) ALEXANDER, T., and M. ALEXANDER: A study of personality and social status. *Child Develpm.*, 1952, **23,** 207–213.

(10) ALLEN, L., L. BROWN, L. DICKINSON, and K. C. PRATT: The relation of first name preferences to the frequency in the culture. *J. soc. Psychol.*, 1941, **14,** 279–293.

(11) ALLPORT, G. W.: *Pattern and growth in personality.* New York: Holt, 1961.

(12) ALT, P. M.: Relationship of physique and temperament. *Sch. Rev.*, 1953, **61,** 267–276.

(13) AMATORA, SISTER M.: Guiding the child's personality potential to fruitful fulfillment. *Education,* 1952, **74,** 156–163.

(14) AMATORA, SISTER M.: Similarity in teacher and pupil personality. *J. Psychol.*, 1954, **37,** 45–50.

(15) AMATORA, SISTER M.: Validity in self-evaluation. *Educ. psychol. Measmt,* 1956, **16,** 119–126.

(16) AMATORA, SISTER M.: Developmental trends in pre-adolescence and early adolescence in self-evaluation. *J. genet. Psychol.*, 1957, **91,** 89–97.

(17) AMATORA, SISTER M.: Expressed interests in later childhood. *J. genet. Psychol.*, 1960, **96,** 327–342.

(18) AMEN, E. M., and N. RENISON: A study of the relationship between play patterns and anxiety in young children. *Genet. Psychol. Monogr.*, 1954, **50,** 3–41.

(19) AMES, R.: Physical maturing among boys as related to adult social behavior. *Calif. J. educ. Res.*, 1957, **8**, 69–75.

(20) AMIDON, E.: The isolate in children's groups. *J. teacher Educ.*, 1961, **12**, 412–416.

(21) ANASTASI, A.: Heredity, environment, and the question "how?" *Psychol. Rev.*, 1958, **65**, 197–208.

(22) ANDERSON, C. M.: The self-image: a theory of the dynamics of behavior. *Ment. Hyg., N.Y.*, 1952, **36**, 227–244.

(23) ANDERSON, J. E.: The relation of attitude to adjustment. *Education*, 1952, **73**, 210–218.

(24) ARMSTRONG, J. D.: The search for the alcoholic personality. *Ann. Amer. Acad. Pol. Soc. Sci.*, 1958, **315**, 40–47.

(25) ARTHAUD, R. L., A. N. HOHNECK, C. H. RAMSEY, and K. C. PRATT: The relation of family name preferences to their frequency in the culture. *J. soc. Psychol.*, 1948, **28**, 19–37.

(26) ASCH, S. E.: Forming impressions of personality. *J. abnorm. soc. Psychol.*, 1946, **41**, 258–290.

(27) AUSUBEL, D. P.: *Ego development and the personality disorders.* New York: Grune & Stratton, 1952.

(28) AUSUBEL, D. P., E. E. BALTHAZAR, I. ROSENTHAL, L. S. BLACKMAN, S. H. SCHPOONT, and J. WELKOWITZ: Perceived parent attitudes as determinants of children's ego structure. *Child. Develpm.*, 1954, **25**, 173–183

(29) AUSUBEL, D. P., H. M. SCHIFF, and E. B. GASSER: A preliminary study of developmental trends in sociopathy: accuracy of perception of own and others' sociometric status. *Child Develpm.*, 1952, **23**, 111–128.

(30) BAIN, R.: Making normal people. *Marriage fam. Liv.*, 1954, **16**, 27–31.

(31) BAKER, J. W., and A. HOLZWORTH: Social histories of successful and unsuccessful children. *Child Develpm.*, 1961, **32**, 135–149.

(32) BALDWIN, A. L., and H. LEVIN: Effects of public and private success or failure on children's repetitive motor behavior. *Child Develpm.*, 1958, **29**, 363–372.

(33) BALDWIN, W. K.: The social position of the educable mentally retarded child in the regular grades in the public schools. *Except. Children*, 1958, **25**, 106–108, 112.

(34) BARBE, W. E.: Peer relationships of children of different intelligence levels. *Sch. Soc.*, 1954, **80**, 60–62.

(35) BARRETT-LENNARD, G. T.: The mature person. *Ment. Hyg., N.Y.*, 1962, **46**, 98–102.

(36) BARSCHAK, E.: A study of happiness and unhappiness in the childhood and adolescence of girls in different cultures. *J. Psychol.*, 1951, **32**, 173–215.

(37) BARTEMEIER, L.: The contribution of the father to the mental health of the family. *Amer. J. Psychiat.*, 1953, **110**, 277–280.

(38) BEILIN, H.: Teachers' and clinicians' attitudes toward the behavior problems of children: a reappraisal. *Child Develpm.*, 1959, **30**, 9–25.

(39) BENEDICT, R.: Child rearing in certain European countries. *Amer. J. Orthopsychiat.*, 1949, **19**, 342–350.

(40) BENNETT, E. M.: A socio-cultural interpretation of maladjustive behavior. *J. soc. Psychol.*, 1953, **37**, 19–26.

(41) BENNETT, E. M., and D. E. JOHANNSEN: Psychodynamics of the diabetic child. *Psychol. Monogr.*, 1954, **68**, No. 11.

(42) BETTELHEIM, B.: Mental health and current mores. *Amer. J. Orthopsychiat.*, 1952, **22**, 76–78.

(43) BICE, H. V.: Some factors that contribute to the concept of self in the child with cerebral palsy. *Ment. Hyg., N.Y.*, 1954, **38**, 120–131.

(44) BLOCK, J.: Personality characteristics associated with fathers' attitudes toward child-rearing. *Child Develpm.*, 1955, **26**, 41–48.

(45) BONNEY, M. E.: Choosing between the sexes on a sociometric measurement. *J. soc. Psychol.*, 1954, **39**, 99–114.

(46) BORG, W. R.: The effect of personality and contact upon a personality stereotype. *J. educ. Res.*, 1955, **49**, 289–294.

(47) BOSSARD, J. H. S., and E. S. BOLL: *The sociology of child development*, 3d ed. New York: Harper & Row, 1960.

(48) BOWERMAN, C. E., and J. W. KINCH: Changes in family and peer orientation of children between the fourth and tenth grades. *Soc. Forces*, 1959, **37**, 206–211.

(49) BOYD, G. F.: The levels of aspiration of white and Negro children in a nonsegregated elementary school. *J. soc. Psychol.*, 1952, **36**, 191–196.

(50) BRANDT, R. M.: Self: missing link for understanding behavior. *Ment. Hyg., N.Y.*, 1957, **41**, 24–33.

(51) BRECKENRIDGE, M. E., and E. L. VINCENT: *Child development*, 4th ed. Philadelphia: Saunders, 1960.

(52) BRENMAN, M.: On teasing and being teased: the problem of "moral masochism." *Psychoanal. Stud. Child.*, 1952, **7**, 264–285.

(53) BRODBECK, A. J., and H. V. PERLMUTTER: Self-dislike as a determinant of marked in group–out group preferences. *J. Psychol.*, 1954, **38**, 271–280.

(54) BRONSON, W. C.: Dimensions of ego and infantile identification. *J. Pers.*, 1959, **27**, 532–545.

(55) BROOM, L., H. P. BEEM, and V. HARRIS: Characteristics of 1,107 petitioners for change of name. *Amer. sociol. Rev.*, 1955, **20**, 33–39.

(56) BROWN, D. G.: Sex-role development in a changing culture. *Psychol. Bull.*, 1958, **55**, 232–242.

(57) BROWN, F. J.: *Educational sociology*, 2d

ed. Englewood Cliffs, N.J.: Prentice-Hall, 1954.

(58) BROWN, L. P., H. D. GATES, E. L. NOLDER, and B. VAN FLEET: Personality characteristics of exceptional children and their mothers. *Elem. Sch. J.*, 1952, **52,** 286–290.

(59) BROWNFAIN, J. J.: Stability of the self-concept as a dimension of personality. *J. abnorm. soc. Psychol.*, 1952, **47,** 597–606.

(60) BUGENTAL, J. F. T., and E. C. GUNNING: Investigations into self-concept. III. Stability of reported self-identifications. *J. clin. Psychol.*, 1955, **11,** 41–46.

(61) BÜHLER, C.: School as a phase of human life. *Education,* 1952, **73,** 219–222.

(62) BUTTERWORTH, R. F., and G. G. THOMPSON: Factors related to age-grade trends and sex differences in children's preferences for comic books. *J. genet. Psychol.*, 1951, **78,** 71–96.

(63) CARLSON, R. O.: Variation and myth in the social status of teachers. *J. educ. Sociol.*, 1961, **35,** 104–118.

(64) CARTER, D. C.: The influence of family relationships and family experience on personality. *Marriage fam. Liv.*, 1954, **16,** 212–215.

(65) CATTELL, R. B., and R. W. COAN: Personality factors in middle childhood as revealed by parents' ratings. *Child Develpm.*, 1957, **28,** 439–458.

(66) CHILD, I. L., and M. K. BACON: Cultural pressures and achievement motivation. In P. H. Hoch and J. Zubin (Eds.), *Psychopathology of childhood.* New York: Grune & Stratton, 1955. Pp. 166–176.

(67) CHRISTENSEN, C. M.: Relationships between pupil achievement, pupil affect-need, teacher warmth, and teacher permissiveness. *J. educ. Psychol.*, 1960, **51,** 169–174.

(68) CLARKE, T. W.: Allergy and the "problem child." *Nerv. Child.* 1952, **9,** 278–281.

(69) CLIFFORD, E.: Discipline in the home: a controlled observational study of parental practices. *J. genet. Psychol.*, 1959, **95,** 45–82.

(70) COBB, H. V.: Role-wishes and general wishes of children and adolescents. *Child Develpm.*, 1954, **25,** 161–171.

(71) COLE, L.: *Psychology of adolescence,* 5th ed. New York: Holt, 1959.

(72) COWAN, E. L.: The "negative self concept" as a personality measure. *J. consult. Psychol.*, 1954, **18,** 138–142.

(73) CRANE, A. R.: The development of moral values in children. IV. Pre-adolescent gangs and the moral development of children. *Brit. J. educ. Psychol.*, 1958, **28,** 201–208.

(74) CRUICKSHANK, W. M., and G. O. JOHNSON: *Education of exceptional children and youth.* Englewood Cliffs, N.J.: Prentice-Hall, 1958.

(75) DAI, B.: A socio-psychiatric approach to personality organization. *Amer. sociol. Rev.*, 1952, **17,** 44–49.

(76) DANZINGER, K.: Parental demands and social class in Java, Indonesia. *J. soc. Psychol.*, 1960, **51,** 75–86.

(77) DAVIS, A., and R. J. HAVIGHURST: *Father of the man.* Boston: Houghton Mifflin, 1947.

(78) DAVIS, J. A.: Status symbols and the measurement of status perception. *Sociometry,* 1956, **19,** 154–165.

(79) DAVITZ, J. R.: Contributions of research with children to a theory of maladjustment. *Child Develpm.*, 1958, **29,** 3–7.

(80) DE GROAT, A. F., and G. G. THOMPSON: A study of the distribution of teacher approval and teacher disapproval among sixth-grade pupils. *J. exp. Educ.*, 1949, **18,** 57–75.

(81) DEMOS, G. M.: Attitudes of student ethnic groups on issues related to education. *Calif. J. educ. Res.*, 1960, **11,** 204–206.

(82) DEMPSEY, E. W.: Homeostasis. In S. S. Stevens (Ed.), *Handbook of experimental psychology.* New York: Wiley, 1951. Pp. 209–235.

(83) DESCOMBEY, J., and G. ROQUEBRUNE: Childhood personality and sibling relationships. *Enfance,* 1953, **6,** 329–368.

(84) DEXTER, E. S.: Three items related to personality: popularity, nicknames, and homesickness. *J. soc. Psychol.*, 1949, **30,** 155–158.

(85) DIXON, J. C.: Development of self recognition. *J. genet. Psychol.*, 1957, **91,** 251–256.

(86) DUNBAR, F.: Homeostasis during puberty. *Amer. J. Psychiat.*, 1958, **114,** 673–682.

(87) DURR, W. K.: Characteristics of gifted children: ten years of research. *Gifted Child Quart.*, 1960, **4,** 75–80.

(88) DYMOND, R. F.: Personality and empathy. *J. consult. Psychol.*, 1950, **14,** 343–350.

(89) EAGELSON, O. W.: Students' reactions to their given names. *J. soc. Psychol.*, 1946, **23,** 187–195.

(90) ELLIS, A., and R. M. BEECHLEY: Emotional disturbance in children with peculiar given names. *J. genet. Psychol.*, 1954, **85,** 337–339.

(91) ESCALONA, S. K., and M. LEITCH: Early phases of personality development. *Monogr. Soc. Res. Child Develpm.*, 1952, **17,** No. 1.

(92) ESTVAN, F. J.: The relationship of social status, intelligence, and sex of ten- and eleven-year-old children to an awareness of poverty. *Genet. Psychol. Monogr.*, 1952, **46,** 3–60.

(93) ESTVAN, F. J., and E. W. ESTVAN: *The child's world: his social perception.* New York: Putnam, 1959.

(94) FARBER, B.: Marital integration as a factor in parent-child relations. *Child Develpm.*, 1962, **33,** 1–14.

(95) FARBER, M. L.: English and Americans: values in the socialization process. *J. Psychol.*, 1953, **36,** 243–250.

(96) FEINBERG, M. R.: Relation of background experience to social acceptance. *J. abnorm. soc. Psychol.*, 1953, **48,** 206–214.

(97) FEINBERG, M. R., M. SMITH, and R.

SCHMIDT: An analysis of expressions used by adolescents at varying economic levels to describe accepted and rejected peers. *J. genet. Psychol.*, 1958, **93**, 133–148.

(98) FEY, W. F.: Acceptance by others and its relation to acceptance of self and others: a revaluation. *J. abnorm. soc. Psychol.*, 1955, **50**, 274–276.

(99) FINNEY, J. C.: Some maternal influences on children's personality and character. *Genet. Psychol. Monogr.*, 1961, **63**, 199–278.

(100) FISHER, S., and S. E. CLEVELAND: The role of body image in psychosomatic symptom choice. *Psychol. Monogr.*, 1955, **69**, No. 17.

(101) FLUGEL, I.: On the significance of names. *Brit. J. med. Psychol.*, 1930, **10**, 208–213.

(102) FRANK, L. K.: Genetic psychology and its prospects. *Amer. J. Orthopsychiat.*, 1951, **21**, 506–522.

(103) FRANK, L. K., and M. H. FRANK: Teachers' attitudes affect children's relationships. *Education,* 1954, **75**, 6–12.

(104) FRAZEE, H. E.: Children who later became schizophrenic. *Smith Coll. Stud. soc. Wk,* 1953, **23**, 125–149.

(105) FREEDMAN, A. M., and L. BENDER: When childhood schizophrenic grows up. *Amer. J. Orthospychiat.*, 1957, **27**, 553–565.

(106) FRIED, E.: Ego functions and techniques of ego strengthening. *Amer. J. Psychother.*, 1955, **9**, 407–429.

(107) GARDNER, D. B., G. R. HAWKES, and L. G. BURCHINAL: Noncontinuous mothering in infancy and development in later childhood. *Child Develpm.*, 1961, **32**, 225–234.

(108) GARRISON, K. C.: *Growth and development,* 2d ed. New York: Longmans, 1959.

(109) GESELL, A., F. L. ILG, and L. B. AMES: *Youth: the years from ten to sixteen.* New York: Harper & Row, 1956.

(110) GEWIRTZ, J. L.: A factor analysis of some attention-seeking behaviors of young children. *Child Develpm.*, 1956, **27**, 17–36.

(111) GLASNER, RABBI S.: Family religion as a matrix of personal growth. *Marriage fam. Liv.*, 1961, **23**, 291–293.

(112) GLÖCKEL, H.: A comparative study of the self-ideal in youth. *Child Develpm. Abstr.*, 1960, **34**, No. 649.

(113) GOFF, R. M.: Some educational implications of the influence of rejection on minority group children. *J. exper. Educ.*, 1954, **23**, 179–183.

(114) GOLDBERG, M. L.: Motivation of the gifted. *57th Yearb. Nat. Soc. Stud. Educ.*, 1958, Pt. 2, 87–109.

(115) GOLDSTEIN, A.: Aggression and hostility in the elementary school child in low socio-economic areas. *Understanding the Child,* 1955, **24**, 20–21.

(116) GOODMAN, M. E.: *Race awareness in young children.* Cambridge, Mass.: Addison-Wesley, 1952.

(117) GOODMAN, M. E.: Japanese and American children: a comparative study of social concepts and attitudes. *Marriage fam. Liv.*, 1958, **20**, 316–319.

(118) GOUGH, H. G., and D. R. PETERSON: The identification and measurement of predispositional factors in crime and delinquency. *J. consult. Psychol.*, 1952, **16**, 207–212.

(119) GREEN, H. B.: Comparison of nurturance and independence in Jamaica and Puerto Rico, with consideration of the resulting personality structure and transplanted social patterns. *J. soc. Psychol.*, 1960, **51**, 27–63.

(120) GREENBERG, H., and D. FARE: An investigation of several variables as determinants of authoritarianism. *J. soc. Psychol.*, 1959, **49**, 105–111.

(121) GREENBERG, P., and A. R. GILLILAND: The relationship between basal metabolism and personality. *J. soc. Psychol.*, 1952, **35**, 3–7.

(122) GUSTAD, J. W.: Factors associated with social behavior and adjustment: a review of the literature. *Educ. psychol. Measmt,* 1952, **12**, 3–10.

(123) HABBE, S.: Nicknames of adolescent boys. *Amer. J. Orthopsychiat.*, 1937, **7**, 371–377.

(124) HARRIS, D. B., A. M. ROSE, K. E. CLARKE, and F. VALASEK: Personality differences between responsible and less responsible children. *J. genet. Psychol.*, 1955, **87**, 103–106.

(125) HARRIS, D. B., and S. C. TSENG: Children's attitudes toward peers and parents as revealed by sentence completions. *Child Develpm.*, 1957, **28**, 401–411.

(126) HAVIGHURST, R. J.: Social class and basic personality structure. *Sociol. soc. Res.*, 1952, **36**, 355–363.

(127) HAVIGHURST, R. J.: *Human development and education.* New York: Longmans, 1953.

(128) HAVIGHURST, R. J.: Social-class influences on American education. *60th Yearb. Nat. Soc. Stud. Educ.*, 1961, Pt. 2, 120–143.

(129) HAVIGHURST, R. J., and D. V. MAC DONALD: Development of the ideal self in New Zealand and American children. *J. educ. Res.*, 1955, **49**, 263–273.

(130) HAWKES, G. R.: A study of personal values of elementary school children. *Educ. psychol. Measmt,* 1952, **12**, 654–663.

(131) HAY-SHAW, C.: Maintenance of mental health. II. The first five years. *Ment. Hlth, London,* 1949, **9**, 3–6.

(132) HEBER, R. F.: The relation of intelligence and physical maturity to social status of children, *J. educ. Psychol.*, 1956, **47**, 158–162.

(133) HEFFERNAN, H.: The organization of the elementary school and the development of a healthy personality. *J. elem. Educ.*, 1952, **20**, 129–153.

(134) HELLERSBERG, E. F.: Unevenness of growth and its relation to vulnerability, anxiety, ego weakness, and the schizophrenic

pattern. *Amer. J. Orthopsychiat.*, 1957, **27,** 577–586.
(135) HELPER, M. M.: Learning theory and the self-concept. *J. abnorm. soc. Psychol.*, 1955, **51,** 184–194.
(136) HILLSON, J. S., and P. WORCHEL: Self-concept and defensive behavior in the maladjusted. *J. consult. Psychol.*, 1957, **21,** 83–88.
(137) HIRSCH, W.: The image of the scientist in science fiction: a content analysis. *Amer. J. Sociol.*, 1958, **63,** 506–512.
(138) HOLLINGWORTH, L. S.: Personality and adjustment as determiners and correlates of intelligence. *39th Yearb. Nat. Soc. Stud. Educ.*, 1940, 271–275.
(139) HOULT, T. F.: Experimental measurement of clothing as a factor in some social ratings of selected American men. *Amer. sociol. Rev.*, 1954, **19,** 324–328.
(140) HOUSTON, T. J., and F. C. SUMNER: Measurements of neurotic tendency in women with uncommon given names. *J. genet. Psychol.*, 1948, **39,** 289–292.
(141) HUNT, L. A.: A developmental study of factors related to children's clothing preferences. *Monogr. Soc. Res. Child Develpm.*, 1959, **24,** No. 1, 3–47.
(142) JACK, L. M.: An experimental study of ascendant behavior in preschool children. *Univ. Iowa Stud. child Welf.*, 1934, **9,** No. 3.
(143) JAHODA, G.: Development of the perception of social differences in children from six to ten. *Brit. J. Psychol.*, 1959, **50,** 159–175.
(144) JERSILD, A. T.: Self-understanding in childhood and adolescence. *Amer. Psychologist,* 1951, **6,** 122–126.
(145) JERSILD, A. T.: *In search of self.* New York: Teachers College, Columbia University, 1952.
(146) JERSILD, A. T.: *Child psychology,* 5th ed. Englewood Cliffs, N.J.: Prentice-Hall, 1960.
(147) JONES, H.: Maintenance of mental health. *Ment. Hlth, London,* 1951, **10,** 40–42.
(148) JONES, M. C.: The later careers of boys who were early- or late-maturing. *Child Develpm.*, 1957, **28,** 113–128.
(149) JOSSELYN, I. M.: The family as a psychological unit. *Soc. Casewk,* 1953, **34,** 336–344.
(150) JOURARD, S. M., and R. M. REMY: Perceived parental attitude, the self, and security. *J. consult. Psychol.*, 1955, **19,** 364–366.
(151) JOURARD, S. M., and P. F. SECORD: Body-cathexis and the ideal female figure. *J. abnorm. soc. Psychol.*, 1955, **50,** 243–246.
(152) JUSTIN, F.: Home training in human values. *J. home Econ.*, 1950, **47,** 722.
(153) KAGAN, J., and H. A. MOSS: The stability of passive and dependent behavior from childhood through adolescence. *Child Develpm.*, 1960, **31,** 577–591.
(154) KAGAN, J., and H. A. MOSS: *Birth to maturity: a study in psychological development.* New York: Wiley, 1962.
(155) KAGAN, J., L. M. SONTAG, C. T. BAKER, and V. L. NELSON: Personality and IQ change. *J. abnorm. soc. Psychol.*, 1958, **56,** 261–266.
(156) KAHL, J. A.: Educational and occupational aspirations of "common man" boys. *Harv. educ. Rev.*, 1953, **23,** 186–203.
(157) KAUSLAR, D. H.: Aspiration level as a determinant of performance. *J. Pers.*, 1959, **27,** 346–351.
(158) KELLY, E. L.: Consistency of the adult personality. *Amer. Psychologist,* 1955, **10,** 659–681.
(159) KLATSKIN, E. H., E. B. JACKSON, and L. C. WILKIN: The influence of degree of flexibility in maternal child care practices on early child behavior. *Amer. J. Orthopsychiat.*, 1956, **26,** 79–93.
(160) KLAUSNER, S. Z.: Social class and self-concept. *J. soc. Psychol.*, 1953, **38,** 201–205.
(161) KLINEBERG, O.: Cultural factors in personality adjustment of children. *Amer. J. Orthopsychiat.*, 1953, **33,** 465–471.
(162) KOCH, H. L.: The relation of certain formal attributes of siblings to attitudes held toward each other and toward their parents. *Monogr. Soc. Res. Child Develpm.*, 1960, **25,** No. 4.
(163) KOHN, M. L.: Social class and parental values. *Amer. J. Sociol.*, 1959, **64,** 337–351.
(164) KOPPITZ, E. M.: Relationships between some background factors and children's interpersonal attitudes. *J. genet. Psychol.*, 1957, **91,** 119–129.
(165) LAIRD, D. C.: How eleven-year-old boys see their teachers. *Prog. Educ.*, 1956, **33,** 115–118.
(166) LANDIS, J. T.: Personality: a 1954 view. *J. home Econ.*, 1954, **46,** 459–462.
(167) LANTZ, B.: Children's learning, personality, and physiological interactions. *Calif. J. educ. Res.*, 1956, **7,** 153–158.
(168) LANTZ, H. R.: Number of childhood friends as reported in the life histories of a psychiatrically diagnosed group of 1,000. *Marriage fam. Liv.*, 1956, **18,** 107–109.
(169) LASSWELL, T. E.: Social class and stereotyping. *Sociol. soc. Res.*, 1958, **42,** 256–262.
(170) LAWSON, R., and M. H. MARX: Frustration: theory and experiment. *Genet. Psychol. Monogr.*, 1958, **57,** 393–464.
(171) LAWTON, G.: *Aging successfully.* New York: Columbia, 1951.
(172) LAYCOCK, S. R.: Counseling parents of gifted children. *Except. Children,* 1956, **23,** 108–110, 134.
(173) LECKY, P.: *Self-consistency.* New York: Island Press, 1951.
(174) LIDDLE, G.: Overlap among desirable and

undesirable characteristics in gifted children. *J. educ. Psychol.*, 1958, **49**, 219–223.

(175) LIPSET, S. M.: Constant values in American society. *Children*, 1959, **6**, 219–224.

(176) LIPSITT, L. P.: A self-concept scale for children and its relationship to the children's form of the manifest anxiety scale. *Child Develpm.*, 1958, **29**, 463–472.

(177) LUFT, J.: Monetary value and the perception of persons. *J. soc. Psychol.*, 1957, **46**, 245–251.

(178) LUND, F. H.: Biodynamics as Freudian psychodynamics. *Education*, 1957, **78**, 41–54.

(179) MACFARLANE, J., L. ALLEN, and M. P. HONZIK: *A developmental study of the behavior problems of normal children between twenty-one months and fourteen years.* Berkeley, Calif.: University of California Press, 1954.

(180) MACY, I. G., and H. J. KELLY: Body composition in childhood. *Hum. Biol.*, 1956, **28**, 283–308.

(181) MALONE, A. J., and M. MASSLER: Index of nail-biting in children. *J. abnorm. soc. Psychol.*, 1952, **47**, 193–202.

(182) MALPASS, L. F.: Some relationships between students' perceptions of school and their achievement. *J. educ. Psychol.*, 1953, **44**, 475–482.

(183) MANGUS, A. R.: Personality adjustments of rural and urban children. *Amer. sociol. Rev.*, 1948, **13**, 566–575.

(184) MANN, H.: How *real* are friendships of gifted and typical children in a program of partial segregation? *Except. Children*, 1957, **23**, 199–201, 206.

(185) MARGOLES, M. S.: Mental disorders in childhood due to endocrine disorders. *Nerv. Child*, 1948, **7**, 55–77.

(186) MARKS, R. W.: The effect of probability, desirability, and "privilege" on the stated expectations of children. *J. Pers.*, 1951, **19**, 332–351.

(187) MARTIN, W. E.: Learning theory and identification. III. The development of values in children. *J. genet. Psychol.*, 1954, **84**, 211–217.

(188) MARTIN, W. E.: Effects of early training on personality. *Marriage fam. Liv.*, 1957, **19**, 39–45.

(189) MC ARTHUR, C.: Personality differences between middle and upper classes. *J. abnorm. soc. Psychol.*, 1955, **50**, 247–254.

(190) MC GUIRE, C.: Family life in lower and middle class homes. *Marriage fam. Liv.*, 1952, **14**, 1–6.

(191) MC GUIRE, C., and G. D. WHITE, Social-class influences on discipline at school. *Educ. Leadership*, 1957, **14**, 229–231, 234–236.

(192) MC KEACHIE, W. J.: Lipstick as a determiner of first impressions of personality: an experiment for the general psychology course. *J. soc. Psychol.*, 1952, **36**, 241–244.

(193) MC KEE, J. P., and F. B. LEADER: The relationship of sociometric status and aggression to the competitive behavior of preschool children. *Child Develpm.*, 1955, **26**, 135–142.

(194) MC KINNON, J. K. M.: Consistency and change in behavior manifestations. *Child Develpm. Monogr.*, 1942, No. 30.

(195) MC QUITTY, L. L.: A measure of personality integration in relation to the concept of self. *J. Pers.*, 1950, **18**, 461–462.

(196) MEAD, M.: *Male and female.* New York: Morrow, 1952.

(197) MEAD, M., and R. MÉTRAUX: Image of the scientist among high-school students. *Science*, 1957, **126**, 384–390.

(198) MEDLEY, D. M.: Teacher personality and teacher-pupil rapport. *J. Teach. Educ.*, 1961, **12**, 152–156.

(199) MITCHELL, A. C.: A study of the social competence of a group of institutionalized retarded children. *Amer. J. ment. Defic.*, 1955, **60**, 354–361.

(200) MORE, D. M.: Developmental concordance and discordance during puberty and early adolescence. *Monogr. Soc. Res. Child Develpm.*, 1953, **18**, 1–128.

(201) MORTON, G. M.: Psychology of dress. *J. home Econ.*, 1926, **18**, 584–586.

(202) MOSS, H. A., and J. KAGAN: Stability of achievement and recognition seeking behaviors from early childhood through adulthood. *J. abnorm. soc. Psychol.*, 1961, **62**, 504–513.

(203) MOULTON, R.: Oral and dental manifestations of anxiety. *Psychiatry*, 1955, **18**, 261–273.

(204) MOUSTAKAS, C. E.: Emotional adjustment and the play therapy process. *J. genet. Psychol.*, 1955, **86**, 79–99.

(205) MUNN, N. L.: *The evolution and growth of human behavior.* Boston: Houghton Mifflin, 1955.

(206) MURPHY, L. B.: Coping devices and defense mechanisms in relation to autonomous ego functions. *Bull. Menninger Clinic*, 1960, **24**, 144–153.

(207) MURPHY, W. F.: A note on the significance of names. *Psychoanal. Quart.*, 1957, **26**, 91–106.

(208) MUSSEN, P. H., and L. DISTLER: Child-rearing antecedents of masculine identification in kindergarten boys. *Child Develpm.*, 1960, **31**, 89–100.

(209) MUSSEN, P. H., and M. C. JONES: Self-conceptions, motivations, and interpersonal attitudes of late- and early-maturing boys. *Child Develpm.*, 1957, **28**, 243–256.

(210) NAKAMURA, C. Y.: The relationship between children's expressions of hostility and methods of discipline exercised by dominant overprotective parents. *Child Develpm.*, 1959, **30**, 109–117.

(211) NASH, H.: Assignment of gender to body

regions. *J. genet. Psychol.*, 1958, **92**, 113–115.

(212) NEILON, P.: Shirley's babies after fifteen years: a personality study. *J. genet. Psychol.*, 1948, **73**, 175–186.

(213) NORMAN, R. D.: The interrelationships among acceptance-rejection, self-other identity, insight into self, and realistic perception of others. *J. soc. Psychol.*, 1953, **37**, 205–235.

(214) O'CONNOR, N.: The evidence for the permanently disturbing effects of mother-child separation. *Acta psychol.*, 1956, **12**, 174–191.

(215) ORGEL, S. Z., and J. TUCKMAN: Nicknames of institutionalized children. *Amer. J. Orthopsychiat.*, 1935, **5**, 276–285.

(216) ORT, R. S.: A study of role-conflicts as related to class level. *J. abnorm. soc. Psychol.*, 1952, **47**, 425–432.

(217) OTIS, N. B., and B. MC CANDLESS: Responses to repeated frustration of young children differentiated according to need area. *J. abnorm. soc. Psychol.*, 1955, **50**, 349–353.

(218) PAGE, M. L.: The modification of ascendant behavior in preschool children. *Univer. Iowa Stud. child Welf.*, 1936, **12**, No. 3.

(219) PARRISH, C. H.: Color names and color notions. *J. Negro Educ.*, 1946, **15**, 13–20.

(220) PAULSEN, A. A.: Personality development in the middle years of childhood: a ten-year longitudinal study of thirty public school children by means of Rorschach tests and social histories. *Amer. J. Orthopsychiat.*, 1954, **24**, 336–350.

(221) PEARL, D.: Ethnocentrism and the self-concept. *J. soc. Psychol.*, 1950, **40**, 137–147.

(222) PELLER, L. E.: Models of children's play. *Ment. Hyg., N. Y.*, 1952, **36**, 66–83.

(223) PERKINS, H. V.: Teachers' and peers' perceptions of children's self-concepts. *Child Develpm.*, 1958, **29**, 203–220.

(224) PERKINS, H. V.: Factors influencing change in children's self-concepts. *Child Develpm.*, 1958, **29**, 221–230.

(225) PETERSON, D. R.: Behavior problems of middle childhood. *J. consult. Psychol.*, 1961, **25**, 205–209.

(226) PETERSON, D. R., W. C. BECKER, D. J. SHOEMAKER, Z. LURIA, and L. A. HELLMER: Child behavior problems and parental attitudes. *Child Develpm.*, 1961, **32**, 151–162.

(227) PLOTTKE, P.: The child and his name. *Indiv. psychol. Bull.*, 1950, **8**, 150–157..

(228) PODOLSKY, E.: How the child reacts to his physical defects. *Ment. Hyg., N.Y.*, 1953, **37**, 581–584.

(229) POLLOCK, G. H., and J. B. RICHMOND: Nutritional anemia in children. *Psychosom. Med.*, 1953, **15**, 477–484.

(230) POPE, B.: Socio-economic contrasts in children's peer culture values. *Genet. Psychol. Monogr.*, 1953, **48**, 157–220.

(231) PRESSEY, S. L., and R. G. KUHLEN: *Psychological development through the life span.* New York: Harper & Row, 1957.

(232) PROTHRO, E. T.: Cross-cultural patterns of national stereotypes. *J. soc. Psychol.*, 1954, **40**, 53–59.

(233) RABBAN, M.: Sex-role identification in young children in two diverse social groups. *Genet. Psychol. Monogr.*, 1950, **42**, 87–158.

(234) RADKE-YARROW, M., and B. LANDE: Personality correlates of differential reactions to minority group belonging. *J. soc. Psychol.*, 1953, **38**, 253–272.

(235) RAINES, G. N.: Adolescence: pattern for the future. *Geriatrics*, 1956, **11**, 159–162.

(236) RAINWATER, L.: A study of personality differences between middle and lower class adolescents: the Szondi Test in culture-personality research. *Genet. Psychol. Monogr.*, 1956, **54**, 3–86.

(237) READ, K. H.: Clothes help build personality. *J. home Econ.*, 1950, **42**, 348–350.

(238) REESE, H. W.: Relationships between self-acceptance and sociometric choice. *J. abnorm. soc. Psychol.*, 1961, **62**, 472–474.

(239) REISSMAN, L.: Levels of aspiration and social class. *Amer. sociol. Rev.*, 1953, **18**, 233–242.

(240) RHEINGOLD, H. L.: The measurement of maternal care. *Child Develpm.*, 1960, **31**, 565–576.

(241) RHODES, I. G.: Allergic causes of emotional disturbances in children. *Nerv. Child*, 1952, **9**, 369–377.

(242) RICH, G. G.: Childhood as a preparation for delinquency. *J. educ. Sociol.*, 1954, **27**, 404–413.

(243) RINGNESS, T. A.: Self-concepts of children of low, average, and high intelligence. *Amer. J. ment. Defic.*, 1961, **65**, 453–461.

(244) ROBERTS, K. E., and V. V. FLEMING: Persistence and change in personality patterns. *Monogr. Soc. Res. Child Develpm.*, 1944, **8**, No. 3.

(245) ROBINOWITZ, R.: Attitudes of pupils achieving beyond their level of expectancy. *J. Pers.*, 1956, **24**, 308–317.

(246) ROBINS, L. N., and P. O'NEAL: Mortality, mobility, and crime: problem children thirty years later. *Amer. sociol. Rev.*, 1958, **23**, 162–171.

(247) ROFF, M.: Intra-family resemblances in personality characteristics. *J. Psychol.*, 1950, **30**, 199–227.

(248) ROGERS, C. R.: Some observations on the organization of personality. *Amer. Psychologist*, 1947, **2**, 358–368.

(249) ROSEN, B. C.: Race, ethnicity, and the achievement syndrome. *Amer. sociol. Rev.*, 1959, **24**, 47–60.

(250) ROSENZWEIG, S., and L. ROSENZWEIG: Aggression in problem children and normals as evaluated by the Rosenzweig Picture-

Frustration Study. *J. abnorm. soc. Psychol.,* 1952, **47,** 683–688.

(251) RUSSELL, D. H.: What does research say about self-evaluation? *J. educ. Res.,* 1953, **46,** 561–573.

(252) RUSSELL, I. L.: Behavior problems of children from broken and intact homes. *J. educ. Sociol.,* 1957, **31,** 127–129.

(253) RYAN, M. E.: Social adjustment of kindergarten children ten years later. *Smith Coll. Stud. soc. Wk,* 1949, **19,** 138–139.

(254) SANFORD, N., H. WEBSTER, and M. FREEDMAN: Impulse expression as a variable of personality. *Psychol. Monogr.,* 1957, **71,** No. 11.

(255) SARASON, S. B.: Mentally retarded and mentally defective children: major psychosocial problems. In W. M. Cruickshank, *Psychology of exceptional children and youth.* Englewood Cliffs, N.J.: Prentice-Hall, 1955. Pp. 438–474.

(256) SARASON, S. B., K. DAVIDSON, F. LIGHTHALL, and R. WAITE: Rorschach behavior and performance of high and low anxious children. *Child Develpm.,* 1958, **29,** 277–285.

(257) SARASON, S. B., and T. GLADWIN: Psychological and cultural problems in mental subnormality: a review of research. *Genet. Psychol. Monogr.,* 1957, **57,** 3–290.

(258) SARBIN, T. R.: A preface to a psychological analysis of the self. *Psychol. Rev.,* 1952, **59,** 11–22.

(259) SAVAGE, B. M., and F. L. WELLS: A note on singularity in given names. *J. soc. Psychol.,* 1948, **27,** 271–272.

(260) SCHAEFER, E. S., and R. G. BELL: Development of a parental attitude research instrument. *Child Develpm.,* 1958, **29,** 339–361.

(261) SCHAIE, K. W.: Differences in some characteristics of "rigid" and "flexible" individuals. *J. clin. Psychol.,* 1958, **14,** 11–14.

(262) SCHIFF, H.: Judgmental response sets in the perception of sociometric status. *Sociometry,* 1954, **17,** 207–227.

(263) SCHNEIDER, D. M., and G. C. HOMANS: Kinship terminology and the American kinship system. *Amer. Anthropologist,* 1955, **57,** 1194–1208.

(264) SCHNEIDERMAN, L.: The estimation of one's own body traits. *J. soc. Psychol.,* 1956, **44,** 89–99.

(265) SCHOEPPE, A.: Sex differences in adolescent socialization. *J. soc. Psychol.,* 1953, **38,** 175–185.

(266) SCHRAMM, W., J. LYLE, and E. B. PARKER: *Television in the lives of our children.* Stanford, Calif.: Stanford University Press, 1961.

(267) SEARS, R. R., E. E. MACCOBY, and H. LEVIN: *Patterns of child rearing.* New York: Harper & Row, 1957.

(268) SECORD, P. F., W. BEVAN, and W. F. DUKES: Occupational and physiognomic stereotyping in the perception of photographs. *J. soc. Psychol.,* 1953, **37,** 261–270.

(269) SEEMAN, M.: The intellectual and the language of minorities. *Amer. J. Sociol.,* 1958, **64,** 25–35.

(270) SEWELL, W. H., and A. O. HALLER: Social status and the personality adjustment of the child. *Sociometry,* 1956, **19,** 114–125.

(271) SHAFFER, L. F., and E. J. SHOBEN: *The psychology of adjustment,* 2d ed. Boston: Houghton Mifflin, 1956.

(272) SHERIF, M., and H. CANTRIL: *The psychology of ego-involvements.* New York: Wiley, 1947.

(273) SHERRIFFS, A. C., and R. F. JARRETT: Sex differences in attitudes about sex differences. *J. Psychol.,* 1953, **35,** 161–168.

(274) SHINN, M. W.: *Notes on the development of a child.* Berkeley, Calif.: University of California Press, 1909.

(275) SHIRLEY, M. M.: The impact of the mother's personality on the young child. *Smith Coll. Stud. soc. Wk,* 1941, **12,** 15–64.

(276) SHUMSKY, A., and W. I. MURRAY: Student teachers explore attitudes toward discipline. *J. teacher Educ.,* 1961, **12,** 453–457.

(277) SIEGEL, A. E.: The influence of violence in the mass media upon children's role expectations. *Child Develpm.,* 1958, **29,** 35–56.

(278) SILLS, F. D., and P. V. EVERETT: The relationship of extreme somatotypes to performance in motor and strength sets. *Res. Quart. Amer. Ass. Hlth Phys. Educ. Recr.,* 1953, **24,** 223–228.

(279) SILVERMAN, S. S.: Clothing and appearance: their psychological implications for teen-age girls. *Teach. Coll. Contr. Educ.,* 1945, No. 912.

(280) SIMPSON, S. L.: Hormones and behavior pattern. *Brit. med. J.,* 1957, **2,** 839–843.

(281) SLOBETZ, F., and A. LUND: Some effects of a personal developmental program at the fifth grade level. *J. educ. Res.,* 1955, **49,** 373–378.

(282) SMITH, A. J.: Similarity of values and its relation to acceptance and the projection of similarity. *J. Psychol.,* 1957, **43,** 251–260.

(283) SMITH, G. H.: Personality scores and the personal distance effect. *J. soc. Psychol.,* 1954, **39,** 57–62.

(284) SMITH, M. E.: A comparison of certain personality traits rated in the same individuals in childhood and fifty years later. *Child Develpm.,* 1952, **23,** 159–180.

(285) SMITH, M. E.: Childhood memories compared with those of adult life. *J. genet. Psychol.,* 1952, **80,** 151–182.

(286) SMITH, W. C.: Remarriage and the stepchild. In M. Fishbein and R. J. R. Kennedy (Eds.), *Modern marriage and family living.* Fair Lawn, N.J.: Oxford University Press, 1957. Pp. 457–475.

(287) SMITH, W. D., and D. LEBO: Some changing aspects of the self-concept of pubescent males. *J. genet. Psychol.*, 1956, **88**, 61–75.

(288) SMOCK, C. D., and G. G. THOMPSON: An inferred relationship between early childhood conflicts and anxiety responses in adult life. *J. Pers.*, 1954, **23**, 88–98.

(289) SOLOMON, J. C.: Neuroses of school teachers. *Ment. Hyg., N.Y.*, 1960, **44**, 79–90.

(290) SONTAG, L. W.: Some psychosomatic aspects of childhood. *Nerv. Child*, 1946, **5**, 296–304.

(291) SONTAG, L. W., C. T. BAKER, and V. L. NELSON: Mental growth and personality development: a longitudinal study. *Monogr. Soc. Res. Child Develpm.*, 1958, **23**, No. 2.

(292) SPOCK, B.: What we know about the development of healthy personalities in children. *Understanding the Child*, 1951, **20**, 2–9.

(293) STAGNER, R.: *Psychology of personality*, 3d ed. New York: McGraw-Hill, 1961.

(294) STAINS, K. B.: Developing independence in children. *Understanding the Child*, 1951, **20**, 49.

(295) STAUDT, V. M.: Character formation is the teacher's business. *Education*, 1957, **77**, 198–202.

(296) STEINER, I. D.: Some social values associated with objectively and subjectively defined social class membership. *Soc. Forces*, 1953, **31**, 327–332.

(297) STENDLER, C. B.: Social class differences in parental attitude toward school at grade 1 level. *Child Develpm.*, 1951, **22**, 37–46.

(298) STENDLER, C. B.: The learning of certain secondary drives by Parisian and American children. *Marriage fam. Liv.*, 1954, **16**, 195–200.

(299) STEVENSON, I.: Is the human personality more plastic in infancy and childhood? *Amer. J. Psychiat.*, 1957, **114**, 152–161.

(300) STEWART, L. H.: Relationship of sociometric status to children's occupational attitudes and interests. *J. genet. Psychol.*, 1959, **95**, 111–136.

(301) STOLZ, H. R.: Shorty comes to terms with himself. *Prog. Educ.*, 1940, **17**, 405–411.

(302) STOLZ, H. R., and L. M. STOLZ: *Somatic development of adolescent boys*. New York: Macmillan, 1951.

(303) STONE, L. J.: A critique of studies of infant isolation. *Child Develpm.*, 1954, **25**, 9–20.

(304) STOODLEY, B. H.: Mother role as focus of some family problems. *Marriage fam. Liv.*, 1952, **14**, 13–16.

(305) STOTT, L. H., and R. S. BALL: Consistency and change in ascendance-submission in the social interaction of children. *Child Develpm.*, 1957, **28**, 259–272.

(306) STOUGHTON, M. L., and A. M. RAY: A study of children's heroes and ideals. *J. exp. Educ.*, 1946, **15**, 156–160.

(307) STOUT, I. W., and G. LANGDON: A report on follow-up interviews with parents of well-adjusted children. *J. educ. Sociol.*, 1953, **26**, 434–442.

(308) STRANG, R.: How children and adolescents view their world. *Ment. Hyg., N.Y.*, 1954, **38**, 28–33.

(309) STRANG, R.: Psychology of gifted children and youth. In W. M. Cruickshank, *Psychology of exceptional children and youth*. Englewood Cliffs, N.J.: Prentice-Hall, 1955, Pp. 475–519.

(310) SULLIVAN, C., M. G. GRANT, and J. D. GRANT: The development of interpersonal maturity: applications to delinquency. *Psychiatry*, 1957, **20**, 373–385.

(311) SYMONDS, P. M.: Essentials of good parent-child relations. *Teach. Coll. Rec.*, 1949, **50**, 528–538.

(312) SYMONDS, P. M.: Pupil evaluation and self evaluation. *Teach. Coll. Rec.*, 1952, **54**, 138–149.

(313) TANNENBAUM, A. S.: Personality change as a result of an experimental change of environmental conditions. *J. abnorm. soc. Psychol.*, 1957, **55**, 404–406.

(314) TAYLOR, C., and A. W. COMBS: Self-acceptance and adjustment. *J. consult. Psychol.*, 1952, **16**, 89–91.

(315) TAYLOR, D. M.: Changes in the self concept without psychotherapy. *J. consult. Psychol.*, 1955, **19**, 205–209.

(316) TEAGARDEN, F. M.: *Child psychology for professional workers*, rev. ed. Englewood Cliffs, N.J.: Prentice-Hall, 1946.

(317) TERMAN, L. M.: The discovery and encouragement of exceptional talent. *Amer. Psychologist*, 1954, **9**, 221–230.

(318) THISTLEWAITE, D. L.: Effects of social recognition upon the educational motivation of talented youth. *J. educ. Psychol.*, 1959, **50**, 111–116.

(319) THOMPSON, C.: Concepts of the self in interpersonal theory. *Amer. J. Psychother.*, 1958, **12**, 5–17.

(320) THOMPSON, G. G.: *Child psychology*, 2d ed. Boston: Houghton Mifflin, 1962.

(321) THOMPSON, G. G., and S. L. WITRYOL: Adult recall of unpleasant experiences during three periods of childhood. *J. genet. Psychol.*, 1948, **72**, 111–123.

(322) THORPE, L. P.: *Child psychology and development*, 2d ed. New York: Ronald, 1955.

(323) TOPP, R. F.: Preadolescent behavior patterns suggestive of emotional malfunctioning. *Elem. Sch. J.*, 1952, **52**, 340–343.

(324) TORRANCE, E. P.: Some practical uses of a knowledge of self-concepts in counseling and guidance. *Educ. psychol. Measmt*, 1954, **14**, 120–127.

(325) TRIPPE, M. J.: The social psychology of exceptional children: factors in society. *Except. Children*, 1959, **26**, 171–175, 188.

(326) TRYON, C., and W. E. HENRY: How children learn personal and social adjustment. *49th Yearb. Nat. Soc. Stud. Educ.*, 1950, Pt. 1, 156–182.

(327) TUCKMAN, J., and I. LORGE: The best years of life: a study in ranking. *J. Psychol.*, 1952, **34,** 137–149.

(328) TUCKMAN, J., and I. LORGE: The projection of personal symptom into stereotype about aging. *J. Geront.*, 1958, **13,** 70–73.

(329) TUDDENHAM, R. D.: The constancy of personality ratings over two decades. *Genet. Psychol. Monogr.*, 1959, **60,** 3–29.

(330) TYERMAN, M. J.: A research into truancy. *Brit. J. educ. Psychol.*, 1958, **28,** 217–225.

(331) ULLMANN, C. A.: Identification of maladjusted school children. *Pub. Hlth Monogr.*, 1952, No. 7.

(332) UPDEGRAFF, R., and M. E. KEISTER: A study of children's reactions to failure and an experimental attempt to modify them. *Univer. Iowa Stud. Child Welf.*, 1937, **13,** No. 4.

(333) UGURAL-SEMIN, R.: Moral behavior and moral judgments of children. *J. abnorm. soc. Psychol.*, 1952, **47,** 463–474.

(334) WALDFOGEL, S.: The frequency and affective character of childhood memories. *Psychol. Monogr.*, 1948, **62,** No. 4.

(335) WALSH, A. M.: *Self-concepts of bright boys with learning difficulties.* New York: Teachers College, Columbia University, 1956.

(336) WALTER, L. M., and S. S. MARZOLF: The relation of sex, age, and school achievement to levels of aspiration. *J. educ. Psychol.*, 1951, **42,** 285–292.

(337) WANG, J. D.: The relationship between children's play interests and their mental ability. *J. genet. Psychol.*, 1958, **93,** 119–131.

(338) WATSON, G.: Some personality differences in children related to strict or permissive parental discipline. *J. Psychol.*, 1957, **44,** 227–249.

(339) WEINGARTEN, S.: Reading as a source of the ideal self. *Read. Teacher,* 1955, **8,** 159–164.

(340) WEINSTEIN, E. A.: Children's conceptions of occupational stratification. *Sociol. soc. Res.*, 1958, **42,** 278–284.

(341) WELLS, F. L., and H. R. PALWICK: Note on usage of male personal names. *J. soc. Psychol.*, 1950, **31,** 291–294.

(342) WENAR, C.: The effects of a motor handicap on personality. II. The effects on integrative ability. *Child Develpm.*, 1954, **25,** 287–294.

(343) WHITING, J. W. M., and I. L. CHILD: *Child training and personality: a cross cultural study.* New Haven, Conn.: Yale, 1953.

(334) WHITLEY, H. E.: Mental health problems in the classroom. *Understanding the Child,* 1954, **23,** 98–103.

(345) WINGFIELD, R. C.: Bernreuter personality ratings of college students who recall having had imaginary playmates during childhood. *J. child Psychiat.*, 1948, **1,** 90–94.

(346) WINKER, J. B.: Age trends and sex differences in the wishes, identifications, activities, and fears of children. *Child Develpm.*, 1949, **20,** 191–200.

(347) WINKLEY, R., K. JACKSON, O. A. FAUST, M. F. MURRAY, and E. G. CERMAK: Emotional reactions and behavior of children in the home. *J. Pediat.*, 1951, **38,** 476–481.

(348) WOLFF, H.: Obesity in childhood: a study of the birth weight, the height, and the onset of puberty. *Quart. J. Med.*, 1955, **24,** 109–123.

(349) WOODWORTH, R. S., and D. G. MARQUIS: *Psychology,* 5th ed. New York: Holt, 1947.

(350) WOOLLEY, H. T.: Agnes: a dominant personality in the making. *J. genet. Psychol.*, 1925, **32,** 569–598.

(351) WORRELL, L.: Level of aspiration and academic success. *J. educ. Psychol.*, 1959, **50,** 47–54.

(352) ZANDER, A., and E. VAN EGMOND: Relationship of intelligence and social power to the interpersonal behavior of children. *J. educ. Psychol.*, 1958, **49,** 257–268.

(353) ZIMMERMAN, K. A., and E. LEWTON: Teacher personality in school relationships. *Educ. Leadership,* 1951, **8,** 422–428.

(354) ZUK, G. H.: The influence of social context on impulse and control tendencies in preadolescents. *Genet. Psychol. Monogr.*, 1956, **54,** 117–166.

(355) ZUNICH, M.: Relationship between maternal behavior and attitudes toward children. *J. genet. Psychol.*, 1962, **100,** 155–165.